谨以此书献给

为山西高速公路发展事业作出贡献的决策者、建设者、管理者

Record of Expressway Construction in
— Shanxi —

图1 太旧高速公路纪念碑

图2　山西太旧高速公路穿越长城旧关

Record of Expressway Construction in
— Shanxi —

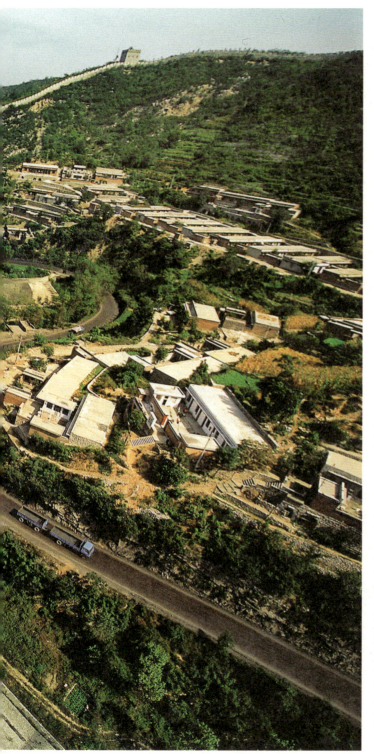

图3 太原西北环高速公路

图4 和榆高速公路

图5　同源高速公路官堡枢纽互通

图6　夏汾高速公路

图7 长邯高速公路

图8 临侯高速公路

图9 繁大高速公路繁峙西收费站

图10 原太高速公路

图11 汾离高速公路

图12 大运高速公路马牧汾河特大桥

图13 忻保高速公路米家寨桥隧群跨越米家寨水库

图14 离军高速公路离石高架桥夜景

图15 侯禹高速公路龙门大桥

图16　闻垣高速公路

图17　长平高速公路

Record of Expressway Construction in
— Shanxi —

图18 晋济高速公路仙神河大桥

图19 忻阜高速公路凤凰岭隧道

图20 王繁高速公路太安岭隧道

图21 天大高速公路大梁山隧道

图22 临吉高速公路吉县4号隧道

图23　霍永西高速公路下桑峨隧道及文化石

图24　平阳高速公路大南山隧道

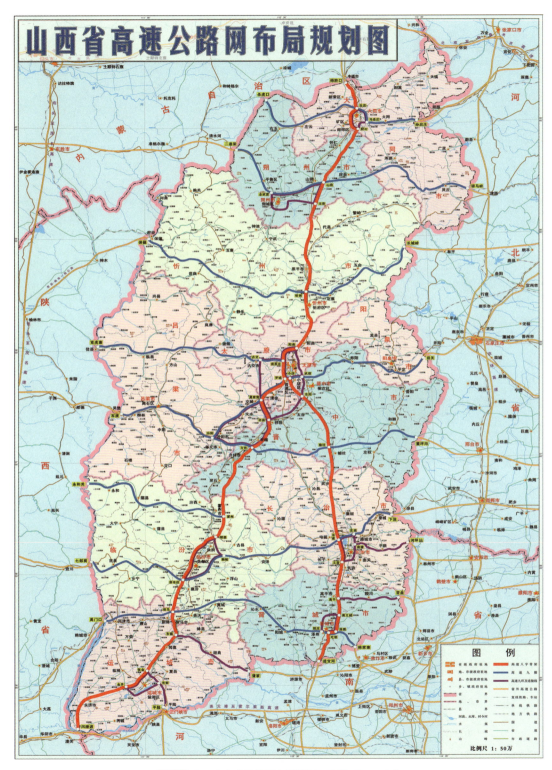

图25 山西省高速公路网布局规划示意图（2005年）

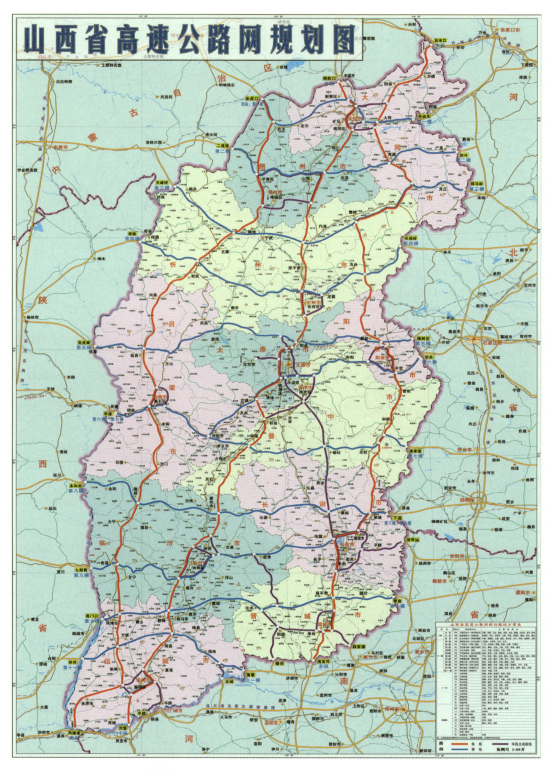

图26 山西省高速公路网布局规划示意图（2009年）

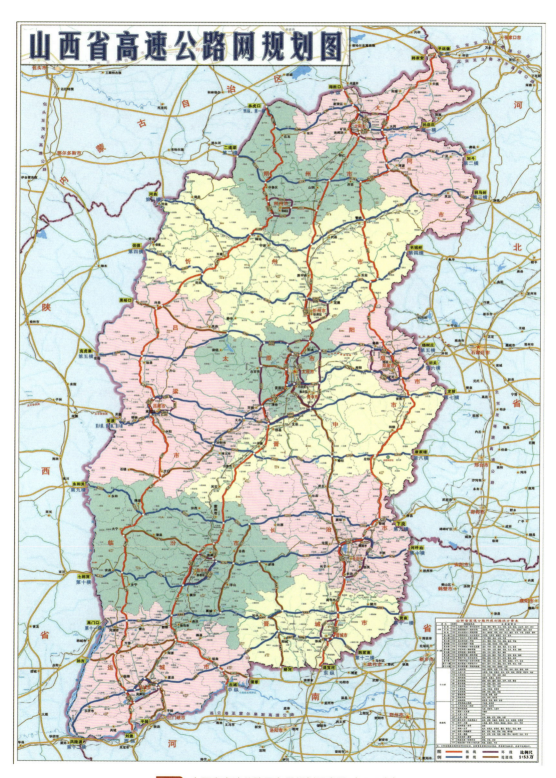

图27 山西省高速公路网布局规划示意图（2013年）

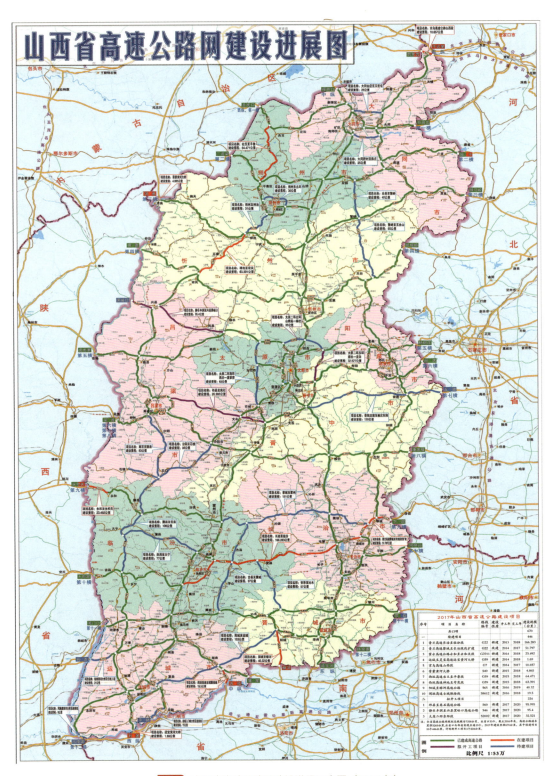

图28 山西省高速公路网建设进展示意图（2017年）

"十三五"国家重点图书出版规划项目
中国高速公路建设实录

Record of Expressway Construction in
Shanxi

山西高速公路
建设实录

山西省交通运输厅

人民交通出版社股份有限公司
China Communications Press Co.,Ltd.

内 容 提 要

本书是《中国高速公路建设实录》系列丛书之山西卷,内容包括经济社会与综合运输发展、公路建设及运输发展、高速公路发展成就、地方法规、科技成果、运营管理与综合执法、文化建设、建设项目,以及山西高速公路建设大事记、山西省高速公路管理条例、山西省公路条例等附录。

本书全面系统总结了山西省高速公路建设发展成就,详细记述了高速公路建设过程中的管理经验、科技创新、文化建设以及项目建设实情,凸显高速公路建设在山西省经济社会发展中的重要作用,具有很高的史料价值。本书可供交通运输建设行业相关人员阅读、学习与查询参考。

图书在版编目(CIP)数据

山西高速公路建设实录/山西省交通运输厅组织编写. — 北京:人民交通出版社股份有限公司,2018.8
ISBN 978-7-114-14171-3

Ⅰ. ①山… Ⅱ. ①山… Ⅲ. ①高速公路—道路建设—山西 Ⅳ. ①U412.36

中国版本图书馆 CIP 数据核字(2017)第 224697 号

"十三五"国家重点图书出版规划项目
中国高速公路建设实录

书　　名:	山西高速公路建设实录
著 作 者:	山西省交通运输厅
责任编辑:	刘永超　李　沛　等
出版发行:	人民交通出版社股份有限公司
地　　址:	(100011)北京市朝阳区安定门外外馆斜街 3 号
网　　址:	http://www.ccpress.com.cn
销售电话:	(010)59757973
总 经 销:	人民交通出版社股份有限公司发行部
经　　销:	各地新华书店
印　　刷:	北京雅昌艺术印刷有限公司
开　　本:	787×1092　1/16
印　　张:	70.75
字　　数:	1233 千
版　　次:	2018 年 8 月　第 1 版
印　　次:	2018 年 8 月　第 1 次印刷
书　　号:	ISBN 978-7-114-14171-3
定　　价:	460.00 元

(有印刷、装订质量问题的图书,由本公司负责调换)

《山西高速公路建设实录》
编审委员会

主　　　任：闫晨曦
名誉主任：李正印　张志川
副　主　任：唐　晋　张晓玲　袁清茂　秦红保
　　　　　　雷天才　李贵顺　王　晋　段新源
　　　　　　王四小　郭贵堂　刘玉柱　郭全英
顾　　　问：张　润　戴　飞　韩日裕　郜玉兰
　　　　　　宋文斌　赵振田　郭贵平　蔺建煌
　　　　　　董新品
委　　　员：（按姓氏笔画为序）
　　　　　　尹新平　王大为　王亚虎　王世峰
　　　　　　任玉胜　许有志　闫长学　李英杰
　　　　　　李新杰　李安渠　李新喜　刘宏武
　　　　　　刘清平　师国梁　安小平　杨吉平
　　　　　　杨　斌　杨增梅　杨志贵　苏　敏
　　　　　　吴秀武　张俊生　张立承　陈　俊
　　　　　　武建勇　帖智武　曹居月　郭富平
　　　　　　郭晓军　赵振伟　赵队家　侯一方
　　　　　　郝玉柱　胡钢成　高新文　高保全
　　　　　　高海青　柴洪江　贾　勇　聂承凯
　　　　　　梁锦华　惠高峰　韩文军

《山西高速公路建设实录》
编纂工作委员会

主　　任： 王　晋

副主任： 师国梁

委　　员： 王亚虎　赵振伟　魏鹏举　周存信

　　　　　　郝瑞军　陈瑞丽　王晴红　杜小鹏

　　　　　　李新军　崔小康

参加本书编写的有关单位

主编单位： 山西省交通运输厅资料信息中心

参编单位： （按编写章节先后排序）

     山西省高速公路管理局

     山西省交通运输厅重点公路工程建设办公室

     山西省交通规划勘察设计院

     山西省交通科学研究院

     山西交通开发投资集团有限公司

     山西路桥建设集团有限公司

     山西省高速公路集团有限公司

资料提供： 山西省交通运输厅机关有关处室

     山西省交通运输厅直属有关单位

     山西省各高速公路公司

     山西省各高速公路建设管理处

本书编写分工

第一章

（按编写内容先后排序,下同）

编写人员：师国梁　陈瑞丽　王晴红　武建勇
　　　　　李政兴　贾　勇　侯一方　师　靓
　　　　　刘清平　蒋　焱

编写单位：山西省交通运输厅资料信息中心
　　　　　山西省交通运输厅综合规划处、人事处
　　　　　山西省地方海事局

第二章

编写人员：许秀鸾　李永佑　薛东梅　陈富根
　　　　　胡钢成　张福全　傅全忠　李秀保
　　　　　霍金相　管和平　武建勇　李政兴

编写单位：山西省公路局
　　　　　山西省交通运输厅资料信息中心
　　　　　山西省交通运输厅综合管理处
　　　　　山西省道路运输管理局
　　　　　山西省交通运输厅综合规划处

第三章

编写人员：安小平　邢益彰　郝瑞军　乔宏岩
　　　　　师国梁　陈瑞丽　高新文　赵景彭
　　　　　郝左军　卢永旺　武建勇　李政兴

编写单位：山西省交通运输厅发展规划研究中心
　　　　　山西省交通运输厅重点公路工程建设办公室
　　　　　山西省交通运输厅资料信息中心
　　　　　山西省交通运输厅建设和管理处、人事处、综合规划处

第四章

编写人员：师国梁　陈瑞丽　杜小鹏　郭富平
　　　　　陈　星

编写单位：山西省交通运输厅资料信息中心
　　　　　山西省交通运输厅政策法规处

第五章

编写人员：师国梁　陈瑞丽　张俊生　张德宇
　　　　　黄仰收　张晓东　张明欣　崔　兰
　　　　　刘少文　许艳红　潘建峰

编写单位：山西省交通运输厅资料信息中心
　　　　　山西省交通运输厅科技处
　　　　　山西省交通规划勘察设计院
　　　　　山西省交通科学研究院
　　　　　山西省高速公路管理局

第六章

编写人员：牛　铮　潘建峰

编写单位：山西省高速公路管理局

第七章

编写人员：师国梁　王晴红　王亚虎　陈尧仲
　　　　　党　峰　郝瑞军　乔宏岩

编写单位：山西省交通运输厅资料信息中心
　　　　　山西省交通运输厅直属机关党委

山西省高速公路管理局

山西省交通运输厅重点公路工程建设办公室

第八章

编写人员： 师国梁　陈瑞丽　郝瑞军　乔宏岩
　　　　　　牛　铮　荣　誉　杨原平　徐　滨
　　　　　　潘建峰　高　洋　杨利军

编写单位： 山西省交通运输厅资料信息中心

山西省交通运输厅重点公路工程建设办公室

山西省高速公路管理局

山西交通开发投资集团有限公司

山西路桥建设集团有限公司

附录一（大事记）

编写人员： 师国梁　陈瑞丽　杜小鹏

编写单位： 山西省交通运输厅资料信息中心

附录二至附录三十九

搜集编写人员： 师国梁　陈瑞丽　王晴红
　　　　　　　　　杜小鹏

搜集编写单位： 山西省交通运输厅资料信息中心

照　片

搜集整理人员： 潘建峰　乔宏岩　陈瑞丽

搜集整理单位： 山西省高速公路管理局

山西省交通运输厅重点公路工程建设办公室

山西省交通运输厅资料信息中心

奋力开启建设交通强国山西新征程

盛夏时节,万紫千红,郁郁葱葱,作为《中国高速公路建设实录》系列丛书之一的《山西高速公路建设实录》一书正式出版了,该书既是山西省高速公路建设成就的全面展示,也是山西交通运输事业发展的真实缩影,是山西交通运输系统又一项重要成果。在此,我向该书顺利出版表示热烈地祝贺!向所有为该书提供帮助、付出辛勤的同志们表示衷心地感谢!

党的十九大提出建设交通强国的宏伟目标,交通运输部从新时代肩负的新使命出发,提出交通强国的战略目标。省委、省政府从实现山西资源型经济转型的长远发展出发,提出建设综改试验示范区、能源革命排头兵、对外开放新高地"三大目标"。为全面贯彻落实交通强国建设要求和省委、省政府重大战略部署,省交通运输厅以"奋力开启建设交通强国山西新征程"为主题,确立"365"发展思路和要求。

"3"就是明确三个阶段性战略目标:从现在到2020年,突出抓重点、补短板、强弱项,公路通车总里程达到15万公里;高速公路出省口基本打通,实现省际互联互通、省内重要连接线基本贯通;全面推进以"黄河长城太行三大板块旅游公路"为重点的"四好农村路"建设;新建支线机场1个,通用机场及起降场总数达到10个以上;建设太原、大同两个全国性综合交通枢纽,交通运输发展总体水平显著提高。从2020年到2035年,基本建成安全、便捷、高效、绿色的现代综合交通运输体系,基础设施、运输服务、技术装备、科技创新、行业治理能力和影响力大幅提升,基本实现交通运输现代化,为山西省与全国同步基本实现社会主义现代化提供有力支撑。从2035年到本世纪中叶,建成交通基础设施衔接顺畅、运输服务便捷高效、行业管理规范有序、科技信息先进适用、资源环境低碳绿色、安全应急可靠高效的交通运输体系,全面实现交通运输现代化,更好地满足全省经济社会发展和人民群众美好生活的交通运输需要。

"6"就是树立"六大理念"：即服务大格局。始终把交通运输放在经济社会发展的全局中去考量，放到省委、省政府的总体部署中去谋划，做到服务大局、当好先行。建设大交通。统筹铁路、公路、水运、民航、邮政基础设施网络建设，打造省内省外互联互通、区域城乡覆盖广泛、枢纽节点功能完善、贯通南北连接东西的综合交通布局。发展大运输。推进各种运输方式深度融合，构建高品质、多样化、一体化的客货运输服务体系，实现人悦其行、物优其流。推进大改革。破除不合时宜的思想观念和体制机制弊端，推动实现交通运输治理体系和治理能力现代化。保障大安全。着力构建有效维护行业安全运行、有效支撑社会总体安全的交通运输安全发展体系，坚决维护行业安全和国家利益。实现大服务。着力为人民群众提供安全可靠、便捷畅通、经济高效、节能环保的交通运输服务，不断增强人民群众的获得感、幸福感和安全感，服务人民、服务基层、服务经济社会发展。

"5"就是在"五个方面"走出山西交通路子：

一是坚持深化供改与综改相结合，推动交通运输质量变革、效率变革、动力变革。通过加快完善大交通体制机制，统筹公路、水路、铁路、民航、邮政综合发展，着力消除无效供给；统筹区域、城乡协调发展，完善促进农村交通发展政策，着力提高交通运输发展的均衡性；统筹各种运输方式，提高运输组织效率。加快推进以科技创新为核心的全面创新，推进交通运输治理体系和治理能力现代化，加强交通基础设施互联互通，在全面开放中拓展交通运输发展新格局。

二是坚持新发展理念，服务全省转型发展、绿色发展、开放发展。黄河、长城、太行三大旅游板块是全省经济转型、脱贫攻坚的主战场，要坚持以规划为引领，构建覆盖全省、结构合理、功能完善、特色鲜明、服务优良的三大板块旅游公路。着力推广新能源交通工具和低碳绿色出行方式，推动交通运输绿色低碳循环发展。构建层次分明、协调发展的通用机场体系，实现向通用航空强省目标迈进。规划建设一批集铁路、公路、民航与城市客运等多种运输方式于一体的综合交通枢纽，进一步提升山西对外开放水平。

三是构建现代化经济体系，全面推进山西交通运输现代化。聚焦综合交通运输体系、运输服务、科技创新等重点领域，加强政策研究，为行业科学决策提供理论支撑和政策支持。建设全省一体化的交通大数据中心及其应用体系，加快实现基础设施、运输装备、运输方式的信息化智能化，努力构建全要素、多领域、高效益的融合发展格局。强化人才激励机制，重点培养一批科技领军人才、高素质技能人才和高水平创新团队，为交通运输现代化提供坚强的人才保障。

四是贯彻全面深化改革与全面依法治国战略，推进行业治理体系与治理能力现代化。大力推进综合交通运输管理体制改革，深化厅属事业单位分类改革，构建系统完备、科学规范、运行有效的体制机制。转变政府职能，推动交通运输工作重心从直接组织交通建设和运输生产，向管理公共事务、提供普遍服务、依法监管市场、维护公平竞争的职能定位转变。持续深化"放管服效"改革，发挥市场在资源配置中的决定性作用，营造统一有序、公平竞争的市场环境。坚持"依法治交"，积极推动形成与高质量发展相适应的法律法规、标准规范和绩效评价等体系。

五是推进全面从严治党常态化，持续构建良好政治生态。以政治建设为统领，全面推进党的政治建设、思想建设、组织建设、作风建设、纪律建设，把制度建设贯穿其中，不断提高交通运输系统党的建设科学化水平。切实履行党领导经济工作的职能，努力提高党组织领导经济工作的水平。深入落实全面从严治党"两个责任"，持续推进党风廉政建设和反腐败斗争，切实加强权力监督制约，建立健全权力运行、权力制约、权力监督的制度体系，进而形成"不敢腐、不能腐、不想腐"的有效机制，构建政治生态的绿水青山。

习近平总书记指出：时代是出卷人，我们是答卷人，人民是阅卷人。站在新的历史起点上，我们要深入学习贯彻习近平新时代中国特色社会主义思想和党的十九大精神，围绕服务交通强国建设和山西转型发展，在省委、省政府的坚强领导下，按照"365"发展思路和要求，继续发扬"太旧精神"，在建设交通强国和推进山西现代化进程中，提升山西交通质量、交出山西交通答卷、贡献山西交通力量，为建设人民满意交通、谱写新时代中国特色社会主义山西篇章做出新的更大贡献！

山西省交通运输厅党组书记、厅长

2018年8月18日

掀开新篇章 再创新辉煌

金秋十月,在党的十九大胜利召开的大喜日子里,作为《中国高速公路建设实录》系列丛书之一的《山西高速公路建设实录》正式公开出版发行了,这是全省交通运输系统的一件大喜事,也是精神文明建设的一项丰硕成果。

《山西高速公路建设实录》全面记录了山西省1993年至2016年高速公路建设史上的点点滴滴。既有在建设过程中面对的重重困难和采取的种种措施,也有经过不懈努力取得的重大成就和可推广、可复制的科研成果;既有党中央、国务院对山西的深切关怀,也有国家各有关部委特别是交通运输部对山西的大力支持;既有山西省委、省政府的果断决策,更有全省3680万人民群众的殷切期盼。该书的出版,既是对改革开放以来全省交通运输事业发展的一次认真回顾和系统、全面地总结,也为进一步做好新形势下交通运输工作特别是高速公路建设工作提供了可资借鉴的宝贵经验,必将为更好更快地推动全省交通运输事业蓬勃发展起到积极的促进作用。

在此,我代表省交通运输厅和全省交通运输系统全体干部职工,向夜以继日、加班加点付出辛勤劳动的全体编纂人员表示热烈地祝贺!向积极提供大力支持和热忱帮助的《中国高速公路建设实录》编委会、人民交通出版社的领导和编辑人员表示衷心地感谢!

山西自古以来就是个好地方,表里山河,资源丰富,历史悠久,文化厚重,民风淳朴,气候宜人。太行、吕梁二山雄据东西,黄河、汾河两水孕育英才,地下蕴藏着丰富的矿产资源,地上密布着众多的文物古迹,四季分明的气候,壮观秀美的景色,热情好客的人民,风味独特的美食,让每一个来过山西的人都流连忘返。在革命战争年代,山西人民在党的领导下,为革命事业做出了巨大牺牲和贡献,山西革命老区的丰功伟绩彪炳史册。新中国成立以后,山西老工业基地在国民经济发展中占有重要地位,为支持全国社会主义建设做出过重大贡献。改革开放以来,山西作为全国的能源基地,为国家的经济建设又做出了积极贡献。

山西境内地形起伏、沟壑纵横,内外交通不便,构建便捷、安全、经济、高效的综合交通运输体系,是深入贯彻习近平新时代中国特色社会主义思想的重要举措,更是历届省委省政府和祖祖辈辈山西人的共同愿望。经过多年的不懈努力,山西交通运输发展取得了令人瞩目的成绩。截至2016年底,全省公路通车里程达到14.2万公里,公路密度达到90.65公里/百平方公里。其中,高速公路通车运营里程达到5265公里,全省实现了省会到地级市3小时高速通达,相邻省辖市之间2小时通达,94%的县区通了高速公路;普通干线公路通车里程1.25万公里,农村公路总里程12.42万公里。客运班线达到5317条,全省95.5%的乡镇、93.7%的建制村通了客运班车。全省汽车客运站350个,实现了地级市有一级站、县有二级站、50%以上的乡镇有等级客运站。全省公交运力1.22万标台,公交营运线路里程2.1万公里,11个市公交出行分担率平均达24.5%。随着路网、运力布局不断优化,初步实现了公路、铁路、民航、公交、出租等多种运输方式的有机衔接。

在构建综合交通运输体系过程中,高速公路建设担当了主力军,"三纵十二横十二环"高速公路网成为综合运输体系的干线骨架,为推进山西建设全国重要的现代制造业基地、中西部现代物流中心和生产性服务大省、中部地区经济强省和文化强省,建设国家级资源型经济转型综合配套改革试验区,打造内陆地区对外开放新高地奠定了扎实基础。

回顾过去,心潮澎湃,激情依旧。1996年,全省第一条高速公路——太旧高速公路全线建成通车。从此,山西结束了没有高速公路的历史。2003年,纵贯三晋南北的大运高速公路全线通车,"挺起了山西的脊梁",是山西高速公路建设一个新的里程碑。2005年,省会太原到各市实现3小时高速通达;2008年底,全省高速公路里程达到1965公里;2010年12月,以太佳高速公路全线建成通车为标志,全省高速公路通车里程突破3000公里;截至2016年底,全省高速公路通车里程达到5265公里,处于全国第一方阵。从一段一段到一条一条,到东西南北纵横交错,再到覆盖三晋大地的"三纵十二横十二环"高速公路网初具雏形,全省路网规模逐步扩大,布局得到有效改善。高速公路里程从突破1000公里,到突破2000公里,到突破3000公里,再到突破5000公里,一步一个脚印,一步一次辉煌,山西高速公路建设实现了由点到线、由线到网的历史性跨越。

与此同时，在高速公路建设过程中，全省交通运输系统干部职工顽强拼搏、攻坚克难，孕育出了闻名全国的"太旧精神"，树立起了山西交通人"自力更生，艰苦奋斗，不屈不挠，勇于奉献"的光辉形象，取得了物质文明和精神文明建设双丰收。

特别是2016年以来，山西省委、省政府坚持认真贯彻落实习近平总书记系列重要讲话精神，按照"五位一体"总体布局和"四个全面"战略布局要求，立足山西实际，全面把握各项事业发展新要求和全省人民群众新期待，为山西经济社会的发展规划了新的蓝图。为了更好地支持全省交通运输事业取得更大发展，省主要领导多次深入交通运输厅以及全省交通运输系统进行调研，并就全省交通运输事业的发展特别是高速公路的发展提出具体指导意见和更高要求。省政府批准了重新调整的《山西省高速公路网规划》；批准并印发了《关于进一步推进全省高速公路建设的意见》；与交通运输部签署了"加快贫困地区交通运输发展共建协议"和"加快山西省交通运输发展合作协议"；省人大先后修订了《山西省道路运输条例》《山西省高速公路管理条例》等5部地方性法规。这些举措，为全省交通运输事业全面发展提供了有力保障，山西高速公路建设也步入了提质增效、转型升级的新阶段。

展望未来，任重道远，豪情满怀。习近平总书记指出，"十三五"是交通运输基础设施发展、服务水平提高和转型发展的黄金时期，要抓住这一时期，加快发展，不辱使命，为实现中华民族伟大复兴的中国梦发挥更大的作用。总书记的科学论断充分表明，"十三五"仍然是交通基础设施集中建设、扩大规模的重要时期，更是加快成网、优化结构的关键时期。这就需要全省交通运输系统坚持新发展理念，积极适应人民群众对交通运输的安全性、便捷性、舒适性、时效性要求提高的新趋势，紧紧抓住国家实施"一带一路""京津冀协同发展""建设雄安新区"等重大战略机遇，围绕加快构建现代综合交通运输体系，进一步完善全省高速公路网，充分发挥高速公路联通内外的主通道作用，为促进全省经济平稳较快增长和社会和谐发展、生态民生改善，提供有力的交通保障和基础支撑。

要转变发展方式，统筹数量与质量、速度与效益，从注重总量增加向提高质量效益转变，打通断头路、加密连接线、完成改扩建，实现高速公路联通、成网、提质、增效。要坚持创新发展，大力弘扬"工匠精神"，推行精细化管理，打造高速公路"品质工程"。要认真贯彻中央、省和交通运输部关于安全生产的一系列决策部署，按照"打造本质安全，共享平安交通"的要求，始终做到"四个坚持"（坚持人民利益至上、坚持落实安全责任、坚持突出问题导向、坚持依法标本兼治），着力构建"六大体系"（安全生产责任体系、安全知识体系、法规制度体系、智能交通调度指挥与应急救援体系、安全生产隐患排查与治理体系、安全专项整治体系），为人民群众安全便捷出行提供更高效、更优质、更可靠的高速公路通行服务环境。要加强信息化建设，建立完善高速公路信息化基础和应用平台，促进高速公路运行管理智能化变革。要加强生态建设，以尊重生态为原则，将高速公路融入良性自然生态环境系统之中，实施绿色高速公路示范工程。要促进脱贫攻坚，以全省58个扶贫开发工作重点县为主战场，加快贫困地区高速公路建设，力争到2020年，贫困地区全面建成"外通内联、高速到县"的交通运输网络。要落实全面从严治党要求，严格落实党风廉政建设"两个责任"，加强对工程项目招标投标、征地拆迁、工程设计变更、设备材料采购、资金使用管理等重点环节监督检查，实现高速公路建设领域风清气正。要加强精神文明建设，深入宣传社会主义核心价值观，厚植高速文化根基，提升高速服务质量，塑造高速公路美好形象。

交通强国展新图，奋蹄扬鞭正当时。进一步深化高速公路管理体制改革，努力提升服务质量和水平，更好更快地满足3680万山西人民日益增长的物质和文化需求，机不可失，时不我待。三晋百万交通职工决心乘着习近平总书记视察山西的浩荡东风，认真贯彻落实党的十九大精神，不忘初心，继续前进，时刻牢记崇高使命，不断提高政治站位，牢固树立"四个意识"，坚持贯彻新发展理念，抢抓机遇、乘势而上，与时俱进、改革创新，齐心协力、攻坚克难，努力实现全省高速公路建设事业掀开新篇章、再创新辉煌，为全省走好新征程、探出新路子、创造新业绩，为建设交通强国做出新的更大贡献。

是为序。

山西省交通运输厅党组书记、厅长

2017年10月18日

2014年10月23日,交通运输部交公路函〔2014〕867号文《关于编纂〈中国高速公路建设实录〉的通知》下发后,省交通运输厅领导十分重视,在厅长办公会议上专题进行研究,决定成立编审委员会和编纂工作委员会。编审委员会主任由厅党组书记、厅长担任;副主任由其他厅领导担任,分管厅领导具体负责;委员由厅机关各处室、厅直有关单位主要负责人组成。编纂工作委员会主任由分管副厅长担任,委员由厅办公室、厅资料中心、省高管局、厅重点办有关负责人组成,并责成厅资料信息中心具体负责组织实施和编纂工作。

在深入实际广泛调查研究的基础上,厅资料信息中心起草《山西高速公路建设实录》编写大纲,两次印发各有关单位征求意见,并进行汇总整理。2015年3月定稿后,以省厅文件正式印发厅机关有关处室和厅直有关单位执行。2015年6月9日,省交通运输厅专门组织召开《山西高速公路建设实录》编纂工作启动会议,厅党组成员、副厅长戴飞出席并讲话,要求高度重视,精心组织,密切配合,齐心协力,确保按时、高质量地完成编纂任务。

2015年7月2日,省交通运输厅以晋交办发〔2015〕252号文印发《关于认真做好〈山西高速公路建设实录〉资料报送工作的通知》,为了确保资料报送工作落实到位和书稿质量,省交通运输厅将此项工作列入年度目标考核项目之一。为了便于有关单位做好组织工作,在《编写大纲》中,每一项报送内容都明确责任单位。10月9日,省交通运输厅印发晋交办函〔2015〕470号文《关于明确〈中国高速公路建设实录〉、〈山西高速公路建设实录〉有关载录资料时限划分的通知》,进一步明确省高管局、厅重点办报送资料时段划分,省高管局、厅重点办分别召开动员布置会,按照省厅要求,明确各有关单位资料报送时间。

资料征集工作开展以来,厅直各单位及相关处室均按照要求认真做好组织实施工作。成立编纂机构,由党政主要领导负总责,明确一名分管领导具体负责,抽调专职或兼职人员,具体负责资料的搜集整理和编纂修改工作;做到资料搜集、编纂工作与其他工作同时布置,同时落实,同时检查,同时完成。

2015年10月12日至15日,交通运输部原部长、《中国高速公路建设实录》编委会主任黄镇东一行专程赴晋调研指导《山西高速公路建设实录》编纂工作并召开座谈会。厅党组书记、厅长李正印主持召开座谈会,厅党组成员、副厅长戴飞,厅机关相关处室负责人参加了会议。黄镇东在讲话中,高度评价全省编纂工作启动以来开展的各项工作,对省厅领导重视、分工明确、积极行动、有效推进,大纲全面、重点突出,给予充分肯定,提出三点要求:一要重点突出山西交通地方特色,将山西交通历史、优秀传统文化与精神内涵深度融入高速公路建设发展历程中,提升编纂质量。二要抓好信息采集工作,做到认真负责、精心部署,规划有序、数据准确,为建立山西高速公路大数据系统奠定基础。三要明确时间节点,高效地组织实施编纂工作。此外,还重点介绍部编委会承担的U阅通和全舆图的编辑思路与主要内容。李正印在讲话中,要求着力做好四个方面工作:统一思想,提高认识;加强组织领导,认真负责,层层抓落实;突出重点,突出地方特色,确保编纂质量;加快进度,明确责任,做好组织协调与密切配合。并表示,山西有决心、有信心、高要求、高标准地完成《山西高速公路建设实录》的编纂工作。

省交通运输厅认真贯彻落实黄镇东、李正印讲话精神,积极督促各有关单位认真做好资料报送工作。11月6日,厅资料中心组织省高管局、厅重点办6人赴北京参加中国公路建设行业协会组织的全国高速公路建设项目信息管理系统培训班,有效提高操作水平,掌握操作技能,为圆满完成资料报送任务打下良好基础。对于有关单位在资料搜集过程中遇到的问题,厅资料中心千方百计,想方设法及时给予解决。

2016年5月27日,厅资料中心、省高管局、厅重点办负责编纂人员赴武汉参加2016年《中国高速公路建设实录》编纂工作交流会,并汇报有关《山西高速公路建设实录》编纂的工作情况。

2016年6月至8月,厅资料中心聘请专业人员对厅机关各处室、厅直有关单位报送回的《山西高速公路建设实录》初稿进行审核,并提出修改意见。鉴于编纂人员文字水平参差不齐,资料收集内容存在许多共性问题,为了进一步做好资料搜集、整理和报送工作,提高全书编纂质量,2016年9月26日,省交通运输厅以晋交办函〔2016〕457号文印发《关于认真做好报送〈山西高速公路建设实录〉有关高速公路建设项目补充资料的通知》,10月25日以晋办发〔2016〕369号文印发《关于认真做好〈山西高速公路建设实录〉有关资料报送工作的通知》,要求厅直有关单位、厅机关有关处室和山西交通投资集团、山西路桥建设集团对报送资料要认真做好修改、补充和完善工作,确保资料齐备,表达准确,体例规范,文字精练。有关报送资料定稿后打印成A4版,由单位负责人签字,并加盖公章,一式三份,纸质资料及电子版一同报送厅资料信息中心,最后截稿日期为2017年3月10日。为努力做到图文并茂,各有关单位还需根据报送资料内容同时报送反映高速公路建设及管理成就的照片及视频文件、影像制品等资料。在资料纂写过程中,应按照八五(1991—1995)、九五(1996—2000)、十五(2001—2005)、十一五(2006—2010)、十二五(2011—2015)、十三五(2016—2020发展规划及2016年实施情况)五年规划发展情况分阶段叙述,重要工作或文件,必须写清具体时间、地点、有关参加人员和具体研究内容,不能笼统叙述,缺少具体时间,使读者容易产生歧义和误会。

2017年1月2日,接到交通运输部办公厅交办公路函〔2016〕1498号文《关于提高〈中国高速公路建设实录〉丛书编纂质量的通知》后,省交通运输厅领导十分重视,7位厅领导传阅后都做出批示,分管厅领导、省交通战备办公室专职副主任王晋要求厅资料中心认真抓好落实工作。为此,省交通运输厅采取三项措施进行细化落实:一是以省厅文件转发《通知》,组织有关单位领导、承办部门和责任人认真学习,深刻领会精神实质,切实做到责任到位、人员到位、经费到位。二是督促有关单位组织史志专家和老同志审阅稿件,进一步完善资料,做到准确、真实、可信、可鉴;三是按照黄镇东部长要求进一步在书中更好地体现出山西高速公路建设特色,在保证全书质量的前提下,做到图文并茂,雅俗共赏,将山西高速公路建设辉煌业绩永载史册。

2017年1月11日下午,交通运输部原部长、《中国高速公路建设实录》编委会主任黄镇东一行4人再次赴晋调研指导《山西高速公路建设实录》编纂工作,厅领导唐晋、王晋和已退休厅领导戴飞参加调研汇报会。

黄镇东在讲话中,对《山西高速公路建设实录》编纂信息采集工作给予高度评价,就相关问题进行沟通和交流,并对《编写大纲》的内容和结构提出修改意见。

他指出,编纂工作意义重大,希望在"精"上下功夫,重视专题,提炼精华,图文并茂,重点突出,结合山西特殊的地理环境,体现高速公路建设中的地方特色和文化,将"太旧精神"深度融入高速公路建设发展历程中,将黄土地、采空区的技术处置纳入科技成果中,提升编纂质量,把握好编纂进度。

王晋表示,省厅将以此次会议为契机,全面梳理、完善机制、创新方法、狠抓目标,确保按时完成编纂任务,全面记述全省高速公路建设历程,全面展示高速公路建设成就,为完成好《中国高速公路建设实录》系列丛书的编纂任务做出应有的贡献。

1月17日,省交通运输厅召开《山西高速公路建设实录》编纂工作促进会,传达1月11日交通部原部长、《中国高速公路建设实录》编委会主任黄镇东一行4人再次赴晋调研指导工作时的讲话精神,对下一步编纂工作进行安排部署。参加会议的有厅机关有关处室、厅直有关单位和山西交通投资集团、山西路桥建设集团分管领导、办公室负责人和具体承办人员。会议由省交通战备办公室专职副主任王晋主持。

会上,厅资料中心主任师国梁对厅机关有关处室和厅直有关单位所负责《山西高速公路建设实录》章节的资料报送内容进行详细说明,对下一步做好资料报送工作提出具体要求。

王晋在讲话中,对编纂工作提出三点要求:一是高度重视,切实加强领导。厅机关有关处室、厅直有关单位要按照省厅文件要求和黄镇东老部长调研讲话精神,对前一段资料搜集工作进行全面梳理,找准问题,积极解决。二是突出重点,坚持问题导向。要进一步在书中更好地体现出山西高速公路建设特色,科技成果中突出湿陷性黄土、采空区技术处理;运营管理与综合执法中加上高速公路养护内容,包括体制、机制、资金来源、路网管理、收费监控等内容;文化建设中将弘扬太旧精神作为重点写实写好。三是精益求精,把握时间节点。史志书籍是传承文化的重要载体,初稿完成后,各单位应请各级领导和熟悉情况的老同志、专家,把脉会诊,资料报送做到准确无误,经得起历史检验;要盯紧时间节点,学习太旧路建设经验,倒排时间,明确责任,分兵把口,细化内容,按时、保质圆满完成《山西高速公路建设实录》的资料搜集和修改任务,将全省高速公路建设24年的辉煌业绩永载史册,向厅党组和全省交通运输系统干部职工交一份满意的答卷。

2017年5月至6月,厅资料中心全体同志夜以继日,加班加点,对各有关单位报送的《山西高速公路建设实录》书稿再次进行修改、补充和完善,于6月28日将书稿报人民交通出版社,此后,又根据厅领导和人民交通出版社刘永超副主任的意见对内容进行多次修改完善,8月30日正式定稿,为党的十九大召开前完成出版工作打下坚实基础。

本书在编写过程中,始终得到各级领导的鼎力支持和热情指导。《中国高速公路建设实录》编委会主任、交通运输部原部长黄镇东不顾年事已高,两次带领编委会人员赴晋指导,对大力推动编纂工作、进一步提高全书质量起到十分重要的作用。山西省交通运输厅党组书记、厅长李正印、张志川在百忙中多次听取编纂工作汇报,并就高水平、高质量完成编纂任务提出明确要求;分管厅领导戴飞、王晋经常过问、积极指导和督促检查编纂工作,亲自协调解决存在的许多问题和遇到的具体困难;其他厅领导对编纂工作也给予了大力帮助;厅机关各处室、厅直各单位和山西交通投资开发集团、山西路桥建设集团有关人员克服困难,积极提供资料,为做好全书编纂工作做出很大贡献。在此,谨向《中国高速公路建设实录》编委会、人民交通出版社各位领导、编辑,向所有为本书编纂出版给予支持、帮助、指导,参与编写工作、提供文字资料的单位及个人致以诚挚的谢意!

鉴于编者经验不足,水平有限,虽潜心钻研,致力笔耕,但也有许多不尽如人意之处,尤其是一些早期项目资料缺乏,尽管采取多种措施也未能弥补不足,留下诸多遗憾。敬祈专家、学者以及读者们不吝赐教,批评指正。

《山西高速公路建设实录》编纂工作委员会

2017年10月

目录

第一章 经济社会与综合运输发展 ································· 1
第一节 经济社会发展 ··· 1
第二节 综合运输发展 ··· 22

第二章 公路建设及运输发展 ··· 87
第一节 公路建设 ·· 87
第二节 道路运输 ·· 92

第三章 高速公路发展成就 ··· 108
第一节 规划及发展历程 ·· 108
第二节 高速公路建设 ·· 122
第三节 桥梁隧道 ·· 129
第四节 高速公路建设经验 ·· 142
第五节 高速公路与经济社会发展 ·· 175

第四章 地方法规 ·· 182
第一节 省级地方性法规 ·· 182
第二节 建设市场管理规章制度 ··· 192
第三节 项目管理规章制度 ··· 195

第五章 科技成果 ·· 199
第一节 概述 ·· 199
第二节 科技创新 ·· 206
第三节 重大科研课题 ·· 208
第四节 主要科技成果 ·· 232

第六章 运营管理与综合执法 ··· 243
第一节 运营管理 ·· 243
第二节 路政管理 ·· 259
第三节 养护维修 ·· 265

第四节	收费管理	271
第五节	服务区经营管理	282
第六节	超限超载治理	287
第七节	信息化建设	289
第八节	安全生产和应急管理	297
第九节	迎国检工作	302

第七章	文化建设	303
第一节	交通运输行业精神文明建设	303
第二节	高速公路行业精神文明建设	306
第三节	锡崖沟精神	310
第四节	太旧精神	313
第五节	大运精神	317
第六节	千里大运文明高速公路建设	319
第七节	行业文化特色	323

第八章	建设项目	335
第一节	G5 北京—昆明高速公路山西段	335
第二节	G0501 临汾绕城高速公路	372
第三节	G0511 明曲高速公路	376
第四节	G18 荣成—乌海高速公路山西段	378
第五节	G1801 元朔高速公路	390
第六节	G20 青岛—银川高速公路山西段	392
第七节	G2001 太原绕城高速公路	438
第八节	G2002 阳泉绕城高速公路	449
第九节	G22 青岛—兰州高速公路山西段	452
第十节	G2201 长治绕城高速公路	463
第十一节	G55 二连浩特—广州高速公路山西段	469
第十二节	G5501 大同绕城高速公路西段	515
第十三节	G59 呼和浩特—北海高速公路山西段	519
第十四节	G1812 沧州—榆林高速公路山西段	552
第十五节	G2211 长治—延安高速公路山西段	568
第十六节	G2516 东营—吕梁高速公路山西段	577
第十七节	G3511 菏泽—宝鸡高速公路	597
第十八节	G5512 晋城—新乡高速公路山西段	611
第十九节	S30 孙启庄—右卫高速公路	619

第二十节	S36 广灵—浑源高速公路	630
第二十一节	S40 灵丘—河曲高速公路	635
第二十二节	S45 天黎高速公路	651
第二十三节	S50 太临高速公路	686
第二十四节	S56 太古高速公路	703
第二十五节	S60 昔离高速公路	708
第二十六节	S65 安阳高速公路	714
第二十七节	S75 侯平高速公路	721
第二十八节	S76 长平高速公路	732
第二十九节	S80 陵侯高速公路	733
第三十节	S86 晋运高速公路	743
第三十一节	S87 运风高速公路	749
第三十二节	S2003 吕梁绕城高速公路	754
第三十三节	S5502 忻州绕城高速公路	760
第三十四节	S5503 晋城绕城高速公路	765
第三十五节	S8501 朔州绕城高速公路	770
第三十六节	S5902 运城绕城高速公路	772
第三十七节	S8611 润阳高速公路	776
附录一	山西高速公路建设大事记	777
附录二	山西省交通运输厅领导班子成员沿革情况一览表	922
附录三	中共山西省交通运输厅党组成员沿革情况一览表	928
附录四	山西省公路条例	933
附录五	山西省高速公路管理条例	942
附录六	山西省道路运输条例	950
附录七	山西省城市公共客运条例	960
附录八	山西省水路交通管理条例	967
附录九	中华人民共和国交通部《关于学习、推广公路系统先进典型的决定》	973
附录十	弘扬"太旧精神" 发展公路交通——山西省交通系统创育"太旧精神"的先进事迹	976
附录十一	中共山西省委、山西省人民政府《关于在全省开展学习"太旧精神"活动的决定》	981
附录十二	中共山西省委、山西省人民政府《关于向省交通厅学习的决定》	984
附录十三	中共山西省委《关于树立精神文明建设先进典型的决定》	987
附录十四	山西省人民政府《关于对省交通运输厅予以表扬的通报》	989

附录十五	山西省人民政府《关于进一步推进全省高速公路建设的意见》	990
附录十六	山西省人民政府《关于进一步加强货车超限超载治理工作确保公路运输秩序和交通安全的通告》	993
附录十七	山西省人民政府《关于同意全省高速公路实行差异化收费优惠政策的批复》	995
附录十八	山西省人民政府《关于授权山西省交通运输厅对山西路桥建设集团有限公司履行出资人职责的通知》	997
附录十九	山西省人民政府办公厅《关于印发〈山西省交通企业及高速公路资产债务重组方案〉的通知》	998
附录二十	山西省人民政府《关于同意成立山西交通控股集团有限公司的批复》	1004
附录二十一	山西省发展和改革委员会关于《山西省高速公路网规划》的批复	1008
附录二十二	山西省发展和改革委员会关于《山西省高速公路网调整规划》的批复	1018
附录二十三	山西省发展和改革委员会关于印发《山西省高速公路网规划调整方案(2009年—2020年)》的通知	1027
附录二十四	中共山西省交通厅党组关于深入学习贯彻省委、省政府《关于在全省开展学习"太旧精神"活动的决定》的通知	1040
附录二十五	山西省交通厅关于贯彻省委、省政府《关于向省交通厅学习的决定》的实施意见	1043
附录二十六	山西省交通厅关于印发《"千里大运文明路"精神文明建设规划》的通知	1048
附录二十七	山西省交通运输厅《关于成立山西交通控股集团有限公司的请示》	1057
附录二十八	中共山西省交通运输厅党组《关于高速公路运营管理机构整合有关事宜的通知》	1069
附录二十九	交通运输部《关于发布全国高速公路服务区服务质量等级评定结果的公告》	1072
附录三十	太旧路特等功臣铭	1074
附录三十一	晋焦高速公路碑记	1076
附录三十二	长邯高速公路纪念碑	1078
附录三十三	大运高速公路建设志	1079
附录三十四	大运文明通道新原段碑文	1080
附录三十五	太祁高速公路建设志碑记	1081
附录三十六	风陵渡黄河大桥碑志	1082
附录三十七	雁门关桥隧群建设碑记	1084
附录三十八	韩信岭桥隧群建设志	1085
附录三十九	诗三首	1086

第一章
经济社会与综合运输发展

第一节 经济社会发展

一、全省基本概况

(一)地理环境

山西省位于北纬 $34°34′\sim40°43′$，东经 $110°14′\sim114°33′$，属于内陆省份，在太行山与黄河北干流域峡谷之间，地处华北西部的黄土高原东翼，是首都北京西部屏障。省境山环水绕，构成与邻省天然分界。东隔太行山，与河北省毗邻；西、南跨黄河，与陕西、河南两省相望；北越长城，与内蒙古自治区接壤。在国家经济发展布局中，山西紧靠以北京、天津为中心的"环渤海经济圈"，位于由山西、河南、湖北、安徽、湖南、江西组成的"中部六省"最北端。

山西省域轮廓呈由东北斜向西南的平行四边形，南北长 682km，东西宽 385km，总面积 15.68 万 km^2，约占全国土地总面积 1.634%，在全国各省(自治区、直辖市)中列第 19 位。

山西省位于中朝准地台近中央部位，称山西断隆。北抵蒙古地轴中部，南连秦岭褶皱系，西接鄂尔多斯台坳，东以太行山大断裂为界同华北地坳分开。山西断隆的中轴上，叠加有"S"形汾渭地堑系。山西境内地层发育较全，除上奥陶系上统、志留系、泥盆系、石炭系下统和中统缺失外，其余时代地层均有分布；尤其前寒武系和上古生界地层，在中国北方具有一定的代表性。山西境内岩浆岩类型多，分布较广泛，以侵入岩为主，特别是中生代侵入岩反映出多期次的特点，与许多内生矿产形成有关，并有全国罕见的碱性岩类。

山西省地貌景观大体分为基岩山区、黄土高原山区、断陷盆地三大类型。主干山脉有：太行山、吕梁山、中条山、五台山、恒山、太岳山(即霍山)，多呈北东～南西向或近南北向展布。主要盆地由北向南依次为：阳高盆地、大同盆地、忻州盆地、太原盆地、临汾盆地、运城盆地、长治盆地。山地占全省总面积 40%，丘陵占 40.3%，平川和河谷面积仅占 19.7%。全省北高南低，由东北向西南倾斜。省内最高点为五台山北台顶叶斗峰，海拔

3058m；最低点在垣曲县西阳河与黄河汇流处，海拔180m；最大相对高差2878m。

山西河流源于东西高原山地，分属黄河、海河两大水系。向西向南流的属黄河水系，向东流的属海河水系。全省共有大小河流1000余条。其中，全国第二大河流黄河，沿山西境界流程968km。境内流域面积大于10000km²的河流有5条（不包括黄河），小于10000km²大于1000km²的河流有48条，小于1000km²大于100km²的河流有397条。汾河是山西境内第一大河，干流全长694km。山西属于黄河水系的较大河流有汾河、沁河、丹河、涑水河、三川河等142条，属于海河水系的较大河流有桑干河、滹沱河、浊漳河、清漳河等81条。黄河流域在山西境内面积有9.71万km²，占全省总面积62%；海河流域在山西的流域面积为5.91万km²，占全省总面积37.7%。主要特点是河流较多，但以季节性河流为主，水量变化的季节性差异大。以径流量和开发条件比较，清漳河、沁河、滹沱河、浊漳河的条件较为优越，水能蕴藏量占到全省的80%~90%。山西省的主要水资源量由地表水资源和地下水资源组成，水资源的主要补给来源是当地降水。由于降水量分布不均及水文下垫面条件的差异，在地域上水资源分布极不均匀，总的趋势是由东南向西北递减。山西是全国水资源贫乏省份之一。

山西地处中纬度地带的内陆，在气候类型上属于温带大陆性季风气候。由于太阳辐射、季风环流和地理因素影响，山西气候具有四季分明、雨热同步、光照充足、南北气候差异显著、冬夏气温悬殊、昼夜温差大的特点。山西省各地年平均气温介于4.2~14.2℃，总体分布趋势为由北向南升高，由盆地向高山降低；全省各地年降水量介于358~621mm，季节分布不均，夏季6~8月降水相对集中，约占全年降水量的60%，且省内降水分布受地形影响较大，由东南向西北递减，总的趋势是山地多于盆地，迎风坡多于背风坡。晋东南太行山区和中条山区、五台山区、吕梁山区是山西3个多雨区，年降水量普遍在600mm以上，以五台山区降水最多，年降水量800mm。大同盆地、忻定盆地、吕梁山以西黄土丘陵区则是山西的3个少雨区，年降水量一般为400~450mm。

山西省矿产资源极为丰富，已发现的地下矿种达120种。其中，探明储量的有70种，保有资源储量居全国前十位的有36种。截至2016年年底，山西煤炭保有资源储量2767.85亿t，约占全国保有资源储量的20.1%；煤层气保有资源储量1825.16亿km³，占全国保有资源储量的88.2%；铝土矿保有资源储量14.16亿t，占全国保有资源储量的36.5%。此外，锰、银、金、石墨、膨润土、高岭岩、石英岩、含钾岩石、花岗岩、沸石等10种矿产也有着良好的勘察、开发前景。

山西植物资源丰富，已知的维管植物有2700多种。其中，木本植物有463种。山西植被从南到北可分为：南部和东南部是以落叶阔叶林和次生落叶灌丛为主的夏绿阔叶林或针叶阔叶混交林分布区，也是植被类型最多、种类最丰富的地区；中部是以针叶林及中生的落叶灌丛为主、夏绿阔叶林为次分布区，是森林分布面积较大的地区；北部和西北部是温带灌草丛和半干旱草原分布区，森林植被较少，优势植物是长芒草、旱生蒿类和柠条、沙棘等。山西野生植物资源丰富，国家一级保护植物有南方红豆杉，国家二级保护植物有连香树、翅果油树、水曲柳、核桃楸、紫椴等。野生药用植物有1000多种，广泛分布在丘陵山地，比较著名的有党参、黄芪、甘草、连翘等。山西省森林覆盖率18.03%。

山西野生动物以陆栖类为主，已知的有439种(含历史记录种类)。属于国家重点保护的珍稀动物有71种。其中，一级保护动物有17种：褐马鸡、金雕、朱鹮、白鹳、黑鹳、玉带海雕、白尾海雕、虎头海雕、丹顶鹤、大鸨、胡兀鹫、遗鸥、虎、金钱豹、梅花鹿、原麝、林麝；二级保护动物有54种，包括鸟类42种，两栖类1种，兽类11种。属于省级重点保护的有苍鹭、星头啄木鸟等27种；属于有益的，有重要经济、科学研究价值的野生动物有315种。

山西是旅游资源富集省份。"华夏古文明，山西好风光"是对山西旅游的高度概括。全省现存有国家级重点文物保护单位452处，位居全国第一。其中，大同云冈石窟、平遥古城、五台山为世界文化遗产。全国保存完好的宋、金以前的地面古建筑物70%以上在山西境内，山西享有"中国古代建筑艺术博物馆"的美誉。四大佛教圣地之一的五台山，寺庙群集千年之萃。建于北魏的恒山悬空寺悬于悬崖峭壁之上，以惊险奇特著称。太原晋祠是形式多样的古建筑荟萃的游览胜地。平遥古城是全国现存三座古城之一，被列入世界文化遗产名录。芮城永乐宫是典型的元代道观建筑群，宫内壁画是全国绘画艺术珍品。解州关帝庙是全国规模最大的武庙。云冈石窟是全国三大佛教石窟之一，气势雄伟。因拍摄《大红灯笼高高挂》而闻名的祁县乔家大院，加上祁县渠家大院、灵石王家大院、太谷三多堂等，共同展现山西晋中的大院民俗文化。

山西名山大川遍布，自然风光资源丰富优美。北岳恒山是五岳之一，国家级风景名胜区。绵山气候宜人，自古就是避暑胜地。黄河壶口瀑布是仅次于黄果树瀑布的全国第二大瀑布，国家级风景名胜区。庞泉沟、芦芽山、历山、蟒河等自然保护区，风景秀丽，景致各异。

山西是老革命根据地，革命活动遗址和革命文物遍布全国。著名的有八路军总部旧址、黎城黄崖洞八路军兵工厂、文水刘胡兰纪念馆等。

山西是汉语方言比较复杂的省份之一。由于地理和历史等诸多原因，山西方言较多地保留古代汉语成分，在语音、词汇和语法方面都有重要特点。与其他北方方言相比，山西方言除晋南多数县市和北部广灵没有入声外，其余各区均有入声。山西方言的入声读音短促，韵母以喉塞音收尾。山西境内与毗邻省份有入声的方言被称为晋语。在词汇语法方面，有以下特点：一是有分音词、合音词和逆序词；二是有丰富的四字格俗语；三是有大量以"圪"为前缀构成的词语；四是保留许多古语词；五是名词、动词、形容词、量词的重叠形式非常丰富。

山西是少数民族杂居散居的省份。民族构成以汉族为主，汉族人口占全省总人口

99.7%,有 53 个少数民族,包括回族、满族、蒙古族、彝族、苗族、土家族等,人口 9.35 万人,占全省总人口 0.27%。其中回族最多,约占少数民族总人口 80%。山西省的少数民族总体及分布有 4 个特点:一是人口总数不多,但民族成分多。全省共有 53 个少数民族成分,少数民族人口在万人以上的有回族、满族、蒙古族。二是大分散、小聚居。全省 11 个市 119 个县(市、区)有少数民族。有 42 个少数民族聚居村。三是回族人数居绝大多数且相对聚居,有较强的民族意识和宗教感情。四是少数民族聚居村有相当一部分处于山区或贫困县区,经济社会发展水平相对落后。

截至 2016 年年底,山西省境内有佛教、道教、伊斯兰教、天主教、基督教(新教),信教群众约 185 万人。全省经认定各备案宗教教职人员 6386 人,全省宗教活动场所 2844 处,各级宗教团体共 221 个。

(二)历史沿革

山西是中华文明发祥地之一。相传尧都平阳、舜都蒲坂、禹都安邑,都建在今山西境内南部地区。西周时为唐国,后改为晋国,山西简称晋即由此而来。战国时分属于赵、魏、韩。秦置代、雁门、太原、河东、上党 5 郡,西汉时置并州,辖代、雁门、太原、上党 4 郡,朔方辖西河郡,司隶部辖河东郡。东汉时并州辖定襄、雁门、太原、西河、上党 5 郡,司隶部辖河东郡,幽州辖代郡。三国时魏置并州辖雁门、新兴、西河、太原、东平、上党 6 郡,司州辖河东、平阳 2 郡,幽州辖代郡,冀州辖灵丘县,此外,天镇、山阴、平鲁西北属拓跋鲜卑,五寨、临县以西属羌。西晋时并州辖雁门、新兴、上党 3 郡及太原、东平、西河 3 国,司州辖河东、平阳 2 郡,幽州辖代郡,山阴以北仍属拓跋鲜卑,五寨、临县以西属羌。北魏置朔、恒、汾、肆、并 5 州,霍县、高平以南属司州。隋代改州为郡,置马邑、雁门、娄烦、离石、太原、龙泉、西河、临汾、文水、河东、绛、长平、上党 13 郡。唐代置河东道,辖太原府及云、蔚、朔、代、岚、忻、石、隰、汾、晋、慈、绛、蒲、辽、沁、潞、泽 17 州。五代后唐置太原、河中 2 府及云、蔚、应、寰、朔、代、岚、忻、石、隰、汾、晋、慈、绛、辽、沁、潞、泽 19 州。后晋置太原、河中 2 府及代、岚、宪、忻、石、隰、汾、晋、慈、绛、辽、沁、潞、泽 14 州,云蔚、应、寰、朔、代 5 州属契丹。后汉行政区划未变。北宋时置河东路,辖太原、隆德 2 府,代、忻、宪、岚、石、隰、汾、慈、晋、绛、辽、泽 12 州及火山、保德、岢岚、宁化、晋宁、平定、威胜 7 军,永兴路辖解州及河中府。大同府及朔、应、蔚 3 州属辽的西京道。金于山西置河东南路,河东北路,雁门关北属西京路。河东南路辖河中、平阳 2 府及隰、耿、绛、解、泽、潞、沁、辽 8 州,河东北路辖太原府及澳、保德、岢岚、岚、宁化、管、忻、代、石、汾、平定 11 州。西京路辖大同府及武、朔、应、蔚 4 州。元代置河东山西道,隶中书省,领大同、冀宁、晋宁 3 路,大同路辖应、朔、武、浑源 4 州及大同、白登等 5 县,冀宁路辖兴、岚、管、坚、代、崞、忻、台、临、石、汾、盂、平定 12 州及阳曲、文水等 10 县,晋宁路辖河中府及隰、吉、霍、绛、解、辽、沁、潞、泽 9 州及临汾等 12 县。

明代置山西布政使司,辖大同、太原、平阳、潞安4府,汾、辽、沁、泽4州,共95县。清代山西省,辖朔平、大同、宁武、太原、汾州、平阳、潞安、泽州、蒲州9府,保德、代、忻、平定、辽、隰、霍、沁、绛、解10州及归化、绥远、萨拉齐、托克托、和林格尔等6厅,共辖108县。6厅及朔平、大同2府的北部系今长城以北的土默特、呼和浩特、集宁、丰镇等地区,民国2年(1913年)划归绥远、察哈尔两特别区。民国3年(1914年)山西省设雁门、冀宁、河东3道。雁门道辖晋北的26县,冀宁道辖晋中及晋东南的44县,河东道辖晋南的35县。1930年废道,县由省直辖。

1937年抗日战争爆发后,中国共产党在山西境内建立晋冀鲁豫、晋绥、晋察冀3个边区抗日民主政府,其在山西境内辖区面积约占全省总面积的70%以上。解放战争初期,山西解放区各县分属太行、太岳、晋察冀、晋绥4个行政公署,行署下设专区,分别领导各县。

1945年8月抗日战争胜利后,阎锡山政府迁回太原,抢占铁路沿线主要城市,按每个行政督察区辖5~7个县的原则,把全省划为18个区。1949年4月,随着太原解放,全省复归统一,阎锡山政府的行政区划遂告结束。

新中国成立以来,为适应社会主义建设发展需要,山西省行政区划曾有过多次调整。1949年10月,将雁北地区划归察哈尔省,山西省共设忻县、兴县、榆次、汾阳、临汾、运城、长治7个专区,92个县及太原市、阳泉工矿区、长治城关区和运城镇。1951年撤销汾阳专区。1952年撤销兴县专区。1952年11月察哈尔省撤销后,原雁北专区13个县及大同市划回山西省,全省共辖雁北、忻县、榆次、临汾、运城、长治6个专区及太原、阳泉、长治、大同4个市和运城镇,103个县。1958年,全省公社化后,行政区划进行较大合并,将6个专区并为晋北、晋中、晋南、晋东南4个专区,103个县合并为41个县,设太原市1个省辖市和大同、阳泉、长治、榆次、侯马5个专辖市。

20世纪60年代初期,全省行政区划又几经调整,原来合并的县先后分设,到1965年,全省设雁北、忻县、晋中、晋南、晋东南5个专区,太原、大同、阳泉3个省辖市,长治市为专辖市,县数为96个。1970年专区改为地区,同年撤销晋南专区,设立临汾、运城2个地区。

1971年,晋中地区分为晋中和吕梁2个地区,恢复侯马、临汾、榆次3市及古县、方山、娄烦3县,新设置柳林、交口2县,全省县数为101个。

1983年,对全省部分市、县区划及名称作了调整变动。全省划分为7个地区、4个省辖地级市、6个省辖县级市、96个县。

1985年,撤销晋东南地区,将其所属各县分别划归长治市和晋城市,晋城市升格为省辖地级市,全省设6个地区、5个地级市、5个县级市和96个县。

1989年设朔州市(地级市)和古交市(县级市)。

1990年霍县撤县建霍州市(县级市)。

1992年原平、孝义撤县建市(县级市)。

1993年撤销雁北地区,将其所辖县分别划归大同市和朔州市。同年,介休、高平县撤县建市(县级市)。

1994年潞城、永济、河津县撤县建市(县级市)。

1996年离石、汾阳撤县建市(县级市),晋城市郊区撤区建立泽州县。

1997年太原市城区行政区划重新调整,将原北城区、南城区、河西区、北郊区、南郊区5城区调整为:杏花岭区、迎泽区、万柏林区、尖草坪区、小店区、晋源区6个城区。

1999年撤销晋中地区,成立晋中市(地级市),原榆次市改为榆次区。

2000年撤销忻州地区、运城地区、临汾地区,成立忻州市、运城市、临汾市(地级市),原县级忻州市、运城市、临汾市改为忻府区、盐湖区、尧都区。

2003年撤销吕梁地区,成立吕梁市(地级市),原离石市(县级)改设为离石区。

截至2016年年底,山西省共设太原、大同、阳泉、长治、晋城、朔州、忻州、晋中、临汾、运城、吕梁11个地级市,11个县级市,85个县,23个市辖区。共有202个街道,1196个乡镇(其中564个镇、632个乡),合计1398个乡级行政单位。

二、"十二五"时期发展概况

"十二五"时期,面对严峻复杂的经济形势和艰巨繁重的改革发展稳定任务,在党中央、国务院坚强领导下,省委、省政府认真贯彻落实党的十八大和十八届三中、四中、五中全会精神,以及习近平总书记系列重要讲话精神,积极应对挑战,奋力攻坚克难。特别是2014年9月党中央对山西省委班子改组式调整以来,新的省委常委班子团结带领全省干部群众,按照"四个全面"战略布局和中央对山西工作的重要指示要求,坚持"深入学习贯彻习近平总书记系列重要讲话精神,净化政治生态,实现弊革风清,重塑山西形象,促进富民强省"的"五句话"总要求和总思路,全面从严治党,全面从严治吏,深入推进党风廉政建设和反腐败斗争,形成并始终保持惩治腐败、狠刹"四风"、打黑除恶"三个高压态势",着力推进"六大发展",全面实施"六权治本",统筹做好煤与非煤"两篇大文章",加快实施"革命兴煤",大力推进煤炭"六型转变",加快发展七大非煤产业,全力推动科技创新、金融振兴、民营经济发展"三个突破",坚持两手抓、两手硬,为新形势下全省经济社会发展提供科学思路、有力举措和坚强保证,各项工作稳中有为、稳中有进,经济社会发展取得新成就,全面建成小康社会迈出坚实步伐。

(一)千方百计稳增长,经济发展迈上新台阶

(1)有效扩大投资。紧紧围绕基础设施、产业转型、城镇化和生态环保、民生和社会事业等四个方面加强投资,特别是强力推动十大领域投资和十大标志性工程,"六位一

体"推进重点工程建设。下放投资审批权限,鼓励社会资本参与基础设施类项目建设运营。5年政府投资2852亿元,带动民间投资28516亿元,全社会固定资产投资累计达到54241亿元,年均增长21.7%。

(2)努力促进消费。积极开展"山西品牌中华行、丝路行、网上行""美丽山西休闲游"等促进消费活动,完善城乡流通网络和社区服务网点,实施"宽带山西"专项行动,积极发展电子商务,社会消费品零售总额年均增长12.7%。

(3)大力帮扶企业。实施煤炭、煤层气、低热值煤发电3个"20条"和减轻企业负担"60条",采取金融支持、财政扶持和鼓励民营经济发展等一系列政策措施,落实小微企业减免税等优惠政策,共为企业减负900多亿元,其中2015年达501亿元。"一企一策"精准帮扶企业,帮助企业克服困难,着力破解民营经济发展九大难题,努力促进企业平稳运行和健康发展。

全省地区生产总值由2010年的9188.8亿元增加到12802.6亿元,年均增长7.9%;一般公共预算收入由2010年的969.7亿元增加到1642.2亿元,年均增长11.1%,全省经济实力进一步增强。

(二)持续加强基础设施和城乡建设,经济社会发展增添新优势

(1)大力改善交通条件。太中银铁路、山西中南部铁路通道、大西高铁太原—西安段等建成通车,太原地铁2号线、阳泉北—大寨铁路、晋中—太原轻轨、大同—张家口铁路等一批重大项目开工建设,铁路新增营业里程1422km。灵丘—平鲁、忻州—保德等一批高速公路建成通车,高速公路新增通车里程2025km。新建改建国省干线公路2538km、农村公路19065km。吕梁机场、五台山机场、临汾机场建成通航。通达、便捷的立体化现代交通运输体系日益完善。

(2)积极推进水利建设。35项应急水源工程全部建成投入使用,病险水库除险加固全面完成,"两纵十横、六河连通"的大水网工程完成总投资60%,辛安泉供水工程实现通水运行。古贤水利枢纽工程前期工作积极推进。全省供水量由60亿m^3提高到75亿m^3。

(3)不断完善电力设施。新增电力装机2795万kW,总装机达到6966万kW,其中水力、光伏、风能、燃气、煤层气发电装机由284万kW增加到1294万kW。晋电外送"两交一直"等一批重大项目加快建设,新一轮农网改造升级工程完成,新增110kV及以上线路超过1万km,新增变电容量4686万kV·A。

(4)着力改善城乡面貌。实施城市人居环境改善四大工程,城市道路交通、管网等设施明显改善,棚户区、城中村改造步伐明显加快,建成城镇保障性住房102.5万套,其中棚户区改造完成61.2万套。城镇人均住房面积由2010年28.02m^2增加到31.96m^2。新增

城市绿化面积 7800 万 m^2,新创建国家卫生城市 6 个。全省城镇化率年均提高 1.39%,达到 55%。完成新一轮农村"五个全覆盖"工程,持续办好农村"五件实事",实施农村人居环境改善四大工程,行政村街道全部硬化、亮化,建成各类农村饮水工程 9685 处,新建农村社区老年人日间照料中心 3070 个,实施采煤沉陷区治理搬迁 9.3 万户,易地搬迁特困群众 44.5 万人,改造农村困难家庭危房 45.5 万户。农村人均住房面积由 2010 年的 28.69m^2 增加到 33.51m^2。全省从城市到乡村,整体面貌正在发生显著变化,生产条件日益完善,人民生活更加便利,三晋大地充满生机和希望。

(三)深入推进产业结构调整,发展方式转变迈出新步伐

(1)大力发展现代农业。每年出台 10 项惠农政策,省级补贴资金逐年增加,2015 年达到 83 亿元。完成中低产田改造、高标准农田建设 841 万亩,农田实灌面积新增 587 万亩、达到 2300 万亩,实现农民人均 1 亩水浇地。粮食连续 5 年获得丰收,总产年均达到 127 亿 kg,比"十一五"增长 25.2%。"一村一品""一县一业"发展步伐加快,七大产业翻番工程深入实施,农产品加工业销售收入 2015 年达到 1422.6 亿元,年均增长 22.8%。完成新型职业农民培训 20 多万人。积极培育专业大户、家庭农场等新型农业经营主体,农业社会化服务体系不断完善。

(2)推动传统产业升级改造。加快实施"革命兴煤",大力推进"六型转变",加快重组整合矿井改造,推进现代化矿井建设,形成 3 个亿吨级、4 个 5000 万吨级的大型煤炭集团。加大煤炭就地转化力度,潞安煤制油等一批现代煤化工项目积极推进。大力推进煤电一体化发展,主力火电企业 80% 以上实现煤电联营。焦化企业兼并重组加快,户均产能由 70 万 t 提高到 200 万 t 以上。

(3)加快培育新兴产业和服务业。围绕发展七大非煤产业,设立战略新兴产业发展投资引导资金,布局实施一批装备制造、新能源、节能环保等新兴产业项目,太重高速列车轮轴国产化、太钢 T800 级碳纤维等一批重大项目建成投产。非煤产业投资占工业投资比重由 2010 年 64.1% 提高到 2015 年 80.2%,非煤产业增加值占工业增加值比重由 42.4% 提高到 53.2%。装备制造业增加值占工业增加值比重由 5.8% 提高到 10.4%。煤层气年抽采量由 42.8 亿 m^3 增加到 101 亿 m^3,利用量由 21 亿 m^3 增加到 57 亿 m^3,燃气使用人口由 1186 万人增加到 1800 万人。旅游总收入由 1083.5 亿元增加到 3447.5 亿元,年均增长 26%。服务业占地区生产总值比重由 37.3% 提高到 53%。全省经济结构正在发生变化,转型效果正在逐步显现,必须坚持不懈调结构,才能够走出一条资源型地区转型发展新路。

(四)狠抓节能减排和环境保护,生态文明建设取得新成效

(1)全力推进节能降耗。淘汰落后钢铁产能 1498 万 t、焦炭 3507 万 t、水泥 4085 万 t、

电力182万kW。实施1500项节能改造项目,推行合同能源管理,万元地区生产总值综合能耗超额完成下降16%的目标任务。万元工业增加值用水量下降27%。工业固废综合利用率达到65%。全面改善环境质量。电力、钢铁、水泥等重点行业脱硫、脱硝、除尘改造任务全部完成。城镇集中供热率达到86.6%。淘汰黄标车、老旧车69.44万辆。太化等一批重污染企业关闭搬迁、加快改造。全省主要污染物排放总量显著下降,2015年环境空气质量综合指数比2013年下降15.7%,细颗粒物浓度累计下降27.3%。重点流域水污染防治成效明显,河流水质进一步改善。狠抓省城环境综合治理,关停污染企业322家,拔掉黑烟囱3.9万根,新增集中供热面积1亿m^2以上,省城环境质量明显改善。率先启动燃煤发电机组超低排放改造,完成改造容量1566万kW,改造后排放水平达到或优于燃气发电机组。累计核准开工低热值煤发电项目24个,总装机2129万kW,投产后每年可消耗煤矸石8400万t,环境效益和经济效益十分显著。

(2)持续加强生态建设。坚持不懈推进造林绿化,5年营造林2252万亩,森林覆盖率、林木蓄积量显著增加,吕梁山生态脆弱区治理步伐加快。治理水土流失面积1820万亩,全省地下水位连续8年持续回升,晋祠泉水位累计回升21m。汾河流域生态修复治理工程全面启动。生态环境是山西短板,长期以来大规模、超强度煤炭开采,在创造财富和为国家做出重要贡献的同时,也严重破坏生态、污染环境。必须坚持不懈、久久为功,修复生态、保护环境,才能够重现山清水秀的美丽风光。

(五)切实保障和改善民生,人民生活水平和质量有了新提高

(1)大力发展教育事业。实施义务教育标准化建设工程和农村薄弱学校改造计划,52个县(市、区)通过国家义务教育均衡发展评估认定。新建改扩建标准化公办幼儿园1049所,改造农村幼儿园2738所。进城务工人员随迁子女实现在就读地参加中考、高考。城乡特殊教育生均公用经费补助标准由310元、750元统一提高到5000元。全部免除中等职业学校学生学费,每年惠及50万学生。高职生均公用经费补助标准达到9000元。新增7所本科院校,11个设区市都有本科院校和高等职业院校,10所高校、13万师生入驻高校新校区。

(2)扎实推进医药卫生事业改革发展。县级公立医院综合改革实现全覆盖,太原、运城城市公立医院改革试点稳步推进。政府办基层医疗卫生机构和村卫生室全部实行基本药物制度。人均基本公共卫生服务经费由15元提高到40元,12类45项服务惠及城乡居民。新建和改扩建医疗卫生机构7435个,新增三级甲等医疗机构13所,山西大医院建成投入使用,省儿童医院新院区主体工程建设完工。

(3)加快发展文化事业。大力弘扬全省优秀法治文化、廉政文化、红色文化,充分发挥思想引领、舆论推动、精神激励、文化支撑作用。省图书馆、科技馆、山西大剧院、山西体

育中心建成投入使用,全省公共图书馆、文化馆、美术馆全部实现免费开放。政府购买公共演出服务全面推行。《山西文华》大型丛书编纂工程启动实施。舞剧《粉墨春秋》荣获"文华大奖"。首批112个乡镇开展乡村文化记忆工程试点。"强健体魄·阳光生活"等全民健身活动广泛开展,成功举办第14届省运会,全省体育健儿在伦敦奥运会等国际国内重大赛事上取得好成绩。

(4)千方百计扩大就业。全面做好高校毕业生、农村转移劳动力、城镇困难人员、退役军人等群体就业工作。实施大学生创业引领计划和离校未就业毕业生就业促进计划,政府连续两年购买基层公共服务岗位,吸纳13974名大学生就业。设立创业投资基金支持创业,实行劳动者创业"先贷后补"办法,开展创业型城市创建活动,建成省级大学生创业园和213个创业基地。实施缓缴困难企业社保费、降低社保费率、发放稳岗补贴等措施,鼓励企业吸纳更多劳动者就业。托底安置"零就业"家庭等困难人员22.9万人。5年城镇累计新增就业255.9万人,转移农村劳动力197.7万人。

(5)着力增加居民收入。连续5年提高全省最低工资标准,年均增长13%以上。企业工资指导线基准线均在10%以上。为全省农户免费发放冬季取暖煤3347万t、现金补贴24.3亿元,为领取保险金的失业人员发放取暖补贴。落实带薪年休假制度,提高机关、事业单位津补贴(绩效工资)和基本工资标准,并向基层倾斜。城乡居民人均可支配收入2015年分别达到25828元、9454元,"十二五"期间年均分别增长10.7%、12.4%。

(6)大力推进扶贫开发。扎实推进百企千村产业扶贫、易地扶贫搬迁、金融扶贫、教育扶贫和劳动力就业培训等重点工程,启动实施光伏扶贫、乡村旅游扶贫和电商扶贫试点,统筹机关定点扶贫和领导干部包村增收,向全省贫困村选派第一书记,对建档立卡的7993个贫困村、119.2万贫困户做到驻村结对帮扶全覆盖。贫困地区生产生活条件不断改善,5年共有220万贫困人口实现脱贫。

(7)切实加强社会保障。城乡居民基本养老保险制度统一实施。连续11年提高企业退休人员基本养老金水平,达到2630元,年均增幅10%以上。机关事业单位养老保险制度改革稳步推进。城镇职工医保、城镇居民医保和新农合三项基本医保实现应保尽保,城乡居民医保年人均财政补助标准由120元提高到380元,城乡居民大病保险和重特大疾病医疗救助制度实现全覆盖。城乡低保标准每人每月分别由235元、98元提高到415元、234元,农村集中供养、分散供养的五保对象省级补助标准分别由1500元、1200元提高到2400元、1530元。为集中供养孤儿、散居孤儿每人每月补助1000元、600元。建立经济困难高龄与失能老年人补贴制度,惠及近18万老年人。对32.9万名贫困残疾人实施康复救助。实践证明,必须逐年加大民生投入,切实办好惠民实事,人民群众才能得到实实在在的好处。

(8)坚持不懈抓好安全生产。始终牢记"三个决不能过高估计",始终牢记"三个敬畏"。加强对安全生产领导,坚决落实政府监管责任,落实企业安全生产主体责任。深入开展安全生产大检查。实施安全生产考核"一票否决制",严肃查处事故,严格追究责任。"十二五"期间,全省各类安全生产事故死亡人数比"十一五"期间下降29.99%。煤矿百万吨死亡率5年下降57.98%。

(9)大力实施"六六创安"工程。加强社会治安综合治理,社会保持和谐稳定。全面完成食品药品监管体制改革任务,基层监管力量显著加强。支持四川茂县恢复重建任务圆满完成,投入资金21.6亿元,建成项目226个;对口援疆任务扎实推进,投入资金11.6亿元,支援项目102个,做出山西人民应有的贡献。

(六)加快改革开放和创新驱动,发展不断注入新动力

(1)以转型综改区建设为统领全面深化改革。国家部署的重大改革任务扎实推进,转型综改"十二五"后三年实施方案和年度行动计划顺利实施,一些重要领域改革取得突破性进展。煤炭管理体制改革迈出重大步伐。制定实施关于深化煤炭管理体制改革的意见,率先全面清理规范涉煤收费项目,实施煤炭资源税从价计征。煤焦公路销售体制改革扎实推进,所有行政授权、运销票据、检查站点全部取消。积极推进煤炭行政审批和证照管理体制改革,审批事项精简三分之一,审批时间缩短一半以上。出台煤炭资源矿业权出让转让管理办法,推进煤炭资源配置市场化。国有企业改革不断深化。率先推行省属国有企业财务等重大信息公开,交通企业及高速公路资产债务重组改革取得实质性进展,党政机关与所办企业脱钩改革、厂办大集体改革、省属企业负责人薪酬制度改革扎实推进。财税体制改革深入推进。健全预算管理体系,实施全口径预算管理,推进预决算公开,建立跨年度预算平衡机制,地方政府债务实现省级政府自发自还,营改增改革试点稳步实施。商事制度改革扎实推进。实现"先照后证",推行"三证合一""一照一码",改革实施两年来,全省新登记市场主体年均达到24.88万户,是改革前的1.29倍。金融改革创新步伐加快。加大力度推进金融振兴八方面工作,加强与各金融机构战略合作,累计实现各类融资1.98万亿元。上市企业达到37家,在"新三板"挂牌企业33家。成立山西金融投资控股集团,农信社改制稳步推进。集中清理解决一批金融领域突出问题,积极稳妥依法处置金融风险。农村改革稳步推进。集体林权主体改革任务基本完成,农村土地承包经营权确权登记颁证全面展开,小型水利工程产权和农业水价改革试点取得成效。

(2)深入实施创新驱动发展战略。着力推进科技创新六大任务。制订实施创新驱动和低碳创新行动计划。山西科技创新城全面开工建设,中科院、清华大学等35个研发机构入驻,首批21个项目进入全面建设阶段。实施80个煤基科技重大专项,28个项目取得关键技术突破。潞安集团国家煤基合成工程技术研究中心获批,新增国家重点实验室3个,与2010年相比,高新技术企业由200个增加到721个,专利申请量由2.6万件增加

到7.9万件。新引进海外高层次人才385名。

（3）进一步扩大对外开放。深化区域合作和对外交流，与11个兄弟省份签署战略合作协议，与美国西弗吉尼亚州等正式建立友好省州关系。成功举办中博会、能博会、文博会、农博会、书博会、体博会、晋商大会，开展央企山西行等活动，招商引资成果丰硕。全省吸收省外投资实际到位1.78万亿元，是"十一五"时期的3倍；实际直接利用外资132亿美元，同比增长43.6%。进出口结构明显优化，高新技术产品出口占比达到47%。

（七）扎实推进民主法治和政府自身建设，正在形成弊革风清、干事创业新局面

严格执行人大及其常委会决议、决定，积极支持人民政协履行职能。共办理人大代表建议3906件、政协提案3624件，向省人大常委会提请审议地方性法规草案36件，制定政府规章14件。完成第九届、第十届村委会换届选举。加强法治山西建设，完成"六五"普法任务。全面推行"六权治本"，制定实施政府建设三年规划和年度行动计划。新一轮政府机构改革全面完成，扩权强县、扩权强镇改革有序推进。党的十八大以来，落实承接国务院取消、下放和调整的行政审批项目等事项375项，全省自行取消、下放和调整省级行政审批项目等事项441项，清理规范行政审批中介服务事项54项，取消职业资格许可和认定事项207项。省级政府部门权力清单、责任清单全部按期公布。省级政务服务平台、公共资源交易平台和全省政务服务网络基本建成。政府绩效第三方评估试点正式启动。省级党政机关公务用车制度改革基本完成。大幅压减"三公"经费，压缩部门一般性支出，节省的经费全部用于民生。深入开展党的群众路线教育实践活动、"三严三实"专题教育和学习讨论落实活动，狠刹"四风"，严惩腐败，推动反腐败斗争向基层延伸，一批领导干部违纪违法问题和交通、国土、煤炭等重点领域腐败案件受到严肃查处，一批不作为、慢作为的领导干部被问责，一批群众反映强烈的突出问题得到解决。从严治吏，全面加强干部管理监督，树立正确用人导向，积极稳妥推进"三个一批"，初步实现选人用人风清气正，弘扬正气，凝聚人心，为全省经济社会发展营造良好环境。

"十二五"时期全省工作的实践表明：推动山西经济社会持续健康发展，必须认真贯彻落实党的十八大和十八届三中、四中、五中全会精神和习近平总书记系列重要讲话精神，按照"五位一体"总体布局和"四个全面"战略布局，紧密结合实际，贯彻落实省委决策部署，不断完善发展思路，着力推动科学发展；必须始终把人民对美好生活的向往作为奋斗目标，高度重视、切实保障、着力改善民生，让人民群众得到更多实惠；必须坚持向改革要活力、向创新要动力、向开放要空间，使改革创新开放成为发展的根本推动力；必须坚持抓根本、打基础、利长远，抓好重大基础设施和民生工程建设，加快转变经济发展方式，不断增强可持续发展能力；必须全面从严治党，加强党风廉政建设和反腐败斗争，履行党组织主体责任，把纪律和规矩挺在前面，加强政府自身建设，优化发展环境，努力打造敢于担

当、乐于奉献的公务员队伍；必须坚持问题导向，创新工作方法，逢山开路、遇水搭桥，克服困难、解决问题，不断开创经济社会发展新局面。

在全省经济社会发展中，还存在不少困难和问题。从短期看，经济增速低于全国平均水平；煤炭价格持续下跌，2015年12月吨煤综合售价与2011年5月最高点相比，每吨下跌431.8元，下降65.8%；企业效益深度下滑，2015年煤炭行业累计亏损94.25亿元，同比减利增亏108.29亿元；工业企稳回升基础不牢，仍在负增长区间运行；各级财政普遍困难，2015年全省一般公共预算收入下降9.8%；金融运行偏紧，全省经济发展仍处于最困难时期。从长期看，经济发展规模不大、结构不优、质量效益不高等矛盾和问题仍然突出，"一煤独大"没有实质性改变，传统产业产能过剩；生态环境脆弱，科技创新能力不强，发展方式依然粗放；对外开放水平较低，招商引资精准性、有效性不够；安全生产形势依然严峻，社会稳定潜在风险较多；城乡区域发展不平衡，民生社会事业欠账较多，脱贫攻坚任务艰巨，全面建成小康社会需要付出艰苦努力。政府建设和干部作风与人民群众期盼还有差距，职能转变仍显滞后，依法行政理念尚未牢固树立，"四风"问题尚未根绝，"为官不为"问题较为突出，党风廉政建设和反腐败斗争任务繁重。面对这些问题，必须予以高度重视，积极采取措施，认真加以解决。

三、2016年发展概况

2016年，面对错综复杂形势和艰巨繁重任务，全省广大干部职工深入贯彻落实省委"一个指引、两手硬"的重大思路和要求，坚定不移推进供给侧结构性改革，坚定不移实施创新驱动、转型升级战略，统筹稳增长、促转型、调结构、惠民生、防风险各项工作，全省经济社会发展取得新成就，全面建成小康社会迈出新步伐。

（一）全面工作概述

一年来，主要抓了十项工作：

（1）坚定推进煤炭钢铁去产能。认真落实"三去一降一补"重点任务，退出煤炭产能2325万t，淘汰钢铁产能82万t，率先实施煤炭减量化生产，全年压减煤炭产量1.43亿t，占全国煤炭减量的40%左右，为促进工业止跌回升、企业扭亏为盈发挥关键作用，改善全国煤炭市场供求关系做出重要贡献。

（2）倾力开辟转型综改主战场。破解转型综改空间布局、平台载体等瓶颈制约，推进开发区改革创新发展，按国土面积2%左右谋划布局全省开发区建设。整合太原都市区8个产业园区、科技园区和高校新区，成立山西转型综改示范区，打造开发区建设和转型综改排头兵。

（3）积极培育经济新动能。抢抓新经济布局、区域竞争力重构机遇，加快布局数字经济、高端装备制造、新材料、新能源汽车等战略性新兴产业,实施云计算、轨道交通装备等一批转型新项目。推进文化旅游、金融、物流、会展等现代服务业发展。加快科技创新城建设,实施T800高端碳纤维、10MW级锂电池储能技术等科技重大专项,引进中科院、浙江大学等科研团队,打造转型升级新引擎。

(4)扎实推进重点领域改革。开展同煤、焦煤等国企改革试点,推进电力体制改革综合试点,成功争取国土资源部委托全省实施煤层气矿业权审批登记。推进农村集体经营性建设用地入市、集体土地征收制度改革试点,开展集体资产股份权能改革试点,基本完成农村土地承包经营权确权。推广政府与社会资本合作(PPP)模式,设立煤炭供给侧改革基金。全面实施企业"五证合一"和个体工商户"两证整合"。

(5)努力构建开放合作新格局。实施"东融南承西联北拓"对外开放战略,主动对接京津冀,在科技人才、新兴产业、文化旅游、能源供应、现代农业等方面达成一批重大合作事项。与银行、保险、资产管理公司等金融机构实施战略合作,与华为、阿里巴巴、中铝等一批行业龙头企业开展项目合作。成功举办太原能源低碳发展论坛、民企助推转型创新发展大会等重大活动。

(6)千方百计扶持实体经济。开展万名干部入企服务和各类项目受理大起底,实施工业提质增效"20条"、降低实体经济企业成本"44条",推动物流业降本增效,开展电力直接交易,落实铁路公路运费优惠政策,缓缴资源价款,有效降低企业成本。开展煤企京城路演,推动金融机构通过贷款重组、"债转股"、资产证券化试点等方式,帮助企业降杠杆、防风险、渡难关。

(7)夺取脱贫攻坚首战首胜。制定"十三五"脱贫攻坚规划,全面实施精准扶贫8大工程20个专项行动,加大特色产业扶贫力度,提前启动新一轮退耕还林还草,10万贫困人口实施易地扶贫搬迁,57万贫困人口实现脱贫,1900个贫困村有序退出。

(8)持续改善民生和社会事业。积极做好高校毕业生、农村转移劳动力、城镇困难人员、退役军人等群体就业工作,安置煤炭钢铁去产能转岗职工3.16万人。提高城乡居民医保、低保标准和退休人员基本养老金。城乡居民大病保险实现全覆盖。完成城镇保障性安居工程建设和农村人居环境改善年度任务。义务教育"全面改薄"与均衡发展取得新进展。

(9)狠抓生态环保和安全生产。在全国率先对永久性公益林进行立法保护,扎实推进汾河流域综合治理,完成营造林400万亩。加强大气、水、土壤污染治理,淘汰黄标车及老旧车17.2万辆。各类生产安全事故起数和死亡人数分别下降2.5%、2.1%,煤矿百万吨死亡率下降32.9%。加强和创新社会治理,社会保持和谐稳定。

(10)着力改善发展环境。坚持依法行政,向省人大常委会提请审议地方性法规草案6件,制定政府规章5件,认真办理人大代表建议和政协提案。深化"放管服效"改革,继续取消、下放、清理规范一批行政审批和中介服务事项。省市县三级政务服务平台、省市两级公共资源交易平台基本建成并投入运行,行政审批"两集中、两到位"全面推行。建立"13710"工作制度。扎实开展"两学一做"学习教育,认真贯彻《关于新形势下党内政治生活的若干准则》和《中国共产党党内监督条例》,持续推进政府系统党风廉政建设和反腐败斗争,全面构建良好政治生态,政府自身建设得到进一步加强。

(二)发展主要指标

截至2016年年底,全省经济、社会发展指标可分为12个方面:

(1)综合。据2016年人口抽样调查,年末全省常住人口3681.64万人,比上年末增加17.52万人。全省出生人口37.79万人,人口出生率10.29‰;死亡人口20.27万人,死亡率5.52‰;自然增长率4.77‰。初步核算,全省生产总值12928.3亿元,按可比价格计算,比上年增长4.5%。其中,第一产业增加值784.6亿元,增长2.9%,占生产总值6.1%;第二产业增加值4926.4亿元,增长1.5%,占生产总值38.1%;第三产业增加值7217.4亿元,增长7.0%,占生产总值55.8%。

人均地区生产总值35199元,按2016年平均汇率计算为5299美元。全省一般公共预算收入1557.0亿元,下降5.2%。税收收入1036.7亿元,下降1.9%,其中,国内增值税、营业税、企业所得税、个人所得税、资源税和城市维护建设税共计完成税收859.4亿元,下降2.3%。一般公共预算支出3441.7亿元,与上年基本持平。其中,教育、医疗卫生、社会保障和就业、住房保障、公共交通运输、节能环保、城乡社区事务等民生支出2837.8亿元,同口径增长5.0%。居民消费价格比上年上涨1.1%,其中,食品价格(不含烟酒)上涨3.3%。商品零售价格上涨0.5%。固定资产投资价格与上年持平。工业生产者出厂价格下降3.2%,其中,生产资料价格下降3.3%,生活资料价格下降1.0%。工业生产者购进价格下降1.9%。农业生产资料价格下降0.2%。全省城镇新增就业46.46万人。转移农村劳动力34.36万人。年末城镇登记失业率3.52%。

(2)农业。全省农作物种植面积55812千亩,比上年减少703.5千亩。其中,粮食种植面积48621千亩,减少687千亩;蔬菜种植面积3855千亩,增加3千亩;油料种植面积1720.5千亩,减少97.5千亩。在粮食种植面积中,玉米种植面积24372千亩,减少781.5千亩;小麦种植面积10093.5千亩,减少33千亩。果园面积5337千亩,减少103.5千亩。全省粮食产量1318.5万t,增加58.9万t,增产4.7%。其中,夏粮275.0万t,增产0.8%;秋粮1043.5万t,增产5.8%。全省完成造林面积4000.5千亩,下降5.1%。全省猪牛羊肉总产量70.9万t,下降3.0%。其中,猪肉产量57.5万t,下降4.5%;牛肉产量5.9万t,增长0.7%;羊肉产量7.4万t,增长7.6%。年末生猪存栏449.7万头,生猪出栏748.9万头。牛奶产量95.1万t,增长3.5%。禽蛋产量89.1万t,增长2.1%。水产品产量5.2万t,

下降0.3%。年末全省农业机械总动力1744.3万kW,增长2.5%。机械耕地面积40735.5千亩,下降0.8%;机械播种面积390945千亩,下降1.5%;机械收获面积27435千亩,增长0.2%。全年全省农机化经营总收入91.1亿元。

(3)工业和建筑业。全省规模以上工业增加值增长1.1%。其中,战略性新兴产业占比12.6%,比上年提高1.2%。全省规模以上工业企业实现主营业务收入13957.0亿元,下降3.7%。其中,医药工业实现主营业务收入177.1亿元,增长2.6%;煤炭工业实现5381.0亿元,下降6.9%;冶金工业实现2522.4亿元,下降8.3%;装备制造业实现1582.3亿元,增长6.1%;电力工业实现1417.9亿元,下降4.7%;焦炭工业实现909.5亿元,增长15.7%;化学工业实现614.4亿元,下降12.6%;食品工业实现668.6亿元,增长1.6%;建材工业实现346.4亿元,增长8.7%。全省规模以上工业实现利税928.7亿元,增长49.5%;实现利润208.7亿元,其中,国有控股企业实现利润57.8亿元。规模以上工业企业每百元主营业务收入中的成本84.64元,下降2.63元。全省建筑业实现增加值895.6亿元,增长5.2%。具有建筑业资质等级的总承包和专业承包建筑业企业实现利润102.5亿元,增长9.3%。

(4)能源。全省一次能源生产折标准煤6.3亿t,下降13.1%;二次能源生产折标准煤4.7亿t,下降13.2%。向省外输送电力713.3亿kW·h,下降1.0%。全省全社会用电总量1797.2亿kW·h。其中,第一产业用电38.5亿kW·h,占全社会用电量2.1%;第二产业用电1410.3亿kW·h,占全社会用电量78.5%,其中工业用电1391.1亿kW·h;第三产业用电178.0亿kW·h,占全社会用电量9.9%;城乡居民生活用电170.4亿kW·h,占全社会用电量9.5%。

(5)固定资产投资。全省全社会固定资产投资14285.0亿元,增长1.0%。其中,固定资产投资(不含跨省、农户)13859.4亿元,增长0.8%。在固定资产投资(不含跨省、农户)中,基础设施投资完成2571.9亿元,增长11.0%;国有及国有控股投资4691.6亿元,下降9.4%;民间投资9024.1亿元,增长7.4%。分登记注册类型看,内资企业和个体经营投资13576.3亿元,增长0.5%;外商及港澳台商企业投资283.1亿元,增长18.5%。分产业看,第一产业投资1797.4亿元,增长19.8%;第二产业投资4908.5亿元,下降5.7%;第三产业投资7153.4亿元,增长1.6%。

全省工业投资(含第三产业中开采辅助活动和金属制品、机械和设备修理业)4961.6亿元,下降6.1%。其中,煤炭工业投资769.2亿元,下降26.6%,非煤产业投资4192.4亿元,下降1.0%;传统产业(煤炭、焦炭、冶金、电力)投资合计2016.2亿元,下降18.6%,非传统产业投资合计2945.4亿元,增长4.9%。

(6)国内贸易。全省在建固定资产投资项目23317个。其中,亿元以上项目2713个,计划总投资19135.7亿元,完成投资5707.5亿元。全省房地产开发投资1597.4亿元,增长6.9%。其中,住宅投资1141.1亿元,增长3.9%;商业营业用房投资217.3亿元,增长26.9%。全省社会消费品零售总额6480.5亿元,增长7.4%。按经营地统计,城镇消费品零售额5284.5亿元,增长7.5%;乡村消费品零售额1196.0亿元,增长7.1%。按消费形态统计,商品零售额5904.5亿元,增长7.5%;餐饮收入额576.0亿元,增长6.9%。全省限额以上单位消费品零售额2325.7亿元,增长1.1%。其中,限额以上批发零售业单位网上零售额28.7亿元,增长70.7%,占限额以上零售额比重1.2%。

(7)对外经济。全省海关进出口总额1099.0亿元,增长20.5%。其中,进口额443.6亿元,增长14.2%;出口额655.3亿元,增长25.2%。出口煤炭1.3万t,下降94.5%;出口焦炭24.3万t,下降65.6%;出口镁及其制品4.9万t,下降15.3%;出口钢材142.2万t,下降2.7%,其中不锈钢79.9万t,增长10.4%。出口机电产品479.5亿元,增长44.3%;出口高新技术产品415.5亿元,增长68.3%。进口铁矿砂879万t,下降34.3%,进口金额30.1亿元,下降35.3%;进口机电产品257.4亿元,增长30.6%。全省新设立外商直接投资企业30家;按全口径统计实际使用外商直接投资金额23.3亿美元,下降18.7%。全省对外经济合作新签合同额2.2亿美元,下降36.2%;完成营业额6.9亿美元,下降7.0%。

(8)交通、邮电和旅游。年末全省公路线路里程14.2万km,其中高速公路5265.487km。民用航空航线187条。2016年全省交通运输客货运输量及其增长速度见表1-1。

2016年全省交通运输客货运输量及其增长速度统计表　　　　表1-1

指　　标	单　　位	绝　对　数	比上年增长(%)
旅客运输量	万人	27619.2	-10.0
其中:铁路	万人	7529.2	1.9
公路	万人	18701.9	-15.3
民航	万人	1245.4	14.4
旅客运输周转量	亿人公里	360.5	-5.1
其中:铁路	亿人公里	219.3	1.8
公路	亿人公里	141.1	-14.2
货物运输量	万t	167081.1	3.3
其中:铁路	万t	64861.0	-8.0
公路	万t	102199.6	12.0
民航	万t	5.5	8.8
货物运输周转量	亿吨公里	3565.5	3.7
其中:铁路	亿吨公里	2113.3	2.4
公路	亿吨公里	1425.1	5.6

年末全省民用汽车保有量530.6万辆(包括三轮汽车和低速货车4.2万辆),比上年末增长12.0%,其中私人汽车477.0万辆,增长13.8%。本年新注册汽车69.6万辆,增长14.7%。年末轿车保有量329.5万辆,增长13.6%,其中私人轿车311.5万辆,增长15.0%。

全年全省完成邮电业务总量794.8亿元,增长55.4%。其中,邮政业务总量56.9亿元,增长31.9%;电信业务总量737.9亿元,增长56.6%。年末移动电话用户3365.7万户,其中,3G移动电话用户374.2万户,4G移动电话用户1885.4万户。全省宽带接入用户747.2万户,增长3.2%。

全年全省商业住宿设施接待入境过夜游客63.0万人次,接待国内旅游者4.4亿人次,分别增长6.1%和23.1%;旅游外汇收入3.2亿美元,增长6.8%;国内旅游收入4228.0亿元,增长23.3%;旅游总收入4247.1亿元,增长23.2%。

(9)金融。年末全省金融机构本外币各项存款余额30869.1亿元,比年初增加2227.7亿元,增长7.8%。各项贷款余额20356.5亿元,比年初增加1781.7亿元,增长9.6%。全省农村金融合作机构(农村信用社、农村合作银行、农村商业银行)人民币存款余额6330.3亿元,比年初增加680.0亿元,增长12.0%;人民币贷款余额3727.2亿元,比年初增加106.3亿元,增长2.9%。全省共有上市公司38家。全省辖区证券市场各类证券成交额35139.8亿元,下降37.4%。其中股票成交额22273.9亿元,下降52.6%;基金成交额723.4亿元,下降58.8%;债券成交额12142.5亿元,增长65.4%。年末投资者资金账户累计开户数313.4万户,增长29.7%。全省保费收入700.6亿元,增长19.4%。其中,寿险业务保费收入455.3亿元,增长20.7%;健康险业务保费收入59.9亿元,增长46.6%;意外险业务保费收入11.2亿元,增长22.1%;财产险业务保费收入174.2亿元,增长9.2%。全年支付各类赔款及给付239.0亿元,增长21.3%。

(10)教育和科学技术。全省共有幼儿园6708所,小学6043所,普通初中1850所,普通高中503所,中等职业教育学校544所,普通高等学校80所,成人高等学校11所。全省学前教育毛入园率88.2%,小学学龄儿童净入学率99.9%,高中阶段毛入学率93.9%,高等教育毛入学率43.1%。全省专利申请量20031件,增长34.0%。其中,发明专利申请量8208件,增长44.5%。全省专利授权量10062件,增长2.0%。其中,发明专利授权量2411件,下降1.0%。全年新登记科技成果259项。获得国家科学技术奖5项。国家级企业技术中心26家,省级企业技术中心221家。按照国家高新技术企业认定办法,年末累计高新技术企业930家。25个经济开发区(包括高新区),全年区内税收收入192.6亿元,与上年基本持平;企业主营业务收入6370.0亿元,增长3.0%。全省共有省、市、县产品质量监督检验和计量检定技术机构150个,国家检测中心3个。全年监督抽查7229家企业49类241种13904批次的产品和商品。全年完成强制检定计量器具140万台件。

全省有气象台站121个,开展电话天气自动答询的台站11个。全省气象系统开展人工影响天气业务的单位114个,防雹、增雨累计受益面积为全省域内,增雨量30亿 m^3。全省有天气预报服务Intel网站1个,卫星云图接收站14个。全省有专业综合地震台站10个,省级地震台网中心1个,省级数字测震地震台网1个。全年全省发生M3.0~M3.9级地震5次,最大震级M3.5级。全年发生M4.0~M4.9级地震3次,最大震级M4.4级。

(11)文化、卫生和体育。年末全省共有群众艺术馆12个,文化馆131个,文化站1409个(其中乡镇综合文化站1196个),农村文化活动场所2.8万个。专业艺术表演团体157个。公共图书馆126个。出版报纸60种(不含高校校报)18.8亿份,各类杂志201种、2379.2万册,各类图书4189种、9929万册。广播电视台114座,电视台2座,中短波转播发射台15座,调频转播发射台119座,一百瓦以上电视转播发射台145座。广播人口覆盖率98.6%,电视人口覆盖率99.4%,有线电视用户455.9万户。全省共有卫生机构(含诊所、村卫生室)4.2万个,床位19.0万张。卫生防疫、防治机构133个,妇幼保健院(所、站)134个。全省卫生机构共有卫生技术人员22.6万人。卫生院卫生技术人员2.2万人,其中,农村乡镇卫生院卫生技术人员2.0万人。社区卫生服务中心(站)卫生技术人员1.1万人,防疫、防治卫生技术人员0.3万人,妇幼保健(所、站)卫生技术人员0.7万人。全省有体育场101个,体育馆88个。全年全省运动员在国内外重大比赛中获金、银、铜牌分别为31枚、51枚和64枚(包括非奥运项目比赛)。全年全省销售中国体育彩票23.3亿元,增长11.7%。

(12)人民生活和社会保障。全省城镇居民人均可支配收入27352元,增长5.9%,城镇居民人均消费支出16993元,增长7.4%;农村居民人均可支配收入10082元,增长6.6%,农村居民人均消费支出8029元,增长8.2%。按全省居民五等份收入分组,城镇低收入组人均可支配收入10920元,增长6.1%;农村低收入组人均可支配收入3354元,增长8.7%。城镇居民家庭恩格尔系数(即居民家庭食品消费支出占家庭消费支出的比重)22.7%,农村居民家庭恩格尔系数28.3%。全省参加城镇职工基本养老保险759.3万人,比上年末增加45.0万人;参加城乡居民基本养老保险1549.6万人,增加9.3万人;参加城镇基本医疗保险1211.1万人,增加7.4万人;参加失业保险415.2万人,增加3.9万人;参加工伤保险576.0万人,增加2.9万人;参加生育保险458.5万人,增加2.0万人。全省115个县(市、区)开展了新型农村合作医疗,有2116.2万农民参加了合作医疗。全年得到城市最低生活保障救济人数53.1万人,全年共发放城市最低保障资金22.3亿元。15.1万人纳入农村五保供养。年末全省城镇有各种社区服务设施5072个,其中,综合性社区服务中心646个。各类收养性单位床位数56620张,收养人数30746人。国家抚恤、补助各类优抚对象17.9万人。全年销售福利彩票43.6亿元,筹集社会福利资金12.9亿元,接受社会捐赠款0.2亿元。全省大型水库蓄水量12亿 m^3。全省森林面积4815万亩,森林覆盖率20.5%。

按《环境空气质量指数(AQI)技术规定(试行)(HJ 633—2012)》评价,11个地级城市环境空气达标天数范围为202～320天。黄河、海河流域山西段共监测100个断面,达到Ⅲ类以上(包括Ⅰ、Ⅱ、Ⅲ类)水质标准的断面占48.0%,达到Ⅳ类水质标准的断面占20.0%,达到Ⅴ类水质标准的断面占4.0%,劣Ⅴ类水质标准的断面占28%。全省各类自然灾害造成直接经济损失108.5亿元,增长6.2%;农作物受灾面积1218万亩,减少42.9%,其中,绝收面积114万亩,减少74.6%。全省共发生各类生产经营性事故2182起,下降2.5%;死亡1512人,下降2.1%。全年全省煤炭百万吨死亡率为0.053。

四、"十三五"时期发展战略

"十三五"时期是全面建成小康社会的决胜阶段,全国经济发展进入新常态。新常态下,经济增长速度要从高速转为中高速,发展方式要从规模速度型转向质量效益型,经济结构调整要从增量扩张为主转向调整存量、做优增量并举,发展动力要从主要依靠资源和低成本劳动力等要素投入转向创新驱动。新常态下,尽管全国经济面临较大下行压力,但发展的基本面、基本特征、基础和条件及前进态势没有改变,发展仍处于可以大有作为的重要战略机遇期。新常态下,战略机遇期的内涵和条件发生深刻变化,正在由原来加快发展速度机遇转变为加快经济发展方式转变机遇,正在由原来规模快速扩张机遇转变为提高发展质量和效益机遇。对山西而言,重要战略机遇期内涵变化又有其特殊之处:外部需求增速明显降低,改善供给、扩大内需特别是创新供给、创造需求成为振兴经济的必然选择;传统能源面临环境约束趋紧,推动煤炭清洁高效利用成为必然选择;煤炭产能过剩问题突出,多措并举化解煤炭过剩产能和加大省内转化利用力度成为必然选择;传统动能支撑弱化,新的动能尚在成长,通过深化改革、创新驱动,促进产业多元化成为必然选择;地方财政面临严峻考验,民生改善和脱贫任务艰巨繁重,鼓励大众创业万众创新,广开财源、广辟就业和增收渠道成为必然选择;对外招商竞争更趋激烈,创造良好发展环境,广交世界朋友、广聚天下资本、广揽四海人才成为必然选择。

"十三五"时期,全省发展的指导思想是:高举中国特色社会主义伟大旗帜,全面贯彻党的十八大和十八届三中、四中、五中全会精神,坚持以马克思列宁主义、毛泽东思想、邓小平理论、"三个代表"重要思想、科学发展观为指导,深入贯彻落实习近平总书记系列重要讲话精神,按照"五位一体"总体布局和"四个全面"战略布局,坚持发展是第一要务,牢固树立并切实贯彻"五个发展"新理念,按照省委"五句话"总要求,推进创新发展、协调发展、绿色发展、开放发展、共享发展、廉洁和安全发展,以转型综改试验区建设为统领,以改革创新为动力,以转方式、调结构、增效益、提速度为基点,认识适应和引领经济发展新常态,着力做好煤与非煤两篇文章,化解过剩产能,扩大新兴产业规模,着力净化政治生态,着力建设文化强省,着力保障和改善民生,着力加强生态文明建设,确保如期全面建成小康社会。

主要目标是:转型升级取得重大进展。到2020年,地区生产总值和城乡居民人均收入比2010年翻一番,实现全省与全国同步、农村特别是贫困地区与全省同步全面建成小康社会的奋斗目标。京津冀清洁能源供应基地、国家新型综合能源基地和全球低碳创新基地建设取得积极进展。民生保障水平普遍提高。就业比较充分,公共服务体系更加健全,基本公共服务均等化水平显著提高,努力实现城乡居民收入增长与经济增长同步、农村居民收入增长快于城镇居民。现行标准下的贫困人口实现稳定脱贫,贫困县全部摘帽。安全生产形势向稳定好转坚实迈进。文化建设呈现新局面。文化发展主要指标、文化事业整体水平、文化产业综合实力明显提升,公民素质和社会文明程度显著提高。生态建设实现稳步提升。主体功能区布局和生态安全屏障基本形成,能源和水资源消耗、建设用地、碳排放总量得到有效控制,主要污染物减排完成国家下达任务。改革开放迈出坚实步伐。资源型经济转型综合配套改革取得重大进展,重点领域和关键环节改革取得决定性成果,开放型经济和对外合作体制基本形成。民主法治建设成效显著。人民民主不断扩大,法治政府基本建成,司法公信力明显提高,社会治理能力和水平不断提升。

(一)推进创新发展,着力加快转型升级

发挥优势创抓机遇,抓住机遇创造需求,根据需求创新供给,围绕供给创优机制,提升改造老动能,培育发展新动力。发挥投资对经济增长的关键作用,发挥消费对经济增长的基础作用,发挥出口对经济增长的促进作用。做好煤和非煤两篇文章,实施"革命兴煤""六型转变",加快发展七大非煤产业,做优做强能源产业,优化提升现代载能产业,发展壮大装备制造业,培育发展新兴接替产业,大力发展现代服务业,加快发展现代农业,不断拓展产业、基础设施、区域等发展新空间。加快转型综改试验区建设,深化重点领域和关键环节改革,全力推进科技创新、金融振兴、民营经济发展"三个突破"。实施人才强省战略。

(二)推进协调发展,着力形成均衡发展格局

坚持发展经济和改善民生并重,促进经济社会协调发展。健全城乡发展一体化体制机制,推进新型城镇化,加快改变农村面貌,促进城乡、区域协调发展。培育和践行社会主义核心价值观,大力弘扬太行精神、吕梁精神、右玉精神和晋商精神,繁荣文化事业,发展文化产业,促进物质文明和精神文明协调发展。推动军民融合发展。

(三)推进绿色发展,着力建设美丽山西

加快建设主体功能区,构建科学合理的城市化格局、农业发展格局、生态安全格局。

推动低碳循环发展,促进资源节约高效利用。实行最严格的环境保护制度,实施大气、水、土壤污染防治行动计划,推进城乡环境整治。构筑生态安全屏障,加大五大流域和重点矿区生态环境修复力度,推进林业"六大工程"建设。创新资源型地区生态文明制度建设,建立生态文明绩效评价体系和考核制度。

(四)推进开放发展,着力培育合作共赢新优势

创新对外开放体制环境,积极参与国家"一带一路"建设,加强与京津冀、环渤海经济圈协同发展,深化与中部省份和周边区域合作,推进"以煤会友",加快开发区等各类开放平台建设,提高招商引资质量和水平,提升外贸核心竞争力,努力形成全面开放新格局。

(五)推进共享发展,着力保障和改善民生

扎实做好教育、医疗、就业、收入、住房、社会保障等民生工作,实施好城乡人居环境改善工程,促进人口均衡发展,提高城乡居民生活水平和健康水平,举全省之力坚决打赢脱贫攻坚战。

(六)推进廉洁和安全发展,着力营造良好发展环境

坚持发展必须廉洁、廉洁促进发展,始终保持惩治腐败、狠刹"四风"、打黑除恶高压态势,严格落实"两个责任",深入推进"六权治本",营造廉洁发展环境。强化安全生产红线意识,全面加强安全生产,夯实安全生产基础。加强和创新社会治理,健全公共安全保障体系,强化社会治安综合治理,依法打击严重刑事犯罪活动。推进科学立法、严格执法、公正司法、全民守法,加快建设法治山西。全面加强政府自身建设,加快转变政府职能,持续推进简政放权,提高政府效能。

第二节 综合运输发展

一、交通行政管理体制沿革

山西省交通运输厅是隶属于山西省人民政府的职能厅局,是省政府组成部门,主管全省公路水路交通运输行业,指导城乡客运及有关设施规划与管理、出租汽车行业管理、城市地铁、轨道交通运营管理,协助做好邮政管理相关工作。全省交通运输实行条块结合的管理体制。高速公路、干线公路实行省以下垂直管理;农村公路、道路水路运输、城市客运实行市县为主管理。邮政管理实行中央和地方双重管理、以中央为主。新中国成立以来,随着社会变革和经济发展,其机构设置和职能演变大体经历创建恢复、调整探索、遭受挫

折、改革振兴、率先推进、加快发展6个时期。

(一)创建恢复时期(1949—1954年)

山西省交通运输厅的前身系山西省公路运输局。1949年4月24日,太原解放后,中国人民解放军太原市军事管制委员会专门成立公路运输摩托接管组,负责接管阎锡山政权的山西省公路局、国民党交通部第八区公路工程管理局太原国道工程处、绥靖公署汽车管理处等单位。1949年6月25日,太原军事管制委员会批准成立山西省公路运输局,下设路政处、营业处、修制处、秘书处,主要负责管理全省的公路建养、公路运输管理、汽车修理工业、机动车监理等项工作。机关驻地设在太原市小东门3号。同年11月5日,山西省人民政府决定以公路运输局为基础,设立山西省人民政府交通局。1950年,秘书处改为秘书室,营业处改称会计室。1951年,增设监理科、人事科、公路科、运输科。1953年,增设监察室、交通行政科、计划科,会计科改称财务科。1954年3月,中央人民政府政务院下发〔1954〕政字第13号文件,将山西省政府交通局改为山西省人民政府交通厅。同年,增设政治处、劳动工资科,计统科改称统计科,同时撤销人事科。至此,省交通厅共下设秘书室、监理科、政治处、劳动工资科、统计科、财务科、公路科、运输科、监察室、行政科等10个职能部门。

这一时期,省交通厅的主要职能有4项:①负责全省公路路网规划,公路建设、养护、管理工作;②负责全省公路运输生产及管理工作;③负责全省汽车修理工业管理工作;④负责全省机动车管理工作等。

(二)调整探索时期(1955—1966年)

1954年,根据省政府〔1954〕省财交卫字第27号命令,自1954年2月9日起,省交通局公路管理总段与工程处合并,成立省政府交通局公路局。局机关内设3室11科,下设3个工程处、1个机械组、1个测设队。在全省各地市设雁北、忻县、长治、榆次、临汾5个公路段,1个太军线工区。1955年2月18日,山西省人民政府交通厅更名为山西省交通厅;1956年2月25日,中共山西省委批准成立中共山西省交通厅党组;同年,黄河航运管理工作划归省交通厅管理;1962年,此项工作又下放地方管理。1957年5月,厅机关迁至新建路水西门办公。1958年2月,民航划归省交通厅建制,太原市民航随之隶属于省交通厅管理。1962年,国务院将民航收回直接管理。1958年7月,地方铁路上马并划归省交通厅管理,1960年地方铁路停办。

1955—1966年期间,为了适应全省交通事业发展及工作需要,山西省交通厅机关内设机构也进行了多次调整。1955年4月,人事工作从政治处分出,成立人事科,并增设保卫科。1956年,增设内河科、县乡道路科,同时撤销监理科(业务由省公路局承担)、交通行政科。1957年,撤销运输科,成立运务科;撤销公路科、县乡道路科,成立路政科;撤销政治处、监察室、保卫科,成立机关党委;同时,增设机务科、基建科、材料供应科、机关事务管理科。1958年,撤销机务科,成立总工程师室;撤销运务科,成立运输科、生产科;撤销基建科、材料供应科、机关事务管理科,内河科改称河运处;并增设地方铁路处、监理科。1959年,增设竞赛办公室;撤销生产科,成立机务科。1960年,人事处改称人事教育科,增设劳动工资处、公社企业运输处、行政科、基建科、养路科,撤销总工程师室、地方铁路处。1961年,撤销竞赛办公室、劳动工资处、公社企业运输处、机务科、路政科,人事教育科改称人事处,并增设工业处。1962年,精简养路处、基建处、河运处。1963年,撤销工业处。1964年,增设政治部(人事工作并入)。1965年,增设三科(负责三级公路建设)。1966年,撤销政治部,设人事处。1964年3月,经省交通厅批准,山西省公路勘察设计院成立,编制100人。1964年,在太谷县创建山西省交通学校。

(三)遭受挫折时期(1967—1979年)

1967年1月,"文化大革命"期间,山西省交通厅党组被迫停止工作;1967年3月,厅机关被军管,军队干部驻厅主持工作,直至1969年8月撤出。1969年8月23日,山西省革命委员会决定撤销山西省交通厅,在山西省革命委员会生产组内设交通办公室,后改称交通局,机关驻地迁至太原市府西街101号山西省革命委员会院内。1970年2月,省邮政局、省机要局划归山西省交通局管理;1973年7月,又从省交通局划出。同年,山西省革命委员会交通局机关内设机构全部撤销,同时成立政工组、办事组、运输组、计划财务组、公路组、工业组六大组。机关驻地迁至太原市并州路山西省煤炭管理局大楼。

1971年7月20日,中共山西省委批准成立中共山西省交通局委员会。1973年成立监理处。1974年,增设劳动工资处。1975年3月,山西省革命委员会交通局改为山西省交通局。1978年6月,局机关驻地迁至太原市新建南路文源巷13号;同年,省交通局撤销运输处、公路处,计划财务处分设为计划统计处和财务处,并成立科教、生产调度处和战备办公室。1979年成立社会运输管理处。同年12月,将山西省交通局改为山西省交通厅,撤销原交通局党委,成立中共山西省交通厅党组。截至1979年年底,厅机关内设机构有:办公室、政治处、计划统计处、财务处、工业处、监理处、劳动工资处、科教处、生产调度处、战备办公室、社会运输管理处等11个职能处室。

这一时期,山西省交通厅的主要职能有4项:①负责全省公路路网规划,公路建设、养护、管理;②负责全省公路运输生产及运输管理工作;③负责全省汽车修理行业管理及交通工业生产组织;④负责全省交通监理工作。

(四)改革振兴时期(1980—2000年)

党的十一届三中全会,开创全国改革开放事业新纪元,也是全省交通事业持续、健康、蓬勃发展的重要历史时期。

1. 省交通厅机关

1980年6月,省交通厅成立纪律检查组。

1980年7月,省人民政府增设黄河航运管理处,并划归省交通厅管理。

1981年成立编史办公室(临时机构),撤销政治处,成立厅直属机关党委、人事处及厅公路运输工会。

1982年7月,成立企业整顿办公室(临时机构)。

1983年,生产调度处与工业处合并为企业管理处,社会运输管理处改为运务处,撤销黄河航运管理处,增设保卫处与老干部处。

1984年,成立重点公路办公室(临时机构)、改革办公室(临时机构),并将编史办公室确定为交通史志办公室,增设《中国交通报》驻山西记者站。

1985年1月,省交通战备领导小组及办公室更名为"山西省人民政府、山西省军区交通战备领导小组及办公室"。

1985年7月,增设审计处,保卫处改为公安处。

1995年,按照省委、省政府批准的三定方案,省交通厅机构改革时确定的厅机关内设机构有:办公室、人事劳资教育处、计划统计处、财务征费处、公路管理处、水运港监船检处、科学技术处、体改法规处、离退休干部处、厅直机关党委、审计处、纪检组与监察室(合署办公)、公路运输工会、交通战备办公室14个处室。

1996年,为了适应公路交通建设引进外资工作的需要,省编办批准增设项目办,专门负责交通引资工作。

这一时期,山西省交通厅的主要职能有11项:①贯彻执行党和政府关于交通管理工作的方针、政策、法规,研究制定全省公路、水路交通行业的地方性政策、法规,并负责监督执行。②组织编制全省公路和水路交通行业发展规划,制订交通基础设施、运输生产、规费征收及交通工业、科技、教育的年度计划和中长期计划,并负责组织实施和检查监督。③负责全省公路设施的建设、养护和管理;组织全省交通重点工程建设的实施;负责交通工程监理工作。④会同有关部门负责公路、水路交通运输、汽车维修和基础设施建筑市场的管理;主要是制定规划,建立服务体系,发布信息,监督经营行为,为企业和行业发展搞好市场服务。⑤负责全省养路费、公路通行费、车辆购置附加费、运输管理费等交通规费的征稽工作,并按照专款专用原则,统筹安排使用和进行审计监督。⑥负责全省公路、水路交通运输行业管理工作。主管公路路政、运政和水运航政工作;协同或会同有关部门制定公路、水路投资、价格、劳动工资及其他交通行业的经济政策;负责动员、组织重点物资运输和公路紧急抢修工作,指导协调城乡客货运输的衔接工作。⑦负责公路、水路交通技术的管理和开发工作。拟定交通技术规范、标准;组织重大交通科研攻关;负责公路运输车辆技术、检测、维修、汽车驾驶学校和驾驶员培训工作的行业管理。⑧负责交通行业的体制改革。指导交通企业转换经营机制,优化结构,提高效益;负责对省交通厅所属单位国有资产的管理和保值的监督;负责组织全省交通行业基本情况统计信息工作。⑨负责交通教育、职工培训工作,指导交通系统的精神文明建设,管理厅机关和厅属单位的人事劳资工作;协助有关部门管理交通公安工作。⑩负责交通涉外工作和引进外资工作。⑪承办省委、省政府交办的其他事项。

1996年5月21日,山西省国防动员委员会成立。山西省人民政府、山西省军区交通战备领导小组自行撤销,原领导小组办公室改称"山西省国防动员委员会交通战备办公室",简称"山西省交通战备办公室"。归口省国防动员会领导,办公室挂靠在省交通厅。山西省交通战备办公室是省国防动员委员会的办事机构,也是省政府主管交通战备工作的办事机构,与所在单位的关系为挂靠性质。

2000年8月,根据中共山西省委、山西省人民政府《关于印发山西省人民政府机构改革方案的通知》精神和山西省人民政府办公厅晋政办发〔2000〕71号文件批准的职能配置、内设机构和人员编制方案,山西省交通厅再次进行机构改革。

这次厅机关机构改革,坚持德才兼备、党管干部原则和公开、公正、公平、竞争、择优原则,以精简机构、压缩编制为手段,以转变职能、提高效率为目标,重点解决政企、政事、事企不分问题,科学规范职能,依法实施行政,努力建设一支政治合格、业务精良、作风过硬的高素质的行政管理干部队伍和办事高效、运转协调、行为规范的交通行政管理体系。

在这次机构改革中,厅机关处室由过去15个精简为12个,机关编制由原来100名精简为58名。同时,厅机关内设机构及其职能也进行调整。一是人事劳资教育处改为人事处,将教育管理职能划出;二是科技处改为科技教育处,新增教育管理职能;三是计划统计处改为综合规划处,增挂外资处牌子;四是撤销项目办,其职能并入综合规划处;五是成立运输管理处;六是撤销水运港监船检处,其职能并入运输管理处;七是根据晋办发〔2000〕18号文件精神,厅离退休干部处编制单列,更名为离退休人员管理处,人员按照公务员条例管理;八是根据省委办公厅晋办发〔2000〕16号文件,撤销原省审计厅驻交通厅审计处,内审职能由财务征费处承担;九是将机关后勤服务职能全部划归厅后勤服务中心,同时推进厅机关后勤管理体制改革。内设职能调整后,厅机关设办公室、政策法规处、综合规划处、财务征费处、公路管理处、运输管理处、科技教育处、公安处、交通战备办公室、人事处等10个职能处室和机关党委、省纪委驻交通厅纪检组与省监委驻交通厅监察室。厅离退休人员管理处批准编制5人,省公路运输工会仍按原批准的编制11人。

经过这次机构改革之后,山西省交通厅的主要职能有13项:①贯彻执行党和国家关于交通工作的方针、政策、法律和法规,研究拟定全省公路、水路交通行业的地方性发展战略、法规和规章,并监督执行。②组织编制全省公路和水路交通行业发展规划,拟定交通基础设施、交通运输生产、交通规费征收、交通科技教育年度计划和中长期计划,并组织实施和检查监督。③主管全省公路及其设施的建设、养护、规费征稽和路政运政管理工作,并按照专款专用原则,会同有关部门统筹安排使用和进行监督;主管水运基础设施建设、维护、规费征稽和水上交通安全监督、船舶技术检验及港航设施建设的行业管理;组织实施交通工程建设,负责交通工程质量监督管理工作。④主管全省公路、水路交通运输的行政管理工作,会同有关部门负责交通基础设施建筑市场管理;制定市场规划,建立市场服务体系,发布市场信息,监督市场经营行为。⑤主管全省交通客运、货运、汽车维修、汽车场站规划管理、交通企业资质审定、汽车驾驶员培训的管理工作;负责公路运输车辆技术、车辆维修检测工作。⑥主管公路路政、运政、水运航政行业管理工作;维护公路和水路交通行业平等竞争秩序;引导交通运输行业优化结构,协调发展;拟定公路、水路投资、价格、劳动工资及其他有关交通行业的经济政策;负责动员、组织重要物资运输和公路紧急抢修工作;指导协调城乡客、货运输衔接工作;协助建设部门搞好城市出租车管理工作。⑦组织公路、水路交通技术的开发和管理工作;拟定全省交通行业技术标准和规范;组织重大交通科研攻关;推动行业技术进步。⑧组织指导交通行业体制改革;负责对所属单位国有资产管理和保值增值的监督;组织全省交通行业统计和信息引导。⑨主管全省交通系统教育、职工培训工作;指导交通系统精神文明建设;承办厅机关和厅属单位人事劳资、机构编制管理工作;按规定管理厅属县处级单位领导班子和领导干部;指导交通行业职工队伍建设;管理交通系统公安保卫工作。⑩负责交通行业涉外工作和引进外资工作;开展省际、国际经济合作与交流。⑪主管全省地方各级交通部门的党务工作。⑫组织、管理、指导全省交通战备工作。⑬承担省委、省政府交办的其他事项。

2．厅直单位

1979年6月15日,省编委印发晋编〔1979〕38号文,同意将"山西省公路局科研所"改为"山西省交通科学研究所",事业编制30人。

1979年,山西省公路勘察设计院更名为山西省公路规划勘察设计院。

1984年5月,成立山西省交通厅职工学校,省编委晋编字〔1984〕39号文批复学校事业编制20名。

1985年11月,成立省地方铁路局,隶属于省交通厅。

1986年,山西省公路规划勘察设计院更名为山西省交通规划勘察设计院。

1987年8月,省交通厅成立运输管理处;同年10月,省编委印发晋编字〔1987〕76号文,同意厅运输管理处增挂港监船检处牌子,一套机构,两块牌子,编制7名。

1988年7月15日,省编委晋编字〔1988〕84号文印发《关于省交通厅直属事业单位机构编制整顿报告的批复》。同意省交通厅整顿后共设事业单位23个,其中副厅级1个,县级14个,副县级4个,不定级3个。编制共11230名,其中全额预算205名,经济自收自支

660名,养路费开支10365名。除省公路局及其所属单位外,厅直单位有:山西省交通规划勘察设计院(县级,编制306名)、山西省交通科学研究所(县级,编制121名)、山西省交通学校(不定级别,编制205名)、山西省交通技工学校(不定级别,编制183名)、山西省交通厅运输管理处(县级,编制43名)、山西省交通干部学校(县级,编制50名)。

1988年,省交通厅印发晋交人字〔1988〕133号文,成立省交通厅公路工程定额站,挂靠省交通设计院;经省交通厅批准,省交通学校和省交通技校分设。省交通学校迁至太原武宿,省交通技工学校开始独立办学。

1988年10月,省政府〔1988〕晋政函81号文批复,同意成立山西省交通职工中等专业学校,经费和基建投资由本系统解决。同年12月,省编委印发晋编字〔1988〕148号文,同意将山西省交通干部学校改为山西省交通职工中等专业学校,将省编委晋编字〔1988〕84号批复山西省交通干部学校50名编制全部划转山西省交通职工中等专业学校。

1989年1月,山西省公路质量监督站成立;1995年8月,经省编委批准更名为山西省交通基本建设工程质量监督站,正处级建制,编制15人,领导职数1正2副。

1992年9月,省编委印发晋编字〔1992〕69号文,同意省交通厅运输管理处更名为省交通运输管理局,其他均不变。

1992年11月,省交通厅印发晋交人字〔1992〕448号文,同意成立山西省交通厅行政后勤服务总公司。

1993年4月1日,省交通厅印发晋交人字〔1993〕118号文,同意成立山西省交通建设开发总公司、山西省交通建设工程监理总公司、山西省交通信息通信公司,三个公司分别报经省经济委员会晋经计字〔1992〕206号文、晋经计字〔1992〕297号文、晋经企字〔1993〕50号文批复。

1993年4月,省交通厅印发晋交人字〔1993〕160号文,将"山西省交通厅行政后勤服务总公司"更名为"山西省交通实业开发总公司"。

1993年11月,省编委印发晋编字〔1993〕94号文,同意成立山西省交通厅后勤服务中心,为县(处)级事业单位,实行企业化经营,编制自定,领导职数3名。

1995年,省地方铁路局独立,从省交通厅划出。

1995年2月,省交通厅晋交人字〔1995〕35号文印发《关于成立山西省交通厅后勤服务中心的通知》。

1995年3月,省编办印发晋编办字〔1995〕14号文,撤销厅编史办,同意成立厅资料信息中心,同时挂"山西省交通史志年鉴编辑部"牌子,县处级事业单位,编制6人,领导职数1正1副。

1995年4月,省交通厅"三定"工作结束后,省交通厅印发晋交人字〔1995〕155号文,厅后勤服务中心、记者站、编史办、公路运输工会从厅机关成建制划出,为四个县处级机构。

1995年8月,省编办印发晋编办字〔1995〕82号文《关于成立山西省交通基本建设工程质量监督站的批复》,同意成立山西省交通基本建设工程质量监督站,为正县(处)级建制的事业单位,核定自收自支事业编制15名,领导职数3名。

1995年10月,省编委印发晋编字〔1995〕25号文,批准设置山西省公路运输工会,为产业工会,事业编制11名,设主席(正处级)1名,副主席2名,人员经费从工会经费中列支。

1995年12月,省编办印发晋编办字〔1995〕117号文,同意成立山西省交通厅宣传教育中心,县处级事业单位,编制11人,领导职数1正1副。

1996年5月,省编办印发晋编办字〔1996〕21号文,同意在山西省交通运输管理局增挂"山西省汽车驾驶员培训管理中心"牌子,实行一套机构,两块牌子,增加自收自支事业编制8名。

1996年7月17日,省编办印发晋编办字〔1996〕53号文,同意成立山西省交通计算机通信中心,为县(处)级建制事业单位,核定自收自支事业编制15名,领导职数3人。

1996年12月,省编办印发晋编办字〔1996〕106号文,同意成立山西交通报刊社,县处级事业单位,编制16人,领导职数1正2副。

1997年10月,省编办印发晋编办字〔1997〕123号文,同意成立山西省交通厅五台山职工培训中心,副县级建制的事业单位,编制15名,副处级领导职数1名。

1998年5月5日,省编办印发晋编办字〔1998〕50号文,同意成立山西省交通职工顿村培训中心,为县处级建制的事业单位,核定自收自支事业编制50名,领导职数3名。

1999年12月,省交通技校被劳动和社会保障部批准为高级技工学校。

2000年9月29日,省人民政府办公厅晋政办函〔2000〕49号文件,同意批准山西省交通科学研究所由事业单位通过整体转制为企业,并更名为山西省交通科学研究院。根据2001年12月29日省政府办公厅会议纪要〔2001〕69次精神,2002年6月底,山西省交通科学研究院改制为企业。

2000年11月,为适应新闻宣传改革需要,由厅宣传教育中心、山西交通报刊社、《中国交通报》山西记者站、山西电视台驻厅记者站共同组建厅新闻宣传中心。

3.省公路局及公路系统

1979年初,根据省革委〔1978〕137号文件规定和省交通厅〔1979〕晋交公字第80号文《关于改革公路管理体制,实行分级管理的通知》精神,各地区行署和省辖市设公路管理总段,县设公路养护段。

1986年3月,省政府办公厅晋政办发〔1986〕41号文印发《转发省交通厅关于全省公路建设和管理体制改革的方案的通知》,国道和主要省道从1986年起由省公路局直接管理,划定45条干线,里程6931km。人员的交接工作,由各地市和省公路局进行,1986年6

月底完毕。主要干线的机构设置为公路分局、公路管理段、道班三级。按照干部分级管理的原则,各分局领导班子中党政正职,由公路局提出任免名单,省交通厅人事部门考核,厅党组批准任职;副职由省公路局任免,报厅备案。

1986年3月,省政府办公厅晋政办发〔1986〕42号文,批准山西省公路局升格为二级局。

1988年7月15日,省编委晋编字〔1988〕84号文印发《关于省交通厅直属事业单位机构编制整顿报告的批复》。同意整顿后公路系统共设单位19个,其中副厅级1个,县级10个(各公路分局),副县级1个,不定级1个,科级4个,改企业1个,仍为企业1个。公路局机关内设:工会、人事处、老干部处、办公室、计划财务处、科学技术处、工程管理处、养路处、机务工业处、审计处、行政处、劳动工资处、地方道路处、公安分处、宣教处。19个单位为:山西省公路局机关(副厅局级,编制150名)、山西省公路局机关生活服务队(不定级别,编制30名)、山西省公路局试验室(科级,编制15名)、山西省公路局平遥沥青库(科级,编制100名)、山西省公路局第一公路工程公司(仍为企业)、山西省公路局第二公路工程处(科级,编制473名)、山西省公路局第三公路工程处(科级,编制445名)、山西省公路局筑路机械修配厂(改企业)、山西省公路局物资供应站(副县级,编制25名)、山西省公路局雁同分局(县级,编制1385名)、山西省公路局忻州分局(县级,编制963名)、山西省公路局太原分局(县级,编制1071名)、山西省公路局阳泉分局(县级,编制373名)、山西省公路局晋中分局(县级,编制1211名)、山西省公路局临汾分局(县级,编制1054名)、山西省公路局运城分局(县级,编制722名)、山西省公路局吕梁分局(县级,编制960名)、山西省公路局长治分局(县级,编制941名)、山西省公路局晋城分局(县级,编制404名)。

1989年1月,省编委印发晋编字〔1989〕30号文,同意成立山西省公路局幼儿园,科级,自收自支事业单位,编制33人。

1992年,省编委印发晋编字〔1992〕123号文,确定山西省公路局物资供应站编制66人,领导职数未核定。

1993年7月,省编委印发晋编字〔1993〕71号文,同意成立山西省公路局生活服务中心,为副处级事业单位,实行企业化经营,编制130名,领导职数3名。

1993年10月,省编委印发晋编字〔1993〕77号文,省公路局幼儿园编制由原来33名增加至42名,领导职数未核定。

1994年4月,省编委印发晋编字〔1994〕22号文,同意将山西省公路局雁同分局更名为山西省公路局大同分局,仍为正县(处)级事业单位,核定领导职数5名。将原雁同公路分局的1385名编制,划给大同分局760名。

1994年4月,省编委印发晋编字〔1994〕22号文,同意成立山西省公路局朔州分局,正处级事业单位，编制625名，核定领导职数5名。

1994年7月，省编委、省人事厅、省财政厅、省税务局、省国有资产管理局印发晋编字〔1994〕48号文《关于省公路局第二公路工程处等五个事业单位实行企业化经营的批复》，同意山西省管理局试验室实行企业化经营，编制55名，领导职数未核定，报省编办备案。

1994年7月，省编委、省人事厅、省财政厅、省税务局、省国有资产管理局印发晋编字〔1994〕48号文《关于省公路局第二公路工程处等五个事业单位实行企业化经营的批复》，山西省公路局平遥沥青总库编制134名，领导职数未核定，报省编办备案。

1995年6月，省政府办公厅印发晋政办发〔1995〕87号文，明确省公路局机关编制150名，其中局长1名，副局长3名，总工程师1名，16个正处级职能处室，处级职数40名（含副总工程师2名）。

1995年12月，省编委印发晋编字〔1995〕105号文，批准成立山西省公路局职工文化教育培训中心，为县（处）级建制事业单位，核定编制45名，领导职数3名。

1996年10月20日，省编办印发晋编办字〔1996〕83号文，确定省公路局第二、第三工程处为副县（处）级事业单位。

1996年10月30日，省编办印发晋编办字〔1996〕79号文，同意成立山西省风陵渡黄河公路大桥管理处，为副处级建制事业单位，隶属省公路局。

1996年11月，省编办晋编办字〔1996〕96号文印发《关于山西省公路局试验室更名的通知》，同意省公路局试验室更名为山西省公路工程质量检测中心，为县（处）级建制事业单位，领导职数3名，其他均不变。

1997年1月，省编办印发晋编办字〔1997〕16号文，同意成立山西省公路局多种经营管理中心，县处级事业单位，编制25名，领导职数1正2副。

1998年4月，省编办印发晋编办字〔1998〕38号文，同意山西省公路局增设地方公路处，处级职数设2名，局机关编制调整为154名，处级职数42名。

4. 省交通征费稽查局及征稽系统

交通监理于1951年纳入省交通厅职能范围，由各级公路部门负责；1979年组建各级交通监理机构，负责征收公路养路费。1986年3月，经省编制委员会批准，厅交通监理处更名为交通监理局（仍为正处级）。各地、市交通监理所更名为交通监理处（副处级）；分所更名为交通监理所（正科级）；并允许各县（市）交通监理所在车流量大的路段和乡镇可设立交通监理站，在全省形成省、地、县为局、处、所、站四级交通监理机构的管理网络体制。1987年监理体制改革，交通安全划归省公安厅管理，省交通厅只留交通规费征收业务。

1987年6月2日，省编委晋编字〔1987〕48号文印发《关于交通部门设立养路费征稽机构的通知》,省交通厅正式成立厅交通征费稽查局(正处建制,事业编制)。内设秘书科、政工科、征费科、稽查科,具体职责是负责全省公路养路费和车辆购置附加费的征稽管理工作,经费除征收车辆购置附加费人员由交通部负责外,其余人员从公路养路费项下列支。各级交通征稽机构实行人、财、物由省交通厅统一管理,党、工、团分属地方的双重管理体制。各地市交通征费稽查处,副处级事业单位,其中在大同雁北地区和大同市范围内设立"山西省雁同交通征费稽查处",各县区设立"交通征费稽查所",可在车辆量大的路段和乡镇设立"交通征费稽查站"科级建制,编制700名。

1988年10月28日,省编委晋编字〔1988〕129号文印发《关于全省交通征费稽查系统增加编制的通知》,增编后全省编制1400名。

1994年10月11日,省编委晋编字〔1994〕60号文印发《关于山西省交通厅车辆购置附加费征收管理机构编制的批复》。明确在省、地(市)、县(市)交通征费稽查局、处、所增挂车辆购置附加费征收管理办公室牌子,人员经费从交通部车购费收入返还中解决。

1994年,由于行政区域重新调整,朔州交通征费稽查处挂牌成立。至此,全省11个地、市全部设立交通征费稽查处。

1996年4月25日,省编委晋编字〔1996〕11号文印发《关于交通征费稽查机构编制的通知》,同意省交通厅征费稽查局更名为山西省交通征费稽查局,各地、市交通征费稽查处更名为交通征费稽查分局(同时仍挂车购费征收管理办公室牌子)。更名后,各交通征费稽查处单位规格由原副处级建制升格为正处级建制,单位性质为省交通厅直属自收自支事业单位。太原编制263名、领导职数4名,大同编制185名、领导职数4名,朔州编制104名、领导职数3名,忻州编制193名、领导职数3名,晋中编制212名、领导职数4名,阳泉编制125名、领导职数3名,吕梁编制193名、领导职数3名,临汾编制210名、领导职数3名,运城编制203名、领导职数3名,长治编制177名、领导职数3名,运城编制129名、领导职数3名。

5. 省高管局及局属单位

1995年8月,省编委印发晋编字〔1995〕10号文件,同意成立山西省太原旧关高速公路管理局,为省交通厅直属的正县(处)级建制的事业单位,同时挂山西省太原旧关高速公路开发总公司的牌子,实行企业化管理,主要职责是负责太旧高速公路的建、营、养、管等工作。内设10个科室:办公室、党委工作部、人事劳资科、计划财务科、收费科、养护路政科、工程管理科、经营开发科、技术科、监察审计科,均为科级建制。核定机关事业编制67名,领导职数4名,总工程师1名,总会计师1名。下设晋中管理处和阳泉管理处,均为科级建制。核定晋中、阳泉管理处事业编制分别为279名、230名。

1998年11月6日,省编办印发晋编办字〔1998〕116号文,批复省高管局机构编制。同意将太旧高管局更名为山西省高速公路管理局,同时挂山西省高速公路开发有限(集团)公司的牌子。内设 11 个科室,核定事业编制 84 名,领导职数 4 名,总工程师 1 名,总会计师 1 名。下设太原、晋中、阳泉、晋城管理处,增为副处级建制,核定编制分别为 85 名、228 名、156 名、53 名;核定副处级领导职数各 2 名。

(五)率先推进时期(2001—2007 年)

"十五"时期,是全省交通事业继续保持高速发展的 5 年,是"交通率先发展"取得辉煌业绩的 5 年,也是交通队伍不断发展壮大的 5 年。

1. 省交通厅机关

2001 年 10 月 15 日,经省编办〔2001〕135 号文批准,省交通厅机关增设路政管理处,与厅公安处合署办公。

2. 厅直单位

2000 年 1 月,经省交通厅和省工商局批准,山西省交通建设开发总公司更名为山西省交通建设开发投资总公司。

2001 年 4 月 20 日,经省编办晋编办字〔2001〕49 号文批准,同意从省高管局总编制中划拨 20 名事业编制给大运高速公路工程建设领导组办公室,核定处级领导职数 3 名。

2001 年 5 月 11 日,经省政府晋政函〔2001〕172 号文批复,同意以山西省交通学校为主成立山西交通职业技术学院,山西省交通学校建制同时撤销,山西交通职业技术学院属于专科层次的高等职业学校。

2001 年 5 月 25 日,经省政府晋政函〔2001〕187 号文批复,同意山西省路桥建设总公司改制为"山西路桥建设集团有限公司",为国有独资公司,组建后划归省国资委监管,董事会由 9 人组成。

2001 年 9 月 2 日,经省编办晋编办字〔2001〕112 号文批准,成立山西省地方海事局,正处级建制,编制 10 名,领导职数 1 正 1 副。

2001 年 9 月 19 日,经省政府晋政函〔2001〕344 号文批复,同意山西省汽车运输总公司改制为"山西汽车运输集团有限公司",为国有独资公司,组建后划归省国资委监管,董事会由 7 人组成。

2002 年 1 月 7 日,经省编办晋编办字〔2002〕4 号文批准,成立山西交通安居置业管理中心,正处级建制,编制 7 名,领导职数 1 正 1 副。

2002 年 2 月 22 日,经省编办晋编办字〔2002〕29 号文批准,成立山西省物流中心,县处级建制,编制 10 名,领导职数 1 正 1 副。

2002 年 8 月 8 日,经省编办晋编办字〔2002〕118 号文批准,成立山西省交通厅规划发展中心,县处级建制,编制 10 名,领导职数 1 正 1 副。

2002年9月,经省编办晋编办字〔2002〕145号文批准,成立山西省交通厅公路交通工程定额站,县处级建制,编制10名,领导职数1正1副。

2003年8月18日,省编办印发晋编办字〔2003〕99号文,同意成立山西省交通厅会计核算中心,正处级建制,编制20名,领导职数1正2副。2004年11月,省编办印发晋编办字〔2004〕212号文,明确"从山西省交通厅会计核算中心划出编制10名,划转后山西省交通厅会计核算中心编制为10名"。

2003年9月24日,省编办印发晋编办字〔2003〕133号文,同意山西交通职业技术学院为专科层次的高等职业学校,编制数300名,核定领导职数2正(副厅级)4副(正处级)。

2003年大运高速公路建成通车后,2004年2月25日,经省编办〔2004〕9号文批准,撤销大运高速公路工程建设领导组办公室,同意成立山西省重点公路工程建设领导组办公室,为临时机构,人员编制从原大运办划转,仍为20名,核定处级领导职数1正3副;4月5日,经省编办〔2004〕49号文批准,省交通厅重点办增挂"农村路网管理处"牌子,增加事业编制5名,处级领导职数1名;8月26日,经省编办〔2004〕162号文批准,省交通厅重点办增挂民营资本项目管理处牌子,增设处级领导职数1名。

2004年2月,省编办晋编办〔2004〕8号文,同意山西省交通规划勘察设计院改制为企业,不再按事业单位管理。

2004年5月28日,经省交通厅党组会议研究决定,将厅五台山职工培训中心委托省公路局忻州分局管理,其机构、名称、性质、规格不变。

2004年6月,省编办印发晋编办字〔2004〕92号文,同意山西省交通职工中等专业学校增挂山西省交通干部培训学校的牌子,增加自收自支事业编制15名,增编后共有编制67名。

2004年11月8日,省编办印发晋编办字〔2004〕217号文,同意成立山西省交通环境保护中心站,为正处级建制,核定为自收自支事业编制20名,处级领导职数1正2副(实际挂靠省交通科研院,未独立运转)。

2005年1月5日,经省编办晋编办字〔2004〕280号文批准,同意山西省交通厅规划发展中心列入养路费开支的预算单位。

2005年1月5日,经省编办晋编办字〔2004〕282号文批准,同意山西省交通厅会计核算中心增挂山西省交通厅审计中心牌子,其他均不变。

2005年10月,省编办印发晋编办字〔2005〕222号文,同意山西省交通高级技工学校增挂山西交通汽车驾驶技术培训中心的牌子,并增加事业编制35名。10月,省交通高级技工学校被省社会和劳动保障厅批准更名为山西交通技师学院。

2005年10月,省编办印发晋编办字〔2005〕221号文,同意省交通基本建设工程质量监督站增设副处级领导职数1名。2006年8月,省编办晋编办字〔2006〕164号文,同意山西省交通基本建设工程质量监督站增加自收自支事业编制20名,增编后,该站共有自收自支事业编制35名。

2006年11月7日,省编办印发晋编办字〔2006〕294号文,同意省交通厅规划发展中心增加编制6人,共计17人。

2007年4月28日,省编办印发晋编办字〔2007〕68号文,同意成立山西省交通运输管理局后勤服务中心,副处级建制,编制7名,核定领导职数1名。

2007年5月,省编办印发晋编办字〔2007〕110号文,批准正式成立山西省交通厅重点公路工程建设办公室,与山西省重点公路工程建设领导组办公室合署办公,一套机构两块牌子,增加自收自支事业编制8名,增编后,山西省重点公路工程建设领导组办公室共有事业编制33名,增设处级公路监督检查员和廉政建设特派员5名。

3. 省公路局及公路系统

2001年2月,按照省编办晋编办字〔2001〕16号文要求,三门峡黄河大桥管理处成建制移交省交通厅,由省公路局直接管理,编制50名,领导职数1正2副。

2004年1月,省编办印发晋编办字〔2003〕211号文,将山西省公路局职工文化教育培训中心更名为山西省公路局职业技术教育培训中心,其他不变。

2004年7月,省编办印发晋编办字〔2004〕114号文,同意成立山西省公路局信息中心,正处级事业单位,编制10名,领导职数1正1副。

2005年5月,省编办晋编办字〔2005〕92号文印发《关于对山西省公路局"三定"方案调整的通知》,内设处室由17个调整为15个,人员编制由154名精简为128名,局领导仍为1正3副,总工程师1名,正副处长职数42名(含副总工程师、副总会计师各1名)。

4. 省交通征费稽查局及征稽系统

2001年12月30日,省编办印发晋编办字〔2001〕188号文,同意成立山西省交通征费稽查局霍侯路征费管理处,正处级建制,承担临汾霍侯一级公路车辆通行费的征收管理工作。

2002年2月22日,省编办晋编办字〔2002〕28号文印发《关于山西省交通征费稽查局及所属分局增加领导职数的通知》,省征稽局、太原、大同、朔州、忻州、晋中、阳泉、吕梁、晋城分局各增加编制2名,长治、临汾、运城分局各增加编制3名。

2002年11月,省编办印发晋编办字〔2002〕178号文,同意在山西省交通征费稽查局增挂山西省公路通行费征收管理局牌子,统一负责全省公路通行费征收管理工作。

2003年4月15日,省编办晋编办字〔2003〕19号文印发《关于省交通交通征费稽查局增加总会计师领导职数的通知》,领导职数增加1名。

2003年10月,省编办晋编字〔2003〕44号文,同意省交通征费稽查局局长可由副厅级干部担任,其他均不变。

2004年8月26日,省编办晋编办字〔2004〕147号文印发《关于山西省交通征费稽查局后勤服务中心机构编制的通知》,副处级事业单位,编制20名,领导职数2名。

2006年6月20日,省编办晋编办字〔2006〕107号文印发《关于成立山西省交通征费稽查局稽查总队等事业单位的通知》,成立山西省交通征费稽查局稽查总队,副处级建制事业单位,编制15名,领导职数2名;成立山西省交通征费稽查局信息中心,副处级建制事业单位,编制15名,领导职数1名。

2007年2月28日,省编办晋编办字〔2007〕8号文印发《关于成立山西省交通征费稽查资讯交流中心的通知》,成立山西省征费稽查资讯交流中心,正处级事业单位,编制10名,领导职数1正1副。

2007年5月24日,省编办印发晋编办字〔2007〕96号文,同意山西省交通征费稽查局霍侯路征费管理处增加处级领导职数1正1副。

2007年6月13日,晋编办字〔2007〕118号文印发《关于山西省交通征费稽查局后勤服务中心机构规格的通知》,确立为正处级建制事业单位。

2007年9月17日,省交通厅晋交办人字〔2007〕387号文印发《关于山西省交通征费稽查局编制的通知》,编制49名。

5. 省高管局及其直属单位

2003年8月18日,省编办印发晋编办字〔2003〕98号文,同意成立山西省交通厅雁门关桥隧管理处和韩信岭桥隧管理处,均为正处级建制事业单位,人员编制分别为30名,领导职数均为1正2副。

2003年10月,省编办晋编字〔2003〕44号文,同意省高速公路管理局局长、党委书记可由副厅级干部担任,其他均不变。

2004年1月,省编办印发晋编办字〔2004〕50号文,同意成立山西省高速公路信息监控中心,县处级事业单位,编制30名,领导职数3名。

2004年11月,省编办印发晋编办字〔2004〕212号文,同意成立山西省高速公路收费管理结算中心,县处级事业单位,编制20名,领导职数1正2副。

2006年1月16日,省编办印发晋编办字〔2005〕283号文,同意成立山西省高速公路路政总队,为省高速公路管理局直属事业单位,正处级建制事业单位,核定事业编制15名,处级领导职数1正2副。下设路政直属支队4个,均为副处级建制事业单位,分别核定事业编制5名,副处级领导职数各1名。其中,山西省高速公路路政总队一支队下设大队6个,分别核定事业编制3名,山西省高速公路路政总队二支队下设大队3

个,分别核定事业编制3名,山西省高速公路路政总队三支队下设大队6个,分别核定事业编制3名,山西省高速公路路政总队四支队下设大队4个,分别核定事业编制3名。以上共为路政总队及支队、大队核定正处级领导职数1名,副处级领导职数6名,事业编制92名(其中,总队事业编制15名,支队事业编制20名,各大队事业编制57名)。

2007年4月28日,省编办印发晋编办〔2007〕63号文,批准龙门黄河大桥管理处为县处级建制事业单位,编制16名,核定领导职数1正2副。

6. 省运管局及其直属单位

2005年7月,省编办印发晋编办字〔2005〕130号文,同意"山西省汽车驾驶员培训管理中心"更名为"山西省汽车驾驶员培训学校管理中心",由原来的挂牌变为独立设置,为正处级建制事业单位,核定自收自支事业编制16名,处级领导职数1正2副。

2005年7月,省编办印发晋编办字〔2005〕130号文,同意成立山西省运政稽查总队,正处级建制事业单位,核定自收自支事业编制18名,总队长(正处级)1名,政委(正处级)1名,副队长(副处级)2名。

2005年7月,省编办印发晋编办字〔2005〕130号文,同意成立山西省道路运输管理培训中心,副处级建制事业单位,核定自收自支事业编制5名,副处级领导职数1名。

2005年7月,省编办印发晋编办字〔2005〕130号文,同意成立山西省战略物资道路运输应急保障指挥调度中心,副处级建制事业单位,核定自收自支事业编制5名,副处级领导职数1名。

2006年3月,省编委印发晋编字〔2006〕9号文,批准省交通运输管理局局长高配为副厅级。

2007年4月,省编办印发晋编办字〔2007〕68号文,同意成立山西省交通运输管理局后勤服务中心,副处级建制,核定自收自支事业编制7名,副处级领导职数1名。

(六)加快发展时期(2008—2016年)

1. 省交通运输厅机关

2008年2月,党的十七届二中全会审议通过《关于深化行政管理体制改革的意见》。2008年8月,中共中央、国务院印发《关于地方政府机构改革的意见》,明确提出地方机构改革要着力转变政府职能,理顺职责关系,明确和强化责任,调整优化组织结构,规范机构调协,完善管理体制,严格控制机构编制。对交通运输行政管理体制政策的要求是:促进各种交通运输方式相互衔接,发挥整体优势和组合效率,加快形成城乡一体的交通运输体系。

2009年3月12日,省委、省政府晋发〔2009〕13号文件印发《山西省人民政府机构改革方案》,明确提出要适应全省交通运输大建设、大发展需要,组建省交通运输厅,促进交通运输快速发展。2009年9月4日,省人民政府办公厅晋政办发〔2009〕139号文印发《山西省交通运输厅主要职责内设机构和人员编制规定》。

根据《中共山西省委、省人民政府关于印发〈山西省人民政府机构改革方案〉的通知》精神,设立山西省交通运输厅(以下简称省交通运输厅),正厅级建制,为省人民政府组成部门。

省交通运输厅主要职责有11项:①贯彻执行国家关于交通运输的法律法规和方针政策,拟定全省交通运输行业的地方性法规规章和发展战略建议。②承担涉及全省综合交通运输体系的规划协调工作,会同有关部门组织编制全省综合交通运输体系规划。指导全省交通运输枢纽规划和管理。③组织拟订并监督实施全省公路、水路行业规划、政策和标准。参与拟订全省物流业发展战略和规划,拟订有关政策和标准并监督实施。指导全省公路、水路行业有关体制改革工作。④承担全省道路、水路运输市场监管责任。组织制定全省道路、水路运输有关政策、准入制度、技术标准和运营规范并监督实施。负责交通运输行政执法行为的监督管理;指导城乡客运及有关设施规划与管理工作,指导出租汽车行业管理工作;指导城市地铁和轨道交通的运营管理;承担省内水路运输及航道管理工作。⑤承担水上交通安全监管责任。负责水上交通管制、船舶及相关水上设施检验、登记和防止污染、水上消防、航行保障、应急救助、通信导航、船舶与渡口设施保安及危险品运输监督管理等工作。负责船员管理的有关工作。负责全省水上交通安全事故、船舶及相关水上设施污染事故的应急处理。指导市、县水上安全监管工作。⑥负责提出全省公路、水路固定资产投资规模和方向、国家及省级财政性资金安排意见,按国务院及省人民政府规定权限审批、核准规划内和年度计划内固定资产投资项目;拟订公路、水路有关规费政策并监督实施,提出有关财政、土地、价格等政策建议。⑦承担公路、水路建设市场监管责任。拟订全省公路、水路工程建设相关政策、制度和技术标准并监督实施;组织实施公路、水路重点工程建设和工程质量、安全生产监督管理工作。指导和组织全省交通运输基础设施管理和维护,承担有关重要设施的管理和维护。按规定负责渡口规划和岸线使用管理工作。负责国省道和高速公路等重点交通运输基础设施建设、维护、运营、路政、监控、收费、治超等管理工作。⑧指导全省公路、水路行业安全生产和应急管理工作。按规定组织协调重点物资和紧急客货运输;负责全省高速公路及干线公路网运行监测和协调;承担国防动员交通战备有关工作;指导交通运输行业公安保卫工作。⑨指导全省交通运输信息化建设、监测分析运行情况,开展相关统计工作,发布有关信息。组织和指导全省公路、水路行业科技开发、环境保护和节能减排等工作。⑩指导交通运输行业职工队伍建设。

负责交通运输行业涉外工作和引进外资工作,开展国际、省际合作与交流。⑪承办省人民政府交办的其他事项。

在厅机关改革实质性操作阶段,厅党组多次召开会议,认真研究厅机关三定方案的起草工作,反复、广泛听取厅机关各处室和群众意见,并在省政府主要领导和有关部门支持下,不断完善机构改革方案,先后15次易稿,最终形成三定方案。与省交通厅2000年三定方案相比,此次省交通运输厅三定方案变化有职责调整。省交通运输厅职责调整,原则上是依据省政府关于机构改革规定、交通运输部职责和2000年省交通厅职责内容来确定的,涉及三个方面。一是划入两项职能。即将原省交通厅职责、原省建设厅指导城市客运职责整合划入省交通运输厅。二是取消两项职责。即取消国务院、省政府已公布取消的行政审批事项;取消公路养路费、航道养护费、公路运输管理费、公路客货附加费、水路运输管理费、水运客货运附加费等六项交通规费的管理职责。三是强化三项职能。即加强综合运输体系的规划协调职责,优化交通运输布局,促进各种运输方式相互衔接,加快形成便捷、通畅、高效、安全的综合运输体系;加强统筹区域和城乡交通运输协调发展职责,优先发展公共交通,大力发展农村交通,加快推进区域和城乡交通运输一体化;继续探索和完善职能有机统一的交通运输大部门体制建设,进一步优化组织结构,完善综合运输行政运行机制。

本次机构改革,内设机构设置总的原则是根据厅机关职责和任务来合理确定,同时考虑与交通运输部内设机构设置相对应和全省交通运输发展实际需要,对内设机构做了部分调整:

一是增设3个处室。根据工作需要,内设12个处室和机关党委、离退休人员工作处。12个处室即办公室、人事处、政策法规处、综合规划处、财务收费管理处、建设和管理处、综合运输管理处、安全监督处、科技处、公安处、治超处、审计处。另外,省交通战备办公室实行挂靠管理。与原交通内设机构数量相比,相当于在原内设机构的基础上增设三个处室:安全监督处、治超处、审计处。

二是6个处室更名。综合规划处(外资处)更名为综合规划处(招商引资处),主要考虑全省到目前为止交通基础设施建设中吸引外资非常有限,基本上还是以吸引国内资本为主,所以将外资处更名为招商引资处比较名副其实。财务征费处更名为财务收费管理处,主要原因是成品油价格和税费改革后,财务征费处所承担的养路费等3项交通规费征收管理职责已经取消,但通行费的收费管理职能还保留,所以更名为财务收费管理处。公路处更名为建设和管理处。主要原因有两个:一是交通运输部和省编办都有明确要求,有专业管理局的部门,其内设处室不再重复设置;二是公路已不仅仅承担公路建设和管理职责,还承担其他交通基础设施建设和管理职责,更名后更能体现其职责。运输管理处更名为综合运输管理处,增挂出租汽车行业指导办公室牌子。主要有两个主要原因:一是其不仅要承担全省道路和水路运输市场监管职责,还要参与拟定全省综合运输体系发展战略和规划,承担综合运输体系建设与发展的协调工作;二是要与运管局名称相区别。科技教育处更名为科技处,主要是考虑与交通运输部科技司相对应。离退休人员管理处更为离退休人员工作处,这是省编办统一要求的,主要体现离退休人员工作要从管理向服务转变。

三是4个处室增挂牌子。对处室增挂牌子,编办有统一要求,一是原来经省政府和省编办批准增挂牌子的,此次仍予以保留。因此综合规划处增挂招商引资处、公安处增挂路政管理处和公安厅交通公安处牌子予以保留。二是国家部委有增挂牌子的可以增挂,所以根据与交通运输部上下一致对应的原则,综合运输管理处增挂出租汽车行业指导办公室牌子,安全监督处增挂应急办公室牌子。

四是处室职责调整。按照先总体后具体的原则,三定方案中先明确各处室主要职责,具体职责待机关人员定职定位后再进行细化。处室主要职责调整的大体有:新闻宣传明确由办公室负责。综合规划处增加三项职责:组织编制全省综合运输体系规划和发展战略,承担有关协调工作;参与拟定物流业发展战略和规划,提出有关政策和标准,资金预算(2000年厅三定方案中资金预算职责在财务处,但因工作需要一直由综合规划处行使,这次予以明确)。财务收费管理处取消养路费等征收管理职责,将资金预算职责划给综合规划处,将审计职责划给审计处。建设和管理处负责交通基础设施建设和管理职责。综合运输管理处增加或明确四项职责:参与拟定全省综合运输体系发展战略和规划,承担综合运输体系建设与发展的协调工作;承担交通枢纽、运输场站初步设计审核、建设和运营管理工作;承担物流市场有关管理工作;指导城市客运管理,承担公共汽车、出租汽车、汽车租赁、城市地铁和轨道交通的运营等指导工作;将交通运输安全监管职责划给安全监督处。公安处将治超职责划给治超处。

五是处室排序。处室序列是由省编办依据行政管理规程和交通运输部内设机构序列,结合原省交通厅内设机构序列统一重新排列的。

六是工会。工会虽然是事业编制,但其属于参照公务员管理,且一直是按厅机关内设机构对待。由于其机构性质是党群序列,经请示省编办,工会不在此次政府机构三定方案中体现。同时,厅党组决定省公路运输工会申报更名为省交通运输工会,并争取参照全省其他产业工会的规格和模式进行管理。

为便于开展工作,晋政办发〔2009〕139号文件进一步明确各处室具体职责。

办公室:①组织协调厅机关日常工作;②承办综合性报告、综合性文件起草工作;③负责有关重要会议、活动的组织;④承办厅机关文秘、政务信息、督察、机要、新闻宣传、信访、支书档案、保密、值班、财务、接待等工作;⑤牵头组织交通运输目标责任制考核和议案、提案办理工作;⑥负责厅机关后勤行政管理工作。

人事处：①承担机关和厅属单位的人事劳资、机构编制管理工作；②承担厅属单位领导班子管理工作；③承担交通运输行业干部教育培训、职业资格制度建设、技术职称评审、职业技能鉴定工作；④承担有关智力引进和对外劳务合作工作；⑤承办有关外事工作；⑥主管社会团体相关事务；⑦指导全省交通运输行业人才队伍建设工作。

政策法规处：①研究提出全省交通运输行业发展政策、体制改革与结构调整方案并组织实施；②组织起草交通运输地方性法规规章草案，承担有关立法规划和协调工作；③承办交通运输规范性文件的合法性审核工作；④负责交通法制宣传教育；⑤承办相关行政执法、行政复议、行政应诉和行政赔偿工作；⑥负责交通运输行业行政执法行为监督；⑦负责交通运输行业行政执法人员的培训和资格审查，行政执法证件核发，执法文书、执法车辆及服装的监督管理工作。

综合规划处（招商引资处）：①组织编制全省综合运输体系规划和发展战略，承担有关协调工作；②组织起草公路、水路行业规划、中长期发展规划和专项规划；③参与拟定物流业发展战略和规划，提出有关政策和标准；④承担有关规划和建设项目可行性研究前期工作审核；⑤提出全省交通运输有关专项资金投资政策、资金安排建议和预算，并监督实施；⑥承担本行业招商引资工作；⑦负责和指导交通行业统计、信息工作；⑧指导交通运输枢纽和场站规划。

财务收费管理处：①拟定全省交通运输行业财务会计、国有资产和专项资金管理制度并组织实施；②负责交通运输发展资金的筹集、管理和使用；③负责专项资金、决算、政府采购、外汇、信贷以及利用外资等有关财务工作；④起草公路、水路有关规费、政策并监督实施，负责收费公路有关管理工作；⑤负责对厅属企事业单位国有资产的监督管理；⑥指导全省交通行业的财务会计工作。

建设和管理处：①组织拟定交通基础设施建设、维护相关政策并监督实施；②承担公路、水路建设市场监管工作，维护公路、水路建设市场的平等竞争秩序；③承担重点公路、水路工程设计审批、施工许可、工程造价、质量监督、竣工验收；④承担高速公路、重要干线路网运行监测和协调；⑤指导公路、水路交通安全设施建设工作；⑥参与公路、水路年度计划和中长期发展规划的拟订工作；⑦参与质量安全事故调查工作；⑧指导农村公路建设工作。

综合运输管理处（出租汽车行业指导办公室）：①参与拟定全省综合运输体系发展战略和规划，承担综合运输体系建设与发展的协调工作；②承担全省道路和水路运输市场监管，指导全省道路、水路运政管理工作，拟定相关政策、制度和标准并监督实施；③承担交通枢纽、运输场站初步设计审核、建设和运营管理工作；④承担物流市场有关管理工作；⑤参与道路、水路运输事故调查工作；⑥指导城市客运管理，承担公共汽车、出租汽车、汽车租赁、城市地铁和轨道交通运营等的指导工作；⑦承担跨省客运管理；⑧承担港航监督、船舶技术检验管理工作。

安全监督处(应急办公室):①拟定并监督实施公路、水路安全生产政策和应急预案;②指导全省交通运输行业安全生产和应急处置体系建设;③承担交通基础设施建设和公路、水路运输企业安全生产的监督管理工作;④负责危险化学品道路、水路运输的安全监督管理工作;⑤依法组织或参与有关事故调查处理工作;⑥组织协调国家重点物资运输和紧急客货运输;⑦指导全省交通防汛、防疫、防震、消防等工作,协调全省突发公共事件交通运输保障工作。

科技处:①组织拟定交通运输行业科学技术、教育、信息化、环境保护、节能减排政策和交通基础设施建设、维护技术规范、规程并监督实施;②编制交通运输行业科技、技术改造、技术培训中长期发展规划和年度计划;③负责交通运输职业技术教育管理和交通行业技术培训工作;④承担有关标准、质量和计量工作;⑤开展交通科技开发、成果推广、对外技术合作和交流工作;⑥承担涉及综合运输体系的标准协调工作。

公安处(路政管理处、省公安厅交通公安处):①承担交通运输公安、保卫、路政、综合治理及维护稳定工作;②指导全省交通运输公安管理工作;③承担厅机关的安全保卫工作。

治超处:①组织拟定交通运输行业治超工作政策、制度和标准并监督实施;②组织路政等公路交通行政执法人员开展路面执法,查处违法超限超载运输车辆;③负责道路货物运输源头治理工作;④承担公路治超站点的规划、建设和管理;⑤负责治超信息管理系统的建设和运行管理。

审计处:①指导全省交通运输行业内部审计工作;②承担厅属企事业单位财务收支、预算内外资金、厅管领导干部任期经济责任、固定资产投资项目、交通费收、交通基础设施建设资金使用等行业内部审计工作;③负责外部审计的协调配合及审计成果的应用工作。

行政审批处:①负责交通运输行政审批制度改革相关工作;②负责交通运输政务服务管理工作;③负责交通运输行政审批事项集中受理和督办工作;④指导市、县交通运输部门行政审批制度改革工作。

厅直机关党委:负责机关及直属单位的党群工作。

离退休人员工作处:负责机关离退休人员管理服务工作,指导直属单位离退休人员管理服务工作。

省国防动员委员会交通战备办公室(简称省交通战备办):承担省国防动员委员会交通战备的日常工作,挂靠省交通运输厅,负责组织、管理、指导全省交通战备工作。

纪检监察机构:按晋办发〔2005〕17号文件执行(行政编制5名已划转省纪检委统一管理)。

人员编制。省交通运输厅机关行政编制为95名(含离退休人员工作处编制5名)。

其中:厅长1名,副厅长3名,总工程师1名,总会计师1名,省交通战备办公室主任1名（按正厅长级配备）、专职副主任1名（按副厅长级配备）；处级领导职数为16正21副（含机关党、委离退休人员工作处和省交通战备办公室领导职数）。

晋政办发〔2009〕139号文件还明确下列6项其他事项：

(1)由省交通运输厅牵头,会同省发展改革委等部门建立综合交通运输体系协调配合机制。省交通运输厅会同省有关部门组织编制综合运输体系规划,承担涉及综合交通运输体系规划有关重大问题的协调工作。省发展改革委负责综合运输体系规划与国民经济和社会发展规划的衔接平衡。

(2)城市地铁轨道交通方面的职责分工。省交通运输厅指导城市地铁、轨道交通的运营；省住房和城乡建设厅指导城市地铁、轨道交通的规划和建设。两部门要加强协调配合,确保城市地铁、轨道交通规划与城市公共交通整体规划的有效衔接。

(3)河道采砂管理的职责分工。河道采砂管理按《山西省河道管理条例》和《山西省矿业权公开出让暂行规定》的规定执行。由省水利厅牵头,会同省国土资源厅、省交通运输厅等部门,负责河道采砂监督管理工作,统一编制全省河道采砂规划及计划。

(4)节能减排职责的分工。省发展改革委负责全省节能减排综合协调工作；省经信委负责全省节能降耗工作；省环保厅负责全省污染减排工作。省发展改革委具体负责第一产业、第三产业（不含房地产业）节能工作；省经信委具体负责工业和信息化领域节能工作；省交通运输厅具体负责交通运输节能工作；省住房和城乡建设厅具体负责建筑节能工作和城镇生活减排有关工作；省政府机关事务管理局具体负责公共机构节能工作。

(5)将原省建设厅直属的省城市出租汽车客运管理处成建制划转省交通运输厅管理。

(6)所属事业单位的设置、职责和编制事项另行规定。

2015年5月13日,省编办晋编办字〔2015〕50号文印发《关于省交通运输厅设置行政审批管理处的通知》。根据省政府有关深化行政审批制度改革要求,经2015年4月15日省编办主任办公会议研究,同意:省交通运输厅设置行政审批管理处,正处级建制,所需人员编制内部调整,核定处级领导职数1正1副（增加1名正处级领导职数,内部调整1名副处级领导职数）。

2. 省交通运输执法局及所属单位

2008年3月5日,晋编办字〔2008〕53号文印发《关于山西省交通征费稽查局系统增加编制的通知》,增加后的编制数山西省交通征费稽查局后勤服务中心27名,太原局322名,大同局213名,朔州局126名,忻州局210名,阳泉局130名,晋中局222名,吕梁局199名,长治局206名,晋城局146名,临汾局229名,运城局216名。

2008年9月16日,省编办印发晋编办字〔2008〕300号文,将山西省交通征费稽查局后勤服务中心更名为山西省交通征稽职工教育培训中心,并挂山西省交通征稽票据印制中心的牌子。

2009年1月1日起,全国取消养路费等规费征收。2009年5月1日起,山西省取消二级路及以下通行费收费。2009年9月30日,省编办晋编办字〔2009〕35号文印发《关于组建山西省交通运输执法机构的通知》,在原交通征费稽查机构的基础上组建山西省交通运输执法机构。省、市、县相应机构的名称分别为"山西省交通运输执法局""山西省××交通运输执法局""山西省交通运输执法局××分局"。

2010年3月25日,省编办晋编办字〔2010〕43号文印发《关于山西省交通运输执法局职能配置机构设置和人员编制的通知》,山西省交通运输执法局挂山西省通行费征收管理局牌子,正处级事业单位,编制63名,领导职数8名(2正6副,局长仍高配为副厅级),内设机构核定副处级领导职数14名,正科级领导职数16名。原山西省交通征稽职工教育培训中心更名为山西省交通运输执法职工教育培训中心,正处级事业单位,编制27名,处级领导职数1正2副,科级领导职数6正7副。原山西省交通征费稽查局资讯交流中心更名为山西省交通运输执法资讯中心,正处级事业单位,编制10名,处级领导职数1正1副,科级领导职数2正2副。原山西省交通征费稽查局信息中心更名为山西省交通运输网络监控中心,副处级事业单位,编制16名,副处级领导职数1名,科级领导职数3正3副。原山西省交通征费稽查局总队更名为山西省交通运输执法督查总队,副处级事业单位,编制16名,副处级领导职数2名,科级领到职数3正3副。各市交通运输执法局为正处级事业单位:太原编制286名、领导职数2正5副;大同编制188名,领导职数2正4副;朔州编制108名、领导职数2正3副;忻州编制190名、领导职数2正4副;吕梁编制166名、领导职数2正4副;晋中编制193名、领导职数2正4副;阳泉编107名、领导职数2正3副;长治编制180名、领导职数2正4副;晋城编制124名、领导职数2正3副;临汾编制214名、领导职数2正4副;运城编制196名、领导职数2正4副。霍侯路征费管理处编制296名,正处级建制,领导职数2正3副。

3.厅直及所属单位

2008年3月5日,省编办印发晋编办字〔2008〕49号文,同意山西省地方海事局增挂省航运管理局牌子,并增加事业编制10名,副处级领导职数2名。编制总数27名,核定领导职数1正3副。

2008年5月12日,省政府常务会议决定:山西路桥建设集团改由省交通厅监管。省交通厅晋交人〔2008〕173号文授权省公路局对山西路桥建设集团实施监管。

2008年7月28日,省编办印发晋编办字〔2008〕231号文,批准厅公路交通工程定额站增加编制8名,总编制18名。

2008年8月28日,省编办印发晋编办字〔2008〕279号文,确定山西交通职业技术学院为专科层次的高等职业学校,编制353名,核定领导职数2正(副厅级)4副(正处级);2011年1月29日,省编办印发晋编办字〔2011〕6号文,明确山西交通职业技术学院为专科层次的高等职业学校,核定自收自支事业编制402名,核定领导职数2正(副厅级)5副(正处级)。

2008年9月,省编办印发晋编办字〔2008〕287号文,同意成立山西省交通运输管理局治超办公室,正处级建制事业单位,核定编制28名,处级领导职数1正2副。

2009年9月,省交通厅厅长办公会17号纪要决定,山西省交通信息通信公司划归省高管局管理,代行国有资产监管责任。2016年3月晋交人发〔2016〕94号文确认。

2009年11月,省编办印发晋编办字〔2009〕276号文,批准"山西省城市出租汽车客运管理处"更名为"山西省城市汽车客运管理办公室",处级领导职数1正1副。该机构由省建设厅划归省交通运输厅管理。其前身为1990年7月,省编委晋编字〔1990〕72号文批准成立的"山西省城市出租汽车客运管理处",县处级事业单位,编制10名。2010年3月,省编办印发晋编办字〔2010〕41号文,同意该机构增加自收自支事业单位编制7名、副处级领导职数1名。增编后,该机构共有自收自支事业单位编制18名,处级领导职数1正2副。

2010年2月6日,根据省委办公厅、省政府办公厅文件精神,结合全省交通运输系统实际,省交通运输厅制定《厅属事业单位机构编制清理规范方案》,并以晋交人〔2010〕44号文正式报送省编制办公室。截至2010年1月底,省交通运输厅共有经省编办批准的事业单位79个,其中副厅级事业单位2个,县处级事业单位74个(其中副处级11个),正科级事业单位3个。其中,厅直系统共有27个事业单位,包括2个副厅级事业单位(省公路局、山西交通职业技术学院)、24个县处级事业单位(含1个参照公务员管理的省公路运输工会),1个科级事业单位(省交通基本建设工程质量监督站检测中心)。具体是:①山西省公路运输工会(参照公务员管理);②山西省公路局;③山西省交通运输执法局(原山西省交通征费稽查局,同时增挂山西省公路通行费征收管理局牌子);④山西省交通运输管理局;⑤山西省高速公路管理局;⑥山西省地方海事局(同时增挂山西省航运管理局牌子);⑦山西省交通规划勘察设计院(省编办批复改企);⑧山西省交通科学研究院(省政府批复改企);⑨山西省交通基本建设工程质量监督站;⑩山西交通职业技术学院;⑪山西省交通高级技工学校(同时增挂山西省交通汽车驾驶技术培训中心牌子);⑫山西省交通职工中等专业学校(同时增挂山西省交通干部教育培训学校牌子);⑬山西省交通厅后勤服务中心;⑭山西省交通厅宣传教育中心;⑮山西交通报刊社;⑯山西省交通厅资料信息中心;⑰山西交通安居置业管理中心;⑱山西省交通厅规划发展中心;⑲山西省物流中心;⑳山西省交通厅会计核算中心(同时增挂山西省交通厅审计中心牌子);㉑山西省交通环境保护中心站;㉒山西省交通厅公路交通工程定额站;㉓山西省交通计算机通信中心;㉔山西省(交通厅)重点公路工程建设领导组办公室(农村路网管理处、山西省重点公路工程建设民营资本项目管理处);㉕山西省交通职工顿村培训中心;㉖山西省交通厅五台山职工培训中心(副处级);㉗山西省交通基本建设工程质量监督站检测中心(科级)。公路系统共有20个事业单位,包括18个处级事业单位、2个科级事业单位;执法系统(省交通运输执法局下属单位均未挂牌)共有16个事业单位,全部为处级事业单位;高管系统共有9个处级事业单位(含已按行政区域整合到相应高速公路公司的运城、太原、晋城管理处);运管系统共有7个事业单位,全部为处级事业单位。

2011年8月,山西省人力资源和社会保障厅印发晋人社厅函〔2011〕679号文,批复山西省交通规划勘察设计院改企。

2011年10月17日,省编办晋编办字〔2011〕87号文《关于山西省交通运输厅所属事业单位清理规范意见的通知》,对交通运输厅所属事业单位的规范意见如下:

合并更名的事业单位有:

山西省交通厅宣传教育中心和山西交通报刊社合并为山西省交通运输厅新闻宣传中心;山西省交通基本建设工程质量监督站检测中心并入山西省交通基本建设工程质量监督站;将山西省交通厅会计核算中心(挂山西省交通厅审计中心牌子)分设为山西省交通运输厅会计核算中心和山西省交通运输厅审计中心;山西省交通厅重点公路工程建设办公室(山西省重点公路工程建设领导组办公室、农村路网管理处、山西省重点公路建设民营资本项目管理处)更名为山西省交通运输厅重点公路工程建设办公室(山西省重点公路工程建设领导组办公室);山西省交通运输管理局更名为山西省道路运输管理局,其所属单位山西省交通运输管理局后勤服务中心、山西省交通运输管理局治超办公室相应更名为山西省道路运输管理局后勤服务中心、山西省道路运输管理局治超办公室;山西省交通厅公路交通工程定额站更名为山西省交通运输厅公路交通工程定额站;山西省交通高级技工学校(挂山西交通技师学院、山西交通汽车驾驶技术培训中心牌子)更名为山西交通技师学院(挂山西省交通高级技工学校牌子);山西省交通厅后勤服务中心更名为山西省交通运输厅后勤服务中心;山西省交通厅规划发展中心更名为山西省交通运输厅发展规划研究中心;山西省交通厅资料信息中心更名为山西省交通运输厅资料信息中心;山西省交通计算机通信中心更名为山西省交通运输厅信息化管理中心;山西省交通厅五台山职工培训中心更名为山西省交通运输厅五台山职工培训中心;山西省交通厅韩信岭桥隧管理处更名为山西省交通运输厅韩信岭桥隧管理处;山西省交通厅雁门关桥隧管理处更名为山西省交通运输厅雁门关桥隧管理处。

保留的事业单位有39个:

山西省交通运输厅韩信岭桥隧管理处,正处级,编制16名,处级领导职数1正2副;

山西省交通运输厅雁门关桥隧管理处,正处级,编制16名,处级领导职数1正2副;

山西省龙门黄河大桥管理处,正处级,编制16名,处级领导职数1正2副;

山西省高速公路收费管理结算中心,正处级,编制 24 名,处级领导职数 1 正 2 副;

山西省高速公路信息监控中心,正处级,编制 35 名,处级领导职数 1 正 2 副;

山西省高速公路路政总队,正处级,编制 18 名,处级领导职数 1 正 2 副;下设直属支队 4 个,均为副处级建制,编制均为 5 名,共 20 名;核定支队长(副处级)领导职数各 1 名,共 4 名。4 个支队下设大队 19 个,均为正科级建制,编制均为 3 名,共 57 名。共核定自收自支事业单位编制 95 名;

山西省高速公路管理局太原管理处,副处级,编制 80 名,副处级领导职数 2 名;

山西省高速公路管理局运城管理处,副处级,编制 65 名,副处级领导职数 2 名;

山西省高速公路管理局晋城管理处,副处级,编制 53 名,副处级领导职数 2 名;

山西省汽车驾驶员培训学校管理中心,正处级,编制 16 名,处级领导职数 1 正 2 副;

山西省运政稽查总队,正处级,编制 23 名,队长职数 1 名(正处级),政委职数 1 名(正处级),副处级领导职数 2 名;

山西省道路运输管理局治超办公室,正处级,编制 30 名,处级领导职数 1 正 2 副;

山西省城市汽车客运管理办公室,正处级,编制 18 名,处级领导职数 1 正 2 副;

山西省道路运输管理培训中心,副处级,编制 5 名,副处级领导职数 1 名;

山西省战略物资道路运输应急保障指挥调度中心,副处级,编制 5 名,副处级领导职数 1 名;

山西省道路运输管理局后勤服务中心,副处级,编制 7 名,副处级领导职数 1 名;

山西省地方海事局(山西省航运管理局),正处级,编制 31 名,处级领导职数 1 正 3 副;

山西省交通基本建设工程质量监督站,正处级,编制 42 名,处级领导职数 2 正 2 副;

山西交通技师学院(山西省交通高级技工学校),编制 218 名,处级领导职数 2 正 5 副;

山西省交通职工中等专业学校(山西省交通干部教育培训学校),编制 68 名,处级领导职数 2 正,3 副;

山西省交通运输厅后勤服务中心,正处级,编制 76 名,处级领导职数 2 正 2 副;

山西省交通运输厅新闻宣传中心,正处级,编制 30 名,处级领导职数 2 正 2 副;

山西省交通运输厅发展规划研究中心,正处级,编制 17 名,处级领导职数 1 正 2 副;

山西交通安居置业管理中心,正处级,编制 7 名,处级领导职数 1 正 1 副;

山西省交通运输厅资料信息中心,正处级,编制 6 名,处级领导职数 1 正 1 副;

山西省交通运输厅会计核算中心,正处级,编制 7 名,处级领导职数 1 正 1 副;

山西省交通运输厅审计中心,正处级,编制 7 名,处级领导职数 1 正 1 副;

山西省物流中心,正处级,编制 12 名,处级领导职数 1 正 1 副;

山西省交通运输厅公路交通工程定额站,正处级,编制 18 名,处级领导职数 1 正 2 副;

山西省交通环境保护中心站,正处级,编制 20 名,处级领导职数 1 正 2 副;

山西省交通运输厅信息化管理中心,正处级,编制16名,处级领导职数1正2副;

山西省交通职工顿村培训中心,正处级,编制40名,处级领导职数1正2副;

山西省交通运输厅五台山职工培训中心,副处级,编制15名,副处级领导职数1名;

山西省交通运输厅重点公路工程建设办公室(山西省重点公路工程建设领导组办公室),核定专职副主任1名(副厅长级),处级领导职数11名;

山西省交通运输执法局及所属事业单位,按晋编办〔2010〕43号文件执行;

山西交通职业技术学院,按晋编字〔2011〕6号文件执行;

山西省公路局及所属事业单位,清理规范意见另文下达;

山西省高速公路管理局,清理规范意见另文下达;

山西省道路运输管理局,清理规范意见另文下达。

省交通运输厅所属各事业单位原经费渠道不变。原机构编制事项一律废止。

2011年10月,省编办晋编办字印发〔2011〕137号文,同意将山西省交通基本建设工程质量监督站更名为山西省交通建设质量安全监督局。

2012年4月6日,省编办晋编办字〔2012〕64号文印发通知,同意省地方海事局(山西省航运管理局)增挂山西省船舶检验局牌子。

2013年5月,省编办印发晋编办字〔2013〕70号文,同意山西省地方海事局增加总工程师职数1名(副处级)。

2014年12月30日,省编办晋编办字〔2014〕187号文印发《关于霍侯路征费管理处变更管理主体的通知》,同意霍侯路征费管理处由山西省交通执法局管理变更为省公路局管理。

2015年,根据省政府晋政办函〔2014〕163号文件《关于印发山西省交通企业及高速公路资产债务重组方案的通知》精神,山西省交通开发投资集团有限公司、重组后的山西路桥建设集团有限公司、重组后的山西省高速公路集团有限公司划归省国资委监管。山西省交通建设工程监理总公司划转到山西省高速公路集团有限公司。

截至2016年12月30日,省交通运输厅机关编制98人,在编86人。厅领导职数8名,其中:厅长1名,副厅长3名,总工程师1名,总会计师1名,省交通战备办公室主任1名(按正厅长级配备)、专职副主任1名(按副厅长级配备);处级领导职数37名。

截至2016年12月30日,省交通运输厅机关内设办公室、人事处、法规处、综合规划处、财务收费管理处、建设和管理处、综合运输管理处、安全监督处、科技处、公安处、治超处、审计处、行政审批管理处、厅直机关党委、离退休人员工作处共15个处室,挂靠单位有山西省国防动员委员会交通战备办公室,派驻单位有省纪委驻交通运输厅纪检组。

截至2016年12月30日,省交通运输厅下设一级直属事业单位22个,二级直属单位105个,全厅在职人员53481人;厅直属党组织657个,其中党委53个、党总支31个、党支部573个,党员7473名。厅直22个事业单位是:①山西省公路运输工会(参照公务员管理);②山西省公路局(副厅级建制);③山西省交通运输执法局;④山西省道路运输管理局;⑤山西省高速公路管理局;⑥山西省地方海事局;⑦山西省交通运输厅重点公路工程建设办公室;⑧山西省交通建设质量安全监督局;⑨山西交通职业技术学院(副厅级建制);⑩山西交通技师学院;⑪山西省交通干部学校;⑫山西省交通运输厅资料信息中心;⑬山西省交通运输厅新闻宣传中心;⑭山西省交通运输厅后勤服务中心;⑮山西省交通运输厅发展规划研究中心;⑯山西交通安居置业管理中心;⑰山西省物流中心;⑱山西省交通运输厅会计核算中心;⑲山西省交通运输厅审计中心;⑳山西省交通环境保护中心站;㉑山西省交通运输厅公路交通工程定额站;㉒山西省交通运输厅信息化管理中心。

山西省交通运输厅历任主要领导见表1-2。

山西省交通运输厅历任主要领导及任期一览表　　　　表1-2

序号	姓名	任期	职务
1	霍清林	1949.4~1949.6	太原市军事管制委员会公路运输摩托接管组组长
2	霍清林	1949.6~1949.11	山西省公路运输局局长
3	霍清林	1949.11~1953.3	山西省人民政府交通局局长
4	王振德	1953.3~1954.3	山西省人民政府交通局局长
5	王振德	1954.3~1955.2	山西省人民政府交通厅厅长
6	王振德	1955.2~1955.4	山西省交通厅厅长
7	赵国屏	1955.4~1967.9	山西省交通厅厅长
8	齐大寿	1969.8~1970.1	山西省革命委员会生产组交通办公室主任
9	齐大寿	1970.1~1973.4	山西省革命委员会交通局局长
10	廉平	1973.4~1979.12	山西省交通局局长
11	廉平	1979.12~1983.5	山西省交通厅厅长
12	任先泉	1983.5~1990.12	山西省交通厅厅长
13	智玉莲	1990.12~1994.7	山西省交通厅厅长
14	杜五安	1994.7~1996.12	山西省交通厅厅长
15	刘俊谦	1996.12~2000.5	山西省交通厅厅长
16	王晓林	2000.5~2008.4	山西省交通厅厅长
17	段建国	2008.4~2009.5	山西省交通厅厅长
18	段建国	2009.5~2013.9	山西省交通运输厅厅长
19	李正印	2013.9~2016.11	山西省交通运输厅厅长
20	张志川	2017.1~2018.2	山西省交通运输厅厅长
21	闫晨曦	2018.2至今	山西省交通运输厅厅长

二、公路交通运输事业发展概况

山西省位于全国中部地区,省内沟壑纵横,山峦起伏,在15.6万 km² 面积中,80%以上属于山岭重丘区。作为全国重要的能源原材料基地,省内年产煤炭占全国1/4。由于铁路运力严重不足,每年60%的外销煤炭是以公路运输为主。因此,公路运输在山西经济发展中扮演着重要角色，同时也承受着大吨位、大交通带来的巨大压力。

新中国成立以来，在交通运输部和省委、省政府正确领导下，全省交通运输系统以马列主义、毛泽东思想、邓小平理论和"三个代表"重要思想为指导，贯彻落实科学发展观，深入学习贯彻习近平总书记系列重要讲话精神，统筹推进构建良好政治生态和交通运输改革发展稳定工作，提出并认真实施高速公路、国省干线、农村公路"三网并重"发展战略，着力构建主骨架，提升主通道，改善微循环，使全省路网规模逐步扩大，布局得到有效改善。截至2016年年底，全省公路通车里程达到14.21万km，其中高速公路5265km，为推动全省经济快速发展和社会全面进步做出积极贡献。

（一）创建恢复时期（1949—1957年）

全省公路交通是在落后、封闭的基础上艰难起步，逐步发展起来的。1949年4月，山西全境解放时，全省能断断续续通车的公路只有1288km，其中，有路面里程158km，次高级路面14km，低级路面14km。由于连年战争破坏，重要干线公路均不能全线贯通。有1/3的县城不通公路，有的县连大车路都没有。全省国营运输企业只有100余辆从国民党政权手中接管过来的破旧杂牌汽车，大部分马车也散落在民间。面对这种情况，全省公路交通部门认真贯彻党的各项方针政策，自力更生，发动群众，首先对太原—大同、军渡、风陵渡等几条重要干线公路进行抢修，以较快速度恢复通车。此后，又对全省公路进行整修和分期改善。经过3年恢复，全省公路主要干线均已畅通。从1953年国家实行第一个五年建设计划开始，在国家财力、物力不足情况下，全省公路交通部门坚持"先求其通，后求其畅""充分利用原有道路，重点解决薄弱环节"的原则，认真贯彻党中央、国务院"分期改善，逐步提高"和"依靠民力，就地取材"的方针，有计划、有步骤地开展山区道路修建工作，并对全省公路有重点地进行改善。

1956—1957年，在各级地方党委、政府的大力支持和全系统广大干部群众的积极努力下，全省公路交通得到快速发展。到1957年年底，全省除汾西县外，均通汽车，公路通车里程达到8262km。其中，省道3108km，县道5082km，专用公路72km，有路面里程2642km，次高级路面34km，低级路面1105km，公路密度5.3km/100km^2。大车路发展到15000km，有60%的乡镇通汽车和马车，在全省初步形成公路网轮廓。在公路运输方面，通过反对封建运输把头，整顿运输市场，实行对私营运输企业的社会主义改造，进一步确立和巩固国营运输企业的领导地位。到1957年年底，已有汽车1046辆，马车526辆；完成公路货运量2450万t，货物周转量20457万吨公里，分别为1952年的3.8倍和2.7倍，为以后发展全省公路交通事业奠定良好基础。

（二）调整探索时期（1958—1965年）

1958—1965年是山西公路交通发展史上的一段重要时期。从"大跃进"到国民经济调整,走过一条曲折的探索之路。全省公路交通工作虽然取得一定成绩,但教训也是深刻的。许多地方不求实效,盲目冒进,抽调大批农村劳动力一哄而上,以豪言壮语代替科学修路,造成工程质量低劣和人力、财力的巨大浪费。3年号称修路9000km,1960年全省公路里程统计为17589km,1961年普查核实为14745km,有3000多公里的水分。在公路运输上,推广一车多挂的"列车化"运输和拼设备的"双班运输",由于技术管理水平低,造成车况普遍下降。1961年完好率由1957年的70.9%下降到51%。从1962年起,全省公路交通部门认真贯彻国民经济"调整、巩固、充实、提高"的八字方针,压缩公路基本建设规模,停建一些项目,对"大跃进"中搞平调的77项公路基建项目进行清理和退赔,重新调整公路建设布局,把重点放在对原有的公路进行整修、改建、提高等级、完善配套工程上。同时将已经下放的公路养护业务管理机构重新收归省管,加强养路专业队伍建设,使路况逐步好转。1965年,全省公路通车里程达到20365km,比1962年增加5620km;其中,省道4872km,县道14572km,专用公路922km。有路面里程5994km,比1961年增加1198km。公路密度13km/100km^2。将下放的各运输企业重新收归省管后,在全省运输部门进行大力整修车辆,并有计划地封存一批老旧汽车。1963年,完好率上升到76.4%,并打破汽车历来不下干线公路的传统,深入农村为农业生产服务,开始走上支援农业的轨道,为汽车运输事业开辟广阔市场。1965年,全省完成公路货运量2320万t,比1962年的1101万t增长1.1倍。经过3年调整,基本上扭转了"大跃进"造成的比例严重失调的状况,使全省公路交通事业重新走上稳步发展的轨道。

(三)遭受挫折时期(1966—1977年)

"文化大革命"期间,由于受极"左"路线干扰,许多行之有效的管理制度被废除,省属公路养护机构和运输企业被再次下放,造成道路状况和运输生产急剧下降。1969年,全省公路货运量比1965年下降14.4%;单车年平均利润1965年为5000元,而1968年竟亏损79元。但在整个"文化大革命"期间,全省公路交通部门广大干部职工仍然坚守工作岗位,排除各种干扰,坚持生产,取得一定成就。在"备战、备荒、为人民"和"要准备打仗"思想指导下,1965—1972年,国家对全省"小三线"公路和国防公路拨专项投资12836万元,完成31项工程,新建公路815km,改建公路1765km,建大、中桥梁173座14105延米。如0401公路(北京—山西原平线)和军渡、保德黄河大桥等工程,就是在此期间修建的。到1975年年底,全省公路通车里程达到29287km,比1965年增加近9000km。其中,有路面里程增加7000多公里,特别是高级、次高级路面由359km增加到4171km。运输生产自1970年开始回升,1975年完成货运量4572万t,比1965年增长97.8%,平均年增长5.2%,其中后6年平均增长15.4%。1966—1975年10年间,全省共增加新桥683座46079延米,增加公路8922km,铺筑油路4171km,通车里程达到29287km,其中省道

6217km,县道11981km,乡道9564km,专用公路1525km;有路面里程13491km,次高级路面里程4171km,晴雨通车里程9041km,绿化里程8650km,公路密度18.7km/100km²。营运汽车增加到4194辆。此外,省直运输部门的汽车保养场发展到12个,并有客车修造厂1个,汽车修配厂5个,汽车附件厂1个,轮胎翻修厂1个,形成一个初具规模的修、配、造功能齐全的交通工业体系。截至1977年年底,全省公路通车里程31785km。其中,省道6228km,县道12210km,乡道11791km,专用公路1525km;有路面里程15967km,次高级路面5368km,晴雨通车10819km,绿化里程11584km,公路密度20.3km/100km²。

(四)改革振兴时期(1978—1992年)

党的十一届三中全会后,全省公路建设和运输生产得到很大发展,公路框架渐成规模,运输格局日趋合理,公路交通从几十年的计划经济体制向市场经济转变,公路商品化、运输多元化开始起步,公路交通事业呈现欣欣向荣的发展势头。期间,交通部将"普及与提高相结合,以普及为主"的公路建设方针及时修改为"以提高为主",全省公路建设也由重视数量转为重视质量。1979年,根据交通部部署和统一标准,省交通局对省内公路进行了一次普查,除去不符合标准的等外路4607km,将1978年的总里程由31868km复核为27261km。与此同时,全省第一批二级公路——太原—忻州、阳泉—大寨、太原—东观段先后建成通车。

进入20世纪80年代以后,由于煤炭产量和社会物资运输量增加,交通运输滞后的矛盾显得越来越突出。1983年,全省有路面里程仅占60%,尚有11091km为土路,11个县不通油路,1240个乡镇不通公路,4203个行政村不通机动车。许多干线公路日交通量超过设计标准几倍、十几倍。通向河北、北京、天津、河南等相邻省份的重点公路,因通过能力小,经常出现堵塞现象。如太旧路原路,小堵天天有,大堵三六九,最长一次堵车整整七天七夜,引起国际舆论关注。其他出省通道,大部分为低等级公路或断头路。落后的交通,成为能源重化工基地建设的主要制约因素之一。一方面,晋煤和其他外运物资大量积压,仅1983年,全省积压待运煤就有3000余万吨,不少煤矿积煤出现自燃和被洪水冲走;另一方面,全国各地对晋煤的迫切需求得不到有效解决。面对严峻现实,山西省委、省政府决心打破全省公路交通半封闭状态,在加强省内干线和县乡公路建设同时,打开通向省外出口,并制定修建12条晋煤外运公路规划。从此,全省公路交通围绕能源重化工基地建设,进入全面发展新阶段。省交通厅在集中投资和技术力量的同时,对施工管理体制进行大胆改革,对各项工程采取公开招标和地(市)县承包办法,有效调动地方政府积极性,大大加快工程进度,降低工程造价。

"六五"期间,全省新建公路1411km,桥梁516座,高级、次高级路面1200km,新修通7个县油路和175个乡公路。新建大同倍加皂—孙启庄、阳泉白毛岭—地都、晋城—大口、晋城—张路口4条晋煤外运公路,总长248km。经过1年零8个月紧张施工,分别比原计划提前3~15个月,于1985年国庆节前胜利建成通车,使运输成本降低20%,每年可节约运费7238万元。到1985年底,全省公路通车里程达到28762km。其中,省道9420km,县道12550km,乡道6167km,专用公路602km。有次高级路面里程7427km,二级公路503km,公路桥梁3504座,分别比1980年增长19.3%、16%和18.93%。公路密度17.4km/100km^2。与此同时,全省公路养护质量再创新水平,1985年末全省好路率达82.9%,跃居全国前列。其中干线好路率91.7%,县级公路好路率73.4%。在党中央"放宽、搞活"方针指导下,全省公路运输形成多层次、多形式、多渠道,国营、集体、个体一齐上新局面。到1985年末,全省民用汽车拥有量达12.9286万辆、拖拉机15万辆,分别比1980年增长1倍、1.5倍;运输专业户达到9.7868万户,个体汽车拥有量2.3万辆。1985年,全省公路完成货运量13071万t,货运周转量522878万吨公里,晋煤外运1850万t,客运量7173万人,客运周转量310432万人公里,分别比1980年增长0.68倍、2.3倍、2.6倍、1.1倍、1.2倍。1985年全省公路交通工业完成总产值6248万元,实现利润4995万元,养路费征收38787万元,分别比1980年增长13.1%、2倍、3.14倍。

"七五"期间,随着经济体制改革不断深入,全省交通体制改革迈出重要步伐。如扩大厅属企业自主权,实行多种形式承包经营责任制,将厅属11个修造企业全部下放地市管理,将拖拉机养路费全部下放地市县征收管理使用,加强行业管理等。1986年3月26日,省政府印发《关于山西省公路建设和公路管理体制改革方案》,批准省公路局升格为二级局,各市地公路总段改称公路分局,县区养护段改称公路管理段,明确全省公路建设和养护实行统一领导,分级管理;原公路局工程处改称第一工程公司,实行企业化管理。1987年5月30日,将交通监理移交公安部门管理,公路养路费征收仍由交通部门负责。随后,省编委印发〔1987〕48号文,同意省交通厅设立交通征费稽查局,各市设处,县市区设所站,揭开征稽发展新篇章。5年完成投资11.35亿元,全省公路通车里程达到30784km,分别比1985年增长7.3倍、7%,新增公路通车里程2022km。其中等级公路25241km,高等级公路1598km,高级、次高级路面里程9418km,分别比1985年增长9.3%、2.2倍、24%。其中,国道3636km,省道6544km,县道13172km,乡道6810km,专用公路622km。晴雨通车15493km,绿化里程15820km,公路密度19.7km/100km^2。先后建成和顺—董坪沟、薛村—军渡、陵川—修武、原平—长城岭、长治—下浣、左权—涉县、晋城周村—黎川、长治荫城—壶关8条总长385km晋煤外运出省公路。至此,全省规划的12条晋煤外运公路全部建成,其中周黎公路还是全省第一条商品公路。被列为全国"七五"建设27条重点公路项目之一、全长737km的大(同)运(城)公路于1990年9月28日胜利竣工通车,为缓和交通运输紧张局面、加速全省煤炭资源开发利用创造了有利条件。大运路由国道208线大同—太原段、国道108线太原—侯马段、省道太原三门峡线侯马—闻喜水头段、水头—永济线的水头—运城段组成,由大同经朔州、忻州、太原、晋中、临汾到运城,经过7市、23县市区,拥有人口占全省67.5%,是纵贯山西南北、连接省内主要工矿区和农业区的重要干线公路,总投资6.9亿元,对实现全省"发展中部、开发两翼"战略,发挥了极其重要的作用。"七五"期间,全省新增通油路县9个,实现全省县县通油路;新增通公路乡镇98个,新增通机动车行政村1863个。与此同时,投资4697万元,建成太原、运城、侯马、阳方口等客运汽车站及雁北、长治、阳泉等货运站,并改建县级客运站14个。1990年全省民用汽车达23.2665万辆,完成货运量26706万t,货物周转量1152520万吨公里,客运量12728万人,客运周转量587953万人公里,分别比1985年增长44%、51%、55%、44%、45%;1990年全省完成水路客运量69万人,旅客周转量254万人公里,分别比1985年增长35%、30%;完成货运量72万t,货运周转量259万吨公里。按1980年不变价,1990年全省县营以上交通工业企业总产值完成7353万元,比1985年增长15%;大修汽车4900辆,客车改装1957辆,制造挂车6438辆;征收养路费、货运补偿费21.41亿元,车购费1.0040亿元,三项规费合计完成22.41亿元,年平均增长10%以上,年超收5000余万元。

(五)率先推进时期(1993—2000年)

"八五"期间,特别是"八五"后3年,山西省委、省政府高举"改革开放"和"艰苦奋斗"两面旗帜,从兴晋富民迫切需要和经济发展客观要求出发,制定交通优先发展战略,把公路建设作为重中之重来抓,出台支持公路重点工程建设"八条"优惠政策,带领全省人民大打公路建设翻身仗,掀起轰轰烈烈的全民义务修路热潮,取得辉煌建设成就。截至1995年年底,全省公路通车里程达到33644km,比1990年增加2859km。其中,国道4027km,省道6735km,县道14259km,乡道7909km,专用公路714km。公路密度21.53km/100km^2;公路等级里程达到29506km,二级以上高等级公路4303km,公路有路面里程28112km,高速公路94km。从1992年年底到1995年3年间,全省共筹资132亿元进行公路建设,总投资是1983—1992年10年投资37亿元的3.6倍,拓宽二级以上国、省道公路16330km,新建公路16330km,改造公路25186km,修建油路、水泥路10468km,新建村间道路37845km,分别是前10年的2.3倍、2.2倍、1.9倍、1.4倍和1.7倍。与此同时,全省汽车运输事业也得到更快发展。到1995年末,全省拥有民用汽车39.72万辆,完成货运量39776万t,货物周转量1815463万吨公里,客运量17956万人,旅客周转量861061万人公里;公路煤炭外运量4471万t;全省水上船舶达260艘,完成货运量90万t,货运周转量321万吨公里,客运量85万人,旅客周转量315万人公里;全省完成交通工业总产值10596万元,改装汽车138辆,制造汽车912辆。共征收汽车养路费、货运附加费59.08亿元,车购费9.16亿元,分别比"七五"递增175.94%、816%;从1993年开始,征收新增车辆费2.73亿元,车辆通行费2.56亿元。全省交通系统有142项科研项目获省科技进步奖,362项获厅科技进步奖,

42项达国际水平,37项达国内领先或先进水平,22项获国家专利,18项列为交通部、省科委科技成果推广应用和推荐项目。

"九五"时期,全省交通系统广大干部职工坚持发展是硬道理的思想,以邓小平理论和党的"十五大"精神为指导,认真贯彻中央和省委、省政府一系列方针政策和战略部署,大力推进交通改革与发展,全面完成目标任务。交通"瓶颈"制约得到改善,运输紧张状况得到缓解,统一、开放、竞争、有序的交通建设运输市场体系初步建立。全省公路建设累计完成投资338亿元,新增公路通车里程21764km,新增二级以上高等级公路5018km,新增高速公路424km,新增高级次高级路面里程14954km。继1996年第一条高速公路——太旧高速公路全线建成通车后,全省主要建成原太、京大、太原南环段、太原东山环段、运风、夏汾、晋阳等424km高速公路,霍侯、祁介、汾介等484km一级公路,太古、东长、忻台等4110km二级公路,离临柳石、晋西北等2900km扶贫公路和以忻州东(冶)芙(城口)公路、阳泉巨(城)龙(庄)公路、临汾马务汾河大桥、太原小店汾河大桥为代表的一批国防公路,开工建设晋焦、长邯、运三、祁临高速公路等。工程质量和建设水平进一步提高,建成一批在全国有影响的公路和桥梁。太旧高速公路、武宿立交桥双双荣获国家建筑工程质量最高奖"鲁班奖",原太、太原南环段等高速公路创"部优工程",晋焦高速公路丹河特大石拱桥获"大世界吉尼斯之最"。到2000年年底,全省公路通车里程达到55408km,高速公路达到518km,公路密度提高到35.5km/100km^2;二级以上高等级公路达到9321km,占公路通车里程16.8%,比1995年提高4%;高级次高级路面里程达到29327km,占通车里程52.9%,比1995年增长10.2%。全省提前3年实现"镇镇通油路、乡乡通公路、行政村通机动车"战略目标,并有81.7%乡和43.5%行政村通油路,94%行政村通公路。全省公路好路率达到83.8%,其中干线公路好路率达到84.1%;县公路好路率达到83.5%。全省建成干线文明样板路2568km,GBM工程3229km,绿化里程达到28997km,占通车总里程52.3%,太旧高速公路、大运二级公路、108国道晋中段、307国道太原—军渡段四条绿色通道基本建成,受到国家绿化委表彰。全行业营运汽车达到17万辆,民用汽车达到54万辆。全省完成公路客运量2.88亿人,旅客周转量135亿人公里,完成公路货运量5.78亿t,货物周转量270亿吨公里,分别比1995年增长60.4%、56.8%、45.4%、48.8%,占全社会运输量比重分别达到90.4%、61.2%、69.2%、35.8%,公路运输在全省综合运输体系中的基础性作用得到进一步巩固和加强。与此同时,黄河水运及水上旅游得到发展,部分渡运设施得到改善,黄河小浪底库区水运及旅游加快规划与开发步伐。

(六)加快发展时期(2001—2005年)

"十五"时期,全省交通系统以科学发展观统领全局,以调整路网结构和运输结构为主线,坚持"三个并重"方针,大力实施"三小时高速通达"、县际公路改造、乡通油路、村村通水泥路"四大工程",积极推进理念、体制、融资、科技、管理"五项创新",超额完成各项目标任务,是全省交通史上发展最快最好的时期,山西交通跨入全国先进行列。5年间,全省新增公路通车里程14155km,新增高速公路1168km,新增一二级公路4693km。到2005年年底,全省公路通车里程达到69563km,路面铺装里程达到45599km,公路密度达到44.5km/100km^2。其中,高速公路达到1686km,在全国排第9位,在中部排第2位;二级以上高等级公路达到14283km,在全国排第8位。全省公路运输完成客运量3.6亿人、旅客周转量181亿人公里、货运量7.6亿t、货物周转量390亿吨公里,比2000年分别增长26.5%、33%、31.8%、44.5%,在综合运输体系中的比重分别达到90%、60%、65%、30%。省交通厅党组认真贯彻落实省委、省政府掀起以大运高速公路和国道主干线为重点的公路建设新高潮的重大决策,紧紧抓住国家宏观调控历史机遇,改革开放,创新思路,调动各方面积极因素,集中力量推进大同—运城、太原—晋城、汾阳—离石、太原绕城等纵贯全省高速公路大动脉和重要出省通道建设。规划"人"字形高速公路主骨架全面建成,省会到市"三小时高速通达"目标胜利实现。组织编制"人字骨架、九横九环"高速公路网规划,并经省政府批准实施;开展大运高速公路经济带建设研究规划,进一步增强高速公路发展的前瞻性、科学性和指导性。全省高速公路跨越式发展,大大改善交通运输紧张状况,提高运输保障能力和安全性。5年新改建农村公路89592km(包括村内巷道)。其中,完成县乡油路改造13717km,村村通水泥(油)路工程75875km。全省新改建农村水泥路、油路里程占全国同期建成的农村油路、水泥路总里程近1/3,是新中国成立51年全省建成农村油路、水泥路总里程5倍。全省100%乡镇、80%建制村基本通水泥(油)路,比"九五"末分别提高13.5%、37.5%,运城、太原、阳泉、晋中、长治5个市和59个县(市、区)基本实现村村通水泥(油)路。大力推进农村客运网络化,先后建成乡镇汽车站105个、农村候车亭1797个、招呼站牌11534个,全省100%乡镇、83.6%建制村通客车,并有30个县市实现城乡客运一体化。全省开通鲜活农产品运输"绿色通道"。

(七)转型跨越时期(2006—2016年)

"十一五"时期,全省交通运输系统坚决贯彻省委、省政府扩大内需、应对国际金融危机的一揽子计划,再掀公路建设新高潮,全力推进交通运输改革发展稳定,圆满和超额完成"十一五"规划确定的目标任务,交通运输对经济社会发展的"瓶颈"制约基本缓解,为促进经济平稳较快增长和社会发展、民生改善做出重要贡献。5年来,全省交通基础设施建设完成投资1746亿元,新改建公路12万km,分别为"十五"的2.8倍和1.1倍,交通基础设施实现了质和量双重跨越:一是公路通车里程大幅增长,路网结构进一步优化。新增公路通车里程6.2万km,达到13.16万km,公路密度达到84km/100km^2;新增二级以上高等级公路4821km,达到19104km,占通车总里程的14.5%;新增铺装和简易铺装路面里程

63789km，达到10.94万km，占通车里程的83.1%，比"十五"末提高17.6%。另外，全省新增水运通航里程160km，达到1393km。二是高速公路建设突飞猛进，实现历史性跨越。全省开工建设高速公路3300km，项目总投资2500亿元，建成1316km，达到3002km，国家高速公路网项目建成76.3%，全省有88个县通高速公路，太原大都市圈基本实现高速公路"一小时通达"，一个纵横交错、覆盖全省、东连京冀、西达秦蜀、南通中原、北出长城的高速公路网初具规模。三是国省干线基本消灭差等路，路网技术状况达到历史最好水平。全省新改建国省干线公路6839km，新增一级公路636km、二级公路657km，93.5%的国道、81.7%的省道实现了二级化。截至2010年年底，全省高速公路优良路率99.9%，干线公路83%，均创历史最好水平。四是农村公路通达深度提高，实现村通水泥（油）路"全覆盖"。全省新改建县乡公路15416km，通村水泥（油）路98821km，27925个具备条件的建制村全部通了水泥（油）路。五是站场码头建设扎实推进，覆盖城乡的客运站场体系基本形成。全省建成一、二级客运站41个，乡镇汽车站421个，基本实现了地级市有一级站、县（市）有二级站，一半左右的乡镇有等级客运站。太原公路主枢纽武宿货运中心和运城客运东站、晋城客运东站、临汾客运西站等一批公路运输枢纽正在加紧建设。水运渡口码头改造完成70个，重点水域均有了标准渡口码头。六是实施华北五省联合治超和全省"无缝隙、拉网式"治超专项行动，长期制约交通运输发展的车辆超限超载顽症在全省首先得到治理，并建立起治超长效机制。货车超限超载率连续3年稳定控制在0.2%以下，高速公路、国省干线基本杜绝车货总重55t以上非法超限超载车辆，公路和桥梁得有效保护，公路养管成本和交通事故大幅下降。全省9611家政府公示的货运源头企业全部纳入运管机构监管范围；公路超限检测站达到191个，并基本实现不停车快速检测，路面监控网络基本形成。山西省治超工作得到时任张德江副总理充分肯定，全国治超领导小组在山西召开了现场会，推广山西治超经验。七是规费征收大幅增长。2006—2008年，全省征收公路养路费等交通规费144亿元，基本相当于"十五"的总收入。"十一五"收取车辆通行费456亿元，是"十五"的3.3倍。其中高速公路通行费收入366亿元，是"十五"的4.4倍。从2004年起，全省收费公路统一开通"绿色通道"，累计为500多万辆鲜活农产品运输车辆减免车辆通行费10亿多元。八是运力结构进一步优化。截至2010年年底，全省营运客车达到15431辆，其中高级客车3300辆，较"十五"末增长20.3%；营运货车达到39万辆，增长49%，其中重型货车、专用货车15.1万辆，增长173%，高级客车、重型货车在道路运输中的主力军作用日益明显。水上交通运输消灭了低质量船舶，监管船舶达到3000艘，增长2倍；经营企业由21家发展到39家，增长近1倍。市场集中度明显提高。公路客运经营户户均车辆由"十五"末的6.7辆增加到23辆，增长2倍多。覆盖城乡的公共客运体系初步形成。全省城市公交车辆达到8245辆，比"十五"末增长70.4%；营运里程达到11904km。城市出租汽车达到38423辆，增长23%。农村客运班车达到6526

辆,客运班线达到2927条,实现具备条件的建制村通客车"全覆盖"。现代物流快速发展。涌现出了以侯马方略保税物流、迎泽物流为代表的一批现代物流品牌企业,全省物流企业超过200户,2010年完成换算吞吐量2亿t。农村物流网络不断完善。2010年全省营业性道路运输完成客运量3.26亿人、旅客周转量215.7亿人公里、货运量6.1亿t、货物周转量970亿吨公里,同比2009年分别增长4.8%、2.6%、11%、7%;水路运输完成客运量183万人次,比2005年增长69.4%;城市公交和出租车分别输送旅客11亿人次、10亿人次,分别增长80%、44%。九是安全应急保障能力明显提高。5年来,全省实施公路安保工程5328km,灾害防治工程462km,危桥改造1024座,公铁立交安全整治5座,基本消灭高速公路三类以上桥梁、干线公路危桥和县道中桥以上、乡道大桥以上危桥。一、二级汽车站全部安装智能化管理系统和行包安检仪。建立省、市、企业三级安全监管平台,采用GPS技术对近万辆长途客车、旅游客车和危险品运输车辆实行实时监控。建立交通运输应急总体预案和13个专项预案,建立12支战略物资运输、11支旅客运输、14支公路交通应急保障队伍和汽车维修救援网络,圆满完成电煤抢运、抗震救灾和奥运会、世博会、亚运会等重交通保障。十是交通改革取得重大突破。全省建立起以县为主体的农村公路管理体制,以公共财政为保障的养护资金渠道及市场化与社会化相结合的养护运行机制,农村公路失修失养的局面基本扭转。成品油价格和税费改革全面完成,2009年全省共取消交通规费收费项目6项,政府还贷二级公路6551km,收费站155个,改革涉及的3.6万征收费人员通过职能调整、转岗分流等方式基本得到安置。省、市、县三级交通运输部门机构改革基本完成,9个地级市、73个县(市)的城市客运管理职能移交交通运输部门管理,城乡一体的交通运输管理体制架构基本形成。与此同时,行业文明取得显著成绩。大运高速公路被省政府、交通运输部联合命名为千里文明高速路,全省交通运输行业跨入全国交通文明行业和全省文明和谐行业行列,有3家单位进入全国文明单位行列,79家单位进入省部级文明单位行列。山西省交通运输系统援川公路抢通保通突击队被中共中央、国务院、中央军委授予"全国抗震救灾英雄集体"称号。省劳竞委先后5次对全省交通运输建设发展中涌现出来的353个先进集体、807个先进个人进行记功表彰。组织新中国成立60周年成就等重大宣传和"中国航海日黄河和谐采水"活动,编辑出版《山西省志·交通志》《山西路谱》《交通征稽文化》等文化丛书,《山西交通》改版为《中国交通报·山西交通》。

  "十二五"时期,全省交通运输系统深入学习贯彻习近平总书记系列重要讲话精神,认真贯彻落实党的十八大和十八届三中、四中、五中全会精神,贯彻落实省委、省政府、交通运输部各项部署要求,着力推进综合交通、智慧交通、绿色交通、平安交通建设,大力加强交通运输基础设施建设,不断提升交通运输服务能力,努力当好发展先行官,实现交通运输发展阶段由"总体缓解"向"基本适应"的重大跃升。特别是2014年9月以来,全省交通运输系统认真贯彻落实省委"五句话"要求,探索"六权治本",推进"六大发展",推动交通运输系统弊革风清、科学发展,取得新的成绩。一是交通基础设施建设实现新突破。全省公路水路交通运输完成投资 2160 亿元,新增公路通车里程 9316km,达到 14.1 万 km。其中,新增高速公路通车里程 2025km,达到 5028km,是"十一五"末的 1.67 倍,全省 119 个县(市、区)有 112 个通高速公路;打通省界高速公路互联互通出口 9 个,达到 19 个,与河北、河南、陕西、内蒙古 4 个周边省区实现省会城市、相邻地级市高速直达。新建改建国省干线公路 2538km,一、二级公路在普通干线路网中的比重达到 86.34%。新建改建农村公路 1.9 万 km,极大地改善农村生产生活条件。二是综合交通运输体系建设实现新发展。公路客运枢纽站场建设加快,长治、晋城、晋中、忻州、临汾等一批区域客运中心建成投入运营,阳泉客运南站、大同客运东站等一批客运枢纽站场开工建设。物流业快速发展,太原公路主枢纽武宿货运中心一期工程竣工,侯马货运中心开工建设。山西省交通运输物流信息平台建成投入使用,并与国家交通运输物流公共信息平台联网运行。全省营运货车达到 51.8 万辆,较"十一五"末增长 32.6%;物流企业达到 880 户。水路运输稳步发展,新建改建渡口码头 30 个,达到 130 个。三是交通运输公共服务能力建设取得新成效。全省公交运力达到 1.22 万标台,营运线路里程达到 2.1 万 km,公交出行分担率达到 23.5%。太原市创建国家"公交都市"成绩显著,累计新增更新公交车辆 2790 标台,公交出行分担率达到 31.57%;大西高铁太原—运城段 15 个高铁站全部开通城市公交;太原、晋中同城化公交系统增加线路一倍多,晋东南、晋南城镇群城际公交发展势头良好;太原、晋中、晋城分别建成公共自行车慢行系统,有效解决城市公交"最后一公里"问题。认真贯彻落实国家鲜活农产品"绿色通道"和重大节假日小型客车免费通行政策,累计减免公路通行费 35.2 亿元。高速公路 ETC 建设成效显著,全省与全国实现高速公路 ETC 联网。四是行业管理水平有了新提升。处治 800 余座高速公路桥梁、隧道病害,消灭四类以下桥梁,一、二类桥梁达 93.2%;改造国省干线公路危桥 177 座,实施安保工程 923km、灾害防治及应急抢修工程 1334 处、大中修工程 3245km;改造农村公路危桥 498 座,实施安保工程 7462km。"十二五"末,高速公路、干线公路、农村公路优良路率分别达到 99.9%、81.4%、76.3%。全省货运车辆超限超载率始终控制在 0.2% 以内,高速公路基本消除非法超限超载车辆,干线公路车辆非法超限超载率控制在 0.1% 以内,全省公路治超工作得到国务院和交通运输部领导充分肯定。五是交通运输安全生产管理得到新加强。建成省、市、运输企业三级道路运输安全监管平台,"两客一危"重点营运车辆全部纳入平台动态监管,77.7% 的重型货车纳入全国道路货运车辆公共监管与服务平台。加强公路运营安全管理,扎实推进现代工程"五化"管理、"平安文明工地"创建活动,促进企业主体责任和政府监管责任落实。六是法治政府部门建设和"六权治本"取得新成效。省人大制定修订《山西省道路运输条例》《山西省公路条例》《山西省水路交通管理条例》《山西省高速公路管理条例》《山西省城市公共客运条例》5 部地方性法规,基本形成覆盖公路水路交通运输各个领域的地方交通运输法规体系框架。积极探索"六权治本"新路子,建立权力清单、责任清单制度,规范权力运行,推动建立"不能腐"的运行机制。"六五"普法圆满完成,全行业法律素质进一步提高。七是党的建设和党风廉政建设、精神文明建设不断加强。山西交通运输系统发生"3·08"腐败窝案,教训极其深刻。新的厅党组认真贯彻落实全面从严治党要求,聚焦严重腐败案件,扎实开展党的群众路线教育实践活动、学习讨论落实活动和"三严三实"专题教育,不断加强党的思想建设、组织建设、作风建设、反腐倡廉建设和制度建设。认真落实党风廉政建设"两个责任",加大监督执纪问责力度,努力减少腐败存量、遏制腐败增量,提高管党治党能力。加强精神文明建设,践行社会主义核心价值观,高速公路"畅享三晋"入选全国交通运输系统十大文化品牌,全系统379人、103个单位(集体)获得省部级以上表彰。五年来,交通运输干部队伍建设、群团组织建设、离退休人员管理、新闻宣传、规划管理、定额管理、执法监督、信访稳定、提案建议办理、后勤服务、史志编纂等各项工作都取得新成绩,为交通运输系统实现弊革风清、科学发展做出积极贡献。

1949—2016年山西省公路通车里程见表1-3。

1949—2016年山西省公路通车里程一览表(单位:km)　　表1-3

项目 年份(年)	合计	按行政等级划分						按技术等级划分						
		国道	省道	县道	乡道	专用公路	村道	高速公路	一级公路	二级公路(汽车专用)	二级公路(一般公路)	三级公路	四级公路	等外公路
1949	1288													
1950	1573													
1951	1982													
1952	2350													
1953	2882													
1954	2948													
1955	3635													
1956	7060													
1957	8262	3108	5082			72								
1958	12525													
1959	16896	5670	10368			858								
1960	17589	6393	10148			1043								
1961	14745	6534	7259			952								
1962	14985	6534	7498			952								
1963	14338	4877	8928			533								
1964	14338	4873	9102			533								

第一章 经济社会与综合运输发展

续上表

项目 年份(年)	合计	按行政等级划分						按技术等级划分						
		国道	省道	县道	乡道	专用公路	村道	高速公路	一级公路	二级公路（汽车专用）	二级公路（一般公路）	三级公路	四级公路	等外公路
1965	20365		4872	14572		922								
1966	22471		4871	16336		1264								
1967	22770		4866	16592		1312								
1968	22887		4866	16708		1312								
1969	23146		4866	17016		1264								
1970	28113		6344	20230		1539								
1971	27785		6263		20127	1395								
1972	27979	6165	11232	9147	1435									
1973	28315	6220	11314	9310	1471									
1974	28759	6219	11811	9261	1468									
1975	29287	6217	11981	9564	1525									
1976	30049	6222	12164	10139	1525									
1977	31785	6228	12210	11791	1526									
1978	31868	6227	12236	11856	1549									
1979	31868	6227	11431	11856	1549									
1980	27261	9250	11431	5872	708						188	3200	16487	7386
1981	27261	9250	11681	5872	708						188	3208	16479	7386
1982	27505	9258	11968	5869	697						197	3349	16263	7696
1983	27887	9269	12400	5948	684						301	3503	1657	7506
1984	28602	9391	12400	6217	594						398	3815	1739	6991
1985	28762	9420	12550	6167	602						503	3999	1751	6749
1986	29263	9438	12869	6357	599						616	4408	1781	6426
1987	29428	3636	5942	12892	6359	599					693	5467	1711	6157
1988	29875	3636	6064	12877	6709	589					843	5738	1729	5983
1989	30193	3636	6248	12924	6763	622					1085	5932	1742	5726
1990	30784	3636	6544	13172	6810	622			21	265	1312	6437	17206	
1991	31040	3640	6549	13287	6945	919			21	265	1545	6658	17046	5505
1992	31544	3735	6615	13658	6920	626			21	265	1852	7440	16707	5173
1993	32210	3766	6712	13948	7141	643			66	361	2486	8191	16374	4732
1994	32693	3818	6719	14076	7401	679			99	361	3052	8558	16292	4331
1995	33644	4027	6735	14259	7909	714		94	130	476	3603	8984	16219	4138

续上表

项目 年份（年）	合计	按行政等级划分						按技术等级划分						
		国道	省道	县道	乡道	专用公路	村道	高速公路	一级公路	二级公路（汽车专用）	二级公路（一般公路）	三级公路	四级公路	等外公路
1996	35111	3559	8090	14019	9364	879		170	197	633	4295	10228	17049	3339
1997	44043	3554	8205	14013	17392	879		206	367	669	5644	11942	22282	2933
1998	48560	3646	8365	14486	21088	975		298	417	703		14527	22799	2816
1999	52807	3656	8429	14847	24936	939		403	583	7932		14851	26340	2698
2000	55408	3729	8518	14979	27329	853		518	614	8189		15236	28210	2641
2001	56993	3651	8643	15000	28839	860		584	695	8444		15335	29471	2464
2002	59611	3958	8820	15156	30805	872		1070	734	8852		15517	31077	2361
2003	63121	4098	8842	15309	34013	858		1211	782	9405		15669	33770	2284
2004	65813	4140	8997	15418	36403	855		1347	872	10539		15583	35349	2123
2005	69563	4257	9220	16477	38786	824		1686	1011	11586		15998	37503	1779
2006	112930	4322	9221	16830	39362	730	42465	1752	1115	11888		15545	66186	16444
2007	119869	4364	9328	18104	41045	702	46324	1893	1265	12628		16365	74951	12767
2008	124773	4737	9108	18784	44327	661	47156	1965	1407	13402		16967	80474	10558
2009	127330	4745	9507	19290	45215	644	47929	1965	1529	14124		16778	86914	6020
2010	131644	4881	10190	19631	46703	577	49662	3003	1939	14163		16858	91701	3980
2011	134808	5103	10994	19919	47825	541	50426	4005	2070	14421		17527	92979	3806
2012	137771	5215	11888	20068	48259	522	51819	5011	2137	14799		17871	94424	3529
2013	139434	5249	11817	20206	48717	553	52892	5011	2232	15106		18130	95560	3394
2014	140436	5308	11778	20391	48854	577	53529	5011	2472	15164		18574	95873	3342
2015	140960	5272	11724	20467	48740	554	54203	5028	2535	15158		18717	96406	3116
2016	142066	11096	6701	19961	48896	546	54865	5265	2576	15397		18891	96980	2956

注：①1957—1986年，省道为干线公路。
②1957—1970年的县道和1971年的乡道数字，均为县乡公路总数。
③1979年公路普查以前，公路等级标准未具体划分。
④1949—1995年，次高级里程包括高级、次高级里程。
⑤2006年开始，公路通车里程包括村级公路。
⑥从1998年开始，公路等级里程中，不再划分汽车专用二级公路与一般公路二级标准，统称为二级公路。

  2016年，全省交通运输系统认真贯彻落实新发展理念，攻坚克难、奋发进取，交通运输改革发展稳定取得新成绩。一是交通基础设施网络进一步完善。2016年，全省交通建设完成投资228.7亿元，为年计划101.6%。高速公路在建规模达到496.5km，通车里程达到5265.487km，打通省界高速公路互联互通出口3个，达到22个；普通国省干线完成新改建里程477.5km，二级以上公路比重达到86.3%；农村公路建设完成通村公路

4419km,"通返不通"问题正在得到治理。全省新增公路通车里程1106km,达到14.21万km,公路密度达到90.89km/100km²。二是交通扶贫攻坚扎实推进。省政府与交通运输部签署"加快贫困地区交通运输发展共建协议"。省厅制定实施交通扶贫行动方案和2016年行动计划,以58个贫困县为主战场,全面推进交通扶贫项目建设,2016年完成投资124亿元。省厅定点扶贫的6个贫困村已有3个整体脱贫。三是交通运输改革不断深入。高速公路建设事权改革取得重大突破,省政府批准并印发《关于进一步推进全省高速公路建设的意见》,确定"国高网省建、省高网市建"模式。投融资体制改革迈出新步伐。完成和顺—榆社、忻州—阜平、忻州环城3条已建成高速公路经营权实质性转让工作,收回投资150亿元;完成祁县—离石等4个高速公路BOT项目投资人招标工作,筛选出24个高速公路项目列入全省PPP项目库,其中5个项目完成咨询机构招标程序;阳城—蟒河等5个高速公路BOT、BT项目建设进展顺利,2016年完成投资64.4亿元,占全省高速公路总投资54.7%,社会投资首次超过政府投资。改革政府投资方式,采取"政府购买服务+委托建设"方式,择优选择省路桥集团利用农发行政策性贷款落实农村旅游公路建设资金,2016年开工建设旅游公路24个项目203.7km。债务结构进一步优化,表外融资利率同比下降1%,节约利息支出6.9亿元。"放管服"改革不断深化。取消省级交通运输行政权力3项,36项交通运输行政审批事项全部进入省政务中心,2016年受理和认领行政审批事项5.35万件,全部在规定时间内办结;交通建设项目招投标全部进入省公共资源交易中心,完成招标项目438个,节约投资约4亿元,推行信用信息归集公示、"双随机—公开"、失信联合惩戒等事中事后监管机制。积极推进城市出租汽车行业改革。督促城市人民政府严格落实出租汽车管理主体责任,制定深化出租汽车行业改革实施方案及网约车经营服务管理实施细则,促进了网约出租车有序发展、巡游出租车稳定发展。四是交通运输服务管理水平进一步提升。公路建设养护管理加强,高速公路、干线公路、农村公路优良路率分别达到99.6%、80.84%、76.41%。城乡公共交通服务能力提高。新增更新城市公交车4100多辆,新增公交运营线路网1283.2km,2016年运送旅客15.6亿人,城市公交出行分担率平均达到24.5%,比2015年提高1%。忻州、晋中、阳泉、临汾、长治、吕梁6市基本实现城市公交"一卡通"。运输服务转型升级步伐加快。鼓励发展多式联运、甩挂运输、物流联盟等先进物流组织方式,支持山西中鼎物流园建设多式联运示范工程。积极推进驾培模式改革,全省74%的驾驶员培训学校实行先培训后付费或计时收费。制定实施"三减两免""新三减"差异化收费优惠政策,认真落实"绿色通道"、节假日小型客车免费通行等惠民政策,为运输企业减负25.03亿元。节能减排成效显现。全省新增纯电动车交车4000辆,更新电动出租车9000余辆,打造绿色公共交通体系成效明显。全省淘汰营运黄标车8.44万辆,圆满完成省政府下达指标。电动汽车快充站、LNG加气站正在加紧建设。五是安全生产基础进一步夯实。各级交通运输部门主动履行政府监管责任,推动企业落实安全生产主体责任,全年共排查出一般安全隐患8074项,整改7939项,整改率98%。实施公路安全生命防护工程3712.8km,完成危桥改造18座。启动新一轮治超,全省公路货运超限超载率始终控制在0.2%以内,继续保持全国领先地位。六是党的建设、党风廉政建设和行业文明建设得到加强。强化党的思想政治建设。坚持用习近平总书记系列重要讲话精神武装头脑、指导实践、推动工作,强化"四个意识",扎实开展"两学一做"学习教育,组织"四讲四有""学习贯彻系列讲话,解决若干突出问题"等专题研讨,开展"党员先锋行"主题实践活动,使学习教育取得实实在在成效。全面加强党的组织建设。认真贯彻《中国共产党党组工作条例(试行)》,严格执行民主集中制和"三重一大"事项集体决策制度,对"三重一大"事项实行目录管理。加强领导班子和干部队伍建设,积极推进"三个一批"试点工作,改进选人用人机制,充实基层领导班子,全年调整处级以上干部113人(次)。召开厅直属机关委员会第二次代表大会,选举产生了新一届党委和纪委。指导357个基层党组织完成了换届工作。从严抓实党风廉政建设。认真落实党风廉政建设两个责任,始终以"零容忍"的态度惩治腐败,对216件(次)问题线索按规定进行分类处置,依纪依规妥善处理"3·08"案件涉案人员。加强重点建设项目、预算资金管理和领导干部经济责任审计,有效预防违规问题的发生。加强执法监督,开展公路执法专项督查、涉企收费专项清理和典型案件调查约谈,巩固全省基本无公路"三乱"成果。深入开展文明创建活动。与新华网联合开展"寻找最美山西交通人"活动,选树出梁荣、范凤翔等16名先进典型。全行业涌现出一批全国、省级劳动模范和先进集体。此外,科技创新、交通战备、交通教育、新闻宣传、离退休人员管理、后勤服务、史志编纂等各项工作均取得新进步。

2016年全省公路通车里程情况统计见表1-4,2016年全省通车里程行政等级构成见图1-1,2016年全省公路等级里程情况统计见表1-5,2016年全省通车里程技术等级构成见图1-2。

2016年全省公路通车里程情况统计表(单位:km)　　　　表1-4

市名	总计	国道	省道	县道	乡道	专用公路	村道
合计	142066	11096	6701	19961	48896	546	54865
大同	12574	742	774	2048	5348	4	3657
朔州	10216	789	415	1373	3908	36	3695
忻州	17443	1739	847	2126	6608	117	6005
太原	7401	618	253	1010	1711	102	3707
阳泉	5656	419	274	799	879	4	3281
晋中	15988	1276	681	2190	6632	63	5146
吕梁	17382	1298	842	2553	4579		8108

续上表

市名	总计	国道	省道	县道	乡道	专用公路	村道
临汾	18541	1514	718	2421	5537	60	8290
运城	16088	1247	695	2620	6257	84	5185
长治	11643	949	692	1662	3875	47	4418
晋城	9135	505	510	1159	3561	28	3372

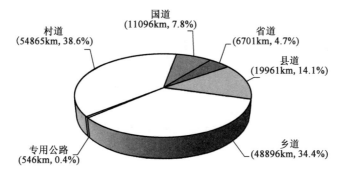

图 1-1　2016 年全省通车里程行政等级构成

2016 年全省公路等级里程情况统计表　　　表 1-5

市名	公路通车里程(km)	公路等级						等外公路	等级里程占通车里程(%)
		合计	高速公路	一级公路	二级公路	三级公路	四级公路		
合计	142066	139110	5265	2576	15397	18891	96980	2956	97.9
大同	12574	12534	549	129	1067	2257	8532	40	99.7
朔州	10216	10118	389	205	1037	1434	7054	98	99.0
忻州	17443	16891	822	46	1790	1756	12477	552	96.8
太原	7401	7283	287	221	951	1255	4570	118	98.4
阳泉	5656	5656	282	107	423	586	4257		100.0
晋中	15988	15919	625	508	2250	1457	11080	69	99.6
吕梁	17382	16447	534	338	2017	2219	11338	935	94.6
临汾	18541	18030	518	412	1919	3016	12165	510	97.2
运城	16088	16066	601	333	1903	2017	11211	23	99.9
长治	11643	11248	339	121	1359	1401	8028	395	96.6
晋城	9135	8918	319	155	682	1493	6269	217	97.6

三、水路交通运输事业发展概况

山西属内陆省份,省内河流主要分属黄河、海河两大水系,共有大小河流 450 条,大中型水库 80 余座。黄河、汾河、漳河、沁河是境内主要河流,是典型非水网省份、水运不发达地区。截至 2016 年年底,全省航道总里程 1557km(其中,晋、陕、豫、蒙界河航道里程

1004km,其他水域航道里程553km);监管水域为黄河、汾河、漳河、沁河流域形成的大中型通航水域91处,重点水域为"两湖十库一线"(晋阳湖、九女仙湖、小浪底水库、万家寨水库、汾河一库、汾河二库、漳泽水库、后湾水库、关河水库、册田水库、云竹水库、浍河水库和黄河沿线);有渡口、码头252个;水运企业36个、个体经营户6家;各类船舶6000余艘。2016年,全省水路运输完成客运量142.22万人,同比增长30.12%。

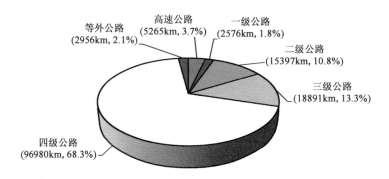

图1-2 2016年全省通车里程技术等级构成

截至2016年年底,省、市两级涉及有水运业务的62个县(市、区)均成立地方海事机构(其中省局、运城、晋城、长治、阳泉市增挂航运管理局牌子),主要职能是依据《中华人华共和国港口法》《中华人华共和国航道法》《中华人华共和国船舶和海上设施检验条例》《中华人民共和国内河交通条例》《国内水路运输管理条例》《山西省水路交通管理条例》等法律法规,履行水上交通安全监管、防止船舶污染、通航保障、维护水上交通秩序、水上交通事故调查处理、船舶浮动设施法定检验、港口航道规划建设管理、水路运输管理、航道行政管理等职能。全省共有海事港航管理人员416人,其中持海事执法证人员293人,持港航执法证人员2人。

水路交通运输发展的目标是:立足山西省实际,持续优化水路运输管理模式和发展环境,通过政策支持、资金投入、技术支撑等措施,引导推进货运船舶标准化、专业化,客运船舶快速化、舒适化,提供高效的水上运输服务;认真做好船舶运输安全监管工作,提供平安的水上运输服务;努力降低水路营运船舶单位运输周转量能耗及CO_2排放量,提供绿色的水上运输服务。同时,积极推进航道、码头和渡口建设,最终实现"高效、平安、绿色"的水路交通运输。

"九五"期间,进一步规范黄河界河和水库、公园、风景区的水上交通安全管理工作,开展黄河航运试验工程。一是加强黄河界河水上交通安全管理。全省港监船检管理部门与陕西、河南、内蒙古等省(区)港监管理部门建立联席会议制度和联合检查例会制度,定期召开会议,开展联合执法,打击非法运输,取缔三无船舶,规范水运秩序。1998年,在陕西安康召开的晋陕联席会议上,将两省联席会议制度改为省际间每3年1次,地市间每2

年1次，县际间每1年1次。二是加强水库、公园、风景区水上安全管理。1998年，为进一步提高水库、公园、风景区船舶安全管理水平，形成一套有效的安全管理办法，省交通厅在临汾市涝河水库召开水库、公园、风景区水上交通安全管理现场会。三是完成黄河小北干流石坪—禹门口段航道试验工程，并建成年吞吐量40万t的石坪港码头。1995年，在省交通厅机构改革中，专门设置水运港监船检处，同时在太原、忻州、吕梁、临汾、运城等地市设立港监船检处，在沿黄河19个县及沿汾河太原市、临汾市等地分别设立港航监督站，统管全省水上交通安全管理、船舶检验与航运业务。2000年，在新一轮政府机构改革中，省交通厅撤销水运港监船检处，并将其职能并入厅运输管理处。

"十五"期间，全省水路运输业发展呈现出较为良好发展势头，基础设施建设速度加快，水路运输客货运量稳定增长，船舶运力有所增加，航运结构性调整初见成效，水上运输安全形势保持稳定态势。2001年9月3日，省编办晋编办字〔2001〕112号文印发《关于山西省地方海事局编制的通知》。根据国办发〔1999〕54号文件精神，经研究，同意独立设置山西省地方海事局，正处级建制，编制10名，核定领导职数1正1副。机构的建立，标志着全省水上交通安全监管体制完成历史性变革。

(1)水运工程。主要完成《小浪底垣曲库区西滩客运码头工程》《山西省渡口建设改造规划》以及部分渡口建设初步设计和施工图设计。同时，积极加强科研项目研究，完成"山西省渡口码头建设规划及营运管理研究""山西省水上交通安全管理机制研究"两个研究课题，为开展渡口建设改造及切实改进和加强水上交通安全监督提供决策依据。

(2)航道普查。按照交通部统一部署，完成全国第二次内河航道普查工作。全省2002年底航道总里程502km（实际1004km）；其中七级以上航道里程140km（实际280km）；黄河502km；其中通航航道里程485km（实际是970km）；全省碍航闸坝1.5座（万家寨水库0.5座、天桥电站0.5座、三门峡水库0.5座）。

(3)水路运输。全省共有机动运输船舶228艘，总载重10899吨位，净载重量8321吨位，总功率5107kW。其中：客船109艘，总载重3840吨位，净载重量3270吨位，总功率2442kW；客货船81艘，总载重2103吨位，净载重量1166吨位，总功率1815kW；货船38艘，总载重4956吨位，净载重量3885吨位，总功率850kW。

(4)水上交通安全。全省各级地方海事机构以安全为中心，持续开展水上运输秩序、船舶秩序、船员秩序、通航秩序，船舶建造检验、执法认证"六项整顿"，自2002年起连续三年开展"水上安全管理年"和"平安渡运"活动，水上安全形势持续稳定，各项安全生产指标稳中有降。

"十一五"期间，全省水运稳步发展，海事机构基本健全，海事队伍不断壮大，海事装备明显加强，水运设施建设加快，法制建设稳步推进，运输船舶不断更新，精神文明建设成效显著，为水上旅游业发展和人民群众安全便捷出行做出积极贡献。2008年3月5日，省编办晋编办字〔2008〕49号文印发《关于山西省地方海事局机构编制的通知》。经研究,同意省地方海事局增挂省航运管理局的牌子,增加自收自支事业编制10名,副处级领导职数2名,增编后,共有编制27名,山西省地方海事局、山西省航运管理局两块牌子一套人马。全省11个市、60个县(市、区)成立海事机构。

设施建设成效显著,海事装备明显加强。全省持续推进内河航运基础设施建设,五年来安排渡口新建改造项目100个,安排投资4674万元,其中交通运输部补助资金1000万元,省厅投资3674万元。经过各级交通运输部门及海事机构的不断努力,完成投资3328万元,占投资计划的71%,40个渡口全面建成并投入使用,30个基本建成,30个渡口正在建设。水上安全保障服务能力大大增强。与此同时,着力做好黄河小浪底航运建设工程前期工作,完成可行性研究批复和初步设计批复,概算投资4674万元,列入交通运输部水运工程重点建设项目。此外,还积极推进管理设施和海事装备建设,在重点码头、渡口建造海事监督站,投资978余万元为市、县(区)级海事机构配备海事执法监管车辆67部、海事监督艇18艘、救生衣和救生圈460套,配发对讲机、电脑、摄像机、照相机、打印机、传真机等180台(套),水上安全监管工作环境和装备条件得到明显改善,水上安全监管能力得到有效提升。

海事管理再上台阶,监管能力持续提高。从2008年开始,在全省开展海事管理正规化建设活动,紧紧围绕机构设置、办公场所标识、队伍建设、文明执法等7个方面,提出标准,明确要求,组织实施。在各级地方海事机构高度重视和精心组织下,7个市的地方海事机构在当年就达到正规化建设目标,到"十一五"末,全省80%的市(县、区)地方海事机构达到正规化建设标准,全省地方海事系统的办公环境得到明显改善,执法行为得到明显规范,监管能力得到明显增强,工作质量得到明显提高。一是着力加强水上安全监管长效机制建设。建立各市(县、区)海事局(处)长对所辖水域水上交通安全监管负总责、分管领导具体负责、各职能部门负责人按业务分工"一岗双责"水上交通安全监管体系,层层签订安全监管工作目标责任书和水上交通安全生产承诺书,纵向到底,横向到边,任务明确,责任到人。二是加强重点水域、重点船舶、重点时段安全监管。认真巡查,严防死守,严格执行"谁检查,谁负责"的水上安全检查责任制,强化责任意识,提高质量和效果。三是强化水上交通安全源头管理。按照"谁许可、谁负责"原则,严格船员管理、船舶检验和企业经营许可,从源头上严把关、严审查、严管理,有效防止了不适任船员、不适航船舶、不符合营运条件企业进入水路运输市场。四是完善山西、陕西、河南、内蒙古四省(区)水上交通安全联席会议制度,签订"联合执法合作协议",形成界河水上交通安全监管的巨大合力,受到交通运输部和国家海事局领导的充分肯定。

建立应急保障体系,切实加强队伍建设。在地方各级政府及交通运输主管部门的领导下,各级地方海事机构结合辖区实际,认真编制和修改完善水上搜救应急预案,形成覆盖水上交通事故、船舶污染水域事故、船舶遇险、重大水上灾害等方面的应急预案体系。《山西省水上搜救应急预案》经过反复修改,专家评审,2009年由省政府办公厅以晋政办发〔2009〕70号文件颁布实施,11个市和60个设立地方海事机构的县(市)均已完成水上搜救应急预案编制工作,长治、运城、大同、临汾、晋城、吕梁、忻州7个市的《市级水上搜救应急预案》由市人民政府印发施行。与此同时,高度重视应急搜救能力建设,加快推进山西省水上搜救应急指挥中心和区域性水上搜救中心建设工作。长治、晋城两市地方海事局先后组织开展水上交通突发事件应急演练,全省海事机构普遍组织进行水运企业安全管理人员和船舶驾驶员应急培训,应对能力得到较大提升,并在成功处置2008年平陆县"10·03"沉船事故、2009年汾河二库"4·4"营救被山火围困村民行动、2009年临汾吉县"12·8"营救黄委会遇险人员行动、2010年"3·28"王家岭煤矿透水事故井下救援行动中发挥重要作用,做出积极贡献。

运输市场逐步规范,旅游客运快速发展。全省水路运输生产保持良好发展势头,水路运输市场健康发展,水路运输生产能力大幅度增长,运输效率和服务水平明显提高,内河航运企业的市场适应能力和竞争能力不断增强,水运市场结构不断优化,规模化企业替代个体船户的趋势明显,水上旅游运输业持续快速发展。截至2010年年底,全省从事水路运输水运企业达到47家,各类船舶达到3000余艘(包括漂流船),营运船舶达到227艘,其中客运船舶221艘、2868客位、营运货船6艘、4708载重吨。营运船舶中的大型船舶主要集中在运城市,最大的达到841总吨。五年间全省水路运输完成货运量155万t、货运周转量1417万吨公里,完成客运量286万人、旅客周转量1711万人公里。

基础管理日益夯实,依法治运深入推进。积极争取省政府对水上交通安全的重视和支持,水上交通安全和运输管理法制建设迈出重大步伐。2007年以省政府名义制定并印发实施《山西省水上交通安全管理办法》,理顺水上交通安全管理体制,明确各级人民政府、交通运输主管部门、地方海事管理机构在水上交通安全管理中的职责。在认真贯彻执行《山西省水上交通安全管理办法》的同时,从2008年开始着手起草《山西省水路交通管理条例》草案,2010年上报省政府法制办,正式列入2011年省人大立法计划,并颁布实施。2009年针对小型客船管理存在的法律法规不完善、不健全的问题,省交通运输厅印发《山西省小型客船运输经营资质管理暂行办法》,对客船市场准入条件、行政审批程序等有关问题做出了明确规定,从根本上解决小型客船监管无依据的问题。此外,省地方海事局带头推进机关制度建设,修改完善局机关100项工作制度。其中,安全生产委员会制度、安全监管联合执法制度、安全例会制度、水上交通安全隐患排查治理制度、水上交通安全局际联席会议制度、水上交通安全专项督查制度、水上交通安全隐患和事故举报制度、水上交通重大事故隐患监督管理制度、水上交通安全责任事故约谈制度9项制度,形成全省地方海事机构强化水上交通安全监管的制度体系。带头进行水上交通安全监管工作研究和新技术推广应用,先后完成"山西省水上交通安全管理机制研究""山西省渡口码头建设规划及运营管理研究""山西省小型客船运输管理模式研究"等科研课题,推广使用船舶登记系统、内河船员管理系统、船舶检验系统等先进技术。

继续教育多措并举,努力培养优秀职工。按照中央和省委部署,从2008年10月开始组织开展"深入学习实践科学发展观"活动,以"坚持安全发展,全面提升海事监管能力水平"为主题,认真落实学习调研、分析检查、整改落实三个阶段的工作要求,紧紧围绕17个环节引深学习实践活动,群众满意度达到100%。按照交通运输部海事局及省交通运输厅安排部署,省地方海事局组织开展"学习型党组织建设""学习型机关建设""创先争优"和"一学、二创、三好"活动,特别是在学习型党组织建设和创先争优活动中,初步形成以海事航运使命、宗旨、发展愿景、精神及职业道德为主要内容的山西海事航运核心价值体系。在加强海事队伍思想建设的同时,着力推进业务建设、作风建设。通过院校专业培训班、交流培训、随岗培训、业务培训、军训等多种方式,加强队伍建设。与浙江海事局互派挂职锻炼人员,15名地方海事人员在浙江海事局跟班学习,拓宽了视野,得到了锻炼。从全省选派22名地方海事人员赴广西交通运输学校进行一年的脱产业务培训学习,系统学习海事及水运管理知识;举办多期海事执法业务人员岗位培训,225名地方海事人员参加学习;鼓励和支持干部职工进行在职教育,局机关80%以上的人员参加北京大学海事专业远程学历教育。组织各市地方海事局长和省局机关工作人员,在阳泉进行为期一周的军训活动,推进海事机构半军事化管理。此外,还与浙江海事局合作成立船员咨询服务公司,签署《山西平陆海员发展合作备忘录》,选送84人到浙江船运公司培训和就业,既开辟了一条贫困山区学生学习就业的途径,又为沿海及全省发展水运提供了人力支持。

抓好政风行风建设,提升文明服务水平。围绕省交通运输厅"学先进、树新风、创一流"活动主题和部海事局党组提出的精神文明创建"五大工程",开展形式多样的党建、党风廉政建设和精神文明建设活动,特别是努力巩固和发展省直文明和谐单位创建成果,积极创建省直文明和谐标兵单位,深入开展交通海事、阳光海事、数字海事建设,开展争创文明船舶、文明渡口、文明航线和文明执法个人、文明示范窗口等活动,以及革命传统教育、体育活动、歌咏比赛、知识竞赛、有奖征文、图片展等各类活动。

省地方海事局先后被交通运输部评为全国交通运输行业"文明示范窗口",被省劳动竞赛委员会荣记"集体一等功",被省人民政府评为"安全监管监督先进单位""省级依法行政示范单位",被省交通运输厅评为"完成工作目标责任制优秀单位""依法治理先进单位"和"先进基层党组织",2010年进入"省直文明和谐单位标兵"行列,并取得连续6年无重特大水上交通事故的好成绩。

"十二五"期间,全省水运取得长足发展,基础设施、安全监管、应急救助建设水平明显提升,法律法规建设、党风廉政建设继续加强。2012年4月6日,省编办晋编办字

〔2012〕64号文印发《关于山西省地方海事局增挂牌子的通知》。经省编办主任会议研究,同意省地方海事局增挂省船舶检验局牌子,实行山西省地方海事局、山西省航运管理局、山西省船舶检验局三块牌子一套人马。全省11个市、62个县(市、区)成立海事机构,实现水上安全和运输管理"全覆盖"。

(1)运输能力。完成货运量151万t、货运周转量3261万吨公里,完成客运量664万人、旅客周转量6075万人公里。截至2015年年底,全省监管船舶总数4053艘(含大小机动客船358艘,货船10艘,渡船10艘,工程船10艘,挖沙船213艘,漂流船1903艘,摩托艇26艘,其他船1523艘)。全省营运船舶构成中,以旅游客运船舶为主,也有少量滚装渡船和货船,货船主要集中在小浪底库区。

(2)工程建设。完成投资1.25亿元,其中黄河小浪底库区航运建设工程4673万元、黄河万家寨老牛湾客运码头建设工程2743万元、渡口码头改造工程4302万元、忻州市偏关县政府投资建设寺沟码头790万元。

(3)安全监管。能力显著提升,落实责任,明确重点,长效监管体系基本形成,安全生产形势持续稳定。

(4)应急保障。及时修订完善《山西省水上搜救应急预案》,2014年6月10日印发执行;深入开展"救生衣行动",救生衣的数量始终达到船舶配员和乘客定额100%以上,定期对救生衣使用和管理情况进行检查;对全省海事航运执法、水上应急搜救、企业救生、安全监管人员分批、分层次进行培训;积极指导各市开展水上交通应急演练,有效提升组织指挥和协调能力,提高应急反应能力。

(5)信息化建设。在"结对子"单位山东省海事局支持下,初步建成省局机关局域网,安装服务器、交换机、防火墙、数据存储、视频等设备及办公终端33台;在部海事局大力支持下,配备视频会议终端等设备,并通过专线与部海事局联通,系统运行稳定;部局、省局、市局实现互联互通,开展船舶登记、船员发证、船舶检验等网上审批发证业务;临汾市、运城市、长治市、晋城市等部分重点水域安装视频监控系统,实现渡口、码头、船员、乘客动态监控。

(6)法治海事。2011年10月1日,《山西省水路交通管理条例》颁布实施,填补水上交通管理的一项法律空白,为水运事业健康发展提供可靠法律保障。省局对188项管理制度进行废、改、立,先后废止57项,修订6项,重新制定19项制度,加强海事航运执法管理工作,推进依法治运、依法治安,顺利通过省厅执法评议考核验收。积极推进行政审批改革工作,对现有审批事项进行重新梳理和上报,编制海事航运行政审批权力清单、责任清单和权力运行流程图,并向社会公开,主动接受监督。

(7)队伍建设。充分利用结"对子"机制,从全系统分批选派149名海事执法人员赴山东海事局进行专业知识培训,提升履职水平;派多名船检人员赴江西海事局挂职锻炼、实地学习,组织14名验船师赴武汉"武船"船厂进行实地跟班学习,通过现场观摩和实操,切实提升船检人员专业能力。严格船员招收、培训、考核、发证等工作,加强对船员培训中心的行业管理和指导,确保船员适任,保证全省水上交通运输事业发展需要。

(8)文明建设。认真贯彻落实党的十八大精神,扎实开展政风行风建设。坚决执行"三重一大"决策制度和党风廉政建设责任制。领导干部带头廉洁自律,自觉遵守党纪国法和党员领导干部《廉政准则》,完善廉政风险防控制度;认真执行《水运工程建设廉政规定》和《海事执法人员八项纪律》等廉政制度,有效提高从源头上预防腐败的能力。深入开展山西海事航运核心价值体系主题实践活动、"四型海事"建设活动和"六个文明"创建活动,初步形成山西海事航运的使命、宗旨、精神、愿景和职业道德规范。

2016年,全省海事航运系统认真贯彻落实省交通运输厅党组的部署要求,结合实际,不断加强安全监管,推动水运事业快速、健康、有序发展。

(1)安全保障能力。一是着力夯实安全监管基础。省局制定《水上交通安全分级监管名录》,明确了监管单位和监管人员。组织开展"安全生产风险管理试点"工作,编制完成风险源等级划分、系列工作制度和辨识手册等工作。建立海事气象服务平台,提升了水上交通应对极端恶劣天气的能力。积极推进水路交通运输信用体系建设,增强了企业依法经营、诚信经营的意识。二是扎实开展专项治理行动。全省各级海事航运系统深刻汲取省内外水上交通事故教训,组织开展安全隐患排查治理攻坚行动、水上交通安全生产专项整治行动、"平安船舶、平安渡口、平安码头"创建、水上交通安全生产大检查和反"三违"等专项行动,省局先后8次组成督查组,由局领导带队,分赴全省进行安全督查,并组织各市海事机构交叉检查,及时排查治理水上交通安全事故隐患,有效预防水上交通事故发生。全年共排查事故隐患205项,已全部整改到位。三是切实加强应急救助能力建设。修订完善《水上搜救应急预案》,编印应急工作手册,制订处置流程。省局在长治漳泽水库以"守护生命航程、共建平安水运"为主题,成功组织"山西省2016年水上交通应急搜救演练",这是全省第一次以省级层面组织的水上应急演练,得到各级领导充分肯定和社会各界热情关注。吕梁、长治、晋城、忻州、运城、临汾等市分别开展不同规模的水上应急演练活动。深化"救生衣行动",坚持把救生衣的配备和使用情况作为安全和应急工作的重点之一,常抓不懈,把好最后一道"生命防线"。四是扎实推进水上交通安全文化建设。省厅和省教育厅联合印发《关于开展2016年水上交通安全知识进校园活动的通知》,组织开展"防溺水知识网络竞赛、安全教育实践、安全提醒活动"等10项活动。扎实开展"安全生产月"活动,围绕"打造本质安全、共享平安交通"主题,做实"三个服务"(做实乘客安全乘船告知服务;做实业务办理咨询服务;做实新《安全生产法》、水上交通安全出行知识宣传服务),做好"三项行动"(做好驾驶员承诺行动;做好隐患排查治理行动;做好重大隐患曝光行动），取得良好效果。全省各级海事航运机构共出动执法人员280余人次，制作宣传展板80余块，深入74所中小学校为15000余名中小学生讲授水上交通安全知识，赠送《小学生水上交通安全教育读本》4500余本，向广大人民群众发放各类宣传资料10万余份。同时，制定印发《山西省辖区100总吨以下内河船舶船员适任考试和培训大纲（暂行）》，从源头上杜绝不适任船员上岗。

（2）水路运输管理。根据交通运输部《国内水路运输管理规定》，省局采取评估、核查、"回头看"等方法，强化市场监管，净化水运市场，实现企业核查"全覆盖"。2016年，共核查水运企业35家，通过32家，未通过3家，核查通过率88%；核查个体业户6家，通过5家，核查通过率83%。核查营运船舶260艘，其中客船250艘，通过202艘，通过率80.8%；核查货船10艘，通过10艘，通过率100%。对企业和船舶整改仍未达到经营资质的2家水运企业和1家个体经营户以及21艘营运船舶进行注销，净化水运环境。同时，强化水路春运服务保障措施，圆满完成水路春运工作。

（3）船舶检验管理。2016年以来，共受理申请船舶检验339艘，已检验合格335艘，从源头上杜绝不符合质量标准的船舶进入水运市场。同时，组织全省96人验船人员业务培训，并参加部局验船师适任考试，组织全省19名验船骨干赴江苏常州开展船检理论知识和实操培训，收到良好效果。

（4）基础设施建设。完成"十三五"发展规划和东寨等25个渡口码头改造工程可行性研究报告编制工作，并上报省厅审批。积极推进黄河老牛湾—龙口段（山西段）航运建设工程，完成老牛湾—万家寨水利枢纽大坝段勘测工程、万家寨—龙口段的陆域部分勘测工程。万家寨老牛湾客运码头项目港区道路路基工程，完成投资530万元。贺家洼等30个渡口码头改造工程完成投资2195万元。推进多个项目前期工作。截至2016年年底，渡口码头改造项目达到160个，全省水运基础设施落后的状况得到有效改善。

四、"十一五"时期综合交通运输发展概况

交通运输是国民经济和社会发展的重要基础。构建便捷、安全、经济、高效的综合交通运输体系，对推进山西建设全国重要的现代制造业基地、中西部现代物流中心和生产性服务业大省、中部地区经济强省和文化强省，建设国家级资源型经济转型综合配套改革试验区具有十分重要的意义。

"十一五"期间，山西省紧紧抓住全国交通运输大发展的历史机遇，以铁路、高速公路、机场建设为重点，着力加快交通基础设施建设，全省交通运输的规模总量快速增长，结构不断优化，服务水平明显提高，运输能力紧张状况总体得到缓解，运输保障能力明显增强，管理服务水平整体提升，体制改革不断深化，综合交通运输体系进一步完善，为全省经济社会快速发展提供了有力支撑。

(一)基础设施建设成绩显著

"十一五"期间,全省交通基础设施固定资产投资完成2738.5亿元。2010年末,全省综合交通网规模达到13.6万km(不含民航航线,下同)。其中,公路通车里程达到13.2万km,铁路运营里程达到3752.4km。太原机场通航航线共计86条(含2条地区航线),通航城市49个。初步形成铁路、公路、民航等多种运输方式全面发展、协调配套的综合交通运输体系。

铁路大通道建设加快推进,石太客专、太中银铁路全线建成运营通车;中南部铁路通道、太兴铁路、大西客专、吕临支线铁路、太原铁路枢纽西南环线、准朔铁路等相继开工建设,以客运专线和运煤大通道为重点的高标准铁路网络建设处于全国领先。高速公路建设突飞猛进,侯马—禹门口、离石—军渡、晋城—道宝河等国高路段建成,高速公路里程达到3000km,"三纵十一横十一环"高速公路网络加快形成;加强对干线公路的养护及改造;农村水泥(油)路"全覆盖"工程全面完成;太原公路主枢纽武宿货运中心等一批重点运输站场开工建设或投入运营。太原机场改扩建和长治机场航站楼改扩建工程全面完成;运城和大同机场改扩建工程有序推进;新建吕梁机场建设进展顺利,五台山和临汾机场前期工作有序推进。国防交通保障能力明显提高。

(二)技术装备取得较大发展

铁路建设逐步向电气化、现代化迈进,太原—北京动车开通,太原—北京的旅行时间由原来的10余小时缩短至4小时以内;针对煤运通道能力紧张实际,大力发展重载运输,大秦线全面开行2万t重载列车,创单条重载铁路年度运量、列车密度、运输效率、增运幅度等多项世界之最。道路运输卫星定位应用系统省、市、县三级平台建成,长途客车、旅游客车及危险货物运输车辆全部实现实时监管,高速公路综合服务信息系统和不停车收费系统初步建成。公路运力结构进一步优化,客货运输车辆向大型化方向发展,高级客车、重型货车在道路运输中的主力军作用日益明显。

(三)综合运输水平大幅提高

随着铁路、高速公路、机场等基础设施的加快建设,跨区域交通运输能力大幅提高,大大缩短与京、津、冀及东部沿海地区的时空距离,全省区域间交通联系进一步改善。重要节点城市之间的快速交通网络逐步形成,交通时效性、便捷性和舒适性显著提升。通村水泥(油)路、通客车"全覆盖"的实现,极大改善农民出行和农资、农副产品、农村消费品的运输条件,运输服务性有了极大提高。客货运输量和周转量保持快速增长,各种运输方式发挥各自优势,加强协作配合,应对突发事件的能力明显提高,综合交通运输能力和服务水平显著提高,为全省经济社会快速发展提供了有力保障。

(四)体制改革不断深化

"十一五"时期交通运输体制改革取得新进展。积极采取多元化融资方式推进铁路建设步伐。加强与铁道部的部省合作,坚持部省共建、省市共建原则,进一步完善部、省、市共同出资合作建设模式。实施成品油价格和税费改革,取消公路养路费、航道养护费等收费,逐步有序取消政府还贷二级公路收费。在国家大部制改革后,组建交通运输厅,履行原省交通厅职责和省建设厅指导城市客运的职责。在综合交通运输管理机构的建立上进行有益探索。

"十一五"期间,全省交通运输业在数量和质量上都有较大提高,交通运输对经济社会发展的"瓶颈"制约有所缓解,但问题依然存在。主要表现在:交通基础设施总量仍然不足,技术标准偏低,网络覆盖广度和深度不足;对外通道不畅,内部网络不够完善,城市内部交通与对外交通之间衔接不尽协调,主要干线运输通道和城市交通拥堵日益凸显;各种运输方式之间衔接不畅;运输装备和技术整体水平仍然不高;管理体制改革不到位,协调机制尚未完善;运输市场体系亟待健全;资源环境约束加大,节能减排压力增大;债务风险不断累积,交通建设资金压力很大,投融资渠道有待进一步扩展。

五、"十二五"时期综合交通运输发展概况

"十二五"时期是全省构建综合运输体系的重要战略期。交通运输由传统交通逐渐向现代交通转变,交通发展方式由单一发展向协同发展转变、要素依赖向科技创新转变、通道建设向枢纽建设转变、建设为主向建管并重转变。

"十二五"时期,全省交通运输发展取得重大成就,交通基础设施项目建设完成固定资产投资4294.5亿元,比"十一五"时期增长50.9%,为服务经济社会发展发挥重要作用(表1-6)。

山西省"十二五"时期交通固定资产完成投资统计表　　　　表1-6

指　　标	单　　位	"十一五"时期	"十二五"时期
总投资	亿元	2846.4	4294.5
铁路	亿元	1077.7	2085
公路、水路	亿元	1745.7	2160
民航	亿元	23.0	39.5
城市轨道交通	亿元	0	10

(一)基础设施建设成绩显著

由铁路、公路、民航和城市轨道交通组成的综合交通运输网络建设进程加快,运输能

力紧张状况总体缓解。太原—中卫—银川铁路、大同—西安铁路客运专线太原以南段、山西中南部铁路通道、韩家岭—原平铁路、太原—兴县铁路、太原南站等一批大中型铁路项目建成投入运营,铁路运输瓶颈制约基本缓解;高速公路与普通公路、公路建设与运输站场建设同步推进,公路运输的通达和通畅水平显著提升;临汾机场、五台山机场投入运营;太原城市轨道交通2号线一期工程全线开工建设。基础设施建设成就见表1-7。

山西省"十二五"时期交通基础设施建设成就统计表　　　　表1-7

指　　标	单　　位	2010年年底	2015年年底
综合交通网总里程	万km	14.10	14.75
铁路运营里程	km	3752.4	5121.6
其中:客运专线	km	129.7	567.0
公路通车里程	万km	13.6	14.1
其中:高速公路	km	3002.0	5028.0
内河通航里程	km	1277.0	1374.0
民用运输机场数	个	4	7

注:综合交通网总里程不含民航航线。

(二)运输服务水平显著提高

运输覆盖范围持续扩大,选择性不断增加。围绕太原的快速交通圈逐步形成,市域间运输时效性和便捷性明显提升;城市公共交通覆盖面逐步扩大;农村运输条件得到很大改善;交通安全监控措施不断完善,运输安全性不断提高;多种运输方式协调配合,信息服务系统相继开通运营。在铁路运输领域,以12306、95306客户服务为载体,创新营销方式,通过开行旅游列车,新增自动售取票机,拓展网络、手机快捷购票方式等措施,形成以大西动车开行为标志的一系列客运品牌;采取取消运输立户管理、开办快运业务,开行"三晋快运列车",铁路货运快运网基本形成。在公路运输领域,覆盖全行业的交通通信主干网和应急调度系统投入使用,公路交通信息资源整合与服务工程、交通科技信息资源共享平台投入试运行。高速公路ETC实现全国联网运行,开通12328交通运输服务监督电话,公众出行信息服务系统进一步完善,建设省域道路客运联网售票系统,实现省内11个设区市14个客运站的联网售票。建成国家交通运输物流公共信息平台省级节点物流信息共享平台,促进全省物流业发展。在航空运输方面,建立起以太原机场为中心、覆盖长治机场的办公自动化系统,完成太原机场新航站楼安检、安防监控、集成等信息系统的初步建设工作;完成太原机场集群系统建设工作。客货运输量统计见表1-8。

山西省"十二五"时期客货运输量统计表　　　　表1-8

指　　标	单　　位	"十一五"时期	"十二五"时期(预计数)
客运量	亿人	19.7	18.3
其中:铁路	亿人	2.2	3.1
公路	亿人	17.3	15.1
民航	万人	2420	4553
货运量	亿t	56.39	67.3
其中:铁路	亿t	22.1	27.2
公路	亿t	34.29	39.8
民航	万t	17.17	24.56

（三）运输装备水平整体提升

铁路装备技术研发和制造技术取得重大突破,大秦铁路成功试验开行3万t组合列车,开辟全国铁路重载运输新纪元,以石太客专、大西高铁开通及太原南站的开通运营为标志,拉开山西省崭新的高铁时代序幕。公路运输装备趋于专业化、标准化,截至2015年年底,全省共有营运客车13989辆,其中中高级客车比重为60%;营运货车51.8万辆,重型、厢式货车比重分别为42.2%和26.7%。水路运输方面,大力推进全省船型标准化工作,推动黄河水运过坝方式研究和黄河水运标准船型研究,逐步形成技术装备先进、安全高效、适应能力强的船舶运输队伍,实现货运船舶标准化、专业化和客运船舶快速化、舒适化。

（四）城市公共交通发展迈出新步伐

太原城市轨道交通2号线一期工程全面启动,11个设区市积极营造良好的公共交通出行环境,不断扩大公共交通服务网络,公共交通运输能力和服务水平不断改善与提升。公共交通客运量持续稳定增长,在城市交通出行中所占比重不断提高,太原市被列入首批国家"公交都市"试点示范城市。太原、晋中"同城化"城际公交运行良好,晋东南城镇群公交系统基本建成。

存在的主要问题是:交通运输能力虽然有较大幅度提升,但仍滞后于经济社会发展需要。交通基础设施网络尚不完善,技术等级、网络覆盖广度与通达深度有待提高;区域间、方式间、方式内等结构性矛盾仍然突出;北上、南下综合运输大通道仍显不足;存量设施系统效率偏低;各种运输方式之间的有效衔接尚未完全形成,综合交通枢纽和一体化服务发展滞后,运输服务总体水平不高,综合交通运输体系有待建立和完善;城市公交设施仍显不足,城乡公交一体化发展滞后,基本公共服务能力薄弱,部分农村公路"通返不通"问题突出,亟需升级改造。

六、"十三五"时期综合交通运输发展战略

(一)指导思想

以邓小平理论、"三个代表"重要思想、科学发展观为指导,全面贯彻落实党的十八大和十八届三中、四中、五中全会精神和习近平总书记系列重要讲话精神,遵循"四个全面"战略布局,按照"着力构建现代化交通网络系统,把交通一体化作为先行领域,加快构建快速、便捷、高效、安全、大容量、低成本的互联互通综合交通网络"的总要求,以转型综改试验区建设为统领,加快转变交通发展方式,实现各种运输方式从分散、独立发展转向一体化发展,初步形成网络设施配套衔接、技术装备先进适用、运输服务安全高效的综合交通运输体系,总体适应经济社会发展和人民群众出行需要。

(二)发展目标

到2020年,基本形成快速、便捷、高效、安全、绿色的现代综合交通运输体系,构建由通达顺畅的综合运输网络系统、便捷高效的综合运输服务系统和先进适用的综合运输装备系统构成的,各种运输方式的基础设施衔接顺畅、运输服务便捷高效、科技信息先进适用、资源环境低碳绿色、安全应急可靠高效的一体化综合运输体系,综合运输的效率和服务质量明显提升,为经济社会发展提供强有力的运输保障。

(三)发展要求

交通运输是国民经济和社会发展的重要基础。构建网络设施配套衔接、运输装备先进适用、运输服务安全高效的综合交通运输体系,是交通运输领域贯彻党的十八大精神的重要举措,对促进经济长期平稳较快发展、全面建成小康社会具有十分重要的意义。

1.适应经济社会发展需要

"十三五"时期,要积极适应货物运输需求将持续稳定增长,小批量、多频次货物运输需求增长较快,旅客运输需求将呈现多样化、多层次特征,以及人民群众对运输的安全性、便捷性、舒适性、时效性要求提高的新趋势。抓住国家实施"一带一路""京津冀协同发展""环渤海经济圈""乌大张长城金三角经济合作区"等重大战略的机遇,坚持综合交通运输体系建设适度超前,提高客货运输能力,促进各种运输方式有效衔接,推进一体化运输服务。强化并完善政府在基本公共服务中的主导作用,不断提高运输效率和服务水平,以适应旅客购票方便、出行安全、换乘便捷和货物优质运输、及时送达等需求。山西省"十三五"时期客货运输量预测见表1-9。

第一章 经济社会与综合运输发展

山西省"十三五"时期客货运输量预测表　　　　　表 1-9

指　标	单　位	"十二五"时期	"十三五"时期	年均增长(%)
客运量	亿人	18.4	17.8	-0.65
其中:铁路	亿人	3.1	3.6	3.23
公路	亿人	14.8	13.5	-1.76
民航	万人	4553	6705	9.45
货运量	亿t	67.3	79.3	3.57
其中:铁路	亿t	27.2	31.4	3.09
公路	亿t	40.1	47.9	3.89
民航	万t	24.56	33.90	7.61

2. 促进城乡区域协调发展

"十三五"期间,要充分发挥综合交通运输体系引导区域布局和促进城乡协调发展的作用,优化交通网络结构,加强通道建设,统筹城乡交通协调发展。继续加大农村公路建设力度,逐步提高覆盖城乡的基本公共运输服务能力。发挥交通运输在产业优化布局、人口合理分布、城市空间有序拓展等方面的引导作用。

3. 强化节约资源保护环境

"十三五"期间,要处理好全省土地、线位、空域等资源日益紧缺与交通基础设施建设需求持续增长之间的关系,处理好加快交通运输业发展与资源环境约束不断加大的关系。加快转变交通运输发展方式,优化运输结构,提升装备技术水平,改善运输组织,实现节约集约发展。山西省"十三五"时期交通基础设施发展目标见表 1-10。

山西省"十三五"时期交通基础设施发展目标一览表　　　　　表 1-10

指　标	单　位	2015 年年底	2020 年年底
综合交通网总里程	万 km	14.75	15.75
铁路运营里程	万 km	5121.6	6400.0
其中:客运专线	km	567.0	1300.0
公路通车里程	万 km	14.1	15.0
其中:高速公路	km	5028.0	7258.0
内河通航里程	km	1374.0	1500.0
民用运输机场数	个	7	8

注:综合交通网总里程不含民航航线。

(四)发展原则

(1)结构合理,协调发展。按照城镇化发展要求,把事关国家政治、经济、社会、国防等战略性、全局性的利益作为规划的出发点和落脚点,统筹考虑经济布局、人口分布、资源开发,合理布局不同区域、不同层次的运输网络,将完善各种运输方式内部衔接与提升综合运输网络间衔接相协调,强化枢纽衔接和一体化运输设施配置,促进现代综合交通体系的建立,实现通道畅通、枢纽高效。

(2)突出服务,共享发展。综合交通运输体系建设要以人为本、突出服务,将建设综合运输大通道与扩大交通网覆盖面相结合,将提高网络承载能力与增强运输机动性相衔接。坚持共享发展,推进交通基本公共服务均等化,加大贫困地区基础交通设施建设力度,提供更加公平的城乡客运服务,构建高效规范的城乡配送体系。

(3)注重效益,创新发展。按照全面建设小康社会的总体部署和经济长期平稳较快发展的要求,着眼于综合交通运输体系的建立,在满足现阶段客货运输需求的基础上,使基础设施能力适度超前。坚持以市场为导向,统筹经济效益与社会效益,合力配置和整合交通运输资源,发挥各种运输方式技术经济优势和交通网络效能,提升服务水平、物流效率和整体效益。

(4)多元投入,开放发展。引入市场竞争机制,推进投资主体多元化,营造公平、有序的市场环境,鼓励民间资本参与交通基础设施建设,拓宽社会资本进入交通运输领域的渠道和途径。深化改革,积极创新,完善政府运输监管,按照综合发展的要求,建立和发挥政府、市场各自职能的高效的体制机制,依托科技进步和管理创新,充分发掘存量潜能,全面发挥增量效能,增强综合交通运输体系健康发展的内生动力。

(5)节能减排,绿色发展。从国家战略、基本国情及全省实际出发,把积极应对气候变化、节约集约利用资源和保护环境落实在基础设施、技术装备和运输服务中,推进综合交通运输体系的绿色发展。

(6)质量第一,安全发展。牢固树立以人为本、安全第一的理念,建立严格的安全监管和质量管理制度,并贯穿于交通运输规划、设计、建设、运营的各阶段,着力提升技术和装备水平,全面提高运输的安全性、可靠性和应对自然灾害、突发事件的保障能力。

(五)主要任务

1. 构建通达顺畅的综合交通网络系统

"十三五"期间,全省交通基础设施建设在继续推进国家干线铁路、高速公路和支线机场建设的基础上,将地方和城际铁路、普通国道省道县乡道改造和通用机场建设作为建设重点,力争综合交通运输网络总里程达到15.75万km,逐步建成以连通乡镇、通达建制村的普通公路为基础,以铁路、高速公路为骨干,与民航、水路共同组成覆盖全省的综合交通网络,发挥运输的整体优势和集约效能。

(1)铁路

到2020年,力争全省铁路运营里程达到6400km,其中高速客运铁路运营里程力争达到1300km,加快构建大能力运输通道,加大土地综合开发力度,提高铁路利用率和铁路经济效益。

发展高速客运铁路,建成大同—张家口、太原—长治—晋城—焦作等高速铁路项目,加快建设原平—大同、忻州—保定等高速铁路。强化国家干线铁路作用,新线建设与既有线改造相结合,扩大快速铁路客运服务覆盖范围,形成快速客运网,快速铁路运输服务覆盖所有设区城市。

强化大能力通道建设,有序建设蒙西—华中地区煤运通道、和顺—邢台等铁路项目;完善重载运输网,加快新建货运铁路沿线战略装车点建设,加快改造既有铁路,尽快形成功能布局完善、覆盖范围广、通道能力强、技术结构合理的运输网络。

加快推进全省地方铁路和城际铁路建设,合理规划、优化布局,充分利用既有和已规划建设的国铁干线项目,发挥地方铁路和城际铁路灵活性的优点,提高铁路客货运输的便捷性。

完善铁路建设土地开发配套政策。落实《国务院关于改革铁路投融资体制加快推进铁路建设的意见》(国发〔2013〕33号)、《国务院办公厅关于支持铁路建设实施土地综合开发的意见》(国办发〔2014〕37号),在加快推进铁路新线建设的同时,对沿线土地进行综合开发,提高铁路土地综合开发效益。山西省"十三五"时期铁路重点项目见表1-11。

山西省"十三五"时期铁路重点项目一览表　　表1-11

快速客运铁路	建成大同—张家口、太原—长治—晋城—焦作客专,加快推进原平—大同、忻州—五台山—保定客专,研究建设大同—乌兰察布、运城—三门峡铁路
货运通道	建成蒙西—华中地区煤运通道,完成和顺—邢台、阳涉铁路电化改造、京原铁路扩能改造、南同蒲铁路侯马—风陵渡(华山)段电化改造项目,研究建设太焦铁路修文—长治北段扩能改造、太原—和顺铁路、中南铁路石楼—阳泉曲联络线项目
地方和城际铁路	建成阳泉北—大寨铁路,加快推进太原—榆次城际铁路,研究河津西—管头、冯家川—孙家沟、阳泉曲—双池、交口—石楼、台头—龙华山—蒲县、武乡—沁县、长子南—嘉峰铁路

(2)公路

到2020年,全省公路通车里程达到15万km,公路密度达到95km/100km^2。

加快国家高速公路、高速公路出省通道及地方高速公路建设,"三纵十二横十二环"高速公路网全部建成,高速公路通车里程达到7258km,实现"县县通高速",建成33个高速出省口。

进一步优化普通干线路网结构,加快新增普通干线公路建设改造,继续推进交通拥挤路段及瓶颈路段改造升级,强化普通干线与高速公路有效衔接,发挥高等级公路快速通达的效益。普通干线建设里程1777km,其中新建国省干线130km,升级改造国省干线1647km。普通干线公路里程达到15700km,其中二级以上公路12628km,占普通干线总里程的80%,普通国道连通所有县,普通干线连通60%以上的乡镇。

稳步推进太行山片区、吕梁山片区两个国家集中连片特困地区和其他贫困地区县乡农村公路改造和通畅工程建设,加强安全管理、质量监管和资金监管。深化农村公路管理养护运营体制改革,探索建立农村公路建管养运长效机制,提高农村公路服务水平。重点实施县乡道改造工程、旅游公路建设、村道完善提质工程和公路安全生命防护工程。实施县乡道改造5000km,农村公路安全隐患治理5000km,危桥改造999座,农村公路达到12.6万km,具备条件的建制村通硬化路、通客车"全覆盖"。

抓紧实施《山西省旅游公路建设规划(2016—2018年)》,采取政府购买服务方式,推进农村旅游公路建设。山西"十三五"时期公路重点项目见表1-12。

山西省"十三五"时期公路重点项目一览表 表1-12

国家高速公路项目	北京—乌鲁木齐国家高速公路山西段、青兰高速公路长治—临汾段、青兰高速公路黎城(冀晋界)—长治段改扩建工程、霍永高速公路永和—永和关段、运城—灵宝高速公路运宝黄河大桥、右玉—平鲁高速公路、神池—岢岚高速公路、临猗黄河大桥及引线工程、朔城—神池高速公路、离石—隰县高速公路、隰县—吉县高速公路、黎城—霍州高速公路
地方高速公路项目	晋蒙黄河大桥、太原二环高速公路东环段(范庄—龙白)、阳城—蟒河高速公路、太原二环高速公路北环段(山根底—范庄)、繁峙—五台高速公路、应县—繁峙高速公路、闻垣高速公路古城联络线(华峰—古城)、太原二环高速公路西环段(西庄—夏家营)、安泽—沁水高速公路、朔州东北环线、汾阳—石楼高速公路、阳城—运城高速公路、古县—翼城高速公路、洪洞—大宁高速公路、昔阳(晋冀界)—榆次东风高速公路、平陆三门峡公铁黄河大桥及接线、静乐丰润—兴县黑峪口(晋陕界)高速公路、祁县—离石高速公路、天大高速公路大同联络线(古店—王官屯)、风陵渡黄河大桥及连接线、大同绕城高速公路陈庄—肥村段

(3)民航

到2020年,省内运输机场覆盖省内所有县城及人口10万以上的城镇,在直线距离150km内能够享受到航空服务。加强机场建设,形成层次清晰、功能完善、结构合理的机场布局。

扩大和优化民用航空网络,构建完善省内机场的航线网络,优化中转流程,形成干支联动,以"以支促干、以干带支"为战略,迅速提升各机场的客运量。

规划建设运输机场通用航空保障功能区和直升机场,科学合理布局通用机场,根据地方需求、场址、空域等因素,适度调整通用机场布局,构建完善省内通用机场网络体系,满足农林航空、航空测绘、应急救援、抢险救灾、公务出行、观光旅游等需求。山西省"十三五"时期民航机场重点项目见表1-13。

山西省"十三五"时期民航机场重点项目一览表 表1-13

运输机场	完成太原机场飞行区改扩建、长治机场飞行区改扩建、长治机场航站区改扩建、实施大同机场飞行区改造、大同机场口岸建设、吕梁机场通用机坪建设、运城机场飞行区改扩建、临汾机场飞行区改扩建,加快推进朔州机场建设,研究启动太原机场三号航站楼、晋城机场建设
通用机场	加快推进太原尧城、太原阳曲、大同灵丘、大同阳高、晋中介休青云、阳泉盂县、临汾壶口、临汾永和、运城绛县、忻州繁峙滹源、晋城泽州、晋城阳城通用机场建设和大同航空运动学校迁建、长治航空运动学校基地机场改扩建

(4)水路

积极推进航道建设。建设黄河老牛湾—龙口段(山西段)、黄河小浪底库区老鸦石—

三门峡库区(山西段)和汾河二库航运工程,建设总里程125km。建设重点水域客运100吨级泊位20个。

(5)城市公共交通

到2020年,基本确立城市公共交通在城市交通中的主体地位,实施公共交通优先发展战略,较好地满足社会公众基本出行需求。初步形成以城市公交、城镇客运、镇村公交为主体,其他客运方式为补充的城乡客运体系。11个设区市实现中心城区公交站点500m全覆盖;具备条件的建制村通客运班车。逐步建设规模合力、网络通畅、结构优化、有效衔接的城市综合交通系统。

优先发展公共交通,提高公共交通出行分担比例。完善城市公共交通基础设施,科学优化城市交通各子系统关系,统筹区域交通、城市对外交通、市区交通以及各种交通方式协调发展,加快智能交通建设,合理引导需求,提升城市综合交通承载力,支撑城市可持续发展。加快推进太原市轨道交通建设。

旧城改造和新城开发必须坚持交通基础设施同步规划和建设,发挥大容量公共交通在引导城市功能布局、土地综合开发和利用等方面的作用。统筹规划,优化城市道路网结构,改善城市交通微循环。合理分配城市道路资源,落实地面公共交通路权优先政策,加快公共交通专用道建设,强化公交专用道管理。规范出租车健康、有序、合理发展。完善机动车等停车系统及与公共交通设施的接驳系统。有效引导机动车的合理使用,推进公共自行车、步行等交通系统建设,方便换乘,倡导绿色出行。

山西省"十三五"城市公共交通重点项目是城市轨道交通,目标是建成太原城市轨道交通2号线一期工程,实施太原城市轨道交通1号线、3号线项目,研究建设大同城市轻轨项目。

(6)综合交通枢纽

按照零距离换乘和无缝化衔接的要求,全面推进综合交通枢纽建设。加快综合交通枢纽规划工作,做好与城乡规划、城市总体规划、土地利用总体规划等的衔接与协调。统筹综合交通枢纽与产业布局、城市功能布局的关系,以综合交通枢纽为核心,协调枢纽与通道的发展。

加强以铁路、公路客运站和机场等为主的综合客运枢纽建设,完善客运枢纽布局和功能。依托客运枢纽,加强干线铁路、城际轨道、干线公路、机场等与城市轨道交通、地面公共交通、私人交通等的有机衔接,强化枢纽和配套设施建设,促进枢纽与干线协调发展,形成城市内外和不同方式之间便捷、安全、顺畅换乘,提高综合客运枢纽的一体化水平和集散效率。

加强以铁路和公路货运场站、主要港口和机场等为主的综合货运枢纽建设,完善货运枢纽布局和功能。依托货运枢纽,加强各种运输方式的有机衔接,建立和完善能力匹配的铁路、公路等集疏运系统与邮政、城市配送系统,实现货物运输的无缝化衔接。依托铁路建设口岸站,发展无水港,联通京津冀一体化共同发展。积极组织开行中欧、中亚铁路集装箱班列。

2.构建便捷高效的综合运输服务系统

(1)实现运输服务能力与质量同步提升

①加快运输市场建设。进一步完善运输市场准入制度,规范市场行为与经营秩序,积极推动运输市场全面开放,加快构建公平开放、竞争有序的运输市场。优化企业经营环境,加强对交通运输企业的宏观指导和服务。加快发展运输代理、交通工具维修检测和租赁、劳务、运输咨询、信息传播等运输辅助服务。

②强化公共服务职能。转变政府职能,加大政府对公共运输服务的供给力度。建设信息服务平台,推动各种运输方式信息系统的互联互通,为社会和公众提供全方位、立体化的出行服务信息平台。加大公共财政对城市公共交通、农村客运、支线航空服务和邮政普遍服务的扶持力度,逐步推进基本公共运输服务均等化。

③提升运输服务水平。加强各种运输服务之间的无缝衔接与合作,促进各种运输方式融合发展,提高客货运输服务效率,降低社会物流成本。鼓励运输企业开展一体化运输服务,加强运输服务中的线路、能力、运营时间、票制、管理的衔接。优化运输组织,创新服务方式,推进客票一体联程、货物多式联运,大力发展现代物流服务、快递等先进一体化运输服务方式以及汽车租赁等交通服务业,有效延伸运输服务链。加强客运市场管理,大力发展城市公共交通,积极提供满足多层次需求的城际和城乡公共客运服务。

(2)加强交通安全和应急保障能力建设

①强化交通安全理念,推进平安交通建设。建立政府主导的交通安全长效教育机制,制订交通安全公共教育计划,形成专业教育、职业教育、企业教育相结合的交通运输安全生产培训和宣传教育体系。树立交通安全终身教育理念,提升交通参与者安全意识。

②加强安全监督管理,落实"党政同责、一岗双责、失职追责"安全监管体系。将安全监管贯穿于交通基础设施规划、设计、建设、运营全过程。强化重点时段、重点地区、重点领域、重点环节的安全监管,落实监管机构和监管责任,提高安全生产监管覆盖面。深入开展安全隐患排查和治理,强化危险品运输的市场准入和监控,规范危险品及特种货物运输。加快交通安全监管网络建设,加强道路交通安全监管。基本建成重点运营车辆GPS(全球定位系统)联网联控系统和道路交通动态监控平台。

③加大安全设施投入。建立铁路安全监控、防灾预警系统;推进公路交通灾害防治工程、农村公路生命安全防护工程建设,实现交通安全设施与道路建设主体工程同时规划、同时设计、同时施工、同时验收、同时使用;推进水路安全设施建设,加强引航设备、消防设施、内河防灾设施建设。增强安全科研力量。加大智能交通技术、车辆安全技术、交通执

法设备装备、交通应急系统研究以及科研成果转化力度。加强交通事故分析与研究,完善交通运输事故管理信息系统,从技术上保证综合交通运输体系安全。

④提升应急保障能力。构建交通应急保障机制,制订交通应急能力建设规划,建立交通运输自身和交通环境污染突发事件应急预案和处置机制,形成跨区域交通应急信息报送和区域联动协调机制。增强交通设施抗御自然灾害的能力,提高保障水平。建立健全灾害易发区域和重点区域预测预警机制,加强迂回通道、直升机起降点等应急设施建设,积极储备可替代运输方式的能力。加快安全救助系统建设,提高应急反应速度和救援成功率。

3. 构建先进适用综合运输装备系统

(1) 提高运输装备技术水平

货运方面,积极发展公路专用运输车辆、大型厢式货车、多轴重载大型车辆和城市配送车辆。一是加快发展多式联运装备。加快推进国际标准集装箱在铁路运输中的广泛应用,稳步发展铁路集装箱专用平车;引导企业研发和推广大型化、专业化转运设施装备,运用标准化、集装化装卸机具。二是推进铁路货车发展,适应重载、快捷、集装箱和特种运输需要。三是大力发展标准化、专业化公路货车车型,探索推进双挂及多挂汽车列车应用,加快研究制定公路货车限制装置技术标准和使用规定,强化货运治超源头管理。四是根据航空货运市场发展需求,鼓励引进全货机,实现专业化运输。

客运方面,推进客运车辆结构升级和节能化进程,加快老旧车辆更新。一是以客运专线开通运营为契机,配置适当数量的动车组,大量替换、淘汰绿皮车;以新线建设与既有线路电气化改造为依托,配属大量新型大功率电力机车。二是鼓励发展中、高级公路营运客车,鼓励发展适合农村客运安全、实用、经济型客车和客货兼用型运营车辆。三是大力拓展航线航班,构建省内轮辐式航线网络,打造区域中转枢纽和国际航空口岸。四是在城市公交和出租车领域推广混合动力、纯电动等清洁能源客车。

(2) 加快推进交通运输信息化建设

推进智慧交通建设,提高交通运输的信息化、智能化水平。加强协调,推进综合交通运输公共信息平台建设,逐步建立各种运输方式之间的信息采集、交换和共享机制。一是推动信息技术在交通运输系统运行监测、运营管理、运输服务、安全应急和市场信用等领域的深度应用,促进物联网技术、云计算技术、大数据处理技术、下一代互联网技术在交通运输领域的集成应用创新。二是推进交通运输信息资源目录体系和数据管理机制建设,促进信息共享及交互,推动行业公共信息资源的社会化开发利用。三是全面推进行业网络与信息安全技术和管理体系建设,进一步完善交通运输安全认证体系,开展行业信息系统等级保护系统建设和认证监督工作。四是建设综合交通出行信息服务、联网售票服务系统,促进各种交通运输方式互相协作,无缝衔接。

(六)政策措施

(1)深化体制改革。深化管理体制改革,健全完善综合交通运输协调机制。建立跨区域、跨行业的综合交通运输规划、建设、运营管理新机制,提高综合交通运输体系发展的质量与水平。积极探索推进综合运输"大交通"行政管理体制创新,鼓励和支持各地加大综合交通运输体制改革探索,选择具备条件的设区市建立综合交通运输体制改革试验区。继续推进省属国有交通企业改革。根据国家及省有关规定,进一步简化行政审批程序,加快交通基础设施项目实施进度。

(2)拓宽投融资渠道。探索建立利用市场机制筹集资金和合理使用存量资产的新机制。全面深化铁路投融资体制改革,研究设立铁路发展基金,充分发挥各方面积极性,鼓励采用PPP等方式,多渠道、多元化筹措资金,破解铁路建设资金瓶颈。打破交通基础设施建设政府投资的格局,完善多渠道、多层次、多元化投融资模式,发挥市场在配置资源方面的决定性作用,更好地发挥市县政府作用,落实好政府购买服务,破解制约铁路、公路、城市轨道交通、民航机场等交通基础设施建设发展的资金约束。

(3)完善规划体系。强化综合交通运输规划对交通建设项目等的指导,增强规划的执行力和约束力。编制、完善铁路、公路、水路、民航及通用航空发展等行业规划,加强其与综合交通运输规划和国家其他相关规划的衔接与协调。开展规划实施的监督评估工作,根据经济社会发展需要,按照规定程序适时调整。把综合交通枢纽规划作为项目审核的重要依据,加快推进全国性综合交通枢纽和部分区域性综合交通枢纽的规划工作。

(4)推动科技创新。健全科技创新体系和机制,强化创新驱动,提高交通运输设施、装备、技术和营运管理的自主创新能力。加大对公益性和基础性重大交通科研项目及产学研结合项目的支持力度,支持交通运输关键技术、核心装备的研究开发及推广应用,加速淘汰落后技术和高耗低效运输装备。强化交通运输人才队伍建设,加强高科技人才培养,完善人才教育培训体系。

(5)厉行节能环保。按照转变交通运输发展方式的要求,秉承节能环保的原则,将绿色交通发展贯穿于综合交通运输体系建设的始终。在交通运输项目设计、实施、运营等各个环节严格遵守环保相关规定,集约利用土地、线位、空域等资源,提高资源的综合利用效率,减少对环境的影响,全面提高综合交通运输体系的可持续发展能力和水平。

(6)抓好党风廉政建设。落实党风廉政建设"两个责任",贯彻廉洁发展理念,深入推进"六权治本",建立反腐倡廉长效机制,切实加强交通运输重点领域、关键环节、重要岗位权力运行制度建设,确保权力在阳光下运行。

第二章
公路建设及运输发展

第一节 公路建设

新中国成立后,山西公路事业主要经历两个发展高峰期,第一个高峰期始于1958年,这一时期以普及为主,主要是公路数量的大幅增长;第二个高峰期始于1964年,这一时期以提高为主,标志性工程主要是沥青路面的起步与大面积推广;干线公路及主要县公路桥梁设施的建设与完善;通过拓宽改造提高公路技术等级。截至1980年年底,全省公路里程达到27261km,是新中国成立初期1288km的21.16倍。其中,有二级公路188km、三级公路3200km、四级公路16487km、等外公路7386km。高级、次高级路面里程达到6227km。基本实现县县通油路、社社通公路,曲沃县、稷山县、太原市南郊区实现社社通油路。

"八五"时期,山西省公路建设进入鼎盛时期,全省交通事业实施"两年打基础,三年迈大步,'九五'大变样"的上台阶方案,高起点、超常规、大跨度地进行公路建设。轰轰烈烈的全民义务修路活动,充分形成全党动员、全民动手、大搞公路建设的喜人局面。5年间,完成干线公路骨架网路基拓宽改造5845km,新增通油路镇135个,通公路乡26个,通机动车村1296个;用于大中修工程20022万元,完成油路翻修687km,加铺1168km,罩面529km。"八五"年末,全省公路好路率89.0%,养护质量综合值80.0,其中,干线公路好路率达到91.1%,养护质量综合值达82.3。初步实现县县通油路、乡乡通公路、村村通机动车的战略目标,使县乡公路面貌有了根本改观,山区人民乘车难、行路难的问题基本得到解决,有效带动了当地经济发展。在全民义务修路热潮推动下,商品路建设也快速发展,1992年以前,全省只有13条商品路,到1995年已发展到32条。

截至1995年年底,全省公路密度为21.5km/100km^2,比"七五"末期1990年底增加1.8km,平均每万人有公路11.1km;有公路通车里程33644km。按行政等级分,有国道4027km、省道6735km、县道14259km、乡道7909km、专用公路714km;按技术等级分,有高速公路94km、一级公路130km、二级汽车专用公路476km、二级公路3603km、三级公路8984km、四级公路16219km;有等外公路4138km;按公路路面情况,有路面里程28110km,其中次高级路面14373km、中级5426km、低级路面8493km;全省乡镇公路通畅率59.4%,比"七五"末期增加19.8%,农村公路通达率62.9%,比"七五"末期增加9.8%。

"九五"时期,全省干线公路建成养护机械化中心45个,改建公路段段房20处,新改建大道班60处。公路改造步伐进一步加快。大力实施"三转变、三结合、三依靠"战略,继续开展全民义务修路活动,充分发挥地方政府和人民群众的积极性,完成以"三纵八横"为主的干线拓宽配套二级公路2188km。建成祁(县)介(休)、霍(县)侯(马)、运(城)临(汾)、汾(阳)介(休)等一级公路350余公里。多方筹资建成收费公路1500余公里。建成五台山、绵山、云冈等一批旅游公路。还以地方政府为主建成以吕梁离(石)临(县)柳(林)石(楼)和忻(州)市晋西北地区循环公路为代表的一批扶贫公路。路政管理向法制化、规范化、现代化迈进。认真贯彻《中华人民共和国公路法》《山西省公路管理条例》,依法治路,大力加强路政支队建设,理顺路政管理体制,组建路政支队、大队,推行路政执法责任制和评议考核制度。认真贯彻交通部2号令和《山西省人民政府关于超限运输车辆行驶公路管理规定》,超限运输治理初见成效,超限车辆对公路的损坏势头得到遏制,行驶公路上的超限车辆比例由治理前的85%下降到30%。

"九五"时期,是山西公路事业奋力赶超、快速发展的时期。全省公路系统干部职工认真贯彻中央"扩大内需,加强基础设施建设"的方针政策,改革开放,艰苦奋斗,两个文明建设取得巨大成就。完成公路建设投资338亿元,"九五"期末全省通车里程达到55408km,高速公路达到518km。公路密度由"八五"末21.6km/100km^{2}提高到35.5km/100km^2。干线公路建养共累计完成投资55亿元。等级公路52767km,占通车里程95.2%。其中二级以上高等级公路达到9321km,占公路通车里程16.8%,比"八五"期末提高4%;有路面里程53569km,占通车总里程96.7%,其中高级、次高级路面里程29327km,占通车里程52.9%,比"八五"期末增长10.2%。全省实现"镇镇通油路、乡乡通公路、行政村通机动车"战略目标,并有81.7%乡和43.5%行政村通油路,94%行政村通公路。县乡公路通车里程42308km,占总通车里程76.4%,公路交通对国民经济和社会发展制约得到初步缓解,"出不去、进不来、行路难"的状况有了很大改观,有力推动全省经济社会发展和对外开放,以太原为中心各地辐射的干线公路网已经形成。

截至2000年年底,全省公路密度为35.5km/100km^2;有公路通车里程55408km。按行政等级分,有国道3729km、省道8518km、县道14979km、乡道27329km、专用公路853km;按技术等级分,有高速公路518km、一级公路614km、二级公路8189km、三级公路15236km、四级公路28210km;有等外公路2641km;按公路路面情况分,有铺装路面里程53569km,占通车里程96.7%,其中次高级路面25219km、中级路面8593km、低级路面15649km;全省乡镇公路通畅率86.5%,农村公路通达率94.0%,农村公路通畅率43.5%。

"十五"时期,是山西公路史上发展最快最好的时期。全省公路系统广大干部职工围绕公路事业跨越式发展目标,全面树立和落实科学发展观,始终坚持建、养、管协同发展的方针,全力实施县际路网建设,实施安保工程建设,狠抓公路养护和管理、积极支持农村建设,深入开展行业文明建设,各项计划指标圆满完成,实现全省公路事业跨越式发展。全省干线公路完成建养投资112亿元,第一次突破100亿元大关,比"九五"时期翻了一番多,达到历史最高水平。路网建设有了重大突破,累计改造干线公路5158km,占总里程44%。新增高级、次高级路面里程1312km。全省二级以上干线公路占总里程比重由"九五"末56.7%提高到76%。在国家有利于基础设施建设政策支持下,多方筹集资金,创造"十五"时期公路扩建工程最辉煌的时期,干线公路投资额逐年增长:2001年完成7.5亿元,2002年完成13.6亿元,2003年完成27亿元,2004年完成35亿元,2005年28.9亿元。国省道干线公路二级标准以上达到8065km(不包括高速公路)。消灭仅存182km砂砾路面,实现干线公路油路化。公路养护工作取得重大突破,路网整体服务水平有了很大提高。干线公路五年累计完成大中修4897km,改造等外路、砂砾路171km,改造危桥361座,实施安全保障工程2025km;建成文明路4966km,109国道山西段正式通过国家文明样板路验收;实施GBM工程4209km;完成公路绿化3812km;增设安全标志、指示标志16620套。全省干线公路平均好路率和综合值分别为81.5%和76;县公路平均好路率和综合值分别为80%和74。全省干线公路养护管理工作,在2005年交通部组织的全国公路养护管理大检查中名列前茅,受到省政府和省交通厅高度赞扬。全系统收取车辆通行费大幅增加。全省累计建成收费公路2786km,收取车辆通行费28.6亿元,是"九五"期间2.9倍,年均增幅37%。全力推进农村公路建设。累计建成农村水泥路、油路75875km,是1949—2000年51年间全省农村公路建设总里程的5倍。全省行政村通水泥(油)路的通达率,由"九五"期末42.5%提高到80%。"十五"期间,全省干线公路养护突出抓好三大项目,即县际路和路网改造、消灭危桥和砂砾路、实施安全保障工程,使全省干线公路养护取得显著成效。全省干线公路年末好路率由84.2%提高到85.51%。养护工程完成油路翻修1276.94km,沥青路面挖补加铺281.487km,构造物大修334项,投资11731.12万元,绿化工程4247.4km,成活率达85%以上,文明样板路1966.6km,投资34223万元,养护技术创新项目36项,安全保障工程1388.4km。

截至2005年年底,全省公路密度为44.53km/100km^2,平均每万人有公路20.85km;有公路通车里程69563km。按行政等级分,有国道4257km、省道9220km、县道16477km、乡道38786km、专用公路823km;按技术等级分,有高速公路1686km、一级公路1011km、二级公路11586km、三级公路15998km、四级公路37503km;有等外公路1779km;按公路路面情况分,有路面里程69563km,占通车里程的100%,其中2003年末有高级路面7627km、次高级路面28102km、中级8358km、低级路面17280km;2004年对路面指标进行调整,有铺装路面里程11625km、简易铺装路面27943km、未铺装路面26245km,至"十五"期末有铺装路面里程17700km、简易铺装路面27899km、未铺装路面23964km;全省乡镇公路通畅率100%,实现全省乡镇通公路,农村公路通达率97.3%,农村公路通畅率76.9%。

"十一五"时期,全省公路工作取得不平凡业绩:一是干线路网支撑保障水平明显提高。五年完成投资304亿元,是"十五"时期的2.7倍,完成公路建设改造6839km。截至2010年年底,全省干线公路总里程达到12066km,比2005年增长275km,其中一级公路1417km、二级公路8824km,一、二级公路比重达到84.87%,比2005年提高8.98%,实现全省基本消灭差等路的目标,路况水平达到历史最好水平。二是全省干线通行服务水平明显提高。全面实施日常性养护和预防性养护,各类病害得到及时有效处治,优良路率稳中有升。完成危桥改造744座、安全保障工程4478km、安全隐患治理172处。创建和保持文明路6000km,实施高标准通道绿化1万km。集中三年时间实施路域环境综合治理,累计完成过村镇路段治理11662km、路店隔离1509km、处治平交道口8795处、拆除违章建筑197万m^2。建成公路服务区52个,规范和完善各类道路标志15903套,创造畅通、安全、舒适、和谐的公路环境。三是路政管理和行业管理水平明显提高。切实加大各类涉路损路行为的防范、发现、查处力度,路政案件由年均4万多起减到5000起。五年建成治超站77个,检测货运车辆4627万辆,查处超限车辆83万辆,三年无缝隙、拉网式治超成效显著,超限运输现象基本消除。强化收费公路管理,累计收取车辆通行费50亿元,撤销政府还贷二级路收费站100个。创新和加强农村公路行业管理,五年新改建县乡公路15416km、村通水泥(油)路98821km,全省27925个具备条件的建制村全部通水泥(油)路,圆满完成全覆盖任务;农村公路管养体制改革收到明显成效。行业文明和谐程度明显提高。原养路协议工、政府还贷二级公路收费人员、路桥企业三个重点群体保持稳定。安全生产形势持续向好。全系统累计创建和保持国家级文明单位4个、省级文明和谐单位49个(含标兵11个)、国家级青年文明号6个、省级青年文明号24个,省局机关荣获省级文明和谐单位标兵称号,实现物质文明与精神文明建设的相互促进、协调发展。公路部门的社会地位和影响不断提高。继2005年后,全系统再次被省劳竞委荣记集体一等功、被交通运输部命名为全国交通运输系统文明行业和"五五"普法先进集体。

截至2010年年底,全省公路密度为84km/100km^2,平均每万人有公路39km;有公路通车里程131644km。按行政等级分,有国道4881km、省道10190km、县道19631km、乡道46703km、专用公路577km、农村公路49662km;按技术等级分,有高速公路3003km、一级公路1939km、二级公路14163km、三级公路16858km、四级公路91701km;有等外公路3980km;按公路路面情况分,有铺装路面里程81900km、简易铺装路面27488km、未铺装路面22256km;全省乡镇公路通畅率100%,农村公路通达率99.9%,农村公路通畅率99.3%。

"十二五"时期,全省公路建设累计完成建养投资210.3亿元,完成公路建设2540km。截至2015年年底,全省干线公路通车里程11958.96km,其中一级公路1747km、二级公路

8577km，一、二级公路比重86.34%，比2010年增长1.86%。一是公路养护能力日益增强。累计完成路面改造1854.6km，完成大中修3339km，完成危桥改造179座，实施安全保障工程975km，处治险山、滑坡和煤炭采空区沉陷等各类地质灾害971km。108国道山西段2013年被交通运输部命名为国道改造示范工程。全省3437座桥梁和19道长、中隧道全部建立技术档案和安全管理责任制，逐级落实第一责任人、直接责任人和具体责任人。全省干线一、二类桥梁占93.34%。从2012年起，干线公路日常养护定额由原来的年均2.93万元/km提高至4.52万元/km。二是路政管理和治超工作再上新台阶。五年累计发生路政案件2.3万余起，发现率、查处率、结案率均在95%以上。累计检测货运车辆1亿余辆次，查处超限超载车辆4000多辆次，超限超载率稳控在0.005%以内，长途超限超载现象基本消除，短途超限超载得到明显遏制。

截至2015年年底，全省公路密度为89.95km/100km^2，平均每万人有公路38.64km；有公路通车里程140960km。按行政等级分，有国道5272km、省道11724km、县道20467km、乡道48740km、专用公路554km、农村公路54203km；按技术等级分，有高速公路5028km、一级公路2535km、二级公路15158km、三级公路18717km、四级公路96406km；有等外公路3116km；按公路路面情况分，有铺装路面里程101032km、简易铺装路面21907km、未铺装路面18021km；全省乡镇公路通畅率100%，农村公路通达率99.9%，农村公路通畅率99.5%。

2016年，全省干线公路建设、管理和养护成绩斐然。一是公路建设目标任务提前超额完成。面对艰巨繁重的建设任务，省公路局通过签订责任状、包片督导、排队通报、现场推进、典型引路、示范带动等一系列措施，充分调动全局干部职工积极性，掀起比学赶超热潮。全年完成投资40.98亿元、里程477.5km，分别是年度目标任务的1.2倍、2倍。工程质量抽检合格率达96.2%。13项新改建工程全部实现"零超概"。12个重点储备项目前期工作取得突破性进展，为2017年公路建设奠定基础。二是路网综合服务水平得到较大提升。深入开展公路养护管理"八比八看"活动，奏响科学养护、精准养护、规范养护、创新养护的时代旋律，基层一线养护热情空前高涨。全年完成危桥改造20座、灾害防治及应急抢修62处30.7km、生命安全防护工程180.7km。加大日常养护和预防性养护力度，累计修补坑槽140万m^2，处治翻浆沉陷59.3万m^2，封层罩面351.6万m^2，贴灌缝611.8万m，是往年的3倍多。开工建设服务区15个。2016年干线公路PQI达80.5，同比提高1.7，创2013年有检测以来最好水平，忻州、晋中等分局路况提升明显。三是依法治路扎实推进。启动新一轮集中治超，在全国率先建立路政、交警治超联动工作机制，超限率连续多年稳控在0.02%以下。路政案件发现率、查处率、结案率稳居95%以上。深化"放管服效"改革，省级行政许可审批事项全部进驻省政务服务中心，积极试行超限运输许可网上审批，审批效率和服务水平进一步提高。开展收费行为专项整顿，全年收取车辆通行费

6.9亿元,是目标任务的1.38倍。政府还贷二级收费公路债务置换工作进展顺利。继续保持公路"三乱"零的目标。四是农村公路管养工作稳步加强。围绕日常养护、资金筹措、体制机制、安全防护等环节积极探索,农村公路管养体制机制改革稳步推进,路况质量和服务水平有了新的提高。"四好农村路"建设全面启动,涌现出阳城、天镇、昔阳、汾阳、尧都等一批先进县区。

截至2016年年底,全省公路密度90.65km/km²;有公路通车里程142066km。按行政等级分,有国道11096km、省道6702km、县道19961km、乡道48896km、专用公路546km、农村公路54865km;按技术等级分,有高速公路5265km、一级公路2576km、二级公路15397km、三级公路18891km、四级公路96981km,有等外公路2956km;按公路路面情况分,有铺装路面里程103844km、简易铺装路面20949km、未铺装路面17273km;全省乡镇公路通畅率100%,农村公路通达率99.9%,农村公路通畅率99.5%。

第二节 道路运输

党的十一届三中全会,吹响改革开放号角。随着国家放宽搞活政策落实,山西道路运输进入一个划时代发展时期。1984年交通部根据中央精神提出"有路大家跑车,有水大家行船","各地区、各行业、各部门多家经营,坚持国有、集体、个体各种经济成分协调发展"的运输发展方针,僵化的计划运输管理体制和国有运输企业独占运输市场的格局被打破,社会个体办运输积极性空前高涨,道路运输业得到迅速发展,困扰多年的运力紧张及人民群众"出行难,运货难"的状况得到缓解。从1991年起道路运输经过"三个阶段"(经济体制转换与市场培育建设、市场整治规范与运输结构调整、又好又快发展与服务建设小康社会)的努力奋斗,道路运输经济进入崭新发展时期,为全省经济和社会发展提供强有力运输保障。

一、经济体制转换与市场培育建设(1991—2000年)

(一)发展政策与管理制度

1992年邓小平南方谈话,解决了改革开放以来困扰和束缚人们思想的许多认识问题。同年10月,党的十四大郑重宣告:全国经济体制改革的目标是建设社会主义市场经济体制。山西省委、省政府高举改革开放旗帜,从兴晋富民迫切需要与经济发展客观要求出发认真贯彻落实。1993年初,省人民政府以政府令印发《山西省全民所有制企业转换经营机制办法》,随后,省交通厅、省经委联合下发《山西省全民所有制交通企业转换经营机制实施细则》,明确全民所有制交通企业转换经营机制的指导思想、目标任务、重点工作,提出经营机制转换的保障措施和扶持优惠政策,有力推动交通运输企业走向市场。从此,道路运输经济由计划经济体制逐步向市场经济体制转换;道路运输市场管理由主要靠计划管理逐步向市场调节过渡;道路运输管理由主要依靠行政手段,逐步向主要依靠法律和经济手段转变。

1994年党的十四届三中全会召开,中共中央做出《关于建设社会主义市场经济体制若干问题的决定》,在深入学习和贯彻落实十四届三中全会精神的过程中,省交通厅认真总结改革开放以来道路运输经济快速发展的经验,同时分析经济运行中存在的问题,认为道路运输市场存在法规不健全,部门关系难协调;管理职能和手段脱节,经济效益难提高;市场机制不健全,管理缺乏手段,市场秩序混乱等问题,直接影响到道路运输经济的快速发展。经省交通厅申请,省人大常委会和省人民政府分别将道路运输管理条例的立法项目列入1994年的立法计划,经省交通厅、省政府法制局、省人大财经委有关领导和人员广泛征求意见与多次修改,1995年7月,《山西省道路运输管理暂行条例》经山西省第八届人民代表大会常务委员会第十六次会议通过,于同年10月1日施行。该《暂行条例》对道路运输经营和从事各种相关业务活动确立一系列崭新的法规制度,规范全省道路运输经营活动,维护市场秩序,保障道路运输安全,保护各方当事人合法利益,对道路运输市场经济体制的建立起到了促进作用。与此同时,1995年下半年,交通部下发《培育和发展道路运输市场若干意见》,要求加快建设全国统一、开放、竞争、有序的道路运输市场。各级运管机构在学习交通部文件基础上,组织有关人员到东南沿海先进省、市考察,提出"先培育、后发展,边建设、边规范"的工作思路,制定"因地制宜、注重实效、不搞一刀切,不求一个模式"的培育发展原则,确定晋南、晋中两地区为试点,为进一步推动培育和发展道路运输市场奠定基础。

1996年,全省交通系统认真贯彻国家和省政府一系列方针政策,按照交通部《培育和发展道路运输市场若干意见》的要求,联系本省实际,大力推动道路运输有形市场建设,推进运输市场法规体系的配套和完善,力争到20世纪末建立和健全以市场需求为导向、市场配置资源为主要手段的道路运输市场调节体系和以经济、法律手段为主、行政手段为辅的道路运输宏观调控体系。全省干部职工以饱满热情、务实精神,在货运有形市场建设中,克服缺资金、缺场地的困难,坚持"谁投资、谁受益、因地制宜、量力而行"的原则,采取集资、贷款、融资、租赁、入股共营等多种形式,筹措资金,开辟场地,积极探索以中心城市和货运集散地为依托,吸纳社会资金建市场;以运输企业和大型厂矿现有场地、设备、设施为依托整合资源,增加投入,完善功能,共建市场;以运输中介组织为依托,信息服务为龙头,搭桥牵线建市场。到2000年年底,全省共建各类大型货运市场216个、零担货运站22个、货运信息服务组织1335个。全省11个地(市)、70%的县(区)和部分乡镇都建立信息服务中心和站点。太原迎泽、万柏林等较大货运市场基本形成信息服务、货运配载、承托交易、仓储保管、停车食宿、代办结算为一体、初具规模的新型货运市场。与此同时，客运市场培育建设也有较快进展，期间新建、改建汽车站90个，全省达到242个，并在一、二级汽车客运站和部分三级站，推广SMS微机管理系统，全省客运市场初具规模，形成以太原为中心，以345条客运线路为经纬，连接17个省、直辖市、自治区64个较大城市，覆盖全省各地市中心城市和县级城市、99.1%乡镇、74%行政村的客运市场网络。全省投放1600辆高中档客车，开通北京、上海、广州、浙江等经济发达地区的跨省长途班线，促进山西对外开放；投放7130辆中档以下客车，开通县内串乡客运班车，促进城乡交流。

在大力推进道路运输有形市场建设的同时，省交通厅不断推进道路运输市场法制建设。《山西省道路运输管理暂行条例》实施后，省交通厅陆续出台《山西省道路旅客运输管理办法》《山西省汽车客运站管理实施细则》《山西省公路出租车客运管理办法》《山西省道路运输车辆户籍管理办法》《山西省汽车维修监督检查规范》等一系列配套规范性文件，依法规范市场秩序，推进道路运输市场培育和发展。

（二）基础设施

"九五"期间，省交通厅用于客运站或汽车站相关的自筹基本建设投资合计28121万元。

1997年投资7290万元，资金来源于住宅建设投资（4010万元），站场建设费（1750万元），车购费返还（1530万元），投资客运站、汽车站43处，分别为垣曲汽车站、河津县汽车站、繁峙汽车站、河曲汽车站、山阴县汽车站、天镇县汽车站、娄烦县汽车站、临晋汽车站、嘉丰汽车站、忻州汽车站、介休汽车站、石楼汽车站、汾阳汽车站、古县汽车站、太客汽车站、临汾客运站、浮山县汽车站、壶口汽车站、太谷县汽车站、榆社县汽车站、长治汽车站、长子汽车站、潞城汽车站、晋城中心站、运城汽车站、运城启辰站、临猗县汽车站、闻喜县汽车站、平陆县汽车站、风陵渡汽车站、朔州汽车站、宁武汽车站、东寨汽车站、豆村镇汽车站、定襄汽车站、汾阳汽车站、文水汽车站、临县汽车站、交城县汽车站、太原西客站、太原市东客站、清徐汽车站、平定汽车站。货运站3处，包括大同运输公司货运站、三岔货运站、中阳货运站。

1998年投资5707万元，投资客运站、汽车站22处，分别为河曲汽车站、宁武汽车站、繁峙汽车站、忻州汽车站、天镇县汽车站、朔州汽车站、汾阳汽车站、交城县汽车站、柳林汽车站、太谷县汽车站、榆社县汽车站、临汾客运站、临汾城南客运站、隰县汽车站、长治汽车站、潞城市汽车站、晋城中心站、运城汽车站、闻喜县汽车站、平陆县汽车站、河津县汽车站、风陵渡汽车站。

1999年下达两批关于客运站、汽车站相关的自筹基建投资计划。第一批共投资6145

万元,资金来源于单位自筹(1540万元),客票附加费(600万元),车购费返还(100万元),职工集资(3905万元),投资客运站、汽车站2处,为长治客运中心、陵川汽车站。第二批共投资5279万元,资金来源于单位自筹(2809万元),客票附加费(300万元),职工集资(2470万元),投资阳泉客运中心。

2000年投资3700万元,资金来源于车购费返还(200万元),客票附加费(1980万元),职工集资(1520万元),投资客运站、汽车站9处,分别为朔州汽车站、太原汽车客运西站、阳泉客运中心、长治客运中心、临猗县汽车站、五台山汽车站、宁武汽车站、运城汽车站、太原汽车总站。

(三)运能运力和运量

改革开放以来,随着道路运输经济体制转换,运输市场的培育建设,有力促进道路运输业快速发展,这一阶段全省的运能运力和运量,仍处在快速发展时期。

据2000年末统计,全省有道路运输经营业户207170户,从业人员556452人。其中:旅客运输经营业户10699户,从业人员4159人;货物运输经营业户196325户,从业人员427857人;运输相关业务经营业户7396户,从业人员68633人。全省拥有客运车辆27621辆,客位308262个,分别比1990年增长328.8%、71.9%;其中高级客车7394辆,客位42249个;拥有客运线路3534条,平均日发班次20615个;拥有等级客运站241个,平均日发班次17089个,平均日发送旅客324961人。全省拥有载货汽车142726辆,吨位632021t,分别比1990年增长25.6%、17.3%;其中:普通载货汽车140914辆,吨位619927t,专用载货汽车1812辆,吨位12094t;拥有货运站21个。

全省客运量达到28821万人,旅客周转量达到1358962万人公里,货运量达到57812万吨,货物周转量达到2700206万吨公里,分别比1990年增长126.4%、131.1%、116.5%、134.3%;分别占综合运输体系中的比重为91%、61%、67%、31%。

二、市场秩序整顿规范与运输结构调整(2001—2005年)

(一)发展政策与管理制度

2001年,省交通厅提出全省交通系统要以科学发展观统领全局,以调整路网结构和运输结构为主线,坚持"三个并重"的发展方针,全面实施"3216"工程,实现交通率先发展。全省交通运输系统围绕"三个服务"积极推进道路运输市场建设,不断健全和完善市场体系,进一步促进道路运输经济发展。

2001年4月,国务院国发[2001]11号文件下发《关于整顿和规范市场经济秩序的决定》,省人民政府办公厅晋政办发[2001]29号文件转发省交通厅等部门《关于清理整顿道路客货运输秩序的实施意见》。随后,省交通厅先后下发《关于整顿和规范道路运输市场秩序的若干意见》《关于汽车维修市场整顿工作方案》《关于全省机动车驾驶员培训市场进行清理整顿的方案》等一系列指导性文件,在全省范围内开展以清理收费项目,取消不合理收费,减轻经营者负担;整顿运输秩序,打击非法营运和欺行霸市,查处违章违规行为,创造平等竞争环境;规范道路运输经营和服务行为,提高服务质量水平,促进道路运输经济发展为主要内容的道路运输市场整顿和规范活动。在以分管副省长为组长,相关厅局主要领导为成员的清理整顿领导组领导下,及时推广忻州等市落实清理整顿责任制;大同市采取"五结合一交叉"打击无证经营,扰乱市场秩序行为;运城市严格查处经营业户违章违规经营行为,清理整顿管理部门巧立名目乱收费行为;武乡县公安、交通两部门联合打黑扫非,整治垄断客运线路的欺行霸市行为等做法和经验。全省整顿规范工作取得良好效果。截至 2002 年年底,全省共取缔"三无黑车"10696 辆次,查处违章违规车辆55027 辆次,查处社会黑恶势力欺行霸市案件 13 起,涉及 178 人,查处运输服务业无证经营 608 户,汽车维修企业限期整改 325 户。降类经营 245 户,取消经营资格 1 户,驾校限期整改 2 户,取消经营资格 1 户。通过整顿,有力查处违章违规行为,打击无证经营,净化发展环境,保护合法经营。

  2004 年 4 月,《中华人民共和国道路运输条例》经国务院第 48 次常务会议审议通过,并于 7 月 1 日正式实施。随后,交通部相继出台 7 个部门配套规章。省政府和交通主管部门在学习贯彻同时,联系全省实际,从依法规范道路运输市场需要出发,制定出台一批规范性文件。这一期间,省交通厅受省政府委托负责起草和参与制定、由省政府发文或转发的文件有:《山西省客运班线审批管理规定》《山西省汽车客运站收费规则实施细则》《山西省内跨地市客运线路招投标管理办法》《关于进一步规范道路旅客运输企业经营资质管理工作的通知》《山西省跨省、省内跨市客运班线许可实施方案》《山西省道路客运企业质量信誉考核管理办法》《山西省道路旅客运输应急预案》《关于禁止客运车辆挂靠经营的通知》《山西省道路客运班线招标管理规定》《关于重申已获得道路客运班线经营权,不在规定期限内投入运力视为自动放弃该班线经营权的通知》等 10 个文件。由相关委厅局联合发文的有:《山西省道路货运出租汽车运输管理办法》《山西省车辆技术管理实施办法》《关于加强和规范汽车租赁业管理的通知》《山西省治理车辆超限超载道路运输保障应急预案》《山西省道路危险货物运输企业(单位)年度安全运行质量信誉考核标准》等 7 个文件。由省交通厅发文的有:《山西省道路客运乘(站)务人员从业资格证管理规定》《山西省清理整顿客货运输秩序实施意见》《山西省构建战略物资道路运输保障体系试点工作方案》《关于加快推进汽车救援网络建设的意见》等 8 个文件。由省运管局发文的有:《关于贯彻实施交通部"关于进一步加强道路运输车辆管理的若干意见"的实施办法》《山西省运管系统安全管理办法》《关于规范客运主体,重新核发道路运输经营许可证的通知》《关于山西省机动车维修业行政许可程序实施办法》《山西省道路运输营运车辆技术管理质量信誉考核办法》等23个文件。在逐步规范市场基础上,2010年9月29日,《山西省道路运输条例》经省十一届人大常务会第十九次会议通过,从2011年1月1日正式施行,为依法治运提供法律支撑。从此,全省道路运输市场管理开始走上法律化、规范化、制度化的轨道,有效依法规范道路运输市场秩序,促进道路运输经济发展。

2001年6月,交通部下发《关于道路运输业结构调整的若干意见》,省交通厅、省运管局领导高度重视,发动群众、制订方案、落实措施、精心组织、积极推动,采取积极引导企业以资产为纽带的方式,通过兼并重组、股份制经营、强强联合、优势互补,优化组织结构;实现道路运输企业规模化发展,集约化经营,公司化管理、把企业做大做强,优化经营结构;倡导企业淘汰技术性能差、耗油高的老旧客货运输车辆,鼓励发展中高档客车和甩挂、厢式、专用货车,优化运力结构,适应市场需求。到2005年末,全省有营业性客运经营户3194户,比2000年减少70.1%;经过调整,具备三级以上客运资质的企业达到42户,其中2户进入2005年中国道路旅客运输企业50强;营业性道路班线客车车型(大、中、小)比率由2000年末的11∶64∶25调整到2005年末的9∶75∶16,其中高级车所占班车总数的比例由4%提高到10%。全省有营业性货物运输经营户13.8万户,比2000年末减少29.7%,经过调整具备三级以上货运资质的企业达到184户,其中2户企业进入2005年中国道路货运企业50强;货车车型(大、中、小)比率由2000年末的62∶11∶27调整到2005年末的52∶11∶37,营运载货汽车平均吨位由4.4t增长到6.5t,增长48%。经过道路运输市场秩序整顿规范运输结构的调整,全省道路运输市场基本上适应当时运输需求,为全省道路运输又好又快发展奠定了基础。

(二)基础设施

"十五"期间,省交通厅用于客运站或汽车站相关的自筹基本建设投资合计33058万元。

2001年下达两批关于客运站、汽车站相关的自筹基建投资计划。第一批共投资4795万元,资金来源于客运附加费(3045万元),职工集资(1750万元),投资客运站、汽车站10处,分别为太原汽车客运东站、长治客运中心、阳泉客运中心、临猗县汽车站、介休汽车站、方山汽车站、运城汽车站、侯马汽车站、太原汽车南站、大营盘汽车站。第二批共投资1240万元,资金来源于客运附加费(850万元),个人集资(390万元),投资朔州汽车站、永济汽车站。

2002年投资3250万元,资金来源于地方自筹(1290万元),厅客运附加费补助(1960万元),投资客运站、汽车站14处,分别为孝义汽车站、绛县汽车站、安泽汽车站、和顺汽车站、平遥汽车站、应县汽车站、潞城汽车站、方山汽车站、文水汽车站、昔阳汽车站、襄垣汽车站、平顺汽车站、榆社汽车站、三岔汽车站。

2003年有多批自筹基本建设投资计划,其中关于客运站、汽车站相关的自筹基建投资计划有两批。第一批共投资5171万元,资金来源于省养路费(933万元)、车辆通行费(1154万元)、客运附加费(1707万元)、单位自筹(577万元)、职工集资(800万元),投资客运站、汽车站13处,分别为阳高汽车站、应县汽车站、繁峙县汽车站、汾西汽车站、绛县汽车站、安泽汽车站、和顺汽车站、平遥汽车站、潞城汽车站、阳泉郊区汽车站、文水汽车站、乡宁汽车站、隰县汽车站。第二批共投资1018万元,资金来源于客运附加费(600万元)、单位自筹(418万元),投资侯马汽车站。

2004年投资6562万元,资金来源于省养路费(1100万元)、客运附加费(2773万元)、地方自筹(2689万元),投资客运站、汽车站9处,分别为运城汽车站客运中心、平顺汽车站、忻州汽车站、绛县汽车站、石楼汽车站、太谷汽车站、五台山汽车站、太原西客站、阳泉客运中心。

2005年投资11022万元,资金来源于客运附加费(3504万元)、养路费(2020万元)、单位自筹(258万元)、职工集资(1300万元)、地方自筹(3940万元),投资客运站、汽车站13处,分别为大同县汽车站、左云县汽车站、灵丘县汽车站、浑源县汽车站、广灵县汽车站、新荣县汽车站、临县汽车站、柳林汽车站、代县汽车站、侯马汽车站、永和县汽车站、山西铝厂汽车站、万荣县汽车站。

(三)运能运力和运量

根据道路运输经济发展需要和运输市场供给需求,全省道路运输市场进入整顿规范与结构调整阶段,这一阶段时间较短,各项指标数据变化较大,标志着全省道路运输经济已进入由量的飞跃到质的提高阶段。

据2005年末统计,全省有道路运输经营业户141341户,从业人员522605人,分别比2000年末增长-31.8%、-6.1%,其中:旅客运输经营业户3194户(内含班车客运1533户、旅游客运17户、出租客运1644户),从业人员42009人,分别比2000年末增长-70.1%、1.0%;货物运输经营业户196325户,从业人员408845人,分别比2000年末增长-29.6%、-4.4%;运输相关业务经营业户7458户,从业人员71751人,分别比2000年末增长0.8%、4.5%。

全省拥有客运车辆21281辆,客位299315个,分别比2000年末增长-23.0%、-2.9%,其中:高级1379辆,客位40887个,中级5606辆,客位83012个,普通14296辆,客位175416个;拥有等级客运站146个,比2000年末增长-39.4%,其中:一级站10个、二级站67个、三级站42个、四级站27个,分别比2000年末增长-23.1%、-35.0%、-40.8%、-50.0%;平均日发班次23215个,平均日运送旅客373928人,分别比2000年末增长35.8%、15.1%;

拥有客运线路4440条,平均日发班次26182个,分别比2000年增长25.6%、27.0%。全省拥有载货汽车187070辆、吨位1212666t,分别比2000年末增长31.1%、91.9%。其中,普通货车184419辆、吨位1188969t,专用货车2651辆、吨位23697t,分别比2000年增长30.9%、91.8%、46.3%、95.9%;拥有货运站13个,平均日换算货物吞吐量2.86万t,货运站比2000年末增长-38.1%。

全省客运量达到36456万人,旅客周转量达到1809408万人公里,货运量达到76201万t,货物周转量达到3927715万吨公里。分别比2000年末增长26.5%、33.1%、31.8%、45.5%,分别占到综合运输体系中的比重为91%、55%、61%、29%。

三、又好又快发展与服务全面建成小康社会(2006—2016年)

(一)发展政策与管理制度

2006年以来,全省道路运输业经过转型发展、市场建设、整顿规范和结构调整,开始进入又好又快发展、努力服务全面建成小康社会阶段。2007年交通部交公路发〔2007〕610号文下发《关于促进道路运输业又好又快发展的若干意见》,2011年国务院办公厅国办发〔2011〕63号文下发《关于进一步促进道路运输行业健康稳定发展的通知》,省交通运输厅要求全省交通系统要以科学发展观为指导,认真贯彻国务院、交通运输部、省政府关于加快道路运输业又好又快发展,促进行业健康稳定发展等一系列发展政策,努力做好"三个服务",着力提高"五个能力",在稳增长、调结构、促改革、惠民生、保安全上下功夫,为全省全面建成小康社会提供有力的运输保障。

(1)实施"村村通客车"工程。从2005年开始,省政府连续两年把"村村通"工程列为省政府为民办的实事之一,并在省人代会向全省人民做了庄严承诺。全省各级交通运输管理部门制订方案、出台政策、优化环境、鼓励发展,采取完善通达方式、"冷热"线路搭配、为农村客车发放燃油补贴等措施,提高偏远山区农村的通车率,解决农村客车开得通、留得住、有效益的问题。截至2008年年底,全省农村客运班线达到2738条,农村客运班车达到6687辆,建制村通客车率达到94%,全省新建乡镇汽车站358个,安装农村客运候车亭5495个,招呼站牌16811个,有农村客运设施的建制村占到总数78%,惠及约1860万农村人口,大力推进社会主义新农村建设。

(2)推进农村物流业发展。2007年,农村物流业发展引起省交通厅高度重视,厅长亲自带领有关人员深入长治平顺县进行调研。随后,省交通厅出台《山西省交通行业推进农村物流试点工作方案》,在晋中、长治、大同3市和平顺、天镇等17个县开展试点,落实500万元农村物流发展补助资金,积极推动农村物流试点工作。长治市按照"市建园区、县建中心、乡镇设站、大村布点"的思路在32个乡镇170个建制村建立物流站和信息网点,组建车型不同、功能互补的农村物流车队,形成四级农村物流车队、四级农村物流网络。应县组建接马峪蔬菜交易市场,开办物流信息中心,惠及周边72个乡村10万农村人口,农民收入由年均1300多元上升到35000多元。这些典型经验,有力地推动了全省农村物流业的发展。

(3)积极推进节能减排。2007年10月《中华人民共和国节约能源法》颁布实施,2008年省人民政府办公厅下发《关于深入开展全民节能行动的通知》,2009年交通运输部下发《关于印发资源节约型环境友好型公路水路发展政策的通知》,省交通运输厅制定《道路运输行业节能减排工作方案》和《加强节能减排工作意见》,成立领导组和办公室,并在全省道路运输行业开展为期一个月的能源消耗调查,获得大量资料。总结推广山西汽运集团三皇侯马汽车股份有限公司利用现代科学技术和管理手段,长途客运千人公里燃料消耗下降3%~5%,通过货运配载、信息服务货车空驶率降低4%,百吨公里油耗下降3%。长治市第一汽车运输公司使用甲醇燃料成本下降13%。山西晨光物流公司开发使用煤层气燃料,1辆载质量55t的货车,每年节约成本4.8万元。截至2015年年底,全省清洁能源客运车辆、货运车辆和公交车辆分别达到866辆、7276辆和5434辆,3661辆油罐车全部完成油气治理改造,37167辆营运黄标车全部淘汰。

(4)建立应急保障体系。为了应对突发事件对道路运输的需求,确保人民生命财产安全,省交通厅制定《山西省构建战略物资保障体系实施方案》,各级交通主管部门和运管机构遵循"政府推动、政策调动、平战结合、市场运作、试点先行、整体推进"的组织原则,依托骨干运输企业组建12支应急物资运输保障车队,共有应急车辆600辆,吨位1.3万t;组建11支旅客运输保障车队,拥有保障车辆570辆,客位1.8万座;建立机动车维修救援体系,347家企业纳入救援网络,专业救援车辆达到437辆。这支应急保障队伍在支援南方抗击冰冻灾害、支援四川抗震救灾、节假日疏运旅客中发挥积极作用。

(5)治理超限超载运输。2008年5月,《山西省道路货物运输源头治理超限超载暂行办法》以政府令形式颁布实施。省运管局成立领导组及办公室,制定下发全省运管机构治理超限超载搞好货物源头监管办法和治超工作责任制考核办法,派出运管人员进驻和巡查政府公布的721个货运源头站点;与路政、交警部门相互配合,有力遏制严重超限超载运输,市场秩序明显改善,安全生产形势稳定好转。

(6)积极推进城乡客运一体化。2011年省交通运输厅转发交通运输部交运发〔2011〕490号文《关于积极推进城乡道路客运一体化发展意见的通知》,在全省"村村通客车"工程和太原、晋中两市"同城化"公交运行基础上,长治市"上党城市群"公交化运行网络基本形成,侯马、新绛、翼城三市开通跨县公交班车,平定县22条具备条件的农村客运班线全部公交化运行。截至2011年年底,长治、晋中农村客运公交化分别达到34%和27%,排在全省前列。据2014年统计,全省新增公交化运营农村客运线路62条,总数达到385

条,占到农村客运线路总数14.84%,方便城乡交流,促进经济发展。

(7)全面落实公交优先发展战略。2012年国务院国发〔2012〕64号文下发《关于城市优先发展公共交通的指导意见》,省政府晋政办发〔2012〕23号文印发《关于优先发展城市公共交通的意见》;2015年5月25日,省十二届人大常委会第二十次会议审议通过《山西省城市公共客运条例》,为促进城市公共客运事业发展提供法律保证。2012年全省全年城市公交固定资产投资达到14.98亿元,更新公交车辆1552辆,太原市成功入选首批国家"公交都市"建设示范城市。开通太原—交城、清徐、阳曲的城际公交,全市公交出行分担率达到30%,较上一年度提高7%。到2014年省财政投入7467万元,市级财政投入12.98亿元,全省新增公交车1339辆;太原市首批国家公交都市创建工作积极推进,投入9.28亿元,财政资金用于公交车更新和政策性亏损补贴,并进入全国第二批智能化公交应用试点城市;晋城市投入财政资金7730万元用于公交场站建设、公交车辆购置和企业政策亏损补贴;晋中市新建2个首末站并设立3100多个公交站点。

(8)推进道路运输业转型发展。近年来,面对高速铁路客运和现代物流业发展对传统道路客货运输的挑战,山西省道路交通运输"十二五"规划提出:要加快推进道路运输业转型发展,全省道路运输企业积极探索转型发展之路。一是大力发展旅游客运,新开旅游客运直达专线,基本覆盖全省重点旅游景区;二是积极开展长途客运接驳运输试点,对超长途客运班线进行接驳运输改造;三是加快汽车租赁业发展;四是积极推动传统货运企业向现代物流转型发展;五是继续推进城市配送、农村物流、甩挂运输。

(9)加快落实安全生产主体责任。全省交通运输系统广大职工认真贯彻落实《安全生产法》,强化红线意识和底线思维,落实两个主体责任和"一岗双责、党政同责"制度,有针对性地开展道路客运安全年、道路运输安全年、旅客运输安全专项整治、危货运输安全专项整治、安全隐患排查治理等一系列专项行动。"两客一危"营运车辆动态监控实现全覆盖,重型货车联网联控工作取得重大进展,100%的"两客一危"运输车辆和77.7%的重型货车安装使用卫星定位终端,100%的危险品槽罐车安装使用紧急切断装置,安全管理和应急处理能力不断加强。

(二)基础设施

"十一五"期间,省交通厅计划用于客运站或汽车站相关的自筹基本建设投资合计110507万元,建设补助计划投资合计7698万元,有三次项目投资建议计划的请示,合计41555万元。

2006年下达两批关于客运站、汽车站相关的基本建设项目投资计划。第一批共投资6540万元,资金来源于客运附加费(1632万元)、地方自筹(4908万元),投资客运站、汽车站共11处，分别为大同县汽车站、左云县汽车站、灵丘县汽车站、浑源县汽车站、广灵县汽车站、新荣区汽车站、代县汽车站、侯马汽车西站、永和县汽车站、山西铝厂汽车站、万荣县汽车站。第二批共投资2998万元，资金来源于养路费(180万元)、车辆通行费(390万元)、客运附加费(798万元)、地方自筹(1400万元)、单位自筹(230万元)，投资客运站、汽车站共6处，分别为沁水县汽车站、中阳县汽车站、曲沃县汽车站、霍州市汽车站、垣曲县汽车站、平顺县汽车站。

2007年下达两批关于客运站、汽车站相关的基本建设项目投资计划。第一批共投资15459万元，资金来源于养路费(1674万元)、客运附加费(5145万元)、地方自筹(7951万元)、单位自筹(689万元)，投资客运站、汽车站共15处，分别为朔州汽车北站、太原汽车北站、太原汽车西站、晋城汽车东站、风陵渡经济开发区汽车站、临汾城北汽车站、沁水县汽车站、垣曲县汽车站、平顺县汽车站、洪洞县汽车站、浮山县汽车站、隰县汽车站、左权县汽车站、神池县汽车站、太谷县汽车站。第二批共投资7979万元，资金来源于养路费(600万元)、客运附加费(2762万元)、地方自筹(3337万元)、银行贷款(1280万元)，投资客运站、汽车站共7处，分别为太原汽车北站、长治汽车东站、隰县汽车站、大宁县启辰站、曲沃县汽车站、左权县汽车站、太谷县汽车站。

2008年计划投资17102万元，资金来源于货运附加费(2000万元)、客运附加费(5180万元)、地方自筹(9922万元)，投资客运站、汽车站15处，分别为静乐县汽车站、神池县汽车站、浮山县汽车站、长治汽车东站、武乡县汽车站、长子县汽车站、壶关县汽车站、吉县汽车站、壶口汽车站、清徐汽车站、天镇县汽车站、运城汽车东站、平陆县汽车站、夏县汽车站、岚县汽车站。资金还用于补助兴县客运中心、晋城市公交场站、五台山汽车站及武宿货运中心的建设。

2008年交通部安排全省公路主枢纽汽车客运站项目2个，中央投资车购税2400万元，分别为太原汽车西站和长治汽车东站。

2009年下达两批汽车客运站基本建设项目投资计划。第一批共投资18874万元，资金来源于成品油消费税(6919万元)、地方自筹(11955万元)，投资客运站、汽车站共21处，分别为太原汽车东站、晋城汽车东站、运城汽车东站、清徐汽车站、武乡县汽车站、长子县汽车站、壶关县汽车站、吉县汽车站、壶口汽车站、洪洞县汽车站、霍州市汽车站、天镇县汽车站、平陆县汽车站、夏县汽车站、岚县汽车站、河曲县汽车站、浦县汽车站、新降县汽车站、沁县汽车站、灵丘县汽车站、繁峙砂河汽车站。第二批共投资20950万元，资金来源于成品油消费税(8450万元)、地方自筹(12500万元)，投资客运站、汽车站共10处，分别为晋城汽车东站、忻州汽车客运中心、临汾城西客运站、交口县汽车站、偏关县汽车站、盂县汽车站、沁源县汽车站、黎城县汽车站、屯留县汽车站、襄垣县汽车站。

2009年用于汽车客运站建设补助投资3155万元，资金来源于省成品油消费税，补助客运站、汽车站13处,分别为清徐县汽车站、左权县汽车站、太谷县汽车站、大同县汽车站、天镇县汽车站、永和县汽车站、浮山县汽车站、曲沃县汽车站、大宁县汽车站、霍州市汽车站、安泽县汽车站、武乡县汽车站、沁水县汽车站。2009年汽车客运站基本建设项目建设请示计划投资20950万元,资金来源于成品油消费税(8450万元)、地方自筹(12500万元),投资客运站或汽车站共10处,分别为晋城汽车东站、忻州汽车客运中心、临汾城西客运站、交口县汽车站、偏关县汽车站、盂县汽车站、沁源县汽车站、黎城县汽车站、屯留县汽车站、襄垣县汽车站。

2010年投资20605万元,资金来源于省成品油消费税(9300万元)、地方自筹(11305万元),投资客运站、汽车站21处,分别为太原汽车客运站、长治汽车客运东站、晋城汽车东站、运城汽车东站、河曲县汽车站、蒲县汽车站、新降县汽车站、古县壶口汽车站、交口县汽车站、偏关县汽车站、盂县汽车站、沁源县汽车站、黎城县汽车站、屯留县汽车站、襄垣县汽车站、灵石县汽车站、岢岚县汽车站、原平市汽车站、娄烦县汽车站、永济市中心汽车站、榆社县汽车站。

2010年下达两批汽车客运站建设补助计划。第一批用于汽车客运站建设补助投资1820万元,补助客运站、汽车站7处,分别为代县汽车站、河津铝厂汽车站、新绛县汽车站、浑源县汽车站、广灵县汽车站、新荣区汽车站、侯马西汽车站。第二批用于汽车客运站建设补助投资2723万元,补助客运站、汽车站11处,分别为静乐县汽车站、神池县汽车站、垣曲县汽车站、夏县汽车站、万荣县汽车站、壶关县汽车站、长子县汽车站、襄垣县汽车站、沁源县汽车站、平顺县汽车站。

2010年共有两批关于汽车客运站基本建设项目投资建议计划请示。第一批投资14637万元,资金来源于成品税(6300万元)、地方自筹(8337万元),投资客运站或汽车站共19处,分别为太原汽车客运西站、长治汽车客运东站、河曲县汽车站、蒲县汽车站、新降县汽车站、吉县壶口汽车站、交口县汽车站、偏关县汽车站、盂县汽车站、沁源县汽车站、黎城县汽车站、屯留县汽车站、襄垣县汽车站、灵石县汽车站、岢岚县汽车站、原平市汽车站、娄烦县汽车站、永济市中心汽车站、榆社县汽车站。第二批请示计划投资5968万元,资金来源于省成品油消费税(3000万元)、地方自筹(2968万元),投资客运站或汽车站共2处,分别为晋城汽车东站、运城汽车东站。

"十二五"期间,省交通运输厅计划用于客运站或汽车站相关的自筹基本建设投资合计224844.8万元,建设补助计划投资合计6947万元,有三次项目投资建议计划的请示,合计69478万元。

2011年汽车客运站基本建设项目计划投资29493.8万元,资金来源于成品油消费税(5550万元)、车辆通行费(7054.4万元)、银行贷款(3300万元)、地方自筹(8622万元)、单位自筹(4967.4万元),投资客运站或汽车站共7处,分别为忻州汽车客运站、临汾城西汽车客运站、灵石县汽车站、岢岚县汽车站、原平市汽车站、娄烦县汽车站、永济市中心汽车站。汽车客运站建设补助计划投资3319万元，补助项目中客运站或汽车站共15处，分别为大同市新荣区汽车站、原平市汽车站、太原市客运北站、和顺县汽车站、灵石县汽车站、临县汽车站、岚县汽车站、古县汽车站、蒲县汽车站、大宁县汽车站、运城市东站、永济县汽车站、新绛县汽车站、长治市东站、陵川（晋运）汽车站。请示汽车客运站基本建设项目计划投资11622万元，资金来源于成品税（3000万元）、地方自筹（8622万元），投资客运站或汽车站共7处，分别为忻州汽车客运站、临汾城西汽车客运站、灵石县汽车站、岢岚县汽车站、原平市汽车站、娄烦县汽车站、永济市中心汽车站。

2012年下达两批关于客运站、汽车站相关的基本建设项目投资计划。第一批共投资13327万元，资金来源于成品油消费税（2500万元）、银行贷款（8327万元）、地方自筹（2500万元），投资晋中市汽车客运总站。第二批共投资57856万元，分别来源于成品油税（14000万元）、银行贷款（15288万元）、地方自筹（28568万元），投资客运站、汽车站共11处，分别为太原市汽车客运西站、太原市汽车客运东南站、临汾城西汽车客运站、朔州汽车客运北站、河津市汽车客运站、高平市汽车客运站、山阴县汽车客运站、宁武县汽车客运站、稷山县汽车客运站、襄汾汽车客运站、阳曲县汽车客运站。

2013年汽车客运站基本建设项目计划投资51759万元，资金来源于成品油消费税（5900万元）、车购税补助（1200万元）、银行贷款（12327万元）、地方自筹（32332万元），投资客运站或汽车站共14处，分别为太原市汽车客运东南站、阳曲县汽车客运站、山阴县汽车客运站、宁武县汽车客运站、晋中市汽车客运总站、临汾城西汽车客运站、襄汾县汽车客运站、襄汾县汽车客运站、稷山县汽车客运站、高平市汽车客运站、昔阳县汽车客运站、五寨县汽车客运站、临县汽车客运站、汾西县汽车客运站。汽车客运站建设补助计划投资1818万元，资金来源为省成品油税，投资客运站或汽车站共15处，分别为榆社县汽车站、岢岚县汽车站、河曲县汽车站、偏关县汽车站、忻州客运中心、阳泉客运中心、盂县汽车站、兴县汽车站、石楼县汽车站、临汾城西客运站、永济市汽车站、风陵渡汽车站、平陆县汽车站、长治市汽车东站、晋城客运东站。

2014年汽车客运站基本建设项目计划投资45588万元，资金来源于成品油消费税（7100万元）、车购税补助（4000万元）、地方自筹（34488万元），投资客运站或汽车站共10处，分别为大同汽车客运东站（御东）、定襄县汽车客运站、古交市汽车客运站、祁县汽车客运站、昔阳县汽车客运站、阳泉汽车客运南站、翼城县汽车客运站、霍州七里峪景区汽车客运站、长治县汽车客运站、沁县汽车客运站。汽车客运站建设补助投资1810万元。资金来源为省成品油税，补助项目中客运站或汽车站共3处，分别为襄汾县汽车客运站、昔阳县汽车客运站、河曲县汽车客运站。行包安检仪建设补助项目共34处，包括左云县汽车客运站、大同新南站、朔州客运北站、朔州迎宾站定襄县汽车客运站、代县汽车客运站、静乐县汽车客运站、五寨县汽车客运站、太原客运总站、太原客运东站、太原迎宾汽车站、太原建南汽车站、晋中市汽车客运总站祁县汽车客运站寿阳汽车客运站、交口县汽车客运站、石楼县汽车客运站、方山县汽车客运站、离石市汽车站、汾西县汽车客运站、襄汾县汽车客运站、洪洞县汽车客运站、侯马客运东站、尧庙汽车站、河津汽车客运站、平陆县汽车客运站、运城客运中心、风陵渡开发区汽车客运站、黎城县汽车客运站、长治县汽车客运站、长治郊区汽车客运站、长治客运中心、高平市汽车客运站、晋城客运中心。

2015年汽车客运站基本建设项目计划投资10041万元,资金来源于成品油消费税(1160万元)、车购税补助(1200万元)、地方自筹(7681万元),投资客运站或汽车站共9处,分别为古交市汽车客运站、昔阳县汽车客运站、霍州七里峪景区汽车客运站、五寨县汽车客运站、陵川县汽车客运站、石楼县客运站、岚县西客站、大宁县客运站、晋城苗匠公交站场。

2015年在侯马公路枢纽货运中心建设项目投资调整计划中,将2012年12月31日原计划总投资16780万元中省成品油税12052万元、企业自筹4728万元,调整为省成品油税2000万元,山西汽运集团侯马公路枢纽货运中心有限公司自筹14780万元。

2016年,汽车客运站基本建设补助计划投资32693万元,资金来源于成品油消费税(5640万元)、地方自筹(27053万元),投资客运站或汽车站共16处,包括阳泉汽车客运南站、偏关县汽车站、岢岚县汽车站、榆社县汽车站、祁县汽车客运站、长治县汽车客运站、沁县汽车客运站、黎城县汽车站、陵川县汽车客运站、晋中市城南公交停车场首末站、晋中市北部新城公交首末站、长治市公共交通总公司东客站公交停车场、长治市公共交通总公司城南停车场、陵川县汇民公交站、宁武县公共汽车交通公司调度中心及配套设施、乡宁县樊家坪城市公交站。

2016年汽车客运站建设项目投资1050万元,资金来源于成品油消费税,投资客运站或汽车站共18处,包括大同县昌安汽车客运站、阳高县汽车客运站、天镇汽车客运站、浑源汽车站、山西汽运集团雁北汽车运输有限公司灵丘汽车站、广灵汽车站、平顺县汽车站、沁水汽车站、朔州市平鲁区汽车站、保德县汽车站、神池县汽车站、山西汽运集团忻州汽车运输有限公司繁峙汽车站、交城县汽车站、左权汽车站、和顺客运站、安泽汽车站、古县汽车站、浮山县汽车客运站。

(三)运能运力和运量

全省道路运输业发展经过以上两个阶段,进入又好又快发展时期。这一阶段的发展无论从速度、质量,还是结构比例、技术等级等方面审视,均属历史最好发展时期。

据2015年末统计,全省有道路运输经营业户246959户,从业人员903457人,分别比2005年末增长74.7%、72.9%,其中:旅客运输经营业户336户(内含班线客运284户,旅游客运 52 户),从业人员 35170 人(内含客运驾驶员 16557 人、乘务员 12230 人),分别比 2005 年末增长 -89.5%、-16.3%;货物运输经营户 246633 户(内含普通货运 245025 户、货物专用运输 316 户),从业人员 740719 人(内含普通货运驾驶员 606842 人、危险货物运输驾驶员 6376 人、危险货物运输押运员 6767 人、危险货物运输装卸管理人员 305 人),分别比 2005 年增长 78.5%、81.2%;运输相关业务经营业户 10870 户,从业人员 127568 人,分别比 2005 年末增长 45.7%、77.8%。

全省拥有客运车辆 14012 辆,客位 379146 个,分别比 2005 年末增长 -34.2%、26.7%,其中:高级 3545 辆,客位 144830 个;中级 4594 辆,客位 125535 个;普通 5873 辆,客位 108781 个。分别比 2005 年增长 157.1%、254.2%、-18.1%、51.2%、-58.9%、-38.0%,班线客运户均客车 37 辆,旅游客运户均客车 33 辆,分别比 2005 年末增长 362.5%、175.0%;拥有等级客运站 307 个,比 2005 年增长 110.3%,其中:一级站 22 个、二级站 66 个、三级站 17 个、四级站 29 个,分别比 2005 年末增长 120.0%、-1.5%、-59.5%、7.4%,平均日发班次 23352 个,平均日运送旅客 418186 人,分别比 2005 年末增长 0.6%、11.8%;拥有客运线路 4264 条,平均日发班次 17981 个,分别比 2005 年末增长 -4.0%、-31.3%;全省拥有载货汽车 501866 辆、吨位 5102877t,分别比 2005 年末增长 168.3%、320.8%,其中:大型 225516 辆 4865201t、中型 10439 辆 35067t、小型 163899 辆 202609t,分别比 2005 年末增长 133.2%、366.2%、-45.4%、41.9%、139.0%、138.4%;普通货车 391508 辆 4967608t;专用货车 8346 辆 135629t,分别比 2005 年末增长 112.3%、317.8%、214.8%、470.8%;拥有货运站 31 个,平均日换算货物吞吐量 5.56 万 t,分别比 2005 年末增长 138.5%、94.4%。

全省公路客运量达到 22085 万人,旅客周转量达到 1645324 万人公里,货运量 91240 万 t,货物周转量达到 13747614 万吨公里,分别比 2005 年末增长 -39.4%、-9.1%、19.7%、250.0%,分别占综合运输体系中的比重为 72%、43%、56%、40%。

截至 2016 年年底,全省运力基本情况是:①营业性运输车辆。全省营运车辆 51.7 万辆,运输经营户 24.8 万户。其中,客车 1.4 万辆,总客位 38 万个,人均公路客运量 6.03 人,全国排名第 26 位;货车 50.3 万辆,总吨位 510.4 万 t,单位生产总值公路货物周转量 1076 万吨公里/万元,全国排名第 10 倍。全省完成营业性公路货运量 10.2 亿 t,货物周转量 1452.1 亿吨公里,分别增长 12% 和 5.6%;完成客运量 1.87 亿人、旅客周转量 141.1 亿人公里,分别下降 15.3% 和 14.2%。②站场与班线。全省有汽车客运站 350 个,其中一级站 22 个、二级站 66 个、三级以下客运站 262 个,实现地级市有一级站、县有二级站、50% 以上乡镇有等级客运站,日均旅客发送量 50 万人。客运班线达到 5317 条,其中长途客运 2722 条,农村班线 2595 条,全省 95.5% 乡镇、93.7% 建制村通客运班车。全省有货运站 37 个,日均货物吞吐量 4.49 万 t。所监管的货运源头企业 7349 个,其中煤炭货源企业1715个,日均发出运煤车辆9472辆。③城市公共交通。全省公交运力有1.22万标台,公交营运线路里程2.1万km,11个市公交出行分担率平均达24.5%,国家"公交都市"试点城市太原市达到31.6%。2016年,全省新增纯电动公交车4000辆,占新增更新公交车总数97%。忻州、晋中、阳泉、临汾、长治、吕梁6市基本实现城市公交"一卡通"。全省有出租汽车43120辆,经营业户260户,出租汽车营运驾驶员8万余名,年客运量11.3亿人。太原市共有出租汽车企业19个,出租汽车8292辆,从业人员24000余名,在全国率先实现出租汽车纯电动化,城6区万人拥有出租汽车24.2辆,日客运量40余万人。太原、大同、晋中、长治、晋城、临汾6市建成并运行公共自行车服务系统,投入自行车近7万辆,基本覆盖建成区。④民用汽车保有量。全省有民用汽车530.6万辆(包括三轮汽车和低速货车4.2万辆),比上年末增长12.0%,其中私人汽车477.0万辆,增长13.8%。新注册汽车69.6万辆,增长14.7%。年末轿车有329.5万辆,增长13.6%,日均增加1082辆,同比增长13.1%,其中私人轿车311.5万辆,增长15.0%,日均增加1112辆,同比增长12.1%。

第三章
高速公路发展成就

第一节　规划及发展历程

一、建设起步时期(1993—1996年)

(一)发展背景

山西位于巍巍太行山下,滔滔黄河之滨,历史悠久,山河壮美,物华天宝,人杰地灵,是中华民族的重要发祥地之一,曾创造出辉煌灿烂的三晋文明。然而,由于东有太行之阻,西有黄河之隔,山高路险,交通闭塞,曾经使人引以为豪的"表里山河",成为阻碍山西经济发展的屏障。历史车轮驶到20世纪90年代,山西社会经济发展已远远落后于周边省、市。

长期以来,落后的公路交通基础设施成为制约山西经济发展的"瓶颈"。虽然从"六五"末到"七五"期间,全省新建改建13条出省公路,但等级低、里程短、路况差。党的十一届三中全会以来,山西公路交通虽然得到较快发展,但同其他兄弟省市相比,仍处于落后地位。到1993年年底,公路通车里程居全国第18位,公路密度居第17位,公路等级里程居第14位,有路面里程居第27位,晴雨通车里程居第29位,桥梁居第17位,高速公路为零。公路通车里程年递增率仅为1.1%,比汽车和工农业生产总值递增分别低13.2%和7.3%,远远落后于汽车增长和经济发展速度。全省干线公路超过设计车流量使用的有2200km,所有的出省口均车满为患。20世纪90年代,山西煤炭产量达2.92亿t,占全国1/4以上;年调出原煤2.06亿t,占全国外调总量的78%,供应全国26个省、市和12个计划单列市。而山西运煤难是令各界关注又长期没有解决好的问题。公路上的景象是"有路就有拉煤车"。山西每产10t煤,就有1t通过公路直接运到外省,全省公路运量的一半是煤炭运输。当时,一方面是全国一些省区煤炭紧缺,直接影响着相关工业生产的发展;另一方面是由于煤炭运不出去,山西由此承担的直接经济损失每年多达3亿~4亿元。更为严重的是,落后的公路交通设施,直接导致山西流通不畅、市场封闭。国内外投资者尽管对拥有丰富矿产资源的山西表现出浓厚的兴趣,但一看到山西的交通状况又都望而却步。交通不便,道路不畅,严重制约全省改革开放和现代化建设步伐。由此可见,山西要发展,要充分发挥能源基地优势,就必须加强基础设施建设,特别是着力改善公路交通状况。

山西修建的第一条高速公路是太旧高速公路。原有的太旧公路是1967年在简易公路基础上改建的,技术标准为旧六级,1970年铺筑沥青路面。全线路基宽度7.5m,山岭重丘区路段占80%以上,弯急坡大,最小平曲线半径仅13.4m,纵坡最大一处为9.6%,且有20多处穿越乡、镇、县、市街道,8处卡脖子路段长约25km,设计通过能力为每日500~1000辆,最高容量不能超过2000辆。随着晋煤外运任务的加大,车辆与日俱增,公路通行量不堪重负。20世纪80年代,车流量每日超过1万辆,特别是阳泉—旧关段,处于狭窄山岭重丘区,路基宽度不到7m,路面损坏严重,而交通量又很大,每日突破2万辆,超过设计能力20倍,车多路窄,机动车、非机动车、行人共行一道,致使平均车速在无塞车的情况下也不到30km/h,大吨位载重卡车时速仅为16km/h。由于交通量大,路况差,车辆堵塞严重,小堵天天有,大堵三六九,最长一次堵车7天7夜,行车事故平均每年以49.9%的速度递增。路过这里的汽车驾驶员人人谈虎色变,被交通部专家称为"亚洲三大交通热点"之一。因此,建设太旧高速公路,打开山西东大门,是推动山西改革开放大业,走向全国、走向世界的迫切需要,是加快山西经济和社会发展的迫切需要,也是全省人民改变贫困落后面貌,走向富裕小康的迫切需要。打通关隘,修建高速公路,成为3000万三晋儿女的共同心声。在面临资金短缺的严峻时刻,山西省委、省政府高瞻远瞩,审时度势,以坚定的信心和非凡的胆识,毅然作出了"就是卖了省委大楼,也要修建太旧高速公路"的战略决策。

(二)决策规划

详见第八章　第六节 G20 青岛—银川高速公路山西段一、太旧段有关内容。

(三)主要项目

此期间开工的高速公路项目有4个。其中,1993年开工项目有太原—旧关144km,太原东环段26km;1996年开工项目有原平—太原94km,晋城—阳城36km。

(四)重要意义

太旧高速公路,西起省会太原,东至晋冀省界旧关,全长144km,是山西境内第一条全封闭、全立交高等级公路,也是山西打开东大门的第一条现代化交通要道。由于80%的路段处于太行山腹地的崇山峻岭,其施工难度之大、地质条件之差、建设投资之巨、科技含量之高,在当时山西省乃至全国的高速公路建设史上均属罕见。在省委、省政府的坚强领导下,全省人民团结一致,5万筑路大军众志成城。从1993年5月18日动工兴建,到1996年6月25日全线竣工通车,共动用土石方2465万 m^3,修建各种桥梁178座29959延米,涵洞及通道448道,开挖隧道2125m,沿线还穿过采空区和山体滑坡地带。历时3年,除去因资金困难而耽误的时间,实际建设工期为2年零9个月,不仅实现省委、省政府提出的"5年工期3年完、概算投资不突破30亿元、工程质量创全国一流"的奋斗目标,夺得全国建筑工程质量最高奖——"鲁班奖",创育享誉全国的"自力更生、艰苦奋斗、不屈不挠、勇于奉献"的"太旧精神";而且走出一条"投资省、效益好、质量高、速度快"为特点的进行大型现代化基础设施建设的新路子,成为物质文明和精神文明建设相结合的典范。

太旧高速公路建成通车,不仅结束了山西没有高速公路的历史,并且直接与京石、京津塘高速公路相连接,进一步加强山西同首都北京的联系,大大缩短环渤海经济圈、沿海港口城市的距离,从根本上改善山西落后的交通条件,给山西带来巨大经济效益和社会效益,大大提高山西在全国的知名度,改变山西形象。使人们看到一个不甘落后、奋发进取的山西;一个不畏困难、勇创大业的山西;一个改革开放、开拓创新的山西。

太旧高速公路是希望之路。党的十一届三中全会以来,山西公路交通虽然得到较快发展,但同其他兄弟省份相比,仍处于落后地位。太旧高速公路通车运营后,组成青岛—济南—石家庄—太原高速公路国道主干线,连接首都北京,沟通晋冀鲁3省,有效地改变山西到周边各省市的交通条件,为山西经济和社会发展注入新的活力。

太旧高速公路是开放之路。太旧路是山西东大门,横贯山西中部和东部地区,沿线乡镇企业星罗棋布,比比皆是。太旧高速公路通车运营后,大吨位汽车、集装箱货车可沿高速公路直达天津、青岛等沿海港口和京杭大运河码头,促进山西省外贸出口量的增长,从根本上改善山西的投资环境,吸引更多外资、内资来投资,成为山西经济发展的黄金通道。

太旧高速公路是致富之路。太旧高速公路通车运营后,由于等级提高,通行能力增加,使原来由铁路承担的一部分短途客货运量转移到公路上来。同时,线形顺直,路面宽敞平坦,所有车辆均单向分道行驶,行车速度大大提高,有效降低运输成本。通车后第一年节约燃料、减少轮胎磨损、减少交通事故、货损的效益达6亿多元,按使用20年计算,累计可降低运输成本270多亿元。到2015年,每年通过太旧路多运出煤炭2000万~3000万t,使调入地区增加400亿~600亿元工业产值,全省增加30多亿元煤炭工业产值、10多亿元运输收入和6亿多元地方财政收入。

太旧高速公路还进一步密切山西与发达地区特别是沿海地区的联系,从太原到北京车速由30km/h增加到80~120km/h,时间由10~12h缩短为5~6h,大大缩短与首都北京的距离。同时,对更好地开发和利用山西的矿产、水土、旅游资源,促进全省经济结构、产业结构、生产力布局的优化升级,都发挥着十分重要的作用。

二、稳步发展时期（1997—2002 年）

（一）发展背景

进入"九五"以来，中央关于加速中西部地区发展的重大举措、国家开发重点的逐步西移，大大促进山西省经济全面发展；国家投资政策向能源、原材料等基础产业倾斜，进一步突出山西能源重化工基地优势；为缓解亚洲金融危机，国家采取扩大内需、刺激经济增长政策，加强基础设施建设。省委、省政府制定交通优先发展战略，把公路建设作为重中之重来抓，出台支持公路重点工程建设"八条"优惠政策，带领全省人民大打公路建设翻身仗。

（二）决策规划

继太旧高速公路建成通车后，以高速公路为重点的公路建设成为全省经济发展中的一个亮点。省委、省政府把公路建设作为调整经济结构、拉动经济发展的突破口来抓，从政府重视、政策扶持、金融支持三个方面入手，全力推进高速公路建设。继太旧高速公路之后，"九五"期间相继建设太原东环段、晋城—阳城、原平—太原、晋城—焦作（山西段）、太原南环段、夏家营—汾阳、长治—邯郸（山西段）等 10 条高速公路。截至 2000 年年底，全省高速公路通车里程达到 518km。2000 年 9 月，省委、省政府抓住西部大开发和促进地区崛起的机遇，作出了再掀以大运高速公路和国道主干线为重点的公路建设新高潮的战略决策。长治—晋城、大同—朔州、朔州—原平、太原—祁县、祁县—临汾、临汾—侯马、侯马—运城等一批高速公路项目相继开工建设，并建成部分路段。截至 2002 年年底，全省高速公路通车里程突破 1000km，达到 1061km，进入全国 10 强先进行列。

（三）主要项目

此期间开工的高速公路项目有 12 个。其中，1997 年开工项目有晋城—焦作（山西段）48km；1998 年开工项目有运城—三门峡 42km、太原南环段 14km、夏家营—汾阳 56km；2000 年开工项目有长治—邯郸（山西段）49km、祁县—临汾 176km；2001 年开工项目有太原—祁县 61km、大同—朔州 128km、朔州—原平 58km、临汾—侯马 48km、侯马—运城 91km；2002 年开工项目有长治—晋城 93km。

（四）重要意义

大运高速公路，主要由 G55 二广线大同—太原段、G5 京昆线太原—侯马段、S75 侯平线侯马—运城段三部分组成。穿越山西 11 个地市中的 8 个，纵贯三晋南北，是全省高速公路网中纵的核心路段，全长 666km，2000 年 9 月开工建设，2003 年 10 月 28 日通车运营。

大运高速公路建成通车,标志着山西实施省会到各市地"三小时高速通达"工程取得突破性进展。大运高速公路串起山西主要经济区、资源丰富区、人口密集区和旅游城市,成为拉动经济发展,促进全省腾飞的"脊梁工程",在全省经济社会发展中具有十分重要的战略地位。大大促进全省人流、物流、资金流、信息流等经济要素的快速循环与合理配置,缩短离散型资源间时空距离,促进区域经济、城乡经济、经济与社会、人与自然协调发展,加快全省全面建设小康社会步伐。随着大运高速公路竣工通车,一条中轴启动、辐射两翼、东西联动、南北呼应的经济带正在大运沿线迅速崛起,成为三晋大地最具活力、最具效益、最具前景的经济高地。

在大运高速公路建设过程中,省委、省政府明确提出,要把修路与环境、生态、经济等结合起来,创建一条以文化和环境建设为基础的大运高速公路经济带,从而带动全省经济的发展,以新大运来建设新山西。按照"新大运、新山西"的具体要求,大运高速公路以"绿色大运、科技大运、人文大运"为主线,一手抓工程建设,一手抓经济带建设,努力实现公路建设与生态环境、区域经济的有机结合、协调发展。2007年12月2日上午,省人民政府和交通部在太原隆重召开表彰大会,联合命名大运高速公路为"千里文明高速公路"。山西省紧紧依靠科技进步与创新,工程质量和建设水平进一步提高,建成一批在全国有影响的公路和桥梁。大运高速公路全线达到部优工程,太旧高速公路、武宿立交枢纽、太原南环高速公路、雁门关隧道、临侯高速公路赵康枢纽、侯禹高速公路龙门黄河特大桥先后荣获国家建筑工程质量最高奖"鲁班奖",祁临高速公路、雁门关隧道双双荣获詹天佑土木工程大奖,原太等高速公路创"交通部优质工程",晋焦高速公路丹河特大桥石拱桥获"大世界吉尼斯"之最,大新高速公路康庄飞机跑道被北京军区评为优质工程。以全长5.6km雁门关隧道和全国第一座高矮塔组合式斜拉桥龙门黄河大桥、桥高180m晋济高速公路仙神河斜拉桥建设为标志,全省公路桥梁隧道建设达到一个新水平。

放眼三晋大地,大运通衢,人字鼎立,一个以太原为中心,覆盖全省,纵横交错,南通中原,北出长城,东联京冀,西达秦蜀的高速公路网初具规模。

三、跨越发展时期(2003—2010年)

(一)发展背景

从2003年至"十一五"时期,国家和山西发展进入全面建设小康社会的新阶段。全省经济步入较快增长期,产业结构进一步优化,同时全省经济、社会、环境、资源全面、协调、可持续发展的压力持续存在,区域经济联系更加紧密,竞争更加激烈。新的发展形势对交通运输提出新要求,发展高速公路,进一步优化路网布局结构、技术结构,形成层次分明、结构合理、功能完善的公路基础设施,提升整个交通运输服务水平,成为今后交通发展的主要方向。

2007年,国际金融危机爆发并持续向全球扩散和蔓延,2008年以来对全国经济影响逐渐加深,国家及时出台进一步扩大内需的政策措施,抵御金融危机冲击,保持国民经济平稳较快增长,交通运输迎来又一个新的历史机遇。省委、省政府高度重视基础设施建设,特别是2008年四季度以来,紧紧抓住应对国际金融危机冲击、扩大内需的战略机遇,把高速公路建设放在基础设施建设的重要位置,确定投资2500亿元、建设3000km高速公路的奋斗目标,再次掀起高速公路建设新高潮。

(二)决策规划

从20世纪80年代末开始,以"五纵七横"国道主干线系统规划为核心,全国高速公路逐步走上持续、快速、有序的发展道路,到2002年底高速公路总里程达到2.52万km,位居世界第二位。2004年,交通部组织编制《国家高速公路网规划》,明确要求各省研究制定符合本地区实际的区域性高速公路网规划,以期在适应、配合国家高速公路建设需要的同时,实现地方交通投资效益和路网布局的最优化。

山西高速公路建设从1993年起步开始,到2002年突破1000km,实现历史性跨越。但一直还没有本省的高速公路发展专项规划。为确保山西高速公路快速、健康、科学发展,就必须及早并统筹研究高速公路发展过程中的整体与局部、短期与长期、行业发展与经济社会协调发展等重大关系,加紧研究和制定高速公路长远发展规划,明确发展远景目标和布局框架,使全省高速公路建设能够适应国家高速公路建设和发展的需要,更好地服务于全面建设小康社会的宏伟大业。因此,加快研究和制定高速公路发展规划成为一项紧迫的任务。

鉴于全省高速公路发展过程中存在着规模不足、布局不尽合理、网络化程度较低等问题,高速公路发展尚未形成系统、完整的理论体系,实践中缺乏系统的政策措施等因素,为确保规划质量,在制定规划之前,省厅先组织开展高速公路发展理论研究。

2002年,省交通厅立项开展高速公路发展研究,厅规划中心组成课题组。在对高速公路进行功能定位与分析的基础上,对全省高速公路适应性进行系统分析和评价,同时紧密结合全省发展特点,以构建和谐社会为根本目标,以全面、协调、可持续发展为理念,以完善现代综合运输体系为宗旨,通过高速公路发展的SWOT分析,以供给导向发展模式为主,科学确定发展目标,采用区位分析—节点重要度法确定全省高速公路布局方案,针对性提出阶段目标与发展序列及制度保证等战略措施。这是一次适时、全面、科学、系统的高速公路发展专项研究,对省域高速公路发展研究及其政策制定具有重要借鉴意义。项目研究成果充分体现于《山西省国民经济和社会发展第十一个五年规划纲要》《山西省"十一五"综合公路网建设规划》《山西省"十一五"公路水路交通发展规划》和《山西省高速公路网规划》的制定中,并为以后高速公路规划调整提供方法和理论支撑。

在高速公路发展研究的基础上,省交通运输厅编制完成《山西省高速公路网规划》,并于2005年1月经省政府常务会议审议通过。该规划以2003年为基年,目标年为2020年。由以省会太原为中心的三条放射线构成"人"字形主骨架,以九条横线和九条环线为次骨架,以四条连接线为补充,总规模4050km。发展目标是:构建纵贯南北、承东启西、覆盖全省、通达四邻的高速公路网络,实现省会到相邻省会、省会到地级市、相邻地级市之间高速通达并连接2020年城镇人口超过15万人的所有城市,与一般干线公路网、农村公路网共同构成现代化的公路基础设施网络。全省约90%的市县能在1小时内到达高速公路,为山西全面建设小康社会提供强有力的交通支撑。

《山西省高速公路网规划》实施以来,高速公路建设速度明显加快。到2008年底,全省已建成"人"字形骨架及"一横三环"共1965km,完成规划总规模的48.5%。"人"字形骨架的建成,形成以省会太原为中心的"三小时"经济圈,覆盖全省8个重要旅游景区,打通10个高速出省口,对强化山西内部区域间的联系,推进山西经济社会发展,加强山西与北京、河北、河南、内蒙古、陕西等省份的联系,连通全国东、中、西部地区都起到重要作用。同一时期,全省经济社会取得较快发展,经济总量增速明显,产业结构和产业布局进一步优化,新型工业化、特色城镇化进程加快,对高速公路网规模和布局提出新的要求。原规划的执行环境已发生较大变化,已不能适应当前及未来发展需要,特别是从应对突发事件等角度来看,高速公路网总规模不足、横向通道缺少、纵向联系薄弱、机动性不强;此外,交通部组织编制《促进中部地区崛起交通发展规划》,对中部地区的高速公路进行布局规划,中部地区及全省周边省份也相继启动高速公路网的规划或修订工作,扩大高速公路路网规模。因此有必要对全省原规划进行调整。

2008年,山西省高速公路网规划调整工作启动,2009年2月正式印发《山西省高速公路网调整规划》。高速公路网布局调整为"三纵十一横十一环",由三条纵线、十一条横线、十一条环线及连接线组成,总规模6302km。发展目标为:构建纵贯南北、承东启西、覆盖全省、通达四邻的高速公路网,实现省会到相邻省会、省会到地级市、相邻地级市之间高速直接连通,与干线公路网、农村公路网共同构成现代化的公路基础设施网络。全省县(市)全部纳入高速公路半小时覆盖范围内,为山西全面建设小康社会提供强有力的交通支撑。

（三）主要项目

此期间开工的高速公路项目有39个。其中,2003年开工项目有侯马—禹门口65km、太原—长治210km、得胜口—大同47km、大同绕城线32km、翼城—侯马67km、离石—军渡38km、晋城—济源(省界)30km、汾阳—离石78km、太原西北环段43km;2006年开工项目有阳城—翼城65km;2007年开工项目有运城—风陵渡90km、运城绕城西南段42km;2008年开工项目有闻喜东镇—垣曲蒲掌83km;2009年开工项目有汾阳—平遥42km、晋城环城线29km、阳泉—盂县41km、长城岭—忻州124km、太原—古交23km、忻州—保德191km、太原—佳县东段95km、太原—佳县西段119km、大同—右卫103km、高平—陵川63km、灵丘—山阴154km、长治—平顺97km、平遥—榆社80km、临汾—吉县100km、闻喜东镇—临猗孙吉76km、天镇—大同100km、临汾北环线19km;2010年开工项目有解州—陌南31km、榆社—和顺77km、京昆与青兰临汾联络线17km、平定—阳曲123km、榆次龙白—城赵71km、大同—浑源44km、朔州环城西南段64km、广灵—浑源77km、河津—运城80km。

（四）主要做法

省委、省政府高度重视基础设施建设，特别是2008年四季度以来，紧紧抓住应对国际金融危机冲击、扩大内需的战略机遇，把高速公路建设放在基础设施建设的重要位置，描绘了"三纵十一横十一环"高速公路发展蓝图，确定了投资2500亿元、建设3000km高速公路的奋斗目标，掀起了高速公路建设新的高潮。省市县三级党委、政府加强领导、精心组织，相关部门通力协作、密切配合，积极创新体制机制，有效破解土地资金难题，交通战线广大干部职工和30万筑路大军艰苦奋战，克服重重困难，使山西省高速公路建设取得了重大成就，在山西省基础设施建设史上留下浓墨重彩一笔。截至2010年底，全省高速公路通车里程达到3002km，不仅大大缓解交通运输紧张状况，提高运输保障能力和安全性，促进资源整合与高速公路经济带的发展，而且有效拉动经济增长，增强全省长远发展后劲，为全省经济社会又好又快发展做出重要贡献。

（1）加强领导。各级各部门把加快高速公路建设作为一项重要工作，切实抓紧抓好，主要领导亲自挂帅，分管领导在一线指挥。在进一步发挥高速公路建设领导组作用的同时，发挥好省、市、项目单位三级指挥部和各工作协调小组的作用，及时研究解决工程建设中的困难和问题，确保高速公路建设顺利推进。

（2）协调配合。全省交通、发改、国土、财政、金融等部门牢固树立大局意识，做好审批、资金、土地等相关工作，为高速公路建设提供优质高效服务；尤其是交通部门充分发挥职能作用，加强工作指导，统筹推进工程建设；沿线市县积极配合，做好征地拆迁、土地补偿工作，上下共同努力，形成推进高速公路建设的强大合力。

（3）机制创新。积极推行省投省建、市投市建、省投市建、省市共投共建等模式，充分调动各地建设高速公路的积极性。创新用地机制，加快土地手续审批，确保高速公路建设用地需求。加强金融创新，多渠道筹集资金，协调银行贷款，继续采取BOT、BT、TOT等方式，加大招商引资力度，特别是新组建高速公路集团公司等融资平台，扩大融资规模，为加快高速公路建设提供资金保障。

(4)监督考核。对工程建设的全过程监督管理,严格项目招投标、资金使用、工程质量、工程验收和安全施工等方面的管理,做到程序按要求、概算不突破、安全无事故、质量创一流,保质保量完成工程项目建设任务;加强资金管理和跟踪审计工作,坚决杜绝资金挪用和浪费现象,把每个工程都建设成为优质、高效、安全、廉洁的精品工程,经得起历史和实践检验的工程。严格落实项目建设责任制,定期通报工程建设进展情况,加强督促检查,通过责任考核促进工程建设顺利进行。

(5)营造氛围。新闻媒体和广大新闻工作者深入基层一线,深入火热的建设工地,充分报道全省高速公路建设成就,广泛宣传先进人物和典型事迹,形成全社会关心、支持和参与高速公路建设的浓厚氛围。

2001—2016年全省交通建设投资完成情况见表3-1、图3-1。

2001—2016年全省交通建设投资完成情况统计表(单位:万元)　　　　表3-1

年　份	合　计	高速公路	干线公路	农村公路	运输站场	其　他
2001年	1016985	816188	67479	126715	6603	
2002年	1101214	719686	135537	242021	3970	
2003年	1324103	612054	288076	419249	4724	
2004年	1740631	695263	351345	686245	7778	
2005年	1864594	727415	332572	787402	17205	
2006年	1680907	588593	288228	763286	19699	21101
2007年	1959068	453446	432100	1049246	24276	
2008年	2003441	404631	689387	883979	24626	818
2009年	5631139	3920583	825052	8579578	27926	
2010年	6182929	5058097	601053	500947	22832	
2011年	6591177	5825865	315182	429770	20360	
2012年	5896145	4935434	336270	554832	26074	43535
2013年	3792367	2912805	416731	415228	18953	28650
2014年	2570102	1564128	474479	505437	12512	13547
2015年	2749533	1793555	359630	574734	17581	4032
2016年	2286505	1179415	393150	692960	20981	

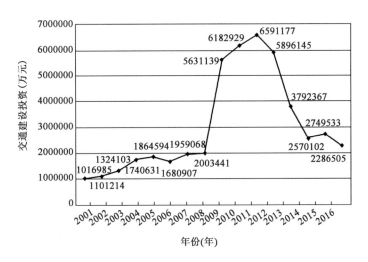

图 3-1 2001—2016 年全省交通建设投资完成情况

四、创新突破时期(2011—2016 年)

(一)发展背景

进入"十二五"之后,全国经济发展仍处于可以大有作为的重要战略机遇期,工业化、信息化、城镇化、市场化、国际化深入推进,国内外环境总体上有利于山西转型跨越发展。国家扩大内需和促进中部崛起战略深入实施,对能源、材料和装备的需求将持续增加,山西仍具有明显比较优势;煤炭工业可持续发展试点、循环经济试点省和生态省试点,特别是国家资源型经济转型综合配套改革试验区,为山西提供有力的政策支撑;山西进入工业化跃升期、城镇化加速期、节能环保攻坚期、基础设施建设加大期,为转型跨越发展提供难得的历史机遇;"十一五"时期积累的雄厚物质基础和不断完善的软硬发展环境,为承接国际国内产业转移、加快转型跨越发展创造良好条件;全省上下创先争优、奋力赶超,形成转型跨越发展的强大合力和浓厚氛围。在此形势下,省委、省政府提出"十二五"时期要大力推进工业新型化、农业现代化、市域城镇化、城乡生态化,在建设国家新型能源和工业基地的基础上,建设全国重要的现代制造业基地、中西部现代物流中心和生产性服务业大省、中部地区经济强省和文化强省,再造一个新山西的宏伟目标。

但是到了"十二五"后半期,山西经济社会发展中长期积累的矛盾日益彰显,经济发展规模不大、结构不优、质量效益不高。以煤炭、冶金、电力、焦炭、化工为主的能源原材料工业总体疲软,特别是全省最大的支柱产业煤炭供过于求、价格下跌、效益锐减,直接影响到地区生产总值等总量指标及财政收入等效益指标,全省经济下行压力持续加大,"十二五"后两年地区生产总值增长和经济增速都低于全国平均水平。此外,山西的腐败问题震惊全国,被定性为"系统性塌方式腐败",严重损害人民利益和山西形象。

2014年9月,党中央对山西省委班子作出重大调整。新一届省委、省政府按照"四个全面"战略布局和党中央对山西工作重要指示要求,坚持"深入学习贯彻习近平总书记系列重要讲话精神,净化政治生态,实现弊革风清,重塑山西形象,促进富民强省"的"五句话"总要求和总思路,提出"十三五"期推进创新发展、协调发展、绿色发展、开放发展、共享发展、廉洁和安全发展,以转型综改试验区建设为统领,以改革创新为动力,以转方式、调结构、增效益、提速度为基点,认识适应和引领经济发展新常态,着力做好煤和非煤两篇文章,化解过剩产能,扩大新兴产业规模,着力净化政治生态,着力建设文化强省,着力保障和改善民生,着力加强生态文明建设,确保如期全面建成小康社会的奋斗目标。

(二)决策规划

进入"十二五"之后,国家实施集中连片特困地区扶贫战略,推动贫困地区经济发展,要求加快区域性重要基础设施建设步伐,进一步加大贫困地区与发达地区的交通联系。随着全省转型跨越发展战略的实施,产业结构升级加快,高新技术、文化旅游、现代物流等新兴产业逐步成为产业支柱产业,"一核一圈三群"城镇框架加速形成,高速公路原规划承载能力不强、局部地区通道资源特别是省际通道不足的问题逐步显现出来,不少地方政府也先后提出调整高速公路网规划、增加区域高速公路通道的要求。新时期经济社会发展的新形势、新特点,不仅对高速公路提高供给总量,同时对高速公路的服务能力、质量和效率提出更高要求。交通运输部于2009年启动国家公路网规划研究(《国家公路网规划(2013年—2030年)》于2013年5月正式发布)。按照规划方案,国家高速公路由8.5万km增加到11.8万km,全省境内国家高速公路规模由2039km相应增加到3930km。国家高速公路网布局的调整直接影响着全省高速公路网布局、功能与结构。

2011年,全省高速公路网规划调整再次启动。首先开展高速公路网局部加密研究,在此基础上深入实地进行踏勘调研,广泛征求地方政府及部省专家意见,并与国家公路网规划进行紧密衔接,调整方案于2012年11月通过专家评审,2013年7月通过省政府常务会议审议批准。全省高速公路路网布局调整为"三纵十二横十二环",新增加高速公路10条938km,分别是太原二环、朔州东北环、昔阳龙坡—榆次东阳、祁县城赵—离石、阳城—运城、应县—繁峙、静乐丰润—兴县黑峪口、汾阳—石楼、洪洞—大宁、古县—翼城高速公路。总规模达到7258km,出省口33个,高速公路网密度达到4.6km/100km^2。规划目标为实现省会到相邻省会、省会到地级市、相邻地级市之间高速直接连通,与干线公路网、农村公路网共同构成现代化的公路基础设施网络,全省所有县(市、区)全部通高速公路,进入高速公路半小时覆盖范围。截至2015年年底,全省高速公路通车里程达5028km,是"十一五"末的1.67倍;截至2016年年底,全省高速公路在建规模达到496.5km,通车里程达到5265km。一个纵贯南北、横跨东西、覆盖全省、人便其行、货畅其流的高速公路网全面形成。

（三）主要项目

此期间开工建设的高速公路项目有30个。其中,2011年开工项目有霍州—永和关东段80km、霍州—永和关西段一期48km、临县—离石72km、吕梁环城线38km、太佳黄河大桥1.694km、岢岚—临县124km、五台山—盂县75km、高平—沁水69km、忻州环城线31km、阳泉环城线23km、浑源王庄堡—繁峙59km、繁峙—原平大营60km、阳泉—左权94km、神池—河曲99km;2013年开工项目有吉县—河津53km、原平大营—神池65km、长治—临汾166km、左权—黎城78km;2014年开工项目有青兰高速黎城—长治段拓宽改造52km、京乌高速山西段11km、运宝黄河大桥1.9km、霍永高速公路永和—永和关段23km、左权—黎城78km;2015年开工项目有晋蒙黄河大桥4.865km、神池—岢岚63km;2016年开工项目有阳城—蟒河40km、闻垣高速古城联络线19.5km;2017年开工项目有祁县—离石96km、静乐丰润—兴县黑峪口95km、太原二环南社—龙白32.5km。

（四）主要做法

2012年开始,国家推行成品油价格和税费改革及清理政府融资平台带来的资金短缺的问题,财政部、国家发改委、人民银行、银监会又出台针对政府融资平台公司的限制性政策,使公路建养资金雪上加霜。高速公路建设面临着筹资难度大,土地指标难落实的困境。交通运输主管部门制定保竣工、保续建、保投资落实项目的原则,稳定现有资金渠道,不断创新融资方式,多渠道筹措建设资金,着力破解资金难题。一是进一步加大招商引资力度,采取TOT、BOT、股权合作等方式,引导更多社会资本进入高速公路领域,规范BT融资方式,完善相关程序。二是继续深化与金融机构的战略合作,用好国家支持中部地区崛起和山西综改试验区建设的政策,抓住年初银行资金量充足的机遇,选好项目、加强沟通、提前对接,尽早落实项目贷款资金。三是充分发挥交通投融资集团、路桥集团、交通投资集团等厅属企业的融资优势,支持企业采取股权合作、发债、发行中期票据、融资租赁等方式盘活存量资产,开展多元化融资,使其逐步成为高速公路的投资主体。四是加强高速公路收费管理,增收节支、降低成本,提高还贷能力。五是严格资金监管,严格落实计量支付、概算包干制度,严防挪用挤占。开展资金绩效评价,提高资金使用效益。六是完善项目建设程序,加快建设用地手续报批。争取国土部门支持,尽早落实建设用地指标,做好用地储备。

2013年10月,省交通运输厅领导班子调整以来,从"班子要强起来、队伍要稳下来、工作要推起来、规矩要立起来、改革要抓起来、作风要硬起来、形象要树起来"七个方面着力推进工作,切实加强班子和队伍建设,保持全系统干部职工队伍稳定和工作平稳发展。对高速公路建设项目列出时间表,倒排工期,稳步推进,做到确保安全、确保质量、确保工期、确保投资、确保廉政"五个确保",全力推进工程建设。

首先,深化高速公路建设与运营管理体制改革。按照"服务中心、依法规范、法人登记、分类理顺"的思路,对在建省投省建、省投市建、省市共建高速公路项目建设体制进行规范,使各个高速公路建管处真正成为管办分离、不以盈利为目的的独立法人。按照"区域监管、分步实施、层级清晰、权责对等、安全畅通"的原则,逐步理顺全省高速公路运营管理体制。新建项目原则上采用BOT方式建设,确需政府投资的项目依托现有公路管理机构建设管理,对建成通车的项目建管处逐步整合,对在建项目建管处从严管理,新开工的项目全部由项目所在地高速公路公司组织建设,不再组建新的机构。交通企业及高速公路资产债务重组改革取得重大突破。2014年11月,省委、省政府批准印发《交通企业及高速公路资产债务重组方案》,专门成立改革领导小组,并从财政安排20亿元专项资金支持交通企业重组改革,交通国有企业改革迈出坚实步伐。按照"控制规模、优化结构、防范风险、化解债务,改革创新、走出新路"的思路,加强债务风险管控,优化债务结构,降低融资成本,既保证了建设资金不断链,又以项目贷款置换短期贷款、以低利率贷款转换高利率贷款,减少利息支出,交通债务化解与结构优化取得新成效。

其次,积极推进交通投融资体制改革。充分运用股权转让、经营权转让、合资合作、BOT、BT等方式,引导社会资本参与高速公路建设经营,推动高速公路资源依据市场规则进行配置。转变高速公路建设方式:凡社会资本愿意投资的高速公路项目,优先社会投资;凡市县政府愿意建设的高速公路项目,优先市县政府组织建设;凡市场能够融资建设的高速公路项目,政府不再投资建设。省厅主动开放投资市场,专门拿出30条高速公路、干线公路项目纳入省政府46个鼓励社会资本投资项目目录,公开招商引资。晋中市专门设立交通投资公司,推进交通建设投资体制改革。阳泉市采取政府投资、招商引资等方式建设改造多条干线公路。省交通投资集团、省路桥集团、省交通投融资集团、省交通设计院、省交通监理总公司采取BOT、BT、受让股权等方式投资建设多条高速公路,成为全省高速公路发展的重要力量。

2016年9月,省政府出台《关于进一步推进全省高速公路建设的意见》(晋政发〔2016〕54号),进一步明确今后高速公路建设的组织领导、建设经营主体、建设事权,并提出支持政策。

第一,推进高速公路建设和投融资体制改革。一是全面开放高速公路建设经营市场。充分发挥市场在资源配置中的决定性作用,鼓励和引导社会资本进入高速公路建设经营领域,使企业成为建设经营主体。已运营的高速公路,可以按照《收费公路权益转让办法》(交通运输部、国家发展改革委、财政部2008年第11号令)的有关规定,通过转让收费公路权益的方式引进社会资本。对列入高速公路规划网的项目,鼓励各设区市按照BOT方式进行建设。对于社会效益突出,但经营性收费不足以覆盖投资成本、需政府补贴部分资金或资源才能进行商业化运作的项目,鼓励按照PPP模式设计运作。二是合理划分高速公路建设事权。充分激发各市、县政府参与高速公路建设的积极性,构建"国高网省建、省高网市建"的建设模式。列入规划的国家高速公路网项目由省级负责建设,省高速公路网项目由设区市负责建设,构建省市联动、合力共建的高速公路建设新体制,充分调动各方积极性,全力推进高速公路建设。

第二,加大政策支持力度。一是加大财政支持力度。对列入规划的省高速公路网项目,鼓励各设区市按照BOT方式进行建设。对收费不足以满足社会资本或项目公司成本回收和合理回报的,在依法给予融资支持、项目沿线一定范围土地开发使用等支持措施仍不能完全覆盖成本的,可考虑给予合理的财政补贴。二是保障建设用地和征地拆迁。国家高速公路网和省高速公路网项目建设用地分别从国家、省级用地指标中统筹解决。各设区市政府研究制定本行政区内公路建设拆迁补偿标准和政策。征地拆迁工作由属地市、县政府总负责,征地拆迁补偿费用实行总包干,严禁截留、挤占、挪用,确保及时足额发放到位。积极创优建设环境,依法维护项目投资人和施工单位的合法权益。三是优化社会资本投资准入程序。国家高速公路网经营性建设项目投资人招标,由省交通运输主管部门组织实施。省高速公路网经营性建设项目投资人招标,由相关设区市政府或授权有关部门组织实施。跨市项目原则上由里程长的设区市牵头,相关设区市政府共同依法组织投资人招标。依法确定投资人后,报请省政府批复。四是建立项目前期工作审批部门负责制。在执行国家规定程序的前提下,优化并加快项目前期工作审批流程,实行部门负责制,形成前期工作合力。省发展改革委负责项目可行性研究报告的报批、审批;省国土资源厅负责协调解决建设用地指标,并加快推进项目用地预审和用地报批;省环保厅负责协调推动环境影响评价文件的审批;省住房城乡建设厅负责核发公路建设项目选址意见书;省交通运输厅负责项目可行性研究报告的审查上报,项目初步设计、施工图报批、审批;省水利厅负责水土保持方案的报批、审批;省林业厅负责自然保护区调整、征占用林地审核及报批;省文物局负责工程项目前期选址意见审查和文物保护方案审核、报批;省地震局负责地震安全性评价报告审批。各地政府负责本行政区内项目前置性手续的办理工作。属国家层面的审批事项,由省直相关部门负责与国家有关部委对接,直至完成审批。

第三,加强高速公路建设组织领导与管理考核。一是加强组织领导。各地、各有关部门要进一步统一思想,提高认识,聚集推进高速公路建设的合力,切实抓好各项工作部署的贯彻落实。省政府成立由分管副省长任组长,省政府副秘书长(或办公厅副主任)、省交通运输厅厅长任副组长,省发展改革委、省公安厅、省财政厅、省国土资源厅、省住房城乡建设厅、省环保厅、省水利厅、省林业厅、省文物局、省地震局、省法制办、省公安消防总队、省考核办等相关部门分管负责人为成员的山西省高速公路建设领导小组。各设区市政府要加强组织领导，成立相应机构，并建立部门联席会议制度，定期研究和协调解决高速公路项目建设过程中遇到的困难和问题。二是严格工程管理。严格执行基本建设程序，认真贯彻落实项目法人制、招标投标制、工程监理制和合同管理制。牢固树立安全发展理念，坚决落实安全生产责任制，确保施工安全。严格落实工程质量终身负责制、设计质量责任制，完善质量监督体系，加大科技攻关力度，争创优质工程。三是强化管理考核。各级监察、审计、财政部门要加强资金使用监督，严防工程腐败。高速公路建设工作纳入年度目标责任考核体系。省交通运输厅要加强对高速公路建设项目的行业指导和监管工作。高速公路建成后，统一纳入全省高速公路联网收费管理。

第二节　高速公路建设

一、总体概况

山西地处太行山与黄河中游峡谷之间，位于全国三大阶梯状地形上第二阶梯中部的前缘带，屹立于华北大平原的西侧。山西地形较为复杂，境内有山地、丘陵、盆地等多种地貌类型，层峦叠嶂，丘陵起伏，山区、丘陵占总面积的三分之二以上，大部分海拔在1000~2000m。地势明显为两边高中间低，北高南低。东部太行山、西部吕梁山纵贯南北。东南部是被太行山环绕的晋东南高原。吕梁山以西的晋西高原是山西黄土覆盖的主要地区，沟、梁、塬、峁黄土地貌特征明显，地形破碎，沟壑纵横。中部由北而南分布有大同、忻定、太原、临汾和运城等盆地，恒山、五台山、系舟山、太岳山和中条山散列其间。

千百年来，山西东倚太行、西临黄河，素有"表里山河""四塞之地"之称。因为这样的地形，在漫长的历史岁月中，大山和大河保护着这片土地上的人民，人们在此繁衍生息，躲避战乱和荒灾。同时也是因为这样的自然环境，严重制约着山西的经济社会发展，使山西长期处于相对封闭的环境中。交通之于山西，重要性不言而喻。

山西虽然地形地貌复杂，但山西人不畏艰难，迎难而上。1993年以来，按照省委、省政府提出的把山西建设成为全国新型能源和工业基地的战略部署，全省交通运输系统抓住3次大的机遇，掀起3次高速公路建设新高潮。第一次是"八五"后三年，从1993年起，抓住省委、省政府实施"三基四重"战略和国家加强基础设施建设、应对亚洲金融危机的机遇，掀起第一次高速公路建设高潮。开工建设以太旧高速公路为标志的一批重点公路，掀起轰轰烈烈的全民义务修路热潮，取得辉煌建设成就。到2000年年底，全省高速公路达到518km,孕育了划时代的"太旧精神"。第二次是从2000年起,抓住西部大开发和促进中部地区崛起机遇,省委、省政府做出了再掀以大运高速公路为重点的公路建设新高潮的战略决策。全省交通运输系统以科学发展观统领全局,以调整路网结构和运输结构为主线,坚持"三个并重"方针,积极推进理念、体制、融资、科技、管理"五项创新",集中精力建成以纵贯全省南北的大运高速公路为代表的一批高速公路,培育了具有创新意义的"大运精神"。2005年,太长高速公路建成通车,标志着全省高速公路"三小时高速通达"全面实现。到2008年底,全省高速公路达到1965km。第三次是2008年以来,抓住国家应对国际金融危机、进一步扩大内需机遇,掀起新一轮高速公路建设高潮。省政府先后批准调整总规模6300km的全省高速公路网规划,并制定2009—2010年总投资2500亿元、总规模4.8万km的公路建设计划。到2010年底,全省高速公路总里程突破3000km,占规划总里程47.6%,出省通道达到12条,"三纵十一横十一环"建成"一纵四横四环",全省88个县通高速公路,跨入全国高速公路先进行列,高速公路通车里程在全国排名由第17位提升到第11位。"十二五"期间,全省高速公路建设波澜壮阔,气势恢宏。从风陵渡黄河大桥到天镇大梁山隧道,从五台长城岭到平鲁二道梁,广大筑路员工真抓实干,奋力拼搏,南北争妍,东西竞放。每一个项目的完成,无一不考验着决策和管理者的胆略与智慧;每一段路的贯通,都凝聚着广大建设者们的心血与汗水,谱写了一曲曲动人凯歌,描绘出一幅幅迷人美景。

截至2016年年底,全省用于高速公路建设总投资达3166.9亿元,通车运营里程5265.487km,排名全国第十,中部地区第五;占全省公路通车总里程3.57%,排名全国第七、中部地区第一;其中平原微丘区1626.487km,山岭重丘区3639km;政府还贷高速公路4027.181km,经营性高速公路1238.306km。全省119个县(市、区)有113个县(市、区)通高速公路,已经适度超前全省经济社会发展;打通省界高速公路互联互通出口19个,实现全省与河北、河南、陕西、内蒙古4个周边省会城市、相邻地级市高速直达,同时连通省内各主要旅游景区,全省高速公路密度达到3.36km/100km^2。

24年艰苦奋斗,昔日天险架起一座座桥梁、深山绝壁贯通一条条隧道,"三纵十二横十二环"目标正在变为现实,全省基本形成纵贯南北、承东启西、覆盖全省、通达四邻的高速公路网。初步形成畅通高效、安全绿色、科技引领、服务优质的现代交通运输体系,实现交通运输总体适应经济社会发展要求并具有一定储备的发展目标。公路成网后,形成通道能力充分、网络结构合理、枢纽功能完善、客货运输便捷、环境友好和谐与其他运输方式有效衔接的公路网络和公路交通运输体系,将众多分散旅游资源整合为一个新型产业优势,同时促进区域之间、城乡之间的合作交流与资源共享,为实现区域、城乡经济社会一体化奠定坚实基础。

山西省高速公路总体情况见表3-2、表3-3。

山西省高速公路总体情况一览表 表 3-2

序号	类型	编号	总里程（km）	总投资（亿元）	建设性质	备注
1	国家高速公路	G5	512.815	286.46	政府还贷	
2	国家高速公路	G0501	54.415	17.05	政府还贷	
3	国家高速公路	G0511	16.74	12.65	政府还贷	
4	国家高速公路	G18	261.618	149.55	政府还贷	
5	国家高速公路	G1801	31.82	5.11	政府还贷	
6	国家高速公路	G20	330.806	114.51	政府还贷	
7	国家高速公路	G2001	87.095	38.22	其中政府还贷63.425km；经营性23.67km	
8	国家高速公路	G2002	106.929	55.4	其中政府还贷77.829km；经营性22.81km	
9	国家高速公路	G22	166.57	107.31	其中政府还贷155.182km；经营性11.388km	
10	国家高速公路	G2201	115.099	48.5	其中政府还贷70.728km；经营性44.371km	
11	国家高速公路	G55	653.342	219.09	其中政府还贷352.312km；经营性301.03km	
12	国家高速公路	G5501	58.585	24.9	政府还贷	
13	国家高速公路	G59	431.53	375.68	政府还贷	
14	国家高速公路	G1812	316.2	166.6	政府还贷	
15	国家高速公路	G2211	129.2	116.35	政府还贷	
16	国家高速公路	G2516	201.47	156.15	其中政府还贷165.298km；经营性36.172km	
17	国家高速公路	G3511	159.89	86.77	政府还贷	
18	国家高速公路	G5512	32.05	14.4	经营性	
19	地方高速公路	S30	129.74	52.21	其中政府还贷82.248km；经营性47.492km	
20	地方高速公路	S36	77.27	48.19	政府还贷	
21	地方高速公路	S40	223.67	189.13	其中政府还贷163.913km；经营性59.757km	
22	地方高速公路	S45	485.6	380.8	其中政府还贷382.547km；经营性103.053km	
23	地方高速公路	S50	217.36	163.97	其中政府还贷120.801km；经营性96.559km	
24	地方高速公路	S56	23.1	29.8	政府还贷	
25	地方高速公路	S60	71.58	39.84	经营性	
26	地方高速公路	S65	36.11	46.51	政府还贷	
27	地方高速公路	S75	122.799	35.51	政府还贷	
28	地方高速公路	S76	42.4	45.69	政府还贷	
29	地方高速公路	S80	158.64	108.67	其中政府还贷28.904km；经营性129.736km	
30	地方高速公路	S86	29.53	6.62	其中政府还贷25.436km；经营性4.094km	
31	地方高速公路	S87	91.42	9.07	政府还贷	
32	地方高速公路	S2003	82.125	80.97	其中政府还贷43.937km；经营性38.188km	
33	地方高速公路	S5502	89.141	36.33	其中政府还贷38.407km；经营性50.734km	
34	地方高速公路	S5503	61.583	21.655	其中政府还贷31.769km；经营性29.814km	
35	地方高速公路	S8501	38.769	23.7475	政府还贷	
36	地方高速公路	S5902	79.552	20.37	政府还贷	
37	地方高速公路	S8611	10.68	1.95	政府还贷	

山西省地级市高速公路环线总体情况一览表

表 3-3

序号	名 称	路 段	里程（km）	投资（亿元）	属 性
1	G2001 太原绕城高速公路，总计87.095km	忻州高速	4.459	1.165622	政府还贷
2		太原东环	23.67	4.8999	经营性
3		太旧高速	1.905	0.380816	政府还贷
4		太原南环	14.101	7.1412	政府还贷
5		太原西北环	42.96	18.61196	政府还贷
6	G2002 阳泉绕城高速公路，总计106.929km	阳五高速	29.1	22.81	经营性
7		太旧高速	35.058	7.008216	政府还贷
8		阳泉西环	22.503	1.930816	政府还贷
9		平阳高速	20.268	23.647608	政府还贷
10	G2201 长治绕城高速公路，总计115.099km	长治绕城	58.485	32.576097	政府还贷
11		长晋高速	20.787	4.9140	经营性
12		太长高速	23.584	7.9817	经营性
13		长邯高速	12.243	2.9924	政府还贷
14	G5501 大同绕城高速公路，总计58.585km	天大高速	15.94	7.6423	政府还贷
15		同源高速	9.5	5.76	政府还贷
16		大同绕城	33.145	11.52	政府还贷
17	G0501 临绕城高速公路，总计54.415km	临汾高速	13.723	2.827	政府还贷
18		祁临高速	21.437	5.609	政府还贷
19		临汾环城	19.255	8.61388	政府还贷
20	S2003 吕梁绕城高速公路，总计82.125km	汾离离军高速	19.478	9.2188	政府还贷
21		临离高速	24.459	30.9829	政府还贷
22		吕梁环城	38.188	40.77	经营性
23	S5502 忻州绕城高速公路，总计89.141km	忻州绕城	31.704	16.93	经营性
24		忻州高速	38.407	10.039932	政府还贷
25		忻阜高速	19.03	9.36	经营性
26	S5503 晋城绕城高速公路，总计61.583km	长晋高速	29.814	7.0480	经营性
27		晋阳高速	2.294	0.47	政府还贷
28		晋城绕城	29.475	14.137	政府还贷
29	S8501 朔州绕城高速公路，总计38.769km	朔州绕城	38.769	23.7475	政府还贷
30	S5902 运城绕城高速公路，总计79.552km	运城绕城段	58.639	15.79	政府还贷
31		运风高速	4.005	0.21	政府还贷
32		侯运高速	16.098	4.37	政府还贷

二、国家高速公路

1993年以来,省委、省政府及省交通运输主管部门自觉服从服务于国家发展战略,为尽快建成较为完善的全国综合交通运输大通道不断努力,全力以赴建设好山西境内的国家高速公路网。截至2016年年底,全省建成国家高速公路项目51个,涉及18条线路,投资总额1886.61亿元,通车里程3375.119km,对外出口通道达16个。通过这些出省通道,使山西北出长城、南跨黄河、东连京冀、西达秦蜀,形成省内大循环、省外大开放的交通运输大格局,为推进山西国家资源型经济转型发展综合配套改革试验区建设、实现经济社会发展目标提供积极的交通运输服务和有力支撑。山西省国家高速公路建设情况见表3-4。

山西省国家高速公路建设情况一览表　　表3-4

序号	编号	项目名称	里程（km）	投资（亿元）	车道数	设计速度（km/h）	建设时间（开工至通车）
1	G5	平定—阳曲	123.361	149.72	6	100	2010.3~2012.3
2		太原西北环段	42.96	18.7	4	120	2003.3~2004.11
3		太原罗城—夏家营—祁县	57.519	17.5	6	120	2001.2~2002.10
4		祁县—临汾	175.394	65.77	4/6	120	2001.3~2003.9
5		临汾—侯马	48.02	12.22	4/6	120	2001.3~2002.10
6		侯马—禹门口	65.561	22.55	4	120	2004.5~2006.12
7	G0501	临汾绕城段	19.3	8.95	4	100	2009.8~2012.8
8	G0511	明姜—曲亭	16.74	12.65	4	100	2010.3~2012.8
9	G18	灵丘—山阴	153.877	87.79	4	100	2009.6~2012.3
10		山阴—平鲁	107.741	61.76	4	100	2010.11~2014.7
11	G1801	元营—朔城区	31.82	5.11	4	100	2001.5~2002.10
12	G20	太原—旧关	143.178	33.21	4	60/100/120	1993.5~1996.6
13		太原南环段	13.885	7.57	6	120	1998.3~1999.10
14		太原罗城—夏家营	3.446		4	120	2001.2~2002.9
15		夏家营—汾阳	53.929	12.2	4	100	1998.10~2000.10
16		汾阳—离石	77.771	33.14	4	80	2003.4~2005.10
17		离石—军渡	38.597	28.39	4	80	2005.12~2007.12
18	G2001	太原东环段	23.67	6.02	4/6	100	1993.7~1996.10
19	G2002	阳泉绕城	22.5	22.27	4	80	2011.5~2014.12
20	G22	长治—邯郸山西段	54.14	12.98	4	80/100	2000.3~2002.9
21		长治—邯郸太长段	11.39		4	80/100	2003.10~2005.11
22		临汾—吉县	101.04	94.33	4	80	2009.8~2012.8
23	G2201	长治绕城	58.49	32.32	4	100	2009.6~2011.4

续上表

序号	编号	项目名称	里程（km）	投资（亿元）	车道数	设计速度（km/h）	建设时间（开工至通车）
24	G55	北京—大同	12.05		6	120	1998.8~2000.9
25		得胜口—大同	47.37	17.65	4	120	2003.10~2005.10
26		大同—新广武	97.01	24.01	6	120	2001.5~2002.10
27		新广武—原平	57.65	29.98	4/6	80/120	2001.8~2003.9
28		原平—太原	94.02	24	6	120	1996.11~1998.9
29		太原—长治	199.54	71	4	80/100	2003.10~2005.11
30		长治—晋城	89.44	24.73	4	100	2002.12~2004.11
31		晋城—济源	30.22	21.7	4	80	2005.4~2008.12
32	G5501	大同绕城	33.15	12.44	4	100	2005.6~2007.12
33	G59	大同—呼和浩特	20.62		4	100	2009.1~2010.12
34		朔州绕城段	38.38	39.45	4	100	2010.7~2014.7
35		岢岚—临县	124.07	106.37	4	80	2011.1~2014.10
36		临县—离石	72.92	92.37	4	80	2011.2~2015.5
37		吉县—河津	53.32	66.82	4	80/100	2013.2~2016.9
38		河津—运城	80.32	39.92	4	100	2010.10~2012.12
39		运城绕城段	12.26		4	80	2007.2~2009.8
40		运城—灵宝	29.64	30.75	4	80	2013.5~2015.12
41	G1812	忻州—阜平	124.75	61.59	4/6	80/100	2009.2~2010.9
42		忻州—保德	191.45	105.01	4	80	2009.6~2011.12
43	G2211	霍州—永和关东段	81.48	83.42	4	80	2011.1~2014.12
44		霍州—永和关西段	47.72	32.93	4	80	2011.5~2014.12
45	G2516	汾阳—平遥	41.7	18.33	4	120	2008.9~2010.11
46		平遥—榆社	83.07	57.66	4	80/100	2009.6~2012.6
47		左权—榆社	40.49	27.6	4	80	2009.12~2012.8
48		左权—和顺	36.21	52.56	4	80	2011.3~2015.12
49	G3511	闻喜—垣曲	83.91	50.06	4	80/100	2008.8~2010.12
50		闻喜—孙吉	75.98	36.71	4	100	2009.9~2012.1
51	G5512	晋城—焦作	32.05	14.4	4	80	1997.10~2002.12

三、地方高速公路

1993年以来，在优先建设国家高速公路网的同时，为完善路网结构，推动高速公路网连接贫困山区，充分发挥区域经济辐射引领作用，山西相继建成19条地方高速公路，使"表里山河"蜕变为"九州通衢"，实现从省城太原到各地市3小时通达、相邻各地市之间2小时通达，所有县（区）在半小时内上高速的目标。截至2016年年底，全省共建成地方高速公路项目34个,投资总额达1280.49亿元,通车运营里程1890.368km。山西省地方高速公路建设情况见表3-5。

山西省地方高速公路建设情况一览表　　　　表3-5

序号	编号	项目名称	里程（km）	投资（亿元）	车道数	设计速度（km/h）	建设时间（开工至通车）
1	S30	孙启庄—大同	47.49	14.8	6	120	1998.8～2000.9
2		孙启庄—右玉	82.25	37.41	4	100	2009.1～2010.1
3	S36	广灵—浑源	77.27	48.19	4	100	2009.9～2013.11
4	S40	繁峙—大营	59.76	32.31	4	100	2011.3～2014.11
5		原平大营—神池	64.67	75.27	4	80	2013.5～2016.12
6		神池—河曲	99.24	81.55	4	80/100	2011.4～2014.9
7	S45	天镇—大同	96.99	46.5	4	80/100	2009.11～2012.4
8		大同—浑源	43.59	26.99	4/6	100	2010.4～2012.5
9		王庄堡—繁峙	58.66	50.42	6	100	2011.4～2013.11
10		阳泉—盂县	41.9	31.98	4	80	2008.10～2011.5
11		五台—盂县	75.21	75.41	4	80	2011.8～2016.8
12		阳泉—左权	91.25	81.45	4	80	2011.1～2014.7
13		左权—黎城	78	68.05	4	80	2013.4～2016.7
14	S50	太佳高速太原段	94.88	64.44	4	80	2008.12～2010.12
15		太佳高速吕梁段	120.8	94.35	4	80	2008.12～2010.12
16		太佳黄河大桥	1.68	5.18	4	100	2011.5～2014.5
17	S56	太原—古交	23.1	29.8	4	80	2008.12～2012.7
18	S60	榆次—祁县	71.58	39.84	4	100	2009.9～2012.7
19	S65	安阳高速阳翼段	36.11	46.51	4	80	2007.9～2010.10
20	S75	侯马—运城	80.199	23.59	4	120/100	2001.2～2002.10
21		运城—三门峡	42.6	11.92	4	100	1998.6～2001.9
22	S76	长治—平顺	42.4	45.69	4	80	2009.6～2013.5
23	S80	陵侯高速阳翼段	28.69	46.51	4	80	2007.9～2010.10
24		高平—陵川	63.16	37.16	4	80	2009.4～2012.8
25		翼城—侯马	66.79	25	4	80/100	2005.2～2007.11
26	S86	晋城—阳城	25.44	6.62	4	80	1996.5～1997.12
27		长治—晋城	4.09		4	100	2002.12～2004.11
28	S87	运城—风陵渡	91.42	9.07	4	60/100	1998.8～2000.7
29	S2003	吕梁绕城段	38.19	40.78	4	80	2011.4～2015.11
30	S5502	忻州绕城段	31.7	16.94	4	100	2010.12～2014.11
31	S5503	晋城绕城段	29.48	14.13	4	80	2009.4～2010.10
32	S8501	朔州绕城段	27.68	39.45	4	100	2010.7～2014.7
33	S5902	运城绕城段	57.05	11.23	4	80	2007.2～2009.8
34	S8611	润城—阳城	10.68	1.95	4	60	1996.5～1997.12

第三节 桥梁隧道

一、总体概况

山西山川形胜,表里分明。东边是雄峻的太行山脉,西边黄河水一泻千里;南部隔黄河与河南省相望,北端跨长城和内蒙古接壤。山西境内地形多样,山地、丘陵、残塬、台地、谷地、平原交错分布,多以山地、丘陵为主。山西是全国黄土高原的一部分,黄土集中成片分布在吕梁山脉以西的晋西沿黄河诸县,与陕北陇东的黄土高原主体连接,覆盖厚度大多在 $100\sim150m$。全省黄土地貌的主要形态特征有:黄土残塬、破碎黄土塬、梁状丘陵、峁状丘陵、缓坡丘陵、黄土台地、黄土盆地、黄土坪、宽谷阶状梁坡等。境内南低北高,呈阶梯状抬升,山峦重叠,山脉交错,高低悬殊,地形地貌极其复杂,修建高速公路难度极大。为切实保护生态环境,在建设过程中采取"多打洞、少削地"办法,使桥隧相连的建设成果与雄奇壮美的自然景观融为一体。截至 2016 年年底,全省已经建成并通车运营的高速公路有主线桥 4632 座 873km,占总里程 16.58%;天桥 1277 座 86.6km,匝道桥 557 座 76.2km;已经建成并投入运营的高速公路隧道有 680 座、单洞长度达 943km,其中双洞超过 10km 以上的特长隧道有 4 座,最长的是太古高速公路西山隧道,长度达 13.65km。全省高速公路桥隧比例占总里程 34.49%,比全国平均水平高 6% 左右。

二、桥梁建设

在全省 15.68 万 km^2 的莽莽山川上,黄河自西北向东南斜穿而过,境内的汾河、沁河、涑水河、三川河、昕水河、桑干河、滹沱河、漳河川流不息,造就了山西表里山河、奇山峻岭与雄关险隘。在这片古老的河东大地上,镶嵌着一座座大桥,桥梁壮美的景象与沿线的自然景观,赋予"人说山西好风光"独特的画面。山西高速公路桥梁以跨河大桥著称,主线桥主要分布在黄河与海河两大水系的各条河流、沟谷间,跨河大桥的上部结构以预应力混凝土连续刚构、先简支后连续箱梁和 T 梁为主,下部结构以双柱式墩和薄壁空心墩为主。

山西高速公路桥梁建设历经 24 年岁月,实现一次又一次跨越和技术上的突破,先后解决特大桥梁设计施工及结构耐久性等诸多难题,刷新省内多项建设纪录。由于山西地形地质条件复杂,沟壑纵横,河流众多,所以桥梁结构的演变形式也丰富多彩,特别是随着计算机的应用和普及,大跨度预应力混凝土桥梁在设计施工中得到广泛应用,桥梁结构的新技术、新材料、新工艺得到大面积推广。从 1996 年 6 月建成通车的太旧高速公路,到

2003年9月贯通运营的大运高速公路,这一时期桥梁除传统的石拱桥、箱形拱桥、T梁桥、空心板桥外,斜拉桥、连续刚构桥、连续梁桥成为大跨径、复杂线形立交的主体结构。实现"三纵十二横十二环"目标,需要新建大量桥梁跨越河流与沟谷,其特大桥梁建设数量之多、跨径之大,在山西高速公路建设史上是前所未有的。这期间,在总结之前高速公路桥梁设计和施工经验基础上,省交通运输厅提出山区高速公路桥梁建设的结构选型问题,淘汰场地大、程序多、周期长、结构缺陷明显的箱型拱桥和空心板桥,逐渐推广高墩T梁桥、连续刚构桥、大跨径钢结构拱桥、斜拉桥、钢筋混凝土组合梁桥等。下面简要介绍一些富有特色的高速公路特大桥。

1. 晋焦高速公路丹河特大石拱桥(图3-2)

1997年11月开工建设,以主孔跨径146m、桥高81m创造世界纪录,被收入世界吉尼斯大全,为世界建桥史上树起一座丰碑。这座全长412m的特大石拱桥,由大小34409块拱石组成。当时,大桥项目部动用2000多名能工巧匠,组成20支采石队伍为大桥破石取料,加工拱石,采用锲眼破石办法,将坚硬的白云岩精雕细刻,分别加工成厚度为35~60cm的拱石,最轻的1t、最重的3t多,拉运到目的地分类编号、登记造册。在建设之初,搭建了1座能够承受6万多吨压力的主拱架,将100万根万能杆件拼装成长146m、宽23.9m的巨大桥型,每根杆件孔位的误差不超过2mm。在砌筑过程中,遇到最大的难题是如何使主拱架均衡受载。如果出现偏载,轻则将主拱架压偏,重则将主拱架压垮。经过集思广益,项目部制订"分环分段、对称砌圈、环环合龙、环环受力"的施工方案,解决砌筑难题。为确保工程质量万无一失,担负监控任务的省交通科研所在主拱预埋大量应变盒,在支架贴上大量应变片,监控主拱受力情况和支架各部分应力变化。多断面安装观察标尺,用精密水平仪观察支架下沉情况,一有异常变化,立即采取针对性措施。经过133个昼夜奋战,1999年7月30日,主拱圈最后一块拱石到位,丹河特大石拱桥顺利合龙。

图3-2 晋焦高速公路丹河特大石拱桥

2. 祁临高速公路仁义河特大桥(图3-3)

2000年12月开工建设,地处晋中市灵石县南关镇东约13km处,位于基岩低中山区,跨越仁义河,为上、下行分离的两座独立桥,且分别与隧道相接,为祁临段跨度最大、距地面最高的桥梁。桥上部结构为预应力钢筋混凝土T形梁,斜交角度90°,净宽11.50m,桥墩类型为多柱式墩。设计荷载:汽车—超20级、挂车—120;抗震烈度:Ⅷ度;设计洪水频率:1/300;桥下净空:73.5m;桥面高程:876.512m;无通航要求。大桥由左、右线两座分离式桥梁组成,右线位于 K635+917 处,全长 1106.5m,跨径组合 14×145m(图3-4);左线位于 K640+566 处,全长 1146.5m,跨径组合 15×145m。2003 年 9 月全部完工。

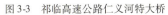

图3-3 祁临高速公路仁义河特大桥　　　　图3-4 仁义河特大桥(右线)

3. 侯禹高速公路龙门黄河特大桥(图3-5)

2004 年 10 月开工建设,2006 年 12 月完工,历时 26 个月。大桥位于 K836+149 处,地处河津市境内,鲤鱼跃龙门、大禹治水的故事就发生在这里。该桥横跨秦晋两省,总长 4566m,宽 28m,主跨 352m,为双塔斜拉结构,是目前黄河上跨径最大的桥梁,号称"黄河第一桥"。主桥采用两种结构形式:一是 1 座双塔双索面预应力混凝土斜拉桥,主跨 352m (是黄河上已建和在建桥梁最大跨度),两边跨 174m;二是两座三塔单索面预应力混凝土部分斜拉桥,也称矮塔斜拉桥,两主跨 125m,两边跨 75m;副主桥为 42 孔 50m 预应力混凝土 T 梁,先简支后刚构体系;两岸引桥为 32 孔 30m 预应力混凝土 T 梁,先简支后刚构体系。

图3-5 侯禹高速公路龙门黄河特大桥

主桥宽 30.6m,其他桥宽 28m。大桥基础均为钻孔灌注摩擦桩,共 712 根,设计最长桩 90m。大桥按照汽车—超 20 级、挂车—120 荷载设计,可抵御 300 年一遇洪水。2009 年被中国建筑协会授予鲁班奖(国家优质工程)。

图3-6 晋济高速公路仙神河特大桥

4. 晋济高速公路仙神河大桥(图3-6)

大桥位于晋豫两省交界处的悬崖绝壁地段,从 V 形峡谷底部拔地而起,主桥长 267m,引桥长 64m,墩座高 4m,墩高 150.07m,箱梁高 11m,矮塔高 49m,总高度 214m,在同类桥型中居亚洲第一、世界第二,2005 年 3 月开工建设。大桥采用独墩矮塔斜拉桥形式,墩身截面为空心正八边形,为由下至上逐渐缩小的变截面设计。为防止外力碰撞,下面10m为实心段,墩顶连接桥面处,有一个5m实心段,墩顶实心段之前,还有一个空心墩壁由薄变厚的5.22m过渡段。大桥是整幅式设计,桥面宽26m,最大箱梁浇筑段达上千吨。从墩身施工到上部箱梁施工,是一个工序的大转换。首先是墩顶第一段箱梁0号段浇筑。0号段高11m,宽26m,长13m。这样一个三层楼高、篮球场大小的庞然大物要在150m高空展开施工,难度可想而知。接下来是挂篮安装。只有将两个重达百吨的挂篮吊装上桥顶拼装完成,顺利完成1号梁段浇筑以后,大桥箱梁施工才真正走上正轨。2008年10月13日,北引桥左线箱梁完成浇筑,仙神河大桥主体胜利完工。

5. 晋济高速公路南河特大桥(图3-7)

2005年3月开工建设,桥长852m,墩高85m,单孔跨径180m,双向整幅式设计,箱梁宽24.5m,最大单块重量380t,一次性浇筑混凝土约130m³。这种高墩大跨、整幅浇筑的桥梁工程,当时在华北地区尚无施工先例,是华北最大的整幅式连续钢构桥。大桥施工真正的困难,是大桥整体高程和线形的技术控制,还有平衡施工和高空作业面临的风险。所谓平衡施工,就是T构开始以后,每个块段的浇筑必须两边同时进行,时刻保持整个T形结构的平衡。从墩身施工开始,技术人员就在关键部位预埋灵敏感应器,进入桥面施工后,每个块段都要布置相应传感设施,这样大桥的受力情况就时刻在施工人员掌控之中。桥面在180m的超长跨越中,时刻保持设计要求高度,不能有任何下垂变形,同时整个桥面要保证线形美观平顺,达到设计要求。只有精确控制施工中每个块段高程和线形,才能保证各个T构精确合龙,也才能保证全桥贯通后大桥的整体受力和外观质量。

图3-7 晋济高速公路南河特大桥

6. 阳盂高速公路桃河特大桥(图3-8)

2008年11月开工建设,位于阳泉市郊区白羊墅村,是一座分离式立交桥。上跨桃河河谷、石太电气化铁路及两条110kV高压输电线路,分为左右两幅,左幅全长1224.8m、右幅全长1241.2m,共30跨。墩柱最高60m,桥面宽24.5m。桥梁上部采用预应力简支T梁和连续钢构结构,下部结构分别采用等截面实心墩、变截面空心墩、重力式台、肋板台,基

图3-8 阳盂高速公路桃河特大桥

础采用扩大基础和桩基础。为减少桥梁施工对运营铁路的影响,项目部采用75m+75m预应力混凝土T形刚构、墩底转体法施工,转体长度50m+50m,转体角度70°,转体质量1.5万t,居全国同类桥梁之首。面对转体质量大、墩身高度距离地面51m高的实际情况,施工单位采用劲性骨架法进行墩身施工,一次性浇筑墩身高度8~9m,保证工程质量和进度。为确保转体主桥线形,建设单位建立数据模型监控系统,为有效控制主桥整体线型提供可靠监控量测数据。2011年5月通车运营后,经省科技厅鉴定,其T形刚构转体桥施工技术达到国内先进水平。

7. 大同—浑源高速公路桑干河特大桥(图3-9)

2010年4月开工建设,位于桑干河湿地自然保护区,地质复杂且变化大,地层为泥状粉土、粉砂、薄淤泥层、砂砾层、夹泥粉砂层等。大桥全长1026m,上部结构采用34孔30m先简支后连续预应力混凝土箱梁,下部采用柱式墩、柱式台和肋板台钻孔灌注桩基础。全桥平面处于直线段内,共有276根桩基、272片30m预应力箱梁。针对桑干河湿地地质条件差、桩基钻孔工艺质量要求高、承台开挖支护难度大的特点,项目部在钻孔桩基时采用以旋挖钻机为主、配备反循环钻机的方法施工,钢筋笼集中加工、分节焊接,混凝土集中拌和、导管法灌注。由于河床地下水位高,工

图3-9 大同—浑源高速公路桑干河特大桥

字形承台开挖难度大,地下泥沙反涌严重,项目部通过对承台试验施工,采用钢板桩围堰施工法,用定型钢模板、槽钢支护、沉井降水,分层连续浇注混凝土,然后及时覆盖草袋,洒水养生。全桥共计使用钢筋5056t,使用混凝土46086m³。2012年6月建成通车。

8. 临汾—吉县高速公路黄河壶口特大桥(图3-10)

2009年8月开工建设,为跨越黄河壶口大峡谷而设。桥梁长度757m、桥墩最高达146m,上部结构为预应力刚构加连续组合体系,下部结构采用钢筋混凝土空心墩、组合式桥台、灌注桩基础。在大峡谷变截面高墩施工中,采用CB-240悬臂模板,主要有模板、主背楞、斜撑、后移装置、主梁三脚架、主平台、上平台、吊平台和预埋系统组成。第一层墩身混凝土强度达到15MPa时,将主梁三脚架固定于墩身上,安装除吊平台外的其他部件,

图3-10 临汾—吉县高速公路黄河壶口特大桥

利用上平台绑扎钢筋、浇筑混凝土、控制轴线偏位。利用塔吊整体提升模板及支架，固定在第二层墩身上，安装吊平台，混凝土施工完毕后切割多余模板，整体提升固定在第三层墩身上。如此循环，直至墩身完工。在施工中，建设者从原材料选择入手，通过混凝土配合比计算与优化调整，解决高性能混凝土泵送施工难题。选用混凝土拖泵，根据粗集料最大粒径、混凝土泵型号、混凝土输出量、输送距离、输送难度，选用管径为125mm的混凝土输送管，随着墩身、悬灌梁的施工进展逐节安装固定。通过人力组织、机械配备、实际操作、整体协调等诸多环节的总体集成，完成高墩大跨度悬臂浇筑高性能混凝土的泵送施工。2012年8月建成通车。

9. 霍州—永和关东段高速公路汾河特大桥（图3-11）

2011年1月开工建设，位于霍永东高速公路K10+852.48m处，桥梁全长2419m，前右角90°。上部结构采用11×40m预应力混凝土连续T梁+(66.98+7×120+66.98)m预应力混凝土刚构—连续组合梁+25×40m预应力混凝土连续T梁，下部结构采用空心墩、双薄壁空心墩和矩形墩，墩台采用钻孔灌注桩基础，径向布置，桥台为柱式台。汾河特大桥从0号台处开始，依次跨越黄土冲沟、南同蒲铁路、国道108线、汾河及霍候一级公路。河岸侧表层为黄土，河床表层为卵石土，卵石层以下是灰黑色强风化泥岩、砂岩、粉质黏土。该桥为跨越汾河而设，大桥300年一遇设计流量为3681m³/s，设计水位最大水深4.8m。经过3年半精心施工，2014年12月建成通车。

图3-11 霍州—永和关东段高速公路汾河特大桥

10. 吕梁环城高速公路北川河2号特大桥（图3-12）

2011年4月开工建设，全长1264m、宽24.5m。桥址位于冲洪积倾斜平原区，微地貌为北川河河床、漫滩、黄土陡坡，谷底地形较平缓、开阔，总体形态呈"U"字形，两侧桥台与谷底相差36~56m。上部结构为(36×35m)装配式预应力混凝土连续T梁，先简支后连续，下部结构采用柱式墩、实体墩、肋板台，墩台采用桩基础。该桥平面位于圆曲线、缓和曲线、直线上，桥面横坡为单向2%，纵断面位于$R=11000$m的竖曲线上。桥台及部分桥墩采用GJZF4450×350×71型四氟滑板式橡胶支座，其余桥墩采用GJZ600×550×90型板式橡胶支座，桥台采用D80伸缩缝、桥墩采用

图3-12 吕梁环城高速公路北川河2号特大桥

D160 伸缩缝。2015 年 11 月建成通车。

11. 霍永西高速公路城川河特大桥(图 3-13)

2011 年 5 月开工建设,跨越城川河、209 国道和中南铁路,桥长 1005.6m,双幅桥宽 24m。上部结构为(70+4×132+70)m 预应力箱形连续刚构梁,引桥为预制简支 T 梁和箱梁。主梁主墩顶处梁高 8m、合龙段梁高 3m,中间按 1.6 次抛物线变化,设置三向预应力,连续刚构梁分为 15 个对称梁段,采用挂篮对称悬浇。主桥下部采用钻孔桩基础和钢筋混凝土承台,其中引桥为等截面空心薄壁墩和双柱式墩,主墩为薄壁空心双肢墩,中间设置中系梁,顶部设置风撑,最大墩高 113.57m,最小墩高 68.8m,采用爬模施工。在施工过程中,先后发明国家实用性专利 8 项,分别为连续梁竖向预应力管道连接、连续梁静载预压托架装置、钢筋吊篮、桩基钢筋笼吊筋、混凝土收面滑车、移动施工防护架、预制托架系统、防撞墙美化小车;同时发明省级工法两项,分别是矩形薄壁空心高墩长节段爬模施工工法、双幅大跨刚构桥左右幅同步悬臂浇筑及合龙施工工法。2014 年 5 月建成通车,该工程荣获山西省太行杯工程大奖、全国工程建设优秀质量小组一等奖。

图 3-13　霍永西高速公路城川河特大桥

12. 五盂高速公路滹沱河特大桥(图 3-14)

2011 年 8 月开工建设,上跨 S345 公路和滹沱河,大桥全长 1220.11m,为组合式薄壁高墩大跨径连续刚构桥,桥梁最大跨径 150m,最大墩高 116m。上部结构为(9×50m)装配式预应力混凝土连续 T 梁+(80m+3×150m+80m)预应力混凝土钢构+(5×30m)装配式预应力混凝土连续箱梁,下部结构装配式 T 梁桥墩采用薄壁实心墩、等截面空心墩、变截面空心墩,钢构主墩采用双薄壁空心墩与空心薄壁墩的组合形式。墩顶 52m 段为双薄壁空心墩、顺桥向宽 3m、横桥向宽 7m,横、顺桥向壁厚均为 0.6m,其中 10 号、13 号墩其余部分为顺桥向 10m、横桥向 7m 的等截面空心墩,墩高分别为 102.5m、107.5m,大桥 11 号、12 号墩其余部分为变墩截面空心墩,墩高 116m。2015 年 12 月建成通车。其高墩施工工法、施工控制程序及非线性稳定分析结论,为同类型组合式薄壁高墩大跨连续刚构桥的设计与施工提供可供借鉴的技术依据。

图 3-14　五盂高速公路滹沱河特大桥

三、隧道建设

山西群山起伏,沟壑纵横,特殊的自然地理环境,使全省高速公路不仅桥梁密布,而且隧道众多。特别是 2008 年之后开工建设的太古、长平、平榆、和榆等高速公路,为了更好地保护自然环境,在路线选择上,均采用 10km 以上特长隧道。截至 2016 年年底,全省已建成通车隧道 680 座、单洞长度达 943km,占通车里程 17.91%。其中特长隧道 87 座、单洞长度 473.2km,长隧道 137 座、单洞长度 237.5km,中隧道 172 座、单洞长度 122.3km,短隧道 272 座、单洞长度 82.2km。

隧道建设最显著的特点有两个方面:一是地形地质条件复杂,滑坡、涌水、软弱岩层、瓦斯等不良地质现象十分突出,加大隧道勘察、设计、施工和管理难度;二是在运营中,对隧道通风、照明、监控、安全、养护等提出更高技术要求。经过 24 年实践,全省高速公路隧道的勘察设计、建设管养水平已达到国内先进水平,施工技术有了重大进步,基本解决了隧道勘察设计、安全快速施工、特长隧道通风、照明、监控、消防和隧道建设对地下环境的影响等一系列问题,取得突出技术成果。一是隧道勘察阶段重视隧道选址适应性评价,强调工程地质和水文地质调查,利用物探和钻探相结合手段达到查明隧道地质状况目的,为隧道设计、施工提供基础资料,避免因隧道建设对地下水环境和地表生态产生不良影响。二是隧道设计阶段结合勘察资料重视围岩分级的合理性,经历从最初定性分级到后来定量分级,再到现在定性与定量相结合的过程,对隧道围岩分级、隧道支护参数坚持"动态设计、信息化施工、监控量测反馈"的原则,提高设计文件的适应性与合理性,达到安全、环保、节约的目的。三是隧道施工经历从简单施工掘进到数字化、信息化及自动预警综合施工法的过程,重视施工安全、重视防灾减灾、重视监控量测和信息反馈、重视地质超前预报、重视掌子面围岩判别、重视施工安全监控与监测,实现复杂地质条件下公路隧道施工的实时监控、动态控制预测和远程管理,动态显示公路隧道设计、施工、监测与管理过程,同时也积累丰富的特殊地质条件下隧道安全、快速施工经验,形成一套适合本省修建山岭隧道的先进技术。四是隧道运营经历从单一到隧道群、从简单到复杂的管理过程,省高管局及各高速公路运营公司普遍重视隧道的安全监控和安全管理,重视定期检查和专项检查,重视二次初砌病害检查与监测,建立运营管理数据库,实现基本信息、病害信息、养护信息、维修信息的计算机综合管理,为各级管理者提供养护状况信息,保证隧道交通安全、畅通及养护管理科学化。

1. 新原高速公路雁门关特长隧道(图3-15)

2001年10月1日开工建设,位于忻州市代县境内恒山山脉雁门关山区,隧址海拔1430.8m,最大埋深600多米。沿线地形起伏,高差较大。隧道南北温差大,冬季漫长寒冷干燥,属于高寒地区长大公路隧道。左线长5.15km、右线长5.65 km,双向四车道,设计速度80km/h。2003年9月28日建成通车。该隧道是国道主干线二连浩特至广州高速公路山西省境内的咽喉要道,是当时全国已建和在建最长的高速公路隧道。山体围岩为变质花岗岩、片麻岩、泥页岩等,口部为灰岩、泥岩,自然防护层厚度约100m;主体部分为Ⅰ~Ⅴ级围岩,自然防护层厚度约600m。自通车运营以来,实行全天24小时监控,隧道内安装有消防、监控、照明、通风、供配电等设施设备。其中,隧道消防系统由高低位蓄水池、水泵房、消防箱、光栅光纤自动报警系统组成;监控系统由闭路电视、电子交通设施、环境监测、照明监控、火灾预警、紧急电话与广播等系统组成;照明系统采用防水防尘的LED灯照明,灯具控制采用远程有线编码调光技术,可对单个或分组进行亮度0~100%进行调控;通风系统采用分段排送式纵向通风方案,通过34台隧道拱顶射流风机、斜竖井地面风机房8台轴流风机通风;供配电系统采用双回路3.5万V高压供电,并设变电站1座;隧道采用1万V高压供电,设置6座变配电室和3座箱式变电站,在隧道南、北口变电室各设有1台快速启动柴油发电机,作为紧急备用电源,可向隧道引入段、导出段照明供电。隧道工程先后荣获"中国建筑工程鲁班奖""第六届詹天佑土木工程大奖"。

图3-15 新原高速公路雁门关特长隧道

2. 祁临高速公路韩信岭隧道(图3-16)

2000年12月开工建设,位于灵石县境内,地属山岭重丘区,左线长1.365km,右线长

图3-16　祁临高速公路韩信岭隧道

1.410km,双向四车道,设计速度80km/h。2003年9月28日建成通车。隧道宽10.6m,高7m,行车道净宽8.5m,净高5m,检修道高25cm,宽75cm。路面面层为水泥混凝土路面,洞面护墙为浆砌料石,洞口形式为翼墙式正交洞口;砌衬材料为加筋混凝土;断面形式为曲墙式单心圆拱。附属工程主要包括:监控与通信、通风、照明、供配电、消防系统以及安全标志、标线等。通风系统由7组14台30kW射流风机组成;照明系统选用高压钠灯照明,采用两侧对称布灯,灯具位于行车净空以外,灯具安装高度5m,照明电源取自洞口变电站的专用回路;消防设施每50m设置1个灭火单元,箱体采用铝合金材料统一制作,暗嵌于隧道侧壁,高度为箱底距离地面1.2m,均配置消火栓、手动报警按钮、双波长火焰探测器、声光报警系统、手提式泡沫灭火器和干粉灭火器,以及紧急电话与广播系统;隧道入口前方设隧道标志、限速标志、禁止超车标志等,隧道入口外设写明隧道名称和长度的标志牌;隧道内及洞口50～100m范围内设置实线车道分界线。

3. 太古高速公路西山特长隧道(图3-17)

2008年12月开工建设,位于太原市境内,左线长13.65km、右线长13.57km,双向四车道,设计速度80km/h。2012年7月建成通车。山体围岩为石灰岩,口部为Ⅳ级围岩,自然防护层厚度约100m;主体部分为Ⅱ～Ⅲ级围岩,自然防护层厚度约400m。自2012年7月通车运营以来,实行全天24小时监控,隧道内安装有消防、监控、照明、通风、供配电等设施设备。其中,隧道消防系统由蓄水池、水泵房、消防箱、双波长火灾自动报警系统组成;监控指挥系统由电子交通设施、环境监测、视频车检、电力监控、火灾预警、紧急电话与广播、超速预警等系统组成;照明系统采用防水防尘的高压钠灯照明,设置两处景观照明段;通风系统采用分段排送式纵向通风方案,通过106台隧道拱顶射流风机、15台地面风机房轴流风机通风;供配电系统采用隧道外3.5万V高压变电站、1万V高压进洞方式供电,隧道内设置10处变电箱和应急供电

图3-17　太古高速公路西山特长隧道

设施。

4.忻州—长城岭高速公路凤凰岭特长隧道(图3-18)

2009年1月开工建设,位于五台县马家庄村,设计为分离式隧道,左右线平行布设,最宽间距50m,最大埋深772m,左线全长5.88km、右线全长5.76km,双向四车道,设计速度80km/h。2010年10月建成通车。建设期间,针对凤凰岭特长隧道穿越"S"形褶皱带核部、构造极其复杂、断层较多、岩溶较发育、围岩破碎严重的情况,项目部把地质超前预报贯穿于施工全过程,通过不间断检测,实行"岩变我变"办法,采取围岩亚级分级方法,通过现场监测获得围岩动态信息,为确定初期支护参数、混凝土衬砌支护时间提供可靠依据,也为完善设计、指导施工提供足够数据,既预报险情、又保证安全。针对长大隧道照明供电线路较长、线损较高、容易耗电的特点,项目部采用中压供电方案,在照明负电荷附近设置埋地变,埋地变间距约1km,使照明

图3-18　凤凰岭特长隧道

供电半径不超过500m。针对隧道洞口照明负荷较大的情况,在洞口设置加强照明专用埋地变,有效降低照明电能损耗。同时选择节能高频电磁灯,使隧道基本照明总功率由257.6kW降低到154.3kW。

5.长平高速公路虹梯关特长隧道(图3-19)

2009年6月开工建设,位于长治市境内,左线全长13.14km、右线全长13.11km,双向四车道分离式隧道,设计速度80km/h,隧道净宽10.25m、净高5m。2013年5月建成通车。建设期间,施工单位采取三台阶流水作业、全断面爆破开挖方法,创造一个月右洞掘进556m、左洞掘进510m的世界纪录。设有18个车行横洞、19个人行横洞、8个洞内变电所,分别设有通风、照明、监控、消防、供配电等系统。隧道设置1个地下风机房和1个地面风机房,通过4个通风斜井进行分段通风。消防系统设置光纤光栅火灾自动报警器、紧急电话与广播报警设备、消防栓、水成膜灭火器、泡沫灭火器等装置。隧道中间路段安装景观照明灯光带,布置景观饰物,形成丰富视

图3-19　虹梯关特长隧道

觉场景效果,增强行车安全性和舒适度。

6.平榆高速公路宝塔山特长隧道(图3-20)

2009年6月开工建设,位于太岳山脉北中部,穿越的宝塔山属于惠济河与昌源河分

图 3-20 宝塔山特长隧道

水岭,地质结构十分复杂,地下水丰富,为山岭石质隧道。左线长 10.19km、右线长 10.48km,采用连续配筋水泥混凝土路面,双向四车道标准,设计速度 80km/h。2012 年 12 月建成通车。建设期间,由 3 处斜井、两端洞口形成 5 个掘进工作面,洞内通风采用多网络、机械综合通风技术。隧道内大断面地下风机房,是一个深 22m、高 20m、长 40m 的大型洞室,因断面大且为直墙,抵抗围岩变形能力差,项目部采用 CD 法进行开挖。在隧道内采用连续配筋混凝土铺筑路面,由于取消横向接缝,提高路面平整度和行车舒适性;纵向连续钢筋增强裂缝处传荷能力,提升路面整体强度和结构承载能力。该路面耐久性好、使用寿命长、养护工作量小。连续配筋混凝土路面在宝塔山特长隧道中的应用,荣获 2014 年度省科技进步二等奖。

7. 天大高速公路大梁山特长隧道(图 3-21)

2009 年 11 月开工建设,位于山西省北部阴山山脉,穿越的大梁山总体走向呈东西向,属于雁北地区西洋河与南洋河的分水岭,其地貌单元为构造剥蚀基岩中山区。左线长 6.02km、右线长 6.06km,最大埋深 364.46m,

图 3-21 天大高速公路大梁山特长隧道

双向四车道,设计速度 80km/h。2014 年 9 月建成通车。隧道沿省道 S201 线走向平行布设,地形起伏较大,由于进出口段地形限制,采用半径 2900m 和 2300m 左右的圆曲线。明洞部分采用明挖顺作法施工,暗洞采用新奥法施工。项目部根据隧道洞口位置、进洞条件、地形地势、边仰坡稳定情况,灵活采用明洞、边坡喷锚支护等各种措施。

8. 平阳高速公路大南山特长隧道(图 3-22)

2010 年 3 月开工建设,位于盂县东梁乡境内,属于喀斯特侵蚀剥蚀山区,山顶较平缓,山坡为中陡坡,山体总体呈东西走向,山势中部高、东西低,南北两侧山坡冲沟发育,基岩大面积裸露。微地貌表现为山梁、冲沟、中陡坡、陡坎等。左线长 5.54km、右线长

图 3-22 平阳高速公路大南山特长隧道

5.52km,双向六车道,设计速度 100km/h。2012 年 3 月建成通车。隧道左洞地表相对高差 293m、右洞地表相对高差 276.5m,平定端洞口位于管头村西南侧山坡上,阳曲端洞口位于太平庄东南侧斜坡上,隧道围岩分为Ⅲ~Ⅴ级,总体表现为北翘南倾的单斜构造,倾

角10°左右,岩层伴生两条断层、5条褶皱,稳定性较差,施工难度较大。

9. 和榆高速公路云山特长隧道(图3-23)

2011年1月开工建设,位于左权县城东北5km处,横穿太行山山脉西翼的阳曲山,左线长11.4km、右线长11.39km,左、右线间距30~35m,最大埋深742.67m,双向四车道,设计速度80km/h。2015年12月建成通车。云山隧道地质情况复杂、围岩破碎,岩溶、岩爆、涌水等不良地质严重。围岩以白云岩、砂岩、泥质页岩为主,无自稳能力,施工期间多次出

图3-23 和榆高速公路云山特长隧道

现坍塌、变形等地质灾害。该隧道设竖井1处、斜井3处,通风方式采用拱顶射流风机与地下风机房轴流风机共同排风,洞内监控每隔150m设有定焦摄像机,同时设置一氧化碳、二氧化碳风速风向监控设备。

10. 运宝高速公路中条山特长隧道(图3-24)

2012年1月开工建设,位于中条山前断裂破碎带内,运城端洞口位于盐湖区解州镇王窑头村,灵宝端洞口位于芮城县陌南镇石坡村,隧道净宽10.25m,左线长9.67km、右线长9.66km,最大埋深681m,属深埋特长公路隧道,双向四车道,设计速度80km/h。2015年11月建成通车。由于隧道岩层受构造和风化影响,岩体及其破碎,碎石之间黏结力极差,节理、裂隙发育,涌水、岩爆严重。隧道的进、出口段位于圆曲线上,洞身段直线布设,围岩多为Ⅲ~Ⅴ级,有间隔分布、长度较短的特征。为安全施工,项目部坚持短进尺、弱爆破、强支护、快衬砌、早封闭、勤量测原则,采用台阶法施工,实施全过程监测,运用洞口视频和远程监控系统对工程进行跟踪监控,确保施工安全、结构稳定。建设单位会同相关科研院所从隧道设计、施工实际出发,对不同

图3-24 运宝高速公路中条山特长隧道

地址条件下的施工工法、超前预支护系统、特殊地段围岩稳定性、支护结构力学行为、爆破震动影响、防排水系统进行研究。经省科技厅组织专家对"中条山隧道施工关键技术与质量控制研究"成果进行鉴定,认为科研技术总体达到国际先进水平,其中超前管棚与不同施工工法配合效果分析达到国际领先水平。2014年7月,该隧道荣获山西省科技进步二等奖。

第四节 高速公路建设经验

一、行业监管

山西省交通运输厅作为全省高速公路建设的行业主管部门,除了对项目前期规划及工可、初步设计严格审批外,进一步强化对建设全过程的监督管理。可以说,每一个项目建设,都体现着建设管理者的探索和实践。在省委、省政府和省交通运输厅党组坚强领导下,广大建设管理者着眼于正确处理质量、安全与工期,公路建设与资源环境"两个关系",认真贯彻落实交通运输部建设管理"五化"要求,按照省交通运输厅"安全零事故、质量保部优、生态文明好、廉政无违纪、概算不突破"的建设目标,以加强市场建设、加强科技示范工程建设、加强专业监督和项目管理队伍建设、加强反腐倡廉建设为依托,以持续开展质量安全年活动为载体,以进一步规范公路建设市场秩序为保障,以坚持严格责任、严格把关、严格管理、严格监督为抓手,逐步形成抓质量一丝不苟、抓安全尽职尽责、抓廉政警钟长鸣、抓进度争分夺秒、抓投资精打细算、抓协调竭尽全力、抓管理严字当头、抓桥隧攻坚克难、抓样板引领创先、抓科技产研结合、抓党建创先争优、抓考核奖勤罚懒的管理理念,不断推进工程建设健康发展、安全发展、优质发展、科学发展,为全省高速公路建设行业监管工作奠定坚实基础。

(一)立足健康发展,切实加强建设市场规范化管理,积极构建公路建设市场信用体系

良好建设市场环境是建设优质工程的前提。随着全省高速公路建设高潮迭起,围标串标、施工组织不力等不良问题也接踵而至,加强和规范建设市场管理就成为保障建设市场健康发展和工程建设有序推进的重要基础。省交通运输厅在以国家有关法律法规和部颁标准为指导的基础上,紧密结合建设管理实际,不断健全和完善招投标、信用评价和履约考核等市场信用管理方面的制度、机制,积极构建市场信用体系,切实规范建设行为,有效保证诚实守信的公路建设环境逐渐形成。

1. 坚持持续完善招投标管理办法,严把市场准入关口

(1)创新招投标办法,确保公正公平。"坚持以变应变、以变取胜,不断创新招投标办法,完善招投标机制",这是全省重点公路规范建设的总体要求。省厅在实行"工程招投标制""项目法人责任制"和"工程监理制"的管理模式中大胆探索,不断推出新办法,在总结"合理低价法"经验教训的基础上,推行"随机开标合理低价法",进一步减少招投标中的人为因素。2010年首次在山平高速公路路基、桥隧、房建主体工程中大面积推广应用

随机开标合理低价的招标办法,既有效遏制围标、串标现象的发生,选择的施工企业实力较强,又节省建设资金近亿元,取得较好效果,并在随后的建设项目中推广应用。特别是在评标阶段,采用由评标专家先初审后细审、比选打分的方式进行,保证"科学、择优"选取中标人。

(2)强化各环节监督,确保合法合规。山西省全面推行重点工程建设联合监督机制,邀请省人大、省检察院、省重点办、省监察厅等七部门联合实施监督,省交通运输厅有关处室工作人员和招标单位纪检书记全过程参与,强化对招投标全过程的监督。同时,认真执行《山西省重点公路工程建设公开制度》,招投标信息及时在省厅信用管理平台和中国采购与招标网、山西招投标网、山西交通网上公布,主动接受社会各界监督。建设单位注重把好"资审关"和"保密关",进一步防止围标、串标。招标单位的资审文件、招标文件、补遗书及招标结果等均及时在省厅备案。

2. 坚持深入推进信用评价工作,努力营造诚实守信的市场氛围

(1)细化信用评价实施细则,完善信用评价机制。为使评价工作标准化、规范化,按照交通运输部《关于建立公路建设市场信用体系的指导意见》《公路建设市场信用信息管理办法》《公路施工企业信用评价规则》要求,结合实际情况,省交通运输厅对信用评价标准、周期等进行细化,印发《公路施工企业信用评价实施细则》,督促各单位落实。各建设单位对参建单位在自评基础上,按季进行信用评价,每年汇总一次,省厅在年底综合考评一次,考评结果如实记入履约考核和信用评价档案,并在网上公布,考评结果差的单位进入黑名单。同时通过建立信用管理台账、实行项目绩效考核、建立健全监督举报制度等措施,确保信用评价工作客观、公正,以此引导从业单位和人员自觉遵章守法、诚实守信。

(2)充分利用信用信息系统,有效加强动态监管。一方面,按照部制定的全国信用信息管理系统接口标准建立山西省公路水运建设招投标及信用信息管理系统,并与全国公路建设市场信用信息管理系统对接,互联互通。从业单位基本信息、在建项目基本情况、企业信用评价结果、违法违规单位"黑名单"和评标专家网上抽取等功能实现动态发布,信息全国共享和互通,对不具备安全许可证的企业、发生过重特大质量安全事故的企业或"黑名单"企业,不准进入山西公路建设市场,从源头上把好市场准入关,确保对失信行为的约束和监管落到实处。另一方面,在按照评价标准体系严格评价企业信用等级的基础上,加强对企业信用状况的动态监管,充分利用信用信息管理平台,对建设市场信用信息随时报送、随时复核、随时更新,保证其信用等级的实时性和有效性,巩固评价质量和结果。以此形成诚实守信的良好导向,营造高速公路建设良好市场环境。

3. 坚持严格落实履约考核,不断规范建设行为

(1)以履约考核强化各单位建设责任。省交通运输厅印发《山西省重点公路工程建

设项目从业单位履约管理及考核办法(试行)》,对各参建单位责任进行明确界定,严格执行责任追究制。各建设单位进一步细化责任、层层落实,将履约考核与阶段目标考核和日常检查相结合,在参建单位自评基础上,按月进行履约考核、按季上报主管部门,每年汇总一次,省厅在年底综合考评一次,一级考核一级,一级对一级负责,确保业主、监理和施工单位承担起工程建设的监管责任、主体责任和连带责任,以此确保其严格按照投标承诺和合同约定履约到位。

(2)以奖惩机制激励各单位诚信履约。在履约考核办法中,省厅特别规定了奖惩事项,对入场后未能履行承诺的监理、施工企业提出警告,情节严重的则取消中标资格。在施工过程中,对存在违法违规、严重不履约、工期严重滞后的予以驱逐出场,对发生重大质量、安全责任事故等行为,或信用评价差的单位及时记入考核档案,并结合终评结果,限制其3年内不得进入全省公路建设市场,情节严重的将上报交通运输部予以全国通报。对于信用评价等级高,在全省公路建设市场信誉良好,履约能力强的单位,则给予表彰,或免予资格审查,严格兑现信用奖惩,以此激励各单位诚信履约,确保其认真贯彻执行各项管理制度和决策。

(3)以专项治理净化建设市场环境。省厅把在全系统开展的工程建设领域突出问题专项治理工作视为净化建设市场环境的有利契机,自2009年12月专项治理工作全面展开之后,每年都要安排专项检查,坚决打击违法转分包等不良行为,严惩失信,维护公平。各建设单位也主动邀请省级审计事务所协助进行自查排查,认真查找和梳理存在的问题及不够完善之处,特别是请审计事务所帮助各单位依据法律法规及时纠偏,理顺和规范施工单位与劳务分包单位的劳务关系,健全质量、安全、合同和劳务管理等方面的台账,使主体行为更加规范,确保市场环境健康有序、良性发展。

(二)立足优质发展,全面推行质量管理精细化,不断提升创优水平

质量是公路建设的重中之重,精细化质量管理则是切实推进全省高速公路建设的关键。省交通运输厅和各参建单位坚持推行精细化质量管理理念,精心合理组织,精细督导施工,全过程、无缝隙强化管理,确保各个项目建设高起点、高标准、高质量向前推进。

1. 健全机构,一抓到底

(1)质量管理机制形成"手牵手"责任链。建立高效有力的管理机制,才能把质量管理的标准、要求落实到位。重点公路工程建设作为省交通运输厅工作的重中之重,为适应建设新形势,进一步加强领导,逐步形成由省交通运输厅厅长负总责、厅总工程师主抓、包片厅领导分片抓、厅重点工程建设办公室和省交通质监局双轨并抓的质量管理工作机制。同时,重点公路建设系统严格落实"政府监督、监理抽检、业主巡查、企业自检"的四级质量保证体系和责任追究制,在全系统形成了施工单位自检、监理单位抽检、建设单位巡检、

省交通质监局监督的质量管理体系,从上到下构建起一级抓一级、层层抓落实的质量管理责任链,有力保证质量管理举措贯彻落实横向到边、纵向到底。

(2)质量管理机制在建管实践中不断完善。由于地域差异与施工实际状况,质量管理没有采取"一刀切",坚持抓大放小、因地制宜的原则,只做出总体要求,由各建设单位根据实际情况自行完善工作机制,确保质量管理的可操控性。如山平建管处在实体建设阶段,采用项目法人代表总负责、分管领导分工抓、包点领导抓包点、工程技术人员定点常驻负责的工作机制,通过施工之前抓基础、施工开始抓机制、施工过程抓检验、施工效果抓推广的办法,形成制度规范、机制约束、事前预防和过程监管的质量管理责任保证体系,确保对工程质量全过程、全环节的严密管控;忻保建管处坚持"包公式"管理与"保姆式"服务并重的管理理念,制定出台80多项管理制度,实行规范化管理;灵山建管处通过成立前线指挥部、工地代表组,对各项工程分段包干,人手一册工作日志,分工负责质量监管;阳黎建管处利用动态管理平台,实行网上办公、网上审批的办法,强化质量管理时效。尽管全系统质量管理亮点异彩纷呈、特色各异,却均有殊途同归、异曲同工之妙,有效保证质量管理目标如期实现。

2. 精益求精,严格管理

(1)管理制度系统完善。推进质量管理精细化,制度是保证。一方面层层落实建设单位、施工企业、监理企业、质量监督部门监管责任,签订质量管理目标责任状,实现层层监管、层层追责;另一方面从规范行业管理角度,制定下发《山西省高速公路质量管理办法》《山西省高速公路质量奖惩办法》以及一系列标准化管理制度,确保各建设项目质量管理规范有据。同时,厅重点办和省交通质监局在检查指导过程中,就一些共性问题专门编写和下发有关质量管理方面的规定与要求,特别是整改要求确保消除质量隐患。各建设管理单位、监理和施工单位均按工程实际建立健全一整套质量管理制度、办法和操作规程,确保用制度规范建设、指导施工。

(2)有效宣传贯彻到位。为有效提高全系统工程质量管理水平,各建设单位通过学习质量管理方面制度、规定,不断提高思想认识。省交通运输厅、厅重点办、省交通质监局以全面推行优良工程创建为载体,积极推行施工现场标准化管理,专门组织各类专业培训,对各项制度进行宣传贯彻和培训,业主、监理和施工单位也定期举办各类质量培训,加强质量规范规程教育,对照实际以多种方式普及质量管理知识,确保落实不跑偏、不缺位,全面推进规范管理。

3. 层层追责,监管到位

在完善监督结果分析评价体系和质量状况分析报告制度基础上,省交通运输厅把质量要求细化在各部门、各岗位、各环节、各工序有序衔接上,严格执行通报、曝光、整改、处罚等处理措施,每月召开一次重点公路建设调度会,通报工程进展和质量检查情况,督查落实整改措施。厅重点办和省交通质监局双轨并抓,对质量管理链条中出现的任何薄弱环节和管理死角,在工程的任何细部出现缺陷,都以"零容忍"的责任心防范和处理。厅重点办积极协助并参与省交通质监局开展的质量安全专项检查以及交通运输部组织的质量安全综合督查,督促各单位及时整改存在的隐患,确保专项检查和督查取得实效。通过开展质量"回头看"活动,组织自查和专项检查,消除各单位存在的质量隐患,提高质量管理水平。

各建设单位都制定加强工程质量有效措施,落实岗位责任和质量责任,建立完善质量档案,明确责任目标,通过强化日常巡查力度、监理坚持旁站,严格遵守技术规范与操作规程,优化施工工艺,确保打造优质精品工程。让施工单位项目经理感受最深、难以忘记的是各建设、监理单位在施工中的"土政策"。山平、灵山、忻阜、河运等项目参建单位在路基施工中均制定有"三个不准""五个不放过"和"七个推倒重来"等质量管理措施。山平、临吉、和榆、同源等项目参建单位还建立质量问题举报制度,通过建立举报箱、公布建管处领导电话,主动接受政府部门、社会各界和广大群众对工程质量的监督,确保质量问题不漏网。通过这些强硬的"土政策",迫使各施工单位消除侥幸过关心理,保证工程质量全部达到设计要求。2010年6月初,交通运输部公路工程质量安全综合督查组对山西省忻阜、灵山高速公路进行督查,评价山西省高速公路工程建设项目管理属全国中上游水平,是质量安全放心工程;9月下旬,国家发改委、监察部、交通运输部、国家审计署联合组成公路工程项目全过程监管检查组对忻阜、忻保两个高速公路项目进行专项检查,对工程质量管理等给予充分肯定;10月,交通运输部公路建设市场督查组抽查灵山、平阳高速公路建设情况后,评价山西省重点公路工程建设市场体制新、机制好、管理严,走在全国前列;12月,交通运输部公路工程建设环保检查组在晋检查后,指出全省在加快高速公路建设的同时,坚决贯彻国家环保措施,在全国带了好头。2012年6月,交通运输部质量安全防汛综合督查组对山西省山平、阳左高速公路进行督查,工程质量合格率均在92%以上,始终处于良好控制之中,再次给予肯定和好评。

4. 多措并举,治理通病

"十年的路面百年的桥""路面工程要保证五年不补修、十年不大修""实体工程要做到内实外美、精优制胜",这是省交通运输厅蹲点包片领导一到施工现场就特有的"口头禅",可见他们对工程质量高度重视、严格要求。只有解决好质量通病,才能真正建设满足规范要求的工程,实现质量创优目标。为此,省交通运输厅采取一系列措施强化对质量通病的治理。

(1)开展质量管理年活动,大力推进质量创优。认真贯彻实施交通运输部《公路水运工程混凝土质量通病治理活动实施方案》和省交通运输厅《公路工程混凝土质量通病治理实施方案》，不断提升监管水平。通过持续开展质量管理年活动，出台加强构造物混凝土质量管理、钢筋焊接网片产品质量及使用相关规定等管理措施和规范挖孔灌注桩施工等技术措施，积极探索混凝土有效控制的工艺和工法，及时整改质量缺陷，该返工的100%返工，该完善的立即完善。组织召开"全省在建高速公路质量现场观摩会"，学习交流，取长补短。各建设单位也通过树立质量样板、精品工程，大力推广质量管理好经验、好做法，以点带面，全面提高，确保让亮点更亮，进一步激励各施工单位争创"鲁班奖"、部优和省优工程的热情。

（2）加大抽检检测力度，确保数据真实可靠。充分发挥省交通质监局、厅重点办和各项目第三方试验检测中心、监理、施工单位试验室的试验检测作用，严把检测关口，保证试验检测频率及试件和资料真实，确保入场材料、工程实体质量达标，真正让数据指导生产。

（3）举办专题研讨会，群策群力解决通病。针对混凝土工艺、湿陷性软地基桥梁架设、黄土隧道施工、山区重载车道变形等通病、难题，组织全国专家技术力量召开专题研讨会，共同探讨应对方法，制订方案，集中攻关。其中省交通设计院主编的《采空区公路设计与施工技术细则》，填补全国公路建设地质病害处治领域空白，被转化为全国交通运输行业技术规范。

（4）推广应用新技术、新工艺，提升质量水平。省交通运输厅高度重视科技应用和科技攻关，设立100万元科技奖励资金，通过评选"333科技人才"激励技术管理人员发明创新。先后组织开展科技攻关124项，有效支撑太原西山特长隧道等一批重大工程的建设管理。运煤重载交通沥青路面结构研究等8项科研成果获省部科技进步奖，并有14项成果转化为行业规范或地方标准。同时积极引进和推广新技术，钢纤维混凝土路面、橡胶混凝土路面、LED节能灯具等新材料、新技术在高速公路建设中得到推广应用，既提高工程科技含量和工程质量，又降低成本。

（5）实行信用考核，营造诚信环境。充分发挥信用机制在建设市场竞争中的激励约束作用，将质量管理、优良工程创建等作为评价必要条件。对获得各级表彰奖励及荣誉称号的企业相应加分，对违反管理规定，出现不良行为的企业相应扣分，正面引导施工单位加强质量管理，积极营造良好的质量诚信环境。

5. 资源环境，同步创优

质量创优只有兼顾资源节约和环境保护才是真正意义的创优和发展。省交通运输厅一方面按照交通运输部关于施工期环境监测要求，委托山西省交通环境保护中心站在各建设项目开展环境监测和环保咨询工作。一方面不折不扣地引导各项目落实环评报告以及批复中提出的环保措施。在设计和建设过程中，充分考虑土石方填挖平衡，综合利用，增加桥隧比例，尽量避免大填大挖，减少弃渣，重点保护沿线的植被。在环评阶段，委托评价单位就公路建设对沿线风景名胜区的影响进行专题评价并提出具体保护措施。在施工过程中,加强对施工人员环保教育培训和日常检查,精心保护周围的生态植被,努力实现公路建设和生态保护高度和谐。施工单位按照环保要求,合理解决施工驻地生活垃圾及污水排放、施工场地设置、建筑材料堆放、施工机械噪声等环保问题,切实做到不乱取土、不乱弃土(渣)、不乱排废水、废气。选用技术性能合格的机械设备,杜绝使用排放超标和报废机械施工,施工现场和施工便道随时洒水,对易引起粉尘的细料进行遮盖,运输时进行覆盖,避免对环境和水源造成污染,尽可能降低公路建设对沿线生活生态环境的影响。忻阜高速公路凤凰岭隧道施工中,把从隧道内取出的石灰岩粉碎、优选,保留石子、石沙,去除石粉,与水泥混合生产出隧道建设所用的混凝土,既节约长途运输成本,又防止弃渣占用耕地,保护环境。忻阜高速公路路面第四标段采用废旧轮胎橡胶粉筑路技术,80km路面消耗约60万条废旧轮胎,延长养护周期2~3年。朔州环城高速公路变废为宝,用粉煤灰填筑路基,既保证填筑质量,又经济环保,取得良好的社会效应。

(三)立足科学发展,认真落实全程化进度管理,高效推进建设进程

加快高速公路建设进程,是实现山西省委、省政府经济发展战略的重要保证,全程化进度管理则是高效推进公路建设的有力抓手。从立项到开工建设,再到竣工验收,省交通运输厅集中全系统智慧和力量,全过程跟踪项目建设,外抓协调,内抓落实,调动各方面的积极因素,全力加快未开工项目前期工作和开工项目建设进度,确保各项目建设高效有序、优质均衡、快速推进。

1.强化领导机制,推进项目建设

省交通运输厅对高速公路建设实行厅领导分市包片负责制,全员上阵,强力推进,厅领导每人包1~2个市,项目到人、责任到人,对所负责项目实行包前期、包审批、包协调、包开工、包进度,从立项到建成全程负责、一包到底,从项目立项到建成实行全程监管。在前期工作中,抓用地、抓设计,按基本建设程序完善工可、环评、水保、土地预审和设计等手续,确保项目依法合规;在建设中,抓质量、抓安全、抓廉政,创新机制,落实资金,依法招投标,实行精细化管理,全力打造优质安全廉洁工程;建成后,抓交工、抓竣工、抓验收,科学合理评价工程建设水平。同时进一步改进前期工作方式,推行并联审批、联合办公,不管是政府投资项目,还是招商引资项目,哪个项目前期工作具备条件先开哪个项目,哪个地方政府积极性高就先开哪个地方项目。对桥梁、隧道等不占用耕地的工程,积极争取省发改委单独立项,先行开工建设。厅党组每月召开一次重点公路工程建设调度会,专题研究解决存在问题,分别成立前期办和督查组,分片分项目开展督查,促进落实。签订工程建设目标责任书,对重点公路工程建设任务层层分解,一环紧扣一环高效推进。

2.加大协调力度,创优建设环境

在高速公路建设中,省委、省政府领导高度重视、特别关心,先后多次深入各项目施工

现场视察指导,省政府印发《关于加快高速公路建设的意见》,有效加快工程建设步伐。省交通运输厅领导定期深入各自分片包干的项目进行调研,积极与电力、铁路等部门就电力拆迁和与铁路交叉等问题进行协调,并向各市政府发函协调解决压覆矿产资源等问题,积极推进项目建设。各地市领导也深入工地现场办公,现场拍板协调解决问题。各级领导的大力支持,为各项目创造良好建设环境和舆论氛围。运城、大同、吕梁市及五台县"工程零干扰、问题零报告、办事零关系、服务零距离"的经验和做法在全省交通系统逐步推广。各建设单位责成专人对项目文件跟踪审批、跟踪服务、人盯人、人跟人、一跟到底,一切工作往前赶。同时加强项目协调指导,与地方政府和电力、铁路等部门就压覆矿产、电力拆迁、公铁交叉等问题达成共识,千方百计突破制约因素,为顺利推进工程建设创造良好外部环境。

3. 科学合理组织,确保计划完成

(1) 细化方案倒排工期,确保时间节点。省交通运输厅一方面要求各建设单位在开工或复工前,先根据项目前期所需时间、施工条件、施工单位可投入人力和设备量等情况,细化施工方案,将进度目标任务分解细化到每月每周每天,分解任务明确到人,科学合理确定工期,倒排时间节点,倒排施工计划。之后按照厅重点办批复后的方案组织施工,确保把有可能出现的影响质量安全因素尽量考虑周全,以保证每一个步骤、每一道工序、每一个阶段的工程计划和工作合规合理。另一方面严格进行跟踪,动态检查,并结合实际随时调整。同时坚持旬例会、月例会和定期催问、追责制度,及时通报工程进度情况,及时发现问题和解决问题,确保各项工程在其最佳季节和最佳时段完成。

(2) 积极筹措建设资金,确保顺利进行。各项目顺利建成,资金投入是关键。省交通运输厅一手强化资金监管,不该花的钱坚决不花,确保工程建设不超概算。一手想方设法筹融资,保证资金及时到位。各建设单位也多方筹措,保证资金不断链。特别是一些施工单位高度自觉,自筹资金保证了目标任务如期完成。如朔州环城高速公路朔州路桥项目部主动贷款2000万元,解决暂时资金困难;山平高速公路北京城建项目部也通过自筹资金的办法完成任务。

(3) 相关工序协调配合,加快工程进度。为加快施工进度,实现各项工程、工序间无缝对接,省厅协调各建设单位让即将开工的工程单位提前入场,提前做好施工准备工作,在不影响工程主体施工的前提下,合理安排,统筹兼顾交叉施工。建设单位则每周牵头召开一次施工协调会,密切各工种施工关系,不断强化协调配合意识,实现施工效益最大化。业主代表和驻地人员现场办公,第一时间会同施工、监理单位做好外部协调和现场协调工作,以此确保质量、安全、进度有机协调,整体工程优质均衡推进。

(4) 日益强化阶段考核,确保目标完成。按照省厅与各建设单位签订的目标责任书,各建设单位对建设任务进行了层层分解,并根据有效施工期限,将全年的工作任务划分为若干目标阶段,采用与各参建单位签订目标责任书、结合劳动竞赛方案同步安排落实、监理与施工单位捆绑奖罚等手段,激励参建单位不断掀起建设高潮,保质保量按期完成任务。同时,各建设单位为确保完成年度攻坚决战任务,不断强化阶段考核。山平高速公路将两月为一阶段的目标考核调整为逐月考核,当月考核当月奖罚;和榆高速公路建管处采用了"白加黑""五加二"(即白天加黑夜、周一至周五加双休日)的工作方法,确保工期不耽搁。

(四)立足安全发展,强化安全生产管理,努力实现本质安全目标

实现本质安全,才能将安全隐患消除在萌芽状态而防患于未然。强化安全管理则是顺利推进工程建设、实现本质安全和安全发展的可靠保障。全省重点公路工程建设系统通过坚持本质安全理念,强化领导保证、组织保证、制度保证、资金保证、技术保证和纪律保证,严格把好公路建设市场准入关、施工企业进场关、施工现场管理关、施工安全监督检查关、安全事故问责关,严格排查安全隐患,将强硬化管理措施落实到岗、责任到人,有效确保工程建设安全生产形势持续稳定可控、事故逐年递减、安全管理水平不断提高的良好局面。

1. 构建安全防范体系,确保层层责任落实

省交通运输厅和各建设单位认真落实行政首长负责制和领导班子成员安全生产"一岗双责"制度,班子成员各司其职,层层签订目标责任书,形成横向由厅安监处、省交通质监局、厅重点办以及省安监局监管,纵向由业务管理部门、建设单位、监理单位、施工企业"四位一体"监管的防范体系,一级抓一级,一级对一级负责,形成人人抓安全,层层抓落实的齐抓共管工作局面。同时通过建立健全各级安全生产管理制度,深入贯彻落实省厅高危工程施工安全强制性要求,并把安全责任落实情况与日常经济责任制、年度目标工作考核相结合,有效促使各级安全管理人员工作、责任到位,确保各项目标任务得到真正落实。

2. 积极开展专项整治,强化安全生产监管

"宁听骂声、不听哭声",这是省委、省政府领导的直白,更是对安全生产管理工作的要求。为此,省交通运输厅通过开展一系列专项整治活动,进一步强化对工程建设安全生产行为的监管。

(1)加大隐患排查治理力度。在日常检查和专项检查中,对容易造成事故的高危工程和危险源进行专项治理,对查出的隐患严格按照五落实要求,即"责任单位落实、责任人落实、整改时间落实、整改措施落实、应急措施落实"限期整改到位;对事故处理则按照"四不放过"的原则,即(事故原因未查明不放过、责任人未处理不放过、整改措施未落实

不放过、有关人员未受到教育不放过），依法进行责任追究，确保最大限度地消除事故隐患。厅重点办制定重点工程安全生产风险防控手册，联合省交通质监局组织专业人员对所有在建项目进行多次安全生产大检查。省交通质监局对项目每月综合检查一次，每季度在公路建设调度会上发布安全检查通报和分析报告，并以高危工程为重点，建立高速公路隧道、高墩大跨桥梁等重大危险源监管台账，实行动态监管。各建设单位通过派驻技术人员蹲点、在施工重要部位和环节选派专职安全管理人员进行跟班作业的办法，强化现场监管。

（2）深入开展专项整治活动。以"打非""预防坍塌事故"、百日安全生产大检查等专项整治工作为抓手，严格监管"三类人员"，严格防止"三违作业"，特别是重点对高危工程、易发、高发安全问题的工序进行排查，做到早发现、早解决、早落实。在桥梁、隧道等重要部位和环节的施工中，严格落实省厅高危工程施工安全"六十条"强制性要求和黄土隧道施工技术要点，及时纠正违章违规现象，确保安全生产行为规范合规。

（3）及时开展"回头看"活动。在全系统组织开展的"回头看"活动和各建设单位根据整改情况自行开展的"回头看、查隐患"活动中，对检查发现的问题和各类事故隐患，定人、定责、定时严格抓好整改落实，认真执行隐患登记和整改反馈制度，实施跟踪督查，整改不到位、不彻底决不罢休，确保治理措施、责任、资金、时限和预案"五到位"，保证隐患排查不留死角、治理不留后患。

3. 推进"平安文明工地"创建，营造安全文明良好氛围

在2010年"平安文明工地"创建活动之初，省交通运输厅成立由有关领导组成的"平安文明工地"创建活动领导组，层层落实责任制，把创建活动放到重要位置并纳入日常工作予以推动。截至2016年年底，省厅在全系统持续开展"平安文明工地"达标创优竞赛活动，并通过制定《平安文明工地达标标准》《文明施工指南》和《达标考核办法》，推动活动深入开展，营造良好安全生产和文明施工氛围。

（1）创建活动有声有色。2010年5月15日，省交通运输厅举办全省公路工程建设项目平安文明工地创建活动启动仪式暨10万人宣誓签名活动启动仪式，推动"平安文明工地"建设。2011年3月在全系统开展"平安文明工地"达标创优竞赛活动，进一步把安全生产管理重点放在工地，通过专项检查、考核评定、奖励激励等方式，不断使安全生产和文明施工管理水平有效提升。7月18日，全省重点公路工程"平安文明工地"创建活动现场会在山平高速公路召开，表彰现场管理规范、设备设施完善、防护水平较高、安全文明施工较好的1个"样板项目"、2个"优秀项目"和1个"样板标段"、6个"优秀标段"。2012—2015年，每年都有一批创建先进单位获得表彰。

（2）创建特色多姿多彩。一方面结合实际细化方案，制定下发《"平安文明工地"达标创优竞赛活动实施细则》，一方面形成一把手全面抓，分管领导具体抓，成立办公室专门抓,各部门密切配合,上上下下齐抓共管的工作格局,使创建活动的各项要求不折不扣地落到实处。灵山高速公路把安全管理的着眼点、落脚点放在一线员工,在隧道洞口统一安装 LED 显示屏,把安全规范和知识及强制性标准编制成通俗易懂的动画片,每天滚动播放,进出洞人员随时可看,潜移默化地受到教育。

(3)创建成效十分明显。通过组织开展"安全生产月""安全生产宣传日""5·12 防灾减灾日""11·9 消防安全宣传日"等活动,利用电视、互联网、报纸、广播、宣传展板、悬挂横幅标语、发放传单、赠送安全手册等多种形式,将安全生产法律法规、技术标准落实到生产一线,营造良好的"关爱生命、关注安全"舆论氛围。2010 年公路建设领域事故起数和死亡人数得到有效遏制,2011—2016 年公路工程建设事故起数和死亡人数连续大幅下降,创建活动结出丰硕成果。

4. 推广应用科技信息,提升安全保障水平

科技兴交是省交通运输厅既定战略,安全科技信息技术已在全系统广泛推广和应用,为保障工程建设发挥重要作用。省厅建立交通运输应急管理信息系统和指挥平台,实现信息统一报送、统计分析、监测预警、辅助决策、信息发布、异地会商等功能。在建高速公路的多个长大隧道、高墩大跨桥梁施工现场,在关键位置配备安装 24 小时视频监控系统。隧道进洞人员安全帽中加装芯片,实行智能化管理。山平高速公路在危险源较多的鸳鸯会等 4 个隧道施工队伍中推广应用可视化监控系统和可视化人员定位系统,并在建管处和第四合同段设置监控室,对掌子面掘进和二衬支护等施工环节进行实时监管,随时掌握施工一线动态。同时与北京科技大学联合在隧道进行微震监测系统科研项目的研究,并获得积极进展,为保证隧道正常施工和安全生产处在受控状态,提供有力技术保障。忻阜高速公路成功将"公路隧道围岩分级指标体系与动态分类方法研究"的科研成果应用于隧道围岩分级与动态监控之中,通过现场监测获得围岩动态的信息(数据),为完善隧道工程设计与指导施工提供可靠数据,确保隧道施工安全。此外,忻阜高速公路还应用路侧安全防护设施,既有效地提高路侧安全性能,同时兼顾经济、景观、环保等因素。

5. 抓好重要时段工作,提高应急保障能力

省交通运输厅针对夏季汛期、冬季大风暴雪灾害天气和重大节假日等重要时段可能突发的安全生产问题,有针对性地做出超前防范措施,通过提前召开全省公路施工春季安全暨推进"平安文明工地"创建活动视频会议、全省交通运输汛期安全生产会议等专门会议和印发紧急通知,及时部署相关安全工作,落实安全生产主体责任和监管责任。各建设单位则积极响应迅速部署,认真完善应急救援和保障机制。各施工单位按照预案和实战积极开展防汛、防火、隧道逃生等应急救援演练,同时开展隐患和风险排查,施工现场坚持 24 小时值班和值班报告制度,有事报事,没事保平安,确保应急人员、机械设备、物资时刻

保持在战时状态。1993年以来,每逢重大节假日,各建设项目均保证建设秩序安全稳定,没有发生各类重特大突发性事故。

在推动高速公路工程建设的过程中,省交通运输厅坚持从制度、机制等管理环节细微处入手,循序渐进、不断深入,把住源头、夯实基础,与时俱进、改革创新,最终构建起具有山西高速公路建设特色的市场信用体系、质量保证体系、安全防范体系和进度管理模式,为指导和保障今后的公路建设、促进行业建设标准化、精细化、规范化提供有益借鉴和启示。

二、投融资模式

（一）1993—1997年

建设青银高速太原—旧关段、太原东环段两条高速公路,建设里程168km。批复概算总投资39.24亿元,资金来源为:中央车购税7.68亿元,公路基金16.84亿元,市县自筹5.12亿元,捐款2.1亿元,银行贷款7.5亿元。其中:太旧高速公路建设里程144km,建设标准为高速公路,概算总投资32.5亿元。

1993年2月24日,省政府召开全省重点公路建设会议,研究太旧路建设的开工准备工作,并就重点公路建设同有关地、市签订重点工程开工准备工作包干责任协议书。

1993年3月15日,国家计委以计交通〔1993〕第384号文《印发〈关于审批太原—旧关高速公路工程可行性研究报告的请示〉的通知》,下达山西省,批准太旧路全线采用交通部颁发的《公路工程技术标准》中高速公路标准建设。"八五"期间建设太原武宿—寿阳和西郊—旧关两段,"八五"期末和"九五"期间建设寿阳—西郊段。

1993年,全省全部交通规费收入只有11.9亿元,银行贷款也不支持公路建设,建设这样一条高速公路对山西来说十分困难。但全省人民没有被困难吓倒,在省委、省政府坚强领导下,全省多方筹措建设资金,除申请交通部补助和银行贷款外,还发动全省机关事业单位捐款2.1亿元。

概算总投资32.5亿元,资金来源为:交通部补助6.78亿元,养路费1.883亿元,公路建设基金14.237亿元,交通部委托贷款3.5亿元,国家开发银行3亿元,建行贷款1亿元,捐款2.1亿元。1993年开工建设,1996年建成通车。

（二）1998—2008年

1. 发展情况

1998年,中央提出"加大基础设施建设的投入,拉动相关产业和经济的增长",国家实行积极的财政政策,各大金融机构的纷纷关注公路建设项目。省交通厅紧紧抓住这个机遇,积极同各大银行谈判,争取银行贷款支持。建设项目27个,建设里程1797.3km,批复概算总投资551.35亿元,资金来源为:中央车购税70.1亿元,政府债券8.97亿元,公路基金105.97亿元,市县自筹2.58亿元,银行贷款247.35亿元,企业自筹116.38亿元。

(1)政府还贷项目22个,分别为:二广高速公路原平—太原段、晋城—阳城高速公路、运城—风陵渡高速公路、青银高速公路太原南环段、青银高速公路夏家营—汾阳段、运城—三门峡高速公路、京昆高速公路罗城—夏家营段、京昆高速公路夏家营—祁县段、京昆高速公路祁县—临汾段、京昆高速公路临汾—侯马段、二广高速公路大同—新广武段、青兰高速公路长治—邯郸段、侯马—运城高速公路、二广高速公路新广武—原平段、二广高速公路太原西北环段、二广高速公路得胜口—大同段、青银高速公路汾阳—离石段、二广高速公路大同绕城段、京昆高速公路侯马—禹门口段、二广高速公路晋城—济源段、青银高速公路离石—军渡段、运城南环高速公路。

(2)经营性公路项目5个,分别为:悦达京大高速公路孙启庄—大同段、二广高速公路长治—晋城段、二广高速公路太原—长治段、晋城—侯马高速公路翼城—侯马段、晋城—新乡高速公路晋城—焦作段。

2.典型案例——大运高速公路

在省委、省政府正确领导下,省交通厅通过拓宽筹融资渠道,合理举债建设,使大运高速公路建设概算总投资省自筹部分降为32%。

2000年,为响应中央关于西部大开发的号召,省委、省政府提出掀起以大运高速公路和国道主干线为重点的公路建设新高潮的要求,大运高速公路作为全省公路建设的重中之重,被提到首要议事日程。但当时列入国家开发银行储备项目库的项目仅有大运高速公路罗城—夏家营段、夏家营—祁县段、临汾—侯马段三个子项目,2000年7月20日,省交通厅以《关于大运高速公路太原—运城段申请国家开发银行贷款的报告》(晋交计字〔2000〕348号文)再次申请贷款。省委、省政府领导十分关心贷款落实情况,为加快贷款申请进度,省委书记田成平亲自写信给国家开发银行行长陈元请求支持;省长刘振华亲自赴国家开发银行与行长陈元面谈,请求加快评贷进度;分管交通工作的副省长杜五安,更是多次赴国家开发银行与行长陈元,副行长姚仲明、杨晓棠等商谈,恳求国家开发银行大力支持山西省公路建设。厅领导多次赴国家开发银行陈述大运高速公路必须全线开工建设的必要性和对山西省及周边地区的影响。2001年1月3日,国家开发银行以《国家开发银行关于山西省大同—运城高速公路项目贷款承诺的函》(开行承诺〔2000〕226号)承诺贷款大运高速公路太原—运城段五个子项目43.3亿元,其中:罗城—夏家营段6亿元、夏家营—祁县段3.3亿元、祁县—临汾段16.5亿元、临汾—侯马段5.8亿元、侯马—运城段11.7亿元)。大运高速公路于2000年开工建设,2003年建成通车。

在大运高速公路建设期间,为支持全省公路建设,国家计委三次追加罗城—夏家营段国债投资 3.7 亿元。

在落实大运高速公路太原—运城段 5 个子项目建设资金后,省交通厅又紧锣密鼓地展开大运高速公路大同—原平段 2 个子项目贷款申请工作。2001 年 2 月 13 日,省交通厅以《大运高速公路大同—原平段申请国家开发银行贷款的报告》(晋交规划字〔2001〕49 号文)申请大运路北段贷款。为加快评审进度,分管交通的副省长杜五安带领厅领导多次赴国家开发银行向行长陈元、副行长姚仲明、王益、杨晓棠汇报,将大运路大同—原平段列入快速通道项目,在评审计划下达前先行评审。2000 年 4 月 17 日,国家开发银行评审二局前来山西省实地考察大运高速公路大同—原平段交通量,并签订会议纪要。2001 年 5 月初,开行评审局提出新广武—原平段由于造价太高,无法通过财务分析。为提高项目偿债能力,增加贷款比例,减少省交通厅资本金筹措压力,厅综合规划处提出增加隧道专项收费。通过征求省物价局意见,2001 年 5 月 25 日,省政府以《关于同意增加新广武—原平高速公路特大隧道专项收费的批复》(晋政函〔2001〕185 号)同意增加隧道收费。2001 年 7 月 12 日,国家开发银行以《关于山西省大运高速公路大同—原平段项目贷款承诺的函》(开行承诺〔2001〕90 号)承诺贷款大运高速公路大同—原平段两个子项目 30.1 亿元,其中:大同—新广武段 16.5 亿元、新广武—原平段 13.6 亿元。2001 年开工建设,2003 年建成通车。

大运高速公路概算总投资 167.3 亿元,资本金部分 79.7 亿元,占总投资 47.6%,资金来源为:交通部补助 22.63 亿元、国债资金 3.7 亿元、公路建设基金 53.4 亿元;非资本金部分 98.15 亿元,占总投资的 53.4%:国家开发银行贷款 73.4 亿元、亚行贷款 20.75 亿元、交行贷款 4 亿元(表 3-6)。

大运高速公路建设总投资构成表(单位:万元) 表 3-6

项目	总投资	交通部补助	国债	公路基金	亚行贷款	开行贷款	其他银行贷款	备注
合计	1673174	226300	37000	534044	207500	734000	40000	
大同—新广武段	288142	46300		76842		165000		
新广武—原平段	299798	40600		123198		136000		
罗城—夏家营段	11741	17500	37000	2911		60000		
夏家营—祁县段	57622	10900		13722		33000		
祁县—临汾段	657724	87400		157824	207500	165000	40000	交行
临汾—侯马段	122215	23600		40615		58000		
侯马—运城段	235932			118932		117000		

在大运高速公路资金构成中,国家开发银行贷款占总投资 44%,占银行贷款总数 75%。在贷款申请过程中,一是领导高度重视,这是落实贷款的关键。二是将项目捆绑在一起,大规模申请贷款,加快申贷速度。大运高速公路申请贷款时分为南线太原—运城段

(罗城—夏家营段、夏家营—祁县段、祁县—临汾段、临汾—侯马段、侯马—运城段)和北线大同—原平段(大同—新广武段、新广武—原平段)两次申请,这样不仅减少评审时间和环节,而且能体现项目规模效益,给国家开发银行一个宏观、全局概念。并且使国家开发银行认为,山西把全省最大、最好的项目申请开行贷款,十分重视,加快审贷速度。三是解决遗留问题和沉淀贷款,提高全省公路项目在国家开发银行的信用度。在申请贷款过程中,省交通厅把以前有关国家开发银行贷款的遗留问题全部解决,霍州—侯马一级公路是国家开发银行贷款项目,因管理不善欠本息不还,影响全省整个公路行业在开行的贷款。为了提高全省公路行业的信用度,省交通厅收回霍侯路的收费权,并承担偿还本息,这大大提高全省公路行业的信用度,加快大运高速公路的审贷速度。四是提高项目还贷能力,最大限度争取贷款。开行评审局提出新广武—原平段由于造价太高,无法通过财务分析。为提高项目偿债能力,增加贷款比例,减少省交通厅资本金筹措压力,厅综合规划处提出增加隧道专项收费,并报省政府批复。这样,不仅提高项目的偿债能力,还为以后的公路项目增加贷款比例提供经验。五是最大限度争取贷款。尽量降低资本金比例,减缓筹资压力。大运高速公路祁县—临汾段是亚行项目,资本金比例高达62.4%,为降低资本金比例,减缓省交通厅筹资压力,申请开行贷款16.5亿元。在2001年初安排计划时,省计委外经处提出增加该项目贷款需经亚行和国家计委同意。经与省计委和国家计委的多次协商,已同意调整资金构成。2001年8月,国家开发银行又提出该项目不能使用交行贷款,认为将会增加项目负债、加大项目还贷压力,将影响该项目开行贷款的偿还能力。为保证祁临路资金全面落实,减轻省交通厅资本金筹措压力,提出将交行贷款转为省交通厅统贷,这样一来,该项目资本金比例由原来62.4%降低为37.2%。为进一步降低大运高速公路资本金比例,还积极争取国家财政债券,大运高速公路利用国债资金4.47亿元。六是根据项目实际情况,及时调整交通量,提高项目竞争力。大运高速公路各段的工程可行性研究报告均在1998年以前完成,而太原—运城段是在2000年申请贷款、大同—原平段是在2001年申请贷款。由于各路段所在地社会、经济背景和工程可行性研究进行的年度各不相同,工程可行性研究报告中预测的交通量也不相同,在申请贷款时又考虑时间因素进行调整(详见表3-7),提高项目财务分析各项指标和项目竞争力。

项目调整后的预测交通量[单位:辆/日(折合小汽车)]　　　　表3-7

项目	年份				
	2001年	2005年	2010年	2015年	2020年
罗城—夏家营	18359	25073	35399	44975	53695
夏家营—祁县	13902	18808	25256	31056	36728
祁县—临汾	18615	25100	35221	44479	53019

续上表

项　目	年份				
	2001年	2005年	2010年	2015年	2020年
临汾—侯马	16855	23265	31641	40635	49071
侯马—运城	14038	18748	25816	33206	39813
大同—新广武	15569	20933	28951	37480	46261
新广武—原平	13641	18341	25485	32933	41723

3. 融资政策

与国家开发银行建立专项融资平台。

2006年1月5日，为更好地开展与国家开发银行的金融合作，根据国家开发银行建立专项融资平台的有关管理办法和2005年第27期总行贷委会纪要有关要求，省交通厅以《关于成立山西省交通建设开发性金融领导小组的通知》（晋交规划字〔2006〕5号）成立开发性金融领导小组，领导小组主要负责组织、协调省级交通建设专项融资平台的建设和相关协议的谈判、签订、执行工作；负责制定相关政策及资金使用监督等管理办法；负责项目的筛选、贷款资金的使用、贷款偿还等重大事项的决策；负责处理双方合作中出现的重大问题。领导小组将不定期召开协调会议，解决出现的问题，推动工作的进程。领导小组下设办公室，落实领导小组的各项决策，反馈执行中出现的问题，负责与开发银行联系，推动各项具体工作的开展。

领导组成员：组长为厅长，副组长为分管副厅长、总会计师，成员为省公路局局长、省高管局局长、厅综合规划处处长、厅公路处处长及省高管局、省公路局分管领导。

领导组下设办公室，办公室主任由分管副厅长兼任，成员由厅综合规划处、厅财务处、厅核算中心、省公路局计划统计、省高管局计划财务负责人组成。

2006年，为了确保全省"十一五"交通建设顺利进行，根据国家开发银行"十一五"发展战略和重点，省交通厅与国家开发银行在多次磋商、达成共识的基础上，建立交通建设开发性金融合作平台。

根据国家的产业政策和双方领导座谈会精神，按照全省高速公路网和干线公路网规划的实施步骤，省交通厅与国家开发银行建立开发性金融合作平台后，双方合作的主要领域是高速公路建设和干线公路改造。

"十一五"期间，省交通厅与国家开发银行合作的方式是："一次承诺、分项核准"。合作规模为：省厅申请开行软贷款150亿元、硬贷款565亿元，合计715亿元。

前提是建立省级信用融资平台，依据组织增信原理，与政府共同合作，双方通过共建信用体系和制度体系来防范风险，充分依靠和发挥政府的组织优势，完善体制和制度建设，培育市场信用。

省交通厅为山西交通信用融资平台并作为借款人统借统还。交通规费在某一阶段出现资金缺口不能足额偿还开行贷款本息时,省财政予以补足。

4. 金融组织支持

亚洲开发银行(Asian Development Bank,ADB,以下简称亚行)是面向亚太地区的区域性政府间的金融开发机构。即为某一会员国或地区成员发展规划的具体项目提供贷款。这些项目应该具备效益好、有利于借款会员国或地区成员经济发展、借款会员国或地区成员有较好的信用等三个条件。项目贷款是亚洲开发银行主要和传统的贷款方式。山西省利用亚洲开发银行贷款项目是祁县—临汾、侯马—禹门口两个公路项目。

(1)大运高速公路祁县—临汾段

1996年祁临高速公路被国家正式列入亚行备选项目。

1998年3月国家计委以《印发国家计委关于审批国道主干线二连浩特—河口公路山西祁县—临汾公路项目建议书的请示的通知》(计交能〔1998〕323号文件)批准祁临高速公路《项目建议书》,并决定利用亚洲开发银行贷款。

1998年9月~12月,亚行派出技援团对该项目进行现场考察。

1999年2月,国家计委以《印发国家计委关于审批二连浩特—河口国道主干线山西祁县—临汾高速公路工程可行性研究报告的通知》(计基础〔1999〕155号文件)批复祁临高速公路《可行性研究报告》。

1999年3月,以史迪芬·卡瑞为团长的亚行预评估团一行6人[史迪芬·卡瑞(团长/高级经济师)、阿兰·李(财务分析师)、吴少华(项目工程师)、苏珊娜(社会专家)、阿明·保尔(社会专家)、吉米·苏吉(环境专家)]于3月9日抵达太原,对祁临高速公路项目进行为期7天的预评估工作。3月21日,预评估团在北京与财政部、交通部举行会谈,最后形成《预评估备忘录》。6月亚行启动团对该项目进行正式评估,签署《谅解备忘录》。

1999年7月6日,财政部呈报国务院《关于与亚洲开发银行谈判山西道路发展项目的请示》的急件传真至山西,会签省政府。8月,由财政部牵头,国家计委、交通部和山西省组团赴菲律宾与亚行进行贷款协定的谈判,并草签贷款协定。

1999年9月30日,亚行批准对中国政府的2.5亿美元的贷款,用于利用亚洲开行银行贷款的祁临高速公路项目。

(2)侯马—禹门口公路

2001年,侯马—禹门口高速公路建设里程65km,建设标准为高速公路,概算总投资227353万元,其中亚行贷款1.2亿美元(折合人民币102000万元)。2003年开工建设,2006年建成通车。

5.引资(吸引外商和国有企业投资建设项目)

(1)太原东环段高速公路

项目是全省第一条引资修建的高速公路,是太原市建设项目。1993年开工建设,1997年建成通车,历时五年,主要原因是资金筹措困难。根据1994年省政府办公会议纪要,项目包干建设,资金比例为省75%、太原市25%;省交通厅积极协助太原市政府筹措项目资金,1995年争取交通部增加部车购费补助900万元、部委托贷款4000万元;1996年、1997年省交通厅又为项目提供贷款担保10588亿元,并引外资2836万美元用于项目建设。1994年开工建设,1996年建成通车。

(2)晋城—焦作公路

1998年6月,山西省交通建设开发投资总公司与香港新世界基建有限公司合作组建山西新泽等6个高速公路有限公司,共同兴建和经营晋焦高速公路山西境内段。晋城—焦作公路建设里程33km,建设标准为高速公路,概算总投资143789万元,资金来源为:公路建设基金11515万元、地方财政债券15000万元、部委托贷款31000万元、外资86274万元。1997年开工建设,2001年建成通车。

因该公路河南段工程滞后,2001年4月,香港新世界基建有限公司提出撤资要求。经2001年4月29日下午省政府常务会议纪要〔2001〕067次原则同意。2002年9月,由山西省交通建设开发总公司向工商银行融资10亿元并购晋焦高速公路港方股权。

(3)晋侯高速公路关门—侯马段

晋侯高速公路关门—侯马段建设里程高速67km,由中国交通集团采用BOT方式建设,企业自筹25亿元。

2001年1月,省交通厅与山西中昌集团有限公司多次协商,公司全额投资建设并经营阳城—侯马段高速公路达成协议,公司出资约37亿元人民币建设阳城—侯马段高速公路。公司以该路投资取得经营权,经营期限30年。2001年4月3日,省交通厅以《关于山西中昌集团有限公司全额投资建设并经营阳城—侯马高速公路问题的请示》(晋交规划字〔2001〕156号)报省人民政府。

2001年4月29日,根据省政府常务会议纪要(〔2001〕067次)指示:关于山西中昌集团有限公司全额投资建设并经营阳城—侯马高速公路事宜,会议明确合作的前提是:①对方要保证有充足的资本金,并能按规定及时足额到位;②我方现不承诺公路建成后的收费标准。2001年5月21日,根据省政府会议纪要精神,省交通厅以《关于授权成立山西阳侯高速公路有限公司的批复》(晋交规划字〔2001〕254号)文件授权山西中昌集团有限公司成立山西阳侯高速公路有限公司。

2004年3月17日,根据《关于转让山西阳侯高速公路有限公司股权的批复》(晋交规划字〔2004〕95号)文件指示,省交通厅同意山西中昌集团有限公司及所属相关企业向中国港湾建设(集团)总公司依法转让山西阳侯高速公路有限公司51%的股权。

2004年9月14日,根据《关于阳侯公司公路施工承包合同的批复》(晋交规划字〔2004〕389号)文件指示,省交通厅同意阳侯高速公路在不违背合同条款的前提下,由中国港湾建设集团对阳侯高速公路工程实行总承包,并以中国港湾建设集团为承贷主体,向银行申请项目贷款。

2004年11月3日,省交通厅以《关于设立"山西中港晋侯高速公路有限公司"的批复》(晋交规划字〔2004〕462号)同意中国港湾建设(集团)总公司和山西中昌集团有限公司共同设立山西中港晋侯高速公路有限责任公司,负责山西阳侯高速公路项目的融资、建设、经营和管理。该公司注册资本为6.85亿元,其中,中国港湾建设(集团)总公司占股权比例为89.781%,山西中昌集团有限公司为10.219%。

2005年9月22日,省交通厅以《关于与山西中港晋侯高速公路有限责任公司换签BOT合同的请示》(晋交规划字〔2005〕478号)上报省政府,鉴于晋侯公司在一期工程中已投入巨额资金及目前二期工程资金筹措中遇到的实际困难,确保该项目尽快建成通车,省交通厅拟同意晋侯公司退出晋侯高速公路二期工程的建设和运营,并由省交通厅另行安排二期工程的建设。同时,省交通厅与晋侯公司对原BOT合同进行换签。

(4)京大高速公路

2003年10月,省交通厅与江苏悦达集团有限公司签订意向书,商定成立合作公司,转让京大高速公路80%股权,投资17亿元。同时,省交通厅以《关于合作经营大同—孙启庄段高速公路的请示》(晋交规划〔2003〕540号)上报省政府。2004年11月省政府以《关于同意山西京大高速公路有限公司与江苏悦达集团有限公司合作经营大同—孙启庄段高速公路的批复》(晋政函〔2004〕187号),同意省交通厅合作经营大同—孙启庄段高速公路的请示。省交通厅以《关于同意成立京大高速公路山西段项目公司的批复》(晋交规划〔2004〕512号)批转山西京大高速公路有限责任公司和江苏悦达集团有限公司成立合作公司。

2006年9月8日,成立山西悦达京大高速公路有限公司和出资协议签字仪式正式举行,江苏悦达集团总裁邵勇、京大公司董事长刘美分别代表合作双方在成立山西悦达京大高速公路有限公司出资协议上签字。这是省交通厅继太旧高速公路实施企业并购、置换资本金之后,放宽市场准入、吸引社会资本进入高速公路领域的又一重大举措,开辟全省公路建设筹资工作的崭新领域。

(5)太原—晋城(省界)高速公路

为贯彻落实省委、省政府进一步扩大对外开放、加大招商引资力度的精神,深化全省交通投融资体制改革,拓宽融资渠道,加快公路建设,按照省政府的统一安排部署,2005年省交通厅整体转让太原—焦作(省界)高速公路经营。

太原—焦作(省界)高速公路由太原—长治、长治—晋城、晋城—焦作(省界)3个项目组成,总里程339km,概算总投资109.1亿元。其中:太原—长治段全长214km(含连接线),概算总投资71亿元,2005年11月竣工通车,暂定收费年限18年;长治—晋城段全长93km,概算总投资21.7亿元,2004年11月竣工运营,暂定收费年限20年;晋城—焦作(省界)段全长32km,总投资16.4亿元,2002年12月正式通车运营,暂定收费年限25年。

按照省政府、省交通厅的有关要求,本着公平、公正、公开的原则,依程序、有计划、有步骤地推进该项目的转让工作,大致经历了三个阶段。

第一阶段:(2005年12月~2006年7月)

投资人招标:2005年12月,省交通厅在山西交通网上连续58个工作日发布整体转让太原—焦作(省界)高速公路经营权的公告。2006年3月24日邀请省发改委、省国资委、省财政厅、省物价局、省纠风办、省审计厅、省交通厅、开行山西分行和有关专家召开招商陈述会议,对拟投资人进行综合评价,确定与综合评价排序第一的平安信托投资有限责任公司开展谈判工作。

项目评估:2006年4月12日,举行资产评估项目招标会,经有关专家评议,确定由山西中新资产评估有限公司、山西国元资产评估有限公司、中保资产评估有限公司开展太原—焦作(省界)高速公路资产评估工作。在项目评估过程中,为确保国有资产的保值增值,提高招商引资工作的短期效果和长期效益,分别采用成本法和收益法进行评估,经对比分析后,省厅决定选择成本法评估结论,并报山西省人民政府国有资产监督管理委员会(晋国资产权函〔2006〕302号)核准《山西省交通建设开发投资总公司拟有偿转让山西太长、长晋、晋焦高速公路有限责任公司部分股权项目资产评估报告书》的评估结论。评估基准日账面净资产35.4亿,评估后净资产51.8亿元,评估增值16.47亿元人民币。

签署协议:2006年5月,积极与平安公司开展转让的相关谈判工作,分析诸多转让方式后,拟采取股权转让方式实现高速公路经营权的转让,经省政府〔2006〕76次常务会议纪要批准该转让方式,转让期限25年。2006年7月28日在港洽会上,由省交通建设开发投资总公司与平安公司签署股权转让协议书,后经多次谈判、协商,就合作具体事宜签订相关股权转让补充协议。

第二阶段:(2006年8月~2007年7月)

股权转让行为的报批:依照法定程序和合作协议约定,2007年1月26日、2月25日,省交通厅、省财政厅、省物价局以晋交财字〔2007〕27号、72号就股权转让合作方、股权转让比例及价格、转让收费年限向省政府提交请示报告。3月21日,省人民政府晋政函〔2007〕56号《关于同意太原—焦作(省界)高速公路合作经营有关事宜的批复》中批复:本次股权转让项目整体转让比例为41%,其中:太长30%、长晋60%、晋焦60%,本次转让价格为22.7565亿元,转让收费年限为自股权交割日起25年。

6. 投资人招标

根据中华人民共和国国务院令第417号颁布、自2004年11月1日起施行的《收费公路管理条例》第十一条要求,经营性公路建设项目应当向社会公布,采用招标投标方式选择投资者。经营性公路由依法成立的公路企业法人建设、经营和管理。

2006年,省交通厅委托路华通公司先后进行山西垣曲蒲掌—闻喜东镇高速公路项目和运城绕城高速公路西南段项目、运三高速公路三门峡黄河大桥(山西省境内)项目、汾阳—邢台高速公路平遥—榆社段项目和榆社—省界段项目、高平—新乡高速公路高平—陵川段、大同—浑源高速公路的投资人招标工作。

成功完成汾阳—邢台高速公路平遥—榆社段项目和榆社—省界段项目、高平—新乡高速公路高平—陵川段2个项目投资人招标工作。

(1)汾阳—邢台高速公路平遥—榆社段项目和榆社—省界段项目

为了落实好2007年5月8日省政府常务会议《关于加快推进全省高速公路建设专题纪要》精神,依据《收费公路管理条例》,省交通厅对汾阳—邢台高速公路平遥—榆社段和榆社—和顺康家楼段两项目采用公开招标的方式选择投资人。

汾阳—邢台高速公路平遥—榆社段项目起点位于平遥县侯冀村南,终点位于榆社县城北西马村,与拟建的榆社—省界段高速公路起点相接。路线全长约81km,投资估算为49.3亿元人民币。

汾阳—邢台高速公路榆社—和顺康家楼段项目路线起点位于榆社县城以北西马村,与太长高速公路相交,经大寨村、王景、红崖头、管头、石匣、左权西互通、阳涉铁路、王家店互通、罗汉岭隧道、东五指、骆驼村、拐上,至终点和顺县康家楼隧道内。路线全长86.6km,投资估算为50.5亿元人民币。

省交通厅于2007年8月9日在《山西日报》、中国采购与招标网、山西招标投标网对上述两项目发布投资人招标公告。8月9日~8月15日,汾阳—邢台高速公路平遥—榆社段项目出售4份招标文件,汾阳—邢台高速公路榆社—省界(和顺康家楼)段项目出售5份招标文件。截至9月5日10时开标共收到6份投标文件。9月5日上午,在省发改委、省法制办、省商务厅、省财政厅、省物价局、省纪委驻交通厅纪检组监察室的监督下进行公开开标和评标。最终确定中铁三局集团有限公司为两项目的中标单位。经营年限均为25年。9月7日~9月13日18时,中标结果在中国采购与招标网、山西招标投标网公示,公示期内无异议。9月18日,向中标单位发出中标通知书。根据招标文件规定,10月12日中铁三局集团有限公司向省交通厅缴纳3.5亿元人民币投资履约担保金,10月16日,省交通厅与中铁三局集团有限公司签订《汾阳—邢台高速公路平遥—榆社段和榆社—和顺康家楼段投资协议书》。

第三章
高速公路发展成就

12月12日,省政府以《关于同意中铁三局建设经营汾阳—邢台高速公路平遥—榆社段及榆社—和顺康家楼段的通知》(晋政函〔2007〕220号)批准中铁三局集团有限公司建设经营汾阳—邢台高速公路平遥—榆社—和顺康家楼段。

12月18日,省交通厅以《关于同意中铁三局建设经营汾阳—邢台高速公路平遥—榆社—和顺康家楼段》(晋交规划字〔2007〕584号)转发省政府批复。

12月18日,省交通厅与项目建设公司山西和平榆高速公路有限责任公司签订《汾阳—邢台高速公路平遥—榆社段和榆社—和顺康家楼段建设、运营、移交协议书》。

(2)高平—新乡高速公路高平—陵川段

为了加快推进全省高速公路建设,依据国务院《收费公路管理条例》和交通运输部《经营性公路建设项目投资人招标投标管理规定》,省交通厅对高平—新乡高速公路高平—陵川段项目采用公开招标的方式选择投资人。

路线起点位于高平市河西镇常乐村东南,与长晋高速公路相接,终点设在晋豫两省交界的营盘村。本项目包括主线、陵沁连接线、陵修连接线。主线采用双向四车道高速公路技术标准建设,路线全长62.175km,陵沁连接线采用一级公路技术标准建设,长0.87km,陵修连接线采用二级公路技术标准建设,长4.05km。项目投资估算为36.3亿元。建设工期3年。

省交通厅于2008年7月22日在中国采购与招标网、山西招标投标网、山西交通网上发布投资人招标公告。7月22日~8月19日出售3份招标文件,截至9月23日10时,共收到投标文件3份。9月23日上午,在省发改委、省法制办、省商务厅、省财政厅、省物价局、省纪委驻交通厅纪检组监察室的监督下进行公开开标和评标,开标过程合法有效。最终确定山西省交通建设开发投资总公司为中标单位,经营年限25年。9月23日~29日,中标结果在中国采购与招标网、山西招标投标网公示,公示期内无异议。10月6日向中标单位发出中标通知书。

根据招标文件规定,2008年10月10日,省交通建设开发投资总公司向省交通厅缴纳1.27亿元人民币投资履约担保金。11月16日,省交通厅与省交通建设开发投资总公司签订《高平—新乡公路高平—陵川段投资协议书》。11月27日,省交通厅以《关于采用BOT方式建设经营高平—新乡高速公路高平—陵川段的请示》(晋交规划字〔2008〕550号)报省政府。

2009年1月1日,省政府印发《关于同意山西省交通建设开发投资总公司建设经营高平—新乡高速公路高平—陵川段的通知》(晋政函〔2009〕2号),同意山西省交通建设开发投资总公司建设经营高平—新乡高速公路高平—陵川段。1月12日,省交通厅以《关于采用BOT方式建设高平—新乡高速公路高平—陵川段的通知》(晋交规划字〔2009〕17号)转发山西省人民政府的批复。

7."珠洽会"招商引资项目——阳泉—五台山高速公路阳泉—盂县段

阳泉—五台山高速公路纵穿本省东部地区,起于平定西郊,与太旧高速公路相连,终于五台县石盆口,与忻阜高速公路相接,全长182km。其中,阳泉境内150km,忻州境内32km,项目预计总投资109亿元。项目建设对于完善全省高速公路网布局,缓解东部地区交通压力,进一步开发五台山、大寨等旅游景区,促进阳泉等煤炭工业基地转型、跨越、崛起,具有十分重要意义。

根据省委、省政府《关于进一步扩大对外开放的决定》以及《山西省人民政府关于改善投资环境扩大招商引资的实施办法》,被列为全省"珠洽会"招商引资项目。经过考察、洽谈,2007年8月18日在"珠洽会"上,省交通厅、阳泉市政府、忻州市政府共同与中国建筑工程总公司签订合作协议,由中国建筑工程总公司以BOT方式建设阳泉—五台山高速公路。

中国建筑工程总公司是国务院直属的53家中央特大型骨干企业之一,注册资本180亿元,总资本1266亿元,净资产380亿元,2004、2005、2006年分别盈利45亿元、55亿元、65亿元,是国务院国资委公布的25家经营业绩A级企业之一。该企业具有房屋建筑、公路施工、市政工程三个总承包资格,2005年排名国际承包商第17位,2006年完成工程建设投资2110亿元,营业收入1448亿元。项目投资人符合交通部《经营性公路建设项目投资人招标投标管理规定》的投资人应具备的条件(注册资本1亿元人民币以上,总资产6亿元人民币以上,净资产2.5亿元人民币以上;最近连续三年每年均为盈利;具有不低于项目估算的投融资能力,其中净资产不低于项目估算投资的35%;商业信誉良好,无重大违法行为)。

根据"珠洽会"与中国建筑工程总公司签订的合作协议,阳泉—五台山高速公路按前期工作进展情况分两期建设,一期工程为阳泉—盂县段47km,估算投资27.35亿元;二期工程为盂县—五台山段。

省交通厅在咨询法律、经济等方面专家的意见,与阳泉市政府、中国建筑工程总公司协商一致基础上,完成以下工作:12月18日,省交通厅作为行业主管部门和中国建筑总公司、阳泉市人民政府签订《阳泉—五台山高速公路阳泉—盂县段项目投资协议书》;12月28日,省交通厅和中国建筑总公司、阳泉市人民政府签订《山西阳泉—五台山高速公路项目投资框架协议书》。

2008年5月5日,山西省人民政府印发《关于同意中国建筑工程总公司建设经营阳泉—五台山高速公路阳泉—盂县段的批复》(晋政函〔2008〕64号),同意中国建筑工程总公司建设经营阳泉—五台山高速公路阳泉—盂县段。5月26日,省交通厅以《关于采用BOT方式建设阳泉—五台山高速公路的通知》(晋交规划〔2008〕198号)转发山西省人民政府的批复。7月9日,省交通厅和中国建筑总公司、阳泉市人民政府签订《阳泉—五台山高速公路阳泉—盂县段建设、运营、移交协议书》。

8.成立招商引资工作领导组

2006年6月7日,为进一步加强招商引资工作,扩大交通投资领域的对外开放,拓宽投资融资渠道,促进"十一五"交通建设的快速发展,省交通厅印发《关于成立厅招商引资工作领导组的通知》(晋交规划〔2006〕227号),成立厅招商引资工作领导组。

组长由厅长兼任,副组长由副厅长、总会计师兼任,成员有省高管局局长、省公路局局长、省运管局局长、厅综合规划处、厅财务征费处、厅公路管理处、厅运输管理处、厅重点办综合处、厅规划中心主任、省物流中心主任、省监委驻厅监察室主任。

领导组下设办公室,办公室设在厅综合规划处。

(三)2009—2012年

2008年,为应对国际金融危机,中央实施扩大基础设施建设,拉动经济增长的政策,加大金融支持力度。省交通厅紧抓机遇,建设里程3000km,建成项目34个,批复概算总投资1938.8亿元,资金来源为:中央车购税90.98亿元,政府债券7亿元,省交通厅筹措323.23亿元,市县自筹4.94亿元,银行贷款1060.72亿元,企业自筹451.93亿元。

政府还贷项目25个,分别为:大呼高速公路大同—右卫段、大同—浑源高速公路、灵丘(晋冀界)—山阴高速公路、京昆与青兰两条国家高速公路山西境临汾联络线、闻喜东镇—临猗孙吉高速公路、垣曲蒲掌—闻喜东镇高速公路、河津—运城高速公路、阳城 翼城高速公路、晋城环城高速公路西北段主线、浑源—广灵高速公路、天镇—大同高速公路、太原—古交高速公路、临汾—吉县(壶口)高速公路、忻州—保德高速公路、平定—阳曲高速公路、祁临高速公路临汾市北环段、长安高速公路长治—平顺段、荣成—乌海公路山阴—平鲁高速公路、霍州—永和关东段、阳泉环城线、岢岚—临县、临县—离石、神池—河曲、阳泉—左权、朔州环线西南段高速公路。

经营性公路项目9个,分别为:长城岭(晋冀界)—忻州高速公路、太原—佳县高速公路东段、太原—佳县高速公路西段、高平—新乡公路高平—陵川段、榆次—祁县高速公路、阳泉—盂县高速公路、汾邢高速公路汾阳—平遥段、浑源王庄堡—繁峙、汾邢高速公路平遥—榆社段。

(四)2013—2015年

2012年,国家实施稳健的货币政策,对高速公路建设的金融支持减弱。尤其根据2014年国发43号文件,省交通运输厅不能再通过市场筹措高速公路建设资金。建设里程1073km,建设项目22个(含续建项目和待开工项目),批复概算总投资948.88亿元。资金来源为:中央车购税29.04亿元,中央专项基金14.36亿元,地方政府债券0.5亿元,交通厅筹措 93 亿元，市县自筹 2.56 亿元，银行贷款 488.54 亿元，企业自筹 306.88 亿元。政府还贷项目 14 个，分别为霍州—永和关西段、运城解州—陌南高速公路、吉县—河津高速公路、原平大营—神池、左权—黎城、五台山—盂县、黎城—长治公路改扩建工程、北京—乌鲁木齐国家高速公路山西境内段、高平—沁水、长治—临汾公路、霍永高速公路永和—永和关段、晋蒙黄河大桥、西纵高速公路右玉—平鲁段、神池—岢岚高速公路。

经营性公路项目 8 个，分别为：忻州环城、太佳黄河大桥、繁峙—原平大营、吕梁环城、汾邢高速公路榆社—和顺段、运城—河南灵宝高速公路运宝黄河公路大桥、阳城—蟒河高速公路、闻垣高速公路古城联络线。

1. 加大招商引资力度

为缓解高速公路建设资金紧张的局面，吸引社会资本进入高速公路领域，加大招商引资力度，省交通运输厅选出 14 个高速公路项目在官网上发布宣传公告。2013 年完成青兰国高长治—临汾段项目 BT 和运宝黄河大桥、阳城—蟒河项目 BOT 投资人招标，并经省政府批复。

2. 研究推进高速公路项目、干线公路项目 PPP 合作

（1）省财政厅会同省交通运输厅成立"山西省高速公路 PPP 模式改革创新协调推进小组"，初步拟定采取 PPP 模式合作 16+3 高速公路备选项目。

（2）协助北京首创集团、平安银行等社会资本对其感兴趣的项目开展尽职调查。

（3）结合项目前期工作和投资人意向，在原"16+3" PPP 模式基础上，增加黎城—霍州、临猗黄河大桥及引线工程 2 个国高网项目。

（4）忻州—保德高速公路、平定—阳曲高速公路、晋城—济源高速公路、临猗黄河公路桥、右玉—平鲁高速公路 5 个项目咨询机构政府采购程序启动，已报请省财政厅政府采购处备案，已编制完成 PPP 模式咨询服务竞争性磋商文件，待咨询费用资金来源审定后，发布招标公告。

（5）干线公路项目。①中阳县政府采取政府与社会资本合作模式组织建设国道 209 省道 340 中阳县过境（唐石板沟隧道）公路改线工程项目。一是出资 20% 与中标单位共同组建项目公司。二是包干负责完成征地拆迁。三是承诺项目建成通车初期，如果收费额不能满足偿还项目公司的银行贷款本息，中阳县政府将以运营补贴的方式，承担部分运营补贴支出责任（具体金额、时间以财政承受能力论证报告为准），项目公司产生收益后偿还甲方补贴款项。②省公路局拟采取政府与社会资本合作模式建设省道大灵线东坊城—大磁窑段改建工程项目，现正在项目发起阶段。

（6）农村公路项目。古县政府拟采取 PPP 模式建设长临高速公路古县连接线（16km 一级公路），现已完成物有所值的评价工作。

(7)客运枢纽工作。吕梁市政府拟采取PPP模式建设吕梁下安综合客运枢纽,现正在开展资料搜集工作。

3.引进社会资本

省发改委选取全省规划内19个高速公路项目和11个国省干线公路项目,通过省政府和省发改委网站招商,引进社会资本投资公路建设。与此同时,采取多种措施充分调动各级建设公路积极性。运城市政府组织完成闻垣高速公路古城联络线投资人招标,并经省政府批复。吕梁市政府组织建设祁县—离石高速公路、静乐丰润—兴县黑峪口、国道307柳林县城区段(张家湾隧道)公路改线工程项目,祁县—离石高速项目、国道307柳林县城区段(张家湾隧道)公路改线工程2个项目已完成投资人招标。省公路局组织建设国道108线神堂堡—砂河段、左权县城—黎城下清泉段2个项目,国道108线神堂堡—砂河段已完成投资人招标;左权县城—黎城下清泉段已完成招标文件编制和评审,组织进行投资人招标。

4.高速公路建设体制改革

为认真落实全省"十三五"规划和省政府2016年转型综改行动计划,加快推进全省高速公路建设和运营管理体制改革,省交通运输厅在充分调研、认真研究的基础上,起草《关于进一步推进全省高速公路建设的意见》(以下简称《意见》)。根据副省长付建华指示,2015年6月、2016年3月,先后两次征求各市人民政府和省发展改革委、省财政厅、省国土资源厅、省环保厅、省水利厅、省林业厅、省住建厅、省公安厅、省旅游局、省国资委、省金融办等部门和有关交通企业的意见,并对各方面的意见进行充分吸收采纳。5月27日省政府召开协调会,省交通运输厅再次对《意见》进行修改完善。9月22日,省政府晋政发〔2016〕54号文件正式印发实施。

推进高速公路建设体制改革,是完成《山西省高速公路网规划调整方案(2009—2020年)》目标,建成高速公路7258km的重大举措,也是解决现行体制问题,实现高速公路建设持续健康发展的客观要求,对贯彻中央"五大发展"理念和省委"六大发展"要求、落实稳增长政策意义重大。改革主要内容有:

(1)全面开放高速公路建设经营市场。对列入省高速公路规划网的项目,鼓励各市按照BOT方式进行建设,对投资效益差的项目,采取PPP模式引进社会资本。

(2)合理划分高速公路建设事权。国家高速公路网项目由省负责建设,省高速公路网项目由市负责建设,构建省市联动、合力共建的高速公路建设新模式。

(3)培育壮大省市两级投资建设主体。省级培育省交通投资集团公司、省路桥建设集团公司、省高速公路集团公司等企业为国高网项目的投融资主体和建设主体。各市政府可组建市级交通投资公司,作为本级高速公路项目的投融资主体和建设主体。

5.申请中央专项基金支持

经国家有关部委和国家开发银行审核,省交通运输厅申报的国高网政府还贷项目纳入2批次中央专项建设基金投资计划。

2015年第三批专项建设基金投资计划共安排4个国高网政府还贷项目,安排中央专项建设基金投资99700万元,其中西纵高速公路右玉—平鲁段49500万元、西纵高速公路神池—岢岚段24800万元、京乌国高山西段5400万元、青兰国高黎城(冀晋界)—长治公路改扩建20000万元。

2016年第一批专项建设基金投资计划安排2个国高网政府还贷项目,安排中央专项建设基金投资43900万元,其中:西纵高速公路右玉—平鲁段16600万元、西纵高速公路神池—岢岚段27300万元。

(五)2016—2020年

2016年,山西省人民政府印发《山西省"十三五"综合交通运输体系规划》(以下简称《规划》)。《规划》指出:"十三五"期间,全省交通基础设施建设在继续推进国家干线铁路、高速公路和支线机场建设的基础上,将地方和城际铁路、普通国道省道县乡道改造和通用机场建设作为建设重点,力争综合交通运输网络总里程达到15.75万km,逐步建成以连通乡镇、通达建制村的普通公路为基础,以铁路、高速公路为骨干,与民航、水路共同组成覆盖全省的综合交通网络,发挥运输的整体优势和集约效能。

公路方面:到2020年,公路通车里程达到15万km,公路密度达到95km/100km^2。加快国家高速公路、高速公路出省通道及地方高速公路建设,"三纵十二横十二环"高速公路网全部建成,高速公路通车里程达到7258km,实现"县县通高速",建成33个高速出省口。

"十三五"期,要引入市场竞争机制,推进投资主体多元化,营造公平、有序的市场环境,鼓励民间资本参与交通基础设施建设,拓宽社会资本进入交通运输领域的渠道和途径。深化改革,积极创新,完善政府运输监管,按照综合发展的要求,建立和发挥政府、市场各自职能的高效的体制机制,依托科技进步和管理创新,充分发掘存量潜能,全面发挥增量效能,增强综合交通运输体系健康发展的内生动力。

探索建立利用市场机制筹集资金和合理使用存量资产的新机制。全面深化高速公路投资及融资体制改革,充分发挥各方面积极性,鼓励采用PPP等方式,多渠道、多元化筹措资金,打破交通基础设施建设政府投资的格局,完善多渠道、多层次、多元化投融资模式,发挥市场在配置资源方面的决定性作用,更好地发挥市(县)政府作用,落实好政府购买服务,破解制约高速公路建设发展的资金约束。

2016年,省交通运输厅在交通基础设施新建项目中积极推广运用PPP模式。

(1)国家高速公路网项目。为了贯彻落实《财政部、交通运输部关于在收费公路领域推广运用政府和社会资本合作模式的实施意见》(财建〔2015〕111号),推进《山西省交通企业及高速公路资产债务重组方案》落实和高速公路建设持续健康发展,提升全省高速公路服务水平,有效降低政府债务,省交通运输厅会同省财政厅成立"山西省高速公路PPP模式改革创新协调推进小组"。根据《山西省高速公路PPP模式改革创新协调推进小组会议纪要》(第2次)精神,省交通厅已开展忻州—保德、平定—阳曲、晋城—济源高速公路,临猗黄河公路桥,右玉—平鲁高速公路,呼北国家高速公路山西省朔城—神池段、离石—隰县段、隰县—吉县段的PPP模式合作。经省财政厅批准,8条高速公路PPP咨询服务机构政府采购模式为竞争性磋商。省交通厅通过竞争性磋商最终确定8条高速公路PPP咨询服务机构中标单位分别为华杰工程咨询有限公司、中招国际招标有限公司、省交通科研院。截至2016年年底,华杰工程咨询有限公司通过搜集相关资料初步制订忻保、平阳、晋济三条高速公路PPP模式工作计划,正在编制项目实施方案;中招国际招标有限公司通过搜集相关资料初步制订临猗黄河公路桥、右玉—平鲁高速公路的PPP模式工作计划,正在编制项目实施方案;省交通科研院已基本完成《呼北国家高速公路山西省朔城—神池段工程项目PPP模式初步实施方案》《呼北国家高速公路山西省离石—隰县段工程项目PPP模式初步实施方案》《呼北国家高速公路山西省隰县—吉县段工程项目PPP模式初步实施方案》,并上报交通运输部审查。

(2)地方高速公路网项目。根据省政府《关于进一步推进全省高速公路建设的意见》(晋政发〔2016〕54号)精神,按照"国高网省建、省高网市建"的建设模式,合理划分高速公路建设事权,对列入规划的国家高速公路网项目由省级负责建设,省高速公路网项目由设区市负责建设。截至2016年年底,闻垣高速古城联络线、祁县—离石高速公路、静乐丰润—兴县黑峪口高速公路均由地方政府主导完成投资人招标工作。闻垣高速古城联络线投资人为上海绿地城市投资集团有限公司;祁县—离石高速公路投资人为邢台市政建设集团股份有限公司;静乐丰润—兴县黑峪口高速公路投资人为中国中铁股份有限公司。

三、科技创新与人才队伍建设

1993年以来,全省交通运输系统坚持以科学发展观为统领,落实"科教兴交"和"人才强交"战略,发挥科技第一生产力和人才第一资源的作用,不断强化科研基础条件与人才队伍建设,依靠科技进步和创新推动交通增长方式的转变;坚持科技工作面向交通建设主战场,围绕交通发展战略需求,依托重大工程建设项目,着力抓好重大关键技术攻关,注重科技成果的推广应用,提高科技对交通运输发展的贡献;坚持不断完善科技创新体系,促进产学研用相结合,打破行业与区域界限,充分发挥市场机制配置资源的基础性作用,优化交通科技资源配置,保证交通科技创新发展的质量和效益;坚持以开放姿态发展交通科技事业,加大科技资金投入,集中有限的政府资金解决交通建设与发展中的重大科技问题,同时引导社会资金投向交通科技领域,积极开展多种形式的科技交流与合作,利用全社会科技资源为交通发展服务;坚持依靠群众,优化创新环境,大力开展群众性技术创新活动,支持创新,促进全行业形成关注创新、参与创新的良好氛围,不断提升全行业创新素质。

(1)创新体系。省厅对在建工程科研项目从申报、立项,到过程监管和项目结题等程序上加强管理,避免重复立项,提高水平,有效提升了科研工作质量,对科学、规范、有序地管理在建工程科研项目起到积极促进作用,对重点工程建设起到有力支撑及引领和保障作用。省公路局面向公路建养管主战场,以省局为主导,以分局(企业)为主体,充分发挥科研机构、大专院校在科技创新的主力军作用,建立起科技创新、科技评价和激励机制,有计划、有步骤、有考核地将科研创新贯穿于目标考核当中,形成领导重视、各方协作、资源共享的科技创新体系。省交通科研院建成的"黄土地区公路建设与养护技术交通行业重点实验室",成为全国黄土地区集公路建养、人才培养与学术交流为一体的"产学研用"基地,开展的黄土地区公路路基路面及采空区治理、桥梁工程、隧道工程、地质灾害及生态恢复四个方向的科学研究,对解决黄土地区公路建设与养护关键技术问题、开展高水平研发活动、聚集和培养优秀科技人才、进行高层次学术交流和促进科技成果转化等方面发挥了关键作用,为黄土地区公路建设与养护技术创新、成果转化和人才培养提供了重要平台。厅属院校结合各自特点,积极探索教育教学改革,加强教师队伍建设,强化行业人才培养,提高院校教育教学质量,为全省交通运输人才培养起到积极推动作用。

(2)技术研发。省交通运输厅坚持以行业发展需求为导向,紧紧抓住交通基础设施建设与养护、运输服务、安全保障、节能减排和环境保护等重点领域急需的共性与关键性技术,调动行业和社会力量开展科技攻关,取得一系列具有国内外领先水平的科技成果。"山西省运煤重载水泥混凝土路面典型结构的研究""雁门关隧道运营安全管理及防灾救灾预案研究""桥隧下伏采空区治理关键技术研究"等研究成果达到国际领先水平,为全省乃至全国公路建设养护提供科学依据和先进技术。其中省交通科研院完成的"山西省运煤重载水泥混凝土路面典型结构的研究"等成果,进一步完善了重载交通下水泥混凝土路面的建养技术,部分成果编入交通运输部《公路水泥混凝土路面设计规范》,获省科技进步一等奖;省公路局依托公路建养管主战场,采取自主攻关、联合攻关等方式,就关键性、制约性技术问题展开研究。完成的"超限运输对沥青路面的破坏影响分析及对策研究"结合全省煤炭运输现状,对超载路线上的车辆进行分析研究,提出主要干线公路载货汽车轴载谱和应对超载的沥青路面的合理路面结构;"沥青路面冷修补综合养护车"集公路沥青路面养护个工序于一车,填补了北方地区冬季养护的空白;"山西省公路建设期可视化动态信息管理系统的研究"实现了建设项目可视化管理和工程质量的可溯性;"基于层间功能层的特重交通钢筋混凝土路面结构研究"提出在全省气候区域和特重交通下的路面结构设计方法与路面施工技术;"旧水泥混凝土路面加铺沥青路面改造技术研究"等成果,在多条国省干线公路得到推广应用,为减少日常养护费用,降低环境污染,进一步改善路用性能,延长道路使用寿命起到积极推动作用,取得较好社会效益和经济效益。省交通设计院完成的"桥隧下伏采空区治理关键技术研究"等成果,成功解决在采空区上修筑桥梁、隧道及路基的诸多技术难题;完成的湿陷性黄土地基处理、连拱隧道设计、滑坡处治设计、采空区处治勘察设计、特长隧道和特高大跨径桥梁设计、桥梁隧道下伏采空区设计等技术已步入全国同行前列。全国第二特长隧道——太古高速公路西山隧道(13680m)在复杂水文地质、采空区、瓦斯共存条件下的结构设计和施工方案,及救援、消防、通风等综合设计取得全国领先。

(3)成果应用。1993年以来,省交通运输厅依托已取得的科技成果,不断进行归纳、总结和提炼,切实加强地方和行业技术标准规范的编制。2007年,省质量技术监督局发布全省交通行业第一项标准——《山西省公路改性沥青路面施工技术规范》(DB14/T 160—2007),之后相继起草发布40余项地方标准。对全省交通行业自主研发、拥有自主知识产权和具有市场前景的科研成果,加快推进其产业化进程,培育了一批成熟先进、效益显著的科技产品。如省交通科研院研制的液体聚合物沥青改性剂,在稀浆封层、微表处、黏层油、桥面防水材料等方面得到规模化推广应用,并获实用新型专利3项。在交通基础设施规划、设计、施工及运营等各个环节上,积极推广应用已取得的成果。如大力推广和应用柔性基层沥青路面结构技术、湿陷性黄土地基处理技术、软弱黄土路基关键技术、旧路面沥青再生利用技术、粉煤灰综合利用技术、重轴载交通路面修筑技术、长大公路隧道建设、运营和管理成套技术等具有本省特色的公路修筑技术,产生显著的经济和社会效益。省公路局积极吸收引进推广先进技术和设备。在勘察设计中推广应用航测技术和GPS等先进测量设备、多种设计软件,全面提高设计质量。振动压实成型法、GTM旋转剪切压实法、骨架密实型级配、柔性基层、橡胶改性沥青路面、应力吸收层、钢波纹管涵的应用、沥青路面材料的再生利用、旧水泥路面改造、隧道监控量测与超前地质预报、工业废渣在公路工程中的应用、同步封层、抗车辙材料、路面裂缝快速修补、危桥加固改造、路况远程监控、不停车车辆检测系统、路政车载GPS系统等先进实用技术的推广应用,有效提高了干线公路的建养质量和管理效率。在交通运输管理方面,省运管局结合行业管理实际,自主创新开展科技项目研究,解决道路运输行业发展中的共性及关键技术难题,提升了总体管理服务水平。率先在全国开展"山西省城乡客运一体化研究",构建基本理论框架,建立科学规划与评价模型,提出可行的发展目标与政策措施。由省运管局牵头研究的交通运输部"道路运输管理机构职能调整与队伍建设"项目,提出道路运输管理机构职能调整与队伍建设的整体思路、目标架构、保障措施及相关建议,对新形势下推进道路运输管理体制改革具有重要参考价值。在科技治超方面,全省高速公路所有入口和在运行的公路超限检测站全部安装不停车检测系统,实现联网运行,超限超载率由11%下降到0.2%以下。

(4)示范工程。忻阜高速公路建管处承担交通运输部确定的北方地区"材料节约和循环利用专项行动计划"科技示范项目,是全国四个科技示范工程之一,在工程建设中积极倡导"资源节约"理念,主要体现在土地、材料、成本节约等方面。其中橡胶沥青技术示范工程是目前国内废胎胶粉筑路技术应用规模最大的实体工程,共消耗约60万条废旧轮胎,有效提高了沥青路面的高温抗车辙能力、低温抗裂能力,防止沥青路面早期损坏现象发生,延长路面使用寿命,节能减排与环境保护效果明显,充分体现"低碳环保"的发展方向;利用隧道弃渣生产砂石约36万m^3,加工生产机制砂12万m^3,减少占用耕地50多亩。相对于天然河砂,每方可节约建设成本30元左右(混凝土可节约34元左右),取得明显经济效益。在所有隧道中采用节能灯具——高频电磁灯,使2车道隧道加强照明总功率由108.9kW降低到63.63kW,降低约42%。省公路局以科技创新为主线,以沿黄干线公路为代表,在新改建工程中开展贯彻设计新理念活动;在介霍路建设中开展交通部勘察设计典型示范工程活动;通过对周边省份路面结构考察和专家全过程、全方位咨询指导,使全寿命周期成本理念深入到建养管每个环节中。

(5)技术革新。以"小、实、活、新"为主要形式的技术革新活动,有效带动员工为企业节能降耗、增加效益,提高员工工作和服务质量等方面的积极性、创造性和主动性,取得丰硕成果。省高管局大力开展QC科技攻关活动,从局领导到一般干部职工深入实际,调查研究,群策群力,集全行业智慧形成涉及路政、养护、服务区、收费、信息监控与机电设备等方面的"高速公路精细化管理标准体系"。忻州高速公路公司开展"降低路面裂缝灌缝修补返修率""降低扫路王轮胎修补次数"QC攻关课题,将扫路王轮胎年修补次数由7次降低到2次,路面裂缝灌缝修补返修率由15%降低到9.8%。

(6)人才队伍。"十二五"期间,省交通运输厅坚持以牢固树立科学的发展观和人才观,认真贯彻落实全国、全省人才工作会议精神,突出创新、发展、服务主题,深化改革,扎实工作,为全省交通运输事业发展提供重要的智力支持和人才保障。

培育三个学校教育平台,夯实基础学历教育。作为全省交通运输行业的主管部门,厅党组高度重视人才培训的基础学历教育,不断加大对厅属三所院校的投入,培育基础学历教育平台。在省厅与三所院校的共同努力下,取得显著成绩。山西交通技师学院作为技能人才学历教育的平台,被人力资源和社会保障部评为"国家级高技能人才培训基础",授予"国家技能人才培训突出贡献奖",山西交通技师学院"十二五"期间共培养各专业中技毕业生4350人。山西交通学院作为培养高等职业技术专科学校,被省教育厅、省财政厅列为"山西省示范性高等职业院校"建设项目单位。2013年5月被教育部授予"2012—2013年度全国毕业生就业典型高校"称号。学院还积极开展校企合作,与丰田、宝马、大众、奔驰等汽车企业共同投资建立丰田 T-TEP 实训基地、宝马 BESTAD 基地（宝马售后英才培训）、大众 TQP（技术人才培养工程）、奔驰利星专利等高端人才培训基础。"十二五"期间共培养各专业专科毕业生 6800 多人，中专毕业生 1200 多人。山西省交通干部学校成人学历教育稳步发展。该校与长安大学、北京交通大学、长沙理工大学、太原理工大学、武汉大学等建立良好合作办学关系，多次被长安大学、长沙理工大学评为"先进函授站"，被北京交通大学评为"优秀校外学习中心"。学校围绕交通运输开设专业课程，办学层次有专科、本科、硕士研究生，"十二五"期间培养各类成人毕业生 4300 多人；全系统在职干部参加各类继续教育培训 23000 人次；与此同时，充分发挥"山西交通在线教育平台"作用，通过在线学习方式，累计培训干部 28025 人次。全系统 800 余名处级，人均完成 23 门在线课程学习，平均完成 46.1 学时。此外还组织 40 余名领导干部参加省委中青班、处级公务员培训及全国交通局长培训班的学习。

稳抓两支人才队伍建设，突出高层次人才选拔。专业技术人才和技能人才两支队伍是交通运输行业人才队伍的主力军，是引领行业科技进步和经济发展的重要动力。专业技术人才队伍建设方面，一是扩大专业技术人才队伍规模。通过进一步完善专业技术人员职务评审及职业资格评价机制，拓宽评价服务范围，不断扩大专业技术人才队伍规模。"十二五"期间，交通运输工程专业中级工程师评审通过 1714 人、高级工程师通过 879 人、成绩优异高级工程师通过 59 人；甲级造价工程师通过 707 人、乙级造价工程师通过 98 人；公路水运试验检测师通过 1011 人、公路水运试验检测员通过 1520 人；监理工程师通过 323 人、专业监理工程师通过 842 人。2016 年，共有 584 名中级、292 名高级工程师申报人员获得任职资格。二是提升人才队伍素质能力。大力开展专业技术人才继续教育，不断提高专业技术人才的学习能力。"十二五"期间，依托省交通科研院，成功举办三期专业技术人才知识更新工程高级研修班；加大高层次专业技术人才的培训选拔力度。"十二五"期间，培养选拔享受政府特殊津贴 3 人、交通运输部青年科技英才 2 人、山西省青年拔尖人才 1 人、山西省学术技术带头人 23 人；2016 年，完成 1 名享受政府特殊津贴、2 名交通运输部青年科技英才、2 名山西省青年拔尖人才、5 名山西省学术技术带头人选拔推荐工作。技能人才队伍建设方面，一是加强人才队伍培养体系建设，加快高技能人才培养。进一步完善以企业为主体、技师学院和交通学院为基础、学校教育与企业培养相互结合的技能人才培养体系，合力建设技能人才教育培训示范基地和公共实训基地。二是广泛开展技能竞赛活动，让技能劳动者在实际工作中得到学习和锻炼。积极鼓励和引导行业、企业广泛开展岗位练兵、技能竞赛、技术比武、技术攻关和技术创新等活动，逐步建立企业、行业多层次的职业技能竞赛活动体系。同时，对在职业技能竞赛中涌现出来的优秀技能人才，既给予精神和物质奖励，还按规定不参加考评，直接晋升技术等级评价。"十二五"期间，成功举办第六届和第七届省交通运输行业特有职业技能竞赛和第二届全国交通运输行业"厦工杯"筑养路机械操作手技能竞赛决赛。同时,积极选拔优秀技能人才参加全国交通运输行业各类技能竞赛,取得优异成绩。通过各类竞赛,16人获"全国交通技术能手"称号,23人获"三晋技术能手"称号。

依托一个交通科研单位,大力引进高端人才。人才工作的活力取决于体制和机制。引进有竞争力的人才,必须采取更有竞争力的机制和办法,才能使急需的人才引得进、优秀的人才留得住、各类人才干得好。多年来,省交通厅一直致力于创新人才引进机制、营造人才成长氛围、打造人才成长高地,努力建设一支高层次、高水平的交通运输行业科技创新人才队伍。突出表现在依托省交通科研院各类科研项目创建人才成长平台,吸纳各类专业人才为我所用。具体形式体现在三个方面:一是通过已引进人才的独特优势,利用其合作伙伴关系、师承关系、同窗同事关系等向海内外人才积极宣传该院的引才政策、发展环境。截至2016年,已成功从美国得克萨斯州南方大学、英国伯明翰大学引进2名海外留学生。同时,从同济大学、华中科技大学、长安大学、西南交通大学、重庆交通大学等国内知名高校引进硕博士研究生10名。二是本着"不求所有、但求所用"的原则,加大柔性引才力度。通过项目合作、技术攻关、学术交流等多种形式邀请国内外专家、学者到实验室进行讲学、交流和项目研究;积极与国内外高校、科研院所开展长期战略合作,签署战略合作协议,实现优势资源共享。分别与美国普渡大学、中科院太原煤化所等单位签订合作协议,与交通部公路科学研究院、长安大学、同济大学、复旦大学、中科院大连物化所等单位建立长期合作关系。三是为更好地留住高层次科技人才,稳定人才队伍,省交通科研院每年拿出总产值的1.5%作为实验室科研技术创新基金,使高水平科研人才及其承担的项目配套资助得到保障。同时实行高层次人才津贴制度。对于"海归"人员给予科研项目支持,科研启动经费20万~100万元;同时,为保证"海归"人员生活保障,给予一次性住房补贴。对于引进行业领军人物或技术带头人,除享用正常待遇外,给予特殊年度科研津贴和项目支持。如依托山西省交通科学研究院成立黄土地区公路建设与养护技术交通行业重点实验室。实验室以"自主创新、优势互补、联合攻关"的运行模式,联合国内外一流的黄土地区公路工程研究的专家、学者,进行联合攻关,主要解决全国黄土地区公路工程建设与养护方面的关键工程技术问题,是开展高水平基础理论研究、高技术和公益性研究的基地,是聚集和培养优秀交通科技人才的基地,也是开展高层次学术交流与合作及促进科技成果转化的重要基地。实验室有固定研究人员38人,流动研究人员12人。其中具有博士学历人员15人,硕士学历28人,大学本科学历5人。拥有省委联系的高级专家、省政府决策咨询委员会专家1人,"新世纪十百千人才工程"第一层次人选3人,山西省学术技术带头人选4人,交通运输部交通青年科技英才3人,国务院特殊津贴2人,从美国得克萨斯州南方大学、英国伯明翰大学引进海外高层次人才2名。聘请同济大学等高校的17名专家担任实验室学术委员会委员,为实验室开展高水平科研奠定坚实基础。

第五节　高速公路与经济社会发展

交通运输是社会发展的基础条件,交通运输活动始终贯穿于社会生产和社会生活的方方面面,交通运输条件的改善直接促进经济发展、地区振兴、国家统一、民族团结、人口变迁、城镇兴起和文化交流。而高速公路作为一种现代化的公路运输通道,在当今社会经济中正在发挥着越来越重要的作用。经济社会的发展实践证明:高速公路作为基础设施,对沿线物流、资源开发、招商引资、产业优化、区域经济协作起到积极促进作用。

一、经济社会发展推动高速公路建设

改革开放以来,特别是20世纪90年代以来,山西省经济建设与社会发展取得令人瞩目的成就,国民经济快速发展,综合经济实力不断增强。交通运输物流、人流、车流显著增长,从而对公路尤其是高速公路建设提出更大需求。

(一)物流对高速公路建设的需求

全省以推进国家资源型经济转型综合配套改革试验区建设为总揽,大力推进工业新型化,更加注重优化生产力布局。按照以煤为基、多元发展思路,通过"七条路径"改造提升传统产业,培育壮大新兴产业,加快发展现代服务业,推进工业化与信息化深度融合,发展现代产业体系。产业结构调整取得重大进展,接替产业、循环经济、新兴产业迅速发展,农产品、工业品、能源原材料和进出口商品的流通规模进一步扩大,对交通运输服务能力提出更高要求。作为山地面积占80%的内陆省份,公路运输在全省综合运输体系中始终占据着主导地位,公路运输具有机动灵活、"门对门"等特点,适应性强,速度快,特别是高速公路网建设极大地增强了公路运输优势,物流规模不断加大更加印证了高速公路建设的必要性和迫切性。

(二)人流对高速公路建设的需求

城镇化是现代化的重要标志,事关经济社会发展全局。山西省把推进城镇化作为扩大内需、拉动经济的重要抓手,加快形成以城镇群为主体形态的城镇化空间新格局,加快推进以"一核一圈三群"为主体,集聚集约、绿色低碳、城乡统筹、惠及百姓的新型城镇化建设。"十二五"期间全省城镇化率年均提高1.39%,达到55%。城镇化建设速度加快,二三线城市的就业发展机会越来越多,使得越来越多的农民工选择向城市转移,区域经济与周边城市的互动越来越频繁。人口的流动需要完善城市群内各城市之间的城际快速路网,中心城市需要进一步强化与周边城市的交通网络连接,提升路网通行能力和辐射带动作用,从而增加对高速公路的建设需求并推动其发展。

世界旅游组织研究表明,当人均GDP达到2000美元时,休闲游将获得快速发展;当人均GDP达到3000美元时,旅游需求出现爆发性需求,旅游形态出现以度假游为主时期;当人均GDP达到5000美元时,步入成熟的度假旅游经济、休闲需求和消费能力日益增强并出现多元化趋势。山西省人均GDP在2012年已经突破5000美元,意味着居民消费将开始从温饱型向小康型升级,步入享受型、发展型,经济发展和人民群众生活水平的提高使旅游成为大众日常消费方式。

2001—2015年全省旅游接待游客增长示意图如图3-25所示。

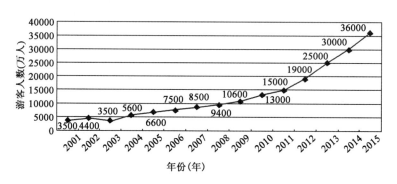

图3-25　2001—2015年全省旅游接待游客增长示意图

另一方面旅游业已成为山西省重点发展的新型优势产业。2015年,山西经济下行压力加大,在政治和社会环境面临巨大挑战情况下,山西旅游业总体运行良好,实现持续快速增长,成为全省转型发展的新亮点。全年共接待海内外游客3.6亿人次,比上年同期增长20.4%;实现国内旅游收入3428.91亿元,比上年同期增长21.19%。

通过调查,国内旅游市场主要呈现以下几个特点:一是一日游游客比重上升。抽样调查结果显示,受省内居民收入增加、思想观念转化,以及景区景点宣传到位优惠增多等因素影响,本省居民出游热情高涨。省内游客占全部国内旅游者的61.9%,17.8%的游客为旅行社组织,41.7%的游客为自驾游,40.4%的游客采用自助游等其他方式出游。游客在出行过程中对交通服务的需求也不同于一般的居民出行或者一般流动人口的出行,有着更高要求。高速公路作为交通基础设施以其安全便捷、舒适可靠的特性更能够适应这种需求,成为旅游业发展的重要支撑。

(三)车流对高速公路建设的需求

随着经济社会持续快速发展,群众购车刚性需求旺盛,汽车保有量继续呈快速增长趋势。2015年年末全省民用汽车保有量473.7万辆(包括三轮汽车和低速货车7.1万辆),其中私人汽车419.3万辆,增长12.6%,当年新注册汽车60.7万辆,增长3.2%。"十二五"5年年均增长11%。汽车保有量的持续增长带动公路运输需求的增长,推动高速公路建设的快速发展。

2001—2015年全省民用汽车保有量示意图如图3-26所示。

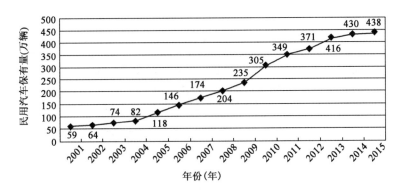

图3-26 2001—2015年全省民用汽车保有量示意图

二、高速公路建设带动经济社会发展

"要想富,先修路"。高速公路作为一种现代化的公路运输通道,在当今社会经济中正在发挥着越来越重要的作用。高速公路不仅被看作是一项可长远投资的基础设施建设项目,而且其本身的发展可以推动扩大内需、投资,创造很多的就业机会,促进经济增长、社会和谐,改善社会民生,实现以人为本的科学发展观。高速公路建设与发展所引发的影响总是是长远的、潜在的,不管是在建设期还是在运营期都成为推动经济发展的强劲"发动机"。

(一)高速公路对GDP增长的贡献

高速公路对GDP增长的贡献可划分为两个方面。一方面是高速公路建设直接拉动国民经济增长。高速公路建设,不仅推动建筑行业发展,还带动各类基础设施的发展,为社会创造大量的就业岗位。经测算,高速公路建设投资乘数效应在3左右,即每1元公路建设投资带动社会创造的GDP接近3元,远远高于目前全国社会固定资产投资创造GDP的平均水平。

从1996年山西省第一条高速公路太旧高速建成通车后,高速公路建设和发展逐步加快,特别是2008年为应对国际金融危机影响,省委、省政府决定加大交通基础设施建设,高速公路建设得到跨越式发展,至2016年年底全省高速公路里程达到5265.487km。

2001—2016年全省高速公路通车里程发展趋势图如图3-27所示,建设投资完成情况如图3-28所示。

据交通运输部科研院的研究结果表明:每1亿元的公路投资可直接产生1800个就业

岗位，间接产生2200个就业岗位，每建设1km高速公路平均需要消耗1000t钢材、9000t水泥、1500t沥青。仅"十二五"期间全省高速公路累计建成2000km,完成投资1703亿元，这些投资大部分转化为新的市场消费需求，有效地刺激和带动钢材水泥、机械等相关产业发展和资源开发利用。

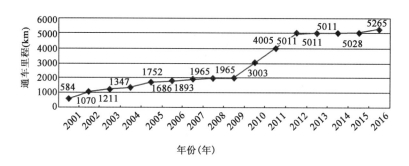

图3-27　2001—2016年全省高速公路通车里程发展趋势图

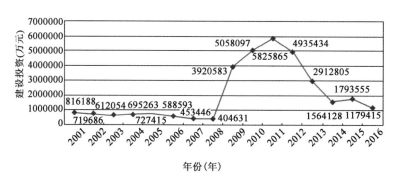

图3-28　2001—2016年全省高速公路建设投资完成情况

另一方面是高速公路建成后对GDP增长的贡献。高速公路一般在建成3～5年之后，高速公路两端大城市会沿高速公路走向延伸发展，这就是经济学家口中的"通道经济带"，实现更广范围生产要素的有效配置，带动金融、保险、商业饮食、医疗、地产等多个行业的发展。

高速公路拥有快速、便捷、安全、通行能力强等优点，能够加速人流、物流、信息流的运转，有效降低生产运输成本，在更大空间上实现资源有效配置，促进沿线经济产业带的形成，为区域经济发展注入强大的生机和活力。高速公路的大范围建设，让所有区域有了交流纽带和沟通桥梁，在高速公路每个点位布局的范围内，在其沟通职能、高效运输促使下形成广泛的区位优势，通过引进流通资金、高新技术、流动人口劳动力等方面生产要素的极度集中和逐渐扩散，形成由点到面的区域经济辐射特点。在高速公路带动下，区域经济协调发展和沿线产业带得到迅速发展，大容量的通行能力和较短时间的运输都带动沿线产业结构调整和优化发展。

同时，高速公路的纵向沟通能力又让这种辐射加快沿线发展，致使在高速公路基础上形成沿线产业带,让整个呈带状分布的区域经济效益都获得不同程度的提升。沿线经济发展的加快、扩张,企业生产规模逐渐扩大、产值总量迅速提高,深化第二产业、产业结构的合理调整,沿线中小城市、乡村的经济崛起,第三产业转移步伐的加快,农村城镇化、城乡一体化进程的脚步加快、城市发展进程的持续加速、各种经济空间的整合统一和协调发展,这些好的现象都表明高速公路带动区域经济的可持续发展和全面协调,让点位横向辐射、强势带动弱势、纵向拓展的高速公路经济交流形成一种统一、全新、健康的发展形式。在大运高速公路建设中,省委、省政府从山西省实际出发,着眼于全省形象的全方位塑造,提出整合沿线资源、构建大运高速公路经济带的"新大运、新山西"战略构想,力求以大运高速公路建设的高质量、高速度和沿途生态环境的优化,把大运高速公路塑造成为一条高水准的明星高速公路。并通过把山西旅游精华串成一线:从北到南有大同云冈石窟、北岳恒山、五台山、晋祠、平遥古城、酒都杏花村、乔家大院、曹家大院、王家大院、大槐树、壶口瀑布、关帝庙、鹳雀楼等中外驰名景区景点,由此形成大运高速公路黄金旅游带,辐射河北、河南、陕西等周边省份的旅游景区。坚持构建"绿色大运、科技大运、人文大运"的理念,全力打造大运高速公路经济带,带动沿线乃至全省经济实现快速发展。

(二)高速公路网覆盖全省通达四邻,成为发展物流业重要支撑

1996年,全省第一条高速公路——太旧高速公路建成通车,到2004年首次启动全省高速公路网规划编制工作时,全省高速公路里程达到1211km。全省高速公路首轮规划路网规模为4051km,公路密度为2.6km/百 km^2,布局为"人字骨架、9横9环"。目标是实现省会到相邻省会、省会到地级市、相邻地级市之间高速通达并连接2020年城镇人口超过15万的所有城市,与一般干线公路网、农村公路网共同构成现代化的公路基础设施网络,全省约90%的市县能在1小时内到达高速公路。

2008年,全省高速公路通车里程达到1965km,为应对全球金融危机爆发,国家出台4万亿元的经济政策,省委、省政府制定并实施4年建设3000km高速公路的重大战略决策。为适应形势需求,全省高速公路网进行第二轮规划。路网规模达到6302km,公路密度为4km/百 km^2,布局方案为"三纵十一横十一环",到2020年规划期末,所有市县区全部纳入高速公路半小时覆盖范围内。

2013年,《国家公路网规划(2013—2030年)》正式出台,国家高速公路网布局的调整直接影响山西高速公路网的布局、功能与结构。同时,省委、省政府提出在"十二五"及今后一个时期着力推动山西转型跨越发展,主要经济指标总量要实现翻番。为适应新时期经济社会发展的新形势及路网调整的需求,全省高速公路网进行第三轮规划,路网规模调整为7258km,公路密度为4.6km/百 km^2,路网布局调整为"三纵十二横十二环",增加太原二环及其他9条线路,路网结构得到明显加密,通达深度和覆盖面积明显提高,高速公

路整体布局结构进一步优化和完善,形成纵贯南北、承东启西、覆盖全省、通达四邻的高速公路网络。

截至2015年年底,全省高速公路通车里程达到5028km,112个县市区实现半小时通达高速公路,33个高速公路出省口有19个实现互通。山西省作为中部省份,是全国东部与西北连接的大通道,在地理位置、资源、经济、政策等方面具有发展物流业的优势,特别是山西省作为一个资源大省,煤炭、焦炭资源雄厚,且拥有制造业的传统优势,物流需求基础雄厚,物流业发展具有极大的天然潜力。山西高速公路网的形成,北接京津塘,东连环渤海经济圈,南通中原、湖广,西达西南、西北,充分发挥区位优势,有效提升物流运输服务的效率和质量,为全省发展成为中西部物流中心提供有力支撑。

2016年,山西省人民政府印发《山西省"十三五"综合交通运输体系规划》。"十三五"期间,全省交通基础设施建设在继续推进国家干线铁路、高速公路和支线机场建设的基础上,将地方和城际铁路、普通国道省道县乡道改造和通用机场建设作为建设重点,力争综合交通运输网络总里程达到15.75万km,逐步建成以连通乡镇、通达建制村的普通公路为基础,以铁路、高速公路为骨干,与民航、水路共同组成覆盖全省的综合交通网络,发挥运输的整体优势和集约效能。

公路方面:到2020年,公路通车里程达到15万km,公路密度达到$95km/100km^2$。加快国家高速公路、高速公路出省通道及地方高速公路建设,"三纵十二横十二环"高速公路网全部建成,高速公路通车里程达到7258km,实现"县县通高速",建成33个高速出省口。

截至2016年年底,全省高速公路完成投资118亿元,通车里程达到5265km,全省119个县(市、区)有112个通高速公路,打通省界高速公路互联互通出口22个,山西省与河北、河南、陕西、内蒙古4个周边省区实现省会城市、相邻地级市高速直达。

(三)高速公路的快捷畅通缩短时空距离,促进区域经济快速发展

从1996年全省第一条高速太旧高速公路运营通车到"十二五"末,短短20年,全省高速公路总里程突破5000km,其中仅2009—2011年3年时间,新增通车里程3000多公里。人民群众尽享道路畅通,加快了山西省融入全国经济圈的步伐。不但实现从省会到地(市)3小时高速全部通达,同时也逐步形成稠密的公路网络直贯南北、横跨东西,并与周边省份相连。全省约94%的市县能在半小时内到达高速公路,高速公路行业成为拉动地方经济发展的重要力量。

高速公路建设,缩短了城市之间时空距离,进一步密切沿线各地市间联系,使之成为各具特点、优势互补的有机整体,有力地改善了投资环境,增强了招商引资力度,促进了对外开放水平。由于受高速公路波及,偏远地区丰富的农业资源、矿产资源等被更多地开发

利用,也为沿线地市技术与人才交流合作提供了便利条件,使沿线地市整体科技水平有所提高,同时拓展人们的空间和经济视野,人们的思想观念、地域观念、时间观念发生重大变化,强化开发意识和开拓意识,为进一步加快发展提供内动力和长远支持。

高速公路作为交通经济带的主要方式之一,可以发挥各级中心城市作用,实现生产布局与沿线基础设施之间的空间结合,有利于城市、区域之间便捷联系,进而促进整个区域经济带形成。高速公路网的形成,不仅改变交通运输格局,更主要的是将对各区域重新定义其区位优势和时空概念,重新塑造主导产业和竞争格局。县、市甚至是省都将跳出自身的行政区域边界,从有利于区域经济发展的大局出发找准定位,通过分工与协作创造各具特色的经济区域。

第四章
地 方 法 规

1992年以来,省委、省政府十分重视交通法制建设。交通立法工作重点从原来主要填补空白逐步转变到进一步提高立法质量、提升立法层次上来,逐步实现交通行业发展有法可依,交通法律法规数量大幅增长,对促进交通事业发展起到重要保障作用,长期困扰交通行业的"立法滞后"问题得到初步解决。

第一节　省级地方性法规

1993年,省交通厅先后制定下发《山西省大运公路车辆通行费征收管理办法》《山西省车辆通行费票证管理办法》《山西省征收公路客运站场建设费实施办法》《山西省新增车辆费征收实施细则》,对进一步搞好交通规费征收,增加公路建设资金,促进交通发展和改善行业管理,都起到积极作用,一些管理办法一直成为行业规范化管理的依据。

1994年7月,国务院印发《关于禁止在公路上乱设站卡乱罚款乱收费的通知》,省交通厅随即成立治理公路"三乱"办公室,并根据全省实际情况和存在问题,印发《关于治理公路"三乱"的实施意见》等一系列文件。通过全面检查和落实治理措施,不断规范交通行政执法行为,查处违法违纪现象,加强执法监督,巩固治理成果。

1994年8月14日,省政府第16次常务会议审议通过《山西省养路费征收管理规定》,共7章38条。这是全省交通征稽管理的第一部规章,对于加大规费征缴力度,支持全省重点工程建设,发挥十分重要的作用。1998年2月修改后,省政府印发《关于修改〈山西省公路养路费征收管理规定〉的决定》。

1994年9月29日,山西省第八届人民代表大会常务委员会第11次会议审议通过《山西省公路管理条例》,共7章47条,自1995年1月1日起施行。原《山西省公路管理条例(试行)》同时废止。1997年12月4日,山西省第八届人民代表大会常务委员会第31次会议审议通过《关于修改〈山西省公路管理条例〉的决定》。条例的实施,对进一步加快全省公路建设,更好地依法保护路产路权,特别是加大路政执法工作力度和交通规费征稽工作,均发挥了重要作用。

1995年7月20日,山西省第八届人民代表大会常务委员会第16次会议审议通过

第四章
地方法规

《山西省运输管理暂行条例》,共8章42条,自1995年10月1日起施行。这是全省第一部道路运输管理地方性法规,有效保障了全省道路运输市场有序运行。

1996年6月24日,省政府第25次常务会议审议通过《山西省太旧高速公路路政管理暂行办法》,共25条,使高速公路管理纳入法制轨道,取得了明显效果。

1996年10月16日,省政府第38次常务会议审议通过《山西省社会筹资修建公路暂行办法》。该办法对于充分调动全省社会力量筹集资金,加快公路建设,发挥了重要作用。

2003年9月17日,省政府第10次常务会议审议通过《山西省高速公路管理暂行办法》,共7章56条,自2003年11月1日起施行。该办法主要解决6个问题,即管理体制和规范内容,超限运输管理,路政执法强制措施,收费与服务,交通安全及治安管理,建筑控制区。

2005年2月25日,省人民政府第46次常务会议审议通过《山西省公路车辆通行费收取办法》,共5章32条,自2005年7月1日起施行。该办法主要解决5个问题,即通行费收取管理,平衡还贷资金,政府还贷公路通行费资金管理,收费票据管理,通行费收取环境。

2005年12月2日,山西省第十届人民代表大会常务委员会第21次会议审议通过《山西省高速公路管理条例》,共7章48条,自2006年3月1日起施行。这是全省第一部全面规范高速公路管理的地方性法规,主要解决5个问题,即规范内容,超限运输管理,驶入高速公路车辆实行超时限制,收费与服务,交通安全及治安管理。

2006年3月31日,山西省第十届人民代表大会常务委员会第23次会议审议通过《山西省公路养路费征收管理条例》,共6章36条,自2006年5月1日起施行。该条例重点解决6个问题,即实行缴(免)费登记制度,规范养路费征收管理,充分体现"为民、便民、利民"宗旨,对"晋车外挂"治理,相关部门协作,公路货运附加费的征收管理。

2008年1月8日,省人民政府第118次常务会议审议通过《山西省养路费征收管理规定》,共6章45条,自2008年1月9日起施行。该规定是对《山西省公路养路费征收管理条例》的完善和细化,解决条例操作性不强的问题。

2010年3月31日,山西省第十一届人民代表大会常务委员会第15次会议决定:废止2006年山西省第十届人民代表大会常务委员会第23次会议通过的《山西省公路养路费征收管理条例》。自2009年1月1日起,全国实施成品油价格和税费改革,在全国范围内统一取消公路养路费、公路运输管理费、公路客货运附加费等6项交通规费。国务院于2008年12月27日,对《中华人民共和国公路管理条例》进行修订,删除或修改了有关养路费等交通规费的内容。鉴于国家已经取消公路养路费等交通规费,且上位法也已进行修订,《山西省公路养路费征收管理条例》失去上位法依据,因此予以废止。

一、《山西省公路条例》

近年来,在省委、省政府正确领导下,在省交通运输厅党组统筹协调和具体组织下,全省交通运输系统干部职工真抓实干、奋力拼搏,全省公路事业得到突飞猛进发展,为全省转型跨越、推动综改试验区建设提供强有力保障和支撑。截至2012年年底,全省公路通车总里程达到13.8万km,公路密度达到87.9km/100km^2。特别是在农村公路建设方面取得巨大成绩,截至2012年年底,全省共有1196个乡、镇,13个开发区,79个街道办事处,全部实现通油路(通车里程47826km)。在全省28133个行政村中,具备条件的27950个行政村实现水泥(油)路全覆盖。实践证明,依法推进公路交通事业的健康快速发展,事关全省经济社会转型发展、跨越发展的大局,事关人民群众共享交通事业改革发展成果的全局。

但随着经济社会发展和公路网规模的不断完善,自1995年1月1日起施行的《山西省公路管理条例》已经不能适应全省公路行业发展需要。

《山西省公路条例》是省十一届人大常委会2012年的正式立法项目。2012年7月2日~3日,省人大财经委领导深入运城市,就《山西省公路条例(草案)》立法工作进行调研,实地察看部分国省道和县乡道后,召开座谈会。运城市政府、公路分局、市交通运输局分别就公路交通发展状况,公路规划、建设、养护,超限治理,路政执法,公路安全管理等情况进行汇报,并对《山西省公路条例(草案)》提出建议。

2012年11月29日,经山西省第十一届人大常委会第32次会议审议并通过,《山西省公路条例》(以下简称《公路条例》)自2013年1月1日起正式施行,1994年9月29日山西省第八届人民代表大会常务委员会第十一次会议通过,1997年12月4日山西省第八届人民代表大会常务委员会第三十一次会议修正的《山西省公路管理条例》同时废止,这是全省交通法制建设取得的又一重大成果。

《公路条例》分总则、公路规划和建设、公路养护、路政管理、超限运输管理、收费公路、乡道村道特别规定、法律责任和附则共9章68条。《公路条例》与原条例(1994年9月2日通过,1997年12月4日修正)相比,增加21条。

《公路条例》增加了超限运输管理、收费公路、乡道村道特别规定等内容。以地方性法规形式,对公路超限、运输违法行为及主管机构的法律责任等作出规定;对在公路旁摆摊设点、公路上打场晒粮等行为应承担的法律责任作出细化规定。《公路条例》明确规定:"在公路及公路用地范围内,禁止任何单位和个人有设置路障、摆摊设点、堆放物品、打场晒粮、挖沟引水、种植作物、放养牲畜、经营性修车洗车及其他影响公路畅通的行为。同时,在公路上倾倒垃圾杂物,擅自设置、损毁、移动公路标志,堵塞公路排水系统,擅自挖掘公路等行为也属违法行为,违反者,视情节处1000元以上、3万元以下罚款。"

《公路条例》中还规定,超限车辆未经许可擅自在公路上行驶的,公路管理机构应当收取公路损害赔偿费,公路损害赔偿费专项用于受损公路的修复。

《公路条例》作为全省专门对公路规划建设、安全保护进行规范的地方性法规,总结了近年来全省公路工作的成功经验,借鉴兄弟省市区的立法经验与成果,确立与全省实际相适应的公路工作的具体方针和重要原则,构建具有山西特色的公路规划建设和安全保护的各项法律制度。《公路条例》的颁布施行,对于依法保障公路路网有效运转,更好地发挥公路在国民经济发展、社会主义新农村建设以及人民群众安全、便捷出行方面的作用,具有十分重要的意义。

二、《山西省高速公路管理条例》

"十一五"以来,尤其是2008—2012年,全省高速公路发展迅猛,成为全省交通发展史上投资最多、规模最大、速度最快的时期。全省高速公路建设不断加快,通车里程逐年增加。截至2012年年底,全省高速公路通车里程突破5000km,基本实现高速公路连接到县(市、区)。随着全省高速公路投资、建设、经营主体逐步走向多元化及高速公路通车里程的增加,一方面,广大人民群众对高速公路经营、管理和服务的要求越来越高;另一方面,高速公路在养护、经营、使用、管理等方面出现许多新情况、新问题急需通过立法予以解决。2006年3月颁布施行《山西省高速公路管理条例》(以下简称《管理条例》),对规范高速公路管理,促进全省高速公路事业健康发展等方面发挥重要作用。但随着全省经济和社会的快速发展和改革的不断深入,以及国家法律、法规的不断完善,《管理条例》已经不能适应全省公路发展的现实要求,主要表现在三个方面:一是《管理条例》在行政许可、行政处罚、行政强制以及行政管理主体等方面与《中华人民共和国行政处罚法》《中华人民共和国行政许可法》《中华人民共和国行政强制法》《收费公路管理条例》以及《公路安全保护条例》存在不一致的问题。二是随着高速公路建设技术水平的提升,全省高速公路特长隧道数量成倍增长,新技术、新设备在全省高速公路建设和运营中得到广泛应用,高速公路管理的要求大大增加,保障公路完好、安全和畅通的要求进一步提高。三是随着高速公路网的不断完善,少数车主通过伪造倒换高速公路缴费卡的情况时有发生,严重影响高速公路管理秩序。高速公路的护网、机电、交通安全等设施遭到人为破坏的情况时有发生,个别社会人员在公路用地、应急通道兜售商品,严重影响高速公路的运营安全。现行《管理条例》已经难以适应现行高速公路管理的要求。因此,从维护法制的统一,适应全省公路交通事业发展和规范高速公路的养护和管理出发,服务全省转型发展、跨越发展的大局的需要,修订《管理条例》十分必要。

《山西省高速公路管理条例》修订是省十一届人大常委会2013年的正式立法项目。2013年1月,省交通运输厅、省高速公路管理局成立起草小组,通过深入调查研究,同时借鉴兄弟省市的高速公路管理条例和办法,开展起草工作。有关人员先后征求厅直单位和厅机关有关处室的意见,广泛听取基层高速公路管理单位、部门及相关单位的意见,召开论证会,听取和吸收有关专家的意见,并学习借鉴外省立法及管理方面的先进经验。经多次修改,形成《山西省高速公路管理条例(修订草案)》(以下简称《修订草案》),重点解决以下突出问题。

1. 关于高速公路养护问题

做好高速公路养护工作是保障高速公路完好、畅通,为人民群众出行提供良好通行条件,提高高速公路运行效率的重要环节。《修订草案》第二章,对高速公路实行专业化和预防性、周期性养护,养护现场管理的要求以及编制并报批养护施工路段现场管理方案,加强养护巡查、检测,紧急抢险等,作出具体规定。尤其是针对高速公路养护的特殊性,为了统筹兼顾高速公路路况恢复的及时性和安全性,《修订草案》就不同情况分别设置养护施工的通报制度和许可制度,明确规定高速公路占道养护作业时,应事先通报高速公路管理机构和公安机关交通管理部门。高速公路养护作业需要半幅封闭或者中断交通的,养护单位应编制施工路段现场交通安全预案,报省高速公路管理机构、公安机关交通管理部门批准,并在施工前7日通过新闻媒体和高速公路信息发布系统公告相关信息。同时规定高速公路养护作业完毕,养护单位应迅速清除公路上的障碍物。消除安全隐患后,才可恢复通行。此外,《修订草案》规定公路养护质量保证金制度,确保经营性高速公路的养护质量。

2. 关于高速公路经营者和使用者的权益保护

上位法在维护高速公路经营者和使用者的合法权益方面只有原则规定。《修订草案》对此作出很多易于操作的具体规定。如《修订草案》第二十五条规定,遇有高速公路损坏、施工或者发生交通事故等影响车辆正常安全行驶的情形时,高速公路经营管理者应当在高速公路入口处或者利用高速公路沿线可变信息板发布相关信息。第二十二条规定,收费公路经营管理者的行为规范,要求不得擅自设立收费项目、提高收费标准、扩大收费范围收费和代收其他费用,收费必须出具合法有效足额票据等,从权利义务对等角度保障使用者高速公路通行权的正常行使。第三十六条规定,服务区应当提供的服务设施,同时,第二十三条、第二十四条规定驾驶人的行为规范,如不得拒交、少交、逃交通行费;不得故意堵塞收费道口、不得妨碍计量器具正常计重等,从权利义务对等的角度保障了经营者合法收费权的正常行使。

3. 关于高速公路联网收费的有关问题

2004年颁布实施的国务院《收费公路管理条例》第十三条明确规定:"高速公路以及其他封闭式的收费公路,应当实行计算机联网收费,减少收费站点,提高通行效率。"该条例以行政法规形式明确高速公路联网收费模式。但实行联网收费后一系列问题需要规范。一是关于联网区域内车辆通行费结算和管理的问题。高速公路实行联网收费后,联网区域内各经营者收取的车辆通行费在清分结算之前属于全体经营者共有。为解决联网收费投资主体多元化情况下对车辆通行费进行结算和管理的问题,《修订草案》第二十九条规定:"高速公路实行全省联网收费,省高速公路管理机构负责全省高速公路联网收费和拆分结算工作。"二是关于偷逃车辆通行费的问题。实行联网收费之后,车辆一次性交费通行的里程大大增加,通行费额被若干倍增大,导致偷逃车辆通行费的现象频繁发生,且手段多样,呈现专业化集团化作案的特点。为加大查处偷逃车辆通行费的力度,《修订草案》第二十四条第一款规定了高速公路管理机构收费稽查制度,并设置了相应的法律责任。三是关于高速公路免费放行问题。这是一个复杂敏感的重大问题。考虑到国庆、春节等免费通行均由交通运输部作出统一规定,《修订草案》第二十三条规定:"车辆通行费的减免按照国家有关规定执行。"

4.关于超限运输管理

近年来,全省治理超限运输取得显著成效。但由于超限运输有其深刻的社会根源和背景,加之利益驱动等原因,治理难度很大,稍有放松即出现反弹。近年来,全省在高速公路出入口设置超限检测站,对过往载货车辆进行超限运输检查。同时为了引入经济杠杆治理超限运输,对行驶高速公路的货运车辆,其通行费收取采取计重收费的方式。上述措施对高速公路治理非法超限运输行为发挥了巨大作用,但却缺乏相应的法律依据。为此,将上述做法纳入《修订草案》,专章对高速公路超限运输作了严格规定。

5.关于高速公路的管理体制和上位法协调统一的问题

一是明确公路管理主体。《公路安全保护条例》(国务院令第593号)将包括路政管理在内的主要公路保护职责授权公路管理机构。《修订草案》按照减少行政执法层次,适当下移执法重心和权责统一的原则,对《公路法》中规定交通运输主管部门的职权中可以授权的,明确规定授权高速公路管理机构行使。二是明确具体管理规定。为了切实提高公路管理水平,根据全省实际,《修订草案》第十条、第三十七条规定高速公路沿线有关设施产权单位应承担的管护义务;第三十四条规定高速公路的登记和档案管理制度;第三十八条明确保护高速公路的禁止性规定。三是细化行政处罚标准。《公路法》和《公路安全保护条例》对一些公路违法行为的罚款标准分别为十万元、五万元或三万元,没有下限标准。在执法实践中,由于违法行为的情形、情节千差万别,危害、损失的大小也各有不同,自由裁量权过大既不利于操作,又容易滋生腐败。因此,《修订草案》第五十六条、五十七条、五十八条、五十九条、六十条对罚款的处罚标准予以细化。这样规定,提高《条例》的操作性,也体现教育与惩罚相结合的原则。

2013年3月20日,省交通运输厅组织召开《修订草案》专家论证会。来自省人大、省政府法制办、省委党校、山西财经大学等单位立法以及交通方面专家和学者应邀参加。与会专家和学者分别从不同角度,逐章、逐条、逐款进行讨论修改并提出充足理由和说明,并就进一步修改完善《修订草案》提出意见和建议。

2013年9月29日,省第十二届人大常委会第五次会议审议通过《山西省高速公路管理条例》,自2014年1月1日正式实施。新条例共9章55条,分别对高速公路养护管理、经营与服务、服务区、路政、超限运输、应急与救援、违反条例的法律责任等方面都进行规范。该条例不仅新增加高速公路经营者和使用者权利义务方面的规定,还囊括具有本省鲜明的地方立法特色的规定。对于规范全省高速公路管理,保障高速公路完好、安全和畅通,维护高速公路经营者、使用者的合法权益,促进全省经济社会快速发展,具有十分重要的意义。

2013年12月31日上午,省人大财经委和省交通运输厅举行《山西省高速公路管理条例》新闻发布会。省交通运输厅领导在讲话中,要求以《条例》实施为契机,严格依法履行职责,不断推进和提升交通运输服务工作的能力与水平,为全省转型跨越发展和全面建成小康社会提供强有力的交通支撑。

三、《山西省道路运输条例》

《山西省道路运输管理暂行条例》施行十多年来,对加强全省道路运输管理,促进全省经济发展,发挥积极作用。截至2009年年底,全省道路运输从业人员84.1万人,客运业户1267户,营运客车6.7万辆。其中,长途客车1.4万辆,旅游客车1341辆,农村客车6819辆,城市公交车8920标台,出租车3.7万辆,营运货车38.7万辆,机动车维修业户9569户,驾校230所,等级汽车客运站304个、简易站及招呼站2.3万个、货运站55个。2009年,全省共完成道路运输客运量17亿人次、货运量5.5亿t。但随着国家法律法规的不断完善和全省经济社会的不断发展,在规范道路运输行业管理方面出现多新情况、新问题。

为推进道路运输业的快速发展,保障道路运输的安全、快捷与有序,全省迫切需要一部新的权威性高、操作性强、规范全面、权利义务明确的道路运输方面的地方性法规,以健全和完善全省的道路运输地方法规体系。

从1997年开始,省交通运输厅每年向省人民政府和省人大提出修订的建议,并多次被列入省人大立法计划,但最终因体制问题而搁置。在此期间,省交通运输厅广泛收集有关修订方面资料,并会同省人大、省法制办对全省及部分省市的道路运输市场管理情况进行调研。在此基础上,起草《山西省道路运输条例(草案代拟稿)》,并采取组织召开座谈会、论证会,同时通过网上征求意见等形式征求各级运管机构、各相关部门、经营单位、社会群众的意见,先后经过10余次修改。2010年2月6日,分管厅领导主持召开立法论证会,省法制办、厅综合运输管理处、法律专家、道路运输经营单位均派代表参加会议,会后根据与会专家的意见和建议,省交通运输厅进行修改,形成报送稿,并经2月8日厅长办公会议研究通过。

2010年9月29日,山西省第十一届人民代表大会常务委员会第19次会议审议通过《山西省道路运输条例》(以下简称《运输条例》),自2011年1月1日起施行。《运输条例》共8章75条。具体包括:一是明确道路运输安全责任。从安全监管责任、责任主体、禁止行为等方面,对道路运输安全管理作出明确规定。二是明确道路货物运输源头治超工作机制。从治理方式、治超原则、工作机制、源头治超提供法律依据,形成全省道路运输地方性法规的鲜明特色。三是明确道路运输便民服务工作。对道路运输管理机构及其工作人员应当公开办事制度,简化工作程序,组织制定行业服务标准和管理制度,文明执法,秉公办事,提供优质服务等方面作出规定,符合依法行政高效便民原则。四是明确规范市场监管措施。从监督检查、规范执法、强制措施、保管义务、信息共享、吊销和注销许可证等6个方面进行规定,为道路运输管理提供法律依据,便于对执法行为有效监督,推动道路运输管理依法行政。

2010年10月9日,《运输条例》新闻发布会在太原召开,省人大、省政府、省治超办、省治超领导组成员单位、省交通运输厅、省运管局、各市治超办、各市交通运输局及各市运管局(处)领导出席,新华社、《人民日报》《中国交通报》《山西日报》等20多家新闻媒体记者参加。省交通运输厅领导就《运输条例》中超限超载源头治理有关内容进行发布。副省长牛仁亮、省人大常委会副主任靳善忠分别讲话。

四、《山西省水路交通管理条例》

水路交通运输是综合运输体系的重要组成部分,是国家鼓励发展的低碳运输方式之一。全省境内共有大小河流450条,具有通航条件的水库及封闭水域65处,通航总里程1277km。其中,黄河通航里程970km,其他区域性水域通航里程307km。全省共有港口4个,渡口、码头218处,水运企业46个,监管各类船舶3000多艘。

"十一五"期间,全省水路旅客运输量达到665.4万人次,比"十五"期间增长128%。随着全省大水网建设的启动,全省水路交通事业又一次迎来新的发展机遇,水运在全省运输产业、旅游产业结构的调整优化中发挥着越来越重要的作用。但是,由于本省属非水网地区,长期以来,水路交通立法滞后,水运市场发育不足,准入制度缺失,基础设施差,装备水平低,企业规模小,非法营运时有发生,安全形势不容乐观。而国家现行水路交通法律法规侧重于沿海及水网地区,对载客12人以下、长度在5m以下船舶的管理未作具体规定,而全省此类船舶占总数70%以上,是水上交通管理的重点。同时,由于国家对水上应急和救援没有专门规定,导致水上交通突发事件的应急机制不够完善。这些问题的存在,亟须通过立法予以规范。

2011年4月11日~12日,省人大财经委领导深入吕梁市进行实地调研,先后深入柳林三交、临县碛口,实地参观沿黄河两县渡口、码头以及水运企业,12日上午召开座谈会,省市县人大、交通主管部门、海事管理机构及临县政府有关同志参加,参会代表分别从理顺海事航运管理体制、明确水上交通安全执法主体、保障海事应急经费以及加强渡口、挖砂船、浮桥管理等方面,提出15条修改意见和建议。

2011年4月26日,省人大财经委召开立法论证会,听取省人大部分常委、专家意见和建议。与会各位常委、专家分别从不同角度展开热烈讨论,就海事航运管理体制、水上交通安全执法主体以及加强旅游船、渡口的管理等方面提出28条意见和建议。

2011年5月23日,省十一届人大常委会召开第二十三次会议,听取《山西省水路交通管理条例(草案)》说明和审议意见报告。

2011年7月18日,省人大常委会调研组一行18人,深入晋城市调研水路交通管理工作。听取晋城市人大、市政府、市交通运输局、阳城县等部门和单位的工作汇报,充分肯定近年来全省水路交通管理方面所取得的成绩,并对水路交通发展、水路安全管理等方面提出建设性意见和建议。

2011年7月28日,省第十一届人民代表大会常务委员会第二十四次会议审议通过《山西省水路交通管理条例》(以下简称《水路条例》),共7章41条,自10月1日起施行。

2011年9月29日上午,《水路条例》新闻发布会暨启动仪式在太原市滨河体育中心举行。省人大常委会副主任靳善忠出席,省人大财经委领导讲话,省交通运输厅领导介绍《水路条例》出台情况,省地方海事局领导代表全省海事机构作表态发言。

《水路条例》结合山西实际,从维护法制统一、加强水路交通管理出发,总结运用全省水路交通管理与法制建设的成功经验,吸收兄弟省市立法与实践的好做法,做到解决现实问题和满足未来发展需要相结合,充分体现"以人为本、执政为民"的理念。《水路条例》共分7章41条,明确规定各级人民政府应当将水路交通事业纳入国民经济和社会发展规划,将水路交通管理列入本级财政预算;进一步明确各级人民政府、行业管理部门、水路运输企业的管理责任;对船舶、船员、港口、渡口、航道的管理进行规范,对长度在5m以下、载客12人以下的小型船舶从事水路运输活动作出具体规定;对完善水上应急救援体制和机制提出要求;并确定适合全省实际的水路交通行政处罚标准,填补全省水上交通管理的一项空白,解决全省海事航运机构实施管理无法可依的问题,是一部符合山西水路交通运输实际的地方性法规,具有较强的可操作性。

《水路条例》于10月1日起正式实施,对提升全省水路交通管理水平,规范水运市场秩序,保障水上交通安全,促进经济社会发展,发挥了重要作用。

省交通运输厅领导在讲话中,要求各级交通运输部门和海事航运机构,要以《水路条例》的颁布实施为契机,认真宣传贯彻落实,严格执行规定,进一步转变职能、改进作风,依法行政、文明服务,自觉接受人大监督、舆论监督和社会监督,不断提升行业管理与公共服务水平,为广大人民群众安全便捷出行和全省转型跨越发展,提供良好的水上交通服务。

五、《山西省城市公共客运条例》

"十二五"以来,党中央、国务院高度重视城市公交发展工作,《国民经济和社会发展第十二个五年规划纲要》将"城市建成区公共交通全覆盖"纳入国家基本公共服务体系,并将城市公交优先发展上升为国家战略。之后,国家、交通运输部、山西省政府先后出台《国务院关于城市优先发展公共交通的指导意见》(国发〔2012〕64号)、《交通运输部关于贯彻落实〈国务院关于城市优先发展公共交通的指导意见〉的实施意见》(交运发〔2013〕368号)、《山西省人民政府办公厅关于优先发展城市公共交通的意见》(晋政办发〔2012〕23号)、《山西省城市公共汽电车客运服务规范》地方性标准等,城市公交优先发展战略逐步深入人心。特别是近年来,全省各级政府及交通运输部门认真贯彻落实中央和省有关城市公交优先发展的部署与要求,城市公交发展步入快车道并取得长足进步。截至2014年年底,全省已有城市公交营运企业115家、公交车辆10216辆,折合11076.3标台,较2008年公交管理体制改革时增长38%;城市公交运营线路达到1119条,线路总长度达到20784.1km,从业人员达到3.3万人;年城市公交客运量达到17亿人次,较2008年增长50%。

随着经济社会的发展,城市区域面积的扩大,人民群众出行需求的增加,以及城市公共客运事业的飞速发展,国家对城市公共客运的定义与定位有了新变化,对城市公共客运规划与建设、营运安全与服务有了新要求。自1995年10月1日起施行的、历时20年的《山西省城市客运暂行条例》,从发展理念到个体条款已不能完全适应全省城市公共客运事业发展及行业管理的要求。

2015年4月2~3日,省人大法工委领导深入阳泉市进行立法调研。调研组一行先后深入市公交总公司智能调度中心、五渡在建停保场、滨河路公交停车场、平定县东方世纪公交公司、阳泉客运南站等地实地调研。表示对征求的意见和建议进行认真研究、分类归纳,综合分析后尽量采纳,进一步修改完善《山西省城市公共客运条例》,增强针对性和可操作性,促进城市公共客运事业健康发展。

2015年5月28日,山西省十二届人大常委会第二十次会议表决通过《山西省城市公共客运条例》(以下简称《客运条例》),自2015年10月1日起正式实施,共分7章46条,从总则、规划与建设、管理与服务、安全与应急、监督检查、法律责任、附则第7个方面涵盖城市公共客运运营发展的方方面面,是全省城市公共客运发展必不可少的一部地方性法规。

《客运条例》的实施,为全省实现城市公交优先发展战略,规范城市公共客运市场秩序,维护乘客、经营者和从业人员的合法权益,保障城市公共客运安全,促进城市公共客运事业发展以及行业监管提供重要的法律依据和保障,对于推进城市公共客运持续、快速、健康发展,提升城市公共客运行业法治水平,均具有重要意义。

2015年9月28日,省人大财经和省交通运输厅联合举行《客运条例》新闻发布会,省人大财经委、省交通运输厅领导出席并讲话。要求各级政府、各有关部门、新闻媒体、社会各界组织、企事业单位都要给予大力支持,履行应尽责任。各级交通运输部门和城市客运管理机构要以贯彻实施《客运条例》为契机,进一步优化发展环境,提升公共服务,规范市场秩序,营造公交优先发展的社会氛围,努力推进全省公共交通事业优先发展,为全面建成小康社会做好公共交通服务和保障工作。

第二节 建设市场管理规章制度

1993年太旧高速公路开工建设后,省交通厅及建设管理者采取走出去、请进来等多种方式,积极向国家部委、其他省份学习、借鉴市场管理经验,对建设市场管理进行初步探索,为加快项目建设、提高工程质量起到有力推动作用。

"九五"期间,全省大力加强公路建设市场管理。一方面坚决贯彻执行国家、部委相关法律、法规、规章、制度,转发交通部《公路建设市场准入规定》《公路建设四项制度实施办法》《公路建设监督管理办法》,另一方面积极完善全省公路建设市场,结合自身实际及公路建设市场管理发展,制定相关制度。市场管理方面,2000年转发省人民政府《印发关于健全和规范有形建筑市场意见的通知》,印发《山西省交通建设工程监理市场管理办法》;招投标管理方面,转发省计委《山西省基本建设物资采购招投标实施细则》。

"十五"时期是全省高速公路建设发展的第一个高峰阶段,大运高速公路全线贯通,"人"字形主骨架基本形成。这一时期的建设市场管理依托项目管理实践进行总结、创新和尝试。市场管理方面,继续加大建设市场规范和整治工作,转发省政府办公厅《关于进一步加强整顿和规范建筑市场秩序工作的通知》;招投标管理方面,逐步健全规范管理范畴,转发省计委《山西省工程建设项目勘察设计招标投标实施细则》,着力强化监督管理,出台《山西省公路建设工程招投标监督管理办法》《关于进一步规范全省公路建设招投标活动的意见》,建立行业评标专家库,出台《山西省公路建设项目评标专家库管理办法》。

"十一五"时期迎来全省高速公路建设史上的第二个高峰时期。在国家实施拉动内需的积极经济政策的大背景下,2008年之后全省陆续开工建设43个高速公路项目,2010年年底高速公路通车里程突破3000km。大批项目集中上马对建设市场管理提出严峻考验,省交通运输厅采取有力措施,强化建设市场管理力度。信用管理方面,进一步强化细化信用信息管理,建立起以信用评价为杠杆实现市场制约的机制,出台《山西省公路建设市场信用评价管理办法(试行)》《山西省交通运输厅公路施工企业信用评价实施细则》;招投标管理方面,联合省人大、省检察院、省发改委、省监察厅、省审计厅、省重点办等相关部门共同构建联合监督机制,出台《高速公路建设招标投标联合监督办法》。高速公路建设市场管理制度架构基本形成完整体系。

"十二五"时期,党中央、国务院大力加强法制建设,各行业领域法律法规不断健全,一大批国家法律法规进行修订。市场管理方面,根据交通运输部《公路建设市场管理办法》修订成果,省交通运输厅深入研究公路建设市场发展及变化,结合全省实际,2015年印发《公路建设市场督查工作规则》,对全省公路建设市场行为开展长期督查,形成长效机制;信用管理方面,进一步加大信用信息管理工作力度,2012年印发《工程建设项目信息公开和诚信体系建设工作实施方案》,2013年印发《公路建设市场信用信息管理办法》,2014年印发《公路设计企业信用评价实施细则》,公路建设市场信用信息建设和交通系统诚信体系建设不断加强;资质管理方面,对应国家、相关部委资质管理规定的不断完善,出台《关于进一步加强公路行业资质审查工作的通知》,切实做好行业审查工作;招投标管理方面,2011年国务院发布《招标投标法实施条例》,为与上位法及时对接,省交通运输厅2011年发布《公路工程招标投标管理办法》;2015年,根据办法执行过程中发现的不足,以问题为导向,提出针对性措施,发布《关于进一步加强公路工程招标投标管理工作的若干意见》,进一步完善全省公路建设项目招标投标管理。

2016年,随着全省公路建设管理体制改革的深入推进和公路建设市场形势的发展,省交通运输厅进一步加强市场管理制度建设,启动《公路工程招标投标管理办法》的修订工作,实施分类归口监督管理,扩大适用范围,改进评标办法,取消清标环节,资格审查委员会改为全部由专家组成,进一步减少人为因素,截至2016年年底完成初稿,拟广泛征求相关部门意见后印发实施。

全省建设市场管理规章制度统计见表4-1。

全省建设市场管理规章制度一览表　　　　表4-1

序号	性质	名　称	文　号	颁发日期	颁发单位
1	市场管理	关于健全和规范有形建筑市场的意见	晋政发〔2000〕43号	2000.11.16	山西省人民政府
2		山西省交通建设工程监理市场管理办法	晋交公字〔2000〕60号	2000.2.15	山西省交通厅
3		关于进一步加强整顿和规范建筑市场秩序工作的通知	晋政办发〔2002〕8号	2002.3.13	山西省人民政府办公厅
4		公路建设市场督查工作规则	晋交建管发〔2015〕369号	2015.10.12	山西省交通运输厅

续上表

序号	性质	名称	文号	颁发日期	颁发单位
5	信用管理	山西省公路建设市场信用评价管理办法（试行）	晋交公字〔2007〕585号	2007.12.15	山西省交通厅
6		山西省交通运输厅公路施工企业信用评价实施细则	晋交建管〔2010〕789号	2010.12.29	山西省交通运输厅
7		山西省交通运输厅工程建设项目信息公开和诚信体系建设工作实施方案	晋交建管发〔2012〕174号	2012.4.1	山西省交通运输厅
8		公路建设市场信用信息管理办法	晋交建管发〔2013〕469号	2013.8.9	山西省交通运输厅
9		山西省交通运输厅公路设计企业信用评价实施细则	晋交建管发〔2014〕509号	2014.12.12	山西省交通运输厅
10	资质管理	山西省交通运输厅关于进一步加强公路行业资质审查工作的通知	晋交建管发〔2012〕581号	2012.10.17	山西省交通运输厅
11	招投标管理	山西省基本建设物资采购招投标实施细则	晋计生资〔2000〕753号	2000.10.17	山西省计划委员会
12		山西省工程建设项目勘察设计招标投标实施细则	晋计设计发〔2001〕16号	2001.1.9	山西省发展计划委员会
13		山西省公路建设工程招投标监督管理办法	晋交公字〔2001〕74号	2001.2.5	山西省交通厅
14		关于进一步规范我省公路建设招投标活动的意见	晋交公字〔2005〕232号	2005.5.30	山西省交通厅
15		山西省公路建设项目评标专家库管理办法	晋交公字〔2005〕548号	2005.11.9	山西省交通厅
16		高速公路建设招标投标联合监督办法	晋交公字〔2008〕47号	2008.1.29	山西省交通厅、山西省人大财经委、山西省人民检察院、山西省发展和改革委员会、山西省监察厅、山西省审计厅、山西省重点工程建设领导组办公室
17		山西省交通运输厅公路工程招标投标管理办法	晋交建管〔2011〕618号	2011.11.16	山西省交通运输厅
18		关于进一步加强公路工程招标投标管理工作的若干意见	晋交建管发〔2015〕292号	2015.8.7	山西省交通运输厅
19		山西省交通运输厅公路工程招标投标管理办法	晋交建管〔2017〕379号	2017.8.11	山西省交通运输厅

第三节　项目管理规章制度

1993年以来,项目综合管理制度围绕全省高速公路建设遇到的一些具体问题,以建设单位为主体,对高速公路建设综合管理、勘察设计、质量安全、环保土地、廉政建设、资金等进行规范管理的尝试。

"十五"时期,省交通厅着力强化高速公路建设项目管理。综合管理方面,制定《山西省公路建设项目法人责任制实施细则》;勘察设计管理方面,印发《山西省高速公路工程变更管理办法》,转发省政府《山西省建设工程造价管理办法》;质量安全方面,印发《山西省保证公路工程质量的若干技术措施》;环保工作方面,转发省环保厅《关于加强重点工程建设环境保护监督管理的通知》;廉政建设方面,印发《山西省交通厅廉政建设监督管理十项制度（试行）》;资金与审计管理方面,为了规范对高速公路建设项目审计监督,保障建设资金合理、合法使用,促进管理,提高投资效益,出台《山西省交通厅交通建设项目审计实施细则》等。

"十一五"时期,全省高速公路建设步入快速发展阶段,省交通运输厅不断加强建设项目的勘察设计、质量安全、资金使用等方面管理工作。综合管理方面,印发《关于加强企业投资建设高速公路项目管理工作的通知》《山西省高速公路工程建设管理绩效考核办法》;勘察设计管理方面,印发《关于进一步加强高速公路勘察设计管理工作的通知》《关于加强高速公路勘察设计后续服务工作的通知》《山西省交通厅执行交通部部颁〈公路工程基本建设项目概算预算编制办法〉补充规定（试行）》等,修订《山西省高速公路工程设计变更管理办法》;质量安全管理方面,印发《关于加强全省公路工程施工安全的通知》《山西省交通运输厅公路建设项目高危工程施工安全强制性要求（试行）》;土地管理方面,转发省政府《关于公布实施全省征地统一年产值标准的通知》、省国土厅《关于山西省建设用地征地补偿意见的通知》;资金与审计管理方面,为进一步提高审计质量,防范审计风险,出台《山西省交通运输建设项目委托审计监督管理办法（暂行）》。

"十二五"时期,省交通运输厅系统梳理高速公路建设管理经验和不足,着力完善制度建设,不断提高管理水平。综合管理方面,注重补短板,健全项目管理制度体系,出台《关于进一步加强高速公路BT项目建设管理工作的若干意见》《关于进一步加强高速公路交工验收管理工作的若干意见》《关于进一步加强高速公路竣工验收管理工作的通知》《山西省重点公路工程建设公开制度、"黑名单"制度、监督检查制度、风险防控制度等四项制度（试行）》等。勘察设计管理方面,2010年出台《山西省高速公路通信系统联网技术要求（试行）》《山西省高速公路监控系统联网技术要求（试行）》《山西省高速公路收费系统联网技术要求（试行）》，统一规范高速公路机电工程设计联网技术要求；2011年出台《山西省高速公路建设工程勘察设计管理办法》，系统总结高速公路勘察设计管理经验；2012年出台《关于进一步加强高速公路设计变更管理的若干意见》，2015年系统梳理设计变更工作制度，形成《山西省交通运输厅公路工程设计变更管理办法》，进一步完善和规范高速公路设计变更管理工作；针对高速公路造价逐年攀升的情况，重点加强高速公路造价管理工作，2011年制定《山西省交通运输厅高速公路工程造价管理办法》，2015年进行修订，印发《山西省交通运输厅高速公路建设项目主要材料差价调整指导意见》《山西省公路工程基本建设项目概算预算编制补充规定》《山西省公路采空区处治工程概预算定额及编制办法（试行）》《关于进一步加强高速公路工程决算编制管理工作的若干意见》等。土地管理方面，根据省政府《关于调整全省征地统一年产值标准的通知》对高速公路征地补偿标准进行调整。廉政建设方面，与省检察院及有关厅局联合印发《关于在工程建设领域开展行贿犯罪档案查询工作的通知》。资金管理方面，出台《高速公路工程质量保证金管理办法》。

"十三五"时期，将结合项目实施情况，对原有的各项制度进行补充、修订和完善，进一步健全高速公路建设管理体系，使之在工程建设中发挥更大的作用。

全省项目管理规章制度统计见表4-2。

全省项目管理规章制度一览表   表4-2

序号	性质	名　　称	文　号	颁发日期	颁发单位
1	综合管理	山西省公路建设项目法人责任制实施细则	晋交公字〔2001〕743号	2001.12.26	山西省交通厅
2		关于加强企业投资建设高速公路项目管理工作的通知	晋交公字〔2009〕104号	2009.3.3	山西省交通厅
3		山西省高速公路工程建设管理绩效考核办法	晋交公字〔2009〕162号	2009.4.2	山西省交通厅
4		关于进一步加强高速公路BT项目建设管理工作的若干意见	晋交建管发〔2012〕551号	2012.9.25	山西省交通运输厅
5		关于进一步加强高速公路交工验收管理工作的若干意见	晋交建管发〔2012〕612号	2012.12.31	山西省交通运输厅
6		关于进一步加强高速公路竣工验收管理工作的通知	晋交建管发〔2014〕264号	2014.6.25	山西省交通运输厅
7		山西省重点公路工程建设公开制度（试行）、山西省重点公路工程建设"黑名单"制度（试行）、山西省重点公路工程建设监督检查制度（试行）山西省重点公路工程建设风险防控制度（试行）等四项制度	晋重公建〔2011〕1号	2011.3.21	山西省重点公路工程建设领导组办公室

第四章 地方法规

续上表

序号	性质	名　　称	文　号	颁发日期	颁发单位
8	勘察设计管理	山西省高速公路工程变更管理办法	晋交公字〔2001〕364号	2001.6.29	山西省交通厅
9		关于进一步加强高速公路勘察设计管理工作的通知	晋交公字〔2008〕11号	2008.1.8	山西省交通厅
10		关于加强高速公路勘察设计后续服务工作的通知	晋交建管〔2010〕208号	2010.5.12	山西省交通厅
11		山西省高速公路设计变更管理办法	晋交公字〔2009〕158号	2009.4.2	山西省交通厅
12		山西省交通厅执行交通部颁〈公路工程基本建设项目概算预算编制办法〉补充规定(试行)	晋交公字〔2008〕345号	2008.8.1	山西省交通厅
13		山西省交通运输厅高速公路建设工程勘察设计管理办法	晋交建管发〔2011〕717号	2011.12.6	山西省交通运输厅
14		关于进一步加强高速公路设计变更管理的若干意见	晋交建管发〔2012〕563号	2012.9.29	山西省交通运输厅
15		山西省交通运输厅公路工程设计变更管理办法	晋交建管发〔2015〕357号	2015.9.21	山西省交通运输厅
16		山西省高速公路通信系统联网技术要求（试行）	晋交建管〔2010〕573号	2010.10.18	山西省交通运输厅
17		山西省高速公路监控系统联网技术要求（试行）	晋交建管〔2010〕573号	2010.10.18	山西省交通运输厅
18		山西省高速公路收费系统联网技术要求（试行）	晋交建管〔2010〕569号	2010.10.18	山西省交通运输厅
19		山西省交通运输厅高速公路工程造价管理办法	晋交建管发〔2011〕718号	2011.12.6	山西省交通运输厅
20		山西省交通运输厅公路工程造价管理办法	晋交建管发〔2015〕356号	2015.9.21	山西省交通运输厅
21		高速公路建设项目主要材料差价调整指导意见	晋交建管发〔2011〕734号	2011.12.13	山西省交通运输厅
22		山西省公路工程基本建设项目概算预算编制补充规定	晋交建管发〔2013〕229号	2013.4.18	山西省交通运输厅
23		山西省公路采空区处治工程概预算定额及编制办法(试行)	晋交建管发〔2011〕297号	2011.6.14	山西省交通运输厅
24		关于进一步加强高速公路工程决算编制管理工作的若干意见	晋交建管发〔2013〕40号	2013.1.22	山西省交通运输厅
25		公路工程建设项目委托技术咨询服务管理办法	晋交建管发〔2017〕377号	2017.8.10	山西省交通运输厅

续上表

序号	性质	名　　称	文　号	颁发日期	颁发单位
26	质量与安全管理	山西省保证公路工程质量的若干技术措施	晋交公字〔2001〕83号	2001.2.27	山西省交通厅
27		关于加强全省公路工程施工安全的通知	晋交公字〔2006〕467号	2006.9.30	山西省交通厅
28		公路建设项目高危工程施工安全强制性要求(试行)	晋交公字〔2009〕327号	2009.6.8	山西省交通厅
29	环保与土地管理	关于加强重点工程建设环境保护监督管理的通知	晋环监字〔2001〕58号	2001.3.12	山西省环境保护厅
30		关于山西省建设用地征地补偿意见的通知	晋国土资发〔2007〕193号	2007.5.21	山西省国土资源厅
31		关于公布实施全省征地统一年产值标准的通知	晋政发〔2009〕38号	2009.12.10	山西省人民政府
32		关于调整全省征地统一年产值标准的通知	晋政发〔2013〕22号	2013.5.31	山西省人民政府
33	廉政建设	山西省交通厅廉政建设监督管理十项制度(试行)	晋交监字〔2004〕210号	2004.5.10	山西省交通厅
34		关于在工程建设领域开展行贿犯罪档案查询工作的通知	晋检会〔2015〕3号	2015.7.29	山西省人民检察院、山西省住房和城乡建设厅、山西省交通运输厅、山西省水利厅
35	资金与审计管理	山西省交通厅交通建设项目审计实施细则	晋交财字〔2005〕430号	2005.9.6	山西省交通厅
36		山西省交通运输建设项目委托审计监督管理(暂行)办法	晋交审字〔2009〕572号	2009.9.30	山西省交通运输厅
37		高速公路工程质量保证金管理办法	晋交建管发〔2014〕277号	2014.7.4	山西省交通运输厅

第五章
科 技 成 果

第一节 概 述

一、山西省交通运输厅

1978年11月,为进一步加强交通科研管理工作,省交通厅机关增设科技教育处。此后,随着国民经济建设发展和公路交通事业繁荣,山西交通科研机构(山西省交通规划勘察设计院、山西省交通科学研究院)日益完善,专业科研队伍不断壮大,科研管理逐步严格和规范,先后制定印发项目、资金、奖励、软科学管理等办法,有力促进交通科技事业发展。

"八五"期间,省交通厅不断加大科技教育投入,努力推进科技进步。在科技工作方面,省厅累计投入资金2290万元,加上厅属各单位科技投入,总计达3500多万元。全省交通系统开展厅级以上科研项目共计170余项,完成107项,鉴定验收85项,待鉴定22项。其中,"预应弯桥设计与施工技术""HQJ-35型混凝土路面切缝机""移动式公路基层混合料拌和设备""汽车润滑油节能技术应用"等科研成果得到推广应用。特别是推广应用"沥青路面旧料再生利用"新技术,共铺再生路面227.12km,节省投资196万元;推广应用"阳离子乳化沥青"新方法,铺筑路面1050.2km,节省沥青1200t,节煤4300t,创造直接经济效益1000多万元,被交通部授予"优秀推广省"的光荣称号。其中,1994年,省交通厅共完成科研项目16项,获省科技进步奖7项,同时配合交通部科研工作,承担行业联合科技攻关项目4个。公路建养应用阳离子乳化沥青、稀浆封层、导热油等新技术、新工艺、新材料,取得明显经济效益,交通基础设施建设的前期管理工作也得到有效加强。1995年,根据交通部《科学技术进步奖励法》,省交通厅积极开展科技进步奖评审和奖励工作。科技进步奖分为国家级、交通部、省级、厅级四类。交通科技工作还积极服务交通建设主战场,围绕重点工程建设难点组织技术攻关,如"太旧高速公路采空区处治技术研究""确保边坡稳定的控制爆破研究""高填土路基稳定研究"等。"山区高等级公路边坡防护技术研究"中采用锚钉板防护技术,在太旧高速公路建设中得以运用,具有施工速度快、防护效果好、造价低廉、造型美观等优点,是黄土地区边坡防护的一个技术突破,受到交通部专家好评。"八五"期间,全系统有14项科研项目获省科技进步奖,36项获厅级科技进步奖,有4项达到国际水平,37项达到国内领先或先进水平,22项获国家专利,18项列入交通部、省科委科技成果推广应用推荐项目。在教育工作方面,省交通厅重视职业技术教育、成人教育工作,并实施教育扶贫计划。5年内累计投入教育经费5573万元,较"七五"增加1570万元,增加39%,形成以交通学校、交通技校、交通干校为主干的多层次、多形式交通教育体系,教育质量稳步提高。"八五"期间,全系统培养和委托代培大中专毕业生2140名,培养技工毕业生1020名,干部岗位培训720多名,技术人员任职资格培训7190余名,交通职工队伍思想和文化素质有了较大提高,为推动交通事业发展提供智力支持。

"九五"期间,省交通厅认真实施"科教兴交"战略,不断加大科技开发与创新力度,追踪行业发展方向,积极开展科技攻关。1996年,省交通厅印发《山西省交通科技发展基金暂行办法》;1997年,省交通厅与厅直单位(包括11个市交通局)签订的《工作目标责任书》中增加科技进步考核内容,建立各单位推进科技进步制度。5年内累计投入科研经费4000多万元,开展科研项目238项,完成150多项,并有51项获奖。其中,获美国世界发明大会金奖和北京国际发明大会金奖3项;获国家科技进步二等奖1项;获国家专利6项;获交通部科技进步奖9项;获交通部行业联合科技攻关优秀奖2项;获省科技进步奖18项。1996年9月1日,武宿立交枢纽获"鲁班奖";1997年11月5日,太旧高速公路获"鲁班奖";一大批科技成果在本省及全国公路建养、运输管理和规费征管中得到推广应用,大大提高全省交通运输基础技术水平。全省高速公路建设基本形成成套技术。在公路测设中,计算机辅助设计普遍采用,遥感、航测等先进技术开始推广;在公路施工中,路基综合处治技术、改性沥青、大跨径桥梁建设技术和大型压实机械、路面铺筑机械等施工机械及一体化检测、试验设备等得到推广和应用,科学技术在交通发展中发挥着越来越重要的作用。交通教育立足交通,面对社会,面向未来,突出抓好基地建设,努力拓宽职工教育渠道,初步形成大专、中专、高级技工、技工多层次职业技术教育和干部教育、成人学历教育、岗位培训、专业技术人员继续教育多形式职工教育的交通教育体系。

"十五"期间,省交通厅三管齐下抓好科技教育工作。一是实施"科教兴交"战略。5年用于科技和教育投入2亿元,是"九五"期间总投入的近2倍。组织开展科技攻关课题215项,其中省部级重点项目12个,取得科研成果130多项,其中有10项获国家专利。"公路工程灾害预防与治理综合技术研究及工程应用"获国家科技进步二等奖,并有4项成果获省科技进步一等奖,实现两个领域零的突破。在高速公路建设中,紧紧依靠科技进步与创新,建成一批在全国有影响的公路、桥梁和隧道。临侯高速公路赵康枢纽获国优工程"鲁班奖",祁临高速公路获"詹天佑"奖,大新高速公路康庄飞机跑道被北京军区评为优质工程,大运高速公路全线达到部优工程。以全长5.2km雁门关隧道和全国第一座高矮塔组合式斜拉桥——龙门黄河大桥（图5-1）、桥高180m晋济高速公路仙神河斜拉桥建设为标志，全省公路桥梁隧道建设达到一个新水平。二是加强现代信息技术开发与推广。卫星定位、地理信息、航测遥感、现代通信和互联网技术在工程勘察设计、交通运输与管理等领域得到广泛集成应用，大大改变交通运输生产、管理、服务方式。在全国率先实现高速公路联网收费"一卡通"、统一拆分账和三级监控；汽车养路费征收实现银行代征、异地征收和规费稽查自动识别。省交通厅和各市交通局都建立自己网站，厅机关办公自动化资源网投入使用。省高管局、省征稽局、省运管局分别建立覆盖全省办公、业务网。三是

图5-1 运城龙门黄河大桥

实施"人才强交"战略，注重人才培养、引进和使用，优化人才成长环境，培养一批学术带头人。全行业有6人成为享受国务院特贴专家，有11人成为享受省政府特贴专家，有2人入选交通部新世纪十百千万人才工程第一层次专家。省交通学校升格为交通职业技术学院，省交通高级技校进入全省首批高级技师学院行列。

"十一五"期间，全省交通运输行业科技进步硕果累累，行业创新能力明显提高。一是加大经费投入。5年来，全行业投入科研经费2亿元，组织开展科技攻关项目200余项，有40项获省部科技进步奖；取得QC小组活动成果500余项，有122项获奖。特别是依托全国在建最长公路隧道——太原西山隧道等重大工程开展的长大隧道施工运营与防灾减灾、桥隧下伏采空区治理等关键技术研发，大大提升全省交通建设与运营管理水平，也标志着全省公路建设技术达到一个新高度。全省科技成果转化率达到70%。忻阜、灵山高速公路被交通运输部确定为全国科技示范工程和勘察设计典型示范工程，共开展科技攻关项目3项，推广应用新技术、新工艺、新材料16项。雁门关隧道、祁临高速公路分别荣获詹天佑大奖；大运二级公路、太旧高速公路、丹河特大桥、雁门关隧道四项工程入选新中国成立60周年全国60项公路勘察设计经典工程。信息化建设取得新的进展，"1166"交通信息化一期工程完成，覆盖全行业的交通通信主干网和应急调度、出行服务等公众服务平台开通运营，建成高速公路刷卡缴费和电子不停车收费系统（ETC）。二是积极推进节能减排。在15条在建高速公路工程中开展环城监测，在运三、太佳等高速公路推广废旧沥青就地再生利用、地源热泵应用技术以及半导体材料节能照明改造、LED照明改造等先进适用技术。实施道路运输车辆燃料消耗量限值标准和准入制度，组织全省56家运输企业参加全国车船路港千家企业节能专项行动，在晋城等地开展煤层气替代燃料试点。三是建立和完善行业标准。省技术监督局先后发布《改性沥青路面施工技术规范》《公路绿化设计规范》等9项交通运输行业地方标准，在全国首家发布高速公路精

细化管理系列标准,结束山西省没有交通行业地方标准的历史。省交通设计院主编的行业标准《采空区公路设计与施工技术细则》,填补全国采空区公路建设技术标准空白。四是大力加强科研机构、交通院校和人才队伍建设。省交通科研院黄土地区公路建设与养护技术实验室被确定为全国交通运输行业重点实验室,山西交通学院、省交通技校分别被确定为全国物流人才和全省技师人才培养基地。全行业拥有国务院特贴专家13人,省部高级专家14人。组织三届全省交通运输行业职业技术竞赛,并在全国同行业职业技能大赛中获得好成绩,39人获"全国交通技术能手""三晋技术能手"称号,5个高速公路收费站获"全国用户满意服务班组"称号,6名高速公路收费员获"全国用户满意服务明星"称号。

"十二五"期间,全省交通运输行业科技教育和节能减排工作迈上新台阶。全行业投入科研经费2亿多元,组织开展科研项目280项,42项成果获山西省与中国公路学会科学技术奖。依托省交通科研院、省交通设计院构建国家地方联合工程实验室1个,部省重点实验室和研发中心14个。省交通设计院获准入驻省科技创新城,并与中国地质大学联合筹建公路桥梁采空区处治研发中心。积极开展以QC活动为载体的群众性创新活动,提高行业创新实力,358项成果受到国家、交通运输部和省质量协会表彰。在全国率先建成省级交通环境监测网络,组织实施国家发改委等三部委节能减排示范项目——雁门关隧道节能照明改造工程,实施交通运输部服务区清洁能源和水资源循环利用试点项目,与交通运输部公路科学院联合开展高速公路货车计重收费试点运用研究。认真贯彻落实省政府大气污染防治计划,圆满完成2005年底前注册的营运类黄标车淘汰工作。大力发展职业技术教育。交通职业技术学院被确定为"省级示范校";交通技师学院被确定为"全国中等职业院校一体化师资培训基地",被人力资源和社会保障部授予"国家高技能人才培育突出贡献奖";交通干部学校被交通运输部授予"全国交通运输行业干部培训工作先进单位"。

2016年,省交通运输厅围绕交通运输科学发展,抓好科技教育工作。一是大力推进科学研究。组织开展在研项目68项,其中,厅立科研项目64项(新立项目35项、接转项目29项),建设工程4项。协调配合省科技厅组织完成"在役桥梁参数识别和承载力的研究"等40个项目的科技成果鉴定与评审工作,取得专利授权50余项。二是举办全省交通系统"十二五"科技创新优秀成果展览,展示内容包括"十二五"期间取得的科研成果、标准规范、专利、工法以及职工QC和"五小"活动中的优秀成果,展出市交通运输局、厅直单位、交通运输相关企业和社团共23家单位的400余项成果,取得圆满成功。三是驰而不息抓好教育。指导与督促两所院校稳抓招生就业,生源与就业质量双提高;拓展对外培训服务能力,提升服务社会水平,举办各种培训班84期,培训人数10120人次;山西交通干部在线教育培训平台作用初显,参学总注册人数5727人,其中厅管干部827人,参学率96%,人均100.8学时。四是围绕绿色循环低碳创新体系建设,全面推进节能减排和环境保护各项事业。

二、山西省交通规划勘察设计院

山西省交通规划勘察设计院成立于1964年,现位于太原市并州南路69号,占地21亩,为省交通运输厅直属国有企业,集科研、设计、咨询于一体的综合性科技型国家高新技术企业。目前拥有工程勘察综合类甲级、公路行业设计甲级和工程咨询甲级、工程项目全过程管理甲级、工程测绘甲级、公路工程监理甲级、工程检测试验社会一级资质证书,拥有地质灾害处治勘察、设计甲级,市政工程(道路、桥梁工程)和建筑行业(建筑工程)乙级资质、电力行业(送电、变电工程)设计专项等资质。通过ISO9001:2008标准质量管理体系、ISO14001:2004标准环境管理体系、GB/T 28001—2011标准职业健康安全管理体系认证。

院内设公路综合勘察设计所(5所)、桥梁设计研究所、交通工程设计室、前期环保设计室、建筑设计室、市政设计室、计算机与信息中心、试验研究中心、新疆分院、工程咨询部、BIM工作室、PPP咨询部共16个生产部门,1个省级技术中心(山西省采空区公路桥梁隧道工程处治技术研究中心),以及总工办、科技研发部等15个生产技术管理科室及机关管理部门,另外还下设大成高速公路有限公司、试验检测有限公司2家全资子公司,9家控股或参股子公司。

建院53年来,省交通设计院由单一公路专业设计院发展成为今天专业齐全、设备一流、技术精良的大型综合设计企业。截至2016年年底,全院在册职工748人,其中在职职工587人(主体331人,实体公司和大成公司256人),离退休职工161人。共有党员368名,各类执业注册工程师56人,教授级高工41人,高级工程师179人,高、中级职称占职工总数92%,享受国务院特贴专家4人,省委联系的高级专家2人,博士、硕士140人,院主体大学本科以上学历职工占全院职工总数89.1%。

建院以来,累计完成各类公路工程勘察设计25000余公里。在山西省已建成和在建的6000余公里高速公路中,承担其中80%以上的勘察设计任务,为山西交通发展特别是高速公路建设发挥重要作用。在省外,先后在新疆、广东、四川、河北、云南、甘肃、重庆等地承担公路勘察设计或咨询审查项目30余项4000余公里。完成大桥、特大桥1200余座500余公里,完成隧道239座共计326km。其中运宝高速公路黄河特大桥主跨径200m波纹钢腹板矮塔斜拉桥的新型设计,居世界同类桥梁之首;太古高速公路西山特长隧道(13.68km),是全国公路设计单位独立完成勘察设计的第一座超10km隧道,长度位列亚洲第二;此外,设计完成的平遥—榆社高速公路宝塔山特长隧道(10.42km)、和顺—榆社高速公路云山特长隧道(11.40km)、西山供热管道特长隧道(15.6km)以及太原—长治高速公路的连拱隧道群和离石黄土连拱隧道在全国也具有重要影响力。目前,基本形成了特长隧道、黄土连拱隧道、特高大跨径桥梁、采空区处治设计、不良地质条件下高边坡设计、山区公路选线以及特重交通条件下路面、桥梁设计等多项核心技术,在全国居于前列。

省交通设计院先后荣获省部级以上科技进步奖27项,其中一等奖3项、二等奖13项;省部级以上优秀勘察设计奖191余项,其中忻州—阜平高速公路忻州—长城岭段获FIDIC2016年工程项目优秀奖,太原—旧关、原平—太原、北京—大同3条高速公路获国家优秀设计银奖。拥有自主研发国家发明专利2项、实用新型专利27项、软件著作权4项,被省科技厅等授予"高新技术企业"称号。主编国家交通运输行业技术标准1部(《公路采空区设计与施工技术细则》),参编国家标准《煤矿采空区建(构)筑物地基处理规范》,参编国家交通运输行业规范、规程、标准、定额6部,主编地方标准8部。

2012年,省交通设计院积极响应省委、省政府和省交通运输厅鼓励社会资本进入高速公路领域号召,投资32.31亿元,以BOT方式承接繁峙—大营高速公路。该高速公路2014年11月19日正式通车运营。

2015年,省交通设计院依托科技创新能力,紧紧抓住"山西科技创新城"建设机遇,以"采空区处治成套技术"国家发明专利和高新技术企业资格,联合中国地质大学(北京),于7月22日入驻山西科技创新城,是省交通运输厅直属企业唯一入驻单位。

建院53年来,省交通设计院先后荣获"全国勘察设计行业创优型企业""全国工程勘察与岩土行业诚信单位""创建全国交通文明行业十佳先进单位""全国交通系统先进集体""全国交通运输企业文化建设卓越单位"等称号;被省政府授予"山西省高速公路建设模范单位"称号;三次荣获省"五一劳动"集体奖,连续17年获省精神文明建设指导委员会"省级文明单位"称号。

三、山西省交通科学研究院

山西省交通科学研究院,成立于1958年,1979年恢复建立,原名山西省交通科学研究所,2000年更名为现名,是集科学技术研究、勘察设计、试验检测、产品开发及科技产业一体化的综合性科技型企(事)业集团。重点在交通运输行业及非交通建筑行业的各个领域,涵盖公路、桥梁、隧道(地下工程)、岩土、智能交通、交通环境保护与节能减排、城市轨道交通、综合交通运输、交通科技信息、筑养路机械与电子、汽车应用、信息机电技术研究、交通安全工程、新型材料、结构维护与加固、结构件生产制造与加工安装等专业领域,同时拓展至环境评价和监测项目、地基基础处治工程、市政工程、机场道面、地铁、地质环境治理工程等非交通建筑专业领域,开展卓有成效的科学技术研究、工程可行性研究、勘察设计、技术咨询(服务)以及科技产业一体化工作,已形成在本行业具有核心技术竞争力的可持续发展的科技创新型集团化企业。截至2016年年底,下设10个专业研究所、5个检测中心、11个科技产业化公司、1个博士后科研工作站、1个国家交通行业重点实验室、2个交通运输部认定的协同创新平台、1个国家地方联合工程实验室、9个省部级重点

第五章
科技成果

实验室及工程技术研究中心、1个省级高新技术企业、1个国家行业综合质量检测甲级和桥隧专项甲级中心、1个国家公路全行业甲级勘察设计院、1个同时拥有国家特殊地质灾害勘察、设计、施工三甲级单位。拥有勘察、设计、检测、节能环保、地质环境、信息技术、特种施工、施工监理、新型材料、加工制造等各类国家甲级资质29项,已成为在全国有较大品牌影响力的科研和技术创新的重要基地。现有3个办公和试验检测区、1个科学园区、1个产业园区,分别为:①北区。位于太原市学府街的院总部机关和桥梁结构试验室所在地等,占地约25亩;②中区。位于太原市许坦西街的交科大厦(含环境评价和监测中心试验室),占地9亩;③南区。位于太原市许坦西街的质量检测中心办公楼及汽检站,占地约20亩;④榆次科技产业园区。位于晋中市榆次工业园区的交科产业园区,占地40亩;⑤山西交通科学园区。位于国家级太原经济开发区,占地86亩。全院总占地面积180亩,总建筑面积12.06万 m^2。有正式在岗员工790人(不含长期外聘专业技术和管理人员),硕士、博士研究生占总员工数过半,大学本科及其以上约占92%,其中211、985大学本科及以上60%,各类专业的国家级注册师294名。教授级高工46人,高级工程师216人,工程师326人。国际上研究黄土的顶尖专家中国科学院院士1人,享受国务院政府特殊津贴的专家5人,全国优秀科技工作者1人,国家科技进步奖评委2人,全国十大学习青年才俊1人,全国交通运输系统劳动模范1人,国家交通部青年科技英才5人,交通部第一层次中青年专家3人,中国公路百名优秀工程师2人,中国公路学会"第九届中国公路青年科技奖"1人,全国优秀环评工程师1人,山西省十大科技贡献杰出人物1人,中共山西省委联系的高级专家2人,省人民政府决策咨询委员会专家1人,山西省学术技术带头人11人,山西省青年拔尖人才1人,青年三晋学者1人,全国公路优秀科技工作者1人,国家重点院校兼职教授4人次,山西省人才工作创新项目1个,山西省科技创新团队2个。已形成知识结构科学合理、专业学科门类齐全、核心技术形成系列、极具创新精神的金字塔型人才梯队,为全院转型发展提供了持久的智力支持和人才保障。

自建院以来,省交通科研院累计完成各类公路勘察设计2800余公里,其中高速公路2140余公里,主要完成霍州—永和关东段、阳泉—左权、神池—河曲、广灵—浑源、垣曲蒲掌—闻喜东镇、广东云湛、广西融水—河池、河北邢衡、甘肃金武高速公路等勘察设计。其中,"神池—河曲高速公路工程可行性研究报告"获国家级优秀咨询奖;"垣曲蒲掌—闻喜东镇高速公路""汾阳—邢台高速公路平遥—榆社段第PZ2合同段"等15项获省、部级优秀工程勘察设计一、二等奖。先后完成大桥、特大桥1100余座共计384km,完成隧道146座共计209km。其中临汾城南一级公路临汾南外环汾河桥是全国唯一的一座双塔三索面矮塔斜拉桥,中塔采用塔梁固结,边塔采用塔墩固结的结构体系;晋蒙黄河大桥首次在山西省公路桥梁使用LUD速度锁定装置,是拥有国内最大吨位速度锁定器的特大型桥梁;平阳高速阳曲隧道是山西省最长的双向六车道高速公路特长隧道;广灵—浑源高速公路项目隧道进出口创新性地采用"碳纤维材料融冰化雪技术",实现隧道洞口冬季融冰化雪智能化和自动化;临猗黄河大桥工程建设难度在世界建桥史上十分罕见,首次采用跨度168m的钢桁梁悬拼架设,在工艺组合运用上实现创新,在高墩大桥长联钢桁架连续采用双向减隔振新技术等。

省交通科研院产值连续7年超过10亿元:2010年产值10.39亿元,2011年产值11.67亿元,2012年产值10.73亿元,2013年产值12.6亿元,2014年产值10.91亿元,2015年产值11.00亿元,2016年产值10.30亿元。省交通科研院注重全面推动内部文化和机制的创新,倡导新思维和新理念,以此激发全院员工的创造力,在全国交通建养市场上不断地以优于竞争对手的方式提供增值服务和超常价值。技术和制度的持续创新是全院工作的主旋律,"山西交科"集团化品牌建设正在稳步地踏上健康发展的新征途。

四、山西省高速公路管理局

山西省高速公路管理局自成立以来,围绕不断提升高速公路的安全保畅能力、公共服务能力、突发事件处置能力和行业创新能力,不断推进精细化管理,提升高速公路技术应用水平的总体目标,克服资金困难,依托日常管理和维修养护工程,组织广大技术人员开展技术革新和技术改造,大力推广应用新技术、新材料、新工艺、新设备,有效解决工作中遇到的难题,提高管理效率、经营效益,降低工作强度,培养和造就一批懂专业、学技术的科技创新型人才,高速公路管养水平明显提高。

第二节 科技创新

一、山西省交通规划勘察设计院

省交通设计院以高速公路勘察设计项目为依托,紧紧抓住山西转型发展机遇,强化科技人才培养,加大科技研发投入,科技创新成果显著。形成采空区处治设计、特长隧道、黄土连拱隧道、特高大跨径桥梁、高边坡设计、山区公路选线以及特重交通条件下的路面、桥梁设计等多项核心技术,居全国先列。其中,采空区处治勘察设计技术居全国同行业领先,采空区处治科研成果列为"十二五""十三五"交通运输部科技推广应用项目,全国30多个公路项目应用,采空区处治累计长度110余公里,减少煤炭压覆约上亿吨;隧道设计技术居全国同行业前列,独立完成勘察设计的太原—古交高速公路西山特长隧道长13.6km,是全国公路行业设计单位独自完成的最长隧道,隧道总长位列亚洲第二,又先后完成宝塔山隧道、云山隧道、太岳山隧道3座10km以上特长隧道,位列全国勘察设计单位之首;太原—长治高速公路连续10座隧道采用连拱形式,形成全国独具特色的连拱隧道群。临汾—吉县高速公路吉县壶口黄河大桥主跨175m、桥高158m,大桥的抗风、抗震、抗冰凌撞击及超高桥墩稳定性研究取得重大突破,居全国领先。阳城—翼城高速公路北深沟钢管拱特大桥、太佳临县黄河特大桥、运宝黄河特大桥、离石矮塔斜拉桥,桥梁结构技术难度、主跨跨径位列中西部地区前列。

省交通设计院主编、参编各类勘察设计、施工规范13项。主编的《采空区公路设计与施工技术细则》(JTG/T D31-03—2011)已颁布,填补全国公路建设采空区处治技术规范空白;参编国家标准《煤矿采空区建(构)筑物地基处理规范》(GB 51180—2016),参编行业标准《公路路线设计规范》(JTG D20—2006)、《公路工程地质勘察规范》(JTG C20—2011)、《公路隧道设计细则》(JTG/T D70—2010)、《公路工程路面基层稳定用水泥》(JT/T 994—2015)等也已颁布实施。

主编山西省地方标准《高速公路勘察设计指南》(DB14/T 670—2012)、《公路隧道照明设计规范》(DB14/T 722—2012)、《公路梁(板)式桥梁勘测设计细则》(DB14/T 755—2013)、《公路隧道水文地质勘察指南》(DB14/T 756—2013)、《高速公路交通安全设施设计指南》(DB14/T 757—2013)、《高速公路通信管道设计指南》(DB14/T 1021—2014)、《公路钢波纹管涵设计指南》(DB14/T 1022—2014)、《环氧沥青混凝土桥面铺装施工技术指南》(DB14/T 1327—2016)共8部,正在主编山西省地方标准《涉路工程安全评价技术指南》《公路避险车道设计指南》《波形钢腹板预应力混凝土组合箱梁桥设计指南》《水平层围岩隧道设计与施工指南》《高速公路服务区、停车区设计细则》共5部;2004年,一部凝结着全院广大工程技术人员智慧和心血的技术专著——《公路规划、勘察、设计学术论文集》由人民交通出版社正式出版;2014年在核心期刊《公路》第5期出版省交通设计院隧道论文专刊;2011年与省交通质监站共同合编的《公路工程试验检测仪器设备校准指南》由部质监总站核准、人民交通出版社出版发行。

获得"公路采空区处治效果检测方法"(专利号2005SR00898)、"一种动态数据驱动的高速公路出口流量预测方法"(专利号201110460070.1)2项国家发明专利,"加速磨光试验机连续出砂漏斗"(专利号201320024848.9)等27项国家实用新型专利,"高速公路三维可视化信息系统"(登记号2005SR00898)等4项软件著作权。

依托实体工程,省交通设计院承担的"公路采空区成套技术研究""高速公路联网运营交通决策支持系统""忻州—阜平高速公路建设与安全运营管理关键技术"共3项科研项目获得省部级科技进步一等奖;"桥隧下伏采空区处治关键技术研究"等13项科研项目获得省部级科技进步二等奖;"粉煤灰混凝土在桥梁工程中应用研究"等11项科研项目获得省部级科技进步三等奖;95个项目荣获国家和省部级优秀勘察设计191个奖项。

二、山西省交通科学研究院

1978年以来,省交通科研院秉持"创新、求实、诚信、竞合、增效"的发展方针,始终坚持创新驱动、科技立院理念,在稳固传统产业集中优势基础上,以各类高端技术创新平台为载体,持续创新,稳步发展,已发展成为集科研创新与产业发展于一体的交通运输行业规模化、多领域、跨学科,在行业内具有重要影响力的综合型科研机构。截至2016年年底,省交通科研院开展国家、省部科研项目近500项,累计科研经费1.5亿元,获得国家和省部级科技奖励百余项,主持完成各类标准修订28项,取得57项国家发明专利,近500项实用新型专利,100余项软件著作权,形成并应用黄土地区重交通水泥混凝土路面修筑关键技术、运煤重载交通沥青路面指标体系与材料性能关键技术、湿陷性黄土路基病害处治关键技术、公路采空区治理成套技术等系列科研成果,有力支撑和保障了交通发展与工程建设。

三、山西省高速公路管理局

在科技创新成果方面,除积极开展科研项目活动外,还编制完成多项高速公路运营管理相关的地方标准,同时,在申请发明专利与质量管理小组活动方面也取得显著成绩,助力全省高速公路科学管理水平与服务能力不断提升和发展。

第三节 重大科研课题

一、山西省交通规划勘察设计院

省交通设计院紧密结合勘察设计中的热点、难点,围绕生产实际,发挥在建设项目中的优势,组织科研攻关人员,对公路交通建设具有现实意义的科研课题开展研究,积极开发和拥有自主知识产权的新技术、新结构、新材料、新工艺和具有广阔前景的计算机软件系统,以项目培养人才和技术,以课题培育核心技术和成果,实现有机结合。建院50余年来,省交通设计院在公路建设勘察设计中,对湿陷性黄土、滑坡、深路堑、高路堤、煤矿采空区等技术的处理,桥梁下伏采空区处治及桥梁结构设计、高桥墩结构选型和设计、超长隧道的地质勘察、结构设计、通风、照明、消防、防灾救灾等设计、大跨径桥梁的改造加固设计和山区特大高架桥梁的设计和技术研究方面均取得重大进展,积累丰富经验。

1. 公路采空区成套技术研究

主要技术经济指标包括:采空区沉陷变形机理、采空区剩余变形分析与预测方法、采空区稳定性评价标准与方法、采空区处治技术原则、采空区注浆处治和非注浆处治设计方法、采空区监测与处治检测标准、采空区处治质量验收标准、采空区三维可视化等。

研究内容：①有关采空区沉陷变形机理及处治技术理论与试验方面的研究；②采空区稳定性分析与评价方面的研究；③采空区处治技术方面的研究；④采空区监测与检测方面的研究；⑤采空区公路处治工程实例分析。

研究过程：1999年开始研究，2006年初开始对桥隧下伏采空区处治技术进行全面系统研究，2007年初正式成立课题组进行系统理论研究。

主要成果：①依据采空区地表剩余移动变形值及其对公路工程可能造成的危害程度，创建采空区场地稳定性评价标准，并给出明确的量化指标；②根据不同公路等级及其工程类型（如路基、桥梁、隧道）地基变形容许值，建立采空区公路工程地基稳定性评价标准；③确立采空区处治设计原则，即依据采空区上覆工程类型和采空区场地稳定性等级，确定采空区是否需要处治；④依据采空区类型、开采方式，创立采空区注浆处治范围新工法，使得采空区注浆范围大大收窄，可减少处治工程量约10%~30%；⑤建立采空区监测网布设方法和适用条件；⑥建立采空区注浆处治效果检测体系和采空区注浆处治质量验收标准；⑦通过室内模拟试验，揭示煤层回采后覆岩裂隙带的空间分布特征，为制订采空区合理处治方案提供依据；⑧确立采空区稳定性分析方法及其适用条件；⑨建立采空区注浆处治和非注浆处治方法及体系；⑩依据对采空区处治后变形的理论分析和预测，对桥隧结构提出针对性工程措施。

公路采空区处治经历由最早遇采空区必躲到逢采空区就保守处治，再到现在课题研究成果应用后的科学合理处治历程。工程实践证明，研究成果应用产生显著的经济和社会效益。一是为桥梁、隧道穿越采空区处治提供有力技术保障；二是使煤炭、冶金等矿产资源得到最少压覆，避免资源浪费；三是大量节约采空区处治费用，符合国家节约用地、环保节能政策。2007年以后，全省通车和在建高速公路项目共15个，处治采空区长度约58km，按3000万元/km，每公里节约处治费用20%计算，长度58km的高速公路采空区处治费用节省3.48亿元，经济效益非常显著。

研究成果具有理论性强和实践性强的鲜明特点。从理论上讲，丰富和拓展全国公路采空区处治技术、稳定性评价标准和检测技术，填补该领域技术空白，使采空区处治技术走在国际先进行列；从工程实践上讲，丰富和完善采空区处置方法与手段，建立采空区勘察、设计、施工、检测的完整工艺体系，使公路穿越采空区成为现实，解决了公路建设中关键技术难题。成果不仅应用于公路采空区领域，还可拓展到建筑、市政、铁路等其他领域；不仅应用于煤炭采空区处治，还延伸到铝矾土、黏土、金属矿等其他矿种、岩溶形成的采空或空洞处治，极具推广应用价值。

2. 桥隧下伏采空区处治关键技术研究

青岛—银川高速公路离石—军渡段位于柳林县境内，途经"4隧2桥"（大雨亮隧道、矾水沟大桥、师婆沟隧道、闫家条隧道、康家沟大桥和庙梁隧道,见图 5-2),下伏青龙、同德、师婆沟和康家沟 4 个煤矿采空区,受采空区影响左右线累计里程 5.6km。

a)通车后的大雨亮隧道

b)通车后的矾水沟大桥

c)通车后的师坡沟隧道

d)通车后的闫家条隧道

e)通车后的康家沟大桥

f)通车后的庙梁隧道

图 5-2　青银高速公路离石—军渡段"4 隧 2 桥"

自 2006 年 3 月起,课题以此为背景,采用现场勘察、室内试验、理论分析、数值模拟和现场监测综合集成研究方法,对桥隧下伏采空区稳定性评价技术、三维可视化技术、治理与检测技术和采空区剩余变形预测技术、覆岩垮落与离层实测技术等展开攻关,成功解决制约相关高速公路桥隧下伏采空区处治方面的诸多关键技术难题,最终形成5项科研成果。

(1)构建桥隧下伏采空区三维计算模型,进行地表建筑物和下伏采空区覆岩相互作用分析,揭示不同工况条件下地表变形程度,确定地表沉陷盆地特征及沉陷盆地中心位置,对建筑结构变形及结构受力进行关键部位预测,为注浆处治设计和结构加强支护提供理论依据和指导。

(2)基于现场钻孔记录数据,构建建筑物下伏采空区隐蔽工程三维可视化模型,确定采空区地层类型、空间规模及分布形态特征,通过分析采空区冒落状况量化信息,对合理评价采空区冒落程度、危害性评估提供依据,实现在建筑物下伏采空区处治实体建模与信息可视化技术方面创新。

(3)通过室内相似模拟试验,分析桥隧下伏采空区覆岩垮落、移动和地表沉陷变形特征;揭示煤层回采后,采空区覆岩离层与"八"字形裂缝内侧有大量未闭合的离层裂隙和竖向裂缝,裂隙带空间分布特征,结合数值计算圈定地表变形关键部位,对制订采空区最佳处治方案有重要指导意义。

(4)建立采空区处治质量验收标准及监测和注浆处治效果检测标准。对经济合理提高采空区上覆岩体刚度,控制地表剩余变形满足桥隧结构规范要求有重要意义。

(5)结合现场大量实测数据,基于双曲线模型和灰色模型,采用误差绝对值加权和最小准则,创建新的采空区地表沉陷预测模型和计算公式,并得到工程验证。不仅为采空区地表剩余沉降变形预测分析和灾害评估提供可靠理论依据,而且为采空区地表剩余沉降变形预测提供新的思路与方法。

离军线"4隧2桥"工程分别下伏4个煤矿采空区需处治,本项目研究方案,与采用改线避绕采空区方案和穿过未采煤区压覆资源方案相比,分别节省直接投资3700万元和3200万元,减少拆迁安置、扰民压煤等社会影响,获得较好经济和社会效益。山西是煤炭资源大省,公路建设很难完全避开大面积分布的采空区,包括桥隧下伏采空区情况也逐渐增多。因此,研究成果为桥隧下伏采空区处治及类似工程提供很好理论基础与工程经验,同时也很好地解决因局部避让采空区,过多增加公路里程、压覆煤炭资源、增加工程造价这一特殊难题,推广应用有着较好前景。

3. 黄土连拱隧道设计施工技术研究

连拱隧道作为一种较新隧道形式,无论从设计还是施工角度,其结构受力状况都十分复杂。主要研究内容包括:黄土连拱隧道修建的适宜性,即在什么地形地貌和地质情况下修合适;有关设计参数和注意事项;施工方案、顺序和支护时机。

该课题于1999年10月批准立项后立即开始研究,取得的主要成果有:在黄土地层可以设置连拱隧道;布设黄土连拱隧道合理长度应不大于300m;合理中隔墙厚度;确定开挖方法；确定前洞开挖多长距离时进行后洞开挖。

汾阳—离石高速公路离石连拱隧道（图5-3）在2005年10月竣工通车，一直运营良好，证明在黄土地区修建连拱隧道的可行性。连拱隧道与分离式隧道比较：一是右线不动，分离左线，连拱隧道减少建设总费用2070万元，运营养护费用每年减少26.3万元；二是左线不动，分离右线，连拱隧道减少建设总费用2530万元。连拱隧道与明开挖路基比较：明开挖路基需增加弃土场防护和绿化等费用，虽然明开挖路基建设期费用节省210万元，但多占不可再生资源耕地37亩，增加弃土42.6万m^3，并且形成64m高边坡，对自然景观破坏较大，加剧水土流失，存在较大安全隐患。在黄土地区修建连拱隧道可以有效保护环境，节约耕地，减少水土流失，社会效益十分显著。

4. T形刚构桥梁加固技术研究

本课题以保德黄河公路大桥（图5-4）加固改造为基础，对各种加固方法进行研究，以期对今后的T形刚构加固工程有所借鉴。取得的主要成果有：提出的新型跨中连接结构属于原创技术，填补结构加固领域一项空白，对今后类似桥梁加固与设计提供一种崭新思路。对由收缩、徐变和预应力产生的应力在结合面分布规律进行深入阐述，为箱梁增大截面后构造设计提供理论依据。对扩大截面后T形刚构在预应力、收缩、渐变作用下的应力分布和变形规律进行深入探讨。

图5-3 离石连拱隧道

图5-4 保德黄河大桥T形刚构主桥

该桥经济效益包括：由于旧桥加固，避免新建桥梁投资约6000万元，减去加固旧桥费用约1300万元，共节约资金4700万元；由于旧桥承载力提高，使公路运输成本每年降低而节约资金2000万元；由于交通条件改善减少交通事故及减少货损所产生的经济效益、由于行车速度提高而节约旅客旅行时间所产生的社会效益也非常巨大。

5. 高烈度地震区特高桥设计的研究

课题针对桥墩高度超过30m的高墩桥梁震害进行研究，以山西省境内具有钢筋混凝土简支梁桥、钢筋混凝土连续梁桥、预应力钢筋混凝土连续刚构桥等结构形式的11座高墩桥梁为依托，采用数值计算、模型试验等方法和手段，对高烈度地震区特高桥在地震灾害发生时的力学和变形以及破坏机理进行深入研究，提出大跨径、特高桥梁抗震设计从建模分析计算到抗震构造措施的一套实用设计方法。

6. 大运高速公路三维可视化信息系统

课题主要以大同—运城高速公路为基础建立公共实时互动信息平台，从设计、施工到养护和服务等多环节上对高速公路进行数字化建设、管理及养护，提供公路建设和管理不同阶段的具有三维真实场景交互式查询的个性化、自主化用户服务，建立与信息平台相配套的养护、通信、出行信息服务、交通安全等服务体系，建立从设计到养护的一条可视化公路信息通道。

省交通设计院负责项目总体设计、基础资料收集和融合处理、基础数据建库、构建大运高速公路三维数字模型以及模型纹理和人文景观处理、系统应用培训等方面工作。北京航空航天大学虚拟现实新技术试验室负责项目交互式三维浏览、二维导航及数据库关联等方面工作。

大运高速公路三维可视化信息系统(图5-5)是一种新的管理技术，涉及虚拟现实、地理信息、数据库集成、道路桥梁工程和计算机技术，是公路设计、建设、养护管理的辅助工具，反映出公路信息化管理最新科研成果。2001年5月立项，2003年底通过省科技厅组织的专家鉴定，成果达国际先进水平。先后荣获2004年山西省勘察设计优秀软件一等奖、第八届全国设计优秀软件银奖；2005年山西省科技进步二等奖；该成果还取得计算机软件著作权登记证书(编号：软著登字第032399号)。

图5-5 大运高速公路三维可视化信息系统

省交通设计院重大科研课题统计见表5-1。

山西省交通设计院重大科研课题统计表

表 5-1

序号	项目名称	项目来源	研究单位	起止时间	成果形式	主要技术指标	获奖情况
1	高速公路联网运营交通决策支持系统	山西省交通运输厅	山西省交通规划勘察设计院,山西省高速公路管理局,北京大学	2010.1～2011.7	研究报告	道路交通流反演精确率达到90%以上;道路交通状态预测准确率达到90%以上;交通事故演变流量预测准确率在83%以上	2012年获中国公路学会科学技术奖一等奖,2013年获山西省科技进步二等奖
2	公路采空区处治成套技术研究	山西省交通厅	山西省交通规划勘察设计院,中国地质大学(北京),太原理工大学,山西交设岩土工程有限公司	2007.1～2011.5	研究报告	建立公路采空区场地稳定性评价标准和地基稳定性评价标准以及分析方法及适用条件;确立设计原则;建立注浆治理注浆方法和非注浆处治方法体系;建立监测网布设标准和适用条件;建立注浆治理效果检测体系和质量验收标准;构建三维注浆模型,实现三维可视化	2011年获中国公路学会科学技术奖一等奖
3	国产环氧沥青混合料桥面铺装技术研究	山西省交通厅	山西省交通规划勘察设计院,山西省路翔交通科技咨询有限公司	2008.1～2010.12	研究报告	马歇尔稳定度≥30kN,动稳定度≥30000次/mm;-10℃低温弯曲应变≥3.0×10⁻³;浸水马歇尔残留稳定度≥85%,冻融劈裂残留强度比TSR≥85%;国产环氧沥青面结层黏结力≥1.0MPa	2013年获山西省科技进步二等奖
4	桥隧下伏采空区处治关键技术研究	山西省交通厅	山西省交通规划勘察设计院,中国地质大学(北京),太原理工大学,山西省高速公路建设管理处	2006.3～2009.1	研究报告	总结处治成质量标准,质量检测和合理评价方法,得出处治工艺参数,技术精度与体系,并将其评价指标、评价方法体系、实验验纳入交通运输行业标准《采空区公路设计与施工技术细则》	2010年获中国公路学会科学技术奖二等奖
5	高烈度地震区特高桥梁设计的研究	山西省交通厅	山西省交通规划勘察设计院	1999.11～2009.1	研究报告	对桥梁震害进行归类总结,得出一般特点及病害产生原因;提出实用高墩大跨径桥梁地震反应分析方法;提出高度、大跨径桥梁抗震设计一套实用设计方法	2009年获中国公路学会科学技术奖二等奖,2011年获山西省科技进步二等奖
6	山西省公路地质卫星遥感GIS系统	山西省交通厅	山西省交通规划勘察设计院,山西省重点公路工程建设领导组办公室	2004.9～2006.12	计算机软件	以全省高速公路为基础,利用遥感卫星图像数据和电子地图、卫星影像等数据信息,建立全彩色电子地图。以GIS技术为手段,统一电子数据平台,实现公路属性数据建立相关数据平台,实现公路交通管自动化相关信息查询,数据分析,专题图制作,地图输出,实时三维显示等	2010年获山西省科技进步二等奖,2018年获中国公路学会科学技术奖三等奖

第五章 科技成果

续上表

序号	项目名称	项目来源	研究单位	起止时间	成果形式	主要技术指标	获奖情况
7	T形刚构桥梁加固技术研究	山西省交通厅	山西省交通规划勘察设计院,山西交通职业技术学院	1997.12~2006.10	研究报告	提出的新型跨中连接结构属于原创技术,填补结构加固领域一项空白;为箱梁增大截面后及补充预应力构造设计提供理论依据	2008年获山西省科技进步二等奖
8	黄土连拱隧道设计施工技术研究	山西省交通厅	山西省交通规划勘察设计院,重庆交通科研设计院,吕梁汾离高速公路建设有限公司,重庆大学	1999.10~2006.12	研究报告	通过有限元分析,认为应先开挖靠山侧隧道并用侧壁导洞法施工,研究左右洞开挖步序及支护时机;开挖连拱隧道两洞开挖面距离为3倍洞跨为宜;开挖连拱隧道相似模型试验系统,得出隧道开挖时间位移规律,提出两洞开挖进行隧道开挖时间位移规律,对隧道开挖方案进行分析;研究喷射混凝土和锚杆施工工艺,成功采用湿喷射混凝土和无水干钻技术	2008年获山西省科技进步二等奖
9	山西省大运高速公路三维可视化系统	山西省交通厅	山西省交通规划勘察设计院,北京航空航天大学	2001.1~2003.10	计算机软件	将地理信息、管理系统与虚拟现实技术相结合,建立一个具有广泛适应性的实时互动公路信息平台	2006年获山西省科技进步二等奖
10	湿排粉煤灰水泥混凝土在公路工程中应用的研究	山西省交通厅	山西省交通规划勘察设计院,临汾高速公路公司,山西晋能燃料资源综合开发有限公司,南京水利科学研究院	2001.7~2002.12	研究报告	提出湿排粉煤灰混凝土配合比设计方法和施工工艺;研制成功湿排粉煤灰掺量高达结料50%~70%,强度等级为C15~C30,可广泛应用于公路工程中非承重结构的湿排粉煤灰混凝土,具有突出经济、社会效益和推广价值	2006年获中国公路学会科学技术奖一等奖
11	振动砂石桩处理液化地基研究	山西省交通厅	山西省交通规划勘察设计院,原太高速公路总指挥部,天津大学	1997.6~1998.10	研究报告	通过成桩过程中挤密和振密作用提高加固土体密实度;在地震时提供有效排水通道,消散动荷载引起的累计孔隙水压力	2000年获山西省科技进步二等奖
12	温拌半柔性复合隧道路面研究	山西省交通运输厅	山西省交通规划勘察设计院,重庆交通大学,吉河高速公路建管处	2013.1~2015.12	研究报告	研发具有优良力学性能与水、温度稳定性的温拌半柔性复合隧道路面材料;编制路面设计和施工指南	
13	山西省公路路面使用状况研究	山西省交通运输厅	山西省交通规划勘察设计院,山西高速公路管理局	2011.1~2016.12	研究报告	形成路面使用状况和路用性能评价体系;提出特重交通路面典型结构和施工技术指南;编制路面养护维修设计参数;研发养护和维修设计系统	
14	顺层岩质边坡破坏机理及预加固技术研究	山西省交通运输厅	山西省交通规划勘察设计院,中国地质大学(北京)	2015.1~2016.12	研究报告	减少滑坡处治费用30%以上;提出高边坡设计新模式;为防灾减灾、避免大面积不良地质灾害发生,提供预防措施理论依据;为高边坡安全性评估提供理论依据	

系统从2006年起作为山西省科技产业化环境建设计划项目成果推广，离军、得大、汾离、太长等项目推广应用，产生巨大经济效益；已成为山西省高速公路管理体系中特色项目，引起交通部和其他省市关注。

二、山西省交通科学研究院

省交通科研院承担大量国家、省部级重大科研项目，拥有近百项具有自主知识产权、达到国际先进水平的科研成果。其中，针对山西省湿陷性黄土工程特性，进行相关基础理论和设计、施工、检测、试验等工程关键性技术研究，开展"湿陷性黄土路基设计施工关键技术""黄土地区路基CBR与E_0的关系研究""路面下黄土路基土基湿度与强度变化规律""黄土地区公路路基变形特性""黄土高边坡变形破坏机理及稳定性评价"等重大研究，深入系统地研究湿陷性黄土的力学特性、工程特性、力学控制指标与标准、沉降特性和规律、稳定性评价方法和处治措施，形成设计、施工、监控和量测系列化技术，对提高湿陷性黄土地区高速公路修筑技术水平和运营管理，促进湿陷性黄土地区成套技术的形成和完善，均具有重要理论和现实意义。

1. 黄土地区重交通水泥混凝土路面结构设计理论与方法关键技术及工程应用

主要研究内容有：压实度、空隙率"双指标"控制的黄土路基压实控制标准；适应于黄土地区重交通条件的winkler地基上的多板连续路面结构力学分析模型；黄土地区重交通水泥混凝土路面极限状态设计法；重交通浅层连续钢筋焊网新型路面结构形式；高性能有机硅改性聚氨酯填缝材料。

通过重复加载三轴试验和有限元，首次得到黄土地区重交通条件下路基永久变形的空间分布特征，建立黄土路基不均匀变形预估方程；首次综合考虑基层超宽和层间接触状况对路面的影响，真实模拟路面实际工作状态，建立适应于黄土地区重交通条件winkler地基上的多板连续路面结构力学分析模型；创立黄土地区重交通水泥混凝土路面极限状态设计法，实现路面设计从单指标向多指标的转变；研究浅层配筋作用机理，提出重交通浅层连续钢筋焊网新型路面结构形式；采用分子链段接枝合成技术研制高性能有机硅改性聚氨酯填缝材料，实现工业化生产；首次提出接缝材料剪切模量、黏结强度和老化试验方法，提出接缝材料抗剪切、耐疲劳评价指标，完善接缝材料性能评价体系。

采用水泥乳化沥青复合注浆技术恢复旧水泥路面结构承载功能，研发高性能沥青混合料及高弹沥青玛蹄脂应力吸收带，提出适宜于重交通水泥混凝土路面的薄层加铺结构。

在项目研究过程中，获国家实用新型专利9项，发表论文40余篇，SCI/EI检索15篇，出版专(编)著2部；主编1部、参编3部国家行业技术规范，主编2部、参编1部地方标准;培养博士16名、硕士71名,培训工程技术人员2000余人;获山西省科技进步一等奖2项,有力促进行业科技进步。成果在山西、内蒙古、陕西等黄土地区近万公里重交通公路中成功应用,建设以京大(国内第一条特重交通高速公路)、准兴(国内第一条重载运煤高速公路)、孙吴线(交通部电煤集运通道)、夏汾(重载高速公路)等为代表的示范性工程,产生经济效益36.2亿元。

2. 雁门关长大公路隧道建设与运营管理成套技术研究

主要研究内容包括:隧道施工中超前地质预报与量测技术应用研究;隧道运营通风与防灾技术研究;隧道施工中快速掘进技术研究;长大公路隧道建设管理研究。

主要研究成果有7项:一是通过对雁门关隧道超前地质预报技术应用研究,首次提出预报精度由常规5%提高到2%,从而成功地预报雁门关隧道一系列重大工程地质病害,避免重大事故发生。二是建立雁门关公路隧道通风数学模型,应用CFD技术,得出大量有价值的通风设计参数,对公路隧道通风优化设计提供重要参考依据。三是科学有效地利用地下涌水,建立灭火降温系统,在右线设置10道水幕,取消高寒隧道消防用水蓄水池和管线设置,避免消防管道防冻问题,节约大量资金,大大减少对隧道区域生态环境影响。四是首次提出隧道设计监理机构、程序和方法,建立成套公路隧道建设管理模式,制定涵盖施工全过程的13张质量检测表格,补充完善现行技术规范。五是通过对资金管理研究,制订并实施"封闭运行,双系统控制"的资金管理模式,取得资金运作规范、防止流失的显著效果。六是通过对雁门关公路隧道快速掘进应用技术研究,认为公路隧道实现安全快速施工,必须合理选择施工方案,充分利用超前地质预报成果、综合考虑通风斜井与施工间的关系,科学设置超前小导洞。七是通过对长大公路隧道超前地质预报、安全快速掘进、通风与防灾、工程建设管理等4项关键技术的研究,解决长大公路隧道建设中的设计管理、施工管理、质量控制、地质预报、通风与防灾等一系列问题与技术难点,形成长大公路隧道建设与运营管理成套技术;该技术在雁门关隧道成功应用,有效地提高质量,节约投资,缩短工期。

雁门关隧道横穿恒山山脉,左洞长5150m,右洞长5235m,是大运高速公路全线最长的隧道,也是国内最早贯通的高速公路特长隧道之一。在开工建设时,国内无成熟经验可借鉴,新原高速公路公司积极探索适合中国国情的公路隧道建设管理半幅,通过合理优化施工方案,制订科学快速施工方法,配备精良机械设备,现场采用"岩变我变,实现安全快速,保证质量"的灵活方法。短进尺、强支护、衬砌紧跟,仅用23个月就胜利完成任务,实现雁门关公路隧道五年工期两年完总体目标,而且质量优良,工程建设费用比概算减少7500万元,带来巨大经济和社会效益。

3. 公路涵洞工程关键技术研究与应用

主要研究内容包括:山区高速公路通涵工程设计理论与方法;预制装配式涵洞设计、施工一体化修筑技术;高填方涵洞加筋减载技术设计理论和施工工艺;在役涵洞养护、维修与拓宽拼接技术。

通过大量工程调研,揭示涵顶路面和涵洞病害分布规律,提出涵顶路面使用寿命预估模型和涵洞技术状况评价方法。针对不同地形条件下涵顶土压力变化规律,提出涵顶土压力和地基承载力设计方法;提出黄土震陷后涵顶土压力分析方法,给出涵洞抗震设计指标;提出预制装配式涵洞构件强度设计验算方法,建立侧墙和涵顶土压力预估模型,形成集设计、施工于一体的公路预制装配式涵洞修筑技术;推荐高填方涵洞粉煤灰加筋减载技术,提出相应设计计算方法和施工工艺,有效提高涵洞安全性能和使用寿命;研发桩承式(注浆)加筋减载新技术;建立涵洞病害等级标准,研发低黏度高渗透裂缝修补胶、弹性混凝土等养护材料,给出湿陷性黄土地基涵洞加固处治方案。同时,提出涵洞拼接段"强地基、等结构"设计方法。

在实施过程中,获国家专利12项,出版专著2部,发表论文80余篇,SCI/EI检索32篇,其中10篇代表性论文他引133次,1篇代表性论文入选美国土木工程师学会(ASCE)杰出论文提名奖;培养博士8名、硕士28名,培训工程技术人员800余人;1人入选国务院特殊津贴专家、1人入选教育部"长江学者"特聘教授、2人入选山西省学术技术带头人、1人入选湖北省新世纪人才。项目整体技术达到国际先进水平、核心技术达到国际领先水平,在山西、湖北、宁夏、广东、四川、贵州、江苏等数千公里山区高速公路中成功应用,建设以汾离、岢临、恩来恩黔、巴达高速公路等为代表的示范性工程,产生经济效益4.3亿元。对改善通涵受力性状,提高通涵使用性能,延长道路寿命,确保道路畅通,建设资源节约环境友好型交通具有重要意义,有效提高行业竞争力。

4. 湿陷性黄土路基病害处治技术

技术创新内容包括:湿陷性黄土地基处治技术研究;黄土填料力学控制指标与标准研究;黄土路基压实特性与标准研究;黄土路堤变形特性与沉降规律研究;黄土路基病害分析与防治技术研究;黄土路基边坡防护技术研究;黄土路基排水技术研究。

主要研究成果有:针对湿陷性黄土填料CBR值普遍不能满足规范要求的现实,通过CBR试验机理和影响因素分析、CBR值与压实度和回弹模量关系研究,建立湿陷性黄土填料CBR值标准;应用土力学原理,分析公路路堤地基的受力情况和应力分布,提出适用于高等级公路的测定湿陷系数压力;采用有限差分法程序进行计算,模拟荷载作用于一定厚度的施工处理过的地基上时黄土地基湿陷过程,分析处理土层刚度对地基湿陷性影响,研究证明仅以剩余湿陷量作为地基处理深度控制标准的不合理;通过对压实度、填土高度和沉降量之间的沉降模拟试验,提出以汽车离心加速度作为行驶舒适性指标计算符合路面功能性要求的沉降曲线的方法;通过黄土路基压实过程实试验研究,对振动能量在湿陷性黄土中传播距离研究,提出湿陷性黄土振动压实最佳振动频率和处理层厚建议值;针对山西省湿陷性黄土特点,开展山西省湿陷性黄土地区区划方案研究,编制山西省公路建设湿陷性黄土地区区划;提出黄土挖方路基合理断面形式。

成果在山平、霍永、吉河、左黎等多条高速公路设计、施工中得到广泛应用,提高了黄土地区高等级公路筑路和病害维修处治技术,减少了道路因黄土湿陷性引发病害,提升了道路安全畅通的能力,促进了黄土地区路基设计施工及病害处治成套技术的形成和完善。

5. 改性沥青在高速公路的应用研究

通过对10多个类型20多种改性剂(添加剂)进行系统研究,表明国产星型SBS、日本合成橡胶公司U-Ⅱ、废橡胶粉及小剂量法国PR改性剂能够适应山西夏季炎热冬季寒冷的气候,与非改性普通沥青混合料相比,费用增加10%左右,60℃、0.7MPa动稳定度提高6~10倍多,耐久性好,适用于在重载交通一般路段应用;大剂量PR抗车辙混合料70℃、0.7MPa动稳定度6000以上,提高10倍以上,可以解决长大纵坡重载交通沥青路面的车辙问题,费用增加20%左右。项目开发高性能高黏度改性沥青,较国内市场高黏度改性沥青单价减少约20%,工程建设初期投资增加较小,而其优良的路用性能可大大减少工程后期运营养护与维修费用,应用于山区重载交通高速公路长大纵坡路段效果优良。

SBS改性沥青技术从1997年开展应用研究,继2001年运三高速公路应用之后,先后在原太、太原南环、晋焦、大运、长晋、晋济、汾离、离军等高速公路应用,截至2016年年底建成的高速公路近90%以上均广泛采用。其对沥青混合料的高温抗车辙能力、低温抗裂性、抗疲劳性能等综合路用性能改善效果显著。

研究成果获省科技进步二等奖1项、三等奖3项。经过多年实践验证后,形成山西省地方标准:《公路改性沥青路面施工技术规范》《公路抗车辙沥青混合料设计与施工技术规范》。

6. 山西省运煤重载水泥混凝土路面典型结构的研究

依据重载交通轴载特征,提出全新累计当量轴载预估方法;采用全新双层平面不等尺寸混凝土板结构力学模型,提出基层超宽影响系数及影响规律;提出全新基层面层荷载疲劳应力计算式、全新面层温度疲劳应力计算式并实现温度应力系数公式化;建立考虑目标可靠度及控制基层面层综合疲劳破坏准则的重载水泥路面结构设计方法;提出全新适应重载交通水泥路面典型结构及材料结构设计参数。集中铺设全国里程最长、结构形式最多的试验路段,为开展现场研究提供大型野外观测平台。

项目经省科技厅组织国内权威专家鉴定,成果总体达到国际领先水平。在研究过程中,培养博士 1 名,硕士 2 名,培训工程技术人员 500 余人次,在国内外核心期刊发表论文 10 篇(其中 5 篇被 SCI、EI 收录)。项目成套成果构建全新的重载水泥路面设计指标体系,全部应用于国家行业技术规范。3 年来,成果已在山西、上海、重庆、广东、内蒙古、新疆等 10 省(自治区、直辖市)成熟稳定应用 4203.5km,使用效果良好,仅在山西应用就节约建设资金 30672.9 万元。

7. 公路穿越采空区治理技术研究

通过采空区注浆扩散模型试验及现场注浆处治技术研究,确定采空区治理合理范围,提出注浆孔经济合理布置原则与注浆量计算方法及其充填率。综合采用物探、钻孔取芯、室内试验、现场试验、地表变形观测等检测技术,取得采空区治理效果相关指标值,建立采空区注浆治理效果检测技术与验收相关指标体系。

主要研究成果有:把 C-ALS 空腔自动扫描激光系统应用于采空区探测,实现从定性到定量的飞跃。可以对采空区分布范围、空间形态特征和冒落状况等进行量化评判,准确探测空洞体积,为治理提供可靠依据;通过物理模型试验和数值计算研究,根据实际情况选择合理治理方法;首次提出采用"虚拟等效采空区"方法,进行稳定性评价;根据浆液扩散规律,大空洞充水采空区治理建议综合运用含大颗粒集料类混凝土浆液和水泥粉煤灰浆液进行综合治理;提出采用跨孔电磁波 CT 对处治后公路采空区进行由点到面全剖面检测法检测。

在霍永高速公路东段建设中,应用本课题中提出采空区处治宽度计算方法,并采用研究成果中的施工工艺进行处理,相对传统采空区处理方案节约资金 3000 万元,缩短工期 11 天。从投入运营至今,沉降小于设计要求,运营状况优良。

8. 中条山隧道施工关键技术与质量控制研究

针对中条山隧道施工技术难题,综合采用理论分析、数值分析和现场试验等手段进行系统研究,形成复杂地质条件下特长隧道安全施工技术。一是针对传统管棚力学模型未考虑掌子面水平位移问题,提出变基床系数管棚地基梁模型,并形成超前预支护体系与施工工法配合成套技术。二是采用三步应力释放法,研究支护时机与掌子面闭合距离对隧道结构影响,推荐不同围岩级别下支护结构合理施作时机,优化掌子面闭合距离。三是首次采用炮孔群孔齐发技术,揭示临近隧道不同位置处振动演化规律,优化小净距隧道爆破设计指标,形成弱爆破控制技术。四是采用数字图像识别及自动化技术,研发防水板孔洞检测系统,实现孔洞自动检测识别和标记,提高识别效率和精度。

项目成果总体达到国际先进水平,其中超前预支护体系与工法配合技术达到国际领先水平。项目申报国家专利 2 项,发表论文 32 篇,其中 EI 收录 4 篇。项目成套技术攻克软弱破碎带条件下长大公路隧道施工技术难题,提升全国长大隧道建设技术水平,可为相关规范修订提供技术依据。

9. 高性能梯度连续配筋再生混凝土路面修筑关键技术

主要成果有：研发高性能梯度连续配筋再生混凝土路面结构，实现结构层功能梯度优化组合；建立综合考虑厚度设计和配筋设计梯度连续配筋再生混凝土路面设计方法；提出再生集料道路混凝土材料组成设计方法及其应用于下梯度面层技术策略；发明集梯度施工—抑裂材料—变异控制为一体的连续配筋再生混凝土路面裂缝控制方法。

项目成果总体达到国际先进水平，其中结构设计理论和方法达到国际领先水平。

在实施过程中，获发明专利10项（美国专利1项）、实用新型29项；出版专著4部；发表论文116篇（SCI检索11篇、EI检索31篇）；相关成果已纳入国家行业标准3部、地方标准1部，有效促进行业科技进步。项目整体技术在山西、内蒙古等省区成功应用，并建设山西运宝、阳左高速公路等示范工程，累计产生经济效益数亿元，对保障梯度路面安全耐久、发展循环经济和绿色交通意义重大。

10. 连续配筋水泥混凝土路面在隧道中的应用研究

依托榆平高速公路宝塔山特长隧道特重交通路面工程开展研究，取得5项创新成果：①首次提出采用钢筋焊接网隧道连续配筋混凝土路面结构设计方法，丰富连续配筋混凝土路面结构设计理论；②基于新拌混凝土粗集料均匀分布假设和径向粒径连续分布模型，建立混凝土离析程度评价指标——离析度，并推荐相应评价标准；③针对钢筋网片对振捣能量的阻隔作用，通过能量衰减系数法测试振动加速度衰减规律，提出钢筋焊接网混凝土振动补偿措施；④提出采用小型摩擦系数测试车水泥混凝土路面抗滑性能测试方法，建立与SCRIM法的映射关系，并推荐评价指标（HFTC≥0.60）；⑤发明"轮胎—路面"噪声近场测试方法，提出"软拉毛+纵向刻槽"路面综合处治技术可降低噪声2~3dB。

在研究过程中，发表论文40篇，其中EI检索10篇，获国家授权专利4项，主参编标准5部，撰写论著1部，成果经行业专家鉴定达到国际先进水平。成果纳入《钢筋焊接网混凝土结构技术规程》《公路水泥混凝土路面施工技术细则》等技术规范。项目成果已在榆平高速宝塔山特长隧道（10.48km）、太古高速西山特长隧道（13.6km，全国第二长）、长安高速虹梯关特长隧道（13.1km，全国第三长）以及阳左高速等10余座隧道近百公里中推广应用，提升了隧道路面结构使用耐久性，具有显著的技术经济效益。

11. 小净距黄土隧道力学分析及施工技术研究

着重研究小净距黄土隧道围岩分级、围岩应力释放对支护结构力学形态和围岩变形的影响，考虑先后行洞围岩压力计算、支护结构荷载分担比例和施工作业时机、系统锚杆受力状况、锁脚锚杆设置角度、合理净距设置、初期支护拱架选型等问题。经过系统研究，形成集设计、施工于一体的小净距黄土隧道修筑关键技术。

建立黄土公路隧道围岩分级标准,提出采用环向应变比评价复合式衬砌结构荷载分担比新方法,丰富衬砌结构设计理论;提出实测系统锚杆轴力反算围岩塑性区范围新方法;提出小净距黄土隧道合理净距,推荐洞身段拱架支护类型,提高安全性;提出双参数地基模型超前管棚挠度计算方法,量化隧道洞口段预留变形量,有效避免初支净空侵限。

项目成果已广泛应用于同源、广源、神河、山平、岢临、霍永高速及甘肃兰郎高速、河南洛阳西环等多条高速公路,提升隧道修筑技术水平,产生直接经济效益4.17亿元,提高行车安全,社会效益良好,推广应用前景广阔。成果达到国际先进水平,获省科技进步二等奖,并纳入省地方标准1部。

省交通科研院重大科研课题统计见表5-2。

三、山西省高速公路管理局

多年来,省高管局不断加强自主创新能力,通过与各大高校以及科研院所合作,完成多个科技项目研究任务,平均每年都有3~4个科研项目成果通过省科技厅鉴定。其中,《高速公路联网运营交通决策支持系统研究》等6个科研成果获得省部级科技进步奖。

1. 祁临高速公路古滑坡及次生滑坡治理综合技术研究

课题不仅为工程顺利进行提供科学决策依据,同时为保证工程质量提供有效途径,在国内外工程界具有很强的实用价值和推广应用前景。一是对边坡稳定性进行分析,作为失稳边坡及古滑坡加固设计依据,可为相关工程设计提供分析方法和手段;二是提出并分析破碎岩土质边坡中抗滑锚固桩承载机理,推导相应挠度方程,为类似滑坡工程治理中抗滑结构设计提供新思路;三是利用数值计算方法对中高压注浆岩土体改性进行研究,推导出岩土体注浆后的莫尔-库仑极限函数表达式,可为注浆设计提供依据;四是科学地将卸载、反压、注浆、锚固和挡土墙建设等技术手段进行有效组合,提出"回填式预应力锚杆挡土墙"加固方案,对复活古滑坡及次生滑坡成功进行加固,有效阻挡上部滑塌坡面的滚石危害。

2. IC卡新技术应用研究

通过在非接触式IC卡内存入车辆图像,舒缓通信压力和解决收费中的舞弊问题;辅以IC卡授权加密系统,可以解决收费中所有IC卡密钥的生成与扩散管理,进一步提高系统保密性和软件防攻击能力,以及系统对应用层(软件供应商)的适应性。

第五章 科技成果

山西省交通科研院重大科研课题统计表

表5-2

序号	项目名称	项目来源	研究单位	起止时间	成果形式	主要技术指标	获奖情况
1	黄土地区重交通水泥混凝土路面结构设计理论与方法、关键技术及工程应用	自选	山西省交通科学研究院,同济大学,交通运输部公路科学研究院,山西交科公路勘察设计院,大同高速公路公司	1999.1~2012.5	研究报告、论文、专利	提出采用压实度、空隙率"双指标"控制黄土路基压实控制标准;创立路面极限状态设计法;提出接缝材料抗剪切、耐疲劳评价指标,完善接缝材料性能评价体系;提出适宜路面的薄层加铺结构	山西省科技进步一等奖2项
2	公路路基合理压实检测方法的研究	山西省交通厅	山西省交通科学研究院	2000~2002.3	组织鉴定	提出不同土质合理的压实检测、控制标准	山西省科技进步二等奖
3	沥青混凝土桥面铺装材料与技术研究	山西省交通厅	山西省交通科学研究院	2000.1~2005.3	组织鉴定	提出混合料标准与要求,提出适合山西省气候特征设计方案,提出黏结强度检测方法,效果检测指标两者之间关系	山西省科技进步三等奖
4	普通沥青路面多功能养护成套设备研制	山西省交通厅	山西省交通科学研究院,长安大学机电所	2001.7~2002.12	组织鉴定	以高效率高质量和低成本及时快速完成沥青路面在使用中出现的诸如坑槽、网裂、痈包和松散等常见病害	2003年山西省科技进步二等奖
5	雁门关长大隧道建设与运营管理成套技术研究	交通部行业联合科技攻关计划项目	新原高速公路公司,山西省交通科学研究院,中交第一公路勘察设计研究院,长安大学	2002.1~2004.12	研究报告	见省交通科研院重大科研课题2相关内容	
6	高性能沥青混凝土路面结构研究	省部计划	大新高速公路公司,山西省交通科学研究院,长安大学	2002.1~2006.2	组织鉴定	铺设22种路面结构7km试验路并做全面分析研究	山西省科技进步二等奖
7	电控自动变速器检测设备的开发研究	山西省交通厅	山西省交通科学研究院	2002.8~2004.12	课题报告、专利证书、行业标准		山西省科技进步三等奖
8	公路涵洞工程关键技术研究与应用	自选	山西省交通科学研究院,华中科技大学,中国地质大学(武汉),湖北工业大学,黄土地区重点实验室	2003.6~2013.12	研究报告、论文、专利、著作	提出设计理论与设计、施工一体化修筑技术;预制装配式涵洞设计、施工一体化修筑工艺;高填方涵洞加筋减载技术;设计理论和施工技术;在役涵洞养护、维修与拓宽拼接技术	
9	PR PLAST.S改性沥青混凝土技术性能研究	山西省交通厅	山西省交通科学研究院,运城高速公路公司	2003.7~2006.7	技术	PR PLAST.S改性混合料的动稳定度大于3000次/mm,低温弯曲应变大于3000με,冻融劈裂试验的残留强度比不小于80%	山西省科技进步三等奖

续上表

序号	项目名称	项目来源	研究单位	起止时间	成果形式	主要技术指标	获奖情况
10	山西路用材料地理信息系统研究	山西省交通厅	山西省交通科学研究院	2005.1~2007.12	组织鉴定	岩石划分原则和标准；石料场开发一般原则；评价方法及内容；分布特征；性能试验与分析；地理信息系统可操作性与交互功能	中国公路学会科技术三等奖
11	沥青路面设计指标参数研究	西部交通建设科技项目	同济大学、山西省交通科学研究院等11个单位	2005.1~2008.12	组织鉴定	提出一套新的设计指标和参数体系；建立沥青层和无机结合料稳定层疲劳、路表面容许压应变、面层永久变形等模型；提出新的设计动态参数及相应试验方法和建议值；编制公路沥青路面设计指南	中国公路学会一等奖
12	40t/h改性沥青成套设备研发	山西省交通厅	山西省交通科学研究院机电公司	2005.5~2006.12	组织鉴定	采用国际先进的多皆合高速剪切胶体磨，配以专门设计设备及系统，可使改性沥青一次性完成，自动控制	2009年山西省科技进步一等奖
13	沥青路面同结合层检测方法及指标研究	山西省交通厅	山西省交通科学研究院	2006.1~2008.12	组织鉴定	提出评价指标；首次提出检测方法及检测规程；首次提出不同交通等级黏结强度、抗剪切强度标准值；提出温度修正系数	山西省科技进步二等奖
14	运煤重载交通沥青路面指标体系与材料性能关键技术	山西省交通厅	山西省交通科学研究院	2006.1~2010.12	研究报告	建立指标体系，提出长大纵坡沥青路面材料设计参数及技术要求	山西省科技进步奖2项
15	湿陷性黄土路基病害处治技术	山西省交通厅	山西省交通科学研究院	2006.1~2012.12	研究报告	得到黄土调料力学控制指标与标准，黄土路基变形特性与沉降规律，路基病害防治技术	
16	改性沥青在高速公路的应用研究	山西省交通厅	山西省交通科学研究院	2006.1~2012.12	技术报告、咨询报告	不同气候条件、不同交通水平下山西省改性沥青技术要求	编制地方标准
17	胶粉改性沥青技术研究及推广应用	山西省交通厅	山西省交通科学研究院、山西省公路局晋中分局	2006.3~2008.12	技术报告	自主研发回弹恢复试验仪；提出合理级配结构；克服湿法橡胶物难加工缺点；研制高掺量聚合物橡胶沥青玛蹄脂	2010年3月获山西省科技进步三等奖
18	山西混凝土路面典型结构的研究	山西省交通厅	山西省交通科学研究院、同济大学	2006.3~2009.11	研究报告、论文、专利	提出累计当量轴载预估方法；建立双层平面不等尺寸混凝土板结构力学模型；提出基面层双轴设计方法；推荐适应结构及材料设计参数	

第五章 科技成果

续上表

序号	项目名称	项目来源	研究单位	起止时间	成果形式	主要技术指标	获奖情况
19	运煤重载交通沥青混凝土路面结构的研究	山西省交通厅	山西省交通科学研究院、同济大学	2006.3~2010.12	组织鉴定	路面损坏原因、类型及车辆载荷特征;路面结构面层、基层和土基的应力回归式;设计控制指标;典型结构	山西省科技进步一等奖
20	彩色改性乳化沥青微表处应用技术的研究	山西省交通厅	山西省交通科学研究院	2007.1~2008.12	组织鉴定、发明专利1项	黏附性可达到五级,无脱皮问题。60℃动力黏度>1000Pa·s,固化物弹性恢复>80%	山西省科技进步二等奖
21	公路穿越采空区治理技术研究	山西省交通厅	山西省忻保高速公路建设管理处、山西省交通科学研究院	2007.1~2014.12	研究报告	见省交通科研院重大科研课题7相关内容	
22	大跨径预应力混凝土梁桥健康监测技术的研究	山西省交通厅	山西省交通科学研究院、新原高速公路公司、石家庄铁道学院	2007.10~2009.12	研究报告、健康检测系统		山西省科技进步二等奖
23	高等级公路大纵坡路段沥青路面结构与材料研究	山西省交通厅	山西省交通科学研究院、同济大学	2008.1~2011.6	鉴定	揭示路面损坏机理;提出坡度和坡长界定方法;沥青混合料剪切性能试验方法	山西省科技进步一等奖
24	大粒径沥青混合料LSAM设计方法与路用性能的研究	山西省交通厅	山西省交通科学研究院	2008.1~2011.10	新方法、新工艺、已转化为地方标准	提出矿质集料结构作用机理;提出包含开级配和密级配的沥青混合料一性能设计方法;提出以LSAM为核心中间层的重载长寿命沥青路面结构	山西省科技进步二等奖
25	山区高速公路通涵工程设计理论与方法关键技术及工程应用	自主研发	山西省交通科学研究院	2008.7~2013.12	研究报告、发明专利	工作现状与设计方法;加筋减载作用机理、动力特性与计算理论	山西省科技进步一等奖
26	耐久型雨夜反光振荡标线材料的研究	山西省交通厅	山西省交通科学研究院	2009.1~2010.12	国际先进论文1篇	抗压强度提高20%~30%,逆反射能增加20%以上	山西省科技进步二等奖
27	内齿型高剪切胶体磨的研究	山西省交通厅	山西省交通科学研究院机电公司	2009.1~2010.12	组织鉴定	工作产量:40t/h;一次性剪切聚合物成功;驱动功率:≤200kW/h;工艺先进,体积小,便于安装	2012年山西省科技进步二等奖

续上表

序号	项目名称	项目来源	研究单位	起止时间	成果形式	主要技术指标	获奖情况
28	中小跨径混凝土连续梁桥抗震设计研究	山西省交通厅	山西省高速公路建管处、南京工业大学	2009—2011	研究报告		山西省科技进步二等奖
29	寒、旱、沙化黄土地区高速公路植被恢复新技术研究	山西省交通厅	大呼高速公路建管处、山西省交通环境保护中心站	2009.1~2011.12	研究报告	得出不同土质的土壤侵蚀临界坡度；采用本技术可实现一次栽植成活率达95%以上	中国公路学会科学技术三等奖、山西省科学技术二等奖
30	山西省路基动态回弹模量参数研究	山西省交通厅	山西省交通科学研究院、同济大学	2009.1~2012.12	组织鉴定	提出适合山西省交通、地域特征的路基回弹模量预估模型	山西省科技进步三等奖
31	薄型高黏结隧道防火涂料应用研究	山西省交通运输厅	山西省交通科学研究院	2010.1~2011.12	发明专利1项、论文2篇	耐火极限大于3.0h，耐水性、耐酸性、耐碱性、耐湿热性360h试验后，涂层不开裂、起层、脱落	中国公路学会科学技术二等奖
32	中条山隧道施工关键技术与质量控制研究	山西省交通运输厅	运宝高速公路建管处、山西省交通科学研究院、华中科技大学	2010.1~2012.6	研究报告、论文、专利	提出适宜软弱破碎带施工工法；提出变基床系数管棚地基梁模型，提高识别效率和精度	
33	高性能梯度连续配筋再生混凝土路面修筑关键技术	自筹	山西省交通科学研究院、交通运输部公路科学研究院等5个单位	2010.1~2015.12	研究报告	研发路面结构，建立综合考虑厚度和梯度设计方法	中国公路学会科学技术二等奖
34	太佳高速公路站区地源热泵应用技术研究	山西省交通运输厅	山西省交通科学研究院、机电公司	2010.7~2011.12	组织鉴定	工作效率：为80~200人标准的高速公路站区提供地源热泵服务；主机驱动功率：≤150kW/380V；工艺先进，体积小，便于安装	
35	山西省高速公路景观绿化评估及设计技术研究	山西省交通运输厅	山西省交通环境保护中心站、黄土地区公路建设与养护技术交通行业重点实验室	2010.12~2012.12	研究报告	首次筛选适合山西省评估绿化、植物配置模式及绿化模式，编写山西省地方标准《高速公路绿化设计规范》	中国公路学会科学技术三等奖、山西省科学技术二等奖
36	高速公路特长隧道监控系统软件开发应用	山西省交通运输厅	山西省交通科学研究院、机电公司	2011.1~2012.12	组织鉴定	采用模块化设计，可根据实际需要进行编辑可使设备形象显示，用户可根据实际需要进行编辑	

第五章 科技成果

续上表

序号	项目名称	项目来源	研究单位	起止时间	成果形式	主要技术指标	获奖情况
37	高速公路特长隧道监控系统软件开发应用	山西省交通运输厅	山西省交通科学研究院、山西省高速公路管理局	2011.1~2012.12	组织鉴定	隧道监控软件系统1套;论文2~3篇;申报有关技术专利	中国公路学会科学技术奖(技术开发项目)三等奖
38	路面下黄土路基湿度与强度变化规律研究	山西省交通运输厅	山西省交通科学研究院	2011.1~2013.12	组织鉴定	掌握不同深度温湿度变化规律,明确提出合理施工含水率,提出湿度预估模量及修正系数	
39	高速公路沥青路面抗车辙结构组合研究	山西省交通运输厅	山西省交通科学研究院、临离高速公路建管处、黄土重点实验室	2011.6~2015.12	研究报告	建立性能试验方法与评价技术体系,路面结构组合优化设计体系	
40	连续配筋水泥混凝土路面在隧道中的应用研究	山西省交通运输厅	山西省交通科学研究院、黄土地区重点实验室、榆平高速公路建管处等5个单位	2011.7~2012.12	研究报告、论文、专利、著作、标准	提出路面设计方法及分层摊铺技术,发明路面噪声近场测试方法,提升抗滑降噪技术,实现安全、舒适和耐久性	
41	小净距黄土隧道力学分析及施工技术研究	山西省交通运输厅	山西省交通科学研究院、司临高速公路建管处、黄土地区重点实验室	2011.7~2012.12	专利、论文、专著	提出分担比新方法;提出小净距黄土隧道合理净距,推荐拱架支护类型	
42	高速公路环境影响评价信息管理系统开发研究	山西省交通运输厅	山西省交通环境保护中心站、北京大学科技开发部	2011.11~2012.12	研究报告	建立声环境评价模型,实现环境影响评价结果可视化、快速化,准确制图输出	山西省科学技术三等奖
43	水泥混凝土路面层间结构性能研究	山西省交通运输厅	山西省交通科学研究院、黄土地区重点实验室、交通运输部公路科学研究院	2013.1~2014.12	研究报告	提出层间接触状态分类方法和标准,推荐层间处治措施	山西省科技进步二等奖

该技术于2005年10月在高速公路中成功应用,形成具有高速公路运营管理者自主产权的软件接口系统,一方面从根本上防止联网收费系统建设市场垄断行为,另一方面增强系统安全性与可靠性。IC卡图像存储技术从根本上杜绝换卡作弊途径,强化对潜在作弊隐患警戒性,有效减少通行费流失。根据应用前后分析对比,可节约费用3272万元,投资回收期为0.3年。由于舞弊现象杜绝,也间接规范运输市场运行秩序,同时可以为刑事侦查、交通事故追查等提供精确车辆特征依据,具有良好社会效益。该技术的推广应用,对提高全省高速公路运营管理水平与服务质量,具有里程碑式的深远影响。

3. 山区高速公路长大纵坡货车运行安全控制预警系统

项目组依托太旧、太长、运三高速公路为工程背景,对山区高速公路长大纵坡路段事故机理和货车运行安全控制指标进行系统研究,得出3项成果:山区高速公路长大纵坡货车交通行为模型;山区高速公路长大纵坡货车运营安全控制指标与控制技术;基于货车运行安全性的长大纵坡路段几何线形与交通设施设计方法。

该系统在运三高速公路应用后,效果良好,对货车警示作用明显,事故数量与往年相比明显下降。

4. 山西省高速公路信息化管理体系

(1)山西省高速公路路面管理系统推广应用。2002年3月完成前期调研及申请立项工作,随后成立推广领导组及课题组。实践证明,系统可以节省物力、人力,缩短时间,提高工作效率;延长道路使用寿命,提高投资效益;为科学决策、优化投资提供可靠技术依据;提高养护资金利用率5%~10%。

(2)山西省高速公路网络财务管理信息系统。本项目以用友ERP-U8管理软件为基础,结合实际,利用计算机网络技术,建立覆盖全局、下属子公司的广域网,实现对全省高速公路行业集中式动态管理。

(3)高速公路路政管理系统。系统充分集合特点,实现对路政执法各程序的规范化控制管理,实现路政、路况与桥梁管理信息数据共享,为规范流程、提高效率奠定基础。

(4)高速公路桥梁管理系统推广应用。以现有高速公路桥梁为对象,吸收国内外先进管理经验,集静态、动态、文档数据库和AHP层次分析法、费用分析及旧桥加固对策人工智能为一体的桥梁综合管理系统。先进实用,为高速公路桥梁养护管理、统计规划、图像处理,加固对策等提供多方位的信息服务和辅助决策。

5. 高速公路安全性评价与对策研究

通过全省既有高速公路运营安全状况调查,建立运营安全性评价指标和标准,为全国高速公路建设与运营安全提供先进理念、新颖思路和可行方案。

省高管系统重大科研课题统计见表5-3。

第五章 科技成果

山西省高管系统重大科研课题统计表

表 5-3

序号	项目名称	项目来源	研究单位	起止时间	成果形式	主要技术指标	获奖情况
1	祁临高速公路古滑坡及次生滑坡治理综合技术研究	山西省高速公路管理局	祁临高速公路公司，北京科技大学		鉴定证书		国家科技进步二等奖
2	高速公路联网运营交通决策支持系统研究	山西省交通运输厅	山西省高速公路管理局		鉴定证书		中国公路学会科学技术一等奖
3	IC卡新技术应用研究	山西省交通运输厅	山西省高速公路管理局		鉴定证书		中国公路学会科学技术三等奖 山西省科技进步二等奖
4	山西省高速公路网交通工程总体规划	山西省交通厅	山西省高速公路管理局，北京市泰克尼公路科学技术研究所	1997.6.1～1998.6.30		通过对交通工程规划系统运营效果系统评估以及国民经济实施各项指标进行分析论证，规划系统实施后全省高速公路网路段平均行速度提高10～15km/h，事故减少率为39.4件/亿车km，对全省经济迅速发展和实现交通现代化起到积极促进作用	山西省科技进步二等奖
5	牌照自动识别系统在高速公路收费中的应用	山西省交通运输厅	山西省高速公路管理局		鉴定证书		山西省科学技术三等奖
6	山区高速公路长大纵坡货车运行安全控制指标及安保措施研究	山西省交通运输厅	山西省高速公路管理局，同济大学		鉴定证书		中国智能交通协会科学技术奖
7	大运高速公路路面工程	山西省交通运输厅	山西省高速公路管理局				山西省交通科技创新奖

续上表

序号	项目名称	项目来源	研究单位	起止时间	成果形式	主要技术指标	获奖情况
8	高速公路安全性评价与对策研究	山西省交通运输厅	山西省高速公路管理局		鉴定证书		
9	高等级公路防撞护栏混式清洗车的研制	山西省交通厅	山西省交通科学研究所，山西省太旧高速公路管理局	1996.1.20~1997.9.30	鉴定证书	采用射水湿式作业方法和较大功率动力尼龙滚刷，作业效益高，效果好；采用国产成熟载车底盘，设计独立电动及集中有限遥控系统，制作成本低，容易批量生产；作业效率高，是进口multcar车的3~5倍；具有单向行驶，双侧作业功能，便于全车道作业	1993年山西省科技进步三等奖
10	山西省高速公路网交通工程总体规划	山西省交通厅	山西省太旧高速公路管理局，中咨北京泰克公路科学研究所	1997.6.1~1998.6.30	鉴定证书	对交通工程规划系统运营效果进行系统评估及国民经济评价各项指标进行分析论证，规划实施后全省高速公路网路段平均运行速度可提高10~15km/h，事故减少率为39.4件/亿km，对全省经济迅速发展和实现交通现代化起到积极促进作用	1998年山西省职工百项技术难题攻关成果一等奖，2002年山西省科学技术进步奖软科学研究类二等奖
11	桥梁伸缩缝锚固装置改进	山西省交通运输厅	山西省太旧高速公路管理局		鉴定证书		2000年3月中国国家知识产权局授予实用新型专利，中国第七届"中国专利技术博览会金奖"
12	PC矮塔斜拉桥关键设计、施工和监控技术研究	山西省交通厅	太祁高速公路太原西北环项目部，山西省交通科学研究院，北京建达道桥咨询有限公司	2003.7.18~2006.12.18	鉴定证书	为矮塔斜拉桥的设计、施工、监控技术提供参考依据，已成功应用于侯禹高速龙门黄河大桥、汾柳高速离石高架桥等多座矮塔斜拉桥设计、施工，2004~2012年增收节支500万元，大幅降低造价，取得良好经济效益	2008年山西省科技进步二等奖

续上表

序号	项目名称	项目来源	研究单位	起止时间	成果形式	主要技术指标	获奖情况
13	废旧沥青混凝土路面材料回收利用的成套设备及技术研究	山西省交通厅	山西省交通科学研究院,山西运城高速公路公司	2006.1~2007.12	鉴定证书	对废弃旧混合料为主制作新的常温拌和材料进行开创性研究,研制专用设备,工艺制作条件,材料配比和性能分析,成功实现其再过程;采用热风循环加热方式,燃烧充分,热效率高,有效防止污染	山西省科技进步二等奖
14	山西省高速公路建设发展投融资问题研究	山西省交通运输厅	山西省高速公路管理局,长治高速公路公司,山西财经大学		鉴定证书		中国总会计师协会优秀科研成果一等奖
15	"以路建路"战略构想的创新与实践	山西省交通厅	山西省交通运输厅,山西省高速公路管理局,山西省高速公路收费管理结算中心	2008.6~2009.11	鉴定证书	借鉴国外融资管理经验,提出政府授权高速公路特许经营公司管理模式;以已通车高速公路未盈余资本与资本金产生本息平衡理论为前提,科学设计"以路建路"融资模型,在风险可控范围内合理确定资本贷款的最高上限;提出集团化运作、企业化运营,搭建实体经济融资平台为高速公路筹融资机制;提出新思路:通过搭桥机构合作,收益权益融资等方式寻求与金融机构合作,为山西高速公路建设筹建资金400多亿元	2010年山西省高速公路系统优秀科技成果一等奖
16	货车计重收费防作弊技术研发与应用	山西省交通厅	山西省高速公路收费管理结算中心,山西天智信息工程监理有限公司,北京万集科技有限责任公司	2007.1~2010.7	鉴定证书	提出并采用3种防作弊优化算法,包括基于改进型最小风险贝叶斯判决方案判别跳车头,走S形、点制动作弊行驶算法;提出一种违规称重车辆重量矫正法,实验验证真实验车辆重量矫正软件,实现跳称车辆重量矫正;在收费车道软件中增加提示吹费管理人员车辆提示功能,有效解决车辆违规行驶管理难题	2012年山西省科技进步三等奖

第四节 主要科技成果

一、地方标准

2012年,省交通设计院地方标准编写实现历史性突破。当年编写完成全省首部公路勘察设计地方标准《高速公路勘察设计指南》(DB14/T 670—2012),经省质量技术监督局批准颁布,填补建院以来无编制地方性标准的历史空白;先后又承担并发布《公路隧道照明设计指南》(DB14/T 722—2012)、《公路梁(板)式桥梁勘测设计细则》(DB14/T 755—2013)、《公路隧道水文地质勘察指南》(DB14/T 756—2013)、《高速公路交通安全设施设计指南》(DB14/T 757—2013)、《高速公路通信管道设计指南》(DB14/T 1021—2014)、《公路钢波纹管涵设计指南》(DB14/T 1022—2014)共7项地方标准。截至2016年年底,还承担《涉路工程安全评价技术指南》《公路避险车道设计指南》《波形钢腹板预应力混凝土组合箱梁桥设计指南》《水平层围岩隧道设计与施工指南》《高速公路服务区、停车区设计细则》5项地方标准的编制。具体如表5-4所示。

山西省交通规划勘察设计院参与编制的地方标准统计表　　表5-4

序号	规范名称	文号	颁发单位	编制单位	颁发时间
1	高速公路勘察设计指南	DB14/T 670—2012	山西省质量技术监督局	山西省交通规划勘察设计院	2012.9.20
2	公路隧道照明设计指南	DB14/T 722—2012	山西省质量技术监督局	山西省交通规划勘察设计院	2012.12.31
3	公路梁(板)式桥梁勘测设计细则	DB14/T 755—2013	山西省质量技术监督局	山西省交通规划勘察设计院	2013.11.1
4	公路隧道水文地质勘察指南	DB14/T 756—2013	山西省质量技术监督局	山西省交通规划勘察设计院	2013.11.1
5	高速公路交通安全设施设计指南	DB14/T 757—2013	山西省质量技术监督局	山西省交通规划勘察设计院	2013.11.1
6	高速公路通信管道设计指南	DB14/T 021—2014	山西省质量技术监督局	山西省交通规划勘察设计院	2014.12.1
7	公路钢波纹管涵设计指南	DB14/T 1022—2014	山西省质量技术监督局	山西省交通规划勘察设计院	2014.12.1
8	环氧沥青混凝土桥面铺装施工技术指南	DB14/T 1327—2016	山西省质量技术监督局	山西省交通规划勘察设计院	2016.12.30

1978年以来,省交通科研院扎实推动交通行业标准化建设工作,建立完善的标准化工作管理流程,培养出一批具有较强标准化意识的科研和管理人员,先后承担及参与编制

的行业和山西省地方标准多达40余项,形成包含设计、施工、试验检测、环保绿化等多个系列化标准,使一批先进、实用、成熟的新技术、新工艺、新材料上升为标准,有力促进行业技术进步,真正实现将科技成果转化为生产力目标。具体如表5-5所示。

山西省交通科研院参与编制的地方标准统计表　　　　表5-5

序号	规范名称	文号	颁发单位	编制单位	颁发时间
1	公路改性沥青路面施工技术规范	DB14/T 160—2007	山西省质量技术监督局	山西省交通科学研究院	2007.8.1
2	公路沥青铺装层层间结合质量技术要求	DB14/T 647—2012	山西省质量技术监督局	山西省交通科学研究院	2012.1.20
3	嵌挤密实型沥青混合料组成设计规程	DB14/T 676—2012	山西省质量技术监督局	山西省交通科学研究院、黄土地区重点实验室	2012.11.26
4	公路抗车辙沥青混合料设计与施工技术规范	DB14/T 677—2012	山西省质量技术监督局	山西省交通科学研究院	2012.11.26
5	公路桥梁检测数据采集技术规程	DB14/T 679—2012	山西省质量技术监督局	山西省交通科学研究院	2012.11.26
6	公路钢筋混凝土及预应力混凝土桥梁加固技术规程	DB14/T 680—2012	山西省质量技术监督局	山西省交通科学研究院	2012.11.26
7	公路隧道衬砌质量无损检测技术规程	DB14/T 721—2012	山西省质量技术监督局	山西省交通科学研究院	2012.11.26
8	高速公路绿化设计规范	DB14/T 720—2012	山西省质量技术监督局	山西省交通环境保护中心站、山西交科公路勘察设计院	2012.12.31
9	配筋水泥混凝土路面设计规程	DB14/T 723—2012	山西省质量技术监督局	山西省交通科学研究院	2012.12.31
10	公路沥青路面大修设计规范	DB14/T 851—2014	山西省质量技术监督局	山西省交通科学研究院	2014.3.15
11	高速公路绿化工程质量验收指南	DB14/T 850—2014	山西省质量技术监督局	山西省交通环境保护中心站、山西交科公路勘察设计院	2014.3.15
12	中小跨径混凝土梁桥抗震设计指南	DB14/T 846—2014	山西省质量技术监督局	山西省交通科学研究院、山西交科公路勘察设计院、黄土地区重点实验室	2014.3.15

续上表

序号	规范名称	文号	颁发单位	编制单位	颁发时间
13	公路隧道穿越软弱破碎围岩施工技术指南	DB14/T 847—2014	山西省质量技术监督局	山西省交通科学研究院	2014.3.15
14	空心板桥板底横向预应力加固技术规程	DB14/T 849—2014	山西省质量技术监督局	山西省交通科学研究院	2014.3.15
15	排气污染物超标汽油车治理技术规程	DB14/T 848—2014	山西省质量技术监督局	山西省交通科学研究院	2014.4.15
16	高速公路施工期环境监测技术规范	DB14/T 1035—2014	山西省质量技术监督局	山西省交通环境保护中心站、山西省环境监测中心站	2014.12.31
17	高速公路运营期环境监测技术规范	DB14/T 1036—2014	山西省质量技术监督局	山西省交通环境保护中心站、山西省环境监测中心站	2014.12.31
18	大跨径预应力混凝土连续梁和连续刚构桥梁施工监控技术规程	DB14/T 1034—2014	山西省质量技术监督局	山西省交通科学研究院	2014.12.31
19	公路绿化工程估算指标	DB14/T 1108—2015	山西省质量技术监督局	山西省交通环境保护中心站、山西省交通运输厅定额站、山西省交通科学研究院、山西交科公路勘察设计院	2015.12.30
20	桥梁预应力孔道注浆密实性无损检测技术规程	DB14/T 1109—2015	山西省质量技术监督局	山西省交通科学研究院、桥梁工程重点实验室、黄土地区重点实验室、四川升拓检测技术公司、内蒙古自治区交通质监局	2015.12.30

标准化管理是标准化工作的一个重要组成部分,是加快技术进步、加强科学管理的重要手段。标准化建立,包括管理流程优化,是提升管理水平与运作效率、防范运营风险的重要举措。因此,省高管局于2010年编制完成高速公路精细化管理系列标准,建立全省高速公路精细化管理体系,为高速公路运营管理流程化、精细化和规范化奠定坚实基础。此外,省高管局还编制完成《公路隧道节能照明设施验收与养护规范》《高速公路桥梁技

术状况评定规范》等多项省地方标准,均已由省质量监督局发布。具体如表5-6所示。

山西省高管系统地方法规、指导性意见统计表　　　　表5-6

序号	规范名称	文号	颁发单位	编制单位	颁发时间
1	高速公路精细化管理标准体系总则	DB14/T 563—2010	山西省质量技术监督局	山西省高速公路管理局	2010.8.18
2	高速公路路政精细化管理规范	DB14/T 564—2010	山西省质量技术监督局	山西省高速公路管理局	2010.8.18
3	高速公路养护精细化管理规范	DB14/T 565—2010	山西省质量技术监督局	山西省高速公路管理局	2010.8.18
4	高速公路收费精细化管理规范	DB14/T 566—2010	山西省质量技术监督局	山西省高速公路管理局	2010.8.18
5	高速公路服务区精细化管理规范	DB14/T 567—2010	山西省质量技术监督局	山西省高速公路管理局	2010.8.18
6	高速公路信息监控与机电设备精细化管理规范	DB14/T 568—2010	山西省质量技术监督局	山西省高速公路管理局	2010.8.18
7	公路隧道节能照明设施验收与养护规范	DB14/T 1020—2014	山西省质量技术监督局	山西省高速公路管理局	2014.11.1
8	高速公路桥梁技术状况评定规范	DB14/T 1052—2015	山西省质量技术监督局	山西省高速公路管理局	2015.5.30

随着高速公路通车里程增加,管理难度也在不断加大,对标准的精细化要求也愈加严格。因此,省高管局在已有标准基础上,陆续开展新标准编制和修订工作。截至2016年年底,山西省高速公路ETC建设和运营服务标准等5项标准编制工作已全面展开。同时,根据全省高速公路管理发展现状,省高管局于2016年对高速公路精细化管理系列标准进行修订。

二、主要专著

2004年,为庆祝省交通设计院建院40周年,由人民交通出版社出版《公路规划、勘察、设计学术论文集》,全书收录101篇论文,主题鲜明,立意深刻,集理论性、专业性、实用性于一体,系统、全面地反映全院职工艰难曲折奋斗历程,代表当时全省公路建设规划勘察设计技术水平。

2014年在《公路》第5期出版隧道论文专刊。以全省高速公路隧道建设发展历程为背景,集中反映地质勘察、结构设计、病害处治、施工工艺、消防救援等方面技术成果。

2011年,省交通设计院与省交通厅质监站共同合编的《公路工程试验检测仪器设备校准指南》(图5-6)由部质监总站核准,人民交通出版社出版发行。全书详细分析公路行业试验检

图5-6 《公路工程试验检测仪器设备校准指南》封面

测仪器设备计量工作特点,系统阐述行业校准的可行性和必要性,为常用公路试验检测仪器设备编制了具有较强实用性和可操作性的校准方法,对仪器设备校准工作的规范开展和校准体系有效建立,起到积极推动和引导作用,在全省乃至全国检测行业引起很大反响,不少兄弟单位纷纷邀请派人进行指导和培训,为省交通设计院创造良好声誉。

山西省交通设计院主要专著统计如表5-7所示。

山西省交通设计院主要专著统计表　　表5-7

序号	专著名称	主编	出版社	出版时间
1	公路规划、勘察、设计学术论文集	山西省交通规划勘察设计院	人民交通出版社	2004年
2	《公路》杂志	山西省交通规划勘察设计院	公路杂志社	2004年
3	公路工程试验检测仪器设备校准指南	山西省交通基本建设质量监督站 山西省交通规划勘察设计院	人民交通出版社	2011年

在不断积累实践经验的基础上,省交通科研院职工先后出版5部专著(表5-8)。对于更好地宣传交通科技知识,提高行业创新能力起到积极推动作用。

山西省交通科研院主要专著统计表　　表5-8

序号	专著名称	主编	出版社	出版时间
1	重载交通水泥混凝土路面结构设计	赵队家、刘少文、申俊敏	人民交通出版社	2012.12
2	浅埋小净距黄土隧道工程	郜玉兰、赵队家、宿钟鸣	人民交通出版社	2012.12
3	高填方涵洞工程特性理论与应用	赵队家、张军、马强	科学出版社	2014.5
4	黄土沟壑区加筋路基理论与应用	刘少文、申俊敏、赵建斌、张军	人民交通出版社股份有限公司	2014.12
5	水泥混凝土路面板水分迁移理论及应用	张翛	科学出版社	2015.6

(1)《重载交通水泥混凝土路面结构设计》:本书包括绪论、山西省重载交通水泥混凝土路面使用现状、重载交通特性及轴载分析、重载交通普通混凝土路面结构力学分析、重载交通普通水泥混凝土路面结构设计、重载交通普通混凝土路面传力杆设计、重载交通普通混凝土路面典型结构、重载交通连续配筋混凝土路面设计、重载交通水泥混凝土路面设计的工程应用。本书可供从事道路工程科研、设计及施工的技术人员阅读,也可供高等院校相关专业师生教学参考。

(2)《浅埋小净距黄土隧道工程》:本书收集、借鉴和参考相关研究、施工和管理成果,结合以往黄土隧道建设情况,提出黄土隧道围岩分级方法;总结黄土隧道支护措施及地表裂缝处治措施;重点分析浅埋小净距黄土隧道围岩压力和荷载分布模式、围岩应力释放、埋深及净距对隧道初期支护影响;探讨浅埋偏压段小净距黄土隧道初期支护拱架选型问题以及系统锚杆工作特性、拉拔荷载下特性及基于实测轴力反算围岩塑性区大小问题;在结合监控量测基础上分析支护结构受力特性;同时对小净距黄土隧道施工技术及质量控制问题进行详细总结。本书强调理论研究和工程实践相结合,可供相关人员在教学、科研和工程建设管理中参考与借鉴。

(3)《高填方涵洞工程特性理论与应用》：本书结合工程调研、现场试验、数值模拟和理论分析等研究手段，揭示高路堤下涵洞非线性土压力分布和变化规律，以及填土内部土拱效应，推导非线性土压力理论计算表达式。探讨填土高度、边界条件、涵洞几何尺寸、填料性质及地基刚度等因素对填土—涵洞结构体系受力和变形影响，并对涵洞减载措施进行研究。根据不同地形条件，结合理论分析和数值模拟对高路堤下涵洞选型和选址进行系统研究。分析地基受力和变形特性及其影响因素，考虑涵洞基础埋深效应，对涵洞地基承载力进行修正，确定涵洞地基处理范围，并对不同地基处理方法效果进行对比分析。同时，对地震荷载和交通荷载作用下高填方涵洞的动力响应进行系统分析。本书可供从事公路、铁路和水利工程科研、设计、施工和管理的相关人员参考与借鉴。

(4)《黄土沟壑区加筋路基理论与应用》：黄土沟壑区地质条件差异、地基高低起伏，非对称路基形式极为普遍。目前，主要采用加筋土技术对非对称路基进行处理，以缓解路基整体受力和变形的不均匀性。本书以非对称加筋路基为研究对象，在充分考虑路基结构形式和交通重载非对称性基础上，深入调研黄土沟壑区非对称路基病害特征和破坏机理，探讨非对称路基现行技术规范中的设计施工方法；建立筋—土拉拔试验颗粒流数值模型，揭示拉拔过程中筋—土界面宏观力学行为和细观组构参量演化规律；系统开展非对称加筋路基现场试验，对非对称加筋路基地基沉降、侧向位移、基底压力和筋材变形进行长期监测；结合静/动力数值模拟，揭示重载交通作用下非对称加筋路基受力机理与动力特性；提出降雨入渗折减因子和降雨折减模式概念，深入分析降雨入渗对斜坡高填方加筋路基稳定性影响。本书可供从事公路、铁路和水利工程科研、设计、施工和管理工作的相关人员参考与借鉴。

(5)《水泥混凝土路面板水分迁移理论及应用》：本书针对目前国内外水泥混凝土路面设计理论体系缺失湿度翘曲和湿度应力分析现状，从水泥混凝路面板水分迁移理论、湿度场表征模型及湿度应力计算展开研究。建立考虑养生效应的早龄期混凝土路面板和干湿循环下硬化后混凝土路面板湿度场表征模型及其对应数值和近似解析解法，并以室内试验数据进行模型验证；分析早龄期和硬化后水泥混凝土路面板在不同工况下湿度分布规律，并对模型参数进行敏感性分析；利用弯矩等效原理，推导得到均匀和非均匀无限混凝土板的等效温度梯度公式，构建水泥混凝土路面湿度应力分析基本方法。本书可供从事公路、城市道路和机场道面工程科研、设计、施工和管理相关人员参考使用。

三、主要发明专利

2013年，省交通设计院取得建院以来第一项国家发明专利——"公路采空区处治效果检测方法"。随后，再接再厉，又获得1项发明专利"一种动态数据驱动的高速公路出口流量预测方法"和27项实用新型专利，拥有法定的核心技术。截至2016年年底，省交通设计院拥有 29 项专利权及 4 项计算机软件著作权，其中发明专利 2 项、实用新型专利 27 项。具体如表 5-9 所示。

山西省交通设计院主要发明专利统计表　　　　表 5-9

序号	专利名称	专利号	专利发明人	授权单位	授权时间
1	公路采空区处治效果检测方法	20111239405.7	聂承凯、马继中、田志忠	国家知识产权局	2013.3.20
2	加速磨光试验机连续出砂漏斗	201320024848.9	梅拥军、梁世春、崔兰等	国家知识产权局	2013.6.26
3	板桥加固装置	201320038819.8	马健中、徐日雄、曾银春等	国家知识产权局	2013.6.26
4	混凝土收缩率检测装置	201320024849.3	张明欣、聂承凯、郭鹏飞等	国家知识产权局	2013.6.26
5	防渗透恒温溢流水箱	201320024832.8	梁世春、宿静、张明欣等	国家知识产权局	2013.7.3
6	黄土锚拉式桩板墙	201320030227.1	黄仰收、聂承凯、帖智武等	国家知识产权局	2013.7.10
7	减荷高填土拱涵	201320030141.9	聂承凯、张正星、马健中等	国家知识产权局	2013.7.3
8	具有防脱落滑块的马歇尔电动击实仪	201320038680.7	帖智武、梁世春、郭鹏飞等	国家知识产权局	2013.7.3
9	装配式桥梁墩台抗震装置	201320030116.0	许志刚、马健中、何新平等	国家知识产权局	2013.7.3
10	一种动态数据驱动的高速公路出口流量预测方法	ZL201110460070.1	董新品、宋国杰、聂承凯等	国家知识产权局	2014.3.12
11	一种公路桥梁用混凝土护栏的改造结构（北京申报）	201320792546.6	董新品、聂承凯、马健中等	国家知识产权局	2014.5.28
12	一种公路用路侧波形梁护栏的改造结构（北京申报）	201320792726.4	聂承凯、董新品、马健中等	国家知识产权局	2014.5.28
13	加筋土挡墙	201320821330.8	聂承凯、赵虎生、王文光等	国家知识产权局	2014.6.4
14	膨胀岩地区隧道仰拱加固装置	201320821356.2	贾计林、李晓俊、刘晓梁等	国家知识产权局	2014.12.16
15	公路涵洞衔接处排水通行分离装置	201320821344.X	常鹏飞、赵虎生、聂承凯等	国家知识产权局	2014.6.4
16	缓坡避让隧道斜井	201420767522.X	聂承凯、姜杰、秦志军等	国家知识产权局	2015.5.6
17	隧道通风辅助通道与主洞交叉一体化结构	201420767677.3	聂承凯、张明欣、曹学强等	国家知识产权局	2015.5.6
18	钢波纹板混凝土组合截面拱桥（涵）	201520392205.9	何新平、刘小健、张明欣等	国家知识产权局	2015.10.14
19	水泥混凝土凝结时间试筒	201520392490.4	田立、宿静、樊慧平等	国家知识产权局	2015.10.21
20	水泥净浆压力泌水试验仪	201520392148.4	郭鹏飞、宿静、樊慧平等	国家知识产权局	2015.9.23
21	土工环刀脱模器	201520392125.3	彭海龙、宿静、梁世青等	国家知识产权局	2015.9.23
22	软岩填筑路基	201520392201.0	赵虎生、韩文斌、满冠峰等	国家知识产权局	2015.10.14
23	一种适用于裂隙水、潜水发育的路堑挡墙	201520392211.4	赵虎生、王文光、满冠峰等	国家知识产权局	2015.10.14
24	山区公路拓宽桥台	201520392133.8	陈宏治、赵虎生、刘文进等	国家知识产权局	2015.10.21
25	高密封易收集洛杉矶磨耗试验机	201520392152.0	郝海刚、宿静、赵向敏等	国家知识产权局	2015.9.23

第五章 科技成果

续上表

序号	专利名称	专利号	专利发明人	授权单位	授权时间
26	土工环刀清洗机	201520392212.9	彭海龙、宿静、梁世春等	国家知识产权局	2015.10.14
27	孔道压浆密封试模	201520392163.9	宿静、郝海刚、赵向敏等	国家知识产权局	2015.9.23
28	可拆卸式孔道压浆剂充盈度有机玻璃试管	201520392164.3	郝海刚、宿静、樊慧平等	国家知识产权局	2015.9.23
29	一种挡土墙加固结构	201621634349.5	张卫华、杜娟、桑明泰等	国家知识产权局	2016.6.24
30	高速公路三维可视化信息系统V2.0	2005SR00898	山西省交通规划勘察设计院	国家知识产权局	2005.1.20
31	山西省公路地质卫星遥感GIP系统	2008SR13884	山西省交通规划勘察设计院	国家版权局	2008.7.21
32	路基路面程序化计算软件V1.0	2016SR382109	山西省交通规划勘察设计院	国家版权局	2016.12.20
33	路基路面程序化成表软件V1.0	2016SR381300	山西省交通规划勘察设计院	国家版权局	2016.12.20

截至2016年年底,省交通科研院拥有57项国家发明专利,近500项实用新型专利,100余项软件著作权。其中,在高速公路建设过程中取得的主要发明专利51项。具体如表5-10所示。

山西省交通科研院主要发明专利统计表　　　　表5-10

序号	专利名称	专利号	专利发明人	授权单位	授权时间
1	彩色液态SBS改性乳化树脂的制备方法	2009100743446	刘少文,刘跃,杜素军等	国家知识产权局	2011.7.6
2	一种沥青路面压路机低温施工用隔离剂及其制备方法	2011100461362	杜素军,杜海,舒兴旺等	国家知识产权局	2012.4.4
3	一种隧道沥青路面用阻燃剂	2011100424984	张志敏,郑美军,赵世涛等	国家知识产权局	2012.4.18
4	一种沥青路面渗透再生涂料及其制备方法	201110038340X	赵队家,杜素军,舒兴旺等	国家知识产权局	2012.7.4
5	一种隧道彩色抗滑铺装层用阻燃型双组份黏胶剂	2011100679589	张帅,杜素军,刘鹏飞等	国家知识产权局	2012.12.5
6	一种环氧乳液改性混凝土道桥快速修补砂浆及其制备方法	2012101584237	舒兴旺,杜素军,崔东霞等	国家知识产权局	2013.9.18
7	道桥用环氧沥青混凝土及其制备方法	2012100621154	申俊敏,吴冬建,张立宏等	国家知识产权局	2013.12.18
8	一种用于评价机动车尾气排放的行驶周期的建立方法	2011104601691	张翛,赵队家,刘少文等	国家知识产权局	2014.4.30
9	一种透层油及其制备方法	2012102723631	周亚军,郑美军,杨喜英等	国家知识产权局	2014.6.4
10	一种汽车尾气净化催化剂	2012104662581	薛君,刘俊权等	国家知识产权局	2014.7.9
11	一种摊铺机和运输车斗防黏用沥青混凝土隔离剂及其制备方法	2012103102046	杜海,李荣柱,陈文璐等	国家知识产权局	2014.7.30

续上表

序号	专利名称	专利号	专利发明人	授权单位	授权时间
12	沥青改性技术领域的一种煤油共处理残渣改性石油沥青的生产方法	201310498539X	申力涛,杜素军等	国家知识产权局	2015.2.4
13	一种城市沥青路面修复结构及其施工方法	2012103263014	张军,郑俊杰,赖汉江等	国家知识产权局	2015.4.1
14	一种路基土动态回弹模量预估系统及方法	2014103431023	张翛,申俊敏,刘俊华等	国家知识产权局	2015.5.20
15	识别隧道已铺设段防水板孔洞的系统和方法	2012101365456	孙志杰,申俊敏,刘海等	国家知识产权局	2015.6.10
16	混凝土桥梁截面特性快速检测评定方法	2013102055201	郭文龙,韩之江,刘志华等	国家知识产权局	2015.7.15
17	滑坡地段隧道加固装置及加固施工方法	2014106748618	薛晓辉	国家知识产权局	2015.9.2
18	一种用于双钢轮压路机可防止沥青黏结的薄膜材料	2014101903462	张宏武	国家知识产权局	2015.10.28
19	一种考虑养生效应的水泥混凝土路面温度场的建模方法	2015100039947	张翛	国家知识产权局	2015.12.2
20	一种适用于水泥混凝土路面养护的应力吸收带铺筑设备	2014108428559	刘志胜	国家知识产权局	2016.1.12
21	一种适于重交通公路的混凝土路面材料及其制备方法	2014104058139	舒兴旺,杜素军,崔东霞等	国家知识产权局	2016.1.27
22	一种桥梁伸缩缝过渡区灌注料及其制备方法和施工工艺	201410195798X	舒兴旺,杜素军,申力涛等	国家知识产权局	2016.2.24
23	一种安全环保型路用沥青及其制备方法	2014100763544	吴喜荣	国家知识产权局	2016.3.2
24	Evotherm温拌沥青混合料的马歇尔设计方法	2011101660236	韩萍,张晓燕,王瑞林等	国家知识产权局	2016.3.30
25	一种混凝土表面用防腐涂料及其制备方法	2013101723516	刘少文,刘鹏飞,张帅等	国家知识产权局	2016.4.27
26	公路采空区治理方法	201510159644X	魏义强,武军,吴天军等	国家知识产权局	2016.4.27
27	沥青混凝土面层结构抗剪性能动态研究设备	2015101400788	刘志胜	国家知识产权局	2016.5.4
28	一种基于双后轴检测车的路基回弹模量测试方法	2014107810743	张晓燕,成志强,常爱国等	国家知识产权局	2016.5.4
29	用于加固挡土墙的悬臂式型钢混凝土预应力组合结构	2015100993061	邬瑞光	国家知识产权局	2016.5.11
30	一种胶粉改性沥青黏结剂及其制备方法	2013101540816	赵队家,周亚军,刘清波等	国家知识产权局	2016.6.1
31	一种等距变位桥梁伸缩缝装置	2014104907041	杨文科,赵凯,张志聪等	国家知识产权局	2016.6.1
32	一种土工合成材料各向异性拉拔试验系统及方法	2015102514610	张军	国家知识产权局	2016.6.22

第五章 科技成果

续上表

序号	专利名称	专利号	专利发明人	授权单位	授权时间
33	一种土工合成材料各向异性拉伸试验系统及方法	2015102514644	张军	国家知识产权局	2016.6.22
34	一种土工合成材料各向异性直剪试验系统及其实施方法	2015102514470	张军	国家知识产权局	2016.6.22
35	一种共混接枝改性制备沥青混凝土抗辙裂剂的方法	2014102460349	赵队家,马德崇等	国家知识产权局	2016.6.29
36	一种废旧橡胶颗粒表面处理方法	2015100702174	舒兴旺,杜素军,崔东霞等	国家知识产权局	2016.7.6
37	一种碳纤维预应力混凝土及其施工方法	201510070181X	舒兴旺,杜素军,崔东霞等	国家知识产权局	2016.8.24
38	一种用于潮湿环境下水泥基结构裂缝的内加固修复剂	2015101149022	崔东霞,舒兴旺,杜素军等	国家知识产权局	2016.8.24
39	一种道路路基沉陷修复装置及修复方法	2014108423057	赵建斌	国家知识产权局	2016.8.24
40	一种用于铺筑应力吸收带的高强度路面功能材料	2015100104109	刘志胜	国家知识产权局	2016.8.24
41	一种寒区隧道防冻保温系统及防冻保温施工方法	2015101609115	薛晓辉	国家知识产权局	2016.8.24
42	一种桥梁伸缩用防夹渣型钢	201410490715X	杨文科、赵凯、张志聪等	国家知识产权局	2016.8.24
43	一种复合式路面应力吸收夹层应力扩散性能研究装置	2015104040784	刘志胜	国家知识产权局	2016.9.21
44	一种高模量沥青及其制备方法	2014100634717	张宏武,王瑞林,李文良等	国家知识产权局	2016.9.28
45	沥青混凝土面层材料抗剪性能研究设备	2015101399121	刘志胜	国家知识产权局	2016.10.26
46	一种识别桥梁结构刚度损伤的系统	201410375438.8	韩之江,郭文龙,陈栋栋等	国家知识产权局	2016.12.7
47	一种粉质土路基固化剂及其制备方法	201510046993	杨喜英,周亚军等	国家知识产权局	2017.1.11
48	一种预应力混凝土及其施工方法	2015100701754	舒兴旺,杜素军,申力涛等	国家知识产权局	2017.1.18
49	一种复合胶结路面铺装材料及其使用方法	2015101148087	申力涛,舒兴旺,杜素军等	国家知识产权局	2017.1.25
50	一种基于碳纤维编织网的隧道衬砌快速修复结构及其修复方法	2015102706076	薛晓辉	国家知识产权局	2017.3.8
51	一种双端压力型预应力锚索及锚固方法	2015105228502	赵建斌	国家知识产权局	2017.1.25

1996年以来,省高管局始终秉持科技发展才是硬道理,始终坚持为全系统各基层单位提供科技创新的技术、资金支持,鼓励基层技术人员积极参与科技创新活动。仅在"十二五"期间,全省高管系统各基层单位积极开展多项科技创新活动,推广应用新技术、新材料、新工艺、新设备共计157项。"高速公路隧道停电自动提示板"等12项发明获得国家专利。具体如表5-11所示。

山西省高管系统主要发明专利统计表　　　　　　　　　　　　　表5-11

序号	专利名称	专利号	专利发明人	授权单位	授权时间
1	高速公路隧道停电自动信息提示板	2703460	刘元元	国家知识产权局	2013.2.13
2	可附着、易拆装道路施工标志牌	3178140	丁国强、刘佳、程毅	国家知识产权局	2013.4.24
3	自动计数栏杆机	3655047	王玉森、董化金、赵军、潘铁、郭强	国家知识产权局	2013.11.28
4	高速公路收费站绿色通道农产品车辆检测系统	3824325	杨鹏	国家知识产权局	2014.5.30
5	站区通信机房温湿度远程监控系统	3823956	解锟	国家知识产权局	2014.5.30
6	LED电子导向牌	3867202	魏向勤	国家知识产权局	2014.5.30

在运营管理中,为提高职工素质,激发职工积极性和创造性,改进质量,降低消耗,提高经济效益,建立文明、心情舒畅的生产、服务、工作现场,省高管局开展全面、广泛的QC小组活动,取得长足进步。经过多年组织与推广,全省高管系统QC小组活动选题内容已涵盖收费、路政、养护、经营开发及节能减排等多个方面,通过全面质量管理促进高速公路运营管理工作不断优化。

全省高管系统每年均有多个小组获省部级优秀QC小组表彰。其中,省高速公路收费管理结算中心稽查科和运城高速公路公司信息监控中心联合攻关QC小组等9个QC小组荣获"全国优秀质量管理小组",山西中交翼侯高速公路有限公司运营管理部等3个班组荣获"全国质量信得过班组"。

全省高管系统其他科技成果统计见表5-12。

山西省高管系统其他科技成果统计表　　　　　　　　　　　　　表5-12

序号	成果名称	完成单位	荣誉称号
1	隧道停车自动提示标志	祁临高速公路公司	2012年全国优秀质量管理小组
2	收费广场照明智能控制系统	中交翼侯高速公路公司	2012年全国优秀质量管理小组
3	SBS改性乳化沥青生产工艺的研发	晋北高速公路养护公司	2014年全国优秀质量管理小组
4	高速公路绿色通道鲜活农产品密度检测法的研制	省高速公路收费管理结算中心 运城高速公路公司	2014年全国优秀质量管理小组
5	降低伸缩缝清理费用	忻州高速公路公司	2014年全国优秀质量管理小组

第六章
运营管理与综合执法

山西省高速公路各个项目建成通车后,随之进入运营管理。省交通运输厅授权山西省高速公路管理局对全省通车运营高速公路实行行业管理,各高速公路运营管理单位具体承担养护、收费等运营管理工作。

第一节 运营管理

自1996年太旧高速公路全线建成通车以来,经过20年快速发展,截至2016年12月31日,全省高速公路运营总里程达到5265.487km,打通19个出省口,由43个高速公路运营管理单位负责具体运营管理。其中太旧(含五盂、阳泉西环、平阳)、大同(含天大)、朔州(含山平、环城)、忻州、太原、祁临、临汾(含霍永东、霍永西、吉河)、运城(闻合、运宝)、吕梁(临离、岢临)、长治、晋城(含晋城环城)11个公司和大呼、大同、太佳西、闻垣、长平、阳翼、忻保、同源、广源、太古、临吉、河运、临汾环城、阳黎、神河15个建管处管理的4027.181km高速公路为政府还贷公路,太长、长晋、晋焦、悦达京大、翼侯、汾平、太佳东、阳五、和榆、平榆、晋中龙城、高陵、王城、吕梁环城、忻阜、大成、忻州环城17个公司管理的1238.306km高速公路为经营性公路。全省共设收费站314个,有MTC收费车道2133个,其中入口车道749个,出口车道1384个;开通ETC车道603条,覆盖路网278个收费站;养护单元110个,其中五星级4个,四星级44个,三星级45个,二星级4个;治超检测站点315个,其中主线超限超载检测站22个,匝道超限超载检测点293个,安装不停车治超检测系统522套;服务区(停车区)110对,其中五星级7对,四星级18对,三星级19对,二星级1对,一星级7对;信息监控片区中心12个,覆盖全省11个地市。

一、"九五"时期

1995年11月3日,山西省太旧高速公路管理局挂牌成立,对山西第一条高速公路——太旧高速公路进行管理,开启全省高速公路管理历史。此后相继建成通车的太原东环段、晋城—阳城、原平—太原、北京—大同山西段、夏家营—汾阳、太原南环段等高速公路采取一路一公司或一路一管理处的运行管理模式,山西省高速公路处于路段管理阶段。

为了搞好太旧高速公路的养护和管理,1995年9月25日,经省编办批准,省交通厅组建太旧高速公路管理局,负责太旧高速公路运营管理。1995年9月29日,省政府晋政发〔1995〕111号文下发《关于印发太旧高速公路通行费征收使用管理暂行规定的通知》,对太旧高速公路通行费征收、使用等做出明确规定;省交通厅、省财政厅、省物价局联合下发晋交财字〔1995〕第358号文《关于发布〈太原—旧关高速公路车辆通行费征收标准〉的通知》,确定太旧高速公路车辆通行费征收标准;1996年5月20日,省物价局、省财政厅、省交通厅联合下发晋价费〔1996〕第1号《关于调整太原—旧关高速公路车辆通行费征收标准的通知》,确定新的车辆通行费征收标准。1996年6月20日,省政府第25次常务会议通过《山西省太旧高速公路路政管理暂行办法》;2000年5月30日,省政府第143号令发布《山西省高速公路路政管理办法》。2000年11月1日,省政府晋政发〔2000〕78号文印发《关于成立山西太旧高速公路管理有限责任公司》,成立山西太旧高速公路有限责任公司,实行企业化运作。

太旧高速公路管理局及太旧高速公路管理有限公司始终把太旧高速公路作为山西改革开放的窗口,以"畅、平、净、美、全"为目标,按照"严格管理、科学养护、文明收费、优质服务"的方针,建立局(公司)、处、站(区)三级管理机构,组建收费、养护、路政等管理队伍,制定《太旧高速公路养护管理办法》《太旧高速公路养护技术规程》《太旧高速公路收费管理办法(暂行)》《山西省太旧高速公路路政案件处理程序》等管理制度,1996年太旧高速公路全线建成通车当年通行费收入即突破亿元,达12318.97万元,此后逐年递增,截至2000年底,太旧高速公路共征收通行费9.97亿元;同时,太旧高速公路先后获得山西省建筑工程质量最高奖——"汾水杯"奖、中国建筑工程鲁班奖等荣誉,取得物质文明和精神文明建设双丰收。

二、"十五"时期

"十五"期间,全省高速公路得到迅猛发展,通车里程由"九五"期间518km增至1684km,全面建成高速公路人字形主骨架,实现省会到地级市三小时通达,促进山西经济社会快速发展。1998年,经省编办批准,"山西省太旧高速公路管理局"更名为"山西省高速公路管理局";2000年12月,"山西省高速公路管理局"正式成立,作为全省高速公路的行业管理机构,在省交通厅领导下,对全省高速公路运营工作实行资产、行业统一管理、分级负责,各路段公司(处)对所辖路段具体负责。2003年,随着大运高速公路全线贯通和全省高速公路联网收费及机电一体化工程的实施,山西省高速公路步入路网管理阶段。

"十五"期间,山西省高速公路管理局(以下简称"省高管局")以邓小平理论和"三个代表"重要思想为指导,按照"集中统一、特许高效、调整完善"的原则,制定《山西高速公路管理发展"十五"计划》;根据省交通厅提出的高质量工程、高效率管理、高科技应用、高素质队伍、高品位服务、高效益经营"六高"目标要求,大力加强行业监管,不断规范运营管理,努力保障公共服务,全面提高路网效能,建立与"六高"目标相一致、与高速公路运营规律相适应的科学管理体系,构建集收费、监控、通信、信息、指挥、救援等为一体的智能交通专网,培育具有高速特色的企业文化,为山西经济社会发展营造良好的高速公路通行环境,为全省高速公路管理事业健康、快速、可持续发展奠定坚实基础。

(一)切实加强行业集中统一管理能力

"十五"期间,省高管局坚持依法管理,认真贯彻落实《收费管理条例》和《山西省高速公路管理暂行办法》,保证运营管理合法有序;围绕"建设一流、管理一流、服务一流、效益一流"总目标,确立"依法管理、科学养护、文明收费、优质服务"方针,抓住"制定行业标准、提供指导服务、加强监督检查、实施考核评比"四个环节,出台系列行业管理标准和规章制度;加大监督检查力度,对所属各单位实行统一的目标考核责任制;全面加强计划和预算控制,保证运营支出科学合理;全方位加强行业监管,组建山西省高速公路信息监控中心、山西省高速公路收费管理结算中心,重新整合各路段路政大队,相继完成运城、太原市行政区域内高速公路整合,高速公路集中统一管理格局基本形成,为全省高速公路快速发展奠定坚实基础。

(二)初步建立具有行业特色运营管理体系

"十五"期间,省高管局率先在全国高速公路管理行业中引入质量管理,基本建立起规范化管理、目标考核管理、服务质量监督三大管理体系,为全省高速公路的健康快速发展提供坚强保障。

(1)规范化管理体系。为全面提升全省高速公路运营水平,达到管理制度化、程序化、标准化目标,2003年,省高管局抽调全系统业务骨干,历时一年多编写200余万字的《山西省高速公路规范化管理丛书》,分为管理、养护、收费、路政、经营开发、机电、信息7个篇目,建立起指导全局管理发展的纲领。各运营单位深入贯彻落实,制定具体实施细则,实现各项运营管理工作制度、程序、标准、考核的高度统一,形成层次分明、各司其职、各尽其责、高效闭合的管理系统。深入贯彻九千质量管理体系标准,不断提高全员质量意识、管理效率,14个运营管理单位均通过ISO9001体系认证,初步建立起高效有序、运转协调、持续改进的工作机制。

(2)目标管理体系。省高管局在全系统大力实施对管理目标的考核监督,制定和完善省局对各管理公司的目标责任制考核管理办法,形成覆盖全省高速公路各项运营管理工作的目标考核管理体系。把目标考核与九千质量管理体系有机结合,实行工作过程与工作结果同时考核,形成九千质量管理体系与目标责任制共同考核的一体化运行机制。

(3)服务质量监督体系。省高管局从满足消费者需求,实现消费者愿望,维护消费者权益角度出发,建立起"以顾客为关注焦点"的服务质量监督体系。大力开展"用户满意工程活动",每季度通过发放社会问卷调查表,对存在的工作问题及消费者服务需求进行汇总分析,不断改进服务工作中存在的不足,建立起以顾客满意度为考核标准的服务测评体系。以建成的信息服务体系和聘请社会行风监督员等作为平台,对自身管理服务水平进行公正客观评价;与社会各界定期召开座谈会,共同探讨高速公路运营管理课题,建立起行风监督、工作指导、智囊策划为一体的工作运行机制,借助社会力量实行对服务质量的有效监管。

(三)积极开展"五大工程"建设

2003年开始,省高管局围绕养护、收费、路政、服务区和综合管理,组织开展畅通、形象、阳光、温馨、素质"五大"工程建设,努力提高公共服务能力,为全省经济建设和社会发展营造良好的高速公路运行环境。

(1)"畅通工程"建设。着重解决特殊气候、施工路段通行两大问题。针对社会反响强烈的下雪天封路问题,借鉴东北三省成功经验,制定适合山西省情的除雪防滑预案,并向社会推出力争大运高速公路雪后不封路,其他路段雪后6小时具备开通条件的服务承诺。把解决施工堵车这一焦点问题,作为近两年来养护管理重点工作,进一步规范施工作业,积极与交警部门协作配合,研究制订合理安排施工路段间距、避开车辆通行高峰施工方案,使这一问题得到较大缓解。

(2)"形象工程"建设。着重解决提高车辆快速通行能力问题。分析车流特点,对部分收费站进出车道科学调配;根据通行能力需求,对太原周边地区以及武宿、旧关等堵车严重收费站进行扩容改造。针对广大出行者普遍反映收费站放行速度慢的问题,研究改进各项服务操作流程,在对系统软件升级改造基础上,加大对收费人员业务技能等方面专题培训,对素质低、服务差的收费员实行末位淘汰制,对工作强度大、业务大的收费站实行计件工资制,极大激发其工作积极性和主动性。建立收费岗亭模拟实验室,加强收费人员对突发事件快速处置现场演练,大大提高全省高速公路收费站的通行能力。

(3)"阳光工程"建设。着重解决路网设施损坏严重、服务救援不及时两大问题。对路网设施损坏严重问题,一方面与当地公安部门取得积极联系,对故意破坏沿线设施的不法人员严厉打击;另一方面走入沿线乡村,广泛宣传有关法律法规,增强群众守法意识,有的公司还签订共同维护设施协议,有效保护路产、维护路权。对紧急救援处理不及时问题,向社会推出"5·30"服务承诺(接到救援电话,五分钟出警,半小时内赶到最远现场)。路政人员接受基本救护知识培训,与交警部门共同配合,实施快速清障,制定勘查现场后重大事故3小时、一般事故1小时后清理完毕恢复通行工作要求。对事故车辆实行免费清障,突出人性化、个性化服务,受到社会好评。

(4)"温馨工程"建设。着重解决部分经营者服务理念不强、汽车维修秩序混乱问题。针对服务区饭菜不热、商品不全等问题,按照服务行业标准要求,出台星级考核管理办法,强化经营者服务理念和自觉遵守法规制度意识;针对汽车维修价格偏高、质量差的问题,与18家汽车维修单位进行广泛交流和探讨,成立连锁经营组织,实行统一标识、标准、价格、配货,建立相互制约管理机制,利用市场经济方式有效解决依靠行政手段难以解决的问题。

(5)"素质工程"建设。着重解决职工技能素质较差和机电人才匮乏问题。对部分工种人员存在业务技能不熟练情况,从职工应知应会内容、基本技能操作、计算机使用等方面入手,将学习培训与实际工作有机结合,将技术比武与岗位培训有机联系,有力促进专业技能水平提高;针对全省高速公路系统维护技术薄弱情况,坚持引进人才与内部培养相结合,借助社会力量带动自身技术水平提高,既降低管理成本,又提高整体维护质量,取得良好成效。

"十五"期间,全省高速公路累计征收通行费83.1亿元,通行费收入由2000年的3.696亿元增长至2005年的29.3亿元,年平均增幅51.3%,基本实现收支平衡。服务区营业总额近8亿元,服务车辆599.1万车次、顾客584.6万人次。路政案件发现率、结案率、建筑控制区控制率均达98%以上。省高管局先后荣获"全国交通系统文明行业""全国交通系统先进集体""山西省五一劳动奖状"等荣誉称号。17个单位获得县以上文明单位,其中13个单位获得地市级以上文明单位,2个获得省部级文明单位。大运高速公路获得全国交通系统十佳文明通道畅通工程称号。

三、"十一五"时期

"十一五"时期是山西省高速公路管理事业实现历史性跨越的五年。在省交通运输厅正确领导下,省高管局以科学发展观为统领,紧紧围绕交通运输部"三个服务"总体要求,按照"集中统一、依法监管、保障公益"原则,大力推进高速公路新型产业率先向现代服务业转型,以精细化推进行业规范化,以信息化推进管理现代化,以运营一体化推进路网效能最大化,以发展集约化推进资产经营规模化,以服务最优化推进社会效益最大化,全面实施畅通、形象、阳光、温馨、素质"五大工程",着力提升安全保畅能力、公共服务、突发事件处置和行业创新"四种能力",完成了10个地市高速公路区域路段整合,建立了具有行业特色的"六大"运行管理体系(精细化管理体系、新型薪酬激励体系、科学绩效考核体系、顾客满意度测评体系、突发事件应急管理体系、国有资产监管体系),运营管理能力显著增强,公共服务水平明显提高,公众出行环境不断改善,综合经济效益节节攀升,行业文明硕果累累,党的建设持续加强,为山西省经济社会快速发展提供强有力的服务支撑保障。

(一)大力推进高速公路区域整合

为适应科学发展要求,按照"集中统一、特许高效"原则,大力推进高速公路管理体制改革,积极探索适应全省高速公路体制管理模式。按照省交通厅关于全省高速公路按行政区域进行管理的战略构想,2006年4月27日,根据省交通厅《关于山西省临侯高速公路建设有限责任公司更名的批复》文件精神,山西省临侯高速公路建设有限责任公司更名为山西省临汾高速公路有限公司;2006年6月15日,根据省交通厅《关于刘根生等同志任免职务的通知》文件精神,大新高速公路有限责任公司更名为山西省朔州高速公路有限责任公司;2006年6月15日,根据省交通厅《关于乔中等同志任免职务的通知》文件精神,京大高速公路有限责任公司、得大高速公路有限责任公司整合为山西省大同高速公路有限责任公司;2006年9月5日,根据省交通厅《关于山西原太高速公路有限公司更名的批复》文件精神,山西原太高速公路有限公司更名为山西省忻州高速公路有限责任公司;2006年9月15日,根据省高管局《关于启用"山西省忻州高速公路有限责任公司"印章的通知》文件精神,山西原太高速公路有限公司、山西新原高速公路建设有限责任公司整合为山西省忻州高速公路有限责任公司;2007年1月16日,根据省交通厅《关于晋中高速公路有限责任公司挂牌的通知》文件精神,祁临高速公路有限责任公司增挂"晋中高速公路有限责任公司"牌子;2009年1月29日,根据省交通厅《关于吕梁高速公路公司和汾离高速公路建设有限责任公司机构和领导班子整合的通知》文件精神,撤销汾离高速公路建设有限责任公司,将汾离、离军高速公路划归吕梁高速公路公司管理;2009年2月11日,根据省交通厅《关于成立晋城高速公路有限责任公司的通知》文件精神,晋城高速公路建设管理处和省高管局晋城管理处整合成立晋城高速公路有限责任公司。至此,完成除阳泉之外的运城、太原、大同、忻州、朔州、临汾、晋中、长治、吕梁、晋城10个省辖市区域内已投入运营高速公路的机构整合,构建起全省高速公路运营管理新的体制框架,有效促进全省高速公路集中统一管理。

(二)探索创新运营管理体系

在全省高速公路运营管理中,省高管局不断完善管理机制,着力突破运营管理中具有基础性、牵动性的关键问题,不断增强创新发展动力,在"十一五"期间初步建立起符合山西高速公路发展的运营管理体系。

(1)精细化管理体系。精细化管理理念源于西方发达国家工业生产和管理经验,是指企业在规范化和标准化的基础上,对具体生产流程、管理流程进行科学精细化和合理优化的过程。其主要特征:一是一种现代的管理理念;二是一个全面化的管理模式;三是对规范化、标准化管理的提升;四是能有效地控制管理成本。对于高速公路管理来讲,还要增加一个特征,那就是能持续提高服务品位。2007年,在全省高速公路管理工作会议上,省高管局提出:"全省高速公路系统开展管理创新年活动,要以提升'基础管理、基本技能、基本素质'为立足点,继续推进'五大工程'建设,着力提高通行保畅能力、快速放行能力、依法行政能力、精细化管理能力、网络运行保障能力。"这是在全省高速公路管理中首次提出精细化管理概念。2008年,在全省高速公路管理工作会议上,省高管局要求:"立足'三基'工作,大力提升精细化管理水平。"对倡导实施精细化提出系统要求:一是必须确立做精、做细工作理念,从提高员工基本素质入手,大力培养员工精细化管理服务的思维习惯,有效提升员工责任意识和敬业精神,真正树立"高速公路无小事"的工作理念,并使其根置于创新管理发展中,渗透到日常管理行动中。平遥服务区算盘如图6-1所示。二是以提高基础管理为着力点,在做精、做实、做密上下大功夫,不断充实完善制度内容,整合优化工作流程,以规范管理有效性实现基础管理精细化。用数据化检验精细化管理有效性,实行对工作过程严抓细管、对工作效能细化考核,实现对工作结果精益求精,以

图6-1 平遥服务区算盘

精细化管理促进提高全省高速公路运营水平。三是以提高基层组织的执行力为突破口,在做严、做细、做透上花大力气。各级基层组织要以提高精细化管理能力为切入点,细分目标、任务、标准,严格责任落实,努力在运营管理上做到精耕细作,在服务手段上做到精雕细琢,以精细化管理推动全省高速公路可持续发展。2009年,全省高速公路管理发展总体思路提出:"创新发展方式,以信息化推进管理现代化,以精细化推进行业规范化,以运营一体化推进路网效能最大化,以发展集约化推进资产经营规模化,以服务最优化推进社会效益最大化"。11月,在运城召开全省高速公路精细化管理推进会,省高管局开展全方位观摩交流,要求深入理解精细化管理的深刻内涵,着力抓住精细化管理的实质内容,从根本上解决全省高速公路存在的对精细化管理思想认识不足、责任意识不强、工作作风懒散、执行力不到位的四大问题。提出从三个方面狠下功夫:一是以提高运行服务质量为核心。将为社会提供的服务项目、服务内容、服务标准、服务流程做精、做细、做实、做密,把公众感受作为评判标准,从根本上提高公共服务体系的有效供给能力。二是以提高运行管理效率为核心。以省局已建立的运营管理体系为基础,进一步量化工作内容,细化工作标准,优化工作流程,大力提高运行效能,全面提升运营管理水平。三是以提高运营管理效益为核心。以节约运营管理成本为突破口,大力完善日常管理费用的定额标准,着力加强运行成本费用控制;大力构建节约型行业,建立健全促进节约的工作机制。并明确高速公路管理发展的主要任务,全面推动精细化管理再上新台阶,有力促进全系统精细化管

理工作开展。2010年,全省交通运输工作会议把大力推广和实施精细化管理作为全年十项任务之一,提出要从全省交通运输行业管理实际出发,以公路建设和养护为重点,全面推广精细化管理,以精细化管理提升工程质量和公路养护,提升行业科学管理、科学发展水平。省高管局提出:"抓住精细化管理这条主线,突出应急保障、迎接部检两大重点,推动全省高速公路运营管理再上新台阶。"全年工作要转变发展方式,全面推动精细化管理再上新台阶,把推进精细化管理的着力点放在全面提升高速公路管理"四种"能力上,努力在提高运行服务质量、运行管理效率、运营管理效益,降低运行管理成本四个方面有实质性突破,引领全省高速公路运营管理工作再上新台阶。按照"标准作先导、体系作支持、项目作基础、活动作平台、组织作保障、业绩作品牌"的发展框架,2010年4月,省高管局全面启动全省高速公路精细化管理系列标准编制工作,在省质监局、省交通运输厅领导高度重视、超常规、大力度支持下,在山西财经大学、质检信息所以及相关专家辛勤努力下,完成《高速公路精细化管理标准体系总则》和《高速公路养护精细化管理规范》《高速公路收费精细化管理规范》《高速公路路政精细化管理规范》《高速公路服务区精细化管理规范》《高速公路信息监控精细化管理规范》以及配套的精细化工作标准、管理标准、技术标准的编制工作,并于当年8月由省质监局正式发布实施,成为指导全系统运营管理的纲领性文件,成为全国高速公路同行业首个地方标准。

(2)新型薪酬激励体系。2006年底,省高管局根据省交通厅指示精神和全省高速公路实际,开始筹备制定《山西省高速公路公司员工收入分配方案》工作,统一全省员工收入分配制度。2008年3月17日,制定出台《山西省高速公路公司员工收入分配方案(试行)》,以收费员工作量定额工资为平均基数核定各工作岗位工资,积极推进岗位工资制度改革,坚持效率优先、兼顾公平,初步建立起"岗薪挂钩、岗变薪变、突出业绩、绩效考评、按岗取酬、充分激励"的按劳取酬工资分配激励机制。

(3)科学绩效考核体系。2007年,在全省高速公路管理工作会议上提出构建科学绩效考核体系,制定出台《绩效考核办法(暂行)》,坚持定量定性相结合,将考核重点放在运营业绩、效能监测、服务评价、国有资产保值增值以及综合实力评估等指标的量化考核,达到软指标硬化、硬指标量化的预期目的;坚持工作过程考核和管理效能考核相一致,建立考核侧重点不同的三级指标体系,实现工作过程与工作结果共同考核目标;坚持科学高效,充分发挥不同投资主体管理方式的比较优势,初步建立起收费还贷公路管理目标与国有资产保值增值绩效考核体系、经营性公路行业目标与保证公益属性相结合的监管考评体系,形成标准规范、工作流程、考核目标三位一体的综合考评体系。

(4)顾客满意度测评体系。面对"十一五"期间全省经济社会快速发展、全省高速公路实现大联网、高速公路通行量猛增,高速公路安全性、畅通性、舒适性、服务及时性等功能越来越受到公众重视的新形势,省高管局从加强高速公路运营管理能力建设、更好地服务经济社会发展和人民群众安全便捷出行的角度出发,从2007年起,在全国交通运输行业率先引入第三方顾客满意度测评,委托权威测评机构——山西省社情民意调查中心,采用定量研究和定性研究相结合、国际通行配额和随机抽样相结合的测评方法,每年调查的总样本量为7.2万个;测评重点是社会公众对全省高速公路管理在养护、路政、收费、服务区、综合信息等方面满意度以及对各高速公路运营单位管理服务满意度;测评周期为每半年一次。每年初,山西省社情民意调查中心提出当年顾客满意度测评项目执行方案,确定当年测评样本量及问卷设计,并提出项目组织实施的具体方法,依据项目执行方案开展测评工作;测评结束后,对当次测评数据进行处理和分析,撰写出当次顾客满意度测评报告。省高管局及各高速公路运营单位认真研究山西省社情民意调查中心出具的《顾客满意度测评报告》,对报告中提出的问题及建议,分析原因,提出切实有效的整改措施,严格落实,认真整改,持续改进运营管理各项工作。同时,省高管局每年还要组织专人对山西省社情民意调查中心的顾客满意度测评工作进行跟踪验证,对测评工作提出改进意见,促进测评质量提高。2007—2010年,山西省社情民意调查中心共开展7次高速公路顾客满意度测评。全省高速公路总体顾客满意度由2007年79.6上升到2010年86.78,整体呈上升趋势,客观反映山西省高速公路运营管理状况。委托第三方进行满意度测评,一是确保公正客观。测评机构站在第三方而不是管理者角度,了解消费者需求,探寻管理和服务当中不足,可以有效避免管理者自我评价所带来的局限性。二是确保全面准确。全局通盘考虑,通过测评不仅对全省高速公路顾客满意度做出评价,而且对各条路段顾客满意度也做出客观评价,避免不同路段之间因测评指标、测评方法等不同而造成测评结果参差不齐且与实际不符情况。三是确保专业科学。山西省社情民意调查中心作为权威测评机构,拥有庞大的消费者数据库、成熟的满意度研究模型和数据挖掘技术、专家顾问团队以及专业研究平台,测评工作更具科学性。通过委托第三方开展顾客满意度测评,省高管局不仅准确分析全省高速公路管理服务水平与客户预期的差异程度,及时掌握不同时期顾客需求的变化趋势;而且针对顾客满意度测评中提出的薄弱环节和问题,有针对性地制定切实可行的整改措施并认真整改,形成测评数据(测评报告)—分析原因—持续改进的闭合循环,有力促进全省高速公路整体管理服务水平的提高。

(5)突发事件应急管理体系。"十一五"期间,编制全省高速公路与各运营路段总预案、专项预案和部门预案,形成上下相互衔接、完整配套的应急预案体系。组建省局、公司两级应急抢险队伍(图6-2),建立覆盖全省

图6-2 应急抢险队伍

高速公路区域范围的17个应急物资储备库,建设由30余台大中型清障车,大型起重设备和沿线有关单位大型吊装设备配合组成的应急保障基地,形成路政巡逻、片区中心、省中心三级联动信息报送网络,完善全省高速公路应急基础管理体系。制定省高管局、省交管局高层季度联席会议制度,建立公司与高速交警合署办公、联勤联动工作机制;成立60km范围内的路政中队、养护工区、收费站、服务区及高速交警为一体的56个突发事件应急小组;完善与冀陕豫省界路段路况信息互通机制,尤其是针对青银高速公路日通行量均大大超过设计负荷,省界路段拥堵频发,省高管局与陕西交通建设集团签订晋陕共建文明高速框架协议,山西太旧高速公路与河北石青高速公路、山西吕梁高速公路与陕西吴靖高速公路均建立应急处置联动和定期会商机制,全方位应急处置联动架构初具规模。

(6)国有资产监管体系。加强高速公路资产管理是新时期提高财务管理综合能力的需要,也是维护国有资产权益实现资产保值增值的需要。省高管局按照"集中控制、分级管理、规范运行、保值增值"的原则,建立全省高速公路国有资产实行三级管理的运行机制,制定《对外投资、担保、抵押、转让管理规范》《固定资产管理实施细则》《实物资产管理责任追究制度》,完善运营管理单位资产购置、调拨、租赁、报废、处置程序,形成预防监管约束为一体的财务运行管理体系,保证高速公路国有资产完整、安全和有效使用,确保高速公路资产的保值增值。

(三)深入推进"五大工程"建设

"五大工程"建设是山西高速有效提升整体运行管理水平的主要抓手,省高管局大力促进养护、收费、路政、服务区、综合管理与畅通、形象、阳光、温馨、素质工程建设的协同共进,形成全局科学发展的强大合力。

(1)畅通工程建设。以"畅、安、舒、快、美"为目标,出台《山西省高速公路"十一五"养护管理实施意见》,制定《山西省高速公路桥梁养护管理办法》,完善《山西省高速公路养护管理办法》,确立全省高速公路"十一五"养护管理发展的基本框架。全面加强"四基"工作,不断规范养护工程建设程序,积极推行五级挂牌公示,严格执行桥梁工程师制度,基本实现养护管理的"四个闭合"。坚持全寿命周期养护成本理念,大力推进周期性、预防性、及时性养护,有效提升养护科技含量,升级《路面养护管理系统》《养护质量评价管理系统》;科学划分路况等级,委托高速公路开发公司养护检测中心实行对所有路段每季度路况普查,围绕加快适应期、延长稳定期、延缓衰减期、缩短恢复期,不断加大日常养护及小修保养的投资比重,五年共计25.49亿元,确保全省高速公路路况水平的持续稳定,"十一五"期间,全省高速公路MQI平均值达96.2,优良路率达99.9%。着力解决特殊气候通行、施工路段堵车等问题,向社会倾力推出大中雪后每日必须保证6~8小时通车的服务承诺,为社会公众出行提供良好通行环境。

(2)形象工程建设。以文明服务、快速放行为主线,全面推进品牌收费站建设,深入开展"星级信誉"考核,35%的收费站达到 AAA 级标准,90%的收费站达到 A 级标准;大力推进窗口服务界面标准规范,制定出台《文明服务标准手册》,积极推行"八颗牙"微笑服务,收费人员文明用语使用率、微笑服务率、礼仪手势率均达到95%;以开展收费技术比武活动为载体,全方位提升收费人员业务素质,建立突发事件1分钟内快速反馈机制,完善一岗双亭、便携式复式收费等多种应急设施,现场应急处置能力明显增强;大力提升收费管理科技水平,优化整合刷卡收费系统软件,升级改造整体收费系统软件,客车放行速度达到不大于16秒/辆·次,货车放行速度达到不大于28秒/辆·次。

(3)阳光工程建设。坚持把"依法行政、执法为民"作为提升路政管理能力的主题,制定执法人员考任制、持证上岗制和执法证件年审制等工作制度,积极推进路政人员教育培训全覆盖,路政队伍素质得到明显提高;大力加强路政"数字化"建设,95%的巡逻车安装车载移动监控系统,实现路政业务实时动态管理;全面推广路政管理系统,18个路政大队均实现路政案件公开查询,增强路政执法公开透明度。集中力量开展非公路标志的清理整顿工作,与沿线公安共同开展打击损坏路产设施行动,共拆除225块(处)非法标志,实施打击行动30余次,有效保护路产、维护路权。全面向社会推出"5·30"服务承诺,即:接到紧急救援电话5分钟出警,30分钟到达事故最远现场。5年中,实施紧急救援日均达6~8次,最高时达20余次,有力保障社会公众安全便捷出行,最大限度地降低人民生命财产损失。

(4)温馨工程建设。"抓住服务区环境、消费场所和服务功能三大要素,实现经营效益与营造温馨环境共赢"是"十一五"时期全省高速公路服务区发展的主脉。5年来,先后投资1.33亿元,对服务区硬件设施、公益服务和休闲健身场所进行大面积的改扩建,整体环境舒适优美。以"星级享受、人文关怀"为主题,深入开展"餐饮质量提高年""优质服务体验年"等活动,出台《服务区餐饮规范》《顾客体验管理大纲》,餐饮特色化经营与星级化服务取得长足发展。大力推进服务区协会与省高管局共同监管,建立星级服务区PDA巡检系统,公益服务设施完好率始终保持在98%以上。全面推行服务区星级考核评定,100%的服务区达到星级标准,三星级以上占到93.5%,服务区成为过往驾乘人员休憩的港湾。

(5)素质工程建设。大力推进人才强局发展战略,以数量充足、素质优良、结构合理为目标,统筹"三支队伍"建设和教育培训体系建设的有机结合,统筹教育培训和技能比武的有机结合,统筹职业道德培训和业务技能培训的有机结合,"十一五"期间,参加各类培训累计达到2万余人次;组织技能比武100余次,参加人员近万人次。先后有7人评聘为教授级高工,100余人获得高级专业技术职称,行业队伍综合实力得到显著增强。

"十一五"期间,全省高速公路通行费收入达到365.75亿元,是"十五"的4.4倍,年公里通行费达到465.19万元，比"十五"末增长115.5%；共减免鲜活农产品和抗震救灾物资运输车辆285万辆次、通行费8.56亿元；服务区营业总额达到69.64亿元，服务车辆3897万车次、顾客5728万人次；MQI平均值达96.2，优等路率达99.9%；案件发现率达98%，查处率达98%，赔偿率达98%，恢复率达100%，建筑控制区控制率达98%；非法超限超载率降至0.2%，车货总重55t以上的非法超限超载车辆基本杜绝。大运高速公路被省政府和交通运输部共同命名为"千里文明高速路"。省高管局荣获"全国五一劳动奖状""全国交通系统文明行业""全国交通行业抗灾保通先进集体""全国交通运输行业文明单位""全国模范职工之家""山西省文明和谐单位"等。全系统先后有12个单位被授予"山西省五一劳动奖状"，42名个人被授予"山西省五一劳动奖章"，111个集体（单位）、241名个人受到省劳竞委记功表彰。

四、"十二五"时期

"十二五"是山西省高速公路管理事业发展极不平凡的五年，全省高速公路新增运营里程2312km，打通出入省口7个，"十一五"道路资源不足的重大难题得到全面缓解，承东启西的交通区位优势焕发出勃勃生机。面对新的调整转型期，在省交通运输厅正确领导下，省高管局以科学发展观为统领，紧紧围绕"畅通主导、安全至上、服务为本、创新引领"，大力推进高速公路新型产业向现代服务业转型，坚持"以精细化推进管理规范化、以信息化推进管理现代化、以运营一体化推进路网效能最大化、以服务最优化推进社会效益最大化"，着力提升"行业管理、安全保畅、公共服务、应急管理、行业创新"五种能力，为山西省经济社会发展提供强有力的服务支撑保障。

（一）加强行业监管，充分发挥路网效能

大力推进依法治路，积极配合省人大对2006年颁布实施的《山西省高速公路管理条例》进行修订，2014年1月1日正式实施；按照"十一五"末省质监局颁布的《高速公路精细化管理规范》地方系列标准和省高管局编制的《精细化管理岗位工作标准应用手册》，全面实施高速公路日常运行标准化，从根本上推动全省高速管理服务的法制化规范化；以加强制度建设作为深化落实依法依规管理主要抓手，研究出台《政府还贷高速公路养护专项工程预算管理办法》等24项新的配套制度，有效推进全省高速公路运营管理有法可依，做到各项工作有章可循。

深入推进运营管理一体化。充分发挥"两中心一总队"的行政垂直管理职能，重点完成新通车路段的"三大联网系统"建设，深化提升整体路网运行指挥调度的高度集成化，全面实施路政执法的全程标准化管理，确保路网运行"三大中枢"高效运转。大力提高政府还贷高速公路集中统一管理深度，完成朔州、临汾、吕梁片区新通车路段整合。全面加强经营性路段监管,将路况质量、道路通畅、设施安全、紧急救援、出行服务作为行业管理的核心要素,把5%质量保证金制度、委托第三方专业检测等作为对经营性单位的刚性要求,对公路技术状况达不到标准采取暂停收费许可证年检或停业整顿方式,进行限期整改,有效实现行业监管与运营一体化的有机统一。

(二)加强行业体系建设,有效提高管理能力

"十二五"期间,省高管局积极探索新时期行业管理的新思路新方法,建立完善"三大管理体系、两大考评体系和新时期行业文化发展体系",形成符合自身实际的运营管理总纲。

(1)精细化管理体系。重点是对"十一五"建立的精细化管理5个系列标准和7类9本应用管理手册进行宣传贯彻执行,主要是以各基层单位为单元,通过对全员工作职责、流程、标准考核,形成人人、事事、处处规范的工作秩序;重点充实安全生产标准化建设、运营管理成本控制等内容,编制工作标准应用手册隧道管理、ETC系统管理篇(初稿),填补精细化管理体系空白;大力推动精细化与信息化高度融合,以收费站精细化管理平台为切入点,积极推动对各管理要素人、物、事的实时管控,以信息化管理平台推动精细化管理体系的梯度升级。

(2)信息化管理体系。按照"十二五"信息化发展规划,基本构建起"十大系统、两个平台"。"十大"系统——重点是升级改造通信、监控、收费三大联网系统,应用互联网+理念,全面推广应用养护、路政、机电设备、紧急救援、安全应急五大管理系统,建设完成治超、服务区两大联网监控系统,基本达到各业务模块的网络化集成管理。路网运行综合信息管理平台,即通过对"十大"系统的初步链接,将专网数据与公网数据、业务数据和公共数据有机融合,有效实现对路网的可视可测可控、路网运行数据的共享交换。公众交通出行信息服务平台,即大力提高集群在线服务终端数量,建立完善客服电话、广播电台、可变情报板、手机短信、公众微信平台等8种途径多元的立体化出行服务网络;通过12个片区分中心,整合不同区域的信息资源,实时提供路网交通信息,基本满足社会公众对"出行前、出行中"不同阶段需求。据统计,共发布路况信息24876条,提供咨询服务156.62万次,实施指挥调度9686次。

(3)应急保障管理体系。按照2013年修订的《山西省高速公路管理条例》,对省局总预案、专项预案、运营单位预案进行修订完善,制定每座特大桥隧专项预案,初步形成上下衔接的预案体系。整合应急管理原有的"一网六库",建立省局《安全应急管理平台》;依托全省高速公路养护工区,相继完成102个养护应急处置中心(基地)建设,46个公司(建管处)均设立由路政、养护组成的应急常备队伍(图6-3),建立完善应急处置全方位保障体系。五年累计投资4559.28万元,购置74台清障设备,重点充实隧道群及线形较差、车

流密集路段,高效快速的清障救援体系日趋完善。根据车流拥堵及交通事故从偶发向频发新常态,建立路警联合值班制度体系,签订隧道处置救援联动协议;在冀晋蒙陕四省联席会议的基础上,建立完善与河北石青、陕西吴靖、河南郑焦晋等省界19个路段的信息互通和保畅机制,全面构建起了路警和省际应急联动体系。

图6-3 应急常备队伍

(4)科学绩效考核体系。"十二五"期间,重点对原有的《绩效考核办法》三级指标体系进行深度提炼归纳,以考核指标结果追溯过程闭合,达到精细化管理体系与绩效考核体系相一致。充分利用信息化管理平台,全面反映日常运行绩效考核;有效发挥不同投资主体比较优势,简化经营性单位考核流程,着重公益保障、路网状况、公众出行,体现绩效考核的科学公正;大力推进行业管理与社会评价的有机统一,从2010年开始,将3%~5%顾客满意度测评结果纳入年度考核,形成业内与第三方测评相结合的综合绩效考评体系。

(5)顾客满意度测评体系。借助社会力量实现对服务质量的有效监管,是省高管局从"十一五"时期就秉承的管理理念。针对公众日益增长的出行需求和高速公路突飞猛进的发展态势,省高管局不断加大与第三方委托机构——省社情民意中心合作力度,大力推进从了解社会公众真实需求向解决最为不满问题的服务认识上的转变。科学确定不同季节不同时段测评主要指标,顾客满意度测评体系成为全省高速公路管理聚焦的"反光镜",有力推动整体服务质量的持续改进。"十二五"期间,全省高速公路顾客满意度指数稳中有升,从2011年86.94提高至2015年87.39。

(6)行业文化发展体系。"畅享三晋"山西高速行业文化品牌,弘扬传承"太旧精神",高度凝练"心路相融,和畅通达"行业核心价值观,集中体现"勇于担当、精细务实、创新有为、乐群协作"的行业精神,具有鲜明行业特点、地域属性和时代特征,成为"十二五"时期指导行业发展的形象引领和行动指南。经过几年来发展实践,在全系统基本形成理念识别系统(MIS)、视觉识别系统(VIS)、行为识别系统(BIS)行业文化主要标识,建设完成"千里大运文化示范工程""青银高速公路(山西段)文化特色工程""太原环城文化窗口工程",打造建立"同路同行""人文通衢""情贯河东""德行闻垣"子文化品牌,编辑出版《行业文化发展报告》,创作《山西高速组歌》《中国梦·高速情》等一批有影响的作品,"畅享三晋"行业品牌在全省高速公路绽放出蓬勃发展的生机活力,成功入选交通运输部"全国交通运输十大文化品牌"候选名单,并被授予"交通运输文化品牌提名奖"。

（三）抓住安全核心要素，桥隧管理取得新的突破

"十二五"时期，全省高速公路主线桥梁达4550余座，累计长度844km；隧道单洞共计658座，累计长度894km，桥隧里程占到运营总里程三分之一。省高管局始终把桥隧管理作为重中之重，把确保桥隧安全畅通作为全局安全生产工作的核心。

隧道管理是集养护、机电、消防安全于一体的系统工程。面对隧道运行管理新常态，省高管局以提高隧道安全本质度为入手点，省政府、省厅先后拨付1.7亿元省长专项资金、0.4亿元配套投资，对全省121座隧道监控供电系统和112座隧道水消防系统进行全面改造；以提高信息化管理水平为着力点，大力拓展各运营单位特长隧道站已有监测及事件检测、照明监控、火灾报警、电力监测等八大系统，交通异常发现率大幅度提升；以提高人命救助能力为突破点，重点对3km以上隧道编制应急预案操作手册，相继组建64支应急救援小分队，配备消防应急电动摩托车110余台，并与沿线消防专业应急队伍建立联动机制。以科学规范管理手段为切入点，建立与部公路院隧道中心专家定期沟通机制，出台《高速公路隧道养护管理办法（试行）》，制定隧道安全技术状况评定制度，隧道管理实现质的飞跃。

桥梁安全运行是高速公路控制性工程。五年累计投入桥梁检测费用7360余万元，确保实现每年对大桥特大桥，每三年对全省高速公路桥梁进行检测；累计投入资金近3.6亿元，重点对800余座桥梁病害进行处治和维修加固，全系统全部消灭四类以下桥梁，一、二类桥梁达93.2%。全面升级《公路桥梁管理系统》，积极推动桥梁健康检测预警系统应用；出台《山西省高速公路桥梁管理办法》，建立桥梁养护责任体系，桥梁养护管理迈上新台阶。

（四）深化"六大工程"建设，提升整体路网服务水平

(1) 深化"畅通工程"建设。坚持全寿命周期养护成本理念，积极采取早期沥青灌缝，中长期微表处就地热再生等技术，以大运、太长高速公路为代表的运营十年以上多条路段均没有进行过大修改造。重点提升道路运行质量，积极构建周期性、及时性、预防性、恢复性相结合的养护运行管理机制，不断加大养护资金投入，"十二五"期间共实施小修专项工程1900余项，大中修路面维修工程191项，全省高速公路MQI始终保持在90以上，优良路率平均达99%以上。

(2) 深化"形象工程"建设。全面深化品牌收费站建设，持久推进"星级信誉"考核公示评比，大力构建"双百千亿无差错"收费技能竞赛的长效机制，充分发挥"服务站、信息站、咨询站、救助站"服务功能，近90%收费站达到AAA级以上标准，20个收费站达到AAAAA级标准。严格执行鲜活农产品"绿色通道"和重大节假日小型客车免费通行政

策,累计减免通行费35.07亿元。顺利实现高速公路全国ETC联网,累计发展ETC用户75.8万个。

(3)深化"温馨工程"建设。加强公益基础设施建设,拨付资金1.37亿元,重点进行58项公益设施改造、17项休闲健身场所建设、10个服务区路面维修处治,建立45个综合便民服务平台,实现老路段"新华频媒"屏幕终端、免费无线网络(WiFi)全覆盖。积极营造温馨消费服务环境,引导经营企业投入6100余万元,实施14个服务区餐厅超市提档升级,完成大运、青银、二广沿线所有服务区卫生间升级改造,极大方便服务区休憩司乘人员(图6-4)。

图6-4 "温馨工程"建设

(4)深化"阳光工程"建设。全面推进"三基三化"建设,完成42个路政队标准化建设和19个路政队"五小工程"建设。积极推进"窗口前移",重点在不可解体货物途经主要省界出入口和太重集团设置4个行政许可办证点,实现大件运输管理审批一站式服务。巩固扩大治超成果,在134个治超站点实施治超联网,在210个治超站和收费站安装超限不停车检测与收费软件联动系统,强化入口治超检测数据和出口收费称重数据相互倒查;对170个治超站点实施"一岗双磅"改造,完成5个省界检测站预检系统和127条"宽高自动检测仪"车道,实现301个治超站点治超车道不停车检测,超限超载率由0.2%降至0.15%。

(5)深化"便民工程"建设。围绕优化管理、依托平台、拓展渠道,推进服务升级,全面完成12122呼叫中心扩容升级改造工程,设置片区呼叫系统,有效解决特殊时段拨打难题;加强基础管理,完成H·264视频监控改造,不断更新老路段机电设施,实现信息监控基础管理优化;提升服务品位,开发山西高速公路微信公众服务平台,为公众提供全方位信息服务。拓展服务领域,与气象部门共同建立气象信息共享服务平台,有效提升信息发布频次,满足公众出行前、出行中不同阶段的信息需求。

(6)深化"素质工程"建设。围绕素质高、能力强、作风好,加强干部法治意识、职业道德教育,尤其是对于理想信念坚定、锐意改革创新、敢于负责担当的优秀干部,放在重点岗位培养,有效提高他们化解矛盾、解决问题能力,不断增强干部队伍整体履职能力。重点加强新开通路段技术人员跟踪帮带,全面构建以技术项目为平台的人才培养机制,建立在岗培训、脱产学习制度,从根本上解决专业性技术人员结构性短缺的问题。加大基层干部和一线职工教育培训力度,健全理论学习、业务培训、技能实训机制,有计划、分层次地开展知识竞赛、技能比武,培养选树一批知识全面、业务精通、技艺精湛的岗位能手,带动提升全系统职工队伍整体技能水平,全面提高三支队伍整体素质。

2016年,在省交通运输厅正确领导下,省高管局深入开展"两学一做"学习教育,认真贯彻省委"一个指引、两手硬"重大思路和要求,创新落实发展新理念,主动适应发展新常态,稳步推进各项工作,全面狠抓责任落实,实现"十三五"全省高速公路运营管理发展良好开局。通行费征收取得历史新突破,达到156.29亿元;充分释放交通改革发展成果红利,全国重大节假日减免通行费4.32亿元,鲜活农产品"绿色通道"减免通行费6.32亿元,货运车辆"三减两免""新三减"减免通行费14.12亿元,新能源车减免通行费2.06亿元,共计26.82亿元。加快推进ETC全国联网匝道工程,完成144个收费站288条车道建设,覆盖率达到90.5%;累计建设ETC"一站式"服务网点811个,实现县级行政区域全覆盖;2016年新增ETC用户42.96万个,累计ETC用户达118.84万个。积极推进行业管理标准体系建设,完成《信息监控与机电设备精细化管理规范》等7个标准编制,省质监局审核通过《ETC客户服务网点建设和管理规范》等两个标准。大力推进区域路段整合管理,完成朔州、阳泉片区以及大同、忻州、临汾公司对部分路段的整合。

第二节　路　政　管　理

路政管理是高速公路管理的重要组成部分,是高速公路路政管理机构依据有关法律法规,为维护高速公路管理者、经营者、使用者合法权益,实施保护高速公路、公路用地及附属设施的行政管理。山西省高速公路路政管理采取"统一领导、分级负责"的管理模式,由省高管局依法对全省高速公路路政工作实行统一领导,派驻各路段的路政大(中)队负责具体路政管理,主要是:宣传、贯彻执行公路管理的法律、法规和规章,保护路产,实行道路巡查,管理高速公路两侧建筑控制区,维护高速公路养护作业现场秩序,参与高速公路工程交工、竣工验收,依法查处各种违反路政管理法律法规案件等。

一、"九五"时期

(一)路政管理机构

为贯彻省委"用第一流管理水平管理好第一流高速公路"的要求,切实做好路政管理工作,确保太旧高速公路完好、畅通,1995年12月,由山西省太旧高速公路管理局组建山西省高速公路最早的路政执法队伍:山西省太旧高速公路管理局路政一大队、二大队,行使太旧高速公路路政管理职责。太原东环段、晋阳、运风高速公路通车运营后,又相继成立山西省太旧高速公路管理局路政三大队、四大队、五大队,分别负责三条路段的路政管理工作。

1998年9月,原太高速公路建成通车,省交通厅批准成立"原太高速公路路政管理支队",由省交通厅直接派驻执法。

2000年5月,京大高速公路建成通车,省交通厅批准成立"大同高速公路路政管理支队";12月,夏汾高速公路建成通车,省交通厅又批准成立"吕梁高速公路路政管理支队"。

(二)路政管理法制化建设

当太旧高速公路还在紧锣密鼓地建设之时,如何对高速公路依法管理问题就已提到省政府法制办、省交通厅等有关部门重要议事日程,太旧路东西两段通车运营后,省政府法制办和省交通厅组成考察组,分别对济青、西宝等高速公路进行调研,结合本省实际,草拟《太旧高速公路管理办法》;1996年4月,分别对宜黄、成渝、首都机场等高速公路进行考察学习,在充分调研基础上,对前期草拟的《太旧高速公路管理办法》进行反复修改完善,酝酿成熟,并由6月22日省政府第25次常务会议通过,6月24日太旧高速公路正式通车运营的前一天,省政府以77号令颁布《山西省太旧高速公路路政管理暂行办法》,对高速公路路政管理机构职责,行驶高速公路车辆注意事项,高速公路维修与养护,路产路权和公路用地保护,损坏公路路产处罚,发生交通事故处理等做了明确规定。《暂行办法》的颁布实施,对维护太旧高速公路路产路权,保证太旧高速公路安全畅通起到积极作用,特别是路政管理加大应急事件处理能力,增强清障工作力度,提高制止违法行为效率,使路政管理有了实质性进展,也为全省高速公路立法奠定坚实基础。为保障太旧高速公路路产、路权在受到侵犯和损坏时能及时得到赔偿与修复,1996年6月4日,省物价局、省财政厅联合下发晋价费字〔1996〕141号文《山西省太旧高速公路路产损坏赔偿费标准》,对防护、桥涵、路基路面、收费系统、标志标线等项目的赔(补)偿收费标准进行详细规定。

《山西省太旧高速公路路政管理暂行办法》出台后,太旧高速公路管理局相继制定行政执法重大行政处罚决定备案审查、行政执法检查、行政执法过错追偿、行政执法年度工作报告、路政管理规范细则等配套制度,加强太旧高速公路路政管理工作,规范路政人员执法行为,保障太旧高速公路安全畅通。

随着太原东环段、晋阳、原太、太原南环段等高速公路相继建成通车,京大、夏汾等高速公路正在加紧建设,为了适应全省高速公路管理发展需要,省人大、省政府领导多次调研《山西省太旧高速公路路政管理暂行办法》实施情况,针对实施中出现的问题,对《暂行办法》做了修改,并于2000年5月以省政府143号令发布《山西省高速公路路政管理办法》,迈出由太旧高速公路向全省高速公路转换立法工作的第一步,为保护路产维护路权提供强有力法律武器。

二、"十五"时期

"十五"期间,特别是大运高速公路的全线通车运营后,随着全省高速公路通车里程快速增加,路政管理任务日益加重,原有路政管理体制已经不能适应全省高速公路发展和管理需要。为了加强全省高速公路路政管理,省交通厅委托省高管局依法行使全省高速公路交通行政执法管理权。省高管局从基础工作入手,整合管理机构,加强队伍建设,健全管理制度,规范执法行为,积极塑造高速公路路政管理服务良好形象。

(一)路政管理机构的整合

2003年3月,省高管局对全省高速公路路政队伍进行全面整合,实行省局统一管理、分级负责的管理模式,省高管局内设路政处,在各高速公路派驻路政大队,统一命名为"山西省高速公路管理局××路政大队",管辖里程百公里以上的路政大队设立中队。省高管局路政处对各路政大队实行业务垂直领导,日常管理由所在公司(管理处)代行管理。"十五"期间,全省高速公路共设有路政大队14个。

(二)路政管理主要做法及成效

为认真履行好"保护路产,维护路权"这一神圣职责,全省高速公路路政管理机构牢固树立"服务人民,奉献社会"的服务宗旨,大力实施"阳光执法"战略,严格实行"四公开一监督";强化内部权力制衡和形成有效制衡机制,在全局大力推行"三分离",即路产恢复与验收分离,案件勘查与查处分离,清障服务与路政执法分离,使得案件查处更加合法有序;不断加强"生命绿色通道、消防安全通道、清障救援通道"建设,与交警部门在全系统大力实行路警一体化联动执法体系,提高对各类突发事件的快速反应能力和应变处置能力,树立起高速公路路政管理服务的良好形象。

(1)坚持以人为本,全面加强执法队伍建设。省高管局始终把路政执法队伍建设作为首要任务,内强素质、外树形象,以教育、培训、考核、竞赛为手段,在路政系统深入开展以政治理论、服务宗旨、职业道德、法制观念为主要内容的"四项教育"活动,要求全体路政队员坚决遵守《交通行政执法人员职业道德规范》,严格执行省交通厅行政执法人员"六条禁令",切实做到文明执法、秉公办案,杜绝任何形式的"三乱"行为;组织开展全省高速公路"五佳路政队"和"十佳路政员"评选竞赛活动,极大地调动各级路政部门和全体路政队员的工作热情,形成人人争先、队队创优的奋发向上良好局面,涌现出太旧路政大队、临侯路政大队和王洪江等一大批先进典型和模范人物。

(2)健全制度机制,不断提升执法水平。省高管局先后制定《山西省高速公路行政执法责任制》《违法行为和错案责任追究制》《执法公示制》等多项制度,完善和统一路政巡查、路政案件查处、路产恢复通知检查验收、路政许可等程序,开发并推广路政管理系统,使全省高速公路路政执法做到制度健全、标准统一、程序规范、公开透明。各路政大队根据各自管理实际，积极探索适合自身管理需要的管理模式和管理机制，太旧路政大队总结和实行以"一联合、两负责、双负责、三分离"为主要内容的"1223"工作模式，各环节管理更加严密有序，较好地实现内部权力相互约束和制衡，做到职能明确、权责清晰，收到良好效果；临侯路政大队提出"路产恢复总负责制"，为路政管理积累新经验，闯出新路子，并在全省进行推广。

（3）实行"阳光办案"，主动接受社会监督。全省高速公路路政大队全部建立"阳光办案大厅"，同时坚持做到执法依据、办案程序、处罚（赔偿）标准、处理结果"四公开"，全面推行案件回访制度、问卷调查制度、行风评议制度、义务路风监督员制度等，并在所辖路段和大队驻地公开投诉举报电话，设立执法监督台，多层次全方位主动接受社会监督，真正使路政执法全过程置于社会监督的"阳光"之下，保证执法公正、公平和公开。

（4）增强服务意识，大力提高为民服务能力。省高管局牢固树立执法为民意识，坚持行政执法与优质服务相结合，要求各路政大（中）队不断充实和完善阳光办案大厅服务功能，全面实行首问负责、首办负责、路政案件限时办结制和路政业务"一站式"办结制等服务制度，千方百计为驾乘人员排忧解难；在省交通厅路政服务大厅设立高速公路服务窗口，统一受理全省高速公路各类行政许可申请事宜，为群众办理业务提供更加便利、敏捷服务。在全省高速公路开通统一的免费应急救援电话，2005年首次向社会作出全省高速公路事故车辆一律实行免费清障承诺，各路政大队严格履行承诺，赢得社会各界广泛称赞。

三、"十一五"时期

"十一五"期间，省高管局始终坚持把"依法行政、执法为民"作为提升路政管理能力的主题，认真贯彻落实《山西省高速公路管理条例》，不断加强路政队伍、执法装备建设，大力提高依法维护路产路权能力；依法维护驾乘人员合法权益，全面树立公正廉洁路政执法形象。

（1）加强路政执法队伍建设。以强化路政执法人员资格管理和执法证件管理为重点，制定完善执法人员考任制、持证上岗制和执法证件年审制等工作制度，每年对执法证件进行年审，并为符合条件新进人员及时办理执法证件；组织全体路政人员参加执法培训与统一考试，建立统一规范的培训流程，五年对653名路政执法人员进行系统培训，覆盖率达到100%；抓好执法队伍纪律整顿和作风整顿，培养建设一支作风过硬、业务精通、纪律严明、执法公正的路政执法队伍。祁临公司"奥运餐厅"如图6-5所示。

（2）启动路政管理"数字化"建设。全面推广路政管理系统，18个路政大队均实现路政案件公开查询，增强路政案件审批和查处的公开透明度。引进GPS车载定位系统，全省95%的路政巡逻车安装车载移动监控系统，并与路政管理系统实行有效链接，提高现场办公、事故救援的整体调控能力,实现路政业务实时动态管理,有效提升路政管理智能化水平。

(3)依法维护路产保护路权。集中力量开展高速公路建筑红线控制区内的非法建筑物和非公路标志清理整顿工作,对省城及各地市周边地区违章建筑、乱搭乱建和非高速公路标志牌进行专项整治,对高速公路两侧、天桥、匝道区域广告进行全面整治,维护道路运行秩序;与沿线公安共同开展打击损坏路产设施行动,尤其是毁坏护网、割盗光缆等行为,加大对违法行为处罚力度。"十一五"期间共拆除225块(处)非法标志,实施打击行动30余次,有效保护路产、维护路权。

图6-5　祁临公司"奥运餐厅"

(4)提高执法为民能力水平。全面向社会推出"5·30"服务承诺,即:接到紧急救援电话5分钟出警,30分钟到达事故最远现场;投资2610万元购置16台大中型清障车,合理布局,路政紧急救援能力和整体调控能力得到明显提升。"十一五"期间,实施紧急救援日均达6~8次,最高时达20余次,有力保障社会公众安全便捷出行;与高速交警建立协调机制,共同出台《山西省高速公路交通事故现场快速处置工作规范》,最大限度缩短封路、清障、救援时间,提高通行效率,更好地满足广大驾乘人员出行需求。

四、"十二五"时期

"十二五"期间以来,省高管局着眼于加强路政精细化管理能力建设,认真贯彻落实《公路安全保护条例》,大力推进路政管理"三基三化",健全完善星级考核和执法评议机制,促进提升路政管理规范化水平。

(1)全面开展"三基三化"建设。贯彻落实交通运输部《关于规范交通运输基层执法站所建设若干意见》,按照交通运输部办公厅《关于开展交通运输基层执法站所"三基三化"建设试点工作的通知》精神,全面开展基层执法队伍职业化、执法站点标准化、管理制度规范化建设,出台《山西省高速公路路政管理"三基三化"建设推进方案》《山西省高速公路路政管理基础执法站所建设标准》,健全路政执法人员准入、执法业务培训、执法工作评议等制度,搭建路政执法人员培训考核、执法能力测试比武、执法评议督查"三位一体"管理机制,不断提升路政队伍职业化、专业化水平。按照交通运输部《加强交通运输行政执法形象建设指导方案》,开展"执法规范年"主题活动,重点对42个路政队办案大厅、档案室等办公设施进行标准化改造,实现执法标志、执法证件、工作服装、执法场所外观、执法车辆、执法办公用品"六统一";开展路政队小食堂、小浴室、小洗衣房、小阅览室(网吧)和小健身房"五小"工程建设,努力提升基层执法人员的生活质量。加强路政管理制度框架体系建设,按照现行法律法规、标准规范,对全省路政管理各项制度进行梳理,坚持"废改立"相结合,逐步建立完善与路政管理工作相匹配制度体系,大力推进路政管理法治化、制度化进程。

(2)提升路政管理智能化水平。2011年,对路政管理系统进行升级改造,引入基于B/S架构的网络化集成技术,充分集合高速公路路政业务特点,达到对路政案件查处各程序规范化控制管理,实现路政信息与路况信息优化整合,增强决策信息准确性和科学性;推广应用路政及应急指挥移动视音频系统,在174辆路政巡查车辆安装车载视频监控系统,依托3G移动通信技术,以交通移动视音频专用管理平台为支撑,通过车载设备、单兵设备、路政及应急手持终端与管理平台的网络互连,实现路政日常巡查和应急状态下的实时数据、语音和视频传输,并利用该系统对路政车辆及路政人员现场定位和实时监管。2013年,开展路政人员配备执法仪试点工作,全程影像记录路政执法过程,实时监督查看路政执法行为,既有力打击、震慑违法行为,维护路政人员正当执法权益,又有效地促进规范执法、文明执法。

(3)大力加强路政执法管理。全面贯彻《公路安全保护条例》,强化路政巡查管理,联合地方公安、高速交警大力开展打击破坏道路防护设施专项行动,依法保护路产、维护路权。"十二五"期间,共查处各类路政案件39783起,案件发现率、查处率、结案率均达98%以上,路产恢复率达100%。严格执行省政府《山西省公路沿线非公路交通标志设置管理办法(试行)》,制定相配套的非公路标志设置审批制度和流程;深入开展路域环境综合整治专项活动,对非公路交通标志进行全面清理整顿,集中力量实施建筑红线控制区内的违章建筑整治,2011—2016年共拆除非公路标志1700余处,拆除非法建筑物35处,真正优化全省高速公路路域环境。

(4)着力提升路政服务实效性。制定出台超限运输许可工作规范,自主开发路政超限运输管理系统,并在全省14个路政服务大厅应用,实现大件运输管理审批一站式服务。推进"窗口前移",重点在不可解体物途经的主要省界出入口晋济、晋焦、马头关和全国大型生产设备基地太重集团设置4个行政许可办证点,极大方便广大承运人办理超限运输许可,有效解决广大长途运输者燃眉之急。2016年,行政审批事项、审批人员全部进驻省政府政务大厅服务中心。"十二五"以来,共办理超限运输许可45.28万件,涉路施工许可458件,办结率达100%。

2016年,省高管局大力推进阳光工程建设,如期完成进驻省政务大厅服务中心工作,全年共办理超限运输许可13353件、涉路施工许可145件,办结率均为100%,各路政服务大厅共办理超限运输许可43934件。大力推进"三基三化"建设,基本实现各路政大队"六统一";深入开展路域环境综合整治专项活动,全省高速公路路政案件发现率、查处率、结案率均达到98%以上,路产恢复率达100%。

第三节 养护维修

一、"九五"时期

太旧高速公路的建成通车,开启山西省高速公路养护管理历史。太旧高速公路养护管理工作由太旧高速公路管理局承担。针对太旧高速公路地形、地质复杂,全线144km有122km穿越在太行山崇山峻岭中的实际情况,太旧高管局按照特路特养和科学养护方针,制定《太旧高速公路养护技术规程》《太旧高速公路养护管理办法》和《安全作业规定》等制度,把路面、桥梁和路容保洁作为养护重点,定期进行路况普查并建立路况档案,组织开展"太旧高速公路路面、桥梁变化规律等综合观测研究"等科研活动,在冬季路面病害处置中推广应用冬季常温施工处理沥青路面等新技术,使太旧路好路率保持在95%以上,确保道路畅通无阻。

二、"十五"时期

"十五"期间,全省高速公路养护管理工作以科学化、信息化、机械化管理运作模式为主导,按照"合理规划、协调运转、把握规律、防治科学、反应快捷、作业规范、提高质量、保证畅通"的方针,大力加强基层工作、基础管理、基准程序、基本数据"四基"工作,全面加强预防性养护,养护管理规范化水平得到显著提高。

随着太原东环段、晋阳、运风、原太等高速公路相继建成通车,全省高速公路的养护管理确立"统一领导、分级管理、区为基础"的三级管理模式,省高管局作为全省高速公路主管单位,代表省交通厅履行高速公路行业管理职能,负责全省高速公路养护监督和管理,承担高速公路养护工作组织、协调、指导和监督以及养护工程方案和预算的审核、审批或申报以及监管工作,确保全省高速公路养护管理工作健康发展;各高速公路公司(处)为管理单位,具体负责所辖高速公路养护管理,确保所辖高速公路安全畅通;各养护管理单元为组织实施单位,具体负责高速公路日常维修保养、保洁等养护生产活动的组织实施,确保养护作用的高效、优质、安全、低耗。

(1)以"畅、洁、绿、美、全"为目标。在日常养护工作中,从坑槽修补、裂缝灌注等细微之处着手,从设备配置、材料选用多方面积极探索新工艺和新方法,努力使管养更便捷、更及时,成本更低。在养护管理手段上,积极寻求利用现代化综合检测设备,加强道路病害检测,减少人工上路调查不安全危险,摸索和尝试利用手机等通信工具第一时间快速上传各种病害和设施损坏情况汇报;科学划分路况等级,合理界定养护经费,依据《高速公路养护质量检评方法》,实行每季一次路况普查,每年两次路况平整度测试,利用委托桥检和桥梁自检等多种方式,加强桥梁管护,使桥梁病害消灭在萌芽状态。在预防性养护中,从贯彻落实科学发展观、建设节约型行业出发,认真落实交通部提出的"预防为主、防治结合"的养护方针,努力实现全寿命周期公路养护成本最小化,太旧、临侯、侯运、大新、原太等多条高速公路通过路面微表处等养护措施,延长路面使用寿命,延缓路面病害大面积发展;大新高速公路水泥路面更换封缝料,有效防范雨水渗入,减少板底脱空、断板、坏板现象发生,节约投资;强调小修保养时效性,早花钱、花小钱、少花钱的管养理念逐步贯穿于养护管理全过程。在养护工程管理方面,制定《山西高速公路工程管理办法》,加大对工程全方位有效监管。在科技应用方面,省高管局推广运用高速公路养护管理系统,建立养护管理动态数据库,实现全省高速公路养护管理工作信息化、网络化。针对山西高速公路坡陡弯多特点,大力实施"安保工程"建设,重点对视距不良、连续下坡等隐患进行专项整治。因地制宜对全省高速公路进行绿化美化,种植耐旱爬山虎、山荞麦和易生长灌木,既有效稳固路基、护面墙,又营造与自然环境和谐发展的道路景观环境。

(2)建立九千质量管理体系。完善管理程序、工作标准和监督、检查及考核办法,制定《山西省高速公路规范化管理手册》(养护篇)、高速公路维修保养管理办法和专项、大修工程管理办法以及高速公路养护技术操作规程及质量要求等规范性文件,为高速公路规范化管理奠定基础。2003年,省高管局聘请富有高速公路管理咨询经验的公司对全系统养护管理工作进行咨询指导,并在年底通过认证。工作中,一方面注重不断总结、完善相关办法;一方面狠抓落实。如在贯彻部颁养护质量检评办法时,注意把路况水平率减幅度和对管理工作指导力度有机结合,使全省高速公路养护工作基本走上规范化管理道路。

三、"十一五"时期

"十一五"期间,全省高速公路养护管理工作紧紧围绕"合理规划、协调运转、把握规律、科学防治、反应快捷、作业规范、提高质量、确保畅通"的32字工作方针,狠抓"四基工作"(即基层工作、基础管理、基准程序、基本数据)和队伍素质,以提高管理水平为出发点,以提高路况水平为落脚点,以管理水平促进路况水平提高,以路况水平体现管理水平层次,基本做到"四个闭合"(日常养护管理程序闭合,养护专项工程管理程序闭合,养护质量检评程序闭合,路产设施恢复程序闭合),高速公路平均路面使用性能指数PQI>95,高速公路平均优等路率达到95%以上,次、差路率为0,公路技术状况指数(MQI)的各分项指标(PQI、SCI、BCI、TCI)单公路应保持80以上;桥梁技术状况评定等级为一类、二类要达到100%,评定等级为一类占到总数60%以上。

(一)以日常维修保养为主线,确保高速公路畅、洁、绿、美、全

日常维修保养是养护工作基础。省高管局始终坚持"预防为主、防治结合"方针,着

眼细微之处,提出明确目标和承诺:①路面平整无明显跳车,病害处治及时、快捷、优质。坑槽修补不过夜。②路容路貌整洁、美观,绿化长势良好。抛洒杂物清除及时、无枯死苗木和绿化空白路段。③沿线设施规范、齐全,恢复及时。中央分隔带护栏呈封闭状态,急弯、陡坡及视距不良路段安全设施完善,隧道照明、通风、消防、监控功能发挥正常,设施损坏恢复不过天。④路基及边坡稳定,排水设施完善、畅通。无沉陷、无冲刷、无碎落、无堵塞。⑤桥梁、隧道等构造物保持完好状态。无破损,部件功能发挥正常。⑥防汛抢险、除雪防滑预案完善,措施到位,效果明显。雨季不断路;大运高速公路力争实现雪天不封路,其他高速公路雪停后6小时具备开通条件。⑦养护作业规范,现场管理有序。养护作业现场安全标志齐全,人员着标志服、面向来车作业,车辆涂橘红色、不逆向行驶。

同时,建立和完善高管局监管、高速公路公司(处)管理、养护工区(养护中心、处)自检的三级质量保证体系,并加强监督检查和考核,确保高速公路养护管理工作健康发展。

(二)加强养护管理基础工作,提升养护管理规范化水平

随着高速公路里程不断增加,养护管理任务日益加重,省高管局坚持养护管理规范化发展方向,出台《山西省高速公路桥梁养护管理办法》,完善《山西省高速公路养护管理办法》、日常养护经费管理定额,明确桥梁管理责任人,及时安排桥梁定期检查;按照有关技术规范标准和要求,对经营性高速公路采取委托第三方检测单位进行路基、路面、桥隧构造物、安全设施全面检测,不达要求暂扣5%质量保证金手段,确保道路安全、畅通。2010年,又出台《山西高速公路精细化管理规范》地方标准、《山西省高速公路精细化管理手册》,进一步规范和加强行业管理,通过一系列程序管理明确责任,紧紧围绕"四基"工作强化落实。基层工作不断完善,有效保证和提高工作效率,管理能力得到明显加强。

(三)以防汛抢险和除雪防滑为重点,确保高速公路安全畅通

全省高速公路大多处于山区,再加上北方地区特有的自然条件,夏、秋季节容易形成山洪,直接威胁高速公路安全,冬季降雪不易融化,又会对高速公路行车带来很大安全隐患。省高管局大力实施畅通工程,建立联防联控机制,完善长效预案,加大巡察和治理力度,践行对社会的公开承诺。

(四)以狠抓安全生产为核心,杜绝各种责任事故的发生

为加强养护生产安全管理,规范养护行为,防止和减少各类交通责任事故发生,省高管局积极开展职业健康安全管理体系认证,完善各项规章制度,将所有规章制度和岗位责任制都加入明确的安全责任条款;自上而下层层签订安全责任书,把安全工作落实到每一个人;专人负责安全检查,定期进行安全教育,及时处理、纠正安全隐患和生产管理中的不

规范行为与各种违章操作。在养护作业中,为了确保施工作业现场交通安全,坚持执行"两个不准",即施工单位没有施工安全方案不准开工,没有经过安全教育人员不准参加现场作业;认真做到"五个落实",即安全管理措施落实到位,施工作业现场安全标志规范落实到位,人员穿着标志服并在划定区域内作业,车辆涂橘红色并不得逆向行车,活动护栏处于封闭状态。

(五)加强养护专项工程管理,提高养护资金使用效益

全省高速公路养护工程实施、储存、调研相结合,并实行申报、审核、审批制度。一般由各高速公路公司(处)提出,省高管局审核、审批(小型项目)、申报,省交通厅审批立项。具体实施由各高速公路公司(管理处)负责,并实行项目法人负责制、合同制,逐步推行招投标制和监理制,走市场化管理路子。省高管局负责监督管理和中间质量检查。小型养护工程验收由各公司自行组织,大型养护工程验收工作由高管局主持。

(六)狠抓高速公路绿色通道建设,营造舒适、美观的行车环境

省交通厅非常重视高速公路绿色通道建设,做到高速公路绿化工程与主体工程建设同步进行,特别是大运高速公路以"绿色大运、人文大运"为宗旨,建成以互通立交为点、中央分隔带为线、上下边坡为面,点、线、面相结合的立体绿化新格局。在养护管理中,省高管局非常注重人性化管理。针对北方地区干旱少雨、不利苗木生长实际,制订切实可行的绿化管护措施,加大投入力度,并积极吸纳绿化专业人员,聘请有经验的绿化技术专家定期指导,巩固和提高整体绿化效果,基本实现"车在路中行、人在花中游"的定性指标。

(七)加强桥梁养护管理,提升养护管理水平

(1)明确桥梁养护管理要求及质量目标。认真落实桥梁养护管理工作制度,做好桥梁检查与评定工作,及时科学合理进行桥梁病害处治,使桥梁构造物保持完好状态。技术状况评定等级为一类的桥梁达到总数60%以上,技术状况评定等级为一类、二类桥梁达到总数100%,确保桥梁经常处于良好技术状况。

(2)应用高速公路综合养护管理系统,做好桥梁技术档案管理。全省各高速公路运营管理单位均应用高速公路综合养护管理系统,在数据库中已建立或进一步完善有关桥梁基础、管理、检查及养护维修资料,及时更新相关数据,力争做到高速公路桥梁技术档案真实完整,并实现电子化管理。

(3)认真做好桥梁检查与评定及上报。各高速公路运营管理单位负责完成所管养桥梁的经常检查及桥梁经常检查记录表的填写、整理工作。各高速公路运营管理单位委托有关单位完成全省桥梁定期检查及评定工作。各高速公路运营管理单位每季度将桥梁技

术状况评定等级在季度养护质量评定报告中上报省高管局,省高管局汇总整理后进行季度通报,并上报省交通厅。

(4)着力加强桥梁养护监管。全省高速公路系统建立桥梁养护管理逐级考评体系和责任追究制度,明确相关单位责任和义务。建成比较完善的桥梁技术管理、行政管理和监督检查体系,全面提高桥梁养护管理水平。建立桥梁养护工程师制度,明确桥梁养护工程师上岗条件和责任义务。桥梁养护工程师是桥梁养护技术第一负责人,行政一把手是桥梁养护行政第一负责人。特大型桥梁和评定等级在二类以下的桥梁要纳入省高管局监管范围,养护质量情况与每季一次的养护质量评定报告同时上报,全省对桥梁检查中发现的病害高度重视,及时制订科学合理处置方案,及时有效治理,确保高速公路安全畅通。

(5)对部分特大桥实施桥梁运营状态健康监测系统应用。桥梁运营状态健康监测系统能够对桥梁进行应变、挠度、振动、温度、轴重五个方面实时在线监测,并通过分析中心系统对采集系统采集到的原始数据及与处理后的数据进行分析判断,对监控期间的桥梁运营状况进行评价,为桥梁养护维修提供建议。

四、"十二五"时期

"十二五"期间,全省高速公路养护管理工作按照交通运输部"畅通主导、安全至上、服务为本、创新引领"方针,牢固树立全寿命周期养护成本理念,大力加强预防性养护,不断提升养护管理科技含量,有效增强养护管理规范化程度,切实提高道路养护水平和通行质量。

(一)坚持全寿命周期养护成本管理

大力推进养护管理由被动矫正向主动预防转变,深入分析全省山岭重丘区沥青路面常见病害发生机理和发展规律,开展同步纤维磨耗层应用技术等研究,制定《路面预防性养护指导意见(试行)》;大力开展预防性、应急性、恢复性养护,积极采取早期沥青灌缝、中长期稀浆封层、微表处等技术,以大运、太长高速公路为代表的10余条路段运营十年以上均在2014年前没有进行过大修改造。组织开展"山区高速公路长大纵坡载重汽车运行安全控制""高速公路避险车道设置技术"等与道路安全密切相关课题研究,有效提高路网整体运行质量。

(二)切实加强养护管理规范化建设

以"基准数据、基础工作、基层管理、基本程序"为切入点,严格落实桥梁养护工程师、五级挂牌公示、桥隧定期检查、从业人员准入等制度,制定修订《山西省高速公路隧道养护管理办法》《山西省高速公路桥梁养护管理办法》等系列管理制度;大力开展标准化养护单元创建活动,制定《山西省高速公路养护单元星级考核办法(试行)》,每年对全省运行一年以上的养护单元进行星级达标考核,不断夯实基层基础工作,提高整体养护管理水平。

(三)大力推进养护管理科技革命

全面推广养护管理系统,对日常管养工作经过系统自动生成各类业务模块,通过巡查车GPS及时收录各条路段不同时期数据,实现养护日常工作、工程计划管理、机械设备使用等网络化管理;建立养护巡检车载视频系统,达到对日常养护的全过程控制;创建《公路综合养护分析平台》,以路况自动化快速检测设备为依托,初步形成所有构造物基础信息、路面技术性能参数及路面病害数据库,为养护管理的科学决策提供翔实依据。

(四)不断提升桥隧管养能力

严格落实桥梁管理"十项"制度,加强对货运车流量大、运营时间久桥梁的实时观测,结合桥梁技术状况分级标准,探索建立以主要裂缝长度、超限裂缝百分比、重点部位典型病害为单控指标的桥梁综合养护管理体系;五年来,累计投入桥梁检测费用7360余万元,每年对大桥、特大桥,每三年对全省高速公路桥梁进行检测;累计投入资金近3.6亿元,重点对800余座桥梁病害进行处治和维修加固,全部消灭四类以下桥梁,一、二类桥梁达93.2%。全面升级《公路桥梁管理系统》,积极推动桥梁健康检测预警系统的应用,桥梁养护管理迈上新台阶。省政府、省交通运输厅先后拨付1.7亿元省长专项资金、0.4亿元的配套投资,对全省121座隧道监控供电系统和112座隧道水消防系统进行全面改造;以提高信息化管理水平为着力点,大力拓展各运营单位特长隧道站已有监测及事件检测、照明监控、火灾报警、电力监测等八大系统,交通异常发现率大幅度提升;以提高人命救助能力为突破点,重点对3km以上隧道编制应急预案操作手册,相继组建64支应急救援小分队,配备了消防应急电动摩托车110余台,并与沿线消防专业应急队伍建立联动机制。以科学规范的管理手段为切入点,出台《山西省高速公路隧道安全隐患排查技术指南》,对隧道日常运行、隧道养护作业、突发事件处置三种运行状态隧道管理进行规范;建立与交通运输部公路研究院隧道中心定期沟通机制,将隧道安全管理、应急处置救援等放到专业权威机构层面进行广泛研究。

(五)全力保障道路安全通行效率

五年来,不断加强日常养护管理,重点实施1900余项路基路面改造及小修保养工程,全省高速公路MQI始终保持在90以上,优良路率平均达99%以上。科学组织实施大中修工程,建立施工前审计、许可审批流程;实行养护改造工程和交通组织方案路警"双审制"。根据全省货运车、危化品车、超限车多特点,放大布设养护作业控制区范围,有效提高路网运行安全系数。

2016年,省高管局大力推进预防性养护,累计修补裂缝坑槽1.87万 m^2、实施小修保养工程近百余项,狠抓养护规范化管理,修订桥隧养护管理制度办法,出台《隧道安全隐患排查技术指南》,完成550座桥梁定期检测,实施处治476座桥梁、10座隧道病害;集中力量完成太佳西山体滑坡、五盂路基沉降、吕梁环城郭家沟大桥采空区处治等7项应急抢险工程,启动长平杜公岭隧道地质灾害处治工程。立足防大汛、抗大灾、抢大险,突出易滑坡、沉陷等地质隐患路段,高边坡、濒河等地形复杂路段"两大"重点,整治安全隐患379项,组建98支5900余人的防汛抢险队伍,争分夺秒抢通千余处水毁路段,确保全省高速公路大动脉整体安全畅通。

第四节 收费管理

一、"九五"时期

太旧高速公路运营初期,采用封闭式人工收费方式,入口发放通行卡,出口根据通行卡站名计程收费。1996年5月从法国CSee公司引进微机控制半自动电子收费系统,车辆在入口处领取通行卡,出口交回通行卡,通过微机读出磁卡所存信息,自动计算出应缴费额付费放行,完成收费过程。1998年原太高速公路建成通车后,开始尝试区域联网收费。

山西省高速公路车辆收费标准主要包含客车车型收费标准和货车计重收费标准两部分。现行客车收费标准是1998年经省物价局、省财政厅批准制定的,车型划分按照车辆物理属性(车辆轮轴数及车辆前轴处总高度)确定。按照这一标准划分车型,一是为了适应国际通行做法,即按车头高度和车辆轮轴数分类收费,以车辆对路面形成的物理作用大小进行科学分类收费;二是随着科技快速发展,车辆自动分类系统可以准确认定车辆不同物理特性,车辆分类收费标准制定需为此打下基础;三是由于全省借鉴高速公路早期通车运营的广东省高速公路做法,此时广东省高速公路仍主体沿用此种分类标准收费。全省高速公路小型客车收费为0.36元/车·km(乙类),在全国处于最低水平。

太旧高速公路运营之初,收费工作就确立以服务为根本,提出以"服务人民,奉献社会"为宗旨,内强素质,外树形象,文明收费,优质服务,最大限度地满足广大驾乘人员需求,提高快速放行能力,努力实现高效率管理和高品位服务的指导思想。省高管局成立后,设立收费处,各管理公司(管理处)成立收费稽查部和直接从事收费工作的收费站。

省高管局收费处为全省高速公路收费管理的职能部门,主要负责全省高速公路收费业务管理、指导和检查工作;收费稽查部是高速公路管理公司(管理处)主管收费管理的职能部门,是收费工作的直接管理者和组织者;收费站是收费工作的直接实施者,主要负责车辆通行费收取,为社会提供快速的通行条件与必要的便民服务等收费基础工作。

二、"十五"时期

2002年12月1日,全省高速公路实施北、中、南部小循环联网收费,至2003年9月28日大运高速公路全线贯通,以大运线为主骨架,连接太旧、夏汾、京大、运风、运三1100km高速公路实现联网收费一卡通。2003年4月,为适应全省联网收费需要,成立收费管理结算中心、联网办公室,撤销局收费管理处。中心主要负责全省高速公路通行费征收业务管理工作;负责全省联网收费系统运行管理和通行费征收业务管理,协同有关单位建立和完善收费管理制度,制定收费业务规范;协调全省联网收费单位业务关系,并对其通行费收入按照路段进行拆分账和结算;负责全省高速公路收费业务的指导和检查工作,及时纠正差错,堵塞漏洞,健全规章制度,完善服务体系;负责全省高速公路收费稽查工作;汲取国内外先进技术,结合全省实际,参与收费设施的统一规划与设计、收费设备的更新改造与软件升级。

(1)实施收费站扩容改造工程。对单车道日通行量超过1000辆次的收费站推进扩容改造。对高峰期或"黄金周"短时间内出现拥堵的收费站推进"一岛双亭"收费模式。对因客观条件限制无法在原位址新增车道的收费站,推进复式收费站建设。共完成24个收费站整体改扩建任务,新增37进、49出共86条收费车道;在5个收费站建设17条一岛双亭收费车道。以管理公司为单位,整合和优化55台收费便携机管理和应急使用,建立收费系统快速反应应急管理机制。收费站拥堵问题初步得到缓解,从满意度调查结果看,得到驾乘人员认同和好评。

(2)建立全省统一的高速公路收费管理系统平台。自2003年全省收费系统大联网以来,持续扩大的路网规模、不断增长的车流量和数据总量、管理需求的日益精细化已使收费系统突显出多种弊端,为有效解决存在问题,经过公开招标,省高管局与北大千方/紫光捷通联合体签订服务合同,在原有系统基础上对联网收费系统进行整体优化升级,重点主要是优化完善数据结构和数据传输机制,增强丰富应用功能等。

(3)创新稽查手段,提升稽查管理水平。根据收费管理实情,创新稽查手段,加强稽查力度,多次组织开展春运、两会、治理人情车特权车、全省高速公路漏费点收费稽查拉网式排查、通行费征管等专项稽查活动。对个别倒卡、换卡、持假证件等逃漏车辆通行费不法行为与公安部门配合,共追回直接经济损失480万元,刑拘社会不法分子8人。积极推进围绕防范货车偷逃通行费行为的技术攻关措施。针对货车在计重收费过程中出现的利用各种不规范行为逃漏通行费情况,在认真分析研究的基础上,进行防作弊软件研发并与计重设备厂家共同实施对计重设备和称重软件程序升级改造,合理调整计重设备参数,建立防范矫正数据模型,增设称重信息异常报警功能,有效减少货运车辆恶意逃费行为。有效维护收费工作纪律和收费秩序的稳定,为收费管理全面协调可持续发展奠定良好基础。

(4)开展形象工程建设。2003年,山西省高速公路收费站全面开展以树立良好"窗口"形象为重点的"形象工程"建设。同年9月,省高管局颁布《开展"形象工程"活动实施方案》,确立以改善站容站貌、提高服务水平为重点,着力解决车流不断增大与放行速度矛盾,提高快速放行能力工作方案,狠抓行为规范,公开服务承诺,完善监督体系,开展考核评比,全力树立良好收费窗口"窗口形象"。制定以文明用语、礼仪着装、手势操等内容的收费服务标准,以"车辆通行快速畅通;文明礼貌微笑服务;收费高峰开足车道;对待驾乘顾客至上;发卡收费唱收唱付;计重收费公平合理;便民服务竭诚服务;投诉来访举报即查;信息咨询有问必答;群众建议件件落实"为标准的服务承诺和以"八个做到""十五个不准""三个必须"等内容的收费工作纪律,规范收费人员工作程序。积极开展便民服务,各收费站设置便民服务台、医药箱,提供开水、药品及简单修理工具。节假日期间,收费站还会提供交通图、旅游景点介绍与分布图等便民服务卡、宣传册。延伸服务工作内容,省高管局提出收费人员要做好"八大员"的服务工作要求。做好"八大员"指首先做好"收费员",维护岗上秩序,要做治安员;掌握消防知识,要做"消防员";积极开展便民服务,要做"服务员";有关收费政策要做"宣传员";面对争议要做好"调解员";提供延伸服务做好"咨询员""汽车维修员"。2004年,为进一步提升收费管理水平和服务水平,全力打造以"优质服务、诚信服务、人文服务"为主要内涵的山西省高速公路服务品牌形象,全省高速公路收费系统以"服务人民,奉献社会"为宗旨,以"爱岗敬业,树高速公路窗口形象为主题",开展"树高速公路形象,争当文明服务尖兵(十佳收费站、五十佳收费员)"活动等形式多样的竞赛活动,推动"形象工程"建设,规范收费业务。2005年,全省高速公路收费系统通过开展党员先进性教育学习,认真贯彻"三个代表"重要思想,收费系统以广大人民群众利益为一切工作的出发点和落脚点,着力解决行业风气和服务质量方面存在的突出问题。针对人民群众关注的问题,采取切实可行改进措施,实施规范管理和优质服务,千方百计最大限度地满足驾乘人员需求,推进"形象工程"纵深发展。

三、"十一五"时期

"十一五"期间,全省高速公路收费管理工作以文明服务、快速放行为主线,全面推进品牌收费站建设,深入开展"星级信誉"考核,大力推进窗口服务界面标准规范,积极推行"八颗牙"微笑服务;以开展收费技术比武活动为载体,全方位提升收费人员业务素质,建立突发事件1分钟内快速反馈机制,完善一岗双亭、便携式复式收费等多种应急设施,现场应急处置能力明显增强;大力提升收费管理科技水平,优化整合刷卡收费系统软件,升级改造整体收费系统软件,客车放行速度达到不大于 16 秒/辆·次,货车放行速度达到不大于 28 秒/辆·次。

(一)开展"星级信誉考核"公示评比活动

2007 年,全省高速公路收费管理系统确定为"服务创新年",收费系统大胆改革原有管理模式,在原有星级信誉考核中自查与互查相结合的方式外引入第三方调查机制,形成以各收费站互查、运营单位自查、省局抽查及省民意调查中心满意度调查四环节总分评定收费站管理与服务等级,并挂牌接受社会监督的考核体系,使真正考核区别于内部目标责任制检查体系,突出收费管理在文明服务、文明创建、社会监督、应急情况处置等人民关心、社会关注的热点问题上的工作成绩,体现星级信誉考核制度服从于民意、满足于民心的目标。

(二)保障"绿色通道"畅通

高速公路鲜活农产品"绿色通道"优惠政策,是收费工作落实国家"三农"政策,践行交通运输部"三个服务"的重要体现。五年来,对通行全省高速公路所有收费站的鲜活农产品运输车辆实行免费快速放行,为保障鲜活农产品、季节性农资运输提供良好通行环境。同时,在若干特殊时点下,也为支援抗冰冻灾害、支援四川抗震救灾、服务奥运等方面提供重要交通保障,得到社会各界充分肯定,实现社会和经济效益双赢。

(三)推行"八颗牙"微笑服务和"双百千亿无差错"劳动竞赛

为了推动收费服务工作上水平、上台阶,2008 年,在全省全面推广收费人员"八颗牙"微笑服务活动,活动从提高收费队伍整体形象入手,通过编制《山西高速公路文明礼仪服务手册》,统一规范全省收费人员仪容仪表、文明用语、礼仪手势等行为标准和收费站站容站貌要求、便民服务设施设置、延伸服务要求形象标准。通过认真落实《手册》标准要求,建立奖惩机制等有效措施,调动收费人员工作积极性。"双百千亿"无差错评比活动,是对在收费工作中累计通行费征收达到百万元、千万元、亿元无差错或累计收发卡达到百万张、千万张、亿张无差错的收费人员进行表彰,目的是降低收费差错与发卡差错,提高收费员业务技能和工作效率。活动开展以来,省高管局先后表彰 277 名劳动能手(其中:最高纪录旧关陈海红 3821 万元),有力提升一线职工积极性和爱岗敬业精神,提高收费服务质量满意度,树立良好收费窗口形象。

(四)全面实施计重收费

高速公路实施计重收费是按照建立和完善社会主义市场经济体制要求,建立公平、合理、科学的车辆通行费征管机制的一次重大实践;是通过经济手段消除车辆超限超载运输的利益驱动,适当降低合法运输户运输成本,规范货运市场经济秩序的一项重大改革;是依法保护公路桥梁、保障交通安全畅通,促进交通事业健康发展的一项重大举措。2005年12月30日,副省长牛仁亮在省高管局调研时指出:在高速公路推行计重收费,不仅可以解决高速公路还本付息、治理超限超载、治理公路"三乱"问题,而且会降低高速公路损坏率,有效增强高速公路养护能力和资金保障能力。2006年7月12日,省长于幼军主持召开省政府第75次常务会议,听取省交通厅关于对全省收费公路全面实施载货类机动车计重收费方案汇报,认为全省长期以来收费公路以车辆核定装载质量为依据,按照车型分类的方式收取车辆通行费存在一定弊端,计重收费是一种更公平、更合理、更科学的通行费征收方式。会议批准省交通厅《关于收费公路货车计重收费方案》,并要求相关部门高度重视,协调解决有关问题,统筹推进计重收费工作。12月6日,省人民政府晋政发〔2006〕44号文印发《关于高速公路实施货车计重收费的通告》要求:"地方各级、各有关部门要形成法律、行政、经济手段共同治理超限超载的合力,进一步加强治理超限超载工作,巩固治理超限超载成果,严厉打击扰乱收费秩序行为,对恶意拥堵收费车道、破坏计重设备、寻衅滋事的人员要严肃处理"。12月9日,全省高速公路正式实施计重收费。

  货车计重收费价格标准是关系到计重收费能否平稳运行的关键,也是关系到计重收费能否达到预期目标的核心。与江苏、山东、天津等省市计重收费标准比较,全省高速公路计重收费标准具有鲜明特色:一是基本费率适中,天津是0.10元/吨·km,江苏是0.09元/吨·km,山东是0.08元/吨·km,山西省作为中部欠发达省份,定位在0.09元/吨·km,可信度是比较高的。二是对本省车辆占到三分之二以上的2轴6轮C类车型由于分车型定价水平形成的历史原因,为了使这部分车辆实行计重收费以后不增加负担,促进本地区运输发展,消除矛盾冲突,在分类分析基础上,实行对这部分车辆按照基本费率80%或85%计收通行费的优惠政策。同时把交通部指导意见中确定的车型优惠起点,从20t提前到10t。三是对由一级路改建的晋阳和运风高速公路,由于技术等级和服务功能等原因,在分类分车型收费时执行丁类标准。为了做到计重收费价格水平"总体不增长、分类也不增长"原则,提出在实施大修改造之前,按照基本费率80%计收通行费。四是充分考虑全省高速公路建设山区多、采空区多、地质复杂等实际情况,依据《收费公路管理条例》有关规定,在计重收费标准中单独设置500m以上隧道收费标准0.32元/吨·km,这在全国是比较领先的,为"十一五"高速公路网建设及投资回收提供制度准备。五是为了做好比较分析,为完善计重收费价格标准提供技术支持,参照河南省的办法,对晋焦高速公路实行合法装载部分仍然执行分类分车型收费标准,超限运输执行统一的征收道路补偿费处罚标准的过渡政策。

(五)积极推进刷卡收费

高速公路推行非现金电子支付收费方式,是省交通厅按照省委、省政府要求,认真贯彻落实科学发展观,从解决社会公众和广大驾乘人员最关心、最迫切的问题入手,推进交通智能化建设、减缓收费站拥堵压力,进一步提高便民、利民服务能力的一项重要措施。根据省发改委《关于山西省高速公路非现金结算系统建设项目工程可行性研究报告的批复》,非现金收费改造工程主要建设内容为:建设山西省高速公路管理及非现金结算中心1处,对全省高速公路系统9个片区中心、130个收费站、588条出口车道的软硬件进行扩容改造,投资估算5590万元。按照改造内容和改造工期要求,建设分两期进行。一期是在省交通运输厅牵头组织协调下,由省高管局联合中国工商银行山西省分行,在原高速公路收费系统基础上增加牡丹晋通卡交易核心功能,实现高速公路通行费非现金电子支付。在软件方面,对车道、收费站、片区软件进行升级,省高速公路收费管理结算中心新增加非现金数据库系统、通信服务器交易、对账系统、电子支付清算系统、通信传输监视系统部分功能;在硬件和数据传输方面,更换读写器,增设无线交易POS机,搭建非现金结算网络平台和非现金交易信息记录、对账、结算系统,2008年6月底完成。二期是以省高管局为建设单位,在实现上述基本功能基础上,对收费系统整体进行升级改造,使收费系统在实现非现金收费管理功能的同时,整体功能和性能得到进一步升级优化,2011年8月底完成。

1. 一期工程项目设计及主要技术路线

(1)非现金收费的技术方案。在充分调查研究、分析论证基础上选择高速公路电子收费系统与银行卡有效对接,与广大公众使用银行卡购物消费方式类似,将高速公路收费站出口收费车道作为银行消费终端,对凡持有工商银行牡丹晋通卡者均可实行非现金缴费通行,在全省实行联网收费的高速公路收费站均安装读卡器、POS机等电子收费设备,通过对现有高速公路联网收费专网、收费站、片区中心和省结算中心的技术改造升级,实现与工商银行前置网连接,实现全天候在线交易。非现金收费技术路线的选择和技术方案确定,既充分利用现有联网收费设施,节约投资、加快建设进度,又为下一步拓展银联卡应用提供条件,是继江苏、广东、吉林等省高速公路开通电子支付系统后的又一次大胆创新和实践,全省成为全国高速公路系统第6家率先实现非现金收费的省份。

(2)非现金收费方式。经过省高管局和中国工商银行山西省分行共同努力,联合推出"牡丹晋通卡",它是集磁条、接触式芯片、非接触式芯片为一体的三界面卡,既具备牡丹贷记卡金融功能,又具有在山西境内高速公路缴费的信用功能。卡片采用共同发行联名卡方式,在IC卡行业应用区采用双方商定的交通部密钥进行高速公路通行费缴费认证,"牡丹晋通卡"通过高速公路收费站出口车道读卡器读取卡号、计算费额,经专用网络与银行连接进行在线交易,当网络传输或银行系统有故障时,采用 POS 机刷卡缴费,"牡丹晋通卡"应用过程中无须手工输入密码,无须持卡人签字,并建立自动对账差错纠正系统,极大方便了广大驾驶人和车主。据实地测试,一次性完成交易时间为 2~3s,车辆通行高速公路收费站时间大约在 10s。比现金收费缩短近 50% 时间。

2. 二期工程升级优化成果

在一期工程顺利完成基础上,通过多方调研学习,二期工程在充分借鉴国内多家发达省份先进管理思想和成熟经验,吸收多省在系统构建方面独具特色的功能需求和创新理念,并有机结合全省运营实际和管理要求基础上,按照"优化软件设计,减少岗亭操作,强化后台监管,提高放行速度"原则,形成具有先进指导意义的系统整体优化升级设计方案,特别是针对省级管理平台创新性地提出具有山西特色的"863"收费运营监管平台体系。

8 个日常监管功能:①车道开启状态自动监控,避免随意关闭车道的现象;②收费员放行速度自动记录,自动考核;③建立公众满意度测评的制度,自动记录,不能修改,考核不满意度;④建设收费站小视频的即时服务提示系统,为驾乘人员提供天气、节日等温馨提示,提供人性化服务;⑤建立收费广场车辆状态监控平台,为相关科室人员在平台上进行实时有效的管理提供必要条件;⑥建立 PSAM 卡安全管理监控系统;⑦建立车道站级收费设备运行状态的检测系统,使得收费设备运行状态能够在收费中心终端显示;⑧建立发卡及收费交卡差错率自动记录系统。

6 个日常指标调度机制:①建立省中心实现网上下发应急指挥命令和日常管理工作通知的机制;②建立省中心统一颁布免费车辆白名单系统(他人无权修改),提高免费车辆放行速度;③建立非正常车辆自动排查和稽查平台;④建立上级管理公司情况汇报和紧急请示的通道;⑤建立收费数据上传、拆分的实时记录和上下访问的机制,解决目前"人工收费,手工拆分"的问题;⑥建立黑名单车辆及特殊车辆的管理机制。

3 个数据分析挖掘系统:①建立车流量、通行费的日、旬、月的自动拆分、汇总、对比分析平台;②建立不同车型不同车流量通行费自动生成和分析对比的数据系统,自动生成坐标图、圆饼图、柱状图等直观的展示形式以方便管理人员决策;③建立收费车道通行量考核分析平台,为领导层决策车道是否需要改造扩建提供帮助。

按照"863"平台体系和优化升级方案改造后的全省高速公路收费系统,在系统稳定性、兼容性、拓展性、一致性等方面都有明显提升,进一步为管理者提供更具深度和广度的经营分析与决策辅助。工程建设规模和方案实施,在国内同行业领域内没有先例,是一次具有山西鲜明特色的探索创新。工程实施的成功经验,促成《山西省高速公路收费系统联网技术要求(试行)》这一地方性技术规范的及时出台。在立足全省收费管理运营现状同时,充分着眼未来全省高速公路 6300 多公里规划需求,为未来新建并网的高速公路联网收费建设打下扎实的规范性基础。

(六)启动实施高速公路电子不停车收费

高速公路电子不停车收费(简称 ETC)是指运用射频识别技术,通过安装在车辆挡风玻璃上的车载电子标签与收费车道的微波天线之间专用短程通信,在无需驾驶员停车和收费员采取任何操作情况下,车辆在 20km/h 行车速度下通过收费车道时系统自动完成收费全过程。推广高速公路联网电子不停车收费(ETC),是交通运输部确定的进一步改善高速公路通行环境,提高车辆放行能力,节省停车交费时间,缓解收费站拥堵,促进节能减排,提高高速公路收费智能化水平,利用信息技术提升高速公路通行效率和服务质量的重点项目,具有十分重要的现实意义。山西省 ETC 建设是在交通运输部组织试点完成"京津冀和长三角区域高速公路联网不停车收费示范工程",并在我国东中部地区进行推广应用基础上,充分借鉴示范工程和东中部地区成功经验并有效结合全省高速公路运营实际后实施的。

2010 年 3 月 3 日~7 日,省交通运输厅党组成员、副厅长张志川带领省财政厅、省物价局、省交通厅、省高管局及信通公司等部门组成的调研组,对"京津冀和长三角区域不停车收费示范工程"进行详细调研和考察,在交通运输部公路科学研究院国家智能交通工程技术研究中心举行专题座谈,拉开山西联网电子不停车收费建设序幕。4 月 12 日,省交通厅厅长办公会议专题研究全省高速公路不停车收费系统建设情况,第 10 号厅长办公会议纪要明确"统一规划、统一设计、统一标准、分步实施"的建设原则,确定 2010 年先行实施一期工程。6 月 7 日,省发改委批复山西省高速公路不停车收费系统(一期工程)工程可行性研究报告,批复工期 6 个月。7 月 7 日,省交通运输厅批复山西省高速公路不停车收费系统(一期工程)一阶段施工图设计,核准预算 1.65 亿元,ETC 收费站覆盖率达到 32%,在通往地级市收费站、重要旅游景点收费站、主要出省收费站等 43 个收费站建成 88 条 ETC 车道。建成功能完备的山西省高速公路不停车收费拆分结算中心和运营服务中心。运营服务中心包括客服中心、呼叫中心、资金管理中心、网站系统等对外服务子系统。呼叫中心咨询电话:0351 - 7337793,服务内容包括业务咨询、消费信息查询、投诉受理等。客服网站地址:www.sxgsetc.com,包括业务介绍、业务咨询、表格下载、账单查询、投诉建议等。11 月 15 日,省交通运输厅正式批准成立"山西省高速公路不停车收费运营服务中心",由山西省高速公路管理局委托山西省交通信息通信公司组建非营利专营中心,具体负责 ETC 系统的运营管理和技术服务。实现客服网点地级市全覆盖。在全省 11 个地级市各开通一个客服网点,包括大同公司大同南站、朔州公司朔州站、忻州公司原平站、太原公司滨河西站、太旧公司阳泉站、吕梁公司离石西站、晋中公司介休站、临汾公司临汾站、运城公司运城北站、太长公司长治西站、晋城公司晋城西站,负责电子标签和卡的发行与安装及售后服务工作。

山西省高速公路ETC缴费卡（简称"山西快通卡"），是具有储值功能、用于山西省高速公路通行费支付的专用双界面CPU卡。卡内记录用户信息、暂存款及使用情况等。分为储值卡（A卡）和记账卡（B卡），实行一车一卡，与车载电子标签（OBU）捆绑，不可转借，不可交换使用。其中，储值卡（A卡）采用实名制，用户需通过山西省高速公路不停车收费运营中心在卡内预存一定额度现金，其车辆在通过高速公路收费站时，由高速公路ETC收费系统直接从卡内扣除当次应缴纳的通行费额。记账卡（B卡）主要面对具有一定车辆规模和良好信用的法人单位。用户需在山西省高速公路不停车收费运营中心后台建立团体车辆预存款账户并预存一定额度资金，其车辆在通过高速公路收费站时，由高速公路ETC收费系统记录交易信息、在账户中扣除通行费额。

个人用户办理ETC业务时，需要出具车主及办理人身份证，办理车辆登记证书；填写电子标签及ETC卡办理申请表；用户交费后，客服人员为用户安装车载电子标签。单位用户办理ETC业务时，需提交单位委托书、营业执照、组织机构代码证、委托办理人身份证，办理车辆的行车证；填写电子标签及ETC卡办理申请表；用户交费后，客服人员为用户安装车载电子标签。

在通过收费站时，ETC用户具有"四种通行方式"：

第一种：ETC车道入→ETC车道出，这种通行方式下，车辆出入均无须停车，系统自动完成交易。

第二种：ETC车道入→MTC车道出，ETC用户通过ETC专用车道驶入高速公路，在驶出MTC收费站时，用户只需将ETC卡从车载电子标签取下，交MTC车道收费员，收费员通过车道读写刷卡设备完成缴费。

第三种：MTC车道入→MTC车道出，这种通行方式下，ETC用户在出入口均需从车载电子标签取下ETC卡，交收费人员进行写卡和缴费操作。（切记，ETC车辆进入MTC收费站时，不能忘记向收费员提交ETC卡，而领取IC卡，否则驶出收费站时不能使用刷卡缴费）。

第四种：MTC车道入→ETC车道出，ETC用户通过MTC车道进入高速公路时，需将ETC卡从车载电子标签取下，交入口收费员进行写卡处理，入口不再领取通行卡，否则驶出收费站时，不能使用ETC车道。

为提高广大用户使用ETC积极性，体现ETC规模运行社会效益，加大推广力度，扩大社会影响，经相关部门批准，运营初期采取积极的推广措施和优惠政策。一是向相关机构和个人免费赠送电子标签和ETC卡2万个，赠送对象包括省直机关公务用车、各地级市机关公务用车、交通系统公务用车、客运车辆、牡丹晋通卡和其他客车通行量较高的用户。二是使用ETC储值卡用户三年内享有缴纳通行费2%的折扣优惠。三是对经常通行高速公路的客户,在电子标签和ETC卡销售时采取一定优惠政策,以2010年第三季度统计数为依据,考察一个季度期间的车辆通行数据:客车在高速公路行驶趟数平均每天两个往返的免费赠送。平均每天一个往返的享受五折优惠。平均每天一趟的享受七折优惠。平均每两天一趟的享受八折优惠。四是不在免费赠送范围内的用户,可向ETC客服网点申请购买,根据省物价局批准,电子标签及ETC卡的销售价格为390元/套。

不停车收费的推广应用,是高速公路转变服务方式,为公众提供一种方便快捷的通行方式,减少停车缴费时间,最大限度节省道路使用者出行时间,提高管理和服务水平,体现以人为本、用户至上服务理念;ETC车道通行能力为MTC车道3~6倍,大大提升收费站通行效率;减少车辆停车交费时间,降低燃油消耗,有力促进节能减排,产生良好经济和社会效益。

ETC的运营实践证明,实施高速公路联网电子不停车收费,是通过技术手段解决高速公路收费站堵车、提高高速公路通行效率的有效措施,是促进交通运输节能减排、节约用地的重要举措,是适应高速公路网络化管理趋势、发挥高速公路网整体效益和服务水平的现实需要,是推广应用高科技成果、发展现代交通运输业的重要载体。

四、"十二五"时期

"十二五"期间,随着全省高速公路路网规模不断扩大,广大人民群众出行需求和对高速公路的服务期望越来越高。省高管局始终坚持"更好地为广大公众服务第一目标",不断推进联网收费规模化、信息化和智能化,不断优化收费管理流程,提高收费服务水平。

(一)着力提升窗口服务层级

全面深化品牌收费站建设,深入开展"星级信誉"考核公示评比,90%收费站达到AAA级以上标准,20个收费站达到AAAAA级标准。大力构建"双百千亿无差错"收费技能竞赛长效机制,持久开展多层次、全方位收费技术比武活动,以赛代练,不断提升收费人员综合素质。大力提升收费管理科技水平,实施推广自主研发的"863"收费管理系统,大力推广和应用收费站精细化管理信息平台,实现主要业务指标精细化管控和信息化考核;优化整合刷卡收费系统软件,升级改造整体收费系统软件,车辆放行速度得到明显提升。加强收费站"服务站、信息站、咨询站、救助站""四站"建设,在全省各收费站建成了综合性便民服务大厅、便民服务候车亭80余个,满足社会公众出行需求;搭建免费物流信息平台,充分利用主要收费站LED显示屏,为运输户免费提供货运物流信息,竭力为社会提供便民利民的增值服务;大力推进窗口服务界面标准规范,制定《收费系统精细化管理文明服务标准手册》,积极推行"八颗牙"微笑服务,收费员礼仪使用率、微笑服务率达到100%,树立山西高速收费服务窗口品牌。

（二）着力办好惠民利民实事

严格执行国家重大节假日小型客车免费通行和鲜活农产品"绿色通道"政策，真正使交通改革发展成果惠及百姓大众；认真落实省政府货运车辆"三减"政策和新能源车辆减半征收通行费政策，为减轻全省企业运输成本、缓减全省经济下行压力做出积极贡献，"十二五"期间共减免重大节假日小型客车、鲜活农产品运输车辆3921.04万辆次，累计减免通行费30.66亿元，真正将交通改革发展成果惠及百姓大众。围绕"走得了、走得好"，制定收费站及保障道路通行应急预案，建立突发事件1分钟内快速反馈机制，完善一岗双亭、便携式复式收费等多种应急设施，广大员工放弃休息时间，坚守一线岗位执勤，12个节假日期间均没有发生大面积拥堵事件。广泛应用自主研发的快速扫描检查系统和"密度检测"技术，有效提高"绿色通道"车辆检测效率和精准度，提高通行效率，保障合法装载车主的利益。

（三）着力推进ETC服务升级

2013年以来，按照交通运输部全国高速公路ETC联网工作总体部署，累计投资2.8亿元，建成278个收费站603条ETC车道，省界主线收费站ETC覆盖率达100%，匝道站覆盖率达90%以上，并于2015年顺利实现全国29个省（市、区）ETC联网。进一步加快ETC客服网络建设，在全省11个地市建设ETC自营营业厅20个；充分发挥银行服务网点多、覆盖范围广的优势，先后与工商银行、建设银行、交通银行、邮储银行、光大银行、华夏银行、中国银行、农业银行八家银行签订合作协议，依托银行网点建设ETC"一站式"服务网点811个，实现ETC服务网点县（区）级行政区域全覆盖，极大方便ETC用户办理安装、充值等业务。加强ETC运营服务标准化建设作为提高服务水平有力抓手，先后制定《ETC不停车收费现场管理办法》《ETC专用车道系统维护管理办法》《ETC系统特殊情况应急处置预案》等一系列管理制度，确保ETC车道系统稳定运行；认真总结运营服务经验，依据交通运输部颁布的《公路电子不停车收费联网运营和服务规范》《收费公路联网电子不停车收费技术要求》等全国性行业标准，结合全省高速公路ETC运营和服务实际，编制《高速公路电子不停车收费（ETC）服务网点建设和管理规范》《高速公路电子不停车收费（ETC）用户服务规范》，并由省质量技术监督局以推荐性地方标准进行发布，形成全省高速公路ETC统一的服务规范模式，建立标准化服务工作流程与完善客户服务体系，促进提高ETC运营管理水平和服务质量。积极开拓思路，主动与省民航机场管理局进行沟通协调，在太原机场停车场建设1进1出2条ETC专用车道，实现ETC用户在太原武宿机场停车场不停车缴费，为进一步提升ETC服务形象，拓展ETC多领域应用发挥积极作用；加强与银行合作深度，从提升ETC卡功能多样性和用户刷卡便利性角度出发,与建设银行开展以银行卡为主卡介质,融合高速公路 ETC 功能和公安交通管理功能为一体的金融 ETC 联名卡("三卡合一")的研发和推广,实现 ETC 用户持卡消费。

第五节　服务区经营管理

服务区是确保高速公路安全畅通、促进高速公路效益整体增长的重要设施。各高速公路运营管理单位在服务区建成投入营运后,按照"依法运营、照章纳税、精心管理、稳步提高"的原则,加强经营管理,提高服务水平和经济效益,确保国有资产保值增值。2003年10月8日,省高速公路管理局成立全省高速公路服务区管理部门——经营开发处,全省高速公路服务区工作管理设三级机构,名称统一规范为省高速公路经营开发处、运营管理单位经营开发部、直接从事服务经营的服务区(停车区)。

一、"九五"时期

"九五"期间,全省高速公路运营管理单位对服务区采取承包、租赁、授权等多种经营形式,并按照《企业国有资产监督管理暂行条例》等有关法律法规规定,建立健全各项监督管理制度和岗位责任制,加强员工岗前和岗位培训。高度重视质量管理,一个重点是服务质量,主要是服务设施的功能完好整洁和服务人员工作到位,切实做到让顾客舒心满意;另一个重点是商品质量,严把进货关,杜绝假冒、伪劣、腐烂变质商品进入,切实保证产品品质和计量合格达标。抓好两个重点不断提升优质服务水平。高度重视服务区公益性设施管理和维护,对公厕、场地、绿化、供水、配电、供暖等设施,要求各服务区配备专人,明确责任,加大投入,为经营服务工作正常进行提供有效保证,从而使服务区经营在短时期内转入正常。同时,把安全工作作为重中之重来抓,抓好员工人员、生产经营、消防、治安、餐饮、资金使用和现金管理等各方面安全,做到有安全隐患不放过、有事故苗头不放过、事故责任人不放过。

二、"十五"时期

"十五"期间,省高管局对全省高速公路服务区整体开发的思路是利用民营经济培育市场和发展市场。全省共投入运营的服务区共有 22 个,经营方式总体可分为四类,即合作经营、租赁经营、承包经营、自营,其中自营仅占 1/10,以市场经济手段解决自身发展进程中的问题,服务区经营呈现无限生机。

为达到服务区公益服务和经营效益有机统一,省高管局确立"宏观规范、监督检查、业务指导、全程服务"的行业管理原则,在全面完善服务区硬件设施、统一经营服务标准的基础上,制定并实施全省服务区管理办法和责任追究制度,加强对服务区监管,维护消费者合法权益。大力加强服务区星级考核,有80%服务区达到星级标准。加快推进经营特色化服务优质化的进程,开展特色餐饮服务,增设名优特产品销售专柜和当地特色旅游信息服务台,取得良好经济和社会效益。

开展"温馨工程"活动。从最大限度满足顾客需求出发,以齐全功能、舒适设施、优美环境、良好秩序为标准,以"关心员工、温暖顾客、严格管理、优质服务"为理念,通过标准规范管理、诚信务实经营、新颖特色服务,把全省高速公路服务区建成广大驾乘人员旅途驿站、温馨家园。通过在全省高速公路服务区范围内选树"五佳文明服务区"和"十佳文明服务员",不断促进和提升服务区经营管理和服务营销水平,确保全省高速公路经济效益和社会效益全面提高。

为了最大限度地满足顾客旅途需要,全省高速公路服务区借鉴参考国内外高速公路服务区先进经验,把人性化、以人为本理念,落实到各项服务设施使用功能上和舒适程度上,落实到员工服务程序和具体操作中。在满足一般驾乘人员要求同时,针对老、弱、病、残、孕、儿童、外宾等特定顾客群体消费和服务需求,完善和提高设施服务功能适应性、实用性和休闲娱乐效能。各服务区按照《大运高速公路部分标识标准》,设置服务和公共信息图文符号标识,根据所处地理位置和条件,结合当地经济、文化、民俗、旅游资源等状况,因地制宜进行环境建设和装饰,店面、橱窗、招牌以及公共服务场所的整体形象,突出地域化、个性化和风格化特点与特色,使服务区真正做到功能齐全、设施舒适、环境优美、秩序良好,为实施"温馨工程"打好硬件基础。

全省高速公路公司(管理处)根据所属服务区经营形式签订具有法律效力的经营合同,明确资产所有者和经营者各方管理职责,采取承包、租赁经营形式的服务区相关公司(管理处)派驻专职管理人员,服务区管理班子对开展建设"温馨工程"活动具体实施负全面责任。各级管理人员认真抓好服务过程中员工操作、设施维护、顾客需求、服务营销四个要素管理,对员工注重系统培训、严格管理、关心生活、工作育人;对设施注重精心管理、不断完善、抓好维护、确保使用;对顾客注重研究需求、满足供给、交流互动、妥善沟通,对服务要注重过程控制、突出特色、创新超越、细致入微。通过全面做好服务过程要素管理,为实施"温馨工程"提供强有力软件支持。

在实施"温馨工程"过程中,各高速公路公司(管理处)和服务区经营管理者,按照"积极稳妥、逐步推进"原则,结合全省产业结构调整和全省高速公路经济带建设,针对当地经济发展特点和服务区实际,与物流业协作,建立货运信息服务站点;服务区超市销售商品以全省农牧业深加工产品和名优特产为主,形成山西特产专卖展销的规模效应;地处全省重点名胜旅游区的服务区,与旅游部门协作,积极宣传当地旅游资源,设立名胜游览导向服务站点;各服务区与新华书店协作,开辟图书超市;经医药管理部门批准后,设立医药销售点等。各个服务区在开拓经营服务领域,完善和提高服务功能,为实施"温馨工程"

提供有效保障的同时,也提高经济效益,形成双赢格局。

三、"十一五"时期

"十一五"期间,全省高速公路服务区把"抓住服务区环境、消费场所和服务功能三大要素,实现经营效益与营造温馨环境共赢"作为发展主脉,投资1.33亿元对服务区硬件设施、公益服务和休闲健身场所进行大面积改扩建,整体环境舒适优美;以"星级享受、人文关怀"为主题,深入开展"餐饮质量提高年""优质服务体验年"等活动,出台《服务区餐饮规范》《顾客体验管理大纲》,餐饮特色化经营与星级化服务取得长足发展;大力推进服务区协会与省高管局共同监管,建立星级服务区PDA巡检系统,公益服务设施完好率始终保持在98%以上;全面推行服务区星级考核评定,100%的服务区达到星级标准,三星级以上占到93.5%。五年共服务车辆3897万车次,服务顾客5728万人次,服务区成为过往驾乘人员休憩的港湾。

(一)实行星级考核,加强跟踪管理

为了全面落实《山西省高速公路服务区管理办法》,加强经营管理,提高服务质量,省高管局制定《山西省高速公路星级服务区评分标准》,全省高速公路星级服务区划分为一星至五星级:五星服务区——单项分95分以上,总均分98分以上;四星服务区——单项分80分以上,总均分85分以上;三星服务区——单项分75分以上,总均分80分以上;二星服务区——单项分65分以上,总均分70分以上;一星服务区——单项分60分以上,总均分65分以上;考评工作每年度进行一次,由省高管局授予星级服务区称号。

全面加强星级服务区的跟踪管理工作,积极探索和建立星级服务区长效管理机制,制定和实施星级服务区自检、内评、抽查与复核等管理制度与考核办法。2008年初,省高管局对全省高速公路星级服务区标准进行较大幅度的提升修订,在原有基础上增加经营、服务、管理、形象、环境卫生等十个方面将近40%考核内容,使之更加全面、细化、量化和具体,更便于操作。2010年底,100%的服务区达到星级标准,三星级以上占到93.5%。

(二)加强规范管理,提高餐饮服务质量

2008年,省高管局出台《山西省高速公路服务区餐饮企业经营规范实施细则(试行)》,以开展"餐饮质量提高年"活动为载体,在餐饮行业有关专家指导下,对全省服务区餐饮超市经营与服务采取标准化、规范化治理整顿。通过近一年循序渐进的分阶段实施,取得比较明显的成效,全省投入运营的30个服务区55个餐饮企业,后厨与前厅相应设施、设备得到较大改善;环境卫生有了明显提高;餐饮与超市在形式、质量、品种、特色等方面有了较大幅度改观;从业人员职业培训得到加强。实践证明:服务区餐饮超市经营服务

与顾客生理需求和切身利益密切相关,只有更好、更快地改善和提高餐饮超市经营服务水平,才能做好"服务人民群众安全便捷出行",这是落实提高现代交通业公共服务能力的一项必然选择。在服务区经营多元化形势下,按市场经济规律,以采取标准化、规范化为主导实施行业管理,就能有效提高服务区社会和经济效益,切实提升高速公路整体服务形象。

(三)成立行业协会,加强行业自身建设

2006年,山西省高速公路服务区行业的企事业单位、社会团体联合成立了山西省高速公路服务区协会。协会宗旨是:遵守宪法、法律、法规和国家政策,遵守社会道德风尚,贯彻国家产业政策,参与实施行业管理,维护会员合法权益,为山西省高速公路各企事业单位及其经营管理者服务。主要职能是:受政府行业管理部门委托,开展行业调查研究;根据高速公路服务区经营特殊性,制定自律性行规行约;代表本行业向政府和行业管理部门反映会员单位愿望和要求,维护会员单位合法权益;做好信息咨询服务工作;发布行业信息、价格协调、行业准入资格审核等;协调高速公路服务区行业之间经营管理、合作中的问题,推动横向联合、协作、资产和资本运营;协助主管部门或根据实际需要开展对从业人员的教育和培训;组织服务区行业会展招商以及产品推介活动;承担政府和行业管理部门交办的其他工作。近年来,协会充分发挥服务、自律、协调职能作用,及时收集、分析和交流会员单位信息与动态,发挥积极促进与引导作用,对服务区市场发展消极因素进行干预与制约、对经营者在自由竞争和创新发展、和谐共赢等方面给予必要帮助与支持。

为改变全省服务区汽车修理业存在着经营困难、管理水平低下、服务质量不高的状况,省高管局经营开发部门充分发挥行业管理的主导作用,组织全省服务区汽车修理业主在自愿基础上,实现"山西省高速公路服务区汽车修理连锁业",实现统一店面管理、标识、经营方针、服务规范、修理和配件价格、工作服装"五统一"连锁经营,从而形成全省高速公路服务区汽车修理规模经营的现代服务方式,对提高全省高速公路服务区行业管理效果发挥重要作用。

四、"十二五"时期

"十二五"期间,全省高速公路服务区总体发展思路是:加强服务区监管,推动实现服务区标准化管理、品牌化经营和星级化服务。五年来,全省高速公路服务区不断加大投入,完善公益服务设施,丰富服务内涵,提升服务品质,倾力打造温馨驿站服务品牌,在2015年全国高速公路服务区文明创建活动中,临汾、东阳关2对服务区荣获"全国百佳示范服务区",河津等9对服务区被评为"优秀服务区"。

（一）全力保障公益服务设施

"十二五"期间，在预算管理资金吃紧条件下，拨付专项资金1.37亿元，重点实施58项服务区公益设施改造，17项休闲健身场所建设，10个服务区路面维修处治，着力强化开水供应间、第三卫生间公益设施标准化建设，大力开展卫生保洁、车辆加油等基本服务标准化作业，保证服务区休憩环境舒适优美。全面开展"公益服务提升年"活动，积极推进"温馨驿站"、"司机之家"建设，着重加强硬件扩充，在全省高速公路服务区普遍增设手机充电、医疗急救、信息查询、行车导图、母婴专区等便民设施；着力保障基本服务，达到超市24小时营业，做到开水全天候供应，尤其是新运营路段服务区，超市保证24小时有方便食品供应。大力推广与公安机关共同设立警务室举措，确保广大驾乘人员旅途财产安全，提升服务区本质美誉度。

（二）大力实施提档升级工程

"十二五"期间，采用"省局投一点、公司挤一点、承包商拿一点"的投资方式，重点对大运、青银、二广沿线老路段服务区卫生间进行改造；积极引导经营企业改善餐饮服务环境，相继投入6100余万元，完成14个服务区餐厅超市提档升级。大力拓展服务内涵，深入开展"信息化提升年"活动，在重点路段推广服务区卡口车辆信息监控系统、顾客服务体验评价系统，建立45个综合便民服务平台，实现老路段"新华频媒"屏幕终端、免费无线网络（WiFi）全覆盖；挖掘和释放服务区消费潜力，探索超市、餐饮连锁经营，促进服务区城市化进程。积极推进服务区专业化、特色化、品牌化经营，全力打造"一区一特色"。

（三）不断加强服务区监管

充分行使省局行业管理职能，出台《服务区公益服务指导手册》《餐饮服务质量评定办法》等10余项管理制度，建立完善日常评价、社会测评、月督查、年考核"四位一体"评定机制；以服务区协会推进行业自律，实现汽修自主连锁经营，推进与社会服务专业协会接轨，构建公平竞争的服务区市场秩序，形成省高管局与行业协会共同监管格局。

（四）全面提升文明服务品质

以大力提升服务区精细化服务内涵深度为主线，深入开展"顾客体验管理文化年""文明服务年"等主题活动，挖潜顾客消费意愿走势，不断推陈出新个性化、差异化系列商品和服务项目，更好地满足社会公众出行需求；编制《山西高速服务礼仪手册》，进一步规范文明服务、礼仪手势。与山西交通广播合作建立全省高速公路服务区信息发布机制，及时、准确向社会公众提供服务区运行情况实时信息，特别是在重大节假日发布服务区车流、加油等情况,方便广大驾乘人员合理选择服务区。以全国高速公路服务区文明服务创建为载体,以提升社会公众出行服务质量为主线,以环境卫生和文明服务为重点,以服务质量等级评定为抓手,深入推进"温馨工程"建设,主要旅游集散地推广重要商品和服务"同城同价"制度,积极营造温馨服务驿站。

2016年,省高管局积极推动服务区绿色能源发展,确立全省高速公路服务区电动汽车快速充电站总体框架,完成京昆、二广、青银高速公路19对服务区38座电动汽车快速充电站建设,并在年底全部投入使用。中标确定全省高速公路12对服务区24座LNG加气站建设运营商,积极推进省政府提出的高速公路采暖"煤改电"试点,深入实地调研,共同分析确定50个站点"煤改电"试点单位。努力营造温馨休憩消费环境,全面推行服务区管理服务标准化,建设完成新通车路段服务区综合便民服务平台,升级改造平遥等7对运营时间较长的服务区餐厅超市、停车场。修订服务区星级服务区评定标准,重点明确未正式投入运营服务区的基本服务项目及考核标准。2016年全省高速公路服务区为1700余万人次、1243万车次提供服务。

第六节　超限超载治理

山西省煤炭储量占全国四分之一,既是全国产煤大省、重要的煤焦重化工生产基地,又是全国重要货运大省。受经济结构和利益驱动双重影响,非法超限超载车辆在山西一度屡禁不止,高速公路作为全省公路网络主骨架,更是倍受其害。2000年1月14日,交通部颁布第2号令《超限运输车辆行驶公路管理规定》,为依法保护公路提供法律依据。从2000年开始,全省高速公路认真贯彻落实省委、省政府超限超载治理各项决策部署,按照省交通运输厅统一安排,坚持"不准放、不准罚、不准卸"的工作原则,充分发挥高速公路封闭式管理优势,重点加大入口治理力度,特别是2007年12月19日山西省政府启动拉网式、无缝隙治超总行动以来,全省高速公路在"政府主抓、部门联动、属地管理"总体框架下,严格落实省政府223号令和224号令,推广应用不停车快速检测系统,全面实施计重收费,建立三级治超联网监控,在全省范围内形成以"科技治超"为引领的高速公路网络化治超体系。

一、"九五"时期

2000年4月,全省治超工作拉开帷幕。9月15日,省政府颁布《关于加强超限运输车辆行驶公路管理的通告》(晋政发〔2000〕31号),10月9日零点正式启动全省干线公路超限运输治理工作。

经省政府批准,全省高速公路设立4个超限运输检测点,由省管局管理,每点配备执法人员25人。各超限运输检测点严格执行《山西省公路超限运输检测点管理暂行办法》(晋交法字〔2000〕248号)、《关于超限运输车辆收取路面损坏赔(补)偿费有关事项的补充通知》(晋交法字〔2000〕297号)、《关于超限运输车辆货物装卸以及保管收费标准的通知》(晋交法字〔2000〕458号)等规定,加强治超站点管理,严格货运车辆检测,治超工作取得一定成绩。

二、"十五"时期

2003年12月1日零时起,华北地区五省(市、区)统一开展联合治超行动。2004年4月30日,交通部、公安部等国家七部委印发《关于在全国开展车辆超限超载治理工作的实施方案的通知》(交公路发〔2004〕219号);5月27日,省政府下发《关于全面开展车辆超限超载治理工作的通知》,成立山西省治理车辆超限超载工作领导组,全省治超工作由行业行为转变为政府行为。

全省高速公路管理系统认真贯彻落实国家、山西省治超政策,2004年4月,省高管局、省公安厅交通管理局共同制定《山西省高速公路联合治理超限超载的实施意见》,4月20日启动全省高速公路超限超载集中治理行动,坚持"不准上、不准放、不准堵"原则,严格执行交通部制定的治超工作的"五不准",做到"政府通告、认定标准、检测程序、站点责任人、监督电话"五公开,"设施、人员、经费、措施、制度"五到位,建立各路段有机配合的工作保证机制、与当地公安高速交警部门工作治超的协作机制、内部自我监督的检查机制。经过不懈努力,"十五"末,全省高速公路路产损失大幅降低,交通事故显著下降,高速公路通行环境有了较大改善。

三、"十一五"时期

"十一五"期间,特别是2007年12月19日全省开展新一轮无缝隙拉网式治超攻坚战以来,在"政府主抓、部门联动、属地管理"总体框架下,在省交通运输厅正确领导下,省高管局严格落实省政府223号令和224号令,层层签订工作目标责任书,形成了省高管局、各高速公路运营单位、各治超检测点三级垂直管理体系。充分利用联网收费计重系统和不停车治超检测系统,实行出口收费站对入口治超检测点的核对倒查。加大科技治超力度,建立入口检测站点网络监控信息系统,自主研发治超不停车快速检测系统,并在具备条件145个收费站安装使用。推进综合治理、联防联控,全面实施计重收费,形成法律、行政、经济共同治理局面。通过三年坚持不懈努力,"十一五"末,全省高速公路入口非法超限超载率降至0.2%,车货总重55t以上的非法超限超载车辆基本杜绝,治超工作取得阶段性胜利。

四、"十二五"时期

"十二五"以来,全省高速公路管理系统把治超工作重心主要放在巩固扩大治超成果。累计投入8000余万元,对159个治超站点实施"一岗双磅"改造,完成5个省界检测站预检系统和93条"宽高检测仪"车道,实现全省高速公路治超站点所有治超车道不停车检测,大力提高治超科技含量,从根本上解决"逢治必堵"难题。相继投资2000余万元,在134个治超站点实施治超联网一期工程,在相邻210个治超站点和收费站点安装超限不停车检测与收费软件联动系统,更加强化入口治超检测数据和收费出口称重数据相互倒查的闭合监督管理。狠抓治超法制化规范化建设,起草修订《山西省高速公路管理条例》中超限运输管理章节,出台配套《公路超限检测站及人员管理办法》等,编制《治超权力运行风险防控网络图》,开展治超星级信誉考核公示评比活动,规范治超人员阳光执法、文明执法行为。

2016年,全省高速公路建成平阳郝家庄等5个省界超限检测站,实施安装青银、二广、京昆三条国高网路段货运车辆交通流量大的11个治超站点"宽高自动检测仪",有效提高检测效率和精准度。按照8月18日全国治超工作电视电话会议精神,统一更新全省315个高速公路治超站点公示栏内容,集中组织3000余名治超人员对国家治超新政策进行学习培训,升级改造现有492套超限检测系统。截至2016年底,全省高速公路315个治超站点共检测货运车辆7598万辆,入口发现非法超限超载率始终控制在0.1%以下。

第七节 信息化建设

一、"十五"时期

以信息化、网络化、智能化手段提升全省高速公路现代化管理水平,是"十五"期间实现全局跨越式发展新目标。省高管局大力构建高速公路智能专网,初步建立两大系统。

(一)由监控系统、收费系统、通信系统组成的机电管理系统

2003年9月28日,伴随大运高速公路全线贯通,全面实施高速公路机电一体化建设工程,包括1个省级收费监控中心,7个收费监控通信分中心和75个收费站的通信、监控、收费系统,在全国率先一次性完成1000余公里高速公路三大机电系统的联网。

(1)收费系统在全省范围内实现联网收费一卡通。开发满足不同技术需求与管理需求的功能齐全、界面友好、具有扩容升级功能的收费软件系统。实现收费站—片区中心—省中心收费数据的实时传输,保证联网收费拆分账的正常进行与收费业务及图像稽查的

远程管理。网络结构为省中心收费监控局域网、各片区中心收费监控局域网、各收费站收费监控局域网共同形成全省高速公路收费业务广域网。收费数据通道为：收费站—片区中心采用 E1 通道传输方式，片区中心—省中心采用以太网 10/100M 口传输。实现全省联网高速公路的 MTC＋ETC 组合式收费，并在部分路段 44 个收费站开通 88 条 ETC 车道。双界面双片式 ETC 技术的 MTC＋ETC 组合式收费系统，根据需要可在全省任意收费车道增加 ETC 车道，而全省收费系统均兼容双片式 ETC 技术，无需做任何改动，做到无级平滑地升级过渡到 ETC 系统，使整个联网收费系统具有较强的前瞻性和扩展性。

（2）视频监控实现全省三级联网。以 IP over SDH 技术进行图像的远距离传输，全天候监控整个高速公路网，视频监控范围 230km，实现收费监控站、分中心、省中心三级省域 IP 视频图像监控网络并自由切换和控制图像。各片区中心可直接调用控制所属各收费站广场、车道、岗亭及主干线图像，省中心可调用控制全省各联网高速公路所有视频图像。采用的是模拟＋数字的混合视频组网及三网合一的组网方式，即收费站至分中心采用模拟或数字非压缩光端机传输方式，分中心至省中心采用数字压缩方式以 IP over SDH 技术进行远距离传输。另外有一个片区采用全数字化三网合一方式，图像在收费站直接进行数字压缩编码，通过通信系统 IP over SDH 技术和组播方式向分中心和省中心传输。省中心和三网合一的片区采用计算机网络控制方式，其他片区采用矩阵硬件控制方式。这样既优化传输方案和控制方案，又充分利用旧路段原有设备，保护已有投资，同时减少通信系统配置，极大降低省中心扩容压力。

全省高速公路监控系统除视频监控外还涉及视频车检系统、可变情报板、可变限速标志、气象检测装置等道路交通信息、路况信息、气象信息的采集与发布系统以及隧道监控系统，在一些路段还采用如"无线遥控可变交通标志光纤信息显示屏""高速公路太阳能雾区警示系统研究"课题成果，对一些新技术进行有益尝试。

（3）通信系统实现全省范围内语音、数据、图像的实时传输。山西省高速公路通信系统采用 SDH STM-16 2.5G 光纤同步数字干线传输系统与 STM-1 或 STM-4 光综合业务接入网系统相结合的传输体制，为全省联网高速公路通行费拆分账数据、监控图像、交通指挥调度以及语音信息的传输提供通道。大运主线采用 2.5G 干线传输，太旧、吕梁为 622M 干线传输，各综合业务接入网采用 STM-4 622M 或 STM-1 155M 传输方式。为引入竞争机制，避免造成技术垄断，选用深圳中兴和深圳华为两家国产设备，基本以太原为界，分为南北两个骨干网，北网主要采用华为通信系统，南网主要采用中兴通信系统，省中心设两台 ADM（分插复用设备）设备，两套网管系统。

（二）由 96565 客服子系统、对外传媒子系统等模块组成综合信息服务系统

开通全省统一的特服热线 96565，实现有关高速公路业务查询、业务咨询、用户投诉、

紧急救援、增值等业务全天候服务于社会。"十五"期间,共受理查询、投诉、救援热线电话 23.6 万余次,向社会发布信息 8.1 万条,基本满足广大驾乘人员出行需求。此外,还大力完善全省高速公路信息网、信息数据库、高速网站建设,初步建立起全省高速公路各业务管理子系统,并与各运营单位链接,实现全局网上资源信息共享。

二、"十一五"时期

"十一五"期间,全省高速公路以信息化推进管理现代化,倡导主旋律,全系统紧紧抓住历史发展机遇,从根本上推进运营管理信息化、网络化、智能化。

(一)大力实施管理服务平台建设

2006 年年底全面实行货车计重收费,2008 年实现非现金刷卡收费(牡丹晋通卡),2010 年开通各出省口、地级市、国家级旅游景点 43 个收费站 88 个车道不停车收费,基本形成以智能收费促进快速放行的现代服务体系。一是充分利用现有的联网收费和交通流量调查等数据,依托北京大学信息学院完成面向联网收费数据高速公路交通决策支持系统的建设,初步建立集指挥调度、应急处置等为一体的智能决策系统。二是以三大机电系统为支撑,建成全省高速公路专网视频会议和远程教育系统,建立全省高速公路收费运行监控稽查数据模型,构建全省高速公路收费网络安全系统,完成省厅"1166"信息化建设的交通通信专网工程,搭建起全省高速公路信息化网络管理平台。三是以公众需求为导向,升级省信息监控中心的短信发布平台,建成交通量和特殊事件自动检测系统、高速公路电子地理信息系统、手机定位子系统、信息诱导系统,启用 12122 客服电话,真正建立起集数据采集、信息发布、出行服务为一体的综合信息服务体系。"十一五"期间,全省高速公路客服热线呼入 1300 余万次,省信息监控中心发出紧急救援指令 1.1 万次,发布信息 28 万次。

(二)全省高速公路信息化建设"八项工程"

(1)1166 交通通信专网工程建设。新建管道 76.477km,置换管道 63.1km,布放光缆 224.74km,构建以省交通运输厅为核心,辐射全省各地市交通、运管、执法、高管等各业务单位通信骨干网,实现全省交通系统数据、视频图像的正常上传和视频会议电视、应急指挥平台业务功能。

(2)省信息监控中心二期工程建设。构建全省高速公路片区中心到省中心收费数据传输公网备份链路,建立全省高速公路收费网络网管系统与网络安全系统,搭建以 GIS 系统、信息采集系统与手机定位系统为主的高速公路监控业务子系统,实现车流量实时采集,及时处理拥堵。

（3）高速公路高效照明试点改造工程建设。应省发改委、省财政厅及省交通运输厅对高效照明产品推广工程要求，对小店收费站、清徐收费站、清徐服务区、燕家岭隧道等进行LED节能照明改造，用LED灯更换传统高压钠灯，并通过对改造前后节电率、光照度、投入产出比等指标对比分析，为高速公路节能减排积累实际分析数据与技术经验。吕梁、长邯、晋阳等路段也分别在隧道以及部分收费站、服务区进行灯具改造，取得明显效果。

（4）全省治超联网工程建设。为有效整合和优化配置路政治超管理资源，提升治超管理智能化水平，实现省域治超数据与图像联网共享，做好干线公路大检查迎检工作，在省厅、省局领导下，积极推进山西省高速公路治超联网系统一期建设项目，建设规模为134个治超检测点的136条不停车检测车道（检测线）、15个路段治超办及省高管局治超办的系统改造与联网，实现治超数据、治超图像三级联网共享。

（5）内网审计及安全工程建设。组织实施收费网络内网审计及安全整改工程以及网络防病毒软件部署项目，重点建立防病毒、入侵检测、安全认证、数据加密、容灾备份等系统，按照"等级保护、分域防护"的策略，建立起系统分域保护框架，通过9个片区中心、2400个点软件布设，实现全省收费系统外设端口、移动介质、文件拷贝等的集中监控管理，与杀毒软件、入侵检测和防火墙系统构建起全省高速公路收费系统坚固的安全防护体系。

（6）服务区信息化建设。统筹规划建设标准体系，提供建设技术指导支持，在24个服务区分别安装电子监控和可变情报板，80%的服务区实现刷卡消费，为过往驾乘人员提供优质服务和良好消费环境。

（7）非现金结算系统建设。围绕省交通厅"在高速公路推行收费站刷卡交费"便民承诺，进行全省高速公路非现金结算系统项目建设，搭建专用传输通道，优化收费网络质量，提升网络安全等级，扩大核心设备容量，实现通行费电子支付目标。

（8）办公自动化建设。加强电子政务建设，积极推行网上办公，建成覆盖省高管局机关计算机局域网络，初步实现网上公文流转，提高办公效率。各基层单位中，已建成OA系统的有11个公司，为全省管理信息系统省域联网和OA办公系统整合奠定了坚实的基础。

（三）着力加强重要课题研究

省高管局紧紧围绕信息化建设，不断加大科技创新力度，2007年开展《山西省高速公路联网收费系统接口软件开发》《高速公路收费网络监管及安全管理策略》《高速公路隧道照明控制系统应用研究》《高速公路管理信息网省域联网规范》《OA系统深层次开发》等课题研究，为全省高速公路收费系统互联互通、收费网络安全、智能化监控联网、信息系统全省联网等提供了规范化指南。2008年加大H.264视频技术的研发及推广力度，与长安大学共同开发自主知识产权的被动兼容解码包以及控制协议,以实现多家H.264视频流的统一解控与互联互通,最终打破一家垄断的局面,减轻通信压力,提升对外服务能力,提高对内管理水平。同时,结合全省高速公路视频监控现状,开发综合视频管理平台,实现H.264与现有MPEG2+模拟视频传输体系的有机融合。2009年组织完成《收费网络安全监管策略研究》《高速公路监控联网智能化管理平台》《山西省高速公路管理信息网省域联网规范化研究》等课题研发工作,为高速公路收费网络安全、智能化监控联网、信息系统全省联网提供规范化指南,3个课题项目经省科技厅鉴定,均达到国内领先水平。2010年完成《山西省高速公路紧急事件运营调度应急管理研究与系统开发》《山西省高速公路通信网技术要求研究》等课题研发工作,为建立高速公路现代化的交通应急保障体系和应急处置协调联动机制、通信系统全省联网提供了规范化指南,2个课题项目经省科技厅鉴定,均达到国内领先水平。同时,为保证新建高速公路视频监控的顺利并网,与相关科研设计机构协作研究,在国内首家制订出《山西省高速公路监控联网技术要求》,重点制定H.264视频编解码硬件互通标准,并在此基础上开发技术测试平台,保证新建路段视频监控联网,为新路段设备选型提供依据。

三、"十二五"时期

"十二五"期间,根据国家《公路水路交通运输信息化"十二五"发展规划》和全省高速公路基础设施逐步成网成型实际,在物联网、云计算、大数据等现代交通技术推动发展下,全省高速公路信息化应用已成为行业发展主要特点和推动力,通过数据资源整合共享和营运管理平台搭建应用,逐步完善信息化系统建设,实现全省高速公路高效管理,充分发挥信息化对发展现代交通运输业的支撑和保障作用,提高公众信息服务水平,增强安全监管和应急处置能力,促进行业可持续发展水平。

(一)全省高速公路信息化与标准——一个规划,四个要求

全省围绕交通运输部公路水路交通运输信息化"十二五"发展规划及"四个交通"目标,先后出台《山西省高速公路信息化"十二五"发展规划》《山西省高速公路通信系统联网技术要求》《山西省高速公路监控系统联网技术要求》《山西省高速公路收费系统联网技术要求》《山西省高速公路超限检测系统联网技术要求》。

(二)高速公路信息化十大应用系统

2003年9月,山西省高速公路一次性同步实现通信、收费、监控三网一体联网运行,重点是全面升级三大机电系统,并应用"互联网+"理念,贴合行业管理需求,完善养护、路政、机电设备、紧急救援、安全应急五大管理系统,建设完成治超、服务区两大联网系统,

构建服务行业管理的路网运行综合信息平台和服务社会公众的公众交通出行信息服务平台。

1. 通信网络系统

根据规划及联网技术要求,山西省高速公路通信系统伴随着高速公路逐步建成,形成覆盖全路网的光同步数字综合骨干网与接入网为一体的通信专网,并依托高速公路专网延伸到11个地市,形成了交通专用通信网平台。

2. 收费联网系统

实现省中心、片区中心和收费站三级架构的MTC+ETC组合式联网收费,系统及设备联网覆盖省中心、12个片区中心、283个收费站、2415条收费车道(2151条MTC和264条ETC)、计重收费、不停车治超、治超收费联动等;基本建成收费站—省中心的公网备份系统,实现收费网络备份;初步构建省中心、片区中心及收费站的立体网络安全保障体系。

建设收费数据"863"分析系统。该系统对路网内海量数据进行抽取、转换、分析和其他模型化处理,提取辅助营运决策关键性数据,发现数据中存在关系和规则,预测未来发展趋势,同时系统还通过新型管理模式,量化绩效考核、人员管理数据,以标准化、数据化、信息化形式搭建监管平台,为管理者提供有力决策支持管理工具。八个日常监管功能包括:车道开启状况监管系统、放行速度自动考核系统、顾客满意度自动测评系统、收费站信息服务提示系统、收费现场实时监控系统、PSAM卡安全监管系统、收费设备运行状态监测系统、发卡差错率自动分析系统;六个日常指标调度机制,即网上下发应急指挥指令机制、免费车辆白名单管理机制、非正常车辆自动排查和稽查机制、向上级管理机构进行情况汇报和紧急请示机制、收费数据实时上传、实时拆分和上下访问机制、黑名单车辆及特殊车辆管理机制;三个数据挖掘分析系统,即通行费按日旬月自动拆分、汇总、对比分析系统;不同车型车流量、通行费自动分析对比系统;收费车道通行量考核分析系统。

3. 监控联网系统

监控联网系统包括集道路监控和隧道监控为一体的监控联网管理系统、路况信息监控管理系统。

道路监控系统包括沿线车辆检测器、可变信息标志、气象检测器、视频监控等设施;隧道监控系统包括隧道内各类专业监控设备、PLC、CO浓度检测和能见度检测器、光强检测器、可变信息标志、视频监控设施等。通过整合,已经基本建成覆盖全省省中心和12个片区、45个路段,集交通监控与视频监控为一体的监控联网系统,实现信息交互,达到对全省高速公路路网的整体运行监测和管理。

路况信息监控管理系统是基于web开发的、覆盖全省所有运营高速公路的事件管理系统,各运营单位通过统一门户,实时填报影响道路通行的各种突发事件,运营管理单位通过唯一、实时、准确、规范的信息为道路运营管理提供信息决策支持。

4. 养护管理系统

基于公网,采用 B/S 架构,搭建全省高速公路养护管理系统。系统包括养护、工程、安全、机务管理四大模块,可以全面、系统、实时查询路网内所有构造物的基础信息和技术性能参数;通过每年一次检测系统导入或者人工定期填写路况数据,形成整体路况性能指标统计分析数据;参照养护目标值,结合实际路况指标,自动生成养护计划、检修方案、经费预算及其他决策分析。系统能够实现养护日常工作、道路技术状况、路况突发事件处置、工程计划管理、施工企业资信、安全隐患排查及治理、机械设备使用管养情况等有关业务数据的网络化管理。

5. 路政联网管理系统

基于公网,采用 B/S 架构,建成山西省高速公路路政联网管理系统,可对路政巡查、路政执法、路产管理、应急救援等工作进行全面管控,可全面、系统、实时查询和录入所有路产基础信息和路政执法信息,并统计分析。公众可通过网络查询事故案件处理结果、超限处罚信息、清障信息。此外,可整合利用已有路政管理系统、GPS、GIS、巡逻车辆无线视频等系统,对路政巡查、路政执法、路产管理、应急救援等工作进行全面管控;可以全面、系统、实时查询和录入所有路产基础信息和路政执法信息,实现无线远程路政执法,实时进行指挥调度,提高事故处置效率与紧急救援能力。

6. 机电设备管理系统

开发并推广基于 web,面向全省各高速公路运营单位的,对高速公路所有机电系统及设备进行资产管理和巡检维护考核管理的机电系统信息化管理平台。平台主要功能包括:全面、系统、实时查询路网内所有机电系统的基础信息;通过系统网管自动巡检结合人工巡检方式,实现系统完好率的自动统计、分析与查询;实时监管系统网络和设备的运行状态和维修过程,并形成相关指标的考核评价结果。

7. 紧急救援客服系统

"12122"高速公路紧急救援客服系统实现省中心与 12 个片区中心救援座席统一管理,可第一时间接受事故信息和救援请求信息,并可对话务量、接通率、事件类型、事件处理时效进行统计分析,可灵活实现与"12328"客服热线、省市交通台等部门的连接,降低客服系统呼损率,提高高速公路紧急救援效率。

8. 安全应急系统

安全应急系统通过应急演练管理、应急预案管理、安全隐患管理、重大事件处置救援评估等模块,实现对安全应急管理业务的网络化、数字化支撑。

9.治超联网管理系统

"山西省高速公路治超联网系统一期工程"项目已实施 15 个路段公司 134 个治超点 136 条不停车检测车道(检测线),形成治超点—路段公司—省高管局治超办三级联网。可实现省高管局治超办对所辖各路公司及治超点超限数据及视频图像的管理,满足各级治超机构特别是省高管局治超办对超限车辆倒查要求。主要功能有:可按照时间、车道号、车型、车号等条件进行综合数据查询;按照不同维度,统计时间段内总过车数、超限车数、超载率等信息,并形成统计图表;能够实现对通行证、黑名单、执法表进行增、删、查、改等操作管理。

10.服务区监控系统

建立集 PDCH 自动巡检系统、远程视频管理系统、卡口系统、广播系统、传媒触摸屏以及无线 WiFi 覆盖为一体的服务区监控系统。通过 PDCH 自动巡检系统、视频监控系统、卡口系统和人工填报数据的集成应用,能够实时跟踪和更新超市、餐厅、修理厂、加油站等提供产品和服务,并通过可变情报板、传媒触摸屏、广播等信息发布方式来及时告知顾客服务内容;通过自动巡检和远程视频监控系统,监督考核和随时抽查各个涉及服务质量及安全关键环节。

(三)两个综合应用平台

随着高速公路业务管理需求不断变化和信息化技术不断发展,行业发展所面临的管理与服务需求对数据信息资源整合与挖掘分析、综合应用提出新要求。为适应发展需求,高速公路行业联网数据整合挖掘方面应用有:

1.路网运行综合信息平台

以路网相关静态信息、道路外场数据(情报板、车检器、气象检测器、视频监控)、12122 紧急救援客服系统、各路段值班值守系统(TIMS)填报数据、通行费量数据、交通气象数据为基础,通过对联网监控数据的汇总、统计、分析,将专网数据与公网数据、内部业务数据和行业外公共数据有效融合,形成集省中心—片区中心—路段(隧道)三级路网运行综合信息平台。通过业务概览、外场设备、交通事件、交通气象、交通运营、交通态势、统计分析等模块,实现对路网实时信息监控,基于 GIS 地图展示全省高速路网道路状况、交通流状况、气象状况、设备运行状况以及事故事件告警、情报板信息、视频监控图像等各类业务信息,对事件、通行量费等主题的统计分析。

同时,在平台中整合链接养护管理、路政管理、机电设备管理、安全应急管理、服务区视频监控、气象预警平台等主要业务系统,实现统一界面下的宏观路网运行监测和对路网的可视、可测、可控。

2. 公众交通出行信息服务平台

公众交通出行信息服务平台是山西省高速公路发布实时信息和提供互动交流的信息查询服务平台。依托山西省高速公路联网信息系统,整合公路基础信息、公路交通气象信息、实时路况信息、事件预报预警信息、路径诱导与预计用时信息、占路施工等出行相关信息资源,以公众出行服务网站、客服电话、移动智能终端、短信服务平台、宣传手册、广播系统、微信平台以及道路可变情报板等多种信息服务手段,在出行全过程中向社会公众提供内容个性化、服务手段多样化的交通信息服务,满足社会公众对"出行前""出行中"不同阶段需求。引导公众高效、便捷、舒适地出行,切实提高交通行业主管部门的公众服务能力和水平。

2016年,省高管局启动全省高速公路"十三五"信息化建设发展纲要编制,确立全省高速公路信息化发展"11248"架构。充分运用互联网+运营管理,养护巡查路径实现GPS轨迹定位,机电系统管理率先实现手机APP巡检;升级改造ETC联网安全系统,实施省中心联网核心设备更新扩容;完成H.264视频监控联网改造工程。积极推动互联网+出行服务,充分发挥全省12个片区中心作用,有效拓展"八大"出行信息服务网络。2016年,省中心客服系统累计呼入量68.74万次、人工接听量15.98万次,发布信息1.4万起,下达紧急救援指令4003次,共受理"12328"事项268件,办结率100%。

第八节　安全生产和应急管理

高速公路作为服务国民经济和社会发展的基础设施,安全生产始终是行业管理重点,确保高速公路安全畅通始终是山西高速各级管理机构的使命所在。长期以来,特别是"十一五"以来,山西省高速公路管理系统认真贯彻落实党中央、国务院以及省委、省政府有关安全生产工作的方针政策,严格执行安全生产法律法规和规章制度,不断提高对安全生产工作重要性认识,切实加强安全生产工作组织领导,严格落实安全生产责任制和各项工作措施,逐步夯实安全生产管理,健全应急保障体系,努力为经济社会发展和人民群众便捷出行提供安全畅通的高速公路通行环境。

一、"九五"时期

"九五"期间,太旧、太原东环段、晋阳、原太、太原南环段、京大、夏汾先后建成通车,采取一路一公司或一路一管理处的运营模式。各单位结合所管辖路段实际情况,从整章建制等基础工作抓起,成立安全生产管理部门,制定安全生产管理制度,建立安全生产检查、隐患排查等机制,认真落实安全生产责任制,层层签订安全生产目标责任书。加强安全生产教育培训,每年组织开展"安全生产周",围绕"遵章守纪,保障安全""加强管理,保障安全""落实责任,保障安全""安全、生命、稳定、发展""掌握安全知识,迎接新的世纪"等年度主题,采取张贴标语、悬挂横幅、举办讲座等多种形式,重点宣传学习安全生产法律法规和安全操作规定安全知识,不断增强全员安全意识,提高安全生产技能。持续开展安全生产大检查,每年按照省交通厅的部署要求,以桥梁、隧道、高边坡、急弯陡坡等为重点,扎实开展安全隐患排查治理;深入开展"反三违月"活动,开展"三违"隐患自查自纠,重点整治养护施工作业中的不规范、不安全行为,确保全行业安全稳定。

二、"十五"时期

"十五"期间,全省高速公路从路段管理步入路网管理,面对新的发展形势,省高管局以科学发展观统领安全生产工作,紧紧围绕高速公路管理中心工作,坚持"安全第一、预防为主、综合治理"工作方针,按照"谁主管、谁负责"原则,以"保从业人员生产安全、保收费资金安全、报网络监管安全、保路政治超畅通安全、报重点工程施工安全、保道路桥梁运营安全、保服务区食品油品安全"为重点,严格落实安全责任制,狠抓基层基础建设,强化安全隐患排查治理,全力以赴保障高速公路安全畅通。

(1)建立健全安全生产责任体系。以安全目标为基础,坚持"谁分管、谁签字、谁负责"和"管生产必须管安全"预案,按照"纵向到底、横向到边"要求,把安全生产责任落实到每个岗位、每个环节、每个人员,建立主要领导全面负责、分管领导具体负责、其他领导一岗双责、成员单位各负其责、安全部门协调管理的安全生产责任制和安全管理机制。把安全生产纳入年度考核内容,每年签订安全生产目标责任书,实行安全生产一票否决制,年终考核安全指标不达标的单位一律不能评先选优。

(2)加强安全生产宣传教育。以每年"安全生产月"为主要载体,围绕2002年"安全责任,重于泰山"、2003年"实施安全生产法,人人事事保安全"、2004年"以人为本,安全第一"、2005年"遵章守法,关爱生命"主题,积极组织开展宣传活动,制定可行活动方案,精心组织每年6月"安全生产月"活动启动仪式暨宣传咨询日活动,各单位在收费站、服务区、高架桥、隧道、施工现场等醒目位置悬挂大型横幅,散发安全生产法律、法规宣传单,以宣传国家有关安全生产法律法规、安全生产知识和安全生产管理制度为主,以增强全体干部职工的安全意识和防范事故的能力为重点。充分利用可变情报板、版面、横幅、宣传单、广播、电视等进行宣传。并有针对性地组织"安全生产月"知识竞赛活动,全面提高全员安全生产素质,保证安全生产宣传针对性和实效性。大力开展安全生产知识培训,2004年在全系统组织开展《安全生产法》《安全生产管理制度》《特种作业人员安全技术培训考核管理细则》等内容学习教育,落实生产经营单位从业人员任职、上岗培训考核要求;2005年组织各单位专职安全员和主管安全领导进行一次业务培训,针对基层单位安全管理人员进行岗位业务轮训,加大对使用民工的安全管理和安全知识教育,预防民工重大伤亡事故发生。

(3)狠抓安全隐患排查治理。针对山西高速公路坡陡弯多特点,采取单位自查与省局抽查相结合、单位全面检查与省局重点检查相结合、前一年隐患整改巩固与后一年隐患排查相结合的"三结合"方式,深入开展安全隐患排查,对排查出的安全隐患,进行全面梳理、分类、建档,做到"一患一档"。对一般隐患,限期整改消除;对短期不能完成整治的重大隐患,采取预防措施,制订应急预案,加强预警监控,逐级上报解决。大力实施"安保工程"建设,2003—2005年共投入600万元,重点对视距不良、连续下坡等隐患进行专项整治,有效提高道路安全系数。

(4)强化应急管理能力。"十五"期间,省高管局出台《山西省高速公路管理局安全生产管理应急预案》,制订26个预案,形成覆盖整个高速公路的安全管理应急预案体系;加强"生命绿色通道、消防安全通道、清障救援通道"建设,与交警部门大力实施路警一体化联动执法,提高对各类突发事件的快速反应能力和应急处置能力。

三、"十一五"时期

"十一五"期间,面对重型货运车辆的持续增长与社会公众出行更加频繁,省高管局坚持把解决道路拥堵、确保安全畅通作为第一要务,充分拓展路网资源、大力提高路网安全系数、全面加强应急处置合力。

(1)因地制宜,重点突破。投资32.493亿元,分期分批对20处瓶颈拥堵节点进行拓宽改造,对运营时间长、车流量大的384km路段进行全面大修改造,完成太旧、运三等爬坡车道加宽工程,集中实施36个收费站24个治超点改扩建,建设长邯、祁临等重点产煤县市的道路连接线,车辆拥堵现象得到有效缓解。

(2)把人的生命放在至高无上的位置。投入3.537亿元,改造行车隐患路段约75km,消除55座三类桥,完成风陵渡黄河大桥等20座桥梁维修加固和病害处治;组织40余处连续纵坡、急弯陡坡路段和省政府挂牌督办的汾离交通事故易发段的集中整治,实施太原东环桥梁防撞护栏及夏汾、太旧中央分隔带防眩板等加固工程,综合治理祁临等6条路段高边坡安全隐患,全省高速公路路网安全系数明显提升。

(3)加强应急处置能力建设。编制全省高速公路与各运营路段总预案、专项预案和部门预案,形成上下相互衔接、完整配套的应急预案体系。组建省局、公司两级应急抢险队伍,建立覆盖全省高速公路区域范围的17个应急物资储备库,建设由30余台大中型清障车、大型起重设备和沿线有关单位大型吊装设备配合组成的应急保障基地,形成路政巡逻、片区中心、省中心三级联动信息报送网络,完善全省高公路应急基础管理体系。制定省高管局、省交管局高层季度联席会议制度,建立公司与高速交警合署办公、联勤联动工作机制,积极推进路警双方重大问题高端层研究决策、事务问题执行层互相协调、具体问题操作层共同实施的工作机制,将优势资源统筹规划、合理布局,从上至下形成路警联合处置突发事件的强大合力。成立60km范围内的路政中队、养护工区、收费站、服务区及高速交警为一体的56个突发事件应急小组;完善与冀陕豫省界路段路况信息互通机制,尤其是针对青银高速公路日通行量均大大超过设计负荷,省界路段拥堵频发,省高管局与陕西交通建设集团签订晋陕共建文明高速框架协议,山西太旧高速与河北石青高速公路、山西吕梁高速公路与陕西吴靖高速公路均建立应急处置联动和定期会商机制,全方位的应急处置联动架构初具规模。

2008年圆满完成奥运保畅任务、2009年取得抗冰雪灾害全面胜利,2010年车流大幅增长情况下,路警双方同力协作,确保山西境内青银高速公路国道主干线畅通,受到社会一致好评。2010年后期全省高速公路道路拥堵频次和时间下降近20%,车辆行驶时速平均上升10km。全省高速公路总体顾客满意度由2007年79.6上升到2010年86.78。

四、"十二五"时期

"十二五"以来,省高管局牢固树立"以人为本、生命至上、安全发展"理念,紧紧围绕事关全省高速公路路网运行安全核心要素,落实安全责任,整治安全隐患,夯实基层基础,确保全行业安全生产形势持续稳定好转。

(一)全面落实安全生产责任制

认真贯彻《中华人民共和国安全生产法》,建立"党政同责、一岗双责、齐抓共管"责任体系,开展"知责、履责"活动,完善目标管理、隐患排查、挂牌督办、整改销号、责任追究、"一票否决"等安全管理制度,编制《高速公路运营管理企业安全生产标准化章程(试行)》,行业监管责任和企业主体责任得到全面落实。

(二)大力提高道路本质安全度

以"平安交通"建设为抓手,深入开展安全生产大检查、"六打六治"打非治违等专项行动,重点实施连续纵坡和事故多发地段整治、青银线护栏设施改造等安保工程,全面加强新通车路段高边坡、防排水设施等的巡查观测和隐患治理,提高路网安全系数;强化施工现场安全管理,建立施工前审计、许可审批流程,实行养护改造工程和交通组织方案路警"双审制",放大布设养护作业控制区范围,确保施工现场安全。

(三)突出抓好桥隧安全管理

深刻汲取晋济高速公路岩后隧道"3·1"事故惨痛教训,按照省政府要求和省厅部署,对全省121座隧道监控供电系统和112座隧道水消防系统进行全面改造;大力拓展各特长隧道站已有监测及事件检测、火灾报警、电力监测等八大系统,交通异常发现率大幅度提升;编制3km以上隧道应急预案操作手册,组建64支应急救援小分队,配备消防应急电动摩托车110余台,并与沿线消防专业应急队伍建立联动机制,隧道突发事件处置能力得到有效提升。把桥梁安全运行作为重中之重,五年共计投入桥梁检测费用7360余万元,实现每年对大桥特大桥、每三年对全省高速公路桥梁进行检测;累计投入资金近3.6亿元,累计对800余座桥梁病害进行处治和维修加固,全部消灭四类以下桥梁,一、二类桥梁达93.2%;升级桥梁管理系统,开展桥梁健康检测预警系统试点,建立桥梁养护责任体系,桥梁养护管理迈上新台阶。

(四)加强应急保障管理体系建设

按照新修订的《山西省高速公路管理条例》,对省局总预案、专项预案、运营单位预案进行修订完善,制定每座特大桥隧专项预案,初步形成上下衔接预案体系。整合应急管理原有的"一网六库",建立省局《安全应急管理平台》;依托全省高速公路养护工区,相继完成102个养护应急处置中心(基地)建设,46个公司(建管处)均设立由路政、养护组成的应急常备队伍,建立完善应急处置的全方位保障体系。"十二五"累计投资4559.28万元,购置74台清障设备,重点充实隧道群及线形较差、车流密集路段,高效快速的清障救援体系日趋完善。根据车流拥堵及交通事故从偶发向频发的新常态,建立路警联合值班制度体系,签订隧道处置救援联动协议;在冀晋蒙陕四省联席会议的基础上,建立完善与河北石青、陕西吴靖、河南郑焦晋等省界19个路段的信息互通和保畅机制,全面构建路警和省际应急联动体系。

2016年,省高管局严格落实安全生产"两个责任"、党政同责"五个全覆盖",制定分级监管目录、安全生产责任清单。建立完善省局安委会季度联席会议制度,共同分析安全生产形势,确定阶段安全生产重点;积极开展安全生产标准化建设,出台《高速公路运营安全生产标准化章程》和《高速公路运营安全生产标准化考核指标》。积极推动"平安交通"建设,省局领导班子多次分赴忻保高速杨家湾收费站、吕梁高速军渡收费站等与当地政府进行沟通接洽,协调交警部门重点路段实行严管,加强与相邻省界收费站应急保畅联动,最大限度解决拥堵安全隐患问题;全面组织开展长大纵坡、急弯陡坡、养护施工作业现场三大安全隐患排查整治专项行动,重点在出省隧道内线形陡坡路段增设振荡标线、减速带100余处,增设标志64块;突出加强危化品运输车辆停靠服务区的管理,主要途径的50对服务区全部实行专区停放、专人引导、专册登记;有效提高防范应对恶劣天气能力,重点健全完善恶劣天气多发地段安全基础台账,从根本上提升路网本质安全度。全力加强应急管理能力建设,完成省局层面总预案和防汛、除雪防滑2个专项应急预案的修订;

组织开展应急演练240余次,重点实施以危化品车辆泄露、加油站消防安全、道路桥隧以及施工现场交通事故等实战型综合演练。完善全系统应急物资、应急队伍等基础数据库;着重在隧道累加长度超过20km太古、太佳西等4条路段配备隧道应急救援成套设备,并强化与高速交警联勤联动,应急整体处置合力明显增强。

第九节　迎国检工作

五年一度的全国干线公路养护管理检查,范围广、内容多、标准高,既是对全省高速公路养护与管理整体水平的一次全面评价,又是对高速公路养护生产和管理效果的整体考核。全省高速公路管理系统按照省交通运输部部署要求,统一思想认识、吃透检查方案,集中全行业智慧、凝聚全系统力量,紧紧抓住道路通行环境、规范化管理"两个关键点",精心组织,精准发力,全力以赴做好各项准备工作。

一、"十一五"时期

2011年,省高管局把迎接全国干线公路养护管理检查作为有效提升运营管理水平主要抓手,制订实施方案,逐级分解任务,细化工作指标,落实责任到人,明确完成时限。围绕抓住关键点、找准切入点、挖掘特色点三要素,大力消除道路"软肋",实施专项工程142项,路况质量指数创历史新高;全面实施亮化美化工程,完成省高网命名编号及标志改造工程,对收费站、服务区全面进行油漆粉刷,站容站貌、路容路貌焕然一新;将部检标准与绩效考核相结合,着重对"十一五"期间现场质量记录进行跟踪闭合验证,达到精细化管理真正落地;开发全国首家内业资料电子档案管理系统,实现规范化与信息化高度融合;总结提炼具有全省高速公路特色"八大亮点",集中呈现国检组各位专家,受到一致好评。"十一五"国检中,全省高速公路取得全国省区第九名的好成绩,并荣获全国交通运输系统先进单位荣誉称号。

二、"十二五"时期

2015年,按照省厅统一部署,制订迎检工作方案,围绕路面平整度、路面破损和路面车辙三项指标,对通车运行10年以上的政府还贷高速公路太旧、太原环城等9条老路段进行路面专项维修;督促经营性单位投入近6000万元,对120km 60万 m^2 路面病害进行处治。以学习国检标准推动自我完善,以做好迎检工作促进管理提升,重点对照《规范化检查评分标准》,分解细化为6大类169项内容,组织39个参检单位对五年来形成的内业资料进行梳理归纳,完善各业务精细化管理工作台账。"十二五"国检中,全省高速公路综合排名全国第24位。

第七章
文 化 建 设

第一节 交通运输行业精神文明建设

　　1982年以来,全省交通运输系统各级各部门党组织以党的十二届六中全会通过的《关于加强社会主义精神文明建设的决定》为指针,先后制定"七五""八五""九五""十五""十一五""十二五"行业文明建设计划,进一步明确精神文明建设在全省公路交通发展中的战略地位和根本任务,坚持两个文明一起抓,把精神文明建设列入各级党组织重要议事日程,用共同理想动员和团结全体职工,为实现交通运输现代化而努力奋斗,取得明显成效。

　　1991年3月6日,省交通厅党组研究决定成立厅精神文明建设领导组,厅长任组长,副厅长任副组长,下设办公室具体落实。自此之后,精神文明建设成为全省交通运输系统一项重要工作,更加引起各级领导高度重视,步入规范化建设新阶段。1992年5月25日,省交通厅晋交发〔1992〕31号文印发《山西省交通系统"八五"社会主义精神文明建设规划》。

　　1996年1月26日,省委、省政府晋发〔1996〕13号文印发《关于在全省开展学习"太旧精神"活动的决定》;6月23日,省委、省政府印发《关于向省交通厅学习的决定》;6月23日,太旧功臣表彰大会在工人文化宫举行,省委书记胡富国、省长孙文盛及省委、省人大、省政府、省政协、省纪委领导为116个集体、751名个人颁奖。有20个集体、40名个人被省劳动竞赛委员会授予"省重点工程建设功臣单位"和"省重点工程建设功臣"称号;6月30日,省交通厅党组召开太旧路建设暨交通扶贫"一优两先"表彰大会,对太旧路建设做出突出贡献的18个先进基层党组织、155名优秀共产党员、20名优秀党务工作者进行表彰;10月30日,省委印发《关于树立精神文明建设先进典型的决定》,省交通厅党组书记刘俊谦被树立为全省精神文明建设标兵。1996年12月,交通部在南京召开全国交通系统创建文明行业大会,推广太旧高速公路建设"修筑一条公路,带好一支队伍,创育一种精神"的成功经验,并播放反映太旧精神的政论片《热土壮歌》,产生轰动效应。1997年1月10日,省交通厅先后出台厅党组贯彻十四届六中全会决议的《实施意见》《精神文明建设"九五"规划》《开展创建文明单位活动的实施办法》《关于在全系统开展"两学一创"活动的决定》等一系列重要文件,加强对全系统精神文明建设的领导。7月27日,厅党组召开全系统精神文明建设先进典型暨示范"窗口"命名表彰大会,表彰一批先进集体和个人,从而使全系统学有榜样,赶有目标,营造良好精神文明建设氛围。10月,成功筹备全国公路系统创建文明行业大会,编印《三晋交通精神文明建设荟萃》一书,摄制《山西交通精神文明建设巡礼》电视片。省交通厅搞好精神文明建设的做法和取得的成绩,得到交通部领导和与会代表高度评价。交通部专门做出决定,在全国交通系统推广学习太旧精神。1997年,全系统共有15个省级文明单位,公路部门97%的分局、95%的公路养护段进入文明单位行列,交通征稽部门文明单位达到85%。厅直单位文明单位数接近50%。1999年,厅文明办先后出台《精神文明建设委员会工作制度》《全省交通系统创建文明行业实施办法》《全省交通系统创建文明行业考核条件和评分标准》,全系统创建文明行业走上规范化、制度化轨道。"九五"期间,全系统以提高交通职工素质和文明程度为目标,以深入开展"两学一创"活动为重点,大力实施"五大工程",开展一系列具有行业特点的群众性精神文明创建活动,规模大,范围广,内容丰富,效果好。在厅属处级单位中,先后有1个单位进入国家级文明单位行列,19个单位进入省级文明单位行列,全系统有58个集体荣获省部级先进集体称号,有179人被评为省部级劳动模范,有267人受到省劳动竞赛委员会记功表彰。

2001年,全省交通系统文明行业创建工作力度不断加大,文明程度显著提高。厅党组于4月2日和11月,分别召开全系统精神文明建设工作会议和传达贯彻交通部创建文明行业会议精神大会,印发精神文明建设"十五"规划,对深入开展"两学四建一创"活动作出安排部署;以党组会议纪要形式,作出进一步加强全行业精神文明建设工作的四条决定,在厅直党委增挂厅文明办牌子;每年保证不少于100万元的精神文明建设专项经费;加大创建文明行业工作在年度目标责任制中所占分值;把创建工作和中心工作进一步紧密相结合。"十五"期间,全省高速、征费、高管三大系统创建为全国交通系统文明行业,大运高速公路被评为全国"十佳交通运输文明畅通工程"。全行业有104个集体和234名个人受到省部级以上表彰,6个单位被交通部评为"创建文明行业先进单位",4个基层单位被交通部命名为"全国交通行业文明示范窗口",109国道山西段成为全国"文明样板路",全省跨入所有公路基本无"三乱"行列。到"十五"末,全行业省级文明单位达到70个,占全省总数九分之一。国家级"青年文明号"达到11个,省级"青年文明号"达到148个。

2006年,省交通厅印发《山西交通行业"十一五"社会主义精神文明建设规划》。"十一五"期间,全省交通运输行业紧紧围绕促进交通运输科学发展这个中心,以"学先进、树新风、创一流"活动为载体,以持续提高交通运输行业干部职工队伍整体素质为重

第七章
文化建设

点,以深入推进交通运输系统政风行风建设和文化建设为抓手,不断增强工作主动性、针对性和实效性,行业精神文明建设在促进交通运输快速发展、科学发展、安全发展、协调发展中发挥重要作用,为圆满和超额完成交通运输"十一五"规划各项目标任务提供强大动力和有效支撑。"十一五"期间,全省交通运输系统获得中央文明委表彰的全国文明单位1个,85个单位荣获省部级"文明和谐单位标兵"和"文明和谐单位"称号;8个窗口单位荣获"全国交通运输行业文明示范窗口"称号。大运高速公路被省政府和交通部联合命名为"千里文明高速路"。全省交通运输行业被授予山西省"文明和谐行业"称号。全省交通运输行业及所属公路、征费、高管系统被评为"全国交通文明行业"。共建成文明路8120km、文明车541辆(条)、文明和谐示范窗口154个,有600余人荣获"文明职工"称号。

2011年11月11日,省交通运输厅党组晋交党发〔2011〕113号文印发《山西省交通运输行业精神文明建设规划(2011—2015年)》,主要包括现状分析与形势要求、指导思想和主要目标、主要任务和基本要求、保障措施四章。省交通运输厅晋交文明〔2011〕631号文印发《山西省交通运输行业精神文明建设表彰管理规定》。分为总则、表彰种类、范围条件、评选程序、表彰奖励、监督管理、附则7章33条,自公布之日起执行。并附文明和谐行业、文明和谐单位、文明和谐示范窗口、文明职工(标兵)、精神文明建设先进工作者评选标准及申报表。11月25日,省交通运输厅全省交通运输系统精神文明建设暨创先争优推进大会召开,进一步掀起精神文明建设高潮(图7-1)。"十二五"时期,全省交通运输行业认真学习习近平总书记系列重要讲话精神,以践行社会主义核心价值体系为主线,以"学先进、树新风、建体系、创一流"活动为载体,紧紧围绕全省交通运输发展目标,坚持高举旗帜、围绕中心、服务大局、改革创新总要求,践行社会主义核心价值观,把精神文明建设、党的建设和文化建设结合在一起,进一步深化群众性文明创建活动,不断提高全省交通运输系统职工文明素质、行业文明程度和

图7-1 精神文明建设

"三个服务"水平。2013年10月以来,省交通厅党组深刻吸取腐败案件教训,把精神文明创建作为重塑形象、推进发展的重要抓手,取得显著成效。"十二五"期间,全系统有379人、103个单位(集体)获得省部级以上表彰,为全省交通运输转型跨越发展提供精神动力和思想保证。其中,有1个单位被授予全国"五一劳动奖状",2个单位被授予全国"工人先锋号",27个单位被评为全国"五型班组"等国家级荣誉;1人被评为全国"先进工作者",3人被评为全国"模范养路工";53个单位被授予全省"五一劳动奖状",14个单位被

授予山西省"工人先锋号",1个单位被评为全省"模范集体",1人被评为省级劳模,106人被授予山西省"五一劳动奖章"。

2016年,全省交通运输系统以培育和践行社会主义核心价值观为导向,以基层党支部建设为政治保证,以文明创建作为推进交通运输改革发展稳定各项工作的强大动力,形成人人做贡献、个个创佳绩的喜人景象。围绕重塑形象、推动发展的创建主题,扎实推进"寻找最美山西交通人"活动,全行业职工广泛参与,选树身边先进典型,推荐出5类先进典型16名,并组织广泛宣传,用身边典型教育身边人。在纪念建党95周年大会上,表彰优秀共产党员152名、优秀党务工作者51名、先进基层党组织26个。通过自下而上、层层推荐,表彰一批近年来全省交通运输建设中做出突出贡献的先进单位(集体)和个人,分别授予全系统五一劳动奖状11个、工人先锋号22人、劳动模范18名、五一劳动奖章30名。与此同时,积极推进文化建设。以加强培育品牌文化建设优秀单位和示范单位为重点,坚持突出行业特色,着力打造具有山西特色的行业文化品牌,精心培树山西高速"畅享三晋"文化品牌,充分发挥品牌的辐射带动作用,促进全行业文化建设稳步推进,不断扩大交通运输行业的社会美誉度和影响力。通过多种形式教育和引导,广大干部职工讲文明、重礼仪、讲诚实、守信用,牢固树立责任意识,始终做到恪尽职守,努力达到以岗为家、爱岗敬业的职业境界和道德自觉。进一步形成知荣辱、讲正气、爱岗位、守信用的良好风尚,为推动山西交通运输科学发展营造勇于担当、干事创业、敬业负责、改革创新的良好氛围。

第二节 高速公路行业精神文明建设

高速公路建设成就,不仅体现在物质文明建设中取得的丰硕成果,也体现在精神文明建设中取得的重要成果。高速公路文化建设,是建设者在高速公路发展实践中逐步形成并不断积累的,体现行业价值理念的各种精神文化和物质文化的总和。高速公路文化建设已经成为参建者行业文明程度的重要标志,发挥着不可或缺的积极作用。

勤劳智慧的中国人民一向把修桥铺路视为善行美德,把愚公移山知难而进、顽强拼搏视为民族精神,把大禹治水"三过家门而不入"的敬业精神视为崇高的道德风尚。在山西高速公路建设过程中,建设者以忠于职守、艰苦创业、不断进取、勇于奉献的精神风貌,传承中华民族传统文化精髓,升华时代赋予服务人民、奉献社会的核心价值观,以干事创业的文化自觉,谱写一部波澜壮阔的高速公路文化建设传承史,留下激励后人的宝贵精神财富。

在高速公路建设中所体现的精神文明,是高速公路参建者在工程建设中逐步形成的,

第七章

文化建设

具有行业特点的发展目标、敬业精神、价值观念、经营思想、行业方式和职业道德的总和。山西高速公路建设实践，充分展示全新思维、超常规意识和不屈不挠精神，给人们带来快节奏和高效率，带来工作、生活和思维方式根本转变。高速公路是新中国成立以来全省规模最大、投资最多、施工难度最大的基础设施建设工程，对山西这样一个经济欠发达省份而言，能够建成5265km设施先进、功能齐全、方便快捷、用高科技打造的现代化高速公路，充分体现全省上下敢想敢干、争先发展的拼搏精神，成为既体现山西传统文化特点、又体现现代文明的文化走廊。当人们在山西高速公路上行驶时，充分感受到山西厚重人文历史和现代化新鲜气息。在参与这项浩大的系统工程建设中，无论是决策层与执行层，还是业主与承包商、设计者、监理者，以及每一个劳动者，他们为了生产高速公路这个同一产品，在社会主义市场经济体制下，构成一种团结、协作、共同发展的生产关系。在这种新型生产关系中，建立起一个以"诚信、责任、创新、和谐"为核心价值的精神力量来统一思想、凝聚人心、提振士气，实现高速公路建设一流、管理一流、服务一流共同目标。在建设中，广大筑路员工风餐露宿，夜以继日，战胜种种不可预见的艰难险阻，克服常人难以想象的困难，用汗水和智慧铺筑一条条通衢大道。面对艰巨任务和重重困难，大家齐心协力，任劳任怨，以强烈历史使命感和责任感，以必胜信念、超常思维、决战姿态和强有力举措全力冲刺。从每一段路的勘察设计到项目报批，从资金筹措到征地拆迁，从施工队伍进场到开工建设，到处奏响艰苦奋斗、勇于奉献的创业者之歌，体现出建设者的高尚品德和博大胸怀。

一、全省高速公路管理系统概述

太旧高速公路通车之后，在做好运营管理工作的同时，省高管局高度重视精神文明建设工作，做到两个文明一起抓，两个指标一齐下，相互促进，相得益彰。1996年10月20日，印发《关于成立精神文明建设指导委员会的通知》，主任由党委书记担任，副主任由局长担任，常务副主任由党委副书记担任，办公室设在党委工作部，主任由部长兼任。后因人员工作岗位和职务变动，几经调整，但精神文明建设工作始终如一，常抓不懈。

1998年7月15日，局党委印发《太旧路创建全国高速公路文明样板路实施方案》。明确提出养护、收费、路政、服务区精神文明的创建标准。1996年12月荣获交通运输部"学习青岛港标兵"，1997年4月荣获"山西省五一劳动奖状"，1998年4月荣获"山西省劳动模范单位"，1998年11月被评为"山西省职业道德建设十佳单位"，1998年11月12日，通过交通运输部全国文明样板路检查验收。1999年，太旧高管局与河北省石青高速公路公司开展"路相通、心相连，共建文明一条线"活动，被省文明委授予"省直文明和谐单位标兵"，实现"建设一流、管理一流、服务一流、效益一流"目标。

2001年5月，省高管局党委印发《"十五"社会主义精神文明建设规划》，明确提出打好"创建文明行业、党风廉政建设和反腐纠风工作、思想政治工作"三大战役，推进"理论武装、精神塑造、文明创建和保障机制"四项工程,实现"全面提高职工队伍思想道德和科学文化素质、全面提高高速公路管理行业文明程度"目标。"十五"期间,全省高速公路系统80%的处级单位达到省级文明单位,所辖30%路段建成全国文明样板路,所辖各单位全部荣获省级"青年文明号",50%的路段实现"青年文明号"一条路。2001年,原太高速公路公司被省文明委授予"省直文明和谐单位";2002年1月,省高管局被省文明委评为"山西省创建文明行业示范点",2003年12月被交通部评为"全国交通系统文明行业";2004年,有7个局属单位被省文明委授予省直文明和谐单位;2005年11月,大运高速公路被交通运输部授予"十佳交通运输文明畅通工程"。

2006年7月,省高管局印发《"十一五"社会主义精神文明建设规划》。提出"狠抓职工队伍建设、行业文明建设和行业文化建设、千里大运文明高速路建设"四项建设,纵深推进"理论武装、精神塑造、文明创建和保障机制"四项工程,全面实现"提高职工队伍思想道德和科学文化素质、提高高速公路管理行业文明程度"目标。2006年9月,深入开展"创建千里大运文明高速路五比五看,服务创优"活动。"十一五"期间,全省高速公路管理系统所属单位全部达到市级文明单位、10%的单位达到省级文明单位,50%的所属单位基层站、区、队达到省级文明示范窗口,大运高速公路被交通部和省人民政府联合命名为"千里文明高速路"。2007年12月,省高管局被省文明委授予"先进行业",被省劳动竞赛委员会记集体二等功;2010年,被交通运输部授予2008—2009年度"全国交通运输行业文明单位";2011年9月,被全国企事业文化建设工作年会组委会授予"全国企业文化建设先进单位";2011年11月,被中国交通企业管理协会、交通行业优秀企业管理成果评审委员会授予2011年度"全国交通运输企业文化建设优秀单位"。

2011年12月,省高管局党委印发《"十二五"精神文明建设规划》通知,以践行行业核心价值体系为主线,以"学先进、树新风、建体系、创一流"活动为载体,以实施全国交通运输文化建设"十百千"工程为契机,全面开展"文明服务年"活动,编制《山西高速服务区礼仪手册》。霍州收费站进行队列训练,如图7-2所示。2012年,在全系统深入开展"学树建创"活动,进一步引深争创"百佳"活动,全面开展"七比七看、服务创优"立功竞赛活动等主题实践活动,不断加强"文明和谐单位""青年文明号""文明和谐示范窗口"创建,同时开展"文化品牌建设落地年"活动,"畅享三晋"文化品牌成功入选全国交通运输十大文化品牌候选名单。初步完成《行业文化发展报告》编写和《高速组歌》创作,在全系统打造一批公司、站区、班组等结构多元的文化建设示范单位(窗口),省高管局和忻州、太旧、祁临、太原高速公路公司长风收费站等被分别

图7-2　祁临公司·霍州收费站队伍训练

授予全国交通运输企业文化建设卓越单位、品牌单位和先进单位等称号。2013年,广泛开展"文明和谐单位""文明和谐示范窗口""工人先锋号""青年文明号""青年文明号精品示范路""巾帼建功"等群众性精神文明创建活动和公民道德建设"五个一"(开办一个道德讲堂、组建一支学雷锋志愿服务队、设立一块遵德守礼提示牌、开展一次"文明餐桌"行动、组建一个文明传播小组)活动,积极开展核心价值倡导、道德模范引领、文明主题创建、文化品牌培育和行业形象塑造5项主题活动。启动山西高速公路管理系统"最美高速人"评选活动。2014年,开展"青年文明号"四级联创活动,制定出台《青年文明号活动管理办法》和《青年文明号考核标准》。2016年,大力开展社会公德、职业道德、家庭美德、个人品德"四德教育",组织开展"我推荐我评议身边好人"宣传学习活动,深入挖掘在高速公路改革发展实践中涌现出来的典型人物和感人事迹,继续引深寻找"最美山西交通人"和"最美中国路姐"活动,大力开展服务区文明创建,全面推广卫生保洁、文明礼仪、车辆加油标准化作业流程,大运、青银等重点服务区实现标准化第三卫生间全覆盖。

二、全省重点工程建设系统概述

2007年5月25日,省编办晋编办字[2007]110号文批准成立山西省交通厅重点公路工程建设办公室。在抓好高速公路建设的同时,厅重点办党委把加强全省重点公路工程建设系统精神文明建设工作放到突出位置,成立精神文明建设指导委员会,主任由党委书记担任,副主任由专职副主任担任,办公室设在综合处,主任由党委副书记兼任。后因组成人员工作岗位或职务变动进行调整,但精神文明建设工作持之以恒,一抓到底。十年来,厅重点办党委深入贯彻落实省委、省政府和厅党组决策部署,把文明创建工作当作提升整体工作水平的有效载体摆在突出位置,紧紧围绕全省重点公路工程建设,着力在创新思路、内容、形式、手段上下功夫,切实把文明创建活动贯穿于工程建设管理全过程,取得明显成效。2007—2016年,厅重点办党委连续10年被厅党组授予"先进基层党组织";2009年,厅重点办被人力资源社会保障部和交通运输授予全国"先进集体";2010年,厅重点办党委被省直工委授予"先进基层党组织"荣誉称号,被省劳动竞赛委员会授予"山西省五一劳动奖状",被省政府评为"2008年以来高速公路建成通车3000km做出突出贡献"先进集体,被中华全国总工会授予"全国五一劳动奖状";2014年,省直文明委授予"省直先进文明单位"称号。

精神文明建设是一项上下联动、点多面广的系统工程。为促使文明单位创建工作步入制度化、规范化、系统化的轨道,厅重点办结合实际,制定工程管理、安全生产、征地拆迁、党务、机关管理等有关规章制度,以文明单位要求为标准,以制度形式明确岗位职责、部门职责、工作流程等,用制度约束职工行为,确保各项工作正常进行。首先,从健全组织机构入手,各项目部均成立创建机构,坚持做到"一岗双责",在抓好高速公路建设同时,落实精神文明建设要求,及时解决出现的问题,形成党政领导齐抓共管,全体职工积极参与的态势。其次,根据创建目标任务,制定出台《实施方案》,从指导思想、奋斗目标、工作任务及步骤等方面制定详细要求,对精神文明创建任务指标进行细化,层层分解,责任到人,做到人人肩上有担子,个个头上有指标。三是把创建工作与年度目标考核相结合,与"优秀职工""优秀党员"评选相结合,与"文明处室""文明家庭"创建活动相结合,扎实开展"三优"(树优良作风、促优质服务、创优秀业绩)和"四廉洁"(建廉洁班子、当廉洁领导、带廉洁队伍、做廉洁干部)活动,并与工程建设同安排、同部署、同检查、同考核、同表彰,激发广大干部职工积极性,营造比、学、赶、帮、超热潮,确保精神文明建设持续深入开展,有效促使各项工作不断迈上新台阶。

2010年以来,厅重点办党委以创建"五个好"先进基层党组织和争做"五带头"优秀共产党员为主要内容,以开展创建"优质、安全、廉政"工程为载体,全系统大力开展"八比八看"(比管理看科学精细、比质量看工程创优、比安全看责任落实、比进度看目标完成、比节约看概算控制、比生态看科技环保、比廉政看遵章守纪、比服务看和谐构建)创先争优活动,全面加强党的基层组织建设和党员队伍建设。认真贯彻落实交通运输部"十百千"工程活动要求,督促项目单位按照"学先进、树新风、建体系、创一流"要求扎实开展"学树建创"活动,在工程一线大力开展创建"平安文明工地"、文明标段、文明班组和文明监理活动,同时创建党员责任区、党员品牌工程、党员攻关项目、设立党员先锋工地、评选"星级共产党员"等活动,积极开展"讲文明、树新风、做贡献"活动,创建一批"平安文明工程""平安文明工地""平安文明窗口"单位,规范全省重点公路工程建设系统文明创建活动,提升文明施工、文明生产、文明管理水平。先后开展"同舟共济保增长,建功立业促发展"和"安全生产好、工程质量好、科技创新好、工程进度好和劳动关系和谐"的"四好一和谐"劳动竞赛活动,大力开展"平安文明工地"达标创优竞赛活动,各参建单位组织开展"工人先锋号""青年突击队"竞赛活动,并成立"突发事件应急特别救援队",在急难险重任务中大显身手,争创佳绩。

第三节　锡崖沟精神

锡崖沟村是陵川县东南边境的一个小山村,传说仙人曾在此冶锡炼丹而得名。该村与河南省辉县接壤,隶属陵川县古郊乡,距陵川县城60km,离古郊乡政府所在地25km。据县志载:"东有马东岭之屏障,西有白桦山之阻隔,北有王莽岭之险峰,南有青峰围之对峙——四山夹隙之地称锡崖沟。因地形险恶,无行路之便,沟人多自给自足,自生自灭。

第七章 文化建设

偶有壮侠之士舍命出进。"村人自古与外界交通几乎隔绝,出入的道路只有通向河南省辉县市上八里乡的"蚂蚁梯"和"搭沟梯",连煤油、食盐等必需的日常生活用品都难以运入,村内土特产品输出更无从谈起。新中国成立后,锡崖沟村人在当地党委和政府领导下,开始把盼路的愿望变成开山筑路的实际行动。

一、挂壁公路的诞生

1962年秋,当时的陵川县委书记骑马到锡崖沟,行到村北陡峭的王莽岭上,到处找不到一条下山的路,他所骑的马被眼前的险境吓得浑身发抖,数日后死去。回到县城后,他亲自拨给锡崖沟村筑路资金3000元。于是,锡崖沟村党支部书记董怀跃立即召集党支部会议,作出修路的决定,由党支部副书记杨文亮负责组织筑路工程队,历时6个月,在悬崖峭壁上凿出一条通往陵川县城的"之"字形羊肠小道,可供人担畜驮勉强通行,锡崖沟人时称之为"驴道"。

1972年,锡崖沟村人再次整修道路,因资金缺乏,中途停止。1976年,锡崖沟村人又上山修路,历时2年,耗资4万元,仅修1000多米"路",因工程艰险,不得已中断,工程停止后常有野狼出入,人们便戏称为"狼道"。

1979年,锡崖沟人重整旗鼓,计划开凿1800m长的隧道,穿透王莽岭。但洞内缺氧,结果只打30m,被迫停工。后来,已开凿的隧道成了羊圈,又被人们称为"羊窑"。

锡崖沟人几经挫折,不断总结经验教训。1982年冬,村党支部第二任书记赵全妞,率领村里群众,以先易后难、从外向内的方式修筑道路。至1984年3月底,修通东庙华—隧道口2.5km公路。之后,继任村党支部书记林小保,带领群众继续修筑,历时2年,至1985年底开凿隧道132m。

1986年1月,第四任村党支部书记宋志龙,经过反复勘察,制订修路方案,以从上向下、从下向上、中间向两头开凿的方式,开辟五个工作面同时作业,历经5年艰辛,1991年打通1245m长的瓢皮山洞,并修建石桥2座,修筑洞口引道2km,使锡崖沟村有了通向外界的道路。

1962—1991年30个年头,四任村党支部书记始终坚持修路,长达7.5km的锡崖沟村公路终于贯通。仅1982—1991年10年间,锡崖沟村人义务投工10.7万个,动用土石方22.5万m^3,耗资55.9万元。第一任党支部书记董怀跃、村民宋双宝壮烈牺牲在筑路工地,另有1人终生致残,5人身负重伤。为了修路,锡崖沟人变卖了集体财产,花光了私人积蓄。1991年6月28日,陵川县委、县政府为锡崖沟公路举行隆重的通车剪彩仪式。

1991年秋冬,锡崖沟人再接再厉,筹资10万元,修通至河南省界张沟村的3km出口公路。因两边绝壁陡直无坡,头上壁立千仞,脚下百丈深渊,开不成环绕而上的盘山公路,只得依山就势,顺崖凿洞,天窗排渣,螺旋上升,这一创举使公路穿行在绝壁腰间,远远望去,若隐若现,如挂壁上,便有了挂壁公路这形象的名字。

二、鲜血凝成的不朽丰碑

锡崖沟村自力更生、艰苦奋斗修筑道路的壮举,成为晋城市、山西省乃至全国的先进典型。1994年6月22日,《人民日报》发表了以"一座几代人用血脉筋骨铸成的不朽丰碑——"为眉题,以一个硕大的头号黑体"路"字为正题,以"山西省陵川县锡崖沟村艰苦奋斗三十年"为副题的长篇通信,全面报道锡崖沟村人修筑道路的模范事迹,并配发评论,指出:"锡崖沟人几十年艰苦奋斗的历史,就是中国人民在中国共产党的领导下,奋发图强,排除万难,建设自己伟大祖国的缩影"。中共山西省委书记胡富国视察后,欣然题词"锡崖沟精神万岁"。《山西日报》将锡崖沟精神概括为:"百折不挠、水滴石穿的坚韧精神;不畏艰难、愚公移山的无畏精神;自力更生、艰苦奋斗的创业精神;牺牲自我、造福后代的奉献精神"。陵川县专门编辑出版《锡崖沟》一书,省级以上报刊专门报道锡崖沟筑路先进事迹的文章达16篇,约13万余字。省委办公厅、省政府办公厅印发《关于发扬锡崖沟精神,进一步掀起全民义务修路热潮的通知》,晋城市委、陵川县委分别作出向锡崖沟党支部学习的决定,共青团山西省委、省交通厅分别作出向锡崖沟学习的决定。与此同时,人民日报摄影中心、晋城市委、市政府、陵川县委、陵川县政府以"路"为题,制作了分镜头电视剧,一些文艺工作者、作家与电视台、剧团以锡崖沟人筑路先进事迹为原型,分别创作编导了《沟里人》《山里人》《走出大山》《美哉,锡崖沟》等多部剧目,在中央和地方电视台先后播放。

三、巨大的社会效应

1993年,县委、县政府作出实施通道战略的重大举措,县交通局制定"212"公路建设规划。陵川人民在锡崖沟精神鼓舞下,高起点,大跨度,超常规,上规模,掀起1993—1997年又一轮全民义务修路和重点公路建设高潮。在全省率先实现镇通油路、乡通公路、村通机动车的大目标,连续5年被省政府、省交通厅评为义务修路先进县、标兵县,成为全省学习的榜样。

1994年7月4日,省委书记胡富国在锡崖沟视察调研中,作出用锡崖沟精神解决建设太旧高速公路资金难的决定。7月23日,《山西日报》发表评论员文章《发扬锡崖沟精神,坚定不移地建成太旧高速公路》;1995—1997年,全省11个地市交通系统的干部、职工及公路建设项目单位万余人,先后到锡崖沟参观取经,把锡崖沟精神推向全省。

1997年12月24日~26日,全省义务修路现场会在陵川县召开,号召全省人民学习、推广陵川县和锡崖沟坚持义务修路的做法与经验,大干"九五"后三年,再掀全面义务修路的新高潮。

第七章
文化建设

2002年11月16日,陵川县委、县政府要求发扬锡崖沟精神,召开"加快农村公路建设动员大会",用三年时间基本实现村村通水泥路目标。

2005年1月19日,锡崖沟"挂壁公路"入选《中国路谱》首批名录。

2005年5月26日,交通部部长张春贤到陵川视察调研工作,参观锡崖沟,看着挂壁公路在山壁上曲折三层,写成"之"字攀上山顶时,称赞这是公路史上的伟大创举,不简单;在锡崖沟村,他和当年参加修路的老英雄亲切座谈,对他们发扬愚公精神、40年挖山不止的事迹大加称赞:"你们都是老英雄,我代表交通系统,谢谢大家这种筑路精神,希望你们健康长寿,安度晚年"。

2006年9月7日~8日,中共中央政治局常委、国家副主席曾庆红由省委书记张宝顺、市委书记李雁红等陪同,到锡崖沟"挂壁路"视察。

出山路修通之后,锡崖沟人抓住建设王莽岭景区机遇,发挥独特山水优势,向发展旅游建设新农村迈开大步。1994年建成招待所,1996年建成宾馆,接着改造"挂壁路"。1998—2004年,共筹资120万元,投工2万个,建成通往辉县市西林寺旅游区800m隧道和2km公路。2003年在"挂壁路"上,建成通村宽4m厚20cm长7km的水泥路面。

近年来,在建设社会主义新农村进程中,锡崖沟人更是发扬锡崖沟精神,争先发展,大搞街道硬化、庭院绿化、山坡美化、小学校寄宿化、灶台沼气化、接待农家化。截至2010年底,已种植山桃、山杏2000亩,建成农业观光采摘园150亩;路旁、河道植树5.6万株;硬化街巷5km;与兰花集团"联姻"建成寄宿制小学一所;创办500余个床位的农家乐小院旅店38户、小饭店24个、小商店5个、土特产品摊位60个、钓鱼池2个;90户的沼气池投入使用。

锡崖沟人为走出大山,靠自己的一双手,自力更生、艰苦奋斗30年,用锤子、钎子,在悬崖峭壁上开凿出一条长达7.5km的"挂壁公路",造就了闻名华夏的"锡崖沟精神"。2009年7月,锡崖沟挂壁公路荣登《中国路谱》典型农村公路榜首,9月入选新中国60大地标。2010年9月8日,央视十套《走近科学》栏目组再次来到锡崖沟,一连5天驻扎在锡崖沟村,对当年参与修路的村民进行采访。当摄制组成员近距离感触锡崖沟挂壁公路的雄奇壮观时,赞叹"鬼斧神工难以比拟"。他们全面录制筑路历程和锡崖沟挂壁公路"依山就势,顺崖凿洞,天窗排渣,螺旋上升"的筑路技术。将制作的节目定名为《解密锡崖沟挂壁公路》。他们说,要让全国人民都了解锡崖沟挂壁公路建设以及"锡崖沟精神"诞生的光辉历程。锡崖沟挂壁公路是不可多得的精神遗产和人类创造的奇迹,是中国人民战天斗地精神风貌的真实写照。

第四节 太旧精神

"太旧精神"是在太旧高速公路建设过程中,全省广大干部群众、特别是5万筑路员工和沿线人民群众共同创造出来的。这种精神是在特定历史时期、特定环境下形成的,有着深刻的社会基础。

"太旧精神"这一提法始见于1994年11月。当时太旧高速公路建设总指挥部创办了一份《太旧公路建设信息》,在同年11月15日出版的第5期第1版上发表了题为《振奋太旧精神》的署名文章,文章是由省交通厅党组成员、副厅长、太旧高速公路建设常务副总指挥刘俊谦写的。文章写道:"相信立志献身的全体太旧人,在日后的奋战中,一定能弘扬和光大我们的太旧精神。"之后,"太旧精神"这一提法便在太旧高速公路建设工地中传开,省内报刊和有些领导讲话中也开始用"太旧精神"这一提法。1995年1月25日,省交通厅劳动竞赛委员会、太旧高速公路建设总指挥部联合发出《关于在各指挥部、施工、监理单位开展"弘扬太旧精神、争当太旧功臣"竞赛活动的通知》,这个活动的主题之一就是弘扬"太旧精神"。其时,"太旧精神"经副省长杜五安提议,并报省委常委会议通过,概括为16个字。即"自力更生,艰苦奋斗,不屈不挠,无私奉献"。

1995年4月11日,省委宣传部、太旧高速公路建设宣传指挥部、省委党校、省广播电视厅、省社会科学院、《山西日报》社、省委《前进》杂志社联合发出《关于举办"太旧精神"理论研讨会的通知》,要求各地(市)、县委宣传部、党校、各地(市)、县广播电视局、文化局、交通局,太旧高速公路建设各分段指挥部,各大专院校、社科研究部门,要围绕"弘扬太旧精神、加快兴晋富民步伐"这一主题,全方位、多视角、深层次地研究"太旧精神"的内涵及其时代特征;分析"太旧精神"形成的历史渊源、现实因素、形成过程以及不同阶段的特征;论证"太旧精神"的理论意义和现实价值;探讨弘扬"太旧精神"的途径和方法,并成立"太旧精神"理论研讨会组委会(图7-3)。到同年7月31日,收到论文103篇,其中72篇编入论文集,53篇获奖。论文对"太旧精神"进行深入探讨,揭示"太旧精神"对全省各条战线的鼓舞作用。同年9月12日~13日,"太旧精神"研讨会召开。省委书记胡富国作了题为"大力弘扬'太旧精神',为振兴山西而不懈奋斗"的讲话;省长孙文盛作了题为

图7-3 弘扬"太旧精神"演出

第七章
文化建设

"总结太旧经验,弘扬'太旧精神',推动全省经济建设再上一个新台阶"的讲话,省委、省政府领导对"太旧精神"给予高度评价和充分肯定,研讨会上获奖论文作者和应邀参加会议的代表25人发言。会后编辑出版《"太旧精神"研讨会论文选》一书。这次研讨会对进一步宣传、弘扬"太旧精神",奠定扎实基础。

1996年1月26日,中共山西省委、山西省人民政府以晋发〔1996〕13号文做出《关于在全省开展学习"太旧精神"的决定》。《决定》指出:通过太旧高速公路这一宏大工程的建设,用心血和汗水铸就了自力更生、艰苦奋斗、不屈不挠、勇于奉献的"太旧精神"。这种精神是新的历史时期中华民族的伟大创业精神在全省现代化建设中的具体表现;是全省人民在各个时期形成的可贵精神在新形势下的发扬光大,是全省人民摆脱贫困、奋发进取精神风貌的集中反映;是改革开放的时代精神、艰苦奋斗的光荣传统与兴晋富民的伟大实践三者的有机统一。"太旧精神"应当成为我们在新形势下建设山西、振兴山西的巨大力量源泉和宝贵精神财富。在此,太旧精神中的"无私奉献"正式改为"勇于奉献"。1996年4月,中共中央总书记江泽民听取省委书记胡富国关于太旧高速公路建设情况和太旧精神的汇报后,给予充分肯定,并指示在场的胡锦涛同志很好地宣传一下。6月,中共中央政治局委员、国务院副总理邹家华出席太旧路全线通车庆典仪式后在山西指导工作时指出:"在太旧路建设中,省委、省政府总结群众经验,提出'太旧精神',这里特别要提出'太旧精神'是经济工作和政治工作结合在一起所产生的结果。邓小平同志讲的两个文明一起抓的思想、物质和精神的关系,在太旧路建设中得到很好体现,由此我们可以总结出很多经验。所以,对'太旧精神'的认识,还要总结,还要提高,使其成为社会主义建设的力量源泉和经验,成为一种财富。"国务院副总理李岚清在山西考察时指出:"山西修了一条太旧路,是山西经济发展和改革开放的一次重要的基础设施。创造出一种'太旧精神'来,这种精神深入人心。我到各个地方去,老百姓都知道'太旧精神'。"原中顾委副主任薄一波专门题写"太旧精神"内容。交通部部长黄镇东在太旧路全线通车庆典仪式上发表的讲话中指出:"三年的艰苦奋战,形成'自力更生、艰苦奋斗、不屈不挠、勇于奉献'的太旧精神,取得两个文明建设的丰硕成果。'太旧精神'不仅有力地促进太旧高速公路建设,也推动山西交通事业及其他事业发展,对全国公路建设也产生积极影响。太旧高速公路建设充分说明社会主义现代化建设必须发扬自力更生、艰苦奋斗的精神。"交通部副部长刘松金在视察山西公路交通时指出:"'太旧精神'体现中华民族自力更生、艰苦奋斗、拼搏奉献、自强不息的精神,这和党中央倡导的精神是一致的。艰苦奋斗是毛泽东、邓小平和江泽民三代领导人一再倡导的民族精神,是宝贵的精神财富。'太旧精神'不但在山西,而且在全国都有普遍教育意义。"交通部副部长李居昌在山西召开的全国交通扶贫工作会议上指出:"山西全省上下共同努力创造'太旧精神',这是我们在公路建设上取得的一个重要精神文明成果。太旧路实现投资少、速度快、质量好的目标,是为全国公路建设史创造的一个佳绩,这是建设社会主义积极性和科学严谨精神结合的产物,值得学习和推广。"交通部副部长洪善祥视察山西时指出:"太旧路建设打了一个政治仗,不仅修了一条好路,锻炼了一支队伍,而且创造了一种精神,把菲迪克条款与思想政治工作有机地结合起来,艰苦奋斗,科学管理,最大限度地发挥人的主观能动性,创造了经验。"

1996年2月6日,省委、省政府《关于在全省开展学习"太旧精神"活动的决定》在《山西日报》头版刊出后,省交通厅连夜召开会议,副省长兼省交通厅厅长杜五安主持会议,专题研究部署贯彻省委、省政府《决定》的工作。会后,很快下发《中共山西省交通厅党组关于深入学习贯彻省委、省政府〈关于在全省开展学习"太旧精神"活动的决定〉的通知》,对全省交通系统深入开展学习"太旧精神"活动,提出具体要求。

1996年2月8日~9日,省交通厅在交通大厦召开贯彻省委、省政府学习"太旧精神"决定动员大会。厅党组全体成员、厅属各单位党政主要领导、太旧路建设各指挥部领导及厅机关各处(室)主要负责人共160余人参加。2月9日上午,省委书记胡富国亲临会议并作重要指示。副省长兼省交通厅厅长杜五安传达省第七次党代会精神,并作了关于在全省交通系统认真学习"太旧精神"、大力弘扬"太旧精神"的动员报告。胡富国书记在讲话中指出:第一,"太旧精神"是全省人民学习的典型。学习"太旧精神",要抓好落实,不能流于形式。第二,一定要让"太旧精神"首先在交通系统发扬光大,交通行业要成为学习"太旧精神"的榜样。第三,要用"太旧精神"建设好各级领导班子,特别是要搞好各级领导班子乃至整个交通职工队伍的作风建设。第四,公路建养要上新台阶,努力实现质量标准化、管理现代化、路旁绿色化、监督制度化。"九五"期间,山西交通要有一个大发展,大干五年,赶上山东省"八五"末的水平。杜五安在讲话中阐述了"太旧精神"产生的时代背景、形成过程及其深刻内涵,认真学习"太旧精神",大力弘扬"太旧精神"的现实意义和历史意义,并就如何学习和贯彻省委、省政府《决定》,发扬"太旧精神",对全省交通系统提出具体要求。他指出,"太旧精神"是省委、省政府和全省3000万人民共同创造和培育起来的,是高举改革开放和艰苦奋斗两面旗帜的光辉典范。全省交通系统要按照省委、省政府要求,带着感情学,联系实际学,切实解决好政治上、思想上、作风上、工作上存在的差距和不足,像打太旧路硬仗一样弘扬和光大"太旧精神",推动全省交通工作上台阶。会议期间,公路系统、运输系统、征稽系统、厅直系统、厅机关及太旧路各指挥部分成5个小组进行讨论。会后,厅属各单位及时传达动员会精神,并制订学习计划和落实措施,掀起群众性的学习"太旧精神"、实践"太旧精神"、弘扬"太旧精神"的热潮。厅直属机关党委牵头,与山西省交通建设开发总公司、山西交通报刊社联合组织学习"太旧精神"百题知识竞赛。活动为期2个多月,发出竞赛题1万余份,共有7000多人参加。经过评卷,最后评出优秀组织奖10个、一等奖5名、二等奖10名、三等奖30名,并于1996年8月16日在省交通建设开发总公司举行颁奖仪式。

第七章 文化建设

学习、宣传和大力弘扬"太旧精神",极大地促进了全省交通系统各项工作的顺利开展,保证太旧高速公路于 1996 年 6 月 25 日提前全线通车。为此,中共山西省委、山西省人民政府于 1996 年 6 月 23 日做出《关于向省交通厅学习的决定》,号召全省各级党委、政府、省直各部门充分认识开展向交通厅学习活动的重要意义,进一步改进工作作风,提高工作效率,更好地推动本地、本单位、本部门的工作,为实现全省国民经济和社会发展"九五"计划及 2010 年远景目标做出新的更大贡献。

《在太行山上》大型文艺晚会如图 7-4 所示。

图 7-4 文艺晚会

第五节 大运精神

大运高速公路建设的实践,孕育宝贵的"大运精神"。对这一重要的精神成果,省委书记、省人大常委会主任田成平给予高度重视,多次认真深入总结大运高速公路建设的成功经验。省委副书记、省长刘振华,副省长杜五安在多种场合上强调,不仅要建设一条路,而且要为后人留下精神成果,发掘"大运精神"。省交通厅党组明确由厅党组成员、省纪委驻厅纪检组组长赵龙负责此项工作,多次召集厅办公室、厅直机关党委、厅政策法规处、厅新闻宣传中心、厅资料信息中心负责人,围绕"大运精神"和"大运文化"的提法,如何发掘等问题,进行深入探讨和研究。省委宣传部领导对此十分关注和支持。在大运高速公路建设中,决策者、建设者在继承和发扬"太旧精神"的同时,进行新的发展与创新。

2001 年 10 月 31 日,省长刘振华在大运高速公路建设第一阶段总结表彰大会和 11 月 19 日《山西日报》发表的署名文章中,将"大运精神"的内涵总结概括为:坚持改革、与时俱进的创新精神;强化管理、尊重科学的求实精神;敢想敢干、争先发展的拼搏精神;顾全大局、公而忘私的奉献精神。并将"大运精神"进一步提炼为：创新、求实、拼搏、奉献。

2001年11月20日，在省委宣传部直接策划下，《山西日报》发表《大力发掘和弘扬"大运精神"》的特约评论员文章，将"大运精神"概括为：争先发展的进取精神、求真务实的科学精神、改革奋进的创新精神、顾全大局的牺牲精神。

2001年12月，省委宣传部和省交通厅邀请省城部分学者、专家联合召开"大运精神"座谈会，对"大运精神"内涵进行更加科学、系统的概括和提炼。通过发掘和研讨"大运精神"，将大运高速公路建设中宝贵的精神财富加以总结提炼，上升到理论高度，从而更好地指导大运高速公路建设，为加快山西发展，实现兴晋富民战略目标提供强大的精神动力和智力支持。

2003年9月28日，在大运高速公路通车仪式上，省委书记田成平在讲话中将"大运精神"概括为："与时俱进、勇于奉献、讲求科学、争创一流"的时代精神。同年10月，田成平在为《大运高速公路建设管理经验集锦》一书所作的序言中，再次提到"大运精神"的上述内容。

"大运精神"植根于充满生机和活力的三晋大地，创育于火热的大运高速公路建设实践，建立于厚重的山西传统文化之上，体现出建设有中国特色社会主义现代化的时代特点。"大运精神"是实践"三个代表"重要思想的成果，也是弘扬为实现社会主义现代化而不懈奋斗的"五种精神"的具体体现。"大运精神"是艰苦奋斗的优良传统和改革创新的时代精神的有机结合，是新的历史条件下建设先进文化的具体体现。正如省长刘振华指出的那样："像大运路这么宏大的工程，这么多单位和地区参战，不但能建好大运路，而且肯定有很多的精神财富的积累，需要我们去总结、去挖掘、去开发。只要我们善于运用'三个代表'重要思想，去认真研究就能发现，山西的改革开放和现代化建设事业的兴衰成败，在很大程度上取决于全省党员干部和人民群众思想文化素质的提高。要特别注意继承和发扬山西的优秀传统文化，努力进行文化创新，形成既有中国特色，又有包含山西特点和山西内容的社会主义先进文化。要认真总结和提炼大运高速公路建设的精神价值，为全省现代化建设提供精神力量和优秀的文化产品。"

2003年8月8日，由中国作家协会、省委宣传部、省交通厅联合举办的报告文学《大运亨通》研讨会在北京中国作家活动中心召开。省长刘振华作书面讲话，中国作家协会副主席陈建功主持，中国作协党组书记、副主席金炳华讲话，翟泰丰、王巨才、张锲、张炯、孟伟哉、高洪波、雷达、蔡毅、张胜友等首都与山西文艺界有关专家40余人出席。由作家出版社出版的长篇报告文学《大运亨通》是著名作家焦祖尧历时数年，深入大运高速公路建设工地进行艰苦细致采访后创作的，全书30万字，全景式地再现了修建大运高速公路的艰难历程。专家们认为，这部长篇报告文学集中反映人民创造历史、创造新生活的伟大实践，讴歌中华民族伟大精神，表现了建设者与时俱进、自强不息、艰苦创业、无私奉献的崇高品格。

以奋发争先的创业精神和与时俱进的创新精神为主要内容的"大运精神",是山西长期保持艰苦奋斗创业精神和改革创新时代精神的有机结合,具有鲜明时代特征和普遍的精神文化价值,成为全省人民忠实实践"三个代表"重要思想,加快兴晋富民步伐,夺取全省改革开放和社会主义现代化建设新胜利的新的强大精神力量。

第六节　千里大运文明高速公路建设

大运高速公路北起长城,南至黄河,全长1025km,纵贯山西南北,途经大同、太原、运城等8个市及44个县(市、区),是全省南北交通主动脉,是全省中轴快速通道和最具活力的经济走廊。大运高速公路建设期间,全省交通系统按照省委、省政府和交通部关于精神文明建设总体部署,制定《千里大运文明路建设规划》,开展以"新大运、新山西、新风貌"为主题的大运文明路建设活动,大力推进观念创新、科技创新,取得"五年工期三年完,投资概算不突破,工程质量创一流,安全生产无事故"和廉政建设"修好一条路、不倒一个人"的佳绩,同时创育"与时俱进,勇于奉献,讲求科学,争创一流"的"大运精神"。为充分发挥大运高速公路带动和辐射作用,真正建设成为设施先进、功能齐全、方便快捷,用高科技打造的现代化高速公路,成为既体现山西传统文化特点、又体现山西现代文明的文化长廊,成为带动辐射作用较强的经济走廊,成为全国有影响的精神文明建设精品工程,通车运营以来,省交通厅坚持不懈抓创建,积极打造人文大运、绿色大运、科技大运、和谐大运,大力实施畅通、形象、阳关、温馨、素质"五大工程",广泛深入开展"五比五看、服务创优"竞赛活动。大运高速公路管理服务水平和公共服务能力不断提高,创建良好社会效益和经济效益,对全省改革开放和现代化建设起到带动作用,在全省精神文明建设中发挥示范作用。受到各有关方面高度评价。

在创建工作中,省交通厅党组采取四条有力措施:一是坚持以人为本,创新文化理念,人文大运建设取得新成效。包括着力提高队伍素质,积极推进管理创新,全面建设行业文化3项内容。二是推进科技创新,提高管理水平,科技大运建设取得新进步。包括构建高速公路智能专网,加大重点科技项目攻关力度,加快新技术、新材料、新工艺推广应用3项内容。三是注重持续发展,营造优美环境,绿色大运建设取得新进步。包括大力实施通道绿化工程、大力实施蓝天碧水工程、大力实施节能环保工程3项内容。四是突出"三个服务",实现共建共享,和谐大运建设取得新突破。包括全面提高服务能力、深入开展劳动竞赛、努力实现共建共享3项内容。

2006年9月,针对大运高速公路管理点多、线长、面广的行业特点,省高管局以提高素质为根本,着力于"三支队伍"建设,即建设一支政治强、业务精、作风正的干部队伍,建设一支"有理想、有责任、有能力、形象好"的党员队伍,建设一支具有良好思想道德素质、过硬科学文化素质和健康心理体魄素质的职工队伍,充分发挥干部带头表率作用、党员先锋模范作用和职工主人翁作用,大力加强党风廉政建设,从未出现党员干部违法违纪现象,在社会上树立高速公路行业良好形象。大运丰碑如图7-5所示。

图7-5 大运丰碑

以文明共建为突破口,用行业文化建设来统领、提升高速公路管理单位的企业文化建设,用文化凝聚人心,塑造颇具特色的"和"文化和"路"文化,形成以"和谐包容,智慧诚信,务实创新,与时俱进"为内容的高速公路行业文化。把"和"文化引入行业文化建设当中,着眼于解决经济社会和人民群众日益增长的多样化交通运输需求与交通运输生产力相对滞后的矛盾,坚持以人为本,实现行业与员工和谐共赢;做到诚实守信,实现行业与客户和谐共赢;不断追求卓越,实现行业与社会和谐共赢,使广大人民群众尽享交通改革发展丰硕成果,不断增强高速公路管理行业对社会各界的亲和力和影响力,呈现广大人民群众充分信任、积极支持、主动参与高速公路管理的良好局面。培育以标识、标志、标线、标准字、标准色等为内容的高速形象文化,由桥梁、隧道、站所、构造物等设施构成的高速物质文化,以全新领导、管理、组织制度等为内容的高速制度文化,以现代理念、服务宗旨、经营理念、职业道德、行业新风、奉献精神为内容的高速精神文化,沿线设计内容不同、各具风格、反映不同地区文化特点的雕塑、壁画和景观,把晋北古建佛教文化、晋中晋商民俗文化、晋南黄河根祖文化以及晋祠、平遥古城、壶口瀑布、关帝庙、鹳雀楼、绵山、芦芽山、恒山、五台山等三晋悠久丰厚的历史文化资源有机地结合在大运高速公路上,给驾乘人员以文化熏陶和审美享受,努力把大运高速公路建设成为一条文化艺术长廊,做到"以路认省",从而在总体上形成以人为本观念为主体、以主流价值为核心、以先进文化为引导、以规章制度为保障的涵盖路况、路标、路貌、路风、路魂等方面的高速公路"路"文化。

为改善大运高速公路沿线生态环境、投资环境和旅游环境,还给世人一个山清水秀的山西,展现给外界一个焕然一新的山西,使大运高速公路真正成为展现山西新风貌的重要窗口,省委、省政府一方面要求沿线政府在大运高速公路护网外两侧建设50~200m宽的绿化带,另一方面要求大力实施大运高速公路通道绿化工程。省高管局坚持"科学规划、因地制宜、景观协调、易于养护"的原则,以防风固沙、保护路基、稳定边坡、美化环境、满足高速公路交通安全和交通功能为目标,统筹规划,分段设计,突出特点,注重特色,体现和谐,将通道绿化工程划分为四个区来组织开展。一是晋北防风固沙区,海拔高,风沙大,

第七章
文化建设

树种以新疆杨、榆树、刺槐等为主;二是晋西黄土丘陵区,山地多,山高风大,树种以新疆杨、漳河柳等为主;三是中部土石山区,海拔在500~1000m之间,树种以窄冠杨、臭椿、垂柳、旱柳、火炬等为主;四是中南部盆地区,海拔低,风力小,气候温暖,树种以毛白杨、泡桐、国槐、垂柳、旱柳、馒头柳等为主。投资4000万元,栽植高大乔木80万株;突出"安全舒适、和谐愉悦"主题,大规模地种树、种草、种花,乔、灌、草、花、果合理布局,带、林、网、片、点、景相互配合,将沿线地带建成春花、夏荫、秋果、冬青四季为景的一道亮丽风景线,给人一种"人在车中坐、车在画中游"的美感。

省政府把"大运高速公路环保走廊"建设列为主要任务之一,明确提出要把大运高速公路及两侧规定范围建成清洁绿色的环保走廊,两侧各5km范围内,建立产业发展的四级"梯度生态准入"标准,两侧各1km区域为生态禁建区,严格禁止各类开发建设活动,并通过植树、种草等建立"绿色屏障"。两侧各1~2km区域为严格控建区,2~5km区域为一般控建区,大运路互通周围2km范围内为自然生态区。同时,积极实施蓝天碧水工程。省高管局按照"蓝天碧水工程"有关技术标准和要求,投入190多万元,对大运高速公路沿线各收费站、养护工区等驻地单位使用原煤的26台套茶浴炉和食堂炉灶全部进行更换。

为了更好地提升高速公路运营管理水平,提高公共服务能力,积极引导和组织全系统广大干部职工在深入落实"六高"目标、全面创建千里大运文明高速路过程中建功立业,2006年8月,省高管局与省劳动竞赛委员会联合开展"养护管理比技能、看保畅能力,收费管理比放行、看窗口建设,路政管理比规范、看执法效能,服务区管理比温馨、看服务质量,综合管理比素质、看工作绩效"的"五比五看、服务创优"立功竞赛活动,制定细则,严格考核。通过全员学,经常练,相互比,有效提高广大职工综合素质和业务操作水平,一大批服务能手和先进个人在竞赛活动中脱颖而出,高速公路管理形象受到社会各界一致认可。进一步加大共建力度,广泛与交警、驾乘人员、地方政府、沿线村民、大型企业开展"共建文明大运,共创和谐高速"互动活动,与武警总队医院联合建立"高速公路急救中心",与武警消防总队联合建立"消防指挥中心",与交警形成联动机制,大运路雪天不封路,险情路段护送通行,通过发放"告知书""服务卡""征求意见卡"、悬挂标语条幅等,发出"用文明语、开文明车、行文明路、做文明人"倡议,畅通社会监督渠道,主动接受社会各方面意见和建议,加强沟通,定期交流,建起沟通平台,架起友谊桥梁。与省委宣传部联合制订宣传方案,与各大新闻媒体座谈、沟通、交流,开展采风活动,在《中国交通报》《山西日报》《山西交通》报开辟专栏,广泛宣传创建成果,表扬先进,批评后进,寻找差距,交流经验,充分发挥舆论监督作用和媒体导向作用,营造良好创建氛围,使创建工作得到社会各界广泛关注。广大群众积极支持创建,主动参与创建,分享创建成果,创建气氛日渐高涨,创建格局逐步壮大,人民群众行大运、走大运,实现创建成果共建共享。

经省、部联合检查验收,认为创建"千里大运文明高速路"活动组织有力,特色突出,载体明确,标准规范,考核严格,机制完善,参与广泛,达到"高质量工程、高效率管理、高科技应用,高素质队伍,高品位服务,高效益经营"目标要求,取得明显经济效益和社会效益,发挥很好文明创建典型示范作用。2007年11月16日,山西省人民政府、交通部决定命名大运高速公路"千里文明高速路"。希望全省交通系统进一步总结经验,再接再厉,不断巩固和创新"千里大运文明高速路"创建成果,进一步提高服务经济社会发展和人民群众生活能力。号召交通行业要坚持以中国特色社会主义理论体系为指导,学习借鉴创建先进经验,进一步把群众性文明和谐创建活动引向深入,开拓奋进,争创一流,为实现交通事业又好又快发展,为全面建设小康社会做出新的更大贡献。

2007年12月2日,山西省人民政府和交通部在太原南宫隆重召开大会,命名大运高速公路为"千里大运文明高速路",并对创建过程中涌现出的先进集体和个人进行表彰。省委书记张宝顺专门发来贺信。交通部副部长黄先耀,省委常委、宣传部部长高建民,省人大常委会副主任薛军、杜五安,副省长牛仁亮,省政协副主席韩儒英出席,省政府副秘书长李顺通主持。交通部体改法规司司长何建中,省委宣传部副部长、省文明办主任张明亮,省总工会副主席郭争荣,省直有关单位负责同志,省交通厅领导,大运高速公路沿线8市分管交通副市长,创建大运千里文明高速公路先进集体和先进个人及全省交通系统干部职工代表参加。

会上,省委常委、宣传部部长高建民宣读省委书记张宝顺《贺信》。认为"这是全省改革开放和精神文明建设取得的又一重要成果。谨向全省交通系统广大干部职工表示热烈祝贺和亲切问候!向给予山西交通事业大力支持的交通部表示衷心感谢!""希望同志们认真学习贯彻党的十七大精神,深入贯彻落实科学发展观,围绕走出'四条路子'、实现'三个跨越',广泛深入开展文明和谐创建活动,推动交通事业实现新发展新跨越,为实现'十一五'规划提供有力支撑和保证,为构建充满活力、富裕文明、和谐稳定、山川秀美的新山西做出更大贡献!"

黄先耀在讲话中认为山西交通系统组织开展创建"大运千里文明高速路"活动,这在全国交通行业是一个新尝试,取得明显成效,为深化交通行业文明创建工作积累宝贵经验。希望全省交通系统以这次命名大会为契机,认真总结经验,再接再厉,不断巩固创建成果,完善长效机制,丰富创制内涵,把"大运千里文明高速路"真正建成人民群众满意的经济大通道、人文大通道、绿色大通道、和谐大通道与文明大通道,将"大运路"打造成为全国交通行业精神文明建设的精品。同时,山西交通系统还要学习推广"大运路"文明创建经验,针对交通不同领域不同特点,不断拓展文明创建途径和覆盖面,不断增强创建活动的辐射带动作用,努力使全省交通系统文明创建活动更具活力、更富成效,继续培育更多像"大运路"这样的先进典型。全国交通行业都要学习借鉴山西省交通系统创建"大运千里文明高速路"的先进经验,认真贯彻落实科学发展观,围绕做好"三个服务",广泛开展"学先进、树新风、创一流"活动,大力加强交通文化建设,不断创新精神文明建设理念、内容、机制和载体,推动行业精神文明建设与物质文明建设互相促进、协调发展,努力为交通事业又好又快发展提供精神动力和智力支持。

牛仁亮在讲话中认为大运高速公路沿线各级政府、各级管理部门和广大人民群众坚持共建共享,大力开展创建千里大运文明高速路活动,取得丰硕成果,有力支持全省经济发展,促进社会和谐,为山西全面建设小康社会做出积极贡献。全省交通系统广大干部职工要紧紧围绕科学发展这个主题,以大运千里文明高速公路命名为契机,在"管理科学、服务为本、廉洁规范、安全畅通"这个大运文明精神指引下,继续在巩固、深化、提高、拓展和延伸上下功夫,再接再厉,扩大战果,全省所有高速公路都要学习大运路精神,把文明路精神贯彻扩展到全省高速公路。

省高管局领导作表态发言。表示要继续保持高昂创建激情,以对人民、对社会高度负责的精神,突出高速公路公益性,牢固树立高速公路无小事理念,从点滴做起,从细微着手,谦虚谨慎、戒骄戒躁,巩固成果、再创佳绩。

会上,黄先耀、牛仁亮向省高管局领导颁发"千里大运文明高速路"牌匾。省文明委对在创建千里大运文明高速路活动中涌现出的"十佳文明和谐示范窗口"和"十佳文明服务标兵"进行表彰。省劳动竞赛委员会特别为创建千里大运文明高速路,开展"五比五看、服务创优"立功竞赛活动中做出突出贡献的先进集体和先进个人记功表彰。其中,获"五一劳动奖状"7个,获"五一劳动奖章"30名,记集体一等功19个,集体二等功27个,集体三等功36个;个人一等功21名,个人二等功44名,个人三等功66名。

2007年12月5日,省文明办和省交通厅共同举办"千里大运文明高速路成果论坛",与会的大运高速公路沿线各市和相关部门领导、专家对千里大运文明高速路共建共享新理念、新思路和新举措进行深入探讨,普遍认为:"千里大运文明高速路"是全省精神文明创建活动的一面旗帜,从服务环境、服务态度、服务技能、服务规范、服务效率、廉洁自律、承诺兑现、服务监督等八个方面创造良好人文交通环境,对推动全省经济和社会发展具有积极典型示范作用,值得大力借鉴和推广。

第七节　行业文化特色

文化特色,是通过物质载体所表现的文化元素,也是生产力水平、科技水平、文化要素、文化景观的物质表现形式。山西高速公路建设,始终把文化特色与时代精神融合在一起,把"畅通、整洁、绿化、美观、安全"视为文化特色的核心内容。在每一条高速公路设计和施工中,特别注重景观文化特征。结合工程建设、地域文化和历史文化特点,把交通功能和审美功能完美结合,把景观欣赏与防护工程有机结合。

随着高速公路建设向更高文明程度发展,对高速公路与自然环境和人文景观和谐统一提出更高要求。省交通运输厅根据公路建设和养护特点,在尊重自然生态演化基础上,综合运用工程、生物措施,在完成项目建设同时,对路域生态环境进行恢复和重建,使生态系统复合到原有状态,达到公路建设与生态环境相融互补目的。2001年之后开工建设的各条高速公路,特别注重给高速公路赋予更加丰富的生态文化、地域文化和历史文化内涵。建设者把历史文化烙印留在山西高速公路,把绿色芬芳、生态环保留在山西高速公路,把赏心悦目的人文景观留在山西高速公路,把畅享三晋舒适留给旅客。各项目单位在推进工程建设过程中,确立"观路桥雄姿、品青山绿水、思历史兴衰、悉地方特色、赏沿途风情"的基本理念,更加注重保护生态,主要采取隧道穿越、架设特大桥、增设动物通道、防护围栏和动物观测站等措施,尽量避免对周围环境的不利影响,通过采取环保技术、环保措施,最大限度实现工程建设与自然景观相融合。2010年12月,交通运输部环保检查组对山西高速公路建设进行专项检查后,认为山西在加快高速公路建设的同时,积极贯彻国家环保政策,全面落实生态环保各项措施,在全国处于领先位置。

在运营管理中,全省高管系统把加强行业文化建设作为进一步振奋精神,凝聚力量,增强广大干部职工归属感、使命感和责任感,推进改革创新,实现高速公路管理事业转型跨越发展的重大战略举措,大力实施"文化铸魂"和"文化强局"战略,确立以文化引领发展、助推发展、聚力发展的指导思想,进行不断探索、实践和创新。在"千里大运文明高速公路"创建活动的辐射、带动下,衍生"千里大运文化长廊""红色文化长廊""上党神话故事长廊""生态文明长廊"等高速行业文化名片;随着全省高速公路文明创建活动深入推进,各类先进典型层出不穷,"太旧精神""大运精神"得到不断渗透、弘扬和发展,行业精神开始形成。与此同时,围绕行业文化建设核心内涵,积极鼓励和引导各运营企业建设特色鲜明的企业文化、站区文化、班组文化、机关文化、部门文化,让行业文化落地于基层,服务于基层,形成党委统一领导、党政齐抓共管、职能部门统筹协调、广大职工共同参与的文化建设工作机制,呈现出"文化理念深入人心,视觉形象规范统一,文化内涵不断丰富"的生动局面。为了进一步扩大行业文化的影响力、凝聚力和传播力,省高管局明确提出,要积极打造山西高速公路行业文化品牌,在全省建设一批企业、站区、班组等结构多元的文化建设示范单位;创作一批文化艺术作品;培育和塑造一批有影响力的行业文化建设先进典型,先后制定下发《行业文化品牌建设指导意见》《企业文化及品牌建设评价标准》《文化品牌建设"三大工程"评价标准》《行业文化品牌管理办法》等制度,行业文化建设工作由此进入一个以品牌建设为引领的崭新阶段。

第七章 文化建设

一、行业核心价值观、行业精神的凝练与形成

行业核心价值体系是行业文化建设的根本任务和基础工程。省高管局首先从挖掘行业文化资源，提炼核心理念入手，结合运营管理实际，在坚持弘扬和传承"太旧精神""大运精神"基础上，本着"拓展内涵、有机结合、注重创新、彰显特色"的原则，对各运营单位文化理念、发展脉络、管理现状进行全方面梳理、总结，提炼和形成具有鲜明行业特点、地域属性和时代特征的核心价值体系。主要包括："为社会提供方便、安全、畅通、便捷、经济的高速通道"的行业使命，"社会满意、行业领先、员工自豪"的共同愿望，"心路相通、和畅通达"的行业核心价值观，"勇于担当、精细务实、创新有为、乐群协作"的行业精神和"爱岗敬业、明礼诚信、尽职尽责、服务公众"的职业道德五个方面。其中"心路相融、和畅通达"统领核心价值体系，是行业文化建设的灵魂。

二、"畅享三晋"行业文化品牌建设

山西高速公路文化建设坚持走品牌发展之路，把品牌建设作为实施"文化强局"战略的切入点和着力点，省高管局把2012年确定为全省高速公路"文化品牌落地年"，组织召开"行业文化品牌发布暨文化建设推动大会"，全面启动文化品牌建设工程，科学构建品牌建设"物质承载、制度保障、社会责任和精神动力"四大支撑体系，积极营造"道路环境、窗口服务、路政执法、温馨家园、现代信息、机关文化"六种文明，真正把群众满意作为高速公路管理服务的第一标准，全面实施"惠民便民"工程（图7-6）。推出不停车收费系统，收费放行速度明显加快，完善路况评价和桥梁状况预警，实现日常养护全控制，保障道路

图7-6 建设文化品牌

安全畅通。全系统倡导阳光服务、微笑服务，窗口文明建设明显增强，周边省、区联动协调机制建立，应对突发事件能力明显提升；路警联合资源共享，车辆超限超载率明显降低，路产、路权保护实现科技化，路产、路权完好率明显好转，服务区实行24小时经营模式和星级考核，驾乘满意度明显提高。

实践证明，品牌建设是行业文化建设制高点，只有积极打造内涵丰富、特色鲜明品牌，行业文化建设才能不断扩大渗透力、影响力，形成行业发展软实力。

经过反复提炼和充分论证，最终确定"畅享三晋"为山西高速公路行业文化品牌。9月12日，省高管局向国家工商行政管理总局商标局申请注册"畅享三晋"行业文化品牌商标。10月8日，商标局正式接受注册申请。

"畅享三晋"是行业核心价值观和精神的集中体现与高度凝练，是行业发展的形象引领和行动指南。"畅"，有"道路通畅"和"心情舒畅"两层含义。"道路通畅"，体现高速公路基本功能定位和服务特征，实现高速公路人流、物流、信息流的全方位畅通，是山西高速公路行业的根本职责和对社会的郑重承诺；"心情舒畅"是人民群众对山西高速公路行业精细管理、文明服务的独特感受。"享"，即享受，寓意山西高速公路坚持以人为本，注重顾客体验，一切以顾客的"服务享受"为着力点和出发点。"畅享"，即"在畅行的旅途中享受"之意，寓意山西高速公路行业将不断提升服务品味，力求实现群众满意，努力使广大人民群众充分享受到高速公路事业改革与发展的丰硕成果。"三晋"，是山西的代称，点明行业地域特色，使山西厚重的文化底蕴在高速公路现代文明建设进程中，得到充分渲染和承载。"畅享三晋"，勾勒出一幅"人在路上行，车在画中游"的美好景象，喻示着山西高速公路行业将努力传承山西优秀文化，以精细运营管理、优质公共服务、完善道路设施、强大路网功能，让四方宾朋在行驶高速公路过程中，"畅快地享受"到山西厚重历史文化、独特地域风情和现代改革开放巨大成果，"享受"到山西文化沐浴和洗礼，为"人说山西好风光"优美旋律赋予时代内涵，使"高速改变生活"的行业宣言成为广大社会公众共同认知，真正把山西高速公路打造成为山西改革开放的新"窗口"、文化强省的新载体和转型跨越的新"名片"。

省高管局坚持突出服务行业科学发展主题，围绕中心优化载体，不断完善品牌建设支撑体系，有效促进行业文化与行业管理的深度融合，通过实实在在的优质服务、优美环境等，为广大社会公众树立良好品牌形象；与此同时，行业文化"子品牌"建设也呈现出繁荣发展的良好态势，先后打造"同路同行""人文通衢""情贯河东""德行闻垣"等多个文化子品牌，行业文化品牌的支撑点、承载点不断丰富，"畅享三晋"在行业文化建设中的引领作用日益突出，对内、对外的影响力不断提升，被列入交通运输部"全国首批交通运输文化品牌候选名单"。

三、丰富多彩的职工文化创建活动

近年来,全省高管系统共建立基层文化活动室396个,综合性文体场馆3个,文体器材设施14600余台(件),图书室312个,图书37800余册。《庆功酒》《高速组歌》《在太行山上》等许多优秀创作成果竞相涌现,"职工运动会""职工文化艺术节""文化讲堂"等活动相继开展,体育活动蓬勃生起。山西高速篮球队、足球队多次参加国内比赛,取得优异成绩,山西高速乒乓球队在第二届全国公路职工乒乓球大赛中,获得男子团体冠军。

在创建过程中,省高管局积极探索和实践全省高速公路行业党的建设、精神文明建设和文化建设"三结合、三促进"工作模式,互为载体,相得益彰,广泛开展时代特色鲜明、行业特色突出、地域特色浓厚的文化实践活动,强化党的基层组织建设,拓展思想政治工作领域,增强党组织的吸引力、凝聚力和号召力,丰富企业文化建设内涵。通过深入开展"学、树、创、建"等活动和"星级信誉考核""双百千亿无差错"劳动竞赛、"七比七看、服务创优"立功竞赛等主题实践活动,总结提出"崔景云速度""谢娜工作法""程晓琳礼仪标准"等享誉三晋的文明服务成果,创建一大批文明和谐单位、文明和谐示范窗口、文明和谐标兵,先后培育和选树吕文忠、张帆、荣海凤、崔景云、祁胜利、陈永寿等一大批实践行业核心价值体系的先进典型,既有诚实守信的普通员工,也有大爱义举的道德楷模,既有舍己救人的优秀青年,还有爱岗敬业的巾帼英雄,有力推动行业文化建设大发展、大传承、大跃进。

四、典型路段

(1)千里大运文明高速公路(图7-7)。既是山西经济社会发展的交通动脉,又是一条具有山西浓郁特色的文化长廊,纵贯南北,将享誉全国的山西晋北古建筑佛教文化、晋中晋商民俗文化、晋南华夏根祖文化三大旅游精品和云冈石窟、晋祠、平遥古城、壶口瀑布、关帝庙、鹳雀楼、绵山、芦芽山、恒山、五台山十大重点旅游景区连接在一起,突破山多路遥的地域隔阻,实现旅游资源优化配置。""走大运,行大运"成为越来越多人的共识,大运高速公路全线将山西厚重文化资源、先进管理理念、诸多特产名品等,以彩绘、雕塑、标语、景观布局等形式作多重展示,形成体现山西现代文明的千里大运文化长廊,是博览三晋的巨型自然大作,是山西"以路认省"的重要名片。

图7-7 大运高速公路"千里大运"文化长廊

(2)太长高速公路红色文化(图7-8)。地处武乡县、襄垣县境内。武乡是八路军故乡,曾是八路军浴血战斗的地方,也是革命传统教育基地。太长高速公路充分利用得天独厚的区域抗战资源优势,牢记革命历史,传承红色文化,在高速公路边坡上,绘制和创作地雷战、麻雀战、地道战、支前、放哨、亮剑等多幅革命图画、雕塑作品,生动再现中国共产党领导人民为平等自由和独立解放做出的不懈努力和重大牺牲,见证"没有共产党就没有新中国"的革命历史,是传承特色文化、解读革命历史、启迪指导未来的经典之作,构成一道独特的红色文化长廊,使行驶驾乘人员在旅途中接受红色文化的洗礼与熏陶。

(3)长晋高速公路上党神话故事(图7-9)。上党,"居太行之巅、与天为党",是华夏文明最早的发祥地之一,钟灵毓秀,屹立万古,高山流水,阅尽沧桑。长晋高速公路以流传于上党地区的众多上古神话故事为背景,在 K981～K991 的边坡上,因地制宜,制作《嫦娥奔月》《精卫填海》《女娲造人》《夸父逐日》《盘古开天》《后羿射日》等多幅瓷砖彩色壁画。壁画构图新颖,色彩艳丽,栩栩如生,构成一条独特的文化长廊,充分体现厚重山西文化,再现远古时期人类开天创世、改造自然的神话景象,与高速公路现代气息相融合,产生独特的文化传播效果。

图 7-8　太长高速公路"红色文化长廊"

图 7-9　长晋高速公路"远古神话故事文化景观"

(4)长延高速公路霍州—永和关东段。将"天地人和、与你同行"的文化品牌贯穿于设计与施工全过程,在沿线不同路段、不同设施渗透不同文化元素。一是在桥梁、隧道、互通、枢纽、挡土墙、护坡等构造物建设中,渗透社会主义核心价值观等简明扼要的文化要素与符号,坚持粗犷、简约、明了的艺术风格,突出经久耐用特点,达到一目了然、耳目一新的视觉效果。二是在收费站出入口、收费岗亭设施建设中,点缀根祖文化、三晋文化、红色文化元素,为社会公众提供轻松、舒畅、愉悦的行车环境。三是在服务区进出口、超市、餐厅、汽修厂、加油站、公厕等设施建设中,注入当地历史传说、农耕文化等相关内容,为广大驾乘人员在服务区停留时提供了解当地风俗人情的平台,体现厚重、趣味、温馨的视觉效果。四是在高速公路附近的山岩上雕刻励志词语(图7-10),如"攀登、无畏、淡泊、

图 7-10　山岩上的励志词语

致远、求索、风光无限、高山仰止"等,涂以鲜红色彩。在沿线文化设施建设过程中,坚持勤俭节约、就地取材的原则,简洁而不累赘、质朴而不浮华、系统而不零散、凝神而不花哨,达到花钱不多、效果明显、经久耐损目的。每个驾乘人员驱车行驶在高速公路上,犹如穿梭在文化长廊里,既减轻因长时间驾驶和乘车疲倦,又畅享文化长廊的视觉美感(图7-11)。

(5)沧榆高速公路忻州—保德段。建管处在宣传"畅享三晋"高速公路文化品牌基础上,创立独具特色的文化子品牌(图7-12)。一是注重生态文明,建设低碳工程。二是因地制宜建设文化景点,实现路与自然和谐相融。结合全路段穿越芦芽山、云中山、贺家山,跨越汾河、黄河实际,为保护沿途生态环境,提出绿色环保、和畅通达的高速公路建设理念,在全线规划桥梁167座、隧道22座,最大程度地保护自然植被。投资300万元购置生态监测仪器设备,设置动物保护围栏,建立自然保护区生态环境和野生动植物检测站。采用喷混植草新型边坡防护绿化方案,在岩石边坡上营造灌草结合的植物生态系统,运用特制的喷混机械将土壤、肥料、有机物质、保水材料、黏结材料、植物种子等混合料,加水喷射到锚托固定的铁丝网岩面上,形成10cm厚的具有连续空隙的硬化体,营造出一个既能让植物生长发育、又不被冲刷的永久性结构,达到快速恢复植被、防止坡面水土流失、改善行车环境、展示沿线自然风光的目的。此外,在米家寨桥隧群路段建设主体文化景观工程。位于忻府区奇村镇米家寨水库左侧,忻保高速公路17.6km处。这里群山起伏、桥隧相连、碧水蓝天、树绿花红,高速公路与自然风光浑然一体,文化广场中央设置的不锈钢雕塑"腾飞",高达19.2m,寓意着忻保高速公路全长192km,体现低碳、绿色、环保及路与自然融为一体的理念,成为一处独特的生态文化景点。

图7-11 每一座隧道洞口都是一道靓丽的风景线

图7-12 忻保高速公路穿越芦芽山自然保护区路段

(6)荣乌高速公路山阴—平鲁段。建管处本着建筑风格、结构类型、色彩感观与周围环境相协调的原则,力求主线构造物之间彼此呼应、巧妙衔接,运用各种技术手段和艺术手法构建畅通、便捷、优美的交通基础设施,沿线构造物与主线相得益彰,形成具有公路文化特色的完整体系,发挥高速公路与各种附属设施综合效应。设计服务区停车位时,考虑车流量、车型不均匀因素,采用有效组合、合理分流的停车方式,充分利用停车场有效空间,当车辆驶入服务区时,停车标志清晰可见,小车、货车、大客车各入其位,出入流畅,并然有序;加油站设在服务区出口处,可避免车辆在服务区内转弯加油,保证加油站与其他服务区设施安全距离;汽车维修容易在汽修厂地面留下油污,影响整洁,所以将汽修车间置于服务区入口转弯处,并用绿化带隐蔽处理;服务区平面布置将餐厅、超市、公厕、客房、员工宿舍有机地结合起来,使其功能完善、流线合理、使用方便。沿线停车区在满足规范要求及使用功能同时,结合总体规划与设计,使其风格与全线整体建筑和谐协调(图7-13)。此外,建管处把收费站视为高速公路门户,在满足各自功能前提下,做到平面合理,立体设计简洁大方,造型注重特色,颜色讲究和谐,都与现代高速公路相适应。尤其是收费棚设计独具匠心,大胆用色,造型独特,建筑精美,充分体现地域文化。山平高速公路终点位于晋蒙交界处,隧道下穿明代长城,隧道洞门设计为古城墙样式,与明长城融为一体,展示边塞文化特色。

图7-13　山平高速公路晋蒙交界处二道梁收费站

(7)青兰高速公路临汾—吉县段。在注重生态环保的基础上,把当地文化植入沿线设施及建筑物中,融入丁村遗址文化、柿子滩旧石器文化、春秋时期晋国文化、佛教文化、黄河文化,在百公里高速公路上形成绚丽多彩的文化长廊。丁村遗址是全国丰富的旧石器时期文化遗址,为研究人类历史起源和发展提供极其宝贵的资料,临吉高速公路半沟隧道文化墙以女娲补天和伏羲画卦两个远古传说浮雕为切入点,详细记述丁村文化遗址人类生存繁衍的故事;进师岭隧道体现柿子滩旧石器时期文化元素,将史前人类使用的工具作为景观主要内容,使上万年的史前文明在这里得到充分展示,彰显临吉高速公路穿越时空所见证的灿烂人类文明;高家河隧道以"尧王牧马"的历史传说题材,描述绿草如茵、灌木丛生、林海遍布的壮美景象;乡宁1号隧道展示佛教文化,描述东晋高僧法显历经13年西行求法,游历30多个国家取得梵文佛经的艰难历程;云台山隧道以"天赋雄风、三晋重地"巨石雕刻为主体,以春秋五霸之一的晋文公浮雕为地域文化特色;吉县4号隧道雕像以汉代大将卫青、霍去病数次击退匈奴,立下赫赫战功,为汉民族与其他民族融合发展奠定基础的典故为背景,展示临汾自古以来人杰地灵的历史内涵;黄河壶口瀑布是国家地质公园,也是中华民族不屈不挠精神的象征,在壶口景区附近的佛儿崖隧道口矗立巨石,上书"临吉高速观壶口"7个醒目大字,将壶口瀑布景区和临吉高速公路紧密相连,展示临吉高速公路作为一条旅游路所承载的独特文化内涵(图7-14)。

(8)东吕高速公路左权—榆社段。建管处始终把"红色左权、绿色家园"的地域特色贯穿于工程建设全过程,坚持"一路一特色、一段一文化"创建理念,在穿越太行山高速公路沿线设置形式多样的巨石雕刻,用看得见、摸得着的载体展示革命老区红色文化的具体内涵。左权服务区东邻牛郎织女天河山、西接汾酒之都杏花村、南达革命圣地麻田镇、北靠石匣水库风景区,山清水秀,鸟语花香,是高速公路得天独厚的休闲驿站。在符合规范要求前提下,适当增加绿化面积,对单纯绿化进行人性化设计,增加视觉审美感,形成富有变化的景观层次,在停车广场设置刻有《建设志》碑文的巨石,恰似高速公路边的微型公园。利用服务区超市、餐厅、汽修厂、加油站等经营场所大力宣传当地红色文化,常年为旅客免费提供饮用开水、晕车药、针线包、报纸杂志,义务为旅客擦洗车窗玻璃、扶助残疾旅客如厕,使服务区成为人们停车歇脚的温馨港湾,成为革命老区的靓丽窗口。和榆高速公路自然景观工程路段如图 7-15 所示。

图 7-14　临吉高速公路晋陕交界处壶口收费站

图 7-15　和榆高速公路自然景观工程路段

(9) 灵河高速公路繁峙—大营段。项目途经世界文化遗产地雁门关景区(图 7-16)和中国历史文化名城代县,这里不仅有壮美古代建筑,也有迷人自然风光。建管处在沿线景观设计中特别注重地方特色,尽可能突出地域文化。宏伟壮观的大营枢纽不仅展示新的设计理念,也彰显雁门关独具魅力的边塞风光;代县服务区建筑风格渗透代州古城深厚的历史文化底蕴,成为集休闲、购物、旅游为一体的花园式驿站。高起点设计、高质量

图 7-16　繁大高速公路途经的世界文化遗产雁门关

建设、高含量文化元素,给每一位旅客留下深刻印象。

(10) 呼北高速公路临县—离石段。项目经过临县、方山、离石、柳林 4 县区,有自然风景区北武当山、中国历史文化名镇碛口古镇、中国历史文化名村西湾村(图 7-17),到处显示着公路沿线悠久历史和秀美风光;剪纸、秧歌、黄河旋鼓等民间艺术和非物质文化遗产,向世人展示着黄土文化的深厚与淳朴;在清代廉吏于成龙故里,散发着吕梁儿女荡气回肠的清廉气息。建设者将沿线文化元素融入高速公路构造物及各种设施中,使高速公路成为展示地方特色文化长廊,形成"人在路上行、车在画中游"的文化氛围。

（11）长延高速公路霍州—永和关西段。建管处以各种设施为载体,大力彰显地域文化,在沿线矗立12块文化石(图7-18),详细介绍沿途各县人文特色,着力宣传隰县旅游资源,推出中国第一梨"玉露香"企业文化,展示永和县红军东征史和"乾坤湾"旅游文化,让过往乘客尽情地畅享三晋、领略河东文化。

图7-17　临离高速公路途经的中国历史文化名村西湾村　　　　图7-18　隰县服务区文化石

实践证明:高速公路作为现代物质文明的重要标志,本身具有丰富人文内涵和文化底蕴。在建设中,省交通运输厅不断挖掘文化内涵,熔铸文化意蕴,提升现代文明,以高品位的高速公路文化促进经济社会发展。山西以高速公路为载体打造的文化长廊,大大提升文化品位。一条条纵横交错的高速公路,不仅给驾乘人员带来高速行驶快感,也带来愉悦的精神文化享受。

五、教育基地

太旧高速公路纪念碑。位于太原武宿立交枢纽北侧辅道旁,建筑总高度42.5m,其中碑体高36.25m,基座高6.25m。由碑体、基座和纪念广场构成,为永久性纪念建筑。碑体四面镌刻党和国家领导人江泽民、李鹏、薄一波、邹家华题词(图7-19)。

图7-19　太旧纪念碑

1996年6月23日,省委书记胡富国、省长孙文盛为纪念碑揭幕,12月26日落成。副省长、总指挥杜五安深切缅怀为太旧高速公路建设牺牲的八位特等功臣,他们是刘玉庭、杜西才、彭国斋、郑镇江、李建华、韩益中、王飞彪、彭传直。纪念碑为后人铭记太旧高速公路建设艰辛而辉煌历史,大力弘扬"太旧精神"、实现山西富民强省留下一座不朽的丰碑。

六、文化展厅

忻州高速公路公司文化长廊。文化建设成果展览由两部分组成,一是企业文化展厅;二是同路同行文化长廊(图7-20)。企业文化展厅重点展示企业文化体系"脉、魂、体、果"

四部分的主要内容,是对整个企业文化建设发展历程的总结和凝练。脉是文化源头,公司通过对文化渊源、行业精神、地域文化、经营理念四个方面脉络的诊断定位、梳理改进、总结提炼,进一步形成具有公司特色的文化建设魂魄。魂是文化气质于神韵,铸魂是一种文化自立。公司以传统文化精粹,深入企业实际,熔铸使命、愿景、理念于一体,形成先

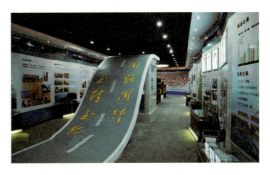

图7-20 忻州公司"大运文化展厅"

进而独特的企业文化思维,提炼出"同路同行、至精至仁"的核心价值观,"打造文明和谐高速通道、创造社会价值、成就员工自我"的企业使命,"员工理想舞台,顾客温馨驿站,行业知名品牌"的企业愿景和"敬业、奉献、民主、合作、务实、创新"的企业精神。体是文化轨迹与载体,塑体是一种文化行动。公司用文化定型,内抓管理,外抓服务,以体系完备为行业标的,以社会满意为行为准绳,形成从教育、制度、服务到文化产品的一系列体系。果是文化的收获与延续,种果是一种文化自觉。总结和展示企业发展过程中的历史之果、管理之果、创新之果、员工之果、服务之果,同时也展现出企业集体收获和员工个人成长经历写照。同路同行文化长廊,以认路、知车、识己为根本,以沟通、参与、融入为期许,以降险、减损、除患为目标,达到同路同行、共建共赢之境。长廊共由路文化、车文化和人文三部分组成。路是交通运输的承载者,车是交通运输的使用者,人是交通运输的驾驭者。高速公路运营管理始终围绕路、车、人,其发生和发展过程本身就是这三者之间的联系不断深化、丰富、演变的过程。路、车、人文化长廊建设,就是让更多的人认识路、了解路,认识车、了解车,了解自身缺陷和优势,更好地扬长避短,推动企业改革发展不断迈上新台阶。

七、特色站区

小店女子收费站。隶属于太原高速公路公司,东通长治、邯郸,南达运城、西安,西到吕梁、军渡,南向晋城、焦作,被誉为山西"龙城"太原的南大门。自2000年通车运营以来,日平均通行量1万辆次,日均通行费45万元,收费额居全省第二。常年驻守在这里的收费工作人员,坚守着一根根起落有序的放行栏杆,迎来春夏,送走秋冬,在寒暑交替中用忠诚与汗水,用热情注目和灿烂微笑回报每一位过往驾乘人员,谱写出交通人为民服务、创先争优,为国聚财、造福人类的美好诗篇。这支充满活力的集体成为一个荣获国家级"青年文明号""全国交通行业文明窗口""全国巾帼文明岗""全国用户满意服务明星班组""全国妇女创先争优先进集体""2010—2012年全国创先争优先进基层党组织"6个国家级荣誉称号的明星收费站。

八、文艺作品展示

《畅享三晋——山西高速组歌》是一部以描绘山西高速公路由"零"的突破到万里担当的发展历程,展示山西高速公路事业发展取得的巨大成就,讴歌山西交通人在实现全省"转型跨越发展,再造一个新山西"宏伟目标中做出的突出贡献为主题,以独唱、重唱、合唱等不同类型、不同风格的歌曲演唱为主要形式,融歌曲、舞蹈、音乐剧、朗诵及现代声光技术等艺术元素为一体的大型情景类音乐套曲。整个组歌分为"天地呼唤""雄起太旧""大运山西""万里担当""畅享三晋"五部分,包括9首歌曲、6支舞蹈、1组故事讲述和1组配乐诗朗诵,是一部大型高水准的文化艺术产品,是山西高速公路文化建设中的精品力作。

2012年12月15日晚,首次在山西忻州向参加第七届全国交通运输企业文化建设高峰会的与会代表进行汇报演出(图7-21);2013年3月12日在山西卫视播出。观众反响强烈,好评如潮。

《在太行山上》是省高管局与山西电视台联合编排的纪念中国人民抗日战争暨世界反法西斯战争胜利七十周年大型文艺晚会(图7-22),2015年8月31日晚在太原(山西大剧院)演出,省城近千人观看,山西电视台在第二晚上通过卫视向全国播出。

图7-21 汇报演出　　　　　　　　　　图7-22 文艺晚会

该演出编排真实,场面宏大,再现中华民族在生死存亡关键时刻,无数中华民族优秀儿女用血肉之躯筑起捍卫祖国的钢铁长城,用气吞山河大无畏气概谱写壮丽的英雄史诗。

品牌靠文化传播,文化靠品牌支撑。在文化建设中,省高管局坚持走品牌发展之路,把品牌建设作为文化建设的着力点和制高点,取得丰硕成果。1993—2016年,全系统先后荣获国家级集体荣誉24个,省级集体荣誉135个,有145名个人受到省级以上表彰,省高管局先后荣获"全国交通系统文明行业""全国交通行业文明单位""全国五一劳动奖状""山西省文明和谐单位""全国交通运输企业文化建设品牌单位"等荣誉称号。一朵朵高速公路文化品牌之花,竞相在三晋大地上绚烂绽放。

第八章

建设项目

第一节 G5北京—昆明高速公路山西段

一、平阳段(平定—阳曲)(建设期：2010年3月~2012年3月)

(一)项目概况

1. 基本情况

项目既是国家高速公路网中北京—昆明高速公路的重要路段,也是山西省高速公路网"三纵、十二横十二环"主骨架第五横的重要组成部分。途经太原市尖草坪区、阳曲县,阳泉市盂县、郊区、平定县,向东直抵京津冀地区,向西接太佳高速公路通往陕西省佳县,与包头—茂名国家高速公路相连,形成快速连接东西部物流、煤运的大通道,是全省中部地区西通陕甘宁、东达京津冀的重要战略通道。项目实施为加快中部崛起创造良好的基础设施环境,对加速晋、陕、蒙经济发展和晋煤外运都具有重要意义。主要工程量有：路基土石方4698万m^3；沥青混凝土路面384万m^2；特大桥2座,大桥61座,中桥15座,通道、涵洞254座；隧道12座23km,其中特长隧道3座14.3km；互通式立体交叉7处。桥隧总长44.68km,占总里程35.96%。房建总面积4.04万m^2,防护、排水工程104万m^3。主要控制性工程有太原枢纽、司徒洼特大桥、阳曲1号隧道、大南山隧道和单孔最大跨径120m连续刚构温河大桥、秋林特大桥、秋林隧道等7处。双向六车道,设计速度100km/h,路基宽33.5m,路线全长124.241km。2010年3月28日开工建设,2012年3月6日正式运营。

2. 前期决策

近年来,随着全国经济社会发展,与项目平行的太旧高速公路车流量逐年增大,交通堵塞十分严重,已成为社会和用户关注的焦点。项目建成从根本上解决了太旧高速公路的交通压力,突破了山西交通运输东出口"瓶颈"制约。省交通运输厅党组站在全局战略高度,统筹考虑,科学规划,提出项目"两年实现小循环"要求。

3. 参建单位

(1)建设单位。2009年7月10日,省交通运输厅批准成立平阳高速公路建设管理处,内设综合办公室、人事安全部、财务管理部、技术质检部、工程管理部、交通工程部、地方协调部,外设东段、西段两个前线指挥部,具体负责施工现场指挥和监管。

(2)设计单位。由省交通设计院、山西路晟交通建筑设计有限公司、山西交科公路勘察设计院承担。

(3)施工单位。共有74个单位参加建设,其中,路基工程26个,路面工程7个,采空区7个,交通设施工程2个,护栏工程4个,房建工程5个,机电工程15个,绿化工程6个,盂县南枢纽二期工程1个,声屏障工程1个。

(4)监理单位。共有20个单位实施监理,其中,路基工程监理9个,路面工程监理3个,房建工程监理2个,交通安全工程监理2个,机电工程监理3个,绿化工程监理1个。

(二)建设情况

1. 项目准备

(1)立项审批(表8-1)。2009年4月30日,省发改委晋发改交通发〔2009〕1063号文批复《项目可行性研究报告》;2009年11月4日,省交通运输厅晋交公字〔2009〕619号文批复《初步设计》;建管处严格执行公路建设程序,依法依规,规范运作。建设期间,项目转为国家高速公路后,又积极补报并批复相关手续:2011年8月17日,交通运输部交函规划〔2011〕184号文批复《可行性研究报告审查意见》;2011年11月21日,国家发改委发改基础〔2011〕2465号文批复《可行性研究报告》;2012年2月28日,交通运输部交函规划〔2012〕74号文批复《初步设计》。概算投资调整为149亿元。

项目审批一览表　　　　表8-1

序号	项　　目	批复时间	批复部门	文件名称	文　件　号
1	项目可行性研究报告	2009.4.30	山西省发展和改革委员会		晋发改交通发〔2009〕1063号
2	地震安全性评价报告	2009.7.10	山西省地震局		晋震标〔2009〕81号
3	初步设计	2009.11.4	山西省交通运输厅		晋交公字〔2009〕619号
4	地质灾害危险性评估报告	2009.12.4	山西省国土资源厅		备案
5	环境影响报告书预审意见	2010.2.3	交通运输部		交环函〔2010〕5号
6	环境影响评估报告	2010.4.1	山西省环境保护厅		晋环函〔2010〕230号
7	建设用地预审意见	2010.4.21	国土资源部		国土预审字〔2010〕87号
8	水土保持评估报告	2010.5.24	水利部		水保函〔2010〕106号
9	压覆矿产资源储量核实报告	2010.5	山西省国土资源厅		晋国土储备字〔2010〕062号备案

续上表

序号	项目	批复时间	批复部门	文件名称	文件号
10	文物评估报告	2010.7.1	山西省文物局		晋文物函〔2010〕293号
11	施工图设计	2010.7.8	山西省交通运输厅		晋交建管〔2010〕328号
12	环境影响报告书	2011.1.27	环境保护部		环审〔2011〕51号
13	林地使用	2011.6.21	国家林业局		林资许准〔2011〕136号
14	可行性研究报告审查意见	2011.8.17	交通运输部		交函规划〔2011〕184号
15	可行性研究报告	2011.11.21	国家发展和改革委员会		发改基础〔2011〕2465号
16	初步设计	2012.2.28	交通运输部		交函规划〔2012〕74号
17	施工图设计	2012.5.21	山西省交通运输厅		晋交公字〔2012〕275号
18	工程建设用地	2012.9.26	国土资源部		国土预审字〔2012〕779号
19	工程施工许可申请	2012.11.19	交通运输部		批准

（2）资金筹措。批准投资总概算1497183万元，其中：项目资本金417183万元（中央车购税188500万元，省交通厅自筹228683万元），银行贷款1080000万元。

（3）招投标。坚持公平、公正、公开、择优原则，在省交通运输厅等相关部门严格监督下履行程序。建管处委托两家招标代理机构负责招标，每次招标结果都要在中国采购招标网、山西招投标网、山西交通网公示，招标总金额达118.32亿元。2009年4月，建管处委托中交建设工程招标公司进行勘察设计公开招标，有3个省内勘察设计单位中标；2009年7月~2010年9月，建管处委托中化建国际招标公司对路基、桥隧、路面、房建、机电、交安、绿化等工程施工及监理进行公开招标。其中有26个路基桥隧标段、7个采空区标段、7个路面工程标段、7个交通安全工程标段、1个二期工程标段、1个中心试验室标段、1个防火墙标段、5个房建工程标段、5个供水工程标段、5个外供电工程标段、6个绿化工程标段、15个机电工程标段、21个工程监理标段，共计107个标段。分别由来自全国各地的74个施工企业、20个监理公司承担项目所有施工、监理任务。

（4）标段划分。根据项目特点，路基（桥涵隧道）工程分26个标段，采空区分7个标段，二期工程分1个标段，路面工程分7个标段，交通安全设施工程分7个标段，房建工程分5个标段，机电工程分15个标段，绿化工程分6个标段，供水井工程分5个标段，外供电工程分5个标段,工程监理分21个标段,中心试验室、防火墙各分1个标段,共计107个标段。

(5)征地拆迁。项目建设用地涉及11个乡(镇)96个村,在沿线政府统一协调下,共征地12208.107亩,支付补偿费用83151.605万元。

2.项目实施

(1)质量管理。建管处坚持将"关注细节、追求卓越"的精细化理念贯穿于建设管理全过程,牢固树立"质量零缺陷、操作零失误、工程零返工、保优创精品"意识,工程质量始终处于良好受控状态。着力抓好六方面工作:一是严格落实工程质量责任制。在全线推行质量责任登记制度,参建单位都能主动落实公路工程法律法规和强制性技术标准,严格履行工程合同。二是加强培训教育工作,根据工程项目和进度有针对性地进行考核培训,提高工程技术人员专业素质。三是加强源头控制,确保建筑材料最优。重点采取与法人和主要管理人员面试质询手段,择优选取现场施工、监理人员,着力把好"材料进场关、模具制作关、设备配置关、标准试验关、级配控制关、施工工艺关、工序控制关、后期养护关"8个关口,重点对工程建设中特种材料如钢绞线、锚具、支座、防水板、止水带等进行实地考察,特别是对桥梁伸缩缝、路面沥青材料进行公开招标,择优选用,从源头上控制工程质量。建管处中心试验室对原材料抽检数量和频率提出明确要求,加大原材料的抽检数量和频率,采取普遍抽检、重点全检办法,对不合格原材料坚决清除出场,为提高工程质量提供有力保障。四是推进精细管理,保证工程质量达标。制订下发《工程建设管理实施方案》《施工现场规范化管理实施细则》和路面、机电、交安、房建《施工作业指导书》等20余项,全面落实精细化施工标准要求、控制措施和工艺流程。严格执行产品质量"首件认证制度",全力提升工程质量达优率。着力从"细、实"两个方面下功夫,出台路基填筑质量控制要点,有效保证"四度八部"质量指标。积极开展以"打造精品高速、共建品牌工程"为核心的样板工程建设,先后组织召开路基土石方填筑施工、大梁预制及喷淋养生、桥梁高墩标准化施工、工厂化箱梁预制、路面铺筑规范化示范工程等10余次现场观摩交流会,促进工程质量均衡提升。五是注重动态监管,严格施工过程管控。执行"政府监督、法人管理、社会监理、企业自检"的四级质量保证体系,逐级落实责任,分层负责实施,有效确保工程质量。六是狠抓关键环节,消除工程质量通病。坚持日常巡视检查与专项质量检查相结合,深入推进"质量回头看"活动,定期对工程实体质量、内业资料等进行全面系统的检查,确保工程建设质量始终处于良好受控状态。

(2)安全管理。建管处坚持"安全第一、预防为主、综合治理"的方针,始终把人的生命放在至高无上位置,积极构建无缝隙安全责任链条,努力营造稳定施工环境。一是加强制度建设,落实安全生产责任。相继制订出台《安全生产监管办法》《安全生产量化考核办法》等10余项管理办法及规章制度,编制44种安全生产规范用表,基本做到安全生产的标准化和程序化。自上而下层层建立严格的安全生产责任制,严格实行安全生产合同制,推行安全生产承诺制,执行安全生产一票否决制,形成事事讲安全、人人抓安全良好格局。二是坚持预防为主,注重动态监督管理。严格执行省厅要求,认真落实高危工程专项方案审查制度,不断强化监管,从源头上预防和杜绝事故发生。不断完善应急预案,坚持做到物资、人员、设备"三落实",各施工单位均有针对性地开展施工现场坍塌、火灾等应急演练,全方位确保员工生命财产安全。全面实行重大危险源分级管理,着重对大南山等特长隧道施工专项方案和施工过程进行重点跟踪管理,全力确保隧道施工安全。三是狠抓基础管理,强化综合治理工作。大力开展"平安文明工地"创建活动,适时召开桥梁高墩安全标准化施工现场观摩会,以点带面,辐射全线。深入开展"打非"专项行动和"预防坍塌事故"专项整治,着重解决桥梁和隧道工程施工的突出问题和薄弱环节,有力提升施工安全水平。路基4标、8标、16标等7个标段分别被省交通运输厅评为"平安文明工地",建管处获创建活动先进单位。

(3)进度管理。建管处坚持"三年工期两年完"目标不动摇,本着"合理布局、平行作业、交叉施工、均衡推进"原则,追求科学建设,按照"计划、执行、调整、再执行"的方法控制工程进度,努力实现分部、分项工程与整体工程协调推进,圆满完成建设任务。一是健全工程进度控制体系。严格落实路基、路面、房建、交通等工程总体施工计划,始终做到以日进度保旬进度,以旬进度保月进度,以月进度保阶段进度,以阶段进度实现总进度,保证工程建设连续性。二是实施节点目标控制。对全线路基、路面、交安、机电施工标段进行详细节点划分和阶段控制,建立节点控制激励措施,较好地实现整体施工工序无缝衔接。三是大力开展以"赛进度、赛质量、赛安全、赛管理、赛创新、赛廉政、赛文明施工、赛施工环境"为主题的阶段性劳动竞赛活动,奖优罚劣,辐射带动。先后有12个优秀施工、监理单位被评为"优胜单位",24个施工、监理单位被评为"先进单位",15个后进施工、监理单位被全线通报批评,有力加快工程建设步伐。四是集中力量攻克施工"瓶颈"。针对控制性、关键性工程项目,优先制订严密的施工方案,对秋林隧道、大南山隧道、阳曲1号隧道增加5个斜井,特别是针对大南山隧道剩余施工量大与工期要求紧之间的矛盾,利用隧道车行横洞再次增加作业面,提高掘进速度。建立健全以项目经理、总监、驻地代表为直接责任人的问责制度,确保施工进度实时管控。优化施工工艺和工序,针对120m连续刚构温河大桥工期紧的矛盾,采用提高混凝土强度等级的办法,将原来挂篮施工1个段落10~11天的周转时间缩短为7~8天,为整个工程赢得宝贵时间。

(三)复杂技术工程

(1)阳曲1号隧道(图8-1)位于太原市阳曲县境内,双洞六车道,左右分离式,右线长4711m,左线长4685m,属特长隧道。

(2)秋林隧道(图8-2)位于平定县岔口乡秋林村北端至郝家庄之间,双洞六车道,左右分离式,两洞中轴线间距约30~40m,右线长4075m,左线长4118m,属特长隧道。

图8-1　阳曲1号隧道　　　　　　　　　图8-2　秋林隧道

(3)温河大桥(图8-3)位于阳泉市郊区西南峪乡下章召村西北方向约200处,跨越温河。大桥长度为:4×40m(T梁)+(65+2×120+65)m(连续刚构)+4×40m+3×40m(T梁),设计速度100km/h;按六车道设计,由两座分离式上、下行桥组成,桥宽2×净15.5m。防洪标准:设计洪水频率1/100,桥梁高程由路线控制,不受洪水位控制。设计基准期:100年。

(4)大南山隧道(图8-4)位于盂县东梁乡境内,为单向行驶,双洞六车道,左右分离式,右线长5520m,左线长5535m,属特长隧道。

图8-3　温河大桥　　　　　　　　　图8-4　大南山隧道

(四)科技创新

建管处始终贯彻工程建设全寿命周期成本理念,不断提升科技在工程建设中的贡献率。一是着力攻克施工技术难题。完成温拌阻燃沥青混合料应用技术研究、自融雪材料在沥青路面中的应用技术研究、物联网技术在隧道施工中的应用、高速公路自动收费机器人设计与应用4项科研课题,丰富全省高速公路建设与管理技术体系。二是积极推广新工艺和新材料。对全路段主线桥面混凝土铺装层掺入新产品铣削钢纤维,提高耐久度;对隧道二衬混凝土掺入粉煤灰,提高抗渗能力;将隧道水泥混凝土路面变更为复合式阻燃沥青路面,最大限度降低运营管理养护成本和改善行车环境;对全线路面中面层进行进口PR与国产车辙王改性,对上面层全部进行进口SBS沥青改性,重点对重车道爬坡路段进行抗车辙剂改性试验段施工,提升道路行车的舒适性和后期使用耐久性;积极引进国家技术发明奖产品RB单元式多向变位梳形板桥梁伸缩缝装置,不仅实现环保低噪,而且也降低维护成本;积极采用波形防撞护栏新工艺,在热镀锌基础上在其表面再行喷塑新工艺,使沿线护栏降低氧化,延长寿命。三是最大限度节能、降耗和减排。积极引入地源热泵解决收费站、服务区等房建采暖,全面推广废水污水中水处理系统降低水资源浪费,不仅节约建设成本而且也方便后期运营管理;率先在大南山隧道入口设置软性隔离墙数字安全警示雾屏,将洞内发生的交通事故、火灾等情况提前预警显示在数字雾屏上,为道路安全行车提供保障;积极采用透明橱窗式玻璃钢吸声板结构声屏障,优化分离路基绿化和隧道洞门的景观设计施工,实现道路美化与亮化双赢;在大南山隧道特殊路段建设充分融入五台山佛教文化、民间剪纸艺术等元素的景观灯光带,在彰显科技应用的同时也较好地缓解驾驶人员视觉疲劳,提升道路文化品位。四是努力建设生态型高速公路。对路堑石质不稳定边坡采用一级浆砌片石挡墙,二级锚杆框架防护,对基本稳定但表面破碎边坡采用一级边坡浆砌片石护面墙加SNS或铁丝网防护;对路堑土质边坡,全部植草防护,对砂砾夹层且较松散边坡采用浆砌片石防护,不仅减少水土流失,而且美化周边环境。不断强化沿线景观塑造,最大限度避免隧道洞口仰坡大挖大填,洞口设计力求做到与周围山体相融合;对秋林隧道入口古树进行抢救性保护,努力建设生态环保型高速公路。

(五)运营养护管理

1. 收费站设置

2012年3月2日,根据省交通运输厅、省财政厅、省物价局《关于平定—阳曲高速公路设置收费公路收费站及收费相关事宜的通知》(晋交财〔2012〕116号)文件规定,沿线共设郝家庄、岔口、河底、盂县南、东梁、东黄水6个收费站。

(1)郝家庄收费站地处平定县岔口乡郝家庄村。广场设有24条车道,全部为出口车道,是全省出口车道最多的收费站。由于地势原因,采用复式广场收费模式:分为拥有14条车道的客车广场和拥有10条车道的货车广场,其中包括2条ETC车道。

(2)岔口收费站地处平定县张山峪与郊区雨下沟交界处,位于G5平阳段K16+780处,是省界主线站之后的第二个收费站,收费广场面积3280m^2,车道3进5出。

(3)河底收费站地处阳泉市河底镇河底村,位于G5平阳段K29+700处,收费广场面积4890m^2,车道3进5出。

(4)盂县南收费站地处盂县南娄镇中兰村,位于G5平阳段K45+360处,收费广场面积10500m^2,车道4进6出。

（5）东梁收费站地处盂县东梁乡东梁村，位于 G5 平阳段 K77+928 处，收费广场面积 2124m²，车道 3 进 5 出。

（6）东黄水收费站地处太原市阳曲县东黄水镇河上咀村，位于 G5 平阳段 K104+590 处，收费广场面积 12000m²，车道 3 进 5 出。

交通流量状况见表 8-2。

交通流量状况表　　　　　　　　　　　　　表 8-2

年　份	年通行量（辆）	日平均量（辆）
2012 年	800841	2661
2013 年	1385474	3796
2014 年	1593921	4367
2015 年	1569422	4300
2016 年	5054691	13848.5

2. 服务区设置

（1）盂县服务区地处阳泉市盂县路家村镇，位于 G5 平阳段 K37 处，占地面积 133333m²，分南北区，分别占地 66666.5m²。其中，建筑面积 6793m²，绿化面积 42500m²，主要经营餐饮、超市、住宿、加油、汽修等服务项目。现有餐厅 2 处，面积 1820m²，可同时容纳 340 人用餐；超市 2 处，面积 154m²，经营 300 余种商品；加油站总面积 1072.2m²（南北区面积均为 536.1m²），油罐容量 360m³，每个 30m³，南北区各设 8 台加油机，油品种类齐全；客房 1 处，可同时容纳 9 人住宿；停车场 2 处，每处有 170 个停车位，其中 70 个大车位、100 个中小车位；公厕 2 处，每处 58 个厕位、44 个小便池。

（2）阳曲服务区位于 G5 平阳段 K80 处，占地面积 140000m²，现有员工 72 人，分南北区，建筑面积 7500m²。现有餐厅面积 620m²，可供 240 人同时就餐；超市 2 处，经营商品种类数量达 547 种；客房 1 处，可同时容纳 19 人住宿；停车场可停放车辆 219 辆，其中大型车 84 辆，中小型车 135 辆；加油站总占地面积 2700m²（南北区面积均 1350m²），油罐容量 360m³（两区共 12 个，每个 30m³），南北区各设 8 台加油机，油品种类齐全。是一处集休闲、购物、加油、住宿、汽修、公益服务于一体的现代化多功能高速公路服务区。2015 年获"优秀服务区"称号。

3. 养护管理

全线设置河底、东梁两个养护处，设置秋林、西南舁、大南山、阳曲 4 个隧道管理站，具体负责全线养护管理工作。

（1）河底养护处负责 K00+000~K65+200，主线全长 65km。

（2）东梁养护处负责 K65+200~K122+980，养护综合里程 65.5km。其中桥梁 41 座，天桥 18 座，涵洞 116 道，通道 25 道。

（3）秋林隧道管理站地处平定县岔口乡郝家庄村,管养 K0+000~K14+400 范围内神水泉隧道、神灵台隧道、秋林隧道、张山峪隧道,单洞总长度 13757m,其中左洞总长 6849m、右洞总长 6908m。内设紧急停车带 14 条、设车行横洞 7 个、设人行横洞 16 个。

（4）西南舁隧道管理站位于河底收费站西侧,管理着 14.5km 范围内的五里庄隧道、西南舁隧道、山底隧道,单洞左线总长 4130m,右线总长 4023m。

（5）大南山隧道管理站位于东梁收费站南侧,主要负责管理南小坪隧道、武家庄隧道、大南山隧道,单洞左线总长 6293m,右线总长 6232m。

（6）阳曲隧道管理站位于太原市阳曲县东黄水镇范庄村,阳曲 1 号隧道、阳曲 2 号隧道为连续隧道,两条隧道之间设置 1—16m 混凝土空心板桥 1 座,均为双向六车道山岭隧道,单洞左线全长 5940m,右线全长 5970m。建筑界限净宽 14.5m,其中行车道 3.75×3m,净高 5m,紧急停车带路面净宽 17m,并有 14 个紧急停车带、7 个车行横洞和 9 个人行横洞。

二、太原西北环段(罗城—青龙—阳曲镇)(建设期:2003 年 3 月~2004 年 11 月)

详见第七节 G2001 太原绕城高速公路 太原西北环段有关内容。

三、太祁段(罗城—夏家营—祁县)(建设期:2001 年 2 月~2002 年 10 月)

(一)项目概况

1. 基本情况

项目是国道主干线青岛—银川和二连浩特—河口两条公路在山西境内的重合路段,是山西省规划的"三纵三横"公路网中贯通全省南北"中纵主干线"和大运高速公路的重要组成部分,是"九五"计划的重点公路建设项目。罗成—夏家营段与夏家营—祁县段在建设期间合并为一段,称太原—祁县段。罗城—夏家营段路线起点为太原南过境段高速公路终点罗城互通,经清徐县—交城县义望,与夏家营—汾阳高速公路起点交城互通相接为终点,全长 37.315km。平原微丘区高速公路,设计速度 120km/h,路基宽 28.5m,平曲线最小半径 2000m,最大纵坡 1.3%,桥涵设计荷载汽车—超 20 级、挂车—120,设计洪水频率桥涵 1/100,抗震设防烈度Ⅶ度,路面采用 15cm 沥青混凝土面层。

夏家营—祁县段起点位于交城县夏家营,与夏汾高速公路和罗夏高速公路在义望枢纽互通立交连接,途经交城县、文水县、祁县,终点为祁县城赵庄,与祁临高速公路连接。完成路基土石方 260.72 万 m³,有大桥 612.16m/2 座、中桥 346.54m/5 座、小桥 44m/2 座、通道桥 203.5m/13 座、涵洞 3771.75m/112 道、分离式立交 759.36m/13 座,全长 24.226km。2001 年 2 月 8 日开工建设,2002 年 10 月 25 日竣工通车。批准概算,罗城—

夏家营段117411万元,夏家营—祁县段57622万元。

2. 前期决策

项目建设对完善国道在山西境内主干线网络和山西公路主骨架,促进沿线经济腾飞,发展旅游业、交通运输业,加快能源重化工基地建设和对外开放步伐,具有十分重要的意义。经省政府批准,1998年10月5日,项目正式纳入山西省1998—2002年重点公路建设项目工作安排计划。

3. 参建单位

(1)建设单位。2000年4月25日,经省政府批准成立山西省太祁高速公路有限责任公司,代表业主对太原罗城—夏家营段、夏家营—祁县段项目进行建设、运营、养护、管理。内设办公室、工程技术部、合同监理部、地方工作部、财务部、物资公司、治安大队。

(2)设计单位。勘察设计任务由3个单位承担,其中主线工程设计1个、交通工程设计1个、房建工程设计1个。

(3)施工单位。共有13个单位参加建设,其中路基工程8个(罗城—夏家营段5个,夏家营—祁县段3个),路面工程5个(罗城—夏家营段3个,夏家营—祁县段2个)。

(4)监理单位。共有21个单位实施监理,其中路基桥涵工程监理5个(罗城—夏家营段3个,夏家营—祁县段2个),路面工程监理3个(罗城—夏家营段2个,夏家营—祁县段1个),交通工程监理8个,房建、采空区、伸缩缝、机电、绿化工程监理各1个。

(二)建设情况

1. 项目准备

(1)立项审批。项目是按罗城—夏家营、夏家营—祁县两段进行工程可行性研究和初步设计,交通部亦按此两段予以审批。

①罗城—夏家营段。1998年11月25日,省交通厅晋交计字〔1998〕第720号文报送交通部《关于申请批复国道主干线二连浩特—河口公路山西境内罗城—夏家营段项目可行性研究报告的请示》。1998年12月31日,交通部交规划发〔1998〕831号文印发《关于青银国道主干线罗城—夏家营段公路可行性研究报告的批复》,批准估算总投资8亿元,其中交通部补助1.75亿元。1999年9月3日,交通部印发交公路发〔1999〕461号文,将概算核定为1174113263元(含建设贷款利息)。

②夏家营—祁县段。1998年11月25日,省交通厅晋交计字〔1998〕第720号文报送交通部《关于申请批复国道主干线二连浩特—河口公路山西境内夏家营—祁县段项目可行性研究报告的请示》。1999年2月24日,交通部交规划发〔1999〕87号文印发《关于国道二河主干线夏家营—祁县段公路可行性研究报告的批复》,批准估算总投资5.3亿元,

其中交通部补助 1.09 亿元。1999 年 9 月 3 日,交通部印发交公路发〔1999〕460 号文,将概算核定为 576217851 元(含建设贷款利息)。

(2)资金筹措。批准概算罗城—夏家营段 117411 万元,其中交通部补助 17500 万元,国债 37000 万元,公路基金 2911 万元,开行贷款 60000 万元;夏家营—祁县段 57622 万元,其中交通部补助 10900 万元,公路基金 13722 万元,开行贷款 33000 万元。

(3)招投标。经省交通厅批准,公司 2000 年 9 月 20 日成立招标办公室,9 月 22 日在《中国经济导报》刊登土建工程施工及监理招标公告,9 月 26 日~27 日,146 个申请人报名;9 月 30 日,136 个申请人按时递交资格预审文件;10 月 17 日~18 日在太原召开资格预审评审会,经交通部批复同意,6 个申请人通过资格预审;10 月 8 日发出投标邀请书,10 月 9 日~11 日出售招标文件,12 日组织投标人勘察现场;13 日~15 日接受投标人书面质疑,并分类整理;16 日上午 9:00 邀请设计单位、有关专家在省征稽局二楼大会议室召开标前会议,回答投标人质疑,说明设计意图,17 日发补遗书。12 月 1 日在忻州顿村交通职工培训中心召开开标大会,14:00 时招标文件递交截止,同时公开开标,共收到有效标书 63 份,整个开标工作在公证处、厅纪检组公证和监督下完成,合法有效。开标结束后,成立由 5 名专家和公司董事长、总经理参加的评标委员会,12 月 5 日,51 个单位均通过符合性审查;12 月 6 日进行评述并无记名评分,总分 100 分,实力得分和报价得分之和为总得分。整个评标过程由省交通厅监察室和省重点办进行全过程监督。根据评标委员会推荐,经公司招标办公室研究,并报招标管理办公室批准,确定每标段总得分第一名者中标。

(4)合同段划分。根据项目特点,路基工程分 8 个标段,其中罗城—夏家营段为第一至第五标段;夏家营—祁县段为第六至第八标段;路面工程分 5 个标段,其中罗城—夏家营段为第一至第三标段,夏家营—祁县段为第四至第五标段。

(5)征地拆迁。项目建设涉及 4 县区,从 2000 年 11 月~2002 年 10 月,共征用土地 6332 亩,拆迁房屋 50500m^2,支付补偿费用 3424 万元。

2. 项目实施

(1)质量管理。公司十分重视质量工作,2001 年 3 月 6 日,成立质量管理领导组,从工程开工之初就建立以总监理工程师为中心的菲迪克条款管理模式和"政府监督、企业自检、社会监理"三位一体的质量保证体系。同时,还成立四级质量督查组:一是成立以公司总经理为组长的质量领导组,公司领导分段包干,分工负责,全面监控;二是成立三个工程项目组,常驻工地,分段负责,加强督查;三是成立路基压实度、桥涵构造物质量检查小组,每天深入工地,循环检查;四是成立质量创精品验收小组,不定期赴工地抽查。另一方面,公司组织实施"123456"工程。即坚持质量"一票否决制",凡不符合要求的工程项目坚决推倒重来;研究制定《精品工程验收标准》《精品工程施工管理办法》两个操作性很强的文件;开展技术攻关,加大工程科技含量,在施工中开展软地基处治、粉性土填筑路基、特大桥桥面防水、多排深孔微差光面控制爆破四项新技术攻关活动；树立"路基、小桥涵、大桥下部、梁板预制、护面墙"五个样板工程；先后召开路基填筑、钢筋制作、梁板预制、桥涵构造物规范施工、砌体勾缝、台背回填6个质量现场会。其次，强化对施工、监理单位人员和设备管理。坚决清退不合格人员；认真检查主要机械设备数量、型号，实行重奖重罚；强化施工现场管理，建章立制，依法管理，先后制订《工程管理办法》等30多个规章制度，下发40余份质量文件，明确工程技术要求和质量标准，特别提出"太祁路上无凸缝。"公司领导蹲点包段抓质量，现场办公，督促检查，明确规定"谁分管的路段发生质量问题，由谁负全部责任"。此外，公司内外同步，狠抓内业资料整理质量，为实现质量目标奠定坚实基础。

（2）进度管理。为了确保大运高速公路2002年"小循环"目标胜利实现，公司在确保质量前提下，全力加快工程进度。在路基施工中，先后组织开展"3·28""5·28""7·28"阶段目标动员及总结表彰大会；在路面及交通工程施工中，又先后组织开展"4·20""5·20""6·20""7·20""8·18"阶段目标动员及总结会。一是加强思想动员，明确责任目标。极大地调动施工单位建设热情，为各阶段目标顺利完成奠定坚实思想基础。二是开展多种形式立功竞赛活动。在工会具体组织下，结合各阶段目标任务，同时出台与之相配套的包括质量、工期、投资、安全、廉政等内容的竞赛方案和考核实施办法，严格考核施工、监理单位进场"十到位"和文明施工"十项要求"；与各施工、监理单位按期签订阶段施工和旬计划责任书。在"大干100天，质量上台阶，建设掀高潮"期间，进一步加大竞赛考核力度，坚持每十天考核一次，每阶段总结评比一次，奖罚并举，有效加快工程进度；与此同时，施工、监理单位内部也开展班组、工程队、监理组之间的多种竞赛活动，在全线掀起自上而下"比、学、赶、超"高潮。加大投入，充实力量。人力、物力是保证工程进度的基础，公司在开工之初就提出"十到位"要求，在大干100天高潮掀起后，公司又对全线各施工、监理单位"十到位"落实情况进行全面、彻底的检查，明确要求各单位施工人员、机械设备必须按投标书要求和实际需要足额到位，增加技术人员、质检人员和压路机、钢模板等，大大加快工程进展。三是优质服务，全力配合工程建设。在建设资金方面，公司拓宽筹资渠道，保证资金按时到位，根据工程进度和项目组意见将资金定期拨付到施工单位。在图纸、变更设计等方面，公司也指定专人蹲点督促解决，对于疑难问题，公司分管领导根据有关意见现场协商解决，决不拖延。工程项目组每天蹲守在工地解决具体问题，为施工单位排忧解难。四是加大治安整治力度，确保施工进度。针对地方干扰严重问题，公司主动出击，积极取得上级领导和公安部门大力支持，省公安厅在公司专门成立"整治太祁高速公路周边治安环境办公室"，并派驻人员；沿线5县区成立治安办公室；公司成立治安大队。在省公安厅"整治太祁高速公路周边治安环境办公室"的统一组织领导下，各级公安人员全力以赴加大治安案件查处力度，对干扰和破坏施工的不法分子和违法行为进行严厉打击，共查处各类违法案件26起,特别是妥善处理"3·24""7·28""8·13""9·20""10·13"等重大案件,大大震慑罪犯,有力保证工程建设顺利进行。

(三)复杂技术工程

1. 晋祠高架特大桥

桥梁全长2611.6m。主线105跨,跨径为:预制段20m、25m、26m;现浇段29m、36m;含匝道桥5座,共45跨,跨径为16m、18m、20m、15.623m、16.74m、18.16m。桥由21座装配式后张拉预应力先简支后劲连续预应力混凝土箱梁及1座现浇预应力混凝土箱梁桥(20号桥)组成,其中3号、4号、7号、9号、10号、12号、14号、15号、16号桥加宽部分采用现浇预应力混凝土变截面连续箱梁,晋祠互通A、B、C、D、E匝道桥采用现浇钢筋混凝土连续箱梁桥。下部结构为柱式桥墩,肋板式台,钻孔灌注桩基础。其中,A匝道桥上部为现浇单箱三室钢盘混凝土变宽连续箱梁,B、C、D、E匝道桥上部为现浇单箱单室钢筋混凝土连续梁。

2. 特殊地基处理

项目开工之初,夏祁段K526+539~K538+539段,地下水位均在0.6~1.2m,地表含水率达到25%以上,土体呈软流塑状态,施工机械无法进场,如何处治全线19.2km长的软地基成为迫在眉睫的难题。2001年3月16日,由省厅领导主持召开软地基处理研讨会,经过详细调查,确定以严格控制工后沉降量为出发点,根据不同地质情况采取片石挤淤、换填砂砾、塑料插板排水、粉喷桩、土工格栅等有效措施,成功解决全线软地基处理难题。特别是对罗夏段K533+539~K539+039塑料插板排水加垫层处理段,在填土后进行加载预压,直至连续观察沉降控制在3mm以内时,才予以卸载,进行路面铺装,确保路基稳定。

3. 桥头跳车处理

在桥涵地基处理中,针对软弱地基段在桥头两侧路基20~50m(涵洞20m,小桥30m,大中桥50m)范围内,采取粉喷桩进行深处理。粉喷桩采用梅花形布置,间距从桥头向两边由1m渐变为3m,并采用砂砾垫层进行浅处理。在台背填料及施工工艺上,严格采用砂砾由台背两侧外2m以1:1坡度向上分层填筑,厚度不超过20cm,且对称碾压。在伸缩缝施工招标中,对主要材料采购采用德国进口型材,并优选专业化施工队伍施工。通过一系列有效措施,最大程度减小路基和桥台沉降差,避免或缓解这一病害。

(四)科技创新

1. 预应力混凝土孔道压浆技术研究

在传统做法基础上,全线采用"二次压浆"方法,提高压浆饱和度;开发和推广真空辅助压浆新工艺,从施工工艺、机械设备、灌浆材料、自动控制等方面进行研究试验,对于施工质量控制和保障发挥重要作用。

2. 粉性土填筑路基施工技术研究

针对土质疏松、难以压实的问题,公司组织省交通设计院专家进行研究,在专家的指导下,施工单位反复试验对比,总结出较为理想的施工方法,成功解决粉性土填筑路基施工难题。

(五)运营养护管理

1. 收费站设置

文水东收费站地处文水县南安镇西韩村,位于 G5 K536+400 处,占地面积 16566.14m^2,建筑面积 1556.14m^2,车道 2 进 2 出。

2. 养护管理

2003年3月19日,组建机械化养护中心,负责所辖路段日常养护工作。中心养护办负责日常巡查,并将发现问题及时填写巡查记录、任务维修单后,及时下达抢修队修复。

四、祁临段(祁县—临汾)(建设期:2000年12月~2003年9月)

(一)项目概况

1. 基本情况

项目是国道主干线北京—昆明在山西境内的一段,是山西省"三纵十一横十一环"公路主骨架中的重要组成部分,也是大运高速公路的重要组成部分。跨越晋中、临汾两地(市),北起祁县城赵镇,途经祁县、平遥、介休、灵石、霍州、洪洞、尧都 7 县(市),止于临汾泊庄,全长 175.394km。其中平原微丘区 91.42km,重丘区 49.793km,共计 141.213km,六车道;山岭区 34.181km,四车道。批准概算 65.77 亿元,其中利用亚洲开发银行贷款 2.5 亿美元(折合人民币 20.75 亿元)。是山西省第一条利用国际金融组织亚洲开发银行(以下简称亚行)贷款项目。交通部批准项目建设总工期 4 年,实际执行分为两部分,即 2 年工期和 3 年工期两部分。项目经过 3 年前期准备工作。2000 年 12 月 26 日正式开工。其中祁县—介休段、洪洞—临汾段 93.717km 为 2 年工期,2002 年 10 月 16 日建成通车;介休—洪洞段 81.677km 为 3 年工期,2003 年 9 月 28 日建成通车。祁县—介休 51.4km、洪洞明姜—临汾段 40.02km,共长 91.42km,路基宽 28.5m(双向六车道),设计速度 120km/h,最小平曲线半径 3000m,最大纵坡 3%。介休—灵石马和段、霍州大张—洪洞明姜段,共长 49.793km,路基宽 26.5m(双向六车道),设计速度 100km/h,平曲线最小半径 2000m,

最大纵坡4.8%。灵石马和—霍州大张镇段共长34.181km,路基宽24.5m(双向四车道),设计速度80km/h,平曲线最小半径1000m,最大纵坡5%。需完成路基土石方5362万m^3;路面工程474.1万m^2;特大桥2694.3m/5座;大桥5141.685m/24座;中桥1313.316m/20座;小桥870.7m/46座;隧道6502m/9座(单洞);涵洞620道,通道253道;互通立交10处;分离式立交117处。全线桥梁设计荷载为汽车—超20级、挂车—120;桥涵设计洪水频率1/100,特大桥设计洪水频率1/300,地震基本设防烈度为Ⅶ度、Ⅷ度、Ⅸ度。路面工程除隧道为水泥混凝土路面外,其他为沥青混凝土路面,路面底基层为综合稳定土和水泥稳定砂砾,基层为水稳碎石,面层为沥青混凝土[厚度上、中、下面层分别为4cm、5cm、6(7)cm]。2005年12月,项目荣获山西省"太行杯";2007年11月,荣获第七届中国土木工程詹天佑奖,是唯一一个工程全路段获奖项目。

2. 前期决策

1996年被国家正式确立为亚行备选项目;1998年3月,国家计委计交能〔1998〕323号文印发《关于审批国道主干线二连浩特—河口公路山西祁县—临汾公路项目建议书的请示的通知》,经国务院批准正式立项,确定为国家重点工程项目,并决定利用亚行贷款建设。同月,亚行派团对项目进行现场考察;9月~12月亚行进行技术援助;1999年2月,国家计委计基础〔1999〕155号文印发《关于审批二连浩特—河口国道主干线山西祁县—临汾高速公路工程可行性研究报告的通知》,批转国务院对该项目"可行性研究报告"的批复;省交通厅于1999年委托省交通设计院为项目主设计单位,委托北京交科公路设计院为交通安全、机电工程设计单位。

3. 参建单位

(1)建设单位。1998年6月~2000年6月期间为"亚行项目山西祁临高速公路建设管理处",主要负责前期工作;《贷款协议》签署后,省政府于2000年4月5日批准成立"山西省祁临高速公路有限责任公司",同时,授权公司对祁临高速公路进行建设、运营、养护、管理及运营后收取车辆通行费。在项目开工建设时,公司总部搬至介休市,总部内设"一室一办四部",下设南、北、中三个业主代表处,分别由副经理担任业主代表(现场指挥),其职责为:北段管理1~6标段、中段管理7~14标段、南段管理15~18标段的现场管理和督察。内设办公室、工程技术部、总监办、财务部、合同部、地方部。

(2)设计单位。勘察设计由6个单位负责,其中路基、桥涵、隧道工程设计单位2个,交通安全设施工程设计1个,机电、通信收费、监控系统工程设计1个,房建工程设计2个。

(3)施工单位。共有46个单位参加建设,其中路基、桥涵、路面工程18个,公铁立交桥工程3个,交通安全设施工程7个,机电、通信、收费监控工程1个,房建工程17个。

(4)监理单位。共有30个单位实施监理,其中路基、桥涵、路面工程监理12个,交通安全设施工程监理5个,机电、通信收费、监理系统工程监理1个、房建工程监理2个。

(5)监督单位:山西省交通基本建设工程质量监督站。

(6)检测单位:山西省公路工程质量检测中心;交通部交通工程监理检测中心;中日友好环境保护中心。

(7)国际咨询和监理单位:英国百布泰集团(Bribut)。

(二)建设情况

1. 项目审批

1999年6月,交通部交公路发〔1999〕270号文印发《关于山西祁县—临汾高速公路初步设计的批复》;5月7日亚行批准"提前采购",同月,亚行派团对项目进行正式评估,并在12月与国内有关部门签署"评估备忘录"。1999年11月,国土资源部国土资函〔1999〕606号文下发《关于祁县—临汾高速公路建设用地的批复》;2000年8月,亚行与中国政府、山西省政府正式签署《贷款协议》和《项目协议》;2000年9月,国家计委计以外字〔2000〕1393号文下发《关于山西祁县—临汾高速公路利用外资方案的批复》;2000年10月,亚行批准贷款生效文件;2000年12月23日,交通部批复开工报告。

(1)资金筹措。概算总投资65.77亿元,其中亚洲开发银行贷款2.5亿美元(折合人民币20.75亿元),交通部专项补助8.74亿元,交通银行贷款4亿元,公路建设基金32.28亿元。

2005年9月30日,省审计厅出具《山西省审计厅审计报告》(〔2005〕37号)文件,该审计报告最终"核定祁临项目工程总造价45.88亿元"。该报告分析认为:"平均每公里造价为2579.91万元,平原微丘区平均每公里造价为1730.57万元,山岭重丘区平均每公里造价为3273.73万元。其单位造价在与其同时开工建设的大运高速公路所有路段中是最低的,投资最省。"10月24日,交通部副部长冯正霖视察仁义河特大桥(图8-5),对设计、施工和管养给予很高评价,并高度赞扬祁临高速公路建设者的智慧与成就。11月,省审计厅对项目竣工决算进行审计。审计认定该项目竣工决算总额45.88亿元,比概算总投资65.77亿元节约投资19.89亿元,投资节约率30.24%。11月18日~20日,交通部组织有关专家对项目进行竣工验收,认为项目已按设计要求完成各项建设任务,工程质量各项指标符合设计要求,通过环保、档案、消防等专项验收,竣工决算通过审计,交工验收遗留问题得到处理,同意该项目以94.06的高分通过竣工验收,并评定为优良工程。

图8-5 仁义河特大桥

（2）招投标。一是招标代理选定。国际招标代理公司选聘工作于1998年5月份开始，采用邀请招标方式进行，共4个单位递交代理申请书。通过综合评定，最终选定中国交通进出口总公司为土建工程和交通安全设施招标代理机构；中国技术进出口公司为机电工程（通信、收费、监控系统）和养护机械设备招标代理机构。二是土建工程招标。土建工程分为18个合同包，为国际竞争性招标。资格初审文件于1999年7月经交通部、亚行批准后，于7月15日将通告分别刊登在《中国交通报》《中国经济报》、亚行《商业机遇》及联合国的《发展论坛》上，来自国内外287个投标人购买。经过严格评审，最终确定101个国内外投标人通过，交通部和亚行分别在10月~12月16日批复《土建工程资格预审评标报告》，2000年8月交通部和亚行分别批复土建工程招标文件。2000年8月10日，分别向通过资审的101个投标人发出投标邀请函。10月10日公开开标，评标报告经交通部批准后报送亚行。亚行在12月1日首批批复18个标中的16个包，剩余2个包也在2001年6月批复，最终全部批复土建工程18个包，分别由16个承包商中标。三是交通安全设施工程招标。2001年12月12日在《中国交通报》、12月15日在《中国日报》、中国招标与采购信息网和亚行《商业机遇》上刊登招标通告。共有73个单位购买7个标段125份招标文件。2002年2月22日举行开标仪式，其中52个投标人递交7个标段投标书86份。3月4日~5日，评标委员会完成评标报告，经交通部批准后，报亚行，亚行于2002年4月22日来函认可，最终确定7个单位中标。四是机电工程招标。招标文件于2002年2月15日得到交通部和商务部批准，3月19日得到亚行认可，3月21日在《中国日报》《中国交通报》上刊登通告，28个单位购买招标文件。5月21日开标，共有12个投标商递交投标书。5月28日~30日，依法组成评标委员会，形成《评标报告和授标建议》，经省交通厅、交通部批准后，报送商务部机电办。商务部于2003年2月14日同意将评标报告报贷款机构亚行。亚行于2003年5月14日来函认可，授标予华能基础产业投资公司，祁临公司与华能基础产业投资公司签订协议。五是房建工程招标。2002年2月2日开始，招标公告陆续在《山西经济报》《中国经济导报》上刊出。共8次招标过程中有98个投标人购买18个标段106套标书，其中85个投标人递交18个标段的投标书92份。经评标委员会评审，确定中标单位。六是监理单位招标。国际监理为监理和咨询服务，根据与亚行达成的协议，聘用国际咨询专家共为53人月（其中36人月为副总监，6人月为隧道工程师，6人月为桥梁工程师，3人月为监测与评价，2人月为道路安全咨询），以及83人月的海外培训和人力资源开发。依据亚行《咨询服务使用手册》，在亚行成员范围内进行国际竞争性招标。亚行于2000年1月11日批准短名单，6月28日发投标邀请函，9月25日开标。共有来自英国、美国、丹麦、瑞士、加拿大及我国香港的6个公司递交标书，经过专家评审形成评标报告，报亚行认可后进行商务谈判。2000年11月14日，祁临公司与英国百布泰集团签订咨询监理合同。国内监理部分对6个高驻办、18个驻地办共24个监理合同进行国内招标。2000年9月6日发布资审通告,经过资审、投标、评标,11月10日,交通部批准评标报告,共选定14个甲级监理单位承担。其他项目监理单位,都是随着工程进展情况,按照有关程序,通过国内招标方式确定。

(3)合同段划分。根据项目特点,路基、路面、桥涵、隧道工程分18个标段,房建工程分17个标段,交通安全工程分7个标段,机电工程分1个标段,施工监理分35个标段。

(4)征地拆迁。项目建设涉及2市7个县区23个乡镇118个自然村,2000年12月~2003年9月,共征用土地18113.79亩,拆迁房屋88536m^2,支付补偿费用2.9595亿元。

2.项目实施

(1)质量管理。作为本省第一个引进亚行资金的项目,公司十分重视采取切实有效措施确保创精品目标。一是创新建设管理模式。根据项目战线长、地形复杂、标价低、工期短、又有外国监理的特点,特别是必须与大运其他路段同时建成通车的工期要求,公司结合实际,积极探索,将公司化管理与指挥部管理相结合,在介休设立总指挥部,在平遥、灵石、洪洞分别设立3个前线指挥部(业主代表处),合理划分公司各职能部门与前线指挥部的职责和权限。在项目执行初期,业主实行的是二级管理,而根据FIDIC条款,监理实行的是三级监理体系:总监办、高驻办、驻地办,从而在体制上曾出现过业主和监理各成体系的两张皮现象。公司果断、及时调整管理模式,将总监办从相对独立的机构改为公司内设机构,扩大现场指挥部权限,高驻办直接归现场指挥部管理,使得监理更向二级监理模式靠拢,形成业主、监理、施工单位各司其职,相互配合,形成合力,共同肩负项目建设重任的良好局面,较好地解决建设管理模式问题。二是组建精干高效的业主管理机构。强化公司化管理,确立"以人为本"管理理念,吸收和培养一支业务精、懂技术的管理队伍。在公司组建之初,严把进人关,凡进入公司的管理人员,必须是大专以上专业技术人员,且至少具有5年以上实际工作经历,公司60多名管理人员90%以上具有大专学历,从而为保证工程质量提供基础。三是加强现场管理,狠抓施工关键环节质量控制。根据菲迪克条款与国情相结合的精神,围绕"一个中心",强化"两个管理"。一个中心,即以工程质量为中心;"两个管理",即强化前线指挥部管监理职能和监理管施工单位职能。充分授权监理单位对工程质量、进度、投资进行控制,认真把好开工关、管理关、支付关、验收关、变更审批关、廉政关。对不合格的工程坚决返工,决不留下隐患。对于锚具、伸缩缝、支座、普通基质沥青、进口沥青和SBS改性沥青等关键性材料,全线统一采购。对工程质量除每月一次检查外,还针对出现的问题,组织多次专项检查,确保质量一流。四是全面开展QC攻关活动。先后开展20多项攻关课题,创造许多提高质量新工艺、新办法,并在全线迅速推广。公司也先后荣获山西省及交通部"质量管理优秀企业"。

(2)进度管理。为了确保工程建设进度,公司认真抓好两项工作:一是以合同管理为中心,广泛开展社会主义劳动竞赛(图8-6)。项目国际招标时,合同工期大部分为4年,但发出中标通知书后,签订合同前,省委、省政府提出加快大运高速公路建设步伐,能快则快,提出用两年左右建成大运路。根据这种情况,特别是大运路上其他5个建设公司都是国内项目,又处在平原区,都表示要在两年内建成,公司及时与各中标单位谈判,确定缩短工期,经过与各中标单位的艰苦谈判,达成协议,其中1~4标、16~18标共7个合同段工期缩短为两年完成,5~15标共11个合同段工期缩短为3年完成,并与各中标单位签署《补充协议》。同时,业主承诺对施工单位为缩短工期而增加投入的人力、物力及费用给以合理补偿。为了确保"二年形成小循环,三年打通大运路"目标的实现,在2001~2003年的3年建设期间,公司每年都将全年目标分为3个阶段,根据《劳动竞赛方案》进行检查评比。奖优罚劣,重奖重罚,大大激发全体参建单位争先创优积极性,有力保证工程进度。3年建设期间,公司领导及前线指挥部带领全体员工,身先士卒,昼夜不停地往返在一线,协调、排查阻力。前线指挥部坚持每晚召集工程技术人员开会研究技术难题,部署多项工作。公司领导及全体员工没有节假日,没有双休日,团结一心,日夜奋战,攻坚克难,奋力拼搏,有力保障按期竣工通车总体目标。二是实行分阶段工期目标控制。制订严密可行的施工组织计划,层层分解,坚持日安排、旬检查、月考核,逐月与各施工单位签订工程建设目标责任书,明确下达各合同段每月必须完成的工程量,月底严格考核、奖罚,以奖罚作为手段,体现合同管理的严肃性,并将检查结果通报各合同项目部上级主管单位,月月检查月月通报,形成"以日保旬、以旬保月、以月保阶段、以阶段保总体计划"的良性循环的保证机制。

图8-6 施工现场

（3）投资控制。为了节省资金,公司采取两项有力措施:一是实行严格的合同管理。执行菲迪克条款,合同双方都严格地履行合同,是国际工程管理的核心。在建设期间始终以合同管理贯穿全过程,在《合同法》基础上,研究有关工程采购、施工管理合同标准文件、档案管理规定和亚行采购指南,制订出台《经济合同管理办法》《科研课题合同管理办法》《工程变更管理办法》等多项管理文件。明确合同管理的审批程序、合同纠纷解决程序、文件资料归档程序,有效规范各项开支,控制成本。此外,为有效堵塞可能出现的漏洞,在公司内部率先建立合同管理台账,推广并实行微机化、网络化管理,使合同管理及其运行机制,实现制度化、规范化、程序化和正规化,有效维系公司多项工作在法律和市场经济规律下的良性运行。为了有效地控制投资,公司对工程建设涉及的所有项目,无论是投资数亿元的土建单项工程,还是小至几万元的环保监测、社会咨询服务等项目,都是通过合同形式进行管理。为搞好合同索赔,防止有些承包商不能很好地履行合同,投机取巧,钻索赔空子,公司建立索赔与反索赔台账,做到按照合同条款,凡是应索赔的事项,公司将主动给予补偿。但是,对不能认真履行合同的承包商,公司则进行反索赔。为了保证合同的合理性、合法性,对于一些非主体工程的经济往来项目,如临时占地、电力拆迁以及文物、水利设施的补偿等需要通过谈判的办法来解决的项目,采取合同谈判前承办部门要先进行市场调查,了解行情,提出自己的主导意见后,写出谈判事由,委派两人以上共同参与谈判,形成初步意见后,经合同部、财务部审核合同条款,然后提交公司办公会审定。这种办事制度既节约投资,又可避免暗箱操作、幕后交易等不正之风产生,减少决策失误。如在电力拆迁中,电力部门所报概算4500余万元,公司通过现场调查、咨询、研究、谈判后确定合同金额1700万元,节约资金2800万元。在文物钻探发掘费用中,合同金额590万元,比文物部门所报概算1200万元减少600万元。在拆迁两处已停产的小铁厂时,厂方要求补偿2000万元,在取得有力资料后几经谈判,最终确定374万元合同价。由于采取上述种种措施,仅征地拆迁费用就节约5000多万元。据统计,在工程建设期间,公司共签订各类经济合同579份,合同金额321532万元。由于合同条款明晰、职责明确,执行和运转情况良好。二是严格控制工程变更。设计变更是工程管理中的一项重点和难点,公司实行集体研究,分级把关负责的设计变更审批制度。①按照亚行采购指南要求,5万美元以上变更全部上报亚行审批,打消一些承包商想通过业主投机取巧念头,也制约业主随意变更的可能。②按照国际惯例和合同文件,凡变更项目不能同时满足单项权重2%和工程变更量达到25%以上两个条件的,只变量不变价。这样就极大地抑制一些承包商想方设法搞变更,以获取高额回报的做法。③为了提高工作效率,不影响施工单位工程进度,公司规定:对于只变更量不变价的项目在1万元以内的,由驻地监理工程师和承包商共同研究决定变更;对于50万元以内的变更由业主代表处组织设计代表、驻地办、高驻办、承包商参加会议集体研究决定变更,并形成会议纪要报公司备查;对于50万元以上的变更和需变更价的项目,通过层层把关认可后报公司,经公司办公会集体研究审核后报亚行审批。整个变更过程具体明确,工作透明度强,避免在变更问题上个人说了算。

(4)廉政建设。为了实现"建好一条路,不倒一个人"目标,公司不断加强党风廉政建设。一是要求所有工程招标和物资采购,实行低价中标。为了最大限度地遏制腐败,减少招投标过程中人为因素的影响,公司除了按亚行要求对土建工程、交通安全设施工程实行低价中标外,其他工程和采购都实行低价中标,如对13个房建合同包、绿化工程、材料(沥青)采购,先后有50个合同均采用低价中标,较好地避免招标过程中一些不正之风和腐败现象的发生。二是实行合同管理,阳光作业,避免暗箱操作。建设伊始,公司实行双合同管理,在签订合同时,就与施工、监理单位签订《廉政合同》。制订《廉政守则》,对公司人员、监理、施工人员提出明确要求。公司将廉政建设纳入劳动竞赛考核方案和其他工作一起布置,一起检查,一起考核。要求施工、监理单位逐级建立廉政建设责任制,一级对一级负责。公司、总监办、项目部都设立廉政举报箱,公布监督电话,自觉接受监督。公司建立廉政档案,聘请廉政监督员,加强对公司人员的监督与管理。在建设过程中,对工程变更、计量支付、招标采购等实行阳光作业,避免暗箱操作。三是加强对重要环节的监督,重大事项集体研究。变更设计和计量支付采取"四方"会审,即承包商、监理、设计代表及业主代表处四方审批工作人员,共同研究,合理变更;对于每项合同和支出集体研究。所有参与审核的从业人员在工作中严格遵守《廉政合同》中的规定,规范从业行为,以共同监督的工作机制从源头上预防和遏制腐败行为发生。这些做法,得到省交通厅和交通部肯定,2004年在广东召开的全国交通建设项目廉政工作会议上,公司做了典型发言,被树为全国十大廉政建设项目之一。

(三)复杂技术工程

为了实现省交通厅提出的"科技大运"目标,根据项目地质复杂、桥隧相连、沟壑纵横、高填深挖、集中山体滑坡、隧道穿越煤矿采空区、大跨径T形刚构桥多的工程特点,公司有针对性地开展科技攻关,通过与有关科研机构和大专院联合攻关,共完成10项科研课题,总投资1048万元。例如针对大运线三大控制工程中之一仁义河特大桥,开展"高墩大跨度连续—刚构组合体系桥梁设计分析与施工和监控关键技术研究"课题。大桥全长1400多米,主跨为4×145m连续刚构桥,桥墩高达80多米,桥长、跨高、跨径为华北之最。课题在大桥施工进行不同阶段、展开不同重点研究,特别是针对大体积混凝土浇筑技术、立模高程控制、合龙等关键技术研究,及时指导大桥建设,保证全线七座T形刚构大跨径桥梁的精确合龙和工程质量。针对另一个控制工程韩信岭隧道,穿越采空区,特别是隧道上下都有采空区实际,开展"隧道围岩采空区处理技术研究"等,有力地保证施工进度和工程质量,保证中段3年通车要求。针对东南滑坡处治,开展"特大滑坡及次生滑坡治理"等研究,给窑深沟滑坡提供强有力技术支持。

针对祁临段平原微丘区地处汾河谷地、地下水位高、地基为软弱黄土实际,特别是"低路堤"方案情况下,如何保证路基工程质量,在开工之初公司就与同济大学合作,开展"软弱黄土地基公路路基关键技术研究"课题,针对工程实际,展开科研攻关,较好地指导工程建设。

祁临段项目科研课题见表8-3。

祁临段项目科研课题一览表　　　　表8-3

序号	课题名称	完成单位	鉴定证书编号	鉴定结论
1	高墩大跨度刚构—连续组合体系桥梁设计、施工及监控关键技术研究	山西省祁临高速公路有限责任公司 山西省交通科学研究院 中交第一公路勘察设计研究院 中铁大桥局集团第三工程有限公司	晋科鉴字〔2005〕第022号	国际领先
2	软弱黄土地基公路路基关键技术研究	山西省祁临高速公路有限责任公司 同济大学 山西省晋中路桥建设集团	晋科鉴字〔2004〕第259号	国际领先
3	重载交通抗车辙沥青路面设计研究	山西省祁临高速公路有限责任公司 交通部公路科学研究所 山西省交通科学研究院 山西省交通规划勘察设计院	晋科鉴字〔2004〕第212号	国内领先
4	柔性基层沥青路面结构设计研究	山西省祁临高速公路有限责任公司 交通部公路科学研究所	晋科鉴字〔2004〕第211号	国内领先
5	祁临高速公路填石路堤修筑技术研究	山西省祁临高速公路有限责任公司 交通部公路科学研究所	晋科鉴字〔2004〕第258号	国内领先
6	祁临高速公路特大滑坡及次生滑坡治理	北京科技大学 山西省祁临高速公路有限责任公司	晋科鉴字〔2005〕第20号	国际先进
7	隧道衬砌混凝土防水措施的研究	山西省祁临高速公路有限责任公司 山西省公路学会	晋交验收字〔2005〕第9号	通过验收
8	山西省高等级公路黄土挖方坡(种)植草防护技术研究	山西省祁临高速公路有限责任公司 山西省交通规划勘察设计院 太原市彭通交通新技术有限公司 中交通力陕西环境绿化工程有限公司	晋交验收字〔2004〕第6号	通过验收
9	隧道围岩采空区处理技术研究	山西省祁临高速公路有限责任公司 中交通力公路勘察设计工程公司	晋科鉴字〔2005〕第276号	国际领先
10	高填加筋路堤变形与稳定分析技术研究	山西省祁临高速公路有限责任公司 中交通力公路勘察设计工程公司	晋科鉴字〔2005〕第277号	国际先进

(四)科技创新

在进行科技攻关的同时,公司还积极吸收和利用其他已成熟的新技术、新工艺、新材料、新设备,以技术进步推动工程建设,保证工程质量。一是对软地基路段处理采用粉喷桩、塑板桩、振动碎石桩、抛石挤淤、砂砾垫层、土工隔栅等措施,有效提高地基承载力及强度,保证路基稳定性。二是在高墩大跨墩桥施工中,针对不同地形和施工条件,广泛采用滑模、爬模、翻模等新工艺,墩台与钢筋连接则采用镦粗直螺纹机械套筒等连接工艺,既保证构件质量,又加快进度。三是对大桥、特大桥,在桥面混凝土铺装表面时采用涂刷两层YN聚合物桥面防水涂料、桥面混凝土铺装中加入钢纤维等材料,显著提高桥梁抗渗水能力及使用寿命。四是首次在全省高震区特大桥上采用万向转动、万向承载、特大吨位抗震支座。五是对全线沥青混凝土路面上面层采用SBS改性沥青,有效提高路面高温稳定及对低温抗裂性能。六是在湿陷性黄土段或粉土段上,在填筑路基前,对原地采用冲击式压路机碾压处理技术;对超过10m的高填土路堤在重锤夯实后采取每5m增设一层单向土工格栅。七是在涵洞等构造物下部的湿陷性黄土地段采用换填三七灰土、大开挖振压、重夯或强夯等方法,大大提高地基承载力。八是在路面施工中,引进具有国际先进水平的丹麦Mini-LineR非接触平衡梁,其数字化控制、精确度极高的特点及非接触、无黏性能,使路面铺筑中受转弯半径、起步、收尾的影响最小,特别是在对SBS改性沥青面层的摊铺中发挥极好作用。

(五)运营养护管理

1. 收费站设置

2002年11月12日,根据省政府《关于同意〈大同—运城高速公路收取车辆通行费暂行办法〉的批复》(晋政函〔2002〕188号)文件规定,沿线共设平遥、张兰、介休、灵石、仁义、霍州、明姜、洪洞、土门、临汾10个收费站。

(1)平遥收费站地处平遥县古陶镇城南村,位于G5 K573+049处,占地面积3360m^2,收费广场面积2356m^2,车道2进4出;2008年,改建后增加为4进6出,广场面积增加为2457m^2;2010年,1进1出2条MTC车道改造为ETC车道。

(2)张兰收费站地处介休市张兰镇西北里村,位于G5 K585+945处,占地面积3480m^2,收费广场面积2466m^2,车道2进3出。

(3)介休收费站地处介休市城关乡石河村,位于G5 K600+513处,占地面积3920m^2,收费广场面积10400m^2,车道3进6出;2010年,1进1出2条MTC车道改造为ETC车道。

(4)灵石收费站地处灵石县静升镇集广村,位于G5 K617+041处,占地面积3480m^2,收费广场面积3700m^2,车道2进3出;2008年,改建后增加为4进6出,广场面积增加为7200m^2;2010年,1进1出2条MTC车道改造为ETC车道。

(5)洪洞收费站地处洪洞县万安镇西梁村,位于G5 K698+923处,收费广场面积2000m^2,车道3进4出;2012年,1进1出2条MTC车道改造为ETC车道。

(6)土门收费站地处临汾市土门镇东羊村,位于G5 K710+709处,收费广场面积4000m^2,分为东西两个广场,车道4进4出。

(7)临汾收费站地处临汾市刘村镇泊段村,位于G5 K723+763处,收费广场面积

19306.76m²,车道3进5出,含1进1出2条ETC车道。

2009年,根据省交通厅第37号《关于大运高速公路部分收费站整合专题会议纪要》精神,太原高速公路公司所属的祁县站划归晋中高速公路公司(祁临公司)管理,晋中高速公路公司(祁临公司)所属洪洞、土门、临汾三站划归临汾高速公路公司管理,临汾片区信息中心同时划归临汾高速公路公司管理,从2010年1月1日起执行。

(1)仁义收费站地处灵石县仁义镇仁义村,位于G5 K635+507处,占地面积3470m²,收费广场面积3120m²,车道2进2出。

(2)明姜收费站地处洪洞县明姜镇孙家滩村,位于G5 K684+093处,占地面积3480m²,收费广场面积730m²,车道2进2出。

(3)霍州收费站地处霍州市大张镇靳壁村,位于G5 K645+491处,占地面积16000m²,收费广场面积3800m²,车道3进3出;2010年,1进1出2条MTC车道改造为ETC车道;2012年改建后增加为4进6出,广场面积增加为8400m²。

(4)祁县收费站地处祁县城赵乡镇城赵村,位于G5 K549+483,占地面积8000m²,收费广场面积6900m²,车道6进6出,含1进1出处2条ETC车道。

交通流量状况见表8-4。

交通流量状况表 表8-4

年 份	年通行量(辆)	日平均量(辆)
2002年	969(10月16日通车)	35.88
2003年	1207755	3308.83
2004年	2183511	5982.22
2005年	2813140	7707.23
2006年	3603719	9873.20
2007年	5867269	16077.71
2008年	7053274	19324.04
2009年	6538363	17913.32
2010年	4307309	11800.85
2011年	4612439	12636.82
2012年	4963736	13599.28
2013年	6244028	17106.93
2014年	6377859	17473.59
2015年	12595024	34506.92
2016年	15203842	41654.36

2.服务区设置

全线设平遥、灵石、临汾三个服务区和霍州停车区。

(1)平遥服务区(图8-7)地处平遥县金庄村,位于G5 K567处,占地面积146674m²,

分东西两个区,东区占地100005m²,西区占地46669m²,建筑面积9198m²。配备有综合楼,建筑面积1500m²,停车场可停放车辆235辆,其中大车51辆,中小型车184辆,快餐厅面积450m²,可供200人同时就餐。加油站总面积650m²(东西区面积均为325m²),油罐容量510m³(共15个,3个30m³、6个50m³、6个20m³)。东西区各设8台加油机,油品种类齐全。另外还设有机修车间、附属用房及预留

图8-7 平遥服务区

用地等,可为过往顾客提供加油、餐饮、购物、住宿、汽车修理等服务。其中,2015年5月,平遥服务区餐厅、便利店进行改扩建,新增营业面积2300m²。

(2)灵石服务区地处灵石县马和乡葫芦头村,位于G5 K622处,占地面积73337m²,分东西两个区,东区占地40002m²,西区占地33335m²,建筑面积65266m²。配备有综合楼,建筑面积1350m²,停车场可停放车辆109辆,其中大车21辆,中小型车88辆,快餐厅面积450m²,可供200人同时就餐。加油站总面积1600m²(东西区面积均为800m²),油罐容量480m³(共12个,6个30m³、6个50m³)。东西区各设6台加油机,油品种类齐全。另外还设有机修车间、附属用房及预留用地等,可为过往顾客提供加油、餐饮、购物、住宿、汽车修理等服务。2015年被评为全国"优秀服务区"。

(3)临汾服务区(图8-8)地处临汾市尧都区刘村镇南刘村、北卧村、刘南村交界处,位于G5 K711.8处,占地面积133306.67m²,分东西区,东区占地58502.92m²,西区占地74803.74m²,建筑面积7594m²,主要经营加油站、餐厅、超市、汽车维修、住宿等服务项目。东西区各拥有餐厅1处,建筑面积519.32m²,可同时容纳140人用餐;超市1处,经营500多种商品;加油站1座,占地面积1700m²、建筑面积150m²,油罐容量120m³(6个容量20m³),每站5个车道、8台加油机、12把加油枪;客房1处,建筑面积983m²,客房8间,可同时容纳16人住宿;汽修厂1处,建筑面积228m²;停车场2处,共146个停车位(其中48个大车、91个小车、4个危险运输品、3个牲畜);停车场有室外健身器械、鱼池、观赏凉亭和适合儿童玩乐的安全娱乐场所。是全省高速公路接待规模最大的服务区之一,2015年被评为"全国百佳示范服务区"。

(4)霍州停车区(图8-9)位于G5 K668处,占地面积346684m²,分东西两区,各占173342m²,加油站、超市、公厕、餐厅、员工宿舍等主要设施建筑面积3007m²,绿化面积3581m²。经营方面有加油站、餐饮、超市、汽修及公厕等公益服务项目。2016年6月起停业全封闭改扩建,完工后总建筑面积5499.8m²,其中东区4127.7m²、西区1366.1m²,各拥有餐厅1处,建筑面积611.87m²,可同时容纳100人用餐;超市建筑面积460m²,经营

300多种商品,包括本地特产10余种、同城同价商品10余种;加油站1座,占地面积731.11m²,建筑面积95.23m²,油罐容量200m³(4个容量50m³),每站4个车道、4台加油机,16把加油枪;客房建筑面积2570.7m²,15间,可同时容纳30人住宿;汽修厂建筑面积137m²;停车场共80个停车位(其中28个大车、43个小车,3个危险运输品,6个牲畜)。2015年被评定为达标服务区。

图8-8 临汾服务区

图8-9 霍州停车区

运营之初,公路公司与中国石化山西销售分公司合作,以建设投资额为基数,按照公司占60%、中石化占40%出资比例,依法成立晋中服务区公司和临汾服务区公司,负责4个服务区(停车区)的经营管理。2个服务区公司执行现代企业制度,设立董事会、监事会,具有独立法人资格,实行自主经营自负盈亏方式,经营管理实行董事会领导下的总经理负责制。

3. 公路养护管理

全线通车运营后,公司设置北段养护工区、中段养护工区、南段养护工区和机械化养护中心,具体负责全线养护管理工作,其中,北段养护工区负责K549+483~K616+863,养护里程67.380km;中段养护工区负责K616+863~K654+390,养护里程37.527km;南段养护工区负责K654+390~K724+877,养护里程70.487km;机械化养护中心负责实施全路段范围的路面维护工作。各工区设主任1名,技术员2~3名,机械人员3~4名(主要是水车司机和多功能养护车司机),均由公司统一招聘、培训、调配。祁临段互通如图8-10所示。

图8-10 祁临段互通

2009年,根据省交通厅有关文件规定,公司对养护工区进行调整,调整后共设4个养护工区和1个机械化养护中心,其中,第一养护工区负责K549+483~K601+000,养护里程51.517km;第二养护工区负责K601+000~K638+500,养护里程37.5km;第三养护工区负责K638+500~K683+500,养护里程45km;第四养护工区负责K683+500~K724+877,养护里程41.377km。

运营以来,公司积极探索养护市场化,按照管养分离方式,依托沿线公路段,推行社会化养护管理机制,日常保洁、设施维护抢修等均采用外包形式由公路段承包,公司与承包人签订合同,核定费用。2003—2008年,全线养护由沿线的祁县、平遥、介休、灵石、霍州、洪洞、临汾七个公路段负责,各工区制定检查、考核办法,督促工作,按办法要求打分,费用根据考核情况按月及时支付。2009年,为了加强养护管理,在对历年来各养护承包单位养护工作考核基础上,公司对全线养护外包单位进行优化调整,优选介休公路段、灵石新泉路桥有限公司、恒胜路桥有限责任公司3个单位负责全线养护。2014年以来,根据政府采购相关规定,公司所有养护项目进行统一招投标,选定有资质单位进行道路养护。

4. 大修工程

通车运营以来,公司牢固树立全寿命周期养护理念,切实做好日常养护,不断加大预防性养护力度,延缓道路衰减周期。2013年,针对部分路段路面病害不断显现,路面服务能力明显降低,特别是横纵裂缝、龟网裂、车辙的出现对行车安全形成隐患,并给日常维护造成很大压力,省高管局委托省交通科研院组建祁临高速公路路面维修处治工程可行性研究项目组,制订实施方案,2013年5月完成可行性研究报告,6月正式通过立项批复;2014年3月31日,省交通运输厅对施工图设计进行批复,10月完成招投标工作,12月30日公司成立路面维修处治工程项目建设办;2015年5月18日开工,9月30日完工。先后完成:铣刨40mm沥青面层109777.36m^2;铣刨100mm沥青面层557401.63m^2;AC-16SBS改性沥青混凝土667177.99m^2;AC-20抗车辙沥青557400.63m^2;黏层1290404.03m^2;微表处1271410m^2;标线71000m^2。

五、临侯段(临汾—侯马)(建设期:2001年3月~2002年9月)

(一)项目概况

1. 基本情况

项目是山西省"九五"跨"十五"重点公路建设项目之一,是国道主干线二连浩特—河口公路在山西的重要路段。起点位于临汾市尧都区泊庄西南约1000m处,经襄汾县到运城市新绛县店头村,终点与侯马—平陆高速公路相连。有主线大桥1528.404m/8座,中桥 98.42m/2 座,小桥 627m/32 座,天桥 1066.99m/17 座,匝道大桥 227.02m/2 座,小桥 17m/1 座;互通式立交 3 处(其中服务型互通 2 处,枢纽型互通 1 处)。平原微丘区标准,路基宽 28.5m,设计速度 120km/h,平曲线最小半径 1750m,最大纵坡 2.8%。全线桥梁设计荷载均为汽车—超 20 级、挂车—120;路基、桥涵设计洪水频率 1/100;桥面净宽 2×净—13m;地震烈度Ⅶ~Ⅷ度。路线全长 48.0573km。2001 年 3 月 1 日开工建设,2002 年 12 月 1 日通车运营。赵康枢纽(图 8-11)荣获山西省 2002 年度建筑工程质量奖——"汾水杯"奖。2003 年 10 月 26 日顺利通过国家"鲁班奖"复查组现场检查,获得"鲁班奖"。

图 8-11　赵康枢纽

2. 前期决策

项目对改善晋南地区投资环境,提高公路通行能力,加强山西南北经济联系,促进临汾市东西两山丰富煤铁资源开发,推动以根祖尧庙、丁村遗址、壶口瀑布、小西天为重点的旅游资源开发,带动大运高速公路经济带建设,促进西部大开发和全省经济结构调整,加快山西经济发展具有十分重要的政治、经济、战略意义。

3. 参建单位

(1)建设单位。2000 年 9 月 30 日,省交通厅批准成立山西省临侯高速公路建设有限责任公司。

(2)设计单位。勘察设计工作由 6 个单位完成,其中路基、路面工程设计 2 个,交通工程设计 1 个,房建工程设计 2 个。

(3)施工单位。共有 22 个单位参加建设,其中路基工程 5 个,路面工程 4 个,交通工程 8 个,房建工程 2 个,绿化工程 3 个。

(4)监理单位。共 4 个单位实施监理,其中路基、路面工程监理 2 个,交通工程监理 1 个,房建工程监理 1 个。

（二）建设情况

1. 项目准备

1998年12月,省交通设计院完成项目初步设计;12月31日,交通部交规划发〔1998〕828号文批复可行性研究报告;1999年6月4日,交通部交公路发〔1999〕271号文印发《关于临汾—侯马公路初步设计的批复》;2000年7月,省交通设计院完成施工图设计;2000年12月27日,国土资源部国土资函〔2000〕626号文批复建设用地(总计4174.8525亩);2001年2月6日,交通部批准开工报告。

(1)资金筹措。项目概算总投资12.22亿元,中央补贴2.36亿元,地方自筹4.0615亿元,银行贷款5.8亿元。竣工决算投资10.04亿元,投资节约2.18亿元,平均每公里造价1988.83万元。

(2)招投标。2000年10月18日,施工、监理招标公告在《中国经济导报》和中国采购与招标网上发布;10月23日~24日,156个施工单位、10个监理单位报名并购买资格预审文件。11月1日,根据资格预审文件要求,146个施工单位、10个监理单位报名并购买资格预审文件。12月4日,交通部委托省交通厅批复评审报告,43个施工单位、9个监理单位通过资格预审;12月4日,省交通厅批准招标文件;12月4日~6日,公司发售招文件;12月7日,施工、监理单位现场考察;12月8日,路基桥涵工程标前大会召开。2001年1月15日,公司向5个施工单位、2个监理单位发出中标通知书;2月9日,公司与中标施工单位、监理单位分别签订《施工合同》《监理合同》和《廉政合同》。

(3)合同段划分。根据项目特点,路基工程分5个标段,路面工程分4个标段,交通工程分8个标段,房建工程分2个标段,绿化工程分3个标段。

(4)征地拆迁。项目建设涉及2个地市3个县区11个县镇39个村。从2002年10月~2003年5月,共征用土地5150亩,拆迁房屋6500m²。

2. 项目实施

路基工程2001年3月1日开工,12月1日完工;路面工程2001年11月25日开始准备,2002年2月19日正式开工,7月28日完工;交通工程2002年4月1日开工,9月5日完工。

(1)工程管理。为了有效地发挥指挥、协调、管理、监督、服务五项职能,充分调动施工单位积极性和创造性,以达到用最佳管理、最佳工艺、最佳现场保证工期、质量目标落实,公司采取4条措施。一是科学组织,明确目标。推行目标化管理,先后6次召开动员大会,按月同施工、监理单位签订质量、进度目标责任状。公司内部从上到下实行目标分解、责任到人,从时间、质量、管理、责任上统一思想,做到认识到位、组织到位、领导到位、管理措施到位、施工保障到位,大大增强广大筑路员工努力克服困难,勇打胜仗,坚决实现建设目标的决心和信心。二是"严"字当头,扎实检查。采取动态管理与静态控制相结合的方式,推行"总体安排、网络管理、月度控制、阶段奖罚"的管理机制。公司领导除公务外出外,必须坚持每天深入工地进行现场检查监督,把一切会议全部放到晚上进行。成立4个监督组,吃住工地,现场督导。检查考核采取全方位、多角度、拉网式方式进行,不留隐患,不留死角,发现问题,限期整改,大大促进施工、监理单位进一步加强质量控制责任心。三是转变形象,热情服务。为了确保按期优质竣工,公司主动变"管理者"为"服务者"。一方面重视施工、监理单位的"协作关系",使之真诚相待,荣辱与共。并邀请承包商、总监作为公司决策的"智囊""参谋",定期召开工作例会,请他们提建议,谋良策,共商工程建设大计;一方面热情服务,倾心尽力,做到从资金上保障,从技术上帮助,从"三通一平"上协调,从精神上鼓励,从施工上创造安全环境,大大增强施工单位凝聚力和向心力,公司上下形成心往一处想,劲往一处使的良好局面。四是典型示范,奖罚分明。以"工程质量、进度、安全生产、文明建设"四项内容为主题,在不同阶段组织开展"管理月""文明施工月""质量月""攻关月""立功竞赛月"等形式的社会主义劳动竞赛活动,严格奖罚制度,坚持当月评比,当月兑现,重奖重罚,使施工单位学有榜样,赶有对象,一个"比、学、赶、帮、超"的竞赛热潮在工地屡屡掀起,极大地推动工程建设顺利完成。

(2)资金管理。为了有效地发挥资金使用效益和安全效益,公司在管理中大胆推动菲迪克条款管理模式,按照"总体控制,重点把握,日检查、周计量、月汇总,交工结算、竣工决算"的原则,实行计量支付制。首先是严格支付程序。制定下发《工程计量支付管理办法》《工程变更管理办法》。实行工程计量进度款,由施工单位依据合同条款和工程完成量提出支付申请,监理工程师审核、确认,签发支付证书。公司内部由工程部、技术部、财务部分别进行核实,分管领导审核,总经理审批、董事长批准。其次是加大资金监督力度。要求承包商和监理单位在业主指定的银行统一开户,接受业主和开户行监管,防止以任何理由或任何方式转移、挪用、截留工程建设资金行为;开户银行要履行监管和服务并重职能,承担因监管或服务不力造成的连带责任;征用拆迁补偿费用实行依照合同,地方部申请、分管领导审核、董事长批准的内部管理机制;其他费用实行部门申请、分管领导审批、董事长批准的控制办法,从而使资金使用实现规范化运行、程序化控制、制约化管理,各项工程资金支付始终处于良好受控状态,没有发生一次违纪违规现象。

(三)复杂技术工程

在工程建设中,赵康枢纽加筋带挡土墙、汾河漫滩软地基处理工程,取得良好效果。

赵康枢纽共设计加筋带挡土墙1307延米,墙体高度2.0~8.7m,高度9.0m。使用材料:护面墙每块板尺寸99cm×49cm,采用C25混凝土预制,筋带采用聚烯烃复合筋带,筋带尺寸 30mm×2.6mm,每米质量 98~120g,单根筋带拉力≥12kN。材料特性:重量轻,耐腐蚀,柔韧性好,施工方便。通过筋带土体之间的摩擦和握裹,改变土体摩擦角,使土体成为一个整体,改变土体天然稳定后形成的破裂角角度,达到节约占地目的。

项目前 12km 均为汾河漫滩,莲菜地主要采用人工抛片石挤淤,鱼塘采用人工抛片石挤淤和铅丝笼片石处理。2001 年 8 月完工后,通过两年现场观察,路基已处于稳定状态,未发现断裂、沉降等异常现象。

(四)科技创新

公司积极开展科技创新,大力推广新技术、新材料、新工艺、新设备应用,取得明显效果:一是对位于汾河滩地施工的大中桥及通道台背地基分别采用碎石桩、粉喷桩处理,提高地基承载力,预防桥头跳车现象出现;二是对软基路段均采用质地轻、强度高、耐腐蚀、耐老化的土工格栅,防止路基不均匀沉降,提高路基整体强度;三是对赵康枢纽加筋挡土墙大胆推广聚烯烃复合加筋带应用,提高筋带抗酸碱性、腐蚀性、抗脆裂、抗老化和抗拉强度;四是湿排粉煤灰水泥混凝土边坡防护的应用,不仅降低造价,同时减少环境污染,有效利用工业废物;五是对路基挖方段上边坡采用三维网种草防护试验,改善边坡砌体防护单一局面,美化环境。

(五)运营养护管理

1. 收费站设置

2002 年 11 月 12 日,根据省政府《关于同意〈大同—运城高速公路收取车辆通行费暂行办法〉的批复》(晋政函〔2002〕188 号)文件规定,沿线设襄汾、北柴 2 个收费站(2010 年,临汾、土门、洪洞收费站划归该段)。

(1)襄汾收费站(图 8-12)地处襄汾县境内贾罕乡,位于 G5 K744+556 处,收费广场占地 13333.2m²,原为 2 进 3 出 5 条车道,2006 年 12 月 8 日改扩建为 3 进 5 出 8 条车道,同时将车型收费改为货运车辆计重收费;2008 年 8 月改扩建为 4 进 7 出 11 条车道,2010 年,将 1 进 1 出 2 条 MTC 车道改造为 ETC 车道。

图 8-12 襄汾收费站

(2)北柴收费站地处襄汾县赵康镇北柴村,位于 G5 K767+277 处,收费广场占地 22144m²,2011 年 3 月进行扩建,车道由原来 2 进 3 出扩建为 3 进 5 出。2015 年 10 月将 1 进 1 出 2 条 MTC 车道改造为 ETC 车道。

(3)洪洞收费站(图 8-13)地处洪洞县万安镇,位于 G5 K700+000 处,收费广场占地 4116m², 车道 3 进 4 出。

(4)土门收费站地处临汾市尧都区土门镇东羊村,位于 G5 K710+700 处,东西收费广场占地 21792m²,2013 年 3 月进行扩建,车道 4 进 4 出扩建为 6 进 8 出。

(5)临汾收费站(图 8-14)地处临汾市尧都区刘村镇泊庄村,位于 G5 K723+780 处,收费广场占地 22468m²,2011 年 11 月进行扩建,车道扩建为 6 进 10 出。

图 8-13　洪洞收费站　　　　　　　　　图 8-14　临汾收费站

交通流量状况见表 8-5。

交通流量状况表　　　　　　表 8-5

年　份	年通行量(辆)	日平均量(辆)
2002 年	43417	1401
2003 年	1674022	4586
2004 年	2983555	8174
2005 年	3707252	10157
2006 年	4576488	12538
2007 年	6381842	17484
2008 年	7295756	19988
2009 年	6144214	16833
2010 年	7811168	21400
2011 年	7051893	19320
2012 年	8407581	23034
2013 年	9953634	27270
2014 年	10067583	27582
2015 年	8707591	23856
2016 年	8710235	23864

2.服务区设置

襄汾服务区(图 8-15)地处襄汾县赵康镇北柴村附近,位于 G5 K769 处,省级四星级服务区,共有管理人员 7 名和服务人员 101 名。占地 225 亩,分东、西两个区,建筑面积

6160m²。配备有综合楼,建筑面积1710m²;停车场可停放车辆157辆,其中大型车54辆,小型车88辆,危化品车辆及牲畜运输车辆15辆;用餐区域3处,可同时容纳260人用餐(东区100人、西区100人、晋南食府60人);超市2处,经营上百余种产品;加油站总面积1836m²(单区面积918m²),油罐容量360m³(共12个,单个容量30m³),每区各设9台加油机,油品种类齐全;公厕2处,东区有38个厕位、16个小便池,西区有31个厕位、19个小便池。另外还设有汽车修理车间、附属用房及绿化等。可为过往驾乘人员提供餐饮、超市、加油、临时休息、汽车修理及公厕等服务项目。

图8-15 襄汾服务区

3. 养护管理

公司设置养护工程部及养护中心,负责全线养护管理工作。随着2010年临汾、土门、洪洞三站划归及2013年土门连接线拓宽改造完成,养护里程由最初64.51km增加到73.2km。养护中心现有管理人员23人,设综合管理办、生产技术办、机务材料办、清洁队、绿化队5个部门,配备有日常养护所需的沥青路面综合养护车、扫路王、除雪车、洒水车、灌缝机等养护机械设备47台,基本实现道路养护机械化。

六、侯禹段(侯马—禹门口)(建设期:2004年5月~2006年12月)

(一)项目概况

1. 基本情况

项目是北京—昆明国道主干线(G5)的重要组成部分。东起襄汾县南史威村,与大运高速赵康枢纽相连,途经新绛县、稷山县、河津市,跨越黄河,西止于陕西省韩城市大前村,与陕西省西禹高速公路相接。双向四车道,设计速度120km/h,路基宽28m;有特大桥4566m/1座,大桥2415.14延米/12座,中桥1461.76m/23座,小桥241.054延米/12座。桥涵设计荷载为:汽—超20级、挂—120级;地震基本烈度为Ⅷ度;设计洪水频率特大桥1/300,大中桥涵1/100,最大纵坡3%。路线全长66.8407km。总投资230756万元。2002年12月18日奠基,2004年5月28日正式开工,2006年12月28日建成通车。

2. 前期决策

项目建设进一步打开山西南大门,为进一步加快晋南经济社会发展步伐,推动全省人流、物流、资金流、信息流跨上一个新台阶,发挥十分重要的作用。

3. 参建单位

（1）建设单位。2001年6月，经省交通厅批准成立侯禹高速公路有限责任公司，内设综合处、工程管理处、工程技术处、采购处、财务处、地方工作处。

（2）设计单位。勘察设计由中交第二公路勘察设计院、北京交科公路勘察设计院完成。

（3）施工单位。共有18个单位参加建设。其中，路基桥涵工程7个，路面工程4个，交通工程2个，房建工程4个，机电工程2个。

（4）监理单位。项目属亚行贷款山西道路发展项目Ⅱ，国际咨询和监理单位为法国赛特路公司，总监办为山西省公路工程监理技术咨询公司，设有5个监理咨询机构。

（二）建设情况

1. 项目准备

（1）立项审批。2002年10月15日，国家发展计划委员会以计基础〔2002〕2327号文件，批复可行性研究报告；2003年6月23日，交通部交公路发〔2003年〕252号文印发《关于二连浩特—河口国道主干线山西省侯马—禹门口初步设计的批复》；2004年4月19日，国土资源部以国土资函〔2004〕112号文印发《关于二河国道侯马—禹门口高速公路工程建设用地的批复》；2004年7月28日，国家林业局林资批〔2004〕69号文下发《采伐林木批准书》；2004年5月25日，省交通厅晋交公字〔2004〕237号文批复施工图设计。2004年5月27日，省交通厅批准项目施工许可申请书；2004年2月25日，财政部财计〔2004〕18号文下发与亚洲开发银行签订的山西侯禹公路贷款协定。

（2）资金筹措。概算总投资227353万元，其中利用亚洲开发银行贷款12000万美元，交通部专项补助46200万元，民生银行贷款48000万元，省公路建设基金31153万元。

（3）招投标。一是选定招标代理。根据《亚洲开发银行贷款采购指南》要求，经过招标选聘，2002年9月委托北京中交建设工程招标有限公司为土建工程招标代理机构，中国远东国际贸易公司为机电设备招标代理机构。二是施工监理招标。2003年12月27日，公司在《中国经济导报》发布资格预审公告，共有10个监理单位递交资格预审文件，并通过资格预审；2004年3月23日，经过评标，选定监理中标单位。三是土建工程招标。严格执行亚行《采购指南》有关规定，路基、路面、交通工程共13个土建工程合同包执行国际竞争性招标方式（ICB）。2003年6月28日，在《中国日报》（英文版）、《中国经济导报》发布路基工程资格预审公告，共有50个投标人通过资格预审。2004年2月9日，经过评标，选定7个单位中标。8月1日，发布路面、交通工程资格预审公告，共有30个路面投标人、23个交通工程投标人通过资格预审。2005年4月18日，经过评标，选定4个路面单位、2个交通工程中标单位。四是房建工程施工及监理招标。2005年5月21日,在《中国经济导报》发布房建工程施工及监理招标公告,共有5个监理单位和28个施工单位通过资格预审;7月28日,经过评标,选定1个监理单位和4个施工单位中标。五是机电工程招标。经亚行和商务部批准,2006年6月28日授予山西省交通信息通信公司/上海电器科学研究所(集团)有限公司联合体,合同价1898.085302万元人民币。

国际监理按照亚行《咨询专家使用指南》规定进行选聘,2004年9月28日,经亚行批准,法国赛特路公司为国际监理,聘用国际咨询专家约为38个人6个月,合同价1498131美元。

(4)合同段划分。根据项目特点,共分18个合同段。其中,路基桥涵工程7个标段,路面工程4个标段,交通工程2个标段,房建工程4个标段,机电工程1个标段。

(5)征地拆迁。项目建设涉及2省3市5县(市)12个乡(镇)60个行政村。从2004年3月~2006年,共征用土地5305.34亩,拆迁房屋42.8m^2,支付补偿费用6859.6万元。

2.项目实施

(1)质量管理。公司控制关键环节,努力建设一流工程质量。一是精中选优,完善施工方案。增加黄河特大桥技术设计评审阶段,聘请国内专家先后四次进行专项评审。开工后,针对大桥特殊位置和水文情况,补充完善防凌汛措施、主塔与主梁、施工栈桥优化、吊梁、试桩等方案设计;另一方面,根据地形地貌特点,将高填方填土路堤优化为桥梁跨沟,既不增加投资,又消除工程质量隐患。二是加强对质量"通病"的预防和处理。采取事前提示,事中控制,事后检查落实的办法。路基工程开工前,制订《路基工程施工技术要点》;构造物台背回填前,印发《关于加强台背回填质量控制的通知》;进入冬季,制订《混凝土冬季施工有关注意事项的提示》;大中桥梁桥预制张拉完成后,印发《关于做好桥面铺装质量控制的通知》等文件33份。公司通过每月工地会议和监理例会,提出关键工序及质量控制重点。三是加强对薄弱环节监督检查。尤其对桥涵台背结合部填挖结合部、高填方段落、桥涵台背与路基衔接处、路基边及端部的压实度进行严格检测,实行压实度一点否决制,确保质量管理不留死角,不剩盲点。四是严把施工环节和工序交接关。在施工过程中,严格执行工序自检和监理工程师确认检查。对于施工关键环节,比如梁板预制、钢绞线张拉、涵洞、通道和大中桥浇筑过程,要求驻地监理要全过程旁站监督指导。对不合格"产品"坚决返工,对不称职监理人员坚决更换。五是严把原材料入场关。2004年6月对全线钢筋、水泥、钢绞线、锚具、支座等重要原材料,向全国公开招标,向承包人推荐合格原材料供应商,对于不合格原材料坚决清除出场。六是坚持巡查报告制度。公司制订《巡查管理办法》,要求工管处和总监办每天到施工现场巡查一次,实现全线工程质量动态管理。

(2)进度管理。根据工程特点和实际情况,公司制订详细施工总体方案,明确月、季、年完成计划。通过《工程目标考核办法》,每月对全线施工情况进行全面考核。考核采用日常巡查和集中检查相结合、外业和内业相结合的方式,以百分制考核形式,实行质量、安全、廉政一票否决制。考核内容包括工程质量、施工计划完成情况、内业资料管理、中间计量、合同管理、现场管理、文明施工、安全生产、廉政建设、环境保护等情况。各施工单位只要完成目标,就按亚行批准的招标文件有关规定给予奖励。通过目标化管理,激励先进,鞭策后进,在全线形成比、学、赶、超局面,较好完成目标计划。

(三)复杂技术工程

龙门黄河特大桥(图8-16)全长4566m,地处河津市境内,跨越黄河,桥上部结构为双塔双索面预应力混凝土斜拉结构,系三塔单索面预应力混凝土部分斜拉结构及30m、50m预应力混凝土T梁连续刚构。下部结构为柱式墩、薄壁墩、承台分离式桥台、桩基础。梁跨径布置:$12\times30m + (75+2\times125+75)m + 23\times50m + (174+352+174)m + 19\times50m + (75+2\times125+75)m + 20\times30m$。

图8-16 龙门黄河特大桥——号称"三晋第一桥、黄河第一跨"

(四)科技创新

1. 黄河特殊地质长大直径钻孔灌注桩施工技术及承载性能研究

公司与省交通科研院等单位以龙门黄河大桥为依托,采取室内和室外试验相结合方法,总结适合黄河特殊地质条件下长大直径钻孔灌注桩施工工艺,提出相应施工和设计指南。2008年3月,获省科学技术三等奖。

2. 创新施工工艺

一是针对沿线1.65km风积沙路段施工,在试验段研究基础上,借鉴内蒙古、陕西、新疆等省区经验,总结出"干法夹层法"施工工艺,确保风沙路段路基稳定性,保证质量;二是对于古河道地段,增加地基强夯处理方案。提高承载力,消除软弱层;三是对原设计中互通内的箱通基底,处于Ⅲ级以上湿陷段的互通匝道分离式立交桥头、主线上跨的分离式立交及桥式通道桥头,均增加强夯地基处理。如此大规模全线采用强夯处理地基,在省内同类项目中属于首次;四是对湿陷性黄土处理进行现场观测,确保方案合理性。

(五)运营养护管理

1. 收费站设置

全线设新绛、稷山、河津东、河津西、龙门大桥5个收费站。

(1)新绛收费站地处新绛县龙兴镇王庄村,位于 G5 K787+083 处,收费广场占地面积 1080m²,车道 3 进 5 出(包含 2 条 ETC 车道)。

(2)稷山收费站地处稷山县稷峰镇上柏村,位于 G5 K807+285 处,收费广场占地面积 2200m²,车道 3 进 5 出(包含 2 条 ETC 车道)。

(3)河津东收费站地处河津市义唐村,位于 G5 K830+425 处,收费广场占地面积 6800m²,车道 3 进 6 出(包含 2 条 ETC 车道)。

(4)河津西收费站(图 8-17)地处河津市阳村乡西辛封村,位于 G5 K838+152 处,是西部地区进入山西省第一站,收费广场占地面积 3320m²,车道 3 进 6 出。

(5)龙门大桥收费站(图 8-18)地处河津市阳村乡苍头村,位于 G5 K838+886 处,是 G5 山西省主线最后一站,收费广场占地面积 11000m²,车道 5 进 9 出(包含 2 条 ETC 车道),是 G5 山西省南大门,连接东西部的桥头堡。

图 8-17 河津西收费站

图 8-18 龙门大桥收费站

交通流量状况见表 8-6。

交通流量状况表 表 8-6

年 份	年通行量(辆)	日平均量(辆)
2007 年	3377329	9253
2008 年	4393254	12003
2009 年	4712095	12910
2010 年	5958268	16324
2011 年	6328354	17338
2012 年	6916296	18897
2013 年	8223540	22530
2014 年	8246189	22592
2015 年	9293103	25461
2016 年	11219932	30656

2.服务区设置

(1)河津服务区(图 8-19)地处河津市赵家庄乡樊家庄村,位于 G5 K828+581 处,占地面积 48000m²,分 A、B 两个区,分别占地 30000m²、18000m²,建筑面积 5639m²。停车场可停放150辆,其中大车100辆,中小型车50辆。可供200人同时就餐;加油站总面积3312m², 油罐容量360m³(共12个,单个容量30m³),各设6台加油机,油品种类齐全。可为过往顾客提供加油、餐饮、购物、住宿、汽车修理等服务,东西区公厕、停车场24小时对外开放。

图8-19 河津服务区

3. 养护管理模式

公司成立河津管理处,主要负责侯禹高速公路养护、路政、收费工作。

第二节 G0501 临汾绕城高速公路

临汾绕城高速公路建设期:2009年8月~2012年8月。

(一)项目概况

1. 基本情况

临汾绕城高速公路(祁临高速公路临汾市北环段)是山西省高速公路网"三纵十二横十二环"规划中"临汾环线"的北环部分,起点位于洪洞县曲亭镇,向西上跨霍侯一级公路、南同蒲铁路、桃临公路,终点与大运高速公路相接。途经洪洞县的5个乡镇、14个行政村。该项目东接长临高速公路、西连大运高速公路,形成临汾北、东、南、西外环高速公路,与临汾内环一级公路、大西高铁和临汾民航飞机场共同组成临汾市立体交通网络。双向四车道,路基宽26m,设计速度100km/h,桥涵设计汽车荷载等级公路—I级。全长19.255km,投资概算89478万元。2009年8月5日开工建设,2012年8月28日通车运营。

2. 前期决策

项目进一步完善临汾绕城高速公路,改善区域路网布局,促进临汾城镇建设和区域国民经济持续发展,对提高当地综合经济能力产生深远影响。

3. 参建单位

(1)建设单位。2009年6月,经临汾市人民政府批准成立临汾环城高速公路及连接线工程建设项目部(临政函〔2009〕77号、160号),内设工程管理部、计划财务部、技术质检部、地方协调部、综合办公室。

(2)设计单位。2009年5月,省交通设计院按照合同要求精心勘察设计。

(3)施工单位。共有11个单位参加建设。其中,路基、桥涵、路面工程5个,绿化工程2个,交通安全工程2个,机电工程1个,房建工程1个。

(4)监理单位。共有4个单位实施监理。其中,机电工程监理1个,房建工程监理1个,路基、路面工程监理2个。

(二)建设情况

1. 项目准备

(1)立项审批。2009年7月,省交通运输厅与临汾市政府签订《工程建设协议书》。根据此协议书,临汾市政府临政办函〔2009〕36号文印发《关于成立临汾市环城高速公路建设领导组的通知》,随即成立临汾市环城高速公路建设领导组,全面负责工程建设相关事宜;并以临政函〔2009〕77号和160号文,分别批复建设项目法人机构和工程建设项目部,组织实施项目建设。2009年5月,省发改委晋发改交通发〔2009〕688号文批复工可报告;2009年7月,省交通运输厅晋交公字〔2009〕432号文批复初步设计,投资概算89478万元;2010年3月,省交通运输厅晋交建管〔2010〕114号文批复施工图设计,核定概算86853.6万元;2009年12月,省国土资源厅晋国土字函〔2009〕755号文,批复工程用地预审手续;2012年6月,国土资源部国土资函〔2012〕457号文,批复工程用地。

(2)资金筹措。概算89478万元。其中,省交通运输厅自筹22378万元,工商银行贷款67100万元。

(3)招投标。项目部严格执行国家有关法律法规,在指定媒体发布公告,并按有关规定完成资格预审评审和评标工作,评标结果在省交通运输厅指定网站公示。资格预审文件及审查报告、招标文件及评标报告均报省交通运输厅备案。省交通运输厅及临汾市人大财经委、市发改委、市监察局、市检察院、市审计局、市交通运输局全程监督。路基、路面、桥涵招标委托山西路华通工程咨询有限公司代理,绿化、交安、机电、房建工程招标,委托山西华杰工程咨询有限公司负责,2009年7月~2010年12月,经过严格招标程序,共有11个施工企业、4个监理公司中标。

(4)征地拆迁。项目建设用地全部位于洪洞平原区内,人口密集,线路众多,水渠纵横。市、县有关领导多次组织协调会现场办公,协调解决各种问题。从2009年8月~2011年10月,共征用土地2093.56亩,拆迁房屋5491.38m²,支付补偿费用12201.98万元。

2. 项目实施

(1)质量管理。项目部按照四级质量保证体系要求,坚持把质量作为第一要素来抓。

一是以创优为主线,强化组织机构建设。成立创优领导小组,各监理部、项目部建立相应机构,制定控制点,如路基土石方压实度、钢筋保护层厚度、路面底基层、压实度、沥青面层压实度、混凝土强度、预应力张拉合格率等。将质量管理目标落实到每个层面。二是积极开展"精细化"施工活动。先后组织开展"质量月""质量回头看"等创优活动,确立以消除质量通病为主要内容的目标,制定相应考核办法。牢固树立"细节决定成败、细节决定品牌"理念,积极开展精细化管理和施工,使桥梁构造物及防护工程质量通病得到有效控制。三是严把材料进场关、施工工艺关,抓好质量控制源头。项目部对全线钢材、水泥等原材料都严格把关,杜绝不合格材料进入工地。在施工过程中,推行事前交底、事中控制、事后检测,采用阶段检查和日常巡查相结合的方法,严把施工质量、工艺、流程关,实行动态管理,确保产品合格。同时,加大对桥涵台背、路基、路面、桥梁等关键环节、隐蔽工程抽检频率,用试验检测数据指导生产,确保工程压实度、平整度、填层厚度、桥涵结构尺寸、钢筋焊接施工质量。四是强化技术指导,科学有序施工。邀请专家、教授技术指导,参与质量管理和施工过程控制,提供强有力技术支撑。

(2)安全管理。开工前项目部与各施工、监理单位签订《安全生产合同书》,健全安全生产组织体系,制订详细制度和应急预案,各参建单位建立安全生产保证体系,设立专职安全员,实行岗位责任制,逐级签订责任状,明确分工,责任到人,抓住关键,超前预防。通过对参建单位培训和教育,提高安全生产意识;建立安全生产责任追究制度,杜绝隐患;坚持"有投入才有保障"的安全预防理念,保证经费投入。围绕"安全生产年"和"平安文明工地"创建活动,先后组织专题培训20余次,发放《安全生产管理手册》1500余本。开展安全标准工地建设,严格技术交底,加强现场管理,做到施工操作规范,现场标志醒目,防护设施齐全,悬挂安全标语,根据施工工序制定安全保障措施。尤其加强高填深挖、跨线立体交叉、高空作业、临时用电、特种机械作业安全管理,强化过程控制。各分部分项工程统一开展"安全隐患排查"和"无安全隐患确认"活动,对于排查出的问题能现场整改的立即整改,不能现场整改的立即停工、限期整改,直至整改到位后方可重新开施工。全线实行安全生产报告制度,每天报告,确保工程建设顺利实施。

(3)进度管理。项目部以工程建设为载体,迎难而上,周密部署,狠抓落实。一是应对困难挑战,合理核定工期。2009年7月15日,临汾市政府与省交通运输厅签订《项目建设协议书》,约定2010年12月交工。合同工期比批复工期提前1年时间。项目部精心组织,强化管理,倒排工期,狠抓质量,严把安全,确保工程建设扎实推进。但因软基处理工程量大增、降雨频发、拉闸限电、钢材及水泥等原材料供应困难影响,进度受到影响。为此,项目部及时递交工期顺延报告,临汾市高速公路建设领导组批复同意项目顺延,确定2011年建成通车。二是细化目标,整体推进。编制《总体实施计划大纲》,按照工程量和季节特点倒排工期,强力攻坚,合理安排路基路面、桥涵、绿化、机电、房建、交通安全工程交叉施工,整体推进。每季度召开一次工程建设推进会,明确分段目标,落实责任主体,严格考核制度,以完成阶段目标促进总体工期实现。三是严格奖罚,确保进度。与施工、监理单位签订阶段性进度合同,列明奖惩条款,分阶段兑现;出台多项劳动竞赛方案,促使各参建单位结合实际对既定任务进行详细分解与落实。此外,通过加大现场巡查频率、召开专题协调会、约谈企业法人等形式,及时掌握各分项工程进展情况和影响因素,针对问题及时采取有效措施,确保工程进度按计划顺利实施。

(三)科技创新

在建设过程中,项目部十分重视科技创新,开展一系列科研攻关与技术创新,取得良好效果。一是热轧带肋钢筋焊接网在桥面铺装中的应用。保证工程质量,提高抗震、抗裂性能,也加快工程进度。二是使用新型PE热熔焊接技术。沿线埋设的输水管道采用新型PE热熔焊接技术,既保证路基防渗质量,又满足当地群众对农田灌溉的需求。

(四)运营养护管理

1. 机构设置

2012年10月30日,根据晋高管人字〔2012〕738号文件精神,项目部更名为临汾环城高速公路管理处,主要负责临汾北环、临汾联络线两条高速公路运营管理工作。内设综合办公室、党务人事部、计划财务部、收费稽查部、养护工程部;下辖临汾北、洪洞西、广胜寺景区3个收费站、3个治超点和路政中队、治超办。2014年1月,临汾市直工委批复成立管理处临时党委,党委又组建成立机关、路政治超和3个收费站党支部,理顺党员组织关系,健全党组织机构。

2. 收费站设置

2012年6月29日,根据省政府《关于同意祁临高速公路临汾市北环段等二条高速公路设置收费公路收费站的批复》(晋政函〔2012〕89号)文件规定,设临汾北、洪洞西收费站。

(1)临汾北收费站地处洪洞县大槐树镇左南村,位于G0501 K9+201处,收费广场面积5300m^2,车道3进5出(含1进1出TEC车道)。

(2)洪洞西收费站地处洪洞县辛村乡白石村,位于G0501 K15+030处,收费广场面积5300m^2,车道3进5出。

交通流量状况见表8-7。

3. 养护管理

项目通车运营后,管理处委托临汾市通达圣公路养护公司负责养护。坚持管养并重,精心管理,科学养护,按照省高管局要求,制定岗位工作职责和各项养护管理制度,印发《突发事件应急预案》《防汛抢险应急预案》《除雪防滑应急预案》,做好应急管理工作,消除安全隐患,达到"畅、洁、绿、美、安"要求。

交通流量状况表 表8-7

年 份	年通行量(辆)	日平均量(辆)
2012年	302718	2461
2013年	1249053	3422
2014年	1362622	3733
2015年	820151	2247
2016年	900646	2467.5

第三节 G0511明曲高速公路

明曲(明姜—曲亭)高速公路建设期:2009年8月~2012年8月。

(一)项目概况

1. 基本情况

项目是京昆与青兰国家高速公路山西境内临汾联络线工程,也是山西省高速公路规划的重要组成部分。路线起点位于洪洞县曲亭镇薄村西南,终点设明姜互通与大运高速公路相接,全长16.740km。项目南承祁临高速公路临汾市北环段,北通大运高速公路,与临汾外环高速公路一起形成"大环套小环"的临汾市高速公路格局。双向四车道,路基宽26m,设计速度100km/h,桥涵设计汽车荷载等级采用公路—Ⅰ级。投资概算12.65亿元。2009年8月5日开工建设,2012年8月28日通车运营。

2. 前期决策

项目建设进一步完善临汾地区高速公路网络,加强国家高速公路联络,促进临汾城镇建设和区域国民经济持续发展。

3. 参建单位

(1)建设单位。2009年6月,临汾市政府批准成立临汾环城高速公路及连接线工程建设项目部(临政函〔2009〕77号、160号),内设工程管理部、计划财务部、技术质检部、地方协调部、综合办公室。

(2)设计单位。2009年8月12日招标,省交通设计院中标承担勘察设计任务。

(3)施工单位。共有11个单位参加建设。其中,路基、桥涵工程4个,路面工程1个,绿化工程 2 个,交通安全工程 2 个,机电工程 1 个,房建工程 1 个。

(4)监理单位。共有 4 个单位实施监理。其中,路基桥涵工程监理 1 个,路基桥涵、路面、绿化、交通安全工程监理 1 个,机电工程监理 1 个,房建工程监理 1 个。

(二)建设情况

1. 项目准备

2009 年 7 月,省交通运输厅与临汾市政府签订《工程建设协议书》。临汾市政府成立环城高速公路建设领导组,全面负责工程建设相关事宜;同时成立建设项目法人机构和工程建设项目部,具体组织实施高速公路工程建设。2009 年 7 月,省发改委晋发改交通发〔2009〕1050 号文批复工程可行性研究报告;2009 年 12 月,省交通运输厅晋交公字〔2009〕700 号文批复初步设计;2010 年 5 月,省交通运输厅晋交建管〔2010〕201 号文批复施工图设计。2009 年 12 月,省国土资源厅晋国土字函〔2009〕756 号文批复工程用地预审手续;2012 年 1 月,国土资源部国土资函〔2012〕36 号文批复正式用地手续;2012 年 3 月,省交通运输厅批复施工许可。

(1)资金筹措。项目概算 126480 万元。其中,省交通运输厅自筹资本金 31620 万元,太原中信银行贷款 94860 万元。

(2)招投标。详见第二节 G0501 临汾绕城高速公路有关内容。

(3)合同段划分。根据项目特点,路基、路面、桥涵主体工程分为 4 个标段,监理分为 2 个标段,绿化工程分为 2 个标段,交通安全设施工程分为 2 个标段,房建工程、机电工程各分为 1 个标段。

(4)征地拆迁。项目用地全部位于洪洞平原区内,涉及 4 个乡镇 23 个村。从 2010 年 2 月 ~ 2011 年 10 月,共征用土地 1739.27 亩,拆迁房屋 5673.3m²,支付补偿费用 11423.44 万元。

2. 项目实施

详见第二节 G0501 临汾绕城高速公路有关内容。

(三)运营养护管理

1. 运营管理机构设置

2012 年 10 月 30 日,根据省高管局《关于转发接收临汾环城高速公路及连接线工程建设项目部并更名的通知》精神,项目部更名为临汾环城高速公路管理处,主要负责临汾北环、临汾联络线两条高速公路的运营管理工作。内设综合办公室、党务人事部、计划财务部、收费稽查部、养护工程部;下辖临汾北、洪洞西、广胜寺景区 3 个收费站、3 个治超点和路政中队、治超办。2014年1月,临汾市直工委批准成立管理处临时党委,随即成立机关、路政治超和3个收费站党支部,健全党组织机构。

2. 收费站设置

2012年6月29日,根据省政府《关于同意祁临高速公路临汾市北环段等二条高速公路设置收费公路收费站的批复》(晋政函〔2012〕89号)文件,广胜寺景区收费站正式开通运营。

广胜寺景区收费站地处洪洞县大槐树镇北周壁村,位于G0511K8+779处,收费广场面积5300m^2,车道3进5出。

交通流量状况见表8-8。

交通流量状况表　　　　　　　　　　　　　　　　　　　表8-8

年　份	年通行量(辆)	日平均量(辆)
2012年	302718	2461
2013年	1249053	3422
2014年	1362622	3733
2015年	132081	362
2016年	129050	353.6

3. 养护管理

详见第二节G0501临汾绕城高速公路有关内容。

第四节　G18荣成—乌海高速公路山西段

一、灵山段(灵丘—山阴)(建设期:2009年6月~2012年3月)

(一)项目概况

1. 基本情况

灵丘—山阴高速公路,是国家高速公路网G18荣成—乌海公路山西境内的组成部分,从晋冀交界灵丘县驿马岭进入山西,途经大同市灵丘县、浑源县和朔州市应县、山阴县,终点在山阴县合盛堡,经大运高速公路立交枢纽与山阴—平鲁段相连,成为山西省"三纵十二横十二环"高速公路规划的第二横。双向四车道,设计速度100km/h,路基宽26.0m,路面采用沥青混凝土铺筑,汽车荷载采用公路—I级。隧道净宽单洞10.75m、净高5m。全线动用土石方约2761万m^3,建设隧道19045m/9座,特大桥和大桥12330m/38座,互通立交6座,天桥45处,分离式立交14处,通道130处。灵山高速公路2009年6月10日开工建设,浑源—山阴段(西段)2010年12月30日建成通车;灵丘—浑源段(东段)2012年3月12日建成;驿马岭主线收费站2015年7月通车运营。

2. 前期决策

项目连通山西雁门关以北"两市四县"经济走廊,成为晋北地区经济社会发展的重要交通大动脉,对打通东西大通道,提升交通运输服务保障能力,带动沿线文化、旅游、矿产资源深度开发,促进山西省和中西部地区经济社会快速发展具有十分重要的战略意义。

3. 参建单位

(1)建设单位。2007年8月成立大同高速公路建设管理处,内设办公室、党务人事部、工程管理部、技术部、质量安全部、地方协调部、计划财务部。

(2)设计单位。勘察设计分6个标段,其中主体工程设计3个,房建、交安、机电工程设计各1个,由省交通设计院等5个单位承担。

(3)施工单位。共有54个单位参加建设,其中路基桥隧工程17个,路面工程2个,由山西路桥建设集团总承包,交通工程16个,房建工程4个,绿化工程3个,机电工程12个。

(4)监理单位。共有9个单位实施监理,其中路基桥隧工程监理6个,路面、绿化、交通房建工程监理2个,机电工程监理1个。

(二)建设情况

1. 项目准备

(1)立项审批。2005年11月,国家发改委以发改交运〔2005〕2742号文批准项目建设;2009年3月,国家发改委发改基础〔2009〕829号文批准工程可行性;2009年8月,交通运输部以交公路发〔2009〕422号文批准初步设计;2010年3月,省交通运输厅以晋交建管〔2010〕112号文批准施工图设计;2011年12月,国土资源部以国土资函〔2011〕889号文正式批复建设用地。

(2)资金筹措。2009年8月交通运输部以交公路发〔2009〕422号文件核定项目总概算877922万元。其中交通运输部补助130600万元,占总投资15%;省公路基金111322万元,占总投资13%;银行贷款636000万元,占总投资72%。由工行、农行、中行、国家发展银行四家银行组成银团。

(3)招投标。招标范围、组织形式全部按工程可行性批复意见和省交通运输厅核准方式执行,实行招标代理制,代理机构为北京中交建设工程招标有限公司,始终遵循"公开、公正、公平、择优"的原则。勘察设计招标由省交通运输厅委托省高管局完成。从2008年12月~2010年11月,先后进行5次施工招标、4次监理招标、2次材料采购招标。

每次招标公告及评标结果都要在中国采购招标网、山西招投标网、山西交通网等媒体公开发布。每次评标都要从交通运输部公路工程评标专家库中随机抽取专家,组成评标委员会进行评审,在各级监督机构的全程监督下进行。

（4）合同段划分。路基桥隧工程分6个监理标段、17个施工标段;路面工程采取总承包方式,分2个标段,其中西段分2个分部、东段分3个分部;交通工程分16个标段;房建工程分4个标段;绿化工程分3个标段;机电工程由1个监理单位、12个施工单位;路面、交通、绿化由2个监理单位监理。

（5）征地拆迁。2008年11月20日,建管处召开协调会议,专题研究征地拆迁工作。从2009年3月~2013年7月,共征用土地13719亩,拆迁房屋17627m^2。

2. 项目实施

（1）质量管理。建管处依据规范、结合实际、博采众长、集思广益,制定一整套建设管理办法;明确科学发展、优质高效、安全廉洁、文明和谐16字方针;实现内实外美、精优制胜的质量目标,项目单项实测合格率达98%、关键项目合格率达100%。在选择施工、监理队伍时,委托招标代理机构在各方面严格监督之下,遵循合法、公开、公平、公正和诚信原则,圆满完成设计、监理、施工和主要原材料招标。认真细致地与监理、施工单位和材料供应中标单位进行合同谈判,明确工程质量目标和履约责任。在施工过程中,着力抓好6项工作:一是施工之前抓认识。建管处成立4个前线指挥部、6个工地代表组和质量安全管理部,直接负责质量管理。委托交通部科研院成立检测监理中心,站在第三方立场,以不低于5%的抽检率抽检质量。二是施工准备抓材料。除主要原材料全部由业主统一招标采购外,对施工单位自行采购的一般材料严格检验、从严把关,严防假冒。三是施工项目抓责任。以招标文件、施工合同、质量管理办法、阶段目标考核办法、劳动竞赛方案等形式,明确质量责任和问责制,实行质量追责制,奖罚分明、落地有声。四是施工过程抓规范。路基填方牢记压实度,监管重心不离现场,严格控制填土厚度、平整度和含水率,特别注重填挖结合部和标段结合部的压实度。隧道施工杜绝超挖、欠挖,合理爆破、准确开挖、严格检查,严密处置接缝、防水层等工序。桥涵施工强化工序管理,加强试验检测,用数据指导生产;混凝土集中拌和由专用车辆运输,采用大模板、新模板、钢模板支撑,构造物混凝土配比精确、质量稳定、强度合格、表面光滑、成品几何尺寸准确,每项工程都与规范标准无缝对接。五是施工工艺抓精细。箱涵、板涵、通道、桥梁施工前根据地质情况采用强夯、注浆等办法对台背原地面进行处理,避免桥头因原地基下沉而引发的跳车。混凝土浇筑严格把关、严格监理,杜绝漏振、过振和蜂窝麻面、表面色泽不一致等现象。大梁、柱盖梁等关键预制件养生到位;小件预制满足强度要求,做到尺寸精确、外形美观、养生到位;砌体工程严格使用合格石材,砂浆机拌、机运。暗缝宽度控制在3cm之内,杜绝出现砂浆抹面、画缝等现象。六是工程结果抓检验。施工单位自检、监理抽检、检测中心抽检保证频率、符合要求,试件和资料真实准确。

(2)安全管理。建管处成立安全生产领导组、制订实施方案。一是与监理、施工单位签订《安全生产合同》《安全生产承诺书》,同时逐级签订《安全生产工作目标责任书》,落实监管部门、分管领导和监管人员,明确监管责任,保证安全生产各项制度措施到位。二是从一线员工到劳务单位、项目部、建管处,一级对一级负责,形成事事讲安全、人人抓安全、一级抓一级、层层抓落实的安全生产责任链。强化各施工单位的安全生产主体责任,配齐安全生产管理机构、专职安全管理人员,做到机构落实、人员落实、装备落实,真正体现"安全第一"思想,完善预案、预控、预报、预警机制,实现安全生产动态管理。三是加强安全教育。充分利用发放安全手册、安全培训、视屏教育、工地广播、制作施工现场安全漫画、宣传栏、展板、标语、传单等形式,强化2万多名一线工人的安全意识。四是重视一线员工安全防范和自我保护能力,在9个隧道洞口统一安装 LED 显示器,把安全规范和高危工程施工安全标准编制成通俗易懂的动画影像,每天滚动播放,一线员工随时都能看到,潜移默化地养成学安全、懂安全、重安全的良好习惯。五是制定《安全生产专项整治工作实施方案》,加大重点整治力度,不折不扣地落实高危工程施工安全强制性要求。六是开展"安全生产百日大检查专项行动",结合"安全生产年""平安文明工地"创优竞赛活动、"打非专项行动""防坍塌事故专项整治"等有关要求,制订方案,严格自查自纠。七是加大对重大危险源、施工重点部位、关键环节监管力度。

(3)进度管理。建管处瞄准内实外美、精优制胜目标,坚持优质高效、安全廉洁、文明和谐方针,上下同心、艰苦鏖战,工程建设进展顺利。一是坚持质量、进度双控标准。不断增强依法合规建设意识和优质高效意识、风险管控意识,强势推进施工进度,最终实现工程单项实测值合格率98%以上、关键项目指标合格率100%的质量目标和进度目标。二是抓重点、攻难点、保进度。在长达6年的工程建设期间,先后组建4个前线指挥部、7个路基桥隧工地代表组和1个西段路面、交通工程工地代表组,这些管理队伍都扎根一线,管质量、管安全、管进度、管监理,一岗多责、一抓到底;处领导分工负责,把工程进度拿在手上,把进度管理重心放在一线,采取多种措施加快进度。

(三)科技创新

1. 公路长隧道无动力通风、消防节能应用技术研究

先后在驿马岭、云彩岭、抢风岭、青瓷窑、恒山5座隧道开展公路隧道自然通风技术研究,从实际出发,在适当位置设置通风竖井,充分利用季节性的"烟囱效应"代替机械通风,有效提高隧道运营水平、降低运营成本。

2. 隧道亮色阻燃铺装层应用技术研究

组织工程技术人员开发一种高性能隧道阻燃型彩色铺装层,提高车辆在隧道内行驶

的安全性、舒适性,减少因隧道火灾引发的人身、财产损失。2012年2月通过省科技厅鉴定,在同类研究项目中达到国际先进水平。已应用在榆次、兴县、浑源、陕西洛南等地区。

3. 低黏高渗性透层油的开发利用

通过使用复合乳化剂、高效渗透剂、稀释剂以及其他添加剂,在降低乳化沥青标准年度和表面张力的同时,使其具有良好的渗透性能,解决基层与面层之间黏结不良的问题。研究成果2012年2月通过鉴定,在国内同类研究中达到领先水平。

(四)运营养护管理

1. 收费站设置

2012年2月7日,根据省政府《关于同意灵丘—山阴高速公路设置收费公路收费站的批复》(晋政函〔2012〕11号)文件规定,全线设置主线收费站1处,匝道收费站5处,分别是驿马岭、灵丘、平型关、汤头、浑源西、应县。

(1)驿马岭收费站地处灵丘县落水河乡落水河村,位于G18 K1146+234处,车道12出。

(2)灵丘收费站地处灵丘县武灵镇庄头村,位于G18 K1030+995处,车道3进5出。

(3)平型关收费站地处灵丘县东河南镇北张庄村,位于G18 K1052+098处,车道3进5出。

(4)汤头收费站地处浑源县王庄堡镇南坡头村,位于G18 K1063+390处,车道3进5出。

(5)浑源西收费站地处浑源县东坊城乡水磨疃村,位于G18 K1104+517处,车道4进6出。

(6)应县收费站地处应县金城镇胡寨村,位于G18 K1146+234处,车道3进5出。

交通流量状况见表8-9。

交通流量状况表　　　　　　　　　　　　　　　　　　　　　表8-9

年　份	年通行量(辆)	日平均量(辆)
2010年	365	182.5
2011年	284888	780.5
2012年	1182442	3239.6
2013年	1256790	3443.3
2014年	1716633	4703.1
2015年	2818392	7721.6
2016年	5239124	14353.8

2. 服务区设置

全线设灵丘、王庄堡、浑源、应县4对服务区。

(1)灵丘服务区位于 G18 K1026+750 处,占地面积 204.5 亩,分南北区,北区占地 99.8 亩、南区占地 104.7 亩,两区配备加油站、超市、公厕、餐厅、汽修、住宿等服务设施,总建筑面积 9075.94m^2、绿化面积 25486m^2。两区停车场可停放车辆 113 辆,其中大车 29 辆、中小型车 84 辆;餐厅总面积 802.24m^2,可供 260 人同时就餐;超市面积 438.08m^2,公共卫生间面积 625.6m^2,住宿面积 438.08m^2,加油站面积 191.76m^2,共 12 个油罐,各设 6 台加油机;汽修车间面积 304.8m^2,附属用房 5738.1m^2,硬化面积 41740.01m^2。硬件齐全,可为过往驾乘人员提供餐饮、购物、住宿、汽修、加油、如厕、大车加水等服务。

(2)王庄堡服务区位于 G18 K1062+026 处,占地面积 200 亩,北区占地 124.15 亩、南区占地 75.85 亩,两区配备加油站、超市、公厕、餐厅、后厨、汽修、住宿等服务设施,总建筑面积 7979.06m^2、绿化面积 42367m^2。两区停车场可停放车辆 113 辆,其中大车 29 辆、中小型车 84 辆;餐厅面积 642.4m^2,后厨面积 352m^2,超市面积 651.2m^2,公共卫生间面积 651.2m^2,住宿面积 651.2m^2,加油站面积 191.76m^2,共 12 个油罐,各设 6 台加油机;汽修车间面积 304.8m^2,附属用房面积 4434.5m^2,广场硬化面积 60314m^2。硬件齐全,可为驾乘人员提供餐饮、购物、住宿、汽修、加油、如厕等服务。

(3)浑源服务区位于 G18 K1102+810 处,占地面积 192.57 亩,分南北区,分别配备加油站、超市、公厕、餐厅、后厨、汽修、住宿等设施,总建筑面积 9323.18m^2、绿化面积 78542m^2。两区停车场可停放车辆 185 辆,其中大型车 102 辆、中小型车 83 辆;餐厅面积 721.6m^2,可供 260 人同时就餐;后厨面积 484m^2,超市面积 511.28m^2,公共卫生间面积 598.4m^2,住宿面积 1196.8m^2,加油站面积 191.76m^2,共 12 个油罐,各设 6 台加油机;汽修车间面积 304.8m^2,附属用房面积 5302.02m^2,硬化面积 34738m^2。硬件齐全,可为过往驾乘人员提供餐饮、购物、住宿、加油、如厕、大车加水等服务。

(4)应县服务区位于 G18 K1151+636 处,占地面积 199.08 亩,分南北区,分别配备加油站、超市、公厕、餐厅、后厨、汽修、住宿等设施,总建筑面积 7387.38m^2、绿化面积 92170.6m^2。两区停车场可停放车辆 117 辆,其中大型车 28 辆、中小型车 89 辆;餐厅面积 642.4m^2,后厨面积 457.6m^2,超市面积 651.2m^2,公共卫生间面积 809.6m^2,住宿面积 651.2m^2,加油站面积 191.76m^2,共 12 个油罐,各设 6 台加油机;汽修车间面积 289.76m^2,附属用房 3693.06m^2,硬化面积 33272m^2。硬件齐全,可为驾乘人员提供餐饮、购物、加油、住宿、如厕等服务。

3. 养护管理

项目西段通车运营后,建管处设置浑源管理站、应县管理站负责西段养护管理工作。其中,浑源管理站负责 K1101+797~K1122+500,养护里程 20.703km;应县管理站负责 K1122+500~K1165+877,主线养护里程共计 43.877km。灵山高速公路东段通车运营后,建管处增设王庄堡管理站、灵丘管理站负责东段养护管理工作。灵丘管理站负责

K1012+000～K1045+000,养护里程33km;王庄堡管理站负责K1045+000～K1082+000,养护里程37km;浑源管理站养护里程由原来的20.7km增加至40.5km。2014年7月24日河北段开通运营后,建管处把养护单位调整为驿马岭桥隧群管理站、王庄堡养护工区、恒山桥隧群管理站、应县养护工区。其中,驿马岭桥隧群管理站负责养护里程13km,王庄堡养护工区养护里程57km,恒山桥隧群管理站养护里程19km,应县养护工区养护里程64.877km。各工区设主任1名,主任助理1～3名,机械人员3～4名(主要是水车驾驶员和多功能养护车驾驶员),均由建管处统一招聘、培训、调配。运营以来,建管处积极探索养护市场化,按照管养分离方式,依托沿线公路段,推行社会化养护管理体制。日常保洁、设施维护抢修等均采用外包形式由沿线各公路段承包,建管处与承包人签订合同,核定费用。各养护工区制定检查、考核办法,督促工作,费用根据考核情况按月及时支付。

二、山平段(山阴—平鲁)(建设期:2010年11月～2014年7月)

(一)项目概况

1. 基本情况

荣乌高速公路山阴—平鲁(晋蒙界)段,又称山平高速公路,既是G18荣乌高速的组成部分,也是山西高速公路规划"三纵十二横十二环"第二横(广灵加斗—平鲁二道梁)的组成部分。起点位于山阴县合盛堡G55山阴互通,接G55及G18浑源—山阴段,经山阴、平鲁,止于平鲁区二道梁(晋蒙界),接内蒙古自治区十七沟—大饭铺段。双向四车道,设计速度100km/h,路基宽26m;桥涵设计汽车荷载等级为公路—Ⅰ级。沿线输变电线路密布,大部分路段在山岭区,隧道围岩等级差,特殊路基处理地段长。自然生态环境脆弱,自然保护区和文物古迹保护要求标准高。全线路基计价土石方1306.86万m^3,特殊路基处理83.6km,排水防护工程45.34万m^3,沥青路面2805576m^2。大桥6593m/32座,中桥768.58m/12座,小桥556.79m/9座,隧道5896.5m/3座,互通立交4处,分离立交13处,天桥30座,涵洞121道,通道91道。路线全长107.741km,2010年11月开工建设,2014年7月25日通车运营。

2. 前期决策

2009年初,省交通运输厅确定项目建设。对加快北部地区资源优势转为经济优势步伐,调整公路沿线产业结构,促进沿线经济带形成,满足经济发展需求,有效整合沿线优厚旅游资源,形成山西古文化与内蒙古草原风光旅游走廊,打通北京西向战略通道,完善和提高国防交通能力,具有十分重要的意义。

3. 参建单位

（1）建设单位。经省交通运输厅党组2007年8月6日会议研究，组建朔州高速公路建设管理处，2009年6月29日对建管处领导班子进行调整，内设综合办公室、党务人事部、财务部、地方协调部、工程管理部、合同部、技术部、安全生产部。

（2）设计单位。共有6个单位勘察设计，其中主体工程1个，机电工程1个，交通安全设施工程2个，房建工程2个。

（3）施工单位。共有29个单位参加建设，其中路基桥隧工程9个，房建工程4个，路面、绿化工程1个，交通安全工程6个，机电工程5个，伸缩缝工程4个。

（4）监理单位。共有9个单位实施监理，其中路基桥隧工程监理3个，房建工程监理2个，路面工程监理3个，同时负责交通安全设施、绿化工程监理，机电工程监理1个。

（二）建设情况

1. 项目准备

（1）立项审批（表8-10）。2005年12月23日，国家发改委以发改交运〔2005〕2741号文印发《关于山西省山阴—平鲁（晋蒙界）公路项目建议书的批复》；2010年7月27日，国家发改委以发改基础〔2010〕1637号文印发《关于山西省山阴—平鲁（晋蒙界）公路可行性研究报告的批复》；2010年10月25日，交通运输部以交公路发〔2010〕600号文印发《关于山阴—平鲁（晋蒙界）公路初步设计的批复》，投资概算61.7605亿元，建设工期3年。2010年，国家林业局林资许准〔2010〕367号文批准征占用林地等手续；此外，环境影响评价、水土保持方案、地震安全性评价、地质灾害安全性评估、压覆矿产资源报告、防洪评价报告等先后获得批复，为规范推进项目建设做好准备。

项目审批一览表　　　　　　　　表8-10

序号	项　目	批复时间	批复部门	文件名称	文　件　号
1	项目法人	2007.8.14	中共山西省交通运输厅党组	《关于刘根生等同志任免职务的通知》	晋交发字〔2007〕72号
		2009.7.5	中共山西省交通运输厅党组	《关于史寒冬等同志任免职务的通知》	晋交发字〔2009〕34号
2	项目建议书	2005.12.23	国家发展改革委员会	《关于山西省山阴—平鲁（晋蒙界）公路项目建议书的批复》	发改交运〔2005〕2741号
3	可行性研究报告	2010.7.27	国家发展改革委员会	《关于山西省山阴—平鲁（晋蒙界）公路可行性研究报告的批复》	发改基础〔2010〕1637号

续上表

序号	项 目	批复时间	批复部门	文件名称	文 件 号
4	环境影响报告	2008.11.7	环境保护部	《关于国家高速公路网荣成—乌海公路山西境山阴—平鲁段环境影响报告书的批复》	环审〔2008〕421号
5	水土保持方案	2008.5.31	水利部	《关于国家高速公路网荣成—乌海公路山西境山阴—平鲁段水土保持方案的复函》	水保函〔2008〕151号
6	初步设计	2010.7.27	交通运输部	《关于山阴—平鲁（晋蒙界）公路初步设计的批复》	交公路发〔2010〕600号
7	施工图设计	2011.3.8	山西省交通运输厅	《关于山阴—平鲁高速公路施工图设计的批复》	晋交建管〔2011〕107号
8	用地	2010.2.2	国土资源部	《关于山西省山阴—平鲁高速公路项目建设用地预审意见的复函》	国土资预审字〔2010〕36号
8	用地	2012.6.4	国土资源部办公厅	《关于山阴—平鲁（晋蒙界）高速公路控制性工程先行用地的复函》	国土资厅函〔2012〕529号
8	用地	2012.12.27	国土资源部	《关于山阴—平鲁（晋蒙界）高速公路工程建设用地的批复》	国土资函〔2012〕1000号
9	施工许可	2013.3.26	交通运输部	《关于山阴—平鲁（晋蒙界）高速公路施工许可申请书的批复》	交公路施工许可〔2013〕4号

（2）资金筹措。项目概算总投资61.76亿元（含建设期贷款利息4.12亿元）。其中交通部车辆购置税补助7.19亿元，省交通厅自筹资本金10.27亿元，其余为国家开发银行贷款44.3亿元。

（3）招投标。2010年8月1日，启动招标程序，择优选择8个路基、桥隧工程施工单位，山西路桥集团为路基、桥隧工程总承包单位，3个监理单位，3个房建工程施工单位，2

个监理单位。2012年2月15日,启动路面绿化工程、交通、机电、招标程序,择优选择2个路面、绿化工程总承包单位、6个交通施工单位、5个机电施工单位、3个路面监理单位、1个机电监理单位。为进一步推动从源头上预防和治理腐败工作的深入开展,省交通运输厅决定在本项目路基、桥隧工程施工中创新并推行新的招投标办法,即"随即开标合理低价法",以遏制围标、串标等不正当竞争行为。该办法是第一次大规模在山西省高速公路主体工程施工招标中试行,既有效遏制了围标、串标现象发生,使选择的施工企业实力较强、比较满意,又节省了建设资金近亿元。

(4)合同段划分。根据项目特点,路基桥隧工程分3个监理标段、9个施工标段;房建工程分2个监理标段、4个施工标段;路面、绿化、交通工程分3个监理标段、7个施工标段;机电工程分1个监理标段、5个施工标段。

(5)征地拆迁。项目建设用地涉及山阴县5个乡(镇)22个自然村、平鲁区9个乡(镇)39个自然村,从2010年9月~2011年4月,共征地9434.58亩,拆迁房屋29647m^2,支付补偿费用56385.5万元。

2. 项目实施

(1)质量管理。针对项目战线长、管理分散特点,在认真学习有关法律法规和规范基础上,建管处结合实际,广泛征求意见,博采众长,反复研讨,起草制定《工程质量管理办法》等22个工程建设管理办法,制定党建与精神文明建设、行政后勤等方面的长效管理制度,使各施工监理单位在实际操作中统一标准、统一规范,事事有章可循、有规可依,又使业主用同一个口径、同一把尺子进行施工管理,做到质量心中有数,随时处在受控状态。

(2)安全管理。在"平安文明工地"达标创优竞赛活动中,一是完善工作机制。及时成立竞赛活动领导组及定期进行督导检查,及时通报进展情况,解决存在问题。二是细化活动内容。制定《实施细则》,提出具体规定和明确要求,特别是对资料整理、文明施工现场、安全生产管理三大内容逐项分解,形成4大项108个考核单元,专门制作考核评分表。三是强化督导检查与整改。采用参建单位自检自评、总监办定期巡查核查、建管处定期督导的方式评定,通过三次督导检查、两次整改检查,发现问题逐步由多变少、由重变轻、由大变小。四是树立样板以点带面。及时总结创建活动中好的做法和经验,在全线推广学习,互相取长补短,安全生产和文明施工管理水平有效提高。在2011年3月底省政府组织的重点公路规范建设专项检查、6月中旬省交通运输厅组织的"平安文明工地"达标考核检查中,均给予肯定与好评。7月18日,全省重点公路工程"平安文明工地"创建活动现场推进会在建管处召开,获"优秀项目"、第二合同段获"优秀标段"荣誉称号。

(3)进度管理。在前期工作中,处领导分工靠前指挥,一人负责一个口,分头抓进度,短期内取得良好实效。2011年,全面进入实体建设阶段后,实行处领导包点负责项目部的工作机制,突出抓好质量、进度、安全、地方协调和廉政等工作,把管理重心放在现场。

形成项目法人负总责、分管领导重点抓、包点领导具体抓、工程技术人员天天抓格局。一级对一级负责,层层抓好落实,解决问题的针对性、时效性明显提高。在2013年攻坚决战的关键时期,采用逐月签订目标责任书,逐月考核,统筹安排,交叉施工等具体措施,努力实现天保旬、旬保月、月保总工期,确保进度不耽搁。与此同时,精心组织施工,强化阶段目标考核。根据有效施工期限,将全年工作任务划分为3~4月、5~6月、7~8月、9~10月四个目标阶段,规定每个阶段要完成年度任务25%,并及时召开全线动员大会,与各参建单位签订目标责任书,结合《劳动竞赛方案》《"平安文明工地"达标创优竞赛活动实施细则》同步安排、同步推进、同步落实、同步考核,及时发现并杜绝不符合资质要求的人员、设备入场,强化履约管理,有力保证全线工程健康有序快速推进。

(三)科技创新

1. 高速公路隧道工程灾害辨识及预警系统研究

在各隧道现场布设可视化及人员定位监控设备,构建综合管理系统,结合三维激光扫描技术和地质雷达探测技术以及常规监控量测技术,对各隧道进行全面监控。

2. 黄土地区公路路基变形特性研究

从地质条件、填料特性、路面结构形式、交通荷载特性等方面入手,分析造成路基不均匀沉降的深层原因,制订控制措施,充分发挥路基承载能力、延长使用寿命。

(四)运营养护管理

1. 收费站设置

2014年1月16日,根据省政府晋政函[2014]6号文批复,沿线设山阴北、平鲁东、凤凰城、二道梁(主线)4个收费站。

(1)山阴北收费站地处山阴县岱岳镇七里沟村,位于G18 K1180+350处,占地面积30亩,建筑面积7534.35m^2。车道4进6出(包含预留1进1出),其中ETC车道1进1出。

(2)平鲁东收费站地处平鲁区向阳堡乡赵庄村,位于G18 K1215+586处,占地面积39.6亩,建筑面积3112.64m^2。车道3进5出,其中ETC车道1进1出。

(3)凤凰城收费站地处平鲁区凤凰城镇郑家营村,位于G18 K1259+166处,占地面积25亩,建筑面积3714.08m^2。车道3进5出,其中ETC车道1进1出。

(4)二道梁收费站地处平鲁区阻虎乡白兰沟村,位于G18 K1269+268处,占地面积14.4亩,建筑面积2331.9m^2。车道15出,其中ETC车道2出。

2014年1月27日,根据省交通运输厅、省财政厅、省物价局《关于山阴—平鲁(晋蒙界)高速公路设置收费公路收费站及收费相关事宜的通知》(晋交财发〔2014〕74号)精神,公路收费权益归属山西省交通运输厅所有,运营工作由省高速公路管理局统一管理,收费期间的具体运营管理工作由朔州高速公路公司负责。

交通流量状况:2014年,年通行236252辆,日平均647.3辆;2015年,年通行1554855辆,日平均4259.9辆;2016年,年通行2333202辆,日平均6392.3辆。

2. 服务区设置

全线设山阴、平鲁2个服务区,山阴、向阳堡、二道梁3个停车区。2014年10月,加油站招标成功,中标单位为中国石化公司朔州石油分公司。

(1)山阴服务区地处山阴县下喇叭乡冻牛坡村,位于G18 K1198+495处,占地面积85.9亩,建筑面积5154m^2,配备有加油站(加油机12台、油罐$12×30m^3$)、餐厅、公厕、住宿、停车场(可停放客车110辆/货车35辆)。

(2)平鲁服务区地处平鲁区凤凰城镇店坪村,位于G18 K1254+333处,占地面积77.8亩,建筑面积5232.79m^2,配备有加油站(加油机12台、油罐$12×30m^3$)、餐厅、公厕、住宿、停车场(可停放客车130辆/货车62辆)。

(3)山阴停车区地处山阴县合盛堡乡合盛堡村,位于G18 K1172+697处,占地面积15亩,建筑面积596.5m^2,配备有加油站(加油机12台、油罐$12×30m^3$)、公厕、停车场(可停放客车9辆)。

(4)向阳堡停车区地处朔州市平鲁区向阳堡乡大庄村,位于G18 K1220+758处,占地面积15亩,建筑面积596.5m^2,配备有加油站(加油机12台、油罐$12×30m^3$)、公厕、停车场(可停放客车9辆)。

(5)二道梁停车区地处朔州市平鲁区阻虎乡二道梁村,位于G18 K1270+618处,占地面积15亩,建筑面积596.5m^2,配备有加油站(加油机12台、油罐$12×30m^3$)、公厕、停车场(可停放客车9辆)。

3. 养护管理

通车运营后,设置平鲁东、凤凰城2个养护处,具体负责全线养护管理工作,其中平鲁东养护处负责K1165+877~K1216+218,养护里程50.341km;凤凰城养护处负责K1216+218~K1273+618,养护里程57.4km;各养护处设处长1名、副处长2名、技术员3名、机械人员6名。实行社会化养护管理机制,日常保洁、设施维护抢修等均采用公开招标,公司与承包人签订合同,每月按实际完成工作量核定养护费用。公司养护工程部、养护处制定检查、考核办法,督促工作,按办法要求评分,费用根据考核情况按月支付。

第五节　G1801 元朔高速公路

元朔段（元营—朔城区）。

（一）项目概况

G1801 是 G55 主干线连接朔州绕城高速公路的重要路段，是山西省重点公路建设项目之一。根据交通部规划字〔1998〕830 号文件《关于二河国道主干线大同—新广武段可行性研究报告批复》，本项目与 G55 大新段列为同一项目，同设计、同批复、同建设、同完工。项目与 G55 大新段 K573+318 处相连接，是山西省"三纵十二横十二环"路网的一部分，是晋煤外运的重要通道之一，对改善朔州市区交通状况，加强周边地区济联系，推动旅游资源开发，加快经济结构调整，促进本地区改革开放和社会经济发展均有着十分重要的意义。路线全长 31.818km（K0+000~K31+818），丘陵区标准，路基宽 24.5m，设计速度 100km/h，双向四车道，平曲线最小半径 3000m，最大纵坡 2.98%，地震度Ⅷ度。沿线有主线桥 12 座，天桥 3 座，元营互通 1 座，涵洞 97 座。

（二）建设情况

详见第十一节 G55 二连浩特—广州高速公路山西段 三、大新段有关内容。

（三）复杂技术工程

在 K24+000 处设定 6km 高性能沥青混凝土路面试验研究路段，试验段地处温差大、气候恶劣且交通量多、重轴载、高轮胎压力的特殊环境，公司聘请省交通科研院专家，根据路面性能、材料、气候等条件，采用独特研究方法，把路面结构性能设计和沥青材料性能试验有机结合起来，注重室内外试验研究方法的一致性、可比性，设计更接近于工程实际，路面结构性能的种类达 14 种以上。通过使用两年跟踪观测和实地测试，运行情况良好，为今后全省及全国高等级公路发展提供了良好观测平台和实践经验。

（四）科技创新

1. 粉煤灰填筑路基

利用朔州地区神头发电厂粉煤灰作填料，完成粉煤灰路基 16 万 m^3，有效利用工业废料，减少环境污染，改善路堤沉降变形，相应提高抗滑稳定性，取得较好经济和社会效益。

在施工过程中,从严控制粉煤灰最佳含水率、运输、摊铺厚度及压实机具、碾压遍数,确保路基整体质量。

2. 不断改进施工工艺

在路基防护工程和桥涵砌体工程施工管理中,坚持精雕细琢,互通内边坡采用浆砌片石和水泥混凝土预制块镶面相结合的防护措施,外形美观,施工方便,实现"内坚实、外美观"目标。对于路基填挖结合部、高填方路基原地面采用重锤夯实,台背及低填方软基段落采取水泥注浆法施工措施,在台背窄深沟、死边角采用浆砌片石,软基地段路基填土小于 1.5m 的低路堤采用换填砂砾的方法,成功解决了台背跳车和路基不均匀沉陷问题。挖方地段设置盲沟,铺设 80～100cm 厚的过滤层,提高排水性能,保证路基强度。在桥梁施工中,采用毛勒伸缩装置,桥面铺装采用钢纤维混凝土,摊铺机连续作业,既能提高桥面强度,又能提高平整度。

(五)运营养护管理

1. 收费站收置

共设置元营、朔州 2 处收费站。

(1)元营收费站地处山阴县后所乡元营村,位于 G1801 K2+900 处,占地面积 24 亩,建筑面积 3000m^2。车道 2 进 2 出,无 ETC 车道。

(2)朔州东收费站地处朔城区神头镇野场村,位于 G1801 K22+950 处,占地面积 13.12亩,建筑面积 2499.55m^2。车道 5 出 5 出,其中 ETC 车道 1 进 1 出(另有 1 进 1 出可转换为 ETC 车道)。

交通流量状况见表 8-11。

交通流量状况表 表 8-11

年　份	年通行量(辆)	日平均量(辆)
2002 年	19425	648
2003 年	602407	1650
2004 年	888241	2434
2005 年	1238981	3394
2006 年	1457901	3994
2007 年	2071832	5676
2008 年	2922428	8007
2009 年	3227325	8842
2010 年	3614588	9902
2011 年	4295910	11770
2012 年	4610070	12630

续上表

年 份	年通行量(辆)	日平均量(辆)
2013年	4284694	11739
2014年	3350350	9179
2015年	2949717	8081
2016年	3480064	9534

第六节 G20 青岛—银川高速公路山西段

一、太旧段(太原—旧关)(建设期:1993年5月~1996年6月)

(一)项目概况

1. 基本情况

太旧高速公路作为国家和山西省"八五"重点公路建设项目之一,是山西省第一条全封闭、全立交高速公路,横贯山西中部和东部,是青岛—银川国道主干线在山西境内的重要路段,是山西通往京津地区、周围邻省和天津、青岛等沿海港口与京杭运河码头的重要通道。路线全长143.178km,起点太原武宿,途经榆次市什贴、峪头、要罗,寿阳县太安驿、南燕竹、芹泉、晓庄,阳泉市旧街、坡头、桑掌沟,平定县北茹、贵石沟、西郊、槐树铺,终点河北省交界旧关,出省后通过河北省石清高速公路与京石高速公路相接。双向四车道,路基宽平原区26.0m,重丘区24.5m,山岭区23.0m和21.5m;桥面净宽2×9.5m,2×10.4m;设计行车速度平原区120km/h,重丘区100km/h,山岭区60km/h;设计车辆荷载为汽—超20,挂车—120;设计洪水频率为大桥1/100,特大桥1/300;隧道类型为分离式双洞上、下行驶,隧道净空为:净宽9.5m,净高5.0m;平曲线最小半径200m;竖曲线最小半径为凸形2000m,凹形1500m,最大纵坡为5%。设旧关、平定、坡头、寿阳、峪头、东山、武宿,共7处互通。有分离式长隧道1座、4座特大型桥梁。概算33.2146亿元。1993年5月18日奠基,1996年5月26日主体工程完工,6月25日竣工通车。

太旧高速公路80%以上路段处于崇山峻岭的太行山腹地,仅有22km在平原微丘区。沿途地质构造极其复杂,有煤矿采空区、山体滑坡区、岩石断裂皱褶区、软岩区和深挖高填区等,最高填方35m,最深开挖55m。

太旧高速公路共需建设资金30亿元,这对于当时年可用财力不到80亿元、半数以上县不能按时发放工资的山西来说,可谓困难重重。为了筹集修路巨款,省委、省政府领导殚精竭虑,费尽心思。1990年3月,交通部正式将太旧高速公路列为世界银行贷款项目,

第八章
建设项目

承诺1998年以后才可以考虑安排资金;1992年6月,香港某集团表示愿牵头组织海外财团独资修建太旧路,但时迁月移,泥牛入海无消息;1993年6月,省交通厅与美国万德福股份有限公司签订合资修路合同;5月18日晋美高速公路有限公司成立后,参加筑路的员工陆续进入工地,但美方资金不到位,直到10月底,美方才明确表示不再合作修路。以后几个月,山西方面利用一切渠道,四面出击,八方联络,开展空前规模的招商引资行动,先后与130多家外商、外资代表召开洽谈会100余次,都无成效。

这时河北的路基已经铺到山西大门口。旧关东边热气腾腾,机声隆隆;旧关西边冷冷清清,一片寂静。没有钱怎么办,是干还是不干?是迎难而进,还是知难而退?

面对如此严峻局面,面对3000万山西人民空前高涨公路建设热情,省委、省政府领导清醒地认识到,太旧高速公路建设是背水一战,只能战不能休,只能进不能退,只能成不能败,胜则英雄好汉,败则无颜面见父老乡亲!

1994年6月25日,省委书记胡富国带领省委、省人大、省政府、省政协、省纪委领导赴太旧路工地现场办公,决定咬紧牙关,勒紧裤带,靠自己力量修建太旧高速公路!建设期间,省委、省人大、省政府、省政协、省纪委领导先后6次集体上太旧路现场办公,胡富国36次上路检查指导工作,省长孙文盛和其他省领导也多次视察太旧路建设,并3次为工程施工作战前动员;副省长兼太旧高速公路工程建设总指挥杜五安始终坐镇一线指挥,要求筑路员工"其身人不歇足,马不停蹄;其心如临深渊,如履薄冰;其志坚如磐石,志在必成。""一定要以必胜的信念和百折不挠的精神,打好太旧高速公路建设这一仗。"

党中央、国务院领导十分关注太旧高速公路工程建设。江泽民总书记亲自题写路名,李鹏、朱镕基、李岚清、乔石、刘华清等中央领导分别视察太旧路,邹家华副总理3次赴太旧路考察指导,高度评价太旧路两个文明双丰收的建设成就。国家计委、建设银行、开发银行等部门都积极支持太旧路建设;交通部部长黄镇东、副部长刘松金、李居昌、洪善祥和有关部门领导,千方百计挤出资金支持太旧路工程建设。

在建设资金短缺、工程进退维谷的关键时刻,从城市到农村,从机关到学校,从事业单位到国有企业,上至省委书记,下到一般干部、工人、农民、民兵,甚至小学生和在外地工作的山西籍人以及在山西工作过的老同志都踊跃捐款捐物,短短一个多月时间捐资达2.3亿多元。沿线群众像革命战争年代支前一样支援太旧路建设,他们拆新房不留恋,迁祖坟不忌讳,砍果园不心痛,献良田不犹豫,做出巨大奉献和牺牲。沿途107个村庄,共拆迁1067户,迁坟4938座,占用耕地14215亩。5万筑路大军发扬愚公移山、敢打硬仗的精神,冬战严寒,夏冒酷暑,风餐露宿,战天斗地,劈高山,填沟壑,打隧道,架桥梁,用钢铁般的意志克服时间紧、任务重、施工难度大、质量要求高的重重困难,取得辉煌建设成就。广大筑路员工顽强拼搏、勇于奉献,用心血和汗水铸就"自力更生、艰苦奋斗、不屈不挠、勇于奉献"的"太旧精神",顺利实现"五年工期三年完、概算不突破、质量创一流"的三大目标。先后完成路基土石方 2465 万 m^3，其中土方 1899 万 m^3，石方 566 万 m^3。修建桥梁 6378 延米/95 座，其中特大桥 5229 延米/3 座，大中桥 7719 延米/60 座，小桥 633 延米/20 座，砌涵洞 363 道，建设互通式立交 6 处，分离式立交 13 处，通道 85 处，天桥 15 座，隧道 1 处，单洞长 2125m。完成防护工程 87 万 m^3。

  在太旧高速公路建设中，省交通厅党组先后 24 次上路现场办公，坚持"两手抓、两手都要硬"的方针，坚持以邓小平理论武装筑路员工思想，为工程建设提供强大精神动力、有力的思想保证、健康舆论环境和良好建设氛围。一是坚持行政管理和合同管理相结合。根据太旧路全线分段建设的特点，成立 3 个工程建设指挥部和太旧路建设宣传指挥部，厅党组 9 名成员有 7 名坐镇施工一线，随时掌握工程动态，及时发现和解决施工中出现的问题。在招标议标时，太旧路建设指挥部就与监理、施工单位签订项目承包合同；在工程建设中，根据总体安排和阶段目标，又与施工、监理单位签订分期分项目工程目标责任书，使各项指标进一步分解、细化、量化，使整个工程实现用工序质量保证分项质量，分项质量保证分部质量，分部质量保证单位工程质量，以段段优良保全线优良的目标。二是围绕工程抓党建，抓好党建促工程。各指挥部、项目部均建立党委，各工程处都建立党支部，各施工队都有党小组，定期开展活动，在施工第一线评先争优，苦活、脏活、累活，都有党员打先锋，做表率，有效地发挥党支部战斗堡垒作用和党员模范带头作用。三是思想政治工作和奖罚制度相结合。通过进行战地整训，编印《太旧必读》，积极开展"抓质量、抓进度、堵漏洞、反浪费"活动，在第一线考察使用干部，在火线培养和发展党员；对完成任务好、质量优良的单位及负责人实行重奖，对完成任务差、质量不达要求的实行重罚，项目负责人就地免职，单位领导停职检查。四是尊重科学，严格管理，大胆采用新技术、新材料、新工艺。先后解决利用软质岩填筑路基、地下采空区处理桥头跳车、保证路面平整度、高边坡防护等国内外技术难题，并按国际通行的菲迪克条款管理工程，平均每公里设监理人员 1.2 人；实行企业自检、质检部门专检和社会监理相结合的工程质量保证体系。对隐蔽工程，始终坚持巡视和旁站，对所有工程项目，实行全方位、全过程、全天候质量监控，确保工程高质量。五是成立宣传指挥部，加大宣传力度。先后编辑出版《太旧路英雄谱》《太旧路建设大事记》《太旧精神研讨会论文选》《三晋腾飞路》《三晋第一路》画册，拍摄《热土壮歌》电视政论片，印发各种宣传资料 600 余万字，拍摄宣传图片 4000 余幅。六是通过开展社会主义劳动竞赛鼓舞筑路员工斗志。共组织 147 支青年突击队承担急难险重任务，先后有 8 名筑路员工献出宝贵生命，有 97 个集体和 703 名员工立功受奖，有 53 名干部火线提拔，有 400 多名筑路员工火线入党，培养和造就一支政治合格、作风过硬、纪律严明的施工队伍，谱写一曲战天斗地的英雄赞歌。七是实行有效的新闻舆论监督。在太旧路建设中，中央和省城各新闻单位以饱满的政治热情和强烈历史责任感、使命感，选调精兵强将，组织大批新闻工作者深入工程建设第一线采访，充分利用广播、电视、报纸等多种媒体进

第八章
建设项目

行及时有效报道,先后播发新闻稿件16000余篇,为太旧路建设创造良好外部环境和舆论氛围。对施工质量差的单位,指挥部不但及时召开质量现场会对其进行批评,而且通过新闻媒体给予曝光,使之受到社会舆论谴责,也为全线各施工单位敲响警钟。

太旧高速公路分两期建设。第一期工程分东西两段。即东段平定县南甃石—省界旧关33km,西段太原武宿—寿阳57km,1993年5月18日开工建设,1995年10月1日竣工通车,建设工期2年零1个月,比交通部批准工期缩短近3年;第二期工程为中段和武宿立交枢纽工程。武宿立交枢纽长3km,1994年11月17日开工建设,1995年10月1日竣工通车;中段寿阳—平定县南甃石51km,1994年11月20日进场,1995年1月1日正式开工建设,1996年6月25日竣工通车,建设工期不到两年时间。1997年4月25日,太旧高速公路顺利通过交通部验收,总合格率达到99.6%,被评为优良工程。交通部检查组认为:"太旧路地质复杂全国少见,领导重视全国少见,建设之快全国少见,质量之好全国少见。""太旧精神"不仅极大地鼓舞了全省人民,而且成为全国交通系统的一面旗帜。太旧高速公路建设项目获山西省优秀工程设计一等奖;1997年5月30日,获山西省建筑工程"汾水杯"质量奖;11月15日,获1997年度中国建筑工程最高奖——"鲁班奖"。

为了搞好太旧高速公路养护和管理,1995年9月25日,经省编委办批准,省交通厅专门组建太旧高速公路管理局。全局职工以"畅、平、净、美、全"为目标,科学养护,特路特养,把太旧路作为山西改革开放的窗口,建设成为一道靓丽风景线,实现道路养护机械化、通行收费自动化、路政管理法制化、综合服务标准化、道路环境绿色化、队伍管理军事化、社会监督制度化、全面管理现代化。

项目建成通车后,有效缓解了长期以来晋煤外运紧张的状况,对于加强山西与国内经济发达地区联系,改善投资环境,提高对外开放的水平有着极其重要的意义;对于促进山西生产力布局、经济结构、产业结构等合理调整,推动经济向高层次发展,产生积极和深远影响。太旧高速公路开通以后,沿太旧路两侧产业带逐步形成,有力带动了区域内经济和社会各项事业快速发展。

2. 前期决策

1988年3月,省交通厅和省有关部门领导及专家就对山西修建太旧公路及其前期工作进行广泛研讨论证。省委、省政府经过多方征求意见,多次分析论证,做出修建太旧高速公路的重大决策,并经省人代会通过,成为全省人民共同心愿;"七五"末期,省交通厅根据交通部〔1989〕交计字172号文《关于下达"八五"第一批公路建设重点项目前期工作计划的通知》,结合山西省路网规划和山西省"八五"计划安排,把太旧公路前期工作列入计划,并开始实施。与此同时,省交通厅编制《山西省交通发展第八个五年计划的实施方案》,以晋交计字〔1991〕第296号文报交通部和国家计委,明确把项目建设列为重点公路建设的重中之重。1991年8月,省政府把太旧公路列为山西省"八五"重点交通建设项目;同年10月,省计委和省交通厅联合向国家计委、交通部呈报《项目建设书》。

3. 参建单位

（1）建设单位。1993年4月12日,省政府办公厅晋政办函〔1993〕43号文批复省交通厅,同意成立太原—旧关高速公路建设指挥部。1994年6月,建设总指挥部进驻阳泉市,并抽调懂技术、会管理、能吃苦,具有一定施工、设计经验的领导和工程技术骨干,对工程建设实施全面管理,主要负责太原—寿阳(建设期简称西段)和平定—省界旧关(建设期简称东段)施工。1994年12月16日,成立中段指挥部,集中精力抓寿阳—平定(建设期简称中段)工程建设。

（2）设计单位。勘察设计由4个单位承担,分别是交通部第一公路设计院、铁道部第三设计院、省交通设计院、省交通科研院。

（3）施工单位。共有118个单位参加建设,其中路基工程65个(西段13个、中段30个、东段12个、武宿立交枢纽10个),路面工程25个(其中西段8个、中段12个、东段5个),交通工程28个。

（4）监理单位。全线路基、桥隧工程设10个监理部、42个标段监理组,交通、房建设施工程设2个监理部、8个监理组;路面工程设5个监理部、26个监理组。

（二）建设情况

1. 项目准备

（1）立项审批。1992年5月30日,国家计委以计交通〔1992〕723号文印发《关于太原—旧关一级汽车专用公路项目建议书的批复》;9月,省交通厅、省计委先后向国家呈报《太旧路工程可行性研究报告》。12月31日,交通部以交函计〔1992〕858号文报送国家计委《关于石太公路太原—旧关段可行性研究报告审查意见的函》;1993年,国家计委以计交通〔1993〕256号文呈报国务院批准太旧高速公路工程可行性研究报告;3月15日,以计交通〔1993〕384号文《印发〈关于审批太原—旧关高速公路工程可行性研究报告的请示〉的通知》,明确项目已经国务院批准。11月23日,交通部以交工发〔1993〕1235号文对太原—旧关高速公路(太原—寿阳、西郊—旧关段)初步设计进行批复。省交通厅1993年8月以晋交计字〔1993〕第292号文《关于送审太石公路太原—旧关段环境影响评价大纲的报告》报请国家环保以局批复。10月8日,国家环保局以环监建函〔1993〕158号文《关于太石公路太原—旧关段环评大纲(修改稿)审核意见的复函》作出批复。

1994年3月,省交通厅提出"报批环境影响报告书的请示";5月18日,由交通部环保办公室主持召开"环境影响评价报告"预审,批准及同意该报告。10月12日,国家环保局以环监〔1994〕533号文印发《关于太石公路太原—旧关高速公路环境影响报告书审批意见的复函》正式批准该报告。

武宿立交枢纽作为独立项目立项报批,并实施建设。1995年交通部交公发〔1995〕第1258号文《关于太原—旧关高速公路武宿立交枢纽工程初步设计的批复》,批准武宿立交枢纽的初步设计。核定工程概算3.07亿元,项目总工期4年。1994年7月完成全部施工图设计。

(2)资金筹措。工程概算(包含武宿互通立交)33.2146亿元,最终工程决算31.7029亿元(其中交通部补贴6.78亿元,地方自筹17.4229亿元,银行贷款7.5亿元)。项目初步设计和概算中均未考虑武宿立交枢纽。其中:武宿立交枢纽工程实际工程总造价2.3亿元,前期建设资金来自于全省广大干部群众捐款。

(3)招投标。项目工程承包合同区别情况不同,采用议标和招标两种形式。议标工程采用总价承包,工程发生变更时,依据指挥部规定的工程变更原则及程序履行手续办理;招标工程属单价承包,在整个施工过程中是按照单价和完成的工程量结算工程价款。所有工程均按合同条款规定的计量支付原则进行,严格按照计量范围、清单、报价进行计量支付,若工程发生变更时,依据计量支付的具体程序办理。东段、西段工程采用议标形式,中段工程采用招标形式。

(4)合同段划分。根据项目特点,共划分31个施工标段,9个监理标段,4个勘察设计标段。

(5)征地拆迁。分三个阶段进行。第一阶段从1993年5月~1994年8月,由沿线地方政府完成东西两段90km征地拆迁工作;第二阶段从1994年8月~1995年1月,由指挥部和地方政府配合,完成中段招标标段和武宿立交枢纽工程45km的征地拆迁任务;第三阶段从1995年1月~3月,由指挥部和地方政府配合,完成中段议标段(平定县庄窝村—冶谣村段)10km的征地拆迁任务。项目建设涉及太原、晋中、阳泉3个地市5个县区20个乡镇107个行政村,共征用永久性占地14245.85亩,划定临时用地6701.277亩,拆迁房屋135851.51m^2,支付补偿费用14000万元。

2.项目实施

依据交通部批准初步设计文件时间不同,太旧高速公路分为东西两段和中段分别实施,东西两段共长90.200km,匝道6.619km;其中:西段太原武宿(K2+000)—寿阳互通立交(K59+500),主线长57.126km,匝道长2.329km;东段平定县南磐石(K110+000)—省界旧关(K145+716.97),主线长33.074km,匝道长4.29km。项目1993年5月18日奠基后,东、西段路基、桥涵工程准备工作于7月份全面展开,1994年6月25日,省四大班子领导首次到工地现场办公,工程建设进入高潮阶段。1995年3月路基桥涵工程完工。路面工程1994年9月开始准备工作,1995年3月正式开工,9月5日完工;交通工程1994年11月开工,1995年9月完工;东、西段工程1995年10月1日建成通车,实现既定目标。

中段工程起点寿阳县小泥河,终点平定县西郊村,施工里程(K59+500~K110+000)共50.478km,匝道长1.75km,路基、桥涵、隧道工程1994年11月20日开工,1995年12月路基完工,大、中桥1996年4月15日全部完工,隧道1996年3月底全部完成;路面工程从1995年11月开始前期准备工作,1996年3月正式开工,5月26日主体完工;交通工程从1996年3月开工,6月9日完工,为顺利地实现"6·25"全线通车奠定基础,比原定的10月1日通车提前3个月。

(1)质量管理。指挥部坚持"百年大计,质量第一"宗旨,殚精竭虑,一丝不苟,实现"工程质量创全国一流目标"。一是建立、健全质量保证体系。指挥部工管处、技术处(总工办)、总监办、交通工程办公室是全线质量控制的领导职能部门,各监理部是具体执行部门,省交通质监站是政府监督部门。各有关部门都设有专人负责和专职工作人员,在开工之前就建立、健全审查、抽检、互检等检查制度,各施工单位都成立质量检验科,并制定相应规章制度。各级自检人员由富有施工经验、具有专业技术职称、熟悉规范、图纸、工作作风优良的技术人员担任。各施工单位建立能够满足工程需要的工地试验室,所有试验仪器都做到事前标定并按期进行鉴定;所有试验人员持证上岗,重要试验都有监理人员在场监督。在整个工程施工中,严格执行自检、抽检、互检、试验等检查制度,严格按照规范要求施工,形成"政府监督、社会监理、企业自检"的三级质量保证体系。各单位均对参加施工人员进行岗前培训,掌握必要业务理论知识,熟悉设计文件和意图,掌握施工规范要求。监理部坚持召开月例会,随时解决施工中存在的问题,不断改善施工工艺,提高施工质量。太旧路建设高潮迭起,决战、会战接连不断,在不同施工时期,指挥部与各施工单位签订逐月和阶段性质量目标责任状,明确各工序工艺标准和质量要求;实行"质量否决权",严把原材料关、施工工艺和质量关;完善管理制度,加大抽检频率,用试验数据指导生产;严格奖惩制度,做到奖罚分明;质量控制从路基压实度、台背填筑、测量放线、各种强度、路面平整度和几何尺寸及砌筑工程各道工序做起,严格把关。每个月底或期末,指挥部组织人员采用沿线巡察、挖坑检验、实地测试、直接监督、实地解决问题的方法,逐项落实检查,总结评比,奖惩兑现。指挥部经常组织召开质量现场会,及时总结经验教训,以点带面,起到典型引路作用。

二是实行监理制度。在全省公路建设中首次采用国际通用的"菲迪克条款"质量进行全过程、全方位监控。监理人员坚持"严格监理、热情服务、秉公办事、一丝不苟"的十六字方针,严格按照监理程序办事,做到"五坚持、五认真、五过关",即坚持原则、坚持合同、坚持规范、坚持旁站、坚持服务;认真学习业务、认真填好监理表格、认真记好监理日记、认真检查每道工序、认真处理好工程质量;过材料进场试验关、过施工单位自检关、过监理人员签字关、过科研单位监测关、过质量监督单位监督关。监理人员通过采用旁站、巡视、检测、试验、下达指令性文件等手段有效控制工程质量。指挥部先后制定下发《公路工程施工监理规范》《公路工程监理细则》《公路施工监理程序》《公路工程隧道施工监理要点》《试验工作若干规定》《筑路材料技术要求》《检测工作有关规定》《监理须知》《监理人员岗位责任制》《监理人员守则》等规章制度,使监理工作日益规范化、程序化、制度化,1995年3月举办两期培训班,聘请西安公路学院教授讲课,对监理人员和施工单位自检骨干进行培训,进一步提高业务水平,为监理工作顺利开展打好基础。

三是优化设计,精益求精。路面施工前,指挥部组织监理、施工人员外出观摩学习,并请专家进行路面施工技术培训。邀请交通部和省内17名道路专家组成专家委员会,对重大技术问题咨询论证,献计献策。多次邀请国内著名道路专家对优化聂家庄特大桥设计方案、深挖高填、码砌边坡加固对策、滑坡处理等进行科学论证。为改善桥梁伸缩缝使用效果、延长使用寿命、保证行车平稳舒适,除在台背和墙背填砂砾外,另派专人对京津地区高速公路桥梁伸缩缝的使用型号、施工工艺和使用效果进行考察,确定全线使用德国毛勒缝和美国万宝缝产品,将原设计国产橡胶伸缩缝全部变更,沥青上面层中原石灰岩碎石改为玄武岩碎石,提高抗磨耗型和路面的摩擦系数,将国产沥青改为进口沥青改善路面使用性能,突破软岩填筑路基禁区,吸取国内外先进技术,组织课题攻关,制定施工操作规程和质量检验办法,解决大量借土问题,取长补短,精益求精,从技术方案上避免质量隐患,确保高标准质量。

四是应用新技术、新材料、新工艺。为了快速、准确测定路基压实度和路面密实度,在全线推广采用MC-3-122型核子密度仪;为了保证测量放线质量,推广采用全站仪;为了使沥青路面工程质量万无一失,开展"路面软件攻关",确定路面各层配合比,推广采用全自动马歇尔试验仪;派员到全国各地考察,确定高速公路沥青面层、基层施工设备配套及造型,确定施工工艺流程;在处理湿陷性土造成的地基沉陷问题上,采用高压水泥旋喷注浆和水泥工艺进行加固处理;为避免高填、深挖路段不均匀沉陷,区别土石路段,分别采用重锤和压浆加固;设计并采用钢筋抗力矩桩、抗剪切桩分别处理滑坡和山体滑坡;采用土木隔栅分层铺筑方法稳定高填方路基;为保证挖方边坡稳定,采用100t细微差、多方位洞室松动爆破技术;为保证采空区处治质量,采用粉煤灰、水泥混合灌浆技术;在特大桥施工中应用新型52.5号硫铝酸盐特种水泥,解决基桩下穿煤层后抗中等侵蚀防护的技术问题,为消除桥梁冰雪融化时氧离子对预应力梁体和钢筋的侵蚀,采用fyt-2桥面阳离子专用防水材料,在施工中成功铺筑柔防水层;为保证桥梁内在质量和外观,应用钢筋施工工艺;桥梁伸缩缝采用反挖槽施工工艺及冬季施工法等,所有使用的原材料和采取的方法,均用先进仪器检测,用科学数据控制质量。

(2)进度管理。指挥部根据实际情况,在确保工程质量和施工安全前提下,采取多项措施加快建设步伐,实现"5年工期3年完"目标。一是健全制度,科学管理。指挥部先后印发《工程管理办法》《工程监理办法》《设计变更原则》《机械设备管理办法》《行政管理办法》等管理制度,指导各施工和监理单位建立健全施工调度、质量保证、成本控制及安全生产管理体系,狠抓制度落实。在此基础上,指挥部组织专家,认真摸底、反复核算后,对工程关键部位、关键工序实行网络控制,要求各施工单位详细制订施工组织计划,统筹安排,确保进度。围绕东、西段工程1995年10月1日建成通车目标,按照1994年6月25日省四大班子领导提出的"工期、质量、效益三卡死,集中力量搞会战,握紧拳头保重点"的指示精神,指挥部先后组织路基工程、路面施工材料采集、冬季土石方工程、桥梁预制工程、路面工程、一级交通工程等大会战。在绝对保证工程质量前提下,超常规快速推进施工进度。中段工程是全省公路建设中首次采用菲迪克条款的招标工程。根据工期紧、施工难度大、质量要求高的实际,指挥部帮助各单位编制分阶段组织计划,签订分期分项合同,使各单位工程建设纳入指挥部的宏观调控之下,做到心中有数。根据一些施工单位未能完成阶段性施工任务情况,采取调整工程任务、实行指定分包的办法。与此同时,指挥部、监理单位积极为施工单位提供服务,及时发现和解决出现的矛盾与问题,将菲迪克条款同指挥部组织领导有机结合,保证工程顺利开展。

二是上下齐心,誓保工期。围绕建设总体部署,全线上下形成一切为了施工、一切服从于施工的局面。1994年8月调整后的省交通厅党组第一次扩大会议就开在太旧高速公路工地上,厅党组书记、厅长杜五安带领厅党组成员24次在工地现场办公,及时解决存在问题,指挥部每到关键时刻及时成立前线指挥部,做到分段包干,分兵把口,各负其责,责任到人,做到小事不过夜,大事不过三;各施工主管单位为加强施工力量,成立领导组,分管领导常驻工地,实行现场办公,形成一级抓住一级、一级带着一级干的局面;全省交通系统均倾注全力投入到太旧路建设中,一切工作服务太旧,一切工程为太旧让路,急太旧所急,忧太旧所忧,解太旧所难。为使太旧建设各个战役做到适时转换,抢出时间,确保进度,指挥部要求全线员工以坚韧不拔的奋斗精神,以严谨的科学态度,采取有效的施工办法,进行四季大干和挑灯夜战。在施工过程中,指挥部实行动态管理,及时调整工作重心,使各个工程队伍在不同时期有明确奋斗目标。各参建队伍以大局为重,始终紧跟指挥部步伐,从工程轻重缓急统筹安排,做到保证重点,保证关键项目按计划完成。在施工布局上,既要保证重点工程,又要避免过分集中而招致人力、财力损失,还要注意协调各专业之间的相互关系。采用先进科学技术,努力提高机械化施工水平,使施工在时间上、空间上、工序上得到最优组合。在路基工程中,采用集中力量拓局部、交叉作业打整体的方法;在护面墙砌筑中,采用全面开花、齐头并进的方法;在排水、防护工程中,采用广集劳力、多段开工的方法;在交通工程中,采用跳跃击破、多方出击、集中歼灭的方法。从而使整个工程建设井然有序、忙而不乱,有效控制和推进工程顺利进行。

三是劳动竞赛。比学赶超。指挥部根据任务大小、难易程度等综合因素,制订实施方案和细则,在各施工监理单位中组织开展热火朝天的社会主义劳动竞赛活动,大大激励施工单位大干快上、争先创优的积极性,强化各级管理人员的高度责任心。很多单位干出样板工程后,指挥部及时组织观摩学习,起到先进带后进、后进赶先进的效果。在施工各个阶段,指挥部按照总体计划要求,与各个施工单位签订逐月和不同时期的决战及会战目标责任书,使各施工单位、各参建员工都明确自己所肩负的责任和具体奋斗目标,同时指挥员和工作人员常驻工地,进行定期和不定期检查落实。到每个月底或每一期末,组织人员进行全面检查落实,考核评比,及时奖惩兑现,为推动工程建设起到有力促进作用。

(3)投资管理。为节约资金,改革创新,高标准完成建设任务,指挥部严字当头,精打细算,实现"投资概算不突破30亿元"的目标。项目概算301445.98万元;其中交通工程概算25258.7万元(含武宿立交枢纽)。为了严格控制投资使用,省政府对省交通厅采用概算控制,省交通厅对指挥部实行包干控制,工程实际支出286500万元,概算节余14946万元。一是严格合同管理,规范经营行为。指挥部制定并严格执行《财务管理办法》《工程月进度款支付程序》《变更设计原则》《预算审批程序》《合同签订程序》等规章制度,设置专人负责,层层把关。做到相互监督、相互制约,确保合同管理标准化,投资控制规范化。二是严格标准,按章办事,实行责任承包,提高使用效益。围绕概算不突破总体目标,指挥部与各施工单位签订目标责任书,各施工单位与各工程队签订承包经济责任书。各工程队与各班签订承包经济责任状,通过层层承包,使每一项任务都有压力,使每一名职工都有明确责任,又有考核、核算依据,有效控制投资,提高经济效益,确保资金合理使用。以分项保分块、以分块保整体,确保控制投资目标实现。三是优化项目设计,统一采购原料。鉴于项目设计周期短的实际情况,指挥部邀请国内外专家,会同设计代表、监理、施工单位联合会审、优化设计,科学合理地减小一些工程建设项目,既节约投资,又保证工程合理性。1995年5月,指挥部召集各施工单位负责人召开"抓质量、抓管理、反浪费、堵漏洞动员大会",在全线掀起厉行节约、艰苦创业,反对铺张浪费的建设热潮。指挥部规定对路面防滑料玄武碎石、进口沥青、预应力钢绞线、桥梁伸缩缝使用的毛勒缝和万宝缝实行统一采购与调配,既保证及时供应和产品质量,又节约大量资金。四是开展劳动竞赛,降低工程造价。在施工过程中,全线开展"弘扬太旧精神,争当太旧功臣"的社会主义劳动竞赛,以日进度保旬进度,以旬进度保月进度,以月进度保总目标实现。在保证质量前提下,不断加快施工进度,节约建设成本。

(三)复杂技术工程

太旧高速公路有4座特大桥和1座特长隧道。

(1)武宿立交枢纽——主线特大桥(图8-20)。全长1082.195m,地处太原市境内,跨越太榆路、石太铁路、南同蒲铁路,省交通科研所设计、监理,交通部公路一局二公司承建。

作为太旧高速公路龙头的武宿立交枢纽,同时也连接着太原绕城高速公路东环段、南

图 8-20　武宿立交枢纽——主线特大桥

环段、太原—榆次一级路、太原机场一级路等多条高等级公路，对于缓解太原市交通拥挤状况，充分发挥中心城市的辐射功能，起到十分重要的作用。武宿立交枢纽由 2.5km 主线和 25 条匝道组成，总长为 3625.8m/128 跨，建筑面积 45366m^2，占地 1175 亩，工期 4 年。武宿立交枢纽为三层定向互通式立交，主线桥上部采用分离式单箱多室预应力混凝土箱梁，下部采用框架式桥台，钢管混凝土和钢筋混凝土拉式墩、钻空灌注桩基础；匝道桥上部（除 QR）为单箱单室（双室）钢筋混凝土连续梁，下部采用重力桥台、钢筋或钢管单杆桥墩、钻空灌柱桩基础。1994 年 11 月 17 日正式开工，1995 年 10 月 1 日建成通车，整个工程在保证一流质量的同时，在施工中采用许多新工艺和新技术，如上跨铁路段桥梁采取逐段预制、单点顶推宽体箱梁新工艺，支架采用多功能碗支架，模板采用防水胶合板，高路堤采用钢拉带对拉加筋土挡墙等，实际投资 2.3 亿元，节约资金 7000 多万元，原本 4 年工期仅用 10 个多月时间就完成，创造闻名全国"武宿速度"。1996 年 5 月 29 日，武宿立交枢纽正式通过竣工验收，并被评为省级优质工程；9 月 1 日荣获"鲁班奖"，11 月 28 日荣获山西省建筑业协会"汾水杯质量奖"。

武宿立交枢纽工程从开工建设后，面临着任务重、工期紧、质量要求高的严峻考验。指挥部审时度势，组织各参建单位科学制定分阶段细化的施工组织计划，严格要求按计划按规范施工。在基桩工程中实行"定额奖励"制度，上部工程中实行"分项奖惩合同"和"领导风险抵押合同"等措施，将工程质量和进度与施工单位及其负责人经济利益挂钩，使工程质量和进度充分置于指挥部的管理中。在施工过程中，指挥部严把材料关和质量关，不合格材料坚决禁止进场，不合格的成品和半成品坚决返工。在钻孔、钢筋骨架绑扎、立模、浇筑混凝土等一系列工序中，在桥梁及路基中线高程控制中，全部采用电子全站仪和高精度水准仪测量放线，并不定期采用施工单位和监理联测，各相邻施工单位间互测以及监理抽测等方法，精确控制中线、高程以及各单位工程之间的衔接工程。

为了确保高质量和高速度，指挥部还组织各参建单位采用多项先进施工技术和工艺，并投资购置现代化施工机具。在钻孔桩施工中，进行基桩静载试验，后期又采用水电效应和锤击法对基桩进行严格检测；在挡土墙施工中，采用旋喷桩加固地基法，有效保障基础工程质量；在墩柱施工中，为保证良好外观，全部采用定型钢模板；在上部结构施工中，应用多功能碗扣支架、防水胶合板、泵送高强度等级混凝土工艺和连续梁逐段顶推施工法；在桥面及路基路面施工中，采用橡胶沥青桥面防水层、德国进口毛勒伸缩缝、加筋土高挡墙、沥青路面抗滑表层和抗剥落剂、优质进口沥青、美国高强反光膜、热熔反光标线等新材料及新工艺，同时使用电子计量自动上料混凝土拌和机和进口沥青混合料摊铺机。

由于武宿立交枢纽工程建设资金全部来自于全省广大干部群众捐款,因而有着不同寻常的意义。从工程一开工,指挥部就将争创一流,建成"鲁班奖"工程作为最终目标,始终把质量放在首位。在工期十分紧张情况下,明确提出"当施工质量和进度发生冲突时,宁肯牺牲进度也要保证质量"。在指挥部实行的一系列奖罚制度和分项合同中,创优良工程始终作为第一条件。在牢固树立"百年大计,质量第一"质量意识的同时,建立严密的施工单位自检、工程监理和政府监督的三级质量监控体系。各施工单位配置足够数量的内部质检人员,并授予相应职权。同时通过各种宣传和行政手段,使争获"鲁班奖"这一目标始终根植于广大技术人员和职工心中。在工程建设中,指挥部充分发挥社会监理作用,通过公开招标选择两家高水平的监理队伍进驻工地,利用各种场合树立工程监理人员权威,并在工作上给予全力支持,实行"质量一票否决制",严格开工验工报告制度。在整个施工过程中,各单位广泛采用网络计划、形象图表等科学管理方法和电子全站仪、核子密度仪、锤击法无破损检测、电子计量等先进的检测设备和手段,并组织广大工程技术人员针对各道关键工序和技术难点开展卓有成效的 TQC 活动,为保证工程质量起到积极作用。严密的质量管理体系、争创"鲁班奖"工程的质量意识、科学的检测方法和认真负责的工作态度,终于结出丰硕的成果。基桩经无破损检测 305 根,其中 A 类桩占 29.8%,B 类桩占 70.2%,全部达优良标准。在施工期间,省质量监督站和省交通质监站,对工程进行数次检查,最后得出的结论是:武宿立交枢纽工程质量高,速度快,投资省,外观好。1996 年 5 月,交通部组织全国数十名专家赴武宿立交枢纽工程工地检查,专家们一致认为:武宿立交枢纽工程的质量之好是全国少见的。

(2)坡头特大桥(图 8-21)。全长 1304.36m,地处阳泉市境内,跨越石太铁路,中铁十七局二处和中铁三局机筑处共同承建。1994 年 11 月正式开工,1996 年 4 月全部完工,历时 18 个月。

图 8-21　坡头特大桥

(3)二电厂特大桥(图 8-22)。全长 1775.94m,地处平定县境内,大同公路分局、阳泉市第一建筑公司、阳泉分局工程处三个单位共同承建。1994 年 12 月正式开工,1995 年 10 月全部完工,历时 11 个月。

(4)聂家庄特大桥。全长 2123.41m,地处平定县境内,阳泉矿务局五矿专用线上跨该桥,阳泉矿务局三处、天津市政一公司、省公路局第二工程公司、朔州分局一处四个单位共同承建。1995 年 1 月正式开工,1996 年 4 月全部完工,历时 16 个月。

(5)北茹特长隧道(图 8-23)。全长 2125m(双洞),地处平定县和阳泉市郊区交界处,中铁十八局四处和中国华北冶建第二工程公司马万水工程队承建。1994 年 12 月正式开工,1996 年 5 月全部完工,历时 18 个月。

图 8-22　二电厂特大桥

图 8-23　北茹特长隧道东出入口

（6）大桥。全线有大桥 42 座，其中主线大桥 34 座，匝道大桥 7 座；天桥 1 座。有跨河桥、跨线桥、互通式立交桥等多种结构，建筑形式新颖、宏伟、壮观，施工难度较大。桥型选择按照因地制宜、就地取材和便于施工养护的原则，本着设计技术上先进，经济上合理，并适当考虑美观，尽可能做到标准化、系列化及施工专业化。对处于直线段或部分处于曲线、缓和曲线路段上，经计算对弧影响较小的大型桥梁采用比较经济又方便的施工预应力混凝土空心板、简支的预应力混凝土 I 型组合梁，先简支后连续的预应力混凝土连续 T 梁；对处于曲线、缓和曲线等较复杂线形路段上的桥梁，采用简支预应力混凝土 I 型组合梁桥面连续结构。为尽可能减少跨间弦弧差及内侧弧长两项差值的影响及安装方便，加快施工进度，桥跨多为 20m 和 25m，龙门沟通过采空区路段采用分离式多孔结构桥。

（四）科技创新

1. 重大科研课题

通车运营后，指挥部及太旧高管局先后组织开展"路面设计轴载换算标准""沥青路面低温缩裂设计指标计算方法的研究""沥青混合料动态参数标准""路基及整体性材料动态参数标准"及"公路填石路堤压实标准及检测方法"等课题研究。

2. 技术创新

（1）处治湿陷性黄土等不良地质路段。采用水泥粉喷桩、碎石桩、石灰桩等新技术、新工艺和分层铺装土工格栅等方法，分别对原状土与路堤土进行加固处理，确保路基稳定性。

（2）地下采空区处治。在国内毫无先例条件下，经过科研攻关，技术论证后确定，对埋深小于 200m 的采空区采用粉煤灰、黏土、水泥混合灌浆技术进行处置，通过三年多使用、观察，该技术方案不仅彻底解决路基稳定性难题，同时为国内填补一项空白。

（3）解决桥梁伸缩缝、桥头跳车难题。在总结国内外经验教训基础上，采用性能良好的德国毛勒缝和美国万宝缝。伸缩缝安装采用"二次反挖槽"施工工艺；针对桥梁、涵洞、通道台背填料不易压实问题,根据不同情况,对土方区明涵、通道采取"反挖槽";桥梁台背一定范围内换填砂砾、石灰土、水泥稳定集料;减小填料分层压实厚度,提高压实度;调整桥头搭板安装高程,减少搭接部位强度突变,对台背填料压实十分困难的薄弱部位采取预防性压浆处治等,比较好地解决桥头、桥梁接缝跳车技术难题,受到专家一致好评。

(4)软岩填筑路堤。项目有40%的里程通过石方路段,如何避免水侵蚀,保持其强度,指挥部组织专题攻关,各施工单位按要求搞试验路段,取得包括含水率、铺筑厚度、压实机具吨位、碾压遍数、压实度检测等数据,采用"包陷法"施工,较好地解决软岩填筑路堤问题,避免远调路基填方土,避免废弃大量软岩,在经济上、环境保护上均有可观效益。

工程所获奖项见图8-24~图8-28。

图8-24 荣获的优良工程证书

8-25 荣获的鲁班奖杯

图8-26 鲁班奖(1)

图8-27 鲁班奖(2)

(五)运营养护管理

1.收费站设置

项目收费起点平定县旧关村,终点太原市小店区新营村,收费里程143.178km,桥梁里程15.746km,隧道里程1.065km。1995年9月29日,根据省政府《关于发布"太原—旧关高速公路车辆通行费征收标准"的通知》(晋交财字〔1995〕第358号)文件规定,沿线共设6个收费站,分别是武宿、峪头、寿阳、坡头、平定、旧关,收费性质为政府还贷性收费公路(统贷统还)。2000年7月31日,根据省政府《关于成立山西太旧高速公路管理有限责任公司的批复》(晋政函〔2000〕178号),成立公司并转入经营性收费公路。2002年11月18日,根据省政府《关于同意大同—运城高速公路收取车辆通行费暂行办法的批复》(晋政函〔2002〕188号),大运高速公路开通后,与太旧路形成联网收费循环区域,原武宿主线收费站撤销,重新设置为武宿收费站A、B、C、D、E 5个匝道收费站点。2007年2月16日,根据省政府《关于同意太原武宿立交枢纽新增出口收费站的批复》(晋政函〔2007〕37号),在武宿立交枢纽新增高速公路出口武宿收费站F匝道收费站。2007年12月12日,根据晋政函《关于同意变更太旧、原太、祁临、夏汾等四条高速公路收费管理模式的批复》(晋政函〔2000〕178号),2007年12月1日起由经营性公路复位于政府还贷公路管理。2009年12月3日,根据省政府《关于同意太旧高速公路峪头坡头收费站及侯运高速公路运城收费站更名的批复》(晋政函〔2009〕146号),同意将太旧高速公路峪头收费站、坡头收费站分别更名为晋中北收费站和阳泉收费站。

图8-28 汾水杯奖证书

(1)武宿收费站A地处太原市小店区西温庄乡武宿村,位于G2001 K29+350处,匝道收费站,共设3条入口车道,收费广场面积1350m²,2002年11月建成,2012年将1条MTC车道改造为ETC车道。

(2)武宿收费站B地处太原市小店区龙城街办新营社区,位于G2001 K30+600处,匝道收费站,共设1条入口车道,收费广场面积860m²。2004年改建后,增加为2条入口车道。2006年再次改造,增加为4条入口车道,收费广场面积1570m²,无ETC车道。

(3)武宿收费站C地处太原市小店区龙城街办新营社区,位于G2001 K30+600处,收费广场面积500m²,共设1条出口车道。2004年改建后,增加为2条出口车道,收费广场面积980m²,无ETC车道。

(4)武宿收费站D地处太原市小店区龙城街办新营社区,位于G2001 K30+100处,收费广场面积830m²,共设2条出口车道。2006年撤掉原来2条车道并向南平移50m,建成4条出口车道,收费广场面积2438m²,无ETC车道。2014年5月太榆路拓宽改造,封闭站点进行改造,2016年6月恢复通车,由原来4条MTC车道变为3条MTC车道及1条ETC功能车道。

(5)武宿收费站E地处太原市小店区黄陵街办郑村社区,位于G2001 K30+050处,收费广场面积2450m²,共设4条出口车道;2012年,将1条MTC车道改造为ETC车道。2014年5月太榆路拓宽改造,封闭站点进行改造,2016年6月恢复通车,由原来的4条收费车道(3条MTC车道和1条ETC车道)改建为5条车道(4条MTC车道和1条ETC车道)。

(6)武宿收费站F(图8-29)地处太原市小店区西温庄乡武宿村,位于G2001 K29+960处,收费广场面积763m²,共设2条出口车道,无ETC车道。2014年5月太榆路拓宽改造,封闭拆除站点,正在恢复(恢复后两条MTC出口车道经改建为1条MTC车道和1条ETC兼MTC功能车道)。

图8-29　武宿收费站F

(7)晋中北收费站地处晋中市榆次区乌金山镇峪头村,位于G20 K816处,匝道收费站,双向收费,2013年改建后增加为5进7出12条车道,含1进1出2条ETC车道;广场面积增加为6850m²。

(8)寿阳收费站地处寿阳县朝阳镇滨河管委会南港社区,位于G20 K769+387处,匝道收费站,双向收费,收费广场面积5300m²,原为2进4出共6条车道,2006年增设1条入口车道,共设3进4出7条车道;2013年2月,1进1出2条MTC车道改造为ETC车道,2013年4月投入使用。

(9)阳泉收费站(图8-30)原名坡头收费站,地处阳泉市郊区平坦镇坡头村,位于G20 K743+780处,匝道收费站,双向收费,2010年扩容改造后,占地面积6666.7m²,共设4进6出10条车道(包括1进1出2条ETC不停车收费车道)。

(10)平定收费站(图8-31)地处平定县冠山镇南矾石村,位于G20 K717处,匝道收费站,双向收费,分为南、北矾石两个收费广场(以下简称平北、平南),面积共计10300m²。

其中:平北设 3 进 5 出 8 条车道,2012 年,1 进 1 出 2 条 MTC 车道改造为 ETC 车道;平南设 3 进 5 出 8 条车道,2013 年,1 进 1 出 2 条 MTC 车道改造为 ETC 车道。

图 8-30　阳泉收费站

图 8-31　平定收费站

(11)旧关收费站(图 8-32)地处阳泉市石门口乡西郊村,位于 G20 K712+680 处,主线收费站,双向收费,2006 年进行扩容改造,广场面积 2 万多平方米。2015 年进行计重设备改造,共设 9 进 17 出 26 条车道(包含 4 条 ETC、1 条静态计重车道、2 个复式收费岗亭)。

图 8-32　旧关收费站

交通流量状况见表 8-12。

交通流量状况表　　表 8-12

年　份	年通行量(辆)	日平均量(辆)
1995 年	1042799	11335
1996 年	3349247	9151
1997 年	3530199	9672
1998 年	3432104	9403
1999 年	3126917	8567
2000 年	3171601	8666
2001 年	3471564	9511
2002 年	4106846	11252
2003 年	4773939	13079
2004 年	6229108	17019
2005 年	6217900	17035

续上表

年　份	年通行量(辆)	日平均量(辆)
2006 年	8488205	23255
2007 年	10299964	28219
2008 年	9646216	26356
2009 年	9212410	25239
2010 年	10966248	30045
2011 年	12303877	33709
2012 年	11550228	31558
2013 年	14505255	39740
2014 年	12151530	33292
2015 年	10173449	27872
2016 年	9223845	25202

2.服务区设置

辛家庄服务区、石门口服务区,分别于1996年12月8日和1996年11月8日开始营业,是集加油、餐饮、购物、住宿、汽修为一体的高速公路服务区。2001年3月26日,辛家庄服务区更名为晋中服务区,石门口服务区更名为阳泉服务区。

(1)晋中服务区地处晋中市榆次区辛家庄村,位于G20 K801+580处,占地面积99625.78m^2(东区72982.99m^2、西区26642.79m^2),建筑面积6206.88m^2,绿化面积17960m^2,现有员工176人。主要经营加油、餐饮、超市、住宿、汽修等服务项目。服务区加油站总面积342.05m^2(东区222.2m^2、西区119.85m^2),油罐容量330m^3(两区共8个,分别为4个40m^3、3个50m^3以及1个20m^3)。东西区共设11台加油机(东区6台、西区5台),22把加油枪,油品种类齐全;用餐区域2处,面积1127.9m^2,可同时容纳220人用餐;有超市2处,面积535m^2,经营400余种产品;客房1处,面积207m^2,可同时容纳22人住宿;停车场2处,面积36585m^2,共259个停车位,其中大型车61辆,中小型车168辆,危化车20辆,牲畜车10辆;公厕2处,面积900.44m^2,共101个厕位,44个小便池。机修车间面积1034.2m^2,车间2间,工位数3个。2015年在全国文明服务区创建活动中被评为"达标服务区"。

(2)阳泉服务区(图8-33)地处阳泉市平定县石门口乡石门口村,位于G20 K711+680处,占地面积106667.2m^2,建筑面积6638.39m^2,绿化面积11945m^2,现有员工154人。主要经营加油、餐饮、超市、住宿、汽修等服务项目。服务区现有加油站总面积1410m^2,油罐容量285m^3(两区共8个,分别为3个50m^3、3个30m^3、1个25m^3以及1个20m^3)。南北区各设6台加油机,20把加油枪,油品种类齐全。用餐区域2处,总面积1525.1m^2,可同时容纳333人用餐(A区166人、B区167人)。有便利店3处,面积117.45m^2,经营270

余种产品;客房1处,面积585.1m²,可同时容纳42人住宿;双人间6间,多人间10间。停车场2处,面积33973m²,共138个停车位,其中大型货车52辆,大型客车7辆,小型车67辆,危险品运输车12辆。有公厕2处,面积362.78m²,共有84个厕位、31个小便池、20个残障专用位。机修车间面积1379.8m²,车间6间,工位数4个。2015年在全国文明服务区创建活动中被评为"全国百佳优秀服务区"。

图8-33 阳泉服务区

3. 养护管理模式变化

山西太旧高速公路管理有限责任公司于2000年11月由太旧高管局晋中养护处、阳泉养护处合并组建,实行企业化运作。2007年12月1日由经营性收费公路复位为政府还贷收费公路,实行"收支两条线"管理。下辖武宿枢纽、晋中、阳泉3个养护处,1个设施维护中心,1个机械养护中心。其中,阳泉养护处负责K685+000~K744+000,养护里程59km;晋中养护处负责K744+000~K801+173,养护里程57.173km;武宿枢纽养护处负责K801+173~K828+178,养护里程27.005km。2014年12月,阳泉西环高速公路归入太旧高速公路公司统一管理,经公司领导研究决定,对各养护处养护里程进行变更。其中,阳泉养护处负责K685+000~K744+000,养护里程59km;晋中养护处负责K744+000~K770+000,养护里程26km;武宿枢纽养护处负责K770+000~K828+178,养护里程58.178km。

在实际养护管理中,公司广泛开展以QC小组活动为主要内容的技术革新和技术改造,大力推广"新技术、新材料、新工艺、新机械"的应用,逐步提高科技含量,有力推动管养工作向机械化、科学化方向迈进。先后自主研制、开发桥梁伸缩缝清扫机、SQ-1400型隧道清洗机等设备,推广应用路斗士热融胶封堵路面裂缝、钢纤维混凝土、碳纤维板加固桥梁等一大批新材料、新工艺。同时组织有关技术人员在桥面捧水、格宾网结合植被生态防护边坡碎落等方面进行有益探索,为实现科学养护和预防性养护,尽可能减少施工作业占道时间、提高养护质量和效率奠定坚实基础,初步走出一条适应发展需求的研究开发、示范应用和交流推广的科技创新之路。

4. 主要养护大修工程

项目自1996年6月25日通车以来,承担繁忙交通运输任务,车流量特别是大型运输车辆增长迅猛,超重车占到通行量70%以上,使得道路路面出现大面积龟裂、车辙、沉陷、坑槽、横向裂缝、纵向裂缝、唧浆等病害。为了保证高速公路安全、舒适、快捷和畅通运营,决定对路面病害进行全面彻底维修养护。

2004年12月,省发改委晋发改交通发〔2004〕867号文印发《关于太原—旧关高速公路路面大修项目工程可行性研究报告的批复》,同意路面大修工程立项,批复概算控制在6亿元以内;2005年7月28日,省交通厅晋交公字〔2005〕326号文印发《关于太旧高速公路路面大修工程设计的批复》,核准概算551096677元;2005年2月完成初步设计;2005年8月16日,省交通厅晋交公字〔2005〕397号文印发《关于太旧高速公路路面大修工程旧关收费站改造设计的批复》,同意收费站由"五进七出"改造为"七进十出",路基增加宽度出省方向为26.25m,入省方向为10.50m,核准概算金额23621318元;2008年1月,省交通厅晋交公厅〔2008〕4号文印发《关于太旧高速公路路面大修工程调整概算的批复》,同意追加24944552元材差批复。核定太旧高速公路路面大修工程概算总金额599662547元。

整个工程主体分三年完成,2004年5月15日开工,2006年9月15日完成,2007年10月结束收尾工程。当年太旧路国际平整度指数IRI达到1.04,整体路况质量又回升到优良水平。项目路面大修工程建设规模140.678km,及其相配套的路基土石方、排水防护工程、互通匝道、收费站改扩建、沿线安全设施及绿化工程等,整个维修工程总体分三期实施。仍维持双向四车道标准不变,按照路基宽度和平面线形不变、路面和部分大中桥高程作适量微调的原则控制设计和施工。另外,桥涵设计荷载仍为公路—Ⅰ级。

完成主要工程量:①沥青混凝土路面一期单幅完成46.19km,铺筑各类混凝土约113427m^3;二期单幅完成73.44km,铺筑各类混凝土约102744m^3;三期单幅完成160.74km,铺筑各类混凝土约216522m^3;合计完成280.37km(含桥),铺筑各类混凝土432692m^3。②水泥混凝土路面完成:2004年完成6836m^2,2005年完成3215m^2,2006年完成45443m^2,合计完成55494m^2。③波形梁护栏板安装工程:一期完成104.278km,二期完成175.975km,三期完成126.556km,合计完成406.809km。④改造性绿化工程:2005年中央隔离带56km、左右侧平台23个、互通及收费站区域11个,共回填种植土16505m^3、种植乔灌木211773株、草坪10195m^2。2007年上边坡绿化718m^2,旧关收费站种植杨树660棵。⑤支座更换:2005年更换285块,2006年更换779块,2007年更换305块,共1369块。⑥隔离栅修复工程:2005年完成63.943km,2006年完成38.894km,2007年完成3.253km,共计106.09km。⑦排水及防护工程:2004—2006年排水及防护工程共完成7处(含锚喷彩画工程),2007年完成5处排水防护工程。⑧旧关收费站车道加宽工程:完成浆砌片石16985m^3,接长涵洞5座共73.69m,完成路面19766m^2,改造旧关收费站新增收费车道7条。⑨标线恢复:2004年完成26066m^2,2005—2006年完成125025m^2,2007年完成11051m^2,共计完成162142m^2。⑩省界改造工程:2004年东侧小游园完成砌体

4787m³，开挖土、石方 29625m³，回填路基土石方 2458m³，修建六角重檐亭 1 座。2005 年完成土石方 15000m³，广场绿化 6400m²，场地铺设 3034m²，修建蓄水池、厕所、凉亭等广场设施各 1 处。共计完成砌体 4787m³，土石方 47083m³、广场绿化 6400m²、场地铺设 3034m²、修建凉亭、蓄水池、厕所等广场设施各 1 处。

2006 年 3 月 27 日，太旧高速公路寿阳段 K60+660~K60+800 处因水文地质灾害引发路基滑塌，导致交通中断，引起社会各界广泛关注。在省交通厅、省高管局领导精心组织下，公司及时启动紧急预案，做到无任何人员伤亡和车辆安全事故发生，受到交通部领导充分肯定。在整个抢险过程中，公司始终坚持"确保安全畅通"和"社会效益优先"两大原则，经过 5 天 5 夜连续奋战，抢修完成绕行便道，太旧路临时恢复交通，并在两个月时间里，完成道路抢修任务。

完成工程量：一是路基工程。塌陷路基开挖 38000m³，原路面开挖 2361.56m³；路基回填砂砾 40208m³；抗滑桩 1.8m:800m；抗滑桩 1.5m:390m；旋喷桩 0.6m:18693m；土工格栅+格宾网 17160m²；支撑渗沟 465.33m³；浆砌砌体 3411.23m³；边坡植草 2715.6m²；拌和场混凝土硬化 2000m³；弃土场增设圆管涵 80m；施工便道 1000m；临时电力线路 1500m；伐树、挖根、除草 140m。二是路面工程。厚(5+6)cm 沥青混凝土面层 3800m²；厚 12cm 沥青碎石上基层 3800m²；厚 20cm 水泥稳定碎石下基层 4284m²；厚 36cm 水泥稳定碎石底基层 4464m²；黏层油 7600m²；透层油 3800m²；培路肩 302m²；路缘(边)石 52.48m³；土路肩现浇混凝土 100m²；土路肩砾石排水层 350m²。原路基修复加固方案是：在原来路基基础上进行改造，在滑塌段路基右侧修建分布长度 140m、桩径 1.8m、桩长 25m、桩间距 4.5m 的抗滑桩 32 根；左侧设置两排抗滑桩，与路基设计中心线水平距离分别为 32m、37m，桩径 1.5m、桩长 15m、桩间距 5.0m 的抗滑桩 26 根；对滑塌部分基作滑塌清除后，对回填路基护脚外 2m 范围内采用旋喷桩处理后，重新选用透水材料分层填筑，恢复原路。总投资 2060.443038 万元。

在工程建设中，公司严格履行招标程序，始终将"太旧路工程优良才是合格"的质量理念贯穿始终，通过开展"比质量、比进度、比安全、比廉政、比投资，创优质工程、创优良工程"的劳动竞赛活动，公司督导组每月一次巡检，有效促进管理，提高品位；积极与高速交警协调，采取单幅混合交通"不断交"施工方式，加快进度，整个工程建设实现质量高、进度快、成本低。6 月 16 日提前 15 天全线恢复通车，向全省人民交了一份满意答卷（图 8-34）。

二、太原南环段（武宿—罗城）（建设期：1998 年 3 月~1999 年 10 月）

（一）项目概况

1. 基本情况

项目是山西省"九五"重点公路建设项目之一，是青岛—银川、二连浩特—河口两条国道主干线的合并段,也是大运高速公路的组成部分,可将108、208、307国道干线连接。项目起点武宿立交枢纽西出口,终点罗城,全长14.101km,双向六车道,设计速度120km/h,路基宽28m,1998年3月28日开工建设,1999年10月20日竣工通车。

图8-34 大修完成后的路面状况

2. 前期决策

1993年省交通厅《关于印发〈二连浩特—河口公路国道主干线山西境内段改建高速公路前期工作有关事项工作会议纪要〉的通知》(晋交计字〔1993〕第339号)中,确定二连浩特—河口公路国道主干线山西境内段改建高速公路的路线走向和主要控制点,提出项目建设。对于缓解太原市交通拥挤状况,减少城市环境污染,提高高速公路效益,加快全省对外开放步伐,促进全省经济快速发展,具有十分重要的意义。

3. 参建单位

(1)建设单位。1998年3月,省交通厅成立太原南环高速公路工程建设总指挥部,下设综合办公室、财务管理部、工程管理部、技术管理部、质监管理部、安全管理部和协调管理部。

(2)设计单位。勘察设计由省交通设计院测设四队、地勘队负责。

(3)施工单位。共有19个单位参加工程建设。

(4)监理单位。共有7个单位实施监理。

(二)建设情况

1. 项目准备

(1)立项审批。1995年3月3日,省交通厅晋交计字〔1995〕第61号文向交通部报送《关于申请批复太原绕城公路南段(武宿—罗城)项目建议书的请示》;4月27日,交通部交计发〔1995〕376号文印发《关于国道二河主干线武宿—罗城公路项目建议书的批复》,批准估算总投资5.6亿元;1996年6月18日,交通部交计发〔1996〕592号文批准项目总投资6.4亿元;1998年,交通部交公路发〔1998〕238号文批复项目初步设计,将概算核定为 75661 万元。

（2）资金筹措。概算 75661 万元，其中交通部补助 7400 万元，国债 700 万元，公路基金 27561 万元，建设贷款 40000 万元。决算 6.8393 万元，节约 7268 万元。

（3）合同段划分。根据项目特点，分为 20 个标段。

（4）征地拆迁。1998 年 3 月完成，共征用土地 3534.35 亩，拆迁房屋 18710m²。

（5）招投标。施工、监理单位选择，采取议标形式。首先由省交通厅或工程指挥部成立领导组及办公室，然后发布招标公告。招标办公室在收到施工、监理单位投标书后，根据其参加太旧高速公路建设及其他高速公路工程建设的施工情况、监理工作进行议标，并将推荐意见上报招标领导组，经省交通厅或工程指挥部审查后，确定中标单位。

2. 项目实施

（1）质量管理。为了实现创国优、"鲁班奖"目标，指挥部带领全体建设者顶风雨、战高温，昼夜拼搏，克服种种困难，优质高效完成建设任务。一是健全机构，制定规章，开展抓质量竞赛活动。建立"政府监督、社会监理、企业自检"三级质量管理体系，相继制定《质量控制若干规定》《工程监理抽检频率及原材料检测有关规定》《工程监理办法》《路基填筑有关规定》《推行技术交底制度》等详细的质量管理措施和《路基桥梁工程建设考核评比办法》，全线开展两次抓质量竞赛活动，重点抓 1290 根桥梁灌注桩和 3300 片大桥箱梁施工质量控制及桥梁体系转换和桥面工程。同时，高度重视路基填筑质量，重点抓好"三度四部"（即松铺厚度、平整度、压实度；路基与构造物衔接部、粉煤灰与包边层纵向结合部、软弱地基部、标段结合部）。对不易压实部位，配备小型振动冲击夯以便施工，保证台背路基和边缘部位压实度。二是检查督促，严格把关，确保质量管理措施落到实处。总指挥部确定"5·28""7·28""9·28""11·28"工程建设计划，在每一阶段结束后，立即对全线工程建设情况进行综合检查，将工程质量作为主要检查项目进行检查。除分阶段定期检查外，总指挥部还根据不同施工阶段的施工项目进行重点检查。制定《考核奖惩制度》，对定期和随机检查发现的问题，实行对指挥部、施工、监理单位责任人一并处罚措施，逐级逐层施加压力，确保各项质量管理措施落到实处。在 1998 年路基桥梁建设中，总指挥部 3 次组织抽检，共抽检 2980 点，合格 2856 点，合格率 95.8%。三是树立样板，表彰先进，使创精品活动健康进行。在工程建设过程中，不同施工阶段和施工项目都树立先进典型。总指挥部紧紧抓住有利时机，以召开工地现场会形式，及时发挥典型引路和以点带面的拉动作用。总指挥部先后召开 15 次现场会并给予奖励，鼓励和调动施工、监理单位抓质量、创精品、树样板、争典型的积极性。在 1998 年 5 月 20 日和 7 月 28 日两次大的表彰活动中，省领导到会颁奖、讲话，极大地鼓舞全体施工、监理人员。总指挥部还十分重视路面工程质量控制，进行详细安排部署，就关键工序提出明确要求，组织路面施工和监理单位工程技术人员赴河北学习，对各路面施工单位试验室进行严格检查。总指挥部设立驻地组,分标段分工负责,全天跟班巡查;监理单位认真按监理规范开展业务工作,不徇私情,严格监理;施工单位通过自检自查,在质量保证体系中发挥基础作用。太原南过境段桥梁占全线三分之一,为了确保质量,总指挥部借鉴太旧、原太段高速公路桥梁伸缩缝施工的成功经验,伸缩缝材料全部采用美国布朗伸缩缝产品。选择具有施工经验的队伍,责成专人负责,制定技术标准和严密施工组织计划,高度重视施工现场监督,取得良好效果。

2000年11月10日~11日,由交通部组织的竣工验收组对项目进行验收。专家们一致认为该路线形顺畅、路基稳定、路面平整、视觉美观,内业资料清晰、规范、真实、完整,称赞建设质量一流,十里长桥名不虚传。工程质量、项目综合得分获95.28、95.36高分,双双被评为优良等级。1999年,该路曾被评为交通部"全国十大在建优质工程"之一。2002年1月29日,在建设部、中国建筑协会联合召开的2001年度中国建筑工程"鲁班奖"颁奖大会上,小店高架桥被授予国家优质工程"鲁班奖"。

(2)重大变更。主要有以下四项:

①设计力求合理。1997年11月,经设计单位与专家和领导对小店互通立交方案论证,取消原修订方案中平阳路与南环连接的单喇叭式互通立交,并将南环与二连浩特—河口国道主干道太原—祁县段的交叉由原有的单喇叭互通变为半定向T形互通。

②软基处理。施工期间为春融期,地下水位升高,使得地质情况与设计有所不符,施工机械难以进场。针对软基程度不同,采用砂砾垫层等处理方式,消除质量隐患。

③桥涵基础处理。桥涵基础开挖后,因地下水位升高,承载力达不到要求,大部分地基与原设计有出入。采用挤压片石或分离基础改整体基础,或换填砂砾等措施,提高地基承载力。

④路面工程。路面面层结构由沥青混凝土变更为沥青玛蹄脂碎石混合料(SMA),混合料配合比例中的水洗砂改用防滑料人工砂。基层原设计为三灰碎石结构,变更为水稳碎石结构;中间层采用AC-25Ⅱ型,空隙率变更控制在4%~6%范围内;路面底基层中央分隔带设计为混凝土防水层,改用塑料布代替,上铺种植树,以利绿化;特大桥路面铺装厚度由原设计4+3cm变更为4+4cm。

(三)科技创新

创新技术主要包括:一是粉煤灰填筑路基,减少地基压力及沉降,提高路基强度。二是路面层采用SMA改沥青混凝土,提高路面抗滑性能、抗车辙能力、高温、低温稳定性和使用寿命。

(四)复杂技术工程

太原南环段小店高架桥(图8-35)跨越黄陵公路、大运公路、城西村、平阳路、嘉节村及汾河,全长4359.2m。建设时期是华北最长的高架桥。

(五)运营养护管理

1. 收费站设置

(1)古城营收费站地处太原市晋源区晋源街道办事处东关村,位于 G2001 K41+600 处,占地面积 9800m², 建筑面积 1510m²。车道 3 进 4 出,其中 1 进 1 出 2 条 ETC 车道。

(2)滨河收费站(图 8-36)地处太原市小店区小店街道办事处小店村,位于 G2001 K39+585 处,占地面积 8660m², 建筑面积 3265m²。车道 4 进 6 出,其中 1 进 1 出 2 条 ETC 车道。

(3)滨河西路南收费站(图 8-37)地处太原市晋源区金胜镇古寨村,位于 G2001 K38+810 处,占地面积 9747m², 建筑面积 3294.52m²。车道 6 进 11 出,其中 1 进 2 出 2 条 ETC 车道。

(4)小店收费站(图 8-38)地处太原市小店区小店街道办事处小店村,位于 G2001 K39+585 处,占地面积 1400m², 建筑面积 1050m²。车道 4 进 6 出,其中 1 进 1 出 2 条 ETC 车道。

图 8-35 小店高架桥

图 8-36 滨河收费站

图 8-37 滨河西路南收费站

图 8-38 小店收费站

交通流量状况见表 8-13。

2. 养护管理

设 1 个养护工区,即东南环养护中心,负责日常养护管理工作。

交通流量状况表　　　　　　　　　　　　　　　　　　　　　　　　　　表 8-13

年　份	年通行量（辆）	日平均量（辆）
2000 年	1669242	4982.8
2001 年	2780662	7618.3
2002 年	2923402	8009.3
2003 年	2696268	7387.0
2004 年	3279172	8959.5
2005 年	3855885	10564.1
2006 年	5595941	15331.3
2007 年	6827545	18705.6
2008 年	8625759	23567.6
2009 年	8939497	24491.8
2010 年	9669714	26492.4
2011 年	10399114	28490.7
2012 年	12024277	32853.2
2013 年	14559136	39888.0
2014 年	14975181	41027.9
2015 年	12629664	34601.8
2016 年	12083084	33013.9

三、太原罗夏段（罗城—夏家营）（建设期：2001 年 2 月～2002 年 10 月）

（一）项目概况

1. 基本情况

项目起点位于太原市罗城，与太原绕城高速公路南环段相接，途经晋源区、清徐县、交城县，终点为交城县夏家营，与夏汾高速公路和夏祁高速公路在义望枢纽互通立交连接，全长 37.431km。断链长 40.403m，设计速度 120m/h，路基宽 28.5m，桥梁设计荷载汽车超—20 级、挂车—120。主要工程量：动用路基土石方 759.91m³，有晋祠特大桥 2611.6m/1 座、大桥 972.6m/7 座、中桥 580.09m/9 座、小桥 146m/6 座、通道桥 264.07m/12 座、涵洞 5981.66m/167 道、晋祠互通匝道桥 871.56m/5 座、分离式立交 951.06m/16 座。2001 年 2 月 8 日开工建设，2002 年 10 月 25 日竣工。

2. 前期决策

详见第一节 G5 北京—昆明高速公路山西段 三、太祁段有关内容。

3. 参建单位

详见第一节 G5 北京—昆明高速公路山西段 三、太祁段有关内容。

(二)建设情况

1. 项目准备

(1)立项审批。详见第一节 G5 北京—昆明高速公路山西段 三、太祁段有关内容。

(2)资金筹措。批准概算 127390.5122 万元,工程决算 12162.67774 万元,实际支出与概算投资相比节约 5763.7348 万元,平均每公里造价 3249.3595 万元。

(3)招投标。2000 年 9 月 20 日,经省交通厅批准,公司成立招标办公室。9 月 22 日,《中国经济导报》刊登土建工程施工及监理招标公告,9 月 26 日~27 日共有 146 个申请人报名参加投标;9 月 30 日,136 个申请人按时递交资格预审文件,10 月 17 日~18 日召开资格预审评审会,63 个申请人通过资格预审,12 月 1 日开标,共收到有效标书 63 份,51 个单位通过符合性审查。根据评标细则规定,报价占 60 分,实力占 40 分,总分 100 分。评标委员会对评分结果进行复议,认为准确无误后现场签字确认。整个评标过程由省交通厅监察室和省重点办派人全程监督。2001 年 9 月 1 日,公司在《中国经济导报》刊发路面工程施工、监理招标公告。9 月 19 日,45 个施工单位递交 54 份资格预审文件,5 个监理单位递交 11 份资格预审文件,经评审,有 31 个施工单位和 5 个监理单位入围竞标。10 月 9 日~10 日,31 个施工单位购买 40 份招标文件,4 个监理单位购买 10 份招标文件。11 月 10 日 15 时,召开开标大会,11 月 14 日提出推荐意见。经公司审查研究,确定 5 个施工单位为施工标段中标单位,3 个监理单位中标。2002 年 1 月 15 日,省交通厅在《中国经济导报》、中国采购招标网刊登交通和房建工程施工、监理招标公告。2 月 28 日 14:00 时投标文件递交截止,共有 53 份标书投标报价在有效范围内,3 月 8 日评标。按照《评标细则》规定,每个标段推荐前 2 名为中标候选人并现场签字确认。3 月 12 日,公司向所有中标单位签发通知书,在 3 月 31 日前与所有中标单位签订承包合同。

2. 项目实施

(1)质量管理。公司严格执行"项目法人负责制、招标投标制、工程监理制、合同管理制"四项制度,从开工之初就建立以总监理工程师为中心的菲迪克条款管理模式和"政府监督、企业自检、社会监理"三位一体的质量保证体系。与此同时,公司成立四级质量督查组,即以公司总经理为组长的质量领导组,公司领导分段包干,分工负责,全面监控;3 个工程项目组,常驻工地,分段负责,加强督查;路基压实度、桥涵构造物质量检查小组每天深入工地,循环检查;质量创精品验收小组不定期赴工地抽查。在具体工作中,一是加大检查力度,实行重奖重罚。公司质量检查小组和精品工程验收小组经常在工地巡回检查,各总监办三天全面检查一次,工程项目组十天全面检查一次,公司每月全面检查一次。二是组织实施"123456"工程。即"1"是坚持质量"一票否决制",凡不符合要求的工程项目坚决推倒重来;"2"是研究制定《精品工程验收标准》《精品工程施工管理办法》2个操作性很强的文件;"3"是施工单位自检频率必须达到100%,监理单位平行复检频率达30%以上,公司抽检频率必须达5%以上,特别要对重要部位、隐蔽部位、易发生质量隐患部位和质量通病项目加大抽检频率,不定期进行检查。"4"是开展技术攻关,加大工程科技含量,在施工中开展软地基处治、粉性土填筑路基、特大桥桥面防水、多排深孔微差光面控制爆破四项新技术攻关活动;"5"是树立"路基、小桥涵、大桥下部、梁板预制、护面墙"5个样板工程;"6"是先后召开路基填筑、钢筋制作、梁板预制、桥涵构造物规范施工、砌体勾缝、台背回填6个质量现场会。三是强化对施工、监理单位人员和设备管理,坚决清退不合格人员。四是强化施工现场管理。要求施工、监理人员必须佩戴胸卡,统一标志,图表上墙,施工、防护标牌规范明显,材料、机械设备停放整齐,施工现场整洁有序等。五是狠抓内业资料整理质量。要求准确反映工程施工全过程,还在大运路全线首家举办"工程竣工文件编制培训班",为实现质量目标奠定良好基础。

(2)进度管理。为了确保大运高速公路2002年"小循环"目标胜利实现,公司在确保质量前提下加快建设步伐。一是加强思想动员,明确责任目标。二是工程开工之初,都要对前一阶段工作进行总结,对下一阶段工作进行安排;每一阶段动员大会召开之后,极大调动各级参建人员热情,为各阶段目标顺利完成,奠定坚实思想基础。三是开展多种形式立功竞赛活动。公司根据总工程量和工期研究制定施工组织计划,同时出台与之相配套的包括质量、工期、投资、安全、廉政等内容的竞赛方案和考核实施办法,严格考核施工、监理单位进场"十到位"和文明施工"十项要求";与各施工、监理单位按期签订阶段施工和旬计划责任书,对按期完成任务、质量过硬的施工、监理单位及时进行奖励,对完不成任务的单位进行处罚,对个别连续完不成任务的施工单位进行工程切割。施工、监理单位内部也开展班组之间、工程队之间、监理组之间的多种竞赛活动,全线掀起自上而下"比、学、赶、超"的竞赛高潮,广大筑路员工顶烈日冒酷暑,发扬太旧精神,加班加点,涌现出许多典型人物和感人事迹,有力推动工程建设。四是加大优质服务力度。在建设资金方面,公司拓宽筹资渠道,保证资金按时到位,根据工程进度和项目组意见将资金定期拨付到施工单位;在图纸、变更设计等方面,公司也指定专人蹲点督促解决,对于疑难问题,公司分管领导根据有关意见现场协商解决,决不拖延。工程项目组每天蹲在工地解决施工中的具体问题,为施工单位排忧解难。五是加大治安整治力度。针对有的路段地方干扰严重问题,公司主动出击,积极取得上级领导和公安部门大力支持,省公安厅在公司专门成立"整治太祁高速公路周边治安环境办公室",并派驻人员;沿线五县区成立了"治安办公室";公司成立"治安大队";各级公安人员全力以赴加大治安案件查处力度,对干扰和破坏施工的不法分子和违法行为进行严厉打击,有力保证工程建设顺利进行。

(三)运营养护管理

1. 收费站设置

(1)罗城收费站地处太原市晋源区罗城办事处罗城村,位于 G5 K491+420 处,占地面积 10500m², 建筑面积 720m²。车道 4 进 5 出,其中 1 进 1 出 2 条 ETC 车道。

(2)晋祠收费站(图 8-39)地处太原市晋源区晋祠镇小站营村,位于 G5 K496+939 处,占地面积 10427.2m², 建筑面积 1985m²。车道 3 进 5 出,其中 1 进 1 出 2 条 ETC 车道。

图 8-39　晋祠收费站

(3)清徐收费站地处清徐县马峪乡东马峪村,位于 G5 K512+181 处,占地面积 23000m², 建筑面积 5280m²(含养护、路政),车道 2 进 4 出。

(4)清徐南收费站地处太原市清徐县东于镇高白村,位于 G5 K522+6001 处,占地面积 20000m², 建筑面积 4000m²。车道 4 进 6 出,其中 1 进 1 出 2 条 ETC 车道。

交通流量状况见表 8-14。

交通流量状况表　　表 8-14

年　份	年通行量(辆)	日平均量(辆)
2002 年	73586	2373.7
2003 年	2348264	6433.6
2004 年	4302340	11755.0
2005 年	4573707	12530.7
2006 年	5459582	14957.8
2007 年	8447670	23144.3
2008 年	7139130	19505.8
2009 年	5713900	15654.5
2010 年	5651866	15484.6
2011 年	5689875	15588.7
2012 年	6122812	16728.9

续上表

年　份	年通行量(辆)	日平均量(辆)
2013 年	7267443	19910.8
2014 年	6694447	18341.0
2015 年	6741106	18468.8
2016 年	8452162	23093.3

2.服务区设置

清徐服务区位于 G5 K517+800 处,紧邻清徐县东于村,占地面积 170 余亩,2003 年 9 月 28 日建成并投入使用,采取承包租赁模式。占地面积 11.3 万 m^2,建筑面积 6301.46m^2,绿化面积 40928m^2,配备有综合楼,有员工 130 人;停车场 4 处,西区 62 个停车位,其中大车 20 个、危险品 3 个、牲畜 1 个、小车 38 个;东区 84 个停车位,其中大车 28 个、危险品 3 个、牲畜 1 个、小车 42 个。餐厅面积 1160m^2(南区 490m^2,北区 670m^2),同时可供 338 人用餐(南区 112 人、北区 166 人、小吃区 60 人);超市 2 处,面积 280m^2,经营 300 多种产品,设有地方特产专卖区;加油站总面积 1116m^2(东、西区面积均为 558m^2),每处 3 个车道、12 把加油枪;油罐容量 200m^3(共 10 个,每区 5 个 20m^3)。东西区各设 9 台加油机,油品种类齐全。公厕 2 处,每处 41 个厕位、29 个小便池。另外还设有机修车间、附属用地及预留用地等。可为过往旅客提供加油、餐饮、购物、汽车修理等服务。在服务上因地制宜,采用新举措,增加新功能,实现餐厅、便利店、卫生间基本无蝇、无异味目标。先后获省高管局"四星级服务区""五佳服务区"、共青团太原市委"青年文明号"称号等荣誉。在 2015 年全国文明服务区创建活动中评为优秀服务区。

四、夏汾段(夏家营—汾阳)(建设期:1998 年 10 月~2000 年 10 月)

(一)项目概况

1.基本情况

项目是"五纵七横"国道主干线青岛—银川主干公路在山西境内的重要组成部分,东起交城县义望村,与太旧高速公路和大运高速公路相连,西至汾阳市河北村,与汾阳—离石高速公路衔接,主线全长 56.034km,1998 年 10 月 12 日开工建设,2000 年 10 月 28 日竣工,平微区标准,设计荷载汽车—超 20 级、挂车—120,桥涵与路基同宽。设计速度 100km/h,双向四车道,路基宽 26m,路面宽 22.5m。平曲线最小半径 1800m,最大纵坡 3.5%。水泥混凝土路面。项目建设对于支持国家西部大开发战略,发挥山西承东启西区位优势、实施东引西进战略,完善山西公路主骨架,提高路网规模效益,促进吕梁革命老区经济发展,都具有十分重要意义。

2.前期决策

"九五"期间,为改善晋西地区交通拥堵状况,加强山西中西部地区经济联系,促进吕梁地区煤炭、旅游资源开发,带动吕梁经济廊带建设,吕梁地委、行署和省交通厅决定实施本项目。

1994年5月,省交通规划设计院编制完成预可行性研究报告,12月完成可行性研究报告。1995年,省交通厅晋交计字〔1995〕411号文向交通部上报《关于申请批复国道主干线青岛—银川公路山西境内夏家营—汾阳项目建设书的请示》。

3.参建单位

(1)建设单位。1998年8月28日,省交通厅晋交人字〔1998〕532号文批准成立吕梁高速公路有限公司,负责夏家营—汾阳高速公路建设和管理工作。公司下设办公室、计财处、总工办、总监办、工程管理处、材料机械处、地方协调处7个职能处室。

1998年10月5日,根据省委常委扩大会议精神,经省政府同意,省交通厅于1998年11月16日以晋交办字〔1998〕687号文件下发《关于成立夏汾段建设总指挥部的通知》,创立"总指挥部+公司"的管理模式,总指挥部和公司既职责明确,又密切配合,保证工程顺利开展。

(2)设计单位。勘察设计任务由山西省交通规划勘察设计院承担。

(3)施工单位。共有61个单位参加建设,其中路基工程38个,路面工程6个,护栏工程4个,护网工程4个,标线工程2个,道路标准工程2个,监控系统工程1个,管线设置工程1个,房建工程3个。

(4)监理单位。共有3个单位实施监理。

(二)建设情况

1.项目准备

(1)立项审批。1996年,交通部交计发〔1996〕665号文印发《关于夏家营—汾阳公路项目建设书的批复》;1997年,省交通厅晋交计字〔1997〕435号文向交通部呈报《关于申请批复国道主干线青岛—银川公路山西境内夏家营—汾阳段可行性研究报告的请示》;1998年晋交计字〔1998〕12号文件呈报《关于申请批复夏家营—汾阳段改为高速公路的请示》;1月9日,交通部交计发〔1998〕15号文批复可行性研究报告,同意省交通厅请示,确定建设规模、技术标准和总投资;省交通厅晋交科字〔1998〕482号文呈报《关于呈送青岛—银川主干线山西夏家营—汾阳高速公路的初步设计的报告》;9月30日,交通部交公路发〔1998〕591号文批复初步设计;12月,省人民政府晋政征土字〔1998〕163号~174号文印发《关于吕梁高速公路有限公司征用土地的批复》,批准项目建设用地。

(2)资金筹措。概算12.2461亿元,其中国家开发银行贷款7.85亿元,国家债券建设资金1.2亿元,交通部补助建设资金2.6亿元,本省公路建设资金0.5961亿元。

(3)招投标。施工、监理队伍本着"面向社会、择优选择"的原则,省交通厅成立招标领导组和办公室。在招标领导组领导下,严格按照基本建设程序、招投标法和交通部、省交通厅有关规定,面向全国公开招标。1998年9月初正式开始,9月3日总指挥部在《山西日报》发表招标通告,9月4日~5日各行业90个施工单位报名,6日~7日共有88个单位交回资审文件,8日~10日进行资格审查和初审,经过严格资格预审,有77个单位通过,11日资审结果上报交通部,18日交通部予以批复。至22日开始发售招标文件,23日总指挥部组织各单位勘测现场,24日召开招标答疑会,到28日中午12时整,有77个单位交回投标书,29日上午9时开标,从报名到开标历时25天。

(4)合同段划分。根据项目特点,路基桥梁工程分23个标段,路面工程分6个标段,通信管理工程分2个标段,波形护栏分4个标段,护网工程分2个标段,道路标线工程分2个标段,房建工程分2个标段,管线设施分1个标段,电子收费系统1个标段。

(5)征地拆迁。项目建设涉及3县市15个乡镇54个行政村,从1998年9月~1999年12月,共征用土地5704.89亩,拆迁房屋8324m^2,支付补偿费用10975.42万元。

2.项目实施

在建设中,指挥部提出"三保一创"总体目标,即保质量、保工期、保投资不突破概算、争创样板和精品工程。先后制定下发《管理规程》《技术规范》《施工管理制度》《滑模施工技术指南》《水泥混凝土路面施工方案》《治安保卫、交通管理办法》《安全生产管理办法》等技术文件。实行"项目法人负责制",建立"指挥部+公司"的运作机制。通过招标选择施工和监理队伍,实行工程监理制和合同管理制,成立东、西前线指挥部,全力组织项目建设。总指挥部建立4个驻地组,负责工程管理,明确提出"33221"目标,即路基、路面、构造物3部分各分3阶段进行攻坚,两年两个"6·25"和"10·1"都要有新突破、新成果。在2000年全省路面工程质量检查中,取得综合99.6分的好成绩。

(三)复杂技术工程

在工程建设中,对湿陷性黄土地基的涵洞、高填涵洞采用重锤夯实后换填灰土和强夯处理地基的方法;大桥采用多跨先简支后连续的连续梁板结构;交城互通跨线桥采用隐形盖梁,先简支后连续钢构桥结构。

(四)科技创新

在路基施工中,采用粉煤灰填筑高路堤,减少地基压力及沉降,有利于环境保护。首次在上力坡挂网绿化试验并取得成功,中央分隔带采取渗水盲沟设置,较彻底和完善地解决路基内排水问题,保证路基路面整体质量。

在水泥混凝土路面施工中,总结国内外先进技术,针对工程实际,采取一系列技术改进方案,如改进传力杆支架,使混凝土板受力更趋合理,乳化沥青下封层改善面层和基层接触界面,保证基层养护质量,有效防止施工车辆行驶破坏,减少面层混凝土下层吸水,减少和避免混凝土面板断板,提高混凝土整体质量。

(五)运营养护管理

1. 收费站点设置

根据省政府晋政函〔2001〕83号文和晋政函〔2011〕2号文件规定,共设交城、开栅、文水、杏花和汾阳5个收费站。

(1)交城收费站地处交城县义望乡青村,位于G20 K882+057处。收费广场占地面积2295m²,原为2进3出5条车道。2007年11月拓宽改造,增设2条出口车道,共有2进5出7条车道,占地面积增加为3179m²。2016年10月,2条MTC出口车道改造为1进1出2条ETC车道,车道调整为3进4出。

(2)开栅收费站地处文水县开栅镇开栅村,位于G20 K892+166处,收费广场占地面积2295m²,原为2进3出5条车道,2009年增设1进2出3条车道,占地面积增加为3672m²,共有3进5出8条车道。2016年10月,2条MTC出口车道改造为1进1出2条ETC车道。

(3)杏花收费站(图8-40)地处汾阳市杏花镇上堡村,位于G20 K916+459处,收费广场占地面积2295m²,设有2进3出5条车道。2016年10月,2条MTC出口车道改造为1进1出2条ETC/MTC混合车道。

图8-40 杏花收费站

(4)文水收费站地处文水县凤城镇南峪口村,位于G20 K902+657处,收费广场占地面积2115m²,原为2进3出5条车道,2007年11月收费广场拓宽改造,增设2条出口车道,共有2进5出7条车道,占地面积增加为2961m²。2016年10月,2条MTC出口车道改造为 1 进 1 出 2 条 ETC 车道,车道调整为 3 进 4 出。

(5)汾阳收费站地处汾阳市峪道河镇堡城寺村,位于 G20 K926+355 处,收费广场占地面积 2295m²,原为 2 进 3 出 5 条车道,2006 年拓宽改造,增设 1 进 1 出 2 条车道,占地面积增加 918m²,2008 年再次拓宽改造,增设 2 条出口车道,占地面积增加 918m²,收费广场占地面积为 4131m²,共有 3 进 6 出 9 条车道。2012 年,将 2 条 MTC 出口车道改造为 1 进 1 出 2 条 ETC 车道,设 4 进 5 出 9 条车道,是夏汾段最大的匝道收费站。

交通流量状况见表 8-15。

交通流量状况表 表 8-15

年 份	年通行量(辆)	日平均量(辆)
2001 年	1217081	3339.95
2002 年	2445917	6706.62
2003 年	2615108	7170.16
2004 年	3756402	10268.86
2005 年	5184370	14203.75
2006 年	5397317	14787.32
2007 年	7597815	20815.93
2008 年	7232235	19814.34
2009 年	5137342	14074.91
2010 年	6239873	17095.54
2011 年	5905212	16178.66
2012 年	6301106	17263.30
2013 年	7226129	19797.61
2014 年	7294320	19984.43
2015 年	7576643	20757.93
2016 年	8944346	24505.06

2.服务区设置

杏花服务区地处汾阳市杏花村镇小相村,位于 G20 K917+600 处,2001 年 4 月投入使用。占地面积 130 亩,建筑面积 24886m²。综合楼占地面积 2070m²;停车场可提供大车位 108 个(危货位 12 个、大客位 40 个)、小车位 190 个;餐厅占地面积 2367m²,提供自助和零点服务,以自助餐供应为主,同时提供零点及宴会服务,共有 812 个餐位和 2 个包间;超市占地面积 1502m²,可提供近千种商品并设有名优特产专柜;住宿占地面积 4045m²,按照星级宾馆标准建造,能同时提供 68 人住宿,设有标间(28 间)、4 人间(3 间);加油站占地面积 2317m²,南区 785m²,北区 1532m²;油罐容量 370m³,南区 6 个,每个容量 20m³,北区 5 个,每个容量 50m³;共有 10 台加油机,南区 6 个,北区 4 个;24 小时提供各型号汽油、柴油;汽修厂占地面积 827m²,能够维修各种大型车辆和小车;南北区公厕 24 小时对外开放,其中可提供58个蹲位,35个便位;可提供各种商务服务(打印、传真、电子银行、代缴罚款、银联消费等),基本能够满足过往驾乘人员需求。

3.养护管理模式

公司组建养护技术工程管理部,下设夏汾养护工区,工区设主任1名,书记1名,副主任2名,下设养护股、办公室、机械队、应急队、保洁队5个股级部门。起初的养护管理工作由养护工区负责,工区组建人员和工队进行日常的小修保养。2008年8月对养护日常小修工程进行招标,委托有资质的养护单位进行承包养护。2011年8月日常养护外包合同到期,为适应公司管理现状,节约经费,日常保洁、小修工程由夏汾养护工区负责。

2014年为了更好地调动养护工区积极性和控制养护经费,做到不超支,公司对日常养护经费进行全年下达经费计划,每月对养护工程进行计量支付,每月由运营管理处、公司养工部、质检部进行验收后给予支付。

4.主要养护大修工程

2009年2月19日,省交通厅晋交公字〔2009〕55号文印发《关于夏汾段路面改造工程设计的批复》,批复概算3159.88614万元。5月17日开工,10月22日完工,实际工期6个月。改造工程起点位于K880+426交城县夏家营附近,与太祁高速公路相连,途经开栅、文水、杏花,终点K934+351位于汾阳西收费站附近,与汾离高速公路相接,全长53.925km,以路面加铺为主。12月22日,由建设项目管理单位主持对路面、交通工程进行交工验收,验收组一致通过,各合同段工程质量等级评定为合格。

五、汾离段(汾阳—离石)(建设期:2003年4月~2005年10月)

(一)项目概况

1.基本情况

项目起点位于汾阳市西侧,河北村以北800m处,与夏汾高速公路相接;终点位于吕梁区离石区乔家塔以北,与离军高速公路起点相接。路线自东向西,与旧G307线并行。双向四车道,设计速度80km/h,路基宽24.5m,平曲线最小半径500m,最大纵坡5%;在薛公岭隧道前后采用分离式路基,单侧宽度12.5m;在K62+300~K65+459.089段为适应地形变化,降低边坡高度,采用台式路基,路线在纵断面上分离,路基宽27.4m。设计车辆荷载采用汽车—超20级,挂车—120。路面采用沥青混凝土路面,上面层、中面层、下面层分别厚4cm、6cm、6cm。2003年1月6日开工奠基,4月20日正式开工,2005年10月28日建成通车,主线全长77.77km,概算总投资33.1367亿元。

2.前期决策

项目是国道主干线青岛—银川高速公路在山西省境内的一段,是省会太原向革命老区吕梁待开发地区经济辐射的重要通道,是全省东西运输大动脉。对于加快全省高速公路网络建设,促进区域交通业发展,加快革命老区脱贫致富步伐,具有十分重要意义。

3.参建单位

(1)建设单位。2001年6月25日,省交通厅党组研究决定组建吕梁汾柳高速公路建设有限公司,2002年5月24日在吕梁地区工商局注册登记。2002年1月13日,省交通厅党组研究成立公司董事会,张启星任董事长。根据省政府2004年11月24会议纪要,太旧高速公路公司并购夏汾、汾柳高速公路公司。2006年3月23日,省交通厅党组研究决定公司更名为吕梁汾离高速公路建设有限公司。

(2)设计单位。勘察设计任务由3个单位承担,其中路基、路面、桥梁、隧道工程设计1个,房建、绿化工程设计各1个。

(3)施工单位。共有51个单位参加建设,其中路基工程19个,采空区工程1个,路面和通信工程6个,护栏工程6个,隔离栅工程3个,标线工程3个,伸缩缝工程3个,房建工程4个,绿化工程6个。

(4)监理单位。共有31个单位实施监理,其中路基工程监理20个,路面工程监理7个,机电工程监理1个,房建工程监理2个,绿化工程监理1个。

(二)建设情况

1.项目准备

(1)立项审批。2002年4月1日,交通部交规划公路发〔2002〕127号文批准立项;12月16日,交通部交公路发〔2002〕600号文批复初步设计,批复概算29.68亿元;2007年10月30日,交通部交公路发〔2007〕605号文对项目调整概算进行批复。

(2)资金筹措。总投资33.1367亿元,其中交通部补助4.16亿元,公路建设基金7.2767亿元,国家开发银行贷款18.5亿元,光大银行贷款3.2亿元。

(3)招投标。严格按照基本建设程序、招投标法和交通部、省交通厅有关规定,全部面向全国公开招标。2002年11月在《中国经济导报》发布路基桥涵构造物及采空区工程资格预审通告,176个施工单位、10个采空区治理、16个监理单位通过资格审查,严格按招投标程序,确定20个中标施工单位、7个中标监理单位。2004年6月4日,在《中国经济导报》发布路面、交通、机电、绿化、房建工程招标公告,82个施工单位通过资格预审,通过公开开标评标,确定6个施工单位、3个伸缩缝施工单位中标,3个监理单位中标。交通安全设施、机电、绿化、房屋建筑工程分别由15个、3个、6个、1个监理单位中标监理。

(4)合同段划分。根据项目特点,划分57个标段,其中土建工程29个标段,房建工程4个标段,交通工程15个标段,机电工程3个标段,绿化工程6个标段。

(5)征地拆迁。项目建设涉及吕梁市离石区、汾阳市8个乡镇55个自然村,从2003年1月~12月,共征用土地7612.454亩,拆迁房屋93245m²,支付补偿费用16720.9万元。

2. 项目实施

(1)质量管理。公司把强化质量意识和狠抓质量管理放在各项工作首位。一是建立业主,承包和监理单位多层次质量保证体系,层层落实,逐级分解,明确分工,责任到人。二是建立健全各项规章制度和管理办法,把质量管理纳入制度化、规范化和程序化轨道。三是成立业主质量巡视组。风雨无阻,坚持不懈,代表业主独立工作;对发现的问题,责令施工、监理单位现场整改,力求把质量隐患消灭在萌芽状态。四是严格采用新技术标准,严格控制"四度六部",对高填深挖、半填半挖和"三背"等特别部位,采取特殊措施,确保工程质量。五是积极开展创精品工程和样板工程活动。公司制订样板工程、精品工程标准和考核办法,采用典型引路、以点带面和现场观摩等办法,强化承包商质量意识。六是成立技术专家组,为工程提供技术咨询和技术服务。七是加强对监理人员管理。公司本着"充分依靠、明确职责"原则,对监理人员进行集中培训和考试,辞退不合格人员,严格按《监理合同》《监理管理办法》,对监理人员进行考核。要求监理人员严格履行合同,对工程实行全方位、全天候、全过程监管。增强质量意识和有效管理手段,使项目工程质量始终处在良好受控状态。

(2)安全管理。公司把安全生产放在与工程建设同等重要位置。一是统一思想,提高认识。认真贯彻实施《安全生产法》《建设工程安全管理条例》,利用多种形式广泛宣传安全生产知识,彻底消除麻痹思想、侥幸心理和松劲情绪,切实增强防范意识,确保万无一失。二是健全组织,明确责任。公司建立健全安全生产领导组,董事长负总责,亲自抓,总经理主管安全,直接抓;公司专门成立安全生产部,具体负责安全生产措施落实情况;各施工、监理单位设立专职安全员,公司及施工单位,把安全生产和防汛任务逐级分解,层层签订目标责任书。三是加强督促检查,确保各项措施落到实处。明确安全重点,日检查,旬总结,常督查,抓落实,有效杜绝各类事故发生。

(3)廉政建设。在工程建设中,公司认真抓好廉政建设。一是认真落实党风廉政建设和反腐败工作责任制。领导干部明确任务,分工负责,严格遵守廉洁自律各项规定。二是抓好各项规章制度落实。签订"双合同制度",健全完善参建干部廉政档案,要求施工、监理单位,有监督员、举报电话和信箱,从源头上预防职务犯罪。三是增强工程建设项目管理透明度,推行阳光操作。四是加强信访工作,建立公示制、接待日制,并且设立举报箱、举报电话。将每月4日作为主要领导接待日,主要领导公开接受施工、监理单位和社会各界监督,对群众来信、来访给予满意答复。五是牢固树立"领导就是服务,权力就是责任"观念,为工程建设排忧解难,搞好服务。不断提高全员廉洁意识,形成制度完善、监督有力的新机制。

(三)复杂技术工程

项目地形地质复杂,沟壑纵横,高填深挖,构造物多,全线超过10m深沟136道,平均深度25m,路基填方最高42m,超过10m的挖方107处,共有构造物345个,平均每公里4.45个,湿陷性黄土占全线70%,路线多处穿越煤矿采空区,工程技术难度大,科技含量高。

(1)离石高架桥(图8-41)全长2946.5m,跨越离石马茂庄、龙凤大街等区域。上部结构53m×35m(预应力混凝土先简支后连续箱梁)+85m+135m+85m(预应力混凝土斜拉桥)+5×35m+30m+30m+4×35m+30m+30m+3×35m+30m(预应力混凝土先简支后连续箱梁)+37.5m+65m+37.5m(预应力混凝土现浇箱梁)+2×35m(预应力混凝土先简支后连续箱梁),共计78孔,下部结构采用钢筋混凝土Y形墩、板式墩、柱式桥台,钻孔灌注桩基础。主桥跨度为135m的单索面双矮塔斜拉桥,位居全省第二。桥面宽度2×11m净)+2×0.5m(防撞护栏)+3m(中央分隔带),桥下净空25m。

图8-41 离石高架桥

(2)阳城河2号大桥全长352.38m,桥梁跨径组成(2×30+75+135+75)m;上部结构为预应力混凝土先简支后连续箱梁+连续刚构;下部结构为双薄壁墩、扩大基础,柱式台、钻孔灌注桩,桥面净宽22m,桥下净空43m。

(四)科技创新

(1)离石隧道(图8-42)是全国第一座黄土连拱隧道,全长180m,为双跨连拱结构,每跨两车道,单向行车,设计速度80km/h,限速70km/h。隧道净宽9.75m(连拱),其组成为0.75m+0.25m+0.5×3.75m+0.5×0.25m,净高7.05m,行车道宽7.5m,限高5.0m,隧道设检修道,宽0.75m。隧道洞口设横向截水沟,明洞段衬砌采用外贴防水层防水,顶面回填黏土隔水层。洞身采用EVA板与符合土工布防水层防水,管中引至仰拱下的中心排水沟中流出洞外,洞外出水口设保温包头。隧道内裂缝均设置橡胶止水带止水。隧道内采用全断面防火涂料喷涂,耐火时间不小于1.5小时。

(2)分台式路基(图8-43)项目位于 K996+300～K999+814.089 间,因地面横坡较大,且路基右侧房屋等建筑较密集,需设置挡土墙。为减小上边坡挖方高度和下边坡挡土墙高度,路基采用台式路基,台阶高度 10m,上下台路基采用分离式路基横断面,路基宽 12.5m。台间采用刚性护栏,挖方段台间采用衡重式挡土墙,填方段落采用桩板式挡土墙。

图8-42 离石隧道

图8-43 分台式路基

(五)运营养护管理

1. 收费站点设置

根据省政府晋政函〔2005〕172号和晋政函〔2012〕4号文件规定,共设汾阳西、吴城、离石东、离石西4个收费站。

(1)汾阳西收费站地处汾阳市栗家庄乡石家庄村,位于 G20 K934+893 处,原为夏家营—汾阳高速公路主线收费站,车道3进5出,因汾离高速公路建设,于2004年3月拆除。经省政府同意2005年11月5日建成通车。收费广场占地面积2262m²,车道2进4出,2007年拓宽改造,增设1条出口车道,占地面积增加377m²,2008年再次拓宽改造,增设2进1出3条车道,占地面积增加1131m²,收费广场占地面积为3770m²,共有4进6出10条车道,2010年,1进1出2条MTC车道改造为ETC车道。

(2)吴城收费站地处吕梁市离石区吴城镇李家湾村,位于 G20 K974+155 处,收费广场占地面积1150m²,车道2进2出。

(3)离石东收费站地处离石区滨河街道办事处七里滩村,位于 G20 K1000+529 处,收费广场占地面积2769m²,车道2进4出,2007年拓宽改造,增设1进2出3条车道,2008年再次改造,将原来1条出口车道改为入口车道,并在原出口车道基础上增设3条复式车道,收费广场总占地面积增加为4155m²,共有4进5出9条车道,其中出口有3条车道为复式收费车道,2010年,1进1出2条MTC车道改造为ETC车道。

(4)离石西收费站地处吕梁市离石区交口街道办事处枣架村,位于 G20 K1011+691 处,收费广场占地面积2262m²,车道2进3出,2008年拓宽改造,增设2进3出5条车道,收费广场面积增加为 4524m²。共有 4 进 6 出 10 条车道,2010 年,1 进 1 出 2 条 MTC 车道改造为 ETC 车道。

交通流量状况见表 8-16。

交通流量状况表　　　　　　　　　表 8-16

年　份	年通行量(辆)	日平均量(辆)
2005 年	452754	7545.90
2006 年	4203199	11515.61
2007 年	7238768	19832.24
2008 年	9831269	26934.98
2009 年	9203176	25214.18
2010 年	10762582	29486.52
2011 年	8093018	22172.65
2012 年	9105362	24946.19
2013 年	10362559	28390.57
2014 年	10223585	28009.82
2015 年	9628794	26380.26
2016 年	11094261	30395.24

2. 服务区设置

薛公岭服务区地处薛公岭隧道北口附近,依山而建,位于 G20 K964+000 处,2007 年 10 月投入运营。周边树木葱葱郁郁,松柏四季常青,是夏季避暑的绝佳胜地。占地约 174 亩,分东西两区,西区占地 144 亩,东区占地 30 亩。总建筑面积 11000m²,公用服务面积 6230m²,其中餐厅 800m²,超市 1250m²,机修车间 280m²,公共厕所面积 780m²(男女蹲位共 82 个)。加油站面积 1130m²,设有油罐 12 个,每站 6 个 30m³,其中汽油罐 4 个,柴油罐 8 个,每站各设 6 台加油机。综合服务大楼设有休息大厅、超市、餐厅、厕所等公用设施。设大小停车场 17680m²,可停放 300 辆,绿化面积 24600m²。大部分建筑物均建在西区,除两区共有加油站、餐厅、公厕、机修车间外,综合服务大楼、大型停车场、办公楼均设在西区。

3. 养护管理模式变化

2006 年项目处在质保期内,路上存在遗留和缺陷工程由原施工单位进行修复处理,公司养护工程部组织检查、验收,日常保洁工作由养护工区雇用保洁工进行。2007 年开始自主经营,由养护工区组建人员和工队进行日常小修保养。2008 年 8 月进行招标,委托有资质的养护单位进行承包养护。

2009 年汾离、吕梁高速公路公司整合,项目划归吕梁高速公路公司管理,养护方式仍按原模式,2011 年 8 月原养护承包单位合同到期后,不愿再继续承包,公司决定自主养护,此后汾离段日常小修工程由养护工区自主管理,100 万元以上工程需招标施工,日常小修保养工程由养护工区进行管理,也可选择有养护资质和养护经验的施工单位进行养护。

2014年,公司对日常养护经费实行全年下达经费计划,每月对养护工程进行计量支付,每月由运营管理处、公司养工部、质检部进行验收后给予支付。

4. 主要养护大修工程

项目通车运营以来,车流量居高不下,其中重型货车占到车流总量80%多,经过10多年运行,路面车辙、裂缝等道路病害已十分严重,车辙最深处达到10cm,形成重大安全隐患,被公安部和省政府列为危险路段挂牌督办。

2014年3月,省交通运输厅晋交建管发〔2014〕132号文对汾阳西—军渡段路面维修工程作出批复;2014年7月,晋交建管发〔2014〕292号文对汾阳西—军渡段护栏改造工程作出批复。路面维修批复投资12084.0464万元,护栏改造批复投资15383.4335万元。2015年6月1日开始施工,采用"半幅通行半幅封闭施工"方式进行,9月5日全面通车,路面维修和护栏改造各分4个标段施工,涉及里程116.368km,投资金额27467万元,波形护栏由原来单层改造成加强性双层护栏板,汾阳西—薛公岭段中央分隔带由原来波形护栏改造成预制水泥混凝土防撞护栏,道路两侧也不同程度加设水泥混凝土防撞护栏,有效提高安全行车系数。

5. 迎国检情况

2010年,为做好"十一五"迎国检工作,公司加大资金、人员、设备投入,集中力量完成汾离和离军路段路面车辙、沉陷病害处治和微表处等专项工程,其中处治路面车辙、沉陷达到25万m^2;完成汾离路段中央分隔带绿化工程;高标准高质量完成高速公路命名编号及相关标志更换工程;加大日常保洁和道路环境卫生整治力度,制定出台《吕梁高速公路日常养护考核办法》,增加保洁人员编制,加大费用投入,道路面貌发生巨大变化,路况质量整体提升,公路技术状况指数MQI汾离段达93.4,达到优等路标准。

2015年,为做好"十二五"迎国检工作,在外业方面,公司成立路面维修和护栏专项工程领导组、项目管理组,严格施工质量和安全管理,加强专项工程督导检查,路面维修处治和护栏改造工程于9月5日全面通车,比预定提前15天。在内业方面,成立领导组,严格对照检查方案和省局相关标准,早动手、早准备、全体动员;细化分解,全面梳理原始资料,做到内业资料整理连续、完整、闭合。按照要求,购置无酸纸档案盒和封皮纸,规范纸质文件装订标准,统一侧签样式和卷内目录,形成养护、收费、服务区、路政、治超等各业务口迎检内业资料共计2800余册。为做好离石高架桥桥检工作,公司召开动员部署会议,成立领导组,制订实施方案,对桥梁进行病害处治、美化亮化和修补安全设施,整理完善内业资料,确保按时保质全面完成迎检任务。

7月13日~17日,交通运输部路网中心重点监测桥隧检查组分内业和外业两个小组,就离石高架桥运行和管养情况进行为期4天检查。外业检查组人员顶着烈日,先后检查桥梁、箱梁、全桥斜拉索外观和锚头钢护筒以及中跨、边跨中箱室和边箱室梁段和左箱室梁段,对32根斜拉索索力进行检测,检查主桥桥面系、主桥两侧和引桥桥面系,对混凝土强度、碳化深度、混凝土保护层厚度、钢筋锈蚀和裂缝进行检测;内业组按照《交通运输部关于进一步加强公路桥梁养护管理的若干意见》(交公路发〔2013〕321号)、《公路桥梁养护管理工作制度》(交公路发〔2007〕336号)有关要求,对离石高架桥养护管理内业资料进行检查。

7月17日召开检查反馈会,检查组对管养工作给予充分肯定,评价意见是:养护管理工作制度健全,技术档案资料完整,管理规范,养护管理到位,检查检测工作及时,较好地执行《交通运输部关于进一步加强公路桥梁养护管理的若干意见》。同时,检查组还就养护管理中存在的一些问题提出合理化意见和建议。公司表示,要高度重视各位领导和专家提出的意见与建议,认真分析原因,研究制定整改措施,全面提高桥梁管养水平,为社会公众出行提供安全稳定畅通服务。

六、离军段(离石—军渡)(建设期:2005年12月~2007年12月)

(一)项目概况

1. 基本情况

项目是青岛—银川国道主干线和全省"人字骨架、九横九环"高速公路网的重要组成部分,也是全省西跨黄河、直达秦蜀的重要通道。起点位于吕梁市离石区乔家塔村,与汾离高速公路终点相接,终点位于柳林县军渡乡晋陕交界黄河山西岸(红砂岩),与陕西省吴堡—子洲高速公路相接。双向四车道,设计速度80km/h,整体式路基宽24.5m;受地形所限,全线共有五段采用分离式路基,单侧路基宽12.25m,设计车辆荷载采用公路—Ⅰ级,平曲线较小半径550m,最大纵坡3.5%,最短坡长360m。路面为沥青混凝土面层。路线全长38.15km,概算总投资28.39万元。2005年10月28日奠基开工,2005年12月19日正式开工,2007年12月18日建成通车。

2. 前期决策

为加快吕梁地区经济发展,改善交通落后状况,缓解307国道交通压力,完善山西省规划的"人"字形公路主骨架"三纵九横十一环"的重要一横,实现全省"三小时高速通达工程"目标,省交通厅提出建设汾(阳)柳(林)高速公路。离军段是国道主干线青岛—银川公路在山西省境内的最后一段,对吕梁市丰富优质的煤炭、小杂粮、红枣等物产外运,变资源优势为商品优势,对文化交流和经济结构调整,起到巨大促进作用。

3. 参建单位

(1)建设单位。山西省离军高速公路建设有限责任公司,2006年5月10日更名为山西省离军高速公路建设管理处。

(2)设计单位。工程勘察设计由山西省交通规划勘察设计院完成,交通、房建、机电工程设计由中国公路工程咨询监理总公司完成,绿化工程设计由太原市园林建筑设计院完成。

(3)施工单位。共有35个单位参加建设,其中路基工程18个,路面工程2个,标志和标线工程2个,护栏和隔离栅工程2个,绿化工程2个,房建工程2个,机电工程5个,伸缩缝工程2个。

(4)监理单位。共有9个单位实施监理,其中路基监理5个,路面和交通工程监理1个,房建、机电、绿化工程监理各1个。

(二)建设情况

1.项目准备

(1)立项审批。2003年8月20日,交通部交规划发〔2003〕333号文件印发《关于青银国道主干线离石—军渡(晋陕界)公路可行性研究报告的批复》;2004年12月3日,交通部交公路发〔2004〕704号文印发《关于青银国道主干线离石—军渡(晋陕界)公路初步设计的批复》;2005年5月9日,省交通厅晋交公字〔2005〕198号文件对施工图进行批复;10月10日,国土资源部国土资函〔2005〕966号文印发《关于青银国道主干线离石—军渡(晋陕界)公路工程建设用地的批复》。

(2)资金筹措。概算总投资28.3949亿元,其中交通部专项补助1.91亿元,省公路建设基金7.246亿元,基建借款16.7亿元。2010年6月18日,交通运输部交公路发〔2010〕289号印发《关于青银国道主干线离石—军渡(晋陕界)公路调整概算的批复》,调整增加概算2.5389亿元。

(3)招投标。共44个参建单位全部通过合法招投标程序选定,符合市场准入条件,其中设计单位2个,施工单位33个,监理单位9个。公司成立工作小组负责管理招投标事宜,确保公正、公平、公开;招标前在《中国经济导报》《中国交通报》、中国采购与招标信息网、《山西交通报》等媒体发布招标信息,确定中标单位后将相关信息进行公示,以严格程序确保信息透明,并自觉接受社会监督。委托北京中交建设工程招标有限公司为路基、构造物、采空区治理工程施工及监理招标的招标代理工作机构,山西路华通工程咨询有限公司为路面、绿化、交通、房建、机电工程施工及监理招标的招标代理机构。2005年7月15日,完成土建工程和路基、构造物、采空区治理工程施工及监理招标;2007年4月6日,完成房建工程施工及监理招标;2007年8月10日,完成机电工程施工及监理招标;2008年10月27日,完成绿化工程施工招标。

(4)合同段划分。根据项目特点,路基工程分18个标段,其中路基桥隧工程16个,采空区治理工程2个;路面工程分2个标段;交通工程分4个标段;房建工程分5个标段;伸缩缝工程分2个标段。

(5)征地拆迁。项目建设涉及离石区、柳林县7个乡镇35个村庄,从2004年11月~2005年10月,共征用土地3005.98亩,拆迁房屋18960m²,支付补偿费用24891.39万元。

2. 项目实施

(1)重大变更。项目沿线地形、地质情况复杂,虽然在勘察设计中做了大量调查,但仍存在一些重大工程变更。一是第三合同段K7+528.5~K7+857段路基,原设计为路基,将河弯取直填平,改移河道至路基外,左侧临河岸采用重力式路基挡墙。但是在施工时因改移河道需拆迁大型洗煤厂,费用太高,难以实施;太中银铁路位于离军段北侧(靠山体一侧),与离军段平行而设,为方便太中银铁路施工及避免大型拆迁,业主与当地政府要求改路为桥。依据晋离军便字〔2006〕34号文件《关于将离军段K5+540~K7+860段路基优化为桥梁的函》,将原设计的防洪路基调整为桥梁,即下白霜大桥。投资增加783.592万元,节省大型洗煤厂拆迁费用约1000万元。二是终点军渡主线收费站,原设于K32+210处,地形相对平坦开阔,工程量较小,但距省界距离较远,尚有6.4km,根据厅党组会议要求,终点军渡主线收费站移至K38+480处(省界),开山填沟拓宽场地,土石方数量及防护排水工程量增加较大,投资增加2000.947万元。项目从设计到实施期间,当地同德煤矿、康家沟煤矿闻知后,在项目建设范围内强力开采,造成山体多处裂缝、大面积塌陷与瓦斯泄漏,康家沟大桥左侧5号桥墩左18m处的36号注浆孔,瓦斯气体冒出自燃1个多月。依据晋离军便字〔2006〕108号《关于尽快派出设计人员对煤矿采空区进行补充勘察设计的函》,对同德煤矿、康家沟煤矿进行补充勘察设计,采空区治理工程规模增加,投资增加1680.346万元。

(2)质量管理。管理处坚持"百年大计、质量第一"的方针,广泛吸收国内外高速公路建设管理的成功经验,建立健全质量保证和责任体系,严格质量管理,扎扎实实抓好全过程质量控制。实施首件产品认证制度,严把材料进场关、严把工序报验关、工艺施工关、监理旁站关、中心试验抽验关、监理质检巡视关,从源头上控制影响工程质量6个主要环节,保证质量满足要求。实行质量巡查通知单制度,发现问题及时处理。严格执行工程质量责任终身制,建立"工程质量责任卡",在各分项工程计量时,必须附有"分项工程质量责任卡",否则不予计量。根据日常工程质量巡查情况,分阶段总结,对质量控制有力、施工规范的单位召开现场会,树立样板,确立典型,奖优罚劣,使各施工单位互相学习,取长补短,共同进步,工程质量始终处于受控状态。

(3)安全管理。管理处警钟长鸣,切实采取一系列强化安全生产管理措施,确保安全生产零事故目标实现。一是认真贯彻各项安全生产法律法规,建立健全管理体系,明确项目经理是第一责任人;二是强化监督检查和管理,减少一般事故,严防重特大事故发生;三是按照"因地制宜、创新防范"思路,结合项目特点,建立详细应急预案。坚持每月一次工程进度、安全生产检查和日常巡检,多次对全线施工现场进行专项检查,有效督促各单位加强管理,确保施工全过程安全。

(三)复杂技术工程

(1)三川河7号特大桥。左幅全长1238m,桥跨组合8×40m+5×36.35m+18×40m;右幅全长1264.5m,桥跨组合8×40m+5×36m+75m+19×40m,桥下净空18.46m,桥面净宽10.75m,地处柳林境内,结构上部为T梁,下部为柱式墩、实心墩、变截面空心墩,钻孔灌注桩基础。

(2)沙曲特大桥。左幅全长1061.56m,桥跨组合35×30m;右幅全长1087.52m,桥跨组合36×30m;桥宽12m,桥下净空18.46m,地处柳林境内,结构上部为箱形梁,下部为圆柱墩、炬形墩、柱式台,钻孔灌注桩基础。

(3)八盘山隧道。位于吕梁山脉中段西侧,是青岛—银川国道主干线的重要组成部分,海拔696.8~958.7m,相对高差261.9m,分左、右两线,左线长4110m,右线长4109m,最大埋深195.67m,是双向四车道单向交通的特长隧道,为分离式公路隧道,是省交通设计院自行成功设计的全省第一座特长公路隧道,大大提高全省公路隧道建设水平。设计速度80km/h,净宽10.25m,其组成为0.75m+0.5m+2×3.75m+0.75m+0.75m,净高5.0m,限高5.00m。行车道左侧设检修车道,紧急停车带共4个,车行横洞4条,人行横洞5条。洞身段衬砌均按新奥法原理设计,隧道衬砌为屈墙式复合衬砌。二次衬砌采用全断面整体式浇筑钢筋混凝土;明洞采用变截面钢筋混凝土结构;本着"早进晚出"原则,调整进暗洞位置,端墙式洞门,洞门采用C20片石混凝土浇筑、块石镶面装饰。

(四)科技创新

沿线地形、地质条件极为复杂,地质病害种类多,桥隧比例高,设计难度大、技术含量高,设计单位勇于探索,积极开展科技创新,为确保工程质量提供有力技术支撑。地形测绘采用航空摄影测量技术和数字化成图技术,控制测量及路线放样采用GPS三维定位技术,区域工程地质调查采用遥感技术。对一般大型桥梁,设计采用桥梁线性、非线性分析平面杆系有限元综合程序进行整体结构计算与分析,按地震反应谱法进行地震力计算。对位于Ⅵ度地震区的锄沟大桥,采用大吨位GPZ3SX系列盆式支座,增加桥梁抗震性。对锄沟大桥,针对桥址地质条件复杂(裂隙发育、存在岩溶、溶洞等不良地质)、桥梁跨径大(最大跨径90m)、桥墩高(最高桥墩58.5m)的特点,在桥梁结构选型、布孔、支座等方面均采用先进技术和方法。主桥采用刚构—连续组合体系(跨径组成55m+4×90m+55m),引桥采用简支或连续箱形梁(跨径25m、30m)。

(五)运营养护管理

1. 收费站点设置

根据省政府晋政函〔2008〕3号和晋政函〔2012〕4号文件规定,设柳林东、柳林西、军渡3个收费站。

(1)柳林东收费站地处柳林县柳林镇上青龙村,位于G20 K1028+257处,收费广场占地面积3300m²,车道3进4出,2010年,1进1出2条MTC车道改造为ETC车道。

(2)柳林西收费站地处柳林县薛村镇高红村,位于G20 K1043+106处,收费广场占地面积971m²,车道2进3出。2016年10月,2条MTC出口车道改造为1进1出2条ETC/MTC混合车道。

(3)军渡收费站地处柳林县石西乡榆皮塔村,位于G20 K1050+723处,收费广场占地面积24565m²,车道6进8出。2012年增加2条出口车道,广场面积增加810m²,车道6进10出。2014年,1进1出2条MTC车道改造为ETC车道。2016年10月,2条MTC出口车道改造为1进1出2条ETC/MTC混合车道。

交通流量状况见表8-17。

交通流量状况表　　表8-17

年　份	年通行量(辆)	日平均量(辆)
2008年	4457186	12211.46
2009年	5877055	16101.52
2010年	7244300	19847.39
2011年	7516422	20592.93
2012年	8249453	22601.24
2013年	8409274	23039.11
2014年	7523625	20612.67
2015年	6098289	16707.64
2016年	7716108	21140.02

2. 养护管理

项目建成通车后,日常养护保修工程由养护工区负责,自组人员和队伍进行修复。2011年公司对日常养护工作进行改革,对日常养护不外包,由养护工区自主经营,日常保洁工作由养护工程部统一安排,由养护工区外雇邻近人员保洁工,夏汾段每2~2.5km设1名保洁工,汾离段、离军段每1.5~2km设1名保洁工,日常养护以人工结合机械作业,全线配有清扫车和清扫机具。

第七节　G2001 太原绕城高速公路

一、太原西北环段(罗城—青龙—阳曲镇)(建设期2003年3月~2004年11月)

(一)项目概况

1. 基本情况

项目起于太原市罗城,与太祁高速和太原南环段相接,经太原市神堂沟、南寒、袁家庄、柴村、向阳店、阳曲镇,终点与原太高速公路相接,双向四车道。有特大桥1座,大中桥40座,互通立交桥7处,天桥25座,小桥43座,涵洞87道,采用整体式路基,总宽度24.5m,其中中间分隔带宽2.5m,行车道宽4×3.75m,硬路肩宽2×2.75m,土路肩宽2×0.75m。由于地处平坦地区,结合沿线部分地区粉煤灰资源丰富特点,设计时充分利用这些资源,采用一般路基和粉煤灰路基。沿线需要处理的粉煤灰、煤矸石路段共有6处,根据堆填物分布位置、范围、特征及路基填挖形式、高度不同,全线设置四段粉煤灰路基,均采用重锤夯实法处理。为防止滑坡、不均匀沉降和边坡坍塌,采用对原地面及沟壁清表后进行强夯的方法使其稳定。沿线有三段地表浅层土体含水率较大,路基宽度范围内采用原地面压实80cm碎石或砂砾进行处理。对路线经过的果库地段,采用低填浅挖路基形式;经过窑洞地段,采取挖除后回填碾压办法处理;对互通区垃圾堆放段采取彻底清除方法,互通外侧则用黄土覆盖方式处置。全长42.9km,2003年3月28日开工建设,2004年11月28日开通运营。

2. 前期决策

项目是国道主干线二连浩特—河口公路中极为重要的一段,也是缓解太原市区迅猛发展的交通流,促进太原市西北部经济发展的大动脉。

3. 参建单位

(1)建设单位。2002年9月5日,由太祁高速公路公司组建太原西北环高速公路工程建设项目部,全权负责太原西北环高速公路筹资、建设、经营和管理工作;2003年3月29日正式挂牌运行,内设办公室、党委办公室、工程管理处、技术管理处、合同管理处、地方工作处、计划财务处、交通工程处、治安大队9个管理部门,共有干部职工50余人。

(2)设计单位。勘察设计由中交通力公路勘察设计工程有限公司完成。

(3)施工单位。共有11个单位参加工程建设。

(4)监理单位。共有3个单位实施监理。

(二)建设情况

1. 项目准备

(1)立项审批。2002年7月12日,交通部交规划发〔2002〕297号文批准项目工可报告;11月28日,交通部交公路发〔2002〕550号文批准初步设计;2003年2月27日,省交通厅晋交公字〔2003〕75号文批准施工图设计;3月1日,省政府批准征地手续并上报国土资源部;3月3日,交通部批准工程开工报告;2004年4月19日,国土资源部国土资函〔2004〕106号文批复建设用地。

(2)资金筹措。概算总投资187890万元,其中交通部补助19700万元,公路基金45850万元,农行贷款122000万元。竣工决算投资总额和交付使用资产总额均为186119.5万元。实际支出与概算投资相比节约1771万元,平均每公里造价4338.45万元。

(3)招投标。公司始终本着"公开、公平、公正、透明、诚信、择优"原则进行,专门成立工程招标领导组和办公室,严格遵照有关程序要求,并在省交通厅纪检部门和省第二公证处现场监督下进行。2002年8月~2006年8月,根据实际情况,项目部分别与中交通力公路勘察设计工程有限公司等单位签订有关勘察设计合同。2003年1月16日~22日,完成路基桥涵、路面工程施工及监理评标工作,共有11个路基桥涵、路面投标施工单位和3个监理投标单位中标;3月18日,完成钢绞线、支座、伸缩缝、锚具招标工作;共有3个钢绞线、3个锚具、2个伸缩缝、3个支座单位中标;5月3日,完成房建交通工程施工和监理招标,共有12个交通安全设施、3个房建、1个交通工程监理单位中标;12月15日,完成绿化单位招标,11个单位中标。

(4)合同段划分。根据项目特点,共分11个合同段。

(5)征地拆迁。项目建设涉及太原市晋源区、万柏林区、尖草坪区,从2002年7月~2013年5月,共征用土地5387.88亩,拆迁房屋108533.34m^2,支付补偿费用37144.75万元。

2. 项目实施

质量管理。在工程建设中,项目部始终把质量控制作为重中之重,制定"确保部颁优良工程、争创国家鲁班奖"目标。一是严把工程招标关。按照法定程序,选择一批实力雄厚、经验丰富、技术过硬的施工监理队伍。二是严把体系建设关。严格执行"项目法人负责制、招标投标制、工程监理制、合同管理制"四项制度,建立以总监理工程师为中心的菲迪克条款管理模式和"政府监督、业主负责、社会监理、企业自检"四位一体质量保证体系。三是严把制度规范关。严格贯彻执行国家及行业标准规范和有关文件要求,结合实际,先后制定《工程质量管理办法》等13个规章制度,下发101个质量管理文件,优化设计文件40余份,技术专家组共提出咨询建议书42份,明确创建精品工程技术要求和质量标准。四是严把人员素质关。对各单位项目经理、总工程师及管理、质检人员逐一面试,认真检查上岗证、毕业证、职称证,证件不全的全部清退出场。五是严把工程监理关。充分授权、依靠监理严把原材料进场、施工组织、工序等各个关口,做到以工序优良保证单项工程优良,以单项工程优良保证全线工程优良。六是严把科学试验关。委托省交通科研院成立中心试验室,先后完成路面工程试验150余组。七是严把技术设计关。在优化设计基础上,开展科技攻关,严格进行技术确认交底。八是严把材料进场关。发现不合格材料马上将其清退出场。九是严把内业资料关。统一印发施工、试验资料表格,指定专人负责资料整理、监督和检查,做到及时、准确、真实、有序、全面、真实反映施工过程,确保工程资料和进度同步进行。十是严把检查考核关。3个驻地组和质量督导组每日进行现场检查,各总监办三天全面检查一次,项目部每月大检查一次,每两月进行一次质量大评比。实行质量"一票否决制",重奖重罚。在此基础上,还特别加大对重点工程、关键部位的质量控制,如采用压实度、空隙率双指标对路基压实质量进行控制;针对项目特点,制定黄土冲沟路基压实方法;对不良地质地段补充勘察,及时消除质量隐患;对深挖方段路槽排水进行优化设计,确保路面质量;重点控制桥涵台背及边角部位填筑质量,确保行车舒适快捷;增加上路床封顶砂砾,确保路基填料最小强度指标CBR值满足规范要求。

(三)科技创新

项目部先后召开数十次技术研讨会,申报3项攻关课题(PC矮塔斜拉桥设计施工监理关键技术研究、汾河斜拉桥抗震技术报告、混凝土现浇梁真空辅助吸浆技术研究),全力加大科技攻关活动,取得良好效果,有6项科技创新全省第一:一是汾河PC矮塔斜拉桥在全国同类桥型中跨径最大。全长546.88m,主跨150m,塔高28m,桥面宽26m,结构为单索面、梁塔固结、塔墩分离,施工中采用的多项新技术已列入省科技厅研究项目,中央电视台《新闻联播》也对该桥主跨合龙给予宣传报道。二是首次在桥梁预应力施工中采用真空辅助吸浆技术,确保梁体质量。为保证现浇预应力箱梁孔道压浆质量,全线桥梁孔道长度大于80m的现浇预应力箱梁全部采用真空吸浆技术。三是首次在桥面铺装层中广泛采用双钢验结构(钢筋焊接网片和钢纤维),解决以往桥面某些通病。四是首次对煤矸石自燃活跃地段,在路基施工中采用煤层自燃火源位置精确探测,并采用先进的灭火技术,有效解决煤矸石路基段自燃难题。五是对直立性黄土冲沟路基填筑制定相关夯填技术要求。对于孔隙大的黄土层地段,全部采用重锤夯实,每填1m,用重锤将结合部夯实一遍,每填4m,再全部夯实一遍。赵家山涵洞长达134m,沟深34m,施工采用分层填筑,34m达到170层,有效确保工程质量。六是首次在路基填筑中采用压实度和孔隙率双控指标,进一步提高压实质量。此外,个别地段沟深达数十米,宽度只有60m,无法形成工作面,除正常碾压外,对沟3m范围内进行处理,使其坚实稳定,把可能的沉降消除在施工过程中;为保证软地基处理质量,碎石桩施工达到万延米;在粉煤灰路段采用注浆技术,保证地基结实耐压;为保证全长1137m的西矿街特大桥最大跨度65m处的施工质量和通行安全,专门组织专家研究施工方案,建造悬空支架,保证施工和交通的正常进行。

(四)运营养护管理

1. 收费站设置情况

(1)长风西收费站(图8-44)地处太原市万柏林区神堂沟街办黄坡村,位于G2001 K53+764处,占地面积28823m²,建筑面积4453.05m²。车道12进16出,其中2进2出4条ETC车道。

图8-44 长风西收费站

(2)迎西收费站地处太原市万柏林区西铭乡南寒村,位于G2001 K56+832处,占地面积13286.7m²,建筑面积3625.92m²。车道4进7出,其中1进1出2条ETC车道。

(3)东社收费站地处太原市万柏林区东社乡圪僚沟村,位于G2001 K60+667处,占地面积13310m²,建筑面积1555m²。车道6进9出,其中1进1出2条ETC车道。

(4)柴村收费站地处太原市尖草坪区柴村镇柴村,位于G2001 K66+812处,占地面积19980m²,建筑面积2700.62m²。车道3进5出,其中1进1出2条ETC车道。

(5)向阳收费站地处太原市尖草坪区向阳镇向阳村,位于G2001 K73+109处,占地面积11980m²,建筑面积1113.46m²。车道3进5出,其中1进1出2条ETC车道。

(6)冶峪收费站地处太原市晋源区金胜镇冶峪村,位于G2001 K49+865处,车道2进3出。

交通流量状况见表8-18。

2. 服务区设置

太原服务区位于G2001 K79+602处,与西高庄村、岗北村相邻,占地面积120亩(80004m²),建筑面积7278m²,绿化面积6500m²,配备有综合楼,有员工82人,客房1处,可同时容纳10人住宿;停车场2处,南区74个停车位,其中大车位36个、危险品位4个、牲畜车位3个、小车位31个;北区75个停车位,其中大车位14个、危险品车位4个、牲畜车位2个、小车位55个。餐厅总面积615.31m²(南区319.04m²,北区296.27m²),同时可供150人用餐(南区75人,北区75人);超市2处,面积1137.06m²,经营300多种产品;加油站总面积2160m²(东、西区面积均为1080m²),每处3条车道、9把加油枪;油罐容量300m³(共10个,每区5个30m³容量油罐)。公厕2处,共61个厕位、50个小便池。另外还设有机修车间、附属用地及预留用地等,可为过往旅客提供加油、餐饮、购物、汽车修理等服务。2013年,增设母婴室、第三卫生间等设施。增加手机充电、便民伞、擦鞋机、医药箱、工具箱,全天提供开水、无线上网,设立综合便民服务平台。公共卫生间、广场保洁采用三、四倒班制,实行全天候保洁,达到无蚊蝇、无异味目标。先后获得省直机关"文明和谐单位标兵",省高管局"四星级服务区""五佳服务区""十佳服务区""全国交通建设系统工人先锋号"等荣誉称号。2015年在全国文明服务区创建活动中被评为"优秀服务区"。

交通流量状况表　　　　　　　　　　　　　　　　　　　　　　表8-18

年　　份	年通行量(辆)	日平均量(辆)
2004年	58094	1708.6
2005年	1946687	5333.4
2006年	2847277	7800.8
2007年	6083177	16666.2
2008年	6703290	18315.0
2009年	4973099	13624.9
2010年	6458326	17694.0
2011年	8195152	22452.5
2012年	12347324	33735.9
2013年	15911622	43593.5
2014年	12920189	35397.8
2015年	11833507	32420.6
2016年	13155466	35943.9

3.养护管理

成立养护中心,下设综合办、养护办、抢修队、机械队、环卫队5个职能部门,共有养护人员53人。坚持日常养护和定期检查,季节性养护做到雨季排水顺畅,排水设施损坏及时修复,冬季养护除雪及时,路面保养干净整洁,发现问题及时解决。

对汾河斜拉桥采取特殊养护措施。一是制定养护管理制度、突发事件应急预案以及危险化学品车辆突发事件应急预案;二是收集交通流量及周边气象资料备存,以便为后期养护维修提供依据,并设立管理工作领导组;三是聘用专业检测单位,对桥梁每年进行一次定期检测,每月一次经常性检查,准确掌握桥梁病害,为日后桥梁维修提供可靠依据。2013年,中心配合交通部桥梁检测组圆满完成全桥检测工作。

二、太原东环段(武宿—阳曲镇)(建设期1993年7月~1996年10月)

(一)项目概况

1. 基本情况

项目起点设在太原市北郊区阳曲镇108国道596km处,向南途经后沟村西、枣沟村东、杨家峪、松庄、赵北坟和马庄村西、南坪头村西南、沿民航油库东、省中药材学校西到武宿接太旧高速公路武宿立交枢纽,并与太原南环高速公路相接,全长26.042km。山岭区标准,路基采用整体式断面,宽24.5m,中央分隔带宽2m,设计速度100km/h。路面与路基同宽,大中桥为上下行分离式断面形式。全线平曲线最小半径1000m,最大纵坡4%,共完成路基土石方630万m^3,建成大桥2224延米/7座,中桥175延米/2座,涵洞72道,通道29座,互通立交2处,分离式立交10座,公铁立交桥1座,跨线桥9座,房建工程1705m^2。1993年7月1日开工建设,1996年10月27日正式竣工通车,总概算6.0214亿元。1998年5月21日通过竣工验收。

2. 前期决策

项目是国道主干线二连浩特—河口公路在太原市过境公路,也是国道108、208及山西省经济干线大运公路在太原的过境线,是全省大字形公路规划网的中心路段,在全省及太原市公路交通运输中起着极其重要的作用。

3. 参建单位

(1)建设单位。1993年太原市成立重点工程建设总指挥部,下设综合办公室、财务管理部、工程管理部、技术管理部、质监管理部、安全管理部和协调管理部。

(2)设计单位。由太原市政工程设计院设计。

(3)施工单位。共有14个单位参加建设,其中路基工程9个,路面工程5个。

(4)监理单位。由省交通建设工程监理总公司实施监理。

(二)建设情况

1. 项目准备

(1)立项审批。1992年11月29日,经省政府批准,省交通厅编制的《关于山西省交通建设上新台阶方案》中,第一次提出大运高速公路规划,并决定先行建设太原—旧关和太原东山过境高速公路等5条重点公路。1994年4月18日,省交通厅晋交计字〔1996〕

第106号文上报交通部《关于申请批复太原东山过境高速公路(阳曲—武宿)项目可行性研究报告的请示》;5月25日,交通部交计发〔1994〕502号文印发《关于国道二河主干线太原东山过境高速公路可行性研究报告的批复》,批准估算投资5.6亿元,其中交通部补助0.81亿元。同年,交通部在对太原东山过境高速公路初步设计批复中,将概算核定为60214万元。

(2)资金筹措。概算6.0124亿元,其中交通部补助19000万元,公路基金9469万元,港方投资27157万元,交通部委托贷款4000万元,融通银行贷款10588万元。

(3)招投标。采取议标形式。首先由省交通厅或工程指挥部成立招标领导组和招标办公室,然后发布招标公告。招标办公室在收到施工单位、监理单位投标书后,根据其参加太旧高速及其他高速公路工程建设的施工、监理情况进行议标,并将推荐意见上报招标领导组,经省交通厅或工程指挥部审查后,确定中标单位。

(4)合同段划分。根据项目特点,路基工程分9个标段,路面工程分5个标段。

(5)征地拆迁。项目建设涉及太原市北郊区、南郊区,1993年11月~1996年4月,北郊区共征用土地890亩,拆迁房屋4293.4m^2,支付补偿费用268.6440万元;1993年11月~1994年7月,南郊区共征用土地1384亩,拆迁房屋22291m^2,支付补偿费用776.8245万元。

2. 项目实施

(1)质量管理。指挥部坚持"百年大计,质量为本"理念,精益求精,认真抓好工程建设质量。由于7座大桥都设计在平曲线或竖曲线上,所以625片T梁一片一个样,为了突破难点,指挥部多次召开由施工单位技术人员、监理组长参加的研讨会,针对T梁预制中出现的蜂窝、麻面、层间结合缝明显等现象,集思广益,提出控制坍落度,掺入减水剂,严格振捣程序办法,克服离析现象。根据部分标段因T梁温度应力出现裂缝问题,明确规定T梁预制,由于受场地限制,底座和模板少,周转不开,导致拆模时间早,造成T梁缺棱少角现象。为此,指挥部要求施工单位增加底座和模板数量,采取蒸汽养生,掺入早凝剂,开辟第二预制厂,不仅加快预制速度,而且保证质量。百日会战开始后,太原地区阴雨连绵,暴雨不断,给路面和大桥施工造成巨大困难。指挥部针对雨水偏多、碎石含泥量增加、部分路基翻浆严重等问题,采取换填矿渣、砂砾或灰土补强、混凝土工程提高一个强度等级等措施加以处理,严格坚持进度再快也不能忽视质量,工期再紧也不能简化质检手续,雨下得再大也不能降低质量标准。指挥部严格按照交通部颁布的《公路工程施工技术规范及操作规程》进行施工。冬季除大桥进行地下灌注桩及T梁预制等工作外,其余工程基本停止施工。为确保冬季施工质量,对混凝土早强剂等添加剂进行多次试验,找出最佳比例,保证工程质量。在K10+841深沟地段,因有170多米长的涵洞、30m高的加筋土挡墙及填土高度达40m的工程,省交通厅和指挥部对此专门进行科学试验,及时对数据进行处理,对现场施工提供准确、可靠的技术指导,为大运高速公路全线类似工程施工探索出可资借鉴的成功经验。

(2)安全管理。在施工过程中,指挥部把安全施工作为大事来抓,列入竞赛方案,作为对施工单位考核内容之一。要求各施工单位成立安全施工领导组,配备专职安全员,制定规章制度,加强教育和检查,牢固树立"质量第一、安全第一"的思想,做到施工地段有明显安全标志,高空作业有防护网,施工人员戴安全帽,系安全带,对于大型构件要采取防倾斜、防滑措施。雨季施工抓防洪,旱季抓防火。特别是1996年大桥标段进入高空作业,指挥部把大桥施工作为安全工作重点,对T梁架设从机械设备上把关,门吊、架桥机必须有试验数据方可使用。由于采取各种预防措施,五标段两座大桥的T梁分别从东山煤矿宿舍楼、铁路专用线、307国道和电石厂楼顶上通过,做到万无一失。工程建设历时3年,有上千台机械和车辆,上万人参战,没有发生重大伤亡事故,有效维护国家、集体和人民生命财产安全。

(3)进度管理。1993年7月1日,山西省和太原市领导审时度势,以义务修路方式拉开项目建设帷幕。当年冬季,省、市四大班子领导再次带领省城党政军警机关干部和工商界1万余名职工,在建设工地上展开历时两个月的义务修路活动。

针对工程任务艰巨、资金严重匮乏、施工条件恶劣的情况,在省市领导和省交通厅领导大力支持下,指挥部发扬自力更生、艰苦奋斗的作风,弘扬"太旧精神",采取有效措施,强力推进工程建设。为了切实组织管理,太原市交通局先后选派5名领导干部和20名得力机关工作人员,组成现场指挥部,全力以赴进行现场组织指挥和管理工作。为了科学地组织、调控施工流程,开工初期,指挥部邀请省内有关专家认真制订《施工组织方案》和《大桥施工组织方案》,指导和推动各施工标段及时订和实施具体施工方案,逐步系统地形成各分部工程施工组织横向计划和分年度分月进度施工的纵向施工计划,纵横交叉,纵向到底,横向到边,定期考核,确保任务落实。为了调动施工单位积极性和创造性,指挥部组织开展劳动竞赛活动。1994年在全线开展擂台赛。指挥部逐月向各标段下达进度、质量、安全计划指标,实行进度考核。1995年指挥部制订并印发《劳动竞赛方案》,在全线开展"学太旧、赶太旧、高质量建成东山路"的劳动竞赛系列活动,3次组织东山工程建设、管理单位有关人员赴太旧、武宿工地对口考察学习,并召开全线学太旧、比太旧动员大会。1996年为确保全线保质按时建成通车,指挥部又印发《奖惩办法规定》,有效调动各单位干部职工积极性,加快施工进度,提高建设质量,确保施工安全,形成争先创优、比学赶超热潮。为了保证施工方案落实,提高组织管理水平,指挥部采取请进来、走出去的方法,邀请交通部和北京公路局3位专家来太原举办学术讲座,传授国内外先进经验和做法;组织指挥部工程技术人员赴沈大、西宝、京石、太旧高速公路实地考察,采取多种方式,提高管理水平。为了保进度、保质量,指挥部组织有关工程技术人员赴德国、日本、西安、沈阳考察,引进价值几千万元的先进筑路设备,有效增强各单位机械化施工能力,提高效益,保证质量。

（三）技术创新

（1）两高一长。项目第四标段"841"工程创造填土高度54.8m,加筋土挡墙高30m,高填土174.34m的受压特长涵洞,是在中国筑路史上前所未有的三项之最,填写山西公路建设史空白。

（2）混合成孔灌注桩。该技术是在太原东环段段施工中,因地制宜摸索出的一套灌注桩的施工方法。其特点是集挖孔桩和钻孔桩的长处于一身,扬长避短,发挥优势,用现有设备代替需要投入数倍资金的设备完成施工任务,不仅提高工效,确保工期,而且减少投入,降低成本200余万元。混合成孔灌注桩技术的关键是"混合成孔",经过多次试验突破无水部分灌注桩水下混凝土的技术难题。

（四）运营养护管理

1. 收费站设置

（1）长风收费站地处太原市迎泽区郝庄乡店坡村,位于G2001 K22+000处,占地面积1990m^2,建筑面积1250m^2。车道10进10出,其中1进1出2条ETC车道。

（2）松庄收费站地处太原市迎泽区郝庄乡松庄村,位于G2001 K18+147处,占地面积5000m^2,建筑面积1944m^2,车道3进4出。

（3）杨家峪收费站地处太原市尖草坪区杨家峪乡长江村,位于G2001 K14+986处,占地面积2400m^2,建筑面积1404m^2,车道4进5出。

（4）丈子头收费站地处太原市杏花岭区中涧河乡丈子头村,位于G2001 K9+477处,占地面积12000m^2,建筑面积2000m^2。车道4进6出,其中2出2条ETC车道。

（5）阳曲收费站地处太原市尖草坪区阳曲镇,位于G55 K728+500(G2001 K0+000)处,占地面积3000m^2,建筑面积1918m^2。车道2进5出,其中1出1条ETC车道。

交通流量状况见表8-19。

交通流量状况表　　　　　　表8-19

年　份	年通行量（辆）	日平均量（辆）
1996年	98902	270.2
1997年	4162360	11403.7
1998年	2276414	6236.8
1999年	2479246	6792.5
2000年	3229360	8823.4

续上表

年　　份	年通行量(辆)	日平均量(辆)
2001 年	3838132	10515.4
2002 年	4345436	11905.3
2003 年	4533568	12420.7
2004 年	4027748	11004.8
2005 年	1430548	3919.3
2006 年	8074096	22120.8
2007 年	17771551	48689.2
2008 年	17567842	47999.6
2009 年	16095548	44097.4
2010 年	23224966	63630.0
2011 年	25451097	69729.0
2012 年	27872573	76154.6
2013 年	33015375	90453.1
2014 年	22664667	62094.9
2015 年	19152437	52472.4
2016 年	18826927	51439.7

2.服务区设置

太原东服务区位于 G2001 K26+628 处,与郑村、窑子上村、道把村相邻,2003 年 9 月 28 日建成并投入使用,采用自营模式。占地面积 21333m^2,建筑面积 5816.1m^2,绿化面积 1450m^2,配备有综合楼,有员工 84 人;停车场 2 处,B 区 15 个停车位,其中大车位 5 个、小车位 10 个;A 区 45 个停车位,其中大车位 18 个、牲畜车位 2 个、小车位 25 个;餐厅面积 206m^2(东区 148m^2,西区 58m^2),同时可供 130 人用餐(东区 80 人、西区 40 人、小吃区 10 人);超市 2 处,面积 200m^2,经营 300 多种产品,设有地方特产专卖区;加油站面积 2864m^2(A 区 1154m^2、B 区 1710m^2),A 区 4 个车道,B 区 2 个车道,16 把加油枪;油罐容量 270m^3(东区 4 个,西区 5 个,每个 30m^3);东区设 6 台加油机,西区设 4 台加油机,油品种类齐全。另外还设有机修车间、附属用地及预留用地等;有公厕 2 处,A 区 38 个厕位、20 个小便池;B 区有 10 个厕位、5 小便池。可为过往旅客提供加油、餐饮、超市、购物、汽车修理等服务。在 2015 年全国文明服务区创建活动中属达标服务区,先后获省总工会"工人先锋号"、省直机关"文明和谐单位标兵"等称号。

3.养护管理

太原绕城高速公路东南环段包括原东环段和南环段,全线设 1 个养护工区,即东南环养护中心,负责其日常养护工作。

大修工程。太原市长风东街和绕城东环段连通工程改造是完善太原环城高速公路建设的一项重要举措。自通车以来，东环段累计标准轴次已超过设计标准，同时，随着交通量增加，为保证进出太原道路交通顺畅，缓解市区压力，增强城市通行能力，2005年1月10日，省交通厅决定对东环段原有路面进行大修，同时拓宽长风互通—武宿段路基，将原来四车道改造为标准六车道高速公路。本项目勘察设计由省交通设计院负责。2005年5月13日~11月30日，对大运高速公路K246+800~K273+642东环段进行封闭施工。采用山岭区技术标准，设计速度100km/h，主线行车道全宽$2\times3\times3.75m$，土路肩0.75m，路基宽32.0m，路线维持原平面线形。主要工程量有：土方工程96622.000m^3，沥青混凝土路面446355.000m^2，涵洞109.920m/11道，大桥（改造桥面）2051.88m/6座，临时工程23.950km。共需人工1211816工日，木材672m^3，钢材5300t，水泥45559t，沥青19521t。项目永久征地90.76亩，补偿费用13000元/亩，共计人民币1179880元，其中长风互通征地39.78亩，补偿费用4.5万元/亩，共计1790.1万元，项目部按1.3万元/亩补偿，计517.14万元；剩余3.2万元/亩由财政补贴，计1272.96万元，资金由建设单位自筹35%，其余银行贷款。总额36398.2255万元，贷款年利率6.12%，8个月利息共计1053.3952万元。

太祁高速公路公司负责大修工程的统一领导与管理。东山项目部按照国家标准和规范，以及公司下发的相关要求制定计划，全面控制质量、进度、费用，对大修工程全面负责，确保高效优质规范、科学完成。根据省发改委2005年3月8日晋发改交通发〔2005〕207号文《关于太原东山过境高速公路项目改造工程可行性研究报告的批复》、4月11日省交通厅晋交公字〔2005〕161号文《关于长风互通建设及东山过境高速公路改造工程初步设计的批复》的要求，对该工程实行招标。资格预审、招标文件由业主组织有关专家和单位进行审查，并按照项目管理权限将形成的《会议纪要》报省交通厅备查，资格预审结果由审批改为备查。除技术特别复杂的特大桥和长大隧道工程外，采用合理低价法，按设定最高限价和投标人报价的算术平均值进行系数修正。招标活动遵循公开、公平、公正和诚信原则，按照国家有关法律、法规进行，在山西省经济信息网和《山西经济日报》发布招标公告。整个工程本着"以人为本、营造绿色环境"理念，综合考虑绿化与生态学、美化景观、同周边环境协调功能，兼备环保、水保、声保及交通视线诱导等功能，成为一条融科学、艺术、园林、生态、环保、美学等多功能集成的绿化美化的景观公路。交工验收由太祁公司主持，项目部、设计、施工和监理单位参加，分期进行验收，主要是检查施工合同执行和监理情况，提出工程质量等级建议。竣工验收由省高管局主持，相关单位参加，主要是全面考核建设成果，总结经验教训，对建设项目进行综合评价，确定工程质量等级。

三、太原南环段（武宿—罗城）（建设期：1998年3月~1999年12月）

详见第六节　G20青岛—银川高速公路山西段太原南环段有关内容。

第八节　G2002 阳泉绕城高速公路

盂县南枢纽互通—旧街新店段建设期:2011年5月~2014年12月。

(一)项目概况

1. 基本情况

阳泉西环高速公路(即阳泉绕城高速公路)是山西省高速公路规划网"三纵十二横十二环"中的重要组成部分,是连接国家主干线京昆(G5)与青银(G20)高速公路的重要通道。项目与平定—阳曲高速公路K45+360处相接,终点旧街乡新店村,与太旧高速公路相连,形成T形交叉。设南娄、旧街两处互通立交,连接线5.2km,其中南娄互通连接线3.2km,旧街枢纽互通连接线2km。双向四车道,设计速度80km/h,整体式路基宽24.5m,分离式路基宽12.25m,设计汽车荷载等级为公路—Ⅰ级。有大桥6099.5m/19座,中桥631.42m/9座,小桥51.11m/2座;特长隧道1座、平均单洞长3823.5m,中短隧道1座、平均单洞长度596m,桥隧比例49.37%;路线全长22.5km,批复概算22.27亿元。2011年5月开工建设,2014年12月29日通车运营。

2. 前期决策

2009年初,省交通厅调整全省高速公路网规划时,决策兴建该项目。

3. 参建单位

(1)建设单位。2010年底,省交通厅党组批准成立阳泉西环高速公路建设管理处,下设工程项目部和临时党支部,其中工程项目部下设总监办、总工办、综合办、协调部和计划财务部。

(2)设计单位。由中交路桥技术有限公司负责勘察设计。

(3)施工单位。共有8个单位参加建设,其中路基工程6个,路面、交通安全、房建、绿化工程1个,机电工程1个。

(4)监理单位。共有6个单位实施监理,其中路基工程监理3个,路面工程监理1个,采空区工程监理1个,机电工程监理1个。

(二)建设情况

1. 项目准备

(1)立项审批。2010年9月13日,省环境保护厅晋环函〔2010〕972号文印发《关于阳泉西环高速公路环境影响报告书的批复》;9月20日,省国土资源厅晋国土资函〔2010〕

539号文印发《关于阳泉西环高速公路建设项目用地预审的批复》;11月22日,省水利厅晋水保函〔2010〕524号文印发《关于阳泉西环高速公路水土保持方案的批复》。同日,阳泉市政府办公厅阳政办发〔2010〕163号文件成立项目建设领导组,下设办公室和建设管理处,建设模式属于省投市建,由省交通运输厅投资,阳泉市政府组织建设,建设管理主体为市级人民政府。2010年,省发改委晋发改交通发〔2010〕1146号文批复建设。

(2)资金筹措。批复概算22.27亿元,其中银行贷款13.67亿元,省交通运输厅自筹8.6亿元。

(3)招投标。勘察设计委托北京中交建设工程招标有限公司招标,2010年8月19日开标,两个单位联合中标。路基、桥梁及采空区治理工程委托中金招标有限责任公司招标,2010年12月2日开标,评标委员会采用合理低价法,全国各地13个施工企业中标。路面、交安、绿化、房建工程施工总承包,2011年5月6日开标;机电工程2011年5月9日开标。路基、桥隧及采空区治理工程监理2010年12月12日开标,4个单位中标。路面、交安、绿化、房建、机电工程监理2011年5月9日开标,2个单位中标。每次招标活动,都在省相关部门全程监督下进行;每次评标结果,都在中国采购与招标网、山西招投标网、山西交通网公示。

(4)合同段划分。根据项目特点,路基、桥涵、隧道工程划分6个标段,路面交通工程实行总承包;机电工程划分1个标段;采空区划分5个标段;施工监理划分6个标段。

(5)征地拆迁。项目建设涉及盂县、阳泉郊区,从2011年5月~2014年10月,共征用土地2517亩,拆迁房屋2908.88m²,支付补偿费用1.41亿元。

2. 项目实施

(1)质量管理。建管处实行政府监督、法人管理、社会监理、企业自检的四级质量管理体系,制订《工程质量管理办法》,成立工程质量管理组织机构,明确质量管理责任,严格执行设计、招标文件、部颁标准及施工合同,按照《公路工程质量检验评定标准》进行检查评定。业主、监理及施工单位主动接受政府主管部门和公路工程质量监督部门的管理与监督。业主每月对监理、施工单位人员进行一次检查,凡未按需求配足技术人员的单位都要予以处罚,每月对工程质量进行检查并通报情况。依据工程监理实施办法,严格履行工程质量控制程序,实行全过程、全环节、全天候质量控制。对分项工程都设置质量预控目标,制定质量预控计划,做到事先控制,超前监理。对施工单位项目经理和监理单位总监实行质量终身负责制,工程管理实行质量一票否决制。

(2)安全管理。建管处认真贯彻上级有关安全生产工作会议及文件精神,遵循"横向到边、纵向到底、责任到人、不留死角"的原则,深入开展安全生产大检查及整改活动,积极创建"平安文明工地",圆满完成目标任务。一是建立健全组织机构。2011年3月成立领导组,明确分工,为整体推进安全生产提供组织保证。二是落实安全生产职责。建立安全生产长效机制,落实安全生产责任制,明确建管处处长为整个项目安全生产第一责任人,各施工、监理单位负责人是各自工作范围内安全生产第一责任人,根据各岗位的工作范围制定了各自的安全职责,一级对一级负责,严格落实"一岗双责",层层签订安全目标责任书,做到人人肩上有指标,严格按责任书的内容,奖优罚劣。三是健全安全管理制度。先后编制包括安全生产责任制、安全例会制度、事故报告制度、危险源监控制度、安全生产奖罚制度、安全生产教育制度、安全技术交底制度、安全检查制度等22项安全管理制度;制定各标段、各部门、各岗位安全生产责任制;编制包括火灾伤害、机械伤害、高处坠落等专项应急救援预案12项。四是加大日常检查。各安全员每周对工区所属范围进行全面检查,安全领导小组成员每月对整个项目进行一次普查,安全部门根据施工进展和季节特点进行机械检查,同时进行防火、防汛、防雷电、防台风等专项检查,建立安全检查及隐患排查台。始终坚持"多看一眼,安全保险;多防一步,少出事故"理念,将各类事故隐患消灭在萌芽状态。五是强化培训,加大投入。从项目开工到建成通车,全线安全生产合格率始终保持在95%以上。

(3)进度管理。建管处制定《工程进度管理办法》。施工单位前期准备工作,必须经业主检查认可,总监依据招标文件、施工合同、业主认定的资料、施工组织设计进行审核,层层审批方可开工。施工单位编制进度计划,既要充分考虑各种不利因素,又要把握影响进度的关键点,本着"提前完成,留有余地"原则进行合理安排,并将计划分解到每月、每旬控制。监理单位对施工单位所报进度计划进行认真审核后,提出改进意见报业主批准。业主依据批复计划按月控制,以旬计划保证月计划的实现,再以月计划保证总体计划实现。建管处制定劳动竞赛实施办法,对阶段目标完成好的施工、监理单位给予奖励;对未完成阶段目标且负有责任的施工、监理单位进行处罚。经过层层努力,最终实现按期交工通车目标。

(三)运营养护管理

2014年12月17日,根据省政府晋政函〔2014〕98号文《关于同意阳泉西环高速公路设置收费公路收费站的批复》,全线设旧街、南娄收费站2个匝道。项目建成通车后,正式移交太旧高速公路公司管理运营。

(1)旧街收费站地处阳泉市郊区旧街乡阳窑村,位于S2003 K22+590处,占地面积7000m^2,建筑面积1720.6m^2,车道3进5出(含ETC)。

(2)南娄收费站地处盂县南娄镇鹿峪村,距平阳高速公路盂县南收费站约7km,位于S2003 K6+937处,占地面积13666.7m^2,建筑面积2179.32m^2,车道3进5出(含ETC)。

(3)交通流量状况。2015年,年通行195764辆,日平均536.3辆;2016年,年通行267456辆,日平均732.8辆。

第九节　G22 青岛—兰州高速公路山西段

一、长邯段(长治—邯郸)(建设期:2000 年 3 月～2002 年 9 月)

(一)项目概况

1. 基本情况

项目是 G22 青岛—兰州高速公路在山西境内的起始段,是山西省高速公路网"三纵十二横十二环"第九横、第十横的重要组成部分。起点位于晋、冀两省交界处的黎城下湾村,接青兰高速公路河北段终点,终点位于长治市郊区黄碾镇安阳村,终点通过太长连接线与青兰高速公路长治—临汾段相接。沿线经过黎城县、潞城市、长治市,终于长治郊区北互通。设计速度 100km/h(10.506km)、80km/h(38.502km);路基宽 24.5m(整体式)、12.5m(分离式);有大桥 10 座、中桥 3 座、小桥 7 座、天桥(渡槽)26 处、通道 24 处、涵洞 157 道、隧道 2 处、互通式立交 3 处。平曲线最小半径 620m;最大纵坡 5%;全线路基土石方 808 万 m^3,隧道 2 处单幅长 2237m,大桥 2072m/10 座,中桥 247m/3 座,互通立交 2 处,分离立交 8 座 387.83m,小桥 19 座 370.3m,涵洞 142 道 5751.59m,通道 50 处 1454m。设计荷载标准:汽—超 20 级、挂车—120;设计洪水位频率:特大桥 1/300,大、中、小桥、涵洞 1/100;地震基本烈度Ⅷ度;全线路面采用沥青混凝土路面,重载方向(长治—邯郸方向)路面面层 18cm,轻载方向(邯郸—长治方向)路面面层 15cm。路线全长 54.137km,2000 年 3 月 30 日开工建设,2002 年 9 月 28 日通车运营,建设工期 3 年,投资概算 12.9786 亿元。

2. 前期决策

项目建设对于加快晋、冀、鲁以及京津和东北地区人流、物流、信息流,促进上党地区经济发展、改善投资环境、增强发展后劲,发挥积极作用。

3. 参建单位

(1)建设单位。山西省长治高速公路有限责任公司,是全省首家以公司体制代替以往指挥部体制的建设管理单位。

(2)勘察设计。由 3 个单位负责,其中路基桥涵工程设计 2 个,交通工程设计 1 个。

(3)施工单位。共有 43 个单位参加建设,其中路基工程 24 个,路面工程 3 个,交通工程 8 个,房建工程 3 个,绿化工程 4 个,机电工程 1 个。

(4)监理单位。共有 7 个单位实施监理,其中路基桥涵工程监理 2 个,路基、桥涵、隧道、交通安全工程监理2个,其他工程监理3个。

(二)建设情况

1.项目准备

(1)立项审批。1998年8月、1999年3月,省计委分别以晋计投交字〔1998〕972号、晋计设字〔1999〕470号文,批复可行性研究报告和初步设计;2002年,省交通厅晋交规划字〔2002〕205号文批复施工图设计;2004年,省发改委晋发改设计字〔2004〕7号文批复概算总投资129786万元(含调概增加的投资8106万元)。其他前期工作逐步开展,建设工期3年。1998年12月,省政府晋政征土字〔1998〕150~159号文批准建设用地4560.38亩;1999年2月,省环保局晋环监字(1999)166号文批复环境影响报告。

(2)资金筹措。概算总投资129786万元(含调整概算增加的投资8106万元),其中省公路建设基金12514万元,地方财政债券33000万元,银行贷款76166万元,企业自筹8106万元。决算129727.1921万元,实际到位资金129727.1921万元。

(3)招投标。公司严格执行国家有关招标投标规定,对勘察设计、施工、监理单位、重要材料等全部实行公开招标,招标形式为自行组织公开招标。路基工程共19标段,其中13个标段1998年年底招标结束,剩余6个标段于2000年6月完成招标工作。路面、交通、房建工程于2001年1月招标结束。

(4)合同段划分。根据项目特点,路基工程分18个标段,路面工程分3个标段,交通工程分8个标段,房建工程分3个标段,绿化工程分4个标段。

(5)征地拆迁。项目建设涉及3个县市区,2000—2002年,共征用土地4573.25亩,拆迁房屋15789.85m^2,支付补偿费用4235.010519万元。

2.项目实施

路基工程2000年3月30日开工,2001年10月完工;路面工程2001年3月开始准备,5月31日开工,2002年8月18日完工;交通工程2001年11月10日开始准备,2002年3月20日开工,8月5日完工(不含机电工程);房建工程2000年3月15日开工,2002年8月10日完工。全部工程于2002年8月18日完工(除机电工程外),9月28日通车运行。省计委批准总工期28个月,实际工期28个月,按期完成建设任务。2004年9月通过省交通厅组织的竣工验收,评定为优良工程,荣获山西省第二届太行杯土木工程大奖。

项目建设经历两大阶段:一是2000年3月~2001年10月,路基桥涵工程施工阶段。开工伊始,公司首先要求施工、监理单位必须按照标书承诺的人员、设备到位,杜绝"一流单位中标、二流单位进场,三流单位施工"现象;施工材料方面,严把材料进场关,要求各施工单位必须设专职质检员、实验员,加大对原材料的检测和控制,确保工程材料质量;为了保证工程顺利进行,公司针对标段多、战线长、全线招标监理人员不足等特点,成立东段、中段、西段三个督查组,从公司董事会中抽调三名具有工程实践经验的领导担任组长,率领督查组吃住、办公在工地,协助施工、监理单位把各类问题解决在一线,把质量目标和工期目标锁定在基层,积极为各施工、监理单位排忧解难,创造环境。为了确保"以人为本、依法建路"理念和质量"一票否决制"执行到位,公司划出"两个服从""四个到位"和"五个不能"等"硬杠杠"。"两个服从":当进度与质量发生矛盾时,进度服从质量;当效益与质量发生冲突时,效益服从质量。"四个到位":政治责任必须到位;人员设备必须到位;技术力量必须到位;监理工程必须到位。"五个不能":困难再多,抓质量的劲头不能松;借口再多,保质量的投入不能省;人员再少,抓质量的力量不能减;工期再紧,保质量的工序不能少;任务再重,创精品的信念不能变。二是在2001年10月~2002年8月,路面、交通、房建、路基扫尾工程施工阶段。公司除了要求各施工单位严格兑现标书承诺外,为确保圆满实现工程建设各项目标,成立路基扫尾、路面、交通房建3个工程管理小组,各负其责,进驻工地,同监理单位一道加大一线管理力度,对所有工程细化目标,倒排工期,按时圆满完成各项建设任务。2000—2002年,公司连续3年被省交通厅授予"质量管理先进单位"称号。

(三)科技创新

在浊漳河大桥施工中,首次应用由中国建筑科学研究院机械分院开发的填补国内外空白的钢筋等强度剥肋滚动直螺纹连接技术;与省交通科研院在5A标段联合实施"湿陷性黄土地基处治技术的课题研究",课题获省科技厅科技进步三等奖。应用强夯成孔挤密灰土桩法治理湿陷性黄土路基,效果好于沉管成型的灰土桩和爆扩成型的灰土桩。治理相同区域,可以节省大量资金,应用前景广阔,经济和社会效益显著。

(四)运营养护管理

1. 收费站设置

共设有东阳关、黎城、潞城、长治北4个收费站。

(1)长治北收费站(图8-45)地处长治市郊区马厂镇安阳村,位于G22 K786+610处,2006年10月1日运营,是1个匝道收费站。站区占地面积5330m^2,建筑面积1377m^2,收费车道1240m^2,收费广场2150m^2。原设计车道3进4出,建设期间因故未按设计方案施工,现车道2进2出,出站12km即可到达长治市区。

(2)黎城收费站(图8-46)地处黎城县黎侯镇赵家山村,位于G22 K749+766处,分为南北两个收费广场,面积4200m^2,各4个车道。

(3)潞城收费站地处潞城市潞华办事处西村,位于 G22 K776+82 处,收费广场占地面积 3000m²,车道 3 进 3 出,2006 年增设 1 条出口车道,是长邯高速公路最大的匝道收费站,全省晋煤外运的主要关口。

图 8-45　长治北收费站

图 8-46　黎城收费站

(4)东阳关收费站地处晋冀两省交界和国道 207、309 的主干线,位于 G22 K740+20 处,收费广场占地面积 6888m²,车道 3 进 5 出,2006 年增设 2 条出口车道,是晋煤外运主要通道之一。

交通流量状况见表 8-20。

交通流量状况表　　　　　　　　　　　表 8-20

年　份	年通行量(辆)	日平均量(辆)
2002 年	53986	568.2
2003 年	642708	1761
2004 年	1098228	3009
2005 年	2313298	6338
2006 年	2575366	7056
2007 年	2077869	5693
2008 年	2490976	6825
2009 年	2190152	6000
2010 年	2313432	6338
2011 年	2530677	6933
2012 年	2559125	7011
2013 年	2986343	8182
2014 年	2826944	7745
2015 年	2479899	6794
2016 年	2118392	5804

2.服务区设置

东阳关服务区(图 8-47、图 8-48)地处黎城县东阳关镇,位于 G22 K741+666 处,占地面积 89.7 亩(59800m²),分南北两个场区,是一个集餐饮、购物、住宿、汽修、加油于一体的现代化多功能高速公路服务区。2009 年 9 月 6 日实施改扩建,2011 年 11 月 24 日竣工验收,2012年3月28日组织召开全省服务区年会现场会,同日新区剪彩投入运营。累计完成投资1892万元,新增服务用房8417.86m²,其中南北区新增综合服务楼2座、汽修工房2座,建筑面积达12383.64m²,新增绿化3828m²,绿化率达36.8%。主要经营项目有餐饮、超市、客房、加油、汽修,超市、点餐、客房、加油、公厕、停车场24小时对外开放。主要公益服务项目有:免费停车、休憩、洗手间、24小时开水服务等。下设综合办公室、财务部、餐饮部、商品部、客房部、加油站、汽修厂、后勤物业部、公益服务部9个职能部门,有员工102人。停车场可停放车辆140辆,其中大型车60辆,中小型车80辆;新建餐厅面积1175m²,可供400人同时就餐;超市面积为336m²,客房部共有客房36间;加油站1570m²(其中南区530m²,北区1040m²)。油罐总容量260m³(南区80m³、北区180m³),共设置加油机12台;汽修厂面积1020m²。自运营以来,先后获得省高管局四星级、五星级服务区和五佳、十佳服务区,团省委青年文明号,省总工会工人先锋号等荣誉称号,被省劳竞委记集体二等功,2015年被评为全国"百佳示范服务区"。

图8-47 东阳关服务区

图8-48 东阳关服务区加油站

3. 养护管理

养护管理中心成立于2002年10月,主要承担全线日常保洁、养护维修和绿化管护等任务。地处潞城市史回乡郭家堡村,占地22000m²,有员工65名,各型机械设备47台,包括综合养护车、护栏清洗车、除雪撒布车、高空作业车、随车吊和清障车等机械。

(1)维修加固。2008年8月29日,省高管局晋高管养字〔2008〕661号文批复《太行大桥加固工程》,概算金额2236194元,9月25日开工建设,新增横隔梁54道,支架及平整场地18跨,11月30日完工。加固维修后该桥梁技术标准达到二类,工程质量等级合格。

(2)专项处治。2009年12月,省发改委晋发改交通发〔2009〕1956号文批复路面专项处治工程可行性研究报告,2010年4月省交通运输厅晋交建管〔2010〕125号文批复施工图设计,核准金额3058.6179万元,建设工期2个月,6月开工建设,8月底完工。工程主要工程量为全线路面病害处理,下行方向K733+044~K782+244段的行车道与超车道和上行方向的修补路面采用微表处罩面处治;对出现损坏的桥面水泥混凝土铺装、伸缩缝及明涵进行维修,并完善标志、标线及防撞护栏,铣刨旧路面237580.5m²,加铺沥青混凝土237580.5m²,桥面处治2处,明板涵面处治18处,微表处687854m²。2012年1月10日,省高管局组织竣工验收,综合评分90.7分,工程质量等级评定为优良。

(3)拓宽改造。建成通车以来,交通量逐年大幅攀升,导致通行能力下降,尤其是K762+900~K753+800段纵坡偏大,曲线半径小,事故频发,严重影响道路畅通和行车安全。2008年,国家发改委下发《关于加快解决交通"卡脖子"路段有关问题的意见》,要求对黎城—长治段按六车道另辟新线,对长邯高速公路实施改扩建项目。

2009年,省发改委将项目拓宽改造工程可行性研究报告及其他相关资料报送至国家发改委,2011年7月获得批准,其他前期工作逐步开展。2013年8月,交通运输部批复拓宽改造工程初步设计,批复概算34.5265亿元,建设工期3年。2014年5月27日开工建设。项目全长53.526km,桥隧比例占40%,新增占地2950亩,采用高速公路标准改扩建,完工后,6车道路段共19.576km,8车道路段共9.6km,分离新建3车道路段共26.223km。主要工程量:路基土石方863万m³,新建隧道4座(其中特长隧道1座、长隧道2座、中隧道1座);新建桥梁7座(其中特大桥1座,大中桥6座),拼宽桥梁19座;新建涵洞、通道51座,拓宽123座;新建天桥23座,拆除天桥、渡槽19座;新建服务区1个(潞城服务区),扩建服务区1个(东阳关服务区);新建收费站2个(东阳关、黎城收费站),扩建收费站2个(潞城收费站、长北收费站);新建隧道管理站1个。截至2017年5月底,累计完成投资337699.9万元,为总投资97.9%。路基、桥梁、隧道工程已全部完成;房建工程完成84%;路面工程,底基层完成81%,下基层完成72%,上基层完成61%,下面层完成52%,中面层完成15%;计划年内建成通车。

养护管理中心自成立以来,管养并重,尽心养护,大大提升道路安全保畅能力和水平,真正实现"五年不小修,十年不大修"的目标。先后被省劳动竞赛委员会记集体一等功1次,二等功2次;8次被省高管局评为"十佳养护单位";2014年、2015年,被省高管局评为"五星级养护单元"。2011年11月,员工史芸朋被授予"全省交通运输行业技术能手"称号。

二、临吉段(临汾—吉县壶口)(建设期:2009年8月~2012年8月)

(一)项目概况

1.基本情况

项目是国家高速公路网青岛—兰州公路和山西省"三纵十二横十二环"高速公路网第九横(黎城—吉县壶口段)的重要组成部分,也是山西省"十二五"规划重点建设项目。起自临汾市襄汾县南辛店乡,东接长治—临汾高速公路,经临汾市襄汾、乡宁、吉县,止于晋陕界的苇子湾黄河特大桥西岸(含陕西岸宜川县境内接线约200m),西连青岛—兰州高速公路陕西段。穿越吕梁山脉湿陷性黄土、采空区等不良地质地段和高填、深挖路段,桥梁、隧道比例大。双向四车道,设计速度80km/h,路基宽24.5m,全线桥涵设计汽车荷载等级采用公路Ⅰ级。全长101.038km(含青兰高速公路长治—临汾段临汾枢纽1.98km),投资概算94.32亿元。2009年8月5日开工建设,2012年8月23日通车运营。

2.前期决策

吉县有全国4A级旅游景点黄河壶口瀑布和优质红富士苹果等资源,乡宁县是全国重要主焦煤产地,由于原有的G309国道需翻山越岭,路面较差,交通不便,出门难、运输难等问题严重制约沿线经济发展,西部能源、东部技术和人才难以交流。2008年,省委、省政府从应对国际金融危机和未来发展出发,制定实施两年6500亿元基础设施投资计划,重点建设公路、铁路和民生工程,临吉高速公路即为其中重点建设项目之一。

3.参建单位

(1)建设单位。2008年6月7日,经省交通厅党组批准成立临吉高速公路建设管理处,内设综合办公室、财务部、工程管理部、技术质检部、党务人事部、安全管理部、地方协调部、东线前线指挥部、西线前线指挥部。

(2)设计单位。共有5个单位承担勘察设计任务,其中,主体工程设计2个,机电工程设计1个,交通安全设施设计1个,房建工程设计1个。

(3)施工单位。共有66个单位参加建设,其中路基工程29个,路面工程4个,房建工程9个,机电工程9个,交通安全工程9个,绿化工程6个。

(4)监理单位。共有10个单位实施监理,其中路基路面工程监理5个,房建工程监理2个,机电工程监理2个,交通安全工程监理1个。

(二)建设情况

1.项目准备

(1)立项审批(表8-21)。2009年6月25日,国家发改委发改基础〔2009〕1620号文印发《关于山西省临汾—吉县(壶口)公路可行性研究报告的批复》;2009年10月16日,交通运输部交公路发〔2009〕541号文印发《关于临汾—吉县(壶口)公路初步设计的批复》,投资概算94.3283亿元,建设工期4年。

项目审批一览表　　　　　　　　表8-21

序号	项目	批复时间	批复部门	文件名称	文件号
1	项目法人	2008.6.7	山西省交通厅	《关于郭锁记同志任免职务的通知》	晋交发字〔2008〕19号
2	可行性研究报告	2009.6.25	国家发展和改革委员会	《关于山西省临汾—吉县(壶口)公路可行性研究报告的批复》	发改基础〔2009〕1620号

续上表

序号	项目	批复时间	批复部门	文件名称	文件号
3	环境影响报告		环境保护部	《关于国家高速公路网青岛—兰州公路山西境临汾—吉县(壶口)段环境影响报告书的批复》	环审〔2009〕124号
4	水土保持方案		水利部	《关于国家高速公路网青岛—兰州公路山西境临汾—吉县(壶口)段水土保持方案的复函》	水保函〔2008〕149号
5	初步设计	2009.10.16	交通运输部	《关于临汾—吉县(壶口)公路初步设计的批复》	交公路发〔2009〕541号
6	施工图设计		山西省交通运输厅	《关于临汾—吉县高速公路施工图设计的批复》	晋交建管〔2010〕329号
7	建设用地		国土资源部	《关于国家高速公路网青岛—兰州高速临汾—吉县段工程建设用地的批复》	国土资函〔2011〕689号

(2)资金筹措。批复概算94.3283亿元。其中交通运输部补助9.95亿元,省交通运输厅自筹17.3783亿元,开发银行贷款67亿元。

(3)招投标。从2007年9月勘察设计招标到2012年6月养护设备采购招标,共划分100个标段,按类别分为10次招标。所有招标项目都由招标人依法组建评标委员会进行评审,省纪委、省发改委、省重点办、省检察院、省审计厅、省交通运输厅进行现场监督,太原市城南公证处进行公证,每次评标结果均在相关媒体网站公示,所有程序都依法依规,公开透明,合法有效。

(4)合同段划分。根据项目特点,路基、桥涵、隧道、采空区治理工程划分29个标段,路面工程划分4个标段;房建工程、机电工程和交通安全工程各划分9个标段;绿化工程划分6个标段;养护设备采购5个标段,施工主便道2个标段,场外供电2个标段,勘察设计5个标段,材料采购10个标段,工程监理10个标段。

(5)征地拆迁。项目用地涉及襄汾、乡宁、吉县13个乡镇47个村。2009年3月~2012年8月,共征用土地8597.76亩,拆迁房屋116609.22m^2,支付补偿费用55274万元。

2.项目实施

(1)质量管理。建管处健全内部质量保证体系,推行质量责任登记制度,实行终身负责制,层层落实责任。一是制订质量管理制度,完善质量管理保证体系。制定《工程质量管理办法》,层层签订质量目标责任书,配套实施一系列管理措施,并落实到每个项目、每个分项、每一道工序中,严格进行考核与检查。二是实行质量管理"1234"工作机制。"1"

是指"一个质量目标",即全线工程质量保部优,黄河特大桥创"鲁班奖";"2"是指"二级监管体系",总监办监理为质量监管第一道关口,前线指挥部和建管处职能部门为质量监管第二道关口;"3"是指"三级质量检测制度",第一级为承包人自检,第二级为总监办抽检,第三级为业主中心试验室对重点部位、关键工序进行抽检;"4"是指"质量管理四个重点"。一要重点抓"隧道施工""采空区治理"和"梁板预制"工作;二要成立以项目经理为核心的质量保证体系,确保重点部位、主要工序有专人负责质量;三要将高质量原材料用于工程建设;四要对路基、构造物、隧道、路面施工实行"首件产品认证制"。三是严把原材料进场关。对全线钢材、水泥要求选用规模大、信誉高、质量好的厂家,确保主材质量;组建业主中心试验室,所有标准试验必须由中心试验室出具标准数据,所有原材料必须由中心试验室验证后方可使用,对不合格的原材料坚决清退出场。四是严把施工工艺控制关。全面推行"首件产品认证制",特别是黄河特大桥等关键性、控制性工程的工艺,除总监办批准外,前线指挥部全过程跟踪,确保施工质量达标。五是严把学习培训关。组织对全线技术管理人员就桥梁、隧道、路面施工技术等内容进行系统培训;组织设计、监理、施工单位共同进行了工程技术交底;组织分管质量副处长、工程质检部长、试验室主任参加全省重点公路工程建设系统工程质量培训班、桥隧工程重要原材料质量控制培训班。六是严把试验检测关。建管处定期对各监理、施工单位的试验室进行检查,业主中心试验室定期对全线工程质量进行巡查,抽检频率达到5%以上,对不合格原材料进行清退。七是严把现场施工监理旁站关。严格执行岗位质量责任制,要求监理人员对梁板正负弯矩张拉、压浆等隐蔽工程全程旁站,加强对监理人员旁站考核,并将考核结果纳入信用评价,同时在工地现场设立质量责任公示牌、监理纪律公示牌和监督电话,清退不负责任、不合格监理人员。八是严把整改落实关。督促不合格工程返工和缺陷修复。九是选样板树典型,提高整体质量。全线开展路基规范化施工、大梁标准化预制、路面精细化作业等现场观摩会,对不规范施工者给予通报、处罚,以正反面典型推动全线质量管理。十是发挥专家作用,解决技术难题。先后组织高边坡施工、滑坡处治、黄河特大桥挂篮施工、沥青路面施工等专家论证会,开展技术攻关,优化施工工艺。

(2)安全管理。建管处对全线实行重大危险源分级管理:一是健全机构,落实责任。成立以处长挂帅抓、分管领导具体抓、其他领导共同抓的"一岗双责"、齐抓共管安全管理体系,组建专职安全管理部门,与各施工、监理单位签订《安全管理目标责任书》《安全生产承诺书》,将安全生产目标量化,明确安全责任。二是建章立制,加强监督。结合实际制定《项目安全生产管理办法》等16项制度,规范安全日报、月报、特种作业人员档案等安全管理资料。在现场管理方面,建管处加强日常督促检查,结合专项整治考核评比,促进安全生产、文明施工。设立安全质量监督电话,在每个施工作业点显著位置树立安全责任牌,每月召开一次安全例会,把安全监控程序贯穿到施工全过程。三是加强教育,提高认识。把安全工作放到各项工作首位,与工程质量、进度统筹安排,同时检查、同步落实。组织观看各类安全警示教育片,召开"安全生产月"动员暨警示教育会议,制作宣传展板、标语,对新进场的农民工和新上岗人员进行安全教育、安全技术交底,让每个作业人员懂安全、会安全、保安全,有效提高全体人员安全意识。四是关口前移,消除隐患。先后组织"反三违"活动、隧道施工安全专项整治活动、桥梁高处作业专项检查、创建"平安文明工地"达标考核等大检查,分别对参建单位进行通报和奖罚,有效制止野蛮施工行为,提升安全生产管理水平。五是应急预防、有备无患。出台安全生产应急预案和应急救援防范措施,举办应急演练,做到有急能应,有险能救。六是实行安全生产一票否决制。把安全生产纳入各类劳动竞赛和评比考核中,实行质量、安全一票否决制,同时根据实际情况,及时、足额支付经费,有力保障安全生产投入。七是深入开展"平安文明工地"创建活动。制订实施方案,将创建纳入信用评价体系,为安全生产形势根本好转奠定坚实基础。S16标云台山隧道规范化管理荣获省交通运输厅优秀标段称号,在全线起到引领作用。

(3)进度管理。建管处十分重视科学管理,确保工期目标。一是落实管理责任,强化工程监管。成立两个前线指挥部,做到指挥前移、服务到位。同时,实行领导分片负责制,进一步加大工程监管力度。二是落实管理措施,强化阶段控制。制定劳动竞赛考核办法,分阶段进行考核评比,奖惩兑现。同时实行工程进度日报制,动态掌握各标段工程进展,发现不平衡时,立即采取措施加大人员、设备投入,确保全线整体工期。三是注重检查考核,强化现场管理。每月对全线进行一次安全、质量大检查,处领导每月保证在工地巡查10天,职能部室负责人每月保证巡查15天以上,并将巡查结果纳入阶段目标考核,与劳动竞赛奖金挂钩。四是落实合同承诺,强化履约管理。严格依据合同组织履约检查,对完不成进度计划的标段,采取处罚违约金、约见法人代表、分包工程等手段,督促施工单位积极采取措施,实现合同工期。

(三)复杂技术工程

(1)高瓦斯隧道。松卜岭隧道为采空区瓦斯隧道,位于松卜岭煤矿范围,上行2396m,下行2465m,净宽均为8.75m。

(2)壶口黄河特大桥。壶口黄河特大桥为本路段跨越黄河而设。桥跨布置为预应力刚构加连续组合体系桥,桥长757m,桥墩最高达146m。桥墩采用钢筋混凝土空心墩,桥台采用组合式桥台,均为灌注桩基础。

(四)科技创新

临吉高速公路是典型的山区公路,该路段沟壑纵横、地质破碎,线路经过采空区、高瓦斯区等不良地段,地质情况异常复杂。在建设过程中,建管处积极开展科技创新和科技成果的推广应用。一是混凝土连续梁桥抗震设计研究。其中地震高烈度设防区高墩桥梁局部隔震方法、可量化桥梁抗震防落梁系统设计等研究成果,达到国际领先水平。该研究项目荣获山西省"科技进步类二等奖"。二是大峡谷中塔吊配合整体爬模变截面高墩施工技术。该研究成果荣获2011年山西省省级工法和国家级工法。三是悬灌梁挂篮前移牵引装置。本项目可将施工挂篮安全行走牵引至设计位置,能够更省力、更安全行走,降低生产成本及施工成本,而且使用方法简便、快捷。该研究成果获2012年实用新型专利。

(五)运营养护管理

1. 收费站设置

根据省政府《关于同意临汾—吉县(壶口)高速公路设置收费公路收费站的批复》(晋政函〔2012〕103号)文件规定,沿线共设南辛店、光华、乡宁、吉县、山西壶口(主线)、壶口景区6个收费站。

(1)南辛店收费站地处襄汾县南辛店乡福寿村,位于G22 K973+960处,车道4进5出。

(2)光华收费站地处乡宁县光华镇七郎庙村,位于G22 K991+017处,车道4进5出。

(3)乡宁收费站地处乡宁县管头镇东团村,位于G22 K1022+004处,车道4进7出。

(4)吉县收费站地处吉县吉昌镇小府村,位于G22 K1046+993处,车道4进5出。

(5)壶口收费站(主线)地处吉县吉昌镇林雨村,位于G22 K1054+145处,车道7进12出;2014年12月,将原1进1出2条MTC车道改为ETC车道。

(6)壶口景区收费站地处吉县东城乡山头村,位于G22 K1067+899处,车道4进5出,但不对过往车辆收费。

(7)交通流量状况。2012年8月23日开始试运营,年通行653788辆,日平均4990.7辆;2013年,年通行2072143辆,日平均5677.1辆;2014年,年通行2359611辆,日平均6464.7辆;2015年,年通行2285111辆,日平均6260.6辆;2016年,年通行2454061辆,日平均6723.5辆。整体呈递增趋势。

2. 服务区设置

全线设襄汾西、吉县服务区和乡宁停车区,2012年8月23日建成并投入运营。

(1)襄汾西服务区地处襄汾县南辛店乡,占地面积53336m²,分南北区,建筑面积5240.47m²,配备有综合楼,建筑面积4029m²,另外还设有机修车间、加油站、附属用房等,可为过往顾客提供餐饮、购物、加油、汽修、住宿等服务。

(2)乡宁停车区地处乡宁县管头镇井上村,占地面积40118m²,分南北区,建筑面积2301.88m²,配备有综合楼,建筑面积2301.88m²,另外还设有机修车间、加油站、附属用房等,可为过往顾客提供餐饮、购物、加油、汽修、住宿等服务。

(3)吉县服务区地处吉县马家河村,占地面积54068.7m²,分南北区,主要设施建筑面积5396.75m²,配备有综合楼、机修车间、加油站、附楼等,经营方面有餐饮、超市及公厕等公益服务项目,可为过往顾客提供餐饮、购物、加油、汽修、住宿等服务。

3. 养护管理

设置光华、吉县两个养护工区,具体负责全线养护管理工作。其中,光华养护工区负责K968+760~K1019+500,养护里程50.74km;吉县养护工区负责K1019+500~K1069+798,养护里程50.298km;由两个养护工区负责全路段的维护保养工作。各工区设主任1名,技术员3~5名,机械人员3~4名(巡查车辆、水车司机、除雪设备和多功能养护车司机等),均由建管处统一招聘、培训、调配。建管处积极探索公路养护新模式,按照管养分离方式,日常保洁由养护工区在沿线各村庄招聘清洁人员进行清洁养护;小型维修工程按照政府采购规定进行招投标,择优选定有资质的单位进行道路养护作业。

第十节 G2201长治绕城高速公路

G2201长治绕城高速公路建设期:2009年6月~2011年4月。

(一)项目概况

1. 基本情况

长治绕城高速公路(包括长治—平顺段)是长治市公路网"三通一环"的重要路段。起点位于潞城市西贾村,接青兰高速公路长治—邯郸段,终点到达长治县官道村,接二广高速公路长治—晋城段,全长58.243km。双向四车道,路基宽26m,设计速度100km/h,共有54座桥梁,其中大桥34座、中桥11座、小桥9座;共有13座隧道,其中特长隧道1座、长隧道3座、中隧道5座、短隧道4座;有互通立交8处,公路铁路立交3处,分离式立交7处,天桥15处,通道79处。2009年6月开工建设,2011年4月12日通车运营。

2. 前期决策

太行自古多雄关,堪比蜀道行路难。深入八百里巍峨耸立、连绵不断的太行山,群山环绕,山峦重叠,原有的低等级公路严重制约当地经济发展和旅游开发,阻碍晋东南地区与豫北地区乃至山东沿海的经济文化交流。为打通山西"东南出口",构建一条晋、豫、鲁三省东西向快速通道,促进全省与周边省份经济文化交流,长治市政府通过与安阳政府沟通协调,提出修建长(治)安(阳)(后改为长平)高速公路设想。项目建设为平顺、壶关旅游业发展提供有利条件,对加快太行山老区脱贫致富步伐具有重要意义。

3. 参建单位

（1）建设单位。2009年7月10日,经省交通运输厅党组批准成立长平高速公路建设管理处,内设综合办公室、党务人事部、工程管理部、技术质检部、地方协调部、计划财务部和安全生产部。

（2）设计单位。共有5个单位承担勘察设计,其中路基、桥梁、绿化工程2个,机电、交通安全设施、房建工程各1个。

（3）施工单位。共有58个单位参加建设,其中路基工程20个,路面工程5个,房建工程8个,交通工程8个,标志工程2个,标线工程2个,护栏工程3个,隔离栅工程2个,交通工程2个,绿化工程6个。

（4）监理单位。共有12个单位实施监理,其中路基工程监理5个,路面工程监理3个,房建工程监理2个,交通工程监理2个。

（二）建设情况

1. 项目准备

（1）立项审批（表8-22）。2007年3月28日,省发改委晋发改交通发〔2007〕182号文印发《关于长治—河南安阳高速公路山西段项目建议书的批复》；2009年7月29日,省交通运输厅晋交公字〔2009〕431号文印发《关于长安高速公路逢善—河坪迪段初步设计的批复》；〔2009〕215号文印发《关于长安高速公路长治环城段初步设计的批复》；总投资78.018亿元,建设工期4年。

项目审批一览表　　　　　　　　表8-22

序号	项　目	批复时间	批复部门	文件名称	文　件　号
1	项目法人	2009.7.10	山西省交通运输厅	《关于成立长平高速公路建设管理处的通知》	晋交人字〔2009〕382号
2	项目建议书	2007.3.28	山西省发展和改革委员会	《关于长治—河南安阳高速公路山西段项目建议书的批复》	晋发改交通〔2007〕182号
3	可行性研究报告		山西省发展和改革委员会	《关于长治—平顺段可行性研究报告的批复》	晋发改交通〔2008〕1388号
4	水土保持方案		山西省水利厅	《关于长治—安阳高速公路长治—平顺段水土保持方案的复函》	晋水保〔2009〕287号
5	初步设计		山西省交通运输厅	《关于长安高速公路长治环城段初步设计的批复》	晋交公字〔2009〕215号
		2009.7.29	山西省交通运输厅	《关于长安高速公路逢善—河坪山段初步设计的批复》	晋交公字〔2009〕431号

续上表

序号	项目	批复时间	批复部门	文件名称	文件号
6	施工图设计		山西省交通运输厅	《关于长安高速公路长治—平顺段施工图设计的批复》	晋交建管〔2010〕200号
7	用地		山西省国土资源厅	关于长安高速公路长治—平顺段建设项目用地预审的批复	晋国土资源〔2009〕213号
			国土资源部	《关于长安高速公路长治—平顺段工程建设用地的批复》	国土资函〔2012〕27号
8	施工许可		山西省交通运输厅	施工许可	

（2）资金筹措。批复概算780185.43万元，其中省交通运输厅筹措资本金273064.9万元，银行贷款507120.53万元。长治绕城高速公路总投资36.25亿元，其中省交通运输厅筹措资本金4.35亿元，银行贷款31.9亿元。

（3）招投标。勘察设计分5个标段招标，委托山西路华通工程咨询有限公司代理完成；路基桥隧19个标段、房建工程7个标段、环城段路面4个标段、交通安全工程9个标段、绿化工程5个标段、机电工程1个标段、全线工程监理10个标段，所有招标项目都由北京中交建设工程招标有限公司代理。资格预审公告和评标结果，均在中国采购与招标网、山西招标投标网、山西交通网进行公示。

（4）合同段划分。根据项目特点，路基桥涵及隧道工程分19个标段，房建工程分8个标段，路面工程分5个标段，机电工程分7个标段，标志工程分2个标段，标线工程分2个标段，护栏工程分3个标段，隔离栅工程分2个标段，交通工程分2个标段，绿化工程分9个标段；施工监理分10个标段；施工监控分2个标段。

（5）征地拆迁。项目建设用地涉及潞城市、长治县、壶关县和平顺县，长治市委、市政府成立协调领导小组，多次组织召开现场办公会，协调解决各种问题。2012年10月基本完成，共征用土地8630.403亩，拆迁房屋67551m²，支付补偿费用48505万元。

2. 项目实施

（1）质量管理。项目沿线地势险峻、地形复杂、地质病害较多，建管处上下群策群力，充分发扬不畏艰难、迎难而上的太行精神，本着"宁可花钱买质量，不可花钱买教训"的宗旨，紧紧围绕"创国优、争一流、夺鲁班"目标，以责任素质为根本，以过程控制为核心，以检测数据为依据，以支付、考核、教育、处罚等为手段，使工程质量得到有效控制。首先，把质量检测作为首要抓手，切实做到心中有数。一是委托第三方建立中心试验室，一经发现不合格材料立即清场返工，确保符合规范要求。二是确保施工、监理检测质量，强制推进工地试验室标准化管理。先后编制《试验检测管理办法》《标准化工地试验室工作手册》，指导各参建单位向高标准看齐。三是经常检查工地试验室。对试验流程、质量进行监督检查,发现问题及时解决,保证效率和质量。四是督促施工单位组建试验室,保证试验工作的及时性和准确性、有序性和可操作性,督促项目部工地试验室按照合同工期编写实验检测计划,并严格按照试验计划实施检测工作,保证试验工作的预见性和超前性。其次,重点问题重点关注,关键环节关键控制,难点问题定点解决。一是在路基施工中控制24处高填地段,要求监理专人盯守,并在事后进行钻芯抽样分析,出现问题倒查责任人。二是在台背施工中安排专人对每道桥涵台背回填进行盯守,决不允许虚填导致沉降,一旦发现问题,将处以施工单位20万元罚款。三是在各标段首片梁预应力张拉时,派专人现场指导和技术交底。四是对于特殊结构跨线桥,委托有经验的第三方进行监控量测,尤其是应力状态和线形检测,确保一次成功。五是在隧道施工中强令禁止偷工减料,要求第三方进行检测,通过地质雷达等手段扫描检查钢拱架间距,每发现缺少一榀,对施工单位处以2万元、监理单位处以2000元罚款,在施工面安装远程视频监控系统,监理部、督导组随时掌握洞内施工情况及有关人员工作状况。六是成立专家组,定期对重点工程进行检查、指导和质量分析,将工程质量控制在有效状态。第三,定期进行专项检查,杜绝不合格工程。先后组织对钢筋、水泥等主要原材料、路基压实度、浆砌工程、梁板预制、钢筋焊接、台背回填、填挖结合部、土工格栅、隧道钢拱架间距、路面平整度、路面油石比等专项检查,发现问题,限期整改,并按照合同文件和工程质量动态管理办法处罚,下发处罚文件30余份,施工期间,因质量问题强制作废预制梁16片,炸毁涵洞2道,铣刨路面累计280m,路基、挡墙返工20余处。

(2)安全管理。建管处始终坚持"安全第一、预防为主、综合治理"的方针,精心构建安全生产格局,自始至终贯穿"事事讲安全、人人抓安全"理念,牢固树立安全隐患和安全事故为零的理念,在确保安全的情况下进行项目建设。一是每年都要与各监理、施工单位签订《安全生产工作目标责任书》,强化各方责任意识。二是在做好日常检查同时,深入开展"严厉打击非法违法生产经营建设行为"专项行动、"预防坍塌事故"专项整治、"平安文明工地"创建活动及"百日安全大检查"活动,严格按照相关规定展开巡查,确保每月工地巡查不少于20次。三是在施工过程中认真排查安全隐患,及时下达《安全隐患整改通知书》,并提出整改意见,督促整改,保证整改和各项措施落实。四是制定完善《高速公路建设管理制度汇编(安全管理篇)》,印发各施工单位严格执行。五是组织安全培训,不断强化施工一线人员安全生产意识。六是定期举行安全事故应急演练,切实提高应对突发事件能力。七是认真开展"平安文明工地"建设、"安全制度下工地"及"安全知识进工棚"活动。建设期间,累计组织安全生产知识培训5821人次,印制宣传单5万余份,制作版面85块,共计下发《安全隐患整改通知书》140余份,提出整改意见500余条;全线共排查隐患433个,整改率100%;使全线安全生产工作始终保持稳定、良好发展态势。

(3)进度管理。建管处紧紧围绕年度建设目标,制定分阶段施工计划,有序推进。一是根据各施工单位工程量编制时间周期计划。周期计划包括年、季、月、旬、周进度计划，采取有效措施，以短期计划落实来调整长期计划，做到短期保长期、周期保进度、进度保目标。二是对施工过程进行事前、事中、事后控制。事前控制：每周定期召开一次协调例会，解决生产过程中发生的矛盾和存在问题，对照施工进度计划检查完成情况，并落实下周施工生产进度。事中控制：审核施工单位进度计划、季度计划、月计划，并监督施工单位按照进度计划实施；在施工高峰时，每日结束前召开一次碰头会，协商解决当天生产过程中发生的问题，对资金、材料等问题决不拖延。事后控制：根据施工进度计划，定期整理施工进度资料，分项验收，有效控制施工进度。三是结合实际，及时调整领导成员分工，不断充实一线管理人员，加大服务力度，明确责任，及时解决难题。四是定期召开建管处、施工单位、材料供应商三方会议，以建管处名义担保，确保材料供应充足，切实保障各施工项目单位施工进度。五是及时上报各类工程报表，使管理者全面掌握施工动态，同时根据实际优化桥隧设计，不仅降低造价，也缩短部分建设周期。六是积极开展施工考核评比活动，建立奖优罚劣激励机制，加快工程进度。

（三）科技创新

长治东枢纽工程关键技术研究及应用。2010年3月，在省交通运输厅指导下，建管处联合华中科技大学、重庆大学、中铁大桥局集团第六工程有限公司和坦萨土工合成材料（中国）有限公司开展研究。研究成果在施工中广泛应用，使单项工程直接节约成本30%以上，具有很好的经济效益和社会效益。2011年1月，获得省科技厅《科学技术成果鉴定书》。

（四）复杂技术工程

（1）长治东枢纽互通占地880亩，采用一、四向限设置环形匝道的部分苜蓿叶形，造型独特，线形优美，可实现长治—平顺主线、长治环城高速公路东段、长治东连接线一级公路交通量转换，共设置8条匝道，三层立交，西至长治市区、东达安阳、北接长邯高速公路、南连长晋高速公路。无论建设规模还是占地面积，都是山西省当时最大的一座互通枢纽。

（2）虹梯关特长隧道全长13.110km，是当时山西省第二长公路隧道（详见第三章高速公路发展成就第三节桥梁隧道建设有关内容）。

（五）运营养护管理

项目建设包含长治—平顺主线段和长治环城段两部分，虽然环城段和主线段通车日期和施工单位不一样，但管理者都是建管处。而项目建设从规划、设计、施工及运营的全寿命周期是一个系统工程，每一个环节都是系统的一部分。建管处自成立以来，始终坚持

"以人为本、以路为基"的指导思想,围绕项目建设运营这个中心目标,从规划、设计、交工验收、运营维护都作为一个整体进行考虑,避免建设与运营脱节。建管处70%管理人员都是从长邯高速公路公司抽调的,有丰富公路建设和运营管理经验,他们自始至终把建设和运营并重,各项工作衔接良好。2011年,建管处在紧抓主线段建设的基础上,实现环城段按时通车目标,也实现本项目运营与建设齐头并进目标,为2013年5月长平高速公路全线通车运营奠定基础。

1. 收费站设置

(1)壶关收费站地处长治市壶关县秦庄村,位于G2201 K40+130处,内广场面积1640m^2,外广场面积1680m^2,车道3进5出;2013年,1进1出2条MTC车道改造为ETC车道。

(2)西池收费站地处长治县西池乡沙峪村,位于G2201 K53+292处,收费广场面积4850m^2。车道3进5出,其中1车道为货车ETC试验占用车道,采用半自动收费方式。

(3)潞城东收费站地处潞城市微子镇北街村,位于G2201 K7+346处,内广场3420m^2,外广场3248m^2,车道3进5出;2013年,出口1条MTC车道改造为货车ETC测试车道。

(4)长治东收费站地处壶关县逢善村,位于S76 K42+400处,车道6进8出。2015年,改造ETC车道。

(5)平顺收费站地处平顺县井峪村口,位于S76 K29+501处,车道3进5出,采用IC卡人工半自动收费方式。

(6)虹霓峡收费站地处平顺县虹梯关乡虹霓村,位于S76 K6+531处,内广场1750m^2,外广场1710m^2,车道3进5出。

(7)虹梯关收费站地处晋豫交界S76 K3+275处,向东进入河南南林高速公路和京港澳高速公路,西接长治环城高速公路和二广高速公路,共设10条出口车道,交通便捷,是长治市交通运输的东大门。

交通流量状况见表8-23。

交通流量状况表 表8-23

年　份	年通行量(辆)	日平均量(辆)
2011年	238127	909
2012年	384724	1052
2013年	1287621	5026
2014年	2228778	6710
2015年	1236823	3388.6
2016年	1505383	4124.3

2.服务区设置

(1)壶关服务区地处壶关县城南麓,距离壶关收费站2km,距离沙浴收费站11km,距离长晋高速公路17km,场区占地面积120.1亩,分A、B两区,A区占地面积61亩,B区占地面积59.1亩。两区总建筑面积5180.46m^2,道路停车场面积48162.58m^2,绿化面积23362.1m^2,绿化率29.2%。A区综合楼2116.68m^2,附楼294.6m^2,机修411.78m^2,加油站150.5m^2;B区综合楼1850.5m^2,机修205.89m^2,加油站150.5m^2。可为过往驾乘人员提供餐饮、购物、加油、汽修、住宿、停车及卫生间等服务。

(2)潞城停车区地处潞城市微子镇,距离潞城东收费站1km,距离长邯高速公路6km,2014年11月1日由长平建管处接收管理,场区占地面积60亩,分南北两区,占地面积各30亩。两区总建筑面积2341.3m^2,停车场面积25649.7m^2,绿化面积9183.78m^2,绿化率22.9%。两区的综合楼、机修车间、加油站建筑面积都相同(综合楼666.96m^2,机修车间205.89m^2,加油站150.5m^2),不同之处在于,南区比北区多一栋附楼,建筑面积294.6m^2。可为过往驾乘人员提供加油、餐饮、购物、汽修、公厕、停车等服务。

(3)虹梯关服务区位于平顺县虹梯关乡虹霓村北,桩号S76K6+531m,截至2016年年底,仍在建设中。

3.养护管理

养护管理中心地处壶关县境内,2011年4月12日正式挂牌运营,2013年在主线段通车后,成立平顺养护工区。其中,养护管理中心负责环城段K0+000~K58+243,养护里程58.243km;平顺养护工区负责主线K0+000~K42+400,养护里程42.4km。中心设党支部书记1人、副经理2人;技术员3人,各类机械操作手25人(主要是水车、多功能养护车、清障车及路面维修司机),均由建管处统一招聘、培训、调配。

第十一节 G55二连浩特—广州高速公路山西段

一、京大段(孙启庄—大同)(建设期:1998年8月~2000年9月)

详见第十九节 S30孙右高速公路京大段有关内容。

二、得大段(得胜口—大同)(建设期:2003年10月~2005年10月)

(一)项目概况

1.基本情况

项目是G55主干线二连浩特—广州公路在山西境内最北端的一段,是山西省规划的

"九横九环"人字形骨架公路网中纵的重要组成部分,也是全省实施"三小时高速通达"目标的主要组成部分。起点位于大同云冈—丰镇二级公路西侧约2.3km省区分界处,接内蒙古境内集宁—丰镇公路,终点位于大同县党留庄乡蔡庄村东北,与京大高速公路马连庄互通相接,路线全长47.368km。该公路是一条全封闭四车道水泥混凝土路面高速公路。其中,省界得胜口(起点)—大同北互通段29.32km采用重丘区标准,路基宽26m,双向四车道,设计速度100km/h,平曲线最小半径1500m,最大纵坡4%;大同北互通—马连庄(终点)段18.048km,采用平微区标准,路基宽28m,双向四车道,设计速度120km/h,平曲线最小半径1368.2m,最大纵坡3%。有特大桥3座,大桥8座,中桥17座。桥梁设计荷载为汽车—超20级,挂车—120级,路基、桥涵设计洪水频率1/100,特大桥1/300。路面结构为水泥混凝土路面,其中大同北互通—马连庄方向上行为重车道,下行为轻车道;大同北互通—得胜口方向下行为重车道,上行为轻车道。重车道路面结构为:28cm水泥混凝土面层+20cm水泥稳定碎石基层+36cm二灰稳定砂砾底基层+15cm砂砾垫层;轻车道路面结构为:28cm水泥混凝土面层+20cm水泥稳定碎石基层+20cm二灰稳定砂砾底基层+15cm砂砾垫层。2002年11月28日奠基,2003年10月1日开工建设,2005年10月18日建成通车,2008年4月25日竣工验收。交通部批复概算14.86亿元,批复调整概算17.6533亿元。

2. 前期决策

项目建设对于加强和促进全国中西部地区政治、经济发展和文化交流,帮助沿线老区和少数民族地区走出困境,对改善晋北地区公路交通状况,加强晋蒙两地经济文化交流,促进晋北地区煤炭资源开发利用,以及改善地区投资环境,吸引外资,加快经济结构调整,推动以云冈石窟、北岳恒山等地方旅游资源为主的区域经济发展和山西改革开放步伐,都有着十分重要的战略意义。

3. 参建单位

(1)建设单位。山西省得大高速公路有限责任公司。

(2)设计单位。勘察设计由省交通设计院负责。

(3)施工单位。共有27个单位参加建设,其中路基、桥涵工程12个,路面工程4个,交通安全工程4个,机电工程3个,房建工程2个,绿化工程2个。

(4)监理单位。共有10个单位实施监理,其中路基工程监理4个,路面工程监理2个,交通安全设施、机电、房建、绿化工程监理各1个。

(二)建设情况

1. 项目准备

(1)立项审批。2001年8月24日,交通部交规划发〔2001〕467号文印发《关于二河国道主干线得胜口—大同公路可行性研究报告的批复》;2003年3月14日,交通部交公路发〔2003〕81号文批复施工图设计;7月10日,省环保局批复,省环境保护技术评估中心做出具有环境可行性的明确结论;12月31日,省交通厅晋交公字〔2003〕718号文印发《关于得大高速公路施工图设计的批复》,核定建设总里程47.368km,预算14.76亿元;2005年1月5日,国土资源部国土资函〔2004〕582号文印发《关于二连浩特—河口国道主干线得胜口—大同高速公路工程建设用地的批复》。

(2)资金筹措。批复概算14.86亿元,批复调整概算17.6533万元,其中交通部专项基金3.01亿元,省公路基金2.4433亿元,国家开发银行山西省分行贷款12.2亿元。

(3)招投标。采用公开招标资格后审的方法,本着面向社会"公平、公正、公开、择优"的原则进行。建设初期,公司成立招标领导组和办公室,并根据《中华人民共和国招投标法》《公路工程施工招投标管理办法》《公路工程施工监理招投标管理办法》及七部委制定的《评标委员会和评标办法暂行规定》等有关法律法规,结合工程特点制定出台《工程及重要材料招标管理办法》,所有招标工作在招标领导组领导下,严格遵照执行,为项目工程建设顺利进行奠定坚实基础。

(4)合同段划分。根据项目特点,路基桥涵隧道工程分12个标段,路面工程分4个标段,交通安全设施分为标线、标志、护栏、隔离4个标段,机电工程分3个标段,房建工程分2个标段,绿化工程分2个标段。

(5)征地拆迁。项目建设涉及大同市新荣区、南郊区、开发区和大同县13个乡镇29个自然村,从2001年~2007年3月,共征用土地4270.2905亩,拆迁房屋2966.9m²,支付补偿费用10260.1374万元。

2.项目实施

(1)质量管理。公司紧紧围绕"快严新绿廉生威、关塞精品更优美"质量方针,精心组织,合理安排,坚定目标,科学施工,圆满完成建设任务。一是路基工程。要求施工单位按照招标合同承诺,主要机械设备必须严格按规定配置,确保路基压实度;针对大同地区大吨位车辆多、高填深挖路段长的特点,对全线路基采取重锤夯实;针对湿、软地基,分别采取粉喷桩、碎石桩、换填砂砾等措施;对于台背除了换填砂砾外,对窄深沟、死边角等压实机械无法压实的位置,采用浆砌片石处治,确保台背填筑质量。二是桥涵、隧道工程。从源头上抓好进场原材料质量关;在桥涵构造工程上,使用大模板、新模板;在所有标的混凝土搅拌机上安装自动计量装置,工程质量经交工验收达到优良标准。三是路面工程。公司编制《施工作业指导书》,明确标准,严格执行,图8-49为路面施工现场。四是工程管理。着重抓好六方面工作,即施工之前抓认识,施工准备抓材料,施工项目抓责任,施工过程抓规范,施工工艺抓精细,工程结果抓检验,完全达到预期效果,实现厅党组建成高寒地区水泥混凝土路面样板工程的目标。

图 8-49 路面施工现场

（2）安全管理。公司紧紧围绕"安全第一、预防为主"的方针，突出重点，落实责任，夯实基础，完善机制，确保安全生产零事故。一是加强管理，树立安全生产无小事意识，坚持把员工生命安全放在第一位，特别是农民工生命安全。二是强化安全管理保证体系。完善安全生产责任制，优化和细化考核指标；建立完善的安全生产制度，特别是狠抓安全生产操作规范的建设和落实，提高员工安全防范能力和应变能力。在各分项、分部工程开工前进行常规的安全生产交底；把好人员上岗资格关；建立高效灵敏的安全管理信息系统；定期不定期开展安全检查。三是建立重特大事故应急救援体系。制订《重特大事故应急预案》，建立应急救援体系，并适时组织演练，确保安全生产落实到位。

（3）进度管理。在施工过程中，公司深入贯彻落实交通基础设施建设各项法律法规、管理办法和规章制度，制订出台《工程质量管理办法》《工程管理办法》《工程技术管理办法》《优质优价实施细则》《工程进度管理办法》《工程计量支付管理办法》等管理制度和规范性文件。同时，下大力气抓好各项制度的贯彻落实。一是工程开工伊始，组织各参建单位认真学习各项规章制度，通过培训和指导，熟悉和掌握各项制度，领会其内涵，科学合理指导监理与施工。二是从制度建设到贯彻执行的每一个环节都以制度为本，按照制度要求，逐条对照，杜绝不符合规定行为发生，全面跟踪制度执行情况。三是在制度执行过程中，对存在问题或偏差，及时反馈和修订，使制度更完善、更系统、更全面，更有效指导工程建设。

（4）环境保护。按照"不破坏就是最大的保护"的新理念，公司高度重视水土保持和生态建设工作。各施工单位做到车辆不随意碾压破坏当地耕地和林地，对取、弃土不乱挖乱弃，边施工边进行恢复整理，及时有效保护线内外环境。特别是对古长城进行妥善保护。项目建设有两处（外长城、内长城）下穿古长城施工。为了保护这两处长城，不惜增加近 2000 万元投资，用 140 多根管棚打入古长城底部，再用顶推把预制好的框架结构从古长城的下面顶进去，使汽车从古长城下面穿过，框架结构把古长城托起来，这就保留古长城原貌。为最大限度地保护文物古迹，公司严格制定穿越长城方案，先后三次组织专家进行评估论证。代表着古代文明的古长城和现代文明的高速公路在这里交相辉映。

（5）新技术应用。为建设一流高速公路,公司大力推广应用新技术、新材料、新设备、新工艺。在外业勘察过程中,导线控制测量应用 GPS 全球定位新技术,保证勘察质量,提高路线定位精度;工程地质勘探采用钻探、物探、挖探和原位测试等综合手段,查明沿线地质及不良地质路线情况。在内业设计过程中,大力应用 CAD 技术,既缩短周期,又提高设计质量。推广应用路线、桥梁、互通式立体交叉及预算 CAD 等,计算机综合出图率达100%。在特大、大、中桥桥梁设计中,采用既经济实用又方便施工且行车舒适的连续结构;在路基防护、排水设计中,对于路堤边坡,采取拱形骨架结合植草、加筋土挡墙等防护措施;对于路堑边坡,采取浆砌片石护坡、矮护面墙结合三维植草网防护、全坡面护面墙防护、拱形骨架结合植草防护、格宾网加杆防护等措施,综合考虑边坡防护安全、实用、路容美化等因素。

（三）科技创新

为提高桥梁工程质量,建设者采取所有合同段混凝土集中拌和,并安装自动计量装置,构造物必须使用大模板、新模板等几项强制性措施。对于桥面铺装出现早期破坏问题,通过增加门形钢筋、桥面凿毛、桥面设置双层钢筋网以及采用滑模摊铺机连续过桥浇筑桥面铺装新工艺,较好地解决这一技术问题,取得良好效果。图 8-50 为淤泥河特大桥。

图 8-50　淤泥河特大桥

（四）运营养护管理

1.收费站点设置

按照晋政函〔2005〕179 号文件《关于同意得胜口—大同高速公路收取车辆通行费等有关事宜的批复》,项目为还贷公路,设置大同东、新荣、大同北、得胜口 4 个收费站;按照晋政函〔2008〕177 号文件《关于同意大运高速公路新增车辆通行费收费站的批复》,大运高速公路设置大同南收费站;按照晋交财〔2011〕532 号文件《关于得大高速公路增设御西收费站的通知》,增加设置御西收费站。

(1)得胜口收费站(图8-51)地处大同市新荣区堡子湾乡磨复其湾村,位于G55 K429+950处,收费广场占地面积66069m²,建筑面积4351.61m²,车道6进7出,其中ETC车道1进1出。

图8-51　得胜口收费站

(2)新荣收费站地处大同市新荣区李佩沟村东北方向,位于G55 K434+046处,收费广场占地面积6.3亩,建筑面积748m²,车道2进2出。

(3)大同北收费站(图8-52)地处大同市南郊区古店镇圣水沟村东,位于G55 K452+775处,设A、B两个收费广场,收费广场占地面积13.5亩,建筑面积2450m²,车道4进6出,其中ETC车道2进2出。

图8-52　大同北收费站

(4)大同东收费站(图8-53)地处大同市平城桥东6km、南郊区水泊寺乡肖家寨村东,位于G55 K465+399处,收费广场占地面积3.52亩,建筑面积1048m²,车道4进6出,其中ETC车道1进1出。

图8-53　大同东收费站

（5）大同南收费站地处大同市南郊区大塘路东河河村东，位于 G55 K480+506 处，收费广场占地面积 13.4175 亩，建筑面积 1224.25m²，车道 7 进 9 出，ETC 车道 1 进 1 出。

（6）御西收费站地处大同市南郊区古店镇马站村，位于 G55 K454+320 处，收费广场占地面积 28.08 亩，建筑面积 3182m²，车道 6 进 7 出，其中 ETC 车道 1 进 1 出。

交通流量状况见表 8-24。

交通流量状况表   表 8-24

年　份	年通行量（辆）	日平均量（辆）
2005 年	13495	221
2006 年	261191	716
2007 年	1313931	3600
2008 年	2107799	5759
2009 年	2152632	5898
2010 年	2909568	7971
2011 年	2689292	7368
2012 年	3202766	8751
2013 年	3990057	10932
2014 年	3865699	10591
2015 年	3380949	9263
2016 年	4521354	12387

2. 服务区设置

古店服务区地处大同市古店镇北宋庄村东，大同北收费站东北 2km，位于 G55 K452 处，总占地面积 38001.9m²，分东西两个区，东区占地 20001m²，西区占地 18000.9m²；总建筑面积 3724.55m²。其中办公楼建筑面积 1853.43m²；停车场可停放车辆 70 辆，其中大车 21 辆，危化品车 4 辆，大巴车 6 辆，畜力车 4 辆，小车 35 辆；餐厅总面积 660m²（东区 340m²，西区 320m²），可同时供 200 人就餐；超市 2 处，面积 408m²，经营品种 200 余种；公厕总面积 300m²，男卫生间可供 33 人同时使用，女卫生间可供 34 人同时使用（东西区），均设有第三卫生间；加油站总面积 320m²（东西区均为 160m²），油罐容量 288m³（共 12 个，各 6 个 24m³）各设 6 台加油机，油品种类齐全。各设 1 座电动汽车充电站，共 8 个充电位，预留 8 个充电位待远期实施，另外还设有汽修厂、附属用房等。可为过往旅客提供加油、餐饮、购物、汽车修理等服务。2016 年被评为达标服务区。

3. 治超检测站点设置

大同高速公路公司治超工作 2005 年开始，先后成立大同北 A、大同北 B、御东、新荣 4 个超限检测点，负责得大路段共 47km 的治理车辆非法超限超载工作；另外还成立得胜口超限检测站，负责蒙晋入省口的治超检测工作。

4. 养护管理

公司养护工程处不断积累经验,逐步实现养护检查、周期性养护、及时性养护、预防性养护、恢复性养护和规范化养护相结合,并由单一养护、粗放型养护向全面养护、集约型养护转变。

三、大新段(大同—新广武)(建设期:2001年5月~2003年9月)

(一)项目概况

1. 基本情况

项目是国家和山西省重点公路建设项目之一,是国道(G55)主干线公路途经山西的重要路段,也是山西省"三纵十二横十二环"公路主骨架和"三小时高速通达工程"中轴快速通道之一,是晋煤外运的主要通道。起于大同市南郊区冯庄村西北约600m处,与京大高速公路东河河互通相接,经怀仁县、山阴县—新广武,全长97.009km。朔州支线(元营—朔城区)起于山阴县后所乡南万庄村南,止于朔州市民福东街,全长31.818km。共计128.821km,批准概算29.1162亿元(其中:公路工程28.8142亿元,飞机跑道0.3020亿元),建设工期四年。路基工程2001年5月18日开工,10月20日全部完工;路面工程2002年3月20日正式开工,9月5日全部完工;交通工程2002年6月1日开工,10月7日完工;房建工程2002年5月1日开工,9月20日完工;绿化工程2002年9月15日开工,2003年5月31日完工;康庄服务区工程2003年6月15日开工,9月28日完工,并于2004年11月通过竣工验收。主线采用平微区技术标准,路基宽28.5m,设计速度120km/h,双向六车道,平曲线最小半径3000m,最大纵坡3%。朔州支线采用丘陵区技术标准,路基宽24.5m,设计速度100km/h,双向四车道,平曲线最小半径3000m,最大纵坡2.98%,地震设防烈度8度。桥梁设计荷载为汽车—超20级,挂车—120;路基、桥涵设计洪水频率为1/100,特大桥为1/300。有特大桥555.5m/1座;大中桥2355.76m/21座;小桥131.7m/5座;涵洞9156.86m/216道;通道5323.91m/173道;分离式立交30处;互通式立交8处;沥青混凝土路面209.9万m^2;水泥混凝土路面134.9万m^2;收费站、养护工区、服务区建设面积19465m^2。2001年5月18日开工建设,2002年10月28日竣工通车。

2. 前期决策

项目建设对于改善晋北地区公路交通状况,加强山西南北地区经济联系,促进晋北地区丰富煤炭资源开发,推动以佛教圣地五台山、大同云冈石窟、北岳恒山、管涔山森林公园为重点的旅游资源开发,加快经济结构调整,促进山西改革开放和经济发展,均有着十分重要的战略意义。

3.参建单位

(1)建设单位。山西省大新高速公路建设有限责任公司。

(2)设计单位。勘察设计由3个单位负责,其中路基路面桥涵及军用飞机跑道工程设计1个,交通、机电工程设计各1个。

(3)施工单位。共有44个单位参加建设,其中路基桥涵工程13个,路面工程8个,交通工程16个,房建工程6个,机电工程1个,绿化工程4个。

(4)监理单位。共有12个单位实施监理,其中路基桥涵工程监理5个,路面工程监理4个,交通、房建、机电工程监理各1个。

(二)建设情况

1.项目准备

(1)立项审批。1998年12月31日,交通部交规划字〔1998〕830号文印发《关于二河国道主干线大同—新广武公路可行性研究报告的批复》;2000年11月14日,交通部交规划发〔2000〕592号文印发《关于二河国道主干线大同—新广武公路可行性研究报告的补充批复》;12月28日,交通部交公路发〔2000〕704号文印发《关于大同—新广武公路初步设计的批复》。

(2)资金筹措。概算投资29.116亿元(包括飞机跑道工程0.302亿元)。其中,交通部补助4.63亿元,公路基金7.684亿元,开发银行贷款16.5亿元。竣工决算24.40亿元,平均每公里造价1815.40万元。

(3)合同段划分。根据项目实际,路基工程分13个标段,路面工程分8个标段,交通工程分16个标段,房建、服务区工程分6个标段,机电工程分1个标段。施工监理分总监办1个;路基工程监理5个标段,路面工程监理4个标段,交通、房建、机电工程监理各1个标段。

(4)招投标。按照国家《招投标法》和交通部《公路工程施工招投标管理办法》等要求,公司于2001年1月在《中国经济导报》和招标与采购网上公开发布通告,对施工与监理单位进行招投标。2001年2月,公司对投标单位资格预审文件进行严格初审,并上报省厅专家评审委员会审查,其中有85个施工单位和17个监理单位通过资格预审。

(5)征地拆迁。项目建设涉及怀仁县、应县、山阴县、朔城区、平鲁区等16个乡镇72个自然村,从2000年12月～2001年5月,共征用土地1.15万亩,支付补偿费用16083万元。

2.项目实施

(1)质量管理。公司采用微机化网络管理和国际ISO 9000—2000标准等现代化管理技术,确保实现"新优并创、精美制胜"目标;以合同为基础,加大工程管理力度;以投标承诺为依据,狠抓履约条款兑现;以应用现代化施工机械为前提,保证压实机械按需投入,确保路基压实度;以实现阶段目标为保障,开展劳动竞赛,采取重奖重罚激励机制,保证阶段目标完成与总体目标实现;制订一整套完整规章制度,千方百计提高工程质量。2004年11月,经省交通厅组织工程专家进行竣工验收,项目工程总评分95.34分,达优良工程标准。2005年12月荣获"汾水杯"质量奖。

(2)安全管理。公司坚持"安全第一,预防为主"和"安全为了生产,生产必须安全"方针,在计划安排、布置检查工程任务的同时,坚持安全工作同步进行。一是项目部健全领导机构,实行上下联动,一级抓一级,层层抓落实;二是建立健全各项管理制度,做到有章可循、有章必循;三是采取强硬措施,加强重点防范,确保实现安全生产。

(三)复杂技术工程

(1)处治盐渍土湿软地基。项目有盐渍土软地基58km,占到45.6%。公司聘请省交通科研院专家共同组织开展"盐渍土混凝土碱集料反应预防措施研究""混凝土抗盐蚀技术措施的研究"和盐渍土软地基施工方案的探讨。按照公司提出的"浅层处治,有序施工,积土预压,延长自然沉降,确保路基强度"的施工方案,积极推广应用新技术、新工艺、新材料,大胆提出片石挤淤、袋装砂井、砂砾垫层等技术,在软地基段路基上层铺设80cm砂砾,使路堤软地基处治后直接进入95区,收到理想效果,有效提高地基承载力及强度,为确保路面工程质量奠定坚实基础。

(2)军用飞机跑道工程。项目是依据中华人民共和国《国防法》和《国防交通条例》有关规定,按照军方要求建设的。全长8.1km,主跑道3.2km,路基宽28.5m,路面宽27.5m,达到空军一级机场跑道建设标准。技术标准采用高速公路平原微丘区技术标准设计,设计洪水频率1/100,地震烈度8级,跑道路面为沥青混凝土,中央分隔带采用活动式护栏,跑道两侧采用柱式轮廓标,在飞机跑道范围内除限速标志、里程标志外,不设置其他标志。图8-54为军用飞机跑道。

图8-54 军用飞机跑道

在北京军区、交通部、省委、省政府高度重视和大力支持下,公司按照《国防交通条例》有关规定和军方具体要求,认真组织,精心施工,严格管理,采取多项技术措施,确保质量,2003年7月完成建设任务。2003年8月通过北京军区、交通部、省交通厅验收,工程质量优良,被誉为"华北地区第一条公路飞机跑道",9月成功举行飞机试飞剪彩活动。

(四)科技创新

(1)沥青混凝土路面。采用双层改性,上面层为复合改性,大大提高路面抗温变性能,改善沥青路面使用性能,在全省高速公路沥青混凝土路面施工中尚属首次应用,为全省推广该项目技术起到主导作用。

(2)服务区取消锅炉供热。首次采用电热膜采暖,建筑物四周顶部、地面均采用挤塑板保暖,顶部安装电热膜,代替以往电气、装饰、暖通、供暖设备等多项工程,对环境无任何污染,采暖效果非果明显。为减少环境污染,6个收费站均安装煤气发生炉,烟尘等各项指标均达到环保要求。

(3)全线路基上路床顶部30cm厚范围内采用填筑砂砾封顶,减少车辆通行及雨雪积水对路基表面的侵害,提高路基强度,相对增加路面垫层厚度,为保证路面质量奠定扎实基础。

(五)运营管理

1.收费站设置

2002年11月12日,根据省政府《关于同意〈大同—运城高速公路收取车辆通行费暂行办法〉的批复》(晋政函〔2002〕188号)精神,沿线(包括朔州支线)设置毛皂、怀仁、应县、山阴、元营、朔州东6个收费站。

(1)毛皂收费站地处怀仁县毛皂镇境内,位于G55 K494+200处,占地面积6.6亩,建筑面积1295.2m²,车道3进5出,其中ETC车道1进1出。

(2)怀仁收费站地处朔州市怀仁海北头乡烽火台村,位于G55 K507+790处,占地面积41.54亩,建筑面积2347.06m²,车道3进5出,其中ETC车道1进1出。

(3)应县西收费站地处应县臧寨乡马庄村,位于G55 K532+595处,占地面积约19.5亩,建筑面积约1754.74m²,车道3进3出,其中ETC车道1进1出。

(4)山阴收费站地处山阴县古城镇安居坊村,位于G55 K552+721处,占地面积4.88亩,建筑面积896.36m²,车道2进3出,无ETC专用车道。

交通流量状况见表8-25。

交通流量状况表 表8-25

年　　份	年通行量(辆)	日平均量(辆)
2005年	1583241	4338
2006年	1788450	4900

续上表

年　份	年通行量(辆)	日平均量(辆)
2007年	2865242	7850
2008年	3632333	9952
2009年	3858220	10570
2010年	5120820	14030
2011年	5540384	15179
2012年	5005706	13714
2013年	5461920	14964
2014年	4675965	12810
2015年	4175271	11439
2016年	5449780	14931

2.服务区设置

设康庄、怀仁两个服务区,其中康庄服务区于2003年9月投入运营,怀仁服务区于2014年6月投入运营。

(1)康庄服务区地处山阴县合盛堡乡康庄村,位于G55 K546处,占地263亩,分东西区,建筑面积5000m²,东区配有综合楼,建筑面积2012m²。停车场可停放车辆200辆,其中大型车80辆,中小型车120辆,餐厅、超市总面积1296m²(东西区各648m²),同时可供300多人就餐,经营500余种商品。应急用房(客房)3间,可供6人住宿。加油站总面积1116m²(东西区均为558m²),油罐容量360m²(共12个,每区6个,每个30m³),各设6台加油机,油类品种齐全。另外设有机修车间、附属用房及预留地等。可为过往顾客提供加油、餐饮、购物、住宿、汽车修理等服务。2016年被评为"优秀服务区"。

(2)怀仁服务区地处怀仁县海北头乡黎寨村,位于G55 K511处,占地180亩,分东西区。总建筑面积6790.18m²。西区配备有办公楼,建筑面积475.2m²(不含档案室)。西区停车场可停放车辆43辆,其中中小型车27辆,大车13辆,客车3辆。东区停车场可停放车辆87辆,其中小型车54辆,大车30辆,客车3辆。西区服务中心面积2569.08m²,超市经营货物品种500余种,客房可同时容纳10人住宿,餐厅同时可供200余人就餐。加油站面积1311.2m²(东区827.2m²,西区484m²)。油罐容量300m²(共10个,每区5个,每个30m³)、加油机6台;另外,还设有汽修厂、附属用房及预留地。可为过往旅客提供加油、餐饮、购物、住宿、汽车修理等服务。2016年被评定为三星级服务区。

3. 养护管理

公司设置元营、怀仁养护处,分别负责 46.009km、51km 养护任务。

四、新原段(新广武—原平)(建设期:2001 年 8 月~2003 年 9 月)

(一)项目概况

项目是国道主干线二连浩特—广州公路在山西境内的主要路段,是山西省建设的"三纵八横"公路主干线网中大同—运城高速公路的重要组成部分。起点位于山阴县新广武村,与大新高速公路相连,途经山阴、代县和原平 3 个县市,终点位于原平市城东,与原太高速公路相连,全长 57.505km。概算总投资 299798 万元,竣工决算投资 247606 万元,实际支出与概算投资相比节约 52192 万元,平均每公里造价 3511.89 万元。

1. 基本情况

项目起点新广武—原平咸阳村 K579+000~K614+300 段,执行山岭重丘区标准,长 35.3km,设计速度 80km/h,路基宽 24.5m,双向四车道;咸阳村—终点原平 K614+300~K636+600 段,执行平原微丘区标准,长 22.3km,设计速度 120km/h,路基宽 28.5m,双向六车道。路面采用沥青混凝土。全线平曲线最小半径 900m,最大纵坡 4.9%。共有大桥 34 座,中桥 23 座,小桥 71 座,天桥 6 座,互通立交 3 处,分离立交 3 处,公铁立交 1 处,涵洞 124 道(盖板涵 91 道、石拱涵 7 道、圆管涵 26 道)。2001 年 8 月 11 日开工建设,2003 年 9 月 18 日竣工,9 月 28 日正式通车(图 8-55)。

图 8-55　通车仪式现场

2. 前期决策

大运高速公路建设酝酿于 20 世纪 90 年代初期。当时,太旧高速公路建设方兴未艾,省交通厅领导对大运路建设作出设想和部署。1997 年,省交通厅主持制定《山西省 1998—2002 年加快公路基础设施建设实施方案》,提出"重点建设二连浩特—河口国道主干线大同—原平、原平—太原、祁县—临汾、临汾—侯马、侯马—禹门口和侯马—运城高速公路",并对各段开工建设及竣工时间作了具体安排。

3. 参建单位

(1)建设单位。2000 年 9 月 30 日,省交通厅成立新原高速公路建设有限责任公司,代表业主行使管理职能。内设工程管理处、总监办、总工办、财务处、地方工作处、后勤处、综合办公室、党委办、治安大队。

(2)设计单位。勘察设计由4个单位承担,其中主线工程设计1个、公铁立交桥设计1个,房建、交通工程设计各1个。

(3)施工单位。共有31个单位参加建设,其中路基工程22个,路面工程4个,交通安全工程4个,大营服务区工程1个。

(4)监理单位。共有10个单位实施监理,其中路基桥涵工程监理7个,路面工程监理2个,交通工程监理1个。

(二)建设情况

1.项目准备

(1)立项审批(表8-26)。1999年2月24日,交通部交规划〔1999〕114号文印发《关于国道二河主干线新广武—原平公路可行性研究报告的》批复;2001年4月28日,交通部交公路发〔2001〕209号文印发《关于二河国道主干线新广武—原平公路初步设计的批复》。

项目审批一览表　　　　　　表8-26

序号	项　目	批复时间	批复部门	文件名称	文　件　号
1	项目法人	2000.9.30	山西省交通厅	《关于成立山西省新原高速公路建设有限责任公司的通知》	晋交人字〔2000〕462号
2	可行性研究报告	1999.2.24	交通部	《关于国道二连浩特主干线新广武—原平公路可行性研究报告的批复》	交规划〔1999〕114号
3	初步设计	2001.4.28	交通部	《关于二河国道主干线新广武—原平公路初步设计的批复》	交公路发〔2001〕209号
4	施工许可		省交通运输厅	施工许可	

(2)资金筹措。交通部交规划〔1999〕114号文批准估算总投资27亿元;2001年4月28日,交通部交公路发〔2001〕209号文中,将概算核定为2997981576元(含建设期贷款利息)。其中交通部补助40600万元,公路基金123198万元,开行贷款136000万元。竣工决算投资247606万元,实际支出与概算投资相比节约52192万元,平均每公里造价3511.89万元。

(3)招投标。严格按程序进行,路基桥涵第一期工程招标于2001年7月7日结束,10个施工单位和2个监理单位中标;第二期工程招标于8月19日结束,9个施工单位和3个监理单位中标;9月14日雁门关隧道工程招标结束;路面工程招标于2002年11月15日结束,4个施工单位和2个监理单位中标;安全设施由4个单位中标施工,机电工程由省交通信息通信公司承担;隧道附属工程、房建工程分别由5个单位施工。

(4) 合同段划分。根据项目特点,路基工程(包括桥涵及构造物)分为20个标段(其中第六标段分为A段和B段),连接线为1个标段,路面工程分为4个标段。

(5) 征地拆迁。项目建设涉及山阴县、代县、原平市,从2000年9月~2001年3月,共征用土地6613.41亩,拆迁房屋1770m²,支付补偿费用4960.947849万元。

2. 项目实施

在工程建设中,公司确立以创优良工程总揽工程建设全局,大规模作战,高强度管理,确保总工期,确保总投资,整体推进工程建设的指导思想;坚持"一创三保"工作思路,即全线工程质量创优良,雁门关隧道工程夺取鲁班奖;确保2003年建成通车;确保资金不突破概算,确保国家和人民生命安全;明确"以法建路、以人为本、科技创新"理念,有力保证质量、进度等各项目标实现。

(1) 进度管理。在路基建设中,公司要求各施工、监理单位严格按照标书要求,确保人员、机械设备、技术力量到位,确保一流管理、设备、人员进场,确保工程进度和质量;在施工材料方面,严把材料进场关,要求各施工单位必须设专职质检员、试验员,加大对原材料检测和控制,确保工程材料质量;公司组织3个前线指挥部、3个驻地组、2个质量督察组深入生产一线,现场办公、指挥和解决问题,积极为各施工、监理单位排忧解难,创造良好施工环境。全线上下通力合作,科学安排,昼夜苦战,提高完成各阶段目标任务。2002年12月24日,以雁门关隧道贯通为标志,路基工程建设取得决定性胜利。在路面、安全设施、隧道附属、机电、绿化、房建、路基扫尾工程阶段,公司领导分段蹲点指导,相互协调配合,组成路面、桥隧、隧道附属、绿化、交通、房建6个工程管理驻地组,深入生产一线,协调指导,各项目部、监理部严格按照阶段目标任务,倒排工期,卡死工期,确定日、周、月进度,实行平行、交叉、流水循环作业,采用非常措施保进度、保工期,圆满完成各项建设任务。

(2) 质量管理。公司成立中心试验室,对监理、施工单位试验室的设备功能、人员资质、操作方法、资料整理工作进行有效监督、检查和管理,并为施工单位提供原材料试验报告和各种标准试验报告,纠正不合标准的施工行为和监理行为,起到督促、检测、协调、服务的作用。各监理、试验人员严格按规定持证上岗,实行全方位、全天候旁站检查。各监理部积极配合公司进行质量控制、计量支付、合同管理。在特大桥施工中,公司委托省交通科研院对白草口中、小沟特大桥进行全过程监控。根据连续刚构桥施工特点,对大桥挠度、受力等方面进行动态控制,保证合龙精度。在高边坡施工中,明确要求施工单位砂浆采取机械拌和,严禁人工拌砂浆、勾凹缝,收到较好效果。在隧道施工中,采取世界上最先进的TSP203地质超前预报,二次衬砌采用全液压钢模台车,保证混凝土光洁度和大面平整度,为保证台背、高填方不下沉,公司针对不同情况,采取不同处治方案。雁门关以北特大桥、大中桥台背采用浆砌片石,其余台背及高填方采用压浆进行处治。在路面工程中,公司约请省交通科研院成立路面技术专门组和中心试验室,深入施工现场,采取抽检、巡视方式对施工单位进行指导和控制。为提高路面质量,中、上面层全部采用进口沥青和SBS改性沥青;上、中、下面层之间洒布黏层油,路面底基层、基层混合料采用集中厂拌、摊铺机摊铺、土工布覆盖养生的施工方法。中央分隔带路缘石采用滑模加工,既保证线形顺畅,又加快工程进度。路面冻胀开裂是国内沥青混凝土路面普遍存在的问题,公司为此多次召开会议并邀请国内专家进行论证,选取两处有代表性的段落进行试验,在基层顶面切缝、沥青灌缝,并在中、下面层间铺设玻璃纤维格栅进行有益探索。为彻底解决桥面渗水,采取对全特大桥、坡度较大的大桥格面进行机械铣刨,消除浮浆,加强防水层与桥面铺装黏结;为保证排水,增设渗水盲沟,并选取两座特大桥采用调整沥青混凝土级配进行结构防水。在铺筑上面层之前,公司会同专家组及监理工程师对极值点逐一进行处理,保证上面层夹带度。这些办法的实施,有效提高路面工程质量。

(3)科技创新。项目地处雁门山区,地形复杂,桥隧密集,技术含量高,施工难度大。在工程建设中,公司强化科技创新,积极推广应用新材料、新技术、新工艺、新设备。在特大桥、隧道中普遍应用滑模、翻模、直螺纹钢筋速接、大面积模板、中空注浆锚杆、挂篮施工、TSP地质超前预报、断面仪、掺入粉煤灰浇筑混凝土、新型养护液、外加剂等,积极采用世界上较先进的SA-5150WII喷油螺杆式空气压缩机、VOLVO铰接式卡车、MAP控地雷达、徕卡TCRA1101型全站仪、瑞典阿特拉斯353E三臂掘岩台车、德国ITC312挖掘装碴机、12m长液压大模板穿行式衬砌台车、DJ50/170步履式伸缩臂单导梁架桥机等新设备,为确保质量、加快进度发挥重要作用。公司还积极组织开展雁门关特大隧道建设与运营管理成套技术研究,逐步探索出一套具有中国特色的先进隧道修建技术,大大提高全国公路隧道设计、施工单位在国际上的竞争能力。2002年11月26日,受到参加全国交通系统信息化管理应用经验交流会的各级领导和专家们高度评价。

(4)重大变更。一是路基工程变更。为开发新广武附近的旅游资源(广武汉墓群、古长城、广武城等古迹遗址),2002年12月,经省交通厅批准,在新广武增设互通1处。为保证高填方段路基稳定,防止跳车,2002年11月,决定在全线较高的桥梁台背和7处高填方路段进行注浆处治。新庄特大桥上游山体陡峭,2001年10月开挖桩基时发生山体滑塌,公司邀请省交通厅领导、省地质专家、设计单位专家现场勘察,重新进行滑坡治理设计,采用抗滑支挡、卸载、反压坡脚、锚索加固、完善排水等进行滑坡治理。二是路面工程变更。2002年8月,经专家评审,考虑到经济性和耐久性,决定将路面结构由原设计18cm(4cm+6cm+8cm)变更为17cm(4cm+5cm+8cm),并将中上面层变更为改性沥青,提高路面高温稳定性和低温抗裂性。隧道原设计为水泥混凝土路面,为减少噪声,增加行车舒适性,2003年4月,将水泥混凝土路面变更为复合式路面,即由28cm变为20cm,上面加铺4cm+5cm改性沥青混凝土。三是隧道工程变更。雁门关隧道(图8-56)左舷两竖井、两斜井的通风方案变更。左线通风方案原设计为双竖井方案,在2001年12月~2003年1月施工中,施工单位根据工期要求已经开挖两处斜井,为节约造价,公司与设计单位进行调查研究,决定利用两个斜井,并在两个斜井旁增设两个小断面竖井,共同组成通风井。不仅利用斜井,减少工程费用,而且保证通风效果。

图8-56 雁门关隧道

雁门关隧道附属工程为监控、照明、通风、供配电、消防5大系统。2003年4月,施工单位进场后,公司组织施工、监理、设计单位共同研究,本着功能要齐全、设备上档次、费用尽量省的原则进行较大变更设计,如增设可变情报板系统、移动通信系统、消防灭火系统和冬季发热电缆保暖系统,使雁门关隧道附属设施达到国内领先水平。

(三)复杂技术工程

全线有特大桥2552延米/4座(其中分线桥2座),大桥5750.985延米/32座,中桥1775.235延米/22座,公路铁路立交桥529.6m/1座,小桥275.26延米/12座,涵洞142道,互通立交4处,分离式立交桥2座,通道63座,天桥6座,隧道11600延米/8处。主要的复杂技术工程为桥梁、隧道工程。

雁门关隧道为当时全国已建和在建的最长的高速公路隧道,穿越恒山山脉,左线长5150m,右线长5650m,两隧道间距30m。均为单向双车道,净宽10.5m,净高7.25m,各设有紧急停车点6个。设计行车速度均为80km/h,通行能力22000,采取自然与机械相结合的方式通风。

鉴于工期有限,为保障运营安全,公司采取分项施工办法建设。左右线隧道分别由中铁第十二局集团有限公司和中铁第十八局集团有限公司承建。两公司均按新奥法原理组织施工,坚持"弱爆破、短进尺、早封闭、勤测量、紧衬砌"的原则,并推广应用国内外隧道施工新技术、新工艺,如全周边注浆法、双液浆喷封技术、水喷雾防火措施等,取得良好效果。2001年10月1日开工,2003年7月1日完工,9月18日~28日,通风、供配电、消防等工程先后竣工,并投入使用。该隧道工程于2005年12月被建设部、中国建筑业协会授予"中国建筑工程鲁班奖(国家优质工程)"(图8-57),2006年11月被中国土木工程协会、詹天佑土木工程发展基金会授予"第六届詹天佑土木工程大奖"(图8-58),在当时国内尚属首例。雁门关隧道的成功建设,为全省乃至全国高速公路长大隧道建设积累经验、提供依据。

图 8-57　鲁班奖

图 8-58　詹天佑奖

(四)科技创新

(1)雁门关长大公路隧道建设与运营管理成套技术研究。2003年6月,与交通部科教司正式签订合同。主要取得四项成果:一是首次提出并成功应用"综合参数+长短结合"预报方法,采用"波速+电阻率"最佳参数组合、"TSP地震预报法+瞬变脉冲电磁法"等总结出雁门关隧道不同灾害体的判译方法,提高预报精度,有效保证工程质量和进度。二是提出并全面应用施工阶段隧道内轮廓量测、无损探测初期支护和二次衬砌厚度的方法,有效控制施工质量。三是应用GFD技术,对公路隧道通风系统中的弯曲风道、缩径段、扩径段、三通、短道、连通道等局部效应以及交叉污染进行数值模拟,得出大量有价值的通风设计参数,为完善现有《公路隧道通风照明设计规范》提供重要参考依据。四是首次在公路隧道中采用水喷雾防火水幕防火措施,解决消防管道防冻问题,有利于长大隧道防灾救灾,提高隧道防灾抗灾水平。该课题基于雁门关隧道工程形成一套完整有效的公路隧道建设管理模式,对工程建设起到保证作用,经济效益和社会效益显著,在全国类似工程中具有较高推广应用价值。2004年8月27日,通过交通部科教司组织的鉴定,认为相关研究成果总体上达到国际先进水平。2006年12月,获省科技进步一等奖。

(2)雁门关隧道及高危边坡工程地质病害处治应用技术研究。2004年5月,公司组织开展研究课题,6项创新技术取得突破性进展,特别是采用"耐高压厚壁异径井管与上托盘式止水法"对雁门关隧道YK110+930右侧3号竖井涌水治理既是一项重大技术创新,又是一项发明,具有较高推广应用价值。该技术解决施工过程中$5000m^3/d$的涌水问题,将水控制在隧道顶部,形成日补给量为$7500m^3/d$的"地下水库",并利用偏心式高压碟阀控制,将地下水可以随时输送到隧道各消防用水处,为隧道消防提供保障,同时也保护雁门关地区生态环境。

(五)运营养护管理

1. 收费站点设置

2002年11月12日,根据省政府《关于同意〈大同—运城高速公路收取车辆通行费暂行办法〉的批复》(晋政函〔2002〕188号)文件规定,沿线共设新广武、代县、大营、崞阳4个收费站。

(1)新广武收费站地处朔州市张庄乡山阴县新广武村,位于G55 K584+179处,收费广场面积1020m²,车道2进2出。

(2)代县收费站地处代县阳明堡镇牛村,位于G55 K603+949处,收费广场面积3082m²,车道2进3出。2008年改建后增加为3进5出,广场面积增加为5072m²;2012年,1进1出2条MTC车道改造为ETC车道。

(3)大营收费站地处原平市沿沟乡上阳贾村,位于G55 K613+090处,收费广场面积1332m²,车道2进2出。

(4)崞阳收费站地处原平市崞阳镇南韩村,位于G55 K620+614处,收费广场面积1332m²,车道2进2出。2014年改建后增加为3进5出,广场面积增加为3825m²。

交通流量状况见表8-27。

交通流量状况表　　　　　　　　　　　　　　表8-27

年　份	年通行量(辆)	日平均量(辆)
2003年	271114	2853
2004年	1124478	3080
2005年	991374	2716
2006年	1165345	3192
2007年	1700513	4658
2008年	2309349	6326
2009年	2391497	6552
2010年	3188330	8735
2011年	3602776	9870
2012年	3351524	9182
2013年	3554125	9737
2014年	3369718	9232
2015年	2708273	7419
2016年	2982178	8170

2. 服务区设置

大营服务区位于G55 K614处,距离原平市区30km,占地面积140070m²,建筑面积

22126m², 绿化面积 53333.33m², 有员工 106 人, 主要经营餐饮、超市、住宿、加油、汽修等服务项目。服务区有用餐区域 3 处, 可同时容纳 340 人用餐(A 区 120 人、B 区 120 人、小吃区 100 人); 超市 2 处, 经营 350 种产品, 设有地方特产专卖区; 加油站面积 800m²(东、西区面积均为 400m²), 每区 3 个车道、16 把加油枪; 客房 1 处, 可同时容纳 12 人住宿; 停车场 2 处, 西区共 73 个停车位, 其中大车位 25 个, 危险品车位 4 个, 牲畜车位 4 个, 小车位 40 个; 东区共有车位 68 个, 其中大车位 25 个, 危险品车位 4 个, 牲畜车位 4 个, 小车位 35 个。公厕 2 处, 每处 46 个厕位、70 个小便池。经过几年运营, 已成为全省高速公路接待规模最大的服务区之一。

3. 养护管理

公司成立大营养护工区, 设主任 1 名, 养护人员 20 人, 负责所辖路段日常养护。以路面保洁为重点, 确保车辆通行安全。定期检查沿线设施, 抓住有利时节, 做好排水设施清淤, 利用养护段现有设备, 及时处治坑槽等应急性病害, 成立防汛领导组, 落实防汛责任, 建立路段防汛联系网, 及时处置水毁隐患, 确保安全畅通。发现道路病害后, 安排技术人员现场查看, 分析原因并制定修补方案, 加强修复质量监管, 使之达到设计要求。

4. 大修工程

通车运营以来, 公司始终坚持全寿命周期养护理念, 不断加大预防性养护力度, 通车至今, 实现 12 年无大修的养护管理目标。2006 年 7 月, 新原公司与原太公司进行区域整合, 成立忻州高速公路公司。

2013 年部分路段出现不同程度病害, 为提升路况质量, 提高道路通行能力和行业服务水平。经上级主管部门研究, 同意进行路面维修处治。2013 年 6 月 23 日, 省发改委晋发改交通发〔2013〕1246 号文批复忻州高速公路部分路段路面维修处治工程工可, 投资估算 11661 万元;2014 年 3 月 31 日, 省交通运输厅晋交建管发〔2014〕136 号文批复一阶段施工图设计, 概算 11085.5 万元。该工程共划分为 2 个标段(1 个标段为微表处工程、1 个标段为路面维修处治工程)和 1 个监理标段(微表处和路面维修处治工程全过程施工监理)。截至 2015 年 11 月 27 日, 微表处工程完成 921152.4m², 完成投资 17667703 元, 占总投资 64.01%, 路面维修处治工程完成 576135.7m², 完成投资 50123806 元, 占总投资 69.89%。

五、原太段(原平—太原)(建设期:1996 年 11 月~1998 年 9 月)

(一)项目概况

1. 基本情况

项目是国家和山西省"九五"重点公路建设项目之一, 是国道主干线二连浩特—广州公路在山西的重要路段, 是山西省第一条双向六车道、全封闭、全立交高速公路, 也是大运高速公路最早建成运营的路段之一。概算总投资260089万元,竣工决算投资245774万元,实际支出与概算投资相比节约10915万元,平均每公里造价2614.089万元。起点位于原平市张村西,与大运高速公路K725处相接,途经原平市、忻州市、阳曲县。终点与太原东环段高速公路相接,全长94.019km,沥青混凝土路面,分上面层4cm,中面层5cm,下面层6cm。设计速度120km/h;设计车辆荷载汽—超20、挂—120;最小平曲线半径2000m,最大纵坡4%。全线有特大桥2360.54延米/3座,大桥3248.82延米/15座,中桥1483.62延米/27座,公路铁路立交桥72.972m/1座,小桥1539.42延米/71座,涵洞239道,互通立交8处,分离式立交桥20座,通道143座,天桥44座。

1996年11月26日正式开工建设,1998年9月15日建成,9月24日交工验收,9月26日正式通车运营,整个工程仅用1年零10个月,比交通部核定工期提前2年2个月,2000年7月27日~28日完成竣工验收。在验收中,竣工验收委员会根据交通部《公路工程竣工验收办法》,采取听、看、查、评、议的方法,对项目建设各项指标进行认真审议,认为该工程路线线形顺畅,路基稳定,路面平整,混凝土结构密实光洁,伸缩缝安装平整;标志、标线等交通安全设施齐全,建设过程中注重环保和绿化,与周围景观协调;项目档案完整、规范,基本做到工程建设与档案形成、积累、归档同步;竣工决算编制符合有关规定。环保档案和审计通过专项验收,按照《公路工程竣工验收办法》有关规定,竣工验收委员会对该工程进行质量评分。工程质量评分为95.67分,评定项目工程质量等级为优良。

1998年9月26日,经省政府批准,正式成立国有独资企业原太高速公路有限公司,负责项目运营管理。

2. 前期决策

1994年5月,在省交通厅安排下,省交通设计院完成《原太段高速公路预可行性报告》。1995年11月16日,副省长杜五安带领省交通厅党组成员以及太原市、忻州地区、省交通厅机关和有关单位负责人共30余人,实地踏勘项目设计路线,并就前期准备工作召开座谈会。座谈会上,要求设计要站得高、看得远、高起点、高标准、高速度,力求科学合理,特别要考虑到沿线经济发展和当地群众切身利益。有关部门要抓紧抓好前期准备工作,力争1997年开工建设,1998年国庆节竣工。

项目建成通车,对改善晋北地区交通拥挤状况,加强山西南北地区经济联系,促进晋北地区丰富的煤炭资源开发和旅游资源开发,带动原太经济走廊建设,促进全省改革开放和经济发展有着重要的战略意义。

3. 参建单位

(1)建设单位。1996年6月20日,省交通厅党组研究决定成立原平—太原段高速公路建设总指挥部;6月23日,晋交发〔1996〕51号文印发《关于成立原平—太原段高速公路建设总指挥部的通知》；1996年9月3日，省政府晋政办发〔1996〕77号文印发《关于成立原平—太原段高速公路建设领导组的通知》，组长由副省长杜五安担任。总指挥部下设10个处室、2个前线指挥部。即办公室、党委办、工程管理处、工程技术处、总监办、地方工作处、设备材料处、计划财务处、交通办、后勤处、南前线指挥部、北前线指挥部。总指挥部设在忻州市，南前线指挥部设在阳曲县交通局，北前线指挥部设在金山铺道班。

(2)设计单位。勘察设计由4个单位完成，其中主线工程设计1个、2座上跨铁路桥和1座下穿铁路桥设计1个，房建、交通工程设计各1个。

(3)施工单位。共有127个单位参加建设，其中路基桥涵工程70个，路面工程17个，交通安全设施工程40个。

(4)监理单位。共有8个单位实施监理，其中路基桥涵工程监理4个，路面工程监理2个，交通工程监理2个。

(二)建设情况

1. 项目准备

(1)立项审批(表8-28)。1994年12月20日，交通部交计发〔1994〕1246号文印发《关于国道二河主干线原平—太原公路项目建议书的批复》；1995年8月29日，交通部交计发〔1995〕804号文印发《关于国道二河主干线原平—太原公路可行性研究报告的批复》；1997年8月4日，交通部交计发〔1997〕240号文印发《关于原平—太原公路调整部分路线走向的》批复；1997年8月，交通部交公路发〔1997〕491号文批复初步设计，概算核定260089万元。

项目审批一览表　　　　　　　　　　　表8-28

序号	项　目	批复时间	批复部门	文件名称	文　件　号
1	项目法人	1996.6.23	山西省交通厅	《关于成立原平—太原段高速公路建设总指挥部的通知》	晋交发〔1996〕51号
2	项目建议书	1994.12.20	交通部	《关于国道二河主干线原平—太原公路项目建议书的批复》	交计发〔1994〕1246号
3	可行性研究报告	1995.8.29	交通部	《关于国道二连浩特主干线原平—太原公路可行性研究报告的批复》	交计发〔1995〕804号
		1997.8.4	交通部	《关于原平—太原公路调整部分路线走向的批复》	交计发〔1997〕240号
4	初步设计	1997.8	交通部	《关于国道二连浩特主干线原平—太原公路初步设计的批复》	交公路发〔1997〕491号
5	施工许可		山西省交通厅	施工许可	

(2)资金筹措。概算260089万元,其中交通部投资44400万元,地方财政债券、交通部委托贷款7000万元,省自筹58689万元,银行贷款150000万元。竣工决算245774万元,实际支出与概算投资相比节约10915万元,平均每公里造价2614.089万元。

(3)招投标。采取议标形式。1996年9月9日,省交通厅招标领导组和办公室,发布招标公告。招标办公室在收到投标书后,根据其参加高速公路工程建设施工、监理情况议标,并将推荐意见上报招标领导组,经省交通厅和工程指挥部审查后,确定中标单位。1996年10月进行第一期工程招标,项目为第一至第六标段、第二十八至第三十八标段;1996年12月下旬进行第二期工程招标,项目为第七至第二十七标段。两次招标最终确定66个施工单位和6个监理单位中标。路面建设采用议标形式,选择参加过太旧高速公路建设,并拥有路面设备的省公路局下属的工程公司和各分局工程处及交通部第一公路工程局第三工程公司等14个施工单位;工程监理委托具有甲级资质的省公路工程监理技术咨询公司和省交通监理总公司负责完成。交通安全设施工程分为39个标段,通过招投标,确定39个单位分段承建。

(4)合同段划分。根据项目特点,路基桥涵工程分为38个标段,路面工程分为14个标段。

(5)征地拆迁。项目建设涉及2市1区2县,从1996年6月～11月,共征用土地11000亩,拆迁房屋696187.5m^2,支付补偿费用22199万元。

2. 项目实施

总指挥部围绕省委、省政府提出的"四年工期两年完、投资不突破概算,工程质量创一流"建设目标,采取一系列行之有效措施。在管理模式上,采用"菲迪克条款"加指挥部管理模式。一方面,总指挥部运用国际通行的"菲迪克条款",根据合同条款,利用经济标杆严格管理工程;另一方面,指挥部代表业主,同时也行使部分政府职能,对工程进行组织、管理、协调、指挥,变事后违约处罚为事前管理、协调、控制、预防,真正做到精心组织,科学安排,步调一致,齐头并进,通过严密科学组织管理,确保合同目标实现。

(1)思想工作。在工程建设中,总指挥部十分注重思想政治工作的激励作用。一是学习和弘扬"太旧精神"。从建设一开始,总指挥部就明确提出以"太旧精神"为动力,以太旧英雄为楷模,以太旧经验为借鉴,以太旧质量为标准的指导思想。在实践中,他们学习和借鉴经验,大力弘扬"太旧精神",为工程建设注入强大精神动力,有力推动项目质量、工期、投资三大建设目标实现。二是开展劳动竞赛活动。总指挥部先后组织开展分阶段劳动竞赛、路基填筑单项劳动竞赛、"抓质量、创样板工程"劳动竞赛、路面工程劳动竞赛等一系列竞赛活动。在劳动竞赛中,将抓工程建设与抓精神文明建设结合起来,将抓进度赶工期与抓质量、创样板工程结合起来,将抓典型树榜样与抓整体促一般结合起来,将抓施工单位与抓监理单位结合起来,将抓生产与搞服务结合起来,将工程质量、进度、安全生产、工地党建、精神文明建设及地方关系处理等工作目标和要求一并纳入劳动竞赛进行阶段考核,实行质量一票否决制,根据考核情况进行奖罚,做到先进个人披红戴花,后进队伍解剖分析,通报批评。通过活动开展,做到学有榜样,赶目标,比有对手,帮有对象,有效激发广大筑路员工劳动热情。同时开展一系列有声有色的党建和精神文明建设活动。通过劳动竞赛活动开展,项目建设纳入经济调控、法律约束、行政指挥有机结合的科学化轨道,对建设好原太项目起到至关重要作用。

(2)质量管理。围绕"精美取胜"思路,总指挥部明确提出瞄准一个"美"字,首先达到"内坚实、外美观、几何尺寸准确"的施工水平;突出一个"实"字,把好"三度六部"(即"松铺厚度、平整度、压实度;桥涵台背部、陡立土体结合部、填挖结合部、小沟小洼部、软弱地带部、标段结合部")关键环节;坚持一个"严"字,严格规范,严格奖罚;贯彻一个"精"字,精益求精,以精求质,以精求美;实现一个"全"字,不仅每一段工程达到优良工程标准,而且整体工程都要达到优良工程标准。总指挥部把"精美取胜"思路贯穿在整个工程建设过程中,为建设精美原太高速公路打下坚实基础。

(3)进度管理。总指挥部根据建设任务,结合当地环境和水文、地质、气候等实际情况,在进行充分调查和科学论证基础上,从工程建设一开始就对任务、工期进行合理安排部署,制定宏观调控、分阶段实施战略。路基工程采用"321"实施战略,"3"就是将全年任务划分为3个阶段,即1996年11月26日~1997年3月18日,1997年3月18日~1997年7月18日,1997年7月18日~1997年9月18日;"2"就是实现两个80%,即在1997年7月18日前完成路基桥涵工程的80%,在1997年9月18日前交工80%的合格路基;"1"就是创一流国优工程。路面工程总体安排是:"分打三个战役",即从路基完成到1998年3月底前打基础,4、5、6、7月大决战,8、9月全部完工。其中,第一阶段主要任务是完成垫层、开挖路槽、备料、安装调试机械、埋设通信管道等;第二阶段主要任务是完成路面铺装和90%的交通工程;第三阶段是扫尾工程。实现两"100%",即在9月底前完成路面工程、交通工程100%,并创一流国优工程。实践证明,这一安排是科学合理的,在1997年当地雨季来临之前,路基工程,特别是路基土方工程已基本完成。在1998年当地天气变冷之前,路面工程已经全部完成。由于工期控制得当,有力保证建设任务提前完成。

(4)重大变更。一是路线变更。忻州过境段原设计走向为东线,设计方案及线形比较合理,但对施工难度考虑不足。该路段之中约400万m^3路堤填土平均运距约15km,同时穿越乡村,跨越大运二级公路和北同蒲铁路,给施工运土带来很大困难,安全隐患较多,环境污染严重。为此,根据忻州行署和忻州市政府要求,经过实地调查和分析比较,决定将忻州过境段由东线改为西线。变更后的忻州过境段西线大部分在山岭微丘区,避开忻定盆地软地基,有利于路基稳定性,同时减少占用水浇高产田4000多亩,既考虑沿线人民群众切实利益,又给工程建设创造有利外部环境。二是路面工程变更。在路面施工中,首次采用沥青马蹄脂碎石混合料,有效提高路面高温、低温稳定性。同时,根据实际地形,结合各单位施工经验,将 55.443km 段落面层变更为改性沥青材料,有效提高路面抗车辙能力和整体抗剪切能力。在路面基层、底基层中采用粉煤灰、矿石渣等工业废料,取得良好经济和社会效益。

(三)复杂技术工程

杨兴河特大桥(图 8-59)全长 1086.1m。上部结构采用预应力 T 形组合梁,桥面宽 28.5m,行车道净宽 6×3.75m,设计速度 120km/h,设计载荷标准为汽车—超 20 级、挂车—120。下部结构为钻孔灌注桩,36 孔,每孔净跨 30m。设计洪水频率 100 年一遇,抗地震基本烈度为 8 度。

图 8-59 杨兴河特大桥

(四)科技创新

(1)湿陷性黄土采空区处置技术在高速公路路基中的应用。项目中段遇有湿陷性黄土采空区,为确保路基稳定性,根据地质地理特征采取成孔灌砂砾、注浆法取得较好效果,空洞填充率达 100%,创造一套比较经济可行的施工方法。该技术采用冲击钻孔,不给水取芯成孔,根据钻探情况,非采空孔成孔后,按成孔类别分别灌砂回填或压注水泥粉煤灰浆液处治;采空孔则先灌砂砾至孔口后,再用注浆管开放式注浆冲带砂砾填灌,直至无法灌入后,封闭管口高压压浆至满足压浆终止为止。处治工程于 1997 年 4 月 16 日开始,6 月 1 日结束,历时 47 天,共完成处治钻孔 649 个,累计进尺 9828.08m。根据钻探取芯和物探检测结果显示,采空区灌浆处治工程收效显著,达到预期目的。该技术的应用,解决高等级公路选线中遇到采空区难以规划一大难题,在典型采空地质构造区域内采用灌浆处治施工措施,创造一套比较经济可行、行之有效的施工方法。该技术的应用与路基大开挖填换土相比,工期缩短,造价降低 40%。

(2)SMA 路面首次科研试验成功(图 8-60)。项目铺筑近 2km SMA 路面,在山西省首次成功应用。通过对 SMA 混合料性能试验研究及试验路段铺筑,得出以下 3 点结论:一是采用改性沥青是有效改善沥青路面高低温稳定性的根本途径;二是 SMA 沥青混合料解决路面抗滑与防渗矛盾;三是 SMA 沥青混合料黏性大,集料粒径均匀,在混合料运输、摊铺过程中不会发生离析现象,路面均匀美观。此项试验研究,为 SMA 在全省其他高速公路建设中的广泛使用奠定重要基础。

图 8-60　原太段路面

(五)运营养护管理

1. 收费站点设置

1998 年 9 月,根据《关于原平—太原高速公路收取车辆通行费的通知》(晋交财字〔1998〕566 号)文件规定,沿线共设原平、三家村、顿村、忻州、高蒲、大盂、黄寨、阳曲 8 个收费站。

(1)原平收费站地处原平市东北交叉口地段的张村,位于 G55 K641+534 处,收费广场面积 4050m², 车道 3 进 6 出。2010 年,1 进 1 出 2 条 MTC 车道改造为 ETC 车道。

(2)三家村收费站地处原平市、忻州市、定襄县三地交界处,定襄县三家村境内,位于 G55 K653+556 处,收费广场面积 2350m², 车道 2 进 3 出。

(3)顿村收费站地处忻州市顿村温泉度假村,位于 G55 K668+518 处,收费广场面积 3150m², 车道 2 进 3 出。2013 年,改建后增加为 4 进 6 出,广场面积增加为 5500m²;1 进 1 出 2 条 MTC 车道改造为 ETC 车道。

(4)忻州收费站(图 8-61)地处忻州市城西 2km 处解原村东北部,位于 G55 K676+384 处,收费广场面积 8325m², 车道 3 进 6 出,2008 年,改建后增加为 4 进 8 出,广场面积增加为 10049m²;2010 年,1 进 1 出 2 条 MTC 车道改造为 ETC 车道。

(5)高蒲收费站地处忻州市豆罗镇高蒲村南,位于 G55 K692+191 处,收费广场面积 2328m², 车道 3 进 3 出。

(6)大盂收费站地处太原市阳曲县大盂镇,位于 G55 K707+3779 处,收费广场面积 2352m², 车道 2 进 3 出。

(7)黄寨收费站地处太原市阳曲县城西侧,位于 G55 K720+939 处,收费广场面积 2263m²,车道 2 进 3 出。

图 8-61　忻州收费站

(8)阳曲收费站地处太原市尖草坪区阳曲镇阳曲村,位于 G55 K245+000 处,收费广场面积 4500m²,车道 2 进 5 出。

2009 年,根据省交通厅第 37 号《关于大运高速公路部分收费站整合专题会议纪要》精神,忻州高速公路公司所属的阳曲站划归太原高速公路公司管理,从 2010 年 1 月 1 日起执行。

交通流量状况见表 8-29。

交通流量状况表　　　　表 8-29

年　　份	年通行量(辆)	日平均量(辆)
1998 年	593996	1627
1999 年	2589959	7095
2000 年	3450648	9453
2001 年	4180584	11453
2002 年	4282174	11731
2003 年	4457177	12211
2004 年	5597566	15335
2005 年	6418184	17584
2006 年	6371860	17457
2007 年	8397062	23005
2008 年	10904655	29875
2009 年	12627936	34597
2010 年	11472437	31431
2011 年	12683272	34748
2012 年	13767772	37719
2013 年	14030330	38439
2014 年	13350935	36577
2015 年	13482796	36939
2016 年	15086141	41331

2. 服务区设置

全线设原平和大盂2个服务区,1999年1月~2003年10月自营,2003年11月开始,中石化山西分公司承租经营。

(1)原平服务区(图8-62)位于G55 K645处,距离原平市区5km,占地面积53333m²,建筑面积3694.66m²,绿化面积1892m²,有员工78人,分为东、西两区,服务区建有加油站、餐厅、超市、客房、汽修厂、停车场、卫生间等服务及生活设施。主要经营加油、餐饮、购物、住宿、汽修等服务项目。服务区现有用餐区域1处,可同时容纳150人用餐;超市2处,经营230余种产品;加油站总面积1400m²(东、西区面积均为700m²),每处3个车道、9把加油枪;客房1处,可同时容纳10人住宿;停车场2处,东区停车位56个,其中小车位36个,大巴车位4个,大车位10个,危险品车位3个,牲畜车位3个;西区停车位57个,其中小车位37个,大巴车位4个,大车位11个,危险品车位3个,牲畜车位2个。公厕2处,东、西区各有男厕19个厕位、18个小便池,女厕18个厕位。

(2)大盂服务区(图8-63)位于G55 K710处,距离太原市区30km,占地面积58696m²,建筑面积4978.93m²,绿化面积7394m²,现有员工68人。主要经营餐饮、超市、住宿、加油、汽修等服务项目。服务区现有用餐区域1处,可同时容纳160人用餐;超市2处,经营220种产品;加油站总面积为800m²(东、西区面积均为400m²),每处3个车道、18把加油枪;客房1处,可同时容纳6人住宿;停车场2处,东区共22个停车位,其中大车位13个,危险品车位2个,小车位7个;西区共33个停车位,其中大车位16个,危险品车位2个,小车位15个。公厕2处,每处29个厕位、10个小便池。

图8-62 原平服务区

图8-63 大盂服务区

3. 养护管理

1998年10月公司设置养护事业部,内设综合办、生产技术办、机务材料办。综合办负责日常行政事务等工作,生产技术办负责生产和技术管理等工作,机务材料办负责机务管理、安全生产管理及材料采备管理等工作,其中财务人员由公司委派。下设原平、忻州、大盂3个养护工区,分别负责原太段K00~K31、K31~K63、K63~K95养护任务。同时设置原平服务站,负责原平管理区后勤管理工作。服务站内设机械队,专门负责大型养护机械管理、使用与维护工作。各工区设主任1名,副主任1名,干事、技术员5~6名,设备操作人员 3~4 名,均由养护事业部统一管理、培训、调配。

六、太原东环段(武宿—阳曲镇)(建设期:1993 年 7 月~1996 年 10 月)

详见第七节　G2001 太原绕城高速公路太原东环段有关内容。

七、太长段(太原—长治)(建设期:2003 年 10 月~2005 年 11 月)

(一)项目概况

1. 基本情况

项目是山西省高速公路网"三纵十一横十一环"主骨架三纵的重要组成部分,起于省城太原,全线纵贯太原、晋中、长治 3 市 9 县区,终于晋东南中心城市长治,与长晋高速公路相连。沿线地质条件异常复杂,平原区仅占 37%,山岭重丘区占到 63%,尤其北段崇山峻岭,沟壑纵横,桥隧相连达 30 余千米,南段煤矿采空区等遍布。双向四车道,其中山岭区设计速度 80km/h,路基宽 24.5m;平原区设计速度 100km/h,路基宽 26m。桥涵设计汽车荷载等级公路—Ⅰ级。全线有 16 座隧道、77 座大桥、12 处互通立交。全长 210.923km(太长段 199.535km,长邯段 11.388km),投资概算 71 亿元。2003 年 10 月 18 日开工建设,是继大运高速公路之后,全省投资最多、规模最大、线路最长的公路交通基础设施项目,2005 年 11 月 8 日通车运营。

2. 前期决策

山西省在中央关于加快中西部地区经济发展重大战略举措下绘制省内公路建设宏图,全省公路建设以大运高速公路为主干的"大字形"高速公路和省会到地市三小时高速公路通达工程基本成形,形成干支相连、通达周边、安全便捷的公路网。项目是太原向长治方向辐射的一条重要干道,北连太原—大同—内蒙古,南经长治—晋城—河南,东由太旧、长邯高速公路均可至河北并直达首都北京,省内纵贯晋中、上党盆地,连续太原、榆次、长治市三市和太谷、榆社、武乡、襄垣、屯留五县。项目建设对于促进晋中、晋东南区位优势,振兴革命老区经济,推动全省区域经济协调发展和经济结构调整,增强中心城市凝聚力和辐射能力,促进旅游业发展,推动全省经济再上新台阶具有重大意义。

3. 参建单位

(1)建设单位。2003 年 9 月,省交通厅批准成立太长高速公路有限责任公司,内设综合办、工管处、质监处、地协处、财务处、总工办、交通办,下设太原、北段、中段、南段 4 个项目部。

(2)设计单位。勘察设计由 6 个单位负责,其中,路基桥涵设计单位 3 个,交通、机电及房建工程 3 个。

(3)施工单位。共有 79 个单位参加建设,其中路基工程 35 个,路面工程 12 个,房建工程 6 个,机电工程 2 个,标志、标线、护栏、隔离栅工程各 6 个。

(4)监理单位。共有 17 个单位实施监理,其中路基工程监理 9 个,路面工程监理 5 个,房建工程监理 2 个,机电工程监理 1 个。

(二)建设情况

1. 项目准备

(1)立项审批。2001 年 3 月 30 日,省发展计划委员会晋计交通发〔2001〕172 号文批复项目建议书;2002 年 9 月 11 日,省发展计划委员会晋计交通发〔2002〕753 号文批复可行性研究报告;2003 年 9 月 8 日,省交通厅晋交公字〔2003〕452 号文批复初步设计;11 月 21 日,省环境保护局晋环函〔2003〕420 号文批复《太原—长治高速公路建设项目环境影响报告书》;2004 年 3 月 22 日,国家林业局林资林地审字〔2004〕040 号文批复《使用林地审核同意书》;4 月 28 日,省国土资源厅晋国土资函〔2004〕285 号文批复用地预审;2005 年 10 月 10 日,国土资源部国土资函〔2005〕967 号文批复建设用地;6 月 28 日,省交通厅晋交公字〔2005〕305 号文批复施工图设计;10 月 18 日,省交通厅批准项目施工许可申请书。

(2)资金筹措。共下达项目投资计划 710019 万元,其中交通部补助 68300 万元,公路基金 91719 万元,开行贷款 550000 万元。

(3)招投标。项目招标工作始终本着"公开、公平、公正、科学、择优"的原则进行,严格按照《中华人民共和国招标投标法》《公路工程施工监理招标投标管理办法》《评标委员会和评标方法暂行规定》等有关规定要求,并在省交通厅纪检部门、省重点办、省重大项目稽查办和省第二公证处现场监督下进行。①设计招标。2002 年 12 月 17 日,在《中国交通报》和《中国经济导报》刊登招标公告,2003 年 2 月 18 日,召开设计招标开标大会,13 个单位递交投标文件,经过认真评标,有 5 个设计单位中标。②路基构造物、煤矿采空区治理工程施工和监理招标。2003 年 9 月 9 日,在《中国经济导报》刊登招标公告,10 月 16 日,召开开标大会,有 338 个施工和监理单位递交投标文件,经过认真评标,有 40 个施工单位和 9 个监理单位中标。③跨铁路立交桥招标。2004 年 3 月 2 日,在《中国经济导报》刊登招标公告,5 月 11 日,召开开标大会,6 个单位递交投标文件,经过认真评标,有 2 个施工单位中标。④路面、交通安全设施工程施工和监理招标。8 月 31 日,在《中国经济导报》和《山西交通报》刊登招标公告,同时在山西交通网站发布,11 月 10 日,召开开标大会,有 71 个路面施工单位、87 个交通安全设施施工单位和 10 个监理单位递交投标文件,经过认真评标,有 12 个路面施工单位、24 个交通安全设施施工单位和 6 个监理单位中标。⑤房屋建筑、绿化、机电、隧道供电照明通风系统、隧道消防系统工程施工和监理招标。11月23日,在《中国经济导报》和《山西交通报》刊登招标公告,同时在山西交通网站发布,2005年2月22日,召开开标大会,有159个施工单位和10个监理单位递交投标文件,经过认真评标,有25个施工单位和3个监理单位中标。⑥钢绞线、锚具、支座和伸缩缝材料采购招标。2004年2月5日,在《中国经济导报》刊登招标公告,3月4日,召开开标大会,有47个单位递交投标文件,经过认真评标,有9个单位中标。⑦沥青混凝土路面重交通道路石油沥青采购招标。2004年11月23日,在《中国经济导报》和《山西交通报》刊登招标公告,同时在山西交通网站发布,2005年2月22日,召开开标大会,11个单位递交投标文件,经过认真评标,有2个单位中标(各中2个标段)。

(4)合同段划分。根据项目特点,设计分6个标段,路基构造物、煤矿采空区治理工程施工共分40个标段,路基构造物分34个标段,跨铁路立交桥分2个标段,煤矿采空区治理工程分6个标段,监理分9个标段;路面工程分12个标段,交通安全设施工程分24个标段,施工监理分6个标段;房屋建筑工程分7个标段、绿化工程分12个标段、机电工程分2个标段、隧道供电照明通风系统工程分3个标段、隧道消防系统工程分1个标段,房建监理分2个标段,机电监理分1个标段;钢绞线、锚具、支座、伸缩缝材料各分3个标段;沥青混凝土路面重交通道路石油沥青采购分4个标段。

(5)征地拆迁。项目建设涉及9县区23个乡镇121个村,截至2008年8月底,共计征用土地21772.7亩。

2.项目实施

(1)质量管理。公司坚持"百年大计,质量第一"方针,不断强化质量监管措施,包括设备、人员、试验、检验四关;交通、机电、绿化、房建等附属工程高度重视施工质量。交通安全防护设施施工质量达到设计要求,确保运营安全;机电、通信设施运行良好,保证畅通;服务区、房建工程适用、美观;绿化工程确保树要活,草要绿。做到不留隐患,不留死角,一次性交工使用。具体做到了以下6点:一是坚持以工程质量为中心,全面落实质量保证体系。将目标细化落实到每个人头上,形成全员、全过程、全企业抓质量局面;层层落实质量责任状,实行工程技术人员和监理双旁站,谁签字、谁负责。二是成立质量检测中心,对全线施工项目进行质量监控和抽检,使工程质量始终处于受控状态。三是充分发挥监理人员作用,严把人员进场关,对考核不合格者坚决辞退;公司质监人员不定时检查;建立工程质量负责制,业主与总监、总监与各驻地组长、驻地组长与各监理员层层签订责任书,增强监理人员责任心,视工程质量如生命。四是实行监理日志人人记,日日记,业主不定时进行抽查,有效制止编造假资料情形。五是建立"质量巡查通知单"制度,完善巡查和信息反馈机制。进行"三项整顿、三项治理"活动(即思想整顿、队伍整顿、作风整顿,治理施工现场、治理施工原材料、治理虚假数据);以"查合同执行情况、查质量保证体系、查质量隐患"为内容针对性地开展"回头看、查隐患"三查活动,以达到"强化事前指导、强化过程控制、强化事后检验""三强"目的。六是全面推行工程质量"一票否决制",建立优质优价奖励机制。提取工程造价0.3%~1%对优良工程进行奖励;对违约的单位,严格按照合同规定,采取调整、分割工程,扣除履约保证金,直至终止合同,清退出场。建设期间,对管理混乱,存在质量问题的12个施工单位、6个监理单位进行通报和黄牌警告,对3名不负责的监理人员进行清退。

（2）安全管理。公司强化安全责任,确保施工安全。公司坚持"安全第一,预防为主"方针和"管生产必须管安全"原则,实行劳动竞赛安全工作一票否决制。努力做到细化责任,责任到人,严格要求,严格检查,严格监督,严格奖罚,使安全工作不断跃上新台阶。2005年进入决战阶段,工期紧,任务重,施工单位多,安全生产形势十分严峻。公司反复强调各项目经理是安全生产第一责任人,要求切实负起责任来,不断强化安全措施,严格操作规程,杜绝群死群伤重特大、恶性事故的发生。

（3）进度管理。自开工奠基以来,广大建设者发扬"太旧精神"和"大运精神",战天斗地,攻坚克难,进展顺利。2005年4月30日,路基工程基本完工;7月28日,提前实现半幅通行,达到大型车队顺利通行目标;7月29日,圆满完成迎接时任中共中央总书记胡锦涛视察山西的大型政治接待任务,受到省委、省政府及省交通厅表扬。8月15日,胜利完成中央电视台心连心艺术团为纪念世界反法西斯暨中国人民抗日战争胜利六十周年在武乡演出的配合接待任务。11月8日,实现全线通车运营。

（三）科技创新

在项目建设中,公司多次召开技术研讨会对复杂技术问题进行深入研究,加大科技攻关,取得良好效果。一是在连拱隧道设计中,改变过去直中墙(整体式中墙)型连拱隧道,采用曲中墙(复合式中墙)型连拱隧道,避免隧道渗漏水,确保质量。二是在桥梁设计中,采用预埋连接钢筋、焊接钢筋网片、钢纤维混凝土新技术,确保施工质量,解决桥面系与梁体衔接的技术问题。三是在桥涵软弱地基处理中,采用CFG桩新技术进行处理,有效提高地基承载力。四是在滑坡治理中,针对滑坡不同力学特征,分别采用卸载、坡脚反压、抗滑桩、轻型钢轨桩单项治理和综合治理新技术。

（四）运营养护管理

1. 收费站设置

根据省政府《关于同意太原—长治高速公路收取车辆通行费等有关事宜的批复》（晋政函〔2005〕178号）文件规定,沿线共设小店南、榆次、太谷东、榆社北、榆社南、武乡、王村、襄垣、屯留、长治西10个收费站。

（1）小店南收费站地处太原市小店区北格镇梁家庄村,位于G55 K774+097处,未开通。

（2）榆次收费站地处晋中市榆次区东阳镇北社村，位于 G55 K790+234 处，收费广场面积 4750m^2，车道 3 进 4 出；2012 年，1 进 1 出 2 条 MTC 车道改造为 ETC 车道。

（3）太谷东收费站地处晋中市太谷县范村镇范村，位于 G55 K803+233 处，收费广场面积 4520m^2，车道 2 进 3 出，2007 年增设 1 条入口车道，现共有 2 进 4 出 6 条车道。

（4）榆社北收费站地处晋中市榆社县箕城镇峡口村，位于 G55 K852+128 处，收费广场面积 4500m^2，车道 3 进 4 出；2012 年，1 进 1 出 2 条 MTC 车道改造为 ETC 车道。

（5）榆社南收费站地处晋中市榆社县箕城镇北马会村，位于 G55 K864+651 处，收费广场面积 1694m^2，车道 2 进 2 出。

（6）武乡收费站地处长治市武乡县丰州镇东村，位于 G55 K884+519 处，收费广场面积 2128m^2，车道 2 进 3 出。

（7）王村收费站地处长治市襄垣县王村镇王村，位于 G55 K905+771 处，收费广场面积 2175m^2，车道 2 进 2 出。

（8）襄垣收费站地处长治市襄垣县夏店镇范家岭村，位于 G55 K924+191 处，收费广场面积 5292m^2，车道 2 进 4 出，2009 年增设 1 进 1 出车道，现共有 3 进 5 出 8 条车道，2012 年，1 进 1 出 2 条 MTC 车道改造为 ETC 车道。

（9）屯留收费站地处长治市屯留县上村镇西泼村，位于 G55 K943+461 处，收费广场面积 4580m^2，分为东、西两个广场，车道 4 进 4 出，2009 年增设 2 条出口车道，现有车道 4 进 6 出。

（10）长治西收费站地处长治市屯留县康庄园区市泽庄村，位于 G55 K955+527 处，收费广场总面积 3080m^2，车道 4 进 6 出，2010 年，1 进 1 出 2 条 MTC 车道改造为 ETC 车道。

交通流量状况见表 8-30。

交通流量状况表 表 8-30

年　份	年通行量（辆）	日平均量（辆）
2005 年	238961	4425.20
2006 年	2535752	6947.27
2007 年	3820216	10466.35
2008 年	4010490	10987.64
2009 年	3149295	8628.21
2010 年	4015064	11000.18
2011 年	5310057	14548.10
2012 年	5942220	16280.05
2013 年	6157174	16868.97

续上表

年　份	年通行量(辆)	日平均量(辆)
2014 年	6561808	17977.56
2015 年	6538643	17914.1
2016 年	7781369	21318.8

2. 服务区设置

全线设太谷、武乡、长治 3 个服务区和榆社、襄垣 2 个停车区,2005 年 11 月 8 日相继投入运营。

(1)太谷服务区地处太谷县范村镇,位于 G55 K802+147 处,占地面积 132000m²,分东、西两个区,分别占地 66000m²,总建筑面积 6172m²;配备有综合楼,建筑面积 2700m²;停车场可停放车辆 200 辆,其中大车 100 辆,中小型车 100 辆;快餐厅面积 600m²,可供 300 人同时就餐。加油站总面积 512m²(东、西区面积均为 256m²),油罐容量 160t(共 16 个 10m³),东、西区各设 8 台加油机,油品种类齐全。另外还设有汽修车间、附属用房及预留用地等。可为过往顾客提供加油、餐饮、购物、住宿、汽车修理等服务。东、西区公厕、停车场 24 小时对外开放。2015 年初公共卫生间进行升级改造,已竣工验收,满足顾客出行需要。

(2)榆社停车区地处榆社县城镇,位于 G55 K841+292 处,占地面积 25334m²,分东、西两个区,分别占地 12667m²,总建筑面积 2967m²;停车场可停放车辆 80 辆,其中大车 40 辆,中小型车 40 辆;快餐厅面积 400m²,可供 150 人同时就餐。加油站总面积 512m²,(东、西区面积均为 256m²),油罐容量 160m³(共 16 个 10m³),东、西区各设 8 台加油机,油品种类齐全。另外还设有附属用房等。可为过往顾客提供加油、餐饮、购物等服务。东、西区公厕、停车场 24 小时对外开放。2015 年 8 月公共卫生间升级改造,增加蹲位和小便器,满足顾客出行需要。

(3)武乡服务区地处武乡县东村,位于 G55 K884+043 处,占地面积 160000m²,分东、西两个区,分别占地 80000m²,总建筑面积 6602m²,其中别墅楼、客房,建筑面积 2400m²;停车场可停放车辆 180 辆,其中大车 90 辆,中小型车 90 辆;快餐厅面积 600m²,可供 300 人同时就餐。加油站总面积 512m²(东、西区面积均为 256m²),油罐容量 160m³(共 16 个 10m³),东、西区各设 8 台加油机,油品种类齐全。另外还设有汽修车间、附属用房等。可为过往顾客提供加油、餐饮、购物、住宿、汽车修理等服务。东、西区公厕、停车场 24 小时对外开放。2015 年 7 月公共卫生间升级改造,已竣工验收,满足顾客出行需要。

(4)襄垣停车区地处襄垣县夏店镇,位于 G55 K922+236 处,占地面积 16667m²,分东、西两个区,分别占地 8333m²,总建筑面积 1709m²;停车场可停放车辆 100 辆,其中大车 50 辆,中小型车 50 辆;快餐厅面积 300m²,可供 100 人同时就餐。加油站总面积 512m²

(东、西区面积均为256m²),油罐容量160m³(共16个10m³),东、西区各设8台加油机,油品种类齐全。另外还设有附属用房等。可为过往顾客提供加油、餐饮、购物等服务。东、西区公厕、停车场24小时对外开放。2014年对襄垣餐厅、卫生间进行改扩建,当年全部完成。

(5)长治服务区地处屯留县康庄镇,位于G55 K952+123处,占地面积93334m²,分东、西两个区,分别占地46667m²,总建筑面积6235m²;其中配备有综合楼,建筑面积2800m²;停车场可停放车辆200辆,其中大车100辆,中小型车100辆,快餐厅面积600m²,可供300人同时就餐。加油站总面积512m²(东、西区面积均为256m²),油罐容量160m³(共16个10m³),东、西区各设8台加油机,油品种类齐全。另外还设有汽修车间、附属用房等。可为过往顾客提供加油、餐饮、购物、住宿、汽车修理、配件等服务。东、西区公厕、停车场24小时对外开放。2015年7月对公共卫生间进行升级改造,已全部完成,满足顾客出行需要。

服务区及停车区于2005年向全国招标,将加油站和餐饮、超市、住宿、汽修经营权益租赁给承租商经营。公司设立专门管理机构,并在每个服务区设业主代表和管理人员,对承租商经营进行监管,对公益方面如卫生、场区、后勤等进行全面管理。公司依据和承租方签订的租赁合同、物业协议及省局、公司下发的各种文件及要求,对承租商进行监管。公司对经营开发部下达年度目标责任书,经营部再对业主代表下达目标责任书,业主代表按照目标责任书逐级分解、具体落实。

3. 养护管理

公司养护部总体负责日常维修保养、养护专项工程管理、机械设备调度管理等工作。下设5个养护工区,分别为太原、太谷、榆社、襄垣、长治养护工区,现有养护人员222名,其中管理人员19名、专业养护工29名、保洁工124名、维修工50名;大专以上人员占38%;有养护设备百余台件,其中装载机5台,自卸车10台,水车10台,除雪铲26件,融雪剂洒布机7台,灌缝机1台,清扫车1台,综合养护车1台,护栏清洗机5台,高空作业车1台,发电焊机5台,切割机5台,打夯机5台等。

八、长晋段(长治—晋城)(建设期:2002年12月~2004年11月16日)

(一)项目概况

1. 基本情况

项目起于长治市下秦村,终于晋城市牛匠村,全长93.045km。双向四车道,路基宽24.5m,设计速度100km/h,路面采用4cm SBS改性沥青混凝土+5cm中粒式改性沥青混凝土+6cm粗粒式沥青混凝土,基层采用水稳碎石,底基层采用综合稳定土(二灰稳定土)结构。2002年9月19日奠基,晋城段于12月16日开工建设,长治段于12月19日开工建设,2004年11月16日通车运营,工程概算24.72亿元。

2. 前期决策

项目是省交通厅首条实行市场化运作,由长晋高速公路公司进行投资、建设、管理、还贷的高速公路。在省交通厅统一协调下,公司以合同形式委托长治、晋城两个公路分局,分别组建项目部,负责所辖地段的工程建设管理;同时,公司委托山西新世纪交通建设工程咨询有限公司作为业主代表,对工程建设进行服务和监督管理。在项目实施中,业主、业主代表、项目部、监理单位、施工单位以合同方式,明确职责、权利、义务,实现投资管理与建设管理相分离,避免权力集中造成的监督乏力现象,保证工程质量,从机制上杜绝腐败现象发生。由长治项目部负责长治境内33km建设管理,晋城项目部负责晋城境内60.220km建设管理。项目部内设综合办公室、工程管理处、总工办、财务处、地方协调处等部室。

3. 参建单位

(1)建设单位。2002年9月6日,省交通厅批准,成立山西太晋高速公路有限公司,2003年12月更名为山西长晋高速公路有限责任公司。

(2)设计单位。勘察设计由6个单位负责。其中,主线设计单位2个,采空区设计单位1个,交通及机电、房建、绿化工程设计各1个。

(3)施工单位。共有57个单位参加建设,其中路基工程23个,路面工程6个,交通工程14个,绿化工程9个,房建工程4个,机电工程1个。

(4)监理单位。共有13个单位实施监理,其中路基工程监理5个,路面工程监理3个,房建、绿化机电工程监理各1个。

(二)建设情况

1. 项目准备

(1)立项审批。1998年11月15日,省计委晋计投交字〔1998〕974号文印发《关于长治—晋城公路工程可行性研究报告的批复》;2001年10月31日,省环保局晋环监字〔2001〕403号文批复《长治—晋城高速公路建设项目环境影响报告书》;2001年12月17日,省发展计划委员会晋计交通发〔2001〕969号文印发《关于长治—晋城公路项目可行性研究报告补充报告的批复》;2002年5月30日,省交通厅晋交公字〔2002〕217号文批复初步设计;2003年6月2日,省交通厅晋交公字〔2003〕239号文批复施工图设计;2004年4月19日,国土资源部国土资函〔2004〕107号文批复项目建设用地。

(2)资金筹措。原初步设计概算21.712亿元,其中:企业自筹3.752亿元,交通部补助3.26亿元,银行贷款14.7亿元。2005年12月30日,省交通厅晋交公字〔2005〕662号文件批复,同意在原批复初步设计概算21.712亿元基础上再增加投资30145万元,最终核定调整概算24.7265亿元。

(3)招投标。结合实际,公司编制资格预审文件,并上报省交通厅批准;按照国家发展计划委员会2000年第4号令精神,在《中国经济导报》发布资格预审通告;根据资格预审评审细则,经资格预评审委员会严格评审,确定满足要求的施工单位137个共148份投标文件;邀请省交通厅、省重点办、省政府重大项目稽查办等有关单位,依法召开开标大会,并请省第二公证处公证员、省交通厅纪检组现场监督;整个开标过程严格执行有关法律法规的规定,坚持按"公正、公平、科学、择优"的原则办事。根据招标评标实施细则规定,从省交通厅专家库抽取专家进行评标工作,由评标委员会依法推荐各标段中标候选人,确定施工中标单位:路基桥涵工程17个、采空区工程4个、路面工程6个、房建工程4个、绿化工程9个、机电工程1个;建设材料供货中标单位:重交通道路石油沥青供货单位2个,SBS改性沥青供货单位1个、抗滑碎石供货单位2个;工程监理中标单位:路基桥涵工程监理,采空区工程监理4个,路面工程监理3个,交通安全设施工程监理2个,机电工程监理1个。

(4)合同段划分。根据项目特点,路基工程分17个标段,采空区处治工程分4个标段,跨铁路立交工程分2个标段,路面工程分6个标段,护栏工程分5个标段,隔离栅工程分3个标段,标志工程分3个标段,标线工程分3个标段,绿化工程分9个标段,房建工程分4个标段,机电工程分1个标段。

(5)征地拆迁。项目涉及2市5县区27个乡镇108个行政村,从2002年12月~2003年5月,共征用土地9271.99亩,拆迁房屋28165.38m^2,支付补偿费用12278万元。

2. 项目实施

(1)质量管理。为了打造品牌公路,实现"科学管理、精心施工,创建一流"目标,公司认真抓好四项工作:一是确保质量始终处于良好受控状态。公司把国际通用的菲迪克条款应用到建设中,并结合实际创新,构建"一个中心、两个管理、三个授权"管理模式。具体讲,"一个中心"是以工程质量为中心,"两个管理"是采用合同形式,公司管监理、监理管施工单位,"三个授权"是公司授权监理对工程质量、进度、计量支付进行全面管理与监督,同时公司又加强对监理行使三项授权的管理与监督。其中,"一个中心"是目的,"两个管理"是形式,"三个授权"是内容。实施这一模式,把施工全过程动态地置于监理的有效控制之下,又把对监理的管理也全过程动态地置于公司有效控制之下。为保证上述模式得到有效实施,公司和项目部按照四级质量保证体系要求,既授权监理对工程建设进行全面管理,又加大对施工现场巡查、检测和监督力度,从人员、机械设备、试验仪器、原材料、工艺流程等方面进行严格控制。从底基层开始,混合料统一集中场拌。土壤粉碎机、生石灰磨细机、行走式拌和机、运输设备、摊铺机及压实机械数量和组合方式互相匹配适应,在全线形成混合料场拌、运输、摊铺、整平、碾压工厂化一条龙施工生产线,充分显示一流机械设备和工厂化施工的巨大作用。在内部管理上,制订一系列规章制度,狠抓监理基础工作规范化、程序化,坚持和加强对监理人员的监督、考核。先后制订《监理工作实施细则》《监理人员工作守则》《廉政守则》《请销假制度》,保证监理人员常驻工地一线。对不称职或不能履行职责的监理人员黄牌警告、通报批评或撤换。先后警告人员18人次,全线通报批评11人次,调整驻地组长2人,撤换1人,更换总监1人。先后100余次以"质量通知单"形式,要求施工单位返工处理,并对监理人员予以黄牌警告。通过菲迪克条款的有效管理,营造较好工作环境,调动各方面积极性和创造性,减少失误,提高管理水平,使质量始终处于高度受控状态。

(2)安全管理。全线参建单位都建立安全管理机构,明确单位主要领导为第一责任人,并制订文明工地建设标准和奖惩办法,实行安全事故一票否决制度,把安全工作纳入劳动竞赛考评。在汛期施工中,积极与气象部门建立汛情反馈关系,制订防汛预案,建立观测点,保证汛情及时反馈。在"非典"疫情严重期间,采取一系列防控"非典"措施,实行零报告制度,定时消毒打药,同时增加农民工防控补助,解决消毒器械和费用,全线没有出现一例疑似病人,有效保证施工人员身体健康和工程按期完成。与此同时,严格危险品、火工品管理和限制,实行定岗、定人、定责,完善各类制度和规范;多次邀请公安部门讲授管理知识,解决偷盗施工材料等地方干扰,全线未发生大的安全事故和刑事案件,创造良好施工环境。

(3)进度管理。公司制定总体施工及月、周计划,层层分解到施工队和班组,使全线施工有组织、快节奏,环环相扣,紧密衔接。一是赢前期。以最快速度完成各项前期准备工作。特别是积极争取沿线地方政府和人民群众支持,在较短时间内完成征地拆迁和考古挖掘,为施工顺利完成创造良好外部环境。在路基桥涵即将完工时,路面、交通、房建施工队伍进驻,及时完成与路基单位交接,为尽快开展工作创造条件。二是抓重点。把全线桥涵构造物施工作为质量重点和进度控制点,一方面要求各施工单位配备足够人员、机械,资金到位,一方面积极扫除制约障碍,为施工正常开展创造有利条件,保证全线进度基本均衡一致。三是促后进。对全线质量、进度不定期检查,对进度较慢的标段,积极出主意,想办法协调地方关系,排除各种干扰,保证施工顺利进行。四是细考评。通过劳动竞赛,加大对施工单位监督、考核和奖惩力度,激发积极性,加快工程建设进度。

(4)资金管理。公司采取多项措施加强资金管理:一是采取最高限价合理价中标办法组织各项工程施工招标。二是实行动态管理办法,对各项工程费用提出宏观控制目标,按照不突破原则安排各项技术管理。三是先后两次与设计、监理和各施工单位核对工程量清单,纠正错误。四是鉴于工程变更量大的实际,采取工程变更随报随批,费用在结算时一次性审批的方法。五是专款专用。要求全线各施工单位统一在指定的当地银行开设账户,实行对外资金流动控制和工程结算款支付审批制度,既保证资金专款专用,又保护农民工队伍利益,较好地解决企业拖欠工人工资问题。在控制工程变更方面主要采取两种审批方式:小于50万元的工程变更由项目部审批,大于50万元的工程变更由施工单位上报项目部审核后,由项目部报业主代表处和公司审核,然后由公司上报省厅重点办批准。在建设中,50万元以下工程变更共批复1.58176855亿元,其中长治项目部批复5097.6058万元,晋城项目部批复10720.0797万元;50万元以上工程变更共批复2次,第一次批复9230.3639万元,其中长治项目部批复7673.7023万元,晋城项目部批复1556.6616万元;第二次批复1.50457940亿元,其中长治项目部批复4295.4836万元,晋城项目部批复10750.3104万元。2007年1月22日,经省审计厅审计,核定项目建设竣工决算总额为22.2703亿元(不含材差)。

(三)复杂技术工程

湿陷性黄土是项目建设主要难点,为此,公司专门制订施工方案,借鉴邻近省份治理经验,通过试铺路段,提高填前碾压压实标准,较为有效地消除地基沉陷,减少工后沉降,为保证路基质量奠定基础。对于桥涵通道地基承载力达不到规定要求的,一律采用三七灰土分层碾压或者用重锤夯实,路基填筑时对鸡爪地形、深沟陡坡地形均采用台阶+重夯处理。在保证质量前提下,对桥涵模板、砌筑材料、工艺、混凝土前场、混凝土后场等严格要求,确保构造物外观质量。

(四)科技创新

针对长治县境内2.19km间断滑坡带,公司专门聘请国内著名滑坡专家在现场研讨,对潜在危险段落专门论证,有针对性地借鉴国内外滑坡整治方法。一是采用抗滑桩,共布置210根,有效治理多层次滑坡裂体滑动。二是利用整体框架锚索加固,增加滑体抗滑能力。三是削坡卸载,降低滑体下滑力,减少主动防护工程量,提高工程可靠性。

针对路面工程工厂化施工特点,进行充分技术准备,及时总结确定工艺流程,在大面积施工中不断改进,并实施网络化动态控制。既保证工程质量,又减少窝工现象,提高工作效率。与此同时,也取得一批科研成果。主要有:①冲击压路机在处理湿陷性黄土地基中的应用;②高路堤强夯法与碾压加固法的比较研究应用;③钢纤维混凝土在桥面中的推广使用;④SBS改性沥青施工工艺的研究。

(五)运营养护管理

1. 收费站设置

全线采用封闭式收费,共设置7个匝道收费站。

（1）长治南收费站地处长治市郊区堠头庄乡下秦村，位于 G55 线 K962+176 处，占地面积 8.25 亩，建筑面积 1532m^2，车道 2 进 3 出。

（2）长治县收费站地处长治县韩店镇池里村，位于 G55 线 K977+300 处，占地面积 16.38 亩，建筑面积 1777m^2，车道 2 进 2 出。

（3）高平收费站地处高平市城南办事处西南庄村，位于 G55 线 K1010+598 处，占地面积 16.5 亩，建筑面积 2094m^2，车道 4 进 5 出，其中 ETC 车道 1 进 1 出。

（4）南义城收费站地处泽州县北义城镇南义城村，位于 G55 线 K1027+805 处，占地面积 6.75 亩，建筑面积 897m^2，车道 2 进 2 出。

（5）金村收费站地处泽州县金村镇崔庄村，位于 G55 线 K1036+919 处，占地面积 5.81 亩，建筑面积 1034m^2，车道 2 进 3 出。

（6）晋城东收费站地处泽州县金村镇西蜀村，位于 G55 线 K1043+705 处，占地面积 9.38 亩，建筑面积 1848m^2，车道 4 进 7 出，其中 ETC 车道 1 进 1 出。

（7）晋城收费站地处晋城市城区钟家庄办事处圪塔村，位于 G55 线 K1050+604 处，占地面积 7.52 亩，建筑面积 2107m^2，车道 4 进 5 出，其中 ETC 车道 1 进 1 出。

根据省交通厅、省财政厅、省物价局《关于长治—晋城高速公路收取车辆通行费的通知》（晋交财字〔2004〕546 号）和省政府《关于同意太原—焦作（省界）高速公路合作经营有关事宜的批复》（晋政函〔2007〕56 号）精神，公路收费权益归属平安信托投资有限责任公司、山西省交通投资集团有限公司共同所有，收费期间的具体运营管理工作由山西长晋高速公路有限责任公司负责。

交通流量状况见表 8-31。

交通流量状况表　　　表 8-31

年　份	年通行量（辆）	日平均量（辆）
2004 年	643265	14294.78
2005 年	9162510	25102.77
2006 年	9750220	26712.93
2007 年	13049799	35752.87
2008 年	15399194	42074.30
2009 年	15003350	41105.07
2010 年	14875401	40754.52
2011 年	14804088	40559.15
2012 年	15667381	42807.05
2013 年	16723848	45818.76
2014 年	17259253	47285.62
2015 年	18159154	49751.11
2016 年	20655470	56435.71

2. 服务区设置

高平服务区地处高平市河西镇,位于 G55 线 K1014 处,是长晋高速公路上唯一的服务区,占地面积约 77 亩,分东西两区,各占地 38.5 亩,建筑面积 6800m^2,配备有综合楼,建筑面积 4703m^2(东、西区各 2351.5m^2);停车场可停放车辆 140 辆,其中大车 36 辆、中小型车 104 辆,其中餐厅(含库房、加工间等)建筑面积 900m^2(东、西区各 450m^2),同时可供 270 人就餐;超市 2 处,面积约 524m^2(东、西区各 252m^2),经营品种 630 余种;客房 6 间,面积约 211m^2,可同时满足 11 人住宿;加油站建筑面积 417.6m^2,油罐容量 300m^3(共 10 个,每区 5 个 30m^3),东、西区各设加油机 5 台,油品种类齐全。另外还有汽修、附属用房等。可为顾客提供加油、餐饮、汽修、住宿、商品零售等收费服务项目,公厕、停车场、母婴休息室、第三卫生间、健身器材等公益服务项目,2015 年被评为达标服务区。

3. 养护管理

日常养护实行管理分离机制,采用合同方式外包,由第三方实施。在工作中,紧紧抓住提高路面质量和行车舒适度这一核心,以迎国检为契机,大力实施"畅通工程"建设,为广大驾乘人员提供安全、畅通、舒适、优美的行车环境。先后投入 17123.6 万元,完成路面病害处治约 377863m^2,逐年消除隐患,确保行车安全;先后投入 2338 万元,对中央分隔带、边坡、服务区进行绿化,初成形成"绿树林立、生态宜居、彰显人文"的景观特色。

九、晋济段(晋城—济源)(建设期:2005 年 4 月 ~ 2008 年 12 月)

(一)项目概况

1. 基本情况

项目是国家重点公路二连浩特—广州的重要组成部分,是全国中西部贯通南北、走出国门的大通道。对于完善山西省高速公路网络,南下中原连通全国高速公路网络,促进区域经济和社会发展具有十分重要的意义。北起晋城市泽州南路泽州互通,与长晋高速公路相接,终点位于晋豫省界,全长 30.224km。全线桥梁长 5107.7m/16 座,隧道长 13292.8m/9 座,桥隧合计 18.4km,桥隧比例 61%,尤其是后 15km 几乎是桥隧相连,地形十分复杂,地势非常险峻,桥隧比例高达 87.6%。概算投资 21.7 亿元。项目地处太行山脉南端,沿线地形由低山丘岭到山岭重丘,由崇山峻岭到悬崖峭壁。山西境内最高点高程 1213.8m,河南济源段最低高程只有 135.5m,高差 1078.3m,高差变化很大。路线经过地段有采空区、岩溶、岩土滑坡等地质,与阳东线 500kV 高压线路、西气东输管线和晋普山铁路专用线相立交。双向四车道,设计速度 80km/h,起点至主线收费站段(K14 + 250)路基宽24.5m(对应分离式路基宽12.5m),主线收费站至终点段路基宽23.0m(对应分离式路基宽11.75m),桥梁与路基同宽,隧道单洞宽9.75m,设计荷载公路—Ⅰ级,抗震基本烈度Ⅵ度。2005年4月6日开工建设,2008年12月31日建成通车运营。

2.前期决策

"十五"初期,晋城公路分局在建设长晋高速公路晋城段的同时,就开始为晋济洛高速公路建设和河南方面积极沟通,最终取得初步建设意向。2003年4月15日,省交通厅和晋城市委、市政府达成共识,启动项目前期工作。

3.参建单位

(1)建设单位。2003年6月,省交通厅决定成立山西省晋济高速公路有限责任公司,负责晋济高速公路前期工作、资金筹措和建设管理。2007年6月,因工作需要,更名为晋城高速公路建设管理处,负责晋济高速公路建设管理工作。内设综合办公室、工程部、技术部、财务部、安全生产部和地方协调部。同时对应三个监理部管辖标段,成立3个业主代表处,加强对工程一线施工单位、监理单位的管理。

(2)设计单位。勘察设计由4个单位负责。

(3)施工单位。共有38个单位参加建设,其中路基工程17个,路面工程2个,房建工程2个,机电工程6个,绿化工程3个,交通工程4个,便道施工4个。

(4)监理单位。共有9个单位实施监理,其中路基桥涵工程监理3个,路面工程监理2个,房建、机电、绿化、交通安全设施工程监理各1个。

(二)建设情况

1.项目准备

(1)立项审批(表8-32)。项目建议书、可行性研究、设计阶段均按照国家有关规定严格执行基本建设程序,依法依规,规范运作,初步设计和施工图设计符合有关标准和规范要求。

项目审批一览表　　　　表8-32

序号	项　　目	批复时间	批复部门	文件名称	文件号
1	项目建议书	2003.6.11	山西省发展计划委员会	《关于太原—澳门国家重点公路山西境晋城—省界段项目建议书的批复》	晋计交通发〔2003〕504号
2	可行性研究报告	2003.8.9	山西省发展计划委员会	《关于太原—澳门国家重点公路山西境晋城—济源(省界)段项目可行性研究报告的批复》	晋计交通发〔2003〕816号

续上表

序号	项目	批复时间	批复部门	文件名称	文件号
3	可行性研究补充报告	2004.4.30	山西省发展和改革委员会	《关于太原—澳门国家重点公路山西境晋城—济源（省界）段项目可行性研究补充报告的批复》	晋发改交通发〔2004〕30号
4	初步设计	2004.5.14	山西省交通厅	《关于晋济高速公路（山西境）初步设计的批复》	晋交公字〔2004〕213号
5	施工图设计	2004.11.5	山西省交通厅	《关于晋济高速公路（山西境）施工图设计的批复》	晋交公字〔2004〕465号
6	环境影响报告书	2004.10.20	国家环境保护总局办公厅	《关于晋城—济源（省界）段高速公路环评批复意见的复函》	环办函〔2004〕614号
7	征用林地	2004.12.1	国家林业局	使用林地审核同意书	林资林地审字〔2004〕081号
8	征用土地	2005.11.16	国土资源部	《关于太原—澳门国家重点公路山西境晋城—济源（省界）段工程建设用地的批复》	国土资函〔2005〕1078号
9	开工许可	2005.4	山西省交通厅	施工许可	

（2）资金筹措。概算批复21.7003261亿元，监控系统核准概算0.32848126亿元，概算批复合计22.02880736亿元。其中建设单位自筹6.78亿元，交通部补助1.02亿元，申请银行贷款14亿元。

（3）招投标。建管处严格按照省发改委工可批复的招标方案执行。设计招标委托北京中交建设工程招标有限公司，在全国范围内公开招标，严格按照招投标法、招投标建设程序及有关规定执行，最终选定中交公路规划设计院、重庆交通科学研究院和中国公路工程咨询总公司作为设计单位。路基桥隧施工和监理招标委托北京中交建设工程招标有限公司在全国范围内公开招标，在资格预审阶段共有188个施工单位购买326份施工资格预审文件，在招标阶段通过资格预审的113个施工投标人购买172份招标文件，经过初步评审和详细评审，最终确定17个施工单位和3个监理单位。后续路面、房建、机电、绿化、交通安全设施工程施工和监理招标委托山西路华通工程咨询有限公司在全国范围内公开招标，最终确定施工和监理单位。上述招标过程均由公证机关公证人员对开标过程进行公证，由省纪检委、省重点办、省检察院、省审计厅、省发改委、省交通厅对开标及评标全过程进行监督。

（4）合同段划分。根据项目特点，路基、桥隧工程分17个标段，路面工程分2个标段，房建工程分2个标段，绿化工程分3个标段，机电工程分6个标段，交通工程分4个标段。

(5)征地拆迁。2005年4月—2008年12月,共征用土地2425.27亩,拆迁房屋7734.9m²,支付补偿费用6268.73万元。

2. 项目实施

(1)质量管理。建管处十分重视建设质量,将其放在一切工作首位。一是建立六级质量管理体系。业主、设计单位、施工单位、监理单位、桥梁监控组、专家咨询组六位一体,分工明确,责任到人,以工程质量管理为主题,以控制工程质量为中心,积极开展各项工作。施工单位严格按规范施工,实行全检;监理单位,实行全天候、全过程监理,基础、钢筋工程全旁站、全抽检,一般工序抽检率不低于40%;建管处成立业主代表处,分3段进行日巡视、日碰头、旬检查,发现问题及时解决,及时上报;桥梁监控单位重点对全线5座连续刚构桥实行全过程各种数据监控,发现异常现象,立即纠正处理;聘请相关专家成立专家咨询委员会,进行技术指导、咨询和研究。二是加强检查力度,严格奖罚。建管处质量检查组经常深入工地严格检查把关,发现隐患下达整改通知书,立即返工,整改后跟踪检查落实,直至彻底解决,确保质量不留隐患。各单位积极开展劳动竞赛,对好的单位通报表彰,并按规定给予奖励;对差的通报批评、黄牌警告和罚款处理。三是加强对监理工作的监督与管理,提高监理工作质量。先后对2个监理单位、3名总监、4名监理人员进行处理,处罚款32.9万元,并将3名监理人员清退出场。四是制订各阶段、各项工程技术要点和施工要求,明确保证质量措施。在路基施工阶段下达《路基施工有关规定》《填石路堤施工工艺及质量控制要求》《隧道施工有关技术要求》《桥梁施工控制要点和注意事项》;在雨季施工阶段下达《雨季施工有关技术质量要求》;在冬季施工阶段下达《冬季施工有关技术质量要求》;路面施工全面展开前,印发《路面施工指导手册》。五是搞好宣传,使质量第一思想贯穿建设全过程。重点工程会议始终围绕质量进行,每次会议纪要都有相关质量控制内容,建管处提出工程管理核心是质量,一切围绕质量进行各项管理工作。创办《晋城重点公路简讯》及时报道好的做法,供各施工单位学习借鉴,也经常报道施工中存在的问题,要求汲取教训,防止同样问题再次出现。

(2)安全管理。项目沿线地形复杂,地势险峻,植被良好,安全工作尤为重要。建管处始终把安全生产工作放在讲政治、保稳定、促工程的重要位置来抓。一是基础管理到位。成立安全生产领导组,设置安全生产部,各施工单位和监理单位成立相应机构,专门抓安全生产工作。层层签订责任书,明确分工,责任到人,各单位配备专职或兼职安全管理人员。制订下发《安全生产管理办法》《安全生产责任制》,做到机构、人员、制度、措施落实,组织开展"平安晋济"创建活动。建管处与施工单位签订治安安全保卫责任书,同时督促落实好各工队与各班组、各班组与每个工人安全责任书签订工作,形成安全工作人人有责、人人负责、齐抓共管的良好局面,真正做到职责明确,责任到人,各负其责,管理规范。二是工作部署到位。在每月召开监理例会的同时召开安全例会,对各项安全工作进行安排部署,突出重点,加强管理,落实责任。在施工过程中,特别加强爆炸物品、施工安全、便道管理,在便道急弯陡坡、连续下坡路段处设置防护墩、警示标志等,确保安全。坚持对大型、特种高吊、电梯等设备进行安全年检资质认证检查,做到安全使用、持证上岗,确保特种机械安全使用。制订防汛抢险和地质灾害防治预案,各单位成立防汛抢险中队,建管处和施工单位坚持24小时昼夜值班,坚持雨中巡查、雨后检查制度。相继开展高空作业、爆炸物品管理、安全用电等12次专项整治工作,实施安全生产百日督查等专项行动,制订具体实施方案,确定督查重点,发现隐患和问题立即整改,切实做到排查不留死角、整治不留后患。

(3)进度管理。在确保质量前提下,建管处科学调度、交叉运作、统筹规划、合理安排,确保工程顺利实施,圆满完成建设任务。一是严格工期目标,加强计划管理。根据项目总体工期要求,建管处、监理单位、施工单位结合全线各合同段情况,均编制总体、年度、季度和月进度计划,并根据施工进度计划相应制订资金使用计划、材料供应计划和设备调配计划。施工单位对照形象进度,按单位、分部、分项工程和月、旬、周将各类计划分解细化到工区、班组,在时间和空间上做到连班作业和合理交叉。建管处对下达的计划按周进行巡查,按月进行调整,按季进行总结部署,使工程计划始终保持严肃性和合理性,确保圆满完成。二是严格工程重点,加强生产调度。一是加强组织调度,确保施工力量。要求各施工、监理单位主要负责人、管理人员不减,并根据不同阶段,适时调动补强相应专业化施工队伍,满足工程所需。二是加强设备调度,确保施工手段。要求施工单位机械设备和检测试验仪器根据合同规定按期保量到场,并组织进场验收。施工期间坚持设备动态管理,对架桥设备,路基"挖、运、凭、压"设备,路面拌和、摊铺、碾压设备等确定选型和数量标准,同时留有储备余地,使工程建设配置较强机械作业能力。三是加强材料供应,确保施工资源。根据施工单位前期进场材料资金比较紧张的实际情况,规定施工单位可凭进场材料发票,支付一定比例预付款,减轻资金压力,同时监督材料结算支付情况,保证材料及时足量供应。四是加强会议调度,确保施工部署。通过按月召开监理例会、工地会议,定期举办现场办公会等形式,按期检查进度,及时发现问题,认真制订相应措施,现场检查,监督落实。三是严格工序环节,加强现场管理。根据不同施工特点,针对各个工艺工序环节,按照施工技术规范,加大现场管理力度。优先安排通道、涵洞、小型构造物施工,广开作业断面,为路基尽早贯通创造条件。在桥梁施工中,抢抓基础施工,及时组织模板和吊装设备进场到位,确保下构到上构工序转换和上构结构体系转换,实行平行转换工序,同步交叉作业,节段阶梯推进。对路面工程,提前抢抓备料,实行拌和、运输、摊铺、压实一条龙作业,基层、面层分幅分层顺序推进,全面展开施工。对于交通安全工程,路面上基层完成后迅速进行防护立柱插打,护栏、隔离栅、标志标牌随同有序施工。对于关键性、滞后性、季节性和辅助性工程,采取引进外协、增大投入等措施,促使其加快进度,确保工程建设连续不断,紧张有序向前推进。

(三)复杂技术工程

1. 仙神河大桥

位于晋豫两省交界处的悬崖绝壁地段,大桥从V形峡谷底部拔地而起,主桥长267m,引桥长64m,墩座高4m,墩高150.07m,箱梁高11m,矮塔高49m,大桥总高度达214m,在同类桥型中居亚洲第一,世界第二。

2. 月湖泉隧道

全长4721m,时为山西省第二长公路隧道。双向对打,中铁十七局一公司由北向南掘进,承担北段2502m施工任务,中铁一局一公司由南向北掘进,承担南段2219m施工任务。2005年初开工建设,2006年7月20日,北段掘进顺利完成;8月29日,隧道右线全线胜利贯通;2007年1月31日,月湖泉隧道完成最后掘进,实现双线贯通。

3. 南河特大桥

全长852m,墩高85m,单孔跨径180m,双向整幅式设计,箱梁宽24.5m,最大单块重量380t,一次性浇筑混凝土约130m³,这种高墩大跨、整幅浇筑的桥梁工程,当时在华北地区尚无施工先例,是华北最大的整幅式连续刚构桥。

(四)科技创新

仙神河大桥、南河特大桥、七甲坡3号桥和西沟大桥把传统分离式设计改变为整幅式,既保护植被,又减少占地,在施工技术和工艺上有新突破,不仅方便施工,而且节约费用,降低造价;对所有隧道采用新奥法施工,采用地质超前预报仪,利用爆炸声波预报150m范围内地质情况,确保隧道施工质量、安全和进度;采用信息化手段辅助工程管理,全线建立专用信息网络,业主、业主代表处和各施工单位、监理单位全部接入,实现工程资料、技术档案、计量支付、财务报表和公文的网络传输,实现网络会议;对桥梁等关键工程部位特别是5座连续刚构桥实行监控,加强工程质量和安全生产的监督与管理,提高工程管理效率和水平;与交通部公路科学研究院合作,取得项目高墩大跨度桥梁力学性态研究的科技成果。

(五)运营养护管理

1. 收费站点设置

2008年10月12日,根据省政府《关于同意晋城—济源(省界)高速公路收取车辆通行费的批复》(晋政函〔2008〕162号)文件规定,设置泽州主线、天井关匝道收费站。

(1)泽州收费站地处泽州县犁川镇天水岭村,位于G55 K1065+481处,收费广场占地面积35636.5m²,车道6进9出;2011年,1进1出2条MTC车道改造为ETC车道。

(2)天井关收费站地处泽州县晋庙铺镇天井关村,位于G55 K1064+846处,收费广场面积3875.7m²,车道2进2出。

交通流量状况见表8-33。

交通流量状况表   表8-33

年 份	年通行量(辆)	日平均量(辆)
2008年	1177	1177
2009年	1094694	2999
2010年	1743201	4776
2011年	2309987	6329
2012年	2231823	6115
2013年	2407946	6597
2014年	1942420	5322
2015年	2073870	5682
2016年	2755158	7548

2.服务区设置

晋城服务区位于G55 K1053+100处,采用双侧对称布局形式,占地面积38001.9m²,办公场所建筑面积5300m²。停车场设有停车位共计61个,其中危化品车位10个,货车车位13个,小车车位16个,牲畜及其他车位22个。餐厅面积600m²,可供300人同时就餐。加油站总面积400m²(东区面积215m²,西区面积185m²),油罐容量240m³(各5个,3个30m³,2个15m³),共有12台加油机,24个加油枪,油品供应齐全。为驾乘人员提供加油、餐饮、便利店、停车住宿、汽修、公共卫生等24小时服务。2015年被评为"达标服务区"。

3.养护管理

建管处设立养护中心,承担全线养护任务。

第十二节　G5501大同绕城高速公路西段

大同绕城高速公路西段建设期:2005年6月~2007年12月。

(一)项目概况

1.基本情况

项目北与已建成的得胜口—大同高速公路、南与大同—运城高速公路相连接,共同形成大同环城高速公路格局(图8-64)。路线全长32.401km,总投资12.438386亿元,建设工期2.5年。平原微丘区标准,双向四车道,路基宽26m,设计速度100km/h,设计荷载公路—I级,设计洪水频率:特大桥1/300,大桥、中桥、小桥及涵洞1/100。采用水泥混凝土路面,设计使用年限30年。有特大和大中桥7座(左2472.291m、右2464.16m),小桥176.5m/8座,天桥503.2m/7座,跨线桥669.62m/8座,分离立交桥12座(左1034.338m、右1035.058m),通道1120.73m/45道,涵洞5368.46m/133道,互通立交5处,30cm水泥混凝土路面41万m²、26cm水泥混凝土路面41.3万m²,水泥混凝土路缘石136.6km。2005年6月9日开工奠基,2007年12月22日建成通车。

图8-64　大同环城段

2.前期决策

项目是2006年经国家发改委、国土资源部确认山西省交通能源行业急需建设的第一批重点建设项目,是山西省公路规划网"九横九环"中的重要组成部分,贯通晋、冀、蒙和辐射京、津、塘的交通动脉。

3.参建单位

(1)建设单位。2003年4月以前由大同市交通局负责筹建;2003年4月30日省交通厅决定由山西京大高速公路有限责任公司承担建设管理工作;2005年9月30日,省交通厅决定成立大同环城高速公路建设管理处,内设综合办公室、党务人事部、财务部、工程部、技术合同部、地方部。

(2)设计单位。勘察设计由3个单位承担,其中路基、环保、绿化工程设计2个,交通工程及沿线设施设计1个。

(3)施工单位。共有26个单位参加建设,其中路基工程10个,路面工程3个,房建工程2个,桥涵伸缩缝采购与安装、护栏工程各2个,机电、标志、防眩设施、隔离栅、标线、声屏障、绿化工程各1个。

(4)监理单位。共有4个单位实施监理,其中路基、安全设施工程监理1个,路基、房建工程监理1个,路面、桥梁伸缩缝工程监理1个,机电工程监理1个。

(二)建设情况

1. 项目准备

（1）立项审批。2003年12月17日，交通部交规划发〔2003〕578号文件印发《关于国道主干线大同绕城公路西段可行性研究报告的批复》；2004年6月8日，交通部交公路发〔2004〕305号文印发《关于二河国道主干线大同绕城公路西段初步设计的批复》；7月22日，省交通厅晋交公字〔2004〕329号文印发《关于大同绕城高速公路西段施工图设计的批复》；8月31日，省环境保护局晋环函〔2004〕342号文印发《关于〈国道主干线二连浩特—河口公路大同绕城公路西北段建设项目环境影响报告书〉的批复》；9月8日，国家环保总局环办函〔2004〕549号文同意省环境保护局批复；10月20日，省水利厅晋水保〔2004〕592号文印发《关于〈大同绕城高速公路西北段建设项目水土保持方案报告书〉的批复》；11月4日，省林业厅晋林地审字〔2004〕89号文同意征占林地503.325亩；2005年10月10日，国土资源部国土资函〔2005〕901号文印发《关于二河国道主干线大同绕城高速公路西段工程建设用地的批复》；12月21日，交通部批准该项目施工许可申请书；3月14日，省文物局印发《关于对〈二河国道主干线大同绕城公路西段跨越平城遗址北苑城设计施工保护方案〉的批复意见》；2009年8月26日，交通运输部交公路发〔2009〕440号文印发《二河国道主干线大同绕城公路西段调整概算的批复》，原初步设计核定项目概算11.52亿元，概算总金额调整为124383.86万元，较原批复概算增加9183.86万元。

（2）资金筹措。截至2009年10月底，共到位建设资金108942.68万元，其中交通部补助资金15800万元；省公路建设资金13000万元；开发银行贷款80142.68万元。根据省审计厅竣工决算《审计报告》，截至2009年10月30日，累计完成投资121117.79万元，其中：建筑安装工程投资（含尾工工程）84815.85万元；设备投资2944.38万元；待摊投资（含预留提费用）32803.91万元；其他投资553.66万元。较概算批复总金额124383.86万元，结余资金3266.07万元。

（3）招投标。根据法律法规有关规定，结合项目工程特点，本着"公平、公正、公开、择优"原则，由省交通厅组织，纪检、监察、公证等有关部门监督，进行设计、施工、监理及部分原材料的国内公开招标工作。2003年7月14日完成勘察设计单位招标，3个单位中标；2005年1月24日完成路基、构造物工程施工、监理招标，10个施工单位、2个监理单位中标；随后完成路面、房建工程及桥梁伸缩缝采购与安装施工、监理招标，此次招标工作委托山西路华通工程咨询有限公司作为招标代理机构，共有3个路面、2个房建工程施工单位、2个监理单位中标，2个桥梁伸缩缝采购与安装单位中标；8月15日完成机电、安全设施、环保、绿化工程施工、监理招标，9个单位中标。

（4）合同段划分。根据项目特点，路基工程分10个标段，路面工程分3个标段，房建工程分2个标段,桥梁伸缩缝采购与安装、护栏工程各分2个标段,机电、标志、防眩设施、隔离、标线、声屏障、绿化工程各分1个标段。

(5)征地拆迁。项目建设涉及大同南郊区5个乡(镇)21个自然村,截至2005年10月,共征用土地3424.7亩,支付补偿费用19233.82万元。

2.项目实施

管理处采取多种技术措施确保工程质量。一是在马军营、平旺两个居民居住相对集中的村内进行桥梁桩基施工时,封闭施工,时间只限于早8点到晚10点,钻孔泥浆随时抽随时清理,不得对周围环境造成任何影响,有效减少人为因素干扰,保证钻孔和灌注桩连续作业;二是在圣水沟、王家园、马军营、东肖河村边填筑路基时,要求施工单位尽量改振动碾压为静压,降低松铺厚度,增加碾压层次和次数,确保压实度达标;三是对填土高度大于6m的段落全部进行重锤夯实;四是对于台背除换填砂砾外,对窄沟深、死边角等压实机械无法压实位置,采用浆砌片石处治,并对台背周围进行注浆处理,提高桥涵台背填筑质量;五是针对湿、软地基,分别采取碎石桩、片石积淤、土工格栅、换填砂砾等处理措施;六是针对地下水位高的情况,对涵洞基底采取片石混凝土处理措施;七是在保证构造物质量前提下,施工中必须采用整块大模板、新模板,提高外观质量。

(三)科技创新

在桥面铺装设计中,采用双钢防水混凝土桥面,即双层铺装钢筋网片和钢纤维。施工后,桥面无裂缝出现,效果十分明显。为防止桥面铺装渗水,采用防水混凝土,经过反复试验调整,使桥面双钢和防水混凝土同时在桥面铺装层使用的技术取得成功。

(四)运营养护管理

项目建成通车后,按照省交通厅规定,移交大同高速公路公司投入试运营管理。

2007年12月12日,根据省政府晋政函〔2007〕221号文《关于同意大同绕城高速公路西段设立车辆通行费收费站的批复》,沿线设置云冈、兴王、平旺、口泉4个收费站。

(1)云冈收费站地处大同市南郊区马军营乡马军营村,位于G5501 K9+434处,占地面积51.58亩,建筑面积7260m^2。车道3进5出,其中ETC车道1进1出。

(2)兴王收费站地处大同市南郊区平旺乡拖皮村,位于G5501 K16+080处,占地面积7.94亩,建筑面积1790.48m^2 车道3进5出,其中ETC车道1进1出。

(3)平旺收费站地处大同市南郊区平旺乡平旺村,位于G5501 K19+269处,占地面积8.7亩,建筑面积1688.72m^2。车道2进4出,其中ETC车道1进1出。

(4)口泉收费站地处大同市南郊区西韩岭乡落里湾村,位于G5501 K25+369处,占地面积7.95亩,建筑面积1741.72m^2。车道3进5出,其中ETC车道1进1出。

交通流量状况见表8-34。

交通流量状况表　　　　　　　　　　表8-34

年　份	年通行量(辆)	日平均量(辆)
2007年	10373	943
2008年	1888551	5160
2009年	4468384	12242
2010年	4921534	13484
2011年	5117516	14021
2012年	5972223	16318
2013年	7304808	20013
2014年	7304643	20013
2015年	5093115	13954
2016年	7866182	21551

第十三节　G59呼和浩特—北海高速公路山西段

一、大呼段(孙启庄—右卫镇)(建设期:2009年1月~2010年12月)

详见第十九节　S30孙右高速公路　大呼段有关内容。

二、朔州绕城高速公路(西南段:铺上—张蔡庄)(建设期:2010年7月~2014年7月)

(一)项目概况

1. 基本情况

朔州环线西南段是国家高速公路G59呼和浩特—北海途经山西境内的一段,也是山西省高速公路规划网西纵及朔州环线的重要组成部分,该路段西与山阴—平鲁高速公路、东与大同—运城高速公路相连接,是贯通山西省西北部与中南部地区的运输大通道,同时也形成朔州环城高速公路格局。

项目分为南环与西纵。西纵起于平鲁区北铺上村,向南跨越大沙沟,经大梁水库东侧,于平鲁区向南到达平万线,后经康家窑、卧长、窝窝会达施庄露天煤矿互通立交与煤矿道路相接,路线继续南行至六郎山,经特长隧道至白家窑、大白坡、李家窑、大禹坪与朔州环城一级公路相接,之后路线经峙庄、高庄东向南下穿神朔铁路,止于朔城区张蔡庄乡黄儿庄。路线长36.724km,总投资394514万元。双向四车道,设计车辆荷载公路—Ⅰ级,采用山岭重丘区标准,路基宽26m,设计速度100km/h。有大桥11座,中桥9座,小桥2

座,特长隧道1座,长度5452m。2010年7月30日开工建设,2014年7月25日通车运营。

2.前期决策

项目北经右玉、平鲁,与大同—呼和浩特高速公路相接,南与朔州—灵宝高速公路相接,纵贯山西省西部直达中原,环绕朔州城市发展区接入大运高速公路朔州支线,是山西西部腹地物流、煤运大通道,把山西省西部地区有机地连成一个整体,为经济欠发达城市打通一条经济大动脉,进一步拉近与南方经济发达城市距离,有力带动沿线区域经济发展。

3.参建单位

(1)建设单位。2009年9月,省交通厅党组批准成立平朔高速公路建设管理处,内设综合办公室、财务部、工程管理部、技术合同部、质检部、安全部、地方部和党工人事部。

(2)设计单位。设计任务由3个单位联合承担,主承担方为山西交科公路勘察设计院。

(3)施工单位。共有12个单位参加建设,其中路基工程1个,路面工程1个,绿化工程1个,房建工程3个,机电工程6个。

(4)监理单位。共有4个单位实施监理,其中路基、桥隧工程监理1个,路面交通安全、绿化工程监理1个,房建工程监理1个,机电工程监理1个。

(二)建设情况

1.项目准备

(1)立项审批(表8-35)。2009年5月8日,省发改委晋发改交通发〔2009〕700号文批复可行性研究报告;2010年3月29日,省交通运输厅晋交建管〔2010〕113号文批复初步设计;7月30日,省交通运输厅晋交建管〔2010〕367号文批复施工图设计,核定预算38.23880438亿元。

项目审批一览表　　　　　　　　　　　　表8-35

序号	项目	批复时间	批复部门	文件名称	文件号
1	项目法人	2009.9	山西省交通运输厅	《关于成立平朔高速公路建设管理处的通知》	晋公发〔2009〕48号
2	可行性研究报告	2009.5.8	山西省发展和改革委员会	《关于朔州环线西南段高速公路可行性研究报告的批复》	晋发改交通发〔2009〕700号
3	环境影响报告		山西省环境保护厅	《关于〈朔州环线西南段高速公路环境影响报告书〉的批复》	晋环函〔2009〕618号

续上表

序号	项目	批复时间	批复部门	文件名称	文件号
4	水土保持方案		山西省水利厅	《关于朔州环线西南段高速公路工程水土保持方案的批复》	晋水保〔2009〕155号
5	初步设计	2010.3.29	山西省交通运输厅	《关于朔州环线西南段高速公路初步设计的批复》	晋交建管〔2010〕113号
6	施工图设计	2010.7.30	山西省交通运输厅	《关于朔州环线西南段高速公路施工图设计的批复》	晋交建管〔2010〕367号
7	用地		国土资源部	《关于朔州环线西南段高速公路工程建设用地的批复》	国土资函〔2012〕676号
8	施工许可		山西省交通运输厅	施工许可	

(2)资金筹措。项目概算39.45亿元(含南环段)。由省交通运输厅筹措资本金25%,银行贷款75%。

(3)招投标。建管处本着公平、公正、公开、择优原则,由省交通运输厅组织纪检、监察、公证部门监督,进行设计、施工、监理及部分原材料公开招标工作。其中,勘察设计于2009年5月27日开标,有3个单位中标;路基、桥隧工程由省路桥集团总承包,路基、桥隧监理2010年6月10日开标,有2个监理公司中标;采空区治理、场外供电、材料采购、试验检测、地质超前预报与监控量测于7月27日开标,有来自全国各地10个专业公司中标;路面、交通安全、绿化、机电、房建施工及监理于2011年4月7日开标,除路面、交通安全工程由省路桥集团一公司总承包外,其余工程由来自全国各地10个企业中标,同时有3个监理公司中标。

(4)合同段划分。根据项目特点,路基、桥涵、隧道工程和路面交通工程均实行总承包;房建工程分3个标段;绿化工程分1个标段;机电工程分6个标段;路基施工监理分2个标段;路面、房建、机电监理均为1个标段。

(5)征地拆迁。项目征地处于城乡接合部,2010年7月~2011年1月,共征用土地3841.79亩,拆迁房屋1258m^2。

2. 项目实施

(1)质量管理。建管处坚持"业主指导、监理监管、社会监督、企业自检"要求,从8个方面狠抓工程质量:一是严把原材料入场关,把隐患消灭在萌芽状态。二是优化设计方案,科学地解决制约瓶颈。三是牢固树立质量第一观念,全力营造质量制胜建设氛围。通过编制质量管理手册、设置警示牌和举报箱等多种措施,提高全体参建人员质量管理意识,营造齐心协力抓质量的建设氛围。四是分批、分层次、分工作性质,加强培训教育,提高工程技术人员综合管理素质。五是强化制度落实,明确奖惩措施,把质量管理纳入规范化轨道。先后制定下发《工程质量管理办法》《工程监理管理办法》《工程变更管理办法》《工程质量管理办法》等一系列制度文件,认真贯彻落实,发现问题及时解决,绝不姑息迁就。六是完善质量保证体系,全面落实责任制。围绕质量目标,层层落实,分解到每个分部、每个分项工程,细化到各施工、监理单位每道工序全过程。七是强化检测手段,提高建设品位。抓好日常检测,确保施工单位自检100%、监理单位抽检30%、业主抽检5%要求。八是严格履行监理职责,充分发挥一线卫士作用。从抓监理队伍入手,严格资格复核,授予监理单位对工程进行全面监管权力,确保把好工程质量第一关。

（2）安全管理。建管处强化文明施工,狠抓安全生产。建设初期,成立安全生产领导小组,由分管现场领导和工程部专门负责此项工作,拟定计划,确定目标,定期检查,奖优罚劣。将安全生产与参建单位及沿线群众切身利益联系起来,每天工程例会和每次监理例会都要进行落实,增强施工单位责任感,营造良好施工环境和生产秩序,形成齐抓共管氛围。

（3）进度管理。建管处正确处理工程质量与进度关系,在确保工程质量前提下,加快施工进度。一是明确目标,科学安排。各施工单位根据总体目标制订施工组织计划,并对照工程特点,充分考虑到各种因素后,把各阶段质量、进度、安全等任务进行量化和目标化,以合同形式贯穿建设全过程。二是合理组织,精准控制。将各项工程任务按阶段划分,逐级分解到各施工单位,抓阶段目标保整体目标。实行领导蹲点包片责任制,4名领导每人负责两至三个标段,服务施工生产,现场解决问题。三是交叉作业,整体推进。多次召开施工协调会,有关单位尽可能在互不干扰情况下增加作业面,以点带面,以面连线,整个工程点多有序,忙而不乱,全线工程进度均衡推进。四是筹措资金,提供保障。想方设法向省厅财务处反映建设资金需求,主动协调开户银行按时拨付资金,财务部门严格按计量支付,保证建设资金安全、合理、有效地使用在项目上,杜绝施工单位转移、挪用建设资金现象发生。五是开展劳动竞赛,比学赶超。锁定目标,开展竞赛,又快又好推进工程建设。在全线大张旗鼓地开展形式多样的社会主义劳动竞赛热潮,各参建单位赛思想赛作风,赛质量赛进度,赛安全赛廉政,赛文明赛管理,既激发全体参建人员斗志,鼓舞士气,振奋人心,又形成各单位争先创优、比学赶帮的互动局面,有效加快促进工程进度,圆满完成建设任务。

（4）廉政建设。建管处确立"建好一条路,不倒一个人"目标,把廉政建设与工程建设同安排、同部署、同落实,强基固本,多管齐下,相继建立党风廉政建设责任机制、防范机制、约束机制、监督机制,对全线腐败问题易发多发部位进行源头治理,变事后监督为事前防范。同时严格履行廉政合同,规范履约行为。针对工程招投标、资金管理、材料采购、设计变更、计量支付等热点问题进行重点监督。建管处公布廉政举报电话,设置举报箱、公示栏,对各级管理人员廉洁自律情况进行明察暗访,确保廉政措施落实到位。

(三)复杂技术工程

六郎山隧道位于朔州市平鲁区白堂乡施庄—朔城区下团堡乡白家窑村之间,为双行单洞,左线长 5412.018m、右线长 5492.783m,隧道底板最大埋深左线 190m、右线 215m,属特长隧道。隧道总体走向 156°。双向四车道,设计速度 100km/h,断面净宽 10.75m,汽车荷载等级为公路—Ⅰ级。施工单位按新奥法组织实施,2 个标段历时 24 个月。质量检测合格率 95%,满足设计要求。

(四)科技创新

"长大纵坡路段沥青路面耐久性应用技术研究"于 2011 年 7 月组织开展,2014 年 5 月完成报告撰写,12 月通过省科技厅成果鉴定验收。

(五)运营养护管理

全线设置平鲁西、露天矿和朔州西 3 个收费站。

(1)平鲁西收费站地处井坪镇西,收费广场占地面积 6093.7m^2,车道 4 进 6 出。

(2)露天矿收费站位于 G59 朔州绕城高速公路西南段露天煤矿互通 AK0+200 处,收费广场占地面积 6219m^2,车道 3 进 5 出。

(3)朔州西收费站地处朔州市区西,位于 G59 朔州绕城高速公路西南段西互通 AK4+600 处,车道 4 进 6 出。

交通流量状况。2015 年,年通行 207828 辆,日平均 569.4 辆;2016 年,年通行 546509 辆,日平均 1497.3 辆。

三、岢临段(岢岚—临县)(建设期:2011 年 1 月~2014 年 10 月)

(一)项目概况

1. 基本情况

G59 途经山西省境内右玉—芮城,同时也是山西省西纵高速公路的一部分。项目位于忻州市岢岚县和吕梁市兴县、临县境内,起点位于岢岚县高家会乡连接忻保高速公路,途经兴县,终点位于临县城庄镇与临离高速公路相接。路线全长 124.071 km,全线设互通 4 处,枢纽 1 处,设计速度 80km/h,路基宽 24.5m,桥涵设计荷载公路—Ⅰ级。2011 年 1 月开工建设,2014 年 7 月完成建设任务。2014 年 9 月组织有关专家进行交工验收,2014 年 10 月 16 日通车运营。

2.前期决策

项目建设对于加快忻州市、吕梁市集中连片贫困地区开发步伐,实现高效快捷的人流、物流、信息流,补齐山西经济快速发展短板,具有十分重要意义。

3.参建单位

(1)建设单位。2010年9月25日,省交通运输厅党组批准成立岢临高速公路建设管理处,内设综合办公室、党务人事部、财务部、工程管理部、工程技术部、安全质量部、地方协调部。

(2)设计单位。勘察设计由山西交科公路勘察设计院完成;另有咨询单位1个。

(3)施工单位。共有32个单位参加建设,其中路基工程12个,路面工程1个,交通安全工程3个,机电工程9个,房建工程4个,绿化工程3个。

(4)监理单位。共有14个单位实施监理。其中路基工程监理7个、路面工程监理3个、房建工程监理2个、机电工程监理2个。

(二)建设情况

1.项目准备

(1)立项审批(表8-36)。2010年10月8日,省发改委晋发改交通发〔2010〕1346号文批复可行性研究报告;11月29日,省交通运输厅晋交建管〔2010〕686号文印发《关于岢岚—临县高速公路初步设计的批复》,路线全长124.136km,核准初步设计总概算110.63亿元。

项目审批一览表　　表8-36

序号	项　目	批复时间	批复部门	文件名称	文 件 号
1	项目法人	2010.9.25	山西省交通运输厅	《关于成立岢临高速公路建设管理处的通知》	晋交人〔2010〕503号
2	可行性研究报告	2010.10.8	山西省发展和改革委员会	《关于岢岚—临县公路工程可行性研究报告的批复》	晋发改交通发〔2010〕1346号
3	初步设计	2010.11.29	山西省交通运输厅	《关于岢岚—临县高速公路初步设计的批复》	晋交建管〔2010〕686号
4	施工图设计		山西省交通运输厅	《关于岢岚—临县高速公路施工图设计的批复》	晋交建管〔2011〕444号
5	环境影响		山西省环境保护厅	《关于岢临—临县高速公路环境影响报告书的批复》	晋环函〔2011〕867号

(2)资金筹措。投资计划110.63亿元。其中,中央车购税补贴13.9亿元,省交通运输厅自筹资本金13.76亿元,银行贷款82.97亿元。

(3)招投标。2010年10月15日,中金招标有限责任公司通过比选成为招标代理机构。12月20日,公司组织招标开标大会,在省人大财经委、省检察院、省发改委、省监察厅、省审计厅、省重点办和省交通运输厅监督下,由太原市城南公证处全程公证,以国内竞争性公开招标方式,严格依照相关法律法规,完成路基、桥隧、路面、房建、交通安全、机电、绿化工程等施工、监理招标工作,其评标结果均在省内相关媒体公示。

(4)合同段划分。根据项目特点,路基工程分12个标段,路面工程实行总承包,交通安全工程分3个标段,绿化工程分3个标段,房建工程分4个标段,机电工程分9个标段。

(5)征地拆迁。项目用地涉及岢岚、兴县、临县,各县政府成立地方协调组,建管处分别成立3个前线指挥部,多次组织召开现场办公会,协调解决各种问题。2010年10月~2013年10月,共征用土地1222.72亩,拆迁房屋26805.97m^2,支付补偿费用45633.48万元。

2. 项目实施

(1)质量管理。建管处明确目标,编制办法,按照建管处督促指导、各前线指挥部分段指挥、监理单位把关控制、施工单位主体落实的管理模式,建立质量保证体系,扎实抓好九项工作:严格执行技术交底;认真组织业务培训;适时下发质量文件;全面推行首件产品认可制;充分发挥典型示范作用;及时纠正违规施工;积极采用新工艺;主动提供技术支持;深入开展劳动竞赛活动。

(2)安全管理。建管处围绕"顺利开工、平安建设、按期通车"总体目标,强化安全生产管理,保持稳定态势。一是组织健全,责任到人。成立安全生产领导机构,制订下发一系列管理办法,建立完善保障体系,层层签订安全生产责任书,实行一岗双责,一票否决,形成横向到边、纵向到底、责任到人、全覆盖式管控网络。二是强化宣传,营造氛围。坚持"安全第一、预防为主、综合治理"方针,进行多层面培训,参培318人次。加强特种作业人员管理,尤其是对电工、焊工、架子工、场内机械操作人员等持证比例相对较低的岗位进行重点检查。组织参建单位在施工现场、驻地生活区利用标语、板报、观看影像资料、开展演讲比赛等方式广泛宣传,编发安全宣传画册17000余本,营造浓厚氛围。三是突出重点,排查隐患。认真研究安全隐患,明确专人负责,每日由专人分区域进行检查。实行施工单位自查、监理单位排查、建管处督查。对安全隐患限期整改,未及时整改或整改不到位的从重处罚。四是重视监理,强化管理。充分发挥监理人员作用,让旁站监理从施工工艺流程、安全设施配备、过程监控等诸多环节层层把关,督促施工单位做好事前预防工作,确保安全生产。五是千方百计,保障经费。专门拨付大标段100万元、小标段50万元用于购置防护设施。六是专项活动,紧密结合。将日常管理与"安全生产年""预防坍塌事故"等主题活动相结合,与"打非""平安文明工地"创建活动相结合,与阶段劳动竞赛及创先争优活动相结合,实行安全一票否决制。七是预防为主,应急演练。成立机构,明确职责,制订详细预案,组织消防和防坍塌演练,配足人员、设备和物资。八是依靠科技,加大力度。采用先进监测、监控、定位技术和安全保护设备,更新、改进施工装备和工艺,隧道施工安装视频监控和人员定位系统,在隧道进洞人员安全帽中加装芯片,实行智能化管理,随时监控洞中施工人员位置,为安全管理及事故应急提供技术支撑。

(3)进度管理。建管处采用关死后门、倒排工期办法,以进度计划为主线,周密组织,狠抓落实,圆满实现2014年通车目标任务。一是以施工组织设计为统领,科学制订工程计划。对施工队伍、机械设备数量进行测算,合理安排进度,与项目经理签订目标责任书。二是及时发现制约进度问题,确保进度计划落实。三是抓关键线路工程进度,实行日报制。及时掌握特长隧道掘进、特大桥梁梁板预制和架设等关键工程进度,为加强管理提供充分依据。四是成立督查组,上下联动,确保进度。建管处成立工程进度督察工作组,使建管处、总监办、驻地组及项目部所有人员都统一思想,明确目标,围绕进度开展工作,努力实现形象进度计划与投资计划,掌握各标段主要工程控制点,确保施工进度。五是绘制工程形象进度控制示意图,有效进行管理。通过进度报表、现场巡查、示意图和实际情况对比,分析进度情况,作为控制依据。六是开展考核评比活动,奖优罚劣。对总体进度较快的标段进行奖励,发挥其带头示范作用。对没有完成进度计划的标段,采取以天为单位处罚违约金、约谈法人直至分割工程等处罚手段,督促施工单位积极采取措施,确保按计划完成;对进度严重滞后的标段,及时发函约谈企业法人,让其主管单位派人现场解决滞后问题。

(三)科技创新

(1)小净距黄土隧道力学分析及施工技术研究

项目组综合采用理论分析、试验研究、数值模拟等多种技术手段,从围岩分级与压力计算、系统锚杆设置与合理净距确定、支护类型与时机选择等方面开展系统研究,形成集设计、施工于一体的小净距黄土隧道修筑关键技术。研究成果获山西省科技进步二等奖,并获得实用新型专利4项:①隧道埋入式试验仪器引出线保护装置;②黄土连拱隧道三层式曲中墙结构新形式;③黄土隧道超前大管棚受力监测应变片保护装置;④黄土隧道锁脚锚杆安全施工防护装置。

(2)土工格栅在黄土地区高填方路堤中的应用研究

通过室内外试验研究、理论分析、数值模拟计算等手段,对面临的若干技术问题进行系统研究,得到一系列创新性成果并获2项实用新型专利:①山区高速公路高填方涵洞加筋减载结构;②公路高填方涵洞的加筋减载结构。

(四)运营养护管理

1. 收费站设置

共设阳坪、兴县东、兴县南、白文 4 个收费站。

(1)阳坪收费站地处岢岚县阳坪乡松井村,收费广场面积 4926.77m²,车道 3 进 5 出,含 1 进 1 出 ETC 车道。

(2)兴县东收费站地处兴县奥家湾乡乔家沟村,收费广场面积 5644.05m²,车道 4 进 6 出,含 1 进 1 出 ETC 车道。

(3)兴县南收费站地处兴县康宁镇油坊沟村,收费广场面积 5644.05m²,车道 4 进 6 出,含 1 进 1 出 ETC 车道。

(4)白文收费站地处临县白文镇白文村,收费广场面积 4926.77m²,车道 3 进 5 出,含 1 进 1 出 ETC 车道。

交通流量状况:2014 年,年通行 5030 辆,日平均 168 辆;2015 年,年通行 236460 辆,日平均 647.8 辆;2016 年,年通行 875116 辆,日平均 2397.6 辆。

2. 服务区设置

共设岢岚停车区、兴县服务区、白文服务区。

(1)岢岚停车区占地面积 66 亩,建筑面积 2015.36m²,其中主区服务楼、副区服务楼均为 523.44m²,隧道管理站综合楼 492.52m²;主区加油站、副区加油站建筑面积 103.2m²,储油量 360m³,罩棚投影面积 721.35m²。附楼 275.81m²,卫生间主副区各 1 处,停车场可同时停放 35 辆车,其中大车 20 辆、小车 15 辆。

(2)兴县服务区占地面积 87.45 亩,总建筑面积 5457.74m²,其中主区服务楼、副区服务楼均为 2143.04m²,隧道管理站综合楼 492.52m²,附楼 352.3m²;主区加油站、副区加油站建筑面积 103.2m²,储油量 360m³,罩棚投影面积 721.35m²。主区机修、副区机修房屋面积 144.04m²,卫生间主副区各 1 处,停车场可同时停放 50 辆车,其中大车 30 辆、小车 20 辆。快餐厅可容纳 200 人同时就餐。

(3)白文服务区占地面积 81.05 亩,建筑面积 4845.4m²,其中主区服务楼 2484.97m²,副区服务楼 1539.02m²,附楼 352.3m²;主区加油站、副区加油站建筑面积 103.2m²,储油量 360m³,罩棚投影面积 721.35m²。主区机修、副区机修建筑面积 144.04m²,卫生间主副区各 1 处,快餐厅可容纳 200 人同时就餐,停车场可同时停放 50 辆车,其中大车 30 辆、小车 20 辆。

3. 养护管理

全线共设 3 个养护工区,分别为阳坪养护工区负责 K100+000~K143+280 段,兴县东养护工区负责 K143+280~K183+000 段，白文养护工区负责 K183+000~K224+071 段。工区共有工作人员 68 人，其中主任 3 人、副主任 9 人、养护班长 9 人、技术员 9 人、操作手 15 人、机械维修工 9 人、一般干事 14 人，主要负责工区管养路段日常巡查、防汛除雪、保障公路畅通等工作。工区配备车辆共 34 辆，其中皮卡 3 辆、轻卡 6 辆、自卸车 6 辆、护栏抢修车 3 辆、随车吊 3 辆、综合养护车 3 辆、洒水车 3 辆、清扫车 3 辆、装载机 3 辆、护栏钻孔机 1 台。

四、临离段（临县—离石）（建设期：2011 年 2 月~2015 年 5 月）

（一）项目概况

1. 基本情况

项目是山西省高速公路网"三纵十二横十二环"的重要组成部分。起点位于临县陈家庄以北，与太佳高速公路立体交叉，设临县枢纽连接西纵高速公路岢岚—临县段，途经临县三交镇，与离石环城高速公路相接，横跨青银高速公路，终点位于柳林县郭家山村南，路线全长 72.91km。双向四车道，设计速度 80km/h，路基宽 24.5m，桥涵设计汽车荷载等级为公路—Ⅰ级，有主线桥梁 11461m/40 座、匝道桥 33425m/14 座、分离式立交桥 12 座、天桥 4 座、通道 11 处、涵洞 151 道、主线隧道 22319m/33 座、连接线隧道 435m/1 座，概算总投资 92.37 亿元。

项目地质地形情况复杂、施工难度大。全线桥隧比 46.3%，其投资额达投资总额 72%。主线桥梁占路线总长 15.7%，主线隧道占路线总长 30.6%。隧道以小净距黄土隧道为主，隧道围岩级别以Ⅳ、Ⅴ类为主。高填路堤超过 20m 的有 55 段，其中三段填土超 50m，最大填高 75m，深挖路堑超过 20m 的有 131 段，超过 50m 的挖方段有 71 段，最大挖深 99m；互通累计长度 8020m，占路线总长 11%；采空区总长度 2659m，其中桥梁采空区长度 879m，路基采空区长度 1780m；全线共有滑坡 7 处，其中有 3 处属于巨型滑坡。2011 年 2 月开工建设，2014 年 11 月完工，2015 年 5 月 9 日通车运营。

2. 前期决策

项目建设对于推动吕梁市经济社会发展，加快沿线贫困山区脱贫致富步伐，更好地开发矿产资源，提升旅游景点服务水平，具有十分重要意义。

3. 参建单位

（1）建设单位。2010 年 8 月 17 日，省交通运输厅批准成立临离高速公路建设管理处。内设综合办公室、计划财务部、工程管理部、安全质检部、技术部和地方协调部。根据工程建设需要，下设离石驻地办和临县驻地办。

(2)设计单位。勘察设计由省交通设计院承担。

(3)施工单位。共有41个单位参加建设,其中路基工程4个,采空区工程5个,路面总承包1个,交通安全工程6个,机电工程9个,房建工程6个,外供电工程2个,坪头互通连接线工程3个,临县连接线工程1个,伸缩缝工程4个。

(4)监理单位。共有15个单位实施监理,其中路基工程监理7个,路面、交通安全、绿化工程监理2个,外供电、机电、房建工程监理各1个,临县连接线工程监理1个,坪头互通路基、路面工程监理1个,坪头互通连接线工程监理1个。

(二)建设情况

1. 项目准备

(1)立项审批(表8-37)。2009年12月,省发改委晋发改交通发〔2009〕1802号文批复可行性研究报告;2010年11月,省交通运输厅晋交建管发〔2010〕632号文批复初步设计;2012年4月,省发改委晋发改交通发〔2012〕509号文批复可行性研究补充报告;2013年4月,省交通运输厅晋交建管发〔2013〕230号文批复补充初步设计;7月,省交通运输厅晋交建管发〔2013〕428号文批复施工图预算,批复路线全长72.92km,施工图预算900983万元;8月,省发改委晋发改交通发〔2013〕1757号文补充批复坪头互通及连接线工程可行性研究报告;9月,省交通运输厅晋交建管发〔2013〕526号文批复坪头互通及连接线一阶段施工图设计,项目概算调整为923668万元;施工图预算调整为916303万元。

项目审批一览表　　表8-37

序号	项目	批复时间	批复部门	文件名称	文件号
1	项目法人	2010.8.17	山西省交通运输厅	《关于成立临离高速公路建设管理处的通知》	晋交人〔2010〕393号
2	项目建议书		山西省发展和改革委员会	《关于山西省高速公路网调整规划的批复》	晋发改规划发〔2009〕188号
3	可行性研究报告	2009.12	山西省发展和改革委员会	《关于临县—离石高速公路工程可行性研究报告的批复》	晋发改交通发〔2009〕1802号
		2012.4	山西省发展和改革委员会	《关于临县—离石高速公路工程可行性研究补充报告的批复》	晋发改交通发〔2012〕509号
		2013.8	山西省发展和改革委员会	《关于临县—离石高速公路坪头互通连接线工程可行性研究报告的批复》	晋发改交通发〔2013〕1757号
4	环境影响报告		山西省环境保护局	《关于临县—离石高速公路环境影响报告书的批复》	晋环函〔2010〕462号

续上表

序号	项目	批复时间	批复部门	文件名称	文件号
5	水土保持方案		山西省水利厅	《关于临县—离石高速公路水土保持方案的批复》	晋水保函〔2010〕283号
6	初步设计	2010.11	山西省交通运输厅	《关于临县—离石高速公路初步设计的批复》	晋交建管发〔2010〕632号
		2013.4	山西省交通运输厅	《关于临县—离石高速公路补充初步设计的批复》	晋交建管发〔2013〕230号
7	施工图设计	2013.7	山西省交通运输厅	《关于临县—离石高速公路施工图设计的批复》	晋交建管发〔2013〕428号
		2013.9	山西省交通运输厅	《关于临县—离石高速公路坪头互通连接线施工图设计的批复》	晋交建管发〔2013〕526号
8	项目用地		山西省国土资源厅	《关于临县—离石高速公路建设项目用地预审的批复》	晋国土资函〔2010〕424号
			山西省国土资源厅	《关于重新批复临县—离石高速公路建设项目用地预审的批复》	晋国土资函〔2012〕318号
			国土资源部	《关于临县—离石高速公路工程建设用地的批复》	国土资函〔2014〕598号
9	施工许可		山西省交通运输厅	施工许可	

（2）资金筹措。省交通运输厅分四次共下达投资计划923668万元，其中交通运输部车购税补助104200万元，省交通运输厅自筹120885万元，银行贷款654000万元，地方政府债券15000万元，临县政府668万元，离石区政府28915万元。

（3）招投标。建管处经比选，委托中金招标公司先后对路基、桥隧、路面工程、房建、机电、交安、绿化等工程招标，严格按照国家有关规定，在省交通运输厅建管处、省公路局全程参与监督下，通过一系列规章制度保证阳光操作。每项目招标方案都经省公路局批准，从资格预审到评标结果公示，针对招投标过程中各个环节均严格把关，特别是在资格预审、开标、评标等重要环节，邀请太原市城南公证处对整个过程进行公证。同时，资格预审及招标评标过程，不仅在省交通运输厅纪检、省公路局纪检和建管处纪检部门全程参与监督下，而且邀请省人大、省重点办、省检察院、省审计厅等上级监督部门参加。招标公示期间，建管处专门组织对主体工程投标第一名的施工单位履约能力、到位等级等情况进行考察，确保评标结果公平、公正、真实有效。

（4）征地拆迁。项目建设涉及吕梁市1区3县11个乡镇79个村，2011年3月~2015年11月，共征用土地8432.7205亩，拆迁房屋87307.32m²，支付补偿费用60649.05万元。

2. 项目实施

(1) 质量管理。建管处将工程质量放在首要位置,进行全方位、全过程、全动态管理。一是提高技术水平,奠定良好基础。优化设计,完善施工图;设计代表跟踪服务,进行技术指导;进行岗前培训,提高施工队伍素质。二是建立健全保证体系,全面加强制度建设。建立网络体系,责任层层细化,落实到人。先后制订出台《质量管理办法》《监理管理办法》《路基填筑的若干规定和质量要求》《隧道施工技术管理100条》等制度和办法,确保施工质量。三是加强过程管理,严格责任追究。与施工、监理单位签订目标责任书,以单位工程质量保证整体工程质量。抓好监理程序和工序报验制度,定期不定期对监理、施工单位履约检查,实行"质量一票否决制",对造成质量问题的单位及个人全线通报批评,并追究责任。四是加强工地试验室管理,实行首件产品认证制度。五是加强巡查力度,严把控制性工程质量。针对专项工程难题,收集资料,认真总结,多次组织专家现场勘察,讨论确定施工方案,并对桥梁、隧道等关键性工程跟踪观察、监控,提供技术支撑。六是规范工程资料管理,详实记录施工过程。七是充分发挥监理职责。加强对监理人员管理,严格监理程序,确保工程质量。

(2) 安全管理。建管处紧紧围绕安全目标,推进安全管理。一是全面落实责任制,夯实安全生产基础。建管处成立安全生产委员会,各监理、施工单位设立专门机构,配备专职安全员,发挥积极作用。与各监理、施工单位签订《安全生产目标责任书》《安全生产承诺书》,制订《安全生产责任制度》《安全生产管理办法》等一系列规章制度,编制通俗易懂的安全常识小册子,使安全生产有章可循。二是认真排查,加大整改力度。采取定期、不定期方式对施工现场进行安全隐患排查,摸清底数,找准症结,分析原因,采取措施。对于发现的问题,责令施工单位逐项整改,确保全面消除隐患。三是强化教育培训,营造浓厚氛围。围绕"平安文明施工"主题,开展多种形式宣传、教育、培训活动,提高施工人员操作水平,严格执行"三类人员"、特种作业人员持证上岗制度。四是加强现场管理,规范生产秩序。要求各施工单位对每个作业环节都要采取安全措施,进行安全技术交底;在施工重点部位设立警示牌、标识牌及安全操作规程,加强操作规程、安全制度、事故案例、风险防范、应急救援等培训,提高全员应对能力。定期不定期开展安全专项检查,重点对临时炸药库、隧道、高填深挖、高空作业、边坡垮塌、临时用电等重大危险源排查,针对薄弱环节落实防护措施及相关责任人,建立事故隐患台账。五是层层成立机构,做好应急救援。建管处成立领导组及办公室,并由专人负责日常管理。各施工、监理单位建立机构,配备人员,落实岗位职责。全线建立健全应急救援预案,对应急管理各个环节提出具体要求。各标段根据所处地理位置及实际情况,不断修订应急预案。通过应急演练,磨合机制,锻炼队伍,提升应急处置能力。

(3) 进度管理。建管处以工程建设为载体,周密组织,狠抓落实,优质高效完成任务。

一是明确目标,整体推进。结合总体目标编制总体计划,层层分解,落实措施。二是规范管理,动态控制。编制季度、年度及阶段性生产计划,建立计划统计报表制度,以旬报、月报形式动态管理。通过加大现场巡查频率、召开专题协调会,及时掌握关键分项工程进展及影响因素,针对问题制订相应对策,采取有效措施,保证工程建设顺利推进。三是加强考核,确保计划。借助信用评价、履约考核、劳动竞赛阶段考核等日常考核平台,重点加大对各阶段进度均衡性和节点工程控制考核力度。四是超前预控,适时大干快上。根据工程总体实施计划和施工特点,将工程划分为若干攻坚目标,适时开展劳动竞赛活动,在全线形成比、学、赶、帮、超的劳动竞赛热潮,有力加快工程建设进度,提升施工管理水平。

(4)廉政建设。为了创建"安全、廉洁、优质"工程,建管处对照目标一手抓工程建设,一手抓廉政建设,将二者有机结合,着力打造廉政阳光工程,不断强化廉政主题教育,通过构建有效防控体系,将廉政建设工作延伸到所有参建队伍,实行业主、设计、施工、监理全覆盖。重点抓好九项工作:健全制度,规范建设;加强检查,及时整改;加强监督,约束权力;办事公开,风险防控;加强学习,营造氛围;加强监督,规范招标;对工程变更,严格审批;强化资金管理,使其安全高效;强化合同履约及分包管理,确保项目依法依规建设。四年工程建设期间,未发生人员违法、违纪行为,未发生因不廉洁行为被处分的情况。

(三)复杂技术工程

(1)黄土高边坡变形破坏机理及稳定性评价研究

2011年7月,委托省交通科研院开展该课题研究。通过理论分析、室内试验、现场监测及数值模拟等手段,系统研究黄土高边坡变形破坏机理、设计参数测定与选取、稳定性评价方法及病害防治措施。2014年3月,通过省科技厅成果鉴定。

(2)公路隧道污染物扩散机理及合理需风量研究

沿线隧道分布密集,共33座,多为短隧道。课题对典型隧道年污染物排放量进行分析,为计算隧道通风量提供依据。2015年4月,通过省科技厅成果鉴定。

(四)运营养护管理

1.收费站设置

2015年2月18日,根据省政府《关于同意临县—离石高速公路设置公路收费站的批复》(晋政函〔2015〕10号)文件规定,沿线共设临县南、三交、枣林3个收费站。

(1)临县南收费站地处临县安业乡李家圪垯村,位于G59 K236+103处,收费广场面积4826m^2,车道3进5出,其中1进1出设2条ETC车道。

（2）三交收费站地处临县三交镇双塔村，位于 G59 K253+522 处，收费广场面积 4153m²，车道 3 进 5 出，其中 1 进 1 出设 2 条 ETC 车道。

（3）枣林收费站地处离石区枣林乡枣林村，位于 G59 K286+495 处，收费广场面积 3807m²，车道 3 进 5 出，其中 1 进 1 出设 2 条 ETC 车道。

（4）交通流量状况：2015 年，年通行 273578 辆，日平均 1302.8 辆；2016 年，年通行 1540422 辆，日平均 4220.3 辆。

2. 服务区设置

全线设临县南、离石西 2 个服务区。

（1）临县南服务区位于 G59 K237+271 处，占地面积 56292m²，分东、西两区，东区占地 31778m²，西区占地 24514m²，建筑面积 5497.96m²，配备有综合楼，建筑面积 4295.32m²。停车场可停放车辆 100 辆，其中大车 36 辆，中小型车 64 辆。加油站总面积 191.76m²（东西区面积均为 95.88m²）。另外还设有机修车间、附属用房及预留用地等。可为过往顾客提供加油、餐饮、购物、住宿、汽修等服务。

（2）离石西服务区位于 G59 K280+645 处，占地面积 38431m²，分东、西两区，东区占地 20681m²，西区占地 17750m²，建筑面积 5450.32m²。配备有综合楼，建筑面积 4247.68m²。停车场可停放车辆 74 辆，其中大车 32 辆，中小型车 42 辆。加油站总面积 191.76m²（东、西区面积均为 95.88m²）。另外还设有机修车间、附属用房及预留用地等。可为过往顾客提供加油、餐饮、购物、住宿、汽修等服务。

3. 日常养护

管理处设临县西、枣林 2 个养护工区，负责全线养护管理工作。其中，临县西养护工区养护里程 35.579km；枣林养护工区养护里程 37.341km。各工区设主任 1 名、技术员 2~3 名、机械人员 6~7 名，均由管理处统一招聘、培训、调配。

五、吉河段（吉县—河津）（建设期：2013 年 2 月～2016 年 9 月）

（一）项目概况

1. 基本情况

项目是国家高速公路网 G59 呼北高速公路山西境内的一段，也是山西省高速公路网"三纵十二横十二环"西纵主干线 S85 右玉—芮城高速公路的重要组成部分。起于吉县马家河东侧，与隰县—吉县高速公路终点相接，经吉县枢纽与临汾—吉县高速公路相交；止于河津市贺家庄东，与河津—运城高速公路相接，经贺家庄枢纽与侯马—河津高速公路相交。全线贯通临汾、运城两市，途经临汾市吉县、乡宁、稷山、河津 4 县（市）。全线设互通立交4处,双向四车道,起点—河津北互通段设计速度80km/h,路基宽24.5m;河津北互通—终点设计速度100km/h,路基宽26m。全线桥涵设计汽车荷载等级采用公路—Ⅰ级。此外,还建设吉县连接线5.498km、乡宁西互通连接线4.886km、西交口互通连接线2.21km。主线全长53.319km,批复概算总投资668156万元。2013年2月开工建设,2016年9月9日通车运营。

2. 前期决策

该项目建设,对于加快全省西部黄河流域经济发展、缓解大运高速公路交通压力、建立配套综合运输体系、增强货物运输和旅游景点通达能力、加快山区人民脱贫致富步伐,具有十分重要的现实意义。一是能有效推动当地旅游业发展。从运城去往壶口瀑布的游客不必绕行临汾即可到达景区,节省里程约100km。二是促进吉县、乡宁丰富煤炭产业与河津的冶金、焦化、钢铁、电力产业有机结合,形成区域产业链优势,为当地经济发展提供强大的交通保障。而当地的名特产品,如吉县苹果、河津龙门梨枣、稷山板枣、乡宁戎子酒庄葡萄酒等,也走出闾门名扬四方。

3. 参建单位

(1)建设单位。2010年9月25日,省交通运输厅批准成立吉河高速公路建设管理处,内设综合办公室、党务工作部、工程合同部、技术质检部、安全生产部、地方协调部以及财务部。

(2)设计单位。2010年10月,经过公开招标,省交通设计院承担勘察设计任务。

(3)施工单位。共有34个单位参加建设,其中路基工程10个,采空区工程4个,路面工程3个,交通安全工程3个,房建工程4个,环保工程2个,机电工程8个。

(4)监理单位。共有8个单位实施监理,其中路基、桥隧工程监理4个,房建工程监理1个,路面工程监理1个,交通安全、环保工程监理1个,机电工程监理1个。

(二)项目建设

1. 项目准备

(1)立项审批(表8-38)。2010年8月23日,省发改委晋发改交通发〔2010〕1151号文批复可行性研究报告;2011年6月16日,省发改委晋发改交通发〔2011〕810号文批复可行性研究补充报告;7月12日,省交通运输厅晋交建管〔2011〕362号文批复初步设计;2012年1月4日,省交通运输厅晋交建管〔2012〕14号文批复施工图设计。

(2)资金筹措。概算投资66.815亿元,其中:省交通运输厅自筹资本金6.756亿元,国家车购税补助8.96亿元,地方自筹0.6亿元(其中乡宁县政府3800万元、吉县政府

2200万元),地方政府债券0.5亿元,国家开发银行贷款50亿元。

项目审批一览表 表8-38

序号	项目	批复时间	批复部门	文件名称	文件号
1	项目法人	2010.9.25	山西省交通运输厅	《关于成立吉河高速公路建设管理处的通知》	晋交人〔2010〕504号
2	项目建议书	2010.8.23	山西省发展和改革委员会	《关于吉县—河津高速公路可行性研究报告的批复》	晋发改规划发〔2010〕1151号
		2011.6.16		《关于吉县—河津高速公路工程可行性研究补充报告的批复》	晋发改交通发〔2011〕810号
3	环境影响报告	2011.1.10	山西省环境保护局	《关于〈山西省高速公路网西纵吉县—河津段环境影响报告书〉的批复》	晋环函〔2011〕19号
4	地震安全评价	2011.7.1	山西省地震局	《关于山西省高速公路网西纵吉县—河津段工程场地地震安全性评价报告的批复》	晋震标〔2011〕154号
5	初步设计	2011.7.12	山西省交通运输厅	《关于吉县—河津高速公路初步设计的批复》	晋交建管〔2011〕362号
6	用地预审	2011.7.27	山西省国土资源厅	《关于吉县—河津高速公路建设项目用地预审的批复》	晋国土资函〔2011〕581号
7	地质灾害评估报告	2011.12.26	山西省国土资源厅	《吉县—河津高速公路工程地质灾害危险性评估报告备案登记表》	晋国土资环(灾)备〔2011〕297号
8	压覆矿产	2012.4.9	国土资源部办公厅	《关于山西省吉县—河津高速公路建设用地压覆矿产资源的复函》	国土资厅函〔2012〕305号
9	林地使用	2012.11.1	国家林业局	《使用林地审核同意书》	林资许准〔2012〕325号
10	建设用地	2013.8.12	国土资源部	《关于吉县—河津高速公路工程建设用地的批复》	国土资函〔2013〕594号
11	水土保持方案	2011.9.7	山西省水利厅	《关于山西省高速公路网西纵吉县—河津段工程水土保持方案的批复》	晋水保函〔2011〕762号
12	施工设计图	2012.1.4	山西省交通运输厅	《关于吉县—河津高速公路施工图设计的批复》	晋交建管〔2012〕14号

(3)招投标。2010年10月12日,省交通运输厅在太原组织勘察设计比选评审。

2011年3月~2015年10月,相继在太原组织路基桥隧、采空区治理、路面、交通安全、环保、机电、材料采购、试验检测、地源热泵、总承包工程等多项施工、监理招标开标活动。在每次招标评标过程中,建管处都认真贯彻国家的法律法规,严格执行《山西省交通运输厅公路工程招标投标管理办法》,在招标文件编制阶段、发布招标公告阶段、投标文件评审阶段、合同谈判阶段都严格按程序办事,坚持公开、公平、公正原则,择优选取施工、监理单位,各项招标程序规范、合法。每次招标开标活动,都在省交通运输厅及省级相关部门的严格监督下进行;每次评标结果,都在省级相关媒体公示。

(4)合同段划分。根据项目特点,监理分8个标段,其中路基、桥隧工程4个标段,路面、房建、机电工程各1个标段,交通安全、环保工程1个标段;工程施工分34个标段,其中路基、桥隧工程10个标段,采空区治理工程4个标段,路面、交安工程各3个标段,房建工程4个标段,环保工程2个标段,机电工程8个标段。

(5)征地拆迁。项目建设涉及吉县、乡宁、稷山、河津4县(市),2012年4月~9月,共征用土地6165.39亩,拆迁房屋32973.95m²,支付补偿费用34077.24万元。

2. 项目实施

(1)质量管理。建管处坚持质量第一理念,扎实推进质量管理。一是加大巡查力度,落实质量责任制。通过日常巡查、专项检查、夜间巡查、突击检查等方式,对各参建单位工程实体质量进行监管,重点加强隐蔽工程监管。二是执行原材料"先检后用"制度,把好工程质量源头关。所有原材料进场前必须经施工单位检验、总监办和中心试验室抽检程序,确保原材料合格率达到100%。三是执行"首件产品"认证制度。对未经建管处审批验收通过的单项工程不得开工建设,若后续工程质量低于"首件产品"质量的坚决返工。四是组织施工标准化现场观摩。采取多种形式加强质量教育和培训,先后组织混凝土拌和站远程监控系统、主梁预应力施工注意事项及控制要点、隧道开挖超前支护注意事项培训;同时,通过组织路基填筑、土方开挖、钢筋笼滚焊、边坡防护、标准化钢筋加工场、标准化拌和站、标准化试验室、隧道钢纤维混凝土路面施工、大桥桥面钢纤维混凝土调平层施工等现场观摩会,抓典型树标杆,示范引领,以点带面,促进全线标准化建设,工程实体质量明显提高。

(2)安全管理。建管处坚持"安全为天"理念,使安全管理始终贯穿于建设全过程。一是建立管控责任体系。制订各项安全管理制度,建立责任制,层层签订《安全生产目标责任书》,践行安全承诺,强化责任追溯。二是加强宣传教育,利用多种形式营造良好氛围。三是重视安全交底,持证上岗。重点加强管理人员和一线工人培训,提高安全技能,要求特殊工种、关键岗位人员必须持证上岗。四是预控风险,排查隐患。组织安全风险评估,制订管控措施,及时公布,落到实处。规范安全隐患排查治理流程,责任到人,整改彻底。五是应急管理,文明施工。实行领导带班、24小时值班制度,对脱岗者进行通报批评;修订完善总体应急预案及专项应急预案,定期组织应急演练,做好应急物资储备。六是严格标准,狠抓落实。以《山西省公路工程施工安全检查评价规程》《山西省公路建设项目高危工程施工安全强制性要求》《山西省公路水运工程"平安工地"考核评价标准(试行)》为标准,严格标准,补齐短板。七是汛期安全,责任到人。撤出在河道滩区、沟谷等危险区域的临时建筑、人员、设备和材料;加强防范措施,实现安全生产无事故。

(3)进度管理。建管处周密部署,狠抓进度,如期实现通车目标。一是分解目标,落实任务。制订作业计划,每天专人负责统计实际完成量和累计完成量,对照目标节点,检查工作推进情况,如发现进度滞后,及时分析原因,拉出工作清单,把工作具体化、指标化,采取补救措施,推动工作目标按时完成。二是合理安排,交叉作业。全线坚持多点施工、平行作业,要求各施工单位提供充足的材料和机械设备,安排足够劳力避免因材料、机械、劳力不足影响进度。三是开展劳动竞赛,提高施工效率。对整体工作目标进行日常检查和专项考核,并与施工、监理单位信用评价考核挂钩,对成绩突出的单位通报表彰,对进度滞后的单位通报批评。四是集中优势兵力,突破重点难点。各施工企业采用新工艺、新技术,集中力量完成路基、桥隧和路面等控制性工程,科学组织,确保工期。五是抓住时机,延长有利季节的有效工期。各项目部根据气象条件安排工程,争时间抢速度,尽力减少雨季困扰。

(4)投资管理。建管处严格按照国家和省厅相关规定,加大资金管理力度,科学使用建设资金,严格控制概预算,实施统一开户、集中管理、专人结算。全面实施业主、监管银行、施工单位三级监管体系,委托社会中介机构对资金划转跟踪审计,确保资金安全高效使用。进一步完善《内部财务控制制度》《工程施工财务管理办法》《工程资金监督管理办法》《农民工工资监督管理办法》等规章制度,分别从会计组织、工程价款结算、资金管理、成本核算、风险控制等方面进行规范和控制,严格坚持"三重一大"集体决策程序,使工程资金支付真实、合法、及时,杜绝无合同支付行为。全线自上而下严格成本控制,通过加强物资、设备采购管理,细化各个单项工程目标成本,以单项成本控制保证项目概算控制,确保概算不突破。

(5)党建工作。建管处党委牢牢把握"围绕工程抓党建,抓好党建促工程"这一主线,狠抓党建工作。一是把党支部建在工地项目部。施工项目延伸到哪里党组织就建到哪里。二是选优配强支部班子。坚持党组织与项目部行政建制同步组建,以创建"政治素质好、经营业绩好、团结协作好、作风形象好"的支部班子为标准,优选配强项目党支部书记和支部班子。三是注重制度建设。以构建党建工作长效机制为重点,按照党员"长期受教育,永葆先进性"要求,制订完善《中心组织学习制度》《党支部工作制度》《党的组织生活制度》《党内民主生活会制度》等多项制度。四是创新党组织活动方式。着重对党员进行党性教育、法规教育和职业道德教育。五是重视发展优秀员工入党。在坚持标准、保证质量前提下,先后发展新党员17名,为党组织增添新鲜血液。六是发挥先锋模范作用。各党支部通过创建党员先锋岗、党员责任岗等组织形式,形成党员带团员、团员带青年良好格局。七是加大考核力度,促进合同全面履行。对违约情节严重的党员,建管处在运用违约处罚和信用评价考核之外,对主要责任人进行党纪处分。

(三)科技创新

建管处十分重视科学技术运用和创新,在充分吸收高速公路施工研究成果的同时,积极开展科研攻关和技术创新,取得良好成果。一是黄土路基智能控制监测与预警技术研究。系统监测施工和运营过程中黄土路基、路面不同区域(动)土压力、分层沉降、路基变形等重要指标,揭示黄土路基变形和力学演化规律。根据监测指标变化规律,建立黄土路基智能预警系统和长期性能评价体系。二是压力分散型预应力锚索工程应用技术研究。该课题依托工程建设开展现场观测试验进行分析研究,提出长期稳定性控制对策,保证项目建设及运营安全。三是连续刚构桥梁大直径预应力钢棒应用技术研究。不但可以提高预应力效果,还能够节约经济成本,具有明显技术前瞻性。四是高掺量粉煤灰路面基层水泥应用技术研究,得到省交通运输厅大力支持与指导,为煤基材料综合利用提供切实可行途径,为山西粉煤灰综合高效利用提供技术示范,综合效益显著。五是特重交通长寿命沥青路面结构研究。系统分析重交通路面在应用过程中的受力特性与可能出现的病害,为后续长期性能监测奠定基础。六是沥青路面外掺剂投料智能监控系统研究,建立外掺剂自动投料过程智能综合监控体系,达到提高施工质量和控制生产成本的目的。

(四)运营养护管理

1.收费站设置

2016年9月5日,根据省政府《关于同意吉县—河津高速公路设置收费公路收费站的批复》(晋政函〔2016〕107号)文件规定,沿线共设乡宁西、西交口、河津北3个收费站。

(1)乡宁西收费站地处临汾市乡宁县昌宁镇大石头村,位于G59吉河高速公路K15+300处,收费广场面积8500m^2,车道4进8出。

(2)西交口收费站地处临汾市乡宁县西交口乡梁家坡村,位于G59吉河高速公路K31+140处,收费广场面积5300m^2,车道3进5出。西交口互通见图8-65。

(3)河津北收费站地处运城市河津市僧楼镇张家堡村,位于G59吉河高速公路K51+526处,收费广场面积5343m^2,车道4进6出。

交通流量状况:2016年9月~12月,通行140892辆,日平均1316辆。

图 8-65 吉河高速公路西交口互通

2.服务区设置

乡宁服务区占地面积 163.19 亩,总建筑面积 5460.22m²。其中 A 区建筑面积 2778.14m²,包括综合楼建筑面积 2306.93m²,地上三层,建筑高度 11.85m,框架结构;汽修车间建筑面积 144.88m²,建筑高度 4.5m,框架结构;加油站建筑面积 95.88m²,建筑高度 3.75m,砖混结构;附属用房建筑面积 230.45m²,建筑高度 3.8m,砖混结构。B 区建筑面积 2682.08m²,包括综合楼建筑面积 2302.62m²,地上二层,建筑高度 7.65m,框架结构;汽修车间建筑面积 144.88m²,建筑高度 4.5m,框架结构;加油站建筑面积 95.88m²,建筑高度 3.75m,砖混结构;附属用房建筑面积 138.70m²,建筑高度 3.8m,砖混结构。可为过往驾乘人员提供加水、如厕、餐饮、购物、住宿、加油、汽修等服务。

3.养护管理

通车运营后,建管处十分重视养护工作,先后购置养护机械设备 33 台,其中大型设备 20 台,小型设备 13 台。大型设备包括:洒水车 4 辆、自卸车 2 辆、轮式装载机 1 辆、除雪铲 5 台、除雪刮铲 1 台、重型融雪剂撒布机 2 台、轻型融雪剂撒布机 1 台、道路清扫车 2 辆、随车起重机 1 辆、高空作业车 1 辆。小型设备包括:护栏清洗机 1 台、发电电焊机 1 台、绿篱修剪机 2 台、打夯机 1 台、割草机 5 台、开槽灌缝设备 1 套、热熔标线划线设备 1 套,皮带输送机 1 台。所有机械设备均进行试运行,设备技术状况良好。

六、河运段(河津—运城)(建设期:2010 年 10 月~2012 年 12 月)

(一)项目概况

1.基本情况

项目是山西省高速公路网"三纵十二横十二环"主骨架西纵的重要组成部分,也是

G59 的组成部分,北接吉县—河津高速公路,南通运城环城高速公路。起于河津市僧楼镇贺家庄村,途经运城市河津、稷山、万荣、临猗、盐湖 5 个县市区 17 个乡镇 59 个行政村,终于盐湖区金井乡长江府村。横跨汾河、涑水河两大水系。主要跨越 3 条高速公路(侯禹、闻合、运风)、2 条国道(108、209)、2 条铁路(侯西、大西铁路客运专线)。双向四车道,设计速度 100km/h,路基宽 26m,全长 80.319km。桥涵设计汽车载荷等级公路—Ⅰ级。全线设贺家庄(枢纽)、河津南、万荣西、高村(枢纽)、阎景、临猗北、临猗西、长江府(枢纽)8 处互通,有特大型桥梁 2 座,其中,汾河特大桥长 1527.5m,侯西特大桥长 1164.7m。总概算 39.92 亿元。2010 年 10 月 10 日开工建设,2012 年 12 月 7 日通车运营。

2.前期决策

原 209 国道三级公路所穿越的河津、稷山、万荣、临猗和盐湖 5 市区,是运城地区乃至山西省县域工业经济和农业经济最发达的区域之一,这里有全国工业百强县河津市,也有以优质果品为主导产业的万荣、临猗县,还有盛产极品板枣的稷山县,盛产优质酥梨、冬枣和石榴的盐湖区,在这里,还有很多的优质农副产品,因为运输条件限制难以快速发展。209 国道三级公路还是晋煤外运的主通道,难以承受重载车辆通行。为更好更快地推动河津、万荣、临猗等县市经济社会发展,省委、省政府适时制定《山西省高速公路发展规划》,决定建设河运高速公路,2008 年 1 月,启动前期准备工作。

3.参建单位

(1)建设单位。2009 年 7 月 17 日,运城市政府与省交通运输厅协商,成立河津—运城高速公路建设管理处,以省投市建管理模式,负责项目建设管理。内设综合办公室、财务管理部、工程管理部、技术管理部、质量安全部和协调管理部。

(2)设计单位。有 3 个单位承担勘察设计任务,其中路基、路面、交通安全、绿化工程设计 1 个,机电工程设计 1 个,房建工程设计 1 个。

(3)施工单位。共有 26 个单位参加建设。其中路基、路面工程由山西路桥建设集团实行总承包,房建工程 4 个,交通安全工程 9 个,绿化工程 8 个,地源热泵工程、管理中心、机电、伸缩缝工程各 1 个。

(4)监理单位。共有 8 个单位实施监理,其中路基、路面工程监理各 3 个,房建、机电工程监理各 1 个。

(二)建设情况

1.项目准备

(1)立项审批(表 8-39)。各项批文 17 项,保证从立项、建设施工到竣工通车投入运营全过程的合理合法性。

第八章 建设项目

项目审批一览表　　　　　　　　　　　　　　　　　　　　　　　表8-39

序号	项 目	批复时间	批复单位	文件名称	文 件 号
1	项目建设协议书	2009.7.1	山西省交通运输厅运城市人民政府	《河津—运城高速公路项目建设协议书》	
2	项目法人	2009.7.17	运城市机构编制委员会	《成立河津—运城高速公路建设管理处的通知》	运编办发〔2009〕110号
3	河运高速建管处领导班子组成人员	2009.8.19	运城市人民政府	《关于闻喜—合阳等三个高速公路建设管理处组成人员的通知》	运政办函〔2009〕35号
4	可行性研究报告	2009.7.17	山西省发展和改革委员会	《关于河津—运城高速公路可行性研究报告的批复》	晋发改交通发〔2009〕1049号
5	初步设计	2010.3.29	山西省交通运输厅	《关于河津—运城高速公路初步设计的批复》	晋交建管〔2010〕116号
6	施工图设计	2010.7.30	山西省交通运输厅	《关于河津—运城高速公路施工图设计批复》	晋交建管〔2010〕368号
7	用地	2010.6.2	山西省国土资源厅	《河津—运城高速公路建设项目用地预审的批复》	晋国土资函〔2010〕284号
8	用地	2012.1.21	国土资源部	《关于河津—运城高速公路工程建设用地的批复》	国土资函〔2012〕65号
9	水土保持方案	2009.9.25	山西省水利厅	《关于山西省高速公路网西纵河津—运城段水土保持方案的批复》	晋水保〔2009〕762号
10	环评	2009.11.10	山西省环境保护厅	《山西省高速公路网西纵河津—运城段的批复》	晋环函〔2009〕556号
11	地质灾害评估	2009.11.4（备案）	山西省国土资源厅	《山西省河津—运城高速公路工程地质灾害危险性评估报告》	晋国土资环（灾）备〔2009〕103号
12	压覆矿产评估	2009.11（备案）	山西省国土资源厅	《山西省河津—运城高速公路建设用地压履矿产资源储量核实报告》	晋国土资储备字〔2009〕190号
13	文物勘查	2010.8.13	山西省文物局	《关于河津—运城高速公路建设工程文物保护竣工通知书》	晋文物函〔2010〕369号

续上表

序号	项目	批复时间	批复单位	文件名称	文件号
14	林地占用	2010.6.7	山西省林业厅	《使用林地审核同意书》	晋林地审字〔2010〕39号
15	设站收费许可	2012.10.29	山西省交通运输厅 山西省财政厅 山西省物价局	《关于河津—运城高速公路设置收费公路收费站及收费相关事宜的通知》	晋交财发〔2012〕686号
16	设站收费许可	2012.11.26	山西省人民政府	《关于同意河运高速公路设置公路收费站的批复》	晋政函〔2012〕147号
17	交工验收质量检测	2012.12.3	山西省交通建设质量安全监督局	《河津—运城高速公路工程质量检测意见》	晋交质字〔2012〕107号

(2) 资金筹措。批复概算39.92亿元,其中,省交通运输厅自筹资本金10.62亿元,自筹比例达26.6%;银行贷款29.30亿元,贷款比例73.40%。

(3) 招投标。管理处在取得项目建设各项程序文件基础上,经上级批准,按照"公平、公正、公开"原则,在中国招标网等媒体上刊登招标广告,在最大范围内遴选最优秀监理和施工单位。从建设施工和权威部门质量安全检测结果来看,监理和施工单位管理与技术实力雄厚,建设施工过程认真,工程整体质量较好。

(4) 合同段划分。根据项目特点,路基路面工程分为3个监理标段。路基施工采用总承包形式,只有1个标段;路面施工分为1个标段,由3个监理部分段负责监督管理。房建工程分为4个标段,交通安全工程分为9个标段,绿化工程分为8个标段。另外还有地源热泵、伸缩缝、管理中心3个独立标段。

(5) 征地拆迁。项目建设涉及5个县市区,从2010年开始,征用土地7395.27亩,支付补偿费用20043.5万元。

2. 项目实施

(1) 质量管理。建管处把质量作为工程建设核心,通过实施"创精品、树样板"活动,提升全线质量管理水平。一是严把人员关。即人员进场关、履职关。二是严把技术关。将设计单位、总监办、施工单位以及建管处工程技术人员组成技术咨询委员会,充分发挥专家在解决施工技术难题中的作用。邀请监理和工程技术专家,与建管处邀请的省市级知名工程技术专家,组成工程咨询委员会后援团,解决重大工程技术难题。根据工程建设需要,在全国范围内邀请知名专家,组成工程技术咨询委员会顾问团,着重解决工程建设中碰到的带有全局性、瓶颈性、焦点性重大技术难题。三是严把材料关。主要大宗原材料由总承包商负责统购,确保质量。

(2) 安全管理。建管处采取三条措施抓好安全生产。一是人员到位。按照招标文件规定、工程承包合同中的约定以及合同附件要求,核查总监办和施工单位安全管理人员到位数量以及技术职称结构,达不到规定和约定要求的立即更换。二是资金到位。提取1%费用作为安全费,充分利用安全费用计量支付这个杠杆,督促施工单位进行足额投入;建立支付程序,根据施工单位安全生产实际费用支出,逐笔计量和支付。三是措施到位。严格实行安全生产一票否决制。通过召开各类会议、悬挂横幅、张贴标语、开辟宣传栏、发放图书资料等,大力宣传重要意义;根据工程进展,适时开展"安全生产月""安全生产年""平安工地""反三违"等活动。加强对危险源的科学辨识和判定,从源头上消除安全隐患。危险性较大的工程、规模比较大的分项工程,施工单位制订切实可行的安全预案和专项施工方案,报总监办审核。制订应急预案,对可能发生的各种类型紧急情况提出应对措施,最大限度减少损失。

(3)进度管理。建管处努力做好优质服务,确保工程进度。一是发挥目标考核作用。采用劳动竞赛办法,根据各个阶段工作重点,确定考核目标和工作标准,通过选树标兵,发挥先进典型的示范带头作用,奖优罚劣,对施工进度起到助推作用。二是发挥计量支付作用。采用先紧后松办法,适时调整计量手段,及时支付建设资金,有效缓解施工单位资金压力,促进工程建设。三是发挥总监办监督管理作用。发挥监理现场旁站监督职能和"前线"管理职能,保证进度目标按期实现。四是发挥总承包科学调配资源作用。利用"团购"优势,实现业主、承包商和社会企业"共赢"的目标。五是发挥诚信考核作用,增强对施工单位的约束力量。五项措施互相促进,有力推动工程建设步伐。建设好的汾河特大桥见图8-66。

图8-66 汾河特大桥

(三)复杂技术工程

湿陷性黄土桥梁群桩承载特性与工程优化研究:施工单位主要采用强夯、重夯等办法,逐层填筑,解决湿陷性黄土地带路基沉陷问题。改进湿陷性黄土地区群桩设计系数与计算方法,具有良好应用前景和指导作用。2011年4月开始,2014年12月完成。经省科技厅组织有关专家进行成果鉴定后认为达到国际先进水平。

(四)科技创新

(1)低液限粉土夹层法施工工艺。

(2)地源热泵空调及供热系统。

(五)运营管理

1.收费站设置

2012年10月29日,根据省交通运输厅、省财政厅、省物价局联合印发的晋交财发〔2012〕686号《关于河津—运城高速公路设置收费公路收费站及收费相关事宜的通知》文件规定,共设河津南、万荣西、闫景、临猗北、临猗西5个收费站。

(1)河津南收费站地处河津市城区办西王村,位于G59河运高速公路K10+972处,占地25亩,建筑总面积1495.5m^2,其中,主楼1085.4m^2,附楼245.1m^2,餐厅166m^2。收费广场4500m^2,车道3进5出,其中有1进1出2条ETC车道。

(2)万荣西收费站地处万荣县南张乡薛里村,位于G59河运高速公路K27+198处,占地10.5亩,建筑总面积1330.5m^2,其中,主楼1085.4m^2,附楼245.1m^2,餐厅166m^2。收费广场6500m^2,车道3进5出,其中有1进1出2条ETC车道。

(3)闫景收费站地处万荣县高村乡阎景村,位于G59河运高速公路K43+000处,占地面积9.9亩,建筑总面积1330.5m^2,其中,主楼1085.4m^2,附楼245.1m^2,餐厅166m^2。收费广场3600m^2,车道3进5出,其中有1进1出2条ETC车道。

(4)临猗北收费站地处临猗县北景乡南景村,位于G59河运高速公路K52+120处,占地面积25亩,建筑总面积1556.11m^2,其中,主楼1085.4m^2,附楼245.1m^2,材料库225.61m^2。收费广场4400m^2,车道3进5出,其中有1进1出2条ETC车道。

(5)临猗西收费站地处临猗县猗氏镇百里店村,位于G59河运高速公路K64+200处,占地面积29.8亩(含管理中心用地),建筑总面积1623.3m^2,其中,主楼1139.3m^2,附楼318m^2,餐厅166m^2。收费广场6450m^2,车道3进5出,其中有1进1出2条ETC车道。

交通流量状况见表8-40。

交通流量状况表 表8-40

年 份	年通行量(辆)	日平均量(辆)	备 注
2012年	128818	5367	12月7日~12月31日
2013年	1102677	3021	
2014年	1373997	3764	
2015年	862628	2363	
2016年	1090957	2989	

2.服务区设置

(1)万荣西服务区地处万荣县里望乡上牛村,位于G59河运高速公路K17+450处,占地面积59802.99m²,分东、西两个区,西区占地33801.69m²、东区占地26001.3m²,建筑面积5362.25m²,配备有宿舍办公楼,建筑面积514.08m²,西区服务楼建筑面积1421.1m²、东区服务楼建筑面积1253.58m²。加油站总面积1427m²(东、西区面积均为713.5m²,其中房屋面积159.1m²,加油站棚554.4m²),另外还设有机修车间、附属用房及预留用地等,餐厅面积474.3m²,超市148m²,客房部495.8m²。可为过往顾客提供加油、餐饮、购物、住宿、汽车修理等服务。

(2)临猗服务区地处临猗县北景乡南景村,位于G59河运高速公路K55+350处,占地面积75099m²,分东、西两个区,西区占地41558m²、东区占地33541m²,建筑面积5341.97m²,配备有宿舍办公楼,建筑面积880m²,西区服务楼建筑面积1665.8m²、东区服务楼建筑面积1559.5m²。加油站总面积301m²(东、西区面积均150.5m²),另外还设有机修车间、附属用房及预留用地等。可为过往顾客提供加油、餐饮、购物、住宿、汽车修理等服务。

3.养护工区设置

河运高速公路养护工区地处G59河运高速公路K10+972处,与河津南收费站共用一个大院,主楼建筑面积911.84m²。工区设主任1名,专管员3人,养护人员12人,共计16人,配备各类机械设备45台(大中型机械设备23台,小型机械设备22台)。

4.路政治超

建管处治超办设在机关,各治超站点设在收费站外广场,路政中队设在G59河运高速公路K52+120处。共有57人,其中路政17人,超限超载治理40人。有综合办公楼1栋,面积917.4m²;办案大厅1个,面积50m²;车辆4台,其中路政巡查车2台,大型清障车1台,小型清障车1台。在超限超载治理中,分别在5个收费站设立超限超载检测点,每个检测点设岗亭1座,检测设备1套,工控机2台,显示屏2块,并配备有灭火器及相关工具等。

七、运城绕城高速公路

详见第三十六节 S5902运城绕城高速公路有关内容。

八、运灵段(运城—灵宝)(建设期:2013年5月~2015年12月)

(一)项目概况

1.基本情况

项目是国家高速公路G59途经山西的一段,也是全省高速公路网"三纵十二横十二环"主骨架西纵高速公路的最后一段,是山西连通陕西、河南,南下湖南、湖北、广东、广西的重要战略通道。起点位于盐湖区解州镇,与运城绕城高速公路相接,途经盐湖区、芮城县,终点位于芮城县陌南镇,连接黄河特大桥,跨越黄河后与连霍高速公路相连,并入国家高速公路网。路线全长30.339km,总投资30.75亿元(含芮城一级公路连接线20.917km)。主线双向四车道,设计速度80km/h,路基宽24.5m,有特长隧道9663m/1座,大中桥2109m/7座,分离式立交1座,通道天桥32座,涵洞38道,互通式立交3座。全线桥隧比例37%。项目采用"省投市建"模式,属于政府收费还贷公路,因受黄河大桥桥址确定问题影响,先后分两期实施,一期工程K0+000~K26+786段,2012年1月开工建设;二期工程K26+786~K30+339段,2009年8月6日奠基,2013年5月开工建设,2015年11月主体工程全部完工;2015年12月5日通过交工验收,12月12日通车运营。

2.前期决策

运城市解州—陌南三级公路系由原古盐道开拓发展而成,解州镇娘娘庙村—陌南镇前凹村22km为越岭路段,所翻越的中条山山势陡峻,悬岩陡壁众多,地形切割剧烈,沟谷多呈"V"字形,沟深坡陡,海拔350~1100m,共有弯道131个,其中58个超极限半径,15km为7%~8%的极限纵坡,对车辆行驶极为不利,交通事故时有发生。落后的交通条件严重制约当地经济发展。尽快改善该条公路现状、提高通行能力,已成为适应当地经济发展和交通运输的迫切需要。

2007年,运城市交通局委托省交通科研院编制预可报告,2008年3月20日通过省交通厅预评审。项目建设对全面完善山西省高速公路网,加快黄河金三角承接产业转移示范区建设,加强全省与中原、沿海地区经济文化交流,具有十分重要的作用。

3.参建单位

(1)建设单位。运城市编制办以运编办发〔2009〕111号文批复成立运城—灵宝高速公路建设管理处,内设综合部、工程管理部、技术质检部、安全管理部、工程财务部。

(2)设计单位。共有3个单位承担,其中路基桥涵隧道等主体工程设计1个,交通安全、房建工程设计1个,机电工程设计1个。

(3)施工单位。共有22个单位参加建设,其中路基工程6个,路面工程1个,交通安全工程2个,机电工程5个,房建工程4个,地源热泵系统工程1个,绿化工程3个。

(4)监理单位。共有4个单位实施监理,其中路基、桥涵、隧道、路面、交通、绿化工程监理1个,房建工程监理1个,机电工程监理1个,隧道施工监控量测工程1个。

(二)建设情况

1.项目准备

(1)立项审批(表8-41)。2008年4月9日,省发改委晋发改交通发〔2008〕300号文

第八章 建设项目

批复项目建议书;2009年9月19日,省交通运输厅晋交公字〔2009〕543号文批复初步设计,概算投资25.93亿元,路线全长30.947km,陌南—芮城县城连接线19km,路线终点距黄河桥头约100m,由于与河南省接线及黄河桥址尚未明确,建议项目分期实施,先实施起点到芮城互通(19.55km),剩余11.4km待两省协调后同步推进。2013年2月13日,省交通运输厅晋交建管发〔2013〕81号文批复补充施工图设计,概算投资最终调整为30.75亿元。

项目审批一览表

表8-41

序号	项目	批复时间	批复部门	文件名称	文件号
1	项目法人	2009.7.17	山西省交通运输厅	《关于成立运城—灵宝高速公路建设管理处的通知》	运编办发〔2009〕111号
2	项目建议书	2008.4.9	山西省发展和改革委员会	《关于运城市解州—陌南(黄河桥头)公路项目建议书的批复》	晋发改交通发〔2008〕300号
3	可行性研究报告	2009.1.15	山西省发展和改革委员会	《关于运城解州—陌南(黄河桥头)公路可行性研究报告的批复》	晋发改交通发〔2009〕33号
3	可行性研究报告	2012.10.31	山西省发展和改革委员会	《关于运城解州—陌南(黄河桥头)公路工程可行性研究补充报告的批复》	晋发改交通发〔2012〕2288号
4	用地预审	2009.5.14	山西省国土资源厅	《关于运城解州—陌南(黄河桥头)公路建设项目用地预审的批复》	晋国土资函〔2009〕246号
4	用地预审	2013.2.28	山西省国土资源厅	《关于运城解州—陌南(黄河桥头)高速公路建设项目补充用地预审的复函》	晋国土资函〔2013〕119号
5	地质灾害危险性评估	2009.4.17	山西省国土资源厅	《地质灾害危险性评估报告备案登记表》	晋国土资环(灾)备〔2009〕033号
5	地质灾害危险性评估	2013.4.25	山西省国土资源厅	《地质灾害危险性评估报告备案登记表》	晋国土资环(灾)备〔2013〕058号
6	地震安全性评价	2009.7.1	山西省地震局	《关于山西省运城市解州—陌南(黄河桥头)高速公路工程场地地震安全性评价报告的批复》	晋震标〔2009〕82号
7	环境影响报告	2009.6.24	山西省环境保护厅	《关于〈运城市解州—陌南(黄河桥头)公路环境影响报告书〉的批复》	晋环函〔2009〕8号
8	水土保持方案		山西省水利厅	《关于运城—灵宝高速公路解州—陌南段水土保持方案的复函》	晋水保〔2009〕186号

续上表

序号	项目	批复时间	批复部门	文件名称	文件号
9	压覆矿产	2009.12.7	山西省国土资源厅	《关于运城市解州—陌南(黄河桥头)公路项目压覆矿产资源初审意见的函》	晋国土资函〔2009〕705号
		2013.4.26	山西省国土资源厅	《运城解州—陌南(黄河桥头)高速公路工程芮城连接性及原终点调整段建设项目用地不压覆重要矿产资源证明》	晋国土资储证字〔2013〕071号
10	初步设计	2009.9.17	山西省交通运输厅	《关于运城市解州—陌南(黄河桥头)高速公路初步设计的批复》	晋交公字〔2009〕543号
11	施工图设计	2010.7.7	山西省交通运输厅	《关于解州—陌南(黄河桥头)高速公路施工图设计的批复》	晋交建管〔2010〕330号
		2013.2.13	山西省交通运输厅	《关于解州—陌南(黄河桥头)高速公路补充施工图设计的批复》	晋交建管发〔2013〕81号
12	用地	2012.1.21	国土资源部	《关于运城解州—陌南(黄河桥头)高速公路工程建设用地的批复》	国土资函〔2013〕56号
		2014.7.11	山西省人民政府	《关于运城解州—陌南高速公路(K27+120~K30+039)工程建设用地的批复》	晋政地字〔2014〕415号
		2014.8.13	国土资源部	《关于运城解州—陌南(黄河桥头)高速公路芮城连接线、圣天湖互通工程建设用地的批复》	国土资函〔2014〕360号

(2)资金筹措。项目原概算批复25.9334亿元,施工图补充设计批复后总概算核定为30.7463亿元(含芮城连接线项目3.56亿元)。资金来源为省交通运输厅自筹资金10.0962亿元,银行贷款18.7552亿元,芮城县政府自筹资金1.8949亿元。

(3)招投标。2009年2月15日,运城市高速公路建设领导组运高建组〔2009〕3号文印发《关于闻喜东镇—临猗孙吉、解州—陌南(黄河桥头)高速公路建设项目招标代理比选结果的批复》,明确由运城市精诚工程招标代理有限公司为招标代理单位。在招投标过程中,建管处严格执行公路工程相关法律、法规、规章、标准及《山西省交通运输厅公路工程招标投标管理办法》,在招标文件编制、招标公告发布、投标文件评审和合同谈判阶段严格按程序办事,择优选取监理、施工单位,项目各项招标程序规范、有序。

(4)合同段划分。根据项目特点,路基、桥涵、隧道工程分6个标段,路面工程分1个标段,交通工程分2个标段,房建工程分3个标段,绿化工程分3个标段,机电工程分5个标段,施工监理分3个标段,施工监控分1个标段。

(5)征地拆迁。项目建设涉及盐湖区、芮城县3个乡镇18个行政村。一期工程从2009年6月~2012年10月,共征用土地1784.04亩,拆迁房屋7198.24m², 支付补偿费用5725.6万元;二期工程从2012年10月~2015年11月,共征用土地661.32亩,拆迁房屋173.18m², 支付补偿费用795.3万元。

2. 项目实施

(1)质量管理。建管处多措并举,确保质量。一是规范质量程序,落实精细管理要求。从隐蔽工程、重点、难点、关键点着手,抓住关键环节,优化施工工艺,保证施工质量,将精细化管理理念贯穿始终。成立专项质量验收组,加强对工程重点、薄弱及隐蔽环节质量监管,特别是隧道初支各环节,如锚杆(管)、超前小导管、钢拱架、初喷混凝土、机电预留(埋)管道、防排水施工等环节,实行专项质量验收。二是严格过程控制,确保一次成优。加强对进场原材料质量抽检,实行监理现场旁站、洞口监控、建管处监管三级控制体系;加强成品混凝土工程控制;确保各项指标达到规范及设计要求。三是狠抓预防处治,严格奖惩考核。先后下达质量整改通知单350余份,累计查出隐患130个,整改回复率100%;及时召开质量分析会,全面剖析问题,认真查找根源,制订控制措施;根据《质量奖罚管理办法》,对施工质量好的单位进行资金奖励,好的经验做法宣传推广,对质量不合格、不达标的施工单位进行处罚,并在全线通报,促进和规范施工日常质量管理行为,稳步提高质量水平。

(2)安全管理。建管处始终坚持"安全第一、预防为主、综合治理"的方针,创新机制,加大监管,建设期间未发生任何安全生产责任事故。一是建立体系,确保全覆盖。成立安全生产委员会,设置管理部门,专门负责安全监管。每年与各监理、施工单位签订《安全生产目标责任书》,并分解到各职能部门,对各级管理人员安全责任细化分解,形成横向到边、纵向到底的责任体系。二是健全制度,加强检查。结合实际,先后制订和修改完善安全例会、教育培训、方案审批、费用支付、安全检查等42项安全管理制度,确保有章可循、有据可依;在日常监管中,安全管理人员每周至少深入施工一线全面检查一次;主动邀请市安监局、消防队现场指导检查40余次,共发出"安全隐患整改通知单"433份,查处一般安全隐患1081项,重大隐患1项,对各施工、监理单位累计处罚103.8万元、奖励109.4万元,督促施工单位完成隐患整改;聘请2名专业人员驻守隧道施工现场,全程跟踪监管;邀请地质专家对全线高填深挖段落及弃渣场进行3次实地勘察;加强对民用爆炸物品控制管理,专人对使用情况进行全程跟踪;坚决消除各类安全隐患。三是强化教育,营造氛围。编制《安全施工手册》《安全作业指导书》,根据工程进度分阶段、有重点开展教育培训,组织特种作业人员考取证书3场(次)、印发各类宣传单5000余份、设立"安全警示教育点"2个、组织观看安全教育视频40余部;深入开展"安全生产年""平安文明工地创建""打非治违""百日安全生产""防坍塌事故专项整治""知责、履责"和"交通管理提升年"等专项活动,营造人人关注、支持、参与、履责氛围,全面构建安全管理环境。四是应急管理,提升能力。制订完善总体和专项应急预案,与当地消防、医院、政府部门积极沟通联系,形成联防联控机制;及时组织各施工单位开展坍塌、消防、触电、高空坠落等突发事件演练,完善物资储备,提高实战能力;强化安全值守,严格落实24小时值(带)班制度;汛期与市气象局签订协议,以短信形式提前告知未来72小时天气情况和特殊恶劣天气预警信息,以便各级管理人员及时做好防范工作。2011年1月14日,建管处被省交通运输厅评为"平安文明工地"创建活动先进单位;2012年4月24日,项目被省交通运输厅评为第二批"平安文明工地"达标创优竞赛活动优秀项目。

(3)进度管理。建管处克服各种不利因素,千方百计保证建设进度。一是严格执行合同,限期整改。先后对施工、监理单位下达不合格整改单10余份,更换主要工程管理人员9人(次),处罚违约金340余万元。二是锁定工期,分解目标。与监理、施工单位签订"年度目标任务书",细化内容,落实责任,明确时间,优化流程,全面加快各道工序施工进度。特别是在中条山特长隧道建设中,明确项目经理为第一责任人,通过利用车行横洞增加施工作业面,增加抽、排水人员数量及设备配置,采取及时喷水释放围岩应力、加强支护避免岩爆发生等多项举措,确保顺利完成。三是注重过程,规范管理。根据工程进展,梳理归纳重点、难点任务,逐个解决和突破;优先安排通道、涵洞及大中小桥施工,为确保路基整体贯通创造有利条件;使用计量软件编制报表,避免重复计量和计算错误,以工程管理考核为契机,把施工标准化管理纳入月度考核范围;以文化舆论宣传为指引,在一线积极营造氛围,不断推进工程建设标准化、规范化、精细化管理。四是加强考核,顺利推进。建立"按年度目标控制、按节点任务考核"办法,实行一月一检查、一季度一评比方式,奖优罚劣,并督促监理、施工单位对发现的问题及时整改落实;以强化履约考核和信用评价管理为抓手,采取加大奖惩力度、向施工单位上级通报(访谈)、评优奖一票否决、在履约考核中直接降级、计入"黑名单"、甚至肢解其工程等措施,对进度滞后、连续完不成目标任务的单位处罚,有效规范施工单位从业行为,确保项目建设顺利推进。

(4)廉政建设。建管处党委围绕工程抓党建,抓好党建促工程。一是以制度建设为核心,不断完善拒腐防变惩防体系。与各监理、施工单位同时签订"施工合同"和"廉政合同",规范权力运行,狠抓源头防腐,形成"靠制度管人、按制度办事"的规范体系;建立党风廉政建设和反腐败工作责任体系,在月度、年度检查和劳动竞赛考核中认真抓好对组织生活会、述职述廉、廉政谈话、诫勉谈话、函询质询等制度执行情况的跟踪落实,严格执行责任过错追究,对有关部门和负有责任的领导实行"一票否决制",做到失责必问、问责必严。二是以预防腐败为重点,不断健全拒腐防变教育长效机制。编印《廉洁自律手册》,赴芮城县、运城市廉政教育培训基地观看警示教育片、看板面、听报告、谈体会、廉政宣誓、廉政签名等活动,收到良好效果;通过法律法规和党纪教育、在《简报》中设立固定栏目等灵活多样方式,典型示范、案例警示,增强辨别、自控和醒悟能力;通过签订廉洁自律公开承诺书,切实筑牢思想防线。三是加大日常检查,建立监督常态。纪委派专人对机关工作人员上班期间执行工作纪律情况进行明察暗访,设立举报箱、公开举报电话,及时发现问题、及时告诫提醒,形成加强作风建设新常态;紧紧围绕招投标、资金拨付、施工管理、原材料采购等关键环节,抓常、抓细、抓实,特别是对"三重一大"集体研究决策、招投标、机电设备厂验考察、大额资金拨付、办公设备购置等重要工作,纪委全程跟踪监督,确保各项活动公开透明、"阳光"操作;联合运城市、芮城县两级人民检察院,启动预防职务犯罪"十百千"专项活动,认真做好日常宣传教育和对工程招投标、资金拨付、设计变更、交工验收等环节过程监督,有效实现"工程优质、干部优秀、资金安全"预期目标。

(三)复杂技术工程

中条山特长隧道:进口位于盐湖区解州镇王窑头村,出口位于芮城县陌南镇石坡村,全长9663m,最大埋深681m,属深埋特长公路隧道。设斜井1座、竖井2座,其中1号斜井长1498.7m,纵坡13.38%;1号竖井深306m,半径3.9m,2号竖井深396m,半径3.2m。为保证安全、优质、顺利完工,在隧道施工中精心部署,坚持先支护(强超前支护)、后开挖(短进尺、弱爆破)、早封闭、勤量测的施工原则,采用台阶法(留核心土),单侧壁导坑配合上、下台阶法开挖紧急停车带等施工方法,确保施工安全和结构稳定,并聘请第三方监控量测机构实施全过程监测服务,同时还运用洞口视频监控和建管处远程监控系统,对隧道施工进行全过程跟踪监控,实现隧道施工信息化、动态化、全程化管理。

(四)科技创新

中条山隧道施工关键技术与质量控制研究:由建管处、省交通科研院和华中科技大学联合完成。课题提出V级围岩段不同施工方法、不同超前预支护系统和施工工法的配合方案以及不同支护参数采取对比分析,采用优化后的两台阶施工工法。该工法不仅适合于实际应用,也节约成本,取得良好经济效益和社会效益。此项成果已在中条山特长隧道、山平高速公路鸳鸯会隧道等项目中得到应用。2012年7月,省科学技术厅组织专家对成果鉴定后认为,总体达到国际先进水平,其中超前管棚与不同施工工法的配合效果分析达到国际领先水平。2014年7月,荣获山西省科技进步二等奖(图8-67)。

图8-67 获奖证书

（五）运营养护管理

1. 收费站点设置

（1）芮城东收费站地处芮城县陌南镇朱吕村，位于 G59 运灵高速公路 K19+285.9 处，占地面积 12775m²，建筑面积 1641m²，车道 3 进 5 出。

（2）圣天湖收费站地处芮城县陌南镇刘堡村，位于 G59 运灵高速公路 K27+740 处，占地面积 6410.02m²，建筑面积 1438.85m²，车道 3 进 5 出。

（3）芮城黄河大桥收费站地处芮城县陌南镇柳湾村，位于 G59 运灵高速公路 K29+590 处，主线收费站，占地面积 15882.98m²，建筑面积 2118.71m²，车道 16 出。

交通流量状况：2015 年，年通行 2169 辆，日平均 108.5 辆；2016 年，年通行 901744 辆，日平均 2470.5 辆。

2. 服务区设置

芮城服务区位于 G59 运灵高速公路 AK29+900 处，占地面积 40000m²，建筑面积 5718.77m²，北区建筑面积 2600.03m²（其中，服务楼 2001.8m²，加油站 332m²，机修用房 207.06m²，泵房 59.17m²），南区建筑面积 3118.74m²（其中，服务楼 2233.72m²，加油站 332m²，机修用房 207.06m²，附属用房 345.96m²）。

第十四节　G1812 沧州—榆林高速公路山西段

一、忻阜段（忻州—长城岭）（建设期：2009 年 2 月～2010 年 9 月）

（一）项目概况

1. 基本情况

项目是国家发改委立项、交通运输部补助投资建设项目，是山西省"十一五"重点工程和"三纵十二横十二环"高速公路网规划中第四横的重要组成部分，也是山西省东出西联、融入环渤海经济圈的重要东出口工程，被交通运输部确定为全国四项"高速公路科技示范工程"之一。起点位于忻府区部落村以西 800m 处，与大运高速公路原平—太原段 K26+268 处交叉，与忻州—保德高速公路相接，形成立交枢纽。横跨滹沱河及其支流云中河、牧马河、滤泗河、清水河等河流，穿越忻定冲积平原、文山、东冶盆地、五台盆地边缘、凤凰岭、清水河河谷，终点位于晋冀交界五台山长城岭，出省后与河北保定—阜平高速公路相接。双向四车道，其中 K0~K43 设计速度 100km/h，路基宽 26.0m；K43~K124 设计速度 80km/h,路基宽 24.5m。全线共动用土石方 1083 万 m^3,排水防护工程 118 万 m^3。桥涵设计汽车荷载等级公路—Ⅰ级。设秦城、曹张、定襄北、蒋村、建安、五台南、耿镇、景区、石咀 9 处互通立交,其中秦城为枢纽立交,其余为服务型互通立交。全线有特大桥、大中桥 16km/49 座,隧道 12km/5 座。全长 124km,概算投资 61.6 亿元。2006 年 11 月 16 日奠基,2009 年 2 月 12 日开工建设,2010 年 9 月 30 日通车试运营,省界长城岭隧道 2011 年 12 月 6 日建成通车。

2. 前期决策

佛教圣地五台山是山西省旅游龙头和名片,是全国乃至世界瞩目的著名旅游目的地,也是世界文化遗产。由于通向五台山的原有公路等级低,路面较差,又是山西通往京津唐运煤专线,人流、物流通行量巨大,交通压力非常大,难以保证正常通行,大多外省游客需要绕道太原、大同后,从忻州盘山进入,不但给游客带来极大不便,抑制了五台山这一旅游龙头对全省旅游产业的带动作用,也直接影响到这一地区经济发展步伐。省委、省政府为进一步推动以五台山为中心的旅游经济发展,开辟晋煤过境外运、挺进中原、走向沿海的快速通道,促进山西及西北省区与京津冀环渤海及东南沿海的经济文化交流,将忻阜高速公路列为"十一五"重点工程项目。

3. 参建单位

(1)建设单位。2006 年 11 月 9 日,省交通厅晋交人字〔2006〕536 号文批准成立忻阜高速公路建设管理处,下设综合办公室、工程管理部、技术质检部、财务部、地方协调部、党委工作部、交通工程办公室、安全生产委员会办公室和外委中心试验室。

(2)设计单位。共有 3 个单位承担勘察设计任务,其中主体工程 1 个,机电和交通安全工程 1 个,房建工程 1 个。

(3)施工单位。共有 47 个单位参加建设,其中路基工程 11 个,路面工程由中铁十二局集团忻阜高速项目部总承包(施工单位 5 个),房建工程 7 个,机电工程 4 个,交通安全工程 10 个,绿化工程 5 个,义井连接线工程 1 个,定襄连接线工程 1 个,五台连接线工程 5 个。

(4)监理单位。共有 7 个单位实施监理。

(二)建设情况

1. 项目准备

(1)立项审批(表 8-42)。2002 年 8 月 26 日,省发改委晋计交通发〔2002〕737 号文同意项目建设;2009 年 2 月,交通部交公路发〔2009〕61 号文批复初步设计,概算总投资 61.59 亿元;2009 年 5 月,省交通厅晋交公字〔2009〕226 号文批复施工图设计。

项目审批一览表 表8-42

序号	项目	批复时间	批复部门	文件名称	文件号
1	项目法人	2006.11.9	山西省交通厅	《关于成立忻阜高速公路建设管理处的通知》	晋交人字〔2006〕536号
2	项目建议书	2002.8.26	山西省发展计划委员会	《关于忻州—阜平公路忻州—长城岭段项目建议书的批复》	晋计交通发〔2002〕737号
3	水土保持方案报告	2004.7.7	山西省水利厅	《关于〈忻州—阜平公路忻州—长城岭段建设项目水土保持方案报告书〉(报批稿)的批复》	晋水保〔2004〕416号
4	地质灾害评估报告	2005.6.27	山西省国土资源厅	《忻州—阜平公路忻州—长城岭段地质灾害危险性评估报告备案登记表》	晋国土资环备〔2005〕33号
5	环境影响评价报告	2005.11.28	环境保护部	《关于忻州—阜平公路忻州—长城岭段环境影响报告书的批复》	环审〔2005〕908号
6	工程场地地震安全评价报告	2006.7.25	山西省地震局	《关于忻州—阜平高速公路(忻州—长城岭段)工程场地地震安全性评价报告的批复》	晋震标〔2006〕18号
7	用地预审报告	2007.6.20	国土资源部	《关于忻阜高速公路忻州—长城岭段建设用地预审意见的复函》	国土资预审字〔2007〕156号
8	可行性研究	2008.9.26	国家发展和改革委员会	《关于山西省长城岭(冀晋界)—忻州公路可行性研究报告的批复》	发改基础〔2008〕2559号
9	初步设计	2009.2.26	交通运输部	《关于长城岭(冀晋界)—忻州公路初步设计的批复》	交公路发〔2009〕61号
10	林地使用许可	2009.4.2	国家林业局	《国家林业局使用林地审核同意书》	林资许准〔2009〕101号
11	施工图设计	2009.5.4	山西省交通厅	《关于长城岭(冀晋界)—忻州高速公路施工图设计的批复》	晋交公字〔2009〕226号
12	建设用地	2011.12.7	山西省人民政府办公厅	《关于转发《国土资源部关于忻州—阜平高速公路忻州—长城岭段工程建设用地的批复》的通知》	晋政地字〔2011〕510号

(2)资金筹措。概算总投资615900万元,其中交通部补助88600万元,省公路基金10000万元,省交通厅自筹46857万元,中海投资5443万元,国家开发银行山西分行贷款465000万元。

（3）招投标。坚持依法依规、阳光操作原则，严格执行相关法律法规和管理办法。整个招标过程接受省交通厅、省检察院、省人大、省审计厅、省发改委、省纪委等多部门监督，按照基本建设程序进行。在招标之前对招标代理机构进行公开比选，择优选定。在资格预审阶段，按照规定程序在相关媒体发布预审公告，并依法进行严格评审。在开标评标阶段，对通过资格预审的投标人进行行贿记录查询，确认无问题后进行开标。评标时，从交通部专家库中抽取专家进行评审，由评审委员会依法确定各标段中标候选人，并将评标结果在中国采购与招标网、山西招投标网和山西交通网公示。同时将资审文件、招标文件、评标结果向省交通厅报备。

（4）合同段划分。根据项目特点，路基桥涵工程分12个标段、其中1个总承包路段，路面工程分5个标段，房建工程分7个标段，交通安全设施及标志标线分10个标段，机电工程分4个标段，绿化工程分5个标段，连接线工程分7个标段；施工监理分7个标段。

（5）征地拆迁。项目建设用地涉及忻府区、定襄县和五台县16个乡镇82个行政村，市政府成立征地拆迁工作协调领导小组，各县分别设立征迁办，多次组织召开现场办公会，协调解决各种问题。经过反复优化设计方案，2007年7月～12月，共征用土地9739亩，拆迁房屋6450m^2，支付补偿费用39851万元。

2. 项目实施

（1）质量管理。建管处始终树立"百年大计、质量第一"精品意识，不断加强工程质量监管，强化"宁做恶人、不做罪人"意识，科学管理，精细施工，确保工程质量始终处于良好受控状态。一是强化质量创优理念和组织领导力度，完善质量保证体系。从建管处到监理单位，从施工项目部到作业工队，层层成立质量管理组织机构，落实质量责任人，形成分层负责的质量保证体系。充分发挥监理作用，依靠监理抓管理、保质量，紧紧围绕工程建设确保质量管理系统有效运行，营造"小业主、大监理"质量管理模式。二是细化目标，强化措施，有效推进质量管理。围绕"全线工程合格率100%、竣工验收等级优良"质量目标，分别制订《质量管理实施细则》《试验检测管理实施细则》《首件产品质量认证制》《劳动竞赛实施办法》《工程质量巡查制度》《监理工作监督管理办法》等管理制度，对质量目标和监管措施提出具体要求与明确规定。三是狠抓试验检测和内业资料，用科学试验检测数据控制工程质量。建管处专设质量总监和中心试验室，对项目全线质量抽检和工地试验室工作进行监管指导，用科学数据控制工程质量。同时，狠抓现场工程资料、台账、图表管理工作，力求及时准确、客观真实、规范闭合。中心试验室对全线试验任务抽检频率不少于5%，同时进行全面质量普查，了解质量动态，对全线材料准入把关，检测试验准确率达到100%。

（2）安全管理。建管处高度重视安全生产工作，认真贯彻"安全第一、预防为主、综合治理"的方针，坚持"突出重点、标本兼治、重在治本"原则，强化"安全生产重于泰山""事事讲安全、人人抓安全"理念,采取"关口前移、重心下移"方法,认真吸取各类安全事故教训,以"事故隐患零容忍"态度扎实开展工作,建立健全"建设单位主导,施工单位负责,监理单位监督检查"的安全监管体系,全线安全生产保持可控状态和稳定发展态势。一是加强组织领导,健全规章制度,形成全员全过程狠抓安全生产局面。建管处成立安全生产监督管理委员会,设立安委会办公室,自上而下层层建立安全生产领导体系,实行严格责任制。制订印发《项目建设安全生产监管办法》《安全会议制度》《安全隐患排查治理公示销号制度》《安全生产月考评制度》《安全生产宣传教育及培训制度》《安全监管日巡查制度》《安全档案管理制度》等多项规章制度,严格执行安全生产合同制,推行承诺制,执行一票否决制,使安全生产贯穿工程建设全过程。二是坚持重点整治和全面整治相结合,推动安全生产专项整治活动。结合工程建设,开展以森林防火、爆破作业、跨线交叉作业、临时用电、隧道工程、桥桩基础开挖工程为主要内容的重点整治活动。建管处在林区作业的10个标段都建立消防应急队伍,配备必要消防器材。细化目标任务,落实工作责任。

(三)科技创新

作为交通运输部确定的科技示范工程之一,建管处把"资源节约型、环境友好型"交通发展模式和科技创新交通建设新理念贯穿于设计、施工、安全运营全过程。建设伊始,提出"依法筑路、科技筑路、优质筑路、安全筑路"理念,营造"创新科技、保障安全、传承文化、构建和谐"氛围。按照"安全、节能、低碳、环保"的角度,分为安全高效、资源节约、环境友好、综合技术四个方面,集众多科技成果应用于一体,科技成果优势得到体现,有20项科技创新成果在项目建设中推广应用和研究,备受行业内外和社会各界高度关注。

(1)机制砂混凝土技术。应用后,彻底解决隧道弃渣存放及破坏环境的问题,保护沿线原生态环境,实现"资源节约、环境友好"目标。在施工过程中,应用技术通过对隧道弃渣筛选、破碎、筛分、除尘等加工工艺实现二次利用。利用隧道弃渣生产砂石约36万m^3,加工生产机制砂约12万m^3,减少占用耕地50多亩。相对于天然河砂,每方可节约建设成本30元左右(混凝土可节约34元左右),具有十分明显的社会和经济效益。

(2)钢混组合箱梁桥建设技术。秦城互通H匝道桥采用(28.5+45+28.5)m的钢混组合梁结构,主梁采用槽形截面钢箱梁加现浇混凝土桥面板的组合形式,梁高2.20m。主梁钢箱梁由钢板拼装焊接而成,根据吊装重量被分成三个制作段:A制作段34.45m,B制作段33m,C制作段34.45m,将A、B、C三段吊装就位后,采用摩擦型高强螺栓将各制作段间连接。钢箱梁和现浇桥面板之间,依靠焊接在钢箱梁上翼缘板的剪力钉连接件,传递钢梁与混凝土交界面上的水平剪力,保证钢梁与混凝土桥面板形成整体。整个主梁在施工过程中,除了架设钢箱梁时需占用部分行车道外,其余施工环节均未对原有高速公路交通造成影响,由于采用钢混组合箱梁,具有施工进度快、结构安全可靠、抗震性能强、跨越性能好的特点。

(3)高速公路重载交通抗车辙技术。车辙是重载交通下山区高速公路长大纵坡路段的主要病害,属国内急需解决的技术难题,技术实施后,对制定重载交通下山区高速公路沥青路面的高、低温性能指标,指导山区高速公路的设计与建设,具有十分重要的科技示范意义,对于节约养护成本、减少交通事故、提高高速公路服务水平,具有较高的经济和社会效益。

(4)地方性材料应用技术。项目投资较大,沿线现有筑路材料较匮乏,通过对地理信息系统二次开发优化和充实,进一步完善系统数据库,建立筑路材料地理信息和路用性能参数数据库,并将数据库与地理信息系统进行整体融合,可以实现沿线地方材料信息资源的适时用户查询、修改、追加等计算机用户界面的相互对话,为充分应用沿线筑路材料提供技术方便,实现对筑路材料相关属性数据的查询管理。

(5)工程质量动态监控与综合管理技术。项目依托西部交通建设科技项目"沥青路面工程质量过程控制的研究"成果,结合自身实际,从材料、设备、人员和工艺四个方面建立沥青路面质量过程控制指标体系,通过计算分析得到相关试验数据,使建管处、施工单位及监理单位最大限度地摆脱烦琐的数据整理,回避复杂的统计计算,加强对工程质量的管理,有效控制路面施工,减少施工变异性,同时借助PQI等无损检测设备进行实时监测,使监管工作更有效、更有针对性。

(6)信息化技术。结合项目实际情况,开发建设项目信息化管理系统,依靠现代化信息技术提高项目管理效率和水平。项目信息化系统将公共信息网、工程业务网、办公OA网三网合一,从对外宣传窗口到工程项目管理,再到日常办公公共信息网,主要向社会各界发布工程建设动态,打造阳光工程和对外宣传窗口,工程业务网主要用于建管处与各参建单位的业务交流和计量支付、计划进度等行政审批,发挥项目辅助管理功能。办公OA网主要用于建管处内部信息处理和公文流转审批,具有远程办公和移动审批功能,实现文件数据的电子化归档和信息资源共享。信息化系统建设,能有效提高工程建设效率,节约建设成本,规范管理行为,提升管理水平。

(7)废胎胶粉筑路应用技术。橡胶沥青路面上结构层矿料级配,统一采用粗集料断级配骨架密实型结构,以增强路面结构的整体抗重载能力,提高可靠度和耐久性。表面层沥青结合料采用高弹、高黏废胎胶粉橡胶沥青,提高沥青路面高温抗车辙能力、低温抗裂能力,防止沥青路面早期损坏,延长路面使用寿命。橡胶沥青在压、剪状态下具有较高的黏结强度,且在180℃高温下仍具有较高的旋转黏度值(40目胶粉,23%掺量条件下180℃旋转黏度为$2 \sim 4 Pa \cdot s$),可使沥青洒布量增大$2.2 kg/m^2$左右,增强防水黏结层的耐久性。不仅有利于路面结构层间黏结、防水,还可提高路面结构抗裂能力以及整体抗重载能力。该项目是橡胶沥青示范工程,80km 路面消耗约 60 万条废旧轮胎。如果在山西省乃至全国范围推广实施,必将大大缓解当前由于汽车保有量提高,带来大量废旧轮胎对环境污染压力。

(8)隧道弃渣综合利用技术。应用在 5 座隧道上,开挖量达 244.2 万 m^3,如废渣全部弃掉需占用土地 366.3 亩。通过实施隧道弃渣综合利用技术,把隧道弃渣作为路堤填料和建筑材料,实现变废为宝,减少对环境的破坏,达到节约土地资源、保护生态环境的目的。该项目利用弃渣作为路堤填料 84.1 万 m^3,作为建筑材料砌筑 26.5 万 m^3,机制砂加工 20.5 万 m^3,碎石加工 15.3 万 m^3,隧道明洞及仰拱回填 13.9 万 m^3,软地基处理 2.1 万 m^3,共利用隧道弃渣 162.4 万 m^3,节约弃渣占地 243.6 亩,减少借土占地 126.2 亩。

(9)聚合物水泥混凝土路面应用技术。采用普通混凝土搅拌设施搅拌后利用沥青摊铺机摊铺成型,路面无须碾压,具有良好的平整度、透水、阻燃、降噪等功能,大大增强隧道安全行驶系数。聚合物改性水泥混凝土路面比普通混凝土路面的通车时间早,能够处理成彩色,具有良好的社会效应。凤凰岭隧道是长下坡隧道,应用沥青路面很容易发生推拥,聚合物改性水泥混凝土路面在保证路面平整度的同时,不会产生车辙,噪声更低,耐久性更好,行车更加舒适,具有良好的社会效应。

(10)温拌沥青混合料技术。温拌沥青混合料是一种拌和温度介于热拌(150~180℃)和冷拌(10~40℃)沥青混合料之间,性能达到热拌要求的高节能、低排放新型沥青混合料。与热拌沥青混合料相比,采用温拌技术可降低拌和及摊铺温度 30~40℃。针对项目隧道施工空间狭小、烟气疏散困难等状况,采用温拌沥青混合料技术可减少沥青烟等有毒气体排放,降低对环境和施工人员危害。项目重点突破掺加抗车辙剂沥青混合料温拌技术,提出施工工艺及温度控制等关键技术。在施工温度降低 30~40℃情况下,沥青混合料技术指标满足现行规范要求。

(11)太阳能综合利用及主动发光安全诱导技术。太阳能供电技术属于可再生能源范畴,在为负载设施供电的同时,还可以有效避免对环境的污染。这项技术尤其适用于公路沿线远离电网覆盖区域的机电设施离网供电,其不仅在建设阶段可以大量节省供电线缆的购置、敷设费用,还可以在公路运营阶段节省负载电力消耗和线路损耗,同时大大降低系统故障率和养护成本。在建设过程中,太阳能离网供电技术主要应用于部分监控摄像机的供电,由于这些监控设备比较分散,且远离供电网络,采用这项技术可以减少供电线缆敷设工程。主动发光突起路标和轮廓标主要用于公路沿线各条隧道,在凤凰岭和长城岭隧道出、入口各 300m 范围内安装这种路标,提高隧道出、入口过渡的线形视认效果。

(12)高速公路路侧安全防护技术。技术基于路侧宽容设计理念、系统化路侧安全保障对策体系,结合路线几何设计参数、主要结构物分布、沿线地形地貌特征,制订有针对性路侧安全防护技术,切实有效提高路侧安全性能,同时兼顾经济、景观、环保等因素。主要包括:新型安全护栏端头、新型缓冲消能设施、新型转动护栏、缆索护栏、具有行车引导功能的新型护栏柱帽。

(13)高速公路安全运营车速控制与管理技术。针对本路段线形特点和构造物特征,特别提出小半径弯道、长大纵坡和隧道路段的安全运营车速。最终确定的运营车速标准既体现高速公路快捷高效,又切实保证运行安全,达到效率与安全双赢。同时依据不同路段车道数、交通组成的差异、线形指标的采用情况,制订符合本路段交通特点的速度控制方案。针对项目线形指标较低的局部路段、隧道处及容易超速地段,也制订切实有效的速度控制措施。

(14)高速公路隧道节能照明技术。针对长大隧道照明供电线路较长、线损较高、容易造成电能浪费的特点,在长城岭隧道采用中压供电方案,在照明负荷附近设置埋地变,埋地变间距约1km,使照明供电半径不超过500m;针对洞口加强照明负荷较大的情况,在洞口设置加强照明专用埋地变,大大降低照明的电能损耗。在所有隧道中都选择节能高频电磁灯。两车道隧道的加强照明总功率由108.9kW降低到63.63kW,降低约42%;其中凤凰岭隧道(5868m)的基本照明总功率由257.6kW降低到154.31kW,火焰山隧道(2137m)的基本照明总功率由95kW降低到59.02kW,基本照明总功率下降约40%。三车道长城岭隧道(4700m)的加强照明总功率由224.8kW降低到85kW;基本照明总功率由310kW降低到175kW,基本照明总功率下降约44%。

(15)凤凰岭隧道施工关键技术。隧道全长5885m,最大埋深775.8m,隧址区山势陡峻险要,边坡稳定性差,洞口开挖时极易引起坍塌,穿越岩层构造极其复杂,断层较多,岩溶较发育,围岩破碎严重,是控制性工程。凤凰岭隧道施工工期对全路通车时间具有重要影响。通过开展"凤凰岭隧道施工关键技术研究",凤凰岭隧道进口改为斜交直接进洞后,节约刷坡量约20万m^3,出口端将原设计的大管棚进洞改为双排小导管进洞,将工期提前至少20天。并把地质超前预报工作纳入工序管理,贯穿隧道施工全过程,通过地质超前预报连续的无间隔检测,实行"岩变我变"的施工理念,保证了隧道施工安全。

(16)隧道围岩分级与动态监控技术。针对凤凰岭隧道穿越北东"S"形褶皱带核部、构造极其复杂、断层较多、岩溶较发育、围岩破碎严重的实际情况,适时进行"忻阜高速公路围岩分级与动态监控"课题研究。在对围岩分级和亚级分级总结基础上,提出隧道围岩亚级分级建议方法,并将其应用在隧道施工中。通过现场监测获得围岩动态信息(数据),为修正和确定初期支护参数、混凝土衬砌支护时间提供信息依据,为完善隧道工程设计与指导施工提供可靠足够数据,指导施工,预报险情,确保隧道施工安全,取得良好经济效益。通过一系列科技成果推广应用,提升工程建设的科技含量和技术水平,使忻阜高速公路达到"安全、通畅、环保、节约"的要求。

(四)运营养护管理

1. 收费站设置

2010年9月30日,根据省政府《关于同意忻阜高速公路设置车辆通行费收费站的批复》(晋政函〔2010〕104号)文件规定,沿线共设石咀、五台山景区、耿镇、五台南、建安、蒋村、定襄北、曹张8个收费站。

(1)石咀收费站地处五台县石咀乡射虎川村,位于G1812五保高速公路K7+222处,占地面积17750m²,建筑面积3140.5m²。车道11进12出,其中,ETC车道1进1出,MTC/ETC混合车道1进1出。

(2)五台山景区收费站地处五台县石咀乡上南坪村,位于G1812五保高速公路K11+387处,占地面积12600m²,建筑面积4021.03m²。车道4进8出,其中MTC/EC混合车道1进1出。

(3)耿镇收费站地处五台县耿镇,位于G1812五保高速公路K32+027处,占地面积6500m²,建筑面积1465.53m²。车道3进5出,其中MTC/ETC混合车道1进,ETC车道1出。

(4)五台南收费站地处五台县沟南乡王庄村,位于G1812五保高速公路K62+872处,占地面积10255.33m²,建筑面积2970.39m²。车道3进5出(包含预留车道1出),其中ETC车道1进1出。

(5)建安收费站地处五台县建安乡东建安村,位于G1812五保高速公路K78+484处,占地面积9073.06m²,建筑面积2812.55m²。车道3进5出(包含预留车道2出),其中ETC车道1进1出。

(6)蒋村收费站地处定襄县蒋村乡砂村,位于G1812五保高速公路K90+332处,占地面积5427.09m²,建筑面积1395.27m²。车道3进5出(包含预留车道1出),其中ETC车道1进1出。

(7)定襄北收费站地处定襄县晋昌镇北关村,位于G1812五保高速公路K98+942处,占地面积3223.24m²,建筑面积1389.63m²。车道3进5出(包含预留车道1出),其中ETC车道1进1出。

(8)曹张收费站地处忻州市忻府区曹张乡兰台村,位于G1812五保高速公路K109+259处,占地面积2992.27m²,建筑面积1389.63m²。车道3进5出(包含预留车道2出),其中ETC车道1进1出。

交通流量状况见表8-43。

2010年10月12日,根据省交通运输厅、省财政厅、省物价局晋交财〔2010〕549号文件精神,按政府还贷公路管理;2016 年 12 月 6 日,根据省政府晋政函〔2016〕132 号文件精神,省交通运输厅、省财政厅、省发改委晋交财发〔2016〕460 号文件精神,变更为经营性公路,收费主体由忻州高速公路公司变更为山西交投高速公路有限公司,收费期间,由省高速公路管理局履行行业管理职责。收费年限由 16 年变更为 21 年,至 2031 年 10 月 31 日。

交通流量状况表　　　　　　　　　　　　　　　　　　表 8-43

年　份	年通行量(辆)	日平均量(辆)
2010 年	446549	4854
2011 年	3098203	8488
2012 年	8042734	21975
2013 年	11009612	30163
2014 年	10982051	30088
2015 年	10169995	27863
2016 年	11815359	32282

2. 服务区设置

全线设五台、五台山两个服务区和忻府停车区,其中忻府停车区 2011 年 7 月投入运营,五台服务区 2011 年 5 月投入运营,五台山服务区 2011 年 12 月投入运营。

(1)忻府停车区地处忻州市忻府区曹张乡解村,位于 G1812 五保高速公路 K113+400 处,占地面积 40 亩,分南北两个区,各占地 20 亩。原建筑面积 1071.22m² (南区 427.4m²,北区 643.82m²)。2012 年新增简易餐厅 350m² (南区 200m²,北区 150m²),同时可供 120 人就餐。具有加油站、餐饮、超市、汽修及公厕等公益服务项目;停车场可停放车辆 100 辆,其中大型车 40 辆,中小型车 60 辆;加油站总面积 191.76m² (南、北区面积均为 95.88m²),油罐容量 300m³ (共 12 个,每区 6 个 25 m³),各设 6 台加油机。在 2015 年全国文明服务区创建活动中属达标停车区。

(2)五台服务区地处五台县沟南乡松台村和上西村,位于 G1812 五保高速公路 K63+300 处,占地面积 80 亩,分南北两个区,各占地 40 亩,建筑总面积为 8714.68m²,配备有综合楼,建筑面积为 4115.2m² (南区 2305.88m²,北区 2640.8m²)。停车场可停放车辆 140 辆,其中大车 60 辆,中小型车 80。餐厅总面积 624.24m² (南区 312.12m²,北区 312.12m²),同时可供 200 人就餐。加油站总面积 191.76m² (南北区面积均为 95.88m²),油罐容量 360 m³ (共 12 个,每区 6 个 30 m³)。东西区各设 6 台加油机,油品种类齐全。另外还设有机修车间、附属用房及预留用地等,可为过往旅客提供加油、餐饮、购物、住宿、汽车修理等服务。在 2015 年全国文明服务区创建活动中属达标服务区。

（3）五台山服务区南区地处五台县门限石乡狐峪口村，位于 G1812 五保高速公路 K17+300 处；北区地处五台县石咀乡射虎川村，位于 G1812 五保高速公路 K9+100 处。占地面积 80 亩，分别占地 40 亩，建筑总面积 5669.7m²。配备有综合楼，建筑面积 4503.22m²（南区 2834.85m²，北区 312.12m²）。停车场可停放车辆 120 辆，其中大车 40 辆，中小型车 80 辆。餐厅总面积 1496m²（南区 748m²，北区 2834.85m²），同时可供 300 人就餐。加油站总面积 191.76m²（南北区面积均为 95.88m²），油罐容量 360 m³（共 12 个，每区 6 个 30 m³）。各设 6 台加油机，油品种类齐全。另外还设有机修车间、附属用房及预留用地等，可为过往旅客提供加油、餐饮、购物、住宿、汽车修理等服务。在 2015 年全国文明服务区创建活动中属达标服务区。

忻阜高速公路服务区属 BOT 项目，由山西中海投资有限公司出资建设、经营，经营期为 20 年，现由中国石化山西销售公司忻州石油分公司向中海公司整体租赁经营。

3. 养护管理

通车运营后，设置养护一工区、养护二工区、隧道管理站共 3 个基层管养单位，具体负责全线日常养护工作。其中，养护一工区管辖段 K0+000~K63+504，养护里程共计 63.504km；养护二工区管辖段 K63+504~K124+754，养护里程共计 61.25km；隧道管理站负责全线 5 座隧道的消防及机电维护。养护一、二工区设主任 1 名，副主任 2 名，技术员 7 名，机械人员 2 名，养护工 13~14 名；隧道管理站设站长 1 名，副站长 1 名，技术员 5~6 名，机械人员 3~5 名，监控员 8 名，并下设应急抢险小分队，共 26 人。

日常养护是养护工作的基础，提升养护管理水平是关键，结合养护工作实际，建管处有针对性地处治各种病害。始终坚持"预防为主、防治结合"原则，实施全面科学养护、全季节养护、全周期养护，使路况得到稳步提升，路容路貌有了较大改观。运营以来，建管处积极探索养护市场化模式，按照管养分离方式，依托省内养护单位，推行社会化养护管理机制。日常养护、消防维保、电力维保等均采用外包形式由承包单位负责，建管处与承包人签订合同，核定费用。各工区制定检查、考核办法，督促工作，考核打分，根据考核情况按月支付费用。2015 年以来，根据政府采购相关规定，建管处所有养护项目均进行统一集中采购与招投标，选定有资质单位进行道路养护。

二、忻保段（忻州—保德）（建设期：2009 年 6 月~2012 年 12 月）

（一）项目概况

1. 基本情况

项目是 G1812 国家高速公路河北沧州—陕西榆林路经山西的一段，也是山西省"三纵十二横十二环"高速公路网规划中第四横——五台山—保德高速公路的重要组成部分。东接忻阜高速公路,与大运高速公路在秦城互通相接,经忻府区、静乐县、宁武县、岢岚县、保德县,终点至保德县杨家湾乡,跨黄河与陕西省神府高速公路相接。双向四车道,设计速度80km/h,整体式路基宽24.5m。地处山岭重丘区,地质地形复杂,路线纵坡大,高边坡路段多,桥隧比例高,隧道围岩地质较差,桥隧比例达32.1%。主要工程量为:路基土方2004.3万m^3,石方974.2万m^3,排水工程37.5万m^3,防护工程161.4万m^3;沥青混凝土路面278.3万m^2、水泥混凝土路面2.8万m^2;桥梁42287.75m(219座),其中特大桥4312.5m/3座,大桥34741.79m/167座,中桥1993m/38座,小桥240.46m/11座,涵洞275道;隧道19212.5m/22座,其中特长隧道8654m/2座,长隧道5614.5m/4座,中隧道2086m/4座,短隧道2858m/12座;互通立交8处,互通立交匝道桥10座,天桥10座,通道85处。路线全长191.45km,概算投资105亿元,2009年6月1日开工建设,2012年12月31日建成通车(图8-68)。

图8-68 忻保高速公路通车仪式现场

2. 前期决策

2005年5月,省发改委和省交通厅共同主持预可行性研究报告评审会,会上听取报告编制单位汇报,邀请省内专家和相关领导发表意见,经认真审查、评议后形成评审意见,肯定主要研究成果。2005年11月22日,省发改委晋发改交通发〔2005〕1062号文件,批复预可行性研究报告,批准估算123亿元。

项目向西过黄河经神府高速公路连通陕西和西部地区;向东经忻阜高速连接河北和北京;通过大运高速公路向北通往大同及内蒙古自治区,向南通达山西省会太原。项目建成后大大增强省际交通联络,促进山西中西部地区城镇建设,对加强国防、提高战时通行能力具有极其重要的意义。

3. 参建单位

(1)建设单位。2007年10月11日,省交通厅党组批准成立忻保高速公路建设管理处,内设综合办公室、财务部、工程管理部、工程技术部、质检安全部、地方协调部、党工部。

(2)设计单位。共有6个单位承担勘察设计任务,其中路基、路面、桥涵、隧道、采空区、环保绿化工程设计3个,交通安全工程设计2个,机电工程设计1个,房建工程设计1个。

(3)施工单位。共有68个单位参加建设,其中路基工程35个,路面工程8个,交通安全工程1个,环保绿化工程3个,房建工程4个,机电工程17个。

(4)监理单位。共有9个单位实施监理,其中路基、桥涵、隧道、采空区工程监理3个,路面、交通安全工程监理2个,机电工程监理1个,房建工程监理2个,环保绿化监理1个。

(二)建设情况

1.项目准备

(1)立项审批。2006年4月20日,省发改委晋发改交通发〔2006〕254号文批复工程可行性研究报告,批准估算116亿元;2007年10月18日,省交通厅晋交公字〔2007〕433号文批复初步设计,批准概算105亿元;2008年7月14日,省交通厅晋交公字〔2008〕310号文批复施工图设计,批准预算104.2亿元;2007年12月20日批复林业用地,2009年5月27日批复建设用地,2009年6月1日省交通运输厅批复工程施工许可,并正式开工建设。

(2)资金筹措。项目总投资119.5302亿元,其中中央车购税8.6亿元,省公路基金1亿元,省交通运输厅自筹22.6383亿元,国家开发银行贷款86.8368亿元,其他资金(地方政府自筹)0.4551亿元。

(3)招投标。项目路基桥隧、路面交通安全工程面向全省路桥企业邀请招标,其中路基桥隧工程分两期招标,共分30个施工标段、4个监理标段,路面交通安全工程分9个标段、2个监理标段。房建、机电、绿化等工程采用国内竞争性公开招标。其中,房建工程分4个标段、2个监理标段,机电工程分17个标段、1个监理标段,绿化、声屏障工程分3个标段、1个监理标段。路基、桥隧一期工程施工、监理招标于2008年10月~12月进行;路基、桥隧二期工程施工、监理招标,路面、交通安全工程施工、监理招标于2009年10月~12月进行;房建、机电、绿化工程施工、监理招标于2011年3月~6月进行。项目所有招标程序均合法有效。

(4)合同段划分。根据项目特点,路基桥隧工程分30个标段(4个监理标段),路面交通安全工程分9个标段(2个监理标段),环保绿化工程分3个标段(2个监理标段),房建工程分4个标段(2个监理标段),机电工程分17个标段(1个监理标段)。

(5)征地拆迁。项目建设用地涉及1区4县,2009年1月,忻州市政府召开征地拆迁动员大会,1区4县相继成立地方协调领导组办公室,征迁工作于2009年6月基本完成,共征用土地16403.343亩,拆迁房屋143330.32m²,支付补偿费用92005.8万元。

2. 项目实施

(1)质量管理。建管处严格控制原材料质量,通过招标方式对水泥、钢材、沥青等重要原材料统一采购,杜绝不合格材料进场,路面原材料、交通工程设备均委托第三方进场抽检,确保质量符合规范要求。同时,委托忻州公路分局质检中心对路基工程质量抽检,对施工、监理单位试验结果验证,对桥梁支座安装质量及桥梁技术状况检测;委托天津市政研究院对路面施工实行全过程技术咨询,并对路面原材料和路面实体抽检;委托北京中咨公路养护检测技术公司对交通安全、机电工程进行全过程质量检测。全线广泛应用新工艺、新技术提高施工质量:在箱梁预制和二次衬砌混凝土施工中,采用高性能混凝土,有效避免质量缺陷;在云中山隧道施工中成功实施光面爆破技术,克服传统爆破法对围岩的扰动;在路面施工中引进振动击实成型法、骨架密实成型法、沥青路面GTM等新技术;在隧道施工中和气温偏低时,采用温拌沥青混凝土,极大提高施工质量,降低空气污染。通过开展"创精品,树样板"活动,深化质量管理。邀请省内专家及相关技术人员,对各施工单位申报的样板工程进行评比,发挥样板工程典型带动作用,强化全线各项工程质量管理。

(2)安全管理。建管处坚持"安全第一、预防为主、综合治理"方针,认真落实省交通厅关于安全生产各项部署,把"创建平安文明工地"作为出发点,强化施工单位主体责任和现场安全管理,保障工程顺利进行。一是坚持"谁主管谁负责""谁审批谁负责"原则,落实安全生产责任,特别是施工、监理单位主体责任。和各施工监理单位、前线指挥部层层签订安全生产目标责任书,定期考核,严格奖惩。二是大力加强现场安全管理,要求各施工监理单位分析、对照历次检查存在的薄弱环节,重点整改,确保施工现场安全。三是突出重点,消除隐患。对于存在重大危险源的工程,施工前都编制专项施工安全方案。隧道工程、桥梁高墩大跨工程及吊装作业,施工方案都经过专家评审。在隧道施工中,经招标聘用第三方进行超前地质预报和监控量测,及时评价、修正和优化初期支护参数,确保施工安全。

(3)进度管理。面对紧张工期和繁重任务,为充分调动施工单位积极性,建管处强化和弘扬"忻保一盘棋、路桥一家人"思想,坚持"包公式"管理与"保姆式"服务相结合,在严格工作程序和合同管理的同时,加大服务力度,积极帮助施工单位解决材料采购、施工组织、技术攻关、地方协调等方面难题。与施工单位一起,制订施工组织计划,寻求合理的资源配置。各标段锁定目标,倒排工期,集中优势资源,攻克难关,保证建设工期目标实现。

(三)复杂技术工程

1. 设计与周围环境和自然景观相协调

在施工图设计阶段,建管处以"高度重视、全面细致、经济适用、便于养管"思路,将环保理念贯穿于主体工程设计全过程,将沿线景观视线及范围作为一个完整景观体系,以生态绿化为背景、以视觉景观为主导,形成"点、线、面"结合的链状景观体系。

2. 桥型布置及桥跨设计

合理设计桥梁基础,确保桥梁结构稳定、安全。桥型选择和孔跨布置,根据桥址平纵面线形、地形地质条件、水文情况,核查并优化桥梁长度和布孔,综合确定墩台位置和形式,结合施工标段划分,尽量统一桥形桥跨。中小跨径桥梁通用图,按新规范的安全度及使用耐久性要求核查,对桥梁断面尺寸进行调整、修改,保证结构使用耐久要求。

3. 桥梁、隧道建设

一是部分桥梁、隧道施工采用高性能混凝土,确保工程质量。二是采用新型工艺,建设优质隧道工程。如云中山隧道(左线长5565m、右线长5575m),是全线重点控制性工程,也是忻保线最长隧道,采用新奥法施工。圪料沟隧道左洞全长96m,为分离式双向四车道山岭隧道,采用矿山法施工。

(四)运营养护管理

1. 收费站点设置

全线设置主线收费站1处,匝道收费站8处。

(1)奇村收费站地处忻州市忻府区奇村镇屯庄村西北,位于G1812五保高速公路K133+599处,占地面积15.78亩,建筑面积1338.3m^2。车道3进5出,人工收费。

(2)静乐收费站地处静乐县杜家村镇杜家村西南,位于G1812五保高速公路K187+580处,占地面积15亩,建筑面积2452.75m^2(包括养护工区用房)。车道3进5出,人工收费。

(3)芦芽山收费站地处宁武县石家庄镇石家庄村西南,位于G1812五保高速公路K196+040处,占地面积10亩,建筑面积1270.2m^2。车道4进6出,人工收费。

(4)黄道川收费站地处岢岚县宋家沟乡黄道川村西南,位于G1812五保高速公路K226+225处,占地面积10亩,建筑面积1236.23m^2。车道3进5出,人工收费。

(5)岢岚收费站地处岢岚县岚漪镇乔家湾村西,位于G1812五保高速公路K237+835处,占地面积11亩,建筑面积3057.58m^2(包括养护工区用房)。车道4进6出,人工收费。

(6)神舟收费站地处岢岚县高家会乡店坪村东南,位于 G1812 五保高速公路 K245+935 处,占地面积 10 亩,建筑面积 1188.51m²。车道 2 进 4 出,含 1 进 1 出 2 条 ETC 车道,人工(全自动)收费。

(7)窑洼收费站地处保德县窑洼乡曹虎村北,位于 G1812 五保高速公路 K294+657 处,占地面积 18.9 亩,建筑面积 3375.8m²(包括养护工区、隧道管理站用房)。车道 3 进 5 出,人工收费。

(8)保德收费站地处保德县杨家湾镇前会村东南,位于 G1812 五保高速公路 K314+459 处,占地和建筑面积与杨家湾一体。车道 4 进 6 出,人工收费。

(9)杨家湾收费站地处保德县杨家湾镇前会村东南,位于 G1812 五保高速公路 K314+389 处,主线收费站,占地面积 26.5 亩,建筑面积 3877.5m²。车道 5 进 8 出,含 1 进 1 出 2 条 ETC 车道,人工(全自动)收费。

交通流量状况见表 8-44。

交通流量状况表 表 8-44

年　份	年通行量(辆)	日平均量(辆)
2011 年	64	64
2012 年	1553152	4255
2013 年	5146636	14100
2014 年	5422214	14855
2015 年	5903698	16174.5
2016 年	6284280	17217.2

2. 服务区设置

全线设奇村、芦芽山、岢岚、保德 4 个服务区,2011 年 12 月底建成。奇村、岢岚服务区 2012 年 10 月份投入运营,芦芽山、保德服务区 2015 年 1 月投入运营。

(1)奇村服务区位于 G1812 忻保高速公路 K135.25+350 处,占地 138.2 亩,分 A、B 两区。A 区(公路以北)占地 70.05 亩,B 区(公路以南)占地 67.7 亩;房屋建筑面积 3302.99m²,其中:A 区(服务楼、综合楼、宿舍楼、附楼、汽修厂、加油站)建筑面积 971.73m²,B 区(服务楼、汽修厂、加油站)建筑面积 2331.26m²;绿化面积 21592m²,绿化率北区 18.7%;南区 31.1%;停车场及道路硬化面积 45028.1m²。餐厅面积 754.7m²,可供 100 人同时就餐。可为过往顾客提供加油、餐饮、购物、住宿、汽车修理等服务。

(2)芦芽山服务区位于 G1812 忻保高速公路 K188.25+250 处,占地 86.27 亩,分 A、B 两区。A 区(公路以北)占地 58.4 亩,B 区(公路以南)占地 28.27 亩;房屋建筑面积 5699.84m²,其中:A 区(服务楼、综合楼、宿舍楼、附楼、汽修厂、加油站)建筑面积

3017.38m²,B区(服务楼、汽修厂、加油站)建筑面积2682.46m²;绿化面积1078.14m²,绿化率北区18.7%;南区31.1%;停车场及道路硬化面积33715.56m²。餐厅面积1544.4m²,可供300人同时就餐。可为过往顾客提供加油、餐饮、购物、住宿、汽车修理等服务。

(3)岢岚服务区位于G1812忻保高速公路K251.25+256处,占地面积124.4亩,分A、B两区。A区(公路以北)占地45.1亩,B区(公路以南)占地79.3亩;房屋建筑面积4816.26m²,其中:A区(服务楼、宿舍楼、附楼、汽修厂、加油站)建筑面积2240.67m²,B区(服务楼、汽修厂、加油站)建筑面积2575.59m²;绿化面积23547.87m²,绿化率33.9%;停车场及道路硬化面积51312.8㎡;餐厅面积780.44m²,可供200人同时就餐,可为过往驾乘人员提供加油餐饮、购物、住宿、汽修等服务。

(4)保德服务区位于G1812五保高速公路K290.25+555处,占地面积101.63亩,分A、B两区。A区(公路以北)占地58.3亩,B区(公路以南)占地43.33亩;房屋建筑面积5379.78m²,其中:A区(服务楼、宿舍楼、附楼、汽修厂、加油站)建筑面积2327.78m²,B区(服务楼、汽修厂、加油站)建筑面积3052m²;绿化面积17768.24m²,绿化率26.22%;停车场及道路硬化面积42402.68m²;餐厅可供240人同时就餐。可为过往驾乘人员提供加油、餐饮、购物、住宿、汽修等服务。

第十五节　G2211长治—延安高速公路山西段

一、霍永东段(霍州—永和关东)(建设期:2011年1月~2014年12月)

(一)项目概况

1. 基本情况

项目是国家高速公路网G2211山西长治—陕西延安途经山西的一段,也是山西省高速公路网规划"三纵十二横十二环"第八横的重要组成部分,属于"省投市建"工程,是山西省中部地区西接陕甘宁、东达冀鲁豫的重要通道。项目途经霍州市、汾西县、隰县,起点位于霍州市大张镇辛庄村东北,终点位于隰县寨子乡下桑峨村与霍永高速公路西段相接。主线双向四车道,设计速度80km/h,路基宽24.5m。汾西连接线9.655km,K0+000~K7+000二级公路标准,设计速度60km/h,路基宽12m,桥涵设计汽车荷载等级公路—Ⅰ级;K7+000~K9+655段一级公路标准,设计速度60km/h,路基宽23m,桥涵设计汽车荷载等级公路—Ⅰ级。蒲县连接线长29.814km,山岭重丘区二级公路标准,设计速度

60km/h,路基宽12m。主要工程量有:路基土石方3696万 m^3;特大桥10030.96m/4座、大桥14636.55m/52座、中桥38m/1座、小桥66m/3座;长隧道2769.827m/1座、中隧道2794.5m/3座;通道、涵洞163道,天桥6座;互通立交4处,包括大桥2430m/10座、中桥470m/6座、小桥47.04m/2座。总投资83.4亿元,路线全长81.481km。2011年1月开工建设,2014年12月30日通车运营。

2.前期决策

临汾市西北部尤其是霍州以西,地处黄土高原吕梁腹地,由于交通不畅,该地区经济发展受到严重制约,影响到该区域与省内外交流及往来。为改善省际交通联系,增强煤炭运输和旅游景点通达能力,开通西达陕西、东至华东及沿海地区的高速通道,促进与其他各省的经济文化交流,临汾市政府根据山西高速公路建设总体规划,决定实施该项目建设。

3.参建单位

(1)建设单位。根据临汾市政府办公厅《关于成立霍州—永和关高速公路东段建设指挥部的通知》(临政办函〔2010〕54号)精神,组建成立霍州—永和关高速公路东段建设指挥部和两个前线指挥部。组织部坚持素质为先,广纳人才,能者上、庸者让的方针,面向全系统和全社会广纳技术、工程、财务、行政管理人员。配置各级指挥部领导班子成员以及各个职能处室负责人。

(2)设计单位。勘察设计由山西交科公路勘察设计院负责。

(3)施工单位。共有47个单位参加建设,其中路基工程20个,路面工程4个,房建工程3个,机电工程6个,交通安全工程6个,绿化工程8个。

(4)监理单位。共有9个单位实施监理,其中路基工程监理5个,路面工程监理2个,房建工程监理1个,机电工程监理1个。

(二)建设情况

1.项目准备

(1)立项审批(表8-45)。2009年2月13日,省发改委晋发改规划发〔2009〕188号文批复项目建议书;8月14日,省发改委晋发改交通发〔2009〕1239号文批复可行性研究报告;2010年9月1日,省交通运输厅晋交建管〔2010〕447号文批复初步设计;2012年9月27日,省交通运输厅晋交建管发〔2012〕553号文批复项目概算调整,概算核定83.4207亿元。

(2)资金筹措。项目批复概算83.4亿元,其中中央车购税补助9亿元,地方政府债券0.5亿元,省交通运输厅自筹资本金19.6亿元,中行贷款54.22亿元。

项目审批一览表

表 8-45

序号	项目	批复时间	批复部门	文件名称	文件号
1	项目法人		临汾市人民政府办公厅	《关于成立霍州—永和关高速公路东段建设指挥部的通知》	临政办函〔2010〕54号
			临汾市人民政府	《关于霍州—永和关高速公路东段建设项目法人的批复》	临政函〔2010〕87号
2	项目建议书	2009.2.13	山西省发展和改革委员会	《关于山西省高速公路网调整规划的批复》	晋发改规划发〔2009〕188号
3	可行性研究报告	2009.8.14	山西省发展和改革委员会	《关于霍州—永和关高速公路东段可行性研究报告的批复》	晋发改交通发〔2009〕1239号
			山西省发展和改革委员会	《关于霍州—永和关高速公路东段可行性研究补充报告的批复》	晋发改交通发〔2011〕500号
4	初步设计	2010.9.1	山西省交通运输厅	《关于霍州—永和关高速公路东段初步设计的批复》	晋交建管〔2010〕447号
		2012.9.27	山西省交通运输厅	《关于霍州—永和关高速公路东段连接线工程(蒲线、汾西)初步设计的批复》	晋交建管发〔2012〕553号
5	施工图设计		山西省交通运输厅	《关于霍州—永和关高速公路东段施工图设计的批复》	晋交建管〔2011〕77号
			山西省交通运输厅	《关于霍州—永和关高速公路东段连接线工程(蒲县、汾西)施工图设计的批复》	晋交建管函〔2014〕182号
6	环境影响报告		山西省环境保护厅	关于《霍州—永和关高速公路东段环境影响报告书》的批复	晋环函〔2010〕667号
7	水土保持方案报告		山西省水利厅	《关于霍州—永和关高速公路东段水土保持方案的批复》	晋水保〔2010〕359号
			山西省水利厅	《关于霍州—永和关高速公路东段(蒲县连接线、汾西连接线)水土保持方案的批复》	晋水保函〔2014〕186号
8	用地		山西省国土资源厅	《关于霍州—永和关高速公路东段建设项目用地预审的批复》	晋国土资函〔2010〕435号
			国土资源部	《关于霍州—永和关高速公路东段工程建设用地的批复》	国土资函〔2013〕674号
9	施工许可		山西省交通运输厅	施工许可	

(3)招投标。严格按照国家法律、法规有关规定,根据省发改委工可批复要求,对全线工程全部进行公开招标。建设期间,分别对路基、路面、机电、交通安全、绿化、房建、汾西连接线、蒲县连接线及相应监理等共8个项目组织公开招标。在招标过程中,指挥部严格招标程序,及时在中国采购与招标网、山西招投标网、山西交通网上发布招标信息,并邀请省市相关部门人员全程对招标工作进行监督。

(4)合同段划分。根据项目特点,路基、桥涵、隧道工程分20个标段,路面工程分4个标段,房建工程分3个标段,机电工程分6个标段,交通安全设施工程分6个标段,绿化工程分8个标段,采空区工程分5个标段,监理分9个标段。

(5)征地拆迁。项目涉及3个县市,2011年1月~4月,共征用土地8376.13亩,拆迁房屋37536m^2,支付补偿费用39341.4万元。

2. 项目实施

(1)质量管理。指挥部对工程进行严格监督检查,加强过程控制,使工程质量始终处于受控状态。一是建立"政府监督、法人管理、社会监理、企业自检"的四级质量保证体系。逐级签订"工程质量目标责任书"。二是采取切实可行管理措施。指挥部成立质量管理领导组,制订工作职责、质量管理流程、方案,分工明确,保障有力。在指挥长统一领导下,严把设计关。由总工程师负责技术交底、设计变更以及施工图设计优化工作,负责对新技术、新工艺、新材料、新设备的推广应用。通过现场质量巡查管理、工序质量检查、监理旁站督查、定期和不定期检查,使工程质量处于受控状态;积极开展劳动竞赛,通过阶段目标考核、奖罚兑现保证工程质量。三是自上而下主动接受省交通质监局监督检查。

(2)安全管理。指挥部结合实际情况,始终坚持安全生产6项原则:一是坚持管生产同时管安全原则。各级管理人员都建立安全生产责任制,严格落实管理责任,做到生产与安全同计划、同布置、同检查、同总结、同评比。二是坚持安全管理目的性原则。始终坚持有效管理,控制人的不安全行为和物的不安全状态,避免事故。三是坚持贯彻"预防为主"原则。经常检查、及时发现不安全因素及隐患,采取有效措施,以最快速度予以消除。四是坚持"四全"动态管理原则。指挥部坚持全员、全过程、全方位、全天候动态安全管理,建立专业管理和群众监督相结合管理机制。五是坚持安全管理重在控制原则。坚持对生产因素状态控制,达到安全管理目的。六是坚持在管理中发展、提高原则。指挥部不断摸索新规律,总结管理和控制经验,使全线安全管理工作上升到新高度。此外,在施工现场实行安全联防治理,对于施工特殊环节、重要部位以及隧道、大桥等施工区域实行封闭管理。指挥部及各项目部都成立安全生产领导小组,自上而下健全管理保证体系,形成层层负责、专群结合的监督管理网络。

(3)进度管理。指挥部以合同内容为基础,以人员管理为手段,以完成工程建设任务为目标,采取日常巡查、专项检查及综合检查方式,有效推动工程建设进程。开工之初,认真制订工程总体目标及施工进度计划,严格审查各标段施工组织设计及进度计划,与各参建单位签订目标责任书,要求监理做好组织设计和进度控制,各标段都制订进度控制实施细则,并付诸实施。指挥部还成立工程进度巡查组,加大日常巡查力度,督促落实各项目标任务。对各标段日进度、旬进度、月进度及时统计汇总,如发现有偏差,在分析原因基础上帮助施工单位采取措施,排除障碍,完成进度计划。多次组织现场进度办公会,解决进度计划执行过程中存在问题,推广先进经验,提出调整方案,细化分解任务,通过开展劳动竞赛、召开现场观摩会等方式,有效推动全线工程建设进度整体推进。

(三)复杂技术工程

汾河特大桥:全长2429.28m,从0号台开始,依次跨越黄土冲沟、南同蒲铁路、国道108线、汾河、霍侯一级路,然后从寺庄村和陈村之间空地穿过,最后跨过一小黄土冲沟。位于K10+852.48处,全长2421.96m,前右角90°。上部结构采用11×40m预应力混凝土连续T梁+(66.98+7×120+66.98)m预应力混凝土刚构—连续组合梁+25×40m预应力混凝土连续T梁。下部结构采用空心墩、双薄壁空心墩和矩形墩,桥台采用柱式台,墩台采用钻孔灌注桩基础。

(四)运营养护管理

1. 收费站设置

2014年10月30日,根据省政府关于同意该路段设置收费公路收费站的批复(晋政函〔2014〕81号)文件规定,沿线设霍州西、汾西、佃坪3个收费站。

(1)霍州西收费站地处霍州市白龙镇寺庄村,位于G2211霍永高速公路K11+500处,收费广场面积6300m^2,车道3进5出,其中1进1出为ETC车道。

(2)汾西收费站地处汾西县要家庄村,位于G2211霍永高速公路K25+030处,收费广场面积2325m^2,车道3进5出,其中1进1出为ETC车道。

(3)佃坪收费站地处汾西县佃坪镇徐庄境内,收费广场面积3700m^2,车道3进5出,含1进1出ETC车道。

交通流量状况。2015年,年通行100431辆,日平均275.2辆;2016年,年通行281357辆,日平均771辆。

2. 服务区设置

(1)汾西服务区地处汾西县僧念镇涧子里村,位于G2211霍永高速公路K23处,占地面积59580m^2。分东西两个区,分别占地31440m^2和28140m^2,建筑面积2856.57m^2。综合楼建筑面积1765.4m²;停车场可停放车辆130辆,其中大车30辆,中小型车100辆;快餐厅面积400m²,可供100人同时就餐。加油站总面积301m²(东西区面积均为150.5m²),另外还设有机修车间、附属用房及预留用地等。可为过往旅客提供加油、餐饮、购物、住宿、如厕、汽车修理等服务。

(2)汾西停车区位于G2211霍永高速公路K51处,占地面积20266m²,建有加油站、超市、公厕、餐厅、员工宿舍等主要设施,建筑面积1057m²。停车场可停放车辆40辆,其中大型车5辆、中小型车35辆;餐厅面积200m²,可供80人同时就餐;加油站总面积150.5m²。可为旅客提供加油、餐饮、购物、如厕等服务项目。

3. 养护管理

通车运营后,临汾高速公路公司设置汾西养护工区,具体负责全线养护管理工作,设主任1名,副主任1名,技术员8名,机械人员10名(主要是除雪车,护栏清洗车,道路清扫车,综合养护车等),均由公司统一招聘、培训、调配。日常保洁、设施维护抢修等均采用承包方式,工区制定检查、考核办法,按养护实效考核评分。为了加强日常养护工作,从2015年开始,根据政府采购相关规定,公司所有养护项目统一招标,选定有资质的企业进行道路养护。

二、霍永西段(霍州—永和关西)(建设期:2011年5月~2014年12月)

(一)项目概况

1. 基本情况

项目是全省高速公路网"三纵十二横十二环"主骨架第九横的重要组成部分,是本省中部地区西通陕甘宁、东达冀鲁豫的重要战略通道。路线起点位于隰县寨子乡中桑峨村,终点位于永和县王家坪,全长47.718km。主要工程量有:路基土石方2272.2万m³;特大桥1005.6m/1座,大桥999.4.58m/45座,中桥428.68m/7座,涵洞99道,天桥1620座,通道桥3座;隧道2714m/7座;设互通式枢纽1处,互通立交2处。双向四车道,设计速度80km/h,路基宽24.5m。桥涵汽车设计荷载为公路—I级;其余技术指标按《公路工程技术标准》(JTG B01—2003)执行。批复概算329288万元,平均每公里造价6885.4197万元。2011年5月20日开工建设,2014年12月30日通车运营。

2. 前期决策

2006年4月,省交通厅委托省交通科研院编制可研报告,项目建设提上议事日程。项目建设对于改善省际交通联系,增强煤炭运输和旅游景点通达能力,提高区域公路网络容量,具有非常重要意义。

3. 参建单位

(1)建设单位。2010年8月16日,在省工商行政管理局注册成立山西隰延高速公路投资有限公司,作为公路BT项目法人,负责本项目投资融资及建设管理,履行相关法律义务。公司内设工程承包部、安全质量环保部、物资设备部、地方协调部、财务会计部和综合管理部。

(2)设计单位。勘察设计任务由中交路桥技术有限公司负责。

(3)施工单位。中铁三局集团有限公司以施工总承包模式承建本项目。

(4)监理单位。省交通建设工程监理总公司以监理总承包模式负责全线监理工作。

(二)建设情况

1. 项目准备

(1)立项审批。2009年8月20日,省发改委晋发改交通发〔2009〕1240号文批复可行性研究报告,核定建设里程48km,投资估算31.8亿元,建设工期4年。2010年9月1日,省交通运输厅晋交建管〔2010〕446号文批复初步设计,核定建设里程47.824km,批复概算32.9亿元;2011年3月3日,省交通运输厅晋交建管〔2011〕78号文批复施工图设计,核定建设里程47.718km,批复预算32.8亿元。

(2)资金筹措。项目是全省第一条以BT模式修建的高速公路,由中铁三局集团以BT模式投资建设,建设资金来源为:企业自筹资本金25%、银行贷款75%。

(3)招投标。公司按照有关政策法规建立招投标管理制度,项目勘察设计招标人为省交通运输厅,监理招标人为隰延公司。经过招投标确定设计单位和监理单位。同时,按照《中华人民共和国招标投标法》及其实施条例规定,委托具有相应资格的招标代理公司对沥青采购进行公开招标。2011年3月6日,省交通运输厅与中铁三局集团有限公司签订《霍州—永和关高速公路西段项目BT投资协议书》,中铁三局是经公开招标确认的具有承办高速公路投资建设、符合本项目施工资质的项目承办人。BT投资协议书约定"乙方对本项目实行施工总承包"。隰延公司委托霍永高速公路(西段)工程指挥部作为招标人,进行材料采购招投标活动,组织土工格栅、防渗土工布、反滤土工布、无纺布、橡胶止水带、膨胀止水条、E型橡胶止水带、EVA防水板、复合型防水板、伸缩缝、钢绞线、锚具等材料招标。

(4)征地拆迁。项目建设用地涉及隰县、永和县,从2011年4月~2013年12月,共征用土地5528亩,拆迁房屋27236m^2,支付补偿费用26372.54万元。

2. 项目实施

(1)质量管理。公司实行"业主指导、监理监管、社会监督、企业自检"四级质量管理模式。一是加强原材物资管控,确保材料最优。对主要材料、地材、台车分别以公开招标、竞争性谈判、厂家直采等不同形式集中采购。二是开展技术创新,优化施工工艺。在城川河大桥施工过程中发明专利8项,新技术应用30多项。三是以精细化、标准化管理为抓手,加强工程质量管理。全面落实首件产品认证制,选取样板工程作为同类工程质量控制标杆,制定关键工序作业标准全面推行。四是选样板、树典型,提高整体质量。对全线首件产品认证质量好的项目部进行奖励表彰,并举办各类现场观摩会和经验交流会。五是加强试验室建设,规范试验检测。全线共设5个标准化工地试验室,省交通质监局给予高度评价。

(2)安全管理。公司坚持"安全第一,预防为主,综合治理"原则,落实企业主体责任,加强施工过程控制。一是建立健全安全保证体系。制定《工程安全管理办法》等20项制度,自上而下健全安全组织机构。二是签订安全责任书,落实主体责任。各施工单位还与公司签订《安全生产承诺书》14份、《爆破作业单位安全生产承诺书》10份。三是重视教育培训,夯实安全管理基础。四是加强组织管理,提高应急保障能力。公司制定《工程安全突发事件应急管理办法》,编制专项施工方案18个,制定安全应急预案77项;各施工单位都成立应急小分队,严格执行24小时安全值班制度,组织开展应急演练26次。五是加大现场监督检查力度,确保施工生产有序可控。公司除坚持日常检查、联合巡查外,相继组织悬灌梁施工、架梁、高处作业、特种设备等专项检查,组织日常安全检查236次,累计提出整改要求946项,全部进行整改闭合,整改率100%;下发罚款通知46次,累计罚款70.91万元。六是扎实有效地开展"平安文明工地"创建、"安全生产月"活动。七是采取多项措施,加大安全宣传力度。相继编印《安全管理手册》《平安文明工地创建手册》《挖孔桩施工安全漫画》图册,达到人人学习、掌握、使用标准的良好氛围。八是开展安全风险评估,防控安全风险,从源头上杜绝安全事故发生。十是重视职业健康安全。

(3)进度管理。公司采取倒排工期方法,以进度计划为主线,带领全体建设者掀起多次大干高潮,圆满完成建设任务和通车目标。一是以施工组织设计大纲为统领,科学制定工程计划。二是提前发现制约进度问题,确保计划贯彻落实。根据现场施工动态和人机比例及时调整施工生产计划,增加劳力和机械,确保各项工程节点工期计划。三是抓关键工程节点进度,实行日报制。对隧道掘进、梁板预制、梁板架设及空心墩墩柱等关键工程进度实行日报制,为进度管理提供充分依据。四是实行节点工期考核评比,奖优罚劣,加快进度。公司下发考核制度,每月根据计划节点工期对各项目部进行考核,对完成节点工期计划任务的项目部进行奖励,对未完成的进行处罚,充分调动各项目部施工人员积极性。同时还开展"大干50天""大干100天"劳动竞赛活动,制订方案和考核细则,以劳动竞赛为抓手推进工程建设,确保各项工程按计划完工。

(三)复杂技术工程

(1)城川河特大桥。先后上跨城川河、209 国道和中南铁路隰县段,上部结构为 3×40m T 形梁+(70+4×132+70)m 预应力连续刚构+3×40m T 形梁+3×30m 小箱梁。总长 1005.6m,最高墩 113.57m。单幅桥面宽 12.0m,引桥为预制架设简支 T 形梁和箱梁。在建设过程中,开展多项科研课题研究,包括大体积混凝土浇筑技术研究、连体双肢薄壁空心墩百米高墩多跨连续梁施工技术控制、百米薄壁空心墩双幅多跨连续刚构桥综合施工技术研究、液压自爬模技术研究等,获得多项科研成果。

(2)黄土隧道施工。全线共有 7 座隧道,均为中短隧道。其中两座为岩石隧道,5 座为湿陷性黄土隧道。在施工中,开挖采用环形开挖预留核心土法,局部地质条件较差地段采用 CD 法开挖,严格遵循"管超前,短进尺,少扰动,强支护,早成环,勤量测"原则,全过程实行监控量测和超前地质预报,第一时间获得各项参数指导隧道施工。同时,根据《公路黄土隧道施工技术要点》及相关规范要求控制开挖步距,严格实行"一短、两快、三严、四及时"的施工要点,即:短进尺,快循环、快封闭,严格工艺、严格标准、严格管理,及时支护、及时量测、及时反馈、及时二次衬砌。以双控法保证隧道施工早成环,确保安全和工程质量。

(四)科技创新

施工期间,公司特别注重科技创新,发明专利、省部级工法、QC 小组课题研究曾获得众多好评和奖项。其中百米薄壁空心墩双幅多跨连续刚构桥综合施工技术研究,已通过省科技厅鉴定,达到国际先进水平;高填方路基施工工艺及质量控制技术研究,获得中铁三局集团公司科技进步三等奖。城川河特大桥在施工过程中,共发明国家实用性专利 8 项:连续梁竖向预应力管道连接;连续梁静载预压托架装置;钢筋吊篮;桩基钢筋笼吊筋;混凝土收面滑车;移动施工防护架;预制托架系统;防撞墙美化小车。获得中建协全国工程建设优秀 QC 小组二等奖 2 项,全国工程建设优秀质量小组一等奖 1 项,省级工法 2 项(图 8-69)。分别是矩形薄壁空心高墩长节段爬模施工工法、双幅大跨刚构桥左右幅同步悬臂浇筑及合龙施工工法。同时,城川河大桥获得山西省太行杯土木工程奖。

(五)运营养护管理

1. 收费站设置

(1)隰县收费站地处隰县居子村,位于 G2211 霍永高速公路 K93+770 处,占地面积 33750m^2,建筑面积 3358.8m^2,道路广场面积 12181.8m^2,车道 3 进 5 出。

(2)永和收费站地处永和县坡头村,位于 G2211 霍永高速公路 K127+220,占地面积 6888m², 建筑面积 1684.4m², 道路广场面积 2738.8m², 车道 3 进 5 出。

图 8-69 荣誉证书

2015 年,年通行 109978 辆,日平均 301.3 辆;2016 年,年通行 328654 辆,日平均 900.4 辆。

2. 服务区设置

(1)隰县服务区地处隰县居子村,位于 G2211 霍永高速公路 K98+295 处,占地面积 72090.1m²,分南北两个区,总建筑面积 5789.4m²,绿化面积 25598.3m²,停车场总面积 40801.2m²,配备有服务楼、宿舍楼、超市、餐厅、汽修厂、锅炉水泵房、加油站、变电所等。停车场可停放车辆 171 辆,其中大车 71 辆、中小型车 100 辆。可为旅客提供免费开水、方便食品、加油、如厕、购物、住宿、汽车修理等服务。

(2)永和停车区地处永和县上刘台村,位于 G2211 霍永高速公路 K119+588 处,占地面积 32784.5m²,分南北两个区,总建筑面积 806.0m²,南北两侧均建有公共厕所及超市、加油站、辅助用房、箱式变压器、污水处理站、消防水池。可为旅客提供免费开水、方便食品、加油、如厕、购物、住宿、汽车修理等服务。

第十六节　G2516 东营—吕梁高速公路山西段

一、汾平段(汾阳—平遥)(建设期:2008 年 9 月~2010 年 11 月)

(一)项目概况

1. 基本情况

项目是山西省高速公路网"三纵十二横十二环"中晋中区域环的一部分,也是第八横汾阳—邢台高速公路的重要组成部分,为山西省"十一五"重点公路工程项目。西起汾阳市义丰村,与汾离高速公路汾阳枢纽相接,终点位于平遥县侯冀村南,与大运高速公路平遥枢纽相交后接平遥—榆社高速公路,途经汾阳市、孝义市、介休市、平遥县,全长41.7km。双向四车道,路基宽28m,设计速度120km/h,桥涵设计汽车荷载公路—Ⅰ级,设计洪水频率为1/100。主要工程量有:土石方541万m^3,防护工程34355m^3,沥青混凝土路面84.8459万m^2;桥梁总长度1604m,其中大桥1263m/4座,中桥341m/6座;互通立交5处;分离式立交7处;天桥18座;通道桥18座;通道40处;涵洞68道;新建G307连接线16.8km,孝义连接线5.1km。2007年8月31日奠基,2008年9月25日开工建设,2010年11月18日通车试运营,12月26日正式运营。2014年8月20~21日,顺利通过省交通运输厅组织的验收,评为优良工程。8月26日,省交通运输厅晋交建管函〔2014〕336号文印发《工程验收鉴定书》。

2. 前期决策

2005年3月,省交通厅根据全省高速公路网规划向省发改委提出建设汾阳—邢台高速公路的项目建议。2005年11月,省发改委和省交通厅在太原共同主持召开项目预可行性研究报告评审会,专家和领导认真审查评议后,同意"预可"报告成立。2005年12月,省发改委晋发改交通发〔2005〕1199号文对项目建议书予以批复。

项目是山西省第二条BOT建设项目。2006年年底,为吸引社会资本参与交通基础设施建设,省交通厅在"港洽会"上对"十一五"高速公路规划项目进行招商,江苏悦达集团与省高管局签订合作意向书。2007年4月18日,省政府晋政函〔2007〕72号文批复,同意省交通厅与江苏悦达集团合作建设汾阳—邢台高速公路汾平段项目,其中江苏悦达集团出资70%,省高管局出资30%。项目建设对于促进苏晋两地合作,优化全省投资环境,扩大对外开放,实现国家西部大开发和中部崛起战略,完善山西省高速公路网,带动吕梁、晋中两市旅游开发和社会经济发展具有十分重要的意义。

3. 参建单位

(1)建设单位。2007年8月23日,江苏悦达集团与省交通厅合资组建山西汾平高速公路有限公司,注册资金1亿元,项目法人类别为甲级,负责项目建设管理工作。内设总经理室、办公室、财务部、工程技术部、计划合同部、质监部、征迁部7个部门。

(2)设计单位。勘察设计由4个单位负责,其中主体设计1个,机电交通安全设施设计、房建工程设计各1个。

(3)施工单位。共有13个单位参加建设,其中路基工程4个,路面、交通安全设施、房建、绿化工程各2个,机电工程1个。

(4)监理单位。共有5个单位实施监理,其中主体工程监理2个,交通安全和绿化、房建、机电工程监理各1个。

（二）建设情况

1. 项目准备

（1）立项审批。2006年12月13日，省发改委晋发改交通发〔2006〕893号文印发《关于汾阳—邢台高速公路汾阳—平遥段可行性研究报告的批复》；2007年11月8日，省交通厅晋交公字〔2007〕484号文印发《关于汾阳—邢台高速公路汾阳—平遥段初步设计的批复》；2008年2月1日，省交通厅晋交公字〔2008〕54号文印发《关于汾阳—邢台高速公路汾阳—平遥段施工图设计的批复》；2015年10月，省发改委晋发改交通发〔2015〕772号文印发《关于汾阳—邢台高速公路汾阳—平遥段可行性研究补充报告的批复》；2015年11月，省交通运输厅晋交建管发〔2015〕373号文印发《关于汾阳—邢台高速公路汾阳—平遥段批复补充概算的批复》。

（2）资金筹措。概算最终核定为18.33亿元。山西省中强审计事务所审计决算为17.77亿元，累计到位资金17.77亿元，项目资本金6.04亿元（其中省高管局出资1.81亿元，江苏悦达集团有限公司出资4.23亿元）；银行贷款9.8亿元；股东借款1.93亿元（其中江苏悦达集团借款1.35亿元，省高管局借款0.58亿元）。

（3）招投标。2006年11月，受招标人省高管局委托，北京中交建设工程招标有限公司作为勘察设计招标代理。2007年1月，汾平公司委托北京中交建设工程招标有限公司作为路基桥涵、路面、交通、绿化、房建和机电工程施工和监理项目招标代理机构。北京公司依照招投标法律程序，组织23个项目（或标段）公开招投标，发布公告2份。在省人大、省高检、省纪委、省发改委、省审计厅、省重点办6家单位监督下，先后完成资格预审、招标、投标和开标，并组成考察组，逐一对候选单位实地考察，经过筛选比较，最终确定施工单位和监理单位。共签订各类经济合同23份，合同总金额125341.6万元。

（4）征地拆迁。项目建设涉及3市1县，第一期工程从2007年12月~2008年7月，征用土地4558亩，拆迁房屋297.5m²，支付补偿费用10188.48825万元；第二期工程从2008年8月开始，征用土地188.543亩，拆迁房屋6.76m²，支付补偿费用424.1177万元。共征用土地4746.543亩，拆迁房屋304.26m²，支付补偿费用10612.60595万元。

2. 项目实施

（1）质量管理。开工建设以来，公司把质量放在突出位置。一是原材料质量。针对当地砂石等地材质量不稳定，公司发文规定原材料进场具体要求，组织质量监督部、中心试验室人员赴周边料源地深入调研。与此同时，加大对原材料检测频率，对不合格材料坚决不让进场或坚决清场，确保合格材料用于工程实体。二是现场施工质量。通过强化日常质量巡查和不间断检查监督,监理人员对隐蔽性工程和关键性工序旁站,加大现场质量问题处罚力度等方式,不断强化现场质量管理。三是强化试验检测。制定《关于明确工程建设中试验检测的规定》,督促各单位严格执行。在试验检测中,重点抓好路基土方压实度、平整度和纵断高程、涵洞的混凝土强度、结构尺寸等关键点,桥梁桩基础、墩台混凝土强度、结构尺寸等,并对水泥混凝土土施工质量提出明确要求,确保项目实体工程质量处于完全受控状态。

（2）安全管理。公司、总监办始终把安全工作放在和工程质量同等位置,采取各种措施,从源头上预防发生。一是强化安全教育,提高全员意识。先后组织多次大规模管理人员安全培训,各施工单位通过举行安全知识考试、有奖抢答和制作宣传牌等多种方式,确保安全教育培训覆盖面达100%。二是建立健全安全生产责任制。坚决贯彻执行"安全第一、预防为主、综合治理"方针,制订一整套安全生产管理制度,如《安全生产奖惩办法》《安全事故责任追究制度》等。三是狠抓现场安全,确保操作层面管理到位。积极配合各项目部、总监办专职安全员每天对施工现场进行巡查,并结合工程特点,做到"六抓"。即抓高边坡、基础开挖、高处作业、大型梁体吊装等危险工序安全保护措施;抓安全用电,对变电箱等严格管理;抓劳动保护用品使用和穿戴;抓机械安全管理;抓消防;抓安全应急救援预案演练等。同时,杜绝违章指挥、违章作业和违反劳动纪律行为;加大处罚力度,对专项经费不到位、未设立安全警示标志、执行制度不力的单位和人员进行处罚,情节严重的责令停工整顿。

3. 重大事项

汾河大桥防洪评价与整改:2011年12月20日,省水利厅组织专家对汾河大桥防洪评价与整改方案进行第一次评审,2012年3月19日,省水利厅又组织专家对防洪评价与整改方案进行第二次评审,并形成评审意见。省水利厅晋水管函〔2012〕232号文件印发《关于汾平高速曹家堡汾河大桥防洪影响整改方案的批复》,整改范围从桥位上游桩号K4+330处至桥位下游K0+000断面,治理长度4330m。整改工程内容包括河堤加高工程、抢险救援道路改造工程、主河槽拓宽工程,核定工程总投资2502.48万元。

（三）运营养护管理

1. 收费站设置

2010年10月20日,根据省政府晋政函〔2010〕112号文《关于同意汾平—邢台高速公路汾阳—平遥段设置收费公路收费站的批复》,沿线设置张兰北、汾孝东、汾孝3个收费站。

（1）汾孝收费站地处汾阳市阳城乡孝臣村,位于G2516东营—吕梁高速公路K194+

700 处,占地面积 30 亩,建筑面积 3453.4m²。车道 4 进 6 出,其中 ETC 车道 1 进 1 出。

(2)汾孝东收费站地处汾阳市演武镇东大王村,位于 G2516 东营—吕梁高速公路 K180+901 处,占地面积 10 亩,建筑面积 1189.8m²。车道 3 进 4 出,其中 ETC 车道 1 进 1 出。

(3)张兰北收费站地处介休市张兰镇大甫村,位于 G2516 东营—吕梁高速公路 K166+391 处,占地面积 9.9 亩,建筑面积 1269.0m²。车道 3 进 5 出,其中 ETC 车道 1 进 1 出。

交通流量状况见表 8-46。

交通流量状况表　　　　　　　　　　　表 8-46

年　份	年通行量(辆)	日平均量(辆)
2011 年	2988240	8187
2012 年	3213453	8780
2013 年	3262333	8938
2014 年	3227138	8841
2015 年	3415075	9356
2016 年	4817101	13161

2. 停车区设置

孝义停车区地处汾阳市阳城乡董家庄村,位于 G2516 东营—吕梁高速公路 K186+500 处,占地 80 亩,分南北两个区,各占地 40 亩,原建筑面积 2508.5m²(北区 1401m²、南区 1107.5m²),广场可停放车辆 136 辆,其中大车 78 辆,中小型车 58 辆,内设简易餐厅、超市,餐厅总面积 412.42m²(南北区餐厅均为 206.21m²),同时可供 120 人聚餐;具有加油站、餐饮、超市、汽修及公厕等公益服务项目;加油站总面积 192m²(南北区面积均为 96m²),油罐容量 360m³(共 12 个,每区 6 个 30m³)。各设 6 台加油机,油品种类齐全。2015 年被评为达标停车区。

二、平榆段(平遥—榆社)(建设期:2009 年 6 月~2012 年 12 月)

(一)项目概况

1. 基本情况

项目是国家高速公路 G2516 山东东营—山西吕梁在山西境内的一段,也是山西省高速公路网主骨架中第八横的重要组成部分。路线起点接汾阳—平遥高速公路,终点连接榆社—和顺高速公路,同时以枢纽形式与太长高速公路互通,沿途经过晋中市和长治市所属介休、平遥、祁县、武乡、榆社 5 个县(市)。全长 83.066km,山岭重丘区为双向四车道。其中,K0+000~K13+800 段为重丘区,设计速度 100km/h,路基宽 26.0m;K13+800~

K83+928.4段为山岭区,设计速度80km/h,路基宽24.5m。概算投资57.66亿元,主要工程量有:路基土石方1718万 m^3;修建桥梁73座,总长18.574km;修建隧道3座,总长16.273km(单洞总长32.545km);设互通立交5处。项目主要特点是桥多隧长,桥隧长度占总里程42%。施工难度大、技术复杂的控制性工程有:宝塔山超长隧道(单洞长总计20.672km)、紫金山特长隧道(单洞长总计9.022km)、惠济河大桥(高90m、主跨95m的高墩大跨连续刚构桥)、南风沟1号特大桥(桥梁总长2.182km)、榆社枢纽等工程。2008年1月28日奠基,2009年6月25日开工建设,2012年12月25日建成通车。

2.前期决策

2007年2月17日,省交通厅成立山西平邢高速公路建设管理处,负责汾阳—邢台高速公路平遥—榆社段、榆社—和顺康家楼(省界)段的工程建设管理工作。2007年9月,省交通厅通过公开招标,确定项目投资人为中铁三局集团有限公司。10月16日,由省交通厅与公司签订投资协议,平遥—榆社段、榆社—和顺康家楼(省界)段工程实行BOT模式建设和管理,项目业主变更为由投资方成立的山西和榆平高速公路有限责任公司。建管处作为省厅派出的监管单位负责对项目进行监管。12月29日,平邢高速公路建设管理处更名为和榆平高速公路建设管理处。2008年10月4日,省交通厅下文将和榆平高速公路建设管理处更名为和榆平高速公路建设服务监管处。2008年10月~2009年4月,和榆平高速公路建设管理由山西和榆平高速公路有限责任公司负责。5月21日,由于中铁三局集团退出本项目投资建设,根据省交通厅安排,将和榆平高速公路服务监管处更名为和榆平高速公路建设管理处,由建管处重新承担起汾邢高速公路平遥—榆社段、榆社—和顺段的建设管理任务。5月27日,山西和榆平高速公路有限责任公司向和榆平高速公路建设管理处进行项目移交。7月10日,省交通厅发文撤销和榆平高速公路建设管理处,成立榆平高速公路建设管理处,由榆平高速公路建设管理处负责平遥—榆社高速公路的建设管理工作。2009年9月,正式启用榆平高速公路建设管理处相关印鉴。

3.参建单位

(1)建设单位。山西省榆平高速公路建设管理处,内设综合办公室、党务人事部、财务部、安全生产部、工程管理部、技术质检部、合同管理部和地方协调部。根据工程建设的需要,成立平遥、武乡、榆社3个现场督导组,负责一线工程建设的日常管理,并成立质量巡查组和安全巡查组,加强现场质量、安全管理。

(2)设计单位。勘察设计任务由6个单位承担,其中路基桥隧工程设计2个,机电工程设计1个,交通安全工程设计1个,房建工程设计1个,外供电系统工程设计1个。

(3)施工单位。共有49个单位参加建设,其中路基桥隧工程15个,路面工程3个,房建工程7个,交通安全工程9个,机电工程7个,绿化工程5个,消防工程3个。

(4)监理单位。其有7个单位实施监理,其中路基、桥隧工程监理6个,路面(含交通安全设施、绿化)工程监理3个,机电工程监理1个,房建工程监理3个,外供电工程监理1个。

(5)技术服务、咨询单位。为加强工程质量和技术控制,建管处通过邀请招标方式,选择有相应资质的检测机构、科研院所和高等院校,组建业主中心试验室(含路面技术咨询专家组)、桥梁监控项目部、隧道地质超前预报及施工监控项目部。业主中心试验室(含路面技术咨询专家组)受业主委托对全线工程材料、工程实体质量进行抽检,抽检频率不低于5%,同时对路面工程技术进行咨询指导;桥梁监控项目部负责特殊结构桥梁的技术监测和控制工作;隧道地质超前预报及施工监控项目部负责对隧道工程进行地质超前预报、初次衬砌和二次衬砌完工后的检测、隧道施工监控量测等工作。其中,中心试验室1个,桥梁监控项目部1个,隧道监控项目部3个。

(二)建设情况

1. 项目准备

(1)立项审批(表8-47)。2005年12月,省发改委批复项目建议书;2006年12月14日,省发改委会晋发改交通发〔2006〕908号文批复工程可行性研究报告;建设里程79km,投资估算49.3亿元,建设工期3年。2008年4月21日,根据设计方案的局部调整及平榆、榆和项目进展情况,为使平榆高速公路与太长高速公路能尽早衔接,发挥高速公路联网效应,省发改委晋发改交通发〔2008〕339号文将平榆、榆和两个项目衔接点由原榆社枢纽以西,变更为榆社枢纽以东,将榆社枢纽工程纳入平榆高速公路建设范围,建设里程调整为82.788km,投资估算调整为52.5亿元。2008年5月8日,省交通厅晋交公字〔2008〕164号文批复初步设计,建设里程确定为80.026km,投资概算为54.2286亿元。2008年12月,由山西和榆平高速公路公司组织完成施工图设计评审,并报省交通厅核准。2010年3月29日,省交通厅晋交建管〔2010〕117号文批复施工图设计,建设里程核定为83.066km,项目总投资概算57.66亿元。

项目审批一览表 表8-47

序号	项　　目	批复时间	批复部门	文件名称	文　件　号
1	项目法人	2009.7.10	山西省交通运输厅	《关于成立榆平高速公路建设管理处的通知》	晋交人字〔2009〕383号
2	可行性研究报告	2006.12.14	山西省发展和改革委员会	《关于汾阳—邢台高速公路平遥—榆社段项目可行性研究报告的批复》	晋发改交通发〔2006〕908号
		2008.4.21	山西省发展和改革委员会	《关于汾阳—邢台高速公路平遥—榆社段可行性研究补充报告的批复》	晋发改交通发〔2008〕339号

续上表

序号	项 目	批复时间	批复部门	文件名称	文 件 号
3	环境影响报告		山西省环境保护局	《关于〈汾阳—邢台高速公路平遥—榆社段环境影响报告书〉的批复》	晋环函〔2008〕22号
4	水土保持方案		山西省水利厅	《关于汾阳—邢台高速公路平遥—榆社段水土保持方案的复函》	晋水保〔2007〕715号
5	初步设计	2008.5.8	山西省交通厅	《关于汾阳—邢台高速公路平遥—榆社段初步设计的批复》	晋交公字〔2008〕164号
6	施工图设计	2010.3.29	山西省交通运输厅	《关于平遥—榆社高速公路施工图设计的批复》	晋交建管〔2010〕117号
7	用地		山西省国土资源厅	《关于山西和榆玉高速公路建设管理处汾阳—邢台高速公路平遥—榆社段建设项目用地预审的批复》	晋国土资函〔2008〕228号
			山西省国土资源厅	《关于榆平高速公路建设管理处汾阳—邢台高速公路平遥—榆社段建设项目用地预审的补充批复》	晋国土资函〔2009〕702号
			国土资源部	《关于汾阳—邢台高速公路平遥段—榆社段工程建设用地的批复》	晋国土资函〔2012〕29号
8	压覆矿产资源		山西省国土资源厅	《关于汾阳—邢台高速公路平遥—榆社段建设项目压覆矿产资源的复函》	晋国土资函〔2010〕320号
9	林地		国家林业局	《使用林地审核同意书》	林资许准〔2009〕405号

(2)资金筹措。项目原批复概算54.2286亿元,施工图设计批复后总概算核定57.6589亿元,省交通运输厅自筹19.6589亿元,交通银行贷款38亿元。

(3)招投标。勘察设计招标由省高管局按照国家有关规定组织实施,省交通设计院等5个单位中标。选定山西路华通工程咨询有限公司为招标代理。2009年5月31日,对路基、桥隧工程进行招标。按照法定程序,从交通运输部专家库中抽取专家组成评标委员会。10月18日,评标委员会对路面、交安、房建工程(一期)施工及监理全部投标文件进行公开评审,全部清标和评标工作均由评标委员会依法进行。2010年3月21日,评标委员会对外供电工程全部投标文件进行公开评审,全部清标和评标工作均由评标委员会依法进行。此外,建管处还对支座、锚具、止水带、防水板、伸缩缝、沥青等重要材料进行公开采购招标,伸缩缝和沥青由建管处直接招标确定供货商,其他材料按入围制方式确定供货商。10月11日,建管处委托中技国际招标公司对机电、绿化、路面、交安、房建工程(二期)进行公开招标。12月30日,评标委员会对机电、绿化、路面、交安、房建工程(二期)施工及监理的全部投标文件进行公开评审,全部清标和评标工作均由评标委员会依法进行。每次招标活动,均在省交通运输厅及省6部委严格监督下进行;每次评标结果,都要在山西交通网公示。

(4)合同段划分。根据项目特点,路基工程分15个标段、6个总监办,路面工程分3个标段、3个总监办(包含交通安全工程、绿化工程),交通安全工程分9个标段,机电工程分10个标段、1个总监办,房建工程分7个标、3个总监办,绿化工程分5个标段,外供电工程分4个标段、1个总监办。

(5)征地拆迁。项目建设涉及5个县市,2009年5月~9月,共征用土地6287.727亩。

2. 项目实施

(1)质量管理。建管处始终把工程质量作为重心,进行全方位管理,牢牢掌握在可控状态。一是坚持工程质量始于设计理念,及早介入,积极参与,力求使设计与工程建设实际有机融合。二是建立质量保证体系。以合同管理为核心,健全各项管理制度,形成用制度管人、用制度办事,规范施工作业行为;严格执行质量责任追究制度,实行"质量一票否决制";对重要施工材料公开招标,从源头上控制质量;实行首件产品试验制度。三是狠抓施工现场监理。确保监理人员到位上岗,强化试验检测管理。四是加强质量巡查和监督检查。将工程质量作为劳动竞赛重要指标,成立质量巡查小组,对全线工程质量巡回检查,重点加强桥梁、隧道等重点项目关键工序的质量管理。五是用先进质检手段控制质量。中心试验室加大抽检频率,根据试验数据对重点部位和重点工序进行监控,每半月汇总1次,监督不合格项目整改情况;施工期间,共抽检原材料4500余组,进行实体工程质量检测11400组(点)。对所有隧道和重点桥梁进行隧道地质超前预报、施工监控量测和桥梁监控,用高科技手段进行质量控制。

(2)安全管理。建管处把安全生产当作头等大事来抓,坚持"安全第一,预防为主,综合治理"的方针,不断提升安全管理水平。一是加强组织领导,健全规章制度,强化宣传教育,开展平安文明工地创建活动。二是突出重点环节,排查安全隐患,加强专项整治,全面落实安全生产责任制。与施工单位签订《安全生产合同》,与项目经理签订《安全生产承诺书》,制订《安全生产专项整治实施方案》,全力开展安全专项整治工作。三是用好安全专项资金,建立应急救援保障体系,全方位开展安全监管。安全生产费用独立计量,专项审批,实支实付。突出安全管理事前控制,根据施工特点制订各种应急预案,开展"防坍塌、防雷击、防火灾、防汛"等方面应急预案演练,提高应急队伍处置突发事件能力。四是细化基础管理,加强现场督查,严防密控施工全过程。项目部有59项安检内容,总监办有17项安检内容,使安全督查更有针对性和操作性。

(3)进度管理。建管处迎难而上,统筹安排,全力推进工程建设。一是根据项目总目标与建设工期,通过预测、分析影响进度各种因素,确定路基、桥隧、路面等各项工程建设进度;二是编制年、季、月计划;三是利用网络进度计划,确定关键工作和关键线路,并从工期要求、费用控制及资源配置等方面综合考虑,进行网络优化;四是签订阶段性目标责任书,严格审查施工单位计划可行性;五是建立进度管理系统,经常深入施工现场检查、评价项目工程,尤其是关键控制性工程实施进展情况,采取组织、管理、技术、经济等措施,确保工程进度计划正常实施;六是组织开展劳动竞赛,按季度召开阶段性进度计划实施情况总结会议,奖优罚劣,努力营造"你追我赶、力争上游"的建设氛围;七是建立参建单位信用评价考核体系,强化履约意识,提高履约水平,打造诚实守信、公平和谐的建设环境。

(三)复杂技术工程

(1)宝塔山特长隧道施工综合通风技术。掘进工作面由3处斜井、两端洞口共同形成,在2号斜井工作面施工过程中,洞内通风采用多网路、机械综合通风技术。

(2)宝塔山特长隧道大断面地下风机房施工技术。2号斜井地下排风机房,开挖断面为大断面。排风机房为深度近22m、高度近20m、长度达40m的大型洞室。施工中因排风机房断面大,且为直墙,抵抗围岩变形能力差,开挖方法采用CD法施工。

(四)科技创新

宝塔山隧道位于太岳山脉北中部,地质构造十分复杂,地下水丰富,为山岭石质隧道。左洞长10192m,右洞长10480m,采用水泥混凝土路面连续配筋方法。连续配筋水泥混凝土路面在隧道中的应用研究课题,获2014年度山西省科技进步二等奖。

连续配筋混凝土路面由于取消横向接缝,提高路面平整度和行车舒适性;纵向连续钢筋提高裂缝处传荷能力,增强板的整体强度和结构承载能力;连续配筋混凝土路面耐久性好,使用寿命长,养护工作量少,基本是一种"零养护路面"。省交通科研院、建管处、交通运输部公路院、省交通设计院等单位专家密切合作,从隧道连续配筋混凝土路面结构设计与力学分析、施工工艺、表面功能等方面开展系列研究,共取得5项技术创新。建立混凝土和钢筋的本构方程并进行解析,开发图形化的输出方式,分析连续配筋混凝土路面开裂过程。配筋设计方面,单层配筋时,在距表面1/3处布置;双层配筋时,在距表、底面1/3处布置,上层优先采用"小间距、小直径"的配筋方式,达到上密下疏的效果。

研究成果经行业专家鉴定,达到国际先进水平,获得国家授权专利4项,撰写论著1部,发表论文40余篇,其中EI检索10篇。研究成果全面纳入交通运输部《公路水泥混凝土路面设计规范》《公路水泥混凝土路面施工技术细则》和住房和城乡建设部《钢筋焊接网混凝土结构技术规程》、山西省地方标准《配筋水泥混凝土路面设计指南》等规范,大大推动公路水泥混凝土路面技术进步。在研究过程中,培养博士1名、硕士6名,培训工程技术人员700余人次。成果已成功应用于榆平、太古、长安、阳左等高速公路隧道路面建设,有效指导实体工程建设,提高效率,确保质量,应用前景广阔。项目成果可大幅度提升隧道连续配筋混凝土路面工程质量和使用耐久性,提高路面平整度和行车舒适性,降低燃油消耗、行车噪声和道路的维修养护费用。

(五)运营养护管理

1. 收费站设置

2012年12月5日,根据省政府《关于同意汾阳—邢台高速公路平遥—榆社段设置收费公路收费站的批复》(晋政函〔2012〕150号)文件规定,沿线共设云竹湖、分水岭、平遥南3个收费站。

(1)云竹湖收费站地处榆社县河峪乡鱼头村,位于G2516东营—吕梁高速公路K93+305处,收费广场面积6275m^2,车道3进5出。

(2)分水岭收费站。地处武乡县分水岭乡南关村,位于G2516东营—吕梁高速公路K123+910处,收费广场面积25187.6m^2,车道3进5出。

(3)平遥南收费站地处平遥县段村镇北常村,位于G2516东营—吕梁高速公路K153+960处,收费广场面积5356.56m^2,车道3进6出。

2014年,年通行2080500辆,日平均5700辆;2015年,年通行507689辆,日平均1391辆;2016年,年通行612950辆,日平均1679.3辆。

2. 服务区设置

全线设平遥南、云竹湖2个服务区。榆社县境内的云竹湖服务区位于G2516东营—吕梁高速公路K97+452处,紧邻风景秀丽的云竹湖;平遥南服务区位于G2516东营—吕梁高速公路K149+310处,距世界文化遗产平遥古城15km。2个服务区分别占地82.5亩,分列在公路南北两侧,距收费站出入口距离为3km,交通便利、环境优美。服务区内设有餐厅、超市、客房、加油站、汽车维修等公共服务设施和大、中、小型停车场,通过地下通道相连。建筑面积均为5200m^2,其中营业面积2100m^2,公益服务面积400m^2,水电暖设施一应俱全。

3. 养护管理

设1个养护工区,管养里程98.456km(包括主线83.066km、4个互通12.03km、2条连接线3.36km)。工区设副主任2名,其中1名主持工作,主任助理2名,班长3名,技术员5名,机械手8名(主要是水车司机和多功能养护车司机),维修工1名,均由公司统一招聘、培训、调配。根据政府采购相关规定,养护项目进行统一招标,择优选定有资质的养护单位进行日常养护。2015年,建管处与山西晋襄宁市政工程有限公司签订道路保洁及维护合同。按照合同约定,公司提供保洁员30名,维护人员10名,确保养护范围内路面、路侧垃圾、视线障碍物、伸缩缝、泄水孔、路面抛洒物及时清洁，维持路容路貌完好、整洁、畅通。

三、左权—榆社段（建设期：2009年12月～2012年8月）

（一）项目概况

1. 基本情况

榆社—和顺高速公路（简称和榆高速公路）是山西省"三纵十二横十二环"高速公路网第八横汾阳—邢台高速公路的重要组成部分，路线与平榆高速公路终点接壤，起于榆社县赵道峪村，终点在和顺县康家楼特长隧道内与河北省临清高速公路相连。路线全长76.692km，沿线途经榆社、左权、和顺3个县，其中榆社县17.38km、左权县49.537km、和顺县9.775km，概算总投资80.16亿元。

由于左权—和顺段原工可批复方案存在连续长大下坡的安全隐患，必须重新勘察设计、改变路线走向才能解除安全隐患，所以本项目分两期建设。一期工程先行开工，二期工程同步开展勘察设计、选定走向、图纸评审和设计批复等前期准备工作。

一期工程（榆社—左权段）建设范围为K36+195～K76+692，路线起点位于榆社县赵道峪村北，途经榆社县8个村庄和左权县11个村庄，全长40.487km。双向四车道，设计速度80km/h，路基宽24.5m，汽车荷载等级为公路—Ⅰ级。主要工程量为：路基挖方991.3万m³，路基填方731万m³；排水防护工程46.8万m³；大桥4877.8m/20座，中桥266.48m/4座；涵洞7837.41m/113道；隧道5089.8m/8座，桥隧比例25.2%。批复概算28.83亿元，2008年1月28日奠基，2009年12月21日开工建设，2012年8月28日通车运营。

二期工程（左权—和顺段）通车段运营桩号为K23+018～K36+192.697，路线起点是一期工程终点，通车路段终点位于左权县城东北5km处。途经左权县县城附近6个村庄，横跨207国道、枯河和阳涉铁路。有大桥1797.5m/3座，中桥45m/1座，涵洞858.43m/17道；特长隧道11395m/1座。路线长36.205km，批复概算51.3280亿元。2011年3月开工建设，2014年7月28日部分通车，2015年12月30日全线建成通车。

2. 前期决策

2009年7月20日，省交通运输厅组织召开和榆平、和榆高速公路建管处及相关设计单位参加的工程移交会，内容包括：合同主体变更、费用支付、移交过程中需履行的财务手续、清点资料等。7月27日，省交通运输厅召开和榆高速公路项目前期推进会，专题研究工程费用增加原因及路线方案确定事宜。8月3日，省交通运输厅召开和榆高速公路初步设计外业验收协调会。会议确定路线走向方案，建议按4车道标准建设，开展补充工可和外业验收。8月4日,因左权—和顺段存在重大改线,省交通运输厅党组做出"为加快和榆高速公路建设进度,可考虑分两期建设"的重要批示。8月12日~13日,省交通运输厅组织和榆建设管理处、设计单位进行和榆高速公路初步设计外业验收会。12月21日,经省政府牵头、省交通运输厅和晋中市政府组织、建管处承办,榆社—和顺高速公路建设推进会在左权工地隆重召开,副省长牛仁亮代表省政府启动开工按钮,宣告正式开工建设。

3. 参建单位

(1)建设单位。2009年7月10日,省交通运输厅下文成立和榆高速公路建设管理处,内设综合办公室、财务部、工程管理部、技术管理部、安全质量部、交通房建办公室、地方协调部和西段指挥部。

(2)设计单位。一期、二期工程分别由中铁第三勘察设计院、省交通设计院负责设计。

(3)施工单位。共有27个单位参加建设,其中路基工程单位10个,路面工程单位1个,房建、机电、交通安全、绿化工程单位16个。

(4)监理单位。共有7个监理单位实施监理。

(二)建设情况

1. 项目准备

(1)立项审批(表8-48)。

项目审批一览表 表8-48

序号	项目	批复时间	批复部门	文件名称	文件号
1	项目法人	2009.7.10	山西省交通运输厅	《关于成立和榆高速公路建设管理处的通知》	晋交人字〔2009〕378号
2	项目建议书		山西省发展和改革委员会	《关于汾阳—邢台高速公路榆社—省界段项目建议书的批复》	晋发改交通发〔2006〕649号
3	可行性研究报告	2008.5.1	山西省发展和改革委员会	《关于汾阳—邢台高速公路榆社—和顺段可行性研究报告的批复》	晋发改交通发〔2008〕381号
		2010.10.13	山西省发展和改革委员会	《关于榆社—和顺高速公路可行性研究补充报告的批复》	晋发改交通发〔2010〕1345号
4	环境影响报告	2008.9.4	山西省环境保护局	《关于〈汾阳—邢台高速公路榆社—省界段环境影响报告书〉的批复》	晋环函〔2008〕670号
			山西省环境保护厅	《汾阳—邢台高速公路榆社—和顺康家楼(省界)段环境影响报告书(补充报告)》的批复	晋环函〔2011〕2331号

续上表

序号	项 目	批复时间	批复部门	文件名称	文 件 号
5	水土保持方案	2008.11.7	山西省水利厅	《关于汾阳—邢台高速公路榆社—和顺康家楼段水土保持方案的复函》	晋水保〔2008〕772号
				《关于汾阳—邢台高速公路左权—和顺段工程水土保持方案(补充)的批复》	晋水保函〔2011〕889号
6	初步设计	2009.10.10	山西省交通运输厅	《关于榆社—和顺高速公路榆社—左权段初步设计的批复》	晋交公字〔2009〕574号
			山西省交通运输厅	《关于榆社—和顺高速公路左权—和顺段初步设计的批复》	晋交建管〔2010〕743号
7	施工图设计	2010.5.12	山西省交通运输厅	《关于榆社—和顺高速公路榆社—左权段施工图设计的批复》	晋交建管〔2010〕209号
			山西省交通运输厅	《关于榆社—和顺高速公路左权—和顺段施工图设计的批复》	晋交建管〔2011〕298号
8	用地	2009.11.27	山西省国土资源厅	《关于和榆高速公路建设管理处汾阳—邢台高速公路榆社—和顺段建设项目用地预审的批复》	晋国土资函〔2009〕682号
				《汾阳—邢台高速公路榆社—和顺建设项目用地预审的补充批复》	晋国土资函〔2010〕774号
		2012.1.21	国土资源部	《关于汾阳—邢台高速公路榆社—和顺段工程建设用地的批复》	国土资函〔2012〕69号
9	施工许可		山西省交通运输厅	准予行政许可通知书	晋交施许可字〔2012〕05号

①项目工可：2008年5月1日，省发改委晋发改交通发〔2008〕381号文批复。2010年10月13日，补报工可由省发改委晋发改交通发〔2010〕1345号文批复。

②初步设计：一期工程榆社—左权段，2009年10月10日，省交通运输厅晋交公字〔2009〕574号文批复。

③施工图设计：一期工程榆社—左权段，2010年5月12日，省交通运输厅晋交建管〔2010〕209号文批复。

④土地手续：2009年11月27日，土地预审由省国土资源厅晋国土资函〔2009〕682号文批复；2012年1月21日，土地正式审批由国土资源部国土资函〔2012〕69号文批复。

⑤地质灾害评估:2010年10月26日,省国土资源厅晋国土资环(灾)备〔2010〕086号文批复。

⑥环评:2008年9月4日,省环保局晋环函〔2008〕670号文批复。

⑦水保:2008年11月17日,省水利厅晋水保〔2008〕772号文批复。

⑧地震安全性评价:2008年9月28日,省地震局以晋震标〔2008〕111号文批复。

⑨文物评估:2010年6月11日,省文物局晋文物函〔2010〕252号文批复。

⑩林地审批:2011年8月25日,国家林业局林资许准〔2011〕231、232号文批复。

⑪耕地:建管处分别于2011年4月7日、9日、21日与榆社、左权、和顺三县国土资源局签订补充耕地协议。

⑫压覆矿产:2011年11月17日,省国土资源厅晋国土资办函〔2011〕47号文批复。

⑬施工许可:2012年3月16日,省交通运输厅晋交施许可字〔2012〕05号批复。

(2)资金筹措。概算28.8313亿元,其中省交通运输厅自筹7.2078亿元,银行贷款21.6235亿元。

(3)招投标。根据省交通运输厅要求,建管处对招标代理进行公开比选。2009年8月17日~19日发售比选文件;9月2日,与中选单位中化建国际招标有限责任公司签订招标代理合同。在整个主体工程招标过程中,严格按照《中华人民共和国招标投标法》进行,所有施工及监理招标评标委员会均按照法定程序从交通运输部评标专家库中抽取专家组成,并在省交通运输厅和省人大、省检察院、省发改委、省审计厅、省重点办联合监督下,对所有符合条件的投标文件进行公平、公正评审;全部清标和评标工作均由评标委员会按照法定程序完成。监控量测、业主中心试验室、甲控材料招标评标委员会是由省交通运输厅评标专家库中抽取的专家组成,并在纪检人员监督下,对提交的所有投标文件进行公平、公正的评审;全部清标和评标工作均由评标委员会按照法定程序完成。所有中标结果都在山西交通网上公示,未收到任何举报和投诉。

(4)合同段划分。根据项目特点,路基、桥涵、隧道和附属工程划分标段建设,路面工程实行总承包。其中,一期路基工程分10个标段,房建、机电、交安、绿化、消防等附属工程分16个标段。

(5)征地拆迁。项目建设用地涉及榆社、左权2县,2010年2月~8月,共征用土地4005.79亩,拆迁房屋13864.37m^2,支付补偿费用17090.43万元。

2. 项目实施

(1)质量管理。为确保工程质量,建管处采取五条措施。一是落实质量管理责任制。认真执行国家颁布实施的质量管理规定和技术标准,结合实际,健全制度,完善机制,严格要求,规范施工。二是强力推进质量监管工作。认真开展质量隐患排查治理,重点对桥梁、隧道进行隐患大排查,查找薄弱环节和关键部位,针对排查出的质量隐患建立台账,跟踪整改,对重大隐患进行挂牌督办,明确整改措施、整改责任人及整改时间,针对存在的隐患召开专题例会,深入研究解决问题办法,总结经验,举一反三。三是严把材料、设备进场关。要求材料和设备采购单位对材料、设备质量负责,必须符合公路工程现行技术标准和设计对材料、设备要求。检验不合格或不符合要求的"三无"材料及设备,绝不允许进入施工现场。四是严把施工工艺关。认真推行首件产品认证制,首件产品完工后,严格对其作业流程和质量进行认证,确立同类产品施工工序和质量控制标准,以此控制后续工程的关键部位、关键环节、关键工序的施工工艺和工艺衔接,控制好重点、难点、关键点,确保一次成优不返工,全力提升质量达优率。五是深入开展质量教育培训活动。利用互联网开展质量培训,普及知识,提升意识,及时总结推广好的经验和做法。

(2)安全管理。建管处全力抓好四方面工作:一是引进先进管理理念,提升本质安全。牢固树立"以人为本、整体安全、精细管理"的理念,建立较为完善的安全管理体系,使所有重大危险源均处于受控状态;不断完善安全生产管理制度,细化现场作业程序,增配安全管理人员,强化安全技能培训和安全教育,加大安全设施投入,加强施工现场安全监管,提升安全作业保障能力。二是强化风险意识,应用先进技术规避风险。对施工组织设计和专项施工方案进行评审,确定技术攻关课题;组织专业人员对施工工艺、工序和现场进行危险源辨识,确定分级分类管理;针对复杂地质条件,采用超前钻探、地质雷达等手段进行超前地质预测预报;围绕分部分项工程和施工任务,制定各级安全生产责任制;配足懂施工技术专职安全管理人员,对各类施工人员进行专项培训;在施工过程中实行全方位、全过程、全员安全技术交底,每天公示现场危险作业点和防范措施,每天召开班前会,安监人员全过程旁站监督施工。三是落实隐患排查治理主体责任,加强隐患整治和应急管理。健全隐患排查治理制度和工作责任制,把责任落实到岗位,落实到每一个人。完善应急预案并形成体系,加强演练和培训,提高防范和应对事故灾难能力。四是夯实基础管理工作。施工单位重视现场安全生产设备和费用投入,监理单位对高风险施工过程实行严格旁站监理,对施工现场存在问题和隐患及时提出整改意见,确保落实到位。

(3)进度管理。一期工程开工建设之后,建管处紧紧围绕2011年底实现小循环的既定战略目标,大力发扬老区革命精神,以顽强拼搏作风、求真务实工作态度,坚持"一个中心两手硬,统筹兼顾强三基;多措并举保安全,精细施工创精品;围绕主题多创建,理顺程序促进度;超前着手抓环保,精打细算不突概;严格标准多协调,阳光征迁保权益;创新党建促工程,清正廉洁创和谐"的总体思路,在工程建设管理中抓重点、攻难点,加强质量控制,强化工程监管,开展劳动竞赛,在严控安全、确保质量前提下,争分夺秒抢进度,精细管理提效率,安全、优质完成建设任务。二期工程自2011年1月开工后,面对两个进度完全不同的项目,建管处不等不靠,自加压力,人人身兼两期数职,以严谨务实科学态度、"五加二白加黑"的过硬作风、"热情、主动、超前"的服务理念、舍小家顾大局的奉献意识,一、二期工程双管齐下,以一个项目的管理力量全力推动两期工程同步开展,如期实现一期工程通车运营、二期工程2015年年底建成通车的任务目标。

(三)运营养护管理

1. 收费站设置

2012年6月29日,根据省政府《关于同意和顺—榆社高速公路榆社—左权段设置收费公路收费站的批复》(晋政函〔2012〕90号)文件规定,沿线设左权、榆社东收费站。

(1)左权收费站地处左权县石匣乡三家村,位于G2516东营—吕梁高速公路K42+572处,占地面积18105m²,建筑面积5507.39m²,车道3进5出,其中ETC车道1进1出。

(2)榆社东收费站地处榆社县箕城镇大常家会村,位于G2516东营—吕梁高速公路K69+370处,占地面积5856m²,建筑面积1683.29m²,车道3进5出。

交通流量状况见表8-49。

交通流量状况表 表8-49

年　　份	年通行量(辆)	日平均量(辆)
2012年	115557	713.3
2013年	544499	1492
2014年	636742	1744.49
2015年	961988	2635.6
2016年	1089863	2985.9

2. 服务区设置

全线设左权、和顺两个服务区。

(1)左权服务区地处革命老区左权县石匣村,位于G2516东营—吕梁高速公路K44+500处,总占地面积66247m²,总建筑面积5443.24m²,分为南、北区,其结构布局基本对称,配备有综合楼、汽修厂、宿舍楼、加油站和物业用房。其中综合楼建筑面积分别为1786.16m²,共计3572.32m²。汽修厂建筑面积分别为232.12m²,共计464.24m²。宿舍楼建筑面积695.4m²。加油站建筑面积分别为185.42m²,共计370.84m²。物业用房建筑面积340.44m²。停车场可停放车辆137辆,其中大货车56辆、大客车14辆、小汽车67辆。加油站共设加油机12台(南、北区各6台),加油枪共计24把,油品种类齐全。公厕共有侧位62个(南、北区各31个),小便池55个(南区23个、北区22个)。可为过往旅客提供如厕、加油、餐饮、购物、住宿、汽车修理等服务。

(2)和顺服务区详见本节左和段有关内容。

3. 养护管理

2012年6月设置养护管理中心,负责左权—榆社运营路段的养护管理工作,中心结合运营实际,不断探索养护管理新模式,积极开展预防性养护。为进一步强化道路保洁管理,确保路面保洁质量,取消原先雇佣保洁工模式,将全线道路保洁工作承包给具有高速公路养护经验的专业养护公司完成。养护管理人员每天上路巡查,保洁效率明显提高。2014年以来,根据政府采购相关规定,中心所有养护项目均通过政府采购程序,进行统一招投标,择优选用有资质、有能力、有经验的施工单位进行道路养护施工,保证项目安全畅通,为社会提供良好通行环境。

四、左和段(左权—和顺)(建设期:2011年3月~2015年12月)

(一)项目概况

1. 基本情况

项目是国家高速公路网G2516在山西境内的一段,也是山西省"三纵十二横十二环"高速公路网第八横的重要组成部分。路线起点接和榆高速公路一期工程终点,向东途经左权县3个乡、12个村,途经和顺县1个乡、3个村。路线全长36.2km,东纵主线长2.496km。全线挖方779万 m^3,填方460.9万 m^2;排水防护22.4万 m^2;特大、大桥5516.5m/8座,中桥249m/3座;涵洞1954.01m/54道;隧道22025.5m/4座,包括特长隧道3座、中隧道1座。桥隧比76.8%。双向四车道,设计速度80km/h,路基宽24.5m,批复概算51.5974亿元,2011年3月开工,2014年7月28日部分通车,2015年12月30日全线通车。

项目从起点到终点均处于太行山腹地,沿线地势陡峻,沟壑纵横,地形复杂,桥隧比例高,水、电、路等基本设施严重缺乏,导致全线技术难点多,工程技术要求高,安全、质量、环保等控制难度大,加之太行山腹地特殊的小气候影响,建设任务极为艰巨。

2. 前期决策

详见本节左榆段有关内容。

3. 参建单位

(1)建设单位。山西省和榆高速公路建设管理处。

(2)设计单位。勘察设计由省交通设计院负责。

(3)施工单位。共有33个单位参加建设,其中路基工程10个,路面工程1个,房建工程3个,机电工程13个,交通安全工程4个,绿化工程2个。

(4)监理单位。共有9个单位实施监理,其中路基工程监理5个,路面工程监理2个,房建工程监理1个,机电工程监理1个。

(二)建设情况

1.项目准备

(1)立项审批。2006年8月8日,省发改委晋发改交通发〔2006〕649号文批复项目建议书;2008年5月1日,省发改委晋发改交通发〔2008〕381号文批复可行性研究报告;2010年10月13日,省发改委晋发改交通发〔2010〕1345号文批复可行性研究补充报告;2010年12月8日,省交通运输厅晋交建管〔2010〕743号文批复左权—和顺段初步设计,建设里程核定36.204km,投资概算52.56亿元;2011年6月14日,省交通运输厅晋交建管〔2011〕298号文批复施工图设计,建设里程36.205km,投资预算52.52亿元。

(2)资金筹措。概算51.3280亿元,其中省交通运输厅自筹12.8320亿元,银行贷款38.4960亿元。

(3)招投标。2009年9月2日,和榆建管处与中化建国际招标有限责任公司签订招标代理合同。2010年12月~2015年4月,委托公司对项目主体工程、附属工程(交通安全、绿化、机电及房建工程)、中心试验室、隧道监控量测、甲控材料、路面工程、连接线工程等施工、监理单位进行公开招标,分别确定各中标单位。

(4)合同段划分。根据项目特点,路面工程实行总承包,路基工程分10个标段,连接线工程分1个标段,房建、机电、交通安全、绿化工程分22个标段。

(5)征地拆迁。项目建设用地涉及左权、和顺2县,从2011年3月~2012年12月,共征用土地2436.94亩,拆迁房屋1861m^2,支付补偿费用15759万元。

2.项目实施

(1)质量管理。详见本节左榆段有关内容。

(2)安全管理。详见本节左榆段有关内容。

(3)进度管理。详见本节左榆段有关内容。

(三)运营养护管理

2013年4月,经省政府晋政函〔2013〕39号文批复,由山西路桥集团有限公司以BOT方式投资建设经营左权—和顺段;2015年11月26日,山西路桥集团设立山西路桥集团榆和高速公路有限公司,正式对左权—和顺段履约。

1. 收费站设置

2015年12月29日,根据省政府《关于和顺—榆社高速公路左权—和顺段设置收费公路收费站的批复》(晋政函〔2015〕119号)文件规定,设和顺、和顺东收费站。

(1)和顺收费站地处和顺县松烟镇小拐村,位于G2516东营—吕梁高速公路K68+853处,占地面积14686m²,建筑面积4289.55m²,采取与河北省界收费站代发卡形式,共设13条车道,其中ETC车道2条。

(2)和顺东收费站地处和顺县松烟镇乔庄村,位于G2516东营—吕梁高速公路K67+000处,占地面积29755m²,建筑面积1484.72m²,车道3进5出,其中ETC车道1进1出。

2015年,年通行3898辆,日平均1949辆(12月30日通车运营);2016年,年通行2228932辆,日平均6106.7辆。

2. 服务区设置

和顺服务区地处左权县骆驼村与和顺县乔庄村交界处,位于G2516东营—吕梁高速公路K67+426处,总占地面积40000m²,建筑面积5599.89m²(不包括加油站雨棚及消防水池泵房面积)。容积率0.14,建筑密度10.66%,绿化率58.84%。分为南、北两个区,其建筑结构基本对称,分别配备有综合服务楼、汽修间、加油站、消防水池及泵房。其中南区配备有二层宿舍楼1座。建筑面积分别为:南区综合服务楼2228.56m²、汽修间215.16m²、加油站153.80m²(加油站雨棚面积697.40m²未计入)、宿舍楼478.00m²。综合服务楼2155.41m²、汽修间215.16m²、北区加油站153.80m²(加油站雨棚面积697.40m²未计入)。停车场南区可停放小车29辆、大客车9辆、大货车48辆,北区可停放小车38辆、大客车10辆、大货车36辆。共计可停放车辆170辆。加油站共设加油机12台(南、北区各6台),加油枪24把,油类品种齐全。公共厕所共有蹲位68个、坐便器6个、落地式小便器60个。可为过往顾客提供如厕、加油、餐饮、购物、临时住宿、汽车修理等服务。

3. 养护管理

公司下设隧道养护中心、云山隧道管理站、云山隧道救援站、天河山隧道管理站,负责运营养护管理工作,养护里程共计46.233km(含东纵主线、匝道、避险车道)。公司各养护单位结合运营实际,牢固树立以人为本、安全发展理念,坚持"预防为主、防治结合、确保畅通"的方针,在日常养护中严格执行《养护技术规范》,开展预防性养护和重点养护、季节性养护工作,加强对路容路貌整治。以精细化管理为重点,对全线缺陷工程进行修复完善。牢固树立"安全第一"思想和时时抓安全、人人抓安全意识,坚持"安全养护、预防为主"原则,积极开展安全教育培训学习和安全生产专项行动,加强应急管理,顺利完成除雪防滑、设施抢修、防汛抗灾等专项工程,不断提升养护管理水平。

第十七节　G3511 菏泽—宝鸡高速公路

一、闻垣段（闻喜—垣曲）（建设期：2008 年 8 月～2010 年 12 月）

（一）项目概况

1. 基本情况

项目是山西省高速公路网"三纵十一横十一环"主骨架南横的重要组成部分，与闻合高速公路组成山西高速公路网第十一横。起于闻喜县东镇东姚村，途经闻喜、绛县、垣曲 3 县，终于垣曲县蒲掌乡王古垛村（省界），与河南济（源）邵（源）高速公路相连。全线动用土石方 2352 万 m^3，其中弃方总量 950 万 m^3。双向四车道，其中垣曲蒲掌—绛县冷口段，长 17.719cm，设计速度 80km/h，路基宽 24.5m；绛县冷口—闻喜东镇段，长 66.185cm，设计速度 100km/h，路基宽 26m。全线桥涵设计汽车荷载等级公路—Ⅰ级。大中桥、涵洞设计洪水频率为 1/100，特大桥为 1/300；地震基本烈度按Ⅶ度设防。有 4 座隧道、3 座特大型桥梁，全长 83.904km，投资概算 50.6002 亿元。2008 年 8 月 10 日，项目在全省 15 条拟开工高速公路建设项目中率先开工建设，2010 年 12 月建成通车运营。

2. 前期决策

"舜耕历山，后稷稼穑。"创造农耕文明和孝德文化的帝舜故里—垣曲，由于 S335 省道等级较低，路面较差，难以保证正常通行，严重制约沿线经济发展，阻碍山西及西北与中原及东南沿海的经贸往来。特别是随着"黄河金三角"经济发展以及全国东部能源、电力日趋紧张，晋煤外运量急剧增大，连接山西、河南两省的 S335 省道无法满足经济社会发展需要。

为开辟晋煤过境外运、挺近中原、走向沿海的快速通道，促进山西及西北省市与中原及东南沿海的经济文化交流，运城市人民政府通过与济源市人民政府沟通协调，提出修建东（镇）蒲（掌）高速公路设想。可使大运、运三、运风、侯禹、闻合以及运城环城高速公路构成运城市高速公路主骨架，加快运城市高等级公路网形成，补充完善山西省高速公路网，完善区域交通网络，缓解连霍高速公路压力，加快黄河金三角地区经济发展，促进运城与中原及东南沿海地区经济文化交流，具有十分重要的意义。

运城高速公路公司积极响应市委、市政府号召，大力推进"两路两桥"建设（运城绕城高速公路西南段、闻喜—垣曲高速公路和三门峡、风陵渡黄河高速公路大桥）。2008 年 1 月，建管处成立后，按照统筹兼顾、提前介入思路，交叉作业，平行推进，快速推进项目前期工作。

3. 参建单位

(1) 建设单位。2008年1月23日,省交通厅党组批准成立闻垣高速公路建设管理处,内设综合办公室、财务管理部、工程管理部、技术管理部、质监管理部、安全管理部和协调管理部。

(2) 设计单位。勘察设计由5个单位承担,其中路基、路面、绿化工程设计3个,交通、机电及房建工程设计2个。

(3) 施工单位。共有24个单位参加建设,其中路基工程15个,路面及交通设施工程1个,房建、绿化工程各3个,机电工程2个。

(4) 监理单位。共有7个单位实施监理,其中路基、路面、交通工程监理3个,路基、机电工程监理1个,机电、房建工程监理各1个,施工监控工程监理1个。

(二) 建设情况

1. 项目准备

(1) 立项审批(表8-50)。2005年5月25日,省发改委晋发改交通发〔2005〕444号文印发《关于垣曲蒲掌—闻喜东镇高速公路项目建议书的批复》;2007年8月21日,省交通厅晋交公字〔2007〕350号文印发《关于闻喜—济源高速公路闻喜东镇—垣曲蒲掌段初步设计的批复》;2015年2月15日,省交通运输厅晋交建管发〔2015〕72号文印发《关于闻喜东镇—垣曲蒲掌高速公路初步设计概算调整的批复》,概算核定50.6002亿元。

项目审批一览表　　　　　　　　　　表8-50

序号	项目	批复时间	批复部门	文件名称	文件号
1	项目法人	2008.1.23	山西省交通厅	《关于成立闻垣高速公路建设管理处的通知》	晋交人字〔2008〕41号
2	项目建议书	2005.5.25	山西省发展和改革委员会	《关于垣曲蒲掌—闻喜东镇高速公路项目建议书的批复》	晋发改交通发〔2005〕444号
3	可行性研究报告	2005.11.8	山西省发展和改革委员会	《关于垣曲蒲掌—闻喜东镇高速公路可行性研究报告的批复》	晋发改交通发〔2005〕1009号
		2011.12.8	山西省发展和改革委员会	《关于闻喜东镇—垣曲蒲掌高速公路工程可行性研究补充报告的批复》	晋发改交通发〔2011〕2440号
4	环境影响报告	2007.1.23	山西省环境保护局	《关于〈闻喜—济源高速公路闻喜东镇—垣曲蒲掌段环境影响报告书〉的批复》	晋环函〔2007〕18号
5	水土保持方案	2007.6.1	山西省水利厅	《关于闻喜东镇—垣曲蒲掌高速公路工程水土保持方案的批复》	晋水保〔2007〕303号

第八章 建设项目

续上表

序号	项目	批复时间	批复部门	文件名称	文 件 号
6	初步设计	2007.8.21	山西省交通厅	《关于闻喜—济源高速公路闻喜东镇—垣曲蒲掌段初步设计的批复》	晋交公字〔2007〕350号
		2015.2.15	山西省交通运输厅	《关于闻喜东镇—垣曲蒲掌高速公路初步设计概算调整的批复》	晋交建管发〔2015〕72号
7	施工图设计	2008.3.13	山西省交通运输厅	《关于闻喜—济源高速公路闻喜东镇—垣曲蒲掌段施工图设计的批复》	晋交公字〔2008〕96号
		2014.8.21	山西省交通运输厅	《关于闻喜东镇—垣曲蒲掌高速公路工程施工图补充设计的批复》	晋交建管发〔2014〕357号
8	用地	2006.1.27	山西省国土资源厅	《关于垣曲蒲掌—闻喜东镇高速公路项目用地预审的批复》	晋国土资函〔2006〕49号
		2009.12.20	国土资源部	《关于垣曲蒲掌—闻喜东镇高速公路工程建设用地的批复》	国土资函〔2009〕1378号
9	施工许可	2010.1.1	山西省交通运输厅	施工许可	

(2)资金筹措。批复概算43.9304亿元,施工图补充设计批复后总概算核定48.1573亿元,初步设计概算调整后总概算最终核定50.6002亿元。按照晋交规划发〔2015〕265号文《关于下达2015年交通运输固定资产投资计划的通知》,项目资金来源为公路基金1.692亿元,通行费0.308亿元,省交通厅筹措12.2379亿元,垣曲县筹措0.1623亿元,农行贷款10亿元,交行贷款26.2亿元。

(3)招投标。2005年,设计委托山西路华通工程咨询有限公司在2005年组织招标。根据实际需要,分批组织施工监理和监控、工程施工招标,代理公司为运城市精诚工程招标代理有限公司。监理和监控、路基桥梁隧道、房建和绿化工程于2008年1月组织招标;路面、交通安全、机电工程于2009年10月组织招标。在招标过程中,建管处和代理公司严格依据《中华人民共和国招投标法》《工程建设项目施工招标投标办法》《公路工程施工招标投标管理办法》《评标委员会和评标办法暂行规定》《公路工程施工招标评标委会员评标工作细则》和《招标文件》等,发布招标公告,公平、公正、科学组织资格审查和评标工作,公示期间未接到任何举报电话,相关文件均向省交通厅备案。省交通厅、省重点办、省人大财经委、省发改委、省人民检察院、省监察厅、省审计厅全程监督。

(4)合同段划分。根据项目特点,路基、桥涵、隧道工程分15个标段,路面交通工程实行总承包;房建工程分3个标段;绿化工程分3个标段;机电工程分2个标段;施工监理分6个标段;施工监控分1个标段。

(5)征地拆迁。项目建设涉及3县11乡镇25个行政村,从2008年6月~2010年12月,征用土地8033.55亩,拆迁房屋2348.03m²。其中一期工程2008年6月~9月,征用土地4511.44亩,拆迁房屋2303.79m²;二期工程2008年6月~2010年12月,征用土地3522.11亩,拆迁房屋44.24m²。

2. 项目实施

(1)质量管理。建管处确立"万年大计、质量第一"的理念,全方位抓好监管工作。一是加强源头控制,确保材料最优。借助工程管理协会平台,通过公开采购,全线钢材、水泥均选用规模大、信誉高、质量好的品牌,确保主材质量。加大原材料抽检数量和频率,对不合格原材料坚决清退出场。利用第三方独立检测,开展原材料质量验证,委托省交科院对全线混凝土外加剂、支座、锚具、钢绞线和防水板进行取样并编号抽检。委托北京中交工程检测技术有限公司对全线交通安全设施成品及半成品进行第三方检测。二是开展技术创新,优化施工工艺。为解决墩柱、梁板养生不到位的难点,在全线推广预制梁板分散排水养生和墩柱整体式养生工艺;为解决混凝土工程保护层垫块使用不规范、质量控制不到位的问题,在全线推广使用高强度预制混凝土垫块替代塑料垫块;规范桥梁矩形墩身竖向主钢筋连接施工工艺,统一使用高强度剥肋滚扎直螺纹钢筋连接技术。对河槽内路基边坡采用"格宾挡墙"防护形式;在全线防震挡块处和非连续端梁板之间增设橡胶垫块,确保桥梁施工质量和运营安全。三是发挥专家作用,消除质量通病。聘请省内公路工程方面专家,定期对质量、控制难点和要点"把脉诊断",指导文件30余份,四是选样板树典型,提高整体质量。有针对性地开展路基95、96区精细化施工,承台施工、台背回填、填挖结合处台阶开挖,预制T形梁施工,梁板、墩柱和盖梁养生工艺,举办试验室管理等各类现场观摩经验交流会7次。开展"质量回头看"活动,对工程质量、内业资料和试验室管理情况定期展开全面系统排查。此外,还采取实行质量旬报,掌握质量动态;加强试验室建设,规范试验检测;实行动态监管,确保全程受控;总结养护经验,追求质量完美等措施确保质量过硬。项目交工验收时,质量评分98.14分。2015年3月,省交通质监局对项目进行竣工检测,质量鉴定得分93.8,质量等级为"优良"。

(2)安全管理。建管处坚持"安全为天"管理理念,开工前,与各施工单位、监理单位签订安全责任书。项目建设期间未发生任何安全责任事故。一是完善安全机制。成立安全生产管理机构,全线形成主要领导亲自抓、班子成员分工抓、职能部门具体抓、施工单位现场抓、全员积极参与的格局。二是健全安全制度。编制《安全生产作业指导书》《重大危险源普查监控手册》,修订《安全生产日常管理奖惩办法》《中条山特长隧道监控中心管理办法》等,补充完善《安全生产专项资金计量支付办法》,发挥杠杆撬动作用。三是强化安全预控。严格执行准入、重大设计方案安全风险评估制度;工程机械均作标识、标定及安全认证,特殊工种全部执证上岗。采用 LEC 法完成危险源辨识工作,重大危险源做好现场标识,重点监控,责任到人。通过首件产品(或试验段)认证,完善优化安全方案和措施。加强对施工用电、特种机械设备、民用爆炸物品等重大危险源控制管理,及时消除事故隐患。四是深化动态监管。落实安全监理月例会制度,实行安全生产日报告制度;实行重大危险源挂牌督办制度,对隧道重大危险源分级管理,强化监管,挂牌核销;联系当地公安、交警、安监等部门组成联合工作组,实施交叉路段交通安全管制。建立安全费用和安全设施使用台账,确保专款专用;投资 100 余万元建立隧道施工视频监控中心,运用高科技手段对隧道施工 14 项内容 24 小时监控,遇到紧急情况,及时有效地采取应急措施。五是坚持隐患排查。强化对隧道施工、脚手架搭设、塔吊安装、龙门吊安装、高墩柱施工、交叉路段等高危施工场所检查。从源头上防范和杜绝安全生产事故发生,建设期间共排查、治理安全隐患 543 处。六是提升监管能力。邀请专家授课完善各类应急预案,定期组织开展塌方、防汛、涌水、消防、岩爆等突发事件应急演练,先后组织交通事故、消防、物体打击、防汛预案演练等 29 次。七是提高安全意识。积极开展安全知识进工棚活动,累计入场培训 3562 人次,对农民工安全培训 4253 人次,累计印发宣传手册 1.5 万份,印发宣传单 20 余万份。

(3)进度管理。建管处采用关死后门、倒排工期办法,在确保质量和安全前提下,加快建设进度。一是以施工组织设计大纲为统领,科学制定工程计划,与项目经理签订进度目标责任书。二是协调解决制约进度问题,确保计划落实。三是抓关键工程进度,实行日报制。隧道掘进、梁板预制、梁板架设及空心墩墩柱等实行日报制,为进度管理提供充分依据。四是成立督察组,上下联动,及时进行检查通报,确保计划任务落实到位。五是绘制形象进度示意图,有效实施管理。六是开展考核评比活动,奖优罚劣,加快工程进度。对总体进度较快的标段,设立进度超前奖,发挥带头示范作用。对不能完成进度的标段,采取以天为单位处以违约金、约谈法人直至分割工程等处罚手段,督促积极采取措施,确保按计划完成;对进度严重滞后标段,采取向法人单位发函、约谈企业法人、到工地现场办公等形式,从根源上解决进度滞后问题。

(4)党建工作。建管处党委牢牢把握"围绕工程抓党建,抓好党建促工程"这一主线,以"支部建在项目上,作用发挥到现场"为基础,从抓党的基层组织全覆盖入手,创新党建活动方式,以开展"闻垣先锋"活动为载体,充分发挥处党委政治核心作用,监理片区、项目部党支部战斗堡垒作用,以及党员先锋模范作用。一是支部建在项目上。坚持把"支部建在项目上"作为加强闻垣党组织建设的重点,做到"施工项目延伸到哪里,党组织就建到哪里"。二是选优配强支部班子。按照"双向进入、交叉任职"原则,选优配强项目党支部书记和班子成员,对任期届满的支部及时改选、调整和充实,确保无一空白点。三是注重党建制度建设。以构建党建工作长效机制为重点,先后制订《党支部工作制度》《"三会一课"制度》《党员管理制度》《先锋建设制度》《青年突击队制度》《党内监督制度》等多项制度。四是创新党组织活动方式。着重进行政策、党性、法规和职业道德教育,减少"听报告、读报纸、学文件、大讨论"的单一教育形式,探讨一些行之有效的教育形式,如组织业主、监理、施工单位主要管理人员参观、考察和培训等。五是重视发展优秀员工入党。2008年以来,先后有90余名优秀员工递交《入党申请书》,发展新党员46名。六是发挥先锋模范作用。党委将"闻垣建设先锋"分为"先锋片区""先锋党支部""先锋党小组""先锋岗"和"先锋党员"五大类,对每一类先锋都制订工作方向、工作内容和考核细则等。各党支部充分发挥青年突进队作用,形成党员带团员、团员带青年的良好格局。

(三)复杂技术工程

(1)中条山隧道(图8-70)闻喜端位于绛县冷口乡,济源端位于闻喜县马窑头乡,属特长隧道。左右洞线性为大半径S形曲线,两弯头分别为半径3000m、5000m的圆曲线,隧道两端及弯头之间采用直线连接。左右洞净距为20~29m,其余地段洞身净距为30~46m,为分离式标准段。左线全长3310m,其中洞身Ⅲ级围岩1988m,Ⅳ级围岩1117m,Ⅴ级围岩205m;隧道右线全长3175m,其中Ⅲ级围岩1913m,Ⅳ级围岩1147m,Ⅴ级围岩115m。

图8-70 中条山特长隧道

中条山隧道严格按照新奥法组织施工。闻喜端右洞采用削竹式洞门,洞口混凝土施工完成后,其斜切面采用白色水泥乳胶漆饰面。洞顶回填在洞口段衬砌达到设计强度并施作防水层后进行,两侧对称回填土石方至设计坡度。坡面上按设计要求夯填30cm厚黏土,铺设六棱空心砖培土植草。闻喜端左洞、济源端左右洞都采用端墙式洞门。洞门墙采用脚手架支撑竹胶模,根据洞门造型(台阶形式、圆弧形式)一次立模到顶,混凝土一次性浇筑,确保洞门的整体性。洞门墙外墙面采用瓷砖和石板镶面进行饰面美化。洞顶回填在洞口段衬砌达到设计强度并施作防水层后进行,两侧对称回填。顶面按设计要求夯填50cm厚黏土,植草,设置排水沟。

(2)允河特大桥(图8-71)全长2166m,上部结构采用54×40m先简支后连续预应力混凝土T形梁,下部结构采用钢筋混凝土矩形墩和空心薄壁墩,柱式台和肋式台、钻孔灌注桩基础。直径1.5m钻孔灌注桩基础,全桥平面位于直圆平曲线上,$R=3500m$(右)。附属为防撞墙,桥面铺装采用10cm C50钢纤维防水混凝土加10cm沥青混凝土,在防水混凝土和沥青之间设CT01-Ⅱ型桥面防水涂料层。

图8-71 允河特大桥

(3)寨子2号特大桥左、右线为37×30m预应力混凝土连续箱梁桥,桥长1116m,下部结构为柱式墩、墩台采用桩基。该桥第1~6跨位于整体式路基范围,此后位于分离式路基范围内。在寨子2号特大桥左幅第14~16跨盖梁两侧的地面上铺设钢轨,此三跨30m预制箱梁采用运梁炮车运至第15跨左侧处,用150t跨墩提梁门吊直接安装就位后,在第14~16跨上拼装架桥机并铺设轨道,其余各跨箱梁采用运梁平车运至架桥机下,用架桥机安装就位。

(四)科技创新

闻垣高速公路是典型的山区公路,重峦叠嶂,沟壑纵横,桥连隧、隧连桥、桥隧相连,高路基、高边坡、高挡墙、高墩桥梁,地质情况异常复杂,建管处不断提升科技创新应用能力,圆满完成这一条"山区栈道"建设任务。一是加筋格宾挡墙。这是全省高速公路施工中第一次采用柔性防护工程,被施工单位所在中交建设公司及中建协评为"优秀QC成果一等奖"。二是直螺纹套筒工艺。属国内外首创技术发明,是一种高效、便捷、快速的施工方法,在一定程度上确保工程质量和安全。三是钢箱梁施工技术。东镇北互通枢纽上跨侯运高速公路时,采用钢箱梁设计方案及施工技术。四是LED节能照明。大范围使用,并采用技术成熟稳定的脉宽调制控制技术,达到节能减排目的。五是地源热泵采暖制冷系统。此外,建管处还拥有隧道洞口的桩式复合管棚套拱结构、门式复合管棚套拱结构、隧道加固用承载结构等多项发明专利。

重大科研课题:一是高速公路土建工程试验、检测(质检)资料管理标准化研究定。2009年2月开始,2012年12月31日发布为山西省地方标准《公路土建工程施工质量保证资料编制规范》。2013年8月,获得省科学技术厅《科学成果评审证书》。二是偏压隧道设计和施工方法研究。2006年开始,2012年6月通过省科学技术厅成果鉴定,获省科学技术二等奖。课题对项目单洞、小净距偏压隧道设计和施工提供科学依据,具有重要应用价值。

（五）运营养护管理

1. 收费站设置

2010年9月10日,根据省政府《关于同意〈闻喜—垣曲高速公路收取车辆通行费暂行办法〉的批复》(晋政函〔2010〕9号)文件规定,沿线共设绛县西、垣曲西、英言、华峰、蒲掌5个收费站。

（1）绛县西收费站地处运城市绛县横水镇东外村,位于G3511闻垣段K70+952处,占地面积10亩,建筑面积1074.68m²(不含收费棚),车道3进5出;2013年,1进1出2条MTC车道改造为ETC车道。

（2）垣曲西收费站地处运城市垣曲县新城镇西凤山村,位于G3511闻垣段K43+113处,占地面积148亩,建筑面积10024.16m²,收费广场面积5781m²(不含收费棚),车道3进6出;2013年4月29日,1进1出2条MTC车道改造为ETC车道。

（3）英言收费站地处运城市垣曲县英言乡英言村,位于G3511闻垣段K10+205处,占地面积10亩,建筑面积222.4m²,收费广场面积3387m²,车道3进5出;2016年,1进1出2条MTC车道改造为ETC车道。

（4）华峰收费站地处运城市垣曲县华峰乡陈堡村,位于G3511闻垣段K20+509处,建筑面积222.4m²,收费广场面积3432m²,车道3进5出;2016年,1进1出2条MTC车道改造为ETC车道。

（5）蒲掌收费站(主线,图8-72)地处垣曲县蒲掌乡高崖村,位于G3511闻垣段K5+788处,占地面积10亩,建筑面积1205.64m²,收费站广场面积15000m²,车道8进13出;2015年,2进2出4条MTC车道改造为ETC车道。

图8-72 蒲掌收费站

交通流量状况见表8-51。

交通流量状况表 表8-51

年　份	年通行量（辆）	日平均量（辆）
2010年	48368	2102.96
2011年	1284856	3520.15
2012年	1766384	4839.41
2013年	2287194	6266.28
2014年	2349856	6437.96
2015年	2557904	7007.96
2016年	21888792	7199.97

2. 服务区设置

全线设垣曲服务区和绛县停车区，2011年12月4日建成并投入运营。

（1）垣曲服务区地处皋落乡岭回村，位于G3511闻垣段K37处，占地面积13.3万m^2，分南、北两个区，分别占地6.6万m^2，建筑面积5096.95m^2，配备综合楼，建筑面积2652.4m^2，绿化面积2600m^2，员工63人，主要经营餐饮、超市、住宿、加油、汽修等服务项目。现有用餐区域2处，可同时容纳200人用餐（北区120人、南区80人）；超市2处，经营300余种产品；客房1处，同时容纳12人住宿；停车场可停放车辆146辆，其中大车48辆，中小型车98辆，加油站总面积为302.2m^2（南、北区面积均为151.1m^2），油罐容量264m^3（共12个加油机，各设6台，12个容量22m^3），油品种类齐全；公厕2处，每处37厕位，14个小便池。另外还设有机修车间、附属用房及预留用地等，为过往顾客提供加油、餐饮、购物、住宿、汽车修理等服务。2015年被评为达标服务区。

（2）绛县服务区地处衡水镇冷口村，位于G3511闻垣段K70处，占地面积129300m^2，综合楼、附楼、加油站、机修等主要设施建筑面积2226.28m^2，绿化面积94634.06m^2。经营方面有餐饮、超市、汽修及公厕等公益服务项目，员工33人，主要经营餐饮、超市、加油（未投入使用）、汽修等服务项目。餐厅可供100人同时就餐；超市经营280余种产品，超市产品实行同城同价；停车场可停放车辆141辆，其中大型车48辆，中小型车93辆；公厕有50厕位，14个小便池。2015年被评为达标服务区。

3. 运营养护管理

建管处成立养护中心，负责运营管理工作。努力践行全寿命周期成本理念，坚持预防性养护由被动矫正向主动预防和持续完善不断转变；持续加强专业化基础建设，不断提高运营管理及养护生产设备装备水平，着力提升专业维护和应对恶劣天气及突发事件的安全应急保畅能力；特别建立桥梁和隧道第三方专业检测评价、超限超载技术验算工作机制，提高养护和治超技术与安全保障。桥隧预防性养护、路面预防性养护和防护、排水等设施的路基预防性养护均积累较为成熟的实用技术,路况质量得到省厅竣工验收委员会高度评价。

二、闻吉段(闻喜—孙吉)(建设期:2009年9月~2012年1月)

(一)项目概况

1. 基本情况

项目是国家高速公路网G3511菏泽—宝鸡途经山西的一段,也是山西省高速公路规划网"三纵十二横十二环"的重要组成部分,是全省西南部西通陕西渭南、东至河南济源的主要运输通道。项目东起闻喜县东镇接大运高速公路和闻垣高速公路,向西经闻喜、稷山、万荣三县,终点位于万荣县范家庄村。全长75.981km,双向四车道,设计速度100km/h,路基宽26m,桥涵设计汽车荷载等级采用公路—Ⅰ级。沿线湿陷性黄土不良地质情况较为严重,共64.3km,占总里程84.6%,连接线全长57.073km,其中,闻喜连接线19.369km、稷山连接线21.122km、万荣连接线16.582km。闻喜连接线和稷山连接线采用二级公路标准,设计速度60km/h,路基宽10m;万荣连接线采用三级公路标准,设计速度40km/h,路基宽10m。2009年4月27日立项,2009年9月9日开工建设,2012年1月9日通车运营。

2. 前期决策

运城西部腹地(闻喜县西部、万荣县、临猗县)无二级以上横向公路,沿线居民出行、货物运输均需绕行数十公里,路网可达性较差,项目可使运城西部、中部区域联通陕甘宁、豫鄂皖,为黄河金三角区域经贸往来提供一条公路运输通道,对当地经济和社会发展具有极大推动作用。

3. 参建单位

(1)建设单位。2004年7月,根据省交通运输厅党组关于片区高速公路管理机构整合的精神,将原侯(马)运(城)、运(城)三(门峡)、运(城)风(陵渡)管理机构,整合为运城高速公路有限责任公司。同时,省厅积极响应运城市委、市政府号召,大力推进"两路两桥"建设(运城绕城高速公路西南段、闻喜—垣曲高速公路和三门峡、风陵渡高速公路黄河大桥)。2009年1月,闻合建管处正式成立,按照统筹兼顾、提前介入的思路,快速推进项目前期工作。

(2)设计单位。共有4个单位承担勘察设计任务。

(3)施工单位。共有22个单位参加建设,其中路基桥涵工程8个,路面工程4个,交通安全工程2个,绿化工程4个,房建工程3个,机电工程1个。

(4)监理单位。其有4个单位实施监理,其中房建工程监理1个,机电工程监理1个,路基、路面、桥涵及绿化、交通安全工程监理2个。

(二)建设情况

1. 项目准备

(1)立项审批。2009年4月27日,省发改委晋发改交通发〔2009〕656号文批复可行性研究报告;2012年4月27日,省发改委晋发改交通发〔2012〕511号文批复连接线可行性研究报告;2009年8月4日,省交通运输厅晋交公字〔2009〕447号文批复初步设计;2012年7月10日,省交通运输厅晋交建管〔2012〕385号文批复连接线初步设计方案;2010年4月12日,省交通运输厅晋交建管〔2010〕138号文批复施工图设计方案;2012年12月27日,省交通运输厅晋交建管〔2012〕744号文批复连接线施工图设计方案;2010年1月15日,省国土资源厅晋国土资函〔2010〕29号文批复用地预审;2011年8月10日,国土资源部国土资函〔2011〕532号文批复用地申请;2009年7月1日,省水利厅晋水保〔2009〕492号文批复水土保持方案;7月21日,省环境保护厅晋环函〔2009〕187号文批复环境影响评估报告;8月24日,省国土资源厅晋国土资环(灾)备〔2009〕088号文批复地质灾害评估报告;9月,省国土资源厅晋国土资储备字〔2009〕105号文批复矿产资源储量评审材料;2010年2月1日,省文物局晋文物函〔2010〕54号文件,确认完成占地范围文物保护勘察工作;3月5日,省林业厅晋林地审字〔2010〕16号文批复林地占用申请;2011年10月20日,省交通质监局晋交质字〔2011〕98号文件,通过交工验收;12月29日,省人民政府晋政函〔2011〕165号文件,批复设站收费申请;2012年1月5日,省交通运输厅、省财政厅、省物价局联合下发晋交财〔2012〕16号文件,批复设站收费的位置、标准、年限等。

(2)资金筹措。累计下达投资计划367066万元,其中:省交通运输厅自筹110120万元,银行贷款256946万元。

(3)招投标。设计招标代理工作由山西路华通工程咨询有限公司承担,采取资格后审方式。2009年4月28日,在山西招投标网上发布设计招标公告,共有12个单位报名。经过评标,5月30日向4个中标单位发出中标通知书。施工及监理招标代理工作由运城市精诚工程招标代理有限公司承担,采用资格预审方式。5月26日,路基、桥涵、路面、隔离栅、收费站、服务区等工程的施工及监理招标公告在山西招投标网、中国采购与招标网上同时发布。经评标委员会评审,8月9日发出中标通知书,确定12个路基主体单位、3个房建单位、3个监理单位中标。12月16日,绿化、标志标线、机电及机电监理招标公告在山西招投标网、中国采购与招标网上同时发布。经评标委员会评审,2010年4月7日发出中标通知书,确定4个绿化单位、2个标志标线单位、1个机电施工单位、1个机电监理单位中标。

（4）合同段划分。根据项目特点，路基工程分12个标段，路面工程分4个标段，房建工程分3个标段，绿化工程分4个标段，交通安全工程分2个标段，机电工程分1个标段，路基路面监理分2个标段，房建工程、机电工程监理均为1个标段。

（5）征地拆迁。项目自东向西跨越3县14个乡镇60个行政村，2009年9月～2012年1月，共征用土地6271.75亩，拆迁房屋9680.12m²，支付补偿费用15185.15万元。

2. 项目实施

（1）质量管理。建管处高度重视质量管理。一是完善质量控制，实现过程监督。编制《工程建设质量安全管理实施规范》，完善"1347"质量管理体系。"1"是编制《分项工程施工过程质量控制计划书》；"3"是把好材料、工艺、成品三道关；"4"是建立"政府监督、法人管理、社会监理、企业自查"的四级质量管理体系；"7"是贯彻落实首件产品认证制、重点难点工程施工方案评审制、设计深化制、工程质量自检制、试验检测盲检制、质量巡检制、实行质量旬报制。二是加强施工方案评审，确保科学可行。三是强化监督检查，规范质量行为。坚持"小业主、大监理"的管理模式，实行垂直管理、对口管控、扁平检查、独立检测方法，制定《工程施工监理工作考核办法》《工程建设质量控制管理办法》《工程材料管理办法》。结合实际，严抓监理考核，共组织8次，约谈监理单位法人及公司领导进驻工地4次，调整监理人员22名。成立质量巡检组，每周对全线各总监办、各标段进行一次巡查，对台背、高填方、高墩台等重点、难点及隐蔽工程特别关注，先后开展涵洞构造物、梁板强度、台背回填、桥梁支座等专项检查，从过程中对质量隐患加强防范。随时下发《业主工作通知单》，限时要求完成整改，按程序回复。同时，对施工单位工艺控制和监理单位监理行为全方位监督，做到管理程序闭合。还聘请长安大学作为第三方检测机构，定期对全线实体工程检测，对质量管理无缝隙、全过程控制。2010年12月，荣获"全国加快交通基础设施建设重点工程劳动竞赛优质工程奖"荣誉称号。

（2）安全管理。建管处提出"安全促质量、促进度、促生产"三位一体建设理念，坚持抓生产必须抓安全思路，形成齐抓共管格局。一是全面加强安全生产教育工作，明确责任，增强意识。通过开展"安全生产法人承诺制活动"，层层签订《安全生产目标责任书》和《法定代表人安全生产承诺书》，明确主体责任。各施工单位严格对照《安全生产强制标准》培训，逐项检查落实。市安监局对全线1451名特种作业人员进行在岗教育，重新换发职业资格证，实现持证上岗。沿线各施工单位采取标语、版面、画册等各种形式进行宣传，着力打造安全生产氛围。二是加强隐患排查与治理。率先开展"平安文明工地"创建活动，深入开展安全隐患排查、应急演练工作。建立完善隐患排查和挂牌销号制度，重点做好40m以上高墩柱、30m以上大跨桥梁、8m以上高填深挖方安全隐患排查，做好施工区域封闭和安全通道设置。严格执行《山西省高速公路安全生产强制性标准》，高处作业全部设置高空作业平台护栏，对40m以上高墩施工实施人货分离，安装人货电梯28部。

同时,建立应急预案体系,完善防火、防汛、防地质灾害等应急预案,先后举行应急预案演练 10 余次,确保生产建设过程安全。三是强化目标督查,用经济手段撬动安全杠杆。严格计量支付程序,对安全生产投入不足的单位不予计量,用经济手段促进安全生产,累计支付专项经费 1709 万元,参建单位抓安全的自觉性和主动性不断增强。形成全员、全方位、全过程、全天候抓安全格局,为项目建设提供强有力安全保障,整个建设过程未发生安全生产责任事故。建管处荣获省交通运输厅 2010 年度"平安文明工地创建活动"先进单位荣誉称号。

（三）复杂技术工程

石佛沟特大桥(图 8-73)位于运城市稷山县境内,为跨越石佛沟而设,桥面净宽 23m,长度 1208.4m。上部结构采用 24 孔 50m 先简支后连续预应力混凝土 T 形梁,下部结构桥墩采用矩形墩和薄壁空心墩,桥台采用柱式台和肋板台,基础采用钻孔灌注桩基础。

图 8-73　石佛沟特大桥

（四）运营养护管理

1. 收费站设置

沿线设北垣、阳隅、太阳、万荣东、王显 5 个收费站和万荣服务区、徐家庄强制停车区。

(1)北垣收费站地处闻喜县北垣乡,位于 G3511 菏泽—宝鸡高速公路 K95+592 处,占地面积 10 亩,建筑面积 1434.72m^2,车道 3 进 5 出。

(2)阳隅收费站地处闻喜县阳隅乡,位于 G3511 菏泽—宝鸡高速公路 K104+392 处,占地面积 10 亩,建筑面积 1434.72m^2,车道 3 进 5 出。

(3)太阳收费站地处稷山县太阳乡,位于 G3511 菏泽—宝鸡高速公路 K113+648 处,占地面积10亩，建筑面积1434.72m²，车道3进5出。

（4）万荣东收费站（图8-74）地处万荣县薛店镇，位于G3511菏泽—宝鸡高速公路K128+061处，占地面积60.3亩（40200m²），建筑面积4714.68m²（包括养护工区用房），车道3进5出。

图8-74 万荣东收费站

（5）王显收费站地处万荣县王显乡，位于G3511菏泽—宝鸡高速公路K158+815处，占地面积10亩，建筑面积1434.72m²，车道3进5出。

交通流量状况见表8-52。

交通流量状况表　　　　　　　　　　表8-52

年　份	年通行量（辆）	日平均量（辆）
2012年	576509（1月9日通车运营）	1614.87
2013年	828068	2268.68
2014年	916322	2510.47
2015年	516366	1414.7
2016年	633859	1736.6

2. 服务区设置

（1）万荣服务区地处万荣县薛店镇涧薛村，位于G3511菏泽—宝鸡高速公路K131+805处，分为A、B两区，建筑面积5237.89m²，其中A区建筑面积3504.06m²，建筑物为综合楼（内设餐厅、超市、客房、卫生间）、附楼、加油站房、机修车库；B区建筑面积1733.83m²，建筑物为综合楼（内设餐厅、超市、卫生间）、加油站房、机修车库；综合楼采用框架结构，独立基础，附楼、加油站、厕所采用砖混结构，条形基础；A区综合楼建筑面积2625.5m²，附楼318m²，机修库410.06m²，B区综合楼建筑面积1378.3m²，机修库205.03m²，加油站150.5m²。

（2）徐家庄停车区地处万荣县西村乡徐家庄村，位于G3511菏泽—宝鸡高速公路K117+025处，分为A、B两区，建筑面积240.08m²，A、B区各设1栋综合楼，建筑面积120.04m²，采用砖混结构，条形基础。

第八章 建设项目

第十八节　G5512 晋城—新乡高速公路山西段

晋焦段(晋城—焦作)(建设期:1997年10月~2000年7月)。

(一)项目概况

1. 基本情况

项目是山西省"九五"期间公路建设重点项目,是山西通往中原大地的南大门。项目建成后,进一步完善"大字形"公路主骨架,使晋城—郑州公路里程缩短60km,较铁路近80km。对于加强山西省同中南地区及沿海发达地区经济交往,改善投资环境,尤其是增强长治、晋城两市区位优势起到举足轻重作用,具有显著经济和社会效益。项目连接晋豫两省,是山西东南地区建设最早的出省高速公路。山西段起点位于晋城市区东北东上庄村,与凤台街相接,以互通形式与G207国道相交,在西蜀村以互通式立交桥与长晋高速公路相交,途经泽州县金村镇、柳口乡,在韩家寨村进入河南省焦作市,与焦作—新乡高速公路相接。路线全长48km,山西境内路线长32.052km,总投资14.4亿元。1997年10月29日开工建设,2000年7月完工,2002年7月19日通过省交通厅交工验收,12月22日开通运营。

沿线山大沟深,地形地貌构造复杂,工程十分艰巨,为国内外高等级公路建设罕见。共有大桥10座、中桥1座、小桥11座、天桥5座、隧道11处,单洞长20502m,互通式立交2处。全线最大纵坡4.98%,最小平曲线半径280m,分离式双向四车道,路基宽重丘区23m,山岭区21.5m,设计荷载汽车—超20级、挂车—120级,全线采用复合式路面结构:3.5cm SMA+4cm 中粒式沥青混凝土面层+25cm 连续配筋水泥混凝土面层+20cm 水泥稳定碎石基层+15cm 水泥稳定碎石底基层或25cm 综合稳定碎石底基层(石质挖方段没有底基层)。

2. 前期决策

项目从酝酿至立项,经过漫漫10年历程。

1985年5月,晋城市实行市管县体制改革,当时晋城北煤南调已成高潮,每天逾万辆运煤车辆只能通过仅有的省道三级公路——太(原)洛(阳)线出山,运输车辆堵塞现象时有发生,最长堵车时间达7天7夜。新的市委、市政府要求各行业部门尽快拿出十年规划,定准目标,开拓创业。1986年4月,晋城—焦作汽车专用一级公路,被列入规划项目。

1992年,晋城—长治汽车专用二级公路开工建设时,晋城经济建设初具规模,一个将晋城建设成经济强市的宏伟目标,正在逐步实施。因此,建设一条高标准迈向中原大地的出境公路迫在眉睫,项目又一次引起重视。市交通局组织技术力量,踏勘选线,编制概算,首次向市委、市政府提出立项报告,市委常委扩大会议通过,从此,项目筹建工作拉开序幕。

1994年2月,经晋城市政府与焦作市政府多次磋商,对修建晋焦高等级公路取得一致意见,并签订《关于建设晋焦汽车专用公路有关问题的协议》。

1993年11月14日,省交通厅晋交计字第375号文印发《关于晋城—焦作高速公路前期工作任务的通知》。1994年6月,省交通设计院编制《预可行性研究报告》,10月26日省交通厅主持召开由河南、山西两省计委等有关部门和专家参加的评审会议,获得专家们高度评价。评审会议结束后,省交通厅晋交字[1994]第376号文向省计委提出《关于申请批复晋城—焦作公路项目建议书的请示》,得到省计委认可后,1995年3月3日,晋城市商品公路开发总公司,委托交通部第一公路勘察设计院编制《可行性研究报告》,8月完成,1996年3月底,由省计委、省交通厅共同主持召开的评审会议正式通过。

3. 参建单位

(1)建设单位。1997年6月5日,省交通厅晋交公[1997]316号、晋城市政府晋市政发[1997]94号文联合印发《关于成立晋焦高速公路建设指挥部的通知》,明确指出指挥部负责协调解决建设过程中的重大问题,行使业主职权。针对控制工程丹河特大石拱桥,国际国内尚无成熟的设计理论和实践经验,指挥部成立项目部,负责科技攻关与建设。成立的项目部既是工程项目部又是指挥部的派出机构。

(2)设计单位。勘察设计由4个单位负责,其中主线工程、隧道附属工程、交通工程、房建工程各1个。

(3)监理单位。由省交通监理总公司实施,设置1个总监办公室、3个驻地监理部、12个驻地监理小组、1个中心试验室、2个工地试验室。

(4)施工单位。共有28个单位参加建设,其中土建工程22个,路面工程1个,隧道附属工程2个,交通工程3个。

(二)建设情况

1. 项目准备

(1)立项审批。1996年9月22日,项目被省委、省政府确定为"九五"期间全省公路建设的重中之重工程。1997年5月,省交通厅委托交通部第一公路勘察设计院完成初步设计文件,6月6日通过省交通厅组织的专家评审。6月12日,省计委晋计交投[1997]334号、335号文函复省交通厅、晋城市计委,同意项目建设书。9月16日,省计委晋计交投〔1997〕585号、586号文函复省交通厅、晋城市计委,同意可行性研究报告,确定总投资134106万元。后调整设计,起点至丹河桥段按重丘区高速公路标准建设,路基宽度由21.5m改为23m。9月22日,省交通厅晋交科字〔1997〕514号印发《关于晋焦高速(山西省段)初步设计的批复》,最终确定建设标准、规模、概算投资额(143788.709万元)和建设工期。10月24日,省审计厅晋审意投〔1997〕87号文同意办理开工手续。10月28日,省计委晋计交投〔1997〕701号文印发《关于晋焦高速公路开工报告的批复》,同意开工建设。10月29日,项目开工奠基仪式在东上庄立交桥工地隆重举行。

(2)资金来源。开工建设之初为内资合作股份制,其中省交通厅40000万元,晋城市35000万元作为资本金,其余为银行贷款。开工建设之后,由于资金筹措困难改为引进港资项目。1998年6月,由省交通建设开发总公司与香港新世界基建投资总公司合资成立山西新泽高速公路合作有限公司,总投资14.4亿元,其中省交通厅5.76亿元,占40%,香港新世界8.64亿元,占60%。合作公司为业主,省交通建设开发总公司为总承包单位,指挥部为委托总承包单位,并签订委托总承包合同,总承包金额14.4亿元,代替合作公司行使业主职权,进行项目建设阶段的具体管理工作,全部完成基本建设程序。2001年香港新世界撤资,省交通建设开发总公司成为项目业主,指挥部为委托建设单位,主管部门仍为省交通厅。

(3)招投标。土建合同按照省交通厅要求,采用国内竞争性招标,经省交通厅、省计委、省重点办、招标办批准,投标工作分两次完成。第一次对牛郎河、东石瓮隧道先行招标,6个单位通过资审,3个单位中标;第二次对其余11个标段招标,由于工期紧张、标段工程量大且难以评定中标单位,经招标领导同意,将一标、二标、四标、六标、八标、十二标、十四标7个标段,各分为两个标段,所以土建全部工程由22个项目部共同完成。项目招标工作从刊登招标广告开始一直到最后确定中标单位的整个过程,始终体现"公开、公平、公正、诚信"的原则,做到高效、公正、廉洁。

(4)合同段划分。根据项目特点,土建工程分22个标段,路面工程分1个标段,隧道附属工程分2个标段,交通工程分3个标段。

(5)征地拆迁。项目建设共征用土地2364亩,支付补偿费用879.122666万元。

2.项目实施

(1)管理创新。指挥部制定切实可行计划,明确"四保两创"(即保质量、保工期、保投资概算、保安全;工程创精、技术创新)总目标。保质量,就是实行项目法人制、工程监理制等,确保工程质量全面优良;保工期,就是采取倒计时方法卡死总工期,圆满实现按时竣工通车目标;保投资概算,就是通过优化设计,精打细算,严格执行财务制度,层层把关,确保不突破;保安全,就是把安全生产放在突出位置,向安全要速度,向安全要效益,同时协调、处理好同地方群众的关系利益,杜绝发生治安案件,维护社会安定团结;工程创精,就是精心设计、精心施工,把每一项工程都建成精品工程,把项目建设成为全国山区高等级公路的样板工程;技术创新,就是因地制宜,敢为人先、科学施工,创造出一批之最工程、特色工程。世界之最,如丹河特大石拱桥(单跨146m);全国之最,如牛郎河特长隧道(3952m)、韩家寨连体隧道、路面全部采用沥青马蹄脂SMA+连续钢筋混凝土板的复合式结构等。

(2)质量管理。指挥部高度重视,全力抓好质量工作。一是强化质量意识,思想到位。大力弘扬"太旧精神",作为工程质量灵魂。把质量放在第一位,在实际工作中树典型、抓样板、现场学习,强化质量意识,牢固树立"质量责任重于泰山"的思想,常抓不懈。二是"小业主,大监理",组织到位。监理单位早到位、早介入、早运转,为超前监理做好准备。参照国际通例,给监理质量、计量、进度三大控制权利,充分调动监理人员积极性、创造性,和指挥部同心同德,共谋质量大业。与此同时,抓好承包商自检机构和实验室标准化建设,聘请省交通质监站检查验收。三是优化设计方案,管理到位。全面推行动态管理,鼓励施工单位优化设计方案,只要是有利于提高工程质量、有利于降低成本、有利于缩短工期的设计方案大胆采纳。四是及时解决难题,措施到位。指挥部专门成立由各项目部经理、总工、各监理部主任、中心试验室主任、总监、副总监、指挥部指挥长和工管处负责人组成的技术委员会。把有关影响质量的共性问题提请技术委员会一一讨论解决,拿出方案后,下发文件,由工程管理处贯彻落实。先后下发34份文件,如光面爆破、砂浆机拌、填石路堤四控制、隧道防排水施工工序及要点等质量保证措施和技术性文件。碰到局部问题,采取业主、监理、设计代表在一起现场办公方式统一思想,现场解决。五是突出四个重点,确保质量。强化工程措施,确保丹河特大石拱桥大桥万无一失;千方百计消灭死角,确保路基稳定;加强隧道防排水措施,防止隧道渗水;精心施工复合式路面,达到平整、坚实。

(3)安全管理。指挥部采取多项措施保证安全生产。一是高度重视,形成合力。把安全生产放在一切工作首位,以安全促生产,向安全要效益。各项目部更是把安全生产作为生命工程、效益工程和名誉工程来抓,落实到各个作业班组,上下同心,齐抓共管。二是成立机构,常抓不懈。指挥部设立安全保卫处,各项目部成立领导组,各个作业班组都有安全员。根据项目沿途山大沟深,森林植被发育良好,雨季易爆发山洪,冬季易引起火灾等特点,从指挥部到各个项目部成立防火、防汛、防暑、防煤气中毒领导小组,全力抓好安全生产。三是建立健全岗位责任制,做到警钟长鸣。根据不同工种制定十多种安全生产岗位责任制、安全生产操作规程、安全生产须知,责任到人,制作标牌树在各个施工点醒目位置,层层签订责任状,做到严格管理,奖罚分明。

(4)进度管理。指挥部整体部署,实施"四大战役"。1998年5月21日~12月10日为"第一战役",目标、任务是完成总投资7亿元,完成东上庄—丹河桥9500m路基,全线隧道进尺完成60%,所有小桥涵及路基高程以下挡土墙、护坡构造物工程全部完成。1999年3月15日~6月25日为"第二战役",任务是东上庄立交桥路基、路面、排水、防护工程全部完成,全线路基土石方工程全部完成,路基防护工程全部完成,小桥涵、通道全部完成,天桥工程全部完成,大桥工程要保证半幅通车,隧道全线贯通。"第三战役"目标是水泥混凝土路面工程全部完成。由于河南开工迟,按港方意见,工期推迟,"第三战役"没有按期施工,为完成投资计划,把"第四战役"的内容和交通工程提前施工,目标是沥青路面和交通附属工程全部完成。经过广大筑路员工艰苦奋战,圆满实现全部目标。

(5)劳动竞赛。为充分调动广大筑路员争先创优积极性,指挥部组织各项目部之间开展劳动竞赛。综合劳动竞赛主要内容包括施工组织管理、工程进度、工程质量、技术资料、安全施工等内容。指挥部组织监理部每季度对各项内容进行认真检查,并综合评分,对前五名奖励,对后三名罚款,连续三次最后一名,责令更换项目经理。单项工程擂台赛则不定期举行。根据工程特点选择光面爆破、隧道衬砌、墩台浇筑、大梁预制等8个项目分别进行,各项目部根据自身特点和施工实力,可以申报参加其中一个或几个项目,每次考评选出的第一名为擂主,颁发擂主流动红旗,在本项目全部结束后进行最终总评,评出第一名为状元,另选若干名为优秀,分别颁发奖杯和荣誉证书。通过劳动竞赛,形成一个比、学、赶、帮、超的良好建设氛围,有效提高工程质量和建设速度。

(三)复杂技术工程

(1)丹河特大石拱桥(图8-75),亦称丹河大桥,东西走向,横跨丹河,共由8孔石拱组成,自西向东依次为2孔跨径各30m、1孔(主孔)跨径146m、5孔跨径各30m,其中主孔跨径146m,2000年12月25日被上海大世界基尼斯总部认定为"世界上单孔跨径最大的石拱桥,也是单孔跨径大于100m的特大石拱桥首次在高速公路使用。"大桥全长425.6m,桥宽24.8m,高81.6m,桥面宽度:2×1.65m+2×0.38m防撞护栏+2×9.62+1.5m中央分隔带,桥下净空,无通航要求,设计荷载:汽车—超20级,挂车—120;抗震烈度Ⅵ度。主拱架由中铁十七局第四工程处承建,砌体结构工程由晋城公路分局工程二处承建,拱上填料及桥面工程由核工业中建第十五工程处承建,1997年10月开工,2000年9月20日全部完工,历时35个月。

(2)天子岭隧道右洞长1042m,左洞长1098m,净宽8.5m,净高6.8m,限高5m,单向2车道。结构形式:隧道内为曲墙式复合衬砌,初期支护采用锚杆喷设混凝土与钢拱架(或隔栅钢架)支护,二次衬砌采用全断面整体式浇注钢筋混凝土或素混凝土衬砌。设计速度60km/h,洞内两侧有检修道,右侧宽0.75m,左侧宽0.5m,洞内无监控设备,配备有灭火器材。采用机械通风,高压钠灯照明,洞内地下排水。中国华冶二公司承建,1998年4月开工,2000年7月竣工,2002年12月投入使用。

图 8-75　丹河特大石拱桥

（3）东石瓮隧道右洞长 2003m，左洞长 1921m，净宽 8.5m，净高 6.8m，限高 5m，单向 2 车道。结构形式：隧道内为曲墙式复合衬砌，初期支护采用锚杆喷设混凝土与钢拱架（或隔栅钢架）支护，二次衬砌采用全断面整体式浇注钢筋混凝土或素混凝土衬砌。设计速度 60km/h，两侧设检修道，右侧宽 0.75m，左侧宽 0.5m，有监控设备，照明采用高压钠灯，有感温光纤自动报警系统、手动报警系统、消防栓、灭火器、隧道广播等设施。采用机械通风，高压钠灯照明，地下排水。铁道部第十八工程局第四工程处承建。1998 年 3 月开工，2000 年 4 月竣工，2002 年 12 月投入使用。

（4）牛郎河隧道（图 8-76 和图 8-77）右洞长 3982m，左洞长 3893m，洞内净宽 8.5m，净高 6.8m，限高 5m，单向 2 车道。结构形式：隧道内为曲墙式复合衬砌，初期支护采用锚杆喷设混凝土与钢拱架（或隔栅钢架）支护，二次衬砌采用全断面整体式浇筑钢筋混凝土或素混凝土衬砌。洞内设计速度 60km/h，两侧设有检修道，右侧宽 0.75m，左侧宽 0.5m，行车道右侧有紧急停车带，宽 2.5m，设有监控设备，有感温光纤自动报警系统、手动报警系统、消防栓、灭火器、隧道广播等设施。采用机械通风，高压钠灯照明，地下排水。铁道部第十七工程局第五工程处和铁道部隧道工程局第一工程处承建。1997 年 12 月开工，1999 年 12 月竣工，2002 年 12 月投入使用。

图 8-76　牛郎河隧道一

图 8-77　牛郎河隧道二

(四)科技创新

项目有三大特色:"四高两大一长"。四高,即高边坡(80多米)、高挡墙(40m)、高填方(40多米)、高桥墩(80多米);两大,一是石方工程量大,局部1公里达到70多万 m^3;二是桥梁跨径大,除丹河桥外,50m T 梁在山西也是首次使用;一长,即隧道长,20座隧道全长20502m,特长隧道牛郎河单洞长3982m;工程创精,就是在确保质量前提下,做到尺寸准确,内密外光,整齐漂亮的精品工程。

经过3年多拼搏奋战,项目实现公路建设史上八大技术突破。

(1)丹河特大石拱桥工程及相关研究成果达到国际领先水平。2001年3月25日,省科技厅、省交通厅组织并通过"特大跨径石拱桥设计与施工关键技术研究"课题鉴定。由交通部总工程师凤懋润、中国工程院院士郑皆连、设计大师黄大健、李守善等国内著名拱桥专家组成的鉴定委员会对丹河大桥工程建设和科研成果给予高度评价与赞誉,称"该工程和相关成果总体上达到国际领先水平"。

(2)石方边坡光面爆破。边坡高达80多米,全面推行潜孔光面爆破后,保证山体稳定,保证填石路基质量,降低工程成本。

(3)石砌构造物砂浆。全部机械拌和和机械振捣,无一处推移、裂缝和不均匀沉降。

(4)隧道防渗施工技术。将隧道衬砌与防排水施工划分为12道工序,每道工序都制定施工方法和注意事项,经过三年多观察,隧道无一处渗漏,为修改隧道施工规范奠定实体工程基础。

(5)连体隧道施工技术。两个隧道只隔1.5m中墙,为山区高速公路自由布线、降低造价提供可靠依据和丰富经验。

(6)全线采用SMA+连续配筋钢筋混凝土复合式路面。既有水泥路面承载力大,防止车辙,使用寿命长的优点,又能充分利用当地筑路材料,还能体现沥青路面行车舒适易于养护的特点。

(7)壁龛式通风技术。效果好、风量大、涡流小、风速平稳,较原设计安装效率提高风速30%以上。

(8)高填石方"四控制、一检查"管理技术。一是控制压实机具,要求必须使用振动压路机,吨位要求单轴振动力不小于50t,双轴振动力不小于30t;二是控制松铺厚度,要求CA30压路机每层松铺厚度不得超过20cm,50t振动碾每层松铺厚度不得超过40cm;三是控制填料粒径,要求石块最大粒径不得超过每层松铺厚度2/3,且不得有页岩、泥岩、土等软材料混入;四是控制压实遍数,要求压实遍数不得少于8遍,然后请驻地监理检验。施工单位达到要求压实遍数后,驻地监理用精密水平仪定点进行检测,压路机来回碾压三遍总上沉量不大于2mm为合格。待驻地监理签认后才可进行一层材料摊铺。

(五)运营养护管理

1. 收费站设置

2002年11月27日,根据省政府晋政函〔2002〕195号文《关于晋城—焦作高速公路收取车辆通行费的批复》,设置丹河收费站。

丹河收费站地处泽州县金村镇西交河村,位于G5512晋城—新乡高速公路K10+070处,占地面积27889m^2,车道8进10出。

交通流量状况见表8-53。

交通流量状况表　　　　　　　　表8-53

年　份	年通行量(辆)	日平均量(辆)
2002年	11579	1158
2003年	957599	2624
2004年	1954308	5340
2005年	1934004	5299
2006年	2401774	6580
2007年	3010403	8248
2008年	3796417	10373
2009年	2891667	7922
2010年	3201241	8771
2011年	3518507	9640
2012年	3701355	10113
2013年	4022690	11021
2014年	4176865	11443
2015年	4240335	11617
2016年	5199559	14206

2002年12月9日,根据省交通运输厅、省财政厅、省物价局《关于晋城—焦作高速公路收取车辆通行费的通知》(晋交财字〔2002〕546号)文件,项目为收费经营公路,由山西省交通建设开发投资总公司负责经营管理。

2006年7月27日,经股权转让,省交通开发投资集团有限公司(原山西省交通建设开发投资总公司)将公司股份的60%转让给平安信托有限责任公司(原平安信托投资有限责任公司)。股权转让完成之后,公司股权比例如下:平安信托有限责任公司持股比例为60%,山西省交通开发投资集团有限公司持股比例为40%。

2. 养护管理

2002年8月~2003年8月,高速公路日常养护由公司自主养护,2003年8月,省交通开发投资有限公司成立晋城片区养护中心,公司养护开始实行管理分离,采用外包方式,由第三方实施养护工作。

项目通车以来,每年均进行专项维修,共投入 13700 万元,完成路面病害处治 272500m², 完成高边坡挂设柔性网 137000m², 按现行规范要求实施隧道机电消防设施改造完善,但未开展过大修。

第十九节　S30 孙启庄—右卫高速公路

一、京大段(孙启庄—大同)(建设期:1998 年 8 月~2000 年 9 月)

(一)项目概况

1. 基本情况

项目是山西省"九五"重点公路建设项目之一,是为满足晋煤外运重载货车需要而设计建设的国内第一条重荷载水泥混凝土路面高速公路。起点位于晋冀两省交界处,与河北省宣大高速公路相接,经孙启庄、许堡、瓜园村、官堡村、窑子头村、西河河,接大同市南出口及大运支线终点,主线长 58.848km,平微区标准,路基宽 28.5m,设计速度 120km/h,平曲线最小半径 3000m,最大纵坡 3%,设计洪水频率 1/100,抗震烈度Ⅶ度,全线桥梁设计荷载均为汽车—超 20 级、挂车—120 级。1998 年 8 月 15 日开工建设,2000 年 9 月 21 日竣工通车,2001 年 7 月 11 日完成竣工验收,批复概算 14.8 亿元。

2. 前期决策

大同以百里煤海著称,由于煤炭储量丰富,需求颇大,项目建成通车前,铁路、公路运输煤炭始终处于运力饱和状态。尤其是原通往京津地区的二级、三级公路,由于大流量超负荷通行,导致路况欠佳、拥挤不堪,堵车现象持续不断,严重制约经济发展。

项目建成后,进一步缩短山西省与北京、河北的时空距离,改善晋北地区投资环境和旅游条件,对于加快晋煤外运和旅游业发展,加强山西省与河北、北京以及东部发达地区经济文化交流,促进全省对外开放和经济建设,具有十分重要的战略意义。

3 参建单位

(1)建设单位。1998 年 7 月,省交通厅批准成立京大高速公路山西段工程建设总指挥部;8 月 15 日,省交通厅批准成立山西京大高速公路有限责任公司。

(2)设计单位。勘察设计共有 3 个单位负责,其中,路基、路面工程设计 1 个,房建工程设计 1 个,交通工程设计 1 个。

（3）监理单位。共有8个单位实施监理，其中路基、路面工程监理1个，距基工程监理1个，交通工程监理1个，房建、路基工程监理1个，机电工程监理1个，收费岛、沟、棚工程监理2个，照明工程监理1个。

（4）施工单位。共有64个单位参加建设，其中路基工程38个，路基和隔离栅工程2个，路基和房建工程1个，路面工程6个，通信管道工程1个，防撞护栏工程2个，防撞护栏和标志工程1个，隔离栅和标线工程1个，标线工程1个，标志工程2个，机电工程1个，房建工程3个，房建与路基路面工程1个，收费棚、收费岛、收费厅、照明工程各1个。

（二）建设情况

1. 项目准备

（1）项目审批。省计委晋计投交字〔1998〕539号文、晋计投交字〔1998〕540号文印发《关于109国道山西境西坪—大同段公路可行性研究报告的批复》《关于109国道山西境孙启庄—西坪段公路可行性研究报告的批复》；省交通厅晋交科字〔1998〕527号文、晋交科字〔1998〕620号文印发《关于北京—大同高速公路孙启庄—大同段初步设计的批复》《关于北京—大同高速公路孙启庄—大同段交通工程初步设计的批复》。由于项目设计变更、新增工程需增加投资，省交通厅晋交公字〔2001〕308号文印发《关于北京—大同高速公路孙启庄—大同段初步设计调整概算的批复》，增调概算2.20036817亿元，最终核准概算为14.80163691亿元。

（2）资金筹措。项目概算总投资14.80163691亿元。其中，省公路基金54000万元，银行贷款94000万元，省交通厅向国家开发银行贷款5亿元（由山西京大高速公路有限责任公司向建设银行贷款44000万元，银行贷款占投资比例64%）。工程决算14.77亿元。

（3）合同段划分。根据项目特点，路基桥梁工程分14个标段，路面工程分6个标段，交通工程分3个标段。

（4）征地拆迁。项目建设涉及2县区6个乡镇，1998—1999年，共完成永久性征地7363.176亩、临时占地6928亩；拆迁房屋10525.53m²，支付拆迁费7898.54436万元；建设期间，共完成临时占地复垦6200余亩，受到交通部、省交通厅和中央、省、市新闻媒体及社会各界充分肯定与高度评价。

2. 项目实施

主线路面工程1999年6月20日开工，2000年8月30日完工；交通工程1999年10月18日开工，2000年9月15日完工；机电工程2001年5月开始启用；交通安全设施工程1999年10月18日开工，2000年9月15日完工；绿化工程2005年9月开工，2005年12月完工。

质量管理。总指挥部在施工中坚持100%优良和85%以上优质工程的质量创优目标不动摇,时时刻刻想质量、讲质量、抓质量,严格责任、制度、管理和检查,把创优着力点放在每项工程、每道工序上,按规范施工,用数据说话,发挥监理职能作用,查找和处理质量隐患,环环相扣,精雕细琢,一丝不苟,并在全省交通行业系统率先开展以质量创优为载体的文明施工年活动,在施工每个阶段抓典型、树样板、造声势、创氛围、重奖罚,将质量第一意识浸透到每个人头脑中,成为自觉行为,经省重点工程检查组、质检部门等先后十几次检查,工程进展和质量情况,一次比一次评价高。特别是先后参建的60余家工程建设单位、3万多名建设者发扬"太旧精神",目标任务明确,安排布置科学,质量管理过硬,工期控制有力,圆满完成建设任务,为全省再掀公路建设新高潮献上一份厚礼。

(三)复杂技术工程

项目设计充分考虑到运营大吨位煤车,路面上下行车道设计为不同的结构厚度。在施工中,指挥部在全省率先提出采用国际先进的滑膜摊铺工艺施工,设备采用国际上先进的美国高玛克CHP-2800摊铺设备,同时提高混凝土强度,由原来5.0MPa提高到5.5MPa,确保混凝土强度厚度。为确保工程质量,加强技术培训,先后有500余名技术人员到省内外高速公路取经,同时邀请混凝土路面专家讲课指导,并对原施工图设计进行修改,还采用刻纹、嵌胶条等工艺和材料。经过所有施工人员共同努力,探索出一套完整的高荷载水泥混凝土路面施工工艺,交通部组织全国公路技术专家观摩施工现场,给予很高评价。

(四)科技创新

项目导线控制测量采用GPS全球定位新技术;工程地质勘探除采用钻探、物探,还采用遥感地质等先进手段,查明断层、岩石特性,为处理不良地段提供可靠依据;对鱼塘、御河西桥头湿软地段,采用粉煤灰轻型路堤,在路面底基层采用三灰碎石掺配粉煤灰,取得较好经济和社会效益;根据路面使用特点,对上行送煤载重车道采用30cm厚水泥路面板,对返回的空车较多车道采用26cm水泥混凝土路面板,既适用又经济;路基挖方边坡防护采用浆砌片石与锚杆式水泥预制混凝土护面板相结合的防护措施,外形美观,施工方便,节省投资;对处于湿陷性黄土地基、湿软地基的涵洞采用强夯、振冲碎石桩、木桩等处理方法,收到较好效果;在大桥设计中采用多跨先简支后连续的连续梁结构,全线桥梁伸缩缝采用毛勒伸缩缝,保证行车平稳舒适;对路基设计,在保证通道排水情况下,选用低路堤方案,节省工程造价,并与周围景观相协调配合;在设计中充分利用先进手段,计算机出图率达98%以上,对优化设计方案、提高设计精度、缩短周期起到重要作用。

（五）运营养护管理

2010年,根据省政府晋政函〔2000〕226号文《关于京大高速公路山西段收取车辆通行费的批复》,全线设西河河、孙启庄2个主线收费站和马连庄、西坪、神泉堡3个匝道收费站。

1. 收费站点设置

（1）西河河收费站地处市区南出口西河河村,位于 S30 K57+885 处,收费广场占地面积 12505m²,车道5进7出。

（2）马连庄收费站地处大同县马连庄村,位于 S30 K47+517 处,收费广场占地面积 4644 m²,车道3进4出。

（3）西坪收费站地处大同县西坪镇,位于 S30 K30+310 处,收费广场占地面积 6334m²,设南北两站,车道6进4出。

（4）神泉堡收费站地处阳高县神泉堡村,位于 S30 K5+200 处,收费广场占地面积 3144m²,原为2进3出5条车道,2006年10月增加2条出口车道,现共有2进5出7条车道。

（5）孙启庄收费站地处阳高县孙启庄村,位于 S30 K0+000 处,收费广场占地面积 14400 m²,车道7进7出,是与河北宣大相接的主线收费站。距北京约327km,距太原大约400km。

交通流量状况见表8-54。

交通流量状况表　　　　表8-54

年　份	年通行量（辆）	日平均量（辆）
2000年	403787	4120
2001年	2608066	7145
2002年	3020397	8275
2003年	3901447	10689
2004年	6510525	17837
2005年	6224409	17053
2006年	4639416	12711
2007年	6933436	18996
2008年	6509011	17833
2009年	3651999	10005
2010年	5869405	16081
2011年	6515043	17849

续上表

年　份	年通行量(辆)	日平均量(辆)
2012年	6088406	16681
2013年	6683147	18310
2014年	6184232	16943
2015年	5567011	15252
2016年	7024209	19192

2.运营养护管理

项目通车运营以后,公司严格按照现代企业管理模式,坚持文化引路、科学治企方针,量才聘用各部门管理人员,建立健全各种规章制度,全体员工齐心协力,一切服从效益,一切围绕效益,以文明京大文明人,文明服务文明行为管理主题,坚定不争第一就是落后的管理理念和满意在京大的服务理念,开展争创"优越体制、优美环境、优质服务、优秀员工、优良作风、优异效益、优厚待遇"活动,公司各项管理工作规范有序,通行费不断增长,服务体系日益完善。

为了更好地适应全省交通事业改革发展需要,2004年9月8日,经省交通厅党组会议研究,决定与江苏悦达集团有限公司签署《关于成立"山西悦达京大高速公路有限公司"的出资协议》。江苏悦达集团和省交通厅、京大公司三方于9月29日签署《京大高速公路山西段和109国道东王庄—孙启庄段公路经营权转让协议书》,经省政府（晋政函〔2004〕187号）《关于同意合作经营大同—孙启庄高速公路的批复》和省交通厅（晋交规划字〔2004〕512号）《关于同意成立山西京大高速公路山西段项目公司的批复》,于2005年2月3日正式申领《企业法人营业执照》,4月28日正式挂牌成立。同年9月26日,省政府〔2005〕第56次常委会正式批准京大高速公路经营权转让项目;10月10日,经营权正式转交山西悦达京大高速公路有限公司。

10月24日,省交通厅、省财政厅、省物价局联合发文批准悦达京大公司收费经营年限及收费标准。同时,省政府颁发《山西省设立公路站卡许可证》;省物价局颁发《收费许可证》,10月26日上午8时0分,准时更换启用悦达京大公司新的通行费专用发票,新公司正式行使经营权。公司负责除服务区外的京大高速公路运营管理。

为强化管理,公司逐步进行机构整合,2005年12月撤销收费稽查部,同时成立征费部和稽查大队,其管理职责相应调整。2006年1月14日,原综合办公室、党委工作部合并为综合办公室;原人力资源部更名为人事考核部;原养护一工区、养护二工区、机械工区合并为养护工区。2007年4月5日经公司办公会议研究决定,人事考核部合并到综合办公室。

2007年以来,公司在大力实施"畅通工程"的同时,做好日常养护工作。坚持加强全面管养,坚持路面日清扫、护栏旬保洁、桥梁月检查、设施季保养,建立高速公路路况数据库,以翔实数字指导生产。全线路面、中央分隔带保持清洁,没有造成事故隐患的抛洒物,桥梁、涵洞构造物完好无破损,排水畅通、交通设施齐全、清晰、无腐蚀,确保全线安全畅通。

二、大呼段(孙启庄—右卫镇)(建设期:2009年1月~2010年12月)

(一)项目概况

1.基本情况

项目是山西省高速公路"三纵十二横十二环"规划中的第一横S30孙右高速公路(孙启庄—右卫高速公路)的重要组成部分(西段),起点位于大同市新荣区户部乡户部村北,在户部互通与得大高速公路连接,途经大同市新荣区、左云县和朔州市右玉县,终点位于右玉县右卫镇杀虎口村,与内蒙古和林格尔—杀虎口高速公路衔接(图8-78),全长103.405km。双向四车道。其中,路线起点—右卫互通段设计速度100km/h,路基宽26.0m,右卫互通—路线终点段,设计速度80km/h,路基宽24.5m。全线桥涵设计荷载采用公路—Ⅰ级。其余技术指标按照交通部颁发的《公路工程技术标准》(JTG B01—2003)执行。有大桥6934.5m/30座;中桥1318.49m/20座;小桥203.1m/10座;涵洞8519.35延米/247座;立交通道140处,其中互通立交6座,分离立交10座;天桥31座;通道93道。2009年1月5日奠基,5月7日开工建设,2010年12月25日竣工通车。2014年9月10日,省交通运输厅组织竣工验收,被评为优良工程。

a)

b)

图8-78 大同—右卫段起终点

2.前期决策

项目是山西省北部地区西通内蒙古、宁夏、西藏自治区,东达北京、天津、河北的重要通道,对加快山西省及周边省区经济互通,带动全省旅游业发展,具有十分重要意义。

3.参建单位

(1)建设单位。省交通厅批准成立山西省大呼高速公路建设管理处。

(2)设计单位。勘察设计任务由5个单位承担,其中路基路面工程设计2个,机电工程设计1个,房建工程设计2个。

(3)施工单位。共有36个单位参加建设,其中路基工程10个,路面工程6个,沥青供应商2个,伸缩缝供应商3个,抗滑料供应商1个,绿化工程3个,声屏障工程1个,交通工程7个,机电工程2个,房建工程3个。

(4)监理单位。共有8个单位实施监理,其中路基工程监理4个,路面、绿化、交通安全工程监理2个,机电工程监理1个,房建工程监理1个。

(二)建设情况

1.项目准备

(1)立项审批。2006年,省发改委晋发改交通发〔2006〕515号文印发《关于大同—呼和浩特公路大同—右卫段项目建议书的批复》;2007年,省发改委晋发改交通发〔2007〕1015号文印发《关于大同—呼和浩特公路大同—右卫段可行性研究报告的批复》;2008年9月4日,省环境保护局晋环函〔2008〕668号文印发《大同—呼和浩特公路大同—右卫段环境影响报告书的批复》;9月28日,省地震局晋震标〔2008〕110号文印发《关于国家高速公路大同—呼和浩特公路(山西境大同—右卫段)工程场地地震安全性评价报告的批复》;10月20日,省国土资源厅晋国土资环(灾)备〔2008〕081号文印发《山西省大同—呼和浩特公路大同—右卫段工程地质灾害危险性评估报告》;11月26日,省水利厅晋水保〔2008〕879号文印发《关于大同—呼和浩特公路(大同—右卫段)水土保持方案的批复》;2009年5月27日,国家林业局林资许准〔2009〕150号文印发《使用林地审核同意书》;12月7日,省国土资源厅晋国土资函〔2009〕699号文印发《关于山西省大同—呼和浩特高速公路大同—右卫段项目压覆矿产资源调查核实的初审意见》;2011年1月18日,省文物局晋文物函〔2011〕23号文印发《关于大同—呼和浩特高速公路大同—右卫段建设工程文物保护竣工通知书》。

(2)资金筹措。项目概算总投资374123.27万元,省交通运输厅自筹资本金124112万元,其余250011万元由山西省中行贷款解决。竣工决算373615.73万元,结余507.54万元。

(3)招投标。2008年10月24日,建管处上报省交通厅招标方案及资格预审文件,11月13日,省交通厅组织评审;11月14日,招标代理机构在《山西经济日报》、中国采购与招标网、山西招标投标网和山西交通网上发布预审公告。在招标过程中,严格按照遵纪守法、择优录用原则,依据招投标法以及上级部门文件有关规定,在省人大、省重点办、省发改委、省交通厅监督下对招标过程严格把关。2009年4月3日~4月10日,路基桥涵招标标段评标结果在山西交通网上公示;11月20日~27日,路面、交通安全设施、绿化、机电、房建及监理中标结果在山西交通网公示,11月28日发出中标通知书;11月25日~12月2日,声屏障、抗滑碎石、伸缩缝材料中标结果在山西交通网公示,12月3日发出中标通知书。

(4)征地拆迁。项目建设涉及大同市新荣区、左云县、朔州市右玉县11个乡(镇)67个村,2009年3月~10月,共征用土地8971.638亩,拆迁房屋8971m^2,支付补偿费用28834.27万元。

2. 项目实施

(1)重大决策。管理处坚持依法依规建设,抓实抓好质量、安全、进度、资金、廉政和环保6大核心管理内容,确保工程稳定均衡发展。紧紧抓住质量管理一个本,加强全方位、全过程质量控制,确保路基稳定、桥涵坚实、路面平整、环境优美;严格按设计和规范施工,安全生产责任和管理始终处于受控状态;实施环保工程,沿线生态环境和群众利益得到有效保护。

主线土建工程2009年5月7日开工,9月30日完工;路面及通风管道工程2010年4月1日开工,10月30日完工;交通安全设施工程6月1日开工,10月30日完工;房建、机电、环保绿化工程4月1日开工,10月30日完工。11月9日~14日,省交通质监站对项目进行竣工验收前质量鉴定,2011年1月5日通过交工验收;2014年5月,省交通质监局进行竣工质量鉴定,符合竣工验收条件;2014年9月10日~12日,省交通运输厅成立竣工验收委员会对项目进行竣工验收,建设项目综合评分92.16分,综合评价等级为优良。

(2)质量管理。建管处始终保持终身负责的清醒头脑,始终以高度责任感和如履薄冰精神,从三个方面认真抓好工程质量。一是以诚信履约为准绳,全面规范主体行为。认真实施招投标程序,确保让优秀监理、施工单位中标;强化信用考核,确保各项投入到位;阶段考核与日常检查相结合,在参建单位自评基础上,按月进行履约考核、按季上报主管部门;按季进行信用评价,并及时上报主管部门。特别是在路面、房建、机电、交安、绿化工程全面交叉施工中,从建管处到各监理、施工单位建立完善纵向到底、横向到边的质量监管体系,切实加强对质量全过程控制,不留任何盲点和隐患。二是完善管理办法。根据不同施工阶段、重点和主要控制程序,制订30多个质量管理办法和制度,力求每项工程都与规范标准对接。三是把好材料关。从原材料进场到施工现场跟踪抽检控制材料质量,坚决杜绝不合格材料,抓好工艺和主要技术指标控制。每10天进行一次质量全面检查,将检查结果及时反馈到各参建单位,对存在问题责任到人、限期整改。

(3)安全管理。建管处采取多项措施,确保安全无事故。一是建立组织机构。建管处及各标段建立安全生产组织机构,签订安全生产责任书;不间断地进行安全隐患排查,对所发现的问题及时限期整改。二是严格执行规章制度。结合实际,制定特殊工艺安全施工方案及预案、安全经费保障制度、安全生产管理办法。各标段建立安全生产责任承诺、安全生产计量计价办法等相关制度。三是确保经费投入。安全专项费用全部用于安全管理,每个环节都措施到位、费用到位、责任到位、监管到位、落实到位。四是突出四个重点。即交叉路口统一设防,重要部位全面防控,施工现场规范作业,扎实有效开展"平安文明工地"等创建活动。五是加强教育培训。定期对各基层人员进行业务培训,包括消防知识培训、安全生产规章制度培训、道路养护及安全应知应会培训等。

(4)进度管理。建管处在确保质量安全前提下,在同朔地区年均无霜期不足6个月的施工条件下,有力推进建设步伐。一是各施工单位在接到中标通知书后,要在开工前向监理工程师提交一份格式与细节符合合同要求的工程总进度与分阶段目标施工组织计划,对进度作出承诺,作为重要考核依据,监理单位对每项工程工期与时间安排的合理性、施工准备的可靠性、计划目标与施工能力适应性等内容进行审查,提出修改意见后报建管处,施工单位按照建管处审批的工程进度计划进行施工。二是认真组织实施。施工单位在项目计划实施前,进行工程计划交底,做到全员参与,目标明确,责任到人,齐心协力。同时,施工单位建立完善工程进度控制保证体系,注重人、机、料三大因素的优化配置与协调工作,形成以组织、技术、合同、经济保证四位一体的进度控制保证体系,确保完成旬、月、阶段目标计划,确保既定合同总工期计划。三是严格考核奖惩。建管处按阶段目标评比办法的有关规定进行考核评比,奖优罚劣。过硬措施使各参建单位主动克服困难,千方百计上足设备、人力,积极采用新技术,加大管理力度,确保在合同工期内圆满完成建设任务。

(三)复杂技术工程

穿越古长城框构地道桥(图8-79)位于项目晋蒙交界处,采用双控16m-16m框构地道桥下穿古长城,桥内结构高度7.37m设计,竣工后使用净高≥5m。长城中心线与项目交角为73°37′。路面最低点高程1307.115m,管棚顶限制高程1314.569m,框架结构顶限制高程1314.837m。

图8-79 跨线桥上为明代古长城

(四)科技创新

应用"寒、旱、沙化黄土地区高速公路植被恢复新技术研究"成果。通过修整坡面、选择植物、秸秆育苗钵基质育苗、深打孔填充土壤、改良剂栽植等一整套植被恢复技术,实现坡面有效防护,解决寒冷、干旱、沙化条件下高速公路植被恢复成活率低、恢复困难的历史难题,经实际效果验证,社会和经济效益良好。

(五)运营养护管理

1.收费站设置

大呼高速公路(图8-80)共设新荣南、管家堡、左云、右玉、右卫和省界杀虎口6处收费站。

图8-80 大呼段路容路貌

(1)新荣南收费站地处大同市新荣区西村乡镇河堡村,位于S30 K79+446处,占地面积15亩,建筑面积1888m²,车道6进6出。

(2)管家堡收费站(图8-81)地处大同市左云县管家堡乡管家堡村,位于S30 K98+819处,占地面积30亩,建筑面积2849m²,车道4进6出。

(3)左云北收费站地处大同市左云县云兴镇北六里村,位于S30 K119+929处,占地面积40亩,建筑面积3189m²,车道4进6出。

(4)右玉北收费站地处朔州市右玉县郭敖屯村北,位于S30 K145+807处,占地面积30亩,建筑面积3181m²,车道4进6出。

(5)右卫收费站地处朔州市右县红旗口村,位于S30 K162+756处,占地面积15亩,建筑面积1552m²,车道3进5出。

(6)西口主线收费站(图8-82)地处朔州市右卫镇沙梁村,位于S30 K166+289处,占地面积20亩,建筑面积1874m²,车道11进11出。

图8-81 管家堡收费站

图8-82 西口主线收费站

交通流量状况见表8-55。

第八章 建设项目

交通流量状况表　　　　　　　　　　　　　　　　　　　　　　　　表8-55

年　份	年通行量(辆)	日平均量(辆)
2011年	291437	798.45
2012年	614782	1684
2013年	747074	2046.78
2014年	1143869	3133.9
2015年	1632627	4473
2016年	2566956	7032.8

2. 服务区设置

全线设管家堡、右玉2个服务区，云阳堡1个停车区。

(1)管家堡服务区地处左云县管家堡乡，位于S30 K96+619 大呼高速公路K29+390处，占地面积53336m^2，分A、B两个区，分别占地26668m^2，A区(建筑面积3516.26m^2，配备有综合楼，建筑面积2662.88m^2)，B区(建筑面积1743.89m^2，配备有综合楼，建筑面积1387.5m^2)。停车场可停放车辆200辆，其中大车80辆，中小型车120辆。A区(快餐厅面积为352.24m^2)，B区(快餐厅面积为300.16m^2。加油站总面积301m^2(A、B区面积均为150.5m^2)，油罐容量360m^3(两区共12个，每个30m^3)。另外还设有机修车间、附属用房及预留用地等。可为过往顾客提供加油、餐饮、购物、住宿、汽车修理等服务。公厕、停车场24小时对外开放。

(2)右玉服务区地处右玉站和右卫站之间，位于S30 K151+835处，占地面积53336m^2，分A、B两个区，分别占地26668m^2，A区(建筑面积3094.78m^2，配备有综合楼，建筑面积2241.8m^2)，B区(建筑面积2597.79m^2，配备有综合楼，建筑面积2241.8 m^2)停车场可停放车辆70辆，其中大车20辆，中小型车50辆。A、B区快餐厅面积352.24 m^2。加油站总面积300.2m^2(A、B区面积均为150.1m^2)，油罐容量360m^3(共12个，每个30m^3)。另外还设有机修车间、附属用房及预留用地等。可为过往顾客提供加油、餐饮、购物、住宿、汽车修理等服务。公厕、停车场24小时对外开放。

(3)云阳堡停车区位于S30 K127+225处，地处左云站和右玉站之间，占地面积40002m^2，分A、B两个区，分别占地20001m^2，A区(建筑面积1289.68m^2，配备有综合楼，建筑面积586.8m^2)，B区(建筑面积792.69m^2，配备有综合楼，建筑面积586.8m^2)。停车场A区可停放货车20辆，客车19辆，小型车41辆。B区可停放货车18辆，客车22辆，小型车32辆。A、B区快餐厅面积各19.14m^2。

3. 养护管理

建管处设置养护工程部，负责日常养护、大中修工程及组织管理、监督检查和考核。下设管家堡、右玉养护中心。管家堡养护中心养护里程62.8km，其中主线52.231km，互通、左云连接线10.569km。内设综合、生产技术、机务材料办公室，同时对1个抢修组、1个车队和6个保洁组进行垂直管理，共有专业养护机械设备14台。右玉养护中心下设综合、生产技术、机务材料办公室及路产修复抢修组，承担50.634km养护里程，共有专业养护机械设备11台。

第二十节 S36广灵—浑源高速公路

广源段(广灵—浑源)建设期：2009年9月～2013年11月。

(一) 项目概况

1. 基本情况

项目是山西省高速公路网"三纵十二横十二环"中第二横的重要组成部分，起点位于广灵县蕉山工业园区与河北省暖泉镇交界处，接北京—蔚县高速公路，与张石、张涿高速公路联通至冀、京、津，终点位于浑源县南榆林乡，与同源、灵山高速公路相接，全长77.268km。双向四车道，设计速度100km/h，路基宽26m，有大桥9056m/29座、中桥1938m/24座、小桥94.08m/4座、隧道4462m/2座、涵洞155道、分离立交443.2m/7座、通道74道、天桥14座、设互通式立体交叉桥5处。另有广灵连接线4.17km，沙圪坨连接线2.72km，浑源北连接线5.15km；全线设避险车道3处，爬坡车道4.9km，紧急停车带3处。2009年9月9日开工建设，2013年11月18日通车运营。属于省投市建模式。

2. 前期决策

项目对于进一步完善全省高速公路网、促进晋北地区经济发展，推动旅游事业再上新台阶，具有十分重要的意义。

3. 参建单位

(1)建设单位。2009年9月30日，大同市人民政府批准成立广源高速公路建设管理处，内设综合办公室、计划财务部、工程管理部、技术合同部、质监检测部、安全监察部和地方协调部。

(2)设计单位。勘察设计由3个单位负责，其中以山西交科公路勘察设计院为主。

(3)施工单位。共有36个单位参加建设，其中路基工程12个，路面工程4个，房建工程5个，交通安全工程7个，机电工程6个，绿化工程2个。

(4)监理单位。共有9个单位实施监理，其中路基工程监理4个，路面工程监理2个，房建、交通安全、机电工程监理各1个。

（二）建设情况

1. 项目准备

（1）立项审批（表8-56）。2009年8月7日，省发改委晋发改交通发〔2009〕1194号文批复同意项目建设；2010年3月29日，省交通运输厅晋交建管〔2010〕115号文批复初步设计，投资概算48.19亿元，建设工期3年。

项目审批一览表　　　　表8-56

序号	项　　目	批复时间	批复部门	文件名称	文　件　号
1	项目法人	2009.9.30	大同市人民政府	《关于同意成立广灵—浑源高速公路建设管理处的批复》	晋政函〔2009〕121号
2	可行性研究报告	2009.8.7	山西省发展和改革委员会	《关于广灵—浑源高速公路工程可行性研究报告的批复》	晋发改交通发〔2009〕1194号
3	环境影响报告		山西省环境保护厅	《关于〈山西省高速公路网第二横广灵—浑源段环境影响报告书〉的批复》	晋环函〔2010〕201号
4	水土保持方案		山西省水利厅	《关于广灵—浑源高速公路水土保持方案的复函》	晋水保〔2009〕645号
5	初步设计	2010.3.29	山西省交通运输厅	《关于广灵—浑源高速公路初步设计的批复》	晋交建管〔2010〕115号
6	施工图设计		山西省交通运输厅	《关于广灵—浑源高速公路施工图设计的批复》	晋交建管〔2010〕369号
7	用地		山西省国土资源厅	《关于广灵—浑源高速公路建设项目用地预审的批复》	晋国土资函〔2010〕82号
			国土资源部	《关于广灵—浑源高速公路工程建设用地的批复》	国土资函〔2012〕180号

（2）资金筹措。批复总概算48.19亿元，其中省交通运输厅筹措12.89亿元，银行贷款35.3亿元。

（3）招投标。2009年9月，勘察设计资格预审文件和招标文件由北京中交建设工程招标有限公司（招标代理）编制完成，9月25日通过省交通运输厅组织的专家评审。11月11日，在省重点办、省交通运输厅、省检察院、省发改委、省审计厅、省监察厅等监督下开标，11月18日评审，最终确定1个联合体中标，中标价7000万元。2010年1~6月，建管处委托中招国际招标公司对路基、桥隧工程施工、监理单位公开招标，全国各地12个施工企业、4个监理公司中标。2011年1~5月，委托招标代理机构对路面、房建、交安、机电、绿化工程进行公开招标,24个施工企业、5个监理公司中标。

(4)合同段划分。根据项目特点,路基、桥隧工程分12个标段,路面工程分4个标段,房建工程分5个标段,交通安全工程分7个标段,机电工程分6个标段,绿化工程分2个标段,施工监理分9个标段。

(5)征地拆迁。项目建设涉及广灵、浑源2县9个乡镇,两县政府成立协调办公室,依据国家和地方相关标准,坚持以人为本、和谐征拆原则,做到拆迁项目、程序、主体、补偿标准"四个合法",2010年8月基本完成,共征用土地7620.2235亩。

2. 项目实施

(1)质量管理。建管处始终坚持质量为本,精心组织,科学安排。一是明确质量目标,责任落实到人。各施工单位都成立质量管理领导小组,制订完善措施,成立质量检查组,加大检查力度。二是多种形式进行质量宣传,营造良好氛围。每项工程开工前,针对可能出现的问题,制订控制措施,认真落实。针对施工难度大的特点,采取铺筑试验路段办法确定技术指标,明确重点部位和质量要点,进行重点管理。针对施工中遇到的质量难题,借鉴其他工程项目成功经验,实行动态监控与研究。每道工序完成都要通过严格验收程序,只有验收合格后才能进行下一道工序施工。

(2)安全管理。建管处本着"安全第一、预防为主"的指导方针,做到思想上高度重视、组织上有力保障、工作中狠抓落实,完善各项安全生产规章制度,强化基础管理和事故应急预案,切实建立长效机制,全面提高管理水平。建管处及全线各总监办、项目部均建立安全生产组织机构,监理单位由安全总监负责,施工单位落实安全主体责任,构建全覆盖安全管理体系。建管处以安全生产"零伤亡"为目标,制定《安全生产管理办法》,规范安全生产责任和制度。做到纵向到底层层落实,横向到边人人有责。在与各中标单位签订《安全生产合同》基础上,又签订年度《安全生产工作目标责任书》,同时与路面、交安、房建、机电、绿化施工单位签订《交叉作业安全生产互保责任书》,落实安全生产责任制。先后编制印发《安全生产手册》6500册,结合实际,建立14种安全生产管理台账及巡查日志,通过工地安全标语、操作规程、隐患公示牌等形式,营造浓厚安全生产氛围。根据施工进度,加强对危险源与重点部位、关键环节监管。特别加强对隧道、炸药库以及河道作业、爆破工程、临时用电监管,加强施工便道、过村路段、平交路口安全防护,加强冬季道路安全生产监管。

(3)进度管理。面对工程建设开工晚、工期紧、任务重的情况,建管处及时调整施工组织计划,科学组织,合理施工,规范管理,在保证质量和安全前提下,加快施工进度。一是将施工计划逐月安排落实,精确到天,各施工单位紧紧围绕这一目标组织施工。根据各施工单位年度总计划每月开展劳动竞赛活动,将任务层层分解,签订阶段目标责任书,通过质量、安全、进度考核综合评比,奖优罚劣。二是加强文明施工,塑造良好形象。对新进场的施工、监理单位下发《标准化工地建设管理指导意见》,按照标准对各施工、监理单位检查,对落实不到位的单位限期整改。编印《施工标准化实施细则》,使工地、施工、管理标准化贯穿全线。

（三）复杂技术工程

晋北地区隧道衬背地源供热防冻排水技术研究获得4项发明专利:
(1)双源供热型背贴式可排水止水带。
(2)一种寒区隧道施工缝双源供热排水防冻方法。
(3)一种复合防水层横向渗透性能测定装置。
(4)隧道衬背电热熔蜡造孔排水及供热防冻方法。
发表论文9篇,经省科技厅鉴定达到国际先进水平。

（四）科技创新

基于数字图像的路面构造深度检测技术研究获得3项发明专利:
(1)一种沥青路面构造深度的检测方法。
(2)一种道路路面构造深度的激光路面检测装置。
(3)一种沥青路面构造深度检测装置。
开发软件1套、发表论文3篇,经省科技厅鉴定研究成果达到国际先进水平。

（五）运营养护管理

1.收费站设置

2013年8月9日,根据省政府《关于同意广灵—浑源高速公路设置收费公路收费站的批复》(晋政函〔2013〕80号)文件规定,沿线共设蕉山、杜庄、广灵、梁庄、浑源东、浑源北6个收费站。

(1)蕉山收费站地处广灵县蕉山乡杜庄村,位于S36 K0+550处,收费广场面积32979m^2,共设12条车道;2016年,有2条出口MTC车道改造为ETC车道。

(2)杜庄收费站地处广灵县蕉山乡杜庄村,位于S36 K1+600处,车道2进3出;2016年,1进1出2条车道改造为MTC和ETC混合车道。

(3)广灵收费站地处广灵县蕉山乡龙虎岩村,位于S36 K7+915处,收费广场面积8443m^2,车道3进5出;2016年,1进1出2条MTC车道改造为ETC车道。

(4)梁庄收费站地处广灵县梁庄乡梁庄村,位于S36 K25+165处,收费广场面积8321m^2,车道3进5出;2016年,1进1出2条MTC车道改造为ETC车道。

(5)浑源东收费站地处浑源县沙圪坨镇杨庄村,位于S36 K58+250处,车道3进5

出;广场面积7708m²;2016年,1进1出2条MTC车道改造为ETC车道。

(6)浑源北收费站地处浑源县蔡村镇东留村,位于S36 K67+750处,收费广场面积7635m²,车道3进5出;2016年,1进1出2条MTC车道改造为ETC车道。

交通流量状况见表8-57。

交通流量状况表　　　　　　　　　　表8-57

年　份	年通行量(辆)	日平均量(辆)
2013年	40662	678
2014年	668784	1832
2015年	450320	1234
2016年	983945	2696

2.服务区设置

(1)广灵服务区地处浑源县白家坟村,位于S36 K13+120~K14+125处,总占地面积60亩,分南北两个区,总建筑面积5006.68m²。餐厅面积均为492.20m²,超市面积均为196.35m²,客房面积均为155.94m²,汽修厂面积均为152.40m²,公益服务、公共厕所及临时休息面积均为339.90m²,加油站面积均为95.88m²,油罐容量360m³(两区共12个,每个30m³)。停车场可停放车辆117辆,其中大车53辆,小型车64辆。设有汽修厂、附属用房,可为过往顾客提供加油、餐饮、购物、住宿、汽车修理等服务。

(2)浑源北服务区地处广灵县西庄村,位于S36 K59+952~K61+102处,总占地面积59.15亩,分南北两个区,南区29亩,北区30.15亩。总建筑面积5329.36m²,餐厅面积均为338.29m²,超市面积均为145.30m²,客房面积均为140.72m²,汽修厂面积均为152.40m²,公益服务、公共厕所及临时休息面积均为323.95m²,加油站面积均为95.88m²,油罐容量360m³(共12个,每个30m³)。停车场可停放车辆140辆,其中大车52辆,小型车88辆,设有汽修厂、附属用房,可为过往顾客提供加油、餐饮、购物、住宿、汽车修理等服务。

3.养护管理

建管处下设养护工程部、沙圪坨养护工区、隧道管理站。养护工程部配备部长1名、副部长2名,另配养护、桥隧、工程、综合管理员各1名。负责广源高速公路的日常养护、养护大中修工程、养护生产的组织管理,对工区、隧道管理站的工作进行监督和考核。养护工区设主任1名、副主任2名、技术人员10名、机械操作人员13名,内设机务材料、生产技术、综合管理、安全应急办公室;承担着道路维修保养、绿化管护及路况巡查,保障行车畅通、安全、快捷、舒适、美观。隧道管理站设监控、机务材料、生产技术、综合管理办公室,负责隧道日常养护、机电设备巡查维护、隧道监控等工作。管理处拥有各类养护机械49台。

第二十一节　S40 灵丘—河曲高速公路

一、繁大段(繁峙—大营)(建设期:2011年3月~2014年11月)

(一)项目概况

1. 基本情况

项目是山西省高速公路网"三纵十二横十二环"的第三横,横跨忻州东北部,连接繁峙、代县、原平3县市。向东与王庄堡—繁峙高速公路相接,直抵京津冀地区;向西与大营—神池高速公路相连,经河曲通往陕北、内蒙古。既是快速承接全省东西部物流、煤运大通道,又是全国中西部内陆省份出海通道之一。路线全长59.757km,双向四车道,沥青混凝土路面,设计速度100km/h,路基宽26m,批准概算投资32.31亿元。有大中小桥梁73座,涵洞、通道213道。2011年3月31日开工建设,2014年7月15日交工验收,2014年11月19日通车运营。

2. 前期决策

2009年,忻州市政府向省政府和省交通运输厅呈报建设繁峙—河曲高速公路意向书,得到省政府高度重视,成为山西中北部地区西通陕北、内蒙古、东达京津冀的重要战略通道。项目的实施将山西省高速公路网的东纵、中纵、西纵有效连接起来,对完善山西省高速公路网、缓解本省中北部地区横向交通压力、促进区域经济和沿线旅游业发展有着非常重要的意义。

3. 参建单位

(1)建设单位。2010年10月,省交通运输厅和忻州市政府签订《繁峙—大营高速公路项目建设协议书》,以省投市建的模式由忻州市政府承建。2010年10月14日,忻州市机构编制委员会办公室印发忻编办字〔2010〕152号文批准成立忻州市繁大高速公路建设管理处,负责项目的建设管理。内设综合办公室、党委工作部、工程管理部、质检安全部、工程技术部、地方协调部、财务部。

(2)设计单位。经过公开招标,除山西路晟交通建筑设计有限公司承担房建工程设计外,其余勘察设计全部由省交通设计院承担。

(3)施工单位。共有26个单位参加建设。其中路基工程8个,路面工程3个,房建工程4个,交通安全工程6个,绿化工程3个,机电工程2个。

(4)监理单位。共有4个单位实施监理,其中房建工程监理1个,机电工程监理1个,路基、路面工程监理1个,路基、路面、绿化和交通安全工程监理1个。

(二)建设情况

1.项目准备

(1)立项审批(表8-58)。2009年5月,省交通运输厅晋交便字〔2009〕249号文委托省交通设计院编制工程可行性研究报告;2010年7月,省发改委组织评审;同年8月,省发改委晋发改委交通发〔2010〕1145号文批复可行性研究报告;同年10月,省交通运输厅晋交建管〔2010〕593号文批复项目初步设计;2011年3月,省交通运输厅晋交建管〔2011〕103号文批复施工图设计。2010年9月~2013年4月,先后完成项目永久性占地、环境评估、水土保持、地震安全性评价等许可批复。

项目审批一览表　　　　　　　　表8-58

序号	项目	批复时间	批复部门	文件名称	文件号
1	可行性研究报告	2010.8	山西省发展和改革委员会	《关于繁峙—大营高速公路可行性研究报告的批复》	晋发改交通发〔2010〕1145号
2	初步设计	2010.10	山西省交通运输厅	《关于繁峙—大营高速公路初步设计的批复》	晋交建管〔2010〕593号
3	施工图设计	2011.3	山西省交通运输厅	《关于繁峙—大营高速公路施工图设计的批复》	晋交建管〔2011〕103号
4	项目用地预审	2010.9	山西省国土资源厅	《关于繁峙—大营高速公路建设项目用地预审的批复》	晋国土资函〔2010〕541号
5	环境影响报告	2010.10	山西省环境保护厅	《繁峙—大营高速公路工程环境影响报告书》	晋环函〔2010〕1081号
6	水土保持方案	2010.11	山西省水利厅	《关于繁峙—大营高速公路水土保持方案的批复》	晋水保函〔2010〕496号
7	林地	2011.12	国家林业局	对山西省林业厅上报的《关于繁峙—大营高速公路建设项目永久性占用征收林地的请示》(晋林资字〔2011〕184号)进行批复	林资许准〔2011〕386号
8	用地	2013.4	国土资源部	对山西省人民政府上报的《关于繁峙—大营高速公路建设项目使用土地的请示》(晋政〔2013〕2号)进行批复	国土资函〔2013〕274号
9	项目法人	2010.10.14	忻州市机构编制委员会办公室	《关于批准成立忻州市繁大高速公路建设管理处的通知》	忻编办字〔2010〕152号

(2)资金筹措。批准概算32.31亿元。其中省交通运输厅自筹资本金8.2亿元,工商银行贷款24.6亿元。2012年12月13日,省政府晋政函〔2012〕156号文件,同意项目由政府还贷公路变更为经营性公路(BOT),项目投资人确定为省交通设计院。2015年8月,山西交院大成高速公路有限公司归还省交通运输厅前期垫付的全部资金。

(3)招投标。建管处结合实际,先后8次面向社会公开招标,涵盖设计单位、招标代理机构、路基桥涵、房建、路面、机电、交通安全、绿化工程施工和监理单位以及甲控材料和养护设备等。建管处成立招标工作领导小组,邀请市人大、政协、发改委、审计局等相关单位派人参加,纪检、监察人员和公证处全程监督。每次招标都按照规定程序和时间在中国采购与招标网、山西交通运输网、山西招投标网发布,采取随机抽取的形式确定技术专家,组成评审委员会进行资格预审和开标评审。期间,先后有26个施工企业、4个监理公司、9个材料供应商中标。通过法定程序和严格审核录用,规范公路建设市场秩序,使有资质、有实力的施工企业参加工程建设,为有效避免建设市场乱象奠定良好基础。

(4)合同段划分。根据项目特点,路基桥涵工程分8个标段,路面工程分3个标段,绿化工程分3个标段,标志工程分3个标段,护栏工程分3个标段,机电工程分2个标段,房建工程分4个标段,施工监理分4个标段。

(5)征地拆迁。项目建设涉及3县(市)10个乡镇64个行政村,截至2010年10月,共征用土地6428.12亩,拆迁房屋976m²,支付补偿费用47163.27万元。

2.项目实施

(1)质量管理。建管处始终把强化质量教育,增强质量意识作为一项重要工作常抓不懈。一是牢固树立如履薄冰的风险意识、一丝不苟的责任意识、科技引领的创新意识,建立健全四级质量管理体系,制订下发《工程质量管理办法》,规范质量管理。二是围绕质量目标,严格检测和过程控制,实现精细化管理。完善"横向到边、纵向到底"的监控体系,采取抽查与旁站相结合、一般与重点相结合的方法,重点部位、隐蔽工程、关键工序实行旁站监理。对桥梁钻孔灌注桩、涵洞台背回填、梁板预制、路基、路面结合部等关键部位实行严格监管,严格控制工艺,发现问题严肃处理。三是认真开展"回头看、查隐患、补缺陷"排查活动,对实体质量、原材料及施工工艺进行"回头看"和排查整改。从施工组织和程序入手,从细节抓起,实施全方位、无缝隙过程控制和工艺控制,以"零容忍"态度对待质量,有效保证产品内在和外观质量。

(2)安全管理。为实行有效监管,一是强化红线意识和底线意识,牢固树立安全发展理念,坚守安全第一宗旨,全力推进"平安文明工地"创建。以加强施工现场防范、降低事故发生率为重点,做到组织保障坚强有力,全面夯实基础;责任落实坚强有力,全面提升施工现场管理水平;措施保障坚强有力,认真搞好隐患排查整改。二是全面落实"两个责任",按照党政同责、一岗双责、齐抓共管和管工程必须管安全原则,确实把监管责任和企业主体责任落实到位。通过明责、知责、履责、追责,形成"人人都有责任心、事事都有责任制、处处都把责任落实"格局。三是突出抓好源头预防和重点环节、工序的重点监控。坚持问题导向,加大隐患排查治理力度,提高应急管理能力和水平,完善应急预案和安全强制措施;增加经费投入和设施配套,做到隐患排查全覆盖,应急处置有方案,严格管理零容忍。呈现时时想安全、处处防事故、人人保安全的良好局面,保证安全生产持续稳定。

（3）进度管理。建管处紧紧围绕目标,坚定信念,全力推进工程建设。各参建单位积极应对前期资金严重短缺困难,精心组织,千方百计加快进度。建管处通过组织调度会、促进会、现场观摩会、工期专题分析会等多种形式,增强完成建设任务的责任意识。根据年度目标和阶段工程任务,确定工期目标和时间节点,组织开展"保工期、保安全、创精品、树形象"为主题的创先争优劳动竞赛,通过签订目标责任状形式,使全线施工、监理单位和工程建设者牢固树立工期目标和责任意识。2011—2013年,先后组织开展规模较大劳动竞赛8次,奖励先进施工、监理单位42个,金额535万元;处罚单位7个,金额52万元。通过大张旗鼓地表彰先进单位和模范个人、处罚落后单位,极大调动全体参建员工积极性,促进工期目标实现。

（4）党建工作。建管处始终坚持工程建设、党建工作两手抓、两手硬方针,实现党建和工程建设双赢目标。参建单位全部建立临时党支部,党支部书记对党建和党风廉政建设负主体责任,围绕工程抓党建、抓好党建促工程。一是在"急、难、险、重"岗位设立共产党员"先锋岗"、在制约工程关键工序设立共产党员"攻坚岗"、在工程各关键环节设立共产党员"责任岗"。以"三岗"带动"全岗",充分发挥基层党组织的战斗堡垒作用和共产党员的先锋模范作用,使党组织建设和工程管理融为一体,将党组织的战斗堡垒作用渗透到工程建设全过程,将党员干部的先锋模范作用延伸到各岗位。二是积极开展预防职务犯罪警示教育。按照中纪委廉洁从政"八项规定",结合工程建设领域典型案例,对全体党员干部进行反腐倡廉和党风党纪教育,使广大党员从思想上廉洁守法、从行为上防微杜渐。严守思想底线,坚决遏制形式主义、官僚主义、享乐主义和奢靡之风,进一步强化全心全意为人民服务宗旨意识和勤政廉洁服务意识,满腔热情服务工程建设。三是积极开展文明示范窗口、平安文明工地创建活动。坚持把开展"文明示范窗口""平安文明工地"创建活动与"讲党性、重品行、做表率"活动相结合起来,与推进学习型党组织建设相结合,与落实党风廉政建设责任制相结合,强化组织领导,狠抓活动落实,进一步加强行业文明创建。建管处连续两次被省交通运输厅评为完成目标责任制先进单位、绩效考核优秀单位,被省政府评为全省高速公路建设先进单位,被省劳动竞赛委员会授予"五一劳动奖状"。有4个施工单位和7名工程技术人员分别受到省政府、省劳动竞赛委员会和省文明办表彰奖励。

（5）重大变更。项目主线施工图设计 K56+737.6 处上跨北同蒲铁路复线，2011 年 3 月，国家发改委对大西高铁项目明确批复，大同—原平段利用北同蒲铁路复线后直接影响到繁大高速公路的交叉方式。随后，省交通运输厅与太原铁路局召开协调会，会议决定对繁大高速公路局部路段进行改线，将与北同蒲铁路复线的交叉方式由上跨改为下穿。

（三）复杂技术工程

（1）下穿大运高速公路框架桥 3 座。主线与大运高速公路交叉箱形框架桥，结构为 15.5m+11.8m+13m，全长 40.1m；A 匝道与大运高速公路交叉箱形框架桥，结构长为 1~14m，全长 35.5m；B 匝道与大运高速公路交叉箱形框架桥，结构长为 1~14m，全长 33m。2012 年 6 月 27 日，施工方案通过评审，7 月 1 日开始施工，11 月 30 日恢复大运高速公路主线通车。

（2）下穿正在建设的北同蒲取直线钢筋混凝土箱形框架桥。为保证北同蒲线 2011 年 10 月 20 日进行铺轨作业，确定采用开挖空顶施工工艺，最后进行框构顶进与线路恢复。

（四）科技创新

在工程建设中，为充分利用繁峙、代县当地废弃的铁尾矿砂，减少环境污染，建管处结合本路段实践，与省交通科研院共同开展"铁尾矿砂填筑路基工程特性研究""铁尾矿砂在水泥稳定碎石中的应用研究""铁尾矿砂水泥砂浆、水泥混凝土研究特性"及"试验路铺筑及经济性分析"等课题研究。研究成果获省科技成果三等奖，并取得国家知识产权局实用新型专利证书。

（五）运营养护管理

1. 收费站设置

2014 年 10 月 30 日，根据省政府晋政函〔2014〕80 号文批复，沿线设繁峙西、代县北 2 个收费站。

（1）繁峙西收费站地处繁峙县雁头村，位于 S40 K69+157 处，收费广场面积 2646.92m^2，车道 3 进 6 出，其中包含 1 进 1 出 2 条 ETC 车道。

（2）代县北收费站地处代县水峪村，位于 S40 K94+179 处，收费广场面积 7538.07m^2，车道 3 进 5 出，其中包含 1 进 1 出 2 条 ETC 车道。

交通流量状况见表8-59。

交通流量状况表　　　　　　　　表8-59

年　份	路段一通行量(日均)	路段二通行量(日均)	路段三通行量(日均)	全年日平均量(辆)
2014年	473	1287	1730	1163
2015年	484	1619	1799	1301
2016年	867	1785	2190	1614

2. 服务区设置

代县服务区地处代县三家村,位于S40 K84+487处,占地面积54578.6m²,分主副两个区。主区占地27370m²,副区占地27208.6m²,建筑面积5424.3m²。配备有综合服务楼,建筑面积4223.41m²,附楼352.3m²,机修车间289.8m²,加油站206.48m²,停车场可停放大小车辆260辆。可为旅客提供加油、汽修、餐饮、购物、卫生间、住宿等服务项目。

3. 养护管理

通车运营后,由省交通设计院下属的山西交院大成高速公路有限公司养护中心负责养护管理。中心设主任1名、书记1名、副主任2名、技术员2名,配备6名巡路工、6名司机、4名内业人员,由公司统一招聘和调动。在养护机械配备方面:有日常养护作业车4辆、洒水车2辆、扫路车2辆、除雪撒布车3辆、高空作业车1辆、综合养护车1辆、护栏抢修车1辆、装载机1台、随车吊机1台、除雪铲6套。可随时做好应对突发情况,具备快速反应的条件和能力。

二、原神段(原平大营—神池)(建设期:2013年5月~2016年12月)

(一)项目概况

1. 基本情况

项目是山西省高速公路网"三纵十二横十二环"第三横的重要组成部分,是忻州境内西通陕西、内蒙古,东达京津冀的重要战略通道。起点位于原平市沿沟乡麻地沟村,与繁峙—大营高速公路终点大运枢纽相接,经原平、宁武、神池3县(市),终点位于神池县东湖乡,与神池—河曲高速公路相接。双向四车道,设计速度80km/h,路基宽24.5m。有特大桥4994m/2座,大桥8951m/22座,中桥778m/13座,特长隧道5512m/1座,长隧道7273m/4座,中隧道2341m/3座,涵洞96道,通道46道,桥隧比例占46%。设原平北、宁武北、神池北3处互通式立交,设分离式立交2处、有连接线3条,总长64.67km,概算投资74.9亿元,2013年5月全面开工,2016年12月全线具备通车条件。

2. 前期决策

2003年12月,受省交通厅委托,省交通设计院对线路实地踏勘。2010年8月,编制

《可行性研究报告》,同年10月,省发改委批复立项。

3. 参建单位

(1)建设单位。2010年9月,经省交通运输厅和忻州市编办批准,成立灵河高速公路原神段建设管理处,下设综合办公室、党委工作部、工程管理部、技术质检部、安全生产部、计划财务部、地方协调部、交通机电部和东、西前线指挥部。

(2)设计单位。省交通设计院和山西路晟交通建筑设计有限公司共同承担勘察设计任务。

(3)施工单位。共有37个单位参加建设,其中路基工程10个,路面工程3个,总承包工程2个,房建工程3个,机电工程7个,采空区处置工程7个,服务区工程3个,环保工程2个。

(4)监理单位。共有8个单位实施监理,其中路基路面桥涵、隧道、采空区工程监理5个,交通安全和环保、房建、机电工程监理各1个。

(二)建设情况

1. 项目准备

(1)立项审批(表8-60)。2010年10月22日,省发改委晋发改交通发〔2010〕1348号文批复可行性研究报告;2011年4月6日,省交通运输厅晋交公字〔2011〕149号文批复初步设计;2012年1月,省交通运输厅晋交建管〔2012〕13号文批复施工图设计。

项目审批一览表　　　　表8-60

序号	项　目	批复时间	批复部门	文件名称	文　件　号
1	项目法人	2010.9	山西省交通运输厅	《关于成立灵河高速公路(原神段)建设管理处的通知》	晋交人〔2010〕501号
2	可行性研究报告	2010.10	山西省发展和改革委员会	《关于大营—神池高速公路可行性研究报告的批复》	晋发改交通发〔2010〕1348号
3	用地预审	2010.11	山西省国土资源厅	《关于大营—神池高速公路建设项目用地预审的批复》	晋国土资函〔2010〕679号
4	地质灾害危险性评估	2011.4	山西省国土资源厅	《地质灾害危险性评估报告备案登记表》	晋国土资环(灾)备〔2011〕049号
5	地震安全性评价	2011.7	山西省地震局	《关于大营—神池高速公路工程场地地震安全性评价报告的批复》	晋震标〔2011〕178号
6	环境影响报告	2011.1	山西省环境保护厅	《关于大营—神池高速公路环境影响报告书)的批复》	晋环函〔2011〕20号

续上表

序号	项目	批复时间	批复部门	文件名称	文件号
7	水土保持方案	2011.9	山西省水利厅	《关于大营—神池高速公路工程水土保持方案的批复》	晋水保〔2011〕690号
8	压覆矿产	2009.12	国土资源部	《关于山西省灵河高速公路原神段工程压覆矿产资源的函》	国土资函〔2013〕635号
9	初步设计	2011.4	山西省交通运输厅	《关于大营—神池高速公路初步设计的批复》	晋交公字〔2011〕149号
10	施工图设计	2012.1	山西省交通运输厅	《关于大营—神池高速公路施工图设计的批复》	晋交建管〔2012〕13号
11	用地	2015.2	国土资源部	《关于大营—神池高速公路工程建设用地的批复》	国土资函〔2015〕97号
12	文物保护方案	2012.1	国家文物局	《关于大营—神池高速公路通过山西省境内东魏长城遗址保护方案的批复》	文物保函〔2012〕55号

（2）资金筹措。原批复概算75.2735亿元，施工图补充设计批复后总概算核定为74.9142亿元。其中省交通运输厅自筹资本金18.8185亿元，银行贷款56.4550亿元。

（3）招投标。2010年10月21日，省交通运输厅重点办明确由北京中交建设工程招标有限公司为招标代理单位。在招投标过程中，建管处认真贯彻国家相关法律法规，严格执行《山西省交通运输厅公路工程招标投标管理办法》，在招标文件编制、发布招标公告、评审和合同谈判阶段严格按程序办事，择优选取监理、施工单位，各项招标程序规范、有序、合法。

（4）合同段划分。根据项目特点，路基、桥隧工程分12个标段，路面工程分3个标段，交通安全设施工程分3个标段，房建工程分4个标段，环保工程分2个标段，机电工程分7个标段，施工监理分8个标段。

（5）征地拆迁。项目建设涉及3县(市)7个乡(镇)44个自然村，在忻州市协调领导组的统筹下，各县(市)分别成立相应机构，多次组织召开会议，协调解决各种问题，截至2015年10月，共完成永久性征地5562亩，拆迁房屋105处，支付各项补偿费用35983.92万元。

2．项目实施

（1）质量管理。建管处严格落实"质量为本"要求，坚持"注重过程，一次成优"原则，多措并举，预控为先，确保实体质量各项指标达到设计及规范要求，全线工程质量总体状况稳定。一是规范质量管理程序,落实精细管理要求。从隐蔽、重点、难点、关键点着手,抓住关键环节,优化施工工艺,保证施工质量,将精细化管理理念贯穿始终;结合实际制定一系列管理办法,使重点环节施工质量趋于标准和统一;要求各总监办严格监理程序,在施工中没有进行自检或自检不合格的工程,不得报请监理验收与计量,已完成的分项工程经抽检不合格的不得擅自进入下道工序施工;成立质量检查组,建立专项质量管理制度,加大重点及隐蔽环节的监管力度,特别是隧道初期支护各环节,如锚杆、超前小导管、钢拱架、初喷混凝土、机电预留管道、防排水施工等环节,实行专项质量验收,保证隐蔽及薄弱环节的施工质量,从而确保整体工程质量。二是严格过程控制,确保一次成优。加强对进场原材料的质量抽检,委托有资质试验检测机构对原材料进行试验检测,对特殊材料采取外委专项抽检,把好质量管理第一道关;严格施工工序质量,对路基压实、路面沥青混凝土拌和、运输、摊铺、碾压、桥梁混凝土拌和、振捣工艺及钢筋加工焊接、隧道施工中超前小导管与锚杆施工、钢拱架榀数与排列间距、隧道喷射混凝土与二次衬砌施工、中心水沟施工质量等关键工序,实行监理现场旁站、洞口监控、建管处监管三级控制体系,重点检查、专项验收,有效保证工序质量;加强成品混凝土工程控制,对混凝土工程按比例抽检,对桥梁桩基、墩柱、箱梁混凝土强度进行100%检测,对隧道初期支护进行钻芯取样,二次衬砌混凝土进行回弹,合格率均达100%;推行"五化"管理标准,落实"管理提升年"活动要求,以日常巡查、月度考核、远程监控为工作常态,结合质量"回头看"、质量隐患与缺陷排查等专项活动,确保已完工程实体质量各项指标达到规范及设计要求。三是狠抓质量隐患预防处治工作,严格奖惩考核机制。遵循"预防为主"方针,针对可能出现的问题,提前介入,制定详尽控制方案,认真落实;通过定期巡查,及时发现问题,制定控制措施,规范管理行为,使整体质量稳步提高。

(2)安全管理。建管处始终把安全生产放在各项工作首位,强化组织领导,细化职责,建章立制,狠抓落实,未发生任何安全生产事故。一是措施到位,层层落实安全生产责任制。逐级签订《安全生产责任书》,明确各自职责,加强对重点岗位、重点人员、要害部位监管。二是管理到位,建立健全各项制度。先后建立安全管理办法、制度30多项,做到事事有规范、岗位有标准、人人有要求。坚持持证上岗操作,凡是考核不合格人员,一律不准上岗。制订危险源排查明细表,组织专人排查对事故隐患,做到心中有数。三是宣传教育到位。在加强培训基础上,先后开展"安全生产百日专项行动""安全生产月""安全隐患治理年""安全生产专项整治年"等活动,安全意识大力提高。四是安全经费投入到位。各项目部严格按照招标文件规定的安全生产费用投入使用,建立入库、出库台账,做到账物相符,专款专用。五是严格考核,加大安全监管力度。按照"五个全覆盖""三个必须"要求,对安全隐患进行拉网式排查,及时整改,有针对性地制定应急预案并进行演练;2014年8月6日,全省"平安文明工地"暨安全应急演练现场会在本路段召开,整场演练环环相扣、紧张有序,既锻炼队伍、增强应急实战能力,又检验预案可操作性。在对各施工企业考核中,实行安全一票否决制,与劳动竞赛、计量支付奖罚挂钩,企业安全文明施工蔚然成风。

(3)进度管理。建管处重点抓好3项工作:一是强化"进度效益"理念,建设高效工程。锁定工期,分解目标,与监理、施工单位签订《年度目标责任书》,细化任务内容、落实责任人、明确推进时间表。分阶段、分标段细化施工组织计划,优化管理流程,全面加快各道工序施工进度。二是注重过程管理,积极推行施工标准化建设。根据工程进展,梳理归纳各项重点、难点任务,要求各总监办、施工单位列入每月工作计划中,逐个解决和突破;在建设中,优先安排通道、涵洞及大中小桥施工,为确保路基整体贯通创造有利条件;对隧道爆破开挖、初期支护、仰拱、二次衬砌、防排水、路面等重点环节加强现场管理,确保有序推进;重视对隐蔽工程的过程管理,留存影像资料备查,隐蔽和关键分项工程实行监理全过程现场旁站监督。三是加强考核管理,确保项目建设顺利推进。以强化履约考核和信用评价管理为抓手,采取加大奖惩力度、向施工单位总公司通报(约谈)、在履约考核中直接降级、计入"黑名单"甚至肢解其工程等措施,对进度滞后或质量、安全出现问题的单位进行处罚;以开展"交通运输管理提升年"活动为契机,通过加强物资、设备采购监管,细化各个单项工程的目标成本,严格落实市场信用评价与招投标相挂钩的激励约束机制,有效规范施工单位从业行为,确保项目建设顺利推进。

(4)党建工作。建管处党委确立"围绕工程抓党建,抓好党建促工程"的思路,坚持工程建设和党建工作两手抓、两手硬,广泛开展各项党建活动,充分发挥基层党组织的战斗堡垒作用和党员的先锋模范作用,为推进工程建设提供坚强组织保障。一是把党支部建在项目上。做到"施工项目延伸到哪里,党组织就建到哪里"。二是选优配强支部班子。坚持党组织与项目部行政建制同步组建,以创建"政治素质好、经验业绩好、团结协作好、作风形象好"为标准进行选配。三是注重党的制度建设。以构建党建工作长效机制为重点,按照党员"长期受教育,永葆先进性"要求,制定完善多项党建制度。四是丰富创新活动方式。组织开展"一个党员一面旗""工人先锋号""青年突击队"等活动,号召广大党员立足本职,争创一流,履行职责,全力服务工程,充分发挥示范表率作用,彰显共产党员的先进性。五是重视发展优秀员工入党。在"坚持标准,保证质量"前提下,关注和考察有一定政治觉悟、有较好文化素质、有入党愿望的年轻人,在生活上关心他们,在工作中帮助他们,在思想上引导他们,先后有20余名优秀员工向党组织递交《入党申请书》,发展新党员9名、预备党员9名,培养入党积极分子2名,为党组织增添新鲜血液。

(5)廉政建设。建管处党委始终坚持把反腐倡廉建设放在突出位置,积极落实"两个责任",贯穿始终,为顺利完成建设任务提供有效保证。一是坚持以人为本,不断强化廉政教育。把廉政教育、警示教育纳入党员干部日常教育中,学习贯彻中央八项规定精神和

《中国共产党纪律处分条例》，集中观看反腐倡廉警示教育片，建立和完善长效机制，筑牢思想防线；加强廉政文化建设，宣传勤政廉政典型，加大警示教育力度，不断提高党员干部廉洁从政意识，提高拒腐防变能力。二是加强制度建设，推进反腐倡廉建设科学化、规范化和制度化。结合实际，抓住审核审批、招标投标、转包分包、设计变更、资金拨付、工程质量、征地拆迁、物资采购等腐败易发多发部位和关键环节，按照明确具体、简便易行和具有可操作性要求，不断完善相关制度，严格规范项目管理行为，规范设计、施工、监理行为，铲除滋生腐败土壤，形成用制度管人管事管权、按制度办事的良好局面。三是认真落实党风廉政建设责任制。建管处与机关各部室签订《党风廉政建设目标责任书》，与施工、监理单位签订《廉政合同》。四是围绕廉政风险防控标准化网络体系，仔细查找风险防控点，制定防控措施，制定提示卡、警示卡和通知卡，根据防控时段及时发给相关部门和责任人，确实起到廉政风险防控作用。五是整合监督资源，强化制度监督，加大案件查处力度。通过设立举报电话、举报箱等形式，畅通监督渠道；定期进行廉政巡查，在项目管理中加强信息化建设，向社会公开建设管理日常工作，着力打造"阳光工程"。

(三)复杂技术工程

野马梁特长隧道位于晋西北云中山北侧野马梁基岩山区内，全长5512m，最大埋深336.9m，属深埋特长公路隧道。该隧道设斜井两座，其中1号斜井长878m，2号斜井长268m。为保证野马梁特长隧道安全、优质、顺利完工，在隧道施工中精心部署，坚持先支护、后开挖、短进尺、弱爆破、早封闭、勤量测的施工原则，采用台阶法(留核心土)施工，确保隧道施工安全和结构稳定性，聘请第三方监控量测机构全过程监测，运用洞口视频监控和建管处远程监控系统，对隧道施工全过程跟踪监控，实现了隧道施工信息化、动态化、全程化管理。

(四)运营养护管理

1. 收费站点设置

(1)原平北收费站地处原平市崞阳镇雷家峪口村，位于S40 K127+272处，建筑面积1781.6m^2，车道4进6出。

(2)宁武北收费站地处宁武县凤凰镇马家湾村，位于S40 K164+927处，建筑面积1656.4m^2，车道4进6出。

(3)神池收费站地处神池县东湖乡三山村，位于S40 K180+194处，建筑面积1655m^2，车道3进5出。

2. 服务区和停车区设置

(1)轩岗服务区位于K23+170~K24+330处，占地面积294亩，建筑面积5497.08m^2，

主区、副区均为综合楼建筑面积2013m²,加油站96.28m²,机修用房144m²;隧道管理站办公楼建筑面积492.52m²,附属用房318m²。

(2)神池停车区位于 K58+710～K59+700 处,占地面积161亩,建筑面积2392.26m²,主区、副区均为综合楼建筑面积572.51m²,加油站96.28m²,机修用房144.88m²;隧道管理站办公楼建筑面积492.52m²,附属用房272.4m²。

三、神河段（神池—河曲）（建设期:2011年4月～2014年9月）

（一）项目概况

1. 基本情况

项目是山西省高速公路网"三纵十二横十二环"第三横的重要组成部分,起点位于神池县东湖乡,设东湖枢纽与原平—神池高速公路相连,与西纵高速公路朔州—岢岚段十字交叉,终点位于河曲县文笔镇科村与晋蒙黄河公路大桥相接,自东向西途经神池、五寨、偏关、河曲4县,与国道209线、省道306线交叉。双向四车道,从神池县东湖乡—五寨县三岔互通39.84km,路基宽26m,设计速度100km/h;三岔互通—终点段长59.4km,路基宽24.5m,设计速度80km/h;同步建设神池西连接线一级公路0.93km、三岔连接线二级公路4.914km、偏关连接线二级公路14.008km、河曲连接线一级公路4.397km,连接线共计24.249km/4处。设计汽车荷载等级采用公路—Ⅰ级。全线互通式立体交叉6处。全线动用路基土石方6118万m³,建设桥梁27129m/141座,涵洞通道216道,隧道3073m/5座。路线全长99.24km,概算总投资81.55亿元。2010年10开始筹建,2011年4月18日开工建设,2014年9月25日建成通车。

2. 前期决策

项目是晋西北革命老区北连内蒙古、西通陕西、东接其他高速公路直抵河北的重要出省通道,对于形成山西省开放型高速公路网络,建立和完善综合运输体系,改善省际交通联系,增强煤炭运输和旅游景点通达能力,拉动区域经济发展、方便沿线人民出行具有十分重要的意义。

3. 参建单位

(1)建设单位。2010年9月25日,经省交通运输厅党组批准成立灵河高速公路(神河段)建设管理处,内设综合办公室、党工人事部、工程管理部、技术质检部、合同安全部、地方协调部、计划财务部、机电办公室。根据工程建设需要,成立东、西两个前线指挥部,负责一线工程建设管理。

(2)设计单位。经过公开招标,山西交科公路勘察设计院和山西路晟交通建筑设计有限公司承担勘察设计任务。

(3)施工单位。共有41个单位参加建设。其中路基工程11个,路面工程5个,房建工程7个,交通安全工程8个,绿化工程6个,机电工程4个。

(4)监理单位。共有8个单位实施监理,其中路基工程监理5个,路面和交通安全工程监理3个,房建工程监理1个,机电工程监理1个。

(二)建设情况

1. 项目准备

(1)立项审批(表8-61)。2010年10月,省发改委晋发改交通发〔2010〕1347号文批复可行性研究报告;2011年1月,省交通运输厅晋交建管〔2011〕37号文批复初步设计;2011年,省交通运输厅晋交建管〔2011〕450号文批复施工图设计。

项目审批一览表　　　　　　表8-61

序号	项目	批复时间	批复部门	文件名称	文件号
1	项目法人	2010.9	山西省交通运输厅	《关于成立灵河高速公路(神河段)建设管理处的通知》	晋交人〔2010〕502号
2	可行性研究报告	2010.10	山西省发展和改革委员会	《关于神池—河曲高速公路工程可行性研究报告的批复》	晋发改交通发〔2010〕1347号
3	环境影响报告	2011.3	山西省环境保护厅	《关于〈神池—河曲高速公路环境影响报告书〉的批复》	晋环函〔2011〕478号
4	水土保持方案	2011.5	山西省水利厅	《关于山西省神池—河曲高速公路工程水土保持方案的批复》	晋水保函〔2011〕264号
5	初步设计	2011.1	山西省交通运输厅	《关于神池—河曲高速公路初步设计的批复》	晋交建管〔2011〕37号
6	施工图设计	2011	山西省交通运输厅	《关于神池—河曲高速公路施工图设计的批复》	晋交建管〔2011〕450号
7	用地	2010.12	山西省国土资源厅	《关于神池—河曲高速公路建设项目用地预审的批复》	晋国土资函〔2010〕730号
		2013	国土资源部	《关于灵河高速公路神河段工程建设用地的批复》	国土资函〔2013〕275号

(2)资金筹措。原批复概算76.07亿元,核准施工图预算78.5842亿元,初步设计概算调整后总概算最终核定81.5497亿元。项目资金来源为省交通运输厅自筹资本金

25%,银行贷款75%;其中,省交通运输厅自筹资本金20.3875亿元,银行贷款61.1622亿元。

(3)招投标。2010年10月8日,项目公开发布招标代理比选公告,通过公开比选,最终选定山西中金招标代理有限公司负责招标代理,并迅速开展招标文件编制、评审。先后分四批完成业主中心试验室、路基桥隧、房建、路面、绿化、交安、机电工程施工及工程监理招标。遵循公开、公平、公正、诚实信用原则,在全省率先采用"合理低价随机开标法",有效杜绝围标串标现象。按规定在指定媒体发布资格预审公告和招标公告、评标结果公示,同时向省交通运输厅申请抽取专家负责评审工作,招标结束后快速办理保证金退还事宜。投标保证金收取和退回严格按照招标文件执行。项目设计、监理、施工及重要设备材料严格按规定进行招标,并将所有资料报省交通运输厅备案,整个项目招标过程未发生投诉事件。

(4)合同段划分。根据项目特点,路基、桥涵、隧道工程分11个标段(其中1个标段为总承包标段,共设7个分部),路面工程分5个标段(其中1个标段为总承包标段,共设3个分部),房建工程分7个标段,绿化工程分6个标段,机电工程分4个标段,施工监理分10个标段。

(5)征地拆迁。项目建设用地涉及4县11个乡镇48个行政村,忻州市政府及各县均成立征地拆迁工作协调领导组,协调解决各种问题,2014年9月顺利完成,共征用土地13460.16亩,拆迁房屋16095.2m^2,支付补偿费用60566.9万元。

2.项目实施

(1)质量管理。建管处自始至终将质量管理放在工程建设首要位置,将"创建优质工程,争创鲁班奖"作为质量管理的目标,对工程质量进行全方位、动态化、标准化管理,建立纵向到底、横向到边的质量保证体系。一是锁定质量目标,全面落实工程质量责任制。围绕工程项目法人制和工程质量终身制,明确质量目标,签订质量目标责任状。从建管处到中心试验室、总监办、施工单位,层层建立《工程质量责任登记表》,细化到分项工程责任登记,设立质量终身责任制档案。二是建立健全管理制度,坚持精细化管理。在有关专家指导下,建管处编写《精细化管理指南》,制定《工程质量管理办法》《安全管理办法》《监理管理办法》《原材料管理办法》《试验检测管理办法》等一系列规章制度,质量安全管理手段秉持以制度管人,以制度办事,规范施工作业行为。三是严格执行质量责任追究制度。将各单位落实工程质量责任制情况,作为公路建设市场诚信评价体系的重要依据。每季对施工、监理单位进行信用评价,实行"质量一票否决制",对造成质量问题的单位进行全线通报批评,对施工单位负责人追究领导责任。四是实行首件产品认证制度。首件产品实行严格的开工审批制度,不具备开工条件的工程不能开工,确保首件产品质量。首件产品完工后,施工单位经驻地监理组初审、总监办审核批准后,按照现有工艺、工序组织施工,确保工程质量一次成优,避免不必要返工造成经济和进度损失。五是严格执行工程质量巡查制和质量检测周报制。加强施工现场质量管理,深入开展质量回头看活动。建管处除了成立质量管理领导组外,专门设立工程质量巡查组,由技术质检部、中心试验室和监控单位组成,分别为东、西两组,采取不定期、不预先通知方式,深入工地巡查督导,通过加强事前预防、过程控制和隐患排查等活动,从源头上防止各类质量隐患发生。同时,实行质量检测周报及关键工序现场质量签认制度,以动态化管理监控工程质量。

（2）安全管理。建管处围绕"零伤亡"目标,认真落实安全生产各项规章制度,健全管理体系。一是健全机构,落实责任。从建管处到各总监办、项目部都健全安全生产组织机构,完善各项应急预案。施工单位组建抢险队伍、物资落实到位,细化分解落实责任制。建管处与中标单位签订《安全生产合同》,签订年度《安全生产目标责任状》,进一步明确各方安全责任和安全生产目标。二是完善安全制度,规范操作程序。建管处印发《安全生产管理办法》《施工安全管理流程》《安全生产保证体系》等管理标准,编印《安全生产工作手册》,相继下发《安全生产费用使用管理办法》《安全生产违章作业处罚标准》《安全生产指导意见》《人工挖孔防护标准》《开展安全隐患大排查的通知》《交通管制工作方案》等文件。三是进一步加大宣传教育力度,增强全员安全生产意识。

（3）进度管理。建管处对工程进度进行科学合理控制。一是制订年度总体工作纲要及每月工作计划。按照计划组织施工生产,提高效率,加快进度。二是适时总结、动员和部署。在工程进展关键节点召开总结表彰、工作部署、业务培训、现场观摩会议,要求各施工、监理单位锁定目标、细化施工组织、科学安排进度。三是严格实行阶段目标考核。按照年度总目标和各关键节点工期,逐年划定阶段目标任务,进行动态考核,严格执行日报、旬报、月报制度以及旬通报制度。实行以天保旬、以旬保月、以月保季、以季保年,每10天召开一次建设情况分析会,做到目标明确,管控到位,激发各单位争先创优的士气和干劲。四是建立奖惩激励机制,鼓励先进,鞭策后进,实现各标段均衡发展。建管处在下达阶段进度目标计划的同时,制定出台一系列奖惩激励办法,包括劳动竞赛实施方案、阶段目标考核办法,从综合考评、完成投资到形象进度等方面明确考核内容、评分依据和奖惩额度,有效激发全体参建单位的生产热情,掀起"比、学、赶、超"的大干高潮,整体推进工程建设。

（三）科技创新

在新技术、新工艺应用方面,建管处主抓五项工作。一是推广预应力机械穿束工艺。与人工穿束工艺相比,具有费用低、进度快、钢束编号准确等优点。在全线推广后保证张拉质量,加快施工进度。二是挖方段高边坡防护排水施工使用"爬山虎"施工工艺,将石料、砂浆传输运往各级施工作业面,避免对边坡的破坏及污染,同时节约成本,加快施工进度。三是为确保桥面铺装强度和平整度,在进行桥面铺装时,使用全宽度摊铺一次成型的桁架式分体辊轴整平机。四是在沥青拌和楼安装"黑匣子"进行监控,将数据适时传到建管处、中心试验室、总监办及施工单位,科学管控工程建设,进行事前、事中控制。五是为提高路面高温稳定性和低温抗裂性,避免运营后早期产生车辙、反射裂缝等质量病害,根据交通量和气候特点,改性沥青混凝土中面层采用高模量改性剂进行改性。

在科技创新方面,建管处与省交通科研院、长安大学、长沙理工大学合作,开展五项科技项目课题研究,分别是"季节冰冻地区路基冻胀规律及处治技术研究""复合纤维改性沥青混合料路用性能研究""SBS改性沥青综合稳定剂的应用技术研究""沥青路面碾压用隔离剂的研制及应用""含砂低液限黄土压实性能及控制指标研究"。其中,"SBS改性沥青综合稳定剂的应用技术研究"和"沥青路面碾压用隔离剂的研制及应用"已通过科技成果鉴定,均达到国内领先水平。

(四)运营养护管理

1. 收费站设置

2014年9月25日,根据省政府《关于同意神池—河曲高速公路设置公路收费站的批复》(晋政函〔2014〕63号)文件规定和省交通运输厅、省财政厅、省物价局联合发文《关于神池—河曲高速公路设置收费公路收费站及收费相关事宜的通知》(晋交财发〔2014〕404号)文件精神,沿线共设5个收费站。

(1)义井收费站地处神池县义井镇新堡村,位于 S40 K190+433 处,占地面积 11.83 亩,建筑面积 $1525.68m^2$,车道3进5出。

(2)三岔收费站地处五寨县三岔镇五道沟村,位于 S40 K222+492 处,占地面积 35.55 亩,建筑面积 $2583.33m^2$(包括养护工区用房),车道3进4出。

(3)楼沟收费站地处偏关县楼沟乡刘家沟村,位于 S40 K235+371 处,占地面积 15.05 亩,建筑面积 $1559.64m^2$,车道3进5出。

(4)偏关收费站地处偏关县窑头乡黄树坪村,位于 S40 K256+547 处,占地面积 26.86 亩,建筑面积 $2583.33m^2$(包括养护工区用房),车道3进5出。

(5)河曲收费站地处河曲县文笔镇蚰蜒峁村,位于 S40 K279+751 处,占地面积 56.13 亩,建筑面积 $7220.48m^2$(包括管理中心用房),车道3进5出。

2014年,年通行 259540 辆,日平均 2648 辆;2015年,年通行 646590 辆,日平均 1771.5 辆;2016年,年通行 1955195 辆,日平均 5356.7 辆。

2. 服务区设置

全线设神池、偏关2个服务区。

(1)神池服务区地处神池县义井镇南坡底村,位于 S40 K202+792 处,总占地面积 166 亩,分 A、B 两个区,其中:A 区占地 97 亩,B 区占地 69 亩。建筑面积 5255m²,配备有综合楼,建筑面积 3115m²,停车场可停放车辆 430 辆,快餐厅面积 820m²,加油站总面积 671m²。另外还设有机修车间、附属用房及预留用地等。可为过往顾客提供加油、餐饮、购物、住宿、汽车修理等服务。

(2)偏关服务区地处偏关县窑头乡天洼村,位于 S40 K254+612 处,总占地面积 123 亩,分 A、B 两个区。其中:A 区占地 63 亩,B 区占地 60 亩。建筑面积 5945m²,配备有综合楼,建筑面积 4495m²,停车场可停放车辆 310 辆,快餐厅面积 850m²,加油站总面积 671m²。另外还设有机修车间、附属用房及预留用地等,可为过往顾客提供加油、餐饮、购物、住宿、汽车修理等服务。

第二十二节 S45 天黎高速公路

一、天大段(天镇—大同)(建设期:2009 年 11 月~2012 年 4 月)

(一)项目概况

1. 基本情况

项目是山西省高速公路网"三纵十二横十二环"东纵的起点路段,路线起点位于天镇县新庄子村,经天镇、阳高、大同 3 县,终点到达大同县官堡村东,与同源高速公路官堡枢纽相连接,双向四车道,设计速度 80km/h、100km/h,路基宽 24.5m,有中桥 25 座、大桥 11 座、天桥 6 座、分离立交桥 9 座、隧道 2 座(446m/1 座,6036.5m/1 座),互通立交桥 5 座,路线全长 96.99km。2009 年 11 月 13 日开工建设,2012 年 4 月 28 日通车运营,5 月 1 日开始收费。

2. 前期决策

项目对于加强晋北地区与京津塘联系,加速晋、冀、蒙经济发展和晋煤外运,均具有重要的经济和战略意义。

3. 参建单位

(1)建设单位。2009 年 5 月,大同市人民政府批准成立天镇—大同高速公路建设管理处,内设综合办公室、计划财务部、工程质检部、技术与合同部、地方协调和安全管理部。

(2)设计单位。省交通设计院承担勘察设计任务。

(3)施工单位。共有 56 个单位参加建设,其中路基工程 13 个,路面工程 7 个,房建工程8个,机电工程8个,交通安全工程14个,绿化及环保工程4个,外供电工程2个。

(4)监理单位。共有7个单位实施监理,其中路基工程监理3个,路面工程监理2个,房建工程监理1个,机电工程监理1个。

(二)建设情况

1.项目准备

(1)立项审批(表8-62)。2009年5月8日,省发改委晋发改交通发〔2009〕699号文批复可行性研究报告;2009年10月10日,省交通运输厅晋交公字〔2009〕575号文批复初步设计。

项目审批一览表

表8-62

序号	项目	批复时间	批复部门	文件名称	文件号
1	项目法人		大同市人民政府	会议纪要	〔2009〕第十期
2	项目法人		大同市高速公路建设指挥部	《关于尉继廷同志任职的通知》	同高指〔2009〕6号
3	项目法人批复		大同市人民政府	《关于由大同高速公路有限责任公司承建天镇—大同高速公路的涵》	同政涵〔2009〕98号
4	可行性研究报告	2009.5.8	山西省发展和改革委员会	《关于天镇—大同高速公路可行性研究报告的批复》	晋发改交通发〔2009〕699号
5	环境影响报告		山西省环境保护局	《关于〈东纵高速公路天镇—大同段环境影响报告书〉的批复》	晋环函〔2009〕290号
6	水土保持方案		山西省水利厅	《关于东纵高速公路天镇—大同段工程水土保持方案的复函》	晋水保〔2009〕644号
7	初步设计	2009.10.10	山西省交通运输厅	《关于天镇—大同高速公路初步设计的批复》	晋交公字〔2009〕575号
8	施工图设计		山西省交通运输厅	《关于天镇—大同高速公路施工图设计的批复》	晋交建管〔2010〕202号
9	用地		山西省国土资源厅	《关于天镇—大同高速公路建设项目用地预审的批复》	晋国土资函〔2009〕760号
			山西省国土资源厅	《关于天镇—大同公路连接线项目用地预审的批复》	晋国土资函〔2011〕238号
10	施工许可		山西省交通运输厅	施工许可	

(2)资金筹措。原初步设计批复路线全长101.478km,批复概算金额484845万元,后因起点与规划中的京新高速公路连接方案发生变化,对天大高速公路建设规模进行调整,施工图设计批复调整为全长96.99km,批复概算金额465011万元,其中省交通运输厅自筹资本金16.28亿元,银行贷款30.22亿元。

(3)招投标。2009年8月17日~21日,建管处在中国采购与招标网、山西招投标网公开发布路基桥隧施工招标公告,9月15日从省厅专家库抽取5名专家,会同2名招标人代表,共同组成资格审查委员会,进行资格评审。9月24日,建管处向通过资格预审的单位发出投标邀请书,同时进行开标。开标过程由太原市城南公证处进行全过程公证。10月26日,建管处从交通运输部专家库中抽取5名评标专家,会同2名招标人代表,组成评标委员会,10月27日~28日评标,10月28日~11月4日在山西交通网公示评标结果。公示期间无异议,2009年11月5日向中标单位发出中标通知书。

(4)合同段划分。根据项目特点,路基、桥隧工程分13个标段,路面工程分7个标段,房建工程分8个标段,环保工程分1个标段,交通安全设施工程分14个标段,机电及消防工程分8个标段。

(5)征地拆迁。项目建设涉及3个县11个乡64个村,大同市政府、市高速指挥部、沿线县政府先后召开40多次协调和现场办公会议,积极解决问题,从2009年9月到2010年11月,共征用土地9338亩,拆迁房屋4200m²,支付补偿费用39304.47万元。

2. 项目实施

(1)质量管理。建管处坚持"百年大计,质量第一"方针,建立并完善全员、全过程、全方位质量管理保障体系。一是明确质量目标,质量责任落实到人。按照总体要求,建立健全各项规章制度,全方位实行质量控制与管理。根据项目特点,明确质量目标,并签订质量目标责任状;建立质量终身责任制档案,一旦出现质量事故,视情节轻重,给予责任人经济处罚和行政处分,有效保证施工质量。二是健全质量保证体系,把好质量关口。即严把材料准入关,严把工序控制关,充分发挥监理的质量监管作用。三是建立完整监控体系,对所有施工环节进行有效质量控制。通过旁站监理对承包人各项施工程序、方法、工艺进行有效控制;旁站监督由各专业监理工程师及其助理人员(监理员)担任,实行全方位、全过程、全环节监理;专业监理工程师对完工的单项工程进行系统验收,检查合格后提请驻地监理工程师签发"中间交工证书",未经中间交工检验或检验不合格的单项工程,不得交付下道工序施工,从程序上把好质量关。与此同时,立足于"首件示范,全线推广"原则,对全线首件产品确定施工工艺、质量标准,要求各标段从"第一段路基、第一根桩基、第一道涵洞、第一个墩台帽、第一处软基"等分项工程抓起,召开梁板预制、路基填筑、台背回填等现场观摩会,实行监理人员全天候、全方位和全过程质量监督,对发现的问题不隐瞒、不姑息,及时查找原因进行整改。在此基础上,坚持严格履约考核。建管处对全线施工、监理单位进行春季开工履约检查,其后又进行3次履约检查。后期配合省厅进行履约抽查,对工作拖拉、进度滞后、组织不力的单位,采取约见法定代表人、严格奖惩等措施,先后处以1285万元罚款,推倒不合格墩柱3根,清退不称职监理人员13名,清除不合格材料19200m^3,清退钢筋202t、水泥120t。针对部分段落位于潮湿地带、过湿土及软弱地基多的特点,专门成立路基沉降观测组,提高工程建设科技含量,工程质量始终处于受控状态。为确保工程建设质量,设立中心试验室,采用不定时、不定人、不通知的方式进行突击检测,为建设精品工程起到把关和控制作用。

（2）安全管理。建管处始终坚持"思想更加重视,投入更加合理、措施更加有力"的工作指导方针,从机构、人员、经费、措施等方面加大安全施工、文明施工的监督管理力度,切实增强管理人员和参建单位,尤其施工一线及高、险、杂部位施工人员的安全防范意识。通过建立健全各级安全组织,层层签订目标责任状、承诺书,在全线形成安全生产监督管理网络。通过开展平安文明工地创建暨万人宣誓签名活动,实现施工现场安全防护标准化、场容场貌规范化、安全管理程序化、培训教育经常化,全面提升安全管理水平。

（3）廉政建设。建管处及各施工、监理单位层层签订"廉政合同",对招投标、大宗物资采购、设计变更、网上计量支付等各个关键环节和重要程序,均实行阳光操作,真正在全线建立有效监督管理网络。同时,结合实际,切实加大施工过程监督和治理商业贿赂力度,以工程转包分包、设计变更、计量支付、材料采购、质量监督、分项工程验收为重点,加强对关键部门、岗位和人员的监管。建管处多次召开各类廉政会议或专题培训,相继召开预防职务犯罪联席会议和专项会议,邀请省人民检察院的专家举办专题讲座,对建管处全体人员进行培训教育。此外,建管处纪委进一步加大举报查处力度,凡是涉及党员干部违纪违规问题,发现一起查处一起,做到件件有着落,事事有结果。

（三）复杂技术工程

大梁山特长隧道右洞长6058m,左洞长6015m,最大埋深364.46m。由于项目所处地形较复杂,隧道平面线形采用直线和圆曲线,进出口段由于地形限制,采用半径2900m和2300m左右的圆曲线。明洞部分采用明挖顺作法施工（放坡开挖、逆做防护）,暗洞采用新奥法施工;根据隧道洞口位置、地形地势、进洞条件、边仰坡稳定情况,灵活采用各种措施,包括明洞、临时边坡喷锚支护等。

（四）运营养护管理

1.收费站设置

2012年2月2日,根据省政府《关于同意天镇—大同高速公路设置收费公路收费站的批复》（晋政函〔2012〕10号）文件规定,沿线共设大同县、巨乐堡、阳高县、天镇县、五里墩和新平堡6个收费站。

(1)大同县收费站地处大同县康店村南,位于S45 K99+395.282处,收费广场面积4059m²,车道3进5出。

(2)巨乐堡收费站地处大同县巨乐乡张庄村北,位于S45 K86+446.138处,收费广场面积4059m²,车道3进5出。

(3)阳高县收费站地处阳高县曹庄村西,位于S45 K66+408.950处,距离阳高县城约6km,收费广场面积5031m²,车道4进6出。

(4)天镇县收费站地处天镇县水桶寺村北,位于S45 K33+775.016处,收费广场面积4059m²,车道3进5出。

(5)五里墩收费站地处天镇县五里墩村东,位于S45 K9+084.958处,收费广场面积4059m²,车道3进5出。

(6)新平堡收费站地处天镇县辛庄子村东南,位于S45 K5+350处,收费广场面积16620m²,车道7进15出。主线收费站,是沟通京、晋、蒙、冀的主要交通枢纽。

交通流量状况见表8-63。

交通流量状况表 表8-63

年 份	年通行量(辆)	日平均量(辆)
2012年	1054331	4303
2013年	4215473	11549
2014年	1504311	4121
2015年	604690	1656.7
2016年	1290056	3534.4

2.服务区设置

全线设有阳高服务区和天镇停车区,为高速公路过往车辆、驾乘人员提供停车、加油、汽修及人员休息、购物、餐饮、住宿等服务。

(1)阳高服务区位于S45 K48+923.5处,分为南、北两区,包括服务楼、宿舍楼、机修车间、加油站等设施,建筑面积4816.26m²,占地77.6亩。其中综合服务楼包括390m²餐厅、5间客房、110m²超市,以及先进的卫生设备。每个加油站备有6套加油设备,油品种类齐全。南、北两区之间有地下通道连接,方便乘客往来。

(2)天镇停车区位于S45 K24+550处,占地面积67.9亩,分主副两区,主区占地38.6亩,建筑面积1630.58m²,副区占地29.3亩,建筑面积789.7m²,主要设施有加油站、超市、公共卫生间、餐厅、汽修厂等。绿化面积13165m²,可停放车辆120辆,其中大车70辆,中小型车50辆,快餐厅面积295.2m²,可供120人同时就餐,汽修厂面积152.4m²,加油站总面积191.76m²(主副区面积均为95.88m²),油罐容量360m²(两侧共12个,每个30m³)。

3. 养护管理

共设两个养护单元,负责全线养护管理工作。第一单元为天镇县养护处,位于K33+775左侧,养户路段K4+500~K50+000,养护里程46km,包括大梁山、黑石崖隧道,其中隧道养护由隧道管理站负责;第二单元为大同县养护处,位于K99+395左侧,养护路段K50+000~K101+490,养护里程75.24km;养护机械设备主要存放在大同县养护机械库和天镇县养护处院内,消防应急救援设备主要停放在隧道管理站和隧道消防站。

二、同源段(大同—浑源)(建设期:2010年4月~2012年5月)

(一) 项目概况

1. 基本情况

项目是山西省高速公路网"三纵十二横十二环"规划中东纵的一部分。路线起点位于大同县官堡村东,接东纵高速公路天镇—大同段,并在东纵高速公路与京大高速公路交汇处形成官堡互通枢纽,途经大同、浑源两县,其间设南榆林枢纽与浑源—广灵高速公路相接。路线终点位于浑源县城西郭家庄,与国家高速公路网(荣乌高速)灵丘—山阴段相接。全线完成路基土石方811.1677万m^3,有隧道4218.5m/2座,特大桥1026m/1座,大桥3617.3m/15座,中桥400.5m/6座,小桥117m/5座,涵洞68道,通道31座;互通式立体交叉3处,分离式立交4座,下穿框架桥1座,天桥10座。设计速度100km/h。K1+100~K36+770段为双向四车道,路基宽26.0m;K36+770~K42+741.540段为双向6车道,路基宽33.50m。桥涵与路基同宽,桥涵设计荷载等级为公路—Ⅰ级。全长43.591km,投资25.3亿元,2010年4月15日开工建设,2012年4月25日交工验收,2012年5月30日通车运营。

2. 前期决策

项目区内干线公路线形较差、弯道多、路面窄、纵坡大,行车速度难提高,作为云冈石窟到恒山、悬空寺的主要通道,交通量增长较快,随着物流、人流、商品流大幅增加,现有省道S203已极不适应,大同市政府适时做出决策。项目建成对完善全省高速公路网,构建大同市市县一小时经济圈具有重要作用。

3. 参建单位

(1)建设单位。2009年5月29日,大同市政府批准成立大同—浑源高速公路建设管理处,内设综合办公室、财务部、工程部、技术部、质量部、安全部、合同部、地方部和党工部。

(2)设计单位。共有3个单位承担勘察设计任务,其中路基、路面、绿化工程1个,机电、房建工程各1个。

(3)施工单位。共有24个单位参加建设,其中路基工程8个,路面工程1个,房建工程2个,绿化工程4个,交通安全工程5个,机电工程4个。

(4)监理单位。共有7个单位实施监理,其中路基工程监理3个,路面工程监理2个,机电工程监理1个,房建工程监理1个。

(二)建设情况

1. 项目准备

2006年10月,大同市交通局委托省交通科研院进行项目前期研究,提出项目建设标准、规模及初步方案。2008年1月,省交通厅晋交便字〔2008〕14号文委托省交通科研院承担项目预可行性研究和工程可行性研究报告编制。2009年1月,完成工程可行性研究报告编制;2月提出预评审意见;2009年5月8日,省发改委晋发改交通发〔2009〕697号文批复同意可行性研究报告。

项目审批情况见表8-64。

项目审批一览表 表8-64

序号	批复时间	批复单位	文件名称	文件号
1	2009.5.8	山西省发展和改革委员会	《关于大同—浑源公路可行性研究报告的批复》	晋发改交通发〔2009〕697号
2	2009.7.21	山西省环境保护厅	《关于〈大同—浑源高速公路环境影响报告书〉的批复》	晋环函〔2009〕188号
3	2009.8.11	山西省水利厅	《关于大同—浑源高速公路水土保持方案的复函》	晋水保〔2009〕643号
4	2009.10.21	山西省交通运输厅	《关于大同—浑源高速公路初步设计的批复》	晋交公字〔2009〕588号
5	2009.11.20	山西省地震局	《关于山西省大同—浑源高速公路工程场地地震安全性评价报告的批复》	晋震标〔2009〕187号
6	2010.1.15	山西省国土资源厅	《关于大同—浑源高速公路建设项目用地预审的批复》	晋国土资函〔2010〕28号
7	2010.4.12	山西省交通运输厅	《关于大同—浑源高速公路施工图设计的批复》	晋交建管字〔2010〕139号
8	2010.7.16	山西省水利厅	《关于大同—浑源高速公路跨越桑干河防洪评价报告的批复》	晋水管〔2010〕405号
9	2010.8.13	山西省文物局	《关于大同—浑源高速公路建设工程文物保护竣工通知书》	晋文物〔2010〕370号
10	2010.9.1	国家林业局	《使用林地审核同意书》	林资许准〔2010〕264号

续上表

序号	批复时间	批复单位	文件名称	文件号
11	2010.9.2	大同市国土资源局	《关于大同—浑源高速公路建设用地压覆矿产资源的审查意见》	同国土资发〔2010〕300号
12	2012.1.21	国土资源部	《关于大同—浑源高速公路工程建设用地的批复》	国土资函〔2012〕67号

（1）资金筹措。依据省交通运输厅《关于下达2010年度重点公路建设项目投资计划的通知》（晋交规划字〔2010〕345号），2009—2011年共计下达资金计划253081万元，其中省交通运输厅自筹86328万元，中国银行贷款166753万元。

（2）招投标。2009年3月31日，发布勘察设计招标代理机构比选公告，经公开比选，确定中化建国际招标有限责任公司为代理单位；4月23日，发布招标公告；5月13日在太原开标，山西交科公路勘察设计院中标。9月29日，发布公开比选公告，选定山西路华通咨询工程有限公司为路基、桥隧工程招标代理机构。10月26日，发布路基、桥隧工程施工监理招标资格预审公告；2010年1月29日开标，来自全国各地7个监理企业、24个施工企业分别承担各项监理、施工任务。

（3）合同段划分。根据项目特点，路基、桥涵、隧道工程分8个标段，路面工程实行总承包；房建工程分2个标段；绿化工程分4个标段；交通安全工程分4个标段；机电工程分4个标段；施工监理分7个标段。

（4）征地拆迁。项目建设用地涉及2个县7个乡镇24个行政村，从2010年4月到2015年5月，共征用土地3954.7亩，拆迁房屋983.4m^2，支付补偿费用2.36亿元。

2. 项目实施

（1）质量管理。建管处建立全员参与质量管理体系，全方位抓好质量管理。一是制定各项规章制度和管理办法。先后编制《工地试验室管理细则》《工程质量管理办法》《监理服务管理办法》《质量控制要点汇编》。二是责任到人，加大考核力度。对建管处领导、前线指挥组、质量管理部每个成员进行详细分工，制定责任范围；加大对监理单位和监理人员考核，制定75条监理违约标准，启动信用评价体系，先后对监理单位奖励4次、奖金14万元，处罚14次、罚款13.1万元，清退2名不合格监理工程师；建立施工单位质量保证体系和质量责任登记制度。三是加大现场管理力度。坚持日常巡视和专项巡视相结合，成立质量巡视组，制定巡视办法；坚持监理例会和质量周报制度，采用监理日报、月报、检测周报、监控量测日报和周报等形式，及时掌握工程质量动态，建设期共召开监理例会23次、收到监理月报15期36份、检测周报35期、监控量测周报30期、质量通报8期；坚持开展质量专项检查。根据不同时期工程进展特点，分别对混凝土工程、砌体工程、路基工程、内业资料、低温施工、隧道工程、路面施工等进行专项检查。共组织路基综合检查3

次、路面综合检查2次、隧道冬季施工检查每月1次、交安综合检查3次、绿化综合检查2次。四是注重过程控制。建立质量保证体系,为工程质量控制奠定基础;把好材料进场关和过程检验关,从源头上杜绝不合格材料;在关键工序开工前抓好首件产品质量认证工作;严格按照监理程序和质量管理办法进行工序检验。五是积极开展质量主题系列活动。如组织到忻保、忻阜高速公路学习隧道施工和大梁预制,赴天大高速公路参观试验室,并召开专题会议;开展各类技术培训;实行试验室标准化管理;每月召开1次质量专题会议;充分发挥监理工程师作用,强化作风整顿,着力打造高效廉洁监理队伍,确保工程质量稳步提升。

(2)安全管理。建管处通过"六抓",有效实现零伤亡目标。一是抓主导,创环境。不断加强制度建设、安全防范、宣传教育、安全奖罚工作,先后制定安全生产各类管理制度25项,对各合同段编制的38个安全施工方案进行评审,对安全隐患较大的官堡枢纽、桑干河特大桥、西浮头大桥、东水头大桥及隧道安全进行重点防控;先后22次组织监理、施工单位对全线危险源进行专项调查,发现安全隐患493处,对交通类、爆炸类、高空作业类、高墩桥梁类等16种危险源进行重点识别、分类和控制,对安全生产检查中发现的300多处隐患,分期进行整改验收。组织4次共1500多人安全培训,对业主、监理、施工单位70多名关键岗位工作人员进行安全生产知识培训,与大同市安全监督局联合对150名电工、焊工、架子工等特种作业人员进行培训,对30多名安全管理人员、50多名高空作业人员进行轮训,向驻地农村务工人员发放200多份防汛宣传资料、15000张安全风险告知卡,安装2000多块安全警示宣传标志牌。针对工地违章作业,先后5次对监理单位进行处罚,处罚金额15.5万元;先后10次对施工单位进行处罚,处罚金额达72万元;对监理和施工单位安全奖励45万元。二是抓主要责任和施工单位。建立以法人负责、责任分级细化的安全责任体系,建立建管处、前线指挥组、总监办、项目部四级安全生产责任体系。建管处参加安全监理例会60次、监理组织的安全检查130多次、下达隐患整改通知单350多份,要求企业法人必须严格履行对安全主体责任的落实,全线共签订安全生产法人承诺书22份。三是抓主体,抓保障。对深基坑开挖、高边坡施工、起重吊装、隧道入洞、监控量测、特种设备安装、施工爆破等关键工序和关键环节,建管处都要组织施工单位进行技术交底,将安全注意事项告知一线农村务工人员,做到安全技术交底不遗漏、全覆盖。四是抓源头,打苗头。为了确保隧道施工安全,先后9次下达掌子面停工令,组织3个施工单位开展隧道安全施工劳动竞赛,发放安全奖金45万元。由于安全预防措施得力,在施工中遇到3次较大塌方、2次爆发山洪的突发事件中,未造成人员伤亡。五是抓阶段,抓标准。建管处及各路基桥隧项目部都制定安全标准化建设方案,全线先后4次召开现场会,推广路基二标桑干河特大桥标准化钢筋笼施工、路基四标隧道安全施工、路基五高程填深挖段标准化施工的经验和做法。针对路面工程交叉施工作业实际,制订《安全生产督查管理办法》，组织路面、交通安全、机电、房建工程等24个施工单位共同签订"交叉作业安全生产互保责任书"，重点从交通管制、施工作业安全要求、警示标志设立等5个方面进行强制性管控。六是抓三非，打三违。严格执行《山西省交通运输厅公路建设项目高危工程施工安全强制性标准》和《山西省公路工程安全生产评价检查办法》，共检查安全生产许可证18家、核查安全三类人员94人；严格特种设备准入管理，建管处督促施工单位对空压机、架桥机、起重机等50多台特种设备进行专门检验，每年对特种设备都要进行专项检查。

（3）进度管理。为保证施工进度，建管处制定"6·28"、"8·28"、"10·28"阶段目标计划，圆满实现2012年通车目标。一是制订科学合理施工组织计划，层层签订目标责任书。结合各标段实际，全线开展劳动竞赛活动，成立两个前线领导组，进行"日检查、周考核、月评比"，推动安全、质量、进度齐头并进。二是各标段倒排工期计划，实行关键工程进度日报制度。加强对隧道掘进、梁板预制、梁板架设及空心墩墩柱等关键工程进度实行日报制度，为进度管理提供充分依据。三是打好桥隧工程攻坚仗。首先是奖罚五挂钩。在3个隧道6个作业面开展劳动竞赛，奖罚与评比挂钩、与贯通挂钩、与小班竞赛挂钩、与工艺挂钩、与安全挂钩；同时实行两天三循环。对较好的土质围岩采取加快循环措施，至少16h完成一次掘进循环，每次循环推进3m，每两天循环3次，保证每月掘进120～140m。此外，二次衬砌紧随其后，快速跟进。全力推进仰拱、二次衬砌施工进度，确保与掌子面保持安全距离，二次衬砌仰拱距掌子面距离达到强制性规范要求。四是建管处内部层层签订目标责任书，人人肩上有责任。进入最冲刺阶段后，建管处召开决战誓师动员大会，对全线各项工程都倒排工期，与施工、监理单位签订阶段目标责任书，以履约考核形式推动工程按期完成。建管处成立廉政、工期、质量、安全4个督导组，采取重奖重罚强力举措，为按期完工提速增效。

（三）复杂技术工程

（1）西浮头隧道工程建设位于大同县盘道村西南—浑源县东圪坨铺村北之间，隧道顶板最大埋深128.3m，设计为左右线分离式洞体，净宽10.75m，净高5m。右线长1430m，左线长1393m。

（2）水头隧道工程建设位于浑源县南榆林乡东圪坨铺村—东水头村之间，所穿越的山体为六棱山南麓黄土覆盖的基岩残丘区，设计为左右线分离式，两洞左侧边墙最大间距为35m，净宽10.75m，净高5m，右线长2780m，左线长2870m。

（四）科技创新

山区高速公路湿滑及结冰预警技术研究：2016年9月完成路面抗滑与结冰监控预警

系统平台开发技术。2016年12月完成示范工程应用、研究总报告与鉴定资料准备工作。

(五)运营养护管理

1. 收费站设置

根据省政府晋政函〔2012〕19号文件规定,全线设1个匝道收费站。

峰峪收费站位于 S45 K14+723.512 处,站名采用所在乡镇名称。收费站与隧道管理站合建,总占地面积12000m²,车道3进5出,收费站前设超限检测站和劝返车道。交通流量状况见表8-65。

交通流量状况表 表8-65

年 份	年通行量(辆)	日平均量(辆)
2012 年	7267	40
2013 年	11619	32
2014 年	10715	29.4
2015 年	46138	126.4
2016 年	73578	202

2. 服务区设置

峰峪服务区位于S45同源段18.5km处,分为A区和B区。总占地面积40000m²,总建筑面积5673m²,停车场面积24595m²,综合服务楼4226m²,绿地总面积8369m²。停车场可停放车辆117辆,其中超长车8辆,货车22辆,客车32辆,小车55辆。快餐厅面积250m²,可供100人同时就餐。加油站301m²(A、B区各150.5m²),A、B区各设8台加油机。另外,还有机修车间、附属用房及预留地等。可为过往旅客提供加油、餐饮、购物、住宿、汽车修理等服务。

3. 养护管理

建管处设置峰峪养护工区,负责全线养护工作。配备主任、书记、副主任各1名,技术员3名,机械人员由公司统一招聘、培训、调配。运营初期,工区对全线遗留和缺陷工程进行了全面详细的调查,并致函施工单位及时进行修复。

三、王繁段(王庄堡—繁峙)(建设期:2011年4月~2013年11月)

(一)项目概况

1. 基本情况

项目是全省高速公路网"三纵十二横十二环"东纵的重要组成部分,也是第三横局部重合路段。起点位于浑源县王庄堡镇,终点在繁峙县繁城镇,途径浑源、繁峙两县。项目东接灵丘—山阴高速公路,直抵京津冀;西连繁峙—大营高速公路,可通陕甘宁。地域优势突出,经济辐射能力显著,对完善山西省高速公路网,促进区域经济发展和沿线旅游业发展有着重要意义。双向六车道,设王庄堡枢纽、大营互通、五台山互通立交。需完成路基土石方 3208 万 m^3,有大桥 10008m/35 座,中桥 843m/11 座,小桥 87m/4 座,天桥 1834m/17 座,隧道 2553m/2 座,通道、涵洞 173 道,设计速度 100km/h,路线全长 58.657km,概算总投资 50.4253 亿元。2011 年 4 月 28 日开工建设,2013 年 7 月底全部建成,2013 年 11 月 9 日通车运营。

2.前期决策

2010 年,为加快晋西北旅游走廊建设,省交通运输厅决定项目建设,初定路线全长 59.1km,项目投资 53.18 亿元,并报省发改委批准。9 月 16 日~18 日,2010 年中国(太原)国际能源博览会在太原召开,作为此次博览会的招商引资项目。经协商洽谈,省政府确定山西路桥建设集团有限公司为项目投资人,由省交通运输厅与路桥集团签订投资框架协议书。因国家银根紧缩,集团提出采取 BOT 形式建设,并就该项目成立山西王城高速公路有限公司,2010 年 12 月报省政府正式批准。与此同时,集团组织施工勘察设计,并报省交通运输厅评审,确定路线全长 58.564km,初步概算 50.43 亿元。2011 年 1 月,省交通运输厅与山西路桥集团正式签订投资协议书,明确建设里程和投资概算,要求 2011 年 5 月 1 日前开工,建设工期 3 年。2011 年 4 月,省交通运输厅与集团公司签订建设经营移交协议书,建设项目前期法律手续准备齐全。2011 年 4 月底,工程全面开工。

3.参建单位

(1)建设单位。2010 年 11 月成立山西王城高速公路有限公司,2011 年 3 月正式挂牌,内设综合办公室、附属设施办公室、党委工作部、财务管理部、工程管理部、技术质安部、计划合同部和地方协调部,制定各项规章制度 23 项、管理办法 32 项,转变以往"指令式管理"为"服务型管理",率先走出一条"一体化"的 BOT 管理模式。

(2)设计单位。由省交通设计院承担勘察设计任务。

(3)施工单位。共有 14 个单位参加建设,其中路基工程 3 个,路面工程 3 个,房建工程 3 个,交通安全设施工程 3 个,机电工程 1 个,绿化工程 1 个。

(4)监理单位。共有 9 个单位实施监理,其中路基工程监理 3 个,路面和交通安全工程监理 3 个,机电工程监理 1 个,房建工程监理 1 个,绿化工程监理 1 个。

(二)建设情况

1.项目准备

(1)立项审批(表 8-66)。2010 年 8 月 23 日,省发改委晋发改交通发〔2010〕1147 号文批准立项,并列入山西省基本建设计划;2010年12月13日,省交通运输厅晋交建管〔2010〕744号文批复初步设计,投资概算50.4253亿元。

项目审批一览表   表8-66

序号	项目	批复时间	批复部门	文件名称	文件号
1	可行性研究报告	2010.8.23	山西省发展和改革委员会	《关于王庄堡—繁峙高速公路可行性研究报告的批复》	晋发改交通发〔2010〕1147号
2	水土保持方案		山西省水利厅	《关于王庄堡—繁峙高速公路水土保持方案的批复》	晋水保函〔2010〕497号
3	建设用地预审		山西省国土资源厅	《关于王庄堡—繁峙高速公路建设项目用地预审的批复》	晋国土资源函〔2010〕703号
4	初步设计	2010.12.13	山西省交通运输厅	《关于王庄堡—繁峙高速公路初步设计的批复》	晋交建管〔2010〕744号
5	环境影响报告书		山西省环境保护厅	《关于王庄堡—繁峙高速公路环境影像报告书的批复》	晋环函〔2010〕1664号
6	施工图设计		山西省交通运输厅	《关于王庄堡—繁峙高速公路初步设计的批复》	晋交建管〔2011〕102号
7	地震安全性评价报告		山西省地震局	《关于浑源王庄堡—繁峙高速公路工程场地地震安全性评价报告的批复》	晋震标〔2011〕43号
8	文物保护竣工通知书		山西省文物局	《关于浑源—繁峙高速公路建设工程文物保护竣工通知书》	晋文物函〔2011〕168号
9	不压覆重要矿产资源证明		山西省国土资源厅	《王庄堡—繁峙高速公路建设用地不压覆重要矿产资源证明》	晋国土资储证字〔2011〕007号
10	林地使用许可		国家林业局	《使用林地审核同意书》	林资许准〔2011〕233号
11	建设用地		国土资源部	《关于王庄堡—繁峙高速公路工程建设用地的批复》	国土资函〔2013〕439号

(2)资金筹措。累计建设投资总额50.4106亿元,其中路桥集团投资12.6106亿元,建设贷款金额37.8147亿元:包括山西忻州农村商业银行股份有限公司24.0000亿元、兴业国际信托有限公司13.3000亿元、定襄县农村信用合作联社0.5亿元。

(3)招投标。本项目对勘察设计、施工、监理、沥青材料采购等进行公开招标,其中路基工程施工、监理招标采用资格后审,路面工程、附属工程及沥青材料采购招标采用资格预审,共计中标单位24个。在招投标过程中,严格遵守《中华人民共和国招标投标法》,认真履行招投标各项规定和程序,遵循公开、公平、公正和诚实信用原则,通过中国采购与招标网、山西招投标网、山西交通网面向社会进行招投标。具体情况是:2010年7月20日确定设计单位招标代理,同年9月1日确定设计单位;路基工程于2011年1月和2月分别确定施工和监理招标代理机构,即中技国际招标公司。通过资格后审分别于2011年4月18日确定3个路基施工单位,分别于2011年4月26日和5月17日确定3个路基监理单位。路面及附属工程于2011年8月确定施工和监理招标代理机构,通过资格预审于2012年4月13日确定3个路面施工单位、3个交通安全施工单位、1个机电施工单位、3个房建施工单位及5个监理单位。

(4)合同段划分。根据项目特点,路基工程分3个标段,路面工程分3个标段,交通安全工程分3个标段,机电工程分1个标段,房建工程分3个标段,绿化工程分1个标段。

(5)征地拆迁。项目建设涉及2个县7个乡镇53个行政村,从2011年4月到2013年5月,共征用土地6425亩,其中繁峙县境内4972亩,浑源县境内1453亩;拆迁房屋3546.78m^2,支付补偿费用44746.54万元。

2. 项目实施

(1)质量管理。公司坚持把质量管理作为工程建设中心,严格执行"六项措施"和"六项制度",瞄准"鲁班奖",制定详细管理制度,成立质量管理领导小组,与各施工监理单位签订"工程质量目标责任书",针对隧道施工、路基V形沟、高填方、桥梁梁板预制、养生、桥面铺装等重点环节,实行分项工程、单位工程质量责任卡制度,明确责任人,确保质量责任覆盖所有分项工程和关键程序。积极开展"质量安全月"活动,对路基、路面、桥涵、隧道、内业资料、标准化建设及安全管理7个方面进行全方位检查督导,通过专家会诊、质量培训、技术交底等方式,提高每位参建人员的质量意识;严格自检和抽检频率,规范监理程序,加强第三方检测,以数据指导生产,为质量管理提供可靠依据;及时召开质量现场会,"抓典型、树样板",严格奖罚,充分调动所有参建人员积极性。针对高填深挖、桥面系工程、填挖结合部、台背回填等薄弱环节,邀请专家进行现场勘查、会诊、专题论证,并实行挂牌销号制度,确保工程零缺陷。积极组织"质量回头看"活动,对路基、路面底基层、桥涵、隧道进行认真检查。

(2)安全管理。公司严格实行安全生产"一票否决制"。积极开展"平安文明工地"建设活动,将安全法律、法规、技术标准、设计图落实到各施工单位,全面夯实安全生产基础,做到安全防护标准化,施工现场规范化,安全管理程序化。一是狠抓责任制落实。严格落实参建各方安全生产责任,建立安全隐患分级管理制度,明确业主、监理、施工三方责任,签订目标责任书。二是狠抓专项治理活动。针对高填深挖地段、高墩大跨桥梁、隧道工程等,积极聘请各方技术专家进行现场指导,对安全隐患进行专项整治。积极开展"打非治违"专项行动、"防塌方"等整治活动和汛期安全生产等各项活动。三是狠抓专项应急预案。完善防汛、防坍塌等专项管理应急预案,明确各级人员职责,强化责任落实和应急器材配备,积极进行演练,做到有备无患。四是狠抓宣传教育。通过观看警示片、板面巡展、发放安全手册、印发宣传资料等方式,对参建人员进行宣传教育,并对特种作业人员进行岗前和作业培训。五是狠抓检查验收。针对路基、路面等6大工程交叉施工情况,制定交叉作业"八项规定",明确同一作业区的施工单位职责范围,使安全生产有章可循,并随时进行检查验收。每月定期召开分析会,对安全工作进行分析和部署,随时进行隐患排查,制定"安全隐患挂销号制度",对重大安全隐患明确监督人,并下发督办卡,责令限期整改。

(3)进度管理。公司坚持"制定计划抓投入,控制各方关系抓协调,严格奖罚抓落实"的原则,在保证质量安全前提下,以进度计划为主线,科学规划,统筹安排,动态控制,确保进度均衡有序发展。针对隧道、桥梁等制约性工程,施工单位制定详细施工组织计划并建立进度控制系统,同时公司与施工、监理单位签订目标责任书,严格执行绩效考核及工程进度日报制等,强化责任意识,细化、量化工作目标,把既定工程进度计划落到实处,确保阶段性进度顺利实现。公司建立现场协调会制度,每半月召开一次进度协调会,分析工程现场组织安排、人力和机械设备投入,同时对地方、资金等限制因素进行认真分析,并对照施工进度状况和计划进行分析比较,主动采取措施调整计划,确保进度顺利实施、总体工期目标如期实现。积极开展劳动竞赛,对每个标段的工程进度实行全面监控,并进行严格考核,对完不成阶段目标的承包人,采取约谈法人、更换负责人、收回合同工程、加倍扣回费用等措施,确保工程按计划推进。

(4)党风廉政建设。公司坚持把党建工作作为推进项目又好又快建设的重要保证,健全党组织机构,不断延伸党建工作领域,深入开展工地党建活动,先后组织开展保持党的纯洁性教育、党员"一亮三评"、学习"右玉精神"等活动,征集党员承诺书23份,充分发挥党组织的战斗堡垒作用和党员先锋模范作用。积极开展"平安文明工地建设"活动,把文明施工现场创建工作纳入党政目标管理,做到文明施工现场创建工作与工程实体施工一同布置、一同检查、一同评比、一同奖惩。围绕"建设优质工程,树立廉政形象"目标,与各施工、监理单位签订"廉政目标责任书",加大监督检查力度,把好程序监督关,工程招投标阳光透明,关键材料集中采购,对关键环节、重点部位进行自查自纠。通过严守程序、强化监督、集体决策等方式,将廉政建设贯穿于工程建设全过程,对项目资金实行专款专用、分级审核、账户监督管理。并向社会公布举报电话,设立举报信箱,杜绝挤占挪用等财务违纪行为。

(三)复杂技术工程

王庄堡枢纽A匝道2号桥跨越灵山高速公路以及B匝道2号桥,上部结构跨径组合为:9×25m+(20+3×25+20)m+4×25m 装配式预应力混凝土连续箱梁和(40+60+36)m 现浇预应力混凝土连续箱梁,全桥共5联;下部结构桥台采用肋板台和柱式台、柱式墩和薄壁墩,基础采用钻孔灌注桩基础。

太安岭隧道(图8-83)设计为三车道大断面隧道,属于超大断面隧道类型,地质情况复杂,属全线控制性工程。隧道全长2450m,为分离式,净宽14.5m,限高5m。

图8-83 太安岭隧道

(四)科技创新

1. 科技项目

(1)"浅埋大断面土质隧道下穿明长城施工安全与地层沉降控制技术研究",2012年7月开始,2013年12月完成,2015年1月15日通过省科技厅签订,成果达国内领先水平。

(2)"王繁高速公路穿越尾矿库路基稳定性研究",2012年7月开始,2014年12月完成,完善国内外相关研究。尾矿库原地貌如图8-84所示。

图8-84 尾矿库原地貌

2. 省级工法

2013年6月,取得"大直径(钉形)双向深层水泥搅拌桩施工工法"及"斜坡地形上桥梁钻孔灌注桩施工工法"两项省级工法认证。

(五)运营养护管理

1. 收费站点设置

(1)五台山北收费站地处繁峙县砂河镇桃园村,位于 S45 K215+540 处,占地面积 34788.6m²,建筑面积 8092.93m²,车道 5 进 7 出,含 1 进 1 出 2 条 ETC 车道。

(2)平型关西收费站地处繁峙县大营镇上台庄村,位于 S45 K201+584 处,占地面积 11562.26m²,建筑面积 2564.97m²,车道 3 进 5 出,含 1 进 1 出 2 条 ETC 车道。

(3)五台山北收费站共有员工 27 名,平型关西收费站共有员工 23 人,两收费站设有综合、票证 2 个办公室及 4 个收费班组,实行 24h 不间断收费模式,先后获省厅"青年文明号"、省"青年文明号"、"交通行业文明和谐示范窗口"荣誉称号及行业"星级信誉"4A 级收费站。

交通流量状况见表 8-67。

交通流量状况表　　　　　　　　　　　　　　　　表 8-67

年　　份	年通行量(辆)	日平均量(辆)
2013 年	39786(11 月 9 日通车运营)	349
2014 年	329595	903
2015 年	169055	463.2
2016 年	326328	894

2. 服务区设置

繁峙服务区位于 S45 K232+548 处,占地 92.15 亩,分南、北两区,南区占地 46.13 亩,北区占地 46.02 亩,房屋建筑面积 5800.52m²,可为旅客提供餐饮、超市、加油、住宿、汽修、公共卫生间服务。

3. 养护管理

公司采用二级管理模式进行日常养护,设置养护工程部和养护中心。养护工程部负责监管,养护中心负责全线道路养护管理和机械化作业。养护中心设主任 1 名,副主任 1 名,技术员 8 名,机械操作手 10 名。下设综合管理组、生产技术组、机务材料组。中心共有机械设备 52 台(套),由于路段属于新通车路段,且车辆稀少,道路养护主要以日常养护和水毁工程修复为主,暂无大修工程。

运营以来,公司始终坚持"科学养护,预防为主,安全畅通,舒适美观"的管理方针,树立"全寿命周期成本最低和质量过硬"的养护理念,以路面养护为重点,以机械化养护为手段,建立日常性和周期性养护工作长效机制,重视雨季防汛抢险、冬季除雪防滑等应急工作,严格操作规程,确保项目处于良好运营状态,达到"科学、高效、安全、优质、低耗"的养护管理目标。

四、阳盂段(阳泉—盂县)(建设期:2008年10月~2011年5月)

(一)项目概况

1.基本情况

项目是山西省"三纵十二横十二环"东纵主干线的重要组成部分,起点位于平定县维社村,与太旧高速公路以互通形式相接,途经平定县、阳泉市区、阳泉市郊区和盂县,终点至盂县前元吉村东南。为山岭重丘区高速公路,沿线地形起伏大,且阳泉地区湿陷性黄土明显,公路跨越河流、集镇、地方道路频繁,路基深挖高填较多,全线主要控制点有跨石太铁路的桃河特大桥、维社特长隧道、荫营河特大桥等。有特大桥2813m/2座,大桥7463.0m/18座,中桥81m/1座,小桥3座,涵洞(通道)90道,隧道8098m/2座,天桥10座,渡槽1座,互通立交5处,分离立交4处。双向四车道,设计速度80km/h,路基宽24.5m,全长40.955km,批准概算总投资31.98亿元,建设总工期两年半,2008年1月11日奠基,10月开工建设,2011年5月通车运营。

2.前期决策

阳泉市作为山西东大门和煤炭工业基地,公路运输压力非常大。盂县位于阳泉市以北,随着石太高速铁路阳泉北客运站运营,在盂县形成一个较大的客运、物流中心,以往需通过太旧高速公路集散的车辆也流向盂县,而阳泉和盂县间二、三级公路已无法满足交通运输需求。为此,省交通运输厅提出建设阳泉—盂县高速公路计划,形成北连盂县、阳泉北客运站、五台方向,中间经过阳泉主要矿区、郊区和阳泉市区,与G207、G307国道、义白一级公路、S314等公路连通,南接太旧高速公路并延伸至G207国道及昔阳、和顺、左权等地。既解决了阳泉煤炭工业基地车辆通行问题,又缓解了阳泉市区交通压力。

3.建设单位

2007年8月,省交通厅和阳泉市人民政府、忻州市人民政府通过招商引资方式,确定中国建筑工程总公司以BOT方式投资建设阳盂高速公路。中国建筑建股份有限公司在阳泉设立阳泉市阳五高速公路投资管理有限公司(以下简称"阳五公司"),2008年7月,阳五公司与省交通厅、阳泉市人民政府签订《山西省阳泉—五台山高速公路阳泉—盂县段项目建设、运营、移交协议书》,阳五公司具体负责本项目投资、建设、经营管理、移交等工作,项目收费经营期限为30年,经营期满后无偿移交给山西省交通厅或指定的接受主体。

(1)设计单位。2008年8月通过公开招标,确定省交通设计院承担勘察设计任务。

(2)施工单位。共有4个单位参加工程建设。

(3)监理单位。共有3个单位实施监理。

(二)建设情况

1. 项目准备

2006年,省交通厅向省发改委报送晋交规划字〔2006〕438号文件,提出项目建议书;2006年11月14日,省发改委晋发改交通发〔2006〕833号文件,批复项目建议书;2007年1月底,省交通设计院完成工程可行性研究报告;2007年4月28日,省发改委晋发改交通发〔2007〕299号文批复可行性研究报告;2008年9月,省交通厅批复初步设计。2008年11月8日,省交通厅发布项目施工许可证;2009年2月25日,省交通厅对阳盂项目进行施工图设计评审工作。2010年8月16日,中建股份有限公司印发中建股科字〔2010〕292号文件,批复项目施工图设计,预算金额31.44亿元。项目审批情况见表8-68。

项目审批一览表　　　　　　　表8-68

序号	项　目	批复时间	批复部门	文件名称	文　件　号
1	项目建议书	2006.11.14	山西省发展和改革委员会		晋发改交通发〔2006〕833号
2	工可	2007.4.28	山西省发展和改革委员会		晋发改交通发〔2007〕299号
3	初步设计	2008.9.3	山西省交通厅		
4	施工图设计评审	2009.2.25	山西省交通厅		
5	施工图设计批准	2010.8.16	中国建筑股份有限公司		
6	施工许可	2008.11.8	山西省交通厅		

(1)征地拆迁。项目建设涉及4个县区,各县区分别设立征迁协调领导组,公司采取概算费用大包干模式,分别与各县区政府签订《阳泉—盂县高速公路征地拆迁、安置及建设环境保障协议书》,由公司出资,沿线地方政府负责项目整体征地拆迁工作。2008年1月~10月,共征用土地3650.2亩,拆迁房屋25033m^2,支付补偿费用15383.4万元。

(2)合同段划分。根据项目特点,划分5个施工标段,中国建筑股份有限公司承担两个主体工程合同段,包括34.067km路基、桥梁、隧道工程,以及40.8km路面、机电、交安、绿化、房建工程。剩余3个标段分别由3个单位承担。

2. 项目实施

(1)质量管理。为确保达到优良标准,公司建立完整的质量保证体系和质量控制管理办法,严格推行施工单位自检、监理单位复检、建设单位抽检的"三级质检制",要求技术人员深入现场,加大质检力度和抽查频率,对达不到规范要求的工程坚决返工。具体包括:严格执行国家技术规范,坚持典型样板引路,严格推行质量巡查制,注重精细化管理,重视施工组织计划评审,制定重点部位作业指导书,主要材料实行统一供应,加强质量过程检查。公司先后组织填方段路基、防护工程和冬季制梁等样板观摩现场会,对不按技术规范作业、不符合质量标准或存在质量隐患的部位,及时进行整改。

(2)安全管理。公司认真落实安全目标责任制,不断加强安全生产基础工作。一是加强领导,精心部署。公司成立安全生产委员会,定期召开专题会议,特设安全总监岗位,专抓安全生产工作。健全安全生产管理各项规章制度和责任制,明确建设、施工、监理单位及各部门安全生产职责,建立和完善安全生产保障体系、监督体系和应急处置体系。二是加大投入,措施到位。公司招标时设置1%的安全生产费用,保证各施工单位有足够的安全投入。各施工单位按照安全合同约定,提取安全生产风险保证金,使施工单位在安全物资方面有了保障。因此,各项目职工生活和工作条件得到较大改善,施工现场的生产作业条件也满足安全生产要求,增加作业人员劳动的舒适感。三是加强教育,严格检查。为提高职工安全技能、增强安全意识,各施工单位定期对作业人员进行培训,分层次、分区域、分工种进行技术安全教育,对新员工实行"三级"安全教育制和导师带徒制。公司每季度开展一次安全生产综合检查,每月开展一次专项检查,定期对各施工单位进行复查,加大巡查力度,及时督促现场隐患整改,落实监管人员,明确工作责任,提高安全生产执行力,杜绝事故发生。

(三)复杂技术工程

桃河特大桥位于阳泉市郊区白羊墅村,2008年11月开工建设。该桥上跨桃河河谷、石太电气化铁路及两条110kV高压输电线路,分为左右两幅,左幅全长1244.8m,右幅全长1241.2m,共30跨,墩柱最高60m,桥面宽24.5m,上部采用预应力简支T形梁和连续刚构形式,下部结构分别采用等截面实心墩、变截面空心墩、重力式台、肋板台,基础采用扩大基础和桩基础。

(四)科技创新

桃河特大桥跨石太铁路转体桥(图8-85),上跨石太铁路分离立交桥采用75m+75m预应力混凝土T形刚构方案,采用墩底转体法施工,转体长度为50m+50m,转体角度为70°,转体质量为15000t,居全国同类桥梁之首。2013年5月,该项T形刚构转体桥施工技术研究,经过省科技厅鉴定,达到国内先进水平。

(五)运营养护管理

1. 收费站点设置

共设收费站4处,预留服务区1处。

图 8-85 桃河特大桥跨石太铁路转体桥施工实景图

（1）平定北收费站地处平定县王家庄村，位于 S45 K432+050 处，占地面积 15360m^2，建筑面积 2462.9m^2，车道 3 进 5 出。

（2）阳泉东收费站地处阳泉市郊区漾泉大道，位于 S45 K425+000 处，占地面积 6667m^2，建筑面积 1278.4m^2，车道 4 进 6 出。

（3）阳泉（荫营）收费站地处阳泉市郊区漾泉大道，位于 S45 K417+050 处，占地面积 6667m^2，建筑面积 1822.6m^2，车道 3 进 5 出。

（4）盂县东收费站地处盂县元吉村，位于 S45 K396+500 处，占地面积 15360m^2，建筑面积 3351.1m^2，车道 3 进 6 出。

交通流量状况见表 8-69。

交通流量状况表（单位：辆） 表 8-69

年 份	路段一通行量（阳泉东）	路段二通行量（荫营站）	路段三通行量（盂县东）	日平均量
2011 年	411	3629	4650	2896.7
2012 年	2642	3438	5126	3735
2013 年	3579	3869	5440	4296
2014 年	2826	3683	4595	3701
2015 年	2331066（全路段通行量）			6386.5
2016 年	2780905（全路段通行量）			7619

注：2011 年 5 月 8 日通车，计算天数 238 天。

2. 日常养护管理

开通运营后，公司设养护安全部门，配置养护机械设备及人员，负责对全线日常巡查养护以及道路行驶安全，包括路面裂缝沥青胶灌注、道路清扫、边沟清理等。对于专业性较强的养护维修作业，公司通过招投标方式委派第三方专业队伍进行养护作业。运营养护设备主要有：洒水车、多功能工具车、清扫车 2 台、除雪铲 5 套、车载式药剂撒布机 2 台、自行式打拔桩机、车载式高空作业车、车载式灌缝机、切割机、开槽机、电焊机等。

五、五盂段(五台—盂县)(建设期:2011年8月~2016年8月)

(一)项目概况

1. 基本情况

项目是山西省"三纵十二横"东纵主干线的重要组成部分。起点位于五台县张家庄村西,经过立交枢纽与忻阜高速公路在K75+240处相接。先后6跨清水河穿越张家庄隧道、南沟尧隧道、国都殿隧道、耿家庄隧道、佛岭特长隧道进入盂县境内,然后过长一铺、椿树底村,在御枣口北跨省道S345、跨滹沱河特大桥(最大桥高128m),在大沟口西跨朔黄铁路,经猫铺、安子垴隧道,在下社乡跨省道S214、龙华河,穿越下细腰隧道、金坡山,在上社设互通立交,经胡家庄、中庄、刘家庄、藏山特长隧道、盂北村东、土塔村西、洪庄、王炭咀村,跨石太高速铁路的太行山隧道,在元吉村与阳泉—盂县高速公路连接。路线全长75.205km,双向四车道,设计速度80km/h,路基宽24.5m,桥梁荷载等级采用公路—Ⅰ级。主要包括路基土石方1881.6万m^3,特殊路基处理2.617km,滹沱河特大桥1座(长1220.11m,墩高116m),大桥118000m/31座,中桥887m/10座,小桥223m/6座,匝道桥3.9km/12座,隧道231950m/8座(其中特长隧道佛岭隧道长8.8km、藏山隧道长6.4km),路线全长75.205km,由中国建筑国际集团有限公司以BT模式投资建设,2011年8月开工,2016年8月3日通车运营。

2. 前期决策

项目建设对山西省东北部地区,尤其是忻州市和阳泉市的经济发展起到积极作用;为沿线境内资源综合利用提供更为便捷的运输通道,为加强当地经济发展提供完善的基础设施,建立完善综合运输体系,增强货物运输和旅游景点通达能力,提高区域公路网络容量具有重要意义。同时,项目将山西省东西向的忻阜、平阳、太旧高速公路纵向连接,对完善山西省干线公路网、缓解太旧高速公路交通压力、促进区域经济发展和沿线旅游事业的发展有着非常重要意义。项目作为阳泉—五台山高速公路二期工程,在《阳五高速公路投资框架协议书》中,省交通厅及阳泉市政府、忻州市政府与中国建筑总公司约定,由中国建筑总公司作为该项目投资人;后经省人民政府发文同意,由中国建筑股份有限公司以BT模式投资建设五盂高速公路。

3. 参建单位

(1)建设单位。项目法人为山西五盂高速公路有限公司,下设综合办公室、财务部、合约部、工程部、技术部、征迁部、安环部。总经理对项目建设管理全面负责,设有总工程师、总经济师、总会计师、质量总监和安全总监。

(2)设计单位。共有4个单位承担勘察设计,其中路基、桥梁、隧道工程2个,路面、交通安全、绿化、机电、房建工程1个,梁家寨互通工程1个。

(3)施工单位。由中国建筑股份有限公司承担建设任务。

(4)监理单位。共有8个单位实施监理,其中路基工程监理5个,路面、交通安全、绿化工程监理1个,机电工程监理1个,房建工程监理1个。

(二)建设情况

1. 项目准备

(1)立项审批(表8-70)。2010年8月20日,省发改委晋发改交通发〔2010〕1148号文同意项目建设;2010年10月22日,省交通厅晋交建管〔2010〕592号文批复初步设计,投资概算72.7亿元;2011年5月17日,省交通运输厅晋交建管发〔2011〕230号文批复项目概算72.73亿元;2012年7月27日,省发改委晋发改交通发〔2012〕1492号文批复同意新增梁家寨互通工程及连接线施工;2012年11月20日,省交通运输厅晋交建管发〔2012〕662号文件核定梁家寨施工图概算2.68亿元。综上所述,项目总概算75.41亿元。

项目审批一览表   表8-70

序号	项目	批复时间	批复部门	文件名称	文件号
1	项目法人确定		山西省交通运输厅	《阳泉—五台山高速公路五台—盂县段投资协议书》	
2	可行性研究报告	2010.8.20	山西省发展和改革委员会	《关于五台—盂县高速公路项目核准的通知》	晋发改交通发〔2010〕1148号
		2012.7.27		《关于五台—盂县高速公路项目核准的补充批复》	晋发改交通发〔2012〕1492号
3	环境影响报告		山西省环境保护局	《关于〈五台—盂县高速公路环境影响报告书〉的批复》	晋环函〔2010〕130号
4	水土保持方案		山西省水利厅	《关于五台—盂县高速公路水土保持方案的批复》	晋水保〔2010〕361号
5	初步设计	2010.10.22	山西省交通运输厅	《关于五台—盂县高速公路初步设计的批复》	晋交建管〔2010〕592号
6	施工图设计	2011.5.17	山西省交通运输厅	《关于五台—盂县高速公路施工图设计的批复》	晋交建管发〔2011〕230号
		2012.4.20	山西省交通运输厅	《关于五台—盂县高速公路梁家寨互通工程及连接线施工图设计的批复》	晋交建管发〔2012〕662号
7	施工许可		山西省交通运输厅	施工许可	

(2)资金筹措。建设资金由资本金和银行贷款构成,其中项目资金为企业自有资金,包括股东注册资本金23.54%,股东其他资金16.18%,银行贷款60.28%。

(3)招投标。由中国建筑股份有限公司以BT模式投资建设,中国建筑股份有限公司以其公路工程总承包特级资质承揽本项目所属工程建设任务。2010年11月,五盂高速公路有限公司委托中化建国际招标有限公司对路基监理标段进行公开招标,最终有5个监理企业中标;2012年6月,公司又委托招标代理机构对路面、交安、绿化、机电、房建监理进行公开招标,最终有3个监理企业中标。监理招标、开标、评标工作依照《中华人民共和国招标投标法》履行程序,在省交通运输厅、省人大财经委、省检察院、省发改委、省监察厅、省审计厅、省重点办严格监督下进行,每次评标结果都要在山西交通网进行公示。

(4)合同段划分。根据项目特点,分路基、路面两期工程实施,施工单位均为中国建筑股份有限公司:一期工程包括路基土石方、桥梁、涵洞、隧道、通道、立交、防护及采空区处治工程,共17个标段;二期工程主要是路面、交通安全、房建、机电、绿化工程,分15个标段。

(5)征地拆迁。项目建设用地涉及忻州市五台县、阳泉市盂县,两县分别设立协调机构,多次组织召开现场办公会,协调解决各种问题。从2011年4月到2012年12月,共征用土地5519.17亩,拆迁房屋17598m^2。

2. 项目实施

(1)质量管理。公司始终坚持"质量第一"方针,强化质量控制。一是明确目标。分项工程合格率100%,优良率95%以上,建设"内在质量优、外观形象美、科技含量高、环保功能强、文化氛围浓"的精品工程,确定首件产品认可制,落实到各项工程每个环节。二是健全体系。实行工程质量终身负责制,建立"政府监督、社会监理、业主监控、企业自检"的四级质量保障体系。三是控制工序。在严格控制过程基础上,采取有效措施。四是监督到位。以总监办为龙头,加强质量监控,做好事前指导关、工序工艺关、过程控制关、试验检测关、事后检查关、质量检评关,对质量问题采取"坚决返工、适当罚款、彻底落实"的措施,严格执行相关要求,确保工程质量处于受控状态。

(2)安全管理。开工以来,公司认真落实安全目标责任制,不断加强基础工作,完善安全生产管理体系和监督体系,重点监控、重点防范,使安全生产处于可控状态,未发生安全事故。

(3)进度管理。公司在确保工程质量前提下加快进度,在科学调度、交叉运作中提高效率,通过统筹规划、合理安排,保证工程顺利实施,提前完成建设任务。一是严格工期目标,加强计划管理。根据工期要求,编制总体及年、季、月计划,并相应制定资金使用计划、材料供应和设备调配计划。施工单位对照形象进度和产值计划,按单位、分部工程和月、旬、周将各类计划分解细化到工区、班组,在时间和空间上做到昼夜施工、交叉作业。公司对控制性工程实行日报制度,对计划按周巡查,按月调整,按季总结部署。二是严控工程重点,加强生产调度。加强组织调度,确保施工力量,根据不同阶段,适时调动补强专业化施工队伍;加强设备调度,确保施工手段,坚持设备动态管理,对架桥设备,路基"挖、运、平、压"设备,路面拌和、摊铺、碾压设备等确定选型和数量,同时留有储备余地,使工程建设配置较强的机械作业能力;加强材料调度,保证及时足量供应;加强会议调度,确保施工部署。通过按月召开生产例会,定期举办现场办公会等形式,按期部署任务,及时发现问题,认真制定相应措施,现场检查,监督落实,保证生产调度的超前性、及时性、针对性、科学性和时效性。三是严格工序环节,加强现场管理。针对各个工艺工序环节,按照施工技术规范,加大现场管理力度。优先安排通道、涵洞、小型构造物施工,广开作业面,为路基尽早贯通创造条件。在桥梁施工中抢抓基础,及时组织模板和吊装设备进场,确保下部结构到上部结构的工序转换,实行平行转换工序,同步交叉作业,分段阶梯推进。路面工程提前备料,实行拌和、运输、摊铺、压实一条龙作业,基层、面层分幅分层顺序推进,全面展开施工。对于交通安全工程,路面上基层完成后迅速进行防护立柱安装,护栏、隔离栅、标志标牌紧随顺序施工。对于关键性工程、滞后性工程、季节性工程和辅助性工程,采取引进外协、强行约束、指令分割、增大投入等措施,促使其加快进度,确保工程建设连续不断,紧张有序向前推进。

(三)复杂技术工程

(1)滹沱河特大桥高墩大跨施工研究。特大桥上跨 S345 公路和滹沱河,全长 1220.11m,为组合式薄壁高墩大跨连续刚构桥,最大跨径 150m,最高墩高 116m。上部结构:9×50m 装配式预应力混凝土连续 T 形梁 +80m+3×150m+80m 预应力混凝土刚构 +5×30m 装配式预应力混凝土连续箱梁;下部结构:装配式 T 形梁桥墩采用实心薄壁墩、等截面空心墩、变截面空心墩,刚构主墩采用双薄壁空心墩与空心薄壁墩的组合形式。在施工中,通过理论研究、模型试验和现场测量方式,总结施工控制规律,编制高墩施工工法,为滹沱河特大桥安全施工、顺利合龙、线形平顺提供技术支撑,也为同类桥梁安全施工提供可靠数据。

(2)佛岭隧道涌水注浆处治技术研究。在施工中发生涌水灾害,涌水段长度 385m。处治分为两步:一是对隧道已开挖部分进行注浆固结堵水、上下台阶加固处理;二是对掌子面进行超前帷幕注浆堵水、预加固处理。

(四)科技创新

大跨连续刚构桥施工工法获中国海外集团有限公司工法一等奖。针对国内组合式薄壁高墩大跨连续刚构的应用中稳定性研究方面少且滞后的现象,课题借助滹沱河特大桥工程,对组合式薄壁高墩大跨连续刚构桥在施工中进行非线性稳定分析,得出有益结论,为搞好设计提供指导。

(五)运营养护管理

全线设陈家庄、上社、梁家寨 3 个收费站,设盂县北服务区、陈家庄停车区各 1 处,设陈家庄、上社养护工区各1处。全线房建设施已于2016年初移交太旧高速公路公司五盂运营管理处管理。

1. 收费站点设置

（1）陈家庄收费站地处五台县陈家庄乡教场村，位于S45 K331+050处，占地面积1784.2m²，建筑面积2768m²，车道3进5出。

（2）上社收费站地处盂县上社镇，位于S45 K367+940处，占地面积1784.2m²，建筑面积2768m²，车道3进5出。

（3）梁家寨收费站地处盂县灯花村，位于S45 K351+465处，占地面积1089.92m²，建筑面积1584.18m²，车道3进5出。

（4）交通流量状况：2016年，年通行151588辆，日平均721.8辆。

2. 服务区设置

盂县北服务区地处盂县樊家汇村，位于S45 K320+578处，主区占地面积2504.12m²，建筑面积5075.37m²，其中，主区综合服务楼建筑面积2233.72m²，附属用房427.2m²，机修用房144.88m²；副区综合服务楼建筑面积2001.8m²，加油站96.28m²，机修用房144.88m²。

陈家庄停车区地处五台县陈家庄乡教场村，位于S45K331+050处，东区占地面积2263.42m²，建筑面积3097.02m²，其中，综合服务楼建筑面积523.44m²，加油站96.28m²，附属用房344.64m²，机修用房144.88m²；西区综合服务楼建筑面积523.44m²，加油站96.28m²，附属用房344.64m²，机修用房390.8m²。

陈家庄养护工区办公楼建筑面积978.04m²，2层，框架结构，高7.95m；佛岭隧道管理处603.1m²，砖混结构，高5.4m；养护机械库205m²，框架结构，高4.95m。

上社养护工区办公楼建筑面积978.04m²，养护机械库205m²。

六、阳左段（阳泉—左权）（建设期：2011年1月～2014年7月）

（一）项目概况

1. 基本情况

项目是山西省高速公路网规划"三纵十二横十二环"东纵天黎高速公路的重要组成部分，是省"十二五"重点工程建设项目。起点与太旧高速公路和阳盂高速公路相连，途经平定、昔阳、和顺、左权县，终点与和榆高速公路相接，路线长91.252km，批复概算77.87亿元。双向四车道，设计速度80km/h，路基宽24.5m，桥涵设计汽车荷载等级为公路—I级。全线共设平定枢纽、张庄互通、昔阳互通、和顺互通、左权北互通5处。主要工程量有桥梁23304m/74座,隧道12328m/7座(其中蒙山特长隧道5655m),土石方工程挖方1873万m^3,填方752万m^3,桥隧比例39.05%。2011年1月19日开工建设,2014年1月交工验收,2014年7月28日通车运营。

2. 前期决策

项目建设对于完善山西省高速公路网布局,提高交通运输能力,提升整个国防交通网络的通行能力,加强国防现代化建设,促进区域经济发展和旅游资源开发利用,带动全省经济和社会快速发展,加快实施中部崛起战略具有十分重要的意义。

3. 参建单位

(1)建设单位。2010年9月10日,省交通运输厅晋交人〔2010〕467号文印发《关于成立阳黎高速公路建设管理处的通知》,授权建设阳泉—左权、左权—黎城高速公路,内设综合办公室、党委办公室、工程管理科、地方协调科、财务科、信息机电科。

(2)设计单位。通过公开招标,确定山西交科公路勘察设计院(联合体主办人)、山西路晟交通建筑设计有限公司(联合体成员)承担勘察设计任务。

(3)施工单位。共有40个单位参加建设,其中路基、路面工程6个,铁路桥工程1个,房建工程3个,机电工程11个,交通安全工程9个,绿化工程6个,场外供电工程2个,昔阳连接线土建工程1个,交通安全工程1个。

(4)监理单位。共有11个单位实施监理,其中机电工程监理1个,场外供电工程监理1个,昔阳连接线工程监理1个,路基、路面及其他工程监理分4个标段,每个合同段有联合体主办单位1个,成员单位1个,共8个单位实施监理。

(二)建设情况

1. 项目准备

(1)立项审批。2010年10月18日,省发改委晋发改交通发〔2010〕1342号文批准项目可行性研究报告;11月11日,省水利厅晋水保函〔2010〕498号文批复水土保持方案;11月15日,省交通运输厅晋交建管〔2010〕646号文批复初步设计;12月28日,省国土资源厅晋国土资函〔2010〕756号文批复用地预审;12月30日,省环境保护厅晋环函〔2010〕1688号文批复环境影响报告书;2011年1月21日,省住房和城乡建设厅选字〔2011〕1号核发选址意见书;4月6日,晋中市水利局市水管字〔2011〕77号文批复防洪评价报告;4月8日,省地震局晋震标〔2011〕69号文批复场地地震安全性评价报告;8月22日,省交通运输厅晋交建管〔2011〕442号文批复施工图设计;8月22日,省文物局晋文物函〔2011〕430号文批复文物保护竣工通知书;8月25日,国家林业局林资许准〔2011〕229号文批复使用林地审核同意书;12月26日,省国土资源厅晋国土资环(灾)备〔2011〕203号文备案通过山西省地质调查院组织专家评估通过的地质灾害危险性评估报告；2012年2月24日，省国土资源厅晋国土资函〔2012〕69号文批复建设用地压覆矿产资源申请的复函；9月26日，国土资源部国土资函〔2012〕787号文批复建设项目用地；11月26日，省交通运输厅对项目施工许可申请书予以批复。其他相关手续也都办理完毕。

（2）资金筹措。批复概算77.8743亿元，其中省交通运输厅筹措19.8743亿元，开发银行贷款58亿元。

（3）招投标。2010年10月，建管处委托北京中交建设工程招标有限公司作为招标代理，依照国家相关法律法规，坚持公开、公平、公正、择优原则，采取大标段、高门槛、垂直打包、随机开标的办法，选择实力强、技术精、信誉好的施工、监理队伍，避免围标串标、借用资质投标的问题。实践证明，这种大标段、总承包的招标方式，有利于缩短建设工期、控制工程造价、降低业主风险，有利于调动施工、监理单位积极性，有利于优化资源配置、保证工程质量、加快施工进度。每次招标开标活动，都在省交通运输厅及相关部门严格监督下进行；每次招标公告和评标结果，都要在中国采购与招标网、山西招投标网、山西交通网进行公示。

（4）合同段划分。根据项目特点，路基路面桥涵隧道工程分6个标段，铁路桥单独分1个标段，房建工程分3个标段，交通安全设施工程分9个标段，机电工程分11个标段，绿化工程分6个标段，外供电施工分2个标段，路基、路面、房建、交通安全、绿化工程监理分4个标段，机电工程监理分1个标段，外供电工程监理分1个标段。

（5）征地拆迁。项目建设涉及阳泉市平定县、晋中市昔阳县、和顺县、左权县14个乡镇59个行政村，各市县分别成立征地拆迁工作协调领导小组，多次组织召开现场办公会，协调解决各种问题，共征用土地7555.707亩。

2.项目实施

（1）质量管理。建管处建立完善的"政府监督、业主监管、社会监理、企业自检"四级质量保证体系，做到横向到边、纵向到底。施工前，坚持工程质量始于设计理念，及早介入设计工作，制订《设计指导意见》，实现设计与工程建设有机融合。在施工过程中，严把"四道关口"，即严把材料进场使用关，加大抽检力度，凡不合格的原材料一律清退出场；严把操作关，严格遵守工程技术规范与操作规程，把建设一流工程要求体现到施工的每一个环节、每一道工序；严把试验关，发挥试验室作用，用数据说话，以数据指导施工；严把工序检验关，规范工序检验与管理，上道工序不合格不进行下道工序，严禁私自盲目施工。聘请专家咨询组，定期、不定期召开技术质量分析会，为工程建设科学决策提供依据，保证技术合理、质量优良。加强"标准首项工程"建设，使其成为同类分项工程实施标准。开展树立样板工程和施工质量现场观摩会活动，加大惩处力度，以奖惩手段提升激励效果，激发每一个施工、监理单位潜力和主观能动性。积极开展科研技改活动，重视高科技应用,采用钻探结合地质雷达进行桩底溶洞检测;采用高精度水准仪观测桥梁预制梁板起拱;采用视频安全监控系统进行隧道进出口管理;委托第三方使用水平地质钻(GLP150)和地质雷达(SIR-10\TSP203)进行隧道地质超前预报,提高工程质量控制的有效性。强化监理工作,开工之前对全线监理人员进行业务考核,不合格不准上岗;定期召开监理例会,解决工作中存在的问题;针对不同施工内容的关键环节和关键部位,明确监理控制要点,进行重点控制,编写《质量安全手册》,以卡片形式发放到每一位施工技术人员和监理人员手中,增强参建人员的质量安全意识。

(2)安全管理。建管处严格按照有关安全生产法律、法规和制度,结合实际,先后下发《安全管理办法》《文明施工管理办法》《标准化驻地建设实施细则》《"平安文明工地"达标创优活动实施方案》等文件,做到有据可依、有章可循,实现制度化管理。同时要求监理单位建立健全安全监理制度,施工单位建立健全安全生产制度。加强对安全生产专项费用计量支付审查和对施工单位管理使用情况监管,对安全生产专项费用计量采用据实支付方法,确保安全资金真正用于安全生产。积极开展"平安文明工地"达标创优竞赛活动,以"抓驻地建设、抓文明施工、抓首项工程、抓关键环节、抓信息管理"为主要抓手,着力推进工程建设项目文明施工规范化、安全管理标准化、项目建设精细化,营造安全文明的施工环境,培育高素养职工队伍,保障建设项目优质安全。在建管处动态管理平台开辟专栏,开展"平安文明工地"建设活动摄影比赛,充分利用报纸、广播、网络等媒体大力宣传,扩大覆盖面,使所有参建单位从业人员增强做好安全生产工作的自觉性,牢固树立"珍惜生命、安全第一"的理念,全面营造安全生产氛围。

(3)进度管理。严格合同管理,以建管处与各施工、监理单位签订的总合同为基础,提出阶段性工期目标,对全线各施工标段分部工程,尤其是控制性工程进行节点划分和工期要求,以日进度保周进度、以周进度保月进度、以月进度保阶段进度、以阶段进度保证总合同目标的实现。领导分工负责、指挥部成员包段指挥、业主工作人员一线督促,在狠抓工程质量、安全的同时,严格工程进度管理,同时积极开展劳动竞赛,采取日统计、周考核、月总结、阶段评比的方法,奖惩兑现。参建单位加大投入,在人员、机械、技术力量方面予以倾斜,整体推动项目建设快速发展。

(4)投资控制。建管处制定下发《财务管理制度》《会计核算办法》《农民工工资支付管理办法》《承包商资金使用监督管理办法》等制度,通过动态管理平台进行公开。建管处、银行、施工单位签订资金三方监管协议,施工单位按需报送资金使用计划,建管处对施工单位在动态管理平台提交的相关合同、协议、发票、工程、劳务费计价清单进行审核、签字、盖章,银行严格按照建管处批示的建设资金使用审批单逐笔对照支付,有效监管,保证项目资金专款专用。项目实行网上计量,施工单位可随时查看本标段计量审核的进展情况,建管处领导可随时监督全线各标段计量报表审核工作和每个环节的审核周期,既提高计量支付效率,又防止暗箱操作。在全线推行网上银行资金支付业务,强化银行对建设资金流向的监督责任,有效杜绝施工单位挤占、挪用建设资金或违规上缴管理费等现象,既提高工作效率,又增强资金支付的安全性。建立跟踪审计制度,审计单位定期或不定期介入项目建设管理,对财务管理等工作进行监督检查,指导和规范参建单位管理行为,使项目建设管理合法合规、高效有序运行。

(5)廉政建设。建管处党委重点抓好八个机制建设:一是构建制度约束机制。制定部门工作职责、综合、计划、计量、合同、地方工作等一系列管理制度,保证工程建设有章可循、有法可依。二是建立廉政教育体系。经常组织工作人员开展廉政警示教育,坚持每天发送廉政短信,在思想上构筑起防腐拒变防线。三是构建齐抓共管责任体系。进行党风廉政建设和反腐败工作责任分解,与各施工、监理单位签订"党风廉政建设目标责任书",领导干部向所有参建单位和社会做出廉洁自律公开承诺,保证工程优质、干部优秀。四是建立全过程公开公示制。通过动态管理平台和公共信息网,向社会各界公开发布建设进展情况和工程动态信息,及时公开项目建设程序和管理内容,着力打造"阳光工程"。五是落实三重一大决策制。必须经集体讨论、民主决策,强化监督,预防腐败。特别是重大资金使用实行财务人员和纪委书记联签制度,充分体现决策、执行、监督既互相联系又互相制约,既互为一体又互为监督的关系。六是建立党风廉政监督制。在工程建设招投标等重点环节,不仅本单位纪检部门关口前移,而且邀请上级纪检监察机关全过程监督,邀请公证机构公证,对招投标结果公示,主动接受社会监督;聘请新闻工作者对建设各个环节进行社会监督,确保阳光操作,公开运行;各施工、监理单位和指挥部在醒目位置设立监督举报箱,与检察机关联合开展预防职务犯罪活动,主动接受群众和社会监督,构建预防职务犯罪的"防火墙"。七是建立科技防范体系。利用动态管理平台,将现行各种审批方式改为网上审批,通过网络固定审批流程,将审批条件、审批程序等对外公开,实行网上计量,推行网上银行资金支付业务,不仅规范部门行为,使审批过程更加公平、公正、公开,也避免人情审批、违法违纪审批等问题发生,从源头上扼制腐败发生。八是实行责任追究制。参建单位人员违反或者未能正确履行党风廉政建设责任制规定职责的,依照有关规定给予批评教育、组织处理或者纪律处分,涉嫌违法犯罪的移送司法机关,依法追究其法律责任。

(三)复杂技术工程

蒙山隧道为分离式双向四车道隧道,左线长5655m,右线长5630m,是全线第一长隧,也是头号重点控制性工程。项目部通过"管超前、严注浆、短进尺、弱爆破、强支护、勤量测"思路,克服大跨度施工等困难,确保隧道安全顺利贯通。

(四)科技创新

(1)发光涂料与隧道照明综合节能技术研究。2014年3月,通过省科技厅成果鉴定,认为总体达到国内领先水平。

(2)装配式梁桥整体性构造及施工技术研究。2015年8月,通过省科技厅成果鉴定,认为项目实用性强,具有一定推广应用价值和社会经济效益,达到国内领先水平。

(3)纤维级配碎石开发研究。2015年8月,通过省科技厅成果鉴定,认为具有重要应用价值,推广前景广阔,经济社会效益显著,总体上达到国际先进水平。

(五)运营养护管理

1. 收费站点设置

沿线共设张庄、昔阳、和顺北、左权北4个收费站。

(1)张庄收费站地处平定县张庄村,收费广场面积5600m²,车道3进5出,其中含1进1出2条ETC车道。

(2)昔阳收费站地处昔阳县乐平镇建都村,位于S45 K456+722处,收费广场面积7800m²,车道4进6出,其中含1进1出2条ETC车道。

(3)和顺北收费站地处和顺县牛川乡崔家平村,位于S45 K489+565m段,收费广场面积8768m²,车道4进6出,其中含1进1出2条ETC车道。

(4)左权北收费站地处左权县寒王乡曹家寨村,位于S45 K526+450处,收费广场总面积为6200m²,车道3进5出,含1进1出2条ETC车道。

(5)交通流量状况:2014年,年通行608554辆,日平均3334.5辆;2015年,年通行792487辆,日平均2171.2辆;2016年,年通行1194426辆,日平均3272.4辆。

2. 服务区设置及运营

全线设大寨、和权2个服务区,2014年7月28日建成并投入运营。

(1)大寨服务区地处昔阳县东寨村,位于S45 K469处,占地面积40000m²,分东、西两个区,分别占地20000m²,建筑面积4484.9m²。配备有综合楼,建筑面积2756.8m²;停车场可停放大车33辆,中小型车56辆;快餐厅面积260m²,可供60人同时就餐;加油站总面积301m²、油罐容量360m³、东西区各设4台加油机;另外,还设有机修车间、附属用房等。可为过往顾客提供餐饮、购物、汽修、住宿、加油、如厕等服务。

(2)和权服务区地处左权县寒王乡鹿鸣村,位于S45 K513处,占地面积46753m²,分东西两个区,分别占地23376.5m²,建筑面积4833.14m²。配备有综合楼,建筑面积3753.4m²;停车场可停放大车50辆、中小型车47辆;快餐厅面积280m²,可供65人同时就餐;加油站总面积301m²,油罐容量360m³,东、西区各设4台加油机;另外,还设有机修车间、附属用房等。可为过往顾客提供餐饮、购物、汽修、住宿、加油、如厕等服务。

3. 日常养护

通车运营后,设昔阳、和顺养护工区和机电一工区3个机构。昔阳养护工区负责K437+700~K482+641段,养护里程44.941km;和顺养护工区负责K482+641~K528+952段,养护里程46.311km;机电一工区负责K437+700~K528+952段,其任务是维护隧道功能性设施、通信系统及可变信息板等。各工区设主任1名、副主任2名、工程师3名,另外配备技术员2~3名、机械人员3~4名,均由建管处统一招聘和调配。

运营以来,建管处积极探索高速公路市场化养护管理模式。按照管养分离原则,推行社会化养护体制,所有养护项目统一招标,选择有资质的养护企业进行日常养护。建管处与养护中标企业签订合同,核定养护费用。养护工程部根据养护内容、所辖路段情况,制定检查考核办法,建立管理流程,细化评分标准,明确奖惩规则,指导养护工作有序推进;各养护工区明确职责,按照管理流程督促养护企业开展工作,以考核评分为依据,按月支付养护费用。

七、左黎段(左权—黎城)(建设期:2013年4月~2016年7月)

(一)项目概况

1. 基本情况

项目是山西省高速公路网规划"三纵十二横十二环"东纵天黎高速公路的重要组成部分。起点位于晋中市左权县城东北鱼跃口村,与国家高速公路G2516东营—吕梁高速公路左权枢纽相接,终点位于黎城县停河铺乡元村,与长治—邯郸高速公路黎城北枢纽相连,途经左权县境内辽阳、粟城、桐峪、黎城县境内黄崖洞、西井、东阳关、停河铺等乡镇。双向四车道,设计速度80km/h,路基宽24.5m。设左权南、桐峪、西井互通。主要工程量有:路基土石方1750万m^3,主线特大桥7121.75m/5座,大中桥9868.44m/36座,互通匝道1927.98m/15座,天桥273.24m/4座,通道77道,涵洞89道,特长隧道6837m/2座,长隧道4887.5m/3座,中隧道2033.3m/3座,短隧579m/2座,路线全长78.003km,投资概算68.05亿元。2013年4月8日开工建设,2016年7月12日通车运营。

2. 前期决策

项目是山西省通往京津冀地区的主要通道。左权、黎城两县为太行山革命老区,红色旅游资源、矿藏资源和绿色生态资源十分丰富,项目建设对于两县经济发展和沿太行山地区旅游开发,有着非常重要的意义。

3. 参建单位

(1)建设单位。2010年9月10日,省交通运输厅批准成立阳黎高速公路建设管理处,按照工程实际情况设立左黎指挥部。

(2)设计单位。中交第二公路勘察设计研究院有限公司承担勘察设计任务。

(3)施工单位。共有19个单位参加建设,其中路基、路面工程4个,房建工程3个,交通安全工程2个,绿化工程2个,机电工程6个,场外供电工程2个。

(4)监理单位。共有6个单位实施监理,其中,路基、路面、交通安全、绿化、房建工程综合监理4个,监控通信收费系统、隧道机电工程监理1个,场外供电工程监理1个。

(二)建设情况

1. 项目准备

(1)立项审批(表8-71)。2009年1月,省交通厅委托中交第二公路勘察设计研究院有限公司(简称"中交二公院")承担项目工程可行性研究报告编制工作。2010年10月25日,省发改委晋发改交通发〔2010〕1343号文件,批准项目建设;2011年4月11日,省交通运输厅晋交建管〔2011〕161号文批复初步设计,投资概算68.0492亿元。

项目审批一览表　　　　表8-71

序号	项　　目	批复时间	批复部门	文件名称	文　件　号
1	项目法人	2010.9.10	山西省交通运输厅	《关于成立阳黎高速公路建设管理处的通知》	晋交人字〔2010〕467号
2	可行性研究报告	2010.10.18	山西省发展和改革委员会	《关于左权—黎城公路工程可行性研究报告的批复》	晋发改交通发〔2010〕1342号
3	环境影响报告		山西省环境保护局	《关于〈左权—黎城高速公路环境影响报告书〉的批复》	晋环函〔2007〕1381号
4	水土保持方案		山西省水利厅	《关于左权—黎城高速公路工程水土保持方案的批复》	晋水保函〔2007〕307号
5	初步设计	2011.4.11	山西省交通运输厅	《关于左权—黎城高速公路初步设计的批复》	晋交建管〔2011〕161号
6	施工图设计		山西省交通运输厅	《关于左权—黎城高速公路施工图设计的批复》	晋交建管〔2011〕714号
7	用地		山西省国土资源厅	《关于左权—黎城高速公路工程建设项目用地预审的批复》	晋国土资函〔2006〕292号
8	施工许可		山西省交通运输厅	施工许可	

(2)资金筹措。批复概算68.0492亿元,其中省交通运输厅筹措资本金17.0492亿元,国家开发银行贷款51亿元。

(3)招投标。详见本节阳左段有关内容。

(4)合同段划分。根据项目特点,路基、桥涵、隧道工程分4个标段,路面交通工程实行总承包;房建工程分3个标段;绿化工程分2个标段;机电工程分7个标段;施工监理分6个标段。

(5)征地拆迁。项目建设用地涉及晋中市左权县和长治市黎城县7个乡镇54个行政村。各市、县分别成立征地拆迁工作协调领导小组,多次组织召开现场办公会,协调解决各种问题,共征用土地6974.463亩。

2. 项目实施

质量管理:建管处牢固树立"百年大计,质量为本"理念,强化"精品"意识。以施工标准化管理为抓手,加强创新、创优过程管理,确保每一个分项、分部、单位工程达到《公路工程质量检验评定标准》要求。一是建立健全质量保证体系。完善各项质量管控制度,层层把关,人人负责,强化监管,切实提高全员质量意识。二是以施工标准化为抓手,着力推进工地建设标准化、现场施工规范化、工艺管理精细化。三是有效预防,消除质量通病。四是严把原材料进场关,强化试验检测,抓好成品验收,杜绝不合格原材料进场、试验检测造假行为、工程实体检测不合格现象。五是加大巡查频率,奖优罚劣,明确责任,限期整改。六是坚持每周、每月例会制度,检查、落实三级技术交底,及时解决发现的质量问题,总结经验教训,部署下一步工作。七是强化监理职能。加强监理人员责任心教育,严格监理程序,积极开展试验检测工作,做到抽检样本满足规范,检测频率和部位符合要求,试验数据准确无误。同时,把工程质量优劣与监理责任、权利、奖惩紧密联系,充分调动监理人员积极性、主动性,扎实做好质量监督。

(三)复杂技术工程

鱼跃口大桥上跨阳涉铁路,全长648.05m,孔跨布置为引桥(2×30m+40m+30m)+3×40m+3×40m+3×40m先简支后连续预应力混凝土箱梁+主桥2×75m连续T构;全桥共有27个墩4个台,为钻孔桩及挖孔桩基础,墩柱为矩形墩,简支梁采用预制架设法施工。桥跨中第五联2×75m连续T构上跨阳涉铁路,线路与铁路斜交,桥梁中心线与铁路夹角为53.6°,采用平面转体法施工主桥,逆时针转体角度50.2°,转体总质量13025t。

(四)运营养护管理

1. 收费站设置

2016年6月30日,根据省政府《关于同意〈左权—黎城高速公路设置收费公路收费站〉的批复》(晋政函〔2016〕86号)文件规定,沿线设左权东、桐峪、西井3个收费站。

(1)左权东收费站地处左权县辽阳镇蛤蟆滩村,位于S45 K535+912处,收费广场面积5500m²,车道4进5出,含1进1出2条ETC车道,不含预留车道。

(2)桐峪收费站地处晋中市左权县桐峪镇桐滩村,位于S45 K570+124处,收费广场面积4470m²,车道3进5出,含1进1出2条ETC车道,不含预留车道。

(3)西井收费站地处黎城县西井镇东井村,位于S45 K581+859处,收费广场面积5010m²,车道3进3出,含1进1出2条ETC车道,不含预留车道。

(4)交通流量状况:2016年,年通行450662辆,日平均2503.6辆。

2.服务区设置

全线设左权南、黎城两个服务区和黄崖洞停车区,2016年7月12日建成并投入运营。

(1)左权南服务区地处左权县韦则村,位于S45 K559处,占地面积53300m²,分南、北两个区,建筑面积5613.13m²。其中,综合楼建筑面积4520m²,快餐厅建筑面积1130.8m²;加油站建筑面积1331.52m²,南、北区面积均为665.76m²;绿化面积9649m²,停车场可停放126辆车;另外,还设有机修车间、附属用房等,可为过往顾客提供餐饮、购物、住宿、汽修、加油、如厕等服务。

(2)黎城服务区地处黎城县高石河村,位于S45 K603处,占地面积57017m²,分东、西两个区,建筑面积5685.57m²。其中,综合楼建筑面积4912.44m²,快餐厅建筑面积975.42m²;加油站建筑面积1331.52m²,南、北区面积均为665.76m²;停车场可停放160辆车;另外,还设有机修车间、附属用房等,可为过往顾客提供餐饮、购物、住宿、汽修、加油、如厕等服务。

(3)黄崖洞停车区位于S45 K574处,占地面积26600m²(东、西区各13300m²),总建筑面积1502.37m²。停车场可停放车辆96辆,其中大型车39辆,中小型车57辆;加油站总面积1331.52m²,东、西区面积均为665.76m²。可为过往顾客提供餐饮、汽修、加油、如厕等服务。

3.日常养护

通车运营后,全线设左权养护工区、黎城养护工区和机电二工区3个养护机构。左权养护工区负责K531+447~K570+200段,养护里程38.753km;黎城养护工区负责K570+200~K609+450段,养护里程39.25km;机电二工区负责K531+447~K609+450段,其职责是维护隧道功能性设施、通信系统及可变信息板等。各养护工区设主任1名、副主任2名、工程师3名,另设技术员2~3名、机械人员3~4名,均由建管处统一招聘和调配。

第二十三节　S50 太临高速公路

一、太佳东段(太原—岚县)(建设期:2008 年 12 月~2010 年 12 月)

(一)项目概况

1. 基本情况

项目是山西省高速公路规划网"三纵十二横十二环第五横"(平定—太原—佳县)的组成部分。起点位于太原环城高速公路北环段向阳店互通以东 6.7km 西墕枢纽处,终点位于岚县梁家庄乡郭家庄村附近,与太原—佳县高速公路西段起点相接,途经太原市尖草坪区、阳曲县、静乐县、娄烦县,全长 94.878km。双向四车道,设计速度 80km/h,路基宽 24.5m,桥涵设计汽车荷载公路—Ⅰ级,设计洪水频率为大桥、中桥、小桥及涵洞 1/100,路面采用沥青混凝土路面,设计标准轴载 BZZ-100kN,全线配置完善的通信、监控和收费系统及照明、绿化、房建、安全设施等交通工程和服务设施。共有特大桥 2381.5m/1 座,大桥 13012.1m/62 座,中桥 1534m/17 座,小桥 161.1m/8 座,天桥 6 座,涵洞 194 道,隧道 16189m/5 座;设枢纽 1 处,互通式立交 4 处。房建总面积 22986m^2;计价土石方 2876 万 m^3,防护、排水工程 36.6 万 m^3。2007 年 11 月 11 日奠基,2008 年 12 月开工建设,2010 年 12 月 24 日建成通车,并投入试运营。2015 年 7 月 6 日~7 日,省交通运输厅组织竣工验收,项目建设和工程质量均评定为优良。

2. 前期决策

项目建成后,将成为连接京津地区和陕西的物流大通道,更好地发挥全省承东启西作用,促进吕梁和晋西北地区经济发展,对实现保增长、保民生、保稳定具有重要现实意义。

3. 参建单位

(1)建设单位。2007 年 2 月 17 日,省交通厅晋交发字〔2007〕15 号批准成立太原高速公路建设管理处,开始前期工作;11 月 2 日,省交通厅晋交人字〔2007〕465 号文批准更名为太佳高速公路建设管理处,负责太佳高速公路建设管理;2008 年 6 月 27 日,省交通厅党组晋交发字〔2008〕23 号文批准将太佳高速公路管理处分设为太佳高速公路(太原段)建设管理处和(吕梁段)建设管理处,太佳高速公路(太原段)建设管理处负责太原—佳县高速公路东段。建管处内设综合办公室、党务人事部、计划财务部、工程技术部、质量安全部、地方协调部、交通机电房建部、静乐前线驻地组。

(2)设计单位。勘察设计任务由 6 个单位负责,其中主体工程设计单位 2 个,房建、机电、交通安全设施、绿化工程设计单位4个。

(3)施工单位。共有55个单位参加建设,其中路基路面桥隧工程22个,房建工程4个,交通安全设施工程12个,机电工程9个,绿化工程8个。

(4)监理单位。共有13个单位实施监理,其中路基路面桥涵工程6个,交通安全、机电工程监理各1个,绿化工程监理5个。

(二)建设情况

1.项目准备

(1)立项审批(表8-72)。2007年11月7日,省发改委晋发改交通发〔2007〕997号文印发《关于太原—佳县公路东段可行性研究报告的批复》;2008年10月8日,省交通厅晋交公字〔2008〕441号文印发《关于太原—佳县高速公路东段初步设计的批复》;2009年5月11日,省交通厅晋交公字〔2009〕239号文印发《关于太原—佳县高速公路东段施工图设计的批复》,路线全长94.878km,批复施工图预算64.03949758亿元。

项目审批一览表　　　　　　　　　表8-72

序号	项目	批复时间	批复部门	文件名称	文件号
1	项目法人报批	2007.2.17	山西省交通厅	《关于成立太原高速公路建设管理处的通知》	晋交发字〔2007〕15号
		2007.11.2	山西省交通厅	《关于太原高速公路建设管理处更名的通知》	晋交人字〔2007〕465号
2	可行性研究报告报批	2007.11.7	山西省发展和改革委员会	《关于太原—佳县公路东段可行性研究报告的批复》	晋发改交通发〔2007〕997号
		2012.8.20	山西省发展和改革委员会	《关于太原—佳县公路东段工程可行性研究补充报告的批复》	晋发改交通发〔2012〕1616号
3	地质灾害危险性评估	2018.9.19	山西省国土资源厅	《地质灾害危险性评估报告备案登记表》	晋国土资环(灾)备〔2008〕068号
4	地震安全性评价	2008.10.6	山西省地震局	《关于太原—佳县公路东段项目工程场地地震安全性评价报告的批复》	晋震标〔2008〕172号
5	水土保持方案报批	2008.11.26	山西省水利厅	《关于太原—佳县公路东段工程水土保持方案的复函》	晋水保函〔2008〕195号
6	环境影响报告报批	2008.12.31	山西省环境保护局	《关于太原—佳县公路东段环境影响报告书的批复》	晋环函〔2008〕1063号

续上表

序号	项目	批复时间	批复部门	文件名称	文 件 号
7	初步设计报批	2008.10.8	山西省交通厅	《关于太原—佳县高速公路东段初步设计的批复》	晋交公字〔2008〕441号
8	施工图设计报批	2009.5.11	山西省交通厅	《关于太原—佳县高速公路东段施工图设计的批复》	晋交公字〔2009〕239号
9	文物勘探发掘竣工通知书	2009.6.2	山西省文物局	《关于太佳高速公路(东段)建设工程中文物勘探发掘竣工通知书》	晋文物便通字〔2009〕291号
10	跨穿汾河特大桥防洪评价报告	2009.4.13	山西省水利厅	《关于太原—佳县高速公路东段穿越汾河特大桥防洪评价报告的审查意见》	晋水管字〔2009〕231号
11	用地报批	2009.3.18	山西省国土资源厅	《关于太原—佳县高速公路东段建设项目用地预审的批复》	晋国土资函〔2009〕103号
11	用地报批	2012.1.21	国土资源部	《关于太原—佳县高速公路东段工程建设用地的批复》	国土资函〔2012〕39号
12	压覆矿产资源的批复	2010.7.1	国土资源部办公厅	《关于太原—佳县高速公路东段建设项目压覆矿产资源的复函》	国土资厅函〔2010〕682号
13	施工许可		山西省交通运输厅	施工许可	

(2)资金筹措。项目投资644391万元,其中省交通厅自筹226391万元,银行贷款418000万元。

(3)招投标。2008年10月9日起,建管处委托北京中交建设工程招标有限公司陆续对路基路面、桥隧工程,房建、机电、交通安全、绿化工程等施工及监理进行公开招标。共招标路基(桥涵隧道)、路面工程施工单位22个,交通安全设施工程施工单位12个,房建工程施工单位4个、机电工程施工单位9个,绿化工程施工单位8个,工程监理单位10个。

(4)合同段划分。根据项目特点,路基(桥涵隧道)、路面工程分22个标段,房建工程分4个标段,交通安全设施工程分12个标段,机电工程分9个标段,绿化工程分8个标段;工程监理分10个标段。

(5)征地拆迁。项目建设涉及4个县(区)8个乡镇52个行政村,从2008年11月到2010年12月,共征用土地7782.46亩,拆迁房屋70939.64m²,支付补偿费用47508.52万元。

2.项目实施

(1)质量管理。建管处要求全体参建单位牢固树立"质量责任重于泰山"意识,强化全过程监管,确保质量始终处于良好受控状态。一是规范施工行为。制定《工程质量管理办法》《监理管理办法》《原材料管理办法》《试验检测管理办法》等,明确目标,规范施工、监理行为,为有效控制质量提供制度保障。二是加强过程控制。根据工程进展,对填石路堤、桥梁桩基、箱梁预制、隧道施工、梁板安装等下发质量控制文件,提出具体要求。三是适时组织检查。定时、不定时地对全线进行质量大检查,从保证体系、实体工程、外观、内业资料整理等方面认真排查。检查后及时将各单位存在问题通报,提出整改要求和时间。四是强化责任登记。在各分项工程建设显要位置设立登记牌,有效增强施工、监理人员安全意识和责任心,对促进优质、安全施工起到积极作用。五是重视试验检测。依托业主中心试验室,通过科学试验检测提供质量控制依据,对监理单位试验检测起到"再监理"作用。六是推行预警告知。对进一步规范施工行为、预防施工质量病害、安全隐患起到积极的事先防范和预警作用。七是典型示范引领。按照交通运输部和省交通厅混凝土质量通病治理实施方案要求,明确示范项目和标段,深化活动开展。八是规范资料管理。要求资料整理真实、准确、及时,确保工程建设与内业资料整理同步。

(2)安全管理。建管处高度重视、全力抓好抓实安全生产。一是抓制度建设。认真学习贯彻上级有关部门各类规章制度、文件精神,编制《安全生产管理办法》《安全生产整治实施方案》等制度,与各施工、监理单位签订"安全生产工作目标责任书""安全生产专项整治目标责任书",明确责任,细化考核项目。二是突出重点,分类整治。根据工程建设进展,下发关于桥梁施工、隧道施工、特种设备、民爆物品、极端天气防范、冬季施工等各类专项控制性文件。对重点项目、重点部位进行有效监管和整治,保证工程各个阶段安全生产。三是组织人员参加各种培训,开阔视野,进一步提高管理水平。四是积极开展各类安全隐患排查整治,不折不扣地执行交通运输部安全生产监督管理办法,实施施工现场安全隐患公示销号制度,深入开展危险源识别与动态管理,确保过程监管有效性,实现零安全生产责任事故目标,被省交通运输厅授予"安全生产专项整治先进单位"。

(3)进度管理。为确保建设进度,建管处采取5项措施:一是明确目标任务。围绕2010年年底全省高速公路通车里程达到3000km的总要求,按照省厅下达的年度目标任务,制定分阶段完成计划及考核和奖惩办法。二是严格责任到人。实行处领导分段蹲点包干,积极协调解决影响工程建设的相关问题。三是采取非常措施。积极协调解决汾河特大桥提高桥面高程满足过水能力优化设计和西凌井特长隧道增设斜井等工作;同时对采取冬季施工项目做出严格控制,并给予适当补助,充分调动施工、监理单位积极性。四是加大监管力度。对机械设备和人员到位情况不能满足施工要求,组织不力、进度缓慢、工程严重滞后、难以完成目标任务的施工队伍采取清退出场措施,同时采取积极措施全力做好退场善后清算工作,并通过公开招标形式组织新队伍进场。五是确保控制性工程进展。老龙山特长隧道和西凌井特长隧道顺利贯通,汾河特大桥完成梁板吊装,为按时建成通车奠定坚实基础。

(三)复杂技术工程

(1)西凌井特长隧道(图8-86)左线长6545m,右线长6565m,洞门形式为削足式和端墙式,2010年7月20日贯通。

图8-86 西凌井特长隧道

(2)老龙山特长隧道(图8-87)左线长4978m,右线长4945m,最大埋深约230m,洞门形式为削足式和端墙式,2010年7月1日贯通。

图8-87 老龙山特长隧道

(3)汾河特大桥(图8-88~图8-90)全长2382m,预应力混凝土连续箱梁结构,2010年5月19日完成梁板吊装。

第八章
建 设 项 目

图 8-88　汾河特大桥

图 8-89　巨龙跃汾河

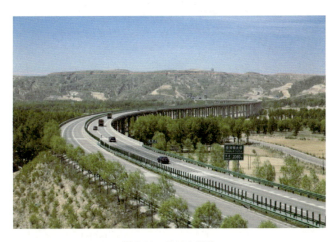

图 8-90　天堑变通途

(四)科技创新

在全省在建高速公路项目中,率先在所有隧道全部引入 LED 照明设施,转入运营后,在开源节流、降低能耗方面作用明显。

(五)运营养护管理

1.收费站设置

根据省政府晋政函〔2010〕140 号《关于同意太佳高速公路东段设置收费公路收费站的批复》文件规定,全线设泥屯、西凌井、丰润、娄岚 4 处收费站。

(1)泥屯收费站地处阳曲县泥屯镇杨家井村,位于 S50 K8+412 处,占地面积 45 亩(含路政大队、高速交警办公楼、西凌井隧道监控中心),建筑面积 3885.59m²,车道 4 进 5 出,其中 ETC 车道 1 进 1 出。

(2)西凌井收费站地处阳曲县西凌井乡西凌井村,位于 S50 K18+940 处,占地面积 35 亩(含西凌井隧道管理站、养护一工区、路政一中队办公楼),建筑面积 3413.41m²,车道 4 进 5 出,其中 ETC 车道 1 进 1 出。

(3)丰润收费站地处静乐县丰润镇丰润村,位于 S50 K71+179 处,占地面积 10 亩,建筑面积 1589.34m²,车道 4 进 5 出,其中 ETC 车道 1 进 1 出。

(4)娄岚收费站地处娄烦县静游镇上龙泉村,位于 S50 K81+460 处,占地面积 10 亩,建筑面积 1534.56m²,车道 4 进 5 出,其中 ETC 车道 1 进 1 出。

交通流量状况见表 8-73。

交通流量状况表 表 8-73

年　份	年通行量(辆)	日平均量(辆)
2010 年	27903	3487.8
2011 年	2826734	7744
2012 年	2605463	7138
2013 年	2600790	7125
2014 年	3079094	8436
2015 年	2579812	7068
2016 年	2977405	8157

2.服务区设置

静乐服务区位于 S50 K522+200 处,分为南、北两个区域,总占地面积 63333.7m²,其中南区占地面积 36667m²(含养护二工区),北区占地面积 26666.7m²(含路政二中队)。绿化面积 6763.63m²,综合楼建筑面积 7462.42m²(南区 4839.04m²,北区 2623.38m²)。南区可停小车 21 辆、大车 49 辆,北区可停小车 36 辆、大车 34 辆。餐厅面积南区 216m^2、北区 243.8m^2,可同时容纳 120 多人就餐,内部装饰优美,力求为驾乘人员提供一个优美舒适的就餐环境。南区超市营业面积 173m^2,北区超市营业面积 180m^2,经营包括酒类、副食、日用品、书籍、小百货及山西特产专柜六大类 300 多个品种。此外,设有醋类专柜。有应急客房 2 处(4 人),南、北区两卫生间各占地约 319m^2,均可同时接待两辆大巴车乘客如厕要求。内部设有感应洗手台、镜面、自动烘手器及残疾人坐便器,为顾客提供到位、舒心的全方位服务。加油站面积 278.98m^2(南、北区各 139.49m^2),油罐容量 360 m^3(共 10 个),各有加油机 6 台,油品种类齐全。另外,还设有机修车间、附属用房及预留用地等。可为过往旅客提供加油、餐饮、购物、住宿、汽修等服务。

3. 养护管理

全路段划分 2 个养护工区、2 个隧道管理站。建管处下设养护工程部,负责全线日常养护、大中修工程及养护生产的组织管理、监督检查和考核。养护工区及隧道管理站负责所养路段日常维修保养及路况巡查,确保辖区公路及设施经常处于完好状态,保障行车畅通、安全、快捷、舒适、美观。共有养护人员 82 名,养护车辆设备 62 台(套)。

二、太佳西段(岚县—临县省界)(建设期:2008 年 12 月~2010 年 12 月)

(一)项目概况

1. 基本情况

项目是全省高速公路网"三纵十二横十二环"主骨架第五横的重要组成部分,也是本省中北部地区西通陕甘宁、东达京津冀的重要战略通道。东起岚县梁家庄乡郭家庄村,与太佳高速公路太原段相接,西至临县克虎镇高家湾村,通过黄河特大桥与陕西省榆佳高速公路相连,途经岚县、方山、临县,路线全长 119.55km,其中岚县境内 18.362km,方山县境内 32.234km,临县境内 68.974km,概算投资 89.0991 亿元,占地 10000 余亩。双向四车道,设计速度 80km/h,路基宽 24.5m,桥涵设计荷载等级采用公路—Ⅰ级,路基、桥涵设计洪水频率 1/100,特大桥设计洪水频率 1/300,其余技术标准按照交通运输部《公路工程技术标准》执行,面层材料全部采用沥青混合料铺筑。有大中桥 91 座,最大桥长 1477.8m,最大墩高 69.7m,有隧道 17 座,3.5km 以上特长隧道 3 座,黄土隧道 15 座(含黄土双连拱隧道 1 座)。全线桥隧比达 39.64%,形成规模较大的公路桥隧群;桥隧相连,多数隧道洞口与桥梁对接不足百米,沟深七八十米,修 1km 高速公路就得开辟 4km 便道,仅临县境内就开辟便道 300 多千米。路线经过三个逆断层,湿陷性黄土、膨胀土等不良地质路段占全线的 80% 以上。工程穿越滑坡地段 23 处、采空区 1 处,且全部隧道处于富水路段。2007 年 11 月 11 日奠基,2008 年 12 月开工建设,2010 年 12 月 24 日通车运营。

2. 前期决策

项目是省委、省政府落实中央决策部署、应对金融危机、保持经济增长的一项重大举措,对吕梁经济社会发展有着巨大意义。

3. 参建单位

(1)建设单位。2008年6月2日,经省交通厅党组批准成立太佳高速公路(吕梁段)建设管理处,下设综合办公室、党务人事部、工程管理部、工程技术部、安全管理部、地方协调部、财务部及第一、二、三驻地组。

(2)设计单位。2008年7月,共有4个单位承担勘察设计任务,其中主体工程设计2个,房建工程设计1个,机电工程设计1个,10月底完成施工图设计。

(3)施工单位。共有74个单位参加建设,其中路基工程27个,路面工程7个,房建工程7个,监控工程3个,通信系统工程1个,收费系统工程1个,隧道消防工程4个,供电照明工程4个,隧道通信工程1个,电光标志工程1个,标线工程2个,标志工程2个,隔离栅工程2个,护栏工程6个,绿化工程6个。

(4)监理单位。共有22个单位实施监理,其中路基工程监理8个,路面工程监理5个,房建工程监理4个,机电工程监理2个,交通安全工程监理2个,绿化工程监理1个。

(二)建设情况

1. 项目准备

(1)立项审批(表8-74)。2007年10月26日,省发改委晋发改交通发〔2007〕962号文印发《关于太原—佳县高速公路西段可行性研究报告的批复》;2007年11月7日,省发改委晋发改交通发〔2007〕962号文印发《关于太原—佳县高速公路西段可行性研究报告的补充批复》,估算投资76.96亿元;2008年10月8日,省交通厅晋交公字〔2008〕442号文批复初步设计,投资概算89.09亿元。

项目审批一览表 表8-74

序号	项目	批复时间	批复部门	文件名称	文件号
1	可行性研究报告	2007.10.26	山西省发展和改革委员会	《关于太原—佳县公路西段可行性报告的批复》	晋发改交通发〔2007〕962号
		2007.11.7	山西省发展和改革委员会	《关于太原—佳县公路西段可行性报告的补充批复》	晋发改交通发〔2007〕998号
2	初步设计	2008.10.8	山西省交通厅	《关于太原—佳县高速公路西段初步设计的批复》	晋交公字〔2008〕442号
3	施工图设计	2009.3.11	山西省交通厅	《关于太佳高速公路西段施工图设计的批复》	晋交公字〔2008〕109号

续上表

序号	项目	批复时间	批复部门	文件名称	文件号
4	环境影响报告书	2008.11.17	山西省环境保护局	《关于〈太原—佳县公路西段工程水土保持方案〉的复函》	晋环函〔2008〕895号
5	水土保持方案	2008.11.26	山西省水利厅	《使用林地审核同意书》	晋水保函〔2008〕194号
6	征用林地	2009.6.26	国家林业局	《关于太原—佳县高速公路西段项目工程场地地震安全性评价报告的批复》	林资许准〔2009〕182号
7	场地地震安全性评价报告	2008.10.6	山西省地震局	《关于太原—佳县高速公路西段项目工程场地地震安全评价报告的批复》	晋震标〔2008〕173号
8	征用土地	2012.5.21	国土资源部	《关于太原—佳县高速公路吕梁段工程建设用地的批复》	国土资函〔2012〕343号
		2012.6.12	山西省人民政府	《关于转发〈国土资源部关于太原—佳县高速公路吕梁段工程建设用地的批复〉的通知》	晋政地字〔2012〕257号
9	开工许可	2012.7.5	山西省交通运输厅	《施工许可申请书》	

(2)资金筹措。总概算核定89.09亿元,其中省交通厅自筹资本金31.19亿元,银行贷款57.9亿元。

(3)招投标。坚持公开、公平、公正、择优原则,严格执行《中华人民共和国招标投标法》,认真选取招标代理公司,所有招标信息及评标结果都在政府网站发布公告,严格评标专家选择和管理,评标专家均由省交通厅专家库随机抽取,确保阳光操作。各项招投标工作按照工程进度合理安排,依法履行程序。经过公开竞标,勘察设计由5个单位中标,路基、桥隧工程由27个单位中标,路面、机电、交通安全、房建、绿化工程由54个单位中标。监理招标中,路基、桥隧工程监理由8个单位中标;路面、机电、交通安全、房建、绿化工程监理由14个单位中标。本项目所有招标程序及评标结果都公开透明、合法有效。

(4)合同段划分。根据项目特点,路基、桥涵、隧道工程分27个标段,路面工程分7个标段,房建工程分9个标段,绿化工程分7个标段,机电工程分15个标段,交通安全工程分12个标段。

(5)征地拆迁。项目建设涉及3个县11个乡镇66个村,从2009年2月18日到2010年12月24日,共征用土地9859.125亩,拆迁房屋35604.19m^2,支付补偿费用48267.5万元。

2. 项目实施

(1)质量管理。建管处认真贯彻"质量第一"理念,全力抓好四项工作:一是全员大联动,靠制度保障。相继制定出台《工程管理办法》《质量管理实施细则》《质量责任卡》等30项配套文件和实施细则,落实质量责任终身制,坚持工程质量巡查,纳入阶段目标考核;实行质量一票否决,不合格工程一律返工并问责;多次组织工程质量现场观摩活动和警示教育现场会,通过正面样板、反面典型,促使标段之间、标段内部,学先进、找差距,取长补短,提高全员质量意识;实行首件产品认证制和奖惩兑现制,全面推动质量目标实现。二是无缝大监管,以管理推动。认真抓好施工、监理队伍管理,严把招标关、进场关、人员关。三是强化质量保障体系。不断完善"建设单位总体控制、监理单位严格监理、施工单位认真自检、社会舆论密切监督""四位一体"的质量保证体系,成立3个质量检查组,与各施工、监理单位建立相对独立、相互制约的质量保证体系,做到建管处巡查、总工程师抽查、驻地组检查,确保施工、监理人员责任心到位,工程质量管理有序、可控。四是加强项目试验检测管理。狠抓工地试验室规范化和标准化建设,确保满足质检需求,做到源头把关,不合格材料不得进场。工程质量整体处于良好受控状态,质量合格率达100%。在省质检站、省重点办和省交通运输厅多次组织的质量检查中均受好评,全线整体质量在省内高速公路同期在建项目中位居前列。2009年,代表全省在建高速公路接受交通运输部质监总站质量大检查时,在抽检的全国40余条高速公路中名列前茅,为全省高速公路建设赢得荣誉。2012年9月,被省建设工程质量监督管理总站评为"山西省优良工程"。经过4年运营,养护综合指数、路面平整度、抗滑指数等各项质量技术指标仍保持优良标准。

(2)安全管理。建管处着力从四个方面加强安全管理:一是规章制度"不走样"。成立由处长总负责、分管副处长专管、施工监理单位负责人主抓、专职安全员落实"四位一体"的领导机构和安全生产委员会,层层签订目标责任书,形成横向到底、纵向到边的目标控制网络;努力完善各项安全生产管理制度,夯实管理基础;坚决执行安全技术交底制度,层层落实,并履行好签字手续;安全经费必须全部用于安全生产。在招标文件中专门单列工程造价1%作为专项安全生产费,规定必须以实计量,按期审批,及时支付。对于不投入、少投入单位,按照规定予以处罚。二是现场管理"不含糊"。把加强施工现场管理作为重点,规范施工管理和现场秩序,实施安全评价,通过对生产设备、劳动安全、作业环境、安全管理等方面详细评查,及时消除隐患,完善措施。通过辨识危险源、开展应急预案演练活动,加强特种作业人员及特种机械设备管理、加强施工现场管理,注重安全度汛、加强作业人员职业病防治、加强交通管制等措施。三是隐患排查"不遗漏"。针对不同专业施工特点,全面排查事故隐患,发现问题及时消除。开工以来,共下发隐患整改通知书52份,排查整改各类安全隐患1117项,有效夯实安全基础。四是宣传教育"不松懈"。不断加强安全文化队伍与阵地建设,利用各种形式、通过不同场合,贯彻学习安全会议精神、规程、措施等,编写上百条大众化、口语化和人性化的安全生产标语,制作成统一规范的牌子和旗帜,悬挂、竖立于施工现场,发放4000余本《施工安全从这里抓起》宣传手册,经常通过培训班、板报、标语、口号、广播、电视及事故分析会等形式向参建人员宣讲安全生产重要性和必要性,时刻提醒员工绷紧安全弦。从开工到通车,全线安全态势平稳,没有发生一起安全事故。

(3)进度管理。建管处采取3项措施,确保建设工期。一是未雨绸缪,超常推进。根据省交通厅党组2008年7月14日决定,太佳高速公路分设太原段、吕梁段建设管理后,为尽早尽快进入施工阶段,建管处抽调工程技术和管理骨干15人,组成5个工作小组,立即投入到前期工作中,大家不畏严寒,不辞辛苦,连续奋战,超常规超负荷工作,用短短5个多月的时间,基本完成前期各项工作,为项目按计划开工赢得先机。二是统揽全局,明确目标。根据实际情况,在充分调研的基础上,先后制定建设总目标、总思路和路基、桥涵、中短隧道、长隧道、路面、房建、绿化工程分项目标。三是务实苦干,有序推进。2008年12月16日开工建设后,采取多种措施有力组织建设。强化战前动员,激发员工热情,层层签订责任书,倒排工期,细化目标,根据总目标细化阶段任务,以日保旬,以旬保月,以月保阶段,以阶段保工期。制定劳动竞赛方案和实施细则,各项目部在班组之间、施工队伍之间积极开展以比实力、比技术、比管理、比质量、比进度、比安全为内容的劳动竞赛活动,在全线掀起"比、学、帮、赶、超"热潮,先后有39个单位受到69次奖励、10个单位受到不同程度处罚,工程建设有序推进。

(三)复杂技术工程

(1)黄土地区连拱隧道台阶法施工关键技术研究由建管处、重庆交通大学和省交通科研院黄土地区重点实验室共同承担,主要研究内容为黄土地区连拱隧道中导洞形成后台阶法施工的每步工序的安全系数、所需支护参数、上台阶与下台阶之间距离、下台阶与仰拱之间距离以及仰拱与二次衬砌之间距离等施工关键技术问题。同时,研究黄土地区连拱隧道在不同围岩级别、跨度、埋深以及芯墙厚度条件下采用中导洞形成后台阶法施工的力学行为和各工序的安全系数问题。研究成果对青凉寺黄土连拱隧道快速建成通车,起到决定性作用。节约土建直接费用150万元左右,建设工期缩短20%(2个月左右),取得较好经济效益和社会效应,成果达国际同行业领先水平。

(2)太佳高速公路站区地源热泵应用技术研究由建管处、省交通科研院承担。经过优化设计,单套系统实现同时为80~200人标准的高速公路站区提供地源热服务,较传统方法耗电量降低30%~50%,遏制大气污染,降低高速公路运营管理成本。2012年经科技部鉴定,成果达国内先进水平。

(四)科技创新

(1)台阶式急流槽排水法研究主要用于解决陡边坡路段急流槽易水毁问题。

(2)集水井连接排水管排水法应用技术研究主要用于解决桥头、陡边坡路段汇水串流、漫流造成急流槽水毁问题。

(五)运营养护管理

1.收费站设置

2010年12月22日,根据省政府《关于同意太佳高速公路西段设置收费公路收费站的批复》(晋政函〔2010〕141号)文件规定,沿线共设梁家庄、方山、临县、兔坂、太佳(主线)5个收费站。

(1)梁家庄收费站地处岚县梁家庄村,位于S50 K99+435处,占地面积24.19亩,广场面积9008m^2,其中综合办公楼建筑面积1412.24m^2,收费棚长45.9m、宽17.1m、高8.9m,车道3进5出,其中ETC车道1进1出。

(2)方山收费站地处方山县积翠乡南虎滩村,位于S50 K139+908处,占地面积40.92亩,广场面积8958m^2,其中综合办公楼建筑面积1218.32m^2,收费棚长45.9m、宽17m、高8.9m,车道3进5出,其中ETC车道1进1出,出口与国道209线相连。

(3)临县收费站地处临县东柏村,位于S50 K166+353处,占地面积32亩,广场面积5191m^2,其中综合办公楼建筑面积1313.36m^2,收费棚长55.8m、宽18m、高11.7m,车道3进7出,其中ETC车道1进1出,出口与省道218线连接。

(4)兔坂收费站地处临县兔坂镇,位于S50 K205+228处,占地面积22.2亩,广场面积3484m^2,其中综合办公楼建筑面积2185m^2,收费棚长45.9m、宽18m、高8.9m,车道3进5出,其中ETC车道1进1出,出口与省道104相连。

(5)太佳收费站地处临县克虎镇庞家庄村,位于S50 K206+600处,占地面积9777.4m^2,房建围墙内净用地15亩。总建筑面积4070.04m^2,道路及硬化面积4542.9m^2。其中办公楼建筑面积2948.68m^2,附楼建筑面积267.9m^2,收费棚建筑面积698.56m^2,高14.37m,路面范围内有18个岛头,屋顶、外装饰也按古建筑风格设计,新颖独特。车道6进12出,其中ETC车道2出。

交通流量状况见表8-75。

交通流量状况表 表8-75

年份	年通行量(辆)	日平均量(辆)
2010年	27306(12月24日通车运营)	3413.25
2011年	2428090	6652.30

续上表

年 份	年通行量(辆)	日平均量(辆)
2012 年	2851914	7813.46
2013 年	2604492	7135.59
2014 年	2904896	7958.62
2015 年	4428985	12134.21
2016 年	4710462	12870.11

2. 服务区设置

全线设岚县、临县 2 个服务区和临县西停车区。

(1)岚县服务区北区地处岚县梁家庄乡郭家庄村,位于 S50 K97+800 处,南区地处岚县梁家庄乡梁家庄村,位于 S50 K98+600 处。占地面积 115.62 亩,分南、北(分离式不对称)两个区,北区占地 68.17 亩,南区占地 47.45 亩,建筑总面积 5885.94m²,配有综合楼,建筑面积 2411.58m²。停车场可停放车辆约 200 辆,其中大车 100 辆,中小型车 100 辆;餐厅总面积 1166.4m²(均为 583.2m²),同时可供 300 人就餐;超市 2 处,总面积 570.24m²(均为 285.12m²),经营品种 360 余种;客房 1 处,可同时容纳 20 人住宿。加油站面积 191.76m²(均为 95.88m²),油罐总容量 360 m³(共 12 个、每区 6 个 30 m³),各设 6 台加油机,汽修面积总面积 304.88m²(均为 152.44m²)。另外,还设有附属用房及预留用地等。可为过往驾乘人员提供餐饮、购物、住宿等服务。

(2)临县服务区地处临县木瓜坪乡显岩上村,位于 S50 K151+100 处,共占地 93.4 亩,分南、北两个区,其中南区占地 34.4 亩,北区占地 59 亩,建筑总面积 62307.5m²,北区配有综合楼,建筑面积 2255.52m²。停车场可停放车辆 190 辆,其中小车车位 68 辆,大中车车位 122 辆。餐厅总面积 982m²,可同时容纳 240 人同时就餐(均为 491m²);超市 2 处,面积 786m²(均为 383m²);油罐总容量 360 m³(共 12 个、每区 4 个 30 m³),各设 6 台加油机。另外,还设有机修车间、附属用房及预留用地等。能提供 24h 公共卫生间、热水等公益性服务。

(3)临县西停车服务区地处临县兔坂镇兔坂村,位于 S50 K198+651 处,占地面积 98.95 亩,分南、北两个区,南区占地 44.8 亩,北区占地 54.1 亩,建筑总面积 2451.62m²,配有服务楼,建筑面积 1131.24m²(均为 565.62m²)。停车场可停放车辆 159 辆,其中大型车 63 辆,中小型车 54 辆,危化品车 42 辆。餐厅总面积 302.4m²(均为 151.2m²),同时可供 60 人就餐;超市 2 处,面积 93.6m²(均为 46.8m²);无客房。汽修总面积 304.8m²(均为 152.4m²)。加油站总面积 191.76m²(南北区均为 95.88m²),油罐总容量 360 m³(共 12 个、每区 6 个 30 m³),各设 6 台加油机。能提供 24h 公共卫生间、热水等公益性服务。

3. 养护管理

项目划分为 3 个养护工区,负责全线的日常养护维修、保养和突发性事件的应急处理。第一养护工区负责位于方山互通收费站出口处，K94+878~K151+512段共56.634km养护任务，工区有专业管理人员8人，应急人员14人，机械操作人员9人，道路清洁人员22人，后勤保障人员3人；另有自卸汽车3辆、洒水车3辆、装载机1辆、随车吊1辆，工具车3部，抛雪机2台，撒布机2台，除雪铲6个，打拔桩机2台，沥青综合养护车1辆，路面清扫车2辆，护栏清洗机2辆，发电机1台，护栏、立柱整形机各1台及部分小型器具。队伍精锐，设备齐全，能及时解决日常养护中遇到的各种问题。第二养护工区位于临县收费站出口处，负责K151+512~K205+708段共54.196km养护任务。有专业管理人员9人，应急人员15人，机械操作人员8人，道路清洁人员20人，后勤保障人员3人；配备自卸汽车3辆，洒水车3辆，装载机1辆，随车吊1辆，工具车3部，抛雪机2台，撒布机2台，除雪铲6个，打拔桩机2台，沥青综合养护车1辆，路面清扫车2辆，护栏清洗机2辆，发电机1台，护栏、立柱整形机各1台及部分小型器具。第三养护工区位于主线K168+850处，负责全线路段路面维修任务。有专业管理人员3人，应急人员10人，机械操作人员5人，后勤保障人员2人；同时有沥青拌和站1处，沥青摊铺机1辆，路面铣刨机1台，振动压路机1台，胶轮压路机1台，平板拖车1辆；黄河大桥养护工区位于太佳收费站院内，负责K205+708~K215+673段共9.965km养护任务，有专业管理人员3人，应急人员8人，后勤保障人员2人；有巡查车1辆，桥梁检测车1辆及部分小型工器具。

三、太佳高速公路黄河大桥（建设期：2011年5月~2014年5月）

（一）项目概况

1. 基本情况

项目是全省"三纵十二横十二环"高速公路规划网的重要组成部分，由山西、陕西两省联合批准单独立项，由山西省负责建设，属省重点工程项目。起点为太佳高速公路终点黄河山西岸，终点为黄河陕西岸，与陕西省榆佳高速公路佳县隧道相连。双向四车道，设计速度100km/h，按分离式断面设计，单幅桥宽13m。主桥采用80m+4×150m+80m预应力混凝土连续刚构，平均墩高103.5m，最高达112m。引桥采用山西岸50m、陕西岸30m跨度装配式预应力混凝土连续T形梁，平均墩高40余米。大桥长1611.61m，陕西岸桥头—佳县隧道路基长69.39m，总投资5.18亿元。2011年5月开工建设，2014年5月31日通车运营。

2. 前期决策

项目是连接晋陕两省又一重要通道，建成后将进一步加强山西与大西北联系，对全省改革开放具有十分重要的意义。

3. 参建单位

(1)建设单位。2011年1月,经省交通运输厅党组批准成立太佳高速公路黄河大桥建设管理处,内设综合办公室、财务管理部、工程管理部、质量管理部、安全管理部、党务人事部。

(2)设计单位。省交通设计院。

(3)施工单位。中交第二公路工程局有限公司。

(4)监理单位。山西交科公路工程咨询监理有限公司。

(二)建设情况

1. 项目准备

(1)立项审批。2010年6月12日,水利部黄河水利委员会黄许可〔2010〕66号文准许建设临县黄河特大桥;8月16日,省国土资源厅晋国土资函〔2010〕468号文批复同意用地预审;8月27日,山西省和陕西省发改委联合以晋发改交通发〔2010〕1149号文批准正式立项;10月28日,水利部水保函〔2010〕347号文批复水土保持方案;2011年3月3日,省交通运输厅晋交建管〔2011〕82号文批复初步设计;8月23日,省交通运输厅晋交建管〔2011〕443号文批复施工图设计;11月14日,省人民政府晋政地字〔2011〕467号文批复工程建设用地;12月5日,省交通运输厅准许项目正式开工建设。

(2)资金筹措。批复概算5.18亿元,其中山西太佳项目管理咨询有限公司采用BOT模式自筹1.6亿元,银行贷款3.36亿元。

(3)招投标。根据省交通运输厅下达的建设任务和各阶段施工进度计划,建管处先后完成施工、监理、房建工程招标,所有招标项目均依照国家有关法规进行。招标代理机构比选,在评审委员会推荐的候选人中确定。在发布招标公告时,坚持招标项目公开、工程内容公开、资质要求公开、招标时间公开。评标工作由招标人依法组建的评标委员会负责,评标期间监督人员依法执行各项回避、保密制度。招标人组建的清标工作组在全程受控状态下,以客观公正的态度,完全按照评标委员会审定的评标细则进行清标。评标委员会由抽取的评标专家和业主代表共同组成,业主代表自觉接受监督,遵守评标纪律,不干涉、不影响评标委员会独立工作。根据评标委员会推荐结果确定中标人后,上报省交通运输厅审查并在相关网站公示。在整个招投标过程中,建管处严格核准招标范围、招标方式和招标组织形式,未出现虚假招标、围标串标、评标不公等问题。

(4)征地拆迁。项目征地拆迁工作从2011年4月开始,共征用土地60.6亩。

2. 项目实施

(1)质量管理。建管处始终坚持"百年大计、质量第一"的方针,建立健全工程质量保证和责任体系,扎扎实实抓好全过程质量控制,合格率达100%,在省交通质监局组织的两次专项检查中均受好评,工程质量始终处于良好控制中。

(2)安全管理。建管处始终把安全生产放在同工程建设同等重要的位置,树立"宁当恶人,不当罪人"的理念,以"零容忍"责任心对待安全中存在的问题和薄弱环节。积极开展平安文明工地建设,狠抓安全责任、安全制度和预防措施,做到责任到人、制度到位、措施到位,未发生安全责任事故。一是强化安全责任意识。建立健全安全生产管理体系,明确各部门、各岗位人员安全职责,层层签订责任书。不断丰富宣传教育形式,营造正确舆论导向。定期或不定期组织不同岗位人员安全培训,提高业务技能。二是加强现场管理。各单位均配备专职安全员,建立一套完整的安全生产检查、整改、复查台账。对特种设备进行标定和安全认证,特殊工种均实行持证上岗。在施工便道、边坡、高空等危险作业区域,设置警示标志牌230个,安全防护设施113处。三是保障资金投入。在招标时单列1%的安全生产专项经费,把计量支付与日常考核密切联系到一起,依法为从业人员配备防护用品,有效避免挪用经费和投入不足现象,做到资金有保障、支出有计划、领用有台账。四是确保汛期安全。层层成立防汛组织机构,落实安全责任,制定防汛措施和防汛应急预案,建立24h值班制度。加大投入,搭建可抗50年一遇洪水的黄河大桥钢栈桥,确保水中作业安全。组建应急抢险队伍,储备汛期所需沙袋、铁锹、救生艇等应急物资及抢险机械。与吕梁市、临县和陕西佳县气象部门建立信息交换平台,并与上游万家寨水库、龙门水文站等单位取得联系,保证天气预报信息和上游汛情信息准确及时。举行应急演练,提高应对突发事件能力,确保汛期安全。

(3)进度管理。建管处坚持以建设精品工程、国优工程为目标,严格计划进度,合理调配力量,科学衔接工序,确保建设进度。一是细化目标,倒排工期。根据总体进度目标,通过建管处、施工单位、监理单位三方共同讨论研究,制定科学合理施工组织计划,将任务细化,建立日报、旬报和月报制度,及时掌握施工动态。二是严格监管,强化履约。要求施工、监理单位必须按标书承诺配备管理人员,配足劳力、机具设备和材料。定期进行履约检查。三是监督落实。积极开展劳动竞赛,与各单位签订"阶段目标责任书",定期考核奖惩,形成"比、学、赶、超"热潮,有效加快施工进度。

(三)复杂技术工程

黄河特大桥(图8-91)位于晋陕峡谷之间,降水少,昼夜温差大,四季分明,冬季寒冷干燥,秋季凉爽宜人,夏季炎热多雨,春季风沙肆虐。最大风速可达(平均10min)25m/s。桥位东西向横跨黄河,中间黄河河床段为河谷地貌,地形低缓开阔;两岸分别为黄土覆盖丘陵沟壑和低山区地貌,地形起伏大,侵蚀切割较强烈,沟壑纵横。桥址地面高程介于700~860m,相对高差约160m。凌汛期,河段内会有大量水内冰,冰块冲击桥墩,会对桥墩产生一定冲撞。位于主河槽内4根桥墩及水下桩基作业十分困难,钻孔灌注桩基、承台及第一节墩采用钢板桩围堰进行施工。施工完毕后,拆除围堰,搭设施工平台和钢便桥。其他位于河滩内的主墩采用草袋围堰,墩身用泵送混凝土,采用爬模法施工。主桥采用悬臂浇注法,0号块采用托架现浇,其他主梁采用悬臂挂篮施工,单幅箱梁的各"T"同步施工。由于主桥边墩较高边跨现浇段支架搭设困难,所以将边跨现浇段设计得较短,施工时可以将挂篮延伸至边墩墩顶,一次浇筑边跨现浇段,取消边跨合龙段。引桥采用50m预应力混凝土T形梁,由于单片梁的吊装质量较大(最大质量约165t),山西岸预制场设在桥台附近的台地上,采用架桥机从一端逐孔架设推进。陕西岸没有合适预制场地,清除垃圾填平地段作为预制场。

图8-91 黄河特大桥施工现场

(四)科技创新

建管处委托省交通科研院进行黄河中上游深水基础施工技术研究、变截面空心高墩施工控制技术研究、高边墩边跨合龙施工技术研究等科研课题。

第二十四节　S56太古高速公路

太古段(太原—古交)建设期:2008年12月~2012年7月。

(一)项目概况

1. 基本情况

项目是山西省高速公路网"三纵十二横十二环"的重要组成部分。起点为太原绕城高速西北环东社枢纽,终点到达古交市河口镇。双向四车道,设计速度80km/h,路基宽24.5m,主要构造物有大中桥11座、互通式立交1座、分离式隧道2座,其中,西山特长隧道全长13.65km,为山西省最长、全国第二长公路隧道。全线桥隧相连,比例高达71%。

全长23.404km,概算28.48亿元。2007年11月11日奠基,2008年12月26日开工建设,2012年7月12日通车运营。

2. 前期决策

太原市西侧地形复杂,峰峦叠嶂,沟谷纵横,省道公路等级较低,交通运输颇为不便,严重制约当地经济发展,阻碍古交、娄烦、岚县等县市与省城太原经贸往来。为此,古交市政府提出建设一条太原—古交高速公路的构想。经省政府批准,从2004年1月起,项目由古交市政府承担前期工作任务,后交由省交通厅承建。

3. 参建单位

(1)建设单位。2009年2月,省交通厅党组批准成立太古高速公路建设管理处,下设综合办公室、财务管理部、党务人事部、工程管理部、工程技术部、质量检验部、机电交通工程部、地方协调部、太原驻地办和古交驻地办。

(2)设计单位。2005年6月,省交通设计院中标承担勘察设计任务。

(3)施工单位。共有23个单位参加建设,其中路基工程7个,路面工程2个,交通安全工程2个,绿化工程2个,机电工程8个,房建工程2个。

(4)监理单位。共有8个单位实施监理,其中路基工程监理3个,路面工程监理1个,机电、交通安全、绿化、房建工程监理各1个。

(二)建设情况

1. 项目准备

(1)立项审批(表8-76)。2008年10月,省发改委晋发改交通发〔2008〕1091号文批复项目可行性研究补充报告;2008年11月,省交通厅晋交公字〔2008〕480号文批复初步设计(不含西山隧道机电工程);2009年12月,省交通运输厅晋交公字〔2009〕674号文批复西山隧道机电工程技术设计和概算;2010年4月,省交通运输厅晋交建管〔2010〕155号文批复施工图设计。

项目审批一览表 表8-76

序号	项目	批复时间	批复部门	文件名称	文件号
1	项目法人	2009.12.1	山西省交通运输厅	《关于成立太古高速公路建设管理处的通知》	晋交人字〔2009〕23号
2	项目建议书	2004.1.17	山西省发展计划委员会	《关于太原—古交高速公路项目建议书的批复》	晋计交通发〔2004〕40号
3	可行性研究报告		山西省发展和改革委员会	《关于太原—古交公路项目可行性研究报告的批复》	晋发改交通发〔2005〕383号

第八章 建设项目

续上表

序号	项目	批复时间	批复部门	文件名称	文件号
3	可行性研究报告	2008.10.20	山西省发展和改革委员会	《关于太原—古交公路项目可行性研究补充报告的批复》	晋发改交通发〔2008〕1091号
4	地震安全		山西省地震局	《太原—古交高速公路地震安全性评价报告的批复》	晋震标〔2008〕128号
5	初步设计	2008.11.19	山西省交通厅	《太原—古交高速公路（不含西山隧道机电工程）初步设计的批复》	晋交公字〔2008〕480号
		2009.12.1	山西省交通运输厅	《太原—古交高速公路西山隧道机电工程技术设计和概算的批复》	晋交公字〔2009〕674号
6	水土保持方案		山西省水利厅	《太原—古交高速公路工程水土保持方案地批复》	晋水保〔2008〕911号
7	用地		山西省国土资源厅	《太原—古交高速公路建设项目用地预审的批复》	晋国土资函〔2008〕449号
			国土资源部	《关于太古高速公路工程建设用地的批复》	国土资函〔2011〕674号
			山西省人民政府	转发《国土资源部关于太原—古交高速公路工程建设用地的批复》的通知	晋政地字〔2012〕229号
			太原市国土资源局	转发《国土资源部关于太原—古交高速公路工程建设用地的批复》的函	晋国土资函〔2012〕111号
8	选址		太原市规划局	《对太古高速公路推荐方案的批复》	晋规字〔2008〕329号
			太原市规划局	《建设项目选址建设意见书》	晋规选字〔2009〕第0029号
9	考古勘探		太原市文物考古研究所	《太原—古交高速公路考古勘探报告》	
10	林地		山西省林业厅	《使用林地同意书》	晋林地审字〔2009〕2号
11	环境影响报告		山西省环境保护局	《太原—古交高速公路工程环境影响报告书的批复》	晋环函〔2009〕209号

续上表

序号	项 目	批复时间	批复部门	文 件 名 称	文 件 号
12	水环境		山西省水资源管理委员会	《太古高速公路建设对晋祠泉域水环境影响的意见》	晋水资发〔2008〕37号
13	压覆矿产		山西省国土资源厅	《太原—古交高速公路项目压覆矿产资源的批复》	晋国土资函〔2009〕584号
14	施工图设计	2010.4	山西省交通运输厅	《关于太原—古交高速公路施工图设计的批复》	晋交建管〔2010〕155号

（2）资金筹措。批复概算28.4825亿元，其中省交通厅筹措资本金9.1825亿元，银行贷款19.3亿元。

（3）招投标。2004年，古交市政府公开勘察设计招标，省交通设计院中标。经过比选，委托北京中交建设工程招标有限公司为招标代理。根据《中华人民共和国招标投标法》规定，依法进行资格预审、发布公告，同步进行专家抽取、开标、评标工作，定标均以第一名中标候选人为中标人。在开标及评标过程中，由省发改委、省人大、省重点办、省纪委、省检察院、省审计厅等有关监督部门和省交通厅、太原市城南公证处等有关单位及投标人代表进行全程监督。

（4）合同段划分。根据项目特点，设计分1个标段；路基、桥隧主体工程分7个标段；路面、房建、交通安全、绿化工程各分2个标段；机电工程分为8个标段。路基、桥涵、隧道主体工程采用二级监理制，即1个总监理办，下设2个驻地办公室。路面、机电、交通安全、绿化、房建工程各设1个监理单位。

（5）征地拆迁。项目地处省会城市城乡结合部，涉及各方利益错综复杂，从2008年6月到2009年12月，共征用土地1200亩，拆迁房屋86017m^2，支付补偿费用13000万元。

2. 项目实施

（1）质量管理。建管处把工程质量作为重中之重，制定《工程质量管理办法》，实施"五步"工作法。一是制订下发各种质量管理制度，包括《质量评比奖惩办法》《原材料质量控制办法》《工程监理管理办法》《工程首件产品认证制度》等多项管理制度、办法等。二是定期参加各监理单位组织的例会，协调解决承包人及监理单位提出的各项工程质量问题，会同总监办每月组织一次全线工程质量大检查，通报结果，对存在问题限期整改。三是大力推广"工程首件产品认证制度"。由驻地监理测评、认证组经现场检查通过后，施工单位进行后续施工。四是对全线主体工程的主要试验检测项目，专门委托具有相应资质、独立的第三方进行专业量测。五是加强监理队伍管理,对考试成绩不及格者要求监理单位单独培训或更换。

(2)安全管理。建管处与各施工、监理单位签订安全责任书,项目建设期间未发生任何安全责任事故。一是建立以科技作支撑的安全监管体系,采取以图监控、以卡提示、以牌警示、信息告知等图文并茂的方法,将隧道施工安全和工程管理语音、图像、数据3种类型信息,集成为一个可以实现远程监测、数据分析、调度指挥的隧道施工与安全智能管理系统平台,进行全方位监控、全天候预警,实施动态管理。二是积极开展"安全生产培训月""应急演练月"等系列活动,将安全生产意识渗透到全体参建人员心中,常年坚持"一校、一会、一志"培训管理制度,有针对性地落实防范措施,将安全工作由事后处理变为事前预防,确保责任落到实处。三是提前确定危险源,对隧道开挖、应急逃生管道设置、防汛、避险等易发事故环节提前进行重点整治。四是充分利用信息化手段,做好地质超前预报以及诸如围岩、初砌、锚杆、钢拱架等施工安全监测,严禁隧道无地质超前预报和监控量测措施作业,确保隧道掘进、支护、初砌、二次衬砌等各道工序符合规范要求。

(3)进度管理。建管处采用倒排工期、劳动竞赛等方法,周密组织,狠抓落实,圆满完成通车目标任务。一是强化项目合同管理意识。通过规范招标、管理办法,严把施工、监理单位进场关,强化单位及人员合同意识。二是提出阶段性生产目标,以日进度保证旬进度、以旬进度保证月进度,按月进行考核。三是采取强制措施,解决存在问题。采取单项工程进度考核、调集施工单位全部力量开展施工会战、与进度滞后施工单位进行约谈等多种办法,有效加快工程进度。

(三)运营养护管理

收费站设置:2012年6月29日,根据省政府《关于同意太原—古交高速公路设置收费公路收费站的批复》(晋政函〔2012〕88号)文件规定,设置古交收费站。

古交收费站地处古交市河口镇河下村,位于S56 K19+450处,收费广场面积2356m^2,车道5进11出,并各设1进1出2条ETC车道。交通流量状况见表8-77。

交通流量状况表　　　　　　　　　　　　　　　　　表8-77

年　份	年通行量(辆)	日平均量(辆)
2012年	653131	3589
2013年	2915646	7988
2014年	2761869	7567
2015年	2458420	6735.4
2016年	2514615	6889.4

第二十五节　S60 昔离高速公路

榆祁段(榆次龙白—祁县城赵)建设期:2009 年 9 月~2012 年 7 月。

(一)项目概况

1. 基本情况

项目属山西省高速公路布局规划"十二"环中晋中环线的重要组成部分。起点位于龙白村西南方向约 560m 处,设龙白枢纽与太旧高速公路相接,之后与太长高速公路互通,路线终点(K71+482.016)位于祁县城赵镇修善村西北 700m,设城赵枢纽与大运高速公路太祁段相接,途经榆次区、太谷县、祁县。双向六车道,设计速度 100km/h,路基宽 33.5m,桥涵设计汽车荷载等级采用公路—Ⅰ级。路基土方工程 2069.8 万 m^3,石方工程 38.9 万 m^3;共设互通式立体交叉 6 处(其中枢纽互通式立体交叉 3 处,一般互通式立体交叉 3 处),有大桥 7164.4m/19 座,中桥 1622m/10 座,小桥 479.044m/12 座,天桥 2638.32m/34 座,涵洞 12631.148m/236 道,另有榆次东互通连接线 1.3km,太谷互通连接线 5km。全长 71.588km,概算批复 39.8361 亿元,建设工期 3 年。2009 年 9 月 1 日开工建设,2012 年 7 月 19 日通车运营。

2. 前期决策

龙城高速公路是山西省高速公路网"三纵十二横十二环"的重要组成部分,也是晋中北连北京和内蒙古、西达陕西、东通河南的重要通道。为了科学规划,实现经济效益和社会效益最大化,晋中市政府和龙城公司依托省交通运输厅、省交通设计院专家学者,对线路走向和技术标准进行多次研讨论证。

2006 年 2 月 17 日,省发改委组织召开武宿—城赵高速公路预可行性研究评审会,决定起点由武宿移至榆次龙白村附近。11 月 10 日,晋中市政府以市政函〔2006〕66 号《关于请求由我市承担建设榆次(龙白)—祁县(城赵)高速公路的函》送省交通厅,正式提出由晋中市自筹资金组建专业建设公司,采取市场化运作方式建设的意见。同年 12 月 4 日,市委、市政府与省交通厅举行相关领导座谈会,双方就项目建设达成由"晋中市政府组建项目建设公司,在省交通厅的监督管理下筹资建设和经营。建成后纳入全省高速公路网管理,经营期满后将路产无偿移交省高速公路管理局"的共识。

2007 年 1 月 23 日,省交通厅晋交便字〔2007〕18 号文批复,同意由晋中市负责按经营性高速公路组织建设龙城高速公路。3 月 15 日,省交通厅党组成员、总工程师郜玉兰带领省交通设计院工程技术人员到榆次就沿线方案与晋中市政府领导交换意见,提出另外一条路线方案。3月16日,晋中市交通局会同公路分局、省交通设计院对A、C两条路线进行实地察看,并同平遥县、祁县、太谷县、榆次区当地政府进行座谈,广泛征求意见,形成《榆次龙白—祁县城赵A、C方案比选说明》。4月6日,设立晋中龙城高速公路建设领导组、晋中市龙城高速公路建设指挥部,组建晋中市龙城高速公路有限责任公司,同时明确公司主要职责、股东构成、治理结构,初步讨论资金投融资方案。5月17日,省政府办公厅《关于印发2007年全省重点工程项目的通知》(晋政办发〔2007〕61号),将龙城高速公路列入重点工程预备项目。5月25日,市委、市政府就项目走向问题召开专题会议,明确采用省交通设计院提出的A线方案。7月4日,市委组织部市组干字〔2007〕90号文件,明确晋中境内高速公路建设管理协调服务的相关事宜,均由龙城高速公路建设领导组和指挥部负责,不再另行成立领导组和指挥部。9月22日,市政府常务会议审核通过龙城高速公路规划,按双向六车道设计标准施工。

2008年5月6日,晋中市召开省交通厅、晋中市政府推进高速公路建设专题会议,同意按双向六车道标准建设。12月10日,市政府以市政函〔2008〕47号文同意为项目筹措资本金129463万元。

2009年3月22日,市政府召开市长办公会议,研究项目占地等事宜,并成立领导组,由市长任组长,2位副市长任副组长。3月24日,省交通运输厅党组成员、总会计师张德仪带领厅有关处室负责人,同分管副市长就项目占用土地、前期工作、资本金等事项进行商谈。为加快进展,省交通运输厅同意勘测设计招标采用资格后审。

3.参建单位

(1)建设单位。2007年4月6日,晋中市政府批准成立晋中龙城高速公路有限责任公司;2010年3月18日,根据晋中市政府安排,公司组建8个部室并正式运转。

(2)设计单位。共有4个单位承担勘察设计任务。

(3)施工单位。共有32个单位参加建设,其中路基工程8个,路面工程实行总承包方式(下设5个分部),房建工程7个,绿化工程8个,机电工程2个,交通安全工程6个。

(4)监理单位。共有7个单位实施监理,其中路基路面工程监理3个,房建工程监理1个,交通安全工程监理1个,机电工程监理1个,绿化工程监理1个。

(二)建设情况

1.项目准备

(1)立项审批(表8-78)。2006年7月11日,省发改委批复项目建议书;2009年3月2日,省发改委批复可行性研究报告;2009年10月20日,省交通运输厅批复初步设计;2010年6月12日,省交通运输厅批复施工图设计。项目属于山西省2010年重点公路建设项目之一。2010年6月,省国土资源厅晋国土资函〔2010〕325号文批复土地预审总面积9286.608亩,其中农用地8177.193亩,建设用地370.473亩,未利用地738.942亩。2012年12月,省国土资源厅评审通过项目《土地复垦方案》《压覆矿产资源》《地质灾害评估》等报告,并予以备案。申请用地总面积8663.6925亩,其中农用地7745.2995亩,建设用地219.03亩,未利用地699.363亩。申报用地小于预审用地规模,节约土地622.9155亩。

项目审批一览表 表8-78

序号	项目	批复时间	批复部门	文件名称	文件号
1	项目建议书	2006.7.11	山西省发展和改革委员会		晋发改交通发〔2006〕514号
2	可行性研究	2009.3.2	山西省发展和改革委员会		晋发改交通发〔2009〕306号
3	环境影响报告	2009.4.27	山西省环境保护局		晋环函〔2009〕392号
4	水土保持方案	2009.4.29	山西省水利厅		晋水保〔2009〕286号
5	初步设计	2009.10.20	山西省交通运输厅		晋公交字〔2009〕586号
6	施工图设计	2010.6.12	山西省交通运输厅		晋交建管〔2010〕279号
7	土地评审	2010.6.7	山西省国土资源厅		晋国土函〔2010〕325号
8	文物保护	2010.12.15	山西省文物局		晋文物函〔2010〕567号
9	土地复垦	2010.9.5	国土资源部		国土资源函〔2010〕931号
10	地质灾害	2010.11.10	山西省国土资源厅		晋国土资环(灾)备函〔2010〕100号
11	铁路用地	2010.11.3	太原铁路局		太原师函〔2010〕297号
12	林地	2010.12.27	山西省发展和改革委员会		晋发改〔2009〕306号

(2)资金筹措。2009年批复概算398361万元,2010年开工建设时,国家提高征地拆迁标准,经公司董事会同意,新增31817万元征地拆迁费用列入工程概算,计划投资总额430179万元,预估工程总投资达到430178万元。原注册资本金10亿元,后根据国家有关政策规定和公司实际情况需要增资4.67亿元,使注册资本金达到14.67亿元。其中,晋中市公用基础设施投资建设有限公司投资79247.34万元,占股份54.02%;路安投资有限公司投资66015万元,占股份45%;晋中路通公路开发有限公司投资1437.66万元,占股份0.98%。总体资金结构为:资本金14.67亿元,银行贷款29.5亿元,共计44.17亿元。

(3)招投标。2009年4月17日,晋中市召开招标代理机构公开比选会议。经过省交通运输厅专家评审后,在山西交通网经公示7天,确定中标单位为北京中交建设工程招标有限公司。在设计、施工、监理单位招标中,公司严格按照国家相关法规进行,招标公告分别在中国采购与招标网、山西招标投标网和山西交通网上发布,公开发售招标文件。从交通运输部、省交通运输厅评标专家库抽取4名专家评审,对通过资格预审的申请人出售招标文件,对所有购买招标文件的投标人向省人民检察院进行行贿犯罪档案记录查询,经查询无行贿犯罪档案记录后,由市政府有关领导、市直有关监督单位、公证处参加,从交通运输部公路工程评标专家库中随机抽取专家4人及业主1人组成评标委员会,对全部投标文件进行评审,推荐中标候选人并进行公示,有关招标文件和评标报告均报省交通运输厅备案。

(4)征地拆迁。项目用地涉及3个县(区)15个乡镇61个村和1个国有单位,从2010年3月到2011年12月,共征用土地8805.55亩,拆迁房屋11489.006m²,支付补偿费用6.88亿元。

2. 项目实施

重大决策和举措包括:

2010年6月,因领导工作变动,晋中市副市长王建林分管龙城高速公路建设工作,并兼任公司董事长及法人代表。同年7月,调整充实公司董事会、监事会组成人员,提名任命总经理、副总经理。2010年10月,省政府批复同意项目为经营性公路,按批复要求,市政府对项目投资人进行公开招标。2011年3月8日,市政府与中标联合体签署投资协议书,中标联合体成为龙城高速公路项目投资人。晋中市政府指定中标联合体将现有公司进行重组注资。2011年6月3日,省商务厅批复同意公司通过增资扩股方式变更设立为港商投资企业。同年8月,公司召开增资扩股后的第一次董事会,调整充实公司董事会、监事会组成人员。

2011年2月24日,根据晋中市人民政府办公会议提出的要求,将榆次连接线LK0+000~LK2+740段路基宽度由24.5m调整为48m,将LK2+000~LK4+230段路基宽度由24.5m调整为62m,将榆次东出口收费站车道数由3进5出变更为5进7出。4月14日,晋中市公用基础设施投资建设有限公司、路安投资有限公司、晋中市和信领驭房地产开发有限公司、晋中路通公路开发有限公司共同签署《晋中龙城高速公路有限责任公司合作合同》及《晋中龙城高速公路有限责任公司增资扩股协议》。6月3日,省商务厅晋商资函〔2011〕267号文批复同意公司通过增资扩股方式变更为晋港合作企业,注册资本金增至10亿元。8月30日,公司第四次董事会审议总经理王四小所做的工作报告、合作乙方委派管理人员参与合作公司管理、龙城高速特许权协议书等有关事项。同日,公司订立补充协议及章程修正案,同意晋中和信领驭房地产有限公司将其晋中龙城高速公路5%

的股权转让给路劲基建有限公司,路劲基建增加出资5000万元。完成后,路劲基建向项目出资共计4.5亿元,并拥有注册资本金45%的权益。

2012年1月,晋中市政府责成公司监事负责办理收费许可证和设站许可证手续。经过前期协调运作,5月初,省、市发改委分别对公司资本金比例、运营主体作了批复;5月8日,公司正式向省高管局上报设置收费站的请示及设站申请资料;5月28日,经省高管局初审后上报省交通运输厅;省交通运输厅对提交的申请资料进行全面审核,组织对项目收费设置进行实地考察,随后报省财政厅、省物价局取得一致意见;6月18日,省交通运输厅、省财政厅、省物价局联合发文上报省政府。7月11日,省政府以晋政函〔2012〕93号文件,批复同意设置收费站;7月12日,省交通运输厅、省财政厅、省物价局正式向公司下发设站通知。7月13日项目正式交工验收。

(三)科技创新

在工程建设中,采用多项新技术、新工艺、新材料,主要包括两项:一是依托长安大学开展的"龙城高速公路湿软与高填段变形控制技术研究"。二是高填方路堤下钢波纹管涵洞受力与变形特性及结构稳定性研究。

(四)运营养护管理

1. 收费站点设置

(1)晋中东收费站地处晋中市榆次区长凝镇南合流村,位于S60 K11+460处,占地面积2642.97m^2,车道5进7出。

(2)太谷收费站地处太谷县胡村镇敦坊村,位于S60 K43+967处,占地面积1528.27m^2,车道3进5出。

(3)乔家大院景区收费站地处祁县东观镇大义村,位于S60 K55+109处,占地面积2926.05m^2,车道3进5出。

交通流量状况见表8-79。

交通流量状况表(单位:辆) 表8-79

年份	晋中东站	太谷站	乔家大院景区站	日平均量
2012年	3701	2280	2383	2788
2013年	4617	2833	3291	3580
2014年	4769	2646	3780	3731.7
2015年	2137941(全线通行量)			5857.4
2016年	2785860(全线通行量)			7632.5

2. 服务区设置

太谷服务区位于晋中市太谷县境内,占地总面积210亩,南、北两侧各占地105亩,建筑面积7691m²。其中综合楼建筑面积2892m²,附楼建筑面积352m²。停车场可停放车辆200辆,其中大车100辆,中小型车100辆。餐厅面积660m²,可供300人同时就餐。加油站建筑面积280m²,南、北区各设6台加油机,机修建筑面积145m²,广场硬化面积2565m²。

3. 养护管理

2012年6月,公司在晋中市范围内邀请具备公路养护二类甲级和三类甲级资质的7家养护单位,进行养护从业单位比选,最终确定榆次、太谷、祁县公路段为养护作业单位,承担日常养护和小修保养任务。此外,成立龙城高速公路养护工程部,作为公司对日常养护进行管理的职能部门。截至2016年年底,养护部11人,榆次工区养路工38人,机械设备35台(套);太谷工区养路工65人,机械设备38台(套),应急抢修队伍20人,设备8台(套);祁县工区养路工26人,机械设备22台(套)。

通车之后,公司坚持"科学、优质、快速、安全"的养护原则,高起点、高标准、严要求,加强预防性养护,注重道路养护质量。始终不渝抓队伍建设、提高业务素质,抓养护业务、提高服务水平,优质高效完成缺陷处治和日常养护任务,实现畅、洁、绿、美、安目标。

4. 迎国检情况

2015年5月,为了全力以赴做好迎国检工作,公司早动手、早安排,成立领导组,制定实施方案,全面加强养护、路政、收费、经营等管理工作,力争把各项工作提高到一个新水平。一是把公路养护作为首要任务来抓。根据总体要求,公司对沿线绿化地段实施修剪,对安全设施除锈镀锌,对上下边坡整修防护,对桥梁局部粉刷等。经过精心养护,龙城高速整体路况良好,路面平整无病害,路基稳定,桥涵构造物完好无损,安全设施齐全有效,路容路貌干净整洁,机电设备运行稳定、性能良好,能够满足联网收费要求和日常监控需求。2012—2015年,龙城高速公路每年技术指数MQI达到95以上、PQI达到94以上,均高于部颁养护标准。二是把收费与文明服务融为一体。针对恶劣天气容易造成车辆堵塞情况,公司组织"避免车辆长时间等待"应急演练,确保车辆快速通行。同时积极开展便民服务,通过开展"青年文明号"创建活动,强化服务意识,提高服务功能,拓展服务内涵,延伸服务领域。三是严格按照国检标准整理内业资料。按照内业资料规范化标准,各部门理清思路,借鉴其他公司经验,依照文件查漏补缺,使内业资料标准规范、齐全完整,共立卷639册、归档213盒。四是努力提高服务区水平。公司参照星级服务区行业标准,对服务区进行必要资金投入,加速场区建设和设备更新,消除安全隐患,优化经营服务环境,为过往旅客提供优质服务。五是建立跨部门预警信息快速通报和响应机制。全线对突发事件进行快速有效处置,同时不断拓展信息受理和发布渠道,实时通过客服电话、可变信息板、广播、微信等平台为公众出行提供及时、便捷服务。

2015年9月19日,全国干线公路养护管理检查组对本项目进行检查。此次国检,贵州省为主检省,海南省为参检省。在晋中东收费站,检查组依照国检标准进行详细检查,不漏过一个细节,不简化一个步骤;在象峪河大桥,检查组认真查看桥梁每一个部位,仔细询问每个养护环节;在太谷北服务区,检查组进餐厅查看饭菜质量,去超市询问是货品否同城同价;检查组还对综合评价、养护管理、路政治超、收费管理、路网服务与应急、技术保障等内业资料进行抽检。检查结束后,检查组与省交通运输厅、省高管局、省公路局领导进行座谈,就检查情况交换意见。检查组认为,龙城高速公路仅运营3年,各项工作就取得突出成绩,足见管理水平之高,实属不易。

第二十六节　S65安阳高速公路

阳翼段(阳城—翼城)建设期:2007年9月~2010年10月。

(一)项目概况

1. 基本情况

项目是山西省高速公路网规划"三纵十二横十二环"第十横中的重要组成部分,是全省"十一五"期间的重点公路工程。起点位于阳城县北音村,与晋阳高速公路相接,连接晋城、临汾两市,途经阳城、沁水、翼城3县,终点止于翼城县杨家河村,与翼侯高速公路相通,全长64.8km。山岭区双向四车道,整体式路基宽23m,设计速度80km/h,设计荷载汽车—超20级、挂—120。有大中型桥梁32座,隧道13座,互通式立交5处,沿线地形地质条件复杂,施工难度大,技术含量高。其中北深沟特大桥主跨为85m+160m+85m的T形刚构桥,桥梁高度102m,杏河特大桥全长2798m,云台山隧道全长3374m。2007年9月19日开工建设,2010年10月25日通车运营。

2. 前期决策

晋东南、晋南地区山水相连,唇齿相依,占据全省半壁河山,可这里却没有一条像样的公路相通,更没有高速公路而言。人们盼路、想路,对修一条好路近乎成为一种奢望。项目虽然于1998年由省计委批准立项,但因其地形复杂、施工难度大、投资额高一直处于纸上谈兵的尴尬境地。2006年4月,才正式拉开工程建设序幕。

3. 参建单位

(1)建设单位。2006年3月23日,省交通厅党组批准成立阳(城)关(门)高速公路建设有限责任公司。2007年9月21日,经省交通厅党组研究决定,更名为阳(城)翼(城)高速公路建设管理处。内设综合办公室、党务人事部、工程管理部、技术质检部、地方协调部、安全生产部和财务部。

(2)设计单位。共有3个单位承担勘察设计任务,其中路基工程设计2个,房建、交通安全工程设计1个。

(3)施工单位。共有42个单位参加建设,其中路基、桥隧工程21个,路面工程3个,交通安全设施工程3个,机电工程6个,房屋建筑工程3个,绿化工程6个。

(4)监理单位。共有10个单位实施监理,其中路基工程监理4个,采空区工程监理2个,路面工程监理3个,机电工程监理1个。

(二)建设情况

1. 项目准备

(1)立项审批(表8-80)。1998年12月,省计委晋计投交字〔1998〕1167号文印发《关于晋城—侯马公路阳城—关门段项目建议书的批复》;2003年8月,省交通厅晋交公字〔2003〕395号文印发《关于山西省晋城—侯马高速公路阳城—关门和关门—侯马两段初步设计的批复》;2007年9月,省交通厅晋交公字〔2007〕412号文印发《关于晋城—侯马高速公路阳城—翼城(关门)段调整概算的批复》。概算核定41.66亿元。

项目审批一览表　　　　　　　　表8-80

序号	项　目	批复时间	批复部门	文件名称	文　件　号
1	项目法人		中共山西省交通厅党组	《关于张华等同志任免职务的通知》	晋交发字〔2006〕36号
			中共山西省交通厅党组	《关于阳关高速公路建设有限责任公司更名的通知》	晋交发字〔2006〕42号
			中共山西省交通厅党组	《关于阳关高速公路建设管理处更名的通知》	晋交发字〔2007〕97号
			山西省发展和改革委员会	《关于晋城—侯马高速公路阳城—关门段和关门—侯马段变更名称的批复》	晋发改交通发〔2007〕822号
2	项目建议书	1998.12	山西省计划委员会	《关于晋城—侯马公路阳城—关门段项目建议书的批复》	晋计投交字〔1998〕1167号

续上表

序号	项目	批复时间	批复部门	文件名称	文件号
3	可行性研究报告		山西省发展计划委员会	《关于晋城—侯马公路阳城—关门段可行性研究报告的批复》	晋计交通发〔2001〕193号
			山西省发展计划委员会	《关于晋城—侯马公路阳城—关门段可行性研究报告补充报告的批复》	晋计交通发〔2002〕1101号
			山西省发展和改革委员会	《关于晋城—侯马高速公路阳城—关门段工程可行性研究补充报告调整意见的批复》	晋发改交通发〔2007〕645号
			山西省发展和改革委员会	《关于阳城—翼城高速公路增加规模的批复》	晋发改交通发〔2010〕1994号
4	环境影响报告		山西省环境保护局	《关于晋城—侯马公路阳城—关门段环境影响报告书的批复》	晋环监字〔2001〕401号
5	水土保持方案		山西省水利厅	《关于〈长治—晋城、阳城—关门、关门—侯马水土保持方案报告〉（报批稿）批复的函》	晋水保函〔2002〕53号
6	初步设计	2003.8	山西省交通厅	《关于山西省晋城—侯马高速公路阳城—关门和关门—侯马两段初步设计的批复》	晋交公字〔2003〕395号
		2007.9	山西省交通厅	《关于晋城—侯马高速公路阳城—翼城（关门）段调整概算的批复》	晋交公字〔2007〕412号
7	施工图设计		山西省交通厅	《关于阳翼高速公路施工图设计的批复》	晋交公字〔2003〕395号
			山西省交通运输厅	《关于阳城—翼城高速公路施工图设计的批复》	晋交建管〔2011〕296号
8	用地		国土资源部	《关于晋城—侯马高速公路阳城—关门段工程建设用地的批复》	国土资函〔2010〕237号
9	施工许可		山西省交通厅	《晋城—侯马高速公路阳城—翼城段施工许可申请书》	

（2）资金筹措。初步设计批复36.12亿元，2007年调整概算41.66亿元，后施工图设计批复金额43.98亿元，2015年材差调整，最终批复概算46.51亿元。资金来源为省交通厅筹措15.035亿元，银行贷款28.3244亿元。

（3）招投标。2007年7月28日，在中国招标网发布路基、桥隧、采空区、施工便道施工及监理招标公告，9月7日开标，全国各地48个企业中标；2007年11月3日，在山西招投标网发布桥梁、隧道材料采购招标公告,2008年3月19日开标,有14个销售企业中标;2008年3月26日,在山西招投标网发布钢绞线招标公告,4月21日开标,有3个经销商中标;2009年8月18日,发出路面、机电、房建、交通安全、绿化工程施工及监理招标邀请书,10月12日开标,有25个企业中标;2010年6月7日,在山西招投标网发布锅炉发电机招标公告,6月30日开标,有3个经销商中标;2010年8月23日,在山西招投标网发布清障车、扫路车招标公告,9月15日开标,有2个经销商中标。项目的每次招标活动,均在省交通运输厅及省相关部门严格监督下进行;每次评标结果,都要依照程序在相关媒体进行公示。

(4)合同段划分。根据项目特点,路基、桥涵、隧道工程分23个标段,采空区工程分9个标段,路面工程分3个标段,房建工程分3个标段,绿化工程分6个标段,交通安全工程分3个标段,机电工程分6个标段,施工监理分10个监理部。

(5)征地拆迁。项目建设涉及3县8个乡镇43个村庄,从2007年4月到2010年4月,共征用土地5822亩,拆迁房屋39233m^2,支付补偿费用28332.8万元。

2.项目实施

(1)质量管理。为确保工程质量创优,外观精美,建管处实施"小业主、大监理"管理模式,坚持"追求完美,实现超越"方针,使全部工程时刻处于受控状态。一是明确质量目标。工程合格率100%目标,通过制定工程实施细则,强化技术保障措施,细化各环节质量控制标准和要求,严格人员素质,严格工艺要求,严格工序控制,量化考核标准,使各项质量标准得到较好落实。二是健全质检体系。健全"政府监督、法人负责、社会监理、企业自检"四级保障体系,以及"施工单位自检100%、监理单位抽检30%以上、项目法人不定量抽检、质量监督部门不定期抽检"的四级检测制度。2009年交通运输部质监总站对14个省(区)22个在建高速公路检查情况下达的《工程质量安全督查情况通报》中特别提到"山西阳翼高速公路项目质量管理水平较高",工程质量安全综合评价排名第二名。通过制定相关文件,检查和督促监理部履行监理职责,同时组建质量巡检组和中心试验室,坚持长期上路检查,做到每周对全线进行一次全方位巡回检查,重要工期每天巡检,重点检查监理服务质量和施工质量,对施工进行全天候、全过程、全方位旁站监理,充分利用检查、签证等手段对各道工序实行全面质量控制。三是严格控制工序。首先是严格控制过程。对一般性分部、分项工程,施工单位编写标准化施工要点和施工工艺要求;对关键部位和技术复杂的分部、分项工程,要专门编写施工工艺设计,切实做到按规范办事,凭数据说话。建立工序交接制度,上道工序不合格,下道工序不准开工。其次是制定关键部位技术措施。对路基压实、软基、膨胀土处理、排水防护、路面结构、台背填筑、桥面伸缩等关键项目,要求各施工单位依据设计文件和有关技术规范,结合现场实际制定明确的技术保障措施,确保工程质量。四是加强质量监控。健全以监理部为龙头,通过监理实施管理的质量监控制度。通过加强全线监理工作检查,及时召开监理例会、现场办公会、经验交流会,加强技术指导与交底,突出质量管理超前性,强化服务作用。各监理单位充分利用开工审批权、计量签证权和质量病害处罚权,有效把好事前指导关、工序工艺关、过程控制关、试验检测关、事后检查关、质量检评关,对出现的质量问题采取"坚决返工、适当罚款、彻底落实"的措施,确保工程质量处于受控状态。

(2)安全管理。建管处始终把安全生产摆在突出位置,实现全线安全事故为零的目标,保证工程建设顺利进行。一是安全措施到位,层层落实安全生产责任制。在与施工单位签订《安全合同》的基础上,又逐级签订"安全生产责任书",明确企业安全责任主体职责,加强对重点岗位、重点人员、要害部位的安全监管。同时认真落实监理安全职责,发挥监理安全管理作用。二是管理制度到位,建立健全安全管理制度。制定20多项安全管理制度,做到事事有规范,岗位有标准,人人有要求。三是宣传教育到位。加强安全培训,各单位也多次对施工人员进行对口培训,使参建人员安全意识明显提高。先后开展"安全生产百日督查专项行动""安全生产月""安全隐患治理年""安全生产专项整治年"等活动,营造较强舆论氛围。四是硬件投入到位,加大安全保障。经与各施工企业协商,各项目部安全生产经费得到较好落实购置,包括瓦斯监控仪、雷达测试仪、探头监控等先进设备。各项目部为施工人员购买意外伤害保险,建管处还聘请当地煤矿瓦斯监控专家和水利专家讲课,提高瓦斯防控和杏河特大桥防洪意识,制订安全预案。五是考核到位,加大安全监管力度。沿线各项目部对安全隐患进行拉网式排查,有针对性地制定应急预案并进行演练。建管处加强对各施工企业安全考核,实行一票否决制,并在劳动竞赛和计量支付时奖罚兑现。企业安全文明施工蔚然成风,受到社会各界好评。

(3)进度管理。在建设过程中,建管处在确保质量前提下抢进度,在科学调度、交叉运作中争高效。通过统筹规划、合理安排,确保工程建设顺利实施,提前完成建设任务。一是严格工期目标,加强计划管理。根据项目总体工期要求,建管处、监理单位、施工单位,均编制总体和年、季、每月进度,并相应制定资金使用、材料供应和设备调配计划。施工单位对照形象进度和工作量,按单位、分部工程和月、旬、周将各类计划分解细化到工区、班组,在时间和空间上做到连班作业、合理交叉。建管处采取工程待(怠)工紧急报告制度、关键控制性工程周报制度、通报制度等,使工程计划始终保持严肃性和合理性,最终圆满完成任务。二是严格工程重点,加强生产调度。做到加强组织调度,确保施工力量;加强设备调度,确保施工手段;加强材料调度,确保施工资源;加强会议调度,确保施工部署。通过按季召开生产调度会,按月召开监理例会、工地会议,定期举办现场办公会等形式,按期部署生产任务,及时发现问题,制定相应措施,现场检查,监督落实,保证生产调度的超前性、及时性、针对性和科学性。三是严格工序环节,加强现场管理。建管处根据一、二期工程的不同施工特点,针对各个工艺工序环节,按照施工技术规范,加大现场管理力度。优先安排采空区、通道、涵洞、小型构造物施工,广开作业断面,为路基尽早贯通创造条件。在桥梁施工中,抢抓基础施工,及时组织模板和吊装设备进场,确保工序转换和结构体系转换,实行平行转换工序,同步交叉作业,阶段阶梯推进。对于路面工程,提前抢抓备料,实行拌和、运输、摊铺、压实一条龙作业,基层、面层分幅分层顺序推进,全面展开施工。对于交通安全工程,路面工程完成后迅速进行防护立柱插打,护栏、隔离栅、标志标牌按照顺序施工。对于关键性、滞后性、季节性和辅助性工程,采取引进外协、强行约束、指令分割、增大投入等措施,促使其加快进度,确保工程建设连续不断,紧张有序向前推进。

(三)复杂技术工程

北深沟特大桥位于沁水县龙港镇,跨越深度约100m的北深沟,全长683m,主桥为单孔跨径260m的中承式钢管混凝土拱桥,在山西省乃至华北地区都是跨度最大的钢管拱桥,是一处技术含量高、施工难度大的关键控制性工程。主桥钢管吊装是施工核心内容,采用缆索吊机进行钢管拱挤拼装关键技术。缆索吊机由中铁大桥局自行设计建造,锚锭跨距617m,跨径287m,额定吊重75t。

(四)运营养护管理

1.收费站设置

2010年10月20日,根据省政府《关于同意晋城—侯马高速公路阳城—翼城段设置收费公路收费站的批复》(晋政函〔2010〕110号)文件规定,沿线共设润城北、阳城北、芹池、沁水东和沁水西5个收费站。

(1)润城北收费站地处阳城县润城镇下伏村,位于S65 K3+197处,车道4进7出。

(2)阳城北收费站地处阳城县凤城镇汉上村,位于S65 K14+952处,车道3进5出,包括1进1出2条ETC车道。

(3)芹池收费站地处阳城县芹池镇川河村,位于S65 K26+465处,车道3进5出。

(4)沁水东收费站地处阳城县龙港镇中木亭村,位于S65 K37+026处,车道3进5出。2013年,1进1出2条MTC车道改造为ETC车道。

(5)沁水西收费站 地处阳城县龙港镇尧都村,位于S65 K54+428处,车道3进5出。

交通流量状况见表8-81。

交通流量状况表 表8-81

年　　份	年通行量(辆)	日平均量(辆)
2010年	324444(10月25日通车)	4771
2011年	1966598	5388
2012年	2440647	6668
2013年	3150145	8631
2014年	2667398	7308
2015年	3515337	9631
2016年	3538551	9694.7

2.服务区设置

(1)阳城服务区地处阳城县凤城镇中李丘村,位于S65 K12+700处,占地面积91307m^2,分南、北两个区,且双侧对称。建筑总面积5119.4m^2,其中餐厅建筑面积535.81m^2,可供100人同时就餐,停车场面积45819m^2,超市面积456.3m^2,加油站总面积246.2m^2,另外,还设有汽修厂、附属用房等。可为过往顾客提供加油、餐饮、购物、汽车修理、公共卫生间等服务。

(2)沁水停车区分南、北两个区,且双侧不对称,北区位置桩号S80 K136+100,南区位置桩号S80 146+137,占地面积17900m^2,建筑面积911m^2。配备有超市,建筑面积58.5m^2,加油站面积211.2m^2,另外,还设有公共卫生间等用房。

3.养护管理

建管处养护中心具体负责全线养护管理工作,中心设主任1名、书记1名、副主任2名、技术员10名、机械人员4名(主要是水车司机和多功能养护车司机),均由建管处统一招聘、培训、调配。运营以来,按照管养分离方式,依托沿线公路段,推行社会化养护管理机制,日常保洁、设施维护抢修等均采用外包形式由当地公路段承包,建管处与承包人签订合同,核定费用。2014年以来,根据政府采购相关规定,建管处对所有养护项目统一招标,选定有资质的专业养护单位进行道路养护。

4.大修工程情况

2014年3月1日,晋济高速公路岩后隧道发生火灾,造成严重人员伤亡和财产损失。为了加强安全应急管理,省交通运输厅晋交规划发〔2015〕244号文,批准同意改造隧道监控、供电照明及水消防系统工程。省交通运输厅晋交建管发〔2014〕462号文,批复一阶段施工图设计,招标分为隧道监控系统、供电照明系统和消防系统改造工程3个标段,所有标段已于2016年3月完成调试并投入使用。

第二十七节 S75 侯平高速公路

一、侯运段(侯马—运城)(建设期:2001年2月~2002年10月)

(一)项目概况

1. 基本情况

项目是山西省高速公路网"三纵十一横十一环"主干线中大(同)运(城)高速公路最南端的一段,也是山西省"大"字形高等级公路主骨架的重要组织部分,分别与已建成的运(城)风(陵渡)、运(城)三(门峡)高速公路、209国道和侯(马)禹(门口)高速公路相连。起于运城市东新绛县店头,终于运城市西盐湖区南庄,全长100.199km,概算投资23.5932亿元。需完成路基土石方1212万 m^3,有特大桥856.1m/1座,大桥1925m/10座,中桥247.64m/3座。互通立交7处,分离式立交32座。全线路面除收费站采用水泥混凝土路面外,其余均采用沥青混凝土路面。其中K0+000~K9+750段、K55+901.05~K82+740段路基宽28.5m(双向六车道),K82+740~K91+580段路基宽28m(双向四车道),设计速度120km/h;K9+750~K52+060.1段路基宽26.5m,设计速度100km/h,平曲线最小半径1400m,最大纵坡3.9%。全线桥梁设计荷载:汽车—超20级,挂—120,设计洪水频率1/100,构造物抗震烈度Ⅶ度。主线路面采用4cmSBS改性沥青混凝土+5cm中粒式沥青混凝土+6cm粗粒式沥青混凝土,基层采用水稳碎石结构。2001年2月9日开工,2002年10月16日剪彩通车,12月1日正式运营。

2. 前期决策

项目建设对于推动临汾、运城区域经济发展,发展旅游和产业特点,弘扬中华民族文明发展历史,加快全省对外开放步伐,形成黄河金三角发展优势,具有十分重要的意义。

3. 参建单位

(1)建设单位。2000年,省交通厅批准成立侯运高速公路建设有限责任公司,内设办公室、工程管理处、技术管理处、监理管理处、地方工作处和财务处。

(2)设计单位。勘察设计工作由省交通设计院完成。

(3)施工单位。共有44个单位参加建设,其中路基桥涵工程13个,中村北铁路立交桥工程1个,路面工程7个,交通安全设施工程12个,绿化工程5个,房建工程5个,机电工程1个。

（4）监理单位。共有9个总监办实施监理，其中路基桥涵工程监理3个，路面交通安全工程监理3个，绿化、房建、机电工程监理各1个。

（二）建设情况

1. 项目准备

（1）立项审批。1998年12月9日，省交通厅晋交计字〔1998〕第735号文向省计委报送《关于申请批复侯马—风陵渡公路侯马—运城段项目可行性研究报告的请示》；12月18日，省计委晋计投交字〔1998〕1100号文印发《关于侯马—风陵渡公路侯马—运城段可行性研究报告的批复》；2000年9月19日，省计划委晋计设字〔2000〕677号文印发《关于大运高速公路侯马—运城段工程初步设计的批复》，工程总投资核定为23.5932亿元。

（2）资金筹措。核准概算投资235932万元，其中公路基金118932万元，开发银行贷款117000万元。财政评审认定最终投资额216534.21万元，资金来源为开发银行贷款118331.46万元，公路基金98202.75万元，银行贷款占投资额55%。

（3）招投标。2000年10月13日，在《中国经济导报》、中国采购与招标网发布路基桥涵工程施工及监理招标公告；10月18日~20日，171个施工单位、15个监理单位先后报名并购买资格预审文件；10月30日~31日，有158个施工单位和14个监理单位向公司递交资格预审申请文件；11月1日~3日，93个施工单位、12个监理单位通过资格预审。11月6日~7日，业主完成招标文件发售工作；11月8日实地考察，11月28日开标，由运城地区公证处派员现场公证，共产生有效标69份，其中施工标书61份，监理标书8份。公司从省交通厅聘请专家6人，推荐专家3人，组成评标委员会，在省交通厅纪检部门监督下评标。12月15日将推荐意见上报公司，经公司审查并上报省交通厅，确定14个施工单位和3个监理单位中标。2001年1月9日，公司分别与中标的14个施工单位和3个监理单位签订《施工合同》《监理合同》和《廉政合同》。2001年7月26日，发布路面工程施工、监理招标通告；8月1日~3日，60个施工单位、10个监理单位报名，有43个施工单位、7个监理单位通过资格预审；9月18日，现场考察。10月12日开标，当场确定有效标书47份，其中施工标书39份，监理标书8份，经评标委员会推荐，公司审查确定，7个施工单位和3个监理单位中标。

2002年1月15日，发布交通安全设施、房建工程施工、监理招标公告。1月18日~21日发售资格预审文件，1月29日进行资格预审，2月6日发售招标文件，2月7日召开标前会议，2月28日开标大会确定交通安全设施工程有效施工标书37份，房建工程有效标书11份，监理有效标书4份。

（4）合同段划分。根据项目特点，共划分44个标段。其中路基桥涵工程13个标段、中村北铁路立交桥工程1个标段、路面工程7个标段、交通安全设施工程12个标段，绿化、房建工程各5个标段,机电工程1个标段。

(5)征地拆迁。项目建设涉及5个县(市、区)22个乡(镇)92个行政村,从2001年3月到4月,共征用土地11439.177亩,拆迁房屋28847.57m^2,支付补偿费用22585.8万元。

2.项目实施

质量管理。公司把"质量为天"理念渗透到每一个施工细节。首先,认真抓好两方面工作。将FIDIC条款应用于项目建设,在保留基本模式的同时,又根据实际情况拟定具体制度进行创新。构建"一个中心、两个管理、三个授权"管理模式。"一个中心"即以工程质量为中心,是管理的目的;"两个管理"即公司管监理、监理管施工单位,是管理的形式;"三个授权"即公司授权监理对工程质量、进度、计量支付进行全面管理与监督,是管理的内容。三个构成部分相互联系,相互依存,重点突出,线条清晰,理顺公司、监理单位和施工单位三者之间的关系。在具体操作过程中,公司一方面授权监理以工程质量为中心,对工程进度、计量支付、安全生产等进行全面管理与监督;另一方面,公司专门设置监理管理处,对监理进行"监理",确保监理能够切实行使好公司授予的权力。公司把工程建设全过程动态地置于有效管理之下,变"事后算账"为"事中控制",为实现"保部优、争国优"质量目标提供可靠保证。其次,积极开展TQC活动,建立四级质量保证体系。紧紧围绕"科学管理、精心施工、确保部优、争创国优"这一中心,制定和实施科学严谨的工程质量管理措施,推行"项目法人负责、政府监督、社会监理、企业自检"的四级质量保证体系,对工程实施卓有成效的质量控制。在工程建设中,因势适时开展TQC和"质量管理月"活动,把"质量为天"观念渗透到每一个施工单位及环节、每一个具体岗位和每一名员工心中。公司成立3个总监理办公室,配备和完善检验设备,严格执行质量自检制度;统一监理施工记工用表8类145种,明确监理程序和分项工程旁站项目22个,抽检频率最低达到30%。实施定期与不定期质量抽查,采取"压前期、保均衡、排干扰、搞竞赛"的方法,先后在第四、第一、第十二等合同段召开施工质量现场观摩会,还召开工地会10余次,及时推广经验,督促后进,有效保证工程质量。公司还确定工程不达优良标准,不予验收,不予拨款的质量一票否决制管理办法,形成全员参与质量管理良好氛围,实现以段段优良确保全线优良的目标。监理人员对工程质量进行全过程、全方位、全天候监控,为实现"保部优、争国优"奋斗目标发挥积极作用。

(三)复杂技术工程

汾河特大桥(图8-92)全长856.1m,结构形式上部为预应力空心板梁,下部为柱式墩台,桥跨组合为1×34m,最大跨径25m,桥面净宽24.5m,桥下净空25m。

图 8-92 汾河特大桥

(四)科技创新

为了解决工程质量通病和质量缺陷问题,公司组织精锐技术力量,针对施工重点和难点,大搞科技攻关,在施工技术上积极创新。对占全线 90% 以上的湿陷性黄土地基,采用冲击压路机碾压或重锤夯实方法,并将原地面填前压实度和原路槽底 1.5m 范围下压实度,分别提高 3%,有效减少路基沉降;对新绛汾河特大桥引道软地基等复杂地质情况,采用粉喷桩、施喷桩等不同技术措施,取得理想效果;对黄土陷穴、深沟陡坡等施工难点,采用"台阶+重锤"处理办法,解决可能出现的隐患;对目前尚无规范的磨细生石灰使用,在室内进行存放比较试验,得出磨细生石灰有效钙镁损失率低的结论,为全线统一使用提供科学依据。用渗水土工布养生取代传统的麦草覆盖养生和洒水养生等办法,不仅提高底基层、基层强度,而且解决环境污染问题;用混凝土桥面凿毛法,解决沥青混凝土面层唧浆病害问题;用 SBS 改性沥青,提高路面高温稳定性和低温抗裂性,增强抗疲劳和防老化能力,提高路面强度、平整度,可延长使用寿命 15~20 年。同时,还开展公路工程可视化动态信息管理系统、玻璃纤维混凝土在路面铺装中的应用等研究,取得可喜进展。

(五)运营养护管理

1. 收费站设置

根据省政府批复,全线设侯马、东镇、闻喜、夏县、运城北 5 个收费站。

(1)侯马收费站地处侯马市高村乡张王村,位于 S75 K9+438 处,收费广场占地面积 6800m², 车道 4 进 5 出,包含 2 条 ETC 车道。

(2)东镇收费站地处闻喜县东镇上镇村,位于 S75 K29+426 处,收费广场占地面积 5000m², 车道 3 进 5 出。

第八章 建设项目

（3）闻喜收费站地处闻喜县桐城镇姚村，位于 S75 K45＋562 处，收费广场占地面积 3366m², 车道 2 进 4 出。

（4）夏县收费站地处夏县水头镇西夏晃村，位于 S75 K61＋612 处，收费广场占地面积 3300m², 车道 2 进 3 出。

（5）运城北收费站（图 8-93）地处运城市盐湖区姚孟办事处农场，位于 S5902 K58＋962 处，收费广场面积 7574m²，车道 5 进 8 出，包含 2 条 ETC 车道。它是侯平高速公路最大的匝道收费站，是通往各县市的交通枢纽，是运城市北大门。

图 8-93　运城北收费站

交通流量状况见表 8-82。

交通流量状况表　　　　　　　　　　　　表 8-82

年　份	年通行量（辆）	日平均量（辆）
2002 年	54226	903
2003 年	2818074	7720
2004 年	4184656	11433
2005 年	3970885	10879
2006 年	4534549	12423
2007 年	5782844	15843
2008 年	5475575	14961
2009 年	6051241	16579
2010 年	6405777	17550
2011 年	6597303	18075
2012 年	7450412	20356
2013 年	8656768	23717
2014 年	8905440	24398
2015 年	9386284	25716
2016 年	10675041	29167

2. 服务区设置

（1）运城服务区（图8-94）地处运城盐湖区王范乡王庄村，位于 S75 K68＋736 处，占地面积 146667m^2，分 A、B 两个区，建筑占地面积 9854m^2，A 区配备综合楼。停车场可停放车辆 158 辆，其中大车 108 辆，中小型车 50 辆，餐厅可供 160 人同时就餐。加油站总面积 6550m^2，（A、B 区面积分别为 3400m^2、3150m^2），油罐容量 240m^3（共 12 个 20m^3），各设 9 台加油机，油品种类齐全。可为过往顾客提供加油、餐饮、购物、住宿、汽车修理等服务。公共卫生间、停车场 24h 对外开放。

图 8-94　运城服务区

（2）闻喜服务区地处闻喜县桐城镇下阳村，位于 S75 K37＋628 处，占地面积 40000.2m^2，分 A、B 两个区，建筑占地面积 2123m^2。停车场可停放 38 辆，其中大车 18 辆，中小型车 20 辆，餐厅可供 100 人同时就餐。加油站总面积 2200m^2（A、B 区分别占地 1200m^2、1000m^2），油罐容量 140m^3（共 7 个 20m^3），各设 6 台加油机，油品种类齐全。可为过往顾客提供加油、餐饮、购物、汽车修理等服务，公共卫生间、停车场 24h 对外开放。

3. 养护管理

项目通车运营后，公司组建养护技术工程管理部，下设运城、闻喜 2 个养护工区。起初养护由养护工区负责，工区组建人员和工队进行日常小修保养。2004 年侯运段、运风段、运三段整合后，运城高速公路管理公司，成立闻喜管理处，主要负责项目养护、路政、收费工作。公司积极探索养护管理模式，实行"管养分离"和市场化。日常维修保养以管理处为养护单元，在计划范围内实行合同化管理，逐步推行市场化；公司负责规范指导与监督考核。养护专项和大修工程推行"公司管理、项目负责"模式，公司负责规范监督，责任人具体实施，管理处负责协调。

二、运三段（运城—三门峡）（建设期：1998 年 6 月 ~ 2001 年 9 月）

（一）项目概况

1. 基本情况

项目位于山西省西南部，跨越中条山，北接大运路，南接 310 国道，与三门峡黄河大桥连接,为国道209线(呼和浩特—广西北海)跨出山西南大门的咽喉路段,是山西南跨黄河、挺进中原的一条重要通道,是山西省"九五""十五"期间"三纵八横"公路网建设十大重点项目之一。项目建设对于推动山西对外开放和区域经济发展,加强晋豫两省经济文化交流,促进黄河经济协作区繁荣具有重要战略意义。起点位于运城市东王乡附近大运二级公路K703+100处,终点位于平陆三门峡黄河公路大桥北岸收费站前。双向四车道,设计车速100km/h,路基宽24.5m,桥涵设计车辆荷载采用汽车—超20,挂车—120。主线路面采用4cmSBS改性沥青混凝土+5cm中粒式沥青混凝土+6cm粗粒式沥青混凝土。起点至平陆段(K0+0.26.231~K39+500)为高速公路,全封闭,平陆至终点段(K39+500~K42+600)段为一级公路,不封闭。路线全长42.6km,1998年6月29日开工建设,2001年9月28日建成通车,2002年5月20日~22日交工验收,12月4日竣工验收。

2. 前期决策

运三线最初的业主是山西省运城行署,1998年成立山西运三高速公路建设指挥部,2000年撤销指挥部成立运城高速公路有限责任公司。1992年8月,运城行署交通局组织人员完成《预可行性研究报告》编制;1993年5月,完成《工程可行性研究报告》;1995年3月6日,省计委批复《工可报告》:"全线按二级汽车专用公路建设,路线全长约42km,工程总投资17900万元"。

1995年12月7日,运城行署委托中交一院承担勘察设计任务,测设前期的地形测绘、控制测量及路线方案研究布设工作;1996年8月25日,完成初步设计文件;9月10日~11日,省交通厅组织评审。会议同意路线方案,要求将概算投资调整至2.5亿元以内(初设概算4.17亿元)。

1996年10月11日,运城行署通知"变更设计暂缓进行"。11月20日正式提出提高建设标准,平原区按一级公路、山岭区按二级公路标准,并与一院签订补充合同。

1997年4月25日、5月25日,中交一院分别编制完成项目《工程可行性研究报告》和《初步设计文件》。计划7月7日开展定测外业。7月5日,运城行署电话通知"定测工作暂缓进行"。项目设计标准再次提高为一级公路标准。10月15日,中交一院第三次组织设计人员进入现场,按一级公路(不封闭)运平公路进行初测,11月20日完成外业工作,并开始一级公路设计。12月7日,运城行署四大班子召开现场办公会议,要求项目"按全线封闭一级公路标准建设、概算总投资控制在6亿元以内。"12月25日,运城行署决定再次提高建设标准,要求按高速公路标准。至此,项目建设标准最终敲定。

1998年2月10日,中交一院重新编制完成《工程可行性研究报告》。3月3日,省计委、省交通厅联合组织评审。根据评审意见补充后,4月25日提交《工可补充报告》。5月26日,省计委作了批复:"同意修建运城—平陆高等级公路,计算行车速度100km/h、80km/h。"9月7日,编制完成初步设计文件;9月9日~10日省交通厅评审。9月15日,省交通厅批复:同意初步设计所拟订方案;要求将平陆—三门峡桥头4.2km路段增列进本项目并按一线公路建设;路线名称由原"运城—平陆高速公路"更名为"运城—三门峡高速公路"。

3. 参建单位

(1)建设单位。1998年3月23日,运城行署成立运平高速公路建设指挥部,后更名为运三高速公路建设指挥部,主要完成征地拆迁、路基工程招投标及路基主体工程施工任务。2000年1月6日,省交通厅组建运城高速公路建设有限责任公司,负责完成项目续建任务。

(2)设计单位。勘察设计由中交第一公路勘察设计研究院完成。

(3)施工单位。共有43个单位参加建设,其中路基桥涵工程25个,路面工程4个,房建工程2个,交通工程6个,绿化工程4个,机电工程2个。

(4)监理单位。共设6个总监办实施监理,其中路基桥涵、路面工程总监办3个,交通、绿化、房建工程总监办各1个。

(二)建设情况

1. 项目准备

(1)立项审批。1998年3月31日,省交通厅晋交计字〔1998〕134号文印发《运城—平陆公路工程可行性研究报告评审意见》;1998年4月30日,省交通厅晋交计字〔1998〕237号文向省计委报送《关于申请批复运城—平陆公路可行性报告的请示》;1998年5月26日,省计委晋计投交字〔1998〕307号文印发《关于运城—平陆高速公路可行性研究报告的批复》;9月15日,省交通厅晋交科字〔1998〕558号文印发《关于运城—三门峡高速公路运城—平陆段初步设计的批复》;2001年,省计委晋计交通发〔2001〕318号文印发《关于运城—平陆高速公路可行性研究补充报告的批复》;2001年,省交通厅晋交公字〔2001〕549号文印发《关于运城—三门峡高速公路高速概算的批复》。

(2)资金筹措。最终核准概算119291万元,其中公路基金41291.45万元,国家开发银行贷款50000万元,其他银行贷款28000万元。财政评审认定最终投资额118478.08万元,资金来源为开发银行贷款50000万元,民生银行贷款28000万元,公路基金40252.09万元,其他资金225.99万元,国家投资比例占35%。

(3)招投标。在项目建设中,1个设计单位、6个监理单位、43个施工单位,全部通过公开招(投)标确定。

(4)合同段划分。根据项目特点,共划分43个标段,其中路基桥涵工程25个标段,路面工程4个标段、房建工程2个标段,交通工程6个标段,绿化工程4个标段,机电工程2

个标段。

(5)征地拆迁。项目建设涉及3个县(区)7个乡(镇)17个行政村,1998—1999年,共征用土地3795亩,拆迁房屋1205间,支付补偿费用6068.5万元。

2. 项目实施

在前期工作中,设计人员不畏艰辛,克服项目建设标准变更频繁、地质条件复杂、病害种类繁多、工程技术难度大等诸多困难,先后五次进驻现场,完成两次工可(一、二级公路;高速公路),三次初步设计(二级汽车专用路;一、二级公路;高速公路),两次招标文件(路基桥涵工程;路面工程)编制和高速公路施工图设计、概算调整、病害治理工程(初步设计、施工图设计)、全线交通工程等设计内容。并多次邀请国内外专家深入工地,研究、解决施工中遇到的各类复杂技术难题,圆满完成勘察设计任务,保证项目建设正常顺利进行。

(三)复杂技术工程

(1)高边坡。沿线出现的高边坡有砂质路堑高边坡、岩质路堑高边坡、黄土路堑高边坡。高度一般为40m,最大64.50m。

(2)高填路堤。纵坡4.8%,中桩最大填高94m,沟岸及沟底分布有黄土陷穴、陷洞。加筋路堤1999年施工完成,效果良好。

(3)高挡土墙。共设置17段挡土墙,累计长度1270m。最大高度29m、25.32m(实际施工27m)。采用填石,并注浆加固办法。

(4)高填涵洞。上山路段涵顶填土高度大于20m的涵洞较多,最大填土高度35m。采用钢筋混凝土拱涵,整体式基础,基础和拱圈配适量钢筋。当填方高度过高时,结合实际设置6道泄水隧洞,累计长度约1504m。

(5)滑坡。共发生滑坡6处,主要采取后部卸载、设抗滑挡墙、填土反压等办法。

(6)湿陷性黄土。有26.5km路段。主要是加强排水,对排水沟基底采用重锤夯实;较厚时,桥梁通道构造采用桩基础,较薄时,采用强夯、重锤夯或换填3:7灰土处理。

(7)黄土陷穴处理。采用明挖分层回填夯实措施。

(8)软弱地基处理。共发现5处软弱地基,采取强夯、强夯置换碎石桩、挤密碎石桩、旋喷桩处治方案,提高地基强度、减小沉降。

(9)膨胀土。全部用8%石灰土换填处理,同时路面结构层沿路基宽度贯通。

(四)科技创新

(1)勘察设计广泛采用CAD技术。

(2)桥梁设计勇于创新,对大桥上部构造采用预应力混凝土脊骨梁、连续弯箱梁、大跨径箱形拱、T形连续刚构等多种复杂、新颖结构。其中脊骨梁桥设计填补全省乃至全国北方地区同类桥梁设计空白,在全国属第二座;251m小半径连续箱梁设计在山西省属第一座;140m箱拱属北方地区最大跨径箱型拱桥;110mT形连续刚构桥梁在全省同类桥梁结构中跨径最大。

(3)高路堤采用58m高加筋土路堤、29m高路肩挡土墙等。在软弱路基处理设计中采用强夯、碎石桩、旋喷桩等处理加固技术。在高填涵洞设计方面大胆探索,涵洞设计洞顶填土高度最大达35m。对部分因地形地质条件限制、路基填土高度过高的冲沟,涵洞设计借鉴铁路部门设计经验,采用泄水隧洞排水方案。

(4)高边坡防护采用预应力锚索框架、挂网喷锚护坡、喷射混凝土等先进加固技术。

(五)运营养护管理

1.收费站设置

全线设运城东、机场站、东郭站、张店站、南坡站、平陆站6个收费站,除机场站和运城东站是2005年1月运营外,其他站都是2001年10月正式运营。

(1)运城东收费站(图8-95)地处盐湖区安邑办事处杨家庄村,位于S75 K87+416处,收费广场占地面积5500m²,原为2进2出4条车道,2006年新增1进1出2条车道,现有3进3出6条车道(包含2条ETC车道),是运城市东大门。

图8-95 运城东收费站

(2)东郭收费站地处运城盐湖区东郭镇南界滩村,位于S5902 K11+028处,收费广场占地面积4800m²,原分为东、西两个收费广场,分别设置1进1出2条车道,共计2进2出4条车道,2009年8月改建为互通收费站,设置3进5出8条车道。

(3)张店收费站地处平陆县张店镇张店村,位于S75 K105+107处,收费广场占地面积6484m²,分东、西两个收费广场,原每个广场设置1进1出2条车道,共2进2出4条车道。2007年10月新增2进2出4条车道,现共有4进4出8条车道。

(4)南坡收费站地处平陆县圣人涧镇南坡村,位于S75 K119+704处,收费广场占地面积 1784m², 原设置 1 进 1 出共 2 条车道, 2007 年 10 月新增 1 条出口车道, 现共有 1 进 2 出 3 条车道。

(5) 平陆收费站(图 8-96)地处平陆县开发区西韩窑村, 位于 S75 K121+422 处, 收费广场占地面积 6204m², 原为 4 进 4 出 8 条车道, 2007 年 10 月改为 3 进 5 出, 2008 年新增 2 条出口车道, 为 3 进 7 出, 2012 年改为有 4 进 6 出 10 条车道(包含 2 条 ETC 车道), 是项目最南端主线收费站, 是山西省南大门。

图 8-96 平陆收费站

(6) 机场收费站地处运城市盐湖区安邑办事处东王村, 位于 S75 K81+900 处, 收费广场占地面积 3160m², 共设 3 进 5 出 8 条车道(包含 2 条 ETC 车道), 是进入运城市的重要通道。

交通流量状况见表 8-83。

交通流量状况表　　　　　　　　　表 8-83

年　　份	年通行量(辆)	日平均量(辆)
2001 年	158464	2641
2002 年	1107849	3035
2003 年	2025354	5548
2004 年	2966682	8106
2005 年	3539342	9697
2006 年	4740599	12988
2007 年	5878708	16106
2008 年	5551127	15167
2009 年	5623674	15407
2010 年	6461052	17702
2011 年	7197861	19720
2012 年	7884493	21542
2013 年	9803345	26858
2014 年	10861173	29757
2015 年	10926813	29936
2016 年	11816953	32287

2.服务区设置

平陆服务区地处平陆县张店镇张店村,位于 S75 K104+173 处,占地面积20000m^2,建筑面积2587m^2,可供 30 人同时就餐。加油站总面积 884m^2,油罐容量 180m^3(共 6 个 30m^3)。共设 6 台加油机,油品种类齐全。可为过往顾客提供加油、餐饮、购物、住宿、汽车修理等服务,公厕、停车场 24h 对外开放。

3.养护管理

2004 年,运城高速公路公司接管成立平陆管理处,主要负责运三高速公路养护、路政、收费工作。

4.大修工程

根据省交通厅晋交规划字〔2008〕201 号文《关于运三高速公路爬坡车道改造工程可行性研究报告的批复》和晋交公字〔2008〕603 号文《关于运三高速公路爬坡车道改造工程设计的批复》,公司 K18+123~K28+218 段进行拓宽改造。全长 10.1km,技术指标维持现有高速公路平纵面不变,仅作横向加宽,设计速度60km/h。在 K18+800~K28+100 运城—三门峡方向一侧增设 3.75m 爬坡车道,并增设 19 处紧急停车带;在 K18+300~K28+500 三门峡—运城方向一侧增设 1 处避险车道。桥涵设计荷载等级为公路—1 级。2009 年 5 月 28 日开工,2010 年 5 月 20 日完工,总投资 8008.2304 万元,资金来源为车辆通行费。质量综合评分为 97.8 分,评定质量等级为合格。

第二十八节　S76 长平高速公路

长平段(长治—平顺)建设期:2009 年 6 月~2013 年 5 月。

(一)项目概况

1.基本情况

长平高速公路是全省高速公路"三纵十二横十二环"规划网中第九横的重要组成部分,起点位于晋豫两省交界处的河坪讪,向西经平顺县城,终点到达壶关县逢善村,全长 42.4km。双向四车道,路基宽 24.5m,设计速度 80km/h,2009 年 6 月开工建设,2013 年 5 月 29 日通车运营。

其余内容,详见第十节 G2201 长治绕城高速公路。

2.参建单位

(1)建设单位。山西省长平高速公路建设管理处。

(2)设计单位。详见第十节 G2201 长治绕城高速公路有关内容。

(3)施工单位。详见第十节 G2201 长治绕城高速公路有关内容。

(4)监理单位。详见第十节 G2201 长治绕城高速公路有关内容。

第二十九节　S80 陵侯高速公路

一、阳城—翼城段(建设期:2007 年 12 月~2010 年 10 月)

详见第二十六节 S65 安阳高速公路阳翼段有关内容。

二、高陵段(高平—陵川)(建设期:2009 年 5 月~2012 年 8 月)

(一)项目概况

1. 基本情况

项目是山西省"三纵十二横十二环"高速公路网中第十一横陵侯高速公路(S80)的重要路段。项目建成后,形成晋东南地区通往河南、山东、河北等地快速通道,成为全国高速公路网中承东启西的重要组成部分,对促进山西南部经济发展、加快产业结构调整必将起到巨大推动作用,并成为三晋逐鹿中原的又一黄金通道,具有重要战略意义。起点为高平市河西镇常乐村,通过常乐互通立交与国高网干线二广高速公路和高沁高速公路相连,终点为陵川县古郊乡营盘村,通过河南省境内新乡—晋城高速公路和正在建设的鹤壁—辉县高速公路与京港澳高速公路相连。全长 63.164km,山岭区标准,设计速度 80km/h,路基宽 24.5m,桥梁设计荷载标准为公路 Ⅰ 级。有大桥 25 座,中桥 8 座,涵洞 94 座,通道 27 座,天桥 12 座,隧道 13 条,主线桥隧长 23km(占路线总长 32.25%),互通匝道桥 9 座,互通立交 5 处。2008 年 12 月 30 日,省交通厅和晋城市政府举行晋济高速公路通车暨高陵、晋城环城高速公路开工仪式;2009 年 5 月 20 日,高陵高速举行奠基仪式,全面掀起施工高潮。2010 年末建成高平—陵川县城(小循环)段 31.3km,为"十二五"末全省高速公路建成 3000km 做出贡献,使晋城市在全省率先实现县县通高速公路。2011 年年底全部完工,2012 年 8 月 28 日正式通车运营。

2. 前期决策

2002 年,晋城市酝酿修建高陵高速公路,并展开前期工作。2003 年 8 月,晋城市与新乡市政府经过协商,签订《关于建设新高高速公路协议》,对高平—新乡公路起讫点、路线基本走向、省界对接点、工程建设标准等达成共识。2003 年年末,晋城市交通局向省交通厅提交将该公路列入全省高速公路网规划并开展前期工作的请示。2004年,省交通厅组织专家论证,同意将此路列入全省高速公路网规划,并完成预可行性报告。2005年,项目正式列入《山西省高速公路网规划》。2006年3月17日,由省发改委主持,会同省交通厅、省水利厅、省国土资源厅、省文物局、省公路局、省环保局、省高管局,晋城市政府、市发改委、市交通局、晋城公路分局、高平市、陵川县等相关单位领导及特邀专家召开拟建公路预可报告评审会,与会领导、专家在听取汇报及座谈讨论后,形成评审意见。

3. 参建单位

(1)建设单位。2008年2月29日,成立高陵高速公路建设管理处;山西省开发投资集团有限公司中标该项目后,12月26日,经省交通运输厅批准,撤销高陵高速公路建设管理处,成立山西高陵高速公路有限公司。

(2)设计单位。勘察设计由3个单位负责。

(3)施工单位。共有31个单位参加建设,其中路基工程13个,路面工程3个,交通工程9个,房建工程2个,机电工程4个。

(4)监理单位。共有9个单位实施监理,其中路基工程监理4个,路面工程监理2个,交通、房建、机电工程监理各1个。

(二)建设情况

1. 项目准备

(1)立项审批。项目严格执行公路建设程序,依法依规,规范运作。

2006年4月4日,省发改委晋发改交通发〔2006〕213号文印发《关于高平—新乡公路高平—陵川营盘(省界)段项目建议书的批复》;2008年4月28日,省发改委晋发改交通发〔2008〕373号文印发《关于高平—新乡公路高平—陵川段可行性研究报告的批复》;11月17日,省水利厅晋水保〔2008〕852号文印发《关于高平—新乡高速公路高平—陵川(省界)段工程水土保持方案的复函》;12月9日,省环境保护局晋环函〔2008〕972号文印发《关于〈高平—新乡公路高平—陵川营盘(省界)段环境影响报告书〉的批复》;12月25日,省交通运输厅晋交公字〔2008〕620号文印发《关于高平—新乡高速公路高平—陵川段初步设计的批复》;2009年5月6日,省林业厅晋林地审字〔2009〕控1号下达《使用林地审核同意书》,批准本项目控制性工程使用林地;2009年9月4日,国家林业局林资许准〔2009〕257号文正式下达《使用林地审核同意书》;2012年12月20日,省林业厅准予行政许可决定书晋林资许准〔2012〕211号文批复本项目因设计变更新增占用林地的《使用林地审核同意书》;2010年6月12日,省交通运输厅晋交建管〔2010〕280号文印发《关于高平—新乡高速公路高平—陵川段施工图设计的批复》;2011年9月10日,国土资源部国土资函〔2011〕619号文印发《关于高平—新乡高速公路高平—陵川段工程建设用地的批复》;11月8日,省交通运输厅批准项目施工许可申请书。

(2)资金筹措。项目批复投资总概算37.1569亿元,由山西交通投资开发集团公司按照BOT模式进行投资建设,其中法人资本金13.005亿元,银行贷款16.88亿元,其余由省交通投资集团公司发行企业债券自筹7.2719亿元。2014年6月16日完成工程决算,决算总金额370610.2518万元,其中建安费287307.6514万元,设备、工具、器具购置费18544.3544万元,其他费用64758.2460万元。

(3)征地拆迁。项目建设征用土地5532.05亩,拆迁房屋7234.8m^2,支付补偿费用14472.639415万元。

(4)招投标。本着"公开、公平、公正、科学、择优"原则,严格按照《中华人民共和国招标投标法》《公路工程施工监理招标投标管理办法》《评标委员会和评标方法暂行规定》等有关规定要求,并在省交通厅纪检监察室、省重点办、省发改委、省审计厅、太原市南城公证处以及公司纪委等现场监督下,开始招标工作。2008年5月开始对设计单位进行招标,7月完成招标并公示;2008年11月24日发布便道、采空区施工、监理招标公告,2009年1月完成并公示;2008年11月6日发布路基、桥隧施工、监理招标公告,2009年4月完成路基一标至路基八标、十三标及监理的招标工作并进行公示;紧接着发布路基九标、十标、十一标的招标公告,6月5日完成并进行公示。

(5)合同段划分。根据项目特点,路基桥隧工程分13个标段,路面工程分3个标段,交通工程分8个标段,房建工程分2个标段,房建、供电系统工程各分2个标段,监控、消防工程各1个标段;路基监理分4个标段,路面工程监理分2个标段,交通、房建、机电工程监理各分1个标段。

2.项目实施

(1)质量管理。公司坚持"质量第一"方针,贯彻到施工、监理各单位,落实到各项工程每个环节。制定《"首件产品"认证制》《路基、桥隧工程施工技术指导意见》等,强化技术保障措施,细化质量控制标准和要求,严格人员素质、工艺要求、工序控制,量化考核标准,使各项质量标准得到较好落实。建立健全"政府监督、业主督查、社会监理、企业自检"的四级质量保证体系,严格控制施工过程,对一般性分部、分项工程,施工单位编写标准化施工及工艺要求;对关键部位和技术复杂的分部、分项工程,要求专门编写施工工艺设计。制定关键部位技术措施,对路基压实、软地基、膨胀土处理、排水防护、路面结构、台背填筑、梁板预制张拉、桥面伸缩等关键项目,要求各施工单位依据设计文件和有关技术规范,结合现场实际制定明确的技术保障措施,确保工程质量。

(2)安全管理。公司深入开展"安全生产年"和"安全生产专项整治行动",以"创建平安文明工地"为契机,站在讲政治、以人为本高度,深刻认识安全生产极端重要性,把安全放在工程管理首位,健全制度,完善机制,保证投入。建立安全生产管理体系,加强从设计、施工直至竣工验收全过程监督。公司内部建立健全安全保障体制,即单位领导、职能部门和现场驻地单位层层签订"安全生产目标责任书",有效落实"一岗双责",按照"管生产必须管安全"和"谁分管谁负责"原则,将目标、责任层层分解,责任到人,一级对一级负责,加强现场管理,发现问题及时解决,并将安全管理纳入工程合同管理、履约考核、信用评价范畴。在3年项目建设和3年试运营期间,未出现重大安全事故。

(3)投资管理。公司坚持以合同管理为核心,严格计量支付程序,各职能部门各负其责,严格控制建设成本。加强跟踪审计,委托中介审计机构进行建设全过程咨询审计。严格实行按月计量支付办法,层层把关。同时,对施工单位资金使用情况严格监控,与施工单位签订资金监管协议书,并统一开通集团网银,分集授权,共同监督建设资金使用,建立农民工管理台账,计量款支付时优先支付农民工工资,确保按时发放,预防和杜绝挪用建设资金现象的发生。土地征用及征迁补偿资金委托地方协调组,实行专款专用,杜绝各种违法违纪行为,及时足额到位。

(三)复杂技术工程

郭家川2号隧道位于陵川县郭家川村以南约600m,设计为左右线分离式短隧道。右线洞体长465.0m,最大埋深46.04m。左线洞体长460.0m,最大埋深43.57m。由于地质条件极为复杂,存在软弱破碎岩层、煤系地层、采空区、浅埋等各种不良地质因素。公司与省交通科研院、长安大学等单位合作成立"公路隧道穿越破碎岩层采空区处治关键技术研究"科研课题组,对出现的各种问题技术攻关,主要采用软弱破碎围岩隧道初期支护仰拱三幅施工方法,保证隧道顺利施工。2010年9月贯通,质量优良。

(四)科技创新

公司同省交通环境保护中心站共同研发"PE生化中水回用处理技术",从调节池、接触曝气槽到膜槽都依靠自然中立落差流动运行,设备内达到恒水位,不来水时充分爆氧培养微生物,来水时分解充分,有效解决阶段性排放问题。

(五)运营养护管理

1.收费站设置

2012年7月16日,根据省政府晋政函〔2012〕94号文《关于同意高平—新乡高速公路高平—陵川段设置收费公路收费站的批复》,沿线设置王莽岭景区、王莽岭(主线)、棋子山景区、陵川、郝庄5个收费站。

(1)王莽岭景区收费站地处陵川县古郊乡榆树沟村,位于S80 K3+866处,车道4进

第八章 建设项目

2 出。

（2）王莽岭（主线）收费站地处陵川县古郊乡南寨村，位于 S80 K9+504 处，原设计车道 9 进 9 出，因计划与河南新晋高速进行代发卡作业，变更设计为 9 个出口车道。在运营过程中，为了便于工作和管理，决定用王莽岭（主线）收费站代替王莽岭景区收费站进行收费作业，因而对主线站车道进行改造，规模为 3 进 5 出（含 1 进 1 出 ETC 车道）。

（3）棋子山景区收费站（在建）地处陵川县古郊乡古郊村，位于 S80 K11+164 处，车道 2 进 4 出。

（4）陵川收费站地处陵川县崇文镇后川村，位于 S80 K32+829 处，设计车道 3 进 5 出，后设计变更为 3 进 6 出，含 1 条土建车道（出口）。2015 年全省 ETC 联网工程期间，将其中 1 进 1 出车道改造为 MTC 和 ETC 混合车道。

（5）郝庄收费站地处高平市北诗镇郝庄村，位于 S80 K48+148 处，车道 3 进 5 出，其中 1 进 1 出 MTC 车道改建为 1 进 1 出 ETC 专用车道。

2012 年 7 月 25 日，根据省交通运输厅、省财政厅、省物价局《关于高平—新乡高速公路高平—陵川段设置收费公路收费站及收费相关事宜的通知》（晋交财〔2012〕430 号）精神，该公路按经营性公路管理，收费权益归属山西高陵高速公路有限公司所有，由省高管局具体履行行业管理职责。

交通流量状况见表 8-84。

交通流量状况表　　　　表 8-84

年　份	年通行量（辆）	日平均量（辆）
2012 年	100199	795
2013 年	379953	1041
2014 年	419493	1149
2015 年	503405	1379
2016 年	565475	1545

2. 服务区设置

陵川服务区地处陵川县崇文镇后川村，位于 S80 K33+100 处，总占地 60 余亩，分南北区，南区占地 40 亩，北区占地 20 亩，建筑面积 6982.72m^2，室外硬化面积 35762m^2。南区配备有综合楼，建筑面积 4942.45m^2，其中餐厅面积 170m^2，同时可供 100 余人就餐，临时便利店 1 处，经营 100 余种商品，面积 100m^2；公厕面积 261m^2；客房 50 间，可同时容纳 150 余人住宿；加油站面积 225m^2，油罐容量 300m^3（5 个 30m^3，6 台加油机）；维修车间 1 处，面积 364m^2；停车场可停放 49 辆车，其中大车 19 辆，中小型 30 辆。北区停车场可停放车辆 20 辆车，其中大型车辆 8 辆，中小型车 12 辆；超市 1 处，面积 90m^2；公厕 1 处，200m^2。

3. 养护管理

通车运营以来，公司紧紧围绕"保障行车畅通、安全、快捷、舒适、美观"目标，以"合理规划、协调运转、把握规律、防治科学、反应快捷、作业规范、提高质量、保障畅通"作为指导思想,创新管理模式,积极探索适应实际养护管理模式,逐步形成日常养护专业化、专项工程市场化、并通过加强考核管理,做到人员机械配备合理化、管理工作制度化、养护流程规范化,全面促进和提高养护质量与管理水平。

三、翼侯段(翼城—侯马)(建设期:2005年2月~2007年11月)

(一)项目概况

1. 基本情况

项目是山西省第一条采用 BOT 模式建设的高速公路,是交通部规划并重点建设的促进中部崛起项目,是山西省公路网发展规划"三纵十二横十二环"第十一横陵川—侯马高速公路的组成部分。东承阳翼高速,起于翼城县桥上镇关门,西接侯禹高速,终点位于运城市新绛县店头镇,与大运高速公路相交于赵康枢纽,途经临汾市翼城县、曲沃县、侯马市、襄汾县、运城市新绛县。双向四车道,路面结构为(4cm AC-13)+(5cm AC-16)+(6cm AC-20)+(32cm 水泥稳定粒料上基层)+(20cm 石灰土底基层)+(18cm 卵石或碎石垫层)。山岭区(K160+283~K178+237)设计速度 80km/h,路基宽 23.0m,平微区(K178+237~K227+074)设计速度 100km/h,路基宽 24.5m;设计车辆荷载为汽车—超20级,挂车—120;最小平曲线半径 2000m,最大纵坡 4%。路线全长 66.791km,概算总投资 25 亿元,2005 年 2 月 16 日开工建设,2007 年 11 月 6 日建成通车,历时 2 年零 9 个月,比计划工期提前 3 个月,2009 年 12 月 26 日竣工验收。

2. 前期决策

项目建设是山西省南部地区通往中原、西北、华北及东南沿海地区主要通道之一,对加强晋陕豫三省经济文化交流,促进黄河"金三角"地区经济互动和共同发展,扩大对外开放,具有重大意义。

3. 参建单位

(1)建设单位。2004 年 11 月 3 日,省交通厅晋交规划〔2004〕462 号文印发《关于设立"山西中港晋侯高速公路有限责任公司"的批复》;2007 年 10 月 16 日,省交通厅晋交规划字〔2007〕428 号文印发《关于同意变更公司名称的批复》变更为山西中交翼侯高速公路有限公司。公司实行董事会领导下的总经理负责制运作,下设总经理办公室、工程管理部、总工程师办公室、合约部、协调部、财务部。

(2)设计单位。勘察设计由 5 个单位负责,其中主体工程设计 1 个,煤矿采空区设计 1 个,交通工程及沿线设施设计 1 个,跨侯月和南同蒲铁路立交桥设计 1 个,房建工程设计 1 个。

(3)施工单位。共有22个单位参加建设,其中煤矿采空区注浆、巷道浆砌及巷道砌碹工程4个,路基、桥梁、涵洞、通道工程4个,路面及排水工程3个,房建工程5个,机电工程1个,交通安全设施工程1个,绿化工程4个。

(4)监理单位。共有3个单位实施监理,其中路基工程监理1个,路面、房建、绿化工程监理1个,机电、交通安全设施工程监理1个。

(二)建设情况

1.项目准备

(1)立项审批。1998年12月,省发展计划委员会晋计投交字〔1998〕1168号文印发《关于晋城—侯马公路关门—侯马段项目建议书的批复》;2001年4月9日,省发展计划委员会晋计交通发〔2001〕194号文印发《关于晋城—侯马公路关门—侯马段可行性研究报告的批复》;2003年8月11日,省交通厅晋交公字〔2003〕395号文印发《关于晋城—侯马高速公路阳城—关门和关门—侯马两段初步设计的批复》。

(2)资金筹措。项目采用BOT模式建设,营运期30年。中国交通建设股份有限公司和山西国能集团有限公司两大股东分别占股89.8%、10.2%。原概算18.076亿元,中交集团投资入股6.15亿元,中昌集团投资入股0.7亿元,合计注册资金6.85亿元,并向中国工商银行总行申请贷款12.2亿元。2007年9月,由项目大股东中国交通建设股份有限公司(简称中交股份)批复调整概算为25亿元。

(3)招投标。2003年9月26日,委托北京中交建设工程招标有限公司为土建工程招标代理机构;2006年6月20日,委托中化建国际招标有限责任公司为交通、绿化、机电工程的招标代理机构。2003年10月14日,在《中国经济导报》《中国交通报》、中国采购与招标网发布施工监理、土建工程招标公告,经过评标,11月20日,选定1个监理单位,根据工程需要又增加2个监理单位;11月26日,选定1个BT工程施工单位。2004年3月29日,发布采空区招标公告,经过评标,5月28日,选定4个中标单位;2006年6月8日,采取内部招标方式,完成路面工程3个标段招标工作;6月29日,发布绿化、房建、交通、机电工程招标公告;经过评标,8月4日,选定3个房建工程施工单位;10月25日,分别选定交通、机电工程施工单位;2007年1月18日,选定绿化工程施工单位。

(4)合同段划分。根据项目特点,路基工程分4个标段,路面工程分3个标段,房建工程分5个标段,采空区工程分4个标段,绿化工程分3个标段,机电、安全设施工程各分1个标段。

(5)征地拆迁。项目建设涉及5县10个乡镇62个村,从2003年11月~2005年8月,共征用土地5983亩,拆迁房屋40000m^2,支付补偿费用19437.1822万元。

2.项目实施

(1)质量管理。公司牢固树立质量第一思想和品牌意识,认真抓好各项管理工作。

首先,建立健全质量保证体系。实行"政府监督、法人负责、社会监理、企业自检"四级质量管理体系,建立质量管理机构,派驻业主代表分片负责,每日现场巡查,充分发挥监理作用,不断提升现场质量管理水平;规则为先,坚持以制度来规范管理,先后印发《质量管理办法》《质量创优》和《工程首件制》等一系列办法。其次,不断完善质量控制手段。一是发挥样板工程作用,推行首件制。K130+090处通道工程是全线首个小型构造物,路基三项目部没有意识到首件制严肃性,导致该结构物浇注后外观质量不理想,项目公司工程管理部与高监办现场决定当作不合格品推倒重来,这给施工单位极大震撼效果。现场巡查中,发现路基一项目部小型构造物内外质量出色,三项目部土方回填质量精良,利用2005年年底冬休,组织各单位现场观摩先进典型,互相学习,取长补短,起到很好示范作用。二是重视测量、试验检验工作,努力控制原材料场质量,发现问题及时处理和纠正。三是对于主要工程材料,如钢绞线、铆具、伸缩缝、橡胶支座、沥青、机电设备等,公司均采用甲供方式确保质量,严把材料进场关。四是对重点工程关键环节实行重点管理。通车前,为保证行车安全,对全线79座桥梁进行隐患排查,5座大桥进行动载检测;为确保层间结合质量,特地调入大型设备对桥面调平层进行抛丸凿毛,赢得省交通质监站好评。五是积极开展攻关、创新等活动。如采用在压覆煤矿上建桥的创新设计,填补山西省该领域空白;采用32cm水稳碎石基层全宽全厚一次性摊铺创新工艺在全省也是第一次。同时,还组织多项技术攻关活动,进行路面施工8个均匀性研究,对现场质量控制起到指导作用;当综合稳定土"起皮"现象成为施工难点时,成立QC攻关小组,有力保证工程质量。此外,还邀请专家进行技术培训、施工指导,为工程建设提供智力支持。项目共有115个单位工程、1318个分部工程、15539个分项工程。工程完工以后,各施工单位均完成对分项、分部、单位和合同段工程的质量评定工作,监理单位也完成对工程质量抽检评定,建设质量得到省内同行和省交通质监站广泛认可。

(2)安全管理。公司始终将人的生命安全放在第一位,采取有效措施认真落实。一是成立安全工作领导小组,与各项目部签订安全生产目标责任书,层层落实安全责任制。二是加强教育培训,狠抓薄弱环节,组织检查。针对高空作业、吊装作业和路面施工中的各平交口等危险源点,公司组织编制预控措施,坚持每月一次全面检查,定期发布《安全月报》,同时业主代表进行不定期巡查,发现问题及时整改。三是实行专项检查。如冬季施工、节假日检查、防洪防汛工作等,汛期实行24h值班,各施工单位成立抢险小分队。四是加强环境监测,严格执行《文明施工实施细则》,基本实现交通建设与环境保护协调发展目标。

(3)进度管理。在确保质量和安全前提下,公司千方百计加快建设进度。一是抓生产计划。多方征求意见,进行反复论证,力求使计划既满足目标要求,又符合客观现实,是经过努力能够完成的。同时,各参建单位进行目标分解,领导分工负责,确保完成计划。

二是抓措施落实。公司领导分片包干,对各项目部不定期进行巡查和现场办公;业主代表随时掌握生产动态,现场协调,及时反馈信息;合约部不定期对施工单位人员、设备及履约情况进行检查;公司通过生产调度会、周例会等形式对各施工单位计划执行情况进行分析和检查,并提出整改意见。注重发挥监理单位对施工现场的监控、管理作用。三是抓节点控制。在2006年与施工单位换签合同中,把节点工期作为约定条款,明确履约责任和奖罚措施,有效促进节点计划落实。四是抓劳动竞赛。通过"比工作效率、赛工程进度,比工作质量、赛工程质量,比工作秩序、赛安全生产,比现场管理、赛文明施工",奖勤罚懒,奖优罚劣,不断加快建设进度。2006年开展劳动立功竞赛活动第一个月产值达到九千万,是之前的两倍多。2007年,被省政府、省交通厅列为年内通车项目后,公司积极响应,3月份及时开展"大干一百天,拿下产值三个亿"的劳动竞赛活动,通过全体参建人员努力拼搏,活动取得圆满成功。

(三)复杂技术工程

石门河特大桥(总长1057.5m)、东白驹特大桥(总长1158m)(图8-97)和西化坡隧道(左洞长310m,右洞长285m)(图8-98)既是全线重、难点工程,也是全线控制性工程,为保证工程质量和施工工期,特制订重、难点工程质量保证措施。特大桥质量控制重点为桩基施工质量、混凝土施工质量、T梁预制和安装质量。隧道质量控制重点为锚杆施工质量、喷射混凝土厚度及二衬混凝土外观质量。

图8-97　东白驹特大桥

图8-98　西化坡隧道

(四)科技创新

1. 悬臂爬模施工

对高度大于30m的墩身采用无支架悬臂爬模施工工艺。根据实际情况,对卓良模板进行优化,用塔吊整体提升代替原模板中的液压爬升系统,既保证工程质量又降低施工成本。

2. 煤矿采空区上建桥设计创新理念

这在山西乃至全国都是第一次,是桥梁建设理论的一次创新。西白驹一号大桥东半部处于煤矿采空区治理段,运营之后,公司不间断进行沉降观测,根据结果分析,大桥区域治理后的采空区处于稳定状态。

3. 全宽全厚水泥碎石稳定基层摊铺工艺

通过芯样对比,新工艺所采集的芯样以其整体性好、密实度高获得专家高度评价。

4. 路缘石现浇施工

要求每个标段引进1台澳大利亚滑模现浇设备,轻便灵巧,线形美观,质量精良,日施工进度在1km以上。主要设备包括770型箭牌滑模机1套和350型强制拌和机1台。

(五)运营养护管理

1. 收费站设置

共设翼城东、翼城、曲沃和侯马北4个收费站,全部为匝道收费站。其中,曲沃收费站为双广场。

(1)翼城东收费站(又名桥上收费站)地处翼城县桥上镇刘王沟村,位于S80 K163+971处,收费广场占地面积5129m^2,车道2进4出。

(2)翼城收费站地处翼城县南梁镇梁壁村,位于S80 K188+894处,收费广场占地面积2542m^2,车道2进4出。2016年改建1进1出2条ETC车道。

(3)曲沃收费站地处曲沃县高显镇安泉村,位于S80 K207+126处,总占地面积5224m^2,车道4进8出。上下行各设1座收费广场,每座收费广场占地面积2612m^2,车道2进4出,2016年分别改建1进1出2条ETC车道。

(4)侯马北收费站地处侯马市张村乡办事处北庄村,位于S80 K216+723处,收费广场占地面积4891m^2,车道3进5出。2012年改建1进1出2条ETC车道。

交通流量状况见表8-85。

交通流量状况表

表 8-85

年　　份	年通行量(辆)	日平均量(辆)
2007年11月26日~12月31日	128250	3563
2008年	2060330	5629
2009年	1578426	4324
2010年	1742746	4775
2011年	2152873	5898
2012年	2699201	7375
2013年	3122348	8554
2014年	3222939	8830
2015年	2899519	7944
2016年	3264171	8919

2.服务区设置

翼城服务区位于 S80 K193+897 处,分 A、B 区,总占地面积 94563.14m², 建筑面积 6078.85m², 配备有综合楼, 建筑面积 2040.5m²; 停车场面积 53074.59m², 可停放 156 辆车; 餐厅建筑面积 2855.7m², 可供 100 人同时就餐。加油站总面积 410m², 加油机 12 个, 油品种类齐全, 绿化面积 32248.86m²。对外租赁经营, 可为过往司乘人员提供餐饮、购物、住宿、加油等服务, 并免费提供停车、公厕、休息、茶水、急救药品等多项便民服务项目。2015 年在全国文明服务区创建活动中被评为"达标服务区"。

3.养护管理

公司采用自行养护模式,拥有大小设备 25 台(套),主要有护栏抢修车 1 台、洒水车 4 台、吸尘车 1 台、路面综合养护车 1 台、灌缝机 1 台、高空作业车 1 台、清障救援设备 2 台等,总价值约 500 万元。

第三十节　S86 晋运高速公路

一、晋阳段(晋城—阳城)(建设期:1996 年 5 月~1997 年 12 月)

(一)项目概况

1.基本情况

项目是山西省高速公路网规划第十二横泽州县韩家寨—芮城县风陵渡的组成部分,是山西省和晋城市"九五"公路建设重点工程,是沟通山西、河南、陕西三省的一条主要通道,东起晋城牛匠,西至阳城县连接阳济公路,与长晋、晋济、阳翼高速公路相连,采用山岭重丘区标准。根据地形、地质情况、工程量大小及投资实际情况和省厅1997年9月2日晋交科〔1997〕第510号文《关于批准晋阳公路为高速公路的通知》的指示精神,全线分两种情况进行具体实施。其中,晋城牛匠—润城段采用全幅高速公路,长27.573cm;阳城县境内润城—阳城段采用半幅高速公路,长8.546km。全线桥涵设计车辆荷载为汽—超20级,挂—120;桥涵设计洪水频率1%;沥青混凝土路面;全长36.119km。1996年5月1日开工建设,1997年12月25日建成通车。

2. 前期决策

位于晋城西部阳城县和沁水县是晋城"宝地",地下蕴藏着大量矿产资源。20世纪90年代,这些资源要想从晋城通过公路运往外地却非常困难。当时从沁水、阳城以及市区西部一带煤炭,都是通过晋韩、陵沁等几条低等级公路外运,晋韩线甚至还绕行市区。大量运煤车辆不仅增加市区道路通行压力,而且造成运输成本极大浪费。

1995年,省交通厅要求晋城市在晋城与阳城县北留镇之间修建一条公路,作为1997年进入施工期阳城电厂的配套工程,运送建设物资。市委、市政府领导当即决定:修一条一级公路,为晋城人民造福。不久,省交通厅批复:晋城—润城段修一级公路、润城—阳城段修二级公路。此后,项目开工建设。

1997年,项目路基铺设完工,省里有关部门验收时,给予高度评价:认为已经具备高速公路标准。此后,市委、市政府提出在此基础上,建设晋阳高速公路。12月25日,晋阳高速公路全线通车。项目建成有力促进晋东南地区及全省经济发展,开了地市政府建设高速公路先河。

3. 参建单位

(1)建设单位。1995年12月29日,晋城市政府办公厅晋市政办〔1995〕184号文印发《关于成立晋阳公路建设指挥部的通知》,下设办公室、公管处、财务处、地协处、安全保卫处,两个驻地代表处。

(2)设计单位。由省交通设计院、山西省公路局晋城分局勘察设计所负责。

(3)施工单位。共有34个单位参加建设,其中路基工程13个,路面工程4个,房建工程3个,安全设施工程6个,沿线管理养护工程4个,隧道电力、照明通风、消防、监控工程2个,送变电、收费亭工程各1个。

(4)监理单位。有3个单位实施监理,其中路基、路面桥隧、交通工程监理2个,五佛山、牛王山隧道机电设备安装工程监理1个。

(二)建设情况

1. 项目准备

(1)立项审批。1995年1月3日,省计委晋计基交字〔1995〕第98号文批复项目建议书;12月11日,省计委晋计投交字〔1995〕901号文印发《关于晋城—阳城公路项目可行性研究报告的批复》;12月25日,省交通厅晋交科字〔1995〕483号文印发《关于下达晋城—阳城一、二级汽车专用公路初步设计任务的通知》;1996年3月19日,省交通厅晋交便字〔1996〕30号文同意晋阳公路按初步设计招标;4月17日,省交通厅晋交科字〔1996〕第161号文批复初步设计;4月30日,副省长薛军签发同意晋阳公路开工建设;6月20日,省计委晋计投字〔1996〕343号文件批复晋阳公路开工报告。

(2)资金筹措。概算总投资66000万元。其中省交通厅公路建设基金拨款20750万元,占项目总投资额31.44%;银行贷款45250万元,占项目总投资额68.56%。

(3)招投标。分路基和路面两次招标,路基为公开招标,路面为公开邀请招标。为确保报名单位具备相应资质,指挥部委托省交通厅对所有报名单位进行严格资质审查,对报名单位的技术力量、机械设备、财务状况、队伍素质、工作业绩及信誉度等进行综合评分,最后确认52个单位具有投标资格。随后指挥部成立由有关方面专家、负责人组成评标委员会,开标会邀请市纪委、纠风办、市技术监督局等单位领导参加,并由市公证处派员现场监督,对开标过程及中标结果当场公证。经过严格、规范、公正的发标、技标、评标、定标等程序,根据《公路工程施工招投标管理方法》,结合项目实际,从标价、质量水平及保证措施、工期、施工组织计划、资信、实力、信誉度等方面分别打分,最终确定施工单位。

(4)合同段划分。根据项目特点,路基工程分13个标段,路面工程分4个标段,房建工程分3个标段,安全设施分6个标段,沿线管理、养护设施分4个标段,隧道电力、照明通风、消防、监控工程分2个标段,送变电、收费亭工程各分1个标段。

(5)征地拆迁。项目建设涉及泽州县、阳城县,从1996年5月~1997年12月,共征用土地2537.3亩,拆迁房屋4386.42m^2,支付补偿费用1244.629144万元。

2. 项目实施

指挥部始终紧抓质量、工期、投资三大控制,确保目标实现。

(1)质量管理。为贯彻市委、市政府"一定要把晋阳路建成楷模工程"要求,指挥部在开工伊始提出"学习太旧,质量至上"口号,建立项目法人责任制,同时要求各施工单位强化质量意识,做到工期服从质量,投资服从质量,一切工作围绕质量这个中心环节。在建设过程中,指挥部始终强调质量第一原则,要求以分项工程优良,保证分部工程优良,以分部工程优良,保证单位工程优良,从而保证工程项目优良,以段段优良保证全线优良。在整个施工过程中,通过健全体制,加强教育,规范监测手段,严格工序操作规定,以确保实现质量目标。一是推行监理制度。监理采用"菲迪克条款",对工程质量进行全过程、全方位监控。监理人员坚持"严格监理、热情服务、秉公办事、一丝不苟"的16字方针,严格按照监理程序办事,做到"五坚持,五认真,五过关",即坚持原则、坚持合同、坚持规范、坚持旁站、坚持服务;认真学习业务,认真填好监理表格,认真记好监理日记,认真检查每道工序,认真处理好工程质量;过材料进场试验关、过施工单位自检关、过监理人员签字关、过科研单位检测关、过质量监督单位监督关。监理人员通过旁站、巡视、检测、试验、下达指令性文件等手段有效控制工程质量。二是建立健全质量保证体系。指挥部工管处是全线质量控制职能部门,各监理部是具体执行部门,省交通质监站是全线质量控制监督部门。三是严把地质、施工图设计、材料进场、施工工艺、三级质检五道关口,为确保建设质量打下坚实基础。

(2)进度管理。围绕总体布置,工地上下形成一切为施工,一切服从于施工的局面。指挥部及时将工管处分成驻地组,做到分段包干,分兵到口,各负其责,责任到人。指挥部领导常下工地,现场办公,及时解决各种问题,并能适时获取信息,作出科学判断,采取果断措施。指挥部要求全线员工学习太旧精神,创建晋阳业绩,以坚韧不拔奋斗精神,以严谨科学态度,采取有效施工方法,进行四季大干和挑灯夜战的连续施工。在施工过程中,实行动态管理,及时调整工作重心,使各个施工队伍在不同时期都有明确奋斗目标。各参建队伍以大局为重,按照指挥部安排,以工程轻重缓急统筹安排,做到保证重点、保证关键项目按计划完成。在施工布局上,既要保证重点工程,又要避免过分集中而招致人力、财务损失,还需协调各专业间相互关系。采用先进科学技术,努力提高机械化施工水平。使施工在时间上、空间上、工序上得到最优化的组合。从而使整个工程建设始终处于井然有序、忙而不乱,有效控制和顺利推进中。与此同时,积极开展劳动竞赛。指挥部根据施工任务大小、难易程度等综合因素,制订劳动竞赛方案和实施细则,组织开展热火朝天的社会主义劳动竞赛活动,大大激励施工单位大干快上、争先创优积极性,强化各级管理人员责任心。对于搞得好的工程,及时组织各施工、监理单位观摩学习,评比奖惩,掀起先进带后进、后进赶先进生产热潮,有力加快工程建设步伐。

(3)投资控制。为节约费用,控制工程变更费用,严格按照申报程序执行。一是规范审批手续,注重现场调查。本着技术可行、经济合理,工期有利的原则对工程进行必要变更,较好地优化设计,控制投资。二是严格合同管理。指挥部遵循各项财务规章制度、合同条款,同时设置专人负责,责任到人,层层把关。做到有章可循,有据可查,相互监督、相互制约,保证合同管理标准化,投资控制规范化。三是加强材料采集工作。对路面用的防滑料、进口沥青、预应力钢绞线及大桥主梁用的钢筋、水泥实行统一采购和调配,既保证质量,又节约资金。四是开展劳动竞赛,降低工程造价。

(三)复杂技术工程

牛王山隧道是当时亚洲第二、华北第一隧道,全长1880m。为保证工期,加快进度,各施工单位Ⅱ类围岩加强段采用微台阶开挖,喷锚支护,先拱后墙法衬砌;Ⅲ、Ⅳ、Ⅴ类围岩采用全断面开挖,喷锚支护,全断衬砌办法。

(四)科技创新

为了保证岩石路段深路基稳定,采用光面爆破技术;采用包心填筑法解决泥质页岩填筑路堤问题;对桥头填土采用自稳性较好的砂砾填筑。隧道开挖,根据地质情况围岩类别及不同部位分别采用全断面或导洞法开挖;为便利长隧道养护、管理,全省首次在隧道内设置监控系统;采用隧道明洞方案解决山体滑塌;为避免大量岩体开挖、形成弃方无处堆置情况,部分路段采用打水洞(流水的隧)以解决边沟、排水沟的贯通及排水。

(五)运营管理情况

1. 收费站点设置

1997年12月26日,根据省交通厅、省财政厅、省物价局《关于晋阳高速高速公路收取车辆通行费的通知》(晋交财字〔1997〕619号)文件规定,沿线共设泽州、周村、润城、阳城4个收费站。

(1)泽州收费站地处泽州县南村镇峪口村,车道3进3出,2004年11月撤销。

(2)周村收费站地处泽州县周村镇马窑头村,分周村南和周村北收费站,占地面积34000m^2。周村南收费站位于S86 K18+364,收费广场面积1496m^2,车道2进2出;周村北收费站位于S86 K18+898,收费广场面积1326m^2,车道2进2出。

(3)润城收费站地处阳城县润城镇润城村,位于S8611 K3+334处,占地面积5300m^2,收费广场面积2700m^2,车道2进4出。

(4)阳城收费站地处阳城县城关镇石家庄村,位于S8611 K8+253处,占地面积20000m^2,收费广场面积2350m^2,车道2进4出,其中ETC车道1进1出。

2003年11月7日,根据省政府《关于同意设置晋城—阳城高速公路北留收费站的批复》(晋政函〔2003〕219号)文件规定,增设北留收费站。

(5)北留收费站地处阳城县北留镇尧沟村,位于S8611 K27+315处,占地面积6830m^2,收费广场面积840m^2,车道2进3出,其中ETC车道1进1出。

交通流量状况见表8-86。

交通流量状况表　　　　表8-86

年　份	年通行量(辆)	日平均量(辆)
1998年	1265346	3467
1999年	1493601	4092
2000年	1595962	4373
2001年	1472017	4033
2002年	1869713	5120

续上表

年　份	年通行量(辆)	日平均量(辆)
2003年	2040625	5591
2004年	4583292	12557
2005年	4353896	11929
2006年	5362243	14691
2007年	6696776	18347
2008年	7186153	19688
2009年	6688960	18326
2010年	6875524	18837
2011年	7098264	19447
2012年	7254351	19875
2013年	7008826	19202
2014年	8661271	23730
2015年	7493900	20531
2016年	9742532	26691

2. 养护管理

通车运营后,由省高管局晋城管理处负责管理,设置晋城所和阳城所,具体负责全线收费、养护管理工作,其中,晋城所负责 K4+094~K23+133,养护里程 19.039km;阳城所负责 K23+133~K40+213(现为润城—阳城高速公路 K10+683),养护里程 17.08km。各所设所长 1 名,分管养护副所长 1 名,技术员 2~3 名,机械人员 3~4 名,均由晋城管理处统一招聘、统一培训、统一调配。

2001 年 4 月,成立省高管局晋城管理处养护中心,具体负责全线养护管理,养护里程 36.119km。2009 年,根据省交通厅有关文件规定,省高管局晋城管理处与晋济高速公路建管处整合为晋城高速公路有限责任公司,整合后设晋阳路养护中心。

3. 大修工程

2007 年 8 月 27 日,省交通厅对大修工程可行性研究报告进行批复;2009 年 4 月 15 日,省交通厅批复晋阳高速公路大修设计。建设规模及技术标准维持原标准,为全幅双向四车道和半幅双向二车道,双向四车道长 27.646km,双向两车道长 4.379km,设计速度 60km/h,路基宽度分别为 21.5m 和 12m,桥梁设计荷载采用汽超—20 级,挂—120。大修工程以路面加铺为主,同时完善边坡防护、桥梁加固、隧道照明、交通安全设施等,起点 K0+000(晋城市牛匠村附近)与长晋高速公路终点相接,终点到达阳城(阳济公路叉口处),全长 36.119km。2009 年 4 月 8 日开工,9 月 22 日完工通车。总投资 201599757 元,资金来源为高速公路通行费。主要工程量有：沥青混凝土路面冷再生 104001.34m^2，新铺沥青碎石基层 1948996.909m^2，新铺沥青面层 57360.855m^3，维修大桥桥面 4 座，中桥桥面 3 座。加固小桥 1 座，隔离栅 32224m，路基排水 501.11m^3，波形钢板防撞护栏 34106.44m，路面标线 20082.67m^2，风化落石边坡防护 44896.5m^2。

二、长晋段（长治—晋城）（建设期：2002 年 12 月～2004 年 11 月）

详见第十一节　G55 二连浩特—广州高速公路山西段　七、长晋段有关内容。

第三十一节　S87 运风高速公路

运风段（运城—风陵渡）（建设期：1998 年 8 月～2000 年 7 月）。

（一）项目概况

1. 基本情况

项目是全省"九五"公路建设"三纵八横"骨架网的组成部分，是南出山西的重要通道。北起运城市圣惠路与运临一级路、大运二级路交汇的大转盘处，终点至省界风陵渡，过风陵渡黄河公路大桥在陕西省潼关县与连霍国道主干线（G30）相连，途经运城市、永济市和芮城县。是在原一级公路基础上进行改造，双向四车道沥青混凝土路面，全长 89.958km。其中，运城—蒲州段长 62km，采用平原微丘区标准，路基宽 24.5m；蒲州—风陵渡段采用山岭重丘区技术标准，路基宽 21.4m。有跨线桥 48 座，其中箱梁桥 36 座，板桥 22 座；人行天桥 1 座；互通式立交桥 3 座，高架桥 1 座。1998 年 6 月 29 日开工，1999 年 9 月 29 日竣工，2000 年 7 月正式运营。

2. 前期决策

运城—风陵渡在山西省南端，是山西省拓宽南大门直出潼关，通往大西南、大西北和中原地区，驰往南中国的咽喉要道，为晋、秦、豫三省交通枢纽，十分重要。风陵渡是历史上兵家必争要地。由于黄河阻隔，晋、秦、豫三省靠黄河两边的公路交通非常落后，省干线达不到三级，县公路达不到四级标准。公路在村镇穿过较多，交通经常受阻，晋、秦两省主要靠南同蒲铁路维持客货运输。

为了促进区域经济发展，充分利用资源优势，山西省运城地区、河南省三门峡市、陕西省渭南地区组成黄河金三角经济协作区，之后，山西省风陵渡经济开技术开发区成立，随着三门峡黄河公路大桥和风陵渡黄河公路大桥相继建成，陕西省也在积极规划建设西安—潼关高速公路。由于运风一级路与沿线县乡道路、机耕路全部采用平面交叉,行车速度不能提高,公路服务水平较低,制约区域经济发展,也未能充分满足作为山西南部公路运输大动脉要求。为此,省交通厅会同当地有关部门,决定将运风一级公路改建为高速公路,以满足经济和社会发展需要。项目建设对沟通大运公路,连接209、310国道,促进全省公路网络形成,改善交通条件,提高行车速度和运输效益,带动运城地区乃至全省经济、社会发展,都具有十分重要的意义。

3. 参建单位

(1)建设单位。1998年6月29日,省交通厅、运城公署〔1998〕408号文件批准成立运风高速公路建设指挥部,运城公路分局局长马建新为项目法人。2001年11月23日,根据省交通厅晋交人字〔2002〕190号转发晋编办字〔2001〕165号文件,山西省风陵渡黄河大桥管理处更名山西省高管局运城管理处,负责运风高速公路运营管理工作。

(2)设计单位。施工图设计由省交通设计院完成。

(3)施工单位。共有35个单位参加建设,其中跨线桥工程13个,风陵渡开发区高架桥工程6个,安全设施工程3个,安装施工5个,隔离栅工程2个,高架桥及引道路面、标志和标线、旅游路连接线、绿化、房建、收费设施工程各1个。

(4)监理单位。由省交通监理总公司实施监理,具体负责跨线桥、高架桥及其他分项工程监理。

(二)建设情况

1. 项目准备

(1)立项审批。1994年12月8日,省计委晋计交字〔1994〕第995号文印发《关于运城—风陵渡公路可行性研究报告的批复》,一级公路标准,工期三年;1996年1月18日,省交通厅晋交科字〔1996〕25号文印发《关于运城—风陵渡公路初步设计的批复》;1999年,省计委晋计投字〔1999〕第541号文印发《关于运城—风陵渡高速公路可行性研究报告的批复》;1999年,省计委晋计投字〔1999〕第699号文印发《关于运城—风陵渡高速公路工程可行性研究报告的补偿批复》;2000年,省交通厅晋交公字〔2000〕第25号文印发《关于运城—风陵渡高速公路工程施工图设计和预算的批复》;2000年,省交通厅晋计设字〔2000〕第124号文印发《关于运城—风陵渡高速公路工程设计的批复》。

(2)资金筹措。批准预算投资4.8252亿元,其中国家开发银行贷款4.0亿元,省公路建设基金0.8252亿元。

(3)招投标。经省交通厅批准,在《山西日报》第六版刊登招标广告。在整个招投标过程中,本着公开、公平、公正和诚实原则,严格按照国家有关法律、法规,择优选择设计、监理单位和施工单位。全过程接受省交通厅监督。

(4)合同段划分。根据项目特点,施工组织大体上分为三大部分。第一部分为跨线桥建设,分13个标段;第二部分为风陵渡开发区高架桥建设,分6个标段;第三部分为安全设施工程,分3个标段。安装施工分5个标段;隔离栅工程分2个标段;高架桥及引道路面工程、标志和标线工程、旅游路连接线工程、绿化工程、房建工程、收费系统工程各分1个标段。

(5)征地拆迁。项目建设涉及3县市,从1995年3月~7月,共征用土地2996.1亩,支付补偿费用2973万元。

2. 项目实施

(1)质量管理。为使先进工艺技术真正转化成合格产品,确保实现精品工程总体目标,指挥部与监理部在全省范围内选聘6位金属热处理专家,在进行监理知识培训后,分派到3个生产厂家,对生产厂商的原材料采购、特别是锌锭质量、金属板(件)制作、镀锌温度、时间、钝化工艺、原材料及半成品成品质量试验、检验以及产品包装、抽检、运输、装卸过程等,进行全方位、全过程管理和监督,使防撞护栏构件质量真正达到要求。为将工程质量终身负责制落到实处,指挥部还通过建立生产、安装、监理档案,明确每个标段生产、安装单位及监理人员职责,特别规定驻厂监理对防撞护栏构件质量负终身责任,并在每一块波形板上都印上生产厂商、安装单位、监理人员名字,充分接受社会监督,使工程防撞护栏、护网在整个高速公路建设中起到画龙点睛作用。

(2)安全管理。指挥部认真贯彻落实省交通厅安全生产工作会议精神,以高度政治责任感和一丝不苟工作作风抓好安全,认真落实安全责任制,建立健全各项安全生产管理制度,做到机构、人员、制度、设备"四落实",坚持定期进行安全检查和安全教育培训,真正把安全工作放在心上,抓在手里,落实在工作中,形成"全年抓安全,事事讲安全,人人保安全,处处必安全"的良好氛围。在建设中,严格施工资质审批手续,签订安全生产专项合同,明确规定施工车辆实行准入证制度,认真落实安全保障措施,加强事前预防,加大施工安全作业投入,购置各类安全标志器械,做到施工作业规范,安全措施得力,严格安全操作,杜绝各种事故发生,实现安全生产无事故。为各项工作顺利开展提供良好安全环境。

(三)复杂技术工程

风陵渡黄河公路特大桥(图8-99)全长1409.64m,地处运城市境内,跨越黄河,铁道部第三工程局第六工程处、省公路局第二工程公司承建。1992年4月25日正式开工,1994年10月21日竣工并交付使用,历时32个月。桥上部结构为三向预应力钢筋混凝土先简支后连续变截面箱梁,主孔桥位于南端,为87+7×114+87(m)九孔一联,梁长972m;边孔桥位于北端,为 5×87m 五孔一联,梁长 435m,下部结构为空心双室等截面钢筋混凝土薄壁墩,钢筋混凝土桥台,钻孔灌注桩基础。载重标准:汽车—超 20 级,挂车—120;抗震烈度Ⅷ度;桥面宽 13m;通航标准四级,高 8m,宽 44m。洪水频率:300 年一遇。

a)

b)

图 8-99　风陵渡黄河大桥

(四)科技创新

在全省乃至全国范围内率先将金属热处理工艺中的钝化技术应用于防撞护栏、隔离栅制作。制定《波型梁防撞护栏制作质量管理办法》,对防撞护栏的一般生产过程、原材料质量、金属加工、质量管理、实验方法、各种构件的几何尺寸、产品的检查与验收、复检与判定规则、标志、包装、质量证明书、仓储、运输、装卸,特别是对热浸镀锌中的钝化工艺等,都做了严格规定和详细说明,为确保防撞护栏制作质量提供可靠技术保证,使整个生产过程有章可依。

(五)运营养护管理

1. 收费站点设置

全线设运城西、金井、卿头、黄营、永济、永济西、风陵渡 7 个收费站。

(1)运城西收费站地处运城市盐湖区大渠乡寺北村,位于 S87 K1+846 处,收费广场占地面积 8000m^2,车道 3 进 5 出,包含 2 条 ETC 车道,主线收费站。

(2)金井收费站地处运城市盐湖区金井乡金井村,位于 S87 K13+962 处,收费广场占地面积 5400m^2,分南北两个收费广场,每个广场车道 2 进 3 出,共计 10 条车道。

(3)卿头收费站地处永济市卿头镇许家营村,位于 S87 K22+706 处,收费广场占地面积 2120m^2,分南北两个收费广场,每个广场车道 2 进 3 出。

(4)黄营收费站地处永济市开张镇黄营村,位于 S87 K33+029 处,收费广场占地面积 3920m^2,分南北两个收费广场,每个广场车道 2 进 2 出。

(5)永济收费站地处永济市城关镇赵杏村,位于 S87 K49+389 处,收费广场占地面积 1806m²。原收费站位于运城高速公路运风段 51km 处,分为 A、B、C、D 4 个收费广场,每个收费广场车道 1 进 1 出,共计 4 进 4 出。因近年车流量增加,2007 年重新改建 1 个互通收费站,车道 3 进 5 出,包含 2 条 ETC 车道。

(6)永济西收费站地处永济市蒲州镇盟孟桥村,位于 S87 K58+265 处,收费广场占地面积 5400m²,分南北两个收费广场。每个广场车道 2 进 2 出。2007 年增设车道 2 进 2 出,现共有车道 4 进 4 出。

(7)风陵渡收费站地处芮城县风陵渡镇焦芦村,位于 S87 K81+842 处,收费广场占地面积 3740m²,原为车道 2 进 4 出,2008 年新增 2 条入口车道。现共有车道 4 进 4 出,包含 2 条 ETC 车道,是全省高速公路一个重要的主线收费站,是全省西南门。

交通流量状况见表 8-87。

交通流量状况表 表 8-87

年　　份	年通行量(辆)	日平均量(辆)
2000 年	1919741	5259
2001 年	1954050	5353
2002 年	2304588	6313
2003 年	4420279	12110
2004 年	5073879	13863
2005 年	4909927	13452
2006 年	5320012	14575
2007 年	5797160	15883
2008 年	5706011	15590
2009 年	4516398	12374
2010 年	3670469	10056
2011 年	4583540	12558
2012 年	5492965	15008
2013 年	6945062	19028
2014 年	7777275	21308
2015 年	8331389	22826
2016 年	9772543	26701

2.服务区设置

永济服务区(图 8-100)位于 S87 K35+839 处,距运城市区 38km,永济市区 10km,是一个集餐饮、会务、休闲、娱乐、购物为一体的多功能服务区。该服务区是山西省第一个集规划、建设、经营一体化管理模式的高速公路服务区。分南、北区,北区实体面积 69994.98m² (合 104.99 亩),南区实体面积 55323.03m²(合 82.99 亩),总面积 125318.01m²(合 187.98

亩）。其中建筑面积 5790m²，设有餐厅、超市、客房、加油站、汽修厂、信息服务中心、休闲会客厅、洗浴等服务设施，同时提供停车场、休闲娱乐场、公厕等公益设施，总投资 3000 万元。

图 8-100　永济服务区

3. 养护管理

2004 年整合后，运城高速公路公司成立盐湖、风陵渡管理处，主要负责运风高速公路养护、路政、收费工作。

4. 大修工程

依据省发改委晋发改交通发〔2005〕1007 号文《关于运城—风陵渡高速公路改造工程可行性研究报告的批复》和省交通厅晋交公字〔2006〕239 号文《关于运风高速公路改造工程设计的批复》，公司对运风高速公路实施大修改造，按照科学、精干、高效原则组建运风项目部。本次改造全长 90.15km，总投资 4.78 亿元，建设工期两年（2006 年 8 月 1 日开工建设）。技术标准维持现有四车道高速公路不变。其中运城—石庄段（K0+318～K62+500）长 62.5km，设计速度 100km/h，路基宽 24.5m 石庄—风陵渡段（K62+500～K90+222.36）长 27.65km，设计速度由原 60km/h 提高为 80km/h，路基宽 21.5m，全线桥涵设计荷载采用公路—I 级。新建永济互通 1 处，完成金井、粟海、黄营、永济西收费站互通改造 4 处。拆除波形梁钢护栏立柱 343052m；翻新镀塑安装单面波形梁钢护栏立柱 258920m；路面标线 102372m²；新建标志牌 183 块。2007 年 8 月 10 日路面主体全线贯通，9 月 20 日标志、标线、交通标志全部完工，2009 年 8 月遗留、缺陷工程全部修复完善。

第三十二节　S2003 吕梁绕城高速公路

吕梁绕城高速公路（建设期：2011 年 4 月～2015 年 11 月）。

（一）项目概况

1. 基本情况

项目是山西省"三纵十二横十二环"高速公路规划网的重要组成部分，属于省投市建项目。起点位于方山县大武镇阎家山村北,通过大武枢纽连接临离高速公路,终点位于离石区田家会街道办上楼桥居委会西,经田家会枢纽连接青银高速公路汾阳—离石段。全长43.276km,其中主线长38.188km、机场连接线5.088km。双向四车道,设计速度80km/h,路基宽24.5m;吕梁机场连接线采用双向四车道一级公路标准,设计速度60km/h,路基宽20.0m,汽车荷载等级为公路—Ⅰ级。全线共有互通2处、枢纽2处,桥梁(包括天桥、匝道桥)15779m/41座,其中主线特大桥2座、大桥21座、中桥2座、匝道桥12座、天桥及跨线桥4座;隧道5176m/9座。项目概算投资:407834万元,2011年4月开工建设,2014年9月交工验收,2015年11月10日通车运营。

项目与本区域内相关国家高速公路、省级干线公路构成完善的公路网络,对于改善吕梁市区域路网布局、促进吕梁城镇建设和经济发展、旅游资源开发具有深远的战略意义。

2. 前期决策

2008年4月,吕梁市政府负责吕梁南北"双瓦高速"的预可行性研究报告和项目建议书编制工作,由于措施得力、思路超前、工作扎实,项目正式列入全省高速公路发展规划,经省政府批准实施。2008年6月,在推出的路线走向大、中、小推荐方案中,经省市领导及专家研究决定采纳中方案,即现行方案。

3. 参建单位

(1)建设单位。2009年9月,吕梁市政府组建吕梁环城高速公路建设管理处,下设综合办公室、财务部、工程管理部、技术部、质量部、安全部、地方协调部和2个前线驻地组。

(2)设计单位。经公开招标,省交通设计院中标承担勘察设计任务。

(3)施工单位。共有26个单位参加建设。其中,路基工程11个,路面工程2个,交通安全工程2个,绿化工程2个,机电工程4个,房建工程2个,机场工程2个,采空区工程1个。

(4)监理单位。共有9个单位实施监理,其中路基工程监理3个,机场工程监理1个,路面工程监理2个,房建工程监理1个,机电工程监理2个。

(二)建设情况

1. 项目准备

(1)立项审批(表8-88)。2009年12月4日,省发改委晋发改交通发〔2009〕1800号文印发《关于吕梁环城高速公路工程可行性研究报告的批复》;2010年11月23日,省发改委晋发改交通发〔2010〕1821号文印发《关于吕梁环城高速公路工程可行性研究补充报告的批复》;2010年11月27日,省交通厅晋交公字〔2010〕687号)文批复初步设计,投资概算40.7834亿元,建设工期3年。

项目审批一览表 表8-88

序号	项目	批复时间	批复部门	文件名称	文件号
1	项目法人	2009.9	吕梁市人民政府	《关于成立西纵高速公路吕梁段暨吕梁环城高速公路建设协调领导组的通知》	吕政发〔2009〕36号
2	可行性研究报告	2009.12.4	山西省发展和改革委员会	《关于吕梁环城高速公路可行性研究报告的批复》	晋发改交通发〔2009〕1800号
3	可行性研究补充报告	2009.11.23	山西省发展和改革委员会	《关于吕梁环城高速公路可行性研究补充报告的批复》	晋发改交通发〔2010〕1821号
4	环境影响报告		山西省环境保护局	《关于〈吕梁环城高速公路环境影响报告书〉的批复》	晋环函〔2010〕1090号
5	水土保持方案		山西省水利厅	《关于吕梁环城高速公路工程水土保持方案的批复》	晋水保函〔2011〕87号
6	初步设计	2010.11.27	山西省交通运输厅	《关于吕梁环城高速公路初步设计的批复》	晋交公字〔2010〕687号
7	施工图设计		山西省交通厅	《关于吕梁环城高速公路施工图设计的批复》	晋交公字〔2011〕254号
8	用地		山西省国土资源厅	《关于吕梁环城高速公路项目用地预审的批复》	晋国土资函〔2010〕467号
9			国土资源部	《关于吕梁环城高速公路工程建设用地的批复》	国土资函〔2013〕277号
10	施工许可		山西省交通运输厅	施工许可	2013.5.3

(2)资金筹措。项目投资总额407835万元,其中省交通运输厅自筹101958万元,银行贷款305877万元。2012年7月,随着本项目投融资模式转换,省交通运输厅与省交通投融资集团公司签订项目投资协议书。协议规定,省交通投融资集团公司投入资本金122400万元,同时筹措负债性资金285400万元,合计407800万元。

(3)招投标。2010年9月8日,在中国采购与招标网、山西招投标网发布主线路基桥隧施工、监理单位资格预审公告,9月30日有62个施工单位、10个监理单位通过资格预审,12月6日~8日进行开标、评标,有11个施工单位、3个监理单位中标,12月24日发放中标通知书,2011年1月16日签订施工合同。2012年2月13日,在中国采购与招标网、山西交通网、山西省招投标网发布路面、交安、绿化、房建、机电、消防工程施工、监理招标招标公告,3月23日,有16个路面、27个交通安全、10个绿化、7个房建、35个机电及消防工程施工单位,12个路面、绿化、交安、房建、机电监理单位通过资格预审,6月13日~16日开标、评标,有路面、交安、绿化、房建各2个、机电及消防4个施工单位中标,同时有路面、绿化、交安、房建、机电共4个监理单位中标,6月28日发放中标通知书,7月18日签订施工合同。

(4)合同段划分。根据项目特点,共划分26个标段,其中路基工程13个标段,采空区工程1个标段,路面工程2个标段,绿化工程2个标段,交通安全工程2个标段,机电工程4个标段,房建工程2个标段,工程监理8个标段。

(5)征地拆迁。项目用地涉及离石区、方山县27个行政村,吕梁市政府及离石区、方山县相继成立地方协调领导组,市区县多次组织召开现场办公会,协调解决各种问题,2014年9月基本完成,共征用土地4326.8955亩,拆迁房屋35000m^2,支付补偿费用25033.56万元。

2. 项目实施

(1)质量管理。建管处牢固树立质量第一思想,着力主抓四方面工作:一是建立健全质量管理体系。实行"政府监督,法人负责,社会监理,企业自检"的四级质量管理体系,要求施工单位自检率100%,监理单位抽检率30%以上,省交通质监局定期进行全面检查。专门成立质量安全部,每天在工地进行质量巡查,发现问题及时处理。在大武、信义设立2个前线驻地组,业主、监理、施工单位各司其职,相互配合,形成齐抓共管的良好格局。二是注重关键环节,强化质量控制。认真把好开工关、管理关、支付关、验收关、变更审批关和廉政关,对不合格工程坚决返工,决不留下隐患。为了抓好关键环节质量控制,除严格执行施工技术规范外,还制定路基填筑注意事项、预防桥头跳车技术措施、隧道施工注意事项、冬季施工指导意见,要求施工、监理单位严格执行。尤其在路基施工中狠抓桥台背、涵洞背、挡墙背回填,并建立"三背"回填档案,确保台背跳车和高填方下沉的公路通病得到有效控制。三是开展技术攻关,确保工程质量。成立技术专家组,专门解决疑难问题,为科学决策、管理提供可靠依据。全线开展技术攻关活动,应用新工艺、新技术、新办法,强化全面质量管理。四是严把材料进场关。为了确保关键性材料质量,同时降低采购价,建管处对锚具、伸缩缝、支座等关键性材料统一招标,由施工单位签订合同,供应商进驻工地服务,既降低价格,又保证质量。

(2)安全管理。开工前,建管处与各施工单位、监理单位签订安全责任书,项目建设期间未发生任何安全责任事故。一是完善安全机制。按照"企业负责、行业管理、国家监察、群众监督、劳动者遵章守纪"的要求,成立安全生产管理机构。全线形成主要领导亲自抓、班子成员分工抓、职能部门具体抓、施工单位现场抓、全员积极参与抓的格局。二是健全安全制度。结合实际编制《安全生产作业指导书》《重大危险源普查监控手册》,修订

《安全生产日常管理奖惩办法》《隧道监控中心管理办法》，补充完善《安全生产专项资金计量支付办法》，充分发挥安全生产专项资金的杠杆撬动作用。三是强化安全预控。严格执行准入制度，杜绝无安全施工许可证企业进入建设市场。严格执行专家论证、社会听证等程序，严把设计安全关；严格执行重大设计方案安全风险评估制度，特大桥、隧道、斜竖井等控制性工程安全方案全部进行专家论证。工程机械均作标识、标定及安全认证，特殊工种全部执证上岗。采用LEC法完成危险源辨识工作，重大危险源做好现场标识，重点监控，责任到人。通过首件产品（或试验段）认证，完善优化安全方案和措施。加强对施工用电、特种机械设备、民用爆炸物品等重大危险源控制管理，及时消除事故隐患。四是深化动态监管。落实安全监理月例会制度，实行安全生产日报告，随时掌握现场情况，消除桥梁基坑开挖、路基滑坡重大安全隐患。实行重大危险源挂牌督办制度，对隧道重大危险源分级管理，强化监管，挂牌核消。联系当地公安、交警、安监等部门组成联合工作组，实施交叉路段交通安全管制。五是坚持隐患排查。按照"四不放过"和"依法依规、实事求是、注重实效"原则，强化对隧道施工、脚手架搭设、塔吊安装、龙门吊安装、高墩柱施工、交叉路段等高危施工场所检查。把隐患当作事故对待，从根本上杜绝发生，建设期间共排查、治理安全隐患543处。六是提升监管能力。完善各类应急预案，定期组织开展塌方、防汛、涌水、消防、岩爆等突发事件应急演练，不断提高实战能力。七是增强安全意识。深入开展安全制度下工地、安全知识进工棚活动。重点加强农民工安全意识、技能和险情辨识教育，达到应知应会目的。

（3）进度管理。建管处严格按照合同期限编制总体进度计划和分阶段进度计划。把进度目标层层分解，层层落实，随时掌握和调控工程进度，以日进度保证旬进度，以旬进度保证月进度，以月进度确保工程总体进度计划的完成。在确保质量安全的前提下抢进度，在科学调度、交叉运作中争高效，制订《劳动竞赛考核办法》。通过统筹规划、合理安排，确保工程建设顺利实施。一是严格工期目标，加强计划管理。按照施工组织设计大纲要求，组织人员分析量化进度关键项目施工定额，对施工队伍、机械设备数量进行测算和要求，合理安排进度计划，并与项目经理签订进度目标责任书，列入日常考核。及时掌握施工动态，制定各标段工程进度与计划对比柱状图，形象反映工程实际进度及进度计划的对比情况。二是严格工程重点，加强生产调度。加强对隧道掘进、梁板预制、梁板架设及空心墩墩柱等关键工程进度实行日报制，不仅可分析出每套模板、每个台座的周转时间，还能掌握每个梁场的平均生产能力，每台架桥机的梁板架设能力，为进度管理提供充分依据。成立工程进度督查组，努力实现形象进度计划与投资计划双控指标。各标段都绘制形象进度控制示意图，确定主要工程控制点，形成《进度督查报告卡》，对每个控制点进度情况责任到人，确保任务落实到位，并对计划完成情况进行检查和通报。三是严格工序环节，加强现场管理。以加快工程建设进度为契机，开展关键线路进度考核评比活动，明确考核标准和奖惩办法。对总体进度较快的标段,设立进度超前奖,发挥其对总体工程进度的带头示范作用。对不能完成进度计划的标段,采取以天为单位处以违约金、约谈法人直至分割工程等处罚手段,督促采取措施,确保按计划完成。

(三)复杂技术工程

大武北川河特大桥 2 号桥上部为(孔跨径 36~35m)36 跨装配式预应力混凝土连续 T 梁,全长 1264m,下部结构为柱式墩、实体墩、肋板台、墩台均采用桩基础。宽均为 24.5m,由上下行分离,宽度 12.25m,左、右幅位于直线和 $R=3000m$ 圆曲线内,右幅桥部分孔跨进入互通匝道,桥变宽 16.2m。

(四)科技创新

项目是典型的山区公路,山峦叠嶂,沟壑纵横、桥连隧、隧连桥、桥隧相连,高路基、高边坡、高挡墙、高墩桥梁,地质情况异常复杂,在建设中注重科技创新,取得显著成果。

一是桥梁预应力智能张拉。控制系统主要由平台、LZ-5901 智能张拉仪和专用千斤顶组成。实施后,减少误差,节约投资,提高质量,保证桥梁结构安全和耐久性,降低全寿命周期成本。

二是预应力真空压浆。基本消除气泡,消除混杂在高性能水泥浆中的空气,确保压浆饱满度与强度。

(五)运营养护管理

1.收费站设置

根据省交通运输厅批复的施工图设计和吕梁市政府《关于确认吕梁环城高速公路收费站站名的函》(吕政函[2013]63 号),设置大武、信义互通收费站 2 处。

(1)大武收费站地处方山县大武镇保安村,收费广场面积 6702m^2,车道 5 进 7 出,含 1 进 1 出 2 条 ETC 车道。

(2)信义收费站地处离石区信义镇砖窑沟村,收费广场面积 7297m^2,车道 4 进 6 出,含 1 进 1 出 2 条 ETC 车道。

(3)交通流量状况。2015 年,年通行 82653 辆,日平均 1653.1 辆;2016 年,年通行 1541932 辆,日平均 4224.5 辆。

2.服务区设置

离石东服务区地处吕梁市离石区信义镇,位于 S2003 K19+360~K20+210,占地面积 40814.16m^2,分 A、B 区,A 区占地 21079.68m^2、B 区占地 19734.48m^2。建筑面积 6371m^2,配有 A 区综合楼,建筑面积 1660.51m^2,B 区综合楼,建筑面积 2245.7m^2。停车场

可停放车辆143辆,其中大车34辆,中小型车109辆。A、B区分别配备有快餐厅,面积均为405m²,可供200人同时就餐。加油站总面积301m²(A、B区面积均为150.5m²),油罐总容量360m³(共12个,均为30m³)。各设6台加油机,油品种类齐全。另外还设有机修车间2个、附属用房及预留用地等,可为过往顾客提供加油、餐饮、购物、住宿、汽车修理及公共卫生间等服务。

3. 养护管理

设置养护中心,具体负责全线养护管理工作。中心设主任1名、书记1名、副主任3名,有生产技术办5人,综合办4人,机务材料办10人,应急队15人。均由公司统一招聘、培训、调配,现有各种养护机械设备33台(套)。运营以来,公司积极探索养护市场化模式,按照管养分离方式,推行社会化养护管理机制,日常保洁、设施维护抢修等均由养护中心管理。

第三十三节　S5502忻州绕城高速公路

忻州绕城高速公路(建设期:2010年12月~2014年11月)。

(一)项目概况

1. 基本情况

项目是山西省高速公路网"三纵十二横十二环"布局规划中的重要组成部分。南连大运高速公路,北接忻阜高速公路,沿线与地方道路忻阳线、宏忻线、旧台忻线联网,形成完善的环城公路运输网络。双向四车道,设计速度100km/h,路基宽26m,桥涵设计汽车荷载等级为公路—Ⅰ级,路基、桥涵设计洪水频率1/100。起点位于忻府区高铺村南1.5km处,通过复合式枢纽互通与大运高速公路相接,沿途经过忻府区豆罗镇、西张乡、紫岩乡、董村镇和定襄县南王乡、杨芳乡,终点位于杨芳乡西营村以东与忻阜高速公路相连,跨越大运、忻阜高速公路及1条省道、3条县乡道路、1条铁路。主要工程量有路基土方215.480万m³,防护工程9.744万m³,排水工程4.036万m³,大中桥805m/8座,小桥69m/4座,涵洞51道,通道50处,设互通式立交豆罗枢纽、禹王洞互通、董村互通、庄力互通、定襄西枢纽5处,设分离式立交1027m/4座,天桥7座。路线全长31.704km。2010年12月开工建设,2014年11月25日通车运营。

2. 前期决策

沿线经过禹王洞、元遗山故居、貂蝉墓、西河头地道战遗址旅游景点。主要经过的工业园区有董村镇水泥厂、庄力工业园北城法兰厂、种子繁育基地等。2009年,在全国实施西部大开发、中部省份崛起战略之时,为了缓解忻州环城东南段交通压力、发展当地旅游事业,省交通厅决定实施项目建设。

3. 参建单位

(1)建设单位。2010年9月29日,省交通厅党组批准成立忻州环城高速公路建设管理处,下设综合办公室、财务部、工程管理部、技术质检部、计划合同部、交通机电部、地方协调部、党工人事部。

(2)设计单位。由3个单位组成的联合体承担勘察设计任务。

(3)施工单位。共有12个单位参加建设,其中路基、路面、桥涵工程2个,交通安全工程4个,绿化工程3个,机电工程1个,服务区工程2个。

(4)监理单位。由3个单位组成的联合体实施监理。

(二)建设情况

1. 项目准备

(1)立项审批(表8-89)。2010年9月29日,省发改委晋发改交通发〔2010〕1324号文批复可行性研究报告;11月15日,省交通运输厅晋交建管〔2010〕633号文批复初步设计,投资概算16.93亿元,建设工期2年。

项目审批一览表　　　　　　　　　　　　　　　　表8-89

序号	项　目	批复时间	批复单位	文件名称	文件号
1	可行性研究报告	2010.9.29	山西省发展和改革委员会	《关于忻州环城高速公路可行性研究报告的批复》	晋发改交通发〔2010〕324号
2	初步设计	2010.11.15	山西省交通运输厅	《关于忻州环城高速公路初步设计的批复》	晋交建管〔2010〕633号
3	施工图设计	2011.7.19	山西省交通运输厅	《关于忻州环城高速施工图设计的批复》	晋交建管〔2011〕381号
4	环境影响评价	2010.11.12	山西省环境保护厅	《关于〈忻州环城公路工程环境影响报告书〉的批复》	晋环函〔2010〕1272号
5	水土保持	2011.1.24	山西省水利厅	《关于忻州环城高速公路工程水土保持方案的批复》	晋水保函〔2011〕88号
6	地震安全	2011.2.25	山西省地震局	《关于忻州环城公路工程场地地震安全性评价报告的批复》	晋震标〔2011〕45号

续上表

序号	项目	批复时间	批复单位	文件名称	文件号
7	林地	2011.3.18	山西省林业厅	《使用林地审核同意书》	晋林资许准〔2011〕11号
8	地质灾害	2011.4.2	山西省国土资源厅	《山西省忻州环城公路工程地质灾害危险性评估报告》	晋国土资环(灾)备〔2011〕044号
9	压覆矿产	2011.4.8	山西省国土资源厅	《山西省忻州环城高速公路建设项目建设用地不压覆重要矿产资源证明》	晋国土资储证字〔2011〕005号
10	文物	2011.1.4	山西省文物勘探中心	《关于忻州环城高速公路建设工程文物保护工作情况的通告》	晋勘函字〔2011〕2号
11	土地预审	2011.1.11	山西省国土资源厅	《关于忻州环城高速公路建设项目用地预审的批复》	晋国土资函〔2011〕11号
12	建设用地	2012.10.31	国土资源部	《关于忻州环城高速公路工程建设用地的批复》	国土资源函〔2012〕864号
13	施工许可	2012.11.26	山西省交通运输厅	《忻州环城高速公路施工许可申请书》	

(2)资金筹措。批复概算16.9387亿元。根据全省交通高速公路整合改制部署,2012年由省投省建模式转变为BOT投资管理模式,所有建设资金全部由山西省交通投融资集团公司拨付。截至2014年11月通车时,建设资金到位15.4亿元。

(3)招投标。路基、路面、桥涵工程ZB标段通过资格预审3个单位,山西路桥集团中标;路基、桥涵工程TJ标段有5个单位通过资格预审,1个公司中标。委托审计招标有4个投标单位,1个联合体中标。在材料采购招标中,沥青采购招标有5个投标单位,1个公司中标;伸缩缝招标有16个投标单位,1个公司中标。交通安全设施工程分4个标段,有43个投标单位通过资格预审,4个单位中标。绿化工程分3个标段、有66个投标单位通过资格预审,3个单位中标。机电工程有14个单位投标,1个公司中标。房建工程分2个标段、有28个投标单位通过资格预审,2个单位中标。北京中交建设工程招标有限公司作为招标代理人,主持项目施工、监理和材料采购全过程招标。监理单位划分1个标段、有4个监理公司递交资格预审文件,由3个单位组成的联合体中标。

(4)合同段划分。根据项目特点,路基、桥涵工程分2个标段,路面工程实行总承包;房建工程分2个标段;绿化工程分3个标段;机电工程分1个标段;工程监理分1个标段。

(5)征地拆迁。项目建设涉及忻州市忻府区和定襄县6个乡镇25个村,人口密度大,占地大部分是耕地和经济林,难度大、干扰多。从2011年7月~2012年10月,共征用土地3501.26亩,支付补偿费用13735.2万元。

2.项目实施

(1)质量管理。建管处建立四级质量保证体系,夯实各项基础工作。一是实行处领导包片、部室包段责任,实施有效监督;二是明确责任,保证质量管理体系有效运转,夯实基础。制定《监理管理办法》,提出明确要求,定期检查、动态监管;三是制定《施工标准化管理指南》,确保各项工作流程有序运转,做到"四严格",即严格材料审批程序,对未经过平行验证、抽查检验的材料或配合比不准直接投入工程;严格现场报验程序,对不经过自检、交接检不准直接报验施工;严格首件产品审批程序,用首件产品指导施工;严格进行技术交底与培训,将施工工艺、操作要点向一线工人交底。与此同时,不断加大员工培训,收到较好效果。

(2)安全管理。建管处制定《施工标准化管理指南》,使施工现场、办公及生活设施实现规范化、标准化;督导组每周至少巡查一次,确保监理、施工管理人员及专职安全员不离岗,发现问题及时解决,要求监理人员把文明施工作为旁站检查重要内容。深入开展"平安文明工地"创建活动,对一线施工人员加强安全教育,增强安全意识,积极营造安全生产、文明施工氛围。通过开展"预防坍塌""防汛""防雷""反三违"活动,组织"安全生产月""安全生产年""打非治违"等专项行动,对风险高、难度大的工程重点防范,加大隐患排查,采取得力措施。不断加强施工人员、安全预防、工地值班、施工现场、防护设施管理等工作,并对排查出的安全隐患明确整改责任人、措施、时间,确保落实到位。制定《安全生产违约违规处罚细则》,与施工单位签订《安全生产违约合同》,有效保证安全生产。

(3)进度管理。为了确保施工进度,建管处着力抓好3项工作:一是抓好开工前准备工作。施工单位必须按投标书、合同附件要求,确保人员到位、设备进场,及时完成驻地建设。二是抓好施工组织计划落实。建管处逐月下达计划任务,以五日计划保证月计划、以月计划保证总体计划。三是抓好进度考核。建管处每月考核施工单位进度完成情况,随时与进度计划对比,对严重滞后的施工单位要求增加人员、设备投入。为了确保按期建成通车,建管处组织各施工单位根据剩余工程量编制路基、路面施工计划,经监理单位审查、建管处审核后实施,同步进行考核,保证按时通车。在跟踪检查考核中,建管处定期收集进度报表,派出人员现场紧盯进度,定期召开现场会,用现场会形式推动工程进度。在考核中一旦发现实际进度与计划不符时,立即查找原因,采取对策,确保进度目标如期实现。

(三)复杂技术工程

豆罗枢纽跨线桥主桥是一座互通上跨大桥,主桥跨径为35m+60m+35m,采用变截面预应力混凝土连续梁桥。采用边跨支架法、中跨挂篮悬臂法施工。对于这种施工方法,国内外均为少见,且此方法技术复杂、风险较大,但可以因地制宜、缩短工期、节约资金,最大限度利用环境优势,避免不利因素。

(四)运营养护管理

1. 收费站设置

2014年10月30日,根据省政府晋政函〔2014〕79号《关于同意忻州环城高速公路设置收费公路收费站的批复》文件规定,沿线设置定襄西、忻州东、禹王洞3个收费站。

(1)定襄西收费站地处定襄县杨芳乡西邢村,位于S5502 K3+594处,占地面积15亩,建筑面积1789m²,车道4进6出,无ETC车道。

(2)忻州东收费站地处忻州市忻府区董村镇孙村,位于S5502 K12+501处,占地面积25亩,建筑面积2776.3m²,车道3进5出,无ETC车道。

(3)禹王洞收费站地处忻州市忻府区西张乡鸦儿坑村,位于S5502 K24+122处,占地面积17亩,建筑面积2003.9m²,车道3进5出,无ETC车道。

2014年11月7日,根据省交通运输厅、省财政厅、省物价局《关于忻州环城高速公路设置收费公路收费站开通试运营等相关事宜的通知》(晋交财发〔2014〕476号)文件精神,该公路收费权益归属山西省交通运输厅所有,运营工作由省高速公路管理局统一管理,收费期间的具体运营管理工作由山西省忻州高速公路有限责任公司(临时收费主体)负责。

2016年12月6日,根据省政府《关于同意忻州环城高速转按经营性公路管理的批复》(晋政函〔2016〕133号)文件精神,省交通运输厅、省财政厅、省发改委《关于忻州环城高速公路转按经营性公路管理等相关事宜的通知》(晋交财发〔2016〕459号)文件精神,该公路由政府还贷公路变更为经营性公路,收费主体由山西忻州高速公路有限责任公司变更为山西交投高速公路有限公司,收费期间,由省高速公路管理局履行行业管理职责。收费年限变更为29年,至2043年11月24日。

2. 服务区设置

(1)紫岩服务区地处忻府区紫岩乡兴旺庄村,位于S5502 K20+241处,占地面积53333.6m²,分南北2个区,建筑面积5304.4m²,共设有102个停车位,可为过往旅客提供超市、餐饮、住宿、汽修维修、加油、卫生间等服务。截至2016年年底,仅对外提供停车及卫生间服务。

(2)交通流量状况。2014年,年通行56783辆,日平均1534.7辆(11月25日开始记录车流量);2015年,年通行865176辆,日平均2370辆;2016年,年通行1026740辆,日平均2813辆。

第八章 建设项目

第三十四节　S5503晋城绕城高速公路

晋城绕城高速公路(建设期：2009年4月~2010年10月)。

（一）项目概况

1. 基本情况

项目是全省高速公路规划"三纵十二横十二环"的重要一段，是全省2010年高速公路通车里程达到3000km目标的重点项目之一，是全省第4个地市环城项目，同时也是晋城城市建设规划和经济社会发展中一项具有战略意义的民心工程。对于进一步完善晋城市高速公路网络，建设经济发达、人民富裕、生态良好、社会和谐的新兴现代化城市，提升晋城市中心城市功能和城市品味具有重要意义。起点位于晋城市泽州县北义城镇张庄村东，与长晋高速公路相接，途经泽州县北义城镇、城区西上庄办事处，终点在南村与晋阳高速公路相接。主要跨越太焦铁路和长晋、晋阳高速公路；全线动用土石方填方573万m^3，挖方434万m^3。双向四车道，设计速度80km/h，路基宽24.5m。桥涵设计汽车荷载采用公路—Ⅰ级。全长30.812km，概算总投资14.137亿元，2009年4月25日开工建设，2010年10月25日建成通车，2014年6月25日~26日竣工验收。

2. 前期决策

2005年上半年，晋城环城高速公路建设管理处一班人正在从事晋济高速公路建设时，提出项目建设的想法，并为此做了大量前期调研、设计以及可行性研究等工作，之后因为国家宏观政策收紧、压缩固定资产投资等多种因素影响，工程暂缓实施，并被列入全省"十二五"高速公路规划项目。

2008年初，随着国际金融危机爆发，国家宏观经济政策由调控转向宽松，并出台一系列刺激经济政策和庞大投资计划，在此情况下，省里决定全面加快高速公路建设，并提出"十一五"内建设3000km高速公路目标，还明确表示，优先考虑和支持地方政府积极性高、支持力度大、征地拆迁落实快的高速公路项目。2008年5月12日、7月18日，晋城市主要领导两次带领相关人员奔赴太原，就项目建设具体事宜与省交通厅进行沟通座谈，并达成一致意见。由晋城市政府筹措2亿元资本金，并负责全部征地拆迁事宜；省交通运输厅作为项目投资主体，负责筹措部分资本金和落实全部贷款。与此同时，项目前期各项准备工作也在紧锣密鼓进行。7月29日，省交通厅和晋城市政府共同召开加快推进晋城高速公路建设第一次联席会议，确定项目2008年年内控制性工程开工，2009年全面开工建设，2010年竣工通车目标。

3. 参建单位

(1)建设单位。2009年2月5日,省交通运输厅晋交人字〔2009〕39号文批准成立晋城环城高速公路建设管理处,下设综合办、工程部、技术部、财务部、地方协调部和安全生产部和2个业主代表处。

(2)设计单位。全国招标,中交公路规划设计院有限公司中标。

(3)施工单位。共有24个单位参加建设,其中路基桥涵工程9个,采空区工程4个,路面工程2个,交通安全设施工程、绿化工程各3个,机电工程1个,房建工程2个。

(4)监理单位。共有6个单位实施监理,其中路基桥涵、采空区工程监理2个,路面、绿化、房建、机电工程监理各1个。

(二)建设情况

1. 项目准备

(1)立项审批(表8-90)。2008年10月22日,省发改委晋发改交通发〔2008〕1132号文印发《关于晋城环城高速公路西北段可行性研究报告的批复》;2008年12月30日,国家环境保护总局办公厅晋环函〔2007〕1057号函印发《关于〈晋城环城高速公路西北段工程环境影响报告书〉的批复》;12月30日,省交通厅晋交公字〔2008〕646号文印发《关于晋城环城高速公路西北段初步设计的批复》;2009年5月6日,省交通厅晋交公字〔2009〕225号文件印发《关于晋城环城高速公路西北段施工图设计的批复》;2010年5月5日,国土资源部国土函〔2010〕265号函印发《关于晋城环城高速公路西北段工程建设用地的批复》;5月10日,省交通运输厅批准项目施工开工许可。

项目审批一览表

表8-90

序号	项目	批复时间	批复部门	文件名称	文件号
1	项目法人	2009.2.5	山西省交通厅	《关于成立晋城环城高速公路建设管理处的通知》	晋交人字〔2009〕39号
2	可行性研究报告	2008.10.22	山西省发展和改革委员会	《关于晋城环城高速公路西北段可行性研究报告的批复》	晋发改交通发〔2008〕1132号
3	初步设计	2008.12.30	山西省交通厅	《关于晋城环城高速公路西北段初步设计的批复》	晋交公字〔2008〕646号
4	施工图设计	2009.5.6	山西省交通厅	《关于晋城环城高速公路西北段施工图设计的批复》	晋交公字〔2009〕225号

续上表

序号	项目	批复时间	批复部门	文件名称	文件号
5	环境影响报告	2008.2.30	国家环境保护总局办公厅	《关于〈晋城环城高速公路 西北段工程环境影响报告书〉的批复》	晋环函〔2008〕1057号
6	征用林地	2009.4.14	山西省林业厅	《使用林地审核同意书》	晋林地审字〔2009〕30号
7	用地	2010.5.5	国土资源部	《国土资源部关于晋城环城高速公路西北段工程建设用地的批复》	国土资函〔2010〕265号
		2012.6.13	山西省人民政府	《关于晋城环城高速公路西上庄互通出口路线改线工程建设用地调整用地位置的批复》	晋政地字〔2012〕260号
8	施工许可	2010.5.10	山西省交通运输厅	施工许可	

(2)资金筹措。项目概算投资14.137亿元。其中:晋城市政府出资2亿元,其余由省交通厅筹措;其中省交通厅资本金4.137亿元,银行贷款8亿元。

(3)招投标。2008年8月15日,建管处与山西路华通工程咨询有限公司正式签订招标代理委托合同。先后完成项目主体工程勘察设计、主体及附属工程施工及监理招标工作。其中勘测设计、采空区、路基桥涵、路面、绿化、房建、交通工程施工,路基桥涵(采空区)、路面(交通工程)监理、路面材料沥青采购均为50万元以上,按工可批复采用公开招标方式,全部招标工作分7次完成。在招标工作中,招标程序、清标工作、专家抽取和评标工作严格按相关法律、法规要求执行。招标程序按省厅要求,全过程在厅纪检组和建管处纪委监督下完成;清标工作由代理公司负责,建管处参与,纪检部门监督,按照公平、公正原则,集中清标,隔绝通信,严格执行保密制度;专家抽取由分管领导在厅主管部门和厅纪检组监督下进行,全程由厅纪检组、建管处纪委监督;开标、评标工作由省厅主管部门组织,按相关法律、法规规定的评审流程进行。根据省厅《联合监督办法》,除省厅主管处室、厅纪检组外,整个评标过程还由省人大财经委、省检察院、省发改委、省监察厅、省审计厅和省重点办一起对整个评标过程进行全过程监督。对中标候选人经省交通厅网站公示,无任何举报投诉情况,在履行完相应程序后,最终确定中标单位。

(4)合同段划分。根据项目特点,采空区治理工程分4个标段,路基、桥涵工程分9个标段,路面工程分2个标段,房建工程分2个标段,绿化工程分3个标段,交通工程分3个标段,机电工程分1个标段,沥青1个标段。

(5)征地拆迁。项目建设涉及2个县(区)4个乡镇38个行政村,从2009年1月~

2010年10月,共征用土地3290.4亩,拆迁房屋13373.61m^2,支付补偿费用19589.8971万元。

2.项目实施

(1)质量管理。建管处提出"消灭质量通病,建设优质工程"目标,采取有效措施解决好桥头跳车、混凝土、路面等质量通病。同时,高度重视采空区治理质量,切实抓好采空区设计、治理质量排查,彻底消除隐患。专门设立2个业主代表处,常驻工地一线,加强对施工、监理单位监督,切实加强现场管理,抓好施工环节控制。建立施工单位自检,监理单位抽检,业主代表处日巡视、日碰头、旬检查和建管处不定期检查巡视的工程质量保证体系。在此基础上,专门成立质量检查组,对施工关键阶段、质量控制关键环节进行全面检查监督。先后印发《工程质量管理办法》《监理实施办法》《监理实施细则》《工程设计变更管理办法》《工程技术交底制度》等10多项管理办法和制度。针对不同施工阶段,及时制订《路基施工要点》《浆砌工程施工技术要点》《桥涵台背填筑施工要点》和《混凝土质量通病治理实施方案》等技术性文件,细化质量要求,指导一线施工。通过有效质量管理措施,项目质量始终处于良好受控状态,在省交通质监站组织的交工验收质量检测中,交工检测合格率为94.4%。

(2)安全管理。建管处始终坚持"安全第一,预防为主,综合治理"方针和"标本兼治,重在治本"原则,以防范重、特大安全事故为核心,围绕隐患排查治理、宣传教育等重点内容开展安全生产工作。健全组织机构,完善责任制度,层层签订《安全生产专项整治目标责任书》。结合工程实际,制订《安全生产责任制度》《安全工作规范》《安全工作例会制度》《民爆物品管理责任制度》等各项制度,使安全生产管理更加制度化、规范化、有序化。同时,切实加强施工现场安全管理,加大巡查检查力度,每月进行一次安全隐患排查,对跨线施工、高空作业和重大危险源等进行重点排查,及时下发安全隐患整改通知书,监督各单位限期整改。高度重视安全教育和培训,安全生产形势稳定,没有发生过大的安全生产事故。

(3)进度管理。项目全面开工建设后,建管处牢固树立"一天也不能耽误"的思想,以"打破常规"的思路加大人员、机械设备等投入,锁定目标,倒排工期,分解任务,严格奖罚,强力推进工程建设。针对制约工程进展的重点和难点,全力搞好征地拆迁和地方协调、技术方案、资金3个方面服务,为工程建设快速推进创造良好条件,成为2009年全省应对金融危机新开工高速公路中第一个通车项目,实现"又好又快、率先通车"目标。

(三)复杂技术工程

太焦线铁路分离立交桥位于巴公镇兰花集团化工厂附近,跨越太焦铁路、巴公电厂专用铁路和长晋公路。太焦铁路是电气化双线铁路,跨径不宜小于26m,净高不小于8m。长晋公路跨径不宜小于37m,净高不小于5m。上部采用15×30m预应力混凝土组合箱+

2×25+40+30m 预应力混凝土连续箱梁,共长 570m。施工难点主要是把控跨越太焦铁路及长晋公路的安全防护及时间点,做到安全及时,才能确保万无一失。

(四)科技创新

采空区治理。从 2009 年 4 月开始,2010 年 12 月结束,共计 20 个月。主要创新点:一是采空区地质雷达探测图像识别与分析技术;二是不同采空区的处治范围及处治深度的合理定界。

(五)运营养护管理

1. 收费站点设置

2010 年 10 月 21 日,根据省政府《关于同意晋城环城高速公路西北段设置收费公路收费站的批复》(晋政函〔2010〕111 号)文件规定,沿线共设巴公、泽州北、晋城西、南村 4 个收费站。

(1)巴公收费站地处泽州县巴公镇巴公一村,位于 S5503 K7+507 处,占地面积 7100m^2,收费广场面积 2608m^2,车道 3 进 5 出;2011 年,1 进 1 出 2 条 MTC 车道改造为 ETC 车道。

(2)泽州北收费站地处泽州县巴公镇庄头村,位于 S5503 K15+745 处,占地面积 7870m^2,收费广场面积 2605m^2,车道 3 进 5 出,其中 ETC 车道 1 进 1 出。

(3)晋城西收费站地处晋城城区西上庄街道办事处部区村,位于 S5503 K26+001,占地面积 10300m^2,收费广场面积 3500m^2,车道 4 进 5 出;2013 年,1 进 1 出 2 条 MTC 车道改造为 ETC 车道。

(4)南村收费站地处泽州县南村镇北西村,位于 S5503 K28+175 处,收费广场面积 1060m^2,车道 3 进 5 出。

交通流量情况见表 8-91。

交通流量情况表　　　　表 8-91

年　份	年通行量(辆)	日通行量(辆)
2010 年	374580(10 月 25 日通车)	1026
2011 年	3346205	9168
2012 年	4485016	12288
2013 年	5492709	15049
2014 年	6287383	17226
2015 年	6928010	18980
2016 年	7423618	20338

2.服务区设置

晋城西服务区地处长晋、晋阳、环城三条高速公路交汇处,毗邻207国道、省道陵沁一级线,是出入中国铸造之乡南村镇的门户,具有重要的地源优势。占地66亩,建筑面积5627m^2,分东西2个服务区,设有大型停车场、公厕、热水服务、汽车加水、加油站、餐厅、超市、客房和汽修等公益性和经营性服务项目和设施。停车场可停放车辆71辆,其中大车31辆,小型车40辆,餐厅面积600m^2,可供300人同时就餐,加油站总面积900m^2,(东区面积420m^2,西区面积480m^2),油罐容量300m^3(10个30m^3),共有7台加油机,14个加油枪,油品供应齐全。加气站总面积1374.5m^2,LNG气罐容量60m^3,LNG气罐容量8.2m^3,共设3台加气机。2015年在全国文明服务区创建活动中被评为"达标服务区"。

第三十五节　S8501朔州绕城高速公路

朔州绕城高速公路南环段(西影寺—前村)(建设期:2010年7月~2014年7月)。

(一)项目概况

1.基本情况

朔州绕城高速公路是山西省高速公路规划网"三纵十二横十二环"中的西纵及朔州环城的重要组成部分,本路段西与山阴—平鲁高速公路、东与大同—运城高速公路相连接,是贯通山西省西北部与中南部地区的运输大通道,同时也形成朔州环城高速公路格局。

项目分为南环与西纵,本节所述南环段起于朔城区西影寺村西北,与大同—运城高速公路朔州支线相接,终点位于张蔡庄乡黄儿庄村,设张蔡庄枢纽互通与西段连接。路线长27.681km,与西纵总投资394514万元。双向四车道,设计车辆荷载公路—Ⅰ级,平微区标准,设计洪水频率大中小桥1/100,路基宽26m,设计速度100km/h,采用沥青混凝土路面,有大桥3座,中桥7座,小桥2座。2010年7月开工建设,2014年7月通车运营。

2.前期决策

详见第十三节G59呼和浩特—北海高速公路山西段二、朔州绕城高速公路西南段有关内容。

3.参建单位

(1)建设单位。山西省平朔高速公路建设管理处。

(2)设计单位。由3个单位联合承担勘察设计任务,主办方为山西交科公路勘察设计院。

（3）施工单位。共有5个单位参加建设，其中路面、路面、绿化、房建、机电工程各1个。

（4）监理单位。共有4个单位实施监理，其中路基、桥隧工程监理1个，路面交通安全、绿化工程监理1个，房建工程监理1个，机电工程监理1个。

（二）建设情况

1. 项目准备

（1）立项审批。详见第十三节G59呼和浩特—北海高速公路山西段二、朔州绕城高速公路西南段有关内容。

（2）资金筹措。投资概算39.45亿元（含西纵），项目资本金25%、银行贷款75%。

（3）招投标。根据《中华人民共和国招投标法》等相关法律法规的规定，结合本项目工程特点，建管处本着公平、公正、公开、择优原则，由省交通厅组织纪检、监察、公证等有关部门监督，进行设计、施工、监理及部分原材料公开招标工作。其中，勘察设计招标2009年5月27日开标，由省内3个单位中标，路基、桥隧工程由省路桥集团总承包，路基、桥隧监理单位由1个公司中标；路面、交通安全、绿化、机电、房建施工及监理招标于2011年4月7日开标，除路面、交安工程由省路桥集团一公司总承包外，其余工程分别由省内外3个企业中标，同时有3个监理公司中标。

（4）合同段划分。根据项目特点，路基、桥涵、隧道工程和路面交通工程均实行总承包；房建、绿化、机电工程各分为1个标段；路基、路面、交通安全、绿化、房建、机电工程监理各分为1个标段。

（5）征地拆迁。项目建设涉及城乡结合部，从2010年7月~2011年1月，共征用土地3210.93亩，拆迁房屋3048m^2。

2. 项目实施

（1）质量管理。详见第十三节G59呼和浩特—北海高速公路山西段二、朔州绕城高速公路西南段有关内容。

（2）安全管理。详见第十三节G59呼和浩特—北海高速公路山西段二、朔州绕城高速公路西南段有关内容。

（3）进度管理。详见第十三节G59呼和浩特—北海高速公路山西段二、朔州绕城高速公路西南段有关内容。

（4）廉政建设。见第十三节G59呼和浩特—北海高速公路山西段二、朔州绕城高速公路西南段有关内容。

(三)复杂技术工程

恢河2号大桥位于朔州绕城高速公路HK23+326处,跨越恢河,桥梁全长846m,右前角90°,上部结构为28孔30m先简支后连续预应力混凝土箱梁,下部结构中墩全部采用柱式墩,0号桥台为柱式台,28号桥台为肋板台,采用钻孔灌注桩基础。

(四)科技创新

2011年,建管处、省公路局、交通运输部公路科学研究院共同承担"高等级公路预制拼装小箱梁构造优化与施工工艺研究"课题。2014年5月完成,12月通过省科技厅成果鉴定。

(五)运营养护管理

设置朔州南和富甲工业园区收费站。

(1)朔州南收费站地处朔城区新安庄南侧,位于S8501南互通AK0+200处,收费广场占地面积6372m²,车道4进6出。

(2)富甲工业园区收费站位于S8501东互通AK2+000处,收费广场占地面积6600m²,车道3进5出。

(3)交通流量状况。2015年,年通行63998辆,日平均175.3辆;2016年,年通行245550辆;日平均672.7辆。

第三十六节 S5902运城绕城高速公路

S5902运城绕城高速公路西南段(长江府东—南界滩北)(建设期:2007年2月~2009年8月)。

(一)项目概况

1.基本情况

运城绕城高速公路是由原绕城高速公路西南全段、运风高速公路长江府互通—运风互通段、侯运高速公路运风互通—燕家卓互通段和运三高速公路燕家卓互通—东郭互通段于2011年因山西省高速公路网统一命名编号而成,是全省高速公路网"人字骨架,九横九环"中心重要一环,全长81.224km。

项目起点设于运城市西北金井镇长江府村东,接已建成运风高速公路立交枢纽,路线由北向南,经解州沿南山脚向东,终止于东郭镇南界滩村北,与运三高速公路相接,途经盐湖区、夏县。双向四车道,设计速度80km/h,桥涵设计荷载等级公路—I级。路基宽24.5m,圆曲线极限最小半径250m,竖曲线极限最小半径3000m(凸)和2000m(凹),最小坡长200m,最大纵坡5%;沥青混凝土路面结构为4cm上面层、5cm中面层、6cm下面层和32cm水稳碎石基层、20cm水稳碎石底基层。主线全长41.51km,另有运城南连接线5.7km和夏县连接线11.85km,概算投资112291万元。2007年2月9日开工建设,2009年8月4日建成通车。

2. 前期决策

项目使运城市西南部形成一条交通快速通道,对于发展特色产业,培养新的经济增长点,带动整个区域经济发展,实现可持续发展战略,具有十分重要意义;是实施高速公路网规划和解决过境交通及城市交通分流的需要,有利于促进旅游事业快速发展;是加强国防建设和抗灾防险的需要。

3. 参建单位

(1)建设单位。2006年12月31日,省交通厅党组晋交发〔2006〕110号文批准成立运城环城高速公路建设管理处,内设综合办公室(兼党务人事工作)、工程管理部、技术质检部、地方协调部和财务部。

(2)设计单位。勘察设计由省交通设计院负责。

(3)施工单位。共有21个单位参加建设,其中路基工程9个,路面工程3个,交通工程3个,绿化工程2个,房建工程3个,机电工程1个。

(4)监理单位。共有4个单位实施监理,其中路基、路面工程监理2个,房建、机电工程监理各1个。

(二)建设情况

1. 项目准备

(1)立项审批。2005年2月27日,省发改委晋发改交通发〔2005〕197号文批复项目建议书;11月8日,省发改委晋发改交通发〔2005〕1008号文批复项目可行性研究报告;2006年8月23日,省交通厅晋交公字〔2006〕384号文批复初步设计;10月31日,省交通厅晋交公字〔2006〕518号文批复施工图设计;12月29日,省环保局晋环函〔2006〕556号文批复环境影响报告;2007年2月14日,运城市人民政府办公厅运政办函〔2007〕11号文批准开工建设。2006年1月27日,省国土资源厅晋国土资函〔2006〕48号文印发《关于运城绕城高速公路西南段项目建设用地预审的批复》;2012年3月29日,省交通运输厅晋交建〔2012〕161号文印发《关于运城绕城高速公路西南段调整概算的批复》;2009年12月14日,国土资源部国土资函〔2009〕365号文印发《关于运城绕城高速公路西南段工程建设用地的批复》。

(2)资金筹措。概算投资112291万元,其中银行贷款69500万元,公路基金37536万元,运城市审计局审定决算金额109557万元,资金来源为工商银行贷款63000万元,公路基金40414万元,其他资金6143万元。国家投资占总投资35%。

(3)招投标。2005年12月3日,在《中国经济导报》、中国采购与招标网、山西招投标网发布勘察设计招标公告,12月23日开标,选定中标单位;2006年9月7日,发布路基桥涵工程施工、监理招标公告,3月13日邀请招标开标,经过评标,选定中标单位;2007年3月19日,发布房屋建筑工程施工、监理招标公告,7月23日开标,选定中标单位;2007年7月23日,发布路面工程招标公告,10月16日开标,选定中标单位;2007年7月16日,发布交通安全设施、绿化工程施工招标公告,10月16日开标,选定中标单位;7月16日,发布机电工程施工和监理招标公告,2008年5月8日开标,选定中标单位。

(4)合同段划分。根据项目特点,路基工程分为9个标段,路面工程分为3个标段,交通工程分为3个标段,绿化工程分为2个标段,房建工程分为3个标段,机电工程分为1个标段。

(5)征地拆迁。项目建设涉及2个县区8个乡镇38个行政村,从2007年1月~2月10日,共征用土地4730.1645亩,支付补偿费用12797万元。

2. 项目实施

(1)质量管理。严格合同管理是现代经营和管理的核心。管理处始终遵循合同文本,严格监督合同履约,同时提出"服务中体现管理,管理和服务并重"理念。管理处就是服务机关,重点放在事前指导、事中控制,而不是事后检查。工程管理做到"两个提前吃透",即提前吃透工程,提前吃透施工单位状况。强者放开,实行目标管理;相对弱者手把手进行协助指导。质量管理以规范工艺流程为重点,加强工程实体形成过程的质量控制。编制下发作业指导书;以现场示范观摩的形式,重点解决质量通病;组织试验人员进驻各标段,形成质量控制链,以保证自检频率和试验数据的真实性。

(2)资金管理。为保证建设资金安全完整和有效使用,一是推行"项目建设资金监管确认书"制度。采取"一次计量,分期支付"方式,较好控制建设资金挤占和挪用。二是加强成本管理。开展"三公开,一促进"活动,有效降低工程成本。既公开程序,公开价格,公开竞争,促进工程建设又好又快发展。核心是"价格公开",要求全线各项目经理部每月定时将工程材料采购、机械设备租赁、土方承包、施工承包等单价,按规定上报管理处,汇总后全线通报,同时将有关情况向施工单位所在公司反映。这种做法成为治理商业贿赂、打造"阳光"工程的重要手段。三是要求施工单位建立四项基本制度。即农民工档案、工资报表、工资保障、举报投诉制度,切实维护农民工合法权益。

(3)安全管理。管理处始终坚持"隐患险于明火、防范胜于救灾、责任重于泰山"的安全生产原则,在员工中深入"人命关天,安全优先"理念,通过建立健全安全生产保证体系,签订安全生产责任书,执行安全许可证制度,开展专项整治,加强隐患排查及安全生产宣传等措施,实现主体工程和附属工程安全生产零事故率。

(三)运营养护管理

1.收费站点设置

(1)运城南收费站地处运城市盐湖区南城街道办事处柏口窑村,位于 S5902 K14+834 处,收费广场占地面积 $5250m^2$,车道 2 进 4 出,是进入运城市的南大门。

(2)常平收费站(图8-101)地处运城市解州镇常平村,位于 S5902 K21+546 处,收费广场占地面积 $2373m^2$,车道 2 进 2 出。

图 8-101　常平收费站

(3)解州收费站地处盐湖区解州镇社东村,位于 G59 K748+936 处,收费广场占地面积 $5200m^2$,车道 3 进 5 出(包含 2 条 ETC 车道)。

交通流量状况见表 8-92。

交通流量状况表　　　　　表 8-92

年　份	年通行量(辆)	日平均量(辆)
2009 年	53686	344
2010 年	156395	428
2011 年	255788	701
2012 年	603155	1648
2013 年	1204067	3299
2014 年	1535765	4208
2015 年	1821162	4989
2016 年	2588535	7073

2. 服务区设置

关帝服务区(图8-102)地处运城盐湖区南城办张村,位于 S5902 K18+952 处,占地面积 170667m^2,分 A、B 两区,分别占地 102667m^2、68000m^2,建筑面积 6189m^2,停车场可停放车辆 120 辆,其中大车 40 辆。中小型车 80 辆。加油站总面积 1740m^2,油罐容量 585m^3(共 12 个 48.75m^3),两区各设 6 台加油机。截至 2016 年年底尚未运营。

图 8-102　关帝服务区

3. 运营管理模式

西南段由运城高速公路公司接管后,分别由公司下辖运城、盐湖管理处负责各自管辖范围内路段的养护、路政、收费工作。

第三十七节　S8611 润阳高速公路

润阳(润城—阳城)高速公路(建设期:1996 年 5 月~1997 年 12 月)。

详见第三十节　S86 晋运高速公路　一、晋阳段有关内容。

附录一

山西高速公路建设大事记

1993 年

2月20日,省政府印发《关于加快建设高等级公路的若干政策规定》,自1993年3月1日起执行。

2月24日,全省重点公路建设工作会议召开,研究太旧高速公路等重点工程开工准备工作,并同有关地(市)签订包干责任协议书。

2月27日,副省长纪馨芳主持召开会议,专题研究太旧高速公路建设事宜。

3月22日,山西省交通建设领导组成立,组长由副省长纪馨芳担任,办公室主任由省交通厅厅长智玉莲担任。

4月12日,省政府办公厅晋政办函〔1993〕43号文批复省交通厅,同意成立太原—旧关高速公路建设指挥部,省交通厅厅长智玉莲任总指挥。

5月4日~6日,全省交通工作会议在临汾召开。省长胡富国、副省长纪馨芳出席会议并讲话,各地市、县(区)分管领导及交通局长,省直有关部门领导,省交通厅厅属单位领导共600余人参加,是新中国成立以来规模最大的一次全省交通工作会议。

7月1日,太原东山过境高速公路开工建设。

7月5日,太旧高速公路东段(西郊—旧关段)工程开工奠基仪式在阳泉市平定县西郊村举行。

1994 年

2月27日,副省长纪馨芳主持召开专题会议,研究太旧高速公路建设有关事宜。

6月15日,太旧高速公路建设总指挥部成立,总指挥智玉莲,常务副总指挥刘俊谦,副总指挥孟繁荣、李树敏、雷鸣发、王国武,总工程师鄂俊泰,指挥部下设6个部门。同日,刘俊谦赴阳泉市办公。

6月25日,省委、省人大、省政府、省政协领导胡富国、郭裕怀、梁国英、张维庆、郑社奎、万良适、王云龙、孟立正、刘泽民、纪馨芳、彭致圭、路正西、武三松等及省直有关部门,各地、市委负责同志100多人,第一次深入太旧高速公路建设工地现场办公。为了及时解决资金困难,省领导们率先垂范,每人捐献两个月工资。由此,掀起全省广大干部群众向太旧高速公路建设捐款、捐物的热潮。

7月3日,省委常委、宣传部部长崔光祖率20多名宣传系统文艺工作者慰问太旧高速公路筑路员工。

7月7日,省人大常委会主任卢功勋、副主任张邦应、孟立正带领机关40名干部,视察太旧高速公路工地。

7月8日,中共中央政治局委员、国务院副总理邹家华作出批示,要求交通部、国家开发银行领导支持太旧高速公路建设,积极帮助筹措资金。

7月27日,省政协在太原召集党外人士举行以太旧高速公路建设为主题的座谈会,省委书记胡富国出席并讲话,与会者对如何加强太旧高速公路建设和管理,提出许多宝贵意见。

8月1日,省委常委、省委组织部部长郑社奎、副省长纪馨芳赴省交通厅,代表省委、省政府宣布省交通厅新领导班子成员名单。厅党组书记、厅长杜五安;厅党组副书记、副厅长杨继刚;厅党组成员、副厅长史锦文、刘俊谦、任景春;厅党组成员、省纪委驻厅纪检组组长刘传旺;厅党组成员、省公路局党委书记、局长宋元林。省委组织部副部长叶相周、省政府副秘书长田畛、省人事厅副厅长张凯陪同。

8月5日,省交通厅成员第1次赴太旧高速公路现场办公。会议决定:已开工的东西两段施工采取倒排工期、倒计时办法,确保进度。对各施工单位分类指导,有条件实行三班倒,做到人停机不停。指挥部每周或每旬汇报一次施工进度,保证1995年10月前完成全部路基路面、小桥涵和大中桥工程,实现东西段胜利通车。中段要尽快招标并开工建设,1995年国庆节前完成路基和桥涵任务,确保1996年全线建成通车。

8月6日,在国家机关工作的山西籍干部薄熙永、张长胜、牛仁亮、郝思慰、陈新权、张建国、胡守中、姚乃礼8名同志致信省委书记胡富国、省长孙文盛,对家乡人民齐心协力建设太旧高速公路的创业精神给予高度评价,并捐款1.1万元。

8月11日,省委副书记梁国英,省委常委、宣传部部长崔光祖在省委会议室与徒步百公里以"万人签名献爱心,同心同德建太旧"为主题宣传太旧高速公路的13名志愿者进行座谈。

8月12日,加快建设太旧高速公路誓师动员大会在省城湖滨会堂召开,省委、省人大、省政府、省政协四大班子领导,退下来的部分省级老领导,全省各地、市委书记、专员、市长,省直机关处级以上干部,太旧高速公路施工单位和平定县、寿阳县代表参加。会议由省委副书记梁国英主持,省委书记胡富国发表重要讲话,省长孙文盛作动员报告,省委常委、副省长郭裕怀通报太旧高速公路建设资金筹集和施工进展情况。会上,省委书记胡富国向全省人民宣布:太旧高速公路的建设资金已经全部落实,一定要保证1996年全线通车。杜五安代表5万筑路大军表示,要精心组织,高质量、高效益、高速度完成任务。

8月15日,副省长纪馨芳代表省政府与省交通厅厅长杜五安签订太旧高速公路建设目标责任书。

8月18日,省交通厅党组成员第2次赴太旧高速公路建设工地现场办公。

9月2日~4日,交通部部长黄镇东在省长孙文盛,副省长郭裕怀、纪馨芳等陪同下赴晋考察,对太旧高速公路建设管理提出具体意见。

9月4日,省政府在太旧高速公路建设工地召开首次现场办公会议,省长孙文盛,副省长郭裕怀、纪馨芳参加会议并分别讲话。

9月10日,在京山西籍老干部和曾经在山西工作过的老干部、老领导为太旧高速公路建设捐款"故乡情"座谈汇报会在三晋宾馆举行,纪馨芳、杜五安参加并接受50万元捐款。

9月23日,省委书记胡富国,省长孙文盛,省委常委、常务副省长郭裕怀在省交通厅副厅长杨继刚及太原市有关领导陪同下,深入太原东山过境高速公路建设工地视察,现场解决存在问题。

9月30日,中共中央政治局委员、国务院副总理邹家华致信省委书记胡富国,强调注重抓好太旧高速公路建设质量。

10月1日,省委书记胡富国,省长孙文盛,副省长王文学、纪馨芳等领导深入太旧高速建设工地慰问筑路员工。

10月14日,副省长纪馨芳带领省直有关厅、局领导,深入太旧高速公路中段现场办公。

10月30日,省交通厅党组成员第3次赴太旧高速公路现场办公。对组织松散、延误进度的施工处长就地免职;对组织施工得力、工程质量及进度均创优良的工程处长就地提拔。

11月4日,省交通厅党组成员第4次赴太旧高速公路现场办公,并召开太旧高速公路中间质量检查表彰大会。杜五安代表厅党组宣布奖励名单。对东西段质量好的11个单位,分别给予50万元、40万元和30万元奖励,对作出突出贡献的8位同志晋升一级职务。

11月9日,省委书记胡富国在省交通厅厅长杜五安、副厅长刘俊谦等陪同下,再次深入太旧高速公路工地考察。

11月11日,中共中央政治局委员、国务院副总理邹家华及国家计委副主任叶青、交通部副部长李居昌、电力部副部长查克明等领导在省委书记胡富国、省长孙文盛、常务副省长郭裕怀、副省长纪馨芳及省计委、省交通厅等有关厅局领导陪同下,亲临太旧高速公路施工现场考察指导工作。邹家华副总理还题词:"三晋第一路""勤劳的人民,崇高的精神,今日之壮举,造福于三晋"。

11月12日,省委常委、宣传部部长崔光祖率省宣传系统厅、局领导,省城知名作家、画家、诗人、文艺工作者、新闻工作者及离退休干部等200余人,慰问太旧高速公路筑路员工。

11月13日,省交通厅党组成员第5次赴太旧高速公路现场办公。明确提出大胆任用精兵强将,以工作实绩考察干部,赏罚严明要求。

11月17日,武宿立交枢纽工程奠基仪式在太原飞机场北门外举行,省委书记胡富国、省长孙文盛出席。

12月13日,省交通厅党组第6次赴太旧高速公路现场办公,再次部署1995年和1996年工程施工任务。

12月19日,太旧高速公路中段建设指挥部成立,总指挥杜五安。

12月20日,太旧高速公路武宿立交枢纽工程建设指挥部成立,总指挥杜五安。

1995年

1月1日,省委、省人大、省政府、省政协四大班子领导胡富国、梁国英、冯芝茂、万良适、崔光祖、孟立正、纪馨芳、吴俊州等,赴太旧高速公路中段工地慰问筑路员工。

1月1日,省交通厅党组成员第7次赴太旧路现场办公,组织召开太旧高速公路东西两段决战暨中段工程建设誓师大会。

1月16日,省交通厅党组第8次赴太旧高速公路现场办公,并在阳泉市组织召开太旧高速公路战地整训暨工程创优夺标大会。杜五安作动员报告,向各施工单位印发《太旧必读》,并与20个施工单位签订施工合同书。

1月31日,省委书记胡富国,省委常委、秘书长万良适,副省长纪馨芳等领导和省交通厅党组全体成员赴太旧高速公路建设工地,与坚持施工的筑路员工共度新春佳节。

1月31日,省交通厅党组成员第9次赴太旧高速公路现场办公。

2月16日,省交通厅党组成员第10次赴太旧高速公路现场办公,并在中段指挥部召开冶西采空区路基范围内处治经验交流会。

2月18日,省交通厅党组决定成立太旧高速公路建设宣传指挥部。总指挥杜五安;常务副总指挥刘传旺。

2月23日,省人大常委会主任卢功勋,副主任孙祥炎、光敏率领参加省八届人大三次会议代表和省政协七届三次会议委员,视察武宿立交枢纽工程建设工地。

2月26日,省第八届人民代表大会第三次会议补选杜五安同志为山西省副省长,仍兼任省交通厅党组书记、厅长。

3月17日~21日,省交通厅党组成员第11次赴太旧高速公路现场办公,考察东西两段工程建设情况,针对施工地段滑坡和武警标段速度等问题,提出解决办法。

3月21日,太旧高速公路建设宣传工作会议在阳泉市召开,副省长、省交通厅党组书记、厅长杜五安作题为《紧紧围绕太旧高速公路建设,大张旗鼓地做好宣传工作》的重要讲话,150余人参加。

3月26日,中共中央宣传部副部长郑必坚在省委常委、宣传部部长崔光祖等陪同下,深入武宿立交枢纽工地进行视察。

4月9日,国家计委主任陈锦华、煤炭部部长王森浩等领导视察武宿立交枢纽工程建设工地,并听取杜五安关于太旧高速公路建设情况汇报。

4月10日,省军区司令员董云海率300多名官兵赴武宿立交枢纽工程建设工地参加义务劳动。

4月10日~5月14日,省交通厅和山西人民广播电台共同举办"千里走大运"采访活动。

4月28日,省委书记胡富国再次深入太旧高速公路工地考察工程建设情况,并作重要指示。

5月3日,省长孙文盛赴武宿立交枢纽工程建设工地视察。

5月3日,全国公安系统英模报告团由省公安厅副厅长王作秀陪同,赴武宿立交枢纽工程建设工地义务劳动。

5月4日,省交通厅党组成员第12次赴太旧高速公路建设工地现场办公,研究解决施工中存在的困难和问题。

5月8日~12日,交通部体改法规司新闻处组织新华社《人民日报》《经济日报》《工人日报》《中国青年报》《经济参考报》《瞭望》杂志社、《中华工商时报》等9个新闻单位的12名记者赴太旧高速公路全线实地考察和采访。

5月31日,太旧高速公路建设总指挥部制定廉政建设7项规定,确保合理使用建设资金,塑造良好的太旧人形象,优质、高效、按期完成建设任务。

6月1日,省城艺术家捐赠太旧高速公路建设书画仪式举行,共收到69位省城知名书画家作品86幅,省领导胡富国、崔光祖、杜五安等出席。

6月15日,太旧高速公路建设总指挥部反腐倡廉动员大会召开。

6月18日,中共中央政治局委员、书记处书记、中宣部部长丁关根在省领导胡富国、王云龙、崔光祖、杜五安等陪同下,视察武宿立交枢纽工程建设工地。

6月20日,副省长王文学带领省直农业有关部门负责同志赴太旧高速公路建设工地参观学习,并慰问筑路员工。

6月20日,省交通厅党组成员第13次赴太旧高速公路现场办公。

6月23日,《人民日报》头版刊发该报记者阎晓明的配图报道《干部群众同心,速度质量并重——太旧高速公路建设进入冲刺阶段》。

6月24日,省委、省人大、省政府、省政府四大班子领导以及省直各厅局、各地(市)负责同志,再次赴太旧高速公路现场办公,省领导胡富国、孙文盛、郑社奎、卢功勋、郭裕怀、万良适、王云龙、吴达才、王文学、纪馨芳、杜五安、路正西及原省级老领导阮泊生、王庭栋、李修仁、阎武宏和省高级人民法院院长李玉臻出席,胡富国主持,纪馨芳、杜五安汇报太旧高速公路建设进展情况,孙文盛讲话,阮泊生、王庭栋、李修仁发言。

7月11日,原国家主席杨尚昆在省领导胡富国、梁国英、万良适、王云龙等陪同下,视察武宿立交枢纽工程建设工地。

7月15日,省总工会组织李双良、郭凤莲、赵光晋、赵岩平及机关干部共30人组成慰问团,冒酷暑赴太旧高速公路中段慰问筑路员工,并赠送慰问品。

8月2日,省长孙文盛、副省长杜五安视察武宿立交枢纽工程顶推法施工现场,要求安全施工,严把质量关。

8月12日,省交通厅党组全体成员第14次赴太旧高速公路现场办公,作出太旧高速公路全线通车时间由1996年10月1日提前到6月25日的决定。

8月23日,中共中央政治局常委、中央军委副主席刘华清在省党政军领导胡富国、孙文盛、梁国英、郑社奎、万良适、王云龙、董云海、陈德毅、杜五安等陪同下,视察太旧高速公路西段标准路段和武宿立交枢纽工程。

8月27日~9月1日,交通部副部长李居昌赴晋视察,杜五安和省交通厅领导陪同。

8月29日,联合国副秘书长冀朝铸和夫人在杨金泉等陪同下,赴武宿立交枢纽工程建设工地参观。

9月2日,国内贸易部部长陈邦柱在胡富国、程步云等陪同下,视察武宿立交枢纽工程及太旧高速公路西段标准路段。

9月12日~13日,"太旧精神"研讨会召开,省领导胡富国、孙文盛、梁国英、杜五安等出席并讲话。会议收到论文103篇,其中入选72篇,获奖53篇。其中,荣誉奖7篇,一等奖5篇,二等奖16篇,三等奖25篇,优秀论文奖19篇。

9月17日,武宿立交枢纽工程建设指挥部召开祝捷大会,庆祝桥头引道150m路基决战任务胜利完成,副省长、省交通厅党组书记、厅长杜五安出席并讲话,亲手将"敢打硬拼,勇建奇功"锦旗授予晋中公路分局。

9月20日,太旧高速公路试通车仪式举行,副省长、省交通厅党组书记、厅长杜五安出席并讲话,200多人参加。

9月23日,《太旧路英雄谱(上卷)》由山西人民出版社出版发行,是新中国成立以来全省第一部反映高速公路参建单位和员工先进事迹的书籍。

9月25日,太原—旧关高速公路管理局成立,为正县处级建制的事业单位,同时挂太旧高速公路开发总公司牌子,实行企业化管理。

9月28日,《太旧高速公路建设大事记(上卷)》由山西人民出版社出版,是新中国成立以来全省第一部专题记载重点交通工程始末的大事记。

9月30日~11月30日,庆祝太旧高速公路第一期工程胜利竣工通车书画摄影展在太原中国煤炭博物馆举办,历时2月,展出书画作品284件(幅),领导题词74件,观众逾10万人。

10月1日,太旧高速公路东西两段暨武宿立交枢纽工程通车庆典隆重举行。省领导、国家有关部门领导、省直各部门和各地、市领导、大中型企业和高等院校代表、为太旧高速公路建设捐款的企业和个人代表、太旧高速公路建设指挥部和设计、施工、监理、科研单位代表以及沿线群众数万人参加,中央及省城各大新闻单位百余名记者同时采访报道,山西电视台、山西人民广播电台现场直播。

庆典仪式由副省长纪馨芳主持,省长孙文盛,交通部原副部长郑光迪,国家开发银行信贷局局长叶汇先后讲话;副省长杜五安介绍工程建设情况;省领导胡富国、孙文盛、梁国英、郑社奎、卢功勋、郭裕怀、冯芝茂、王云龙、刘泽民,全国人大常委会委员李立功、省级老领导阮泊生、王庭栋、李修仁,交通部原副部长郑光迪,国家开展银行交通信贷局局长叶汇,太旧高速公路建设功臣代表阎献忠、李开、李树平、邰玉兰,为太旧高速公路建设献身的筑路员工家属代表续秋英,为太旧高速公路捐款的干部群众代表、老红军袁平剪彩。出席庆典的省党政军领导还有:万良适、崔光祖、董云海、支树平、孟立正、王民、光敏、王文学、彭致圭、吴俊洲、汤祊德、秦国栋、刘波、宋绍华、靳承序、祁寿椿、吴慧琴、阎武宏、藏文清、马清云、哈斯、白玉明、侯小保。省检察院检察长左祥及交通部、铁道部、国家开发银行、中国国际咨询公司、河北省有关负责同志也参加了庆典活动。

庆典活动中,还收到交通部、国家开发银行、交通部设计院及沿线地、市、县的贺电,交通部办公厅、国家计委办公厅、投资司、交通司,省直各部、委、办、厅、局,工青妇各部门、各地(市)、各大型企业以及全省交通系统各单位同贺通车典礼。

剪彩仪式结束后,省领导和有关领导驱车参观太旧高速公路东西两段全程。沿线人民群众以热烈掌声和欢快锣鼓,欢迎太旧高速公路建设的决策者和建设者们。

11月3日,太原旧关高速公路管理局挂牌仪式举行,副省长杜五安挂牌并讲话。

11月7日,中共中央宣传部常务副部长徐惟诚、宣教局局长张克迅,在省领导胡富国、崔光祖等陪同下,视察武宿立交枢纽工程。

11月10日,《太旧依依情》大型慰问演唱会在省体育馆举行,省委、省政府、省人大、省政协、省军区、驻并部队、省武警总队负责同志及省级老同志和观众一起观看,省内外著名艺术家李默然、马玉涛、关贵敏、卢秀梅、李光曦、曾辉、李胜素、小香玉、张爱珍、崔建华、史佳华、牛宝林等献上精彩节目。

11月16日,副省长兼省交通厅党组书记、厅长杜五安率全体厅党组成员和有关单位负责同志30余人,实地踏勘大运高速公路原平—太原段设计路线,并就前期准备工作召开座谈会。

12月29日,省交通厅党组成员第15次赴太旧高速公路现场办公。

1996年

1月1日,省委书记胡富国、省长孙文盛带领省委、省人大、省政府、省政协四大班子领导第四次赴太旧高速公路现场办公,慰问奋战在第一线的广大筑路员工和沿线人民群众,并召开中段建设汇报会,议定全线建成通车时间由1996年10月1日提前到6月25日。

1月2日,省交通厅党组成员第16次赴太旧高速公路现场办公,主要解决北茹隧道等工程建设中存在的问题,并安排部署下一步工作。

1月11日,省委、省人大、省政府、省政协四大班子领导集体审看5集电视政论片《热土壮歌》,给予充分肯定。

1月19日,原中顾委常委李德生在省委副书记梁国英等陪同下,视察武宿立交枢纽工程。

1月24日,省委常委会研究决定:任命省交通厅副厅长、太旧高速公路建设总指挥部常务副总指挥刘俊谦为省交通厅党组书记。

1月26日,省委、省政府印发《关于在全省开展学习"太旧精神"活动的决定》。

1月27日~29日,出席山西省第七次党代会代表参观太旧高速公路,盛赞太旧高速公路建设取得的巨大成就,省委、省政府的正确决策和5万筑路员工艰苦奋斗的精神。

2月2日,老一辈无产阶级革命家薄一波为太旧高速公路题词:"自力更生,艰苦奋斗,不屈不挠,勇于奉献"。

2月8日,由全国人大代表、中国人民解放军副总参谋长徐信率领的全国人大代表和全国政协委员组成的视察组,在副省长、总指挥杜五安等陪同下,视察太旧高速公路,对建设成就和山西人民艰苦奋斗的精神给予高度赞扬。

2月8日~9日,省交通厅在交通大厦召开贯彻省委、省政府学习"太旧精神"决定动员大会,160余人参加,杜五安作题为《认真学习"太旧精神",大力弘扬"太旧精神"》动员报告,省委书记胡富国出席并讲话。

2月13日,中共中央政治局委员、国务院副总理邹家华观看5集电视政论片《热土壮歌》,对太旧高速公路建设取得的辉煌业绩给予高度赞扬。并批示:"这是党中央、国务院正确领导的胜利,是省委、省政府正确领导的结果,也是山西人民建设社会主义的伟大胜利,热烈地祝贺。"

2月14日,省委、省政府和太旧高速公路建设指挥部邀请为太旧高速公路献身的8位功臣家属到省城,进行座谈慰问并拜年。省委书记胡富国、副省长杜五安代表省委、省政府向每位家属赠送2000元现金、4袋面粉和有关太旧高速公路宣传资料。

2月17日,省领导胡富国、孙文盛、郑社奎、王云龙、刘泽民、冯芝茂、董云海、支树平、刘振华、武正国、张秉法、卢功勋、郭裕怀等同志在省委常委会议室审议太旧高速公路纪念碑设计方案。各位领导提出许多指导性意见,并对武宿立交枢纽工程绿化方案进行审定。

2月19日,省交通厅党组成员第17次赴太旧高速公路现场办公。

3月15日~6月20日,"学习'太旧精神'万人百题知识竞赛"活动举行,共收回答卷6122份,评出一等奖5名,二等奖10名,三等奖25名,纪念奖125名;有10个单位获组织奖。

3月25日~28日,全国公路建设座谈会代表参观太旧高速公路。

3月29日,省政协主席郭裕怀带领出席省政协七届四次会议的近700名委员赴太旧高速公路视察,发表热情洋溢讲话。

4月1日,省交通厅党组成员第18次赴太旧高速公路现场办公。

4月2日,省人大常委会副主任王民、孙祥炎带领参加省人大八届四次会议的代表约700余人视察太旧高速公路。

4月8日,省交通厅党组成员第19次赴太旧路现场办公,并参加东西两段植树活动。

4月13日,省领导胡富国、孙文盛、卢功勋、郭裕怀、冯芝茂、张秉法、杜五安利用公休日,赴太旧高速公路西段参加义务植树活动。

5月3日,省交通厅党组成员第20次赴太旧高速公路现场办公。

5月4日,太旧高速公路建设总指挥部决战红5月,确保"6·25"全线通车动员大会召开。省长孙文盛、副省长杜五安出席会议并讲话,800余人参加。孙文盛在讲话中要求广大建设者再接再厉,善始善终,圆满完成各项目标任务。

5月4日,省交通厅党组成员第21次赴太旧高速公路现场办公。

5月11日,在省领导孙文盛、郭裕怀、纪馨芳、薛军陪同下,国家计委主任陈锦华考察太旧高速公路,十分赞赏"太旧精神"和太旧经验,要求认真进行总结,使其进一步发扬光大。

5月24日,中共中央政治局常委、国务院总理李鹏为太旧高速公路题词:"群策群力,建设高速公路;如虎添翼,振兴山西经济"。

5月26日,下午4时45分,太旧高速公路中段路面工程最后一米路段铺筑完成,比原计划提前5天。

6月5日,省交通厅党组成员第22次赴太旧高速公路现场办公,会议决定:太旧高速公路全线试通车提前至6月12日;太旧高速公路路名碑6月20日前建成,太旧高速公路功臣纪念碑6月18日建成；准备召开太旧高速公路功臣表彰大会和太旧高速公路建设者总结太旧高速公路建设大会；做好武宿立交枢纽及太旧高速公路申报"鲁班奖"准备工作；走访太旧高速公路沿线，妥善解决遗留问题。

6月10日，《太旧路英雄谱（下卷）》由山西人民出版社出版，上下两卷共246万字，载录太旧高速公路建设中筑路架桥、设计监理、交通工程、征地拆迁、捐款捐物、宣传舆论等方面涌现出的先进集体事迹100篇、先进个人事迹300篇，从不同侧面、不同角度反映5万筑路员工奋战太旧路的战斗场面和全省3000万父老乡亲勒紧裤带鼎力支持，社会各界踊跃捐助的动人情景，展示山西人民不甘落后，奋发进取，不屈不挠的精神风范。

6月10日，太旧经济开发带区域规划综合研究论文集《跨世纪发展之路》由山西经济出版社出版，省委书记胡富国题写书名，省长孙文盛作序。

6月12日，太旧高速公路全线试通车仪式在武宿收费广场隆重举行，杜五安主持，400多人参加，以1小时45分钟走完144km全程。

6月15日，太旧高速公路全线通车新闻发布会在人民大会堂山西厅举行，省长孙文盛主持会议，省委书记胡富国出席会议并作重要讲话，副省长杜五安介绍太旧高速公路建设情况。

6月16日，省领导胡富国、武正国、杜五安及有关部门领导专程赴太旧高速公路沿线村庄回访调查，并检查有关拆迁户政策落实情况。

6月23日，省委、省政府作出《关于向省交通厅学习的决定》。

6月23日，上午8时，太旧高速公路特等功臣纪念碑揭幕仪式在武宿立交枢纽工程旁举行，省委书记胡富国、省长孙文盛为纪念碑揭幕，省有关单位向纪念碑敬献花圈，杜五安深切缅怀为太旧高速公路建设献身的8位特等功臣的英雄事迹。

6月23日，上午9时，太旧高速公路建设功臣表彰大会在省城太原工人文化宫举行，杜五安作题为《学习太旧功臣，弘扬太旧精神，为全面实现全省"九五"交通发展战略目标而奋斗》的报告，省委书记胡富国、省长孙文盛出席会议并发表热情洋溢的讲话。会上，省劳动竞赛委员会授予太旧高速公路管理局等19个集体"山西省重点工程建设功臣单位"荣誉称号；授予高贵生、刘传旺等40名个人"山西省重点工程建设功臣"荣誉称号；为郭京娟、郭大国等6名个人分别荣记一等功。省交通厅分别授予97个先进集体、705名个人"太旧集体功臣"和"太旧功臣"荣誉称号。

6月23日，原平—太原段高速公路建设总指挥部成立，总指挥刘俊谦，常务副总指挥胡玉珍。

6月25日，太旧高速公路全线通车庆典仪式在武宿收费广场隆重举行，4000余名筑路员工代表及省直各部门、各单位代表在主席台前就座，整个会场气氛热烈，场面宏大。

上午8时30分，仪式正式开始。省委副书记、省长孙文盛主持，中共中央政治局委员、国务院副总理邹家华出席并讲话,全国政协副主席杨汝岱出席,彭真、薄一波及中共中央书记处书记、最高人民法院院长任建新发来贺电;省委书记胡富国发表讲话,副省长兼省交通厅厅长、太旧高速公路建设总指挥杜五安汇报工程建设情况,交通部部长黄镇东、全国人大常委会委员李立功、群众代表郭凤莲讲话。邹家华、杨汝岱、黄镇东、胡富国、孙文盛、李开为路名碑揭幕,并为太旧高速公路全线通车剪彩。

出席庆典仪式的有:中央和国家机关领导叶青、侯捷、姚振炎、田聪明、韩英、严克强、石春贵、乌杰、牛平、姜大明、塞风、程飞、廉仲、张常海、汪兴益、杨焕宁。北京军区副司令员梁光烈、内蒙古自治区政协主席千奋勇以及北京、云南、四川、福建、湖南、广东的山西籍老同志代表李力安、来金烈、孙雨亭、张秀明、王飞、张力行、杜瑞芝、王治国、周颐、侯良辅,中国欧美进出口总公司总裁傅彦、省政协旅游顾问薄熙成。

省委、省人大、省政府、省政协、省纪委、省军区、省武警总队和驻并部队负责同志郑社奎、王云龙、刘泽民、卢功勋、郭裕怀、冯芝茂、董云海、支树平、刘振华、武正国、张秉法、陈德毅、臧文清、陈锦彪、梁国英、张邦应、吴达才、彭少逸、崔光祖、孟立正、李蓼源、孙祥炎、王民、光敏、徐生岚、王文学、纪馨芳、杜五安、薛军、王昕、吴俊洲、万良适、路正西、武三松、汤祎德、秦国栋、刘波、靳承序、祁寿椿、张长珍、陈玉田、侯小保、省高级人民法院院长李玉臻、省人民检察院检察长左祥,原省领导阮泊生、王庭栋、李修仁、朱卫华、卜虹云、王文章、王绣锦、李布德、赵力之、韩洪宾、霍泛、胡晓琴、张健民、张广有、于鸿礼、曹丁、阎武宏、冯素陶、刘砚青、阎元锁、贾云标、张天乙、王西、阎定础、凌大琦、姚奠中、师星三、陈德贵、赵耀仁、庹耀光及原宁夏回族自治区顾委副主任李庶民。

庆典仪式结束后,有关领导和来宾视察、参观太旧高速公路全线。沿线人民群众扶老携幼来到庆典现场和公路沿线,敲锣打鼓,燃放鞭炮,共同庆祝通车的伟大胜利。

6月25日,《走向辉煌》大型音乐会在省城湖滨会堂举行,省领导、太旧功臣代表观看。

6月26日,大运高速公路原平—太原段工程建设总指挥部成立大会举行。省委副书记王云龙主持,省委副书记郑社奎代表省委、省政府表示祝贺,副省长兼省交通厅厅长杜五安介绍工程筹建情况,省交通厅党组书记、副厅长刘俊谦作表态发言。

6月28日,中共中央政治局委员、国务院副总理邹家华在省委书记胡富国、省长孙文盛陪同下,考察太旧高速公路。

7月8日,原全国政协副主席杨成武在省领导胡富国、孙文盛、杜五安等陪同下,视察太旧高速公路。

7月9日~12日,省交通厅"太旧人总结太旧路"座谈会议在晋祠宾馆召开,副省长杜五安出席会议并讲话,130多人参加,15个单位作经验交流,60多名同志发言。

9月3日,省政府大运高速公路原平—太原段工程建设领导组成立,组长由副省长杜五安担任。

10月5日~9日，交通部党组副书记、副部长刘松金在杜五安等陪同下，对全省交通工作进行考察，认为"太旧精神"不仅在山西，而且在全国具有普遍教育意义。

10月7日，副省长杜五安和省交通厅领导在武宿收费站广场，迎接厅长助理杨金泉捧回武宿立交枢纽工程"鲁班奖"。

10月27日，太原东环段高速公路竣工通车仪式举行，路线全长26.042km，概算投资5.69亿元，是全省第二条高速公路，1993年7月1日开工建设。

省党政军领导胡富国、孙文盛、刘泽民、冯芝茂、刘振华、武正国、张秉法、刘荫超、刘志毅、息中朝、梁国英、纪馨芳、杜五安、薛军、吴俊洲、靳承序、王万军、侯小保，省级老领导阮泊生、王庭栋、李修仁，省直有关部门领导、太原市领导曹中厚、赵振亮、曹文龙、李雁红、李维德、董艺、李海恒等，各地市党政主要领导，省城社会各界代表，参加建设的施工、设计、监理单位代表，共计数千人参加。

主会场通车庆典于上午10时举行，太原市市长曹中厚主持，市政府领导向来宾介绍工程建设情况。省委常委、太原市委书记纪馨芳，副省长杜五安讲话。

剪彩仪式结束后，省、市领导驱车来到陈家峪大桥路名广场通车庆典分会场，在鼓乐声和掌声中，杜五安、曹中厚为省委书记胡富国题写的"太原东山过境高速公路"路名碑揭幕；胡富国、孙文盛、纪馨芳、杜五安、曹中厚为筑路功臣代表披红戴花，胡富国讲话。

11月26日，大运高速公路原太段工程建设誓师动员大会召开，省领导胡富国、孙文盛、郑社奎、冯芝茂、董云海、刘振华、武正国、张秉法、孟立正、纪馨芳、杜五安、万良适和部分省级老同志李修仁及省直有关单位负责同志出席，杨继刚主持，胡富国、孙文盛讲话，杜五安作动员报告，刘俊谦介绍工程建设情况，常务副总指挥胡玉珍，太原市、忻州地区行署领导及施工单位代表作表态发言。

12月3日，省第八届人大常委会第二十五次会议任命刘俊谦同志为省交通厅厅长。

12月19日，省交通厅新一届领导班子组成。厅党组书记、厅长刘俊谦，厅党组副书记、副厅长杨继刚（正厅级），厅党组成员、副厅长任景春，厅党组成员、省纪委驻厅纪检组组长刘传旺，厅党组成员、副厅长高贵生、杨金泉，厅党组成员、省公路局党委书记、局长宋元林。

12月26日，太旧高速公路建设工程纪念碑揭幕仪式在太原武宿立交枢纽隆重举行，省领导胡富国、孙文盛及省四大班子领导出席，副省长杜五安主持，刘俊谦介绍纪念碑建设情况，胡富国、孙文盛为纪念碑揭幕。纪念碑高42.5m，基座高6.25m。

1997年

1月3日，副省长杜五安、省交通厅党组书记、厅长刘俊谦有关单位负责同志一行20余人，赴大运高速公路原太段施工工地现场办公。

附录一

山西高速公路建设大事记

1月8日,太旧高速公路经济走廊开发研讨会议召开,副省长杜五安出席会议并讲话,150人参加。会议收到论文78篇,其中25篇进行大会交流。

1月13日,"太旧高速公路建设好新闻"评选颁奖大会在并州饭店举行,副省长杜五安、省委宣传部副部长温幸出席会议并讲话,30多家新闻单位记者和部分获奖作者参加。会议表彰奖励161篇(件)获奖作品,包括等级奖122件,优秀奖39件,其中报纸类104篇,图片19件,广播类19件,电视类19件;一等奖27个,二等奖33个,三等奖62个,评出太旧高速公路建设宣传组织奖15个,参加会议的领导向获奖单位颁发锦旗、奖金及荣誉证书。

2月3日,省委书记胡富国、副省长杜五安踏雪深入省交通厅机关,与8位为太旧高速公路建设献身的功臣家属和部分太旧高速公路功臣座谈,并表示亲切慰问。

2月7日,农历正月初一,省领导胡富国、武正国、纪馨芳、杜五安兴致勃勃地来到大运高速公路原太段杨兴河特大桥建设工地,与坚守在工作岗位上的筑路员工共度新春佳节。

胡富国一行还赴太旧高速公路及武宿收费站广场,并对太原东环段高速公路部分收费员、养护工人进行慰问。

4月6日,省团委、省公路局、大运高速公路原太段建设总指挥部在阳曲县青龙镇杨兴河特大桥工地联合举行20支"青年突击队"命名授旗仪式。

4月17日,副省长杜五安带领省交通厅领导及有关处室负责人,深入大运高速公路原太段现场办公。

4月24日~25日,交通部部长黄镇东深入太旧高速公路、大运高速公路原太段建设工地视察指导工作,副省长杜五安等陪同。

4月27日,交通部副部长李居昌视察大运高速公路原太段工程建设,副省长杜五安等陪同。

5月2日,省长孙文盛深入大运高速公路原太段建设工地看望筑路员工。

6月2日,中共中央政治局常委、全国人大常委会委员长乔石在省委书记胡富国、省长孙文盛等领导陪同下,考察太旧高速公路,对其建设成就给予高度评价。

6月25日,全国人大常委会委员长乔石为太旧高速公路题词:"艰苦奋斗结硕果,改革开放谱新篇"。

6月25日,太旧高速公路建设特等功臣纪念大会隆重举行,省领导胡富国、孙文盛、冯芝茂、刘振华、武正国、梁国英、杜五安、秦国栋等参加。

7月16日,国务院发展研究中心主任马洪在副省长杜五安及胡玉珍等陪同下,视察大运高速公路原太段司土洼互通立交桥及杨兴河特大桥施工工地,称赞建设起点高,质量好,对促进山西经济发展有重要作用。

8月4日,副省长杜五安赴太旧高速公路现场办公,就如何提高全线管理和服务水平提出意见及希望。

8月8日,大运高速公路原太段工程建设第二阶段总结表彰暨第三阶段安排部署大会召开,副省长杜五安等参加。

8月11日,省委书记胡富国带领省委、省人大、省政府、省政协四大班子领导赴大运高速公路原太段工程建设工地视察,省委副书记刘泽民,省委常委、省委秘书长武正国,省人大常委会副主任徐生岚,副省长杜五安,省政协副主任赵凤翔等参加。省交通厅厅长刘俊谦陪同。

9月19日,太旧高速公路建设大型图片展《太行丰碑颂》在交通部文苑展厅开展,副部长刘松金为展览剪彩并题词。交通部各司局干部职工和全省交通系统出席十五大的代表以及全国交通系统来京联系工作的干部参观展览,对太旧高速公路建设及"太旧精神"给予高度评价。

10月14日~17日,全国公路系统创建文明行业经验交流会在河北和山西召开。在山西,主要是听取省委书记胡富国、省长孙文盛、副省长杜五安和省交通厅关于修建太旧高速公路、培育"太旧精神"的情况和经验介绍,省交通厅党组书记、厅长刘俊谦作表态发言。交通部副部长李居昌主持在山西召开的会议,副部长刘松金作总结,对山西交通系统近年来两个文明建设取得的丰硕成果,给予充分肯定和高度评价。

10月15日,出席全国公路系统创建文明行业经验交流会的代表赴太旧高速公路考察参观,省领导胡富国、孙文盛、卢功勋、郭裕怀、冯芝茂、刘振华、纪馨芳、杜五安等会见交通部副部长刘松金、李居昌。与会代表对太旧高速公路暨"太旧精神"给予高度评价。

10月29日,晋城—焦作高速公路山西段开工奠基仪式举行,副省长杜五安、薛军出席,薛军代表省政府宣读开工令。路线全长48km,山西境内31.5km,概算14.37亿元。

11月6日,省交通厅党组全体成员赴大运高速公路原太段工程建设施工一线现场办公,充分肯定工程建设所取得的成绩,对存在的问题当场拍板解决。

12月7日,1997年"鲁班奖"颁奖大会在北京隆重举行,太旧高速公路成为本年度唯一获此奖项的公路项目,省交通厅党组书记、厅长刘俊谦代表承建单位领奖。

12月17日,太旧高速公路清还全部捐款暨荣获"鲁班奖"颁奖大会在太原隆重召开,省领导胡富国、孙文盛、郑社奎、刘泽民、卢功勋、郭裕怀、冯芝茂、支树平、刘振华、张秉法、梁国英、张邦应、吴达才、彭少逸、孟立正、李蓼源、孙祥炎、王民、光敏、徐生岚等出席。省委书记胡富国、省长孙文盛、全国人大常委会委员李立功讲话,为太旧高速公路捐款的各地(市)、县代表参加。

副省长杜五安代表省委、省政府宣布清还太旧高速公路全部捐款决定,从1996年1月13日开始,用一年半时间,分五批归还全省80万干部群众为太旧高速公路捐赠的

21153万元资金,兑现省委、省政府诺言。

12月23日,上午,省委书记胡富国、省长孙文盛、副省长杜五安冒着严寒,视察大运高速公路原太段建设工程,要求创造优质工程,确保1998年国庆节按时通车。

12月24日,大运高速公路建设领导组成立,组长由副省长杜五安担任。

12月25日,晋城—阳城高速公路竣工通车仪式举行,省领导胡富国、孙文盛、孟立正、杜五安、薛军出席。这是由地(市)承建的全省第一条高速公路,全长36km,工程概算6.6亿元,实际投资6.6562亿元,1996年5月1日开工建设。

1998年

1月2日,下午3时,副省长杜五安在刘俊谦、胡玉珍、王联明等陪同下,赴大运高速公路原太段现场办公,省九届人大代表和省八届政协委员参观路段。

1月5日,太原南环段高速公路建设总指挥部成立大会举行,省委书记胡富国、省长孙文盛发贺信,副省长杜五安、省政协副主席武三松出席并讲话,刘俊谦主持,杨金泉介绍工程建设情况并作表态发言。

1月9日,下午1时30分,参加省政协八届一次会议的524名委员,冒着严寒赴大运高速公路原太段视察,省政协副主席赵凤翔即席讲话,副省长杜五安、省政协副主席万良适等参加视察。

1月11日,下午,参加省九届人大一次会议的全体代表,分两次亲临大运高速公路原太段杨兴河特大桥工地视察并指导工作。省领导崔光祖、光敏、孟立正、杜五安、薛军等参加视察。

4月8日,大运高速公路原太段路面工程建设动员大会召开,省委书记胡富国、副省长杜五安出席并讲话,当日下午,胡富国在杜五安、刘俊谦等陪同下,赴建设工地一线视察指导。

4月27日,全省加快公路建设座谈会议召开,省委书记胡富国要求公路建设再掀新高潮,再上新水平。

5月27日,晋城—焦作高速公路项目合同签字仪式在太原举行,省领导胡富国、孙文盛、刘振华、杜五安出席。

6月5日,省委书记胡富国、副省长杜五安深入太原南环段高速公路、晋祠一级公路路面改造工程及太原南出口拓宽改造工程建设工地视察指导工作。

6月7日,中共中央政治局委员、全国政协副主席、中央统战部部长王兆国,在省领导武正国、吴慧琴等陪同下,深入大运高速公路原太段建设工地视察。

6月7日,省委书记胡富国视察大运高速公路原太段路面工程。

6月8日,全国政协副主席、中央统战部部长王兆国在省领导胡富国、武正国、纪馨芳、吴慧琴等陪同下,赴太旧高速公路和工程建设纪念碑参观考察,并题词:"太旧精神,学习典范"。

6月11日,交通部副部长胡希捷深入大运高速公路原太段视察。

6月20日,太原南环段高速公路工程建设总指挥部第一阶段总结表彰暨第二阶段工作安排部署大会召开,省领导胡富国、孙文盛、纪馨芳、杜五安出席。

6月24日,大运高速公路原太段实现半幅通车。上午,省领导胡富国、郑社奎、卢功勋、冯芝茂、刘振华、杜五安、薛军、张正明和省级老领导阮泊生、王庭栋、李修仁以及省委办公厅、省政府办公厅、省交通厅、忻州地委、行署领导,冒着高温深入施工一线视察并慰问筑路员工。

6月24日,省委、省政府在迎泽宾馆举行加快山西公路交通基础设施建设新闻发布会,中央和省城20余家新闻单位100余名记者参加,副省长杜五安出席并讲话,省交通厅厅长刘俊谦全面介绍山西公路交通建设取得的成就和今后发展目标。

6月25日,省委、省政府在湖滨会堂隆重召开发扬"太旧精神",加快全省以公路为重点的基础设施建设动员大会。号召全省人民高举邓小平理论伟大旗帜,贯彻落实十五大精神和中央关于加快基础设施建设的重大决策,振奋精神,抢抓机遇,为改变全省基础设施落后面貌,振兴山西经济而奋斗。省委书记胡富国、省长孙文盛出席并讲话,省委常委、副省长刘振华主持,省领导郑杜奎、刘泽民、卢功勋、郭裕怀、冯芝茂、武正国、张秉法、纪馨芳、梁国英、徐生岚、姚新章、白陛、李玉璋、张铭、杜五安、薛军、范堆相、杨志明、薛荣哲、宋绍华、靳承序、吴慧琴、张正明、徐大毅、李玉臻、左祥、谭华生、侯小保及原省领导阮泊生、王庭栋、李修仁出席。杜五安首先通报全省公路建设情况,孙文盛作动员报告。胡富国在讲话中,提出大搞基础设施建设,促进全省经济发展。

7月25日,全国政协副主席陈锦华在省领导胡富国、郭裕怀等陪同下,参观太旧高速公路工程建设纪念碑。

7月30日,国务院总理朱镕基在省委书记胡富国、省长孙文盛等陪同下,视察太旧高速公路和武宿立交枢纽工程,对山西人民团结一致,艰苦奋斗,从修路入手,大搞基础设施的做法给予充分肯定,称赞抓得早,抓得好,路子走对了,是造福山西人民的。

8月2日,交通部副部长李居昌深入太原南环段高速公路、大运高速公路原太段工程建设工地检查指导工作。

8月18日,上午,省政协主席郭裕怀视察大运高速公路原太段建设工地,并题词:"众志成城"。

9月26日,大运高速公路原太段建设工程全线通车庆典仪式在峰东天桥路段举行,省领导胡富国、孙文盛、郑社奎、刘泽民、卢功勋、郭裕怀、冯芝茂、刘振华、武正国、张秉法、刘荫超、纪馨芳、杜五安、王昕、范堆相、杨志明、薛荣哲、万良适、靳承序、吴慧琴、李龙城、徐大毅及省级老领导阮泊生、王庭栋、李修仁出席。交通部、国家开发银行、中国欧美进出口公司有关领导，中国香港地区、中国台湾地区部分商界人士、亚洲银行专家、官员及公路建设专家等来宾出席。副省长杜五安主持，刘俊谦介绍工程建设情况，省总工会主席李有美宣读记功表彰决定，省领导胡富国、孙文盛、卢功勋、郭裕怀、冯芝茂、阮泊生、纪馨芳剪彩。随后，省领导和来宾们乘车视察原太段全程。路线全长94.019km，概算投资26亿元，1996年11月18日开工建设。

10月2日，省政府在省交通厅召开现场办公会议，省长孙文盛主持，省委常委、常务副省长刘振华，副省长杜五安、薛军参加。会议听取厅长刘俊谦汇报，并进行认真研究。会议原则同意省交通厅《关于全省大运高速公路等重点公路工程建设及大运二级公路绿化情况的汇报》。

10月5日，省委常委扩大会议在省交通厅召开，省委书记胡富国、省长孙文盛出席并讲话。听取厅长刘俊谦《关于大运高速公路等重点工程建设及大运二级公路绿化情况的汇报》后，对大运高速公路等重点工程建设问题进行专题研究，确定1999年全线开工建设。

会议决定，为保证建设质量，提高投资效益，全省高速公路由省交通厅统一建设，统一管理，并决定由省政府三名副省长组成领导组，代表省委、省政府负责领导全省高速公路建设，同时决定成立以副省长杜五安为总指挥的大运高速公路建设总指挥部。

省领导郑社奎、刘泽民、卢功勋、郭裕怀、支树平、刘振华、武正国、张秉法、刘荫超、纪馨芳、杜五安、薛军、范堆相，原省领导李立功、阮泊生、王庭栋、李修仁参加并讲话。

10月6日，中共中央政治局委员、全国人大常委会副委员长姜春云在省领导胡富国、孙文盛、卢功勋、纪馨芳等陪同下，视察太旧高速公路。

10月31日，省委书记胡富国，省委常委、秘书长武正国，副省长杜五安深入祁(县)临(汾)高速公路现场办公，专题研究有关前期工作。

11月5日，省委书记胡富国、省长孙文盛率领省委、省人大、省政府、省政协、省纪委领导在晋焦高速公路召开现场办公会议，围绕省委、省政府提出的"引来黄河水，阳电下江南；治好母亲河，绿化两座山；打通出口路，建成大运线；开创新业绩，三晋换新颜"宏伟蓝图，进一步统一思想，推动落实。

11月23日，下午，省人大常委会副主任梁国英带领部分委员视察大运高速公路原太段工程建设。

12月3日，太原南环段高速公路十里长桥主体工程暨路基胜利完工总结表彰大会召开，省领导胡富国、纪馨芳、杜五安出席并讲话。

12月15日，交通部副部长洪善祥在副省长杜五安等陪同下，赴太原南环段高速公路建设工地检查指导工作。

12月17日,大运高速公路建设总指挥部成立。总指挥杜五安,常务副总指挥刘俊谦。指挥部下设大同—原平、太原—祁县、祁县—临汾、临汾—运城四个指挥部,指挥分别由罗清宇、胡玉珍、夏淦、张润兼任。

12月21日,大运高速公路建设总指挥部第二次会议召开,专题研究开工前各项准备工作,副省长杜五安出席并讲话,刘俊谦主持。

1999年

4月26日~30日,全国"高速公路万里行"山西采访团一行13人赴晋采访。省委书记胡富国、副省长杜五安会见采访团全体成员,并回答记者们提问。

6月1日,副省长杜五安深入太原南环段高速公路检查指导工作。

6月7日,省委书记胡富国、副省长杜五安深入太原南环段高速公路建设工地、太旧高速公路考察,向太旧高速公路工程建设功臣纪念碑敬献花篮,并与献身的8位功臣家属座谈。

7月26日,上午,省长办公会议召开,代省长刘振华主持,会议听取省交通厅厅长刘俊谦关于亚行项目祁临段高速公路情况汇报后,议定:同意按时间要求会签财政部,如期与亚行进行贷款谈判。

8月3日,晚上,省委书记田成平在晋祠宾馆主持召开省委常委会,听取省交通厅厅长刘俊谦有关情况汇报后议定:原则同意省政府意见,同意赴亚行谈判、签字;在建设方案上力争先干中间卡脖子路段,再建南北两段。国道必须修高速公路,至于辅道如何布局更为合理,请省政府具体研究。

8月12日,副省长杜五安深入太原南环段高速公路建设工地调研。

9月6日,省交通厅印发《关于山西省高速公路管理局机构编制的通知》。按省编办〔1998〕116号文件通知,太旧高管局更名为省高管局,同时挂山西省高速公路开发有限(集团)公司的牌子。其主要职责是对全省高速公路的规划、投资、建设、运营、养护等实行统一管理。

10月20日,太原南环段高速公路建成通车,路线全长14.5km。

11月10日,省政府办公厅印发《关于撤销大运高速公路建设总指挥部成立大运高速公路建设领导组的通知》,组长由副省长杜五安担任。

2000年

1月3日,副省长杜五安深入夏汾高速公路调研,要求确保工程质量,争创优良工程。

4月24日,副省长杜五安深入京大高速公路山西段调研,要求牢牢把住质量关,争创一流建设和运营水平。

4月25日,经省政府批准,祁临高速公路有限责任公司成立,为国有独资公司,主要负责祁临高速公路建设、管理、运营、养护等。夏淦任董事长,周文全任总经理。

5月9日,经省委常委会讨论决定:王晓林任省交通厅党组书记。

5月10日,副省长杜五安深入运三高速公路调研,要求认真把好质量关,确保全线2001年10月1日通车。

5月26日,副省长杜五安视察太旧高速公路,要求科学规划,加大绿化、美化力度,加快改革步伐,切实加强管理,争创全国一流水平。

5月30日,省长刘振华签发《山西省高速公路路政管理办法》。共25条,自发布之日起施行。

5月28日,经山西省第九届人民代表大会常务委员会第16次会议通过,决定任命:王晓林为山西省交通厅厅长。决定免去刘俊谦的山西省交通厅厅长职务。

6月21日,副省长杜五安深入省交通厅现场办公,与厅领导共同分析全国、全省公路建设形势,研究加快全省公路建设对策,认真落实田成平书记等省领导关于公路建设的重要批示。

7月5日,省交通厅新一届领导班子组成。厅党组书记、厅长王晓林,厅党组副书记、副厅长宋元林,厅党组成员、副厅长杨金泉、张润,厅党组成员、省纪委驻厅纪检组组长赵龙,厅党组成员、厅副巡视员胡玉珍。

7月6日,省长刘振华主持召开省政府常务会议,对加快全省公路建设问题进行严肃认真讨论。会议要求,为适应全省经济发展需要,适应国家西部大开发战略需要,省交通厅要抓住机遇,以大运高速公路和国道主干线建设为重点,掀起全省公路建设新高潮;要以公路建设为突破口,加快全省基础设施建设步伐,带动相关产业发展。全省各有关部门要为加快全省公路建设给予积极支持。

7月6日~7日,副省长杜五安深入夏汾高速公路调研,要求量力而行,尽力而为,把公路建设作为调整产业结构的突破口认真抓好。

8月9日,省人民政府发布《关于加快全省公路建设的实施意见》。

8月14日,副省长申联彬深入长邯高速公路调研,要求广大建设者狠抓工程质量,加快建设进度,高水平、高标准建设好上党第一路。

8月24日,省长刘振华、副省长杜五安深入省交通厅调研,就大运高速公路建设与省交通厅领导进行座谈,要求以大运高速公路建设为标志,再掀全省公路建设新高潮。

9月1日,全国第九次高速公路管理工作研讨会在忻州顿村省交通职工培训中心召开,共有28个省、市、自治区50多家高速公路建设、管理单位的140位代表参加,副省长杜五安到会祝贺并讲话。

9月20日,省政府调整大运高速公路工程建设领导组成员,组长仍由副省长杜五安担任,办公室主任、副主任由省交通厅领导兼任,办公室下设综合处、工程管理处、协调处和宣传中心。

9月20日~24日,省委、省政府举行掀起公路建设新高潮"大运行"现场办公活动,省委书记田成平出席京大高速公路通车典礼和大运高速公路奠基仪式,省长刘振华率领省直25个部委厅局、大运高速公路沿线各地市领导同志,并邀请金融部门负责同志,由北到南,长途跋涉,风尘仆仆,不辞辛苦深入雁门关隧道、韩信岭隧道、仁义沟特大桥等路段现场办公,着力解决面临的重大问题,进一步统一思想,达成共识,坚定信心,明确目标。

刘振华在讲话中,要求全省人民紧紧抓住中央实施积极的财政政策和西部大开发的历史机遇,振奋精神,发扬成绩,再接再厉,开拓前进,掀起以大运高速公路和国道主干线为重点的新高潮,用3年左右时间建成大运高速公路,为全省经济结构调整和现代化建设打好基础。省委常委、常务副省长薛军,副省长杜五安,省政协副主席徐大毅参加现场办公。

9月22日,大运高速公路建设奠基仪式举行,省领导田成平、刘振华、刘泽民、薛军、薛延忠、李玉璋、杜五安、徐大毅与省直有关部委厅局、太原市负责同志为大运高速公路奠基。省委书记田成平讲话,省委常委、常务副省长薛军主持,省交通厅领导作表态发言。

9月22日,山西省公路建设企业并购贷款签字仪式在忻州顿村省交通职工培训中心举行。根据协议,中国工商银行山西省分行将提供20亿元项目贷款,使山西省能够从太旧高速公路中置换出20亿元资本金用于大运高速公路建设,以此为基础吸引更多的信贷资金。省领导刘振华、薛军、杜五安、徐大毅出席。省交通厅、中国工商银行山西省分行领导分别在贷款协议上签字。

9月25日,省交通厅党组决定,6名党组成员按大运高速公路6条新开工建设路段分工负责,分段包干,亲赴工程一线督察指挥,明确责任,层层负责,精心组织,志在必胜。

9月30日,为了保证2003年大运高速公路全线建成通车总目标顺利实现,按照分段建设、分段完成、结合实际、因地制宜的思路,经省交通厅党组研究决定,成立山西省大新、新原、临侯、侯运高速公路建设有限责任公司,分别负责大运高速公路大同—新广武段、新广武—原平段、临汾—侯马段、侯马—运城段高速公路建设。至此,加上先前已经成立的山西省太祁高速公路有限责任公司和山西省祁临高速公路有限责任公司,大运高速公路六条新建路段各段的建设有限责任公司全部成立。

10月12日~13日,全省交通系统掀起公路建设新高潮动员大会召开,副省长杜五安出席会议并讲话。

10月22日,财政部与省政府签署实施《山西道路发展项目》转贷协议,并由省财政厅签署。将亚行提供的2.5亿美元贷款转贷给山西,用于大运高速公路祁临段建设项目的实施。

10月23日,副省长杜五安赴大运高速公路大新段实地考察,并在山阴县主持召开现场办公会,解决存在的实际问题和困难。

10月28日,夏家营—汾阳高速公路竣工通车仪式举行,省领导刘振华、薛延忠、姚新章、李玉璋、杜五安,原省级老领导李立功、张邦应、李玉明出席会议并剪彩。路线全长56km,概算投资12.17亿元,1998年10月开工建设。

11月6日,副省长杜五安深入大运高速公路太祁段建设工地调研,要求依法办事,坚持讲政策、讲设计、讲程序、讲法律。

11月11日,全国人大代表一行30人,由省人大常委会副主任张邦应带队,视察晋焦高速公路,代表们对工程建设给予高度评价,并积极献计献策,解决存在的困难和问题。

11月11日~12日,省交通厅公开竞聘大新、新原、临侯、侯运高速公路建设有限责任公司总经理演讲答辩会议在忻州顿村省交通职工培训中心举行,共有29人登台演讲,最后确定12名入围考察对象。

11月21日,副省长杜五安深入大运高速公路南线临侯段、侯运段现场办公,要求开动思想,开动脑筋,加快建设步伐。

12月17日,晋焦高速公路丹河特大石拱桥被上海大世界基尼斯总部授予"大世界基尼斯之最"称号。桥总长425.6m,宽24.8m,高81.6m,由1孔跨和7孔边跨组成,各项主要技术指标和难度均为同类桥之最,总投资7000万元。1997年11月开工建设,2000年9月竣工。

12月26日,大运高速公路祁县—临汾段开工仪式暨动员大会举行,省领导刘振华、薛军、杜五安出席会议。刘振华宣布正式开工,并与副省长薛军按动工程启动按钮,副省长杜五安作动员报告。

12月27日,山西太旧高速公路管理有限责任公司正式挂牌运营,副省长杜五安出席挂牌仪式并揭牌。

2001年

1月16日,省委书记田成平召集副省长杜五安及省计委、省水利厅、省交通厅等部门负责同志,就"十五"期间进一步加强全省水利、公路等基础设施建设进行座谈,提出重要指导性意见。要求"十五"期间,建成纵贯全省、通达四邻的高速公路网,并以此带动县乡公路、农村公路、旅游公路建设。

2月8日,大运高速公路太原—祁县段开工仪式暨动员大会举行,省长刘振华、副省长薛军出席会议并按动开工按钮,太祁高速公路公司董事长郭贵平作表态发言。

2月9日,全省掀起公路建设新高潮座谈会在临汾市召开,副省长杜五安出席会议并讲话。

2月9日，大运高速公路侯马—运城段正式开工建设，副省长杜五安出席开工仪式并按动开工按钮。

2月26日，省人民政府发布《关于保障大运高速公路安全施工的通告》。

3月1日，省交通厅、省公安厅大运高速公路建设治安工作协调会议召开，省人大常委会副主任李玉璋等出席会议并讲话。

3月23日，大运高速公路现场办公会议在忻州召开，省委书记田成平、副省长杜五安出席会议并讲话。

3月27日，省委书记田成平在运城市委、市政府有关领导陪同下，深入运三高速公路建设工地调研。

3月28日，大运高速公路优化工程建设环境协调会议召开，副省长杜五安出席会议并讲话，要求大力推广运城经验，依法赔偿，照章办事。

3月29日，中国农业银行山西省分行向太祁（阳曲—城赵段）高速公路项目提供贷款10亿元签字仪式在太原举行，副省长杜五安出席会议。

4月7日，进一步加强全省高速公路管理工作会议召开，省交通厅决定全省高速公路实行集中统一经营管理。在省交通厅领导下，省高管局对全省高速公路的发展方向、经营管理、资源配置、行业法规建设等实行垂直领导。

4月26日，大运高速公路建设宣传领导组成立，负责协调和领导大运高速公路建设期间的新闻宣传工作。

4月26日~27日，省交通厅党组成员集体赴大运高速公路现场办公，两天时间里，驱车800余公里，先后考察17个施工标段，听取6个项目公司汇报，召开两次现场办公会，研究解决大运高速公路建设面临的困难和难题。

5月14日~18日，省委、省政府举行全省推动大运高速公路现场办公活动。省领导刘振华、薛军、杜五安、靳承序，省委宣传部、省政府办公厅、省计委、省公安厅、省财政厅、省国土资源厅、省建设厅、省水利厅、省林业厅、省审计厅、省财监办、省重点办、省地税局、省环保局、省物价局、省工商局、省文物局、省电力公司、省电信管理局、省公安厅交管局、国家开发银行、工行、建行、中行、农行、太铁分局等27个省直有关部门领导，太原、晋中、吕梁、临汾、运城、忻州、朔州、大同8个市地市长、专员及有关部门领导，省交通厅领导及厅机关有关处室、厅直有关部门负责人参加，部分省人大代表、政协委员、全国劳动模范也应邀参加活动。

全体参会人员翻山越岭，马不停蹄，在刘振华、薛军、杜五安、靳承序等省领导带领下，深入大运高速公路施工现场，详细了解工程进展情况，视察其中的关键工程和制约工程，慰问沿线广大筑路员工，并就加快大运高速公路建设、确保工程质量提出新的要求和希望，使沿线各级政府和建设、施工、监理单位及广大人民群众备受鼓舞。

附录一

山西高速公路建设大事记

5月18日,大运高速公路大同—新广武段开工仪式暨动员大会举行,省领导刘振华、薛军、杜五安、靳承序出席会议,省长刘振华宣布正式开工令,副省长薛军讲话。

5月18日,大运高速公路雁门关隧道奠基仪式举行,省领导刘振华、薛军、杜五安、靳承序出席会议,副省长杜五安讲话。

5月25日,省委副书记、组织部部长李景田视察运三高速公路。

6月19日,副省长杜五安深入大运高速公路北线现场办公。

6月23日,36支大运高速公路青年突击队授旗仪式举行,副省长杜五安,团省委领导等出席。

6月25日,大运高速公路建设项目概算投资总包干协议签字仪式举行,省交通厅代表省政府与大运高速公路六大项目建设公司签订协议,省长刘振华、副省长杜五安出席仪式。

7月13日,集中整治太祁高速公路周边治安秩序大会召开,省交通厅、省公安厅领导出席会议并讲话。

7月27日,全省公路工程建设廉政工作会议召开,围绕"修好一条路,不倒一个人"总目标,安排部署全省公路工程建设廉政工作。

7月31日,副省长杜五安深入长邯高速公路调研,要求抓质量、保进度,创精品、树一流,弘扬"太旧精神",建好上党第一路。

8月9日~13日,省委宣传部、省文联省城艺术家赴大运高速公路建设一线采风活动举行,共创作散文、诗歌、绘画、书法、素描等作品300余幅。

8月15日,省人大常委会副主任、省总工会主席姚新章带领省劳模慰问团赴大运高速公路太祁段慰问筑路员工。

8月15日,副省长杜五安第四次深入大运高速公路太祁段调研,要求安全第一,质量至上,排除干扰,做好群众的思想疏导工作。

8月15日~17日,副省长杜五安深入大运高速公路太祁段、祁临段、新原段调研。

8月21日,大运高速公路建设新闻宣传工作会议召开,总结回顾开工建设以来新闻宣传工作,安排部署下一步工作重点和任务,赵龙作题为《围绕"三个代表",突出创新特色,把大运高速公路新闻宣传工作推向一个新阶段》的讲话。

8月22日,16位省级老干部在副省长杜五安等陪同下,赴大运高速公路太祁段罗城互通立交、晋祠特大桥、祁临第一合同段施工现场检查指导。

8月25日~27日,副省长杜五安深入大运高速公路大新段、太祁段、祁临段、临侯段和侯运段调研,要求加强工程管理,确保工程质量。

8月29日,《大运高速公路建设系列丛书》编审委员会成立。

9月4日,省长刘振华深入大运高速公路北线调研。

9月11日，省政府召开全省实施资源整合、构建大运高速公路经济带大会，省领导刘振华、薛军、申联彬、彭致圭、靳承序出席会议，省政府秘书长杨季春主持会议。在听取省交通厅领导有关实施资源整合、构建大运高速公路经济带汇报，并观看数字大运三维可视系统演示后，刘振华、薛军、彭致圭、靳承序分别提出指导性意见。会上，朔州市、平遥县、侯马市分别作典型发言，大运高速公路沿线8个市地分别作表态发言。

9月12日～14日，省长刘振华深入大运高速公路南线工程建设工地及沿线市地，就实施资源整合、构建大运高速公路经济带进行调研。

9月18日，下午，省委副书记李景田深入大运高速公路新原段建设工地视察指导工作。

9月20日，晚8时，《同一首歌》大型歌会在省体育场开幕，副省长薛荣哲、省交通厅领导致辞，李万定代表大运高速公路建设筑路员工接受主持人采访。

9月20日，副省长云公民赴大运高速公路大新段视察工作，要求严字当头，精益求精，质量创优。

10月17日～19日，省政协副主席边鸣涛、秘书长成占一率领省政协常委、委员和省政协机关干部一行20余人，深入大运高速公路南线太祁段、祁临段和临侯段一线工地视察。

10月18日，运城—三门峡高速公路竣工通车，省领导武正国、薛荣哲、边鸣涛、成占一出席庆典仪式。路线全长42.6km，1992年开始筹建，1998年正式开工。

10月31日，大运高速公路建设第一阶段总结表彰大会召开，总结各项工作，表彰50个先进集体、280名先进个人。省领导刘振华、申联彬、薛军、姚新章、杜五安、边鸣涛出席会议并颁奖，400余人参加会议。

11月7日～8日，省委书记田成平、省人大常委会副主任纪馨芳深入大运高速公路南线建设工地调研，要求高质量按期建设好大运高速公路，尽快形成通达四邻的高速公路网。

11月19日，《山西日报》刊发省长刘振华署名文章："用超前意识创新精神构建大运高速公路经济带——关于高速公路带动经济发展的思考"，全文约1万字。刘振华将"大运精神"概括为："坚持改革、与时俱进的创新精神；强化管理、尊重科学的求实精神；敢想敢干、争先发展的拼搏精神；顾全大局、公而忘私的奉献精神"。并集中概括为"创新、求实、拼搏、奉献"8个字。

11月20日，《山西日报》刊发特约评论员文章《大力发掘和弘扬"大运精神"》。该文将"大运精神"概括为：争先发展的进取精神，求真务实的科学精神，改革奋进的创新精神，顾全大局的牺牲精神。

12月7日，"大运精神"座谈会议召开，省委宣传部、省交通厅领导及有关专家、学者

30 余人参加会议。

12月9日~19日,省交通厅领导带领大运高速公路各项目公司董事长、总工程师和厅机关有关处室、厅直有关单位及大运办各处负责人,赴山东、江苏、上海等省市就高速公路建设与管理进行为期10天的学习考察,行程4000余公里。

12月28日~29日,"大运杯"演讲赛举行,95名选手参加。

2002年

1月21日,大运高速公路服务区规划方案评审会议召开。

2月6日,省交通厅邀请李立功、阮泊生、王庭栋、李修仁、郭裕怀、霍泛、张长珍、吴达才、万良适、李玉明、阎元锁、孟立正、王民、光敏、陈德贵、武三松等省级老领导、老专家,对大运高速公路服务区规划及重点公路建设规划进行论证,征求老领导、老专家们对"两个规划"的意见。副省长杜五安出席论证会并讲话。

2月10日,省长刘振华、副省长杜五安深入大运高速公路原太段原平收费站、新原段雁门关隧道建设工地慰问。

4月18日,省长刘振华、副省长杜五安深入大运高速公路原太段、新原段,就绿化建设情况进行专题调研。

4月26日,副省长杜五安深入长邯高速公路施工一线调研。

5月10日,交通部部长黄镇东在副省长杜五安陪同下,视察晋焦高速公路山西段。

5月11日~13日,交通部副部长张春贤在省领导王显政、杜五安陪同下,考察大运高速公路,对工程进展、质量、管理予以充分肯定。交通部总工程师凤懋润、综合规划司司长董学博随同考察。

5月19日,全国人大常委会副委员长陈慕华视察晋焦高速公路山西段。

5月20日,山西电视台"聚焦新大运"电视采访活动启程,副省长杜五安勉励采访团深入实际,多出成果。

5月23日~24日,省长刘振华带领省计委、省经贸委、省林业厅等有关部门负责人深入大运高速公路临侯段、侯运段,就绿化工作进行调研,要求沿线各级政府一定要高度重视,认真规划,确保成活率,改善生态环境,把大运高速公路建成绿色走廊。

5月24日,省级老领导王庭栋、王文章、李布德、霍泛、胡晓琴、张长珍、张广有、于鸿礼、刘荫超、安志藩、汤祊德、秦国栋、刘波及其家属一行30余人,赴大运高速公路新原段进行视察指导。

5月28日,副省长王昕视察大运高速公路新原段雁门关隧道工程。

5月29日,大运高速公路沿线服务区设计方案论证会议召开,省长刘振华、副省长杜五安出席会议并提出指导性意见。

6月4日,省交通厅与太原市就太原西北环高速公路建设有关事宜达成共识,征地拆迁费用由太原市承担,具体工作由太祁高速公路公司协助完成。

6月10日,山西省艺术家赴大运高速公路采风活动出发仪式举行,副省长杜五安出席并授旗。

6月12日,副省长杜五安深入大运高速公路新原段雁门关隧道北口、大新段路面工程施工现场,考察隧道掘进、沥青路面下面层、水泥路面铺装情况。

6月26日,副省长薛荣哲深入大运高速公路大新段调研,要求一定要创质量、工程、管理一流的品牌工程。

7月2日,在大运高速公路建设进入关键时刻之际,副省长杜五安致信省交通厅党组,要求居安思危,临深履薄,对工程质量进行"回头看"。

7月5日,副省长杜五安再次赴太旧高速公路现场办公,要求强化管理,搞好绿化美化,争创全国一流。

7月10日,副省长杜五安深入大运高速公路祁临段建设工地调研,要求认真抓好"回头看、查隐患"质量月活动,从思想上引起高度重视,通过各项检查,全面提高公路建设整体水平。

7月11日,副省长杜五安冒着酷热检查大运高速公路太祁段全线工程建设情况。

7月27日,省委常委、省军区司令员段端武少将带领省军区各位首长,专程赴大运高速公路大新段康庄战备飞机跑道工程建设工地慰问。

7月29日,省长刘振华赴大运高速公路考察朔州段绿化工作及新原段雁门关隧道建设,要求不仅要把大运高速公路建成一条快速通道,而且要改善沿线生态环境,整合沿线资源,带动产业结构调整,促进全省经济快速发展。

8月2日,省人大常委会副主任崔光祖深入大运高速公路祁临、太祁、新原、大新段视察。

8月6日,省长刘振华带领省交通厅等有关部门领导和临汾市领导,再次视察大运高速公路南线临侯段、太祁段,就工程质量、沿线绿化、服务区建设等进行认真调研,要求高标准、严要求,努力把大运高速公路建成高质量工程,成为体现山西形象的窗口。

8月9日,省委副书记张宝顺深入大运高速公路新原段、大新段调研,希望精益求精,建设好大运高速公路经济带。

8月9日,副省长杜五安深入大运高速公路南线祁临、临侯、侯运段调研,要求精益求精,善始善终,打好最后攻坚战。

9月29日,太晋高速公路长治—晋城段开工奠基仪式举行,省领导刘振华、杜五安出席仪式并培土。路线全长93km。

10月16日,大运高速公路洪洞—运城段通车剪彩仪式举行,省领导刘振华、白陛、杜五安、徐大毅等剪彩。路线全长191km(包括与运三、运风高速公路的连接线),概算投资47亿元,2001年2月开工,分别由祁临、临侯、侯运三大项目建设公司组织建设。

10月25日,上午9时,"山西交通建设成就展"在中国煤炭博物馆隆重开幕,省领导刘振华、刘泽民、郑社奎、申联彬、杜玉林、彭致圭、杜五安、边鸣涛和省级老领导李立功、郭裕怀出席开幕式并剪彩,杜五安发表热情洋溢讲话。

10月25日,大运高速公路经济带开发座谈会议召开,副省长杜五安主持,省长刘振华、省人大常委会副主任彭致圭出席会议。

10月28日,大运高速公路大同—朔州段通车剪彩仪式举行,省领导张宝顺、杜五安、边鸣涛出席仪式并剪彩。路线全长127km,总概算投资28.8亿元,2001年5月18日正式开工建设。

11月1日,山西省高速公路通车里程突破1000km暨大运高速公路太原—介休段通车庆典仪式在太原罗城互通隆重举行。省领导田成平、刘振华、刘泽民、张宝顺、金银焕、郑社奎、薛延忠、段端武、申联彬、云公民、杜玉林、息中朝、纪馨芳、徐生岚、彭致圭、武正国、白陞、李玉璋、薛军、杜五安、薛荣哲、靳承序、吴慧琴、吴锦文、焉华征等以及原省级老领导王庭栋、郭裕怀等出席。副省长杜五安主持,省长刘振华讲话。应邀出席庆典仪式的还有国家开发银行副行长刘克崮,交通部原副部长、中国公路学会理事长李居昌以及国家计委、国家开发银行、交通部代表和亚洲银行官员,部分省人大代表、省政协委员,省直有关部门、金融部门和各市地负责人,北京、吉林、广东等兄弟省市交通系统领导,大运高速公路工程建设单位代表和社会各界人士共计300余人。国家计委、国家开发银行、交通部、中国人民解放军某部、中国公路建设行业协会以及辽宁、吉林、贵州、重庆、宁夏等省、直辖市、自治区交通厅发来贺信和贺电。

庆典仪式结束后,与会代表驱车参观大运高速公路太原—介休段,对全省高速公路建设和所取得的成绩予以高度评价。

当日晚,《历史的跨越》文艺晚会在湖滨会堂举行,省委宣传部、省总工会和省交通厅共同主办,来自总政歌舞团的演员以舞蹈、独唱、相声等多种形式为观众进行表演。省领导申联彬、杜玉林、白陞、薛荣哲、原省级老领导李立功、王庭栋等观看演出。

11月28日,德胜口—大同高速公路奠基仪式举行,省领导刘振华、杜五安出席。路线全长47.275km,概算总投资15.73亿元,建设工期3年。

12月11日,太原西北环高速公路征地拆迁暨协调服务总承包合同签字仪式在太原举行,太原市委、市政府领导出席仪式。路线全长42.9km,永久性占地4914亩,拆迁房屋10.8万m^2。

12月18日,上午,侯马—禹门口高速公路奠基仪式举行,省领导田成平、刘振华出席仪式。路线全长66.6km,总投资约24.5亿元,其中利用亚行贷款1.24亿美元。

12月24日,省长刘振华、副省长杜五安亲赴雁门关隧道,祝贺胜利贯通,并亲切慰问广大筑路员工。

2003年

1月6日,汾柳高速公路奠基仪式举行,省领导杨安和、杜五安培土奠基。路线全长77.7km,批复概算29.68亿元。

1月20日,省委常委、省军区司令员段端武赴大运高速公路新原段雁门关隧道视察,高度评价雁门关隧道乃至整个大运高速公路建设的重要政治意义、国防意义和军事战略意义。

3月28日,太原西北环段高速公路开工建设,省领导田成平、刘振华、申联彬、云公民、杨安和、薛军、韩儒英出席开工仪式,副省长牛仁亮出席并讲话。路线全长42.9km,概算投资16亿元。

4月4日,上午,北京军区副政委张海洋专程视察大运高速公路北线战备工程,再次对坚持"平战结合、军民共建"的建设方针给予高度评价。

4月5日,下午,省长刘振华,副省长范堆相、牛仁亮深入省交通厅调研。刘振华在讲话中,要求争时间,抢速度,高质量、高标准建设好大运高速公路,为抓紧实施大运高速公路经济带建设奠定良好基础。

4月7日~11日,省委、省政府举行大运高速公路建设现场办公活动,进一步促进工程建设进度,解决工程建设中遇到的困难和难题,确保全线2003年9月28日胜利通车;加快大运高速公路沿线经济带建设步伐,带动全省经济结构战略性调整,推动全省小康社会建设。这是自大运高速公路开工建设以来,省委、省政府举行的第三次现场办公活动。省四大班子领导刘振华、刘泽民、范堆相、薛军、牛仁亮、吕日周及省直有关部门和沿线市(地)负责人参加。该项活动历时5天,行程千余公里,实地视察经济建设类、绿化类、工程建设类三种类型23个现场,召开北线、南线两个汇报会,听取8个市地、6个厅局汇报。

5月7日,上午,副省长牛仁亮不打招呼,轻车简从,对省城部分高速公路出入口进行暗访。

5月12日,上午,副省长牛仁亮深入太旧高速公路武宿收费站,旧关收费站,太原东山过境高速公路松庄、郑村消毒检疫站等交通运输一线检查指导工作。

5月13日,省委书记田成平深入大运高速公路新原段施工现场督察"非典"防控工作及工程建设,要求万众一心,众志成城,夺取防控"非典"和工程建设的全面胜利。

5月17日,下午,省人大常委会副主任薛军深入大运高速公路临侯段襄汾收费站防疫检查站督察"非典"防控工作。

5月18日,省人大常委会副主任杜五安冒雨检查运风高速公路风陵渡黄河大桥收费站"非典"防控工作。

5月18日,省委常委、省政法委书记杜玉林赴京大高速公路公司孙启庄留验室检查指导"非典"防控工作。

5月19日,上午,省政协副主席、省委统战部部长吴锦文带领省"非典"防控督察组一行深入晋焦高速公路丹河收费广场消毒检疫站督察指导工作。

5月29日,上午,大运高速公路控制性工程之一的韩信岭桥隧群仁义河特大桥顺利合龙。大桥长1140m,高80m,最大单孔跨径146m,是华北地区最长、最高的T形连续钢构桥梁。

6月11日,省政府召开专门会议,听取大运高速公路建设情况,研究解决面临的困难和问题。省长刘振华就加强交通"非典"防控工作和公路建设工作作重要指示,省委常委、常务副省长范堆相,副省长牛仁亮出席会议。

6月17日,省委常委、组织部部长薛延忠赴大运高速公路新原段视察雁门关隧道、绿化、路面工程等施工情况。

6月18日,上午,省委书记田成平在申联彬等陪同下,深入晋焦高速公路丹河消毒检疫站视察"非典"防控工作,要求站在对党、对人民高度负责的态度上,继续做好"非典"防控工作。

6月18日,省委书记田成平视察长晋高速公路,对工程建设表示满意。

6月18日,省委副书记张宝顺深入大运高速公路祁临段仁义河特大桥建设工地考察调研,对工程建设速度和质量感到十分满意。

6月20日,省人大常委会副主任薛军带领省人大财经委一行20余人赴大运高速公路祁临段调研,要求用博大精深的三晋文化做好宣传包装,精心打造大运品牌,进一步发挥大运高速公路在全省经济和社会主义建设发展中的巨大作用。

6月30日,省长刘振华轻车简从,视察大运高速公路祁临段洪洞明姜—介休82km建设工地,要求加快服务区建设,把高速公路两旁绿化工程尽快完成,向全省人民展现一条精美、绿色的发展之路。

7月1日~3日,省人大常委会副主任杜五安先后视察大运高速公路新原段和祁临段建设工地,希望省交通厅认真总结经验,提升建设品位,美化生态环境,把全省高速公路建设推向更高阶段。

7月14日,省委书记田成平冒雨考察大运高速公路祁临段,要求按时保质保量完成,确保9月28日建成通车。

7月14日~16日,副省长牛仁亮带领沿线市地、省直有关部门领导赴大运高速公路现场办公,研究解决工程建设面临的困难和问题。要求倒排工期,加强力量,节约资金,抓好安全,确保9月28日通车和运营。

7月15日,省委书记田成平深入大运高速公路新原段视察,要求大运高速公路48个出口和出省交界处,都应该设立明显标志,让人们更多了解大运文化。

7月27日,省长刘振华深入大运高速公路北线就沿线服务区、配套设施、路面质量等进行调查研究,要求争时间,抢速度,保工期,保质量,确保9月28日顺利通车。

8月7日,省委副书记张宝顺视察长晋高速公路晋城段崔庄互通施工一线,要求转变作风,真抓实干,尊重科学,保证质量,确保建成晋城市的开放富民工程,确保晋济高速公路年内开工奠基。

8月8日,《大运亨通》研讨会在北京召开,由中国作家协会、省委宣传部主办。省长刘振华作书面讲话,省委、宣传部领导,省人大常委会副主任杜五安,省交通厅领导出席会议。研讨会由中国作协副主席陈建功主持,中国作协党组书记、副主席金炳华讲话,翟泰丰、王巨才、张锲、张炯、孟伟哉、高洪波、雷达、蔡毅、张胜友等首都与山西文艺界有关专家40余人出席会议。作品由作家出版社出版,是著名作家焦祖尧历时数年,深入大运高速公路建设工地进行艰辛细致采访后创作的,全书33万字,全景式再现修建大运高速公路的艰难历程。专家们认为,这部长篇报告文学反映人民创造历史,创造新生活的伟大实践,讴歌中华民族不屈不挠、勇往直前的伟大精神,表现建设者与时俱进、自强不息、艰苦创业、无私奉献的崇高品格。

8月17日,下午,大运高速公路建设宣传领导组召开会议,全面部署9月28日全线通车庆典活动期间的新闻宣传工作。

8月23日,省长刘振华赴大运高速公路太祁段和祁临段调研,要求认真抓好配套设施建设,把大运高速公路真正建设成为能够展示山西新风貌、新形象的一道靓丽风景线。

8月26日~27日,省人大常委会常务副主任纪馨芳、副主任赵劲夫等带领部分全国人大代表和省人大代表50余人,深入大运高速公路视察调研。

8月28日,上午,大运高速公路全线通车运营及庆典活动协调会议召开,副省长牛仁亮主持会议。

8月28日,下午,省长刘振华、副省长牛仁亮深入大运高速公路新原段、大新段现场办公,要求在保证质量基础上加快建设速度,做到功能配套,设施完善,环境优美,通畅顺达,全方位保证9月28日全线建成通车。

8月29日,省委副书记、太原市委书记云公民深入大运高速公路新原段雁门关隧道、新庄特大桥等工程建设工地视察。

9月12日,省人大常委会副主任杜五安深入太原西北环高速公路建设工地调研,要求提升建设品位,搞好沿线绿化美化,为促进太原率先发展和全面建设小康社会交出一份满意答卷。

9月15日~16日,省人大常委会副主任杜五安深入长晋高速公路调研,要求各建设单位优化设计,确保工程质量;沿线各级政府创造良好施工环境。

9月19日,上午,"走大运高速,游山西名胜"山西大同—运城高速公路通车新闻发布会在北京召开,副省长宋北杉出席会议并讲话,交通部总工程师凤懋润出席。

9月28日,大运高速公路666km全线建成通车运营仪式举行。老一辈无产阶级革命家、原中顾委副主任薄一波为大运高速公路题词"腾飞之路",全国政协原副主席任建新向省委、省政府发贺信。省委、省人大、省政府、省政协、省军区、驻晋部队和武警总队领导田成平、刘振华、张宝顺、刘泽民、薛延忠、申联彬、杨安和、纪馨芳、薛军、杜五安、赵劲夫、王昕、靳善忠、张少琴、张正明、吴博威、马景然、叶景亮等,省级老领导李立功、王庭栋、李修仁、郭裕怀出席会议。为大运高速公路通车发来贺信、贺电的领导还有:中共中央文献研究室主任滕文生,北京军区司令员朱启,北京市代市长王岐山,山西省原省委书记陶鲁笳、王茂林,山西省原省长王森浩,山西省原副省长白清才,成都军区原政委张志坚,河南省委副书记支树平,甘肃省副省长杨志明等。

大运高速公路北起大同,南至运城,纵贯山西省南北,穿越8个市地31个县(市、区)132个乡镇495个行政村,全长666km,全线约1/4里程在群山沟壑之中,共动用土石方10656万m³,建隧道17处、桥梁703座,总概算222亿元,交通部批准工期5年。2000年9月,大运高速公路奠基;2001年,大运高速公路全线开工建设。在党中央、国务院亲切关怀下,在省委、省政府正确领导下,在全省人民大力支持下,经过8万名筑路员工3年艰苦奋战,大运高速公路建设取得"五年工期三年完、投资概算不突破、工程质量创一流、安全生产无事故"和廉政建设"建好一条路、不倒一个人"的佳绩。

9时整,大运高速公路通车仪式在雁门关主会场举行,省长刘振华主持会议,省委书记、省人大常委会主任田成平讲话,交通部副部长胡希捷代表交通部向大运高速公路建成通车表示热烈祝贺。田成平、刘振华、胡希捷为大运纪念碑揭幕;田成平、刘振华、王云龙、胡希捷、张志坚、张宝顺、刘泽民、温克刚、王庭栋、李修仁、郭裕怀、马景然等为大运高速公路通车剪彩。

15时许,大运高速公路通车仪式(韩信岭会场)由省委副书记张宝顺主持,薛延忠、申联彬、杨安和、杜五安、王昕、张少琴、张正明、吴博威、叶景亮等领导为大运高速公路通车剪彩。17时30分,大运高速公路通车庆祝活动在运城收费广场举行。

9月28日~10月3日,2003年山西省"天利杯"大运高速公路体育旅游自行车拉力赛在大同开赛,来自全省各地1000多名飞车好手,进行为期6天激烈角逐。省委书记田成平、省长刘振华等省四大班子领导和国家体育总局领导出席开幕式,副省长张少琴主持开赛仪式,副省长靳善忠为大赛鸣枪。

10月18日,太原—长治高速公路开工奠基仪式举行,省领导田成平、刘振华、张宝顺、云公民、申联彬、郑传福、邬万增、纪馨芳、杜五安、牛仁亮、阎爱英,省级老领导王庭栋、卢功勋、李修仁等出席并培土奠基。路线全长210km,其中主线198km,连接线12km,投资概算71亿元,建设工期3年。

10月24日,省长刘振华、副省长牛仁亮、宋北杉就大运高速公路经济带建设问题赴省交通厅现场办公,要求全省交通系统再接再厉,在大运高速公路经济带建设中做出更大成绩和贡献。

2004年

1月8日,上午,晋城—济源高速公路奠基仪式举行。路线全长29.914km,概算总投资18.66亿元,建设工期3年。

1月16日,全省交通工作暨大运高速公路建设总结表彰会议在太原隆重召开,省委副书记、代省长张宝顺,省人大常委会副主任杜五安,省政协副主席薛荣哲出席会议并讲话,副省长牛仁亮作书面讲话。会议还对在大运高速公路建设中做出突出贡献的54个先进集体和93名先进个人进行表彰。其中,受到省劳动竞赛委员会记功表彰的先进集体40个,先进个人93名。

3月30日,军民共建绿色交通义务植树活动在太原西北环高速公路高架桥下举行,省委常委、省军区司令员郑传福,副司令员马景然、高建国等参加。

4月17日,下午2时,交通部部长张春贤轻车简从,从太原出发,视察大运高速公路。听取有关情况汇报后,对山西高速公路系统工作,特别是对全省1100km高速公路实现联网收费给予充分肯定。在仁义沟特大桥,张春贤看到宏伟壮观景象,十分高兴,并和随行人员合影留念,认为大运高速公路建设工程质量不错,沿线绿化也非常好,特别是联网收费一卡通走在全国前列,建设品位和管理水平也达到全国一流。

4月27日,交通部部长张春贤视察大运高速公路北线,对平整路面、顺畅线形、优美人文景观、整齐绿化带,特别是科技含量很高的雁门关隧道给予高度评价。在康庄服务区,详细了解大运高速公路国防功能,对"国防大运"理念给予充分肯定,同时称赞整个服务区布局合理,环境幽雅。

5月19日,下午,省政协副主席薛荣哲考察忻州—阜平高速公路项目线路走向、连接和受控点,要求当地有关部门积极配合,尽快实施。

6月9日,省委书记、省人大常委会主任田成平深入太长高速公路建设工地考察,要求在确保工程质量基础上加快建设进度,注重生态保护,切实保护好沿线自然景观。省委常委、省委秘书长申联彬一同进行考察。

7月5日,副省长牛仁亮深入长晋、太长高速公路调研。

7月6日~7日,省长张宝顺、副省长牛仁亮深入太长、长晋高速公路建设工地调研,要求统筹规划,突出重点,加快进度,保证质量。

9月8日,上午,省长张宝顺深入太原市,就环城高速公路建设进行调研,省委副书记、太原市委书记云公民,省政府秘书长李政文参加调研。

9月8日,下午,山西悦达京大高速公路有限公司出资协议签字仪式举行,这是省交通厅继太旧高速公路实施企业并购、置换资本金之后,放宽市场准入,吸引社会资本进入高速公路领域的重大举措,副省长靳善忠代表省政府表示热烈祝贺。

9月26日,下午,大运高速公路全线通车一周年座谈会召开,省人大常委会副主任杜五安出席会议并讲话。

10月21日,省长张宝顺主持召开省政府第35次常务会议,原则通过《山西省高速公路管理条例(草案)》。省领导一致认为,制定该条例对于促进全省高速公路建设,推动交通事业持续快速发展,加快建设小康进程有着重要意义。

10月27日,龙门黄河大桥开工建设,省长张宝顺启动按钮,省领导杜五安、牛仁亮、吕日周等出席开工仪式。大桥全长4566m,概算投资7.51亿元,为亚行贷款项目,是黄河上跨径最大斜拉桥。

10月28日,省人大常委会副主任杜五安在省交通厅领导等陪同下,深入长晋、太长高速公路全线视察,要求集中精力把工程管理质量和进度、资金管理抓好,为全省人民交一份满意答卷。

10月29日,副省长牛仁亮在省交通厅副厅长杨金泉等陪同下,先后赴长晋、太原西北环高速公路调研,就通车前有关事宜现场办公,提出具体要求。

11月16日,上午,长治—晋城高速公路建成通车剪彩仪式在长治、晋城两市举行。省领导田成平、张宝顺、刘泽民、范堆相、薛军、杜五安出席,申联彬主持。路线全长93.045km,2002年9月29日奠基,12月开工建设。

11月28日,太原西北环高速公路全线通车仪式举行,省领导田成平、张宝顺、刘泽民、申联彬、薛军、牛仁亮、韩儒英等出席。路线全长42.9km,2003年3月28日开工建设。

2005年

1月13日,下午,省长张宝顺主持召开省政府第42次常务会议,审议通过《山西省高速公路网规划》。布局方案为"人字骨架,9横9环",总规模4000余公里。

3月26日,省领导田成平、张宝顺、申联彬等考察太长高速公路太原—武乡段建设,要求沿线各级政府创造良好施工环境,施工单位加快建设步伐,确保8月1日前半幅通车。

5月13日,省人大常委会副主任薛军带领省人大职能部门负责人视察太长高速公路,希望省交通厅在道路管养上通盘考虑,综合配套,再上新台阶。

5月25日~26日,交通部部长张春贤带领有关司(局)负责同志深入晋城视察公路建设,要求科学掌握进度,加强管理养护,解决新问题。

5月27日,下午,省委常委、副省长范堆相视察太长高速公路建设,要求在保证质量前提下,加快工程进度。

6月9日,上午,大同绕城高速公路西段开工建设,副省长牛仁亮出席奠基仪式。路线全长32.86km,批准概算11.52亿元。

6月9日,下午,副省长牛仁亮深入得大高速公路建设工地调研,要求倒排工期,抓紧施工,无条件实现年内建成通车目标。

6月25日,省人大常委会副主任杜五安率领有关职能部门领导视察太旧高速公路。

7月6日,上午,省人大常委会副主任薛军带领有关职能部门领导视察汾柳高速公路。

7月19日,副省长牛仁亮深入太长高速公路调研,了解工程进展,解决存在问题。

7月29日,中共中央总书记胡锦涛在长治视察并瞻仰八路军太行纪念馆和八路军总部王家峪旧址,亲切会见当地抗日老战士、老民兵、老支前模范后,视察在建的太长高速公路。听取山西高速公路规划后,认为公路建设成绩很大,规划令人鼓舞,任重道远。

8月5日,上午,驻晋解放军人大代表李国辉等10人视察大运高速公路忻州—大同段国防工程,省人大常委会副主任赵劲夫陪同。

8月17日,原省级老领导王文章、张邦应、董云海、魏蕴瑜、李玉明、孟立正、孙祥炎、白陉、李玉璋、吴俊洲、赵耀仁、宸耀光冒雨赴正在建设中的太长高速公路视察。

8月25日,上午,省政协副主席薛荣哲、阎爱英、韩儒英、秘书长田喜荣和15位省政协常委、22位省政协委员一起视察太长高速公路。

9月1日~3日,交通部副部长黄先耀视察大运高速公路。

9月12日,省委副书记、省纪委书记金银焕深入汾柳高速公路汾阳—离石段建设工地视察,要求在加快经济建设的同时,把党风廉政建设和反腐败斗争进一步引向深入。

9月21日,省人大常委会常务副主任纪馨芳深入太长高速公路调研。

10月18日,上午,得胜口—大同高速公路胜利建成通车,副省长牛仁亮出席通车仪式。路线全长47.368km,概算投资17.6亿元,2002年11月28日奠基,2003年10月1日开工建设。

10月28日,汾阳—离石高速公路胜利建成通车,省领导刘泽民、薛军、张铭、牛仁亮、阎爱英出席通车仪式。路线全长77.7km,2003年4月开工建设。

10月28日,离石—军渡高速公路奠基,省领导刘泽民、薛军、张铭、牛仁亮、阎爱英出席奠基仪式。路线全长38.55km,概算投资25.856亿元。

10月31日,副省长牛仁亮视察太长高速公路,要求加快通车前各项准备工作,在保质保量的前提下按时通车。

11月5日,全国人大常委、法律委员会副主任王茂林视察太长高速公路,要求搞好服务区配套设施建设,做到与绿化结合,与环境相映,与自然和谐。

11月8日,上午,太原—长治高速公路建成通车庆典仪式举行。省委书记张宝顺宣布山西"三小时高速通达"工程暨太原—长治高速公路正式通车,省委副书记、代省长于幼军发表热情洋溢讲话,并与省领导金银焕、云公民、刘泽民、申联彬、纪馨芳、薛军、杜五安、牛仁亮、薛荣哲、吴锦文、阎爱英、吴博威、周然以及原省级老领导李修仁等共同为太长高速公路通车剪彩。副省长牛仁亮主持,交通部发来贺信。仪式结束后,全体代表乘车全程参观太长高速公路。

全省"三小时高速通达"工程由省会太原到其余10个地级市政府所在地的5条放射状高速公路和太原绕城高速公路组成,总里程1324km,概算投资399.3亿元,分16个项目历时12年建成。太长高速公路全长200km,加上长邯连接线14km,合计214km,概算投资71亿元。

12月15日,全国人大常委会内务司法委员会副主任委员刘振华视察太长高速公路,对武乡服务区人性化设计、独特人文景观和良好生态环境表示赞赏。

12月21日,下午,副省长牛仁亮深入太原长风互通建设及东环段高速公路改造工地调研,要求在保证工程质量同时,做好通车运营各项准备工作,确保12月28日通车。

2006年

2月9日,全省高速公路管理工作暨"双五十佳"表彰大会隆重召开。

3月1日,上午,《山西省高速公路管理条例》正式实施启动仪式在小店收费站广场举行,省人大常委会副主任薛军出席,并在收费岗亭前发放宣传资料。

5月31日,下午,全省重点公路工程建设工作会议在召开,副省长牛仁亮出席会议。会议表彰优秀单位和先进单位,签订2006年度工作目标责任书,并对有关工作进行安排。

6月16日,省委副书记薛延忠、省政协主席刘泽民、交通部总工程师凤懋润深入离军高速公路视察指导工作。路线全长38.55km,概算投资25.856亿元,2005年12月19日开工建设。

8月25日,交通部副部长冯正霖在副省长牛仁亮陪同下,冒雨深入太原高速公路公司长风收费站、小店收费站治理超限超载检测点视察,要求通过政策与经济手段管理好计重收费工作,治理好超限超载车辆。

9月26日,下午,省委书记、省人大常委会主任张宝顺视察离军高速公路,要求加快进度,建成一流工程。

9月27日,创建千里大运文明高速路誓师大会在省高管局召开,省交通厅领导,交通部体改法规司副司长、文明办副主任王宝成,省委宣传部副部长、省文明办主任张明亮,省总工会副主席郭争荣出席并讲话。局长董新品宣读省高管局《关于全面创建千里大运文明高速路的决定》；党委书记李万定作热情洋溢动员讲话；党委副书记、副局长周存信宣读省劳动竞赛委员会、省高管局《关于在全省高速公路管理系统开展"五比五看、服务创优"立功竞赛活动的实施方案》；太原高速公路公司总经理刘玉柱代表沿线各公司作表态发言；太长、长晋、晋焦高速公路公司董事长魏庆飞代表其他各高速公路管理单位宣读向千里大运文明高速路各公司学习倡议书；太旧高速公路公司党委书记、董事长李新喜作立功竞赛表态发言。

10月9日，运城绕城高速公路西南段和闻喜东镇—垣曲蒲掌高速公路开工建设，副省长牛仁亮参加奠基仪式。路线长42km、84km，概算投资10.7亿元、44.26亿元。

11月16日，忻州—阜平高速公路开工建设，省领导张宝顺、于幼军、李政文、杨安和、杜五安、牛仁亮、宋北杉、薛荣哲出席开工仪式。路线全长124km，估算投资52亿元。

12月28日，侯马—禹门口高速公路胜利建成通车，副省长牛仁亮出席通车仪式并剪彩。路线全长65.56km，概算总投资23.075亿元，2004年5月开工建设。

12月31日，下午，副省长牛仁亮深入太原东环段高速公路杨家峪收费站检查指导工作。

2007年

1月16日，省人大常委会副主任杜五安及部分委员视察太原环城高速公路，要求科学规划林带，提高投资效益。

1月28日，大运高速公路雁门关隧道获第六届中国土木工程"詹天佑"奖。

3月27日，全省高速公路通道绿化工程暨军民共建绿色高速公路活动启动，16个单位同时举行启动仪式，参加人员2500余人，展开绿化工作面100多个。工程涉及22条高速公路1752km，投入资金2500多万元。

4月4日，下午，全省交通系统创建文明和谐行业暨"千里大运文明高速路"动员会议召开，省委常委、宣传部部长高建民，交通部体改法规司司长、文明办主任朱永光应邀参会，并为省高管局创建"千里大运文明高速路"青年突击队、先锋队授旗。

5月8日，省长于幼军主持召开省政府常务会议，专题研究加快全省高速公路建设问题。要求各级政府一定要把高速公路建设摆到突出位置，加强领导协调，主动争取国家有关部门支持，倾力抓好新建高速公路建设各项工作。

5月30日，全省重点公路工程建设第二次联席会议暨省交通厅离军高速公路现场办公会议召开。

6月6日，下午，省人大常委会副主任杜五安深入忻阜高速公路建设管理处调研，要求依法办事，依法修路，集中精力，加快推进。

6月28日,全省重点公路工程建设第三次联席会议召开,要求加快施工建设和前期工作进度,确保既定目标实现。

7月10日,上午10时,省委书记张宝顺深入太原南环段高速公路小店收费站西北侧,视察太原滨河东路南延工程以及与太长高速公路连接线工程。

7月13日,山西省与北京市国防交通战备部门,分别在大运高速公路和北京市昌平区某部综合训练场,参加北京军区举行的军交—2007B国防交通专业保障队伍整训点验,取得圆满成功。

7月25日,全省重点公路工程建设第四次联席会议暨勘察设计工作座谈会议召开,要求树立新理念,提高新水平,为省交通厅制定《重点项目管理办法》提供支持。

8月7日,下午,副省长牛仁亮深入太原环城高速公路就计重收费、治超工作进行调研,要求从源头上制止超载车辆进入高速公路,保证道路安全与畅通。

8月9日,上午,全省重点公路工程建设领导组会议在迎泽宾馆召开,组长、副省长牛仁亮出席会议并讲话,要求依靠质量保障、部门联动、创新机制、阳光作业和加强领导5个方面保障措施,解决突出问题,把握战略任务,推动重点公路工程建设再上一个新台阶。

8月23日,交通部部长李盛霖赴晋视察,与省委、省政府领导就交通工作交换意见。晚上,省委书记张宝顺在迎泽宾馆会见李盛霖部长一行。

8月24日,上午,交通部部长李盛霖带领部有关部门负责同志,先后深入太原环城高速公路调研,了解全省以桥梁为重点的交通基础设施安全隐患排查以及超限超载治理工作。副省长牛仁亮陪同视察。

8月31日,副省长牛仁亮专程赴离军高速公路建设工地,对工程进度、质量、安全及存在问题进行深入调研,要求严格管理,精心组织,倒排工期,做好质量排查和安全生产,确保年底建成通车。

8月31日,上午,汾阳—邢台高速公路汾阳—平遥段开工奠基,路线全长41.7km,投资估算14.45亿元。

9月11日,全省重点公路工程建设第五次联席会议召开。

9月19日,晋城—侯马高速公路阳城—翼城段开工奠基,路线全长64.792km,建设工期3年。

9月21日,全省公路桥梁养护安全管理责任目标签字仪式举行。

9月22日,下午,省委副书记、代省长孟学农赴离军高速公路建设工地考察,要求科学合理安排施工,确保工程质量,确保安全生产。

10月11日,副省长牛仁亮深入省交通厅调研全省高速公路建设进展情况。

10月26日,下午,全省重点公路工程建设第六次联席会议召开。

11月6日,晋城—侯马高速公路翼城—侯马段胜利建成通车,副省长牛仁亮等剪彩。

路线全长 66.791km,总投资 25 亿元,2005 年 2 月 16 日正式开工,2007 年 10 月 31 日竣工。

11 月 11 日,忻州—保德、太原—佳县、太原—古交 3 条高速公路奠基仪式在忻府区奇村举行,省领导张宝顺、孟学农、刘泽民、方文平、纪馨芳、牛仁亮、薛荣哲出席。项目总建设里程 422km,总投资 261 亿元。

11 月 16 日,省政府、交通部作出《关于命名大同—运城高速公路千里文明高速路的决定》。

11 月 20 日,下午,2007 年全国治理车辆超限超载工作电视电话会议召开,副省长牛仁亮出席山西分会场会议,并向全国介绍华北五省(区、市)联合治超工作情况。

12 月 1 日~2 日,交通部副部长黄先耀调研大运千里文明高速路创建工作,称赞创建活动在全国交通行业是一个新尝试,取得明显成效,为深化行业文明创建积累宝贵经验;希望不断增强辐射带动作用,继续培育更多典型。

12 月 2 日,省政府和交通部在太原南宫隆重召开大会,命名大运高速公路为"千里文明高速公路",并对创建过程中涌现出的先进集体和先进个人进行表彰。省委书记张宝顺专门发来贺信,交通部副部长黄先耀,省委常委、宣传部部长高建民,省人大常委会副主任薛军、杜五安,副省长牛仁亮,省政协副主席韩儒英出席命名大会。

大运高速公路北起长城,南至黄河,全长 1025km,是全省中轴快速通道和最具活力的经济走廊。

12 月 5 日,省文明办与省交通厅在太原迎泽宾馆共同举办"大运千里文明高速路共建共享社会论坛"。

12 月 5 日,全省治理非法超限超载车辆确保道路交通安全电视电话会议召开,省委常委、省政法委书记、公安厅厅长杜玉林主持会议,副省长牛仁亮讲话。

会议决定,12 月 19 日 12 时,全省各县(区、市)高速公路、国省干线、农村公路上将实行无缝隙、拉网式超限超载治理综合行动。

12 月 12 日,全省交通系统治理非法超限超载车辆誓师动员大会召开。

12 月 18 日,离石—军渡高速公路竣工通车仪式举行,省人大常委会副主任杜五安等出席。路线全长 38.55km,2005 年 10 月 28 日奠基,12 月 19 日正式开工建设,概算投资 28.85 亿元。

12 月 22 日,上午,大同绕城高速公路竣工通车,省政协副主席吕日周出席通车仪式。路线全长 32.86km,投资概算 11.52 亿元。

2008 年

1 月 11 日,阳泉—五台山高速公路阳泉—盂县段奠基仪式举行,省领导薛军、韩儒英出席。主线长41.2km,一级公路连接线7.008km,投资估算27.92亿元。

1月31日,山西省交通厅重点公路工程建设办公室正式挂牌,办公地点搬至厅办公大楼五层。

2月1日,下午,全省重点公路工程建设座谈会议召开。

3月24日,省委组织部晋组干字〔2008〕67号文印发《关于段建国等职务任免的通知》。经省委常委会议2008年3月22日研究决定:段建国任省交通厅党组书记。免去王晓林的省交通厅党组书记职务。

4月7日,上午,省交通厅召开干部大会,宣布厅主要领导任免决定:段建国任省交通厅党组书记、厅长,王晓林任省人大常委会城乡建设环境保护工作委员会主任,副省长牛仁亮出席会议并讲话,段建国作表态发言。

牛仁亮代表省委、省政府在讲话中,充分肯定省交通厅工作,并对新一届领导班子提出新要求。

4月7日,省交通厅新一届领导班子组成。厅党组书记、厅长段建国;厅党组副书记、副厅长、省交战办主任张润;厅党组成员、副厅长王志民、张志川;厅党组成员、省纪委驻交通厅纪检组组长韩日裕;厅党组成员、总工程师郜玉兰;厅党组成员、总会计师张德仪;厅党组成员、省公路局党委书记赵振田;厅巡视员曹僚原;副巡视员郭贵平。

4月17日,下午,省交通厅与忻州市委、市政府在顿村召开高速公路协调座谈会,达成共识:省交通厅与忻州市政府各负其责,通力配合,共同努力,争分夺秒,倒排工期,争取7月中旬忻阜、忻保高速公路同时开工建设。

5月6日,上午,省交通厅与晋中市政府在榆次召开推进高速公路建设座谈会,达成共识:各负其责,密切配合,以积极稳妥态度,依法创新工作方法,全力推进4个项目建设,全长280余公里。

5月14日,下午,副省长牛仁亮率省政府办公厅有关人员深入省交通厅调研,要求加大高速公路前期准备工作,加大与省、部沟通、协调力度。

5月23日,上午9时,省交通厅山西省支援四川灾区公路抢通保通突击队出征仪式在山西路桥集团一公司办公楼前举行。

6月3日,全省高速公路养护现场观摩暨经验交流会议召开,要求全力构建更畅通、更安全、更和谐、更高效的高速公路通行环境。

6月6日,上午,省委常委、政法委书记、公安厅厅长杜玉林赴祁临高速公路公司临汾高速公路服务区视察迎奥运准备工作,要求精心组织,全力以赴,切实做好各项准备工作,圆满完成奥运火炬团接待任务。

6月11日,省交通厅慰问团一行8人,莅临四川绵竹抢通保通公路现场指导工作并慰问一线抢险突击队员。

6月17日,下午,全省治理非法超限超载车辆工作会议在太原召开,总结成绩,分析问题,交流经验,表彰先进,并对下一阶段治超工作进行研究和部署,副省长牛仁亮出席并讲话。

7月1日,《山西省道路货物运输源头治理超限超载暂行办法》《山西省治理车辆非法超限超载工作责任追究办法》启动仪式在太原举行,省治超领导组组长、副省长牛仁亮宣布两个政府令正式实施。

7月17日,中午,省交通厅援川抗震抢通保通突击队圆满完成交通运输部下达的支援四川灾区公路抢通保通任务凯旋。

7月28日,下午,省交通厅与大同、朔州市政府在大同召开两市境内高速公路建设推进会议,达成共识:即路地共建,各项目密切配合,建设程序同步进行,齐心协力,确保12月开工建设。项目共4个,总里程约250km。

7月30日,山西省高速公路"迎奥运、促畅通、讲文明、树新风"收费业务技能大赛启动仪式举行。

8月19日,省委书记、省人大常委会主任张宝顺在四川茂县考察期间,亲切慰问交通援建全体队员。希望大家在非常困难条件下,注意安全,平安健康地完成任务,回到家乡。

9月4日~5日,交通运输部总工程师周海涛考察晋济高速公路。

9月8日,下午,全省重点公路工程建设工作汇报会议召开,要求增强信心,调动各方面积极因素,确保全年开工1000km高速公路。

9月22日,上午,副省长牛仁亮深入太原高速公路检查安全工作。

9月25日,《山西省高速公路网调整规划》评审会议召开,广泛征求意见并通过评审。

10月8日,中共中央、国务院、中央军委授予省交通厅对口支援四川灾区公路抢通保通抢险突击队"全国抗震救灾英雄集体"称号。

12月19日,全省新一轮"无缝隙、拉网式"治超总行动整整一周年之际,省治超办在太原高速公路公司小店收费广场再次举行声势浩大的现场宣传活动,副省长牛仁亮出席活动。

12月26日,太原—古交、太原—佳县(东段)高速公路建设推进大会召开,省委书记、省人大常委会主任张宝顺启动开工按钮,省委副书记、代省长王君讲话,省领导杨安和、牛仁亮、郭良孝出席会议。两个项目全长118.1km,概算投资92.8亿元。

12月27日,省交通厅与国家开发银行山西省分行、中国工商银行山西省分行、中国农业银行山西省分行、中国银行山西省分行、交通银行山西省分行战略合作暨首批贷款签约仪式举行,省委副书记、代省长王君,副省长牛仁亮出席。

12月29日,五台山—保德高速公路建设推进会议召开,路线全长316km,概算投资165亿元,分为忻州—台山、忻州—保德两段实施。

12月30日,晋济高速公路竣工通车。与此同时,晋城西北环、高平—陵川高速公路开工建设,副省长张平出席竣工通车仪式。晋济高速公路全长30.049km,概算投资21.7亿元,平均每公里造价7221万元;晋城环城高速公路全长29.5km,投资15亿元。高陵高速公路,全长62.9km,概算投资37.1亿元。

2009 年

1月5日,大同—呼和浩特高速公路大同—右玉段开工建设,省委副书记、代省长王君,省人大常委会副主任靳善忠,副省长牛仁亮出席奠基仪式并讲话。路线全长103km,概算投资37.41亿元。

1月7日,太原—佳县高速公路西段建设推进会议召开,原省人大常委会副主任杜五安按下启动按钮。路线全长120km,概算投资89亿元。

2月6日,下午,省人大常委会副主任、省总工会主席郭海亮一行深入忻阜高速公路凤凰岭隧道工地,亲切慰问坚守岗位职工。

2月10日,晚8时,省交通厅与省城金融系统在太原南宫举行《大路通天》文艺晚会,省委副书记、省长王君,省委常委、宣传部部长胡苏平,副省长牛仁亮等领导与交通和金融系统干部职工一同观看演出。

2月18日,上午,2009年全省高速公路管理工作暨"双百佳"表彰大会召开。

2月18日,太佳高速公路吕梁段建设动员大会召开。路线全长119.55km,批复概算89.9亿元。

3月20日,上午,全省重点公路工程建设项目第一次调度会议召开,要求全省交通系统各有关单位明确目标,责任到人,鼓足干劲,加大力度,夺取首季开门红。

4月10日,全省重点公路工程建设工作会议在太原召开,副省长牛仁亮出席会议并讲话。

4月21日,上午,由省编办、省交通厅委托山西财经大学开展的"全省高速公路运营管理体制研究"课题初步完成,取得阶段性成果。

4月28日,下午,全省重点公路工程建设推进会议召开,副省长牛仁亮主持会议并讲话,要求全力建设,加快推进,为全省扩大内需,拉动增长,走出困境做出应有贡献。

5月7日,上午,运城绕城高速公路西南段建成仪式举行,副省长牛仁亮出席通车仪式。

主线全长41.51km,概算投资10.7亿元。2007年4月开工,2008年11月竣工,19个月完成全部工程,刷新全省高速公路建设工期新纪录,打造高速公路建设"品牌工程"。

5月7日,大同—呼和浩特高速公路大同—右玉段掀起建设高潮,动员大会在左云县召开,明确2009年路基贯通,2010年正式通车总目标。路线全长103.4km,概算投资

37.4亿元。

5月8日,下午,晋中市政府召开汾邢高速公路平遥—榆社段征地拆迁协调会议。路线全长83.066km,概算投资57.43亿元。

5月12日~13日,省委副书记、省长王君,副省长牛仁亮深入忻保、忻阜高速公路建设工地现场办公,要求各级各部门、各建设单位抓住当前施工的大好时节,加快推进重点工程建设,确保各项任务圆满完成,促进全省经济平稳较快发展。

5月14日,下午,全省重点公路工程建设项目第二次调度会议召开,认真贯彻落实省领导指示精神,动员全体参建员工抢抓机遇,加快建设,鼓足干劲,再掀高潮。

5月22日,省委组织部晋组干字〔2009〕137号文印发《关于段建国等任职的通知》。经省委常委会议2009年5月22日研究决定:成立省交通运输厅党组,段建国任省交通运输厅党组书记。

6月4日,省人民政府晋政任〔2009〕26号文印发《关于洪发科等九人任免职务的通知》。接山西省人大常委会〔2009〕4号文通知,经2009年6月4日山西省第十一届人民代表大会常务委员会第十次会议通过,决定任命段建国为山西省交通运输厅厅长。

6月10日,荣成—乌海高速公路灵丘—山阴段开工仪式举行,省委副书记、省长王君出席并宣布项目开工,副省长牛仁亮讲话。路线全长153.96km,概算投资83.2亿元。

6月18日,上午,全省重点工程劳动竞赛现场推进会议在晋城—侯马高速公路阳城—翼城段黄龙圪梁隧道施工现场隆重举行,省人大常委会副主任、省总工会主席郭海亮出席会议。

6月23日,上午,山西省交通运输厅正式挂牌,副省长牛仁亮揭牌。

6月25日,上午,平遥—榆社高速公路建设推进会议召开,省委副书记、省长王君出席会议并启动开工按钮,副省长牛仁亮讲话。路线全长83km,概算投资57.43亿元。

6月26日,上午,长治—平顺高速公路开工建设,这是全省当年开工建设的第15条高速公路,至此,全省高速公路开工建设里程已突破1300km。省委副书记、省长王君出席开工仪式并宣布工程开工,副省长牛仁亮讲话。路线全长108km,概算投资79亿元。

7月2日,上午,全省重点公路工程建设项目第三次调度会议召开,全面总结上半年工作,对完成后半年建设任务进行再动员、再部署。

7月9日,副省长牛仁亮深入灵丘—山阴高速公路现场办公,要求加快节奏,解决问题,确保顺利推进建设。

7月14日~15日,省委副书记、省政协主席薛延忠,全国政协人口资源环境委员会副主任、原省政协主席刘泽民,省政协常务副主席郭良孝,省政协副主席、省工商联主席韩儒英,省政协副主席李雁红,省政协副主席、九三学社省委主委刘滇生和部分省政协委员20余人,赴正在建设中的全省重点公路工程建设项目太原—佳县(东段)、太原—古交、汾阳—平遥高速公路施工一线调研。

7月22日,下午,赴晋参加全国治理超限超载山西现场会的交通运输部部长李盛霖、副部长冯正霖听取全省交通运输工作汇报,副省长牛仁亮主持座谈会。

7月23日~24日,2009年全国车辆超限超载治理工作现场会议在太原召开,全国治超工作领导小组组长、交通运输部党组书记、部长李盛霖出席会议并讲话,省委副书记、省长王君出席会议并致欢迎词,副省长、省治超领导组组长牛仁亮介绍全省治超工作的做法和经验。会议由全国治超领导小组副组长、全国治超办主任、交通运输部副部长冯正霖主持。

省委书记、省人大常委会主任张宝顺在会议期间会见李盛霖部长,表示山西的治超工作一刻也不能放松。

7月27日~29日,全省高速公路第四届收费业务技术比武竞赛决赛举行,省人大常委会副主任、省总工会主席郭海亮观摩。

7月27日~8月1日,全省交通重点工程建设新闻采访活动举行。

8月5日,青岛—兰州高速公路临汾—吉县段、临汾市北环、京昆与青兰高速公路山西境临汾连接线开工仪式举行,省委副书记、省长王君宣布开工,副省长牛仁亮讲话。路线分别长99.27km、19.255km、16.03km,估算投资分别为91.7亿元、8.57亿元、14.11亿元。

8月6日,上午,闻喜—陕西合阳、运城—河南灵宝、河津—运城高速公路奠基开工。至此,全省当年开工的高速公路建设项目已达21个,总里程达1600km。省委副书记、省长王君宣布工程开工,副省长牛仁亮讲话。路线分别长76.2km、31.3km、80.95km,投资分别为33.98亿元、25.4亿元、39.1亿元。建成后,运城境内高速公路总里程将近600km,出省口将达到6个。

8月7日,傍晚,省委副书记、省长王君深入太古高速公路西山隧道施工现场,亲切慰问工程建设者,副省长牛仁亮一同慰问。

8月13日,下午,全省重点公路工程建设项目第四次调度会议召开,要求万众一心,真抓实干,确保全年各项建设任务圆满完成。

8月20日,下午,副省长牛仁亮深入长治市调研,要求加强配合,形成合力,确保全省高速公路建设保质保量按期完成。

9月1日,上午,榆次龙白—祁县城赵高速公路奠基仪式举行,这是全省首条由市级政府投资建设的全省首条全标准双向六车道高速公路项目,是全省高速公路建设投资体制改革的一次尝试。省委副书记、省长王君宣布开工奠基,副省长牛仁亮出席。建设里程71.496km,估算投资36.9894亿元。

9月9日,大同—天镇、大同—浑源、浑源—广灵、朔州—平鲁4条高速公路开工建设,省委副书记、省长王君分别出席在大同、朔州举行的开工仪式并宣布开工,副省长牛仁亮讲话。

9月12日,全国唯一的第一至第十一届人大代表、长治市人大常委会副主任申纪兰视察长(治)—平(顺)高速公路。在钢筋笼施工现场,她希望吸取好的经验和做法,充分利用现代化新技术,把长治东枢纽工程建设成为最好的工程。

9月14日,全省重点公路工程建设质量安全管理现场会议在忻州召开,副省长牛仁亮出席会议并讲话。

9月15日~16日,省委常委、统战部长李政文深入闻垣、临吉高速公路建设工地调研。

9月28日,上午8点30分,《山西交通运输60年建设成就展》在省征稽局二楼大会议厅开展,展览用图文并茂、声像结合手法,全面展示新中国成立60年来全省交通运输事业创业发展的光辉历程和辉煌成就,集中反映交通职工团结拼搏、艰苦奋斗、与时俱进、勇于创新的精神风貌。展区设1个综合展和在建高速、高速公路、干线公路、农村公路、交通征稽、运输管理、地方海事、交通战备、科研设计、交通教育、文明创建11个专题展,是全省交通运输60年发展历程的一个缩影。

9月28日,上午11时40分,山西公路建设60年成就展在省展览馆开展。省委书记、省人大常委会主任张宝顺,省委副书记、省政协主席薛延忠,省委常委、常务副省长申联彬,省委常委、政法委书记杜玉林,省委常委、宣传部部长胡苏平,省委常委、组织部部长汤涛,省人大常委会常务副主任杨安和,省人大常委会副主任安焕晓,省人大常委会副主任、省总工会主席郭海亮,副省长牛仁亮、刘维佳参观展览,并启动成就展开展按钮。

9月29日,省交通运输厅赴重点公路工程建设一线慰问演出活动总结表彰会议召开,省军区演出队获省厅5万元慰问金。

10月13日,上午,全省重点公路工程建设项目第五次调度会议召开,要求居安思危,未雨绸缪,突出重点,突破难点,统筹做好每一项工作,决战第四季度,全面完成全年各项目标任务。

11月3日,全省重点公路工程建设推进会议召开,副省长牛仁亮出席并讲话,要求加大力度,各方配合;依法依规,规范建设;多方筹资,尽快到位;反腐倡廉,领导带头;早做准备,全面评价。

11月3日~5日,全省高速公路精细化管理推进会议召开。

11月13日,省委副书记、省长王君在省委常委、政法委书记杜玉林等陪同下,赴太旧高速公路看望因下雪滞留部分驾乘人员以及战斗在一线的广大干部职工,要求齐心协力,迅速打胜防范应对强降雪这场硬仗。

11月17日,上午,全省重点公路工程建设项目第六次调度会议召开,要求各单位一把手要亲力亲为,抓好各项管理工作,争取做到精实细严,确保工程建设质量、安全、进度、投资、廉政各个目标实现。

12月7日,副省长牛仁亮冒着严寒,踏着积雪,赴忻保高速公路考察指导工作。

12月19日,省人大常委会副主任安焕晓带领部分在晋全国人大代表深入太古高速公路建设工地视察。

12月20日,下午,省交通运输厅重点公路工程建设项目第七次调度会议召开,对春节前各项工作进行安排部署。

12月21日,榆社—和顺高速公路建设推进会议召开,副省长牛仁亮按动开工按钮。路线全长76.5km。

12月21日~22日,全省重点公路工程建设项目领导干部廉政教育强化培训班开班,150余人参加。

2010年

2月11日,上午,副省长牛仁亮深入太原高速公路公司滨河收费站和108国道太茅路段检查指导春运工作,慰问连日来战斗在保畅通、保春运一线的广大交通运输系统干部职工,并与他们一道除雪。

3月28日,上午,太原—阳泉高速公路开工建设仪式举行,省委副书记、省长王君出席并宣布开工,省委常委、常务副省长李小鹏主持,副省长牛仁亮出席。

5月14日,全省重点公路工程建设推进会议召开,副省长牛仁亮出席会议并讲话。要求各相关单位各负其责,相互配合,抓紧、抓实、抓措施,责任到人,把全省公路建设再推上一个新台阶。

6月10日,上午,"全省交通重点工程建设新闻采访活动"启动仪式举行,16家省级新闻媒体共30多名记者参加。

6月20日,上午,省委书记袁纯清视察忻阜高速公路建设工程,要求保证工程质量,确保施工安全,加快建设进度,为山西公路建设做出更大贡献。

6月24日,省委常委、省人大常委会党组书记、副主任申联彬带领有关部门负责同志深入太原—阳泉高速公路建设工地调研指导工作。

7月2日,副省长张建欣深入汾阳—平遥高速公路建设工地调研。

7月4日,省委常委、秘书长高建民带领省国土资源厅、省重点办有关部门负责同志,深入联系点长治—平顺高速公路建设工地调研指导工作。

7月6日,副省长张平带领省政府、省重点办等有关部门负责同志深入长临高速公路与大运高速公路连接处襄汾县南辛店调研指导工作。

7月8日，一大早，省委常委、常务副省长李小鹏深入联系点临吉高速公路调研并慰问一线筑路员工。

7月9日，省交通运输厅第一次全省重点公路工程建设项目第一次调度会议召开，要求明确目标，加快步伐，抓好质量，确保安全。

7月21日，晚上，省军区、省交通运输厅联合组织的"心系公路工程，关爱一线员工"慰问演出活动启动仪式举行，并在太原高速公路公司太原服务区举行首场演出。

7月24日，大同、朔州市7个高速公路建设项目现场推进会议在大同召开。路线全长651.4km，总投资343.9亿元。

9月1日，全省高速公路精细化管理系列标准新闻发布会召开，为全国交通运输行业第一个高速公路精细化管理地方标准，并决定于2010年9月17日实施。

9月13日，上午，副省长牛仁亮深入运城市、临汾市调研，要求重视质量，加快进度，促进全省重点公路工程建设又好又快发展。

9月26日，9时30分，太原环城高速公路长风西互通全线竣工通车仪式举行，副省长牛仁亮宣布长风西大街暨长风西高速公路互通工程竣工通车。

9月26日，上午11时，太原武宿国际机场快速路开工建设仪式举行，副省长牛仁亮宣布国际机场快速路工程正式开工。路线全长3.16km，概算投资4.55亿元，由省交通运输厅投资建设。

9月29日，全省重点公路工程建设创先争优活动表彰会议举行，对全省67个先进基层党组织、232名优秀共产党员以及58名优秀党务工作者予以表彰，副省长牛仁亮出席并讲话。

9月30日，上午，五台山—忻州高速公路通车仪式举行，省委书记、省人大常委会主任袁纯清宣布通车，省委副书记、省长王君致辞，省领导李小鹏、高建民、靳善忠、郭良孝出席，副省长牛仁亮主持，交通运输部致信祝贺。路线全长124km，批准概算61.6亿元，2009年1月开工建设。

10月8日，全省重点公路工程建设项目第二次调度会议召开，要求锐意进取，敢于担当，奋发有为，全力打好攻坚战，胜利完成既定目标。

10月9日，省人大、省交通运输厅、省治超办联合召开宣传贯彻落实《山西省道路运输条例》，加强超限超载源头治理新闻发布会，省人大常委会副主任靳善忠，副省长牛仁亮出席。

10月25日，晋城环城、阳城—翼城两条高速公路通车仪式举行，省委书记、省人大常委会主任袁纯清，省委副书记、省长王君启动通车按钮，省委常委、秘书长高建民，副省长张建欣出席，省委常委、常务副省长李小鹏讲话，副省长牛仁亮主持。建设里程分别为30.8km、64.8km，概算投资14.137亿元、41.66亿元。

11月23日,全省重点公路工程建设项目第三次调度会议召开,会议就年内将建成通车项目、续建项目和拟开工建设项目工程进展情况进行研究,对冬季施工工作进行部署。

12月3日,全省重点公路建设项目工程质量专题会议召开,听取28个重点工程项目工程质量情况汇报及省交通质监站关于全省高速公路建设工程质量检查情况的报告。要求增强忧患和责任意识,切实把质量安全工作抓紧、抓好、抓细、抓实,再上新台阶。

12月10日,上午,全省高速公路不停车收费(ETC)一期工程通车试运行新闻发布会召开,中央驻晋及省级主流媒体共38家单位参加。

12月24日,全省高速公路突破3000km暨太佳高速公路竣工通车庆祝仪式举行,省委书记、省人大常委会主任袁纯清,省委副书记、省长王君为全省高速公路突破3000km暨太佳高速公路启动通车操作杆。省政协主席薛延忠,省委常委、省人大常委会副主任申联彬,省委常委、常务副省长李小鹏,省委常委、省军区政委张少华出席,省委常委、常务副省长李小鹏主持,副省长牛仁亮讲话。太佳高速公路全长214km,概算投资153.5亿元,2009年初开工建设。

2011年

1月6日,忻州环城高速公路建设管理处挂牌仪式举行。

1月12日,全省重点公路工程建设系统领导干部廉政教育培训班开班,要求严于律己,清正廉洁,牢记宗旨,加强学习,切实筑牢拒腐防变思想道德防线。100余人参加。

2月16日,全省重点公路规范建设推进会议召开,副省长牛仁亮出席会议并讲话,要求高度统一认识,严格执行省纪委"十个严禁"和交通运输部"八不准"制度,扎实推进重点公路规范建设。

2月19日,上午,省委常委、常务副省长李小鹏深入太原武宿机场高架快速路施工现场调研,要求8月15日竣工通车。

2月26日,全省重点公路工程建设工程质量培训班开班仪式举行,要求把好质量第一关,圆满完成建设任务。

3月15日,全省重点公路工程建设项目年第一次调度会议召开,要求采取措施,科学施工,全力推进,圆满完成1000km建设任务。

4月12日,上午10时,长平高速公路长治环城段正式通车运营,路线全长58.243km,路基宽26m。

5月16日,副省长牛仁亮赴太古高速公路西山特长隧道建设工地调研,要求精心组织,科学管理,高标准高质量抓好工程建设。

5月16日,全省重点公路工程建设项目第二次调度会议召开,要求集中力量攻克难点,确保全年新开工 500km,建成 1000km。

6月21日,省委书记、省人大常委会主任袁纯清深入忻保、岢临高速公路建设工地视察,要求确保质量,快速推进,争取早日建成。省委常委、秘书长李政文等陪同。

6月22日,全省重点公路工程建设项目第三次调度会议召开,要求同舟共济,负重前行,共渡难关,全力打好攻坚战。

6月28日~29日,副省长牛仁亮深入闻合、霍永(西)、太原南环高速滨河西互通、太原机场高架桥四个项目建设工地调研。

7月7日,下午,交通运输部副部长冯正霖一行莅临西山特长隧道视察指导工作。

7月20日,省人大常委会副主任杜玉林带领部分省人大代表组成省直第四小组,对太原—阳泉高速公路建设情况进行视察。

7月21日,山西省交通重点工程建设集中采访报道活动启动仪式举行。

7月25日,全省重点公路工程施工企业座谈会议召开,希望采取有力措施,共渡资金紧张难关,确保实现年内通车 1000km 目标。

8月10日,全国人大代表、全国劳动模范申纪兰赴长平高速公路养护管理中心和路政中队看望慰问一线员工,要求广大员工永远听党话、跟党走,始终心怀人民群众,廉洁做事,为广大人民群众出行提供优质服务。

8月18日,忻阜高速公路科技示范工程现场技术交流会议召开,交通运输部副部长高宏峰、部总规划师戴东昌等出席。

8月23日,武宿飞机场高架快速路竣工通车仪式举行,副省长牛仁亮出席并宣布竣工通车。路线全长3.16km,概算总金额4.55亿元,2010年8月22日开工建设。

9月22日,太原滨河西高速互通、滨河西路南收费站正式开通,设6进11出共17个车道,总投资2.5亿元,2011年3月开工建设。

10月12日,全国车辆超限超载治理工作电视电话会议召开,副省长牛仁亮代表山西省介绍经验。全省于2007年12月开始新一轮"无缝隙、拉网式"治超总行动以来,治超工作取得显著成效,超限超载率由13%下降到0.2%以下,交通事故减少4590起,节省道桥维护费用119亿元。

11月7日,全省重点公路工程建设第四次调度会议召开,听取情况汇报,研究解决问题,加快工程建设。

12月6日,上午11时,忻阜高速公路晋冀界石嘴(主线)收费站正式开通运营。长城岭隧道洞穿太行,晋冀两省畅通无阻,隧道全长4.7km,是全省乃至华北地区目前唯一一条投入运营的双向六车道特长隧道。

12月9日,团中央和交通运输部联合授予平遥收费站国家级"青年文明号"挂牌仪式举行。

12月20日,石清黄河大桥竣工通车,省人大常委会副主任杨安和出席通车仪式。桥梁全长629m,桥面宽12m,总投资9000万元。

12月21日,平榆高速公路宝塔山隧道、紫金山隧道胜利贯通,分别长10.2km、4.5km。

12月30日,省委、省政府在忻(州)保(德)高速公路米家山2号隧道入口处广场前隆重举行仪式,庆祝2011年全省高速公路建成1000km,总里程突破4000km暨忻保高速公路通车。省委书记、省人大常委会主任袁纯清,省委副书记、省长王君,省政协主席薛延忠,省委常委、秘书长李政文,省人大常委会副主任安焕晓,副省长牛仁亮出席,省委常委、常务副省长李小鹏主持庆祝仪式。当天建成通车的忻保高速公路,全长192km。

2012年

1月16日,晚上,庆祝全省高速公路建成4000km文艺晚会《再筑新辉煌》在山西交通学院举行,副省长牛仁亮接见全体演职人员。

1月31日,2012年全省重点公路工程建设第一次调度会议召开,要求全力以赴推进建设,确保完成全年建成1000km、总里程突破5000km任务。

2月14日,忻州片区高速公路建设推进会议召开,重点研究解决征地拆迁、土地报批等存在的主要困难。

2月22日,全省重点公路工程建设领导组会议召开,研究解决当前存在的困难和问题,强力推进工程建设。副省长牛仁亮出席会议并讲话,要求明确任务,分解职责,采取有力措施,确保全年任务圆满完成。

3月6日,上午8时,太原—阳泉高速公路正式运营,这是继太旧高速公路后,全省又一条通往京津冀的快速战略通道。项目是全省第一条标准双向六车道高速公路,2010年3月28日开工,2011年12月30日建成,全长124.241km,已通车路段96.15km,设计时速100km,路基宽33.5m。

3月26日~27日,同朔地区重点公路工程建设项目平朔、山平、广源高速公路决战2012年动员大会召开。

3月28日,省委副书记、省长王君深入临吉高速公路工程建设一线视察指导工作,要求科学组织,精心安排,确保施工质量和安全。

4月1日,全省高速公路建设誓师动员大会召开,省委书记、省人大常委会主任袁纯清宣布"山西省2012年决战1000km高速公路全面启动"。省委副书记、省长王君讲话,省政协主席薛延忠,省委常委、常务副省长李小鹏,省人大常委会副主任王雅安等出席,副省长牛仁亮主持。

2008年年底以来,按照中央决策部署,在省委、省政府正确领导和省人大、省政协大力支持下,通过各级各有关部门密切配合以及30万建设大军日夜奋战,全省高速公路建设取得突出成绩,用3年时间建成2000km高速公路,总里程突破4000km,在全国排名第七位,跨入全国先进行列。根据省委、省政府向全省人民作出的庄严承诺,年内全省将再建成高速公路1000km,总里程突破5000km。

王君在讲话中,充分肯定全省高速公路建设取得的成就,要求各级各部门进一步提高认识,知难而进,迎难而上,在继续坚持近年来公路建设行之有效的好经验、好做法的基础上,进一步加大工作力度,加快工程建设进度,确保圆满完成年内新建1000km的目标任务。牛仁亮宣读《山西省人民政府办公厅关于成立2012年山西省高速公路建设指挥系统和重大事项协调小组的通知》;23个在建高速公路项目前线指挥长上台接旗。项目沿线40个县(市、区)和142个乡(镇)负责人,以及施工、监理单位代表参加会议。

4月26日,全省高速公路建设总指挥部土地矿产协调组会议召开,副省长牛仁亮出席并讲话。会前,牛仁亮赴忻州环城高速豆罗互通施工一线视察,要求在保证质量基础上,加快建设进度。

5月3日,下午,副省长张建欣陪同,全国妇联副主席、书记处第一书记宋秀岩一行莅临太原高速公路公司小店女子收费站调研,希望再接再厉,模范带头,在三尺岗亭建功立业,用最美丽微笑演绎多彩人生。

5月4日,全省重点公路工程建设第二次调度会议召开,要求加大推进力度,加强协调沟通,加快前期工作,确保年内1000km高速公路顺利建成。

5月5日,全省高速公路建设安全生产工作视频会议召开,要求消除安全隐患,有效控制各类事故发生,实现安全生产。

5月16日,全省在建高速公路质量现场观摩会议召开,副省长牛仁亮出席会议并讲话,要求明确责任,细化到人,排查隐患,消除问题,全力打造质量一流的高速公路。

5月18日,全省高速公路2012年决战1000km新闻媒体恳谈会议召开,希望记者多观察,善思考,为全省新一轮高速公路建设再添浓墨重彩一笔。

5月22日,上午,山西交通广播电台《三晋高速万里行》采访报道活动出发仪式在省交通运输厅机关办公楼前举行。

5月30日,上午,同源高速公路运营启动仪式举行,路线全长43.5km,6月1日起正式收费。

6月1日~2日,省人大常委会副主任杜玉林视察神河高速公路建设,要求沿线各级政府部门以大局为重,全力以赴创优环境,为工程建设提供优质、高效服务。

6月6日,上午,副省长牛仁亮深入太古高速公路西山隧道建设工地调研,并主持召开高速公路建设筹融资协调会议,研究部署相关工作,要求加快融资速度,保证资金及时足额到位,确保工程建设顺利推进。

6月8日,全省高速公路行业文化品牌发布暨文化建设推进大会召开。

6月20日,全省金融机构"百名行长、经理下基层"调研活动启动,行长、经理表示将按照省委、省政府安排部署,创新融资方式,提升服务水平,全力帮助解决建设资金难题。

6月26日,上午,全省重点公路工程建设质量安全现场会议在阳左高速公路召开,副省长牛仁亮出席会议并讲话,要求真正把抓安全、保质量放在首位,努力实现安全生产目标。

7月12日,太古高速公路投入运营,副省长牛仁亮宣布"太原—古交高速公路正式通车"。路线全长23.4km,概算投资28.48亿元,其中西山特长隧道长13.65km,是全国第二长公路隧道,2008年12月开工建设。

7月19日,上午,晋中市榆次龙白—祁县城赵高速公路建成通车,省人大常委会副主任王雅安,副省长牛仁亮出席运营仪式。是全省第一条由市级政府自筹自建的高标准高速公路,全长71.6km。

7月20日,全省重点公路工程建设第三次调度会议召开,要求各项目单位克服资金困难,严抓工程质量和安全生产,做好正面典型经验宣传报道,坚决完成既定目标任务。

7月30日,上午,省高速公路建设总指挥部分23个组同时对全省在建23个高速公路建设项目的10万名一线建设者进行慰问。统一发放慰问品和防暑用品,即1件汗衫、1顶遮阳帽、1条毛巾以及部分夏季饮料、防暑降温药品。

8月29日,全省高速公路黄土隧道及高架桥施工安全生产经验交流会议召开。

9月5日,交通运输部总工程师周海涛莅临忻阜高速公路,就该项目科技示范工程实施落实情况进行专题调研。

9月5日,上午,全省高速公路建设资金安全监管会议在长治召开,副省长牛仁亮出席会议并讲话,要求围绕防腐倡廉、消除隐患,突出做好资金安全监管。

9月13日,全省高速公路管理系统"七比七看、服务创优"立功竞赛现场推进会议在顿村省交通职工培训中心召开,省人大常委会副主任、省总工会主席郭海亮出席会议并讲话,要求不断创新形式,努力提高实效,切实把劳动竞赛成果转化为推动转型跨越发展的现实生产力。

9月24日,上午,交通运输部党组书记、部长杨传堂在副省长牛仁亮陪同下,深入太原高速公路滨河收费站调研指导工作。

9月26日,上午,副省长牛仁亮深入和榆高速公路调研并慰问筑路员工,要求保证质量、施工、资金安全,全力以赴推进项目建设。

9月27日,"情系万里路,高速建伟业"2012年赴全省高速公路建设工地慰问演出活动总结表彰会议召开。

9月28日,上午,全省重点公路工程建设第四次调度会议召开,要求认真对照分析,切实落实整改方案。

10月11日,上午,全省重点公路工程建设廉政风险防控工作座谈会议召开,要求强化风险意识,提高防范能力,加强警示教育,深化长效机制建设。

10月30日,"全省在建高速公路集中采访报道活动"启动仪式举行,活动由北向南,行程约3000km,历时两个月,再掀全省高速公路建设新闻宣传新高潮。

11月5日,副省长牛仁亮深入临吉高速公路黄河壶口特大桥建设工地检查指导工作,要求排查隐患,做好整改,保证质量万无一失。大桥全长757m,其中3号主墩高146m,是黄河最高墩。

12月20日,省委副书记、代省长李小鹏深入太长高速公路调研,亲切慰问奋战在破冰除雪一线员工,要求制订切实可行预案,与交警密切配合,确保车辆安全通行。

2013年

1月18日,2013年全省高速公路管理系统治超工作推进会议召开,要求精诚团结,加强协作,举全行业之力,夺取治超工作新的更大胜利。

3月20日,下午,《山西省高速公路管理条例(修订草案)》专家论证会议举行,要求广泛吸收好意见、好建议,按时制定出台一部操作性强、富有特色的法规。

3月21日,全省重点公路工程建设第一次调度会议召开,要求振奋精神,明确目标,尽快开工新建项目,全力推进建设进度。

3月28日,上午,晋豫两省高速公路对接座谈会议召开,双方就加强省际通道对接工作、力促对接项目早日完成达成共识。

3月28日,下午,省交通运输厅与晋城市推进公路建设座谈会议召开。

3月29日,省交通运输厅与长治市人民政府重点公路工程推进协调会议召开,研究解决存在的突出问题,确保黎左、长临、黎霍高速公路及长邯高速公路拓宽改造工程快速推进。

4月26日,全省重点公路工程建设第二次调度会议召开,要求加强管理,规范程序,全力打造优质安全廉政工程。

5月29日,上午9时,长治—平顺高速公路主线投入运营,全省高速出省口增加到20个。路线全长98.15km,其中58.24km环城段已于2011年4月正式通车运营。此次投入运营的主线段全长39.91km,其中,虹梯关隧道全长13.11km,是目前全省第二、全国第三长度公路隧道。

6月7日,上午,长治—临汾高速公路开工建设,项目采取BT模式建设,由山西路桥建设集团公司承建,工期3年,路线全长166.234km,概算批复总投资103亿元。

7月1日,下午,全省重点公路工程建设第三次调度会议召开,要求加强管理,规范程序,切实做好重点公路工程建设领域反腐倡廉工作,全力打造优质安全廉政工程。

7月31日,省政府常务会议审议通过《山西省高速公路网规划调整方案》。调整后,全省高速公路网规划总规模增加到7258km,新增高速公路938km。路网布局调整为"三纵十二横十二环",由3条纵线、12条横线、12条环线及部分连接线组成。

8月9日,全省高速公路重点路段服务区提档升级观摩会议召开,要求在精细化管理上下功夫,不断完善服务项目和功能,进一步推进特色服务品牌建设。

9月24日,中共山西省委晋干字〔2013〕354号文印发《关于李正印、段建国同志职务任免的通知》。经省委常委会议研究决定:李正印同志任省交通运输厅党组书记;免去段建国同志的省交通运输厅党组书记职务。

9月30日,上午,省交通运输厅领导干部大会召开,省委组织部副部长陈跃钢宣布省委、省人大、省政府关于省厅主要领导任职决定:李正印同志任省交通运输厅党组书记、厅长。李正印发表任职讲话。

9月30日,省交通厅新一届领导班子组成。厅党组书记、厅长李正印;厅党组副书记、副厅长、省交战办主任张润;厅党组成员、副厅长戴飞;厅党组成员、副厅长唐晋;厅组成员、省纪委驻交通运输厅纪检组组长韩日裕;厅党组成员、总工程师郜玉兰;厅党组成员、总会计师张德仪;厅党组成员、副厅长、省邮政管理局局长张勤学;厅党组成员、省公路局党委书记郭贵平;省交战办专职副主任尹新平。

10月11日,下午,全省重点公路工程建设安全质量廉政工作会议召开,听取情况汇报,通报在建项目质量安全检查情况,研究解决存在问题,重点对工程建设安全质量廉政工作进行安排部署。

11月9日,上午,王庄堡—繁峙高速公路通车运营。路线全长58.7km,概算投资50.42亿元,2011年5月开工建设,是山西路桥集团首个BOT项目。

11月18日,上午11时,广源高速公路通车运营。路线全长77.27km,概算投资48.19亿元,2010年8月开工建设,属于省投市建项目。

12月6日,交通运输部党组书记、部长杨传堂听取近期山西交通运输工作情况汇报,在充分肯定工作成绩同时,提出今后努力方向和需要抓好的重点工作。

12月31日,京津冀晋鲁区域高速公路电子不停车收费(ETC)正式联网运行,5省市ETC客车用户可在北京市、天津市、河北省、山东省和本省内任意高速公路实现专用通道快速通行支付高速公路通行费。在当日下午召开的5省ETC联网开通视频连接新闻发布会上,省交通运输厅领导代表山西发言。

截至2013年年底,全省高速公路共开通254个收费站2318条收费车道。其中在107个收费站开通ETC专用车道220条,ETC覆盖率达到42%;开通刷卡缴费功能的MTC车道2098条,全部支持京、津、冀、晋、鲁ETC卡的非现金支付。

12月31日,上午,省人大财经委和省交通运输厅联合举行《山西省高速公路管理条例》新闻发布会。该条例不仅新增加高速公路经营者和使用者权利义务方面规定,还囊括具有全省鲜明地方立法特色的规定。对于规范全省高速公路管理,保障高速公路完好、安全和畅通,维护高速公路经营者、使用者合法权益,促进全省经济社会快速发展,具有十分重要的意义。

2014年

2月20日,全省重点公路工程建设推进会议召开,要求改革创新,统筹协调,防控廉政风险,树立良好形象,确保完成各项建设与管理目标任务。

4月9日,下午,全省高速公路收费站以"我为山西交通运输科学发展做贡献"为主题的"青年文明号"四级联创活动启动仪式在小店收费站举行,要求坚定理想信念,提升业务技能,更好发挥作用,贡献青春才华。

4月18日,2014年新建、续建高速公路项目推进座谈会议召开,要求高度重视,认真研究,抓好管理,安全推进。

4月23日,2014年高速公路尾工项目进展汇报会议召开,要求倒排工期,克服困难,采取措施,确保早日建成运营。

4月30日,下午,省交通运输厅厅长办公会议召开,对10位省级领导提出的涉及交通运输问题进行梳理分类,逐一研究具体落实工作。

5月20日,省委书记、省人大常委会主任袁纯清深入灵丘—河曲高速公路原平—神池段建设工地调研,要求加大建设和管理力度,既为保增长、惠民生提供有力支撑,又为进一步调结构、促转型奠定良好基础。

5月31日,太佳高速公路黄河特大桥正式通车运营。大桥全长1611m,主桥高近120m,跨经达150m。

6月17日下午~18日上午,省委常委、省纪委书记李兆前深入包联的重点公路工程建设项目高沁高速公路实地调研并现场办公,协调解决有关问题。

7月25日,上午10时30分,朔州环城西南段、山(阴)平(鲁)高速公路正式通车运营。朔州环城西南段全长64km,概算投资39.45亿元,2010年7月30日开工建设。其中,西段长36.72km,南段长27.68km。山平高速公路全长107.74km,概算投资61.76亿元,2010年12月开工建设。

7月28日,阳泉—左权高速公路通车运营,路线主线长91.252km,同步建设昔阳连接线6.292km、和顺互通连接线2.313km,批复概算77.87亿元,2011年2月开工建设。

8月6日,下午,省长李小鹏在晋城调研期间,突击检查晋济高速公路岩后隧道抢险工程安全施工情况,要求牢记"3·1"特别重大事故血的教训,排查消除一切安全隐患;坚决杜绝重特大事故发生,保证人民群众生命财产安全。

8月6日,全省高速公路"平安文明工地"暨隧道施工安全应急演练现场会议在原神高速公路野马梁隧道进口段施工现场召开,要求积累应对处置突发事件经验,增强全员安全意识,进一步提高施工现场安全管理和文明施工水平。

8月11日~24日,全省高速公路日均通行费收入达到4199万元,最高日通行费收入达4408万元,创下全省高速公路建成运管以来日通行费收入的最高纪录。

8月22日,全省治理非法超限超载车辆工作电视电话会议召开,要求锲而不舍,久久为功,完善机制,夯实基础,推进全省治超工作再创佳绩。

8月31日,下午,副省长张建欣深入太古高速公路西山特长隧道调研,要求完善相关设施设备,提高运营管理水平,确保道路安全畅通。

9月25日,上午10时,神(池)—河(曲)高速公路正式通车运营。项目主线全长99.24km,概算总投资81.55亿元,2011年6月开工建设。

10月15日,全省续建新建重点公路工程项目建设调度会议召开,要求想方设法完成全年155亿元的目标任务。

11月19日,繁峙—大营高速公路正式通车运营。路线全长59.812km,概算总投资32.3亿元,由省交通设计院采用BOT模式建设。

11月19日,上午7时58分,五盂高速公路佛岭隧道全线贯通。为跨市特长分离式隧道,洞体最大埋深761.616m,左洞全长8803m,右洞全长8805m。

11月25日,忻州环城高速公路正式通车运营。路线全长31.7km,概算投资16.9亿元,由省交通开发投资集团公司以BOT方式投资建设。全线设忻州东、禹王洞、定襄西3处收费站,设紫岩1处服务区。

11月29日,运城—灵宝高速公路黄河大桥正式开工建设,采用六车道高速公路标准,全长1690m,桥宽32m,概算投资9.65亿元,建设工期30个月,由山西路桥建设集团采用BOT方式投资建设。

12月15日,下午3时,省高速公路收费管理结算中心与国家中心正式联通,从12月16日上午7时起,可直接向部路网中心国家ETC结算中心上传数据。至此,全省高速公路并入14省市ETC联网各项准备工作全部就绪,具备试运行条件。

12月29日,阳泉西环高速公路正式通车运营。路线全长22.503km,省投市建重点项目。

12月30日,霍州—永和关高速公路东段及西段(一期)通车运营。路线全长129.2km,2011年1月开工建设,2014年10月完工,总投资118亿元。

2015年

1月7日,省交通运输厅晋交规划发〔2015〕10号文向省政府呈报《关于成立全省综合交通运输"十三五"发展规划编制协调领导组的请示》。

1月8日,省委副书记楼阳生深入省交通运输厅,就开展学习讨论落实活动、推进实施"六权治本"进行指导调研。省委常委、省政法委书记王建明,省委常委、副省长付建华一同调研。

1月8日,省交通运输厅党组晋交党函〔2015〕1号文印发《关于引深学习讨论做好深刻反思剖析工作的通知》。

1月13日,17点28分,太佳高速公路东段成功处置一起危化品运输车泄漏事故。

1月13日,省交通运输厅晋交办发〔2015〕17号文印发《关于指定忻州高速公路公司组织建设神池—岢岚高速公路项目有关事项的通知》。主线全长63.391km,四车道高速公路标准,核定概算4081609993元,建设工期2年。

1月14日,晋蒙黄河大桥开工奠基仪式举行。路线全长4.86km,其中:黄河特大桥2.178km,投资估算10.5亿元,建设工期3年。

1月23日,下午,省交通运输厅党组学习讨论落实活动反思剖析专题会议召开,要求切实做好讨论反思剖析环节工作。

1月24日~28日,全省迎来大范围降雪。为了确保国省干线公路安全畅通,最大限度地减少恶劣天气对公众出行造成的影响,全省各级公路管理部门以雪为令,第一时间启动除雪保畅应急预案,动用人员机械设备除雪保畅。

1月28日,全国高速公路服务区文明服务创建工作电视电话会议召开,交通运输部副部长冯正霖出席会议并讲话。

2月2日,省交通运输厅党组晋交党发〔2015〕2号文向省委学习讨论落实活动办公室报送《关于学习讨论落实活动反思剖析报告》。

2月3日,省委常委、副省长付建华深入太原汽车客运西站检查指导春运工作,看望慰问干部职工。要求千方百计抓好春运期间的安全与服务工作,确保旅客走得了,走得好。

2月5日,上午,省交通运输厅党组召开专题会议,传达学习省委书记王儒林、省长李小鹏、交通运输部部长杨传堂重要批示精神。

2月13日,省交通运输厅晋交人发〔2015〕63号文印发《关于临离高速公路建管处与吕梁高速公路公司进行整合的通知》。

3月1日,2015年全省交通运输工作会议在太原召开。会议的主要任务是:深入贯彻党的十八大和十八届三中、四中全会精神,认真落实省委十届六次全会、全省经济工作会议、全省"两会"和全国交通运输工作会议部署要求,总结2014年全省交通运输工作,研究交通运输适应经济发展新常态的工作思路,安排2015年的重点任务。

3月1日,全省交通运输系统党风廉政建设工作会议在太原召开。

附录一
山西高速公路建设大事记

3月1日,中共山西省委组织部晋组干字〔2015〕10号文印发《关于袁清茂等同志职务任免的通知》。经省委组织部部务会议2015年2月28日研究决定:袁清茂、雷天才同志任省交通运输厅党组成员。免去郭贵平同志的省交通运输厅党组成员职务。

3月1日,中国共产党山西省委员会晋干字〔2015〕13号文印发《关于雷天才等同志职务任免的通知》。经省委常委会议2015年3月1日研究决定:雷天才同志任省公路局党委书记;免去郭贵平同志的省公路局党委书记职务。

3月1日,中国共产党山西省委员会晋干字〔2015〕20号文印发《关于唐晋同志任职的通知》。经省委常委会议2015年3月1日研究决定:唐晋同志任省交通运输厅党组副书记。

3月2日,上午,省交通运输厅学习讨论落实活动专项整治工作电视电话动员大会召开。贯彻落实省委学习讨论落实活动专项整治工作部署会议精神,对全省交通运输系统学习讨论落实活动专项整治工作进行动员安排。要求各级各部门要加强组织领导,从严督导问责,坚持条块结合,坚持统筹兼顾,依靠群众参与,高标准、严要求,出重拳、用硬招,确保取得实实在在的成效,为全省交通运输系统开创弊革风清、科学发展的新局面做出应有贡献。

3月3日,省委常委、副省长付建华带领省直有关部门领导深入太阳高速公路出省段、阳左高速公路信息指挥中心、昔阳农村公路生命防护工程、左黎高速公路沐池隧道调研公路在建项目,检查交通安全工作,要求加快省内在建高速公路项目进度,最大限度地发挥高速公路资产效益。

3月18日,山西省人民政府晋政任〔2015〕3号文印发《关于袁清茂等十人任免职务的通知》。山西省人民政府决定任命:袁清茂为省交通运输厅副厅长兼总会计师;郭贵平为省交通运输厅副巡视员。决定免去:张润的省交通运输厅副厅长职务;尹新平的省交通战备办公室专职副主任(副厅长级)职务。

3月18日,山西省人民政府晋政任〔2015〕4号文印发《关于尹新平等十二人任免职务的通知》。山西省人民政府决定任命:尹新平为省高速公路管理局局长(副厅长级);曹居月为省交通运输执法局局长(副厅长级);杨吉平为省道路运输管理局局长(副厅长级)。决定免去:雷天才的省万家寨引黄工程总公司(管理局)副经理(副局长级)职务;董新品的省高速公路管理局局长(副厅级)职务。

3月26日,全省重点公路工程建设推进会议召开,总结2014年全省重点公路工程建设工作,研究适应经济发展新常态的工作思路,解决存在问题,安排部署2015年工作任务。要求全省重点公路工程建设系统切实增强责任感和使命感,坚定信心、振奋精神,求真务实、狠抓落实,努力打造群众满意的优质安全廉洁生态工程,为"净化政治生态,实现弊革风清,重塑交通形象,促进科学发展"作出积极贡献。

3月28日,省交通运输厅党组(扩大)会议召开,要求认真贯彻落实中办、国办文件精神和省领导重要讲话精神,紧紧围绕"三个清单、两个平台、一监督、一激励"工作重点,发扬踏石留印、抓铁有痕的工作作风,真抓实干,全力推进,确保推行权力清单制度和"六权治本"工作在全省率先取得新进展、新突破,不辜负省委、省政府对全省交通运输系统的期望。

3月30日,7时40分许,运城高速公路公司成功处置一起危化品泄漏事故。

4月8日,全省高管系统"述纪、述廉、述作风、述主体责任"试点工作会议召开,太旧高速公路公司等11家试点单位党委书记代表本单位党委在视频分会场作报告。

4月14日,省交通运输厅晋交办发〔2015〕129号文印发《关于确认中北、太原、晋中等七户路桥企业与山西路桥建设集团有限公司不存在产权关系的通知》。

4月14日,省交通运输厅晋交办发〔2015〕130号文发印发《关于山西路桥建设集团有限公司重组涉及股权划转有关事宜的通知》。

4月22日,全省重点公路工程建设第二次推进会议召开,要求统一思想,敢于担当,真抓实干,紧紧抓住施工"黄金期",全力以赴加快工程建设进度,争取实现"时间过半、任务过半",坚决完成全年目标任务,为全省经济稳增长争做贡献。

4月22日,省交通运输厅晋交规划发〔2015〕139号文向省发改委报送《关于申请调整全省政府还贷高速公路新改建和大中修工程项目资金来源的请示》。

4月29日,省交通运输厅落实"两个责任"深入纠正"四风"电视电话会议召开,要求坚定信心,勇于担当,踩着不变的步伐,驰而不息纠"四风"、改作风、反腐败,自觉践行"三严三本",扎实推进"六权治本",全力净化政治生态、实现弊革风清、重塑交通形象、促进科学发展,为富民强省做出新的更大的贡献。

4月30日,全省高管系统迎接全国干线公路养护管理检查推进视频会议召开,要求全力以赴打好迎检这场硬仗,力争圆满完成省厅提出的"十二五"国检成绩优于"十一五"的目标任务。

5月8日,全省交通运输系统劳动模范优秀青年代表座谈会召开,要求全系统广大干部职工弘扬劳模精神,奉献山西交通,群策群力,励精图治,扎实工作,开拓进取,在推动"六大发展"、探索"六权治本"中再创新业绩,为走出山西交通运输弊革风清、科学发展新路子做出实实在在的贡献。

5月12日,省政府在大同举行省市县地震应急综合演练,交通参演项目组织有序、指挥有方,参演队员行动迅速、整齐规范,得到观摩组一致好评。

5月13日,全省高管系统学习讨论落实活动总结暨"六权治本"推进视频会议召开。会议传达贯彻厅党组学习讨论落实活动总结暨"六权治本"推进会精神,总结全省高管系统学习讨论落实活动成果,安排部署深入推进"六权治本"工作。

5月20日,省交通运输厅举办全面深化交通运输改革专题讲座,交通运输部全面深化改革领导小组办公室主任、部政策研究室主任李刚主讲。

5月28日,省十二届人大常委会第二十次会议表决通过《山西省城市公共客运条例》(以下简称《条例》),并于2015年10月1日起正式实施。该《条例》的通过和实施,将对规范城市公共客运市场秩序,维护乘客、经营者和从业人员的合法权益,保障城市公共客运安全,促进城市公共客运事业发展,具有重要意义。

6月4日,省政协副主席朱先奇一行20人深入省交通运输厅,就"健全依法决策机制,推进六权治本"进行专题调研。要求调研组深入研究和借鉴省交通运输厅取得的经验,结合工作实际和需求,不断提出细化措施,完备法律制度。

6月4日,省交通运输厅、省国资委晋交政法发〔2015〕213号文向省政府呈报《关于将山西路桥建设集团有限公司由省交通运输厅划转到省国资委监管的请示》。

6月9日,《山西省高速公路建设实录》编纂工作正式启动会议召开,要求高度重视,精心组织,密切配合,齐心协力,确保按时、高质量地完成编纂任务。

6月9日,全省重点公路工程建设系统第二季度安全生产会议召开,要求进一步强化红线意识和责任意识,扎实推进各项工作措施落实,切实保障人民群众生命财产安全,全面推动重点公路工程建设安全发展。

6月18日,省高速公路开发有限公司所属的晋北高速公路养护有限公司在京港澳高速公路卢沟桥段成功进行超级微表处夜间施工,为纪念抗战胜利70周年活动做出贡献。

6月24日,交通运输部"贯彻落实'四个全面'战略布局、当好发展先行官"动员部署电视电话会议召开,部党组书记、部长杨传堂出席会议并讲话,省交通运输厅领导在山西分会场参加会议。

6月30日,省人民政府晋交函〔2015〕54号文印发《关于将山西路桥建设集团有限公司划转到省国资委监管的批复》。

6月30日,上午11时许,晋豫高速公路关家岭隧道突发事件处置应急演练举行。

7月2日,省交通运输厅晋交办发〔2015〕252号文印发《关于认真做好〈山西省高速公路建设实录〉资料报送工作的通知》。

7月9日,省委常委、副省长付建华对荣乌高速公路山西境内灵丘—山阴段工程进展情况进行调研,要求在进一步提升高速公路突发事件应急救援处置能力的基础上,加强道路安全管理和防范意识,确保道路安全畅通。

7月15日,《山西政务新媒体综合影响力报告》发布会议暨山西省政务新媒体表彰会议在晋中市召开。省交通运输厅在省直机关政务新媒体综合影响力排行榜上名列前十位,荣获表彰。新华网、省委宣传部网信办领导为获奖单位颁奖。

7月24日,11时58分,荣成—乌海高速公路晋冀界胜利贯通,成为山西与河北两省之间打通的第五个高速公路出口通道。荣乌高速山西段总里程262km,分为灵丘—山阴段、山阴—平鲁段(晋蒙界)两段建设,分别于2012年3月、2014年7月通车运营。当日上午,晋冀高速公路接线协调座谈会召开。山西省、河北省分别介绍荣乌高速公路、邢汾高速公路、京昆高速公路等项目建设及需要协调事项。两省签订推进公路交通运输合作协议。山西省高速公路与周边省份共有33个出省口,晋冀主线通车标志着全省第16个出省口已经打通。

7月27日,山西省人民政府晋政任〔2015〕43号文印发《关于李培勇等七人任免职务的通知》。山西省人民政府决定免去:张润的省交通战备办公室主任(正厅长级)职务。

7月29日,中国共产党山西省委员会晋干字〔2015〕224号文印发《关于张润同志免职退休的通知》。经省委常委会2015年7月24日研究决定:免去张润同志的省交通运输厅党组副书记职务,退休,请在履行有关程序后,一个月内办理相关手续。

7月29日,晚上,忻阜高速公路阜平—忻州方向K73+700m处,发生大货车冲进封闭施工养护作业现场事故,造成9人死亡,2人受伤(8名养护人员和1名驾乘人员死亡,1名养护人员和1名驾乘人员受伤)。

7月30日,为了深刻汲取"7·29"事故教训,省交通运输厅印发《关于进一步加强全省交通运输系统安全生产工作的紧急通知》,提出5点要求:①坚决克服麻痹松懈思想,时刻紧绷安全生产这根弦;②举一反三,强化重点领域、重点时段安全防范工作;③深入开展安全生产大检查及隐患排查治理工作;④开展应急演练,提高应急救援处置能力;⑤加强值班值守,规范信息报送。

7月30日,省交通运输厅机关创建省直文明和谐单位动员会召开,部署厅机关文明单位创建工作,全面推动省厅精神文明建设,号召机关全体干部职工振奋精神、乘势而上,推动交通运输实现弊革风清、科学发展。

7月30日,上午,全省高速公路安全生产紧急会议召开,传达贯彻省委、省政府领导关于忻阜高速"7·29"重特大交通事故的批示指示精神,就进一步做好全省高速公路建设和运营安全管理工作进行安排部署。

7月30日,全省道路运输安全生产紧急电视电话会议召开,认真贯彻落实省委、省政府领导批示和省厅紧急会议精神,安排部署近期道路运输安全生产工作。

8月7日,《山西省"十三五"综合交通运输体系发展研究》评审会议在太原召开,省内外专家听取课题组汇报并进行审议,一致认为研究报告内容全面、思路清晰、方法科学、重点突出,对科学编制全省综合交通运输"十三五"发展规划和指导全省综合交通运输发展具有重要参考价值。

8月7日,省人民政府晋政办发〔2015〕79号文印发《关于进一步加强治理非法超限超载工作的通知》，提出9项具体要求。

8月7日，省交通运输厅晋交建管发〔2015〕292号文印发《关于进一步加强公路工程招标投标管理工作的若干意见》。

8月11日~14日，省交通运输厅组织5个慰问组，分赴全省12个重点高速公路工程建设项目工地开展"送清凉"活动，向辛勤作业在高温天气下的一线职工送去消暑饮品和毛巾、香皂、肥皂等物品。

8月15日，上午，副省长刘杰赴太古高速公路检查危化品运输交通安全管理工作，要求各部门、各单位深刻汲取"8·12"天津滨海新区瑞海公司危险品仓库爆炸事故教训，认真贯彻落实习近平总书记、李克强总理的重要指示批示精神和省委、省政府有关会议精神，严格落实安全管理责任，采取切实有效措施，全面抓好危化品道路运输交通安全管理工作，保证人民群众生命财产安全。

8月20日，省人大常委会党组副书记、副主任牛仁亮带领部分省人大常委会组成人员，省、市人大代表视察调研左黎高速公路和长邯高速公路改扩建工程建设，对全省重点公路工程建设进展情况表示肯定，希望省市人大代表进一步关心支持全省公路建设，省人大财经委总结宣传推广视察调研中发现的典型经验，推动重点领域投资项目建设，促进全省经济止缓回稳。

8月27日，省委常委、省委组织部部长盛茂林一行6人深入省交通运输厅，就推进"三严三实"专题教育进行调研指导，要求省直机关和部门要认真学习深刻领会中央、省委部署精神，准确把握专题教育融入日常学习教育这个鲜明特点，解决"不严不实"问题这个聚焦点，坚持知行合一这个着力点，精心组织，扎实推进，通过专题教育促进工作落实，取得实实在在的成效。

9月16日，上午，2015年全省治超工作电视电话会议召开，省委常委、副省长、省治超领导组组长付建华出席会议并讲话，要求进一步统一思想认识，牢固树立安全第一理念，毫不松懈地抓好治超工作；着力构建治超工作长效机掉，确保各项制度措施落实到位，为全省实现"六大发展"做出新的更大贡献。

9月16日，省交通运输厅、省财政厅、省物价局晋交财发〔2015〕345号文向省人民政府呈报《关于调整太旧晋阳两条高速公路收费期限的请示》。建议将收费期限调整至国务院新的《收费公路管理条例》颁布施行日。新的《收费公路管理条例》颁布施行后，两路收费期限根据国家新规定执行。

9月17日，交通运输部检查组开始对全省"十二五"国省干线公路养护管理工作进行检查。当日上午，山西省"十二五"干线公路养护管理工作汇报会议在省公路局召开。省交通运输厅、省公路局、省高管局汇报全省干线公路养护管理工作。会后，检查组一行赴省交通运输政务大厅进行检查。

9月18日,下午,2015年高速公路通车项目建设推进会议召开,听取各项目建设进展情况汇报,研究解决存在的困难和问题,安排部署通车运营前各项准备工作,要求发扬只争朝夕的精神,采取有力措施,确保5个项目实现年内通车运营目标,向省委、省政府和全省人民交一份满意的答卷。

9月23日,临离高速公路任家梁隧道右线公路隧道火灾事故应急演练活动举行。

9月28日,省人大财经委和省交通运输厅共同举行《山西省城市公共客运条例》(以下简称《条例》)新闻发布会。

10月8日,省交通运输厅晋交办发〔2015〕367号文向省人民政府呈报《关于〈中国高速公路建设实录〉编委会黄镇东主任来晋调研事项的请示》。

10月13日,原交通运输部部长、《中国高速公路建设实录》编委会主任黄镇东一行赴晋调研指导《山西省高速公路建设实录》编纂工作,高度评价山西编纂工作,认为领导重视,分工明确,积极行动,有效推进,大纲全面,要求重点突出山西交通地方特色,充分抓好信息采集,明确时间节点,高效组织实施。

10月13日,全省高速公路工程建设管理施工标准化经验交流观摩会议召开,要求大力推行现代工程"五化"管理理念,不断提高专业水平,有效提高项目建设工程质量,为推动交通运输科学发展作出应有的贡献。

10月27日,全省重点公路工程建设系统《山西高速公路建设实录》编纂部署会议召开,全面安排资料收集、汇总、修改、报送工作,全省39个高速公路建设(运营)单位分管领导、办公室主任、编纂承办人和业务骨干110多人参加会议。

10月27日,省交通运输厅、省财政厅、省物价局晋交财发〔2015〕379号文向省人民政府呈报《关于调整太旧晋阳两条高速公路收费期限的请示》。

11月5日,省交通运输厅部分高速公路重点工程建设项目专题调度会召开,听取长临、霍永西二期、右平、神岢及晋蒙黄河大桥等5个重点公路工程进展情况汇报,认真分析存在问题,提出进一步加快工作落实、推进项目建设的有效措施,要求坚定信心,迎难而上,统筹协调,加快推进项目建设,确保完成全年目标任务。

11月9日,全省高管系统、重点公路建设系统纪委书记落实监督责任座谈会议召开,要求坚定站在交通运输行业改革发展稳定全局的角度,正确看待党风廉政建设和反腐败这场输不起的斗争,承担起正风肃纪的历史责任和使命,深刻理解"四种形态",坚决把纪律和规矩挺在前面,认真履行监督责任。

11月10日,吕梁环城高速公路正式通车运营,路线全长43.276km,总投资概算40.78亿元。

11月13日,晋豫两省联合举行林虑山隧道事故处置演练活动。

11月24日,全省普降中到大雪,给公路交通造成重大影响。全省公路管理部门以雪为令,第一时间启动应急预案,人员机械齐出动,确保公路安全畅通。

11月28日,"寻找最美山西交通人"活动启动仪式举行,要求充分认识重要意义,凝聚行业发展正能量,推动山西交通运输事业更加健康发展,取得更大成绩。

12月5日,运城解州—陌南(黄河桥头)高速公路顺利通过交工验收。路线全长30.339km,概算总投资30.75亿元(含20.917km的芮城一级公路连接线,投资3.56亿元)。

12月5日,省人民政府晋政函〔2015〕110号文印发《关于同意调整太旧晋阳两条高速公路收费期限的批复》。

12月9日,山西省人民政府晋政任〔2015〕59号文印发《关于刘星等二十七人任免职务的通知》。山西省人民政府决定任命:唐晋为省交通战备办公室主任(正厅级)。

12月11日,省交通运输厅交通企业专题会议召开,听取山西高速集团、山西交通投资集团、山西路桥集团2015年工作情况汇报、2016年初步打算及建议,要求以高度的责任感和使命感,主动肩负起改革发展的历史重任,创新发展模式,发挥公路建设骨干作用,积极承担"十三五"期间山西公路建设任务。

12月12日,省委常委、副省长付建华带领省交通运输厅、省高管局、省交通开发投资集团公司主要负责同志和相关部门负责人,深入省交通开发投资集团公司及其所属的太长高速公路,对全省道路运输安全生产工作进行检查指导,要求各单位高度重视安全生产管理工作,进一步强化安全意识和管理,毫不松懈地抓好安全生产,最大限度地预防事故的发生,确保全省安全生产形势稳定好转。

12月15日,省交通运输厅"冬季行动"电视电话动员会议召开,部署全省交通运输系统认真贯彻落实省委十届七次全会精神特别是王儒林书记重要讲话精神,认真学习大同市做法,号召全系统广大干部职工利用冬季时间埋头苦干、真抓实干,狠抓各项工作落实,进一步推进全省交通运输系统弊革风清、科学发展。

12月17日,省交通运输厅晋交财发〔2015〕434号文转发省人民政府《关于同意调整太旧晋阳两条高速公路收费期限的通知》。

12月22日,京昆高速公路收尾路段——晋冀接线段竣工通车,通车路段包括山西省平(定)阳(曲)高速公路16km省界路段和河北省石(家庄)太(原)北线石家庄—冀晋界段其中52km,共计68km。至此,连接北京、河北、山西、陕西、四川、云南6省市的京昆高速公路全线贯通。京昆高速全长2800多公里,晋冀接线段是实现全线贯通的最后一个路段。

12月25日,山西省战略物资道路运输应急保障车队临汾总队举行集结演练,50辆普通货运车、10辆危货运输车以及若干指挥、救援、保障等车辆参加,取得圆满成功。

12月30日,上午,东吕国家高速公路晋冀接线段正式通车,山西省委常委、副省长付建华,河北省副省长姜德果,省交通运输厅和河北省交通运输厅领导等参加通车仪式。

该路段为和顺—榆社高速公路二期工程,2011年3月开工建设,全长36.2km。

12月31日,运城解州—陌南(黄河桥头)高速公路通车运营。路线全长30.039km,总投资30.75亿元(含20.917km的芮城一级公路连接线投资3.56亿元),是全省高速公路网"三纵十二横十二环"规划中"西纵"的最后一段。

2016年

1月4日,省交通运输厅领导班子"三严三实"专题民主生活会议召开。会议围绕"三严三实"主题,联系领导班子和个人实际深入查摆问题,认真开展批评与自我批评。

1月11日,省交通运输厅晋交建管发〔2016〕16号文印发太原—佳县高速公路西段竣工验收鉴定书。

1月11日,省交通运输厅晋交建管发〔2016〕17号文印发山西省长城岭(冀晋界)—忻州公路竣工验收鉴定书。

1月21日,省交通运输厅、省财政厅、省物价局晋交财发〔2016〕31号文印发《关于汾阳—邢台高速公路平遥—榆社段转按经营性公路管理等相关事宜的通知》。收费期限确定为30年,至2042年12月24日止。

1月21日,2016年全省交通运输工作会议在太原召开。会议深入贯彻党的十八大和十八届三中、四中、五中全会精神,认真落实省委十届七次全会、全省经济工作会议和全国交通运输工作会议部署要求,总结"十二五"及2015年全省交通运输工作,研究"十三五"发展思路,安排部署2016年工作任务。

会上,省公路局、省运管局、忻州高速公路公司、吉河高速公路建管处、晋中市交通运输局、临汾市交通运输局作表态发言。

1月27日,省人民政府晋政任〔2016〕1号文印发《关于王晓艺等四人任免职务的通知》。山西省人民政府决定任命:王晋为省交通战备办公室专职副主任(副厅级,试用期一年)。

2月2日,省交通运输厅厅领导班子"三严三实"专题民主生活会情况通报会议召开。要求以专题民主生活会为新起点,积极抓好整改落实。进一步坚定理想信念,深入落实党风廉政建设"两个责任",切实加强基层党组织建设和党员队伍建设,深入推进"六权治本"工作,深化"三严三实"专题教育,推动形成长效机制。

会前,省厅还组织厅机关17位处室主要负责人就2015年度完成工作任务情况、落实"一岗双责"情况和廉洁自律情况等方面进行述职述廉。

2月3日,省委书记王儒林深入太原高速公路滨河收费站入口广场,看望慰问春运期间坚守岗位的收费人员和执勤交警,检查春运期间道路交通安全管理等相关工作,向节日期间坚守岗位、辛勤工作的一线收费人员和执勤交警表示感谢,并向大家致以节日问候。省委常委、秘书长王伟中,副省长、省公安厅厅长刘杰一同参加活动。

2月4日,上午,省委副书记楼阳生代表省委、省政府亲切看望慰问坚守岗位交通运输干部职工,要求履职尽责,强化管控,做好应急值守,严格落实各项服务保障措施,确保春运工作平稳有序。

2月5日,省委常委、副省长付建华深入太原火车站和太原汽车客运东站,现场检查指导工作,慰问干部职工,要求加强领导,协作配合,科学统筹,通力合作,确保春运平稳有序。

2月24日,中共山西省委晋干字〔2016〕60号文印发《关于戴飞同志免职退休的通知》。经省委常委会议1月31日研究决定:免去戴飞同志的省交通运输厅党组成员职务,退休。请在履行有关程序后,一个月内办理相关手续。

2月25日,2016年全省高速公路管理工作会议召开,总结"十二五"及2015年工作,确定"十三五"思路与发展目标,安排部署2016年工作任务。

2月29日,全省重点公路工程建设推进会议召开,总强2015年工作,安排2016年工作任务。要求各单位认真贯彻落实中央"五大发展"理念和省委"六大发展"要求,联系实际,确保"十三五"开好局、起好步。

3月14日,2016年新开工高速公路项目前期工作推进座谈会议召开,听取2016年新开工4个项目工可、初步设计、土地预审等进展情况和存在问题汇报。厅综合规划处、厅重点办有关处室负责人对问题给予解答,并就前期工作有关事宜进行认真分析讨论。

3月15日,2016年度全省高速公路信息监控专题会议召开,总结"十二五"工作,确定"十三五"发展思路,安排部署2016年工作任务。

3月18日,下午,省委副书记楼阳生带领省直相关部门负责同志深入省交通运输厅,就贯彻落实全国"两会"精神,推进"六权治本"工作进行座谈调研,切实把深入推进"六权治本"摆在更加突出位置,坚持标本兼治、先行先试,既要认真研究解决"不敢腐、不能腐、不想腐"问题,又要认真研究解决"不作为、不会为、乱作为"问题,为实现弊革风清、促进富民强省,全面建成小康社会提供坚强保障。

3月28日,省交通运输厅晋交人发〔2016〕94号文印发《关于授权省高管局对省交通信息通信公司履行出资人职责的通知》。

3月31日,全省高速公路路政、治超管理工作专题会议召开。

4月1日,为全面落实省厅第7号厅长办公会议有关精神,省运管局从即日0时起,顺利承接12328交通运输服务监督电话运行管理工作,并投入正常运行。

4月9日,2016年全省高速公路工程提升质量管理、打造"品质工程"培训班开班仪式举行,160人参加培训。

4月28日,省交通运输厅晋交审批发〔2016〕128号文下发《关于印发山西省交通运输厅简化优化公共服务流程方便基层群众办事创业工作方案的通知》。

4月28日,山西路桥集团长临高速公路公司与临汾市委、市政府共同举办安全应急演练现场观摩会,省交通运输厅重点办、厅安监处和山西路桥集团相关负责人参加观摩会。

4月29日,省交通运输厅"两学一做"动员部署视频会议召开,要求认真学习贯彻习近平总书记关于"两学一做"学习教育重要指示精神和中央、省委的部署要求,把开展"两学一做"学习教育作为一项重大政治任务抓紧抓好,抓出成效,努力将全省交通运输系统党的思想政治建设提高到一个新水平。

4月29日,省交通运输厅、省财政厅、省发展改革委晋交财发〔2016〕143号文印发《关于做好政府还贷高速公路货车通行费减免优惠政策落实工作的通知》。

5月4日,省交通运输厅党组中心组"讲政治、有信念"第一次专题学习讨论会议举行。中心组成员集体学习《习近平总书记系列重要讲话读本(2016版)》中关于全面从严治党的有关内容,并围绕"讲政治、有信念"主题,深入学习讨论,认真交流体会。要求时刻认识其重要性,落实到具体工作中;准确把握核心要义,强化"四个意识";准确把握方法途径,补足精神之"钙"。

5月4日,省交通运输厅组织厅机关及直属单位处级以上干部传达学习中央、省委有关文件精神,并观看警示教育片。要求遵守党规党纪,自觉筑牢拒腐防变的思想防线;认真履行主体责任和监督责任,切实加强党的建设和党风廉政建设;以高度负责态度,扎实组织开展"两学一做"学习教育。

5月11日,全省12328服务监督电话系统建设和联网运行推进会议召开。

5月12日,中共山西省委晋干字〔2016〕136号文印发《关于郗玉兰同志免职退休的通知》。省委研究决定:免去郗玉兰同志的省交通运输厅党组成员职务,退休。请在履行有关程序后,一个月内办理相关手续。

5月12日,中共山西省委晋干字〔2016〕198号文印发《关于李贵顺同志任职的通知》。省委研究决定:李贵顺同志任省交通运输厅党组成员。

5月17日,下午,副省长、省公安厅厅长刘杰深入省重点工程包联项目右平高速公路施工现场调研,要求朔州市各级各部门要强化领导责任、强化工期目标、强化重点推进、强化群众工作、强化工程保障,全力确保右平高速项目建设顺利推进,为全省"十三五"实现良好开局奠定基础。

5月25日,上午,省委书记王儒林赴省交通科研院调研科技创新工作。省委常委、太原市委书记吴政隆,省委常委、秘书长王伟中一同调研。

5月26日,中国共产党山西省交通运输厅直属机关第二次代表大会胜利召开,厅直系统147名党员代表出席会议。

5月30日,省人民政府晋政任〔2016〕21号文印发《关于丁纪岗等十九人任免职务的通知》。山西省人民政府决定任命:李贵顺为省交通运输厅副厅长(试用期一年);蔺建煌为省交通运输厅副巡视员。

6月15日,省交通运输厅晋交建管发〔2016〕184号文印发祁临高速公路临汾市北环段、京昆与青兰两条国家高速公路山西境临汾联络线竣工验收鉴定书。

6月15日,省交通运输厅晋交建管发〔2016〕185号文印发《关于切实加强高速公路运营管理确保安全畅通的紧急通知》。

6月22日,上午,全省交通运输系统安全生产风险管理试点现场交流会议在长临高速公路公司召开,总结推广交通运输安全生产工作特别是安全生产风险管理试点工作取得的新进展、新经验。

6月24日,下午,运宝黄河大桥高处坠落事故应急救援演练活动举行,黄河三门峡医院、芮城县等单位有关人员150余人参加。

6月24日,副省长王一新带领帮扶小组赴省高速集团调研指导,召开现场办公会,听取企业经营工作汇报,并研究协调解决企业运营中的困难和问题,要求进一步明确企业定位,立足当下,脚踏实地,抓好吕梁环城平榆、太佳西段高速公路经营,不断提高企业效益。

6月25日,五台—盂县高速公路正式通车,2011年8月开工建设,全长75.22km,由中国建筑国际集团采用BT模式投资建设,由太旧高速公路公司负责运营管理。

7月6日,省交通运输厅与河南省交通运输厅在太原召开座谈会,对接两省5个高速公路项目建设工作。双方表示,将进一步加强联系,通力协作,促进推动5个项目的建设;同时,建立沟通协调机制,实现交通事业互惠互利、合作共赢、共同发展。

7月11日,省交通运输厅党组中心组"讲规矩、有纪律"第二次专题学习讨论会议召开,中心组成员集体学习《中国共产党章程》,围绕"讲规矩、有纪律"主题,深入开展讨论,交流心得体会。要求认真执行党的政治纪律、组织纪律、群众纪律、廉洁纪律、工作纪律和生活纪律,始终做到心中有党、心中有民、心中有责、心中有戒,自觉做合格的领导干部。

7月16日,山西省人民政府晋政发〔2016〕40号文印发《山西省"十三五"综合交通运输体系规划》。主要包括铁路、公路、水路、民航、城市轨道交通等内容。

7月25日,上午,省交通运输厅党组中心组学习会议召开,认真学习《中国共产党问责条例》。要求提高思想认识,理解重大意义;加强学习宣传,深刻领会精神实质;强化责任意识,认真切实抓好贯彻落实。

8月24日,全省高速公路迎国检专题会议召开,通报迎国检路段路面检测情况和专项工程进展情况,对全省高速公路迎接2016年度国家干线公路网检测工作进行动员部署。

9月14日,中国共产党山西省委员会晋干字〔2016〕432号文印发《关于曹燎原同志退休的通知》。省委研究决定:曹燎原同志退休,请在一个月内办理相关手续。

9月22日,山西省人民政府晋政发〔2016〕54号文印发《关于进一步推进全省高速公路建设的意见》。主要内容包括:一是推进高速公路建设和投融资体制改革。全面放开高速公路建设经营市场;合理划分高速公路建设事权。二是加大政策支持力度。加大财政支持力度;保障建设用地和征地拆迁;优化社会资本准入程序;建立项目前期工作审批部门负责制。三是加强高速公路建设组织领导与管理考核。加强组织领导;严格工程管理;强化管理考核。

9月22日,交通运输部党组成员、副部长刘小明一行赴省交通运输厅调研,副省长罗清宇陪同调研。刘小明在讲话中要求牢固树立和贯彻落实创新、协调、绿色、开放、共享理念,以推进交通运输供给侧结构性改革、促进提质增效升级为主线,加快完善综合交通基础设施网络,着力提升综合服务水平,加快建设现代综合交通运输体系,全力当好经济社会发展先行官,以改革创新精神确保实现"十三五"交通运输发展良好开局。

9月22日,下午,省交通运输厅党组党员干部会议召开,学习贯彻省委书记骆惠宁在省委全面构建良好政治生态推进会上的讲话精神。要求全系统要进一步提高认识,统一思想,结合实际,真抓实干,求真务实,把省委构建良好政治生态部署落实到具体实际工作中去,把全系统党员干部力量凝聚到推进党的建设和党领导事业发展上来,推动全系统党的建设迈向新水平,推动全省交通运输行业稳定发展。

9月27日,16时40分左右,太原—古交高速公路2号隧道一辆载有9人的小型五菱面包车与一辆货车相撞,造成8人死亡、1人重伤的较大道路交通事故。

9月28日,阳城—济源高速公路阳城—蟒河段开工建设,路线全长40.125km,互通连接线长8.846km,总投资概算56.85亿元。

10月9日,省交通运输厅党组中心组"讲道德、有品行"专题学习讨论会议召开,与会人员集体学习《习近平总书记重要讲话文章选编》中"培养和弘扬社会主义核心价值观""做焦裕禄式的县委书记"等文章和《中共中央组织部关于追授李培斌同志"全国优秀共产党员"称号的决定》。要求加强党性修养,传承党的优良作风,弘扬中华民族的传统美德,自觉践行社会主义核心价值观。

10月14日,省人民政府晋政任〔2016〕43号文印发《关于刘德政等二十八人任免职务的通知》。山西省人民政府决定任命:王四小为省交通运输厅总工程师(试用期一年)。

10月20日,全省交通运输系统安全生产和信访稳定工作视频会议召开,传达省政府安委会第四次会议精神,总结2016年以来全省交通运输系统安全生产和信访稳定工作情况,安排部署第四季度安全生产和信访稳定工作。副省长罗清宇出席会议并讲话,要求各级领导干部要提高认识,认清形势,知责履责,守土尽责,切实抓好安全生产和行业稳定工作，为塑造美好形象、实现振兴崛起做出积极贡献。

会上，省公路局、省运管局、省高管局、厅重点办等单位进行表态发言。

10月20日，中国共产党山西省委员会晋干字〔2016〕525号文印发《关于张晓玲同志任职的通知》。省委研究决定：张晓玲同志任省纪委驻省交通运输厅纪检组组长。

10月20日，中国共产党山西省委员会晋干字〔2016〕546号文印发《关于张晓玲同志任职的通知》。省委研究决定：张晓玲同志任省交通运输厅党组成员。

10月25日，省交通运输厅晋交办发〔2016〕369号文印发《关于认真做好〈山西省高速公路建设实录〉有关资料报送工作的通知》。

11月7日，中国共产党山西省委员会晋干字〔2016〕575号文印发《关于李正印同志免职的通知》。省委研究决定：免去李正印同志的省交通运输厅党组书记职务。

11月10日，山西省人民政府晋政任〔2016〕56号文印发《关于王纯等七人任免职务的通知》。接山西省人大常委会晋人任字〔2016〕19号通知，经2016年11月10日山西省第十二届人民代表大会常务委员会第三十次会议通过，决定免去：李正印的省交通运输厅厅长职务。

11月21日，平阳高速公路太原方向K65+600m处发生多车多起交通事故，省市各级政府、省交通运输厅、省高管局、社会力量和太旧高速公路公司上下多方配合、昼夜奋战，全力以赴救助伤员、清理现场、抢通道路，事故路段于11月22日全面恢复双向通车。

11月25日，全省公路路政业务培训班开班仪式举行，各市交通运输局、省公路局、省高管局及各路政审批服务大厅基层领导和业务骨干共计260余人参加培训。要求牢固树立为民服务意识，加强队伍建设；坚持依法治路，规范执法行为；强化责任担当，切实提升路政执法水平。

11月28日，省交通运输厅晋交财发〔2016〕410号文向省人民政府呈报《关于请批复忻州环城高速公路转按经营性公路管理的请示》。已经11月24日省长办公会议研究通过。

11月28日，省交通运输厅晋交财发〔2016〕411号文向省人民政府呈报《关于请批复省交投集团受让忻州—阜平高速公路忻州—长城岭段（晋冀县）段收费权益后重新核定收费主体收费期限等相关事宜的请示》。已经11月24日省长办公会议研究通过。

11月28日~29日，全省交通运输系统公路工程建设项目评标专家培训班在太原举行，省交通运输厅公路建设项目评标专家库中的所有评标专家参加培训，要求强化学习，不断提升业务水平；加强职业道德建设，确保评标专家德才兼备。

12月1日，上午，长平高速公路公司举行危化品车辆道路交通事故应急处置演练，有效提高应对高速公路特别是隧道路段突发事件的应急反应速度和应急救援能力，检验相关单位的事故现场施救联动水平，进一步推动各部门沟通协作，为维护高速公路安全、有序、畅通的良好环境起到积极作用。

12月11日,省交通运输厅交通企业专题会议召开,听取山西高速集团、山西交通投资集团、山西路桥集团2015年工作情况汇报、2016年初步打算及建议,要求以高度的责任感和使命感,主动肩负起改革发展的历史重任,创新发展模式,发挥公路建设骨干作用,积极承担"十三五"期间山西公路建设任务。

12月12日,省交通运输厅、省公安厅晋交财发〔2016〕440号文印发《关于加强和规范公安机关警车免费通行高速公路和高速公路接处警管理工作的通知》。

12月19日,省交通运输厅党组中心会议召开,集中学习中央经济工作会议精神和省委书记骆惠宁讲话精神。要求认真抓好中央经济工作会议精神的贯彻,切实增强做好明年经济工作信心和决心;把安全生产放在第一位切实抓紧抓好,确保全省交通运输安全生产形势稳定;发挥交通行业自身优势,掀起宣传《国防交通法》高潮。

12月20日,省交通运输厅《国防交通法》宣传贯彻工作推进会议召开,要求充分认识《国防交通法》的战略意义,准确把握理解内涵要义,深入抓好贯彻落实。

12月21日,省交通运输厅、省财政厅、省发展改革委员会晋交财发〔2016〕460号文印发《关于忻州—阜平高速公路忻州—长城岭(晋冀界)段变更收费主体,收费期限等相关事宜的通知》。收费主体由忻州高速公路公司变更为山西交投高速公路有限公司,期限由16年变更为21年,至2031年10月31日止。

12月22日,省交通运输厅党组中心组"学习贯彻系列讲话,解决交通运输工作中若干突出问题"学习交流会议举行,要求坚定信念,着力构建良好政治生态;勇于忠诚担当,着力推动山西交通运输科学发展。

12月22日,下午,省交通运输厅党组中心组"讲奉献、有作为"专题学习讨论会议召开,要求认真贯彻落实省委、省政府决策部署,自觉践行新发展理念,理直气壮抓发展,着力抓好交通基础设施建设、安全生产、交通扶贫、改革创新、交通运输服务提质增效和党的建设等工作任务,推动山西交通运输各项工作上水平、上台阶。

12月29日,省交通运输厅晋交财发〔2016〕476号文印发《关于委托省高管局管理经营性高速公路养护质量保证金的通知》。自2017年1月1日起执行。

12月30日,省交通运输厅晋交建管发〔2016〕483号文印发《关于加快推进高速公路服务区经营性用地范围界定工作的通知》。

12月30日,省交通运输厅晋交建管发〔2016〕484号文印发《关于阳城—济源高速公路阳城—蟒河段施工图设计的批复》。路线全长40.093km,同步建设阳城南互通连接线4.247km,蟒河互通连接线3.797km。双向四车道,设计速度80km/h,路基宽25.5m,核定预算549878.1241万元。

附录一 山西高速公路建设大事记

2017 年

1月5日,省交通运输厅党组中心组召开扩大会议,传达贯彻省委十一届二次全体会议暨经济工作会议和2017年全国交通运输工作会议精神,要求认真贯彻落实"两个会议"精神,紧紧抓住交通运输黄金时期,紧紧围绕重大工作任务,谋划部署好2017年全省交通运输工作。

1月5日,省交通运输厅晋交财发〔2017〕7号文向省人民政府呈报《关于请批复繁峙至大营高速公路继续暂按政府还贷公路管理的请示》。

1月6日,省交通运输厅召开全省道路水路春运工作电视电话会议,贯彻落实省委、省政府和交通运输部及国家有关部门的部署要求,对2017年全省道路水路春运工作进行安排部署。要求各级领导深入基层,检查春运各项措施落实情况,及时发现解决存在的困难和问题,做到组织到位、措施到位、保障到位,全力打好春运这场"攻坚战",竭尽全力让广大人民群众走得了、走得好、走得安全、走得满意。

1月9日,中国共产党山西省委员会晋干字〔2017〕32号文印发《关于王一新等4名同志职务任免的通知》。省委研究决定:张志川同志任山西省交通运输厅党组书记。

1月11日,交通运输部原部长、《中国高速公路建设实录》编委会主任黄镇东一行4人赴晋调研指导《山西高速公路建设实录》编写工作。黄镇东在讲话中对《山西高速公路建设实录》编纂信息采集工作给予高度评价,就相关问题进行沟通和交流,并对《实录》编写大纲的内容和结构提出修改意见。希望能进一步在"精"字上下功夫,重视专题,提炼精华,图文并茂,重点突出,结合山西特殊的地理环境,体现高速公路建设中的地方特色和文化,将"太旧精神"深度融入高速公路建设发展历程中,将黄土地、采空区的技术处置纳入科技成果中,进一步提升编写质量,把握好编写进度。

1月11日,省交通运输厅晋交安监发〔2017〕1号文印发《关于做好2017年交通运输安全生产工作的通知》。

1月12日,副省长王赋深入太原汽车站检查春运工作,并看望慰问干部职工。要求严把司乘人员、营运车辆、动态监管、站务管理、应急保障五关口,严格落实春运的安全工作部署,努力打造"平安春运、和谐春运",确保旅客平安出行、放心出行。

1月12日,全省年度目标责任考核第十考核组莅临省交通运输厅,对2016年度各项重点工作任务完成情况、党风廉政建设工作等方面进行综合考核。唐晋代表厅领导班子汇报2016年度目标责任完成情况、干部选拔任用情况,并进行个人述职述廉。与会人员对年度目标工作、领导班子和干部队伍建设、党风廉政建设等情况进行民主测评。考核组通过查看有关资料、谈话等方式,实际了解2016年度目标任务完成情况、领导班子整体运行情况和党风廉政建设工作。

1月12日,省交通运输厅晋交办发〔2017〕19号文转发交通运输部办公厅《关于提高〈中国高速公路建设实录〉编撰质量的通知》的通知。

1月13日,省交通运输厅晋交规划发〔2017〕16号文印发《关于下达2017年高速公路投资计划的通知》。

1月13日~2月21日,省高管局与山西交通广播(FM88)合作开展"情满旅途·温暖回家路——报车号送午餐"主题活动,积极营造高速公路服务区"温馨春运"环境。活动开展以来,全省高速公路有33对服务区自愿参与活动,广大司乘人员踊跃参与,每日有300余人与山西交通广播电台微信公众号进行互动,参与活动的全省高速公路服务区每日送出100份美味自助午餐,营造"温馨春运"的良好氛围,树立高速公路服务区良好服务形象。

1月17日,省交通运输厅召开《山西高速公路建设实录》编纂工作促进会,传达1月11日交通运输部原部长、《中国高速公路建设实录》编委会主任黄镇东一行4人再次赴晋调研指导工作讲话精神,对下一步《实录》编纂工作进行安排部署。要求盯紧时间节点,学习太旧路建设经验,倒排时间,明确责任,分兵把口,细化内容,圆满完成资料搜集和修改任务,将全省高速公路建设25年的辉煌业绩永载史册,向厅党组和全省交通运输系统干部职工交一份满意答卷。

1月18日,省交通运输厅晋交建管发〔2017〕22号文印发《关于扎实做好品质工程示范创建工作的通知》。

1月18日,省交通运输厅晋交建管发〔2017〕23号文印发《关于征求〈公路工程造价管理办法(修订稿)〉意见的函》,共8章52条,自印发之日起施行。

1月19日,山西省人民政府晋政任〔2017〕4号文印发《关于吴俊清等3人任免职务的通知》。接山西省人大常委会晋人任字〔2017〕3号文通知,经2017年1月18日山西省第十二届人民代表大会常务委员会第三十五次会议通过,决定任命:张志川为山西省交通运输厅厅长。

1月19日,省交通运输厅领导干部大会召开,副省长王赋出席会议并讲话,对全省交通运输改革发展、领导班子建设及廉政工作提出明确要求。省委组织部常务副部长孙大军宣布省委、省人大、省政府关于厅主要领导干部任命决定,张志川作表态发言。

1月19日,省交通运输厅新一届领导班子组成。厅党组书记、厅长张志川;厅党组副书记、副厅长、省交战办主任唐晋;厅党组成员、省纪委驻厅纪检组组长张晓玲;厅党组成员、副厅长兼总会计师袁清茂;厅党组成员、副厅长、省邮政管理局局长秦红保;厅党组成员、省公路局党委书记雷天才;厅党组成员、副厅长李贵顺;厅总工程师王四小;厅副巡视员郭贵平;省交战办专职副主任王晋;厅副巡视员蔺建煌。

1月20日,省交通运输厅召开新一届厅党组扩大会议,传达省委书记骆惠宁和省委常委、组织部部长盛茂林的重要指示精神,集体学习《中国共产党章程》和《关于新形势下党内政治生活的若干准则》中关于党组织工作的有关规则,并讨论做出新一届厅党组廉洁从政承诺。会议要求全省交通运输系统要紧密团结在以习近平同志为核心的党中央周围,在省委、省政府的坚强领导下,自加压力,砥砺前行,积极作为,全面完成省第十一次党代会、省委十一届二次全会暨经济工作会议和省第十二届人代会政府工作报告确定的各项工作任务,努力推动交通运输掀开新篇章、再创新辉煌,以优异成绩迎接党的十九大胜利召开。

1月20日,省交通运输厅党组召开专题会议,传达全国交通运输安全生产电视电话会议和省政府安委会第一次全体(扩大)会议精神,通报全系统安全生产和春运工作情况,并对下一步春运、春节、全国"两会"等重要时段的安全生产工作作出安排部署。会议要求各有关单位要充分认识安全工作的极端重要性和面临的严峻形势,抓重点、抓关键、抓薄弱环节,强化安全生产、便民服务措施落实,认真做好信息统计报送工作及应对突发事件准备工作,确保春运工作安全有序。

1月20日,省交通运输厅晋交安监发〔2017〕26号文印发《关于扎实做好2017年春节和"两会"期间安全生产工作的通知》。

1月24日,省交通运输厅召开专题会议,研究部署全系统"对标"活动,会议传达省委主要领导有关做好对标定位工作的重要指示精神,要求高度重视,提前部署;加强组织领导,细化工作措施,创新活动方式,扎实推进"对标"各项工作;以开展"对标"活动为契机,澄清底数,找出差距,精准发力,迎头赶上。

1月24日,省交通运输厅晋交规划发〔2017〕29号文向交通运输部综合规划司呈报《关于2018年—2020年三年滚动建议计划的报告》。

1月25日,省交通运输厅、省财政厅、省发展和改革委委员会晋交财发〔2017〕31号文印发《关于繁峙至大营高速公路继续暂按政府还贷公路管理等相关事宜的通知》。

1月26日,省交通运输厅晋交办发〔2017〕33号文向省政府办公厅呈报《关于2017年〈政府工作报告〉任务分工分解情况的报告》。

2月6日,省交通运输厅晋交规划发〔2017〕35号文向交通运输部呈报《关于申请国家网呼北高速隰县至吉县段行业审查意见的请示》。项目全长105.6km,投资估算约109.8亿元。

2月6日,省交通运输厅晋交规划发〔2017〕36号文向交通运输部呈报《关于申请国家网呼北高速朔城至神池段行业审查意见的请示》。项目全长30.4km,投资估算约21.5亿元。

2月6日,省交通运输厅晋交规划发〔2017〕37号文向交通运输部呈报《关于申请国家网呼北高速离石至隰县段行业审查意见的请示》。项目全长84.4km,总投资估算约81.29亿元。

2月9日,省交通运输厅晋交建管发〔2017〕30号文向省人民政府呈报《关于协调解决阳城至蟒河高速公路压覆矿产资源问题的请示》。

2月10日,省交通运输厅党组晋交党发〔2017〕10号文印发《关于切实加强党的建设的意见》。

2月11日,省交通运输厅晋交安监发〔2017〕43号文印发《关于调整厅安全生产委员会及其办公室成员的通知》。

2月13日,省交通运输厅组织开展"大学习、大讨论、大发展"专题研讨培训。为期3天,采取全封闭方式,集中厅机关、厅属单位主要领导干部进行专题研讨,共谋发展大计。省厅专门成立领导小组,制定活动方案,特邀省内外专家领导进行授课,并安排学习研讨、交流发言等丰富务实的活动内容。主要任务是深入学习贯彻习近平总书记系列重要讲话精神和治国理政的新理念新思想新战略,贯彻党的十八大和十八届三中、四中、五中、六中全会精神和省十一次党代会精神,正视和面对交通运输系统"灾后重建期""矛盾凸显期""改革攻坚期""发展转型期"多期叠加的现实,正视和面对化解债务风险、经营风险、稳定风险和腐败风险的艰巨任务,推进交通运输系统思想大解放、观念大更新、工作大突破、发展大转型,凝聚全系统广大干部职工的智慧和力量,推动交通运输发展掀开新篇章、再创新辉煌。主要目的是凝聚共识、形成合力,把务虚的成果化为干事创业的激情和动力,化为实实在在的工作举措。

2月14日,省交通运输厅晋交办发〔2017〕42号文印发《关于表彰2016年度完成工作目标任务优秀单位的决定》。共11个。

2月16日,全省交通运输系统党建工作暨2017年党风廉政建设工作会议召开。会议认真分析全系统党建工作面临的新形势新任务,进一步明确今后一个时期全系统党建工作和2017年党风廉政建设工作的目标、任务及要求。会议强调,各级党组织和广大党员干部要以习近平总书记系列重要讲话精神为引领,紧紧围绕省委"一个指引、两手硬"的重大思路和要求,以全面加强和深化党的建设为抓手,进一步凝聚改革发展共识,振奋干事创业的精气神,努力掀开山西交通运输发展新篇章,再创山西交通运输新辉煌,为迎接党的十九大胜利召开交上一份合格的答卷。

2月17日,2017年全省交通运输工作会议召开。会议提出,要全面贯彻落实党的十八大和十八届三中、四中、五中、六中全会精神,深入学习贯彻习近平总书记系列重要讲话精神,认真落实省第十一次党代会、省委十一届二次全会暨经济工作会、省"两会"精神和2017年全国交通运输工作会议精神,坚持新发展理念,坚持稳中求进工作总基调,坚持供改与综改相结合,进一步完善交通基础设施网络,着力提升交通运输供给能力和服务品质,着力构建现代综合交通运输体系,努力建设人民满意交通,推动交通运输发展掀开新篇章再创新辉煌,以优异成绩迎接党的十九大胜利召开。会议还表彰2016年度完成工作目标任务优秀单位。厅机关各处室主要负责人，各市交通运输局局长，厅属各单位党政主要负责人及省路桥集团、省交投集团、省高速集团、省汽运集团负责人参加会议。

2月20日，省交通运输厅晋交建管发〔2017〕45号文印发河津至运城高速公路竣工验收鉴定书。2016年11月8日至9日进行验收。

2月21日，省交通运输厅领导班子2016年度民主生活会召开。要求认真贯彻落实党的十八届六中全会精神和《准则》《条例》要求，认真学习贯彻习近平总书记系列重要讲话精神，认真贯彻落实省第十一次党代会精神和省委"一个指引、两手硬"的重大思路和要求，按照省委书记骆惠宁"掀开新篇章，再创新辉煌，努力构建现代综合交通运输体系"的指示精神，以此次专题民主生活会为契机，以严格要求抓整改，进一步推进各方面工作顺利开展。

2月22日，省交通运输厅晋交人发〔2017〕48号文印发《关于进一步加强路桥企业管理和监管的通知》。

2月24日，交通运输部党组成员、副部长何建中一行赴晋调研，听取全省交通运输工作情况汇报，研究协调工作中存在的困难和问题。听取汇报后，何建中对山西交通运输系统近年来所做的工作和取得的成绩给予充分肯定，并对今后的发展提出意见。一要理清思路、明确目标，坚持做到"两手抓"，一手抓从严治党，一手抓发展。二要建立综合交通运输管理体制，根据山西实际情况，站在大局高度，深入研究分析，利用综合优势，统筹兼顾，集中资源，理顺体制机制，加大投融资体制建设，建立廉政风险防控体系。三要切实提升服务能力和水平，把握好当前交通运输发展的黄金时期，充分发挥交通运输在经济社会发展中的作用。

2月24日，2017年全省高速公路管理工作会议召开。要求创新驱动收费、养护、路政治超、服务区、信息监控"五大业务"转型升级，对标一流，奋力赶超，努力提高全行业现代化管理服务水平。

2月24日，全省高管系统党建工作暨2017年党风廉政建设工作会议召开，要求进一步强化党的意识，压实主体责任，落实从严要求，努力把党的理论优势、政治优势、组织优势、制度优势、群众工作优势转化为引领和促进全省高速公路管理事业科学发展的强大动力；要把握"巩固、深化、提高"方针，狠抓责任落实，强化监督执纪问责，努力推动从严治党向纵深发展，着力解决群众身边的不正之风和腐败问题，为全系统改革发展稳定提供坚强的政治保障、组织保障和纪律保障。

2月24日，省交通运输厅、省财政厅、省发展和改革委员会晋交财发〔2017〕52号文印发《关于大营至神池高速公路设置收费公路收费站及相关事宜的通知》。

2月24日，省交通运输厅晋交办发〔2017〕54号文印发2017年全省交通运输工作要点。

2月27日,全省交通运输安全生产专题会议召开,传达学习省政府"3·1"特别重大事故警示教育暨全省安全生产工作电视电话会议和全省特种设备安全工作电视电话会议精神,安排部署全国"两会"期间全省交通运输安全生产工作。要求强化政治意识、忧患意识和责任意识,牢牢把握安全生产工作的主动权,一级抓一级、一级带一级,全力抓好全系统安全生产各项工作落实,以实际行动迎接"两会"胜利召开。

2月27日,省交通运输厅晋交办发〔2017〕57号文印发《关于做好当前信访维稳工作的通知》。

2月27日,省交通运输厅政务微信"山西交通"正式对外发布信息,旨在建设全省交通运输行业新闻发布的新阵地、政务公开的新平台、便民服务的新窗口。主要发布厅党组重大决策部署、交通运输重大改革措施、重要法律法规、行业重大突发事件应急处置、基层工作经验和先进典型以及服务社会的有关信息,并适时适度回应公众关注的交通运输热点问题。

2月28日,灵丘至河曲高速公路原平至神池段正式通车运营。路线全长64.67km,起点位于原平市沿沟乡麻地沟村,与繁峙至大营高速公路终点大运枢纽相接,经原平、宁武、神池3县(市)、7个乡(镇)、43个自然村,终点位于神池县东湖乡,与神池至河曲高速公路相接。全线采用全封闭双向四车道高速公路标准,设计时速80km,路基宽度24.5m,概算投资75.27亿元,建设工期3年。项目的建设对实现中央加快中西部地区经济社会发展战略,完善国家高速公路网,支撑山西资源型经济转型综合配套改革试验实施,促进区域经济发展和沿线旅游业发展,都具有十分重要的意义。

2月28日,省交通运输厅晋交规划发〔2017〕61号文向交通运输部呈报《关于帮助协调省际高速公路互联互通的请示》。共33个,已建成21个(实现互通19个),在建6个,待建6个。

2月28日,省交通运输厅晋交规划发〔2017〕62号文向交通运输部呈报《关于申请将国家高速公路G2211山西黎城至霍州段列入部"十三五"规划的请示》。路线全长151km,估算投资195亿元。

2月28日,省交通运输厅晋交规划发〔2017〕63号文向交通运输部呈报《关于将太原二环高速公路纳入国家高速公路网的请示》。其中,东环段32.5km,投资约31亿元;西环段94km,投资约137亿元;北环段60km,投资估算81亿元。

2月28日,省交通运输厅晋交规划发〔2017〕64号文向交通运输部呈报《关于支持全省国道市区过境改线项目的请示》。其中,G108三段长129km,匡算投资88.5亿元;G207两段长101.5km,匡算投资83.3亿元;G208两段长83.61km,匡算投资83.5亿元;G209长60km,匡算投资65亿元;G309长6.8km,匡算投资2.8亿元;G307长81km,新建47km,匡算投资38亿元;G342长36km,匡算投资25亿元。

2月28日,省交通运输厅晋交规划发〔2017〕66号文向交通运输部呈报《关于调整二广高速公路太原境内路线走向的请示》,调整后的具体路线为:太原东二环高速公路(待建)-龙城高速公路(龙白枢纽)-太长高速公路(东阳枢纽)。

3月2日,山西省人民政府与交通运输部签署加快山西省交通运输发展合作协议,推动山西加快构建现代综合交通运输体系。协议明确部省合作推进交通运输发展的重点任务以及到2020年的总体目标;以完善综合交通基础设施网络、打赢交通扶贫脱贫攻坚战、提升交通行业治理能力为重点,通过部省合作,共同推进山西综合交通运输体系建设,着力落实交通建设有效投资、着力扩大运输服务有效供给、着力拓展新的发展空间、着力培育新的发展动能,力争到2020年基本建成安全、便捷、绿色、高效的现代综合交通运输体系,更好地发挥交通运输"先行官"作用,为山西省全面建成小康社会提供坚实的交通运输保障。为了更好地落实协议,部省双方还成立推进实施联合工作组,双方将建立领导不定期会晤制度,保持沟通渠道和工作平台长期有效,根据山西省交通运输发展的实际情况,研究落实工作重点和具体事项。

3月7日,省交通运输厅领导深入太旧高速公路公司调研全省高速公路运营管理工作,听取省高管局工作汇报,研究解决存在的困难和问题。要求全省高管系统要凝聚起全行业的智慧和力量,加强党的领导,充分发挥各级党委的领导作用、战斗堡垒作用和党员先锋模范作用,推动全省高速公路运营管理科学发展。要继续弘扬"太旧精神",激励和推动行业发展。"太旧精神"是全省交通运输系统艰苦奋斗优良传统与改革创新的实战精神的高度结合,是与时俱进、勇于超越的真实写照,是推动和保障交通运输事业发展的巨大力量源泉和宝贵精神财富,高管系统要高举"太旧精神"这面旗帜,赋予"太旧精神"新的内涵,进一步激发全行业干部职工艰苦奋斗、干事创业、对标一流、改革创新,奋力推进交通运输掀开新篇章,再创新辉煌。

3月8日,省交通运输厅党组晋交党发〔2017〕13号文印发《关于开展2017年度"党风廉政宣传教育月"活动的通知》。

3月13日,省交通运输厅党组晋交党发〔2017〕15号文印发《关于进一步加强干部使用管理的意见(试行)》。

3月14日,省交通运输厅党组晋交党发〔2017〕18号文印发《中共山西省交通运输厅党组工作规划(试行)》《山西省交通运输厅党组书记专题会议工作规划》,分别为6章26条、12条,自印发之日起施行。

3月14日,省交通运输厅召开全省重点公路工程建设暨党建和党风廉政建设工作会议,总结2016年度全省重点公路工程建设完成情况,安排部署2017年工作。要求按照省厅"四个坚持""八项任务"的部署,以弘扬工匠精神、打造品质工程为主线,大力加强党建和党风廉政建设,充分发挥重点公路工程建设在交通运输基础设施建设中的"先行"作用,持续稳步推进全省重点公路工程建设。会议表彰2016年度完成目标责任优秀单位7个,并向14个续建、新开工、通车项目和9个前期工作项目单位颁发责任状,长邯改扩建、运宝黄河大桥、静乐丰润至兴县黑峪口高速公路3个项目单位作表态发言。

3月15日,省交通运输厅晋交治超发〔2017〕78号文印发《关于做好严重违法失信超限超载运输行为联合惩戒工作的通知》。

3月15日,省交通运输厅晋交治超发〔2017〕79号文印发2017年治超工作要点。

3月16日,省交通运输厅晋交公安发〔2017〕86号文印发《安全稳定风险隐患大排查大整治专项行动实施方案》。

3月20日,全省交通运输系统干部人事工作视频会议召开,传达学习厅党组《关于进一步加强干部使用管理的意见(试行)》,对全系统干部人事工作进行安排部署。要求全面贯彻党的十八大和十八届三中、四中、五中、六中全会精神,深入学习贯彻习近平总书记系列重要讲话精神,按照省委"一个指引、两手硬"重大思路和要求,以全面从严治党和激发干部活力为目标,创新管理机制,全面提升干部人事工作水平,为实现山西交通运输事业掀开新篇章、再创新辉煌提供坚强的组织保证。

3月20日,省交通运输厅晋交办发〔2017〕82号文印发《2017年全省交通运输重点工作任务责任分解》。

3月22日,省交通运输厅晋交建管发〔2017〕87号文印发天镇至大同高速公路竣工验收鉴定书。3月16日至17日进行验收。

3月24日,省交通运输厅晋交办发〔2017〕89号文转发山西省人民政府办公厅《转发省地方志办公室关于进一步加强地方志工作实施意见的通知》的通知。

3月24日,省交通运输厅晋交办发〔2017〕94号文印发《政务微博微信发布管理暂行办法》。共12条,自发布之日起施行。

3月30日,省高速公路管理局在太旧高速公路建设纪念馆举行全省高速公路管理系统"弘扬太旧精神、再创高速辉煌"主题实践活动启动仪式。要求充分发挥典型引路和精神引领的巨大作用,进一步培育和践行社会主义核心价值观,积极选树行业标兵,塑造先进典型,讲好高速故事,大力激发全系统广大干部职工不畏困难、干事创业、改革创新、奉献进取的工作热情,真正使"太旧精神"内化于心、外化于行,努力形成思想同心、目标同向、行动同步、事业同干的工作新局面。

3月31日,省交通运输厅晋交综运发〔2017〕107号文印发《开展全省打击非法违法道路旅客运输经营行为专项行动实施方案》。

3月31日,根据省交通运输厅决定,省交通运输执法局组织开展全省政府还贷高速公路绿色通道突击检查行动。共出动800名执法人员,组成134个检查组,对全省111个收费站进行蹲守检查,对30个服务区进行巡查,同时省局还派出3个督查组到各市进行督导,为规范全省高速公路绿色通道建设,提升收费管理水平提供第一手资料。

4月1日,省交通运输厅晋交规划发〔2017〕104号文向交通运输部呈报《关于请部协调解决省际高速公路互联互通问题的请示》。

4月1日,由省交通设计院负责设计的太原二环高速公路东环段(凌井店至龙白)初步设计通过外业验收。路线起点位于太原市阳曲县凌井店乡南社村南,终点位于晋中市榆次区什贴镇龙白村西南,全长33.205km,采用双向6车道高速公路标准,设计时速100km。

4月5日,省交通运输厅晋交工会发〔2017〕121号文印发《关于表彰全省交通运输系统劳动模范的决定》。

4月5日,省交通运输厅、省财政厅晋交财发〔2017〕105号文向省人民政府呈报《关于设立山西交通产业投资基金的请示》。初步确定总规模1000亿元人民币。

4月10日,省交通运输厅晋交工会发〔2017〕110号文印发《山西省交通运输厅劳动竞赛委员会工作制度》。

4月10日,省交通运输厅晋交建管发〔2017〕111号文印发《关于开展全省高速公路和普通干线公路路域环境集中整治活动的通知》。

4月10日,省交通运输厅晋交治超发〔2017〕112号文印发《违法超限运输信息抄告管理办法》。共16条,自印发之日起施行。

4月10日,省交通运输厅举办政府与社会资本合作PPP模式专题讲座,邀请省交通科研院城市与综合运输规划研究院院长姚儒君作专题讲解。

4月11日,省交通运输厅晋交安监发〔2017〕115号文印发《山西省危险化学品道路运输安全综合治理实施方案》。

4月11日,全省交通运输系统纪检监察基础业务知识培训班开班。为开展好此次培训,省交通运输厅党组高度重视,驻厅纪检组专题研究确定培训内容,特邀省纪委领导和省委党校教授进行授课,并安排学习讨论、交流发言等丰富务实的内容。

4月12日,省交通运输厅安委会2017年第二次全体会议召开,传达贯彻省政府安委会第二次会议精神和副省长王赋重要讲话精神,总结一季度全省交通运输安全生产工作,安排部署二季度安全生产工作。要求全系统各级各部门要凝心聚力,攻坚克难,切实强化措施,从严压实责任,全力确保交通运输安全生产形势稳定。

4月18日,省交通运输厅晋交规划发〔2017〕126号文向省人民政府呈报《关于山西路桥第一工程公司采用BOT方式投资建设太原二环高速公路凌井店至龙白段(东二环)项目的请示》。路线全长32.521km,估算总投资315273万元,建设工期36个月。

4月18日,省交通运输厅晋交规划发〔2017〕132号文下达2017年高速公路养护计划。2016年实际支出155041万元,2017年计划218448万元。

4月18日,省交通运输厅晋交规划发〔2017〕137号文印发2017年交通运输审计工作要点。

4月18日,省交通运输厅晋交安监发〔2017〕138号文印发《关于对全省三处交通事故多发路段进行挂牌督办有关事项的通知》。

4月19日,省交通运输厅晋交办发〔2017〕139号文印发《关于做好〈政府工作报告〉重点任务落实工作的通知》。

4月19日,省交通运输厅晋交财发〔2017〕140号文印发《关于做好2016年度收费公路统计工作的通知》。

4月19日,省交通运输厅晋交安监发〔2017〕143号文印发《山西省交通运输安全应急"十三五"规划》。

4月19日,省交通运输厅党组晋交党发〔2017〕27号文印发《关于落实安全生产"党政同责、一岗双责、齐抓共管、失职追责"的实施意见(试行)》。

4月19日,全省高速公路管理系统视频会议召开,深入开展全省高速公路运营管理专项整治行动,全面整顿通行费征收环境,严肃查处绿色通道专项检查发现问题涉事人员,集中整治"脏、乱、差、堵"问题,着力改进提升全省高速公路管理服务水平。

4月20日,省交通运输厅晋交综运发〔2017〕142号文印发《关于严厉打击"黑车"非法违法旅客运输经营行为的督办通知》。

4月21日,省交通运输厅综治工作会议召开,传达贯彻全国、全省反恐怖工作视频会议精神,研究部署全系统当前反恐工作。要求各单位要站在讲政治、保稳定、促发展的高度,深刻认识当前反恐工作所面临的新形势、新情况、新任务,坚决克服麻痹思想和侥幸心理,加强组织领导,强化督导检查,深化责任落实,全面落实"平安交通"建设各项措施,全力维护行业安全稳定。会议还对夏季消防、扫黄打非、禁毒等重点工作进行安排部署。

4月24日,省交通运输厅党组晋交党发〔2017〕28号文印发《关于开展即知即改,自行"回头看"专项活动的通知》。

4月24日,省交通运输厅召开全省交通运输系统劳动模范先进代表座谈会。要求大力弘扬"两路精神"和"太旧精神",同心同德,对标一流,奋力拼搏,扎实工作,为实现交通运输发展掀开新篇章、再创新辉煌,加快构建现代综合交通运输体系而努力奋斗,以优异成绩迎接党的十九大胜利召开。会上,劳模代表张建忠、杜立新、梁荣、汪伟、王生荣、刘建国、申怡萍、孙明江、杨旭以及省地方海事局、大同公路分局常家堡道班、太原市通达运输代理总公司汽车客运西站安全例检车间和山西交通职业技术学院公路工程系4个先进单位、先进集体代表分别发言。

4月25日,省交通运输厅党组晋交党发〔2017〕31号文印发《2017年党建工作要点》。

4月26日,省交通运输厅晋交安监发〔2017〕44号文印发《关于切实做好"五一"及

"一带一路"国际合作高峰论坛期间安全生产工作的通知》。

4月26日至27日,交通运输部党组书记杨传堂深入大同、太原、晋中市调研交通运输事业发展和交通扶贫工作,并主持太行山—燕山集中连片特困地区交通扶贫座谈会。调研期间,省委书记骆惠宁、省长楼阳生与杨传堂就推进山西省交通运输改革发展和交通扶贫工作交换意见。杨传堂强调,要深入贯彻落实习近平总书记关于脱贫攻坚的系列重要讲话精神,坚决贯彻党中央、国务院的决策部署,践行当好交通先行的实际行动,进一步深化部省合作,夯实工作措施,强化责任担当,坚持求真务实,全力打好交通扶贫脱贫攻坚战。在座谈会上,杨传堂听取河北、内蒙古、山西三省区交通运输厅扶贫脱贫攻坚推进情况和有关投资完成情况汇报。副省长王赋致辞并介绍山西经济社会发展情况,省交通运输厅领导参加座谈。调研期间,杨传堂赴晋中市榆次区中鼎物流园、太原火车南站,调研中鼎物流园整体规划建设情况,指挥中心、园区信息系统建设及云平台线上运行情况,铁路口岸建设和多式联运港运营情况,考察太原南站综合交通枢纽建设情况以及太原电动出租车推广情况。交通运输部机关有关司局和山西省交通运输部门及有关市(县、区)负责人参加相关调研和座谈。

4月27日,交通运输部党组书记杨传堂一行在省交通运输厅机关二楼会议室与厅党组成员进行座谈。杨传堂在讲话中充分肯定近年来山西交通运输工作所取得的成绩和新一届厅党组的新作为。要求以建立现代综合交通运输体系为主线,不断开创山西交通运输工作新局面,为经济发展和民生改善提供支撑,搞好服务;要全面从严治党,加强队伍建设,为交通运输工作贯彻五大新发展理念提供坚强政治保证。杨传堂表示,部各有关司局将一如既往地支持山西的交通运输基础设施建设、运输服务等各项工作。

5月3日,省交通运输厅晋交规划发〔2017〕163号文下达2017年五保高速公路五台山机场连接线建设投资计划。路线全长6.38km,共计投资36161万元,一级公路标准。

5月4日,省交通运输厅晋交治超发〔2017〕157号文印发《关于进一步加强高速公路治超工作的通知》。

5月5日,全省高速公路竣工验收推进会议召开,要求全省高速公路试运营项目单位要加快推进竣工验收工作和完善基本建设程序,弥补质量缺陷,保证运营安全。加快推进遗留问题的解决,积极推进高速公路建设、运营机构整合。要加强组织领导,严格工作规程,形成工作合力。厅机关有关处室及厅直有关单位在验收工作过程中要坚持依法合规原则,立足于加快推进竣工验收工作,切实加强监督指导,扎实有序地推进竣工验收各项工作,保证按计划完成。会上,灵山、阳翼、忻保、繁大、和榆(二期)建管处五家单位作表态发言。

5月5日,省交通运输厅晋交路政发〔2017〕170号文印发《2017年全省"路政宣传月"活动实施方案》。

5月5日，省交通运输厅推进"两学一做"学习教育常态化制度化、开展维护核心见诸行动主题教育动员部署会议召开。要求各级党组织要高度重视，迅速行动，拿出具体方案，采取有效措施，做好动员部署，层层压实责任、加强分类指导、强化督促检查、抓好制度落实，确保把主题教育变成攻坚克难、争创一流的过程，为迎接党的十九大胜利召开交上一份合格答卷。

5月8日，省交通运输厅晋交人发〔2017〕171号文印发《关于高沁高速公路运营管理主体及人员编制的通知》。

5月9日，按照省委统一部署，省委专项巡视一组巡视省交通运输厅动员会召开。省委巡视办有关负责同志出席会议并就开展巡视工作重大意义、基本原则及如何做好巡视工作提出要求。省委专项巡视一组全体成员出席，厅领导班子成员和一并接受巡视的省公路局、省交通运输执法局、省道路运输管理局、省高速公路管理局四个单位领导班子成员，厅机关、驻厅纪检组全体干部及其他厅直单位党政主要负责人参加会议。

5月9日，省交通运输厅晋交办发〔2017〕173号文印发《"13710"工作制度实施办法》。

5月9日，省交通运输厅晋交办发〔2017〕174号文下发《关于印发2017年全省交通运输重点工作任务责任分解的通知》。

5月9日，省交通运输厅晋交办发〔2017〕175号文印发《2017年度目标责任考核指标》。

5月10日，省交通运输厅晋交政法发〔2017〕176号文印发《关于开展2017年全省交通运输行政执法评议考核的通知》。

5月11日，省交通运输厅、省财政厅、省发展和改革委员会晋交财发〔2017〕180号文印发《关于汾阳至邢台高速公路榆社至左权段变更收费主体收费期限等相关事宜的通知》。

5月12日，省交通运输厅晋交直党发〔2017〕178号文印发《关于在推进"两学一做"学习教育常态化制度化、维护核心见诸行动主题教育中进行纪律作风大整顿的通知》。

5月12日，省交通运输厅晋交规划发〔2017〕186号文印发《关于做好2017年公路建设目标任务完成情况统计工作的通知》。

5月14日，中共山西省委组织部晋组干字〔2017〕119号文印发《关于李贵顺同志正式任职的通知》。经研究，李贵顺同志试用期间，考核合格，同意正式任职。

5月15日，中国共产党山西省委员会晋干字〔2017〕235号文印发《关于郭贵平、蔺建煌同志退休的通知》。省委研究决定：郭贵平、蔺建煌同志退休。请在履行有关程序后一个月内办理相关手续。

5月15日，省交通运输厅、省公安厅、省安全生产监督管理局晋交综运发〔2017〕191号文印发《山西省2017年"道路运输平安年"活动方案》。

5月15日，省交通运输厅晋交建管发〔2017〕193号文印发《山西省高速公路服务区文明服务创建工作实施方案》。

5月16日,省交通运输厅晋交安监发〔2017〕189号文印发《山西省交通运输从业人员安全素质提升实施方案》。

5月16日,省交通运输厅晋交规划发〔2017〕192号文印发《关于开展中央投资交通建设项目卫星遥感核查数据采集的通知》。

5月19日,省交通运输厅晋交规划发〔2017〕202号文印发《关于编报2018年交通运输建议计划的通知》。

5月23日,省交通运输厅晋交建管发〔2017〕203号文印发《关于晋蒙黄河大桥房屋建筑工程施工图设计的批复》。核定施工图预算19747908元,大桥项目施工图总预算核定为1017642520元。

5月24日,山西省人民政府晋政任〔2017〕27号文印发《关于范波涛等9人任免职务的通知》。决定免去:郭贵平、蔺建煌的省交通运输厅副巡视员职务。

5月25日,省交通运输厅深入开展平安交通专项整治行动和安全生产月活动动员部署会议召开,要求全系统的同志们尤其是领导同志务必保持更加清醒头脑,切实把思想和行动统一到党中央国务院、省委省政府、交通运输部和省厅的决策部署上来,牢记"三个不能高估",千万不能心存侥幸和麻痹大意;要切实采取有效措施,把专项整治工作做到位、做扎实,坚决防范和遏制重大事故的发生,确保全系统安全生产形势持续稳定。

5月25日,省交通运输厅晋交建管发〔2017〕216号文印发《山西省高速公路养护工程预算定额及编制办法(试行)》。

5月25日,省交通运输厅晋交建管发〔2017〕217号文向交通运输部呈报山西省绿色公路建设典型示范工程(阳城至济源高速公路阳城至蟒河段)实施方案。

5月26日,省交通运输厅晋交办发〔2017〕206号文印发《2017年政务公开工作要点》。

5月26日,省交通运输厅晋交安监发〔2017〕207号文印发《深入开展平安交通专项整治行动方案》。

5月26日,省交通运输厅晋交安监发〔2017〕208号文印发《2017年"安全生产月"活动方案》。

5月27日,省长楼阳生深入山西路桥集团、省交通科学研究院调研省属国有交通企业改革发展工作。要求认真践行新发展理念,坚持问题导向和目标导向,以法治思维改革精神创新办法破解体制机制障碍,努力打造国内一流、有国际竞争力的交通企业集团,加快建设现代综合交通运输体系,为促进转型综改创新驱动提供有力支撑。副省长王一新、王赋参加调研,省交通运输厅领导陪同调研。

山西路桥集团是拥有投资、建设、运营全产业链资质的省属交通企业。楼阳生来到该集团应急运行管理中心,了解在建项目推进和在运公路运行情况。来自项目一线的最新动态,通过18幅监控画面尽收眼前。总长166km的长临高速是省重点公路项目。楼阳生详细询问工程进展、竣工时间,要求企业加快施工进度,确保施工安全,保证工程质量,探索多元化融资方式,又好又快建设项目。

楼阳生非常关心交通科研院所发展和科技创新等工作,省交通科学研究院综合实力排名全国前列。楼阳生详细了解该院重点实验室规划建设、创新技术研发应用、人才培养等情况,饶有兴致地参观该院自主研发的隧道智能检测系统、桥梁附件、桥隧加固特种材料等科技创新成果。了解到省交科院近年来创新成果出现爆发式增长,初步形成科技创新促进产业发展、产业发展反哺科技创新的发展模式后,楼阳生十分高兴。他尤其关心高精尖人才队伍建设,与桥梁结构工程研究所郭文龙博士等科研人员亲切聊天,询问薪酬待遇、子女教育和科研条件等情况,勉励大家不断勇攀高峰,多出成果。要求省交通科研院负责同志解放思想,转变观念,进一步落实以增加知识价值为导向的分配政策,创造一流人才环境,最大程度激发广大科研人员的创造力。

在高速公路隧道监控演示系统前,楼阳生驻足观看,详细询问系统的信息技术水平和安全监控效果。要求深刻汲取重大交通安全事故教训,牢固树立安全第一理念,采取切实有效的措施办法,确保安全行车、万无一失。

调研中,楼阳生在省交通科研院主持召开座谈会,听取省交通运输厅高速公路管理体制改革情况及山西交通投资集团、路桥集团、高速集团、省交通科研院、省交通设计院等企业和单位工作汇报,与省交通运输厅、省财政厅、省国资委和相关企业单位负责人一起研究深化省属国有交通企业改革发展工作。楼阳生指出,近些年来,全省交通运输事业发展取得很大成绩,但也存在债务负担沉重、改革严重滞后等突出问题。他强调,只有改革才有出路。要强化改革意识,坚定改革信心,紧紧抓住当前交通企业改革的重要窗口期,坚定不移依靠改革实现交通事业创新转型发展。要坚持问题导向,用改革创新的办法切实化解交通领域和交通企业债务负担沉重、政企不分、政事不分、体制不顺、机制不活等突出矛盾和问题。要突出目标导向,提高站位、着眼长远,强化顶层设计,着力在根上改、制上破、治上立,努力打造国内一流、有国际竞争力的交通企业集团,构建更加科学高效的交通投资建设管理运营新体制,加快建设现代综合交通运输体系。要加强组织领导,科学制定方案,发挥好各级党组织的政治优势和组织优势,切实做好统一思想、维护稳定各项工作,凝聚改革共识,形成改革合力,蹄疾步稳推进改革。

6月1日,省交通运输厅晋交政法发〔2017〕628号文印发《关于成立交通运输全面深化改革领导组的通知》。

6月2日,省交通运输厅晋交规划发〔2017〕236号文向交通运输部呈报《关于太原至佳县高速公路东段等3个省高网项目收费权益转让备案的报告》。

6月2日,省交通运输厅晋交办发〔2017〕239号文印发《山西省交通运输厅网络安全信息通报制度》。共5章17条,自印发之日起施行。

6月5日,省交通运输厅晋交工会发〔2017〕242号文印发《山西省交通运输厅"十三五"劳动竞赛规划》。

6月5日,省交通运输厅晋交办发〔2017〕243号文印发《关于开展2017年重点工作任务落实及纪律作风大整顿督查工作的通知》。

6月6日,省交通运输厅晋交办发〔2017〕245号文印发《山西省交通运输厅合同管理办法》。共14条,自印发之日起施行。

6月7日,省交通运输厅晋交治超发〔2017〕246号文向省人民政府呈报《关于请省政府印发〈关于进一步加强超限超载治理工作确保公路运输秩序和交通安全的通告〉(送审稿)的请示》。

6月8日,省交通运输厅党组晋交党发〔2017〕48号文印发《中共山西省交通运输厅党组理论学习中心组制度》。共5章17条,自印发之日起施行。

6月8日,省交通运输厅晋交安监发〔2017〕247号文印发《关于立即开展交通运输安全生产大排查大整治专项行动的紧急通知》。

6月9日,省交通运输厅晋交办发〔2017〕248号文印发《关于开展路域环境专项整治工作的通知》。

6月12日,省交通运输厅晋交规划发〔2017〕250号文向省发改委报送《关于霍永高速公路永和至永和关工程可行性研究补充报告的请示》。工期调整后,投资估算较工可增加2.6969亿元,调整后项目总投资为32.728亿元。

6月12日,省交通运输厅晋交规划发〔2017〕251号文向省发改委报送《关于五台至盂县高速公路工程可行性研究补充报告的请示》。工期调整后,投资估算增加2.6932亿元,调整后项目总投资估算为76.1651亿元。

6月12日,省交通运输厅晋交规划发〔2017〕252号文向省发展和改革委员会报送《关于批复山西运城至河南灵宝高速公路运宝黄河大桥工程可行性研究补充报告的请示》。工期调整后,投资估算增加1236万元。

6月12日,省交通运输厅晋交规划发〔2017〕258号文印发《关于调整2017年高速公路建设项目投资计划的通知》。

6月12日,省交通运输厅晋交建管发〔2017〕260号文印发《山西省公路"品质工程"示范创建活动实施方案》。

6月15日,省交通运输厅晋交办发〔2017〕264号文印发《关于对高速系统纪律作风监督检查情况的通报》。

6月16日,省人民政府晋政函〔2017〕72号文印发《关于进一步加强货车超限超载治理工作,确保公路运输秩序和交通安全的通告》。

6月19日,省交通运输厅晋交路政发〔2017〕270号文印发《关于清理整顿非公路标志标牌优化公路路域环境的通知》。

6月20日,省交通运输厅晋交建管发〔2017〕272号文向交通运输部报送公路"品质工程"示范创建活动实施方案和省级示范创建项目。共计7个项目,其中2017年拟开工5个项目。

6月20日,省交通运输厅晋交建管发〔2017〕273号文向国土资源部呈报《关于解决山西省公路项目建设用地报批问题的请示》。

6月20日,省交通运输厅晋交财发〔2017〕278号文向交通运输部呈报《关于请求明确调整高速公路货车计重收费标准有关事宜的请示》。

6月21日,省交通运输厅晋交规划发〔2017〕279号文印发《关于开展公路安全生命防护等三项工程项目库普查更新工作的通知》。

6月23日,省交通运输厅晋交建管发〔2017〕281号文印发《关于审计移送部分高速公路项目有关问题及处理情况的通报》。

6月27日,省交通运输厅晋交路政发〔2017〕309号文印发《关于进一步加强超限运输车辆行驶公路管理的通知》。

6月27日,省委常委、副省长王赋率慰问组对省公路运输工会困难党员闫爱华进行走访慰问,为她送去党的温暖和关怀,致以节日问候和诚挚祝福。

6月29日,省交通运输厅、省财政厅、省发展和改革委员会晋交财发〔2017〕299号文向省人民政府呈报《关于核定太佳高速公路临县黄河大桥收费标准收费期限等相关事宜的请示》。概算投资51789万元,收费里程1.684km,收费期限拟定为23年,即2014年4月9日至2037年4月8日。

6月30日,省交通运输厅党组专题(扩大)会议召开,传达学习全省干部大会精神,研究贯彻落实习近平总书记视察山西重要讲话精神的具体工作举措。与会人员紧紧围绕习近平总书记视察山西重要讲话精神,紧密结合工作实际,畅谈学习心得,讨论贯彻落实举措。大家一致表示,要深入学习贯彻习总书记重要讲话精神,认真贯彻落实省委、省政府决策部署,切实把讲话精神体现到实际工作中,做好交通运输改革发展稳定和党的建设各项工作。

6月30日,全省高速公路管理系统纪念建党96周年大会召开,回顾党的光辉历程,缅怀党的丰功伟绩,安排部署下一步党的工作。同时,对全系统一年来涌现出来的优秀共产党员、优秀党务工作者和先进基层党组织进行表彰。

6月30日,在省交通运输厅领导高度重视和大力支持下,在厅机关有关处室、厅直有关单位领导和编纂人员共同努力下,《山西高速公路建设实录》全部书稿按时报送交通运输部和人民交通出版社,成为全国第八家报送的单位,受到部领导表扬。

7月3日,省交通运输厅党组晋交党发〔2017〕52号文向省委专项巡视一组报送《关于巡视期间即知即改情况的报告》。

7月3日,省交通运输厅晋交建管发〔2017〕302号文印发《重点公路工程无障碍施工专项行动工作方案》。

7月3日,省交通运输厅晋交审批发〔2017〕303号文印发《关于营造"六最"环境实施方案和行动计划的通知》。

7月3日,省交通运输厅、省财政厅、省发展和改革委员会晋交财发〔2017〕305号文印发《关于高平至沁水高速公路设置收费公路收费站及相关事宜的通知》。收费里程69.97km,批准概算投资为636336万元,设匝道收费站5处(高平南、马村、胡底、端氏、郑庄),收费期限20年。

7月4日,省交通运输厅晋交安监发〔2017〕304号文印发《关于对2017年安全生产重点问题责任分解的通知》。

7月4日,省交通运输厅晋交规划发〔2017〕306号文印发《关于编制2018年预算和2018—2020年中期财政规划的通知》。

7月4日,省交通运输厅晋交公安发〔2017〕310号文印发《健全落实社会治安综合治理领导责任制实施细则》,共6章31条,自印发之日起施行。

7月5日,省交通运输厅纪念建党96周年大会召开,厅党组书记、厅长张志川出席会议并讲授专题党课,要求将学习贯彻习总书记重要讲话精神作为全系统当前和今后一个时期的首要政治任务,进一步站稳政治立场,增强"四个意识",坚定"四个自信",以时不我待的精神推进改革,以攻坚克难的勇气开拓进取,确保全年各项目标任务顺利完成,以优异成绩迎接党的十九大胜利召开。会议还宣读《中共山西省交通运输厅直属机关委员会关于表彰优秀共产党员、优秀党务工作者和先进基层党组织的决定》,为受到表彰的优秀共产党员、优秀党务工作者和先进基层党组织代表颁发荣誉证书、奖牌。

7月5日,省交通运输厅安委办在太原举办《公路工程施工安全检查评价规程》《公路工程施工安全风险辨控手册》宣传贯彻培训班,来自全系统40余家单位的116名安全管理及技术人员参加培训。

7月5日,省交通运输厅晋交建管发〔2017〕307号文印发《关于闻喜东镇至垣曲蒲掌高速公路古城联络线工程初步设计核准的批复》。路线全长18.167km,核定概算187223944元。

7月6日,省交通运输厅党组晋交党发〔2017〕54号文印发《关于设立"三基建设"办公室及内设机构的通知》。

7月6日,省交通运输厅晋交建管发〔2017〕318号文印发《山西省公路水运建设工程质量安全隐患大排查大整治专项行动工作实施方案》。

7月7日,全省路政管理工作会议召开,总结2017年上半年全省路政管理工作,安排部署下半年及以后路政管理工作。要求充分认识公路行业发展所面临的新形势、新任务，增强做好路政工作的紧迫感和责任感，坚持"建管并重"，自觉克服观念陈旧、重视不够、重建设、轻管理的思想，不断强化管理意识，明确管理责任，确立管理地位，履行管理义务，以脚踏实地态度，求真务实作风，扎实做好路政管理工作。

7月7日，省交通运输厅社会治安综合治理工作会议召开，传达省综治委、交通运输部综治工作文件精神，通报当前信访维稳形势，总结上半年综治工作，安排部署下一阶段工作。要求突出行业特点，在观念理念、体制机制、方式方法上不断创新，努力提高交通运输行业综治工作水平。

7月10日，副省长贺天才在太原调研交通运输安全工作，先后深入太原汽车客运西站、太古高速西山隧道，实地查看乘客安检通道、车辆安检车间，检查隧道通风、消防、应急设施配备及监控指挥中心运行情况，并在太古高速建管处召开座谈会。要求全省交通运输系统要把安全放在首位，认真汲取以往事故教训，按照"四铁"工作要求，全面落实安全生产责任，切实加强应急救援体系建设，确保交通运输安全形势稳定；要深化交通运输体制改革，推动交通运输管理走上专业化、精细化、良性化道路；要加强交通基础设施建设，积极构建现代综合交通运输体系，为优化营商环境提供有力支撑；要进一步提高交通运输服务水平，营造良好出行条件，不断提高人民群众的获得感和舒适感。

7月12日，省交通运输厅直属机关党委组织厅机关全体干部集中观看习总书记视察山西视频，厅领导一同观看。观看结束后，大家一致表示，要深入学习贯彻习总书记重要讲话精神，认真贯彻落实省委、省政府决策部署，切实把讲话精神体现在实际工作中，做好交通运输改革发展稳定和党的建设各项工作。

7月12日，省交通运输厅晋交财发〔2017〕324号文向省人民政府呈报《关于成立山西交通控股集团有限公司的请示》。

7月14日，省人民政府第155次常务会议同意成立山西交控集团筹备领导组，由王一新副省长任组长，由贺天才副省长协助王一新副省长做好有关工作，由省交通运输厅厅长张志川、省国资委主任郭保民任副组长，各有关单位为领导组成员。

7月14日，省交通运输厅党组扩大会议召开，进一步学习习近平总书记视察山西重要讲话精神，专题学习贯彻中共山西省委十一届四次全体会议精神，安排部署贯彻落实工作。要求深刻学习领会，不断增强履职尽责的政治自觉、思想自觉和行动自觉，把学习贯彻习总书记重要讲话精神不断引向深入。

7月14日，省交通运输厅晋交安监发〔2017〕326号文印发《关于认真学习贯彻落实习近平总书记等中央领导同志重要批示精神扎实做好当前全省交通运输行业防汛防灾减灾工作的紧急通知》。

7月19日，省交通运输厅晋交财发〔2017〕341号文向省人民政府呈报《关于请批复成立山西交通控股集团有限公司的请示》。

7月19日,省交通运输厅晋交安监发〔2017〕337号文印发《关于在全省交通运输系统开展安全生产大检查的通知》。

7月19日,省交通运输厅晋交人发〔2017〕338号文向省人民政府呈报《关于成立山西交控集团筹备领导组的请示》。

7月20日,省交通运输厅晋交人发〔2017〕340号文印发《关于对企业重组改革涉及单位人员进行调查的通知》。

7月20日,省交通运输厅晋交综运发〔2017〕348号文向交通运输部运输服务公司呈报《关于对交通运输部运输服务司道路运输车辆动态监控平台发现我省车辆有关问题整改情况的报告》。

7月21日,省交通运输厅、省公安厅晋交公安发〔2017〕343号文印发《关于整治冲卡逃费维护收费公路运营秩序的通知》。

7月24日,交通运输部党组成员、副部长刘小明深入省交通运输厅调研指导工作,听取工作汇报后,他在讲话中指出,党的十八大以来,山西交通运输系统干部职工奋发进取,攻坚克难,推动交通运输走出困境、迈上新台阶。特别是新一届厅党组组建以来,坚持改革创新,坚持强基固本,确立"两手抓"和"1214"的发展思路,半年时间做了"十件事",成绩有目共睹。交通运输部对新一届厅党组的工作是充分肯定的,在基本完成谋篇布局的基础上,要深入学习贯彻习近平总书记系列重要讲话精神,特别是关于交通运输工作的重要指示和视察山西重要讲话精神,牢固树立"四个意识",增强维护核心、干事创业的信念和力量,深化交通运输供给侧结构性改革,扎实推进交通运输改革发展稳定和党的建设各项工作,为山西进一步走好新征程、探出新路子、创造新业绩提供坚强交通运输保障,为全面建成小康社会当好先行。

7月24日,省交通运输厅晋交规划发〔2017〕346号文向省发展和改革委员会报送《关于批复呼北国家高速公路山西省隰县至吉县段工程可行性研究报告的请示》。路线全长105.818公里,投资估算123.4亿元。

7月25日,省交通运输厅安委会第三次会议召开,贯彻落实全国安全生产电视电话会议和省政府安委会第三次全体扩大会议精神,安排部署下一阶段全省交通运输安全生产工作,为党的十九大胜利召开创造良好安全生产环境。要求保持清醒头脑,认真汲取以往事故的沉痛教训,克服侥幸心理,牢记"三个不能高估",切实把安全生产作为重大政治任务和最大民生工程来抓,推动全省交通运输安全生产形势持续稳定好转。

7月27日,省交通运输厅晋交安监发〔2017〕351号文印发《关于贯彻落实省政府主要领导批示精神做好防汛工作的紧急通知》。

7月27日,省交通运输厅晋交建管发〔2017〕352号文印发朔州环线西南段高速公路工程验收鉴定书,7月25日至26日进行验收。

7月28日,全省公路"品质工程"示范创建活动动员暨现场会议在长治召开。要求认真学习贯彻习近平总书记重要讲话精神,牢固树立"品质工程"理念,在全系统大力开展"品质工程"创建活动,以"工匠精神"当好施工队长,整体提高工程质量,以优异成绩迎接党的十九大胜利召开。会上,省交通质监局就下一阶段"品质工程"示范创建活动进行部署,长邯高速公路改扩建项目、长临高速公路项目进行经验交流,阳蟒、静兴高速公路项目、省交科公路勘察设计院作了表态发言。会议期间,全体与会代表参观长临高速公路施工现场和长邯高速公路改扩建项目施工现场。

7月31日,省交通运输厅组织厅机关复转军人举行庆祝建军90周年座谈会,希望全体复转军人和全系统广大干部职工一道加大工作的创新力度,凝聚合力,攻坚克难,奋力开创交通运输改革发展新局面,以优异成绩迎接党的十九大胜利召开。

7月31日,省交通运输厅党组晋交党发〔2017〕56号文向山西交控集团筹备领导组报送《关于山西交通控股集团有限公司筹建组人员建议名单的请示》。

7月31日,省交通运输厅晋交审批发〔2017〕353号文印发《关于做好"放管服效"改革涉及的规章、规范性文件清理工作实施方案的通知》。

8月1日,省交通运输厅晋交规划发〔2017〕330号文向省人民政府呈报《关于呼北国家高速公路山西省朔城至神池段改线方案研究论证的报告》。

8月1日,省交通运输厅晋交建管发〔2017〕355号文印发《关于开展公路养护工程从业单位资质复审工作的通知》。

8月1日,省交通运输厅晋交办发〔2017〕357号文印发《山西省交通运输厅档案管理办法》,共8章40条,自发布之日起施行。

8月2日,省人民政府晋政函〔2017〕100号文印发《关于同意成立山西交通控股集团有限公司的批复》。

8月2日,省交通运输厅晋交直党发〔2017〕358号文印发《在推进"两学一做"学习教育常态化制度化中加强"三基建设"重点任务细化分工明细表》。

8月2日,省交通运输厅、省公安厅晋交治超发〔2017〕359号文印发《关于认真贯彻落实〈山西省人民政府关于进一步加强货车超限超载治理工作确保公路运输秩序和交通安全的通告〉的通知》。

8月3日,省交通运输厅"贯彻落实总书记重要讲话精神,推进高速公路管理体制改革"动员会议召开,传达学习习近平总书记在中央全面深化改革领导小组会议上的重要讲话精神,部署安排高速公路管理体制改革推进工作。要求充分认识成立交控集团的重大意义,充分认识组建交控集团是适应经济发展新常态、有效化解交通政府性债务的唯一出路,是深化交通运输管理体制改革、实现政企分开的关键之举,是推进国企国资改革、打造一流企业的有效途径,是践行新发展理念、构建现代综合交通运输体系的长远之策。组建交控集团既是一项重大政治任务,也是现实改革的迫切需要,更是全系统广大干部职工的的殷切期盼,必须集全系统之力、聚全系统之智把这件好事办好。各级各有关部门必须站在讲政治的高度,切实把思想和行动统一到省委、省政府和厅党组的决策部署上来,不折不扣地完成交控集团组建任务。

8月3日,省交通运输厅、省财政厅、省发展和改革委员会晋交财发〔2017〕356号文印发《关于太佳高速公路临县黄河大桥收费标准收费期限等相关事宜的通知》。收费期限23年,即2014年4月9日至2037年4月8日。

8月4日,省交通运输厅安委办举办《山西省公路危险路段排查治理管理办法》宣传贯彻培训班,来自省公路局及各公路分局、省高管局及各高速公路运营公司负责安全生产的分管领导、部门负责人、技术骨干等200余人参加培训。

8月7日,省交通运输厅晋交治超发〔2017〕367号文向省人民政府呈报《关于对江苏巨神大件运输公司承运太重集团大件货物严重违法超限运输行为存在重大安全隐患案件进行调查处理的请示》。

8月7日,省交通运输厅晋交治超发〔2017〕369号文印发《关于进一步加强公路超限检测站管理的通知》。

8月8日,省交通运输厅晋交建管发〔2017〕371号文印发广灵至浑源高速公路竣工验收鉴定书,8月2日至4日进行验收。

8月8日,省交通运输厅晋交建管发〔2017〕372号文印发大同至浑源高速公路竣工验收鉴定书,8月2日至4日进行验收。

8月8日,省交通运输厅晋交办发〔2017〕373号文向省政府办公厅报送《关于省"两会"建议提案办理工作情况的报告》。

8月9日,根据交通运输部领导要求和厅领导指示,为进一步提高编纂质量,争创一流精品,省交通运输厅组织召开《山西高速公路建设实录》审稿会议。厅资料中心介绍《山西高速公路建设实录》编纂过程,并对志书体例、文字处理、内容增减等方面进行说明;厅机关各处室、厅直有关单位对稿件修改及审定情况进行汇报,对书稿进一步修改的意见或建议进行讨论,明确有关资料报送的最后截止时间为8月14日。厅领导出席会议并讲话,要求严格按照志书编纂要求和这次评审会提出的修改意见,高度重视,明确专人负责,在规定时间完成补充、完善有关资料的报送任务,要在精准资料、规范记述、突出特色、打造精品上下功夫,使其更好地发挥传承历史、资政育人作用。

8月10日,省交通运输厅晋交建管发〔2017〕377号文印发《公路工程建设项目委托技术咨询服务管理办法》。共7章29条,自2017年9月10日起施行。

8月11日,省交通运输厅晋交建管发〔2017〕379号文印发《公路工程招标投标管理办法》。共6章44条,自2017年9月1日起施行。

8月11日,省交通运输厅晋交办发〔2017〕380号文印发《山西省交通运输厅年度目标责任考核规定(试行)》。共7章42条,自发布之日起试行。

8月11日,省交通运输厅晋交办发〔2017〕381号文印发《山西省交通运输厅2017年度目标责任考核工作赋分办法》。

8月14日,省交通运输厅召开《中国共产党巡视工作条例》宣讲大会,要求全系统各级领导干部提高思想认识,提升政治站位,从全面从严治党的战略高度,充分认识重大意义,自觉把思想和行动统一到中央和省委的部署要求上来,确保得到不折不扣地落实。

8月17日,省交通运输厅晋交规划发〔2017〕384号文向省发展和改革委员会报送《关于批复山西省交通运输统计分析监测和投资计划管理信息系统工程可行性研究报告的请示》。投资估算1951.29万元。

8月17日,省交通运输厅晋交规划发〔2017〕385号文印发《山西省交通运输厅经营性公路建设项目投资人招标投标管理办法》。共10章35条,自2017年9月20日起施行。

8月18日,山西省人民政府晋政任〔2017〕47号文印发《关于程泽业等19人任免职务的通知》。决定任命:郭全英为省交通运输厅副巡视员。

8月18日,省交通运输厅晋交规划发〔2017〕388号文向省发展和改革委员会报送《关于批复呼北国家高速公路山西省离石至隰县段工程可行性研究报告的请示》。路线全长84.23公里,投资估算91.448亿元。

8月22日,上午,高平至沁水高速公路通车仪式举行,副省长贺天才宣布高沁高速公路通车运营,省交通运输厅领导和晋城市四大班子领导出席通车仪式。高沁高速公路是全省高速公路网规划"三纵十二横十二环"中第十一横的重要组成部分。东连长晋和高陵高速公路,西接阳冀高速公路,全长69.996km,概算投资63.6亿元。全线采用双向四车道标准,设计时速80公里,途经高平、泽州、沁心3县(市)7个乡(镇)48个行政村,是全省又一条晋煤外运的重要通道。通车仪式后,贺天才先后调研高沁高速公路、沁河沁水段生态治理、迎白旅游路建设和沁水县村通水泥(油)路推进情况,详细了解沁水县交通运输"十三五"工作思路和"四好农村路"建设情况。

8月22日,省政府办公厅晋政办发〔2017〕100号文印发《山西省政府督查责任追查办法(试行)》(5章11条),《山西省政府督查工作激励积分法(试行)》(6章20条),《山西省"一网三库"督查人员工作管理暂行办法》(6章19条),《山西省政府督查快速处置工作制度》,均从印发之日起实行。

8月23日,省交通运输厅、省财政厅、省发展和改革委员会晋交财发〔2017〕347号文向省人民政府呈报《关于在全省高速公路实施差异化收费优惠政策的请示》。

8月24日,省交通运输厅晋交安监发〔2017〕392号文印发《关于报送安全生产大检查行政执法案例的紧急通知》。

8月24日,省交通运输厅晋交建管发〔2017〕393号文印发《关于祁县至离石高速公路初步设计核准的批复》。路线全长96.608km,概算核定为11997804140元。

8月25日,省交通运输厅晋交建管发〔2017〕395号文印发呼和浩特至北海国家高速公路隰县至吉县段初步设计外业验收意见。8月16日至18日进行验收,路线全长105.471km。

8月25日,省交通运输厅晋交建管发〔2017〕396号文印发呼和浩特至北海国家高速公路离石至隰县段初步设计外业验收意见。8月16日至18日进行验收,路线全长82.875km。

8月25日,省交通运输厅晋交办发〔2017〕397号文印发《关于开展2017年重点公路工程前期及已通车高速公路竣工验收工作专项督查的通知》。

8月25日,省交通运输厅晋交综运发〔2017〕398号文印发《关于切实做好道路水路运输和城市客运行业监管工作的通知》。

8月25日,省高管局召开全系统保稳定保安全保畅通专题会议,号召全系统坚决把思想统一到省委、省政府总体要求和厅党组决策部署上,站在讲政治、讲大局高度,以更强政治担当、更高思想认识、更严纪律规矩全面落实好改革各项任务,确保行业稳定、运营安全、道路畅通,以实际行动迎接党的十九大胜利召开。

8月28日,省交通运输厅党组晋交党发〔2017〕57号文向山西交控集团筹备领导组报送《关于推荐山西交通控股集团有限公司主要负责人候选人的请示》。

8月28日,省交通运输厅晋交安监发〔2017〕399号文印发《关于贯彻落实全省煤矿安全生产紧急电视电话会议精神加强交通运输安全生产工作的紧急通知》。

8月28日,省交通运输厅晋交规划发〔2017〕400号文向省人民政府呈报《关于全省公路发展水平评估和发展思路的报告》。

8月30日,省交通运输厅决定开始对全省重点公路工程项目前期工作和已通车项目竣工验收工作进行专项督查。分为三个阶段:8月28日至9月10日为项目全面自查阶段,9月11日至24日为省厅集中督查阶段,9月25日至30日为督查结果评议阶段。

8月30日,省政府召开全省重点公路工程建设领导小组会议,通报全省重点公路工程建设工作情况,安排部署下一步工作。副省长贺天才出席会议并讲话,省交通运输厅领导作汇报,省发改委、省国土厅负责人和朔州、吕梁两市领导作表态发言。贺天才在讲话中全面肯定近年来全省重点公路工程建设取得的成绩,认真分析当前面临的形势。要求全省各级各部门要紧急动员起来,凝心聚力抓安全、抓进度、抓质量、抓环保、抓资金。加强领导,提供组织保障;搞好服务,不断改善建设环境;强化督查,确保任务圆满完成;加大宣传,努力营造良好氛围。

8月31日,全省交通运输系统新闻舆论工作座谈会议召开,要求充分认识新形势下交通运输新闻舆论工作的重要性,进一步加强工作研究和改进提升,全面开展迎接党的十九大新闻宣传工作,创新推动交通运输新闻舆论工作取得新的更大的成绩,为交通运输掀开新篇章、再创新辉煌,营造良好的舆论氛围,以优异成绩迎接党的十九大胜利召开。会上省公路局、省执法局、省运管局、省高管局、省海事局、厅重点办、临汾市交通运输局、运城市交通运输局8个单位分别做交流发言。

8月31日,省交通运输厅晋交晋交建管发〔2017〕271号文向省人民政府呈报《关于公路建设压覆矿产资源情况的请示》。

8月31日,省交通运输厅晋交办发〔2017〕403号文印发《山西省交通运输行业迎接党的十九大新闻宣传工作实施方案》。

8月31日,省交通运输厅晋交规划发〔2017〕404号文向省发展和改革委员会报送《关于太原至澳门国家重点公路山西境晋城至济源(省界)段工程可行性研究调整补充报告的请示》。路线全长30km,2005年4月5日开工建设,2008年12月30日通车运营。投资估算调整为279228万元,其中新增投资61228万元,新增投资由运营主管部门筹措。

9月1日,省交通运输厅晋交政法发〔2017〕408号文印发《山西省交通运输厅重大行政决策和规范性文件合法性公平竞争审查办法》。共计23条,自印发之日起施行。

9月1日,省交通运输厅晋交安监发〔2017〕409号文印发《山西省交通运输厅贯彻落实省安全生产"十三五"规划实施方案》。

9月3日,省交通运输厅晋交人发〔2017〕382号文印发《关于部分高速公路运营单位核增人员编制的批复》。

9月4日,省交通运输厅晋交路政发〔2017〕412号文印发《关于加快推进全省高速公路隧道消防竣工验收备案工作的通知》。

9月6日,省交通运输厅与省公安厅联合召开党的十九大安保工作座谈会。会议通报2017年以来全省道路交通安全形势、"两厅"座谈会筹备情况和合作事项沟通协调情况,明确双方合作内容及达成的共识。

9月6日,省交通运输厅晋交治超发〔2017〕418号文印发《关于进一步加强高速公路省界公路超限检测站(匝道入口超限检测系统)管理的通知》。

9月6日,省交通运输厅晋交治超发〔2017〕425号文、426号文分别向省人大并张建欣副主任、省委呈报《关于太重集团委托江苏巨神大件运输公司运输大件货物严重违法超限运输案件的情况报告》。

9月7日,省交通运输厅晋交办发〔2017〕422号文印发《关于加强全省交通运输系统重大工程图纸资料管理工作的通知》。

9月7日,省交通运输厅晋交财发〔2017〕428号文向省人民政府呈报《关于请批复在全省高速公路实施差异化收费优惠政策的请示》,已于9月7日省长办公会研究通过。

9月9日,省交通运输厅晋交路政发〔2017〕449号文向省人民政府呈报《关于协调解决青银高速公路汾离段离石高架桥下违章建筑及易燃杂物问题的请示》。

9月11日,省交通运输厅晋交建管发〔2017〕430号文印发《山西省高速公路监控系统联网技术要求》。自2017年10月1日起施行。

9月11日,省交通运输厅晋交建管发〔2017〕433号文印发《关于开展2017年公路水运工程建设领域"质量月"活动的通知》。

9月11日,省交通运输厅晋交办发〔2017〕434号文印发《关于2017年重点工作任务落实及纪律作风大整顿督查情况的通报》。

9月13日,省交通运输厅晋交安监发〔2017〕437号文印发《山西省交通运输厅地震应急预案》。

9月13日,省交通运输厅晋交安监发〔2017〕438号文印发《关于加强值班应急和突发事件信息报告工作的通知》。

9月14日,省交通运输厅晋交建管发〔2017〕442号文印发《山西省公路建设领域"质量月"活动实施方案》。

9月15日,省交通运输厅晋交办发〔2017〕445号文向省人民政府呈报《关于请省领导审签〈山西省高速公路建设实录〉序言的请示》。

9月18日,省人民政府晋政函〔2017〕121号文印发《关于全省高速公路实行差异化收费优惠政策的批复》。

9月18日,省交通运输厅晋交财发〔2017〕446号文印发《山西省收费公路通行费增值税发票开具工作实施方案》。

9月19日,省交通运输厅晋交人发〔2017〕450号文印发《关于撤销山西交通安居置业管理中心的通知》。晋编办字〔2017〕218号文批准,4名在编人员划转至山西省物流中心,山西省物流中心重新核定自收自支事业编制13名。

9月19日,省交通运输厅晋交建管发〔2017〕451号文印发晋城至侯马高速公路阳城至翼城(关门)段工程验收鉴定书。9月13日至14日进行验收。

9月19日,2017年山西省道路运输突发事件应急救援综合演练在长治市举行。4家道路运输企业200余名从业人员、40余辆救援车参加演练。整个演练准备充分,组织周密,科学有序,达到预期效果。

9月19日,省交通运输厅机关工会第一次会员代表大会召开。大会以无记名投票方式,选出第一届委员会委员和第一届经费审查委员会委员。

9月19日,省交通运输厅信访工作座谈会召开,传达第八次全国信访工作会议精神和厅领导关于省厅信访工作的四次重要批示精神,通报2017年以来省厅信访工作具体情况,要求各单位各部门一定要站在讲政治、顾大局、保稳定、促发展的高度,扎实做好当前和近期的信访工作。

9月21日,省交通运输厅党组晋交党发〔2017〕68号文印发《山西省交通运输厅机关工作人员考核办法(试行)》。

9月21日,省交通运输厅晋交综运发〔2017〕454号文印发《关于切实做好2017年"双节"期间运输服务保障工作的通知》。

9月22日,省交通运输厅、省财政厅、省发展和改革委员会晋交财发〔2017〕456号文下发《关于转发省政府同意全省高速公路实行差异化收费优惠政策的通知》。

9月25日,省交通运输厅召开新闻发布会,发布全省高速公路实行分时段分路段差异化收费大幅度优惠政策。

9月25日,省交通运输厅直属机关党委、省纪委驻厅纪检组联合下发通知,要求做好中秋、国庆节期间落实中央八项规定精神工作。

9月25日,省交通运输厅晋交财发〔2017〕457号文印发《关于做好完善收费公路基础信息工作的紧急通知》。

9月25日,省交通运输厅晋交建管发〔2017〕458号文印发《关于太原二环高速公路凌井店至龙白段(东二环)初步设计核准的批复》。路线全长33.203km,概算核定为3909829618元。

9月25日,省交通运输厅晋交安监发〔2017〕459号文印发《关于做好国庆节、中秋节和党的十九大召开期间安全工作的通知》。

9月26日,省交通运输厅召开会议,安排部署国庆中秋长假及党的十九大期间安保工作,同时传达国家反恐办十九大安保防恐工作再动员再部署电视电话会议精神。会议强调,要严格按照省委、省政府和交通运输部的安排部署,全力以赴做好交通运输安保工作,坚决保障党的十九大和节假日期间交通运输安全稳定。

9月26日,国防交通工程建设工作座谈会召开,通报近年来全省国防公路建设情况和"十三五"国防公路规划情况,要求贯彻军民融合发展思想,扎实推进国防交通建设,全面提升国防交通基础设施保障能力,为促进地方社会经济发展创造条件。

9月26日,省交通运输厅晋交财发〔2017〕462号文印发《关于认真做好山西交控集团备考财务预测报表编制工作的通知》。

9月27日,省交通运输厅2017年"双节"期间及下半年全省道路水路运输安全生产视频会议召开,要求尽职履责、精心组织、严格管理、创新服务、狠抓落实,始终绷紧安全生产之弦,牢固树立"安全生产只有起点、没有终点"的理念,努力做好"十一"黄金周全省道路水路运输服务工作,确保行业安全稳定,以优异成绩迎接党的十九大胜利召开。

9月27日,2017年中国"云上贵州"智慧交通大数据应用创新大赛总决赛在贵州省贵阳市举行。省高管局参赛项目"基于视频大数据的高速公路隧道异常事件智能监测系统"在535个参赛项目中脱颖而出,以第十名的优异成绩获优秀奖。

9月27日,省交通运输厅晋交建管发〔2017〕464号文印发《关于进一步加强全省高速公路和普通干线养护管理工作的通知》。

9月27日,省交通运输厅晋交规划发〔2017〕465号文印发《关于开展项目支出预算绩效评价工作的通知》。

9月28日,为期三天的全省交通运输系统第三届职工羽毛球赛圆满落下帷幕,来自全系统19个单位的27支队伍共150余人参加本次比赛。

9月28日,省高速公路管理局召开专题视频会议,就中秋国庆期间高速公路运营管理有关工作进行安排部署。

9月28日,省交通运输厅晋交建管发〔2017〕466号文印发《关于闻喜东镇至垣曲蒲掌高速公路古城联络线工程施工图设计核准的批复》。路线全长18.103km,核定预算为1863690799元。

9月28日,省交通运输厅晋交办发〔2017〕467号文印发《关于做好十九大召开期间值班值守工作的通知》。

9月28日,省交通运输厅晋交公安发〔2017〕469号文印发《关于做好2017年国庆、中秋长假和党的十九大期间安保维稳工作的通知》。

9月29日,国务院办公厅发出通报,对国务院第四次大督查发现的22项地方典型经验做法给予表扬,其中山西省实施高速公路差异化收费、降低企业物流成本的做法获得表扬。2017年6月,国务院开展第4次大督查,认为山西着力推进"三去一降一补",出新招、出实招、出硬招,创造和形成了好的经验做法。全省高速公路收费政策从"老三减"到"新三减"再到差异化收费,优惠范围越来越广,总体降成本规模越来越大。从2015年4月1日到2016年4月1日,全省高速公路货运车辆通行费优惠12%,在此基础上对办理ETC卡实行刷卡缴费的货运车辆再优惠5%。对持有超限证的车辆,超重载100%以上的部分道路补偿费由现行费率的16倍计收降到4倍计收。实施的"新三减"就是在此基础上对甲醇重卡和燃气重卡、新能源汽车又加大优惠力度。从2015年4月至2016年3月,省交通运输厅实施"三减两免"措施,一年来累计减免各类费用11.15亿元。从2016年5月20日起实施"新三减"优惠措施,仅两个月就减免货车通行费2.57亿元。2017年10月1日起,作为全国4个试点之一,全省开始实施高速公路新一轮差异化收费政策,优惠期暂定为1年,惠及客货车,主要涉及集中连片贫困地区,最大优惠幅度达到70%,在优惠范围、优惠幅度、政策多样性方面均处于全国领先水平。差异化收费政策的实施,在深入推进供给侧结构性改革,降低企业物流成本,促进物流业降本增效,支持深度贫困地区脱贫攻坚等方面发挥更大作用,使社会公众更多地享受到交通运输改革发展红利,有效增加人民群众获得感。

9月29日,省交通运输厅晋交办发〔2017〕475号文印发《关于认真做好2017年国庆中秋期间和党的十九大前后有关工作的通知》。

9月30日,省交通运输厅、省公安厅晋交治超发〔2017〕473号文印发《规范公路治超执法专项整治行动工作方案》。

9月30日,省交通运输厅晋交安监发〔2017〕476号文印发《关于进一步做好国庆节、中秋节和十九大召开期间安全生产工作的通知》。

9月30日,省交通运输厅晋交建管发〔2017〕477号文印发《关于静乐丰润至兴县黑峪口高速公路初步设计核准的批复》。路线全长93.619km,概算核定为10981767569元。

9月30日,省交通运输厅晋交建管发〔2017〕480号文印发王庄堡至繁峙高速公路工程验收鉴定书,9月28日至29日进行验收。

9月30日,省交通运输厅路网运行服务保障工作会议召开,周密部署路网运行工作,全力保障党的十九大召开期间路网顺畅。要求以高度的政治责任感和历史使命感,认真履职尽责,妥善做好各项工作,确保行业稳定、生产安全、道路畅通,以良好精神面貌和一流工作业绩迎接党的十九大胜利召开。

10月7日,省交通运输厅晋交科技发〔2017〕481号文印发《山西省交通运输厅党政领导干部生态环境损害责任追究实施细则(试行)》。

10月10日,省交通运输厅晋交建管发〔2017〕484号文印发《关于做好十九大召开期间区域路网运行服务保障值班值守工作的通知》。

10月10日,20时,随着最后一立方米混凝土浇筑完成,晋蒙黄河大桥主桥全部成功合龙,标志着该项目关键技术节点难点工程顺利完成,为2018年如期建成通车奠定坚实基础。

10月11日,省交通运输厅晋交建管发〔2017〕488号文印发《关于做好公路水路地质次生灾害防范与交通应急工作的紧急通知》。

10月11日,省交通运输厅晋交办发〔2017〕497号文印发《关于认真学习贯彻〈国务院关于支持山西省进一步深化改革促进资源型经济转型发展的意见〉的通知》。

10月11日,省高管局举办为期三天的全系统"青年文明号"创建工作暨共青团干部培训班,进一步加强全省高管系统共青团干部队伍建设,不断巩固和提高全系统"青年文明号"创建成果。

10月13日,省交通运输厅安委会第四次会议召开,传达贯彻省政府安委会第四次全体(扩大)会议暨做好十九大期间安全生产工作电视电话会议精神,安排部署第四季度全省交通运输安全生产工作。要求各部门、各单位务必牢固树立安全生产红线意识和底线思维,切实增强忧患意识、大局意识、责任意识和稳定压倒一切意识,把责任记在心上,把工作抓在手上,把措施落实到行动上,全力防风险、查隐患、抓整改、保安全,坚决遏制各类安全事故发生。

10月13日,省交通运输厅晋交建管发〔2017〕491号文印发《十九大会议期间区域路网运行服务保障实施方案》。

10月13日,省交通运输厅晋交财发〔2017〕492号文印发《关于对高速公路项目账面资金情况进行专项检查的通知》。

10月16日,省交通运输厅晋交建管发〔2017〕493号文印发《关于开展2017年公路建设市场综合督查工作的通知》。

10月16日,省交通运输厅晋交财发〔2017〕495号文印发《关于调查核实已运营政府还贷高速公路项目基建账套和运营账套并账及管理移交情况的通知》。

10月16日,以交通运输部运输服务司巡视员王水平为组长的部道路运输安全稳定专项督导检查组莅临省交通运输厅,督导检查十九大期间交通运输安全维稳工作。要求省厅加强组织领导,细化道路货运行业转型发展、提质增效措施,突出道路行业重点领域,强化重点营运车辆动态监管,全面推广客运实名制,进一步完善应急预案,杜绝群体性上访事件及集体停运事件发生,保证全省交通运输行业基本稳定。

10月17日,省交通运输厅晋交安监发〔2017〕499号文向省政府安委办报送《关于安全生产"四个清单"建立完成情况的报告》。

10月18日,省交通运输厅组织机关、基层单位全体干部职工收看中国共产党第十九次全国代表大会开幕实况,厅领导和厅机关100余名干部职工集中聆听习近平总书记的工作报告。

10月18日,省交通运输厅晋交规划发〔2017〕503号文印发《关于做好2018年项目支出控制数和编报基本支出预算的通知》。

10月19日,省交通运输厅晋交财发〔2017〕504号文印发《关于对纳入交控集团筹组范围的单位开展资产清查(清产核资)及资产评估的通知》。

10月19日,省交通运输厅晋交建管发〔2017〕506号文印发《山西省交通运输厅公路工程施工分包管理实施细则(试行)》。共6章32条,自2017年12月1日起施行。

10月19日,省交通运输厅晋交建管发〔2017〕507号文印发《山西省交通运输厅公路工程质量监督管理办法(试行)》。共8章44条,自2017年12月1日起施行。

10月20日,省交通运输厅党组晋交党发〔2017〕75号文印发《关于进一步贯彻落实中央八项规定精神的实施细则(试行)》。共14章46条,自印发之日起施行。

10月20日,省交通运输厅晋交规划发〔2017〕511号文向交通运输部呈报《关于2018年交通运输固定资产投资建议计划和2018年第一批计划核实情况的报告》。2018年计划投资240亿元,较2017年230亿元增长4.3%。

10月20日,省交通运输厅第三次"三基建设"工作推进会议召开。要求厅直机关党委要按照厅党组2017年党建工作要点,尽快对厅直单位党组织书记抓基层党建工作进行综合考评,同时开展"党员先锋行"主题实践活动,研究制定党建工作基础工作目录和工作规范,并集中组织厅直单位党组织书记进行培训。厅办公室要尽快编制出基础工作目录、日常工作运行流程图和三个手册,为全系统提供可以复制的样本。厅人事处要抓紧分级分类制定机关、事业单位干部基本能力标准规范,建立行业部门专业能力标准,为年底前对现有干部统一开展基本能力培训、测评打好基础、做好铺垫。厅"三基建设"办公室会同厅有关职能部门要对"三基建设"进展情况督促检查,严格落实责任。对责任不明确、措施不落实、工作成效不明显的单位要严肃问责、追责。

10月21日,国务院安全生产督查组组长、国家安监总局监管二司司长唐琼沅率队,省政府安委办、运城市政府等有关领导一行10余人,对运宝高速中条山特长隧道进行实地督查。

10月23日,省交通运输厅晋交政法发〔2017〕512号文印发《山西省交通运输厅重大行政决策目录清单》。

10月24日,省交通运输厅晋交建管发〔2017〕513号文印发《山西省交通运输厅公路工程保证金管理办法(试行)》。共分7章36条,自2017年12月1日起施行。

10月24日,省交通运输厅晋交建管发〔2017〕514号文印发《关于进一步做好公路网技术状况检测评定工作的通知》。

10月25日,省交通运输厅党组晋交党发〔2017〕77号文印发《关于省委专项巡视一组巡视省交通运输厅党组反馈意见整改工作方案》。

10月25日,省交通运输厅晋交建管发〔2017〕518号文印发《关于太原至佳县高速公路东段岚县连接线一阶段施工图设计核准的批复》。路线全长16.58km,一级公路标准,预算核定为425796273元。

10月27日,由省交通规划勘察设计院主编的《采空区公路设计与施工技术细则》修订大纲顺利通过交通运输部审查。认为内容完整,工作基础扎实,主要内容清晰,技术路线可行,修订方法合理,目标明确,编制质量、进度保障体系完善。

10月30日,省高速公路管理局领导班子专题民主生活会召开,要求着力加强巡视整改工作和高速公路管理体制改革期间的党风廉政建设,按照十九大新部署新要求,不松劲、不停步、再出发,为全省高速公路改革发展各项工作提供坚强的纪律作风保障。

10月30日,山西省中央环境保护督察整改工作领导小组第一督察小组深入省交通运输厅,就中央环保督察整改工作情况进行督察。要求继续集中开展中央环境保护督察反馈问题整改落实及环境保护督导检查工作,进一步完善各项管理制度,加大国省干道公路绕城改线工程推进力度,积极推进节能减排工作。

10月30日,省交通运输厅晋交规划发〔2017〕528号文向交通运输部呈报《关于贯彻落实〈国务院支持山西省进一步深化改革促进资源型经济转型发展的意见〉有关事项的请示》。

10月30日,省交通运输厅晋交规划发〔2017〕529号文印发《关于贯彻落实国务院支持山西省进一步深化改革促进资源型经济转型发展意见行动计划的实施意见》。

10月31日,省交通运输厅晋交建管发〔2017〕535号文印发《关于进一步加强在建公路工程施工安全管理的通知》。

10月31日至11月1日,中国海员建设工会主席丁小岗、副主席曹宏伟一行四人赴长治、晋城,调研全省交通运输系统基层工会建设及公路建设运营管理情况。要求一定要认真学习贯彻党的十九大精神,在思想上、政治上、行动上同以习近平同志为核心的党中央保持高度一致,工会要维护核心、服务中心、凝聚人心,团结职工跟党走;要把握好工会工作方向,向上看齐、向前使劲、向内用心;要研究新情况,迎接新挑战,把代言维权谋发展的工作做好做实;要用新的眼光、新的思维、新的作为,展现新时代交通职工的新风采、新贡献。

11月4日,中国共产党山西省委员会晋干字〔2017〕526号印发《关于袁清茂同志免职的通知》。省委决定:免去袁清茂同志的省交通运输厅党组成员职务。

11月6日,省政府向全省发文通报表扬省交通运输厅,充分肯定省厅2017年以来取得的成绩,特别是对省厅主动作为、勇于担当,积极谋划出台高速公路差异化收费政策的创新性做法给予高度评价。通报指出,2017年9月,全省实施的高速公路差异化收费政策作为国务院第四次大督查中发现的典型经验做法受到国务院办公厅通报表扬。这是全省贯彻新发展理念,深入推进供给侧结构性改革,创优营商环境,促进物流企业降本增效的重要成果,也是省厅真抓实干、狠抓落实的集中反映。差异化收费政策的实施,不仅有效减轻运输企业负担,而且极大地提高高速公路路网使用效率,全省高速公路出现"量费齐增"的预期效果,创造企业减负和运营效益的"双赢"局面。通报充分体现省委、省政府对交通运输工作的高度重视,是对全省交通运输系统的极大鼓励和鞭策。省厅要求,全省交通运输系统要以此为动力,珍惜荣誉,发扬成绩,再接再厉,进一步增强谋事创业、改革创新的积极性,奋勇拼搏,砥砺前行,为全省交通运输掀开新篇章、再创新辉煌,加快构建现代综合交通运输体系做出新的更大贡献。

11月6日,省交通运输厅晋交办发〔2017〕540号文印发《关于党的十九大期间信访维稳工作情况的通报》。

11月6日,省交通运输厅晋交安监发〔2017〕543号文印发《关于认真做好冬季安全生产工作的通知》。

11月6日,省高速公路管理局在省委党校组织举办全省高管系统学习贯彻党的十九大精神领导干部培训班。本次培训分两期进行,分别对局领导、局机关各部门主要负责人、局机关党支部书记、副书记、局属各单位党政主要负责人、纪委书记、党工部长和部分基层党支部书记展开培训。培训内容涉及党的十九大报告解读、新《党章》修改讲解、习近平总书记治国理政新理念新思想新战略和道德讲堂、警示教育等内容。

11月8日,省交通运输厅学习宣传贯彻党的十九大精神及省委十一届五次全会精神会议召开。要求全省交通运输系统各级党组织、各单位、各部门要把学习宣传贯彻党的十九大和省委十一届五次全会精神作为首要政治任务,迅速落实中央、省部要求,切实推动全系统在发展思路上更开阔、工作水平上有新提升,为决胜全面建成小康社会、推动山西转型发展当好先行。

11月8日,省交通运输厅党组晋交党发〔2017〕81号文向山西交控集团筹备领导组报送《关于山西交控集团筹建工作有关事宜的请示》。

11月8日,省交通运输厅晋交建管发〔2017〕545号文印发《关于进一步加强公路工程设计变更管理工作的通知》。

11月8日,省交通运输厅晋交建管发〔2017〕546号文印发太佳高速公路临县黄河大桥竣工验收鉴定书。11月2日至3日进行验收。

11月8日,省交通运输厅晋交建管发〔2017〕547号文印发《关于采暖期间高速公路土石方作业有关事宜的通知》。

11月9日,省交通运输厅党组晋交党发〔2017〕84号文印发《关于认真学习宣传贯彻党的十九大精神的实施意见》。

11月13日,省交通运输厅晋交办发〔2017〕560号文印发《关于成立厅网络安全和信息化工作领导组的通知》。

11月16日,省交通运输厅晋交办发〔2017〕555号文向省人民政府呈报《关于举行山西交通控股集团有限公司揭牌仪式的请示》。

11月16日,省交通运输厅晋交财发〔2017〕558号文印发《关于同意高平至新乡高速公路棋子山景区收费站开通运营的通知》。

11月17日,山西省人民政府晋政任〔2017〕61号文印发《关于袁清茂等2人任免职务的通知》。决定任命:袁清茂任山西交通控股集团有限公司董事长。决定提名:郝玉柱为山西交通控股集团有限公司总经理人选。决定免去:袁清茂的省交通运输厅副厅长、总会计师职务。

11月20日,省交通运输厅晋交安监发〔2017〕561号文印发《关于切实做好岁末年初安全生产工作的通知》。

11月21日至23日,省委书记骆惠宁深入临汾、吕梁沿黄贫困县,在基层听取意见,在一线解决问题。骆惠宁十分关注沿黄山区旅游公路建设,在调研中,他专门听取沿黄扶贫旅游公路、黄河旅游板块发展规划汇报后指出，加快沿黄地区公路建设是关系脱贫攻坚、生态保护、文化旅游业发展的大事。目前的整体规划有特色有创新，要抓紧组织论证，按程序报批，早日启动实施，为沿黄地区脱贫攻坚、区域发展提供有力支撑。省委常委、秘书长王赋参加调研。

11月24日，山西交通控股集团有限公司在太原揭牌成立。省长楼阳生揭牌并讲话，副省长王一新、贺天才出席，省交通运输厅领导参加仪式。集团党委书记、董事长袁清茂介绍筹组情况。组建交控集团，是省委、省政府作出的重大决策部署。楼阳生多次深入一线调研，主持研究顶层设计，确定化解政府债务、理顺管理体制、打造旗舰劲旅三大目标，下决心从根上改、制上破、治上立，彻底解决政企不分等长期制约全省交通运输事业发展的体制机制障碍。楼阳生在讲话中要求，集团要抢抓机遇、对标一流，落实市场化导向、竞争力目标、股份制改造、专业化重组、板块化经营、科学化监管的要求，努力打造国内一流、具有国际竞争力的现代交通企业集团。一要推进内部整合重组，尽快搭建资产治理架构，理顺内部板块经营体制。整合成效主要看是否提升资源配置效率，是否提高行业地位和话语权，是否有利于降低经营成本、提高管理水平、提升质量品牌和增强核心竞争力。二要加快建立现代企业治理结构、组织结构、产权结构，引进战略投资者，推进混合所有制改革，实现产权多元化。三要坚持产融结合、智慧智能，下功夫做优产品做强主业，推进交通基础设施投资、建设、管理、运营一体化。四要把党的领导融入公司治理各方面各环节，落实党组织在公司法人治理结构中的法定地位，发挥好集团党委的领导核心和政治核心作用、企业基层党组织的战斗堡垒作用和党员的先锋模范作用。楼阳生强调，集团要树立强烈的改革意识，以法治思维改革精神创新办法，妥善化解债务风险，有效破解发展难题，靠改革出活力，靠改革出竞争力，靠改革出效益，使改革过程成为发展过程、职工得益过程。省国资委要履行好出资人职责，加强工作协调；省交通运输厅等职能部门、金融机构要携起手来，加大支持力度，提供优质服务，共同推动集团做优做强做大。袁清茂表示，要认真学习贯彻党的十九大精神，坚持以习近平新时代中国特色社会主义思想为指导，全面落实省委"一个指引、两手硬"的重大思路和要求，严格按照省委、省政府部署，以敢为人先的改革勇气，坚决打赢改革攻坚战，牢牢把握当前全省国企国资改革的机遇期和窗口期，坚持"以路为基、产融结合、创新驱动、多元发展、分级管控"的发展思路，以专业化重组、板块化经营、混合所有制改革为手段，加快构建"四大产业"布局，努力把集团打造成为国内一流、具有国际竞争力的交通企业集团，为建设交通强省、决胜全面建成小康社会做出应有贡献。交控集团注册资本约500亿元，静态资产达4000亿元，居全国交通企业前列，是一个集投融资、勘察设计、施工监理、设施运营和资本运作等于一体的交通全产业链集团。揭牌前，省工商局为交控集团颁发工商营业执照。

11月24日，省交通运输厅综治工作会议召开，学习习近平总书记在会见全国社会治安综合治理表彰大会代表时的讲话精神,传达贯彻上级有关文件精神,对当前消防、反恐防范、扫黄打非等工作进行安排部署。要求充分认识当前反恐工作所面临的新情况、新任务,杜绝麻痹思想和侥幸心理,加强组织领导,深化责任落实,强化督导检查,全力维护行业安全稳定。

11月24日,省交通运输厅晋交规划发〔2017〕571号文印发《关于三大板块旅游公路规划的指导意见》。

11月24日,省交通运输厅晋交建管发〔2017〕572号文印发《关于全省高速公路服务区充电设施建设情况的报告》。

11月27日,中国共产党山西省委员会晋干字〔2017〕551号文印发《关于王晋同志任职的通知》。省委决定:王晋同志任省交通运输厅党组成员。

11月27日至28日,省交通运输厅2018年度交通运输统计工作布置会议召开,总结2017年全省交通运输统计工作,剖析工作中存在的问题,布置2018年统计重点工作。要求以高度重视、高度清醒、高度负责的态度,进一步抓实做好交通运输统计工作。

11月27日至28日,省交通运输厅举办路政业务及治理公路"三乱"培训班,重点从预防职务犯罪、道路交通事故应急处置业务知识、公路路政执法业务知识三个方面对参训人员进行培训。进一步加强全省公路路政管理,提升服务水平,防止公路"三乱"现象发生。

11月28日,省交通运输厅晋交建管发〔2017〕586号文印发《关于2017年公路建设市场督查情况的通报》。

11月28日,太原二环高速公路东环段(凌井店至龙白)施工图设计顺利通过省交通运输厅组织的评审。

11月29日,省交通运输厅召开厅直单位志书编纂工作座谈会,厅领导出席会议并讲话,要求各单位要充分认识重要意义,本着对历史负责、对行业负责、对单位负责、对后人负责的担当意识,真实记录交通历史,切实做好志书编纂工作,充分发挥史志年鉴"存史、资政、育人"的独特功能,为实现全省交通运输发展掀开新篇章、再创新辉煌做出新的更大贡献。

11月30日,省交通运输厅晋交财发〔2017〕588号文印发《关于对纳入交控集团筹组范围的单位和中标服务机构开展资产清查(清产核资)及资产评估工作督查的通知》。

12月2日,省交通运输厅领导带领相关部门负责人深入太原高速公路公司小店收费站和滨河收费站调研,宣讲党的十九大精神,听取基层同志对新一轮高速公路管理体制改革的建议,共同讨论交通运输改革发展工作。

12月6日,省交通运输厅领导深入省高速公路管理局调研,深入宣讲党的十九大精神,听取省高速公路管理局工作汇报,共同探讨高速公路管理体制改革发展工作。要求高速公路管理局党委要进一步加强党的集中统一领导,带领高管系统干部职工深入学习贯彻党的十九大精神,提高思想认识,凝聚改革共识,全面提高广大干部职工参与改革的积极性,形成良好的改革发展氛围。要坚决把纪律和规矩挺在前面,扎实做好改革过渡期各项工作,确保安全稳定。

12月6日,省交通运输厅、省发展和改革委员会、省教育厅、省经济信息委员会、省公安厅、省财政厅、省人力资源和社会保障厅、省国税局、省质量安全监督局、中国保监会山西监管局、省信访局、省维稳办、省网信办、省总工会晋交综运发〔2017〕602号文印发《山西省促进道路货运行业健康稳定发展实施方案(2017—2020年)》。

12月8日,省交通运输厅晋交规划发〔2017〕601号文转发交通运输部《收费公路政府和社会资本合作操作指南》。

12月12日,省交通运输厅、省财政厅、省发展和改革委员会晋交建管发〔2017〕587号文印发《关于调整全省收费公路大件运输车辆计重收费政策的请示》。

12月13日,山西省人民政府晋政任〔2017〕62号文印发《关于李肇伟等15人任免职务的通知》。决定任命:王晋任省交通运输厅副厅长;刘玉柱任省交通运输厅副巡视员。决定免去:王晋的省交通战备办公室专职副主任职务;刘玉柱的省交通运输厅重点公路工程建设办公室专职副主任职务。

12月13日,太佳高速公路东段老龙山隧道工程获得"2016—2017国家优质工程奖"。左洞长4978m,右洞长4945m,隧道中部设一处斜井(长530.7m),属特长隧道。隧道最大埋深230m,端墙式洞门,复合式衬砌。

12月14日,交通运输部发布61号公告,对2017年全国高速公路服务区服务质量等级评定结果进行公示。平遥、河津、垣曲3对服务区被评为"全国百佳示范服务区",康庄等10对服务区被评为"全国优秀服务区",其他41对服务区被评为"达标服务区"。2017年全国服务区服务质量等级评定工作开展以来,省交通运输厅、省高管局高度重视,成立以省交通运输厅分管领导任组长、省高管局分管副局长任副组长、各高速公路运营单位主要领导成员的山西省高速公路服务区文明服务创建工作领导小组,制定《山西省高速公路服务区文明服务创建工作实施方案》,明确创建目标、工作重点、实施步骤、保障措施等内容,确保全省高速公路服务区文明服务创建工作高效有序开展;组织有关人员分赴南京、郑州等地交流学习,借鉴省外好的做法和工作经验,为全省服务区服务质量评定工作顺利开展打下坚实基础;成立山西省高速公路服务区服务质量等级评定委员会,严格对照《全国高速公路服务区服务质量等级评定记分细则》,对全省2016年7月31日前投入使用的54对服务区(停车区)开展服务质量等级评定,指出存在问题,提出整改意见。9月,交通运输部全国考核组对全省申报的4对"全国百佳示范服务区"候选服务区进行了实地考核,对全省服务区服务质量评定工作开展给予充分肯定,特别是对祁临高速平遥服务区用"一家人"的理念,与合作租赁经营方真正做到共建共赢,实现"环境优美,服务优良,业态丰富,管理精细"的目标;闻垣高速垣曲服务区始终践行"德行闻垣"理念,把对司乘人员休息和服务功能的挖掘与提升作为重中之重,将服务区建设成为车辆安全行驶的"生命加油站";运城高速河津服务区围绕公众需求、聚焦顾客体验,不断优化功能布局,提升服务水平,全力打造"温馨驿站"服务区品牌等好的做法和成功经验给予高度好评。2014年,交通运输部出台《关于进一步提升高速公路服务区服务质量的意见》,从2015年起,每两年对运行一年以上的全国高速公路服务区集中开展一次服务质量等级评定,从中评选100对"全国百佳示范服务区"、400对"全国优秀服务区"。

12月14日,省交通运输厅晋交建管发〔2017〕609号文印发《关于临县至离石高速公路调整概算的批复》。经省厅核定,同意调增建设期贷款利息516075770元,项目概算最终调整为9752755099元。

12月14日,省交通运输厅晋交建管发〔2017〕610号文印发《关于大营至神池高速公路调整概算的批复》。经省厅核定,同意调增建设期贷款利息846643558元,项目概算最终调整为8373994524元。

12月14日,省交通运输厅晋交建管发〔2017〕611号文印发《关于神池至河曲高速公路调整概算的批复》。经省厅核定,同意调增建设期贷款利息445398612元,项目概算最终调整为8600372488元。

12月14日,省交通运输厅晋交建管发〔2017〕612号文印发《关于朔州环线西南段高速公路调整概算的批复》。经省厅核定,同意调增建设期贷款利息152366206元,项目概算最终调整为4097506135元。

12月14日,省交通运输厅晋交建管发〔2017〕613号文印发《关于运城解州至陌南(黄河桥头)高速公路调整概算的批复》。经省厅核定,同意调增建设期贷款利息335026922元,项目概算最终调整为3409656927元。

12月14日,省交通运输厅晋交建管发〔2017〕614号文印发《关于岢岚至临县高速公路调整概算的批复》。经省厅核定,同意调增建设期贷款利息731841549元,项目概算最终调整为11794786427元。

12月14日,省交通运输厅晋交建管发〔2017〕615号文印发《关于阳泉西环高速公路调整概算的批复》。经省厅核定,同意调增建设期贷款利息331239631元,项目概算最终调整为2558427012元。

12月14日,省交通运输厅晋交规划发〔2017〕617号文向省发展和改革委员会申报2018年省级重点工程公路项目。其中,续建项目11个,建设里程660km,预计完成投资100亿元;争取新开工项目5个,建设里程359km,预计完成投资30亿元。

12月18日,省交通运输厅党组晋交党发〔2017〕92号文向省委巡视办报送《关于省委专项巡视一组反馈意见的整改情况报告》。

12月19日,省公路局与山西交通控股集团有限公司在太原签署《战略合作框架协议》。这是双方携手共进、深化合作的重要里程碑,有利于解决干线公路建设体制机制障碍、促进干线公路建设快速健康有序发展,有利于交控集团拓宽业务领域、增强核心竞争力,早日打造成为行业劲旅。

12月22日,省交通运输厅晋交建管发〔2017〕629号文印发《关于太原至古交高速公路初步设计概算调整的批复》。经厅长办公会议审议通过,核增投资365984055元,概算最终核定为3214238431元。

12月22日,省交通运输厅晋交建管发〔2017〕630号文印发《关于忻州至保德高速公路调整概算的批复》。经厅长办公会议审议通过,核增投资1012655285元,概算最终核定为12493810718元。

12月24日,省交通运输厅晋交规划发〔2017〕632号文下达2017年公路建设项目投资调整计划。

12月25日,省交通运输厅党组晋交党发〔2017〕93号文向省委组织部报送《关于全省高速公路管理体制改革中干部调整有关事宜的报告》。共有34个高速公路运营管理机构按地域和管理范围整合重组为16个高速公路运营管理公司,涉及246名干部,其中正处级干部67名。

12月26日,中国共产党山西省委员会晋干字〔2017〕676号文印发《关于闫晨曦、张志川同志职务任免的通知》。省委决定:闫晨曦同志任省交通运输厅党组书记,免去张志川同志的省交通运输厅党组书记职务。

12月26日,省交通运输厅晋交建管发〔2017〕634号文印发《关于切实做好农民工工资治欠保支工作的通知》。

12月26日,省交通运输厅晋交直党发〔2017〕637号文印发《山西省交通运输系统干部专业基本能力标准(试行)》《山西省交通运输系统干部专业基本能力评价标准(试行)》《山西省交通运输系统干部专业基本能力训练大纲(试行)》。

12月26日,省交通运输厅晋交安监发〔2017〕639号文印发《关于做好"两节""两会"期间安全生产工作的通知》。

12月26日,省交通运输厅晋交建管发〔2017〕642号文印发临汾至吉县(壶口)公路工程验收鉴定书。12月19日至20日进行验收。

12月27日,省交通运输干部大会召开,省委组织部常务副部长孙大军宣布省委关于闫晨曦同志担任省交通运输厅党组书记、段新源同志担任省交通运输厅党组成员的决定。副省长贺天才出席会议并讲话,充分肯定了以张志川同志为主要领导的原厅领导班子带领全系统广大干部职工在交通运输工作中取得的成绩,并对下一步全省交通运输工作提出明确要求。闫晨曦作表态发言。

12月27日,省交通运输厅晋交财发〔2017〕643号文印发《关于36个政府还贷高速公路项目账存资金检查存在问题整改的通知》。

12月27日,京乌高速公路山西段圆满完成建设任务,实现与天黎高速公路互通连接线贯通。项目起于大同市天镇县平远堡村(冀晋界),接京乌高速公路河北段在建的胶泥湾至西洋河高速公路,终于内蒙古兴和县韩家营村南(晋蒙界),接京乌高速公路内蒙古段已建成的韩家营村至呼和浩特高速公路,路线全长8.885km,采用双向六车道高速公路标准建设,设计时速100公里,路基宽33.5m,占地面积1402.7亩,批复概算金额6.653亿元。项目建设,对于进一步完善国家干线公路网,实现互联互通,有效缓解京藏高速公路拥堵问题,成为晋煤外运、蒙煤东输、人流、物流、信息流跨区域流动新的重要通道,为全省对接京津冀、融入环渤海、积极参与"一带一路",打造内陆地区对外开放新高地提供坚实的交通运输先行支撑。

12月27日,22时30分,运宝黄河大桥副桥左幅第七跨顺利合龙。自6月15日开始右幅首批合龙,经过6个多月的艰苦奋战,至此,该大桥副桥全部合龙完成。

12月28日,长邯高速公路全线恢复通车,省交通运输厅、长治市政府领导出席通车仪式。作为全省第一条山岭重丘区拓宽改造的高速公路,长邯高速起于晋冀界的黎城县下湾村,向西经黎城县、潞城市,终于效区长治北互通,全长53.53km,途中分别与左黎、黎霍、长平、长临高速相接。概算总投资34.52亿元,2014年7月开工建设,经过3年拓宽改造,旧貌换新颜:部分路段实施客货车分离行驶,更加安全;六车道、七车道、八车道共存,尤其是在全省率先实现高速公路双向八车道(长达10km),更加畅通;全线隧道采用LED节能灯照明,每年每公里可节约电费70万元;桥梁伸缩缝应用MS模块化多向变位梳齿板式伸缩装置,行驶更加舒适。

12月29日,省交通运输厅召开厅党组(扩大)会议,学习贯彻习近平总书记等中央领导同志和省领导关于"四好农村路"建设的重要指示批示精神,以及全国交通运输工作会议精神,并安排部署近期重点工作,要求做好六项工作:一要扎实推进"四好农村路"和三大板块旅游公路建设。二要认真做好和交控集团交接事宜,确保过渡期高速公路运营安全畅通,确保改革平稳过渡。三要尽快完成民航机场行政职能承接工作,确保机构、人员、职能落实到位。四要认真做好2017年度目标责任制考核工作。五要抓好两节期间有关工作,狠抓安全生产,确保万无一失;统筹安排好春运各项工作,强化工作措施;密切关注行业舆情动态,做好舆论引导,依法稳妥做好政策解释和教育疏导工作,确保行业和谐稳定;严肃值班纪律,确保各级应急指挥和信息报送渠道畅通,确保节日期间各项工作正常有序运转。六要坚定不移全面从严治党。牢牢把握全面贯彻落实党的十九大精神这条主线,深入推进反腐败斗争,深入开展"不忘初心、牢记使命"主题教育,持续推进"两学一做"学习教育常态化制度化,加强"三基建设";开展好走访慰问活动,把厅党组的关心和问候传递下去;要持之以恒正风肃纪,严厉整治发生在群众身边的腐败和作风问题;要以上率下,锲而不舍落实中央八项规定精神,重点纠正形式主义、官僚主义问题,坚决杜绝"节日腐败",营造风清气正的良好政治生态。

12月29日,省交通运输厅领导深入山西交控集团调研,听取集团成立以来工作及今后发展思路介绍后,与集团领导就高速公路运营管理、路桥企业划转、人员资产移交等事项进一步进行沟通。要求双方要加强沟通,积极主动作为,确保集团移交工作顺利平稳进行,对存在的问题,双方要加强各个层面沟通协调,厅机关有关处室要主动对接,主动服务;加快移交进度,确保移交平稳、有序、快速完成。

12月29日,山西省民航机场管理局揭牌座谈会在省交通运输厅机关举行,厅领导出席并揭牌,强调在省委、省政府坚强领导下,省交通运输厅要尽快完成民航机场管理职责划转承接工作,加快构建全省现代综合交通运输体系,主动为山西航空产业集团等民航企业搞好服务,认真履行政府监管职能,为山西民用航空事业发展做贡献。

12月29日,全省高速公路系统干部大会召开,宣布省交通运输厅党组关于干部任职调整的决定,并对高速公路分公司组建及整体移交等工作作出安排部署。厅领导在讲话中充分肯定高速公路系统广大干部职工的历史性贡献,对高速公路管理体制改革、高速公路运营管理及机构和干部移交等工作提出要求。各高速公路分公司要认真学习贯彻党的十九大精神、习近平新时代中国特色社会主义思想,切实把思想行动统一到省委、省政府和厅党组的决策部署上来,把广大干部职工的力量凝聚到确保改革平稳过渡上来,确保改革圆满完成。

12月29日,省交通运输厅召开干部任前集体谈话会议,对高速公路管理体制改革涉及提拔及调整任职的同志,进行任前集体谈话,提出四点要求:一要提高政治站位,强化党性锻炼。要牢固树立"四个意识",坚定"四个自信",做到"四个服从",把维护好习总书记这个核心、维护好党中央权威和集中统一领导作为第一位的政治要求,切实转化为思想自觉、党性观念、纪律要求和实际行动。要始终坚持正确的政治方向,在重大问题上头脑清醒、立场坚定。要认真履行全面从严治党"两个责任",坚持一手抓从严治党,一手抓改革发展稳定。党政主要领导对党建工作要亲自抓、亲自管,坚持失职必问责、问责必有效,推动全面从严治党向纵深发展。要搞好班子团结,不利于团结的事不干,不利于团结的话不说,做到大事讲原则、小事讲风格。二要强化改革创新,勇于担当作为。要适应现代企业发展和管理的要求,必须牢固树立"发展前进一步就需要改革前进一步"的强烈意识,加强改革创新。三要加强理论武装,提高自身修养。要把学习习近平新时代中国特色社会主义思想和党的十九大精神作为首要政治任务,着力在学懂、弄通、做实上下功夫。不断拓宽知识面,加强现代经济、法律、科技、文化等各种知识的学习,努力形成"复合型"知识结构。同时要学有所"专",逐步成为某一领域和某一岗位的专家型干部。要把学习渗透到工作之中,把理论与实践、学习与运用统一起来,以新理念、新方法、新思路寻求解决问题的具体办法。要不断加强学习,不断优化自身知识结构,坚持理论联系实际,学以致用,在新的工作岗位上做出新成绩、取得新突破、实现新发展。四要坚持廉洁自律,筑牢廉政底线。要坚守廉政底线,以敬畏之心对待权力,干干净净做事、清清白白做人。要加强制度建设,坚持重大决策、重要人事任免、重大项目安排、重大突发事件处置和大额资金使用等事项集体研究、集体决策,切实做到以制度管权、管事、管人。要全面落实党风廉政建设主体责任和"一岗双责",在抓好自身廉政建设的同时,主动担当起组织领导职责、教育管理之责、支持执纪之责,着重抓好领导班子成员和单位的党风廉政建设,使单位干部都能廉洁奉公、恪尽职守,凝心聚力谋发展,风清气正干事业。希望大家以这次调整作为新的起点,提高认识、摆正位置,以更高标准严格要求自己,扎扎实实做好本职工作,努力在新时代全省交通运输发展新征程上做出新业绩。

12月29日,省交通运输厅党组晋交党发〔2017〕95号文印发《关于高速公路运营管理机构整合有关事宜的通知》。

12月29日,省交通运输厅党组晋交党发〔2017〕97号文印发《关于各高速公路公司干部调整任免的通知》。

12月29日,省交通运输厅晋交建管发〔2017〕648号文印发山阴至平鲁(晋蒙界)公路工程验收鉴定书。12月25日至26日进行验收。

12月29日,省交通运输厅晋交建管发〔2017〕649号文印发神池至河曲公路工程验收鉴定书。12月26日至27日进行验收。

12月29日,省交通运输厅晋交建管发〔2017〕650号文印发忻州环城公路工程验收鉴定书。12月27日至28日进行验收。

12月29日,省交通运输厅晋交办发〔2017〕651号文印发《关于做好2018年元旦春节期间有关工作的通知》。

12月29日,省交通运输厅、省发展和改革委员会晋交政法发〔2017〕657号文印发《关于印发"信用交通省"创建实施方案及重点任务分工》。

12月29日,省交通运输厅晋交规划发〔2017〕663号文印发《关于建立〈山西省综合交通运输体系联合工作组成员单位联席会议制度〉的通知》。

12月30日,经省质量技术监督局批准,省交通设计院主编的山西省地方标准《公路避险车道设计指南》《水平岩层公路隧道设计指南》《公路波形钢腹板组合箱梁桥设计规范》发布,2018年3月1日实施。

2018年

1月1日,新年第一天,省交通运输厅召开会议,专题听取《山西省三大板块旅游公路规划纲要》编制情况汇报,研究部署相关推进工作。要求全厅上下进一步提高认识,举全系统之力,调动各方面力量参与其中,努力把三大板块旅游公路建设成为全国一流的旅游公路,成为全国的示范和标杆。

1月2日,省综治办考评三组一行4人莅临省交通运输厅,就2017年社会治安综合治理工作进行考评。考评组听取工作汇报,查阅相关台账和资料后,对省厅综治工作给予充分肯定,认为领导重视,部门有为,工作扎实,责任明确,重点突出,措施得力,既发挥传统优势,又大胆创新,综治工作成效显著。

1月5日,中国共产党山西省委员会晋干字〔2018〕33号文印发《关于段新源同志任职的通知》。2017年12月26日,省委决定:段新源同志任省交通运输厅党组成员。

1月5日,省交通运输厅召开会议,传达贯彻省委经济工作会议精神,并对近期重点工作作出安排部署。要求全系统要认真学习贯彻落实党的十九大精神和省委经济工作会议精神,在省委省政府的坚强领导下,紧紧围绕厅党组的部署要求,真抓实干,奋发图强,以优异成绩为谱写新时代交通强国山西篇做出新的贡献。

1月8日至10日,山西省"五小"竞赛优秀成果精品展在省展览馆举行。运宝黄河大桥公司参展的"空心薄壁墩主筋定位劲性骨架操作平台"荣获2017年全省"五小"竞赛优秀成果二等奖。

1月9日,省交通运输厅领导深入太原客运西站、中石油天然气运输公司山西分公司、太原客运总站及太古高速西山隧道、阳曲公路段应急储备库、司徒洼超限检测站等重点道路运输一线站点督导检查道路运输安全工作,要求认真学习贯彻党的十九大精神和省委经济工作会议精神,坚持总体安全观,牢固树立"生命至上、安全第一"意识,以极端负责的态度,扎扎实实做好安全生产各项工作。

1月11日,省交通运输厅2017年度目标责任考核大会召开,闫晨曦代表厅领导班子作述职报告,唐晋代表厅党组报告2017年省交通运输厅干部选拔任用工作情况。省第七考核考察组组长、省人大常委会预算工委副主任杨随亭在讲话中强调考核工作重要意义,并提出要求。2017年,厅党组深入学习贯彻党的十九大精神和习近平总书记视察山西重要讲话精神,认真贯彻落实省委、省政府决策部署,着力推进全面从严治党,推动交通运输深化改革、转型发展,取得新成绩。主要体现在六个方面:一是坚定不移推动交通运输重点领域改革;二是全面加强交通基础设施建设;三是扎实推进交通扶贫脱贫攻坚;四是着力推动交通运输管理服务提质增效升级;五是牢牢坚守安全生产红线不动摇;六是持续深入贯彻落实全面从严治党要求,营造全系统干事创业的良好氛围。厅领导班子成员、厅机关全体干部、厅直各单位领导班子成员参加会议。

1月11日,省交通运输厅晋交财函〔2018〕24号文印发《关于编报2017年度行政事业单位国有资产报告的通知》,截止时间为2月10日。

1月12日,山西省人民政府晋政任〔2018〕1号文印发《关于翟振新等32人任免职务的通知》。决定任命:段新源为省交通运输厅副厅长(兼省民航机场管理局局长);郭贵堂为省交通运输厅总会计师(试用期一年)。决定免去:闫晨曦的省政府副秘书长职务。

1月16日,省交通运输厅直属机关党委2017年度基层党建述职评议考核工作会议召开,厅直机关党委书记作述职报告。

1月16日,省交通运输厅在全系统范围开展2017年度目标责任考核工作,对各市交通运输局、厅直单位、厅机关处室等进行考核。本次考核的重点是学习贯彻党的十九大精神、深入贯彻习总书记视察山西重要讲话精神、贯彻落实省委、省政府和厅党组决策部署的情况;2017年度目标任务完成、领导班子运行、班子成员综合表现、全面从严治党、法治建设情况等内容。考核采取召开考核大会测评、开展实地查验和考核谈话等方法。

1月17日,省交通运输厅直属机关党委晋交直党发〔2018〕1号文印发《关于开好2017年度县以上党和国家机关党员领导干部民主生活会的通知》。

1月18日,省交通运输厅2017年度目标责任考核工作布置培训会议召开,对2017年度目标考核工作进行安排部署。

1月18日,省交通运输厅2018年全省道路水路民航春运视频会议召开,动员和部署2018年春运工作,省交通运输厅领导出席会议并讲话。要求各级各部门要以习近平新时代中国特色社会主义思想为指导,坚持以人民为中心的思想,认真贯彻落实中央和省委、省政府以及交通运输部的有关部署要求,精心组织,严格管理,优质服务,确保2018年全省道路水路民航春运工作安全平稳有序,为人民群众过一个欢乐、祥和的新春佳节做出交通人应有的贡献。

1月19日,省交通运输厅直属机关党委、省纪委监委驻交通运输厅纪检监察组晋交直党发〔2018〕6号文印发《关于在2018年春节期间严格贯彻落实中央八项规定精神加强作风建设有关工作的通知》。

1月22日,省交通运输厅晋交党函〔2018〕3号文印发《关于2017年度厅领导班子民主生活会征求意见的通知》。

1月22日,省交通运输厅晋交安监发〔2018〕1号文印发《关于做好2018年安全生产工作的通知》,对全省交通运输系统安全生产工作进行安排部署。要求牢固树立生命至上、安全第一的理念,坚持目标导向、问题导向,以提高安全生产基本技能、增强安全生产基层能力、强化安全生产基础工作为抓手,以铁的担当尽责、铁的手腕治患、铁的心肠问责、铁的办法治本,带着使命抓安全、带着责任抓安全、带着感情抓安全,着力减少一般事故,有效遏制较大事故,坚决杜绝重特大事故,完成省政府下达的年度目标任务,努力实现全省交通运输系统安全生产水平再上新台阶。

1月22日至2月13日,省交通运输厅领导分别深入全省11个市交通运输局、公路分局、路桥企业、交通执法局、高速公路运营公司,走访慰问52名困难职工和23名离退休老干部,为他们送去慰问金及慰问品,并代表厅党组向他们致以亲切问候和新春祝福。

在走访慰问中,厅领导与困难职工和老干部亲切交谈,详细询问他们的身体状况和生活情况,并向他们致以春节的美好祝愿,同时表示厅党组会继续关注困难职工及离退休老干部们的生活状况,尽力帮助他们解决生活中的困难和问题。也希望老干部们在身体条件允许的情况下,继续发挥余热,为推动山西交通运输事业发展建言献策,为构建和谐社会做出新的贡献。

1月23日,省交通运输厅领导深入省运管局调研,详细了解道路运输管理服务情况,现场指导解决存在的突出问题,着力谋划下一步重点工作,特别是对春运工作进行再安排再部署。要求坚持以习近平新时代中国特色社会主义思想为指导,全面贯彻落实省委、省政府和交通运输部的部署要求,全面提升交通运输管理服务水平,努力开创全省交通运输发展新局面。

1月24日,省交通运输厅晋交党函〔2018〕4号文印发《关于成立2017年度党员领导干部民主生活会督导组的通知》。

1月25日,省交通运输厅党组晋交党发〔2018〕4号文印发《关于进一步贯彻落实中央八项规定精神的实施细则》,共14章43条,自印发之日起施行。

1月26日,全国交通运输安全生产视频会议召开,总结2017年工作,部署2018年重点工作。部长、部安委会主任李小鹏出席会议并讲话,要求以习近平新时代中国特色社会主义思想为指导,坚决贯彻落实党中央国务院关于安全生产工作的决策部署,以更加务实态度、更加严谨作风、更加有效举措,全力以赴做好安全生产工作,为开启交通强国建设新征程提供可靠的安全保障,为决胜全面建成小康社会、全面建成社会主义现代化强国做出新的更大的贡献。省交通运输厅领导在山西分会场参加会议。

1月28日,省交通运输厅"四好农村路"和"三大板块旅游公路"工作座谈会议召开,听取各市建设情况以及今后三年工作思路汇报。厅领导出席会议并讲话,要求充分认识极端重要性,坚决打赢建设攻坚战。要坚持把习近平总书记关于"四好农村路"的重要指示精神作为农村公路建设的根本遵循,把省委、省政府安排部署的"三大板块旅游公路"建设摆上重要议事日程,紧密结合乡村振兴战略、脱贫攻坚战略,积极调动各方面积极性,上下同心、齐心协力,全面推进"四好农村路"和"三大板块旅游公路"建设工作,为决胜全面建成小康社会、推动山西转型发展当好先行。

1月29日,省交通运输厅晋交办发〔2018〕40号文印发《山西省交通运输厅重大活动档案管理实施细则》,共4章16条,自发布之日起施行。

1月29日,省高速公路管理局召开习近平新时代中国特色社会主义思想学习研讨会议,局领导班子全体成员参加学习研讨,大家决心全面贯彻落实习近平总书记制度治党、依规治党的重要思想,结合高速公路管理体制改革实际,准确把握新形势下行业管理职能,全面梳理、科学修订各项规章制度,切实提高全省高速公路管理的科学化、规范化和法制化水平。

1月31日至2月2日,交通运输部春运检查组赴晋对全省春运工作进行检查。这次检查划分两个组,分别深入太原、运城、长治等地,通过明察暗访和突击检查的方式,对7个汽车客运站和4条高速公路、4个服务区(停车区)、1个高铁站、2个机场等进行检查。同时还检查城市出租、公交以及枢纽站场(机场)接驳运输情况等。听取全省2018年春运工作开展情况汇报后,检查组充分肯定成绩,认为汽车站购票服务方便快捷、支付方式形式多样;创新性开展"温暖回家路、情满旅途中""情满旅途、平安春运"等活动;服务区就餐情况良好,开水供应充足,卫生间干净整洁。希望进一步提升客运管理水平,强化安全责任落实,规范运输市场秩序,全面组织开展好"情满旅途"活动,切实加强安全保障。省交通运输厅领导在讲话中要求各单位高度重视检查组意见,积极开展自查自改活动,把问题和安全隐患消灭在萌芽状态,切实做好2018年春运工作。

2月1日,山西省第十三届人民代表大会常务委员会第一次会议召开。决定任命:闫晨曦为山西省交通运输厅厅长。

2月1日,春运第一天,省委常委、常务副省长高建民深入太原汽车客运总站检查春运工作。省交通运输厅领导一同检查。

高建民先后深入售票厅、候车大厅、调度指挥中心、下客区、车辆安全例检处,详细了解互联网售票、"三品"安检、GPS实时监控、车辆调度安检等情况。

高建民在讲话中,提出三点要求:一是周密部署、强化责任,准确把握春运的新形势新特点新要求,把困难估计得更充分一些,把措施制定得更周全一些,以高度责任感抓好各项工作落实。二是把安全放在首位,全面落实安全生产责任制,加强安全监管和隐患排查,确保春运安全平稳。三是坚持以人为本,科学合理调度运力,采取更多便民措施,让人民群众安心出行,过一个欢乐祥和的春节。

2月1日,省交通运输厅新一届领导班子组成。厅党组书记、厅长闫晨曦;厅党组副书记、副厅长、省交战办主任唐晋;厅党组成员、省纪委监委驻交通运输厅纪检监察组组长张晓玲;厅党组成员、副厅长、省邮政管理局局长秦红保;厅党组成员、省公路局党委书记雷天才;厅党组成员、副厅长李贵顺;厅党组成员、副厅长王晋;厅党组成员、副厅长、省民航机场管理局局长段新源;厅总工程师王四小;厅总会计师郭贵堂;厅副巡视员刘玉柱、郭全英。

2月1日至14日,省交通运输厅成立13个春运督查工作组,分赴各市开展春运督查工作。督查内容包括运输组织落实、安全生产责任制落实、安全隐患排查整治、道路运输安全保障与服务质量、公路水路保通、民航安全保障与服务质量、运输市场监管与信息报送情况等。

督查采取"四不两直"方式,查现场、看资料、走访群众和旅客,重点督查安全管理相对薄弱的企业,着力解决发现的问题,促进企业安全隐患排查整改和强化基础管理。

2月1日至3月12日,春运期间,全省交通运输部门紧紧围绕省委、省政府和交通运输部有关部署,认真落实"安全第一、保障有力、方便快捷、服务至上"的总体要求,强化组织领导,积极协调联动,完善服务举措,加强应急保障,全力打造"平安春运、温馨春运、便捷春运、诚信春运",确保春运工作平衡有序。全省道路水路累计运送旅客1206.14万人次,未出现旅客滞留和大的服务质量投诉问题,未发生较大以上安全生产事故,圆满完成为期40天的道路水路春运任务。

春运期间,全省道路客运累计发送班线客车42.39万辆次,其中,班车41.22万辆次、包车1.17万辆次,共运送旅客1199.46万人次,日均发送旅客29.98万人次;水路客运累计投放客船781艘次、27849个客位,运输旅客6.68万人次,有力保障群众安全便捷出行。

2月1日至3月12日,省高速公路管理局、山西交通控股集团、山西省高速公路服务区协会和山西交通广播电台(FM88)共同发起"情满旅途·温馨回家路——报车号送午餐"主题互动活动。春运期间,电台每日在三档节目中以10~20次/日的频率,推出本活动及参与单位、服务区名称,在11:00~13:00 "880爱旅行"节目每天用时2~3分钟分别介绍一个参与单位及服务区情况简介和服务项目,行驶在省内高速公路的广大司乘人员只要与电台微信公众号"FM88山西交通广播"进行互动,发送微信"新春祝福+免费午餐+车号",即有机会到停留或即将停留服务区,凭山西交通广播微信公众号的回复信息和行车证领取价值30~40元不等的自助午餐两份。在2月15日除夕当天午餐及晚餐时间段,参加活动的服务区将为每一桌在餐厅就餐的司乘人员免费赠送水饺一份。广大司乘人员踊跃与山西交通广播电台微信公众号互动,截至3月12日,共有1194人次参加活动,服务区累计送出2388份免费的自助午餐;除夕当天共有1400余人品尝到服务区免费赠送的美味水饺,让大年三十还奔波在回家路上的人们在服务区感受到"年"的味道和"家"的氛围,以实际行动营造"温馨回家路"。

春运期间,全省高速公路在康庄、平遥等服务区开展"卡车之家"试点,试点服务区开辟不小于$10m^2$的专门场所,配备必要的休息、娱乐、饮水、上网、物流信息查询等服务设施,保证卡车司机在服务区休息时,吃得开心、住得舒心、玩得顺心、停车放心,让春运路不再疲惫,更加暖心。

春运期间,全省高速公路服务区超市货源充足、商品丰富、明码标价,加油站各类油品正常供应,餐厅延长就餐时间;对妇女、儿童、老弱病残等特殊人群进行重点关注,主动提供帮助;拾金不昧等好人好事天天都在服务区发生,弘扬新时代正能量,树立良好社会形象。

2月2日,"山西交通"被授予"2017年全国交通运输行业十佳政务微信公众号"称号。为贯彻落实国务院办公厅印发的《关于进一步做好政务新媒体工作的通知》以及关于政务公开的一系列文件精神,加强交通运输行业新媒体建设,激发全行业政务微信的传播力、影响力,交通运输部新闻办公室组织开展2017年交通运输行业政务微信公众号评选活动。经第三方评估、网络投票、专家评审等推选环节,北京市交通委员会、山西省交通运输厅等10个单位主管的微信公众号被授予"2017年全国交通运输行业十佳政务微信公众号"称号,上海市交通委员会等10个单位主管的微信公众号被授予"2017年全国交通运输行业优秀政务微信公众号"称号。

2月3日,交通运输部信息化技术研究项目"高速公路货车不停车计重收费试点应用研究"在北京顺利通过部科技司组织的验收。省交通运输厅和省高管局、省高速收费结算中心、省信息通信公司和山东齐鲁交通发展集团等单位共同承担。

该项目是国内首次对货车不停车计重收费进行研究,省交通运输厅和省高管局、省高速收费结算中心、省信息通信公司在前期研究、场地试验、协同创新等方面与部公路科研所共同开展大量工作,提出货车电子不停车计重收费技术方案,实现高速公路入口治超信息与出口计重收费数据联动、高速公路货车ETC系统和计重收费系统集成协同运行,有效提高货车效率。该研究成果已在山西、山东两省成功验证和应用,取得显著经济和社会效益,具有良好的推广应用前景。

2月3日至4日,交通运输部公路局副局长孙永红赴晋调研公路隧道入口段行车安全状况,实地查看太长、左榆、太旧、天黎高速以及国道307线、省道董榆线,详细了解全省隧道入口段安全设施建设情况。要求提高政治站位,贯彻落实好部领导重要指示精神,做好隧道入口段护栏设置与过渡衔接;紧盯时限,严格整治节点,确保3月底前完成高速公路隧道入口段整治,6月底前完成普通公路隧道入口段整治。

2月4日,一辆载员39人的客运车辆行驶至闻垣高速中条山特长隧道K52+410处时(垣曲至绛县方向)发生故障,运城北高速公路分公司隧道管理站发现险情后立即响应、快速处置,在调度指挥中心、路政、清障、高速交警等多部门联动处置下,及时消除交通安全隐患,为司乘人员提供有力的安全行车保障。

2月5日,副省长、省春运领导小组组长王一新深入太原武宿机场、太原火车南站、太原迎宾汽车站检查指导春运工作,看望慰问一线干部职工,省交通运输厅领导一同检查。王一新仔细察看指挥中心、安全检查站、候车(机)厅、调度室等重点区域,详细了解运力部署、安全保障、便民服务和应急预案等情况,提出四点要求:一要加强运输组织,搞好运力协调,确保旅客能够走得了。二要加强安检工作,提前检修交通运输工具,严密排查整治春运线路站场设施、道路桥梁安全隐患,提高司乘人员防灾避险、安全行车意识,加强站点治安防控,保障旅客安全出行。三要提供贴心服务,严厉打击"黄牛"倒票行为,让旅客舒心出行。四要完善应急预案,做好应对极端天气准备,确保人民群众高高兴兴过节。

2月5日,省交通运输厅晋交办发〔2018〕2号文印发关于贯彻落实《交通运输部办公厅关于征集交通运输政务信息资源共享需求的通知》的通知。

2月8日,省交通运输厅安委会第一次全体(扩大)会议暨全省交通运输安全生产工作视频会议召开,总结2017年全省交通运输安全生产工作,部署2018年重点工作。厅领导出席会议并讲话,要求以习近平新时代中国特色社会主义思想为指导,坚决贯彻落实党中央国务院、省委省政府和交通运输部关于安全生产工作的一系列部署要求,以更加务实态度、更加严谨作风、更加有效举措,全力以赴做好安全生产工作,为开启交通强国建设山西篇新征程提供可靠的安全保障,为全省决胜全面建成小康社会、谱写新时代中国特色社会主义山西篇章做出新的更大贡献。

2月9日,省交通运输厅2018年"两节""两会"交通运输安全保障工作会议召开,省公路局、省运管局、省高管局、厅重点办分别作情况汇报,厅公安处对2017年度全省交通运输系统社会治安综合治理工作进行总结,并对下一步重点工作进行安排部署。厅领导出席会议并讲话,要求认真分析研究本单位本部门存在的隐患和苗头,制定能够切实解决、预防问题的办法和措施,明确工作任务和责任分工,力争将各类不稳定因素解决在基层,化解在萌芽状态,确保全系统安全稳定。

2月9日,省交通运输厅转型项目建设年动员会议召开,全面动员部署2018年重点项目建设工作。厅领导出席会议并讲话,要求各单位认真贯彻全省安排,明确具体目标,加快前期工作,抓好项目建设,全力以赴完成各项任务;认真谋划好项目储备,增强转型后劲,积极开展招商引资工作,全面推广应用PPP模式,鼓励和支持社会资本参与基础设施项目建设。

2月9日,省交通运输厅晋交财函〔2018〕66号文印发《关于编报2017年度行政事业单位内部控制报告的通知》。

2月11日,山西省晋城市和河南省郑州市、焦作市同时举行城际公交开通仪式,社会各界反响强烈,好评如潮。运行模式为双向对开,由山西汽运集团晋城汽车运输公司和郑州交通运输集团、焦作交通运输集团三家企业共同经营,晋城至郑州运行时间为早6时至晚21:10,日发50班次,约15分钟一班,票价20元,仅占到原来长途客运票价65元的30.1%;晋城至焦作运行时间为早5:30至晚21:00,日发30班次,约30分钟一班,票价10元,仅占到原来长途客运票价30元的33.3%。试运行期间,节假日双休日可享受免费政策。从2月11日(腊月二十六)起至3月3日(正月十六)期间,两条班线的城际公交全部免费。

2月12日,全国交通运输安全生产紧急视频会召开,传达学习中央领导同志近期关于加强安全生产工作的重要指示批示精神,通报2018年部春运安全生产检查情况,部署下一步重点工作。部党组书记杨传堂、部长李小鹏出席会议并讲话,要求认真学习贯彻习近平总书记等中央领导同志关于安全生产工作的重要指示批示精神,以习近平新时代中国特色社会主义思想为指导,牢固树立以人民为中心的发展思想,深刻汲取事故教训,举一反三,迅速采取有力措施,补齐短板、补强底板,坚决防范遏制安全生产事故发生,全力以赴确保春运交通运输安全生产形势稳定。省交通运输厅领导在山西分会场参加会议。山西航空产业集团、山西交通控股集团、山西汽车运输集团及厅直单位主要负责人也在山西分会场参加会议。

2月14日,省交通运输厅党组晋交党发〔2018〕10号文印发《关于做好厅机关工作人员2017年度考核工作的通知》。

2月15日至21日,春节期间,全省交通运输总体安全平稳。全省高速公路、干线公路路网安全畅通,道路水路运输安全有序,无较大拥堵和旅客滞留情况,未发生旅客投诉事件和重大安全事故。

全省高速公路通行量599.94万辆,同比增长18.7%,共为573.84万辆次七座及七座以下小型客车免通行费1.92亿元,同比分别增长19.3%、25%;绿色通道减免通行费224.08万元。

全省干线收费公路通行量32.18万辆,同比下降26%,其中七座及七座以下小型客车29.19万辆,免费额262.14万元;绿色通道减免通行费1.58万元。

全省道路运输共投入营运客车46001辆次,累计运送旅客131.31万人次,同比下降8.9%;城市客运共投入公交车7.8万标台、出租汽车27.58万辆,累计运送旅客4352.5万人次。

水运累计投入客运船舶150艘次、5153个客位,完成客运量1.63万人次,同比增长66.2%。

2月16日,农历正月初一,省交通运输厅领导深入太原公交第一汽车分公司、太原武宿机场、太原高速长风收费站等,看望慰问坚守岗位的一线干部职工,并代表厅党组向全省交通运输系统干部职工致以节日祝福。希望大家再接再厉,继续把春运工作抓实抓好,确保全省春运安全平稳有序运行。山西交通控股集团、山西航空产业集团主要负责人参加慰问活动。

2月22日,省交通运输厅党组晋交党发〔2018〕11号文印发《山西省交通运输厅"三基建设"2018年度重点工作任务清单》的通知。

2月23日,省交通运输厅文明办晋交文明办发〔2018〕1号文转发省直文明办《2017年度省直文明单位验收考核实施方案》。

2月24日,省交通运输厅党组晋交党发〔2018〕8号文印发《关于调整厅领导工作分工的通知》。

附录一

山西高速公路建设大事记

2月28日,省委常委、常务副省长高建民一行深入省交通运输厅,就全省交通运输工作情况特别是交通运输转型项目建设情况进行调研。省交通运输厅领导主持座谈会并从交通运输基本情况、近期主要工作和下一步工作打算等方面作了汇报,重点汇报"四好农村路"和三大板块旅游公路建设等交通运输转型项目推进情况。厅领导、厅机关各处室和厅直有关单位负责人参加会议。

高建民在讲话中指出,当前,交通运输各项工作正在全面稳步推进,政治建设、交通基础设施、运输服务、安全生产等各方面工作都取得阶段性成效,对此给予充分肯定,并对今后工作提出三点要求。一是把政治建设摆在首位。要深入学习贯彻习近平新时代中国特色社会主义思想和党的十九大精神,树牢"四个意识",践行"学懂、弄通、做实"要求,用党的最新理论创新成果武装头脑、指导实践、推动工作。要深刻汲取"3·08"案件教训,进一步加强党风廉政建设,在巩固、深化、提高上下功夫,使风清气正、正气上扬成为全系统的主旋律。二是聚焦转型发展。要围绕省委、省政府转型发展战略布局谋划工作,在综合交通运输体系建设、体制机制管理改革等方面突出转型发展,狠抓工作落实。三是突出工作重点。要紧紧围绕省委、省政府转型项目建设年活动部署要求,狠抓"四好农村路"和三大板块旅游公路等转型项目建设,抓住施工黄金期,加快工程进度,尽快推进一批转型项目、示范性项目的实质性开工,为全省转型项目建设年活动开好头。同时要统筹做好交通运输改革、运输服务、安全生产、全面从严治党等各项工作。

省交通运输厅领导表示,全省交通运输系统要以高建民常务副省长此次调研指导为契机,深入学习贯彻习近平新时代中国特色社会主义思想和党的十九大精神,按照省委、省政府的决策部署,扎实做好交通运输改革发展稳定和党的建设各项工作,为全省全面建成小康社会、实现转型发展做出新的贡献。

3月1日至12月31日 省交通运输厅组织开展安全生产专项整治活动。此次专项整治工作既对全系统实现"全覆盖",又突出重点,目标是实现对全系统安全生产风险和隐患的动态管理、全程跟踪,有效管控重大风险,切实消除重大隐患,着力减少一般事故和较大事故,坚决杜绝重特大事故,促进交通运输安全生产状况持续稳定向好。

3月13日,上午9时,2018年全省交通运输工作会议召开。会议认真贯彻落实党的十九大精神以及省委十一届五次全会、省委经济工作会议、省"两会"和全国交通运输工作会议精神,总结2017年全省交通运输工作,明确今后一个时期的目标任务,部署2018年重点工作。

会议首先传达学习省长楼阳生、常务副省长高建民对交通运输工作的重要批示精神。会议要求全系统要认真贯彻落实省委、省政府决策部署和省领导批示精神,围绕服务交通强国建设和全省转型发展,扎实做好"四好农村路"、三大板块旅游公路建设以及民航和通用航空发展等重点任务,不断提升全省交通运输体系的基础设施水平、绿色智能水平、综合服务水平和现代化治理水平,为推动全省经济社会高质量发展做出新的更大贡献。

厅党组书记、厅长闫晨曦作《贯彻高质量发展要求奋力开启建设交通强国山西新征程》的工作报告。2017年,全省交通运输系统认真贯彻落实省委、省政府决策部署,交通基础设施建设取得新进展、交通扶贫攻坚迈出新步伐、供给侧结构性改革和重点领域改革实现新突破、行业服务水平再上新台阶、法治政府部门建设和安全生产管理得到新提升、科技创新与绿色交通建设取得新成果、全面从严治党得到新加强,交通运输事业实现新进步。

闫晨曦强调,党的十九大提出建设交通强国的宏伟目标,省委、省政府提出要建设"示范区""排头兵""新高地"、谱写新时代中国特色社会主义山西篇章,全省交通运输系统要认真贯彻落实党的十九大精神和省委、省政府决策部署,明确"三个阶段性战略目标",树立"六大理念",走好"五条路子",在建设交通强国和推进山西现代化进程中,提升山西交通质量、交出山西交通答卷、贡献山西交通力量。一是明确三个阶段性战略目标。从现在到2020年,要突出抓重点、补短板、强弱项,完成省政府确定的"四好农村路"和三大板块旅游公路改建目标,基本打通高速公路出省口、断头路和省内重要连接线,加快民航和通用航空发展,为山西与全国同步全面建成小康社会当好先行;从2020年到2035年,基本实现交通运输现代化,为全省与全国同步基本实现社会主义现代化提供有力支撑;从2035年到本世纪中叶,全面实现交通运输现代化,更好满足全省经济社会发展和人民群众美好生活交通运输需要。二是树立"六大理念"。即服务大格局,始终把交通运输放在经济社会发展的全局中去考量,放到省委、省政府的总体部署中去谋划;建设大交通,构建现代综合交通运输管理体制;发展大运输,推进运输服务一体化;推进大改革,实现交通运输治理体系和治理能力现代化;保障大安全,不断提升交通运输本质安全度;实现大服务,努力建设人民满意交通。三是走好"五条路子"。贯彻高质量发展要求,坚持深化供改与综改相结合,在推动交通运输质量变革、效率变革、动力变革上走出山西交通路子;坚持新发展理念,围绕省委省政府"示范区""排头兵""新高地"三大目标,在服务全省转型发展、绿色发展、开放发展上走出山西交通路子;贯彻构建现代化经济体系战略,全面推进全省交通运输现代化,在交通强国建设对标一流、追赶一流、争创一流中走出山西交通路子;贯彻全面深化改革与全面依法治国战略,不断完善体制架构和制度体系,在推进行业治理体系与行业治理能力现代化上走出山西交通路子;贯彻全面从严治党要求,持续构建良好政治生态,在巩固、深化、提高上走出山西交通路子。

2018年是全面贯彻落实党的十九大精神的开局之年,是实施"十三五"规划承上启下的关键之年,也是交通强国建设的起步之年,做好各项工作至关重要。全省交通运输工作要以习近平新时代中国特色社会主义思想为指导,全面贯彻党的十九大精神,深入贯彻落实省委十一届五次全会、省委经济工作会议、省"两会"和全国交通运输工作会议精神,坚持稳中求进工作总基调和高质量发展要求,围绕省委省政府建设"示范区""排头兵""新高地"重大战略目标,按照"365"总体思路和要求,突出抓好"四好农村路"、三大板块旅游公路和高速公路"大通道"等转型项目建设,加快完善交通基础设施网络,有效提升交通运输服务品质,不断深化交通运输改革,着力构建现代综合交通运输体系,坚守安全生产红线底线,推动全面从严治党向纵深发展,为决胜全面建成小康社会、推动全省转型发展当好先行。

主要预期指标:全省公路建设完成投资380亿元以上,其中:高速公路投资130亿元以上,续建项目11个,力争新开工项目5个,建成项目5个、出省口3个;普通国省干线公路投资50亿元以上,新改建项目19个;农村公路和三大板块旅游公路投资200亿元以上,新改建里程1.2万公里以上;完成朔州支线机场和芮城、阳城通用机场前期工作;高速公路优等路率、普通国省道优良路率、农村公路优良中等路率分别保持在90%、80%、75%以上,非法超限率控制在0.2%以内;新增通客车建制村200个,城市公交"一卡通"实现地级市全覆盖;继续完善和实施政府还贷高速公路差异化收费政策;着力减少一般事故、有效遏制较大事故、坚决杜绝重特大事故。

闫晨曦着重对2018年全省交通运输工作作出安排部署,提出"十个着力"。一要着力实施"四好农村路"建设,围绕打赢交通扶贫脱贫攻坚战,强化市县政府主体责任,年内新改建农村公路1万公里以上,新增通客车建制村200个,贫困地区实现具备条件建制村通客车"全覆盖"。二要着力加快三大板块旅游公路建设。科学编制规划,加快项目前期;创新融资模式,推进项目建设;加强项目管理,确保工程质量。三要着力打通高速公路出省口、断头路及普通国省干线瓶颈路段。深入对接"一带一路"、京津冀协同发展等重大战略,加强规划引领,进一步促进路网内畅外联、提质增效,为山西融入全国发展大格局提供交通支持。首先,加快高速公路"大通道"建设。重点打通高速公路出省口、断头路和省内重要连接线。加快推进规划内剩余10个高速公路出省口项目建设,年内建成河曲、永和关、刘堡3个出省口;继续推进太原东二环、静乐至兴县、祁县至离石等11个续建项目建设,开工建设离石至隰县、隰县至吉县、三门峡公铁黄河大桥连接线、太原二环北环段和西环段5个项目,年内建成长治至临汾、霍永高速永和至永和关段、运宝黄河大桥、神池至岢岚、晋蒙黄河大桥5个项目,进一步增加通冀达陕、连蒙抵豫的通道数量;加强与京津冀地区基础设施互联互通,主动与河北对接,加快推进河北赞皇至榆次东阳山西段前期工作,力争早日开工建设;积极对接雄安新区建设,开展阳泉(盂县)至西柏坡、大同(王庄堡)至阜平等项目规划研究,力争与河北省同步规划、同步实施。其次,畅通普通国省干线"瓶颈路"。按照"结构优化、提档升级、深度通达、服务提升"要求,有计划地推进普通国省干线公路升级改造,扩容主通道、打通断头路、畅通出入口,不断提升干线公路网技术状况及服务功能。继续推广长治、阳泉等市国省干线"省市共建"模式,加快重要国道、省道提档升级,推进108国道忻州段及长治、阳泉、吕梁、晋城、临汾等城市过境公路改建。

认真贯彻落实国发 42 号文件精神,积极谋划、统筹规划一批重要干线公路通道建设,制定国家重载交通建设改造试点方案,大力推进重载交通示范路和项目建设。再次,扎实推进交通运输转型项目建设。要按照省委、省政府转型项目建设年活动部署要求,抓住开展"前期手续集中办理月"活动机遇,加快推进朔州至神池、黎城至霍州、风陵渡黄河大桥等高速公路项目前期手续办理,尽早开工建设。进一步规范工程建设市场管理,推行电子招投标制度。要完善项目调度机制,及时协调解决制约项目建设的突出问题,严格督查督办,确保取得实质性进展。要加强项目储备,加大招商引资力度,创优项目建设环境,推介一批 PPP 项目,实现可持续发展。四要着力完善综合交通运输体系,加快推进综合交通运输体制机制建设,有序推进枢纽站场和水运建设,积极推进民航发展。五要着力深化重点领域改革,推进"放管服效"、交通运输综合行政执法体制、厅属事业单位分类等关键性改革。六要着力提升交通运输综合服务水平,积极推进物流业"降本增效",提升客运服务质量效率,改进提升行业服务水平。七要着力推动智慧交通和绿色交通发展,以信息化为核心,提高行业科技创新能力,推进智慧交通建设;坚持绿色发展理念,积极推进交通运输节能减排和污染综合防治。八要着力加强法治政府部门建设,健全完善法规标准体系,坚持依法行政,加强行业监管。九要着力抓好安全生产,严格落实安全生产责任,加强重点领域安全监管,深化安全生产专项整治,提高应急处置能力;十要着力推进全面从严治党向纵深发展,坚持和加强党的全面领导,持续推进党风廉政建设,加强干部队伍建设和行业文明建设。

闫晨曦最后强调,全系统广大干部职工要在省委、省政府坚强领导下,不忘初心、牢记使命,以真抓的实劲、敢抓的狠劲、善抓的巧劲、常抓的韧劲抓好落实,奋力开启建设交通强国山西新征程,为建设人民满意交通、实现山西振兴崛起做出新的更大贡献。

会议还对 2017 年度完成工作目标任务的优秀单位进行表彰,并向各市交通运输局颁发 2018 年度重点工作目标责任书;太原、大同、吕梁、晋中、晋城市交通运输局和省公路局、省运管局 7 个单位先后作表态发言。

3 月 13 日,全省交通运输系统党风廉政建设和反腐败工作会议召开。会议认真贯彻落实十九届中央纪委二次全会精神和省纪委十一届三次全会精神,总结 2017 年全省交通运输系统党风廉政建设和反腐败工作,明确 2018 年全系统推进全面从严治党和反腐败斗争的主要任务。厅党组书记、厅长闫晨曦围绕"实现政治生态持久的风清气正,奋力开创全省交通运输系统管党治党新局面"作出总体部署;厅党组成员、驻厅纪检监察组组长张晓玲就全系统推动全面从严治党向纵深发展、向基层延伸作了重点安排。

近年来,省交通运输厅党组认真贯彻落实中央和省委、省政府全面从严治党要求,牢牢扛起主体责任,持之以恒正风肃纪,不断推动管党治党由"宽松软"走向"严紧硬",全系统全面从严治党工作得到新加强、政治生态持续向好。面对新形势新要求,要坚持问题导向和目标导向,坚决把思想和行动统一到习近平总书记在十九届中央纪委二次全会上的重要讲话精神上来,统一到省委书记骆惠宁在省纪委十一届三次全会上的讲话要求上来,认真学习领会、准确把握实质、全面贯彻落实,在树牢"四个意识",坚决与习近平同志为核心的党中央保持高度一致;保持战略定力,推动从严治党向纵深发展;强化履职担当,认真落实"两个责任""三个方面"形成高度共识,坚定不移把推进党风廉政建设和反腐败工作引向深入。

2018年全省交通运输系统全面从严治党工作总体要求是:以习近平新时代中国特色社会主义思想为指导,全面贯彻党的十九大和十九届中央纪委二次全会精神,贯彻落实省委十一届五次全会和省纪委十一届三次全会精神,增强"四个意识"、坚定"四个自信",坚决维护习近平总书记党中央的核心、全党的核心地位,坚决维护以习近平同志为核心的党中央权威和集中统一领导,坚持党要管党、全面从严治党,把党的政治建设摆在首位,强化思想理论武装,严防"四风"反弹回潮,全面加强纪律建设,深入推进反腐败斗争,努力实现政治生态持久的风清气正,为开启建设交通强国山西新征程提供坚强政治保证。

闫晨曦要求,2018年是贯彻党的十九大精神的开局之年,也是开启建设交通强国山西新征程的起步之年,全省交通运输系统全面从严治党工作要在六个方面继续加强:一是把党的政治建设摆在首位,坚决维护习近平总书记核心地位和党中央权威;二是强化思想理论武装,推动习近平新时代中国特色社会主义思想入脑入心;三是深入落实中央八项规定精神,锲而不舍抓好作风建设;四是全面加强纪律建设,严格党员干部管理监督;五是加强廉政风险防控,保持惩治腐败高压态势;六是着力完善体制机制,把全面从严治党责任落到实处。

张晓玲在讲话中指出,一年来,全省交通运输系统着力压紧压实全面从严治党责任落实、着力严肃党内政治生活、着力查处违规违纪案件、着力推动中央八项规定精神的贯彻落实、着力加强纪检干部队伍建设,政治生态得到有益修复。

2018年全省纪检监察工作的总体要求是:以习近平新时代中国特色社会主义思想为指导,全面贯彻党的十九大和十九届中央纪委二次全会精神,贯彻落实省委十一届五次全会和省纪委十一届三次全会精神,增强"四个意识"、坚定"四个自信",坚决维护习近平总书记党中央的核心、全党的核心地位,坚决维护以习近平同志为核心的党中央权威和集中统一领导,坚持党要管党、全面从严治党,把党的政治建设摆在首位,强化思想理论武装,严防"四风"反弹回潮,全面加强纪律建设,深入推进反腐败斗争,努力实现政治生态持久的风清气正,为开启建设交通强国山西新征程提供坚强政治保证。

张晓玲要求,2018年纪检监察工作要坚决贯彻落实十九届中央纪委二次全会和省纪委十一届三次全会部署要求,把管党治党的"螺栓"拧得更紧,始终把纪律挺在前面,持续正风肃纪反腐,夺取反腐败斗争压倒性胜利。要重点做好六方面的工作:一是以习近平新时代中国特色社会主义思想和党的十九大精神为统领,切实加强党的政治建设;二是巩固拓展中央八项规定及实施细则精神取得的成果,打好作风建设持久战;三是压紧夯实管党治党政治责任,推动形成一级抓一级、合力抓落实的工作格局;四是牢牢把握"四种形态",持续保持惩治腐败的高压态势;五是深入贯彻落实全省监察体制改革精神,坚持依纪依规和依法治党相统一;六是深化自身建设,锤炼忠诚干净担当的纪检监察铁军。

会议强调,全省交通运输系统要在省委、省政府坚强领导下,不忘初心、牢记使命,进一步落实全面从严治党"两个责任",以永远在路上的执着把全面从严治党引向深入,努力实现政治生态持久的风清气正,为奋力开启建设交通强国山西新征程提供坚强保证而努力奋斗。

3月16日,全省公路工作会议召开,要求高举习近平新时代中国特色社会主义思想伟大旗帜,贯彻落实省委十一届五次全会、经济工作会议和全国、全省交通运输工作会议精神,适应新时代、聚焦新目标、落实新部署。大力实施高质量发展、科教兴路、人才强路、创新驱动发展、可持续发展等战略,突出抓重点、补短板、强弱项、防风险,更加奋发有为地推进各项工作,着力打造"开放包容、支撑有力、治理有效、环境优美、文明幸福、人民满意"的公路部门。要综合协调好存量和增量关系,着力推进公路建养管各项工作,认真解决目前干线公路发展不平衡、不充分的问题,为全省转型发展提供有力支撑,书写好新时代交通强国建设的公路新篇章。

3月16日,山西交控集团工会第一次会员代表大会在太原召开。大会选举产生工会委员会、经费审查委员会和女工委员会委员。号召各级工会组织和广大工会干部牢记使命和责任,团结带领广大职工攻坚克难,加快推进集团改革发展,坚定不移地朝着打造国内一流、具有国际竞争力的交通企业集团而努力。要求围绕中心、服务大局,找准工会在集团工作全局中的着力点和切入点,激发职工创造活力,发挥职工主力军作用,把促进企业发展和保障职工权益统一起来,实现企业与职工互利双赢。

3月20日,经省土木建筑学会评审,山西路桥集团投资建设的王庄堡至繁峙高速公路项目荣获第十三届"太行杯"土木建筑工程大奖。作为集团以BOT形式投资建设的第一条高速公路,坚持采用"建筑业10项新技术"和"四节一环保"要求,着力实施科技引领、创新驱动,把先进科学技术理念应用于工程建设实践,促进多项新技术成果转化应用,获得两项省级工法和两项实用新型专利,取得良好科技与综合效益。

3月20日,2018年全省道路运输管理工作视频会议召开,要求以习近平新时代中国特色社会主义思想为指导,深入学习贯彻党的十九大精神,认真落实省委、省政府决策部署和省交通运输厅'365'总体思路与要求,抓好安全监管、运输服务和'四好农村路'建设更贴近民生实事等重点任务,全面推进道路运输质量变革、效率变革和动力变革,奋发有为、履职尽责,为不断满足人民群众日益增长的运输需求、奋力开启建设交通强国山西新篇章做出扎实贡献。

3月22日至23日,省交通运输厅领导深入长临、阳蟒高速公路开展转型项目建设年"集中开工月"督查活动,进工地、到一线、解难题。要求各参建单位统一思想认识,提高政治站位,充分认识重要意义,贯彻高质量发展要求,坚持问题导向和目标导向相统一,全面梳理制约重点公路工程项目建设的堵点、痛点和难点,对症下药出良方,明确目标任务,加快前期工作,抓好项目建设,全力以赴完成转型项目建设年的各项任务,为高质量转型升级发展夯实基础、增强后劲。

3月23日,省公路运输工会第三届委员会第二次全体会议召开,总结回顾三届一次全委会以来工作,部署2018年工作任务,选举产生工会兼职副主席、常委、替(增)补委员和经审委员。要求全系统各级工会组织要更加紧密地团结在以习近平同志为核心的党中央周围,不忘初心,牢记使命,锐意进取,埋头苦干,奋力开启建设交通强国山西新征程,为建设人民满意交通、实现山西振兴崛起做出新的更大贡献。

3月27日,省交通运输厅印发《关于开展2018年度党风廉政宣传教育月活动的通知》,决定于4月在全系统各级党组织、全体党员干部中开展"党风廉政宣传教育月"活动。主题是深入贯彻党的十九大精神,重整行装再出发,毫不动摇地把全面从严治党引向深入,着眼实现政治生态持久的风清气正,奋力开创全省交通运输系统管党治党新局面。

3月27日,山西交控集团一届一次职代会暨2018工作会议召开,确定10大年度目标任务,为高质量发展夯实基础。

10大目标涉及精准对接市场、加大投资驱动、加大项目建设、安全畅通运营、降低运营成本、加强产融结合、提高在岗职工收入等领域。

在深化内部改革方面,集团聚集战略定位深化改革,科学合理进行资源整合、产业优化,以集团化动作、板块化经营、专业化发展、集约化管理,持续推动高质量发展。以重组整合为契机,内部改革攻坚,加快业务、资源、市场、管理、人才、技术、企业文化的全面融合,彰显重组效应。集团确定"1主3辅2新"的发展方向,即交通基础设施投资、建设、运营业务做强做优做大;公路工程管理服务业务做精,交通公路沿线开发经营业务、房地产开发经营业务做专;金融投资管理业务做好,智慧交通和信息科技业务做出特色。2018年,集团集中精力开发交通基础设施PPP、BOT、EPC项目,全力投资建设全省高速公路、国省干线公路、三大板块旅游公路、"四好"农村公路;建成通车长治至临汾、霍永西高速永和至永和关段、运宝黄河大桥、神池至岢岚、晋蒙黄河大桥、霍永东高速蒲县连接线6个项目,力争成为优质的交通"供给方"。

在聚集关键目标方面,集团用目标倒逼改革、用目标牵引发展。在总的经营盘子上,按"1234"进行四个层面分类,各明确一个经营关键词。"1"即16个高速公路分公司是一个有机统一的整体,"降本增效"是关键词。"2"即省交通科研院、省交通设计院两大院企,"改制搞活"是关键词。"3"即路桥、交投、高速三大企业集团,"提质升级"是关键词。"4"即开发公司、信通公司、物资公司、物流中心,"开拓市场"是关键词。亮出这些关键指标,是对全体职工、社会各界作出的承诺,为此,集团设计全新的经营目标责任书,加大关键指标双重。

在做好资本运作方面,集团更加突出资本要素,实现更大突破。在打造上市公司集群上,有选择地培育优质路产,分批逐步将条件成熟的政府还贷高速公路转变为经营性高速公路,装入上市公司进行市场化动作,变存量债务为增量资产,使上市公司规模、实力跻身全国同行业前列。在提高直接融资比重上,广泛使用各类融资工具,综合证券、保险、信托、资管等渠道,运用公司债、境外债、中期票据、短期融资券、融资租赁、保理等手段,提高直接融资比重,扩大融资规模;精选3~5家子公司与集团公司组织融资联合舰队,提高融资实力。在建立交通产业基金池上,重点要通过基金池,集中发力,募集超过1000亿元资金,用于BOT项目、PPP项目、EPC项目、优质路产培育项目,由产而融、由融而产、良性循环、持续降低间接融资带来的债务负担。在拓宽产业金融公司业务上,围绕服务主业这条主线,加快推进财务公司、资产管理公司投入运营,扎实稳健推进融资租赁公司、保理公司开展业务。

省交通运输厅领导在讲话中提出三点要求:一要树立新时代思维,坚持全面深化改革。必须用新思维面对新形势,下大力气推动企业改革向纵深发展,最大限度地激发企业和员工的创造力与发展活力。必须树立立足交通谋发展的基本战略,紧紧围绕2018年全省交通运输工作会议精神和总体思路,充分发挥现代企业优势,科学制定资产盘活、资源配置、机构改革、发展方向等宏观规划,加快具体改革措施尽快落实。二要坚持新发展理念,打造管理新格局。聚集公路建设,推动转型发展;坚持以人民为中心的发展思想,着力提升服务水平;夯实责任,切实强化安全应急管理;创新引领,推动智慧交通建设;多管齐下,强化规范管理。三要响应新时代要求,持之以恒抓好党的建设。把党的政治建设摆在首位,深入贯彻落实党的十九大精神和十九届中央纪委第二次全体会议精神,持之以恒正风肃纪,巩固拓展落实中央八项规定精神成果,关注"四风"问题新动向、新表现,坚持思想建党和制度治党相统一,坚持使命引领和问题导向相统一,坚持抓"关键少数"和管"绝大多数"相统一,坚持党内监督和群众监督相统一,坚定不移推进全面从严治党。坚持党管人才原则,建设高素质专业化干部队伍。

会上,集团公司还与所属企业签订年度经营目标责任书。

3月29日,省交通运输厅领导带领厅重点办、省交通质监局相关人员对运宝黄河大桥项目复工情况进行督查。

督查组一行听取情况汇报,对全线各个作业面的复工情况进行实地查看,并就项目建设中存在的难点问题进行现场办公,提出指导性意见。

4月2日,省交通运输厅"四好农村路"和三大板块旅游公路建设推进会议召开,传达贯彻3月23日省政府专题会议精神,听取11个市交通运输局农村公路建设推进情况汇报,并对下一步工作作了全面部署。要求科学规划,注重实效;积极创新,落实资金;加快前期,做好开工;严格标准,加强监督;坚持问题导向,加强队伍监管。健全管理制度,加强监督体系建设,全力打造廉洁工程、阳光工程。

4月2日,省交通运输厅晋交建管发〔2018〕98号文印发《山西省公路品质工程攻关行动试点方案(2018-2020年)》《山西省公路品质工程深化创建实施意见》《山西省公路工程试验检测专项整治行动方案》等指导和保障品质工程创建的系列文件,打出品质工程建设组合拳,吹响品质工程建设集结号,为全面深化品质工程创建工作,实现全省交通运输工程高质量发展奠定坚实基础。

这些文件充分借鉴先进省份经验,坚持对标一流,各有侧重,其有较强的针对性、指导性、操作性。《实施意见》首次提出"两个清单"即工艺设备强制标准清单和公路四新技术推荐清单,对淘汰落后产能、推动工艺更新、"机械换人"具有重要意义;在机制设计层面、细化首件工程认证制、三检制等,以工艺保工序、以工序保分项,总结11类典型质量通病并提出防治措施;在智慧工地方面,对智能化监测应用范畴提出具体要求,明确BIM技术在工程建设各环节的功能要求;在绿色环保方面,首次按照"四节一环保"理念,全面细化绿色环保设计施工要求;在基层党建方面,明确全省公路建设项目各级党组织管理形式,立足"围绕品质抓党建、抓好党建促品质",实现党建工作与项目建设深度融合。《攻关行动方案》旨在通过3年时间,围绕品质工程10个方面开展专项攻关,依托试点项目和试点企业,坚持问题导向和目标导向,以点带面,突出典型引领,提炼先进工程技术管理经验,完善品质工程质量安全管理系统制度。坚持项目特点与发挥企业独特优势并重、质量安全行为与实体质量安全并重、创新性与先进性并重,互帮互带交流借鉴与合力共赢提高管理水平并重,形成公路品牌带动效应。《试验检测专项整治行动方案》旨在强化试验检测人员的责任意识,规范试验检测行为,促进检测机构不断完善内部管理,不断提高检测技术水平。坚持企业自查制、宣传引导与查处惩戒相结合的原则,以试验检测数据打假为重点,强化工地试验检测工作监管,依法依规"清理退出一批、整改规范一批、引领创建一批",促使形成常态化自查自纠机制,提高试验检测工作的公信力。

省厅要求深化创建和专项行动要以习近平新时代中国特色社会主义思想为指导,深入贯彻落实党的十九大精神,贯彻高质量发展要求,紧扣社会主要矛盾变化,牢固树立质量第一、安全至上理念,通过开展深化创建和重点攻关,突破公路工程质量安全管理短板,控制工程实体质量薄弱环节,全面提升公路工程建设品质,推动全省交通运输发展质量变革、效率变革、动力变革,使全省公路质量安全技术基础更加扎实,公路工程供给质量明显改善,质量安全管控体系更加健全,质量安全管理精细化水平不断提升,更好地满足经济社会发展和人民群众安全便捷高效出行的需求。全省公路建设者一定要充分认识深化"品质工程"创建的重大意义,统一思想,强化意识,以更加积极主动态度,高度负责精神,务求实效作风,时不我待的紧迫感,不忘初心,砥砺奋进,打好这场品质工程升级战、攻坚战,交出人民满意的新时代解决公路工程质量安全问题的"山西答卷"。

4月9日,省交通运输厅三大板块旅游公路建设专家座谈会议召开,研究《长城、黄河、太行三大板块旅游公路建设指导意见》(征求意见稿)和《三大板块旅游公路技术质量管理办法》(编写提纲)。会议特邀国内、省内公路规划和建设方面的专家和各市操作层面的管理者,共同探讨交流山西旅游公路建设的前期方案,做好技术方面顶层设计,为三大板块旅游公路建设开好头、起好步奠定扎实基础。

4月10日,中国共产党山西省交通运输厅直属机关党员代表大会召开,补选第二届委员会委员,厅领导和厅直系统91名党员代表参加会议。要求认真贯彻党章党规,大力加强自身建设;忠实履行职责,全面做好新时代党的建设工作;坚持敢管敢严,强化对基层党组织和党员的监督。会议号召全系统广大党员干部一定要坚定信心,鼓足干劲,认真学习贯彻习近平新时代中国特色社会主义思想,贯彻落实省委、省政府重大决策部署,在省直工委和厅党组的领导下,全面加强党的建设,干在实处、走在前列,真正发挥党组织的战斗堡垒作用和共产党员的先锋模范作用,不忘实心、牢记使命,锐意进取、埋头苦干,奋力开启建设交通强国山西新征程,为建设人民满意交通、实现山西振兴崛起做出新的更大贡献。

4月10日至12日,省交通运输厅领导深入临汾、晋城调研全省"四好农村路"和三大板块旅游公路建设工作。

厅领导一行赴临汾沿黄扶贫旅游公路永和乾坤湾试验段和吉县段、永和东征旅游路、黄河一号国家旅游专用公路等地,实地查看工程建设进展,询问推进中的困难和问题,了解已建旅游公路发挥的功能和带来的效益。在晋城,赴阳城县中国农业工业园循环路"四好农村路"、陵川县赤叶河村路面改造工程、太行一号国家风景道等地,听取工程建设情况汇报。要求旅游公路建设要与周边景区、旅游基础服务设施同步规划,同步推进,配套附属设施,追求更大效益。善用综合政策,打造"城景通""景景通",努力把试验段建成全省示范路,并及早与文旅专业企业对接,确保建好、用好,发挥道路最大效应。

调研期间,省交通运输厅领导在两市分别召开座谈会,听取"四好农村路"和三大板块旅游公路建设工作情况汇报,肯定各市近年来交通运输工作所取得的成效,传达楼阳生省长在3月23日省政府专题会议上的重要讲话精神,并就"四好农村路"和三大板块旅游公路建设规划、目标任务、建设体制、投融资模式等进行交流沟通。要求认真贯彻落实楼阳生省长关于"四好农村路"和三大板块旅游公路建设的重要指示精神,加快推进实施。一要科学规划、注重实效,按照全省交通规划,因地制宜,合理确定路线方案,并按"轻重缓急"原则列出项目清单、建设时序;二要积极创新、拓宽融资渠道,筹措落实市级配套资金,创新筹融资机制,加强与社会资本合作,切实保障交通重点工程资金需求;三要做好前期工作、合法开工,按照基本建设程序,加快完善有关手续;四要严格标准、精心组织施工,加强监管,确保工程质量;五要坚持问题导向、加强队伍监管,着力解决工程推进中存在的困难和问题。

4月11日至12日,交通运输部安全与质量监督管理司调研组赴晋对全省农村公路建设质量安全管理工作进行调研。调研组先后前往晋中市昔阳县和左权县等地,对两县县乡公路改造、窄路基拓宽、畅返不畅、安防工程等进行调研,分别召开县乡村三级和省市两级座谈会,与农村公路建设质量安全管理一线同志和各级交通主管部门同志进行座谈交流。对农村公路建设管理模式、质量安全体系落实情况、全省农村公路建设特色做法以及存在的薄弱环节等进行深入了解。

调研组充分肯定全省农村公路建设管理工作,对全省农村公路建设、设计、施工、监理、检测各个环节的运行机制表示肯定。要求全省应继续保持农村公路建设质量安全保障机制的良好运行态势,进一步加强指导,为服务乡村振兴战略、打赢脱贫攻坚战、促进经济转型发展、全面建成小康社会提供良好的交通支撑。省交通运输厅领导在讲话中要求以此为契机,认真落实习近平总书记关于"四好农村路"重要指示批示精神,按照交通运输部和省委、省政府决策部署,坚持新发展理念,推动农村公路建管养运营协调发展,为开启交通强国山西新征程做出新的更大贡献。

4月11日至12日,省交通运输厅领导带领厅直有关单位负责人赴吕梁协调推进高速公路复工建设,并就国道209线吕梁新城区段改线工程前期工作进行安排部署。要求吕梁市要加强领导,充分发挥国土、水利、林业等市直沿线县(区)政府的主观能动性,统一思想,提高站位,加大工作力度,强化措施,落实责任,加快做实做好项目的各项前期工作,切实为转型项目建设提供便利条件。

4月17日,省公路局2018年重点工作推进会议召开,要求紧盯全年工作目标和任务,强化措施,加大力度,加快进度,扎扎实实推进各项重点工作。要全面抓好新改建工程建设,千方百计扫清障碍,抓紧所有项目尽快开工。按照4月开工、6月任务过半、10月完成全年任务的时间节点,倒排工期,把工程任务细化分解,制定详细的季度、月、旬计划开展施工,齐心协力往前赶。要切实提高工程建设质量,深入开展品质工程建设,确保不出现任何质量问题。

4月18日,为迎接交通运输部对全省国道路况的抽样监测工作(抽检里程约700km),省交通运输厅领导召集省公路局、省高管局、山西交控集团负责同志专题研究部署2018年度路况监测工作。要求各单位要高度重视,讲政治、顾大局,全面排查公路数据库中通车运行3年以上的国家高速公路和普通国道,按照交通运输部要求,把工作抓紧抓实,抓出好的成效。要周密部署,精心安排,根据当前路况实际,逐条逐段分析,全面处置病害。要有新思路、新方法、新作为,积极与交通运输部和部路网中心对接,牢牢把握工作重点,强化各项措施,组织专业队伍,确保每个时段、每个环节、每项工作都有责任人,以有效措施、强有力手段,下大力气,调动各方面积极因素做好各项工作。

4月23日,长治市开通长治至郑州、长治至安阳、长治至晋城、长治至壶关太行山大峡谷、长治至平顺通天峡5条城际旅游公交线路。作为一项惠民举措,线路实行法定节假日、双休日免费的优惠政策。工作日运营票价长治至郑州线路单程票价30元,长治至安阳线路单程票价20元,长治至晋城线路单程票价10元。长治至壶关太行山大峡谷、长治全平顺通大峡线路全时段免费。

4月24日,省公路运输工会组织全系统劳动模范、先进集体和个人代表以及部分工会干部40余人,在山西凤凰山生态植物园举行以"弘扬劳模精神、打造绿色交通"为主题的2018年全省交通运输系统"五一"劳模植树活动。省交通运输厅领导在讲话中希望全系统广大干部职工积极行动起来,从小事做起、从身边做起、从现在做起,做绿色、美化环境的有心人,打造绿色交通,共建生态文明,在建设交通强国山西新征程中做出交通人应有的贡献。

4月24日,省交通运输厅、省人力资源和社会保障厅联合印发《关于规范公路水运工程建设项目劳动用工管理的通知》

4月24日至25日,省交通运输厅领导带队深入右玉至平鲁、神池至岢岚、晋蒙黄河大桥等重点工程建设一线,开展"进工地、到一线、解难题"活动,并对项目复工情况进行检查。省交控集团、厅直有关单位负责同志一同参加。厅领导在讲话中要求各单位要按照厅党组"365"总体思路和要求,不忘初心、牢记使命,聚集重点难点,围绕中心工作,推动项目早日投产达效。一要发挥主观能动性,加大项目建设管理工作力度,强化质量安全管理,保证投资目标,为奋力开启建设交通强国山西新征程打好基础;二要扎实深化品质工程创建,在落实上下大力气,在细节处下苦功夫,强化设计引领,严格执行标准和规范,进一步规范设计变更管理,并注重设计总结,抓好原材料进场、综合排水设计、标线施工质量等容易忽视的环节和部位;三要加强科学管理,善用现代管理手段,提升设计、施工、管理各个环节的信息化水平,加大科技创新成果应用,提高综合统筹协调能力与水平,加大与地方政府、行业管理部门的沟通,推进征地拆迁、用地手续办理等制约性问题的解决,共同打造最优的建设环境。

4月25日下午,省委常委、常务副省长高建民深入临汾调研"四好农村路"建设情况。省人大常委会副主任、临汾市委书记岳普煜,省交通运输厅领导等陪同调研。

高建民一行先后深入国道108线贾得工业园区路口、县道X600陈南线、县底镇河里庄村乡村道路等地现场检查指导农村公路建设、管护及营运情况,并详细听取相关情况汇报。要求充分认识"四好农村路"建设是贯彻落实习近平总书记关于"四好农村路"重要指示精神的具体行动,是交通助力脱贫攻坚的现实要求,也是实现农村公路更好发展的内在需要。各级各有关部门要进一步提高对"四好农村路"建设重要性的认识,切实增强积极性、主动性,围绕实施乡村振兴战略,以建好、管好、护好、营运好为抓手,以交通干线为支撑,因地制宜、精准施策,加快建设外通内联、安全舒适、路域洁美、服务优质的"四好农村路"。

4月25日,黄河、长城、太行三大板块旅游公路2018年部分建设项目在吉县、大同县、左权县、平顺县、陵川县五地同时开工复工。省委常委、常务副省长高建民出席临汾主会场开工仪式并宣布开工,副省长张复明主持。省交通运输厅领导以及省直有关部门、金融机构负责人参加仪式。

高建民指出,加快推进三大板块旅游公路,是全省落实习总书记建设"四好农村路"重要指示精神的重大举措,是把文化旅游业打造成全省战略性支柱产业的重要基础性工程。各相关市县政府和省直有关部门要进一步统一思想、提高认识,坚持规划引领,创新融资机制,优化建设环境,加强项目监管,确保施工安全,打造精品工程,有序推进三大板块旅游公路建设,为构建全域旅游发展新格局提供战略支撑。

省交通运输厅领导介绍三大板块旅游公路规划建设情况,并明确表态,2018年以大同、临汾、晋城等市为重点,实施三大板块旅游公路示范工程建设项目;同时,加快推进纳入规划范围的三大板块旅游公路建设项目的前期工作,成熟一批、开工建设一批。省厅将按照"专用性、安全性、智慧型、友好型"要求,坚持科学规划,强化质量监督,完善管理机制,高质量、高标准推进三大板块旅游公路建设,为开创全域旅游新格局,推动全省转型发展做出应有的贡献。

三大板块旅游公路规划总里程13206公里,2018—2022年集中建设主体区旅游公路5537公里,连通A级及以上景区62个、非A级景区356个。

4月26日,省交通运输厅举办《宪法》《监察法》专题学习培训会,特邀山西财经大学法学院副教授、博士生导师韩永红为厅机关全体和厅直单位主要领导上了一堂生动的法治辅导课。厅领导在讲话中,希望大家以此次培训辅导为契机,全面加强纪律建设,不断增强法治观念和法治思维,不忘初心、牢记使命,坚定"四个自信"、坚持"五个从严",全面增强"八个本领",努力做到信念过硬、政治过硬、责任过硬、能力过硬、作风过硬。

4月26日,省交通运输厅安委会第二次全体会议召开,传达贯彻省政府安委会第二次全体会议暨全省安全生产电视电话会议精神,总结一季度全省交通运输安全生产工作。要求各部门、各单位要认真总结一季度安全生产工作,客观分析存在的问题和不足,深刻认识当前全省交通运输安全生产工作面临的形势,严格落实各项安全生产制度和措施,进一步提升全省交通运输行业总体安全水平。一要提高思想认识,进一步增强做好安全工作的使命感。要认真学习、深刻领会党中央国务院、省委省政府及交通运输部关于加强安全生产的一系列决策部署,深入基层一线,加强调查研究,对本单位、本行业安全生产工作做到底数清、情况明,不断研究行业领域安全生产规律和特点,全面透彻剖析问题隐患,扎实做好各项工作。二要强化履职担当,进一步压实安全生产责任。各单位领导干部要认真履行"1+3"岗位职责,加强作风建设,提高行业监管责任的落实力度,加大监督检查,督促企业进一步落实安全生产主体责任。三要加大工作力度,确保各项安全举措落到实处。要加快推进构建安全风险分级管控和隐患排查治理双重预防机制,全面厘清安全生产监管职责,建立安全监管责任清单,规范履职行为;各交通运输集团要继续深入开展安全生产专项整治,切实堵住"安全漏洞",坚决把各类安全隐患消除在萌芽状态。四要丰富宣传教育手段,不断提高全员安全素质。要深入普及安全生产法律法规,增强全体干部职工及交通参与者的安全意识,深入推进公路水路行业安全生产典型事故警示教育工作,不断提高交通运输从业人员安全素质。

"五一"小长假期间,各单位要科学研判形势,提前做好应对,强化安全监管,做好应急值守工作,确保不发生安全事故。同时要抓好汛期的安全生产工作,积极制定并落实好汛期安全生产的各项预防措施和应急预案,确保组织领导到位、安全责任到位、制度措施到位、安全保障到位、执行落实到位。

省公路局、省运管局、山西交控集团汇报一季度安全生产工作情况及下一步工作打算。

4月29日至5月1日,"五一"期间,全省公路管理部门认真执行七座及七座以下小型客车免费通行政策,共减免通行费8964万元,同比增长6.2%。其中,高速公路七座及七座以下小型客车通行量300.6万辆,同比增长7.03%;减免通行费8758.09万元,同比增长6.7%。干线收费公路小型客车通行量20.24万辆(同比下降24.7%),减免通行费205.91万元(同比下降11.5%)。

5月4日,由交通运输部和公安部联合举办的关于规范治超执法深入推进联合执法常态化制度化暨隧道安全风险防控工作电视电话会议召开。会议的主要内容是:深入学习贯彻党的十九大精神,以习近平新时代中国特色社会主义思想为指导,总结规范公路治超执法工作情况,分析治超执法面临的新形势和新要求,部署治超联合执法常态化制度化和隧道安全风险防控工作。

会上,山西省、河南省、安徽省、陕西省作治超经验交流,湖南省作隧道安全管理工作经验交流。

2017年以来,全省紧紧围绕"9·21"治超新政和规范治超执法的有关要求,针对薄弱环节,以问题为导向,不断创新思路,探索新的工作方法,有力推动全省治超工作再上新台阶。全省超限超载率始终牢牢控制在0.2%以内,高速公路杜绝非法超限超载车辆,干线公路基本杜绝非法超限超载车辆,全年没有出现一例因超限超载引起的死亡事故,没有出现一座因超限超载导致的危桥。主要做法:一是继续坚持政府主导、部门联动、属地管理的治超格局;二是进一步完善督查考核机制,督促各级各部门认真履职;三是探索路警联合执法新模式,确保路面治理得到有效管控;四是采用新技术,实现对多轴货车的精准称重,确保高速公路零超载;五是建立责任制和挂牌督办制,确保货运源头企业不放出一辆超载车;六是全面升级改造全省超限检测动态衡器仪表,实现检测数据不可篡改和永久保存,杜绝公路"三乱"。

5月6日上午,山西省2018年"职业教育活动周"启动仪式在山西交通职业技术学院文华校区举行。这是国家第4个职业教育活动周,从5月6日持续至12日。这期间,全省各级各类职业院校精心策划、内外联动、广泛宣传,开放所有实验实训室,开展技能体验观摩、校企合作成果和校园文化展示活动,邀请合作企业代表和优秀毕业生返校,举办本行业技术前沿和行业前景论坛,邀请各高职、中职院校代表及优秀企业人员到校参加座谈、研讨、交流等。

5月8日至10日,交通运输部党组成员、副部长刘小明赴晋深入吕梁市、忻州市、大同市,就推进交通强国建设工作开展调研。省委常委、大同市委书记张吉福,省人大常委副主任、忻州市委书记李俊明,省政协副主席、吕梁市委书记李正印,省交通运输厅领导等参加相关调研和座谈活动。

刘小明在吕梁市实地调研离石区"四好农村路"建设和沿黄扶贫旅游公路建设情况,了解煤炭物流及无车承运开展情况;在忻州市调研岢岚县城乡客运一体化发展情况;在大同市调研机车装备研发生产、现代物流和交通旅游融合发展等情况。

在座谈会上,刘小明听取全省交通运输建设发展情况汇报和省交通运输厅、相关市县政府、厅直单位、运输企业代表等对交通强国建设的意见和建议。并对近年来全省各级交通运输部门坚决贯彻落实党中央、国务院决策部署,在省委、省政府的坚强领导下,迎难而上、砥砺前行,推动交通运输建设发展取得的成绩给予充分肯定和高度评价。

刘小明强调,建设交通强国是党的十九大作出的重大决策部署,要从建设社会主义现代化强国的高度,充分认识推进交通强国建设的重大意义,准确把握交通强国建设的基本内涵、战略目标和战略性框架体系。他要求,山西省交通运输系统要以习近平新时代中国特色社会主义思想和党的十九大精神为指引,紧紧围绕建设交通强国总目标,准确把握新形势新要求,主动作为、奋勇争先,力争成为交通强国建设的示范区、交通运输改革发展的试验田、运输服务创新发展的排头兵。当前,要重点抓好五个方面工作:一要紧紧围绕补短板,持续加大交通脱贫攻坚力度;二要紧紧围绕防污染,切实加快运输结构调整步伐;三要紧紧围绕促融合,大力推进运输服务转型升级;四要紧紧围绕守底线,全力推动道路运输行业安全稳定发展;五要紧紧围绕树形象,持续加强交通运输行业作风建设。

5月8日至11日，交通运输部组织对G18荣乌高速公路山西省灵丘（冀晋界）至山阴高速公路工程进行竣工验收。18名省内外专家组成的验收委员会一致同意通过竣工验收，工程建设项目综合评价等级为优良。

项目是国家高速公路"7918"网的第四横荣成至乌海公路的重要组成部分，是山西省"三纵十二横十二环"高速公路规划的第二横，路线全长153.877km，批准概算87.99亿元。由大同高速公路建设管理处负责建设，2009年6月开工，浑源至山阴段、灵丘至浑源段分别于2010年12月、2012年3月通车试运营，2015年7月省界河北段通车，到此全线贯通。工程2016年获得交通运输部"国家优质工程科技进步奖"，2017年获水利部"生态文明工程"。

5月15日，山西交控集团与招商银行太原分行举行高速公路移动支付项目合作签约仪式。此次合作将加快推进集团旗下运营的300多个高速公路收费站全面实现手机微信、支付宝等扫码支付交易。

随着互联网技术、智能手机终端应用的不断发展，移动支付在高速公路领域的推广应用已经引起交通运输行业的广泛关注。为此，集团提早支手，年初在3个高速公路收费站的8条出口车道进行移动支付项目试点。试运行中，车主可通过出示手机微信、支付宝等付款码的方式，在10秒以内快速完成无现金付款并驶离收费站，解决现金缴费存在的携带不便、找零烦琐、假钞风险、安全风险和通行缓慢等问题，极大提高高速公路收费站的通行效率，受到广泛好评。

签约之后，集团借助招商银行金融创新、科技等优势，全面合作推广高速公路移动支付通行费方式，并通过规模效应带动全省高速公路全覆盖。全省高速公路通行费支付方式在现金、ETC缴费的基础上，增加手机微信、支付宝等扫码支付方式。广大群众支付有更多选择，出行更加便利。

5月9日至31日，省交通运输厅认真做好干部驻村帮扶工作，按照"压茬交接"要求，顺利完成新老驻村工作队员交替任务，采取五项举措进一步打造"懂扶贫、会帮扶、作风硬"的驻村帮扶干部队伍，全力推动帮扶贫困村脱贫攻坚。一是提高政治站位，强化理论学习。驻村干部始终把学习作为第一要务，深刻领会习总书记扶贫开发战略思想和视察山西重要讲话精神，认真贯彻落实省委省政府驻村帮扶工作部署要求，学深学透、熟练掌握精准扶贫、精准脱贫方针政策。全体工作队员采取集中学习与个人自学相结合，学习政策规定与研究讨论实际工作相结合等方式，认真学习脱贫攻坚政策及产业培育、项目管理、基层组织建设等内容，积极向老队员学习帮扶方法，不断提升自身素质能力。二是积极转变角色，快速融入基层。新一批驻村工作队员5月9日正式集结，连夜进点驻村。次日开始，6个工作队分别深入各帮扶村与村"两委"班子对接，逐户走访贫困人员，深入开展结对帮扶活动，切实掌握第一手资料，真心和农民兄弟交朋友。包村工作队长、驻村工作队长与驻县大队长及县乡领导建立联系,畅通汇报沟通渠道,并建立"一村有事、五村支援"的互助机制,在最短时间内转变角色,适应工作。三是健全完善制度,规范工作管理。工作队全面实行规范化管理,按照省驻村办有关要求,认真修订完善驻村帮扶工作队《学习制度》《会议制度》《考勤及请销假制度》《工作纪律》《安全管理制度》等工作制度。第一书记、工作队长和工作队员恪尽职守,明确各自职责任务,始终挺纪在前,确保"人到、心到、责任到"。四是完善激励保障,激发队伍活力。不断加强对驻村干部的关怀激励,坚持考勤和考绩相结合,平时考核、年度考核与期满考核相结合,对成绩突出、群众认可的驻村干部,按照有关规定予以表彰。同时,为驻村工作队员安排定期体检,办理人身意外伤害险,帮助解决实际困难和问题。通过树立鲜明导向,营造干事创业的良好氛围。五是聚焦主责主业,推动精准扶贫。围绕"帮扶谁、帮什么、怎么帮"三个关键问题,明确驻村帮扶工作队抓扶贫工作主责主业,深入开展村情民情走访、基础工作巩固、资金项目盘点、政策措施落实、内生动力提升、作风问题整改"六大行动",积极探索多元化发展模式。按照"一村一策、一户一法"原则,制定和完善村级产业发展规划,帮助贫困村盘活各类集体资产,找准产业发展和增收路子,确保贫困户稳定增收。

5月10日,全国首届"大数据与智慧公路养护管理技术论坛"在山东青岛市隆重召开。会议是由中国公路学会养护与管理分会首次以大数据与智慧公路养护管理技术作为主题召开的学术论坛,来自全国各省、市、自治区、直辖市交通运输厅(局)、公路局和高速公路管理局的工程管理人员;各地公路、市政等相关设计院所、交通科研院所的管理人员、技术人员;工程质量监督、检测、咨询评估单位及大专院校的领导、专家等300余人齐聚一堂,共同研究探讨大数据与公路养护的融合关系,探寻大数据养护时代的方法与规律,传播养护前沿技术。省高管局受邀在会议上就全省高速公路养护业务智能化管理与技术应用作了题为"互联网+带给养护管理与技术新格局"的主题发言,主要介绍养护业务智能化管理和养护智能化辅助决策两个方面内容,受到与会人员好评。

5月24日至30日,省交通运输厅领导深入各市交通运输局,对"四好农村路"和三大板块旅游公路建设开展实地调研督导,要求各级交通运输部门要进一步提高政治站位,增强使命感和责任感,把"四好农村路"建设作为服务全面建成小康社会,实施乡村振兴战略的重要抓手,做细做实各项工作,确保完成全年目标任务。一是按照高质量发展要求,严格建设程序,精心组织施工,加强过程监管,确保工程质量。二是不等不靠,积极主动解决资金问题,拓宽思路,积极拓展市场融资渠道。三是以示范县示范路为载体,发挥引领带动作用,为全省创造典型经验。四是加强监督,在责任落实、资金保证、建设制度、工程质量、安全管理等方面发挥好督促、检查、指导、协调、服务功能,为农村公路高质量发展提供支撑保障。

5月25日,省交通运输厅机关第一党支部全体党员赴太旧高速公路建设纪念馆,开展主题党日活动。厅领导以普通党员身份参加活动。

太旧高速公路建设纪念馆集中陈列展示上世纪90年代全省建设太旧高速公路的艰辛历程，展示全省人民众志成城、万众一心、艰苦奋斗的时代精神，展示交通人拼搏进取、甘于奉献的创业精神。通过参观，大家充分了解太旧精神形成的历史意义和现实意义，太旧功臣的先进事迹深深感染了在场的每一位党员。

厅领导在讲话中要求重温"太旧精神"新内涵，重温历史，大力激发厅机关广大党员不畏困难、干事创业、改革创新、奉献进取的工作热情，为谱写新时代交通强国山西篇作出新的贡献。

5月25日至26日，省交通运输厅三大板块旅游公路专家咨询组赴长治市对太行一号旅游公路主线、支线、连接线规划、设计等前期工作进行调研督导。厅领导在讲话中，要求真正实现交通加旅游融合发展，建成主题、慢行、服务、文化景观和信息标牌"五大系统"完整的专用型、安全型、智慧型、友好型的"四型"旅游公路；要运用好各方面力量，对整个旅游路建设项目进行认真审查，及时系统地解决存在问题；要把质量问题紧紧抓在手上，盯住关键节点、关键人、关键工序，一把手负责、专业质监单位参与，确保建设质量和安全。

5月28日，省厅交通运输厅开展"路政宣传月"重点宣传活动。活动当天，全系统围绕"规范执法、护路为民"主题，开展多形式、多渠道的重点宣传活动。在长风高速收费站、晋中北高速收费站、榆次峪头超限检测站、省道318宣传点，参与宣传活动的各单位通过悬挂标语、摆放展板、设立咨询台、发放资料、电子屏滚动播放等多种形式，掀起"规范执法、护路为民"宣传热潮。此次"路政宣传月"活动，重点宣传《公路法》《公路安全保护条例》《超限运输车辆行驶公路管理规定》等法律法规；影响公路安全畅通的典型案例，严格执法、文明服务的先进个人和典型事例，公路建设养护、路政管理成果和跨省大件运输并联许可系统的推广应用；公路路域环境综合整治及公路建筑控制区范围划定工作，公路及其附属设施安全保护，公路用地、公路建筑控制区等路域环境治理，"四好农村路"及三大板块旅游公路建设。将交通运输行业的各个工作场所（地点）变成宣传阵地，营造浓厚的公路宣传氛围。

省交通运输厅领导在讲话中，要求进一步加大宣传和管理力度，加强公路路政管理法律法规和政策宣传，切实提高广大群众的爱路护路意识，提升路政执法工作水平，更好地服务公众安全便捷出行。厅领导还身披宣传绶带，为路政执法人员发放路政法律法规汇编资料，向过往车辆司乘人员发放政法律宣传单、宣传图册等，特别叮嘱他们要自觉遵守公路路政管理法律法规，做到安全行车、安全乘车。

5月30日，省交通运输厅安全生产专题会议召开，传达贯彻交通运输部安委会、省政府安委办和省厅关于"安全生产月"活动安排，进一步安排部署近期交通运输安全生产工作。要求各单位按照部署,结合实际,切实组织开展好"安全生产月"各项活动。要围绕"生命至上、安全发展"的主题思想,开展形式多样、具有行业特点的"安全生产月"活动,集中开展好6·16安全生产宣传咨询日活动。要积极开展典型事故案例警示教育,加强应急演练,提高事故防范和应急处置能力。要加强新闻媒体宣传报道,营造全社会浓厚的安全生产氛围。厅领导在讲话中心强调,6月进入主汛期,各单位要高度重视,切实做好汛期交通运输安全生产工作,抓好各项措施落实,强化应急管理,确保汛期不发生重大安全生产事故。要切实做好安全生产风险管控和隐患排查治理双重预防机制建设。各单位要认真总结试点经验,尽快形成可复制、可推广的风险管理经验成果,对存在安全生产失信行为的企业和相关责任人,实施联合惩戒。各单位要从讲政治的高度,认真履行职责,加大安全生产工作力度,做好安全生产各项工作,确保全行业安全生产形势平稳有序,为建设交通强国山西篇章提供坚实安全保障。

5月31日,省交通运输厅党组理论学习中心组学习交流研讨会召开,学习《习近平谈治国理政(第二卷)》中的《继续推进马克思主义中国化时代化大众化》、刘鹤副总理调研交通运输部时的讲话以及党内有关重要法规。要求进一步加强学习,坚定理论自信。习近平总书记在讲话中指出"时代在变化,社会在发展,但马克思主义基本原理依然是科学真理。"我们必须高度重视学习,不断强化学习,特别是要把习近平新时代中国特色社会主义思想这一马克思主义中国化的最新理论成果学深学透,带头坚定"四个自信",站在服务全省、服务大局、服务社会、服务人民的高度谋划和推进工作。要树立正确政绩观,用历史、发展眼光看待交通运输工作,既要用好成功经验,更要尊重客观规律,大胆改革创新,抓住发展机遇,推动全省交通运输工作取得新的更大进步。要提高思想认识,贯彻总体国家安全观,做到守土有责、守土负责、守土尽责。要认真贯彻落实刘鹤副总理讲话精神,结合工作实际,认真做好对照、对标、对表、对接各项工作,进一步按照上级的要求,主动谋划,切实推动各项工作取得突破性进展。

5月31日,省交通运输厅重点工作推进情况及党风廉政建设"两个责任"落实情况专题汇报会议召开。厅领导班子各位成员全面系统地梳理重点工作推进情况,分析存在问题、困难、不足与差距,提出下一步工作思路、意见和建议。2018年以来,厅领导班子各位成员带领各处室主动履职、积极作为,做了大量卓有成效工作,大部分重点工作能够扎实有序推进。坚持"一岗双责",将党建和党风廉政建设工作与业务工作同谋划、同部署、同督导,进一步压实"两个责任"。会议要求清醒认识存在的不足,面对总体形势和任务要求,进一步统一思想,提高认识,凝聚力量,攻坚克难。一要进一步强化担当意识。要按照中办印发的《关于进一步激励广大干部新时代新担当新作为的意见》要求,切实发挥示范表率作用,带头履职尽责、带头担当作为、带头承担责任,对工作不推、不等、不靠,增强团结协作,以担当带动担当,以作为促进作为。要全面落实习近平总书记"关于三个区分开来"的重要要求,妥善把握事业为上、实事求是、依纪依法、容纠并举等原则,充分调动和激发干部队伍的积极性、主动性、创造性,引导干部争当改革促进派,旗帜鲜明地为敢于担当的干部撑腰鼓劲,凝聚全系统智慧和力量,形成推进实现交通运输事业各项目标的强大合力。二要进一步增强抓落实的责任感和紧迫感。必须保质保量完成省委省政府、交通运输部明确的重点工作任务和指标,分管领导和部门负责人要对照目标任务,再检点、再梳理,拉出清单,建立台账,明确"时间表""路线图",层层传导压力,落实工作责任,在全系统树立抓落实的良好氛围。在干部考核、目标责任考核中强化对重点工作的考核评价,对于改革攻坚、奋发有为的干部和单位给予褒奖,对于慢作为、不作为、乱作为的干部和单位进行惩戒。三要巩固交通运输系统来之不易的良好政治生态,进一步压实"两个责任"。为交通运输发展提供坚强政治保障。要按照省委省政府巩固"两转"成果、实现"两个持久"的决策部署,落实全面从严治党主体责任,扎笼子、堵漏洞、强监管,大力加强廉洁政府部门建设,以廉政建设新成效促进交通运输行业新发展。要带头强化责任意识、履行"一岗双责",保持政治定力、纪律定力、道德定力、抵腐定力,并加强对分管联系单位的干部监督管理,加强对基层党员干部的教育和约束,运用好"四种形态",发现问题早提醒、早纠正,始终高度警惕"围猎"现象,守住廉洁底线。纪检部门要坚持无禁区、全覆盖、零容忍,坚持重遏制、强高压、长震慑,强化监督执纪问责,坚持问题导向,聚焦突出问题,推动全面从严治党不断向纵深发展、向基层延伸。

会议号召,全省交通运输系统广大干部职工一定要以习近平新时代中国特色社会主义思想为指导,不忘初心,牢记使命,真抓实干,奋力拼搏,在建设"交通强国"和"人民满意交通"中体现新作为,为推动全省经济社会高质量发展做出新的更大贡献。

6月1日,全省交通运输系统扫黑除恶专项斗争动员部署会议召开,省交通运输厅领导出席会议并讲话。要求全省交通运输部门要坚决贯彻落实中央、省委、交通运输部和厅党组决策部署,把思想和行动统一到习近平总书记重要指示和中央、省委要求上来,进一步提高政治站位、强化"四个意识",以对党和人民高度负责的态度,全力以赴打好这场攻坚仗。要履行行业职责,大力摸排线索,全面净化交通运输环境;要强化责任担当,发挥行业优势,努力形成强大合力;要结合行业实际,强化沟通协作,全力打击破坏生态环境的违法犯罪行为。

6月1日,《山西省交通运输对标一流发展对策研究》评审会议在太原召开,项目立足全省发展特点,以统计数据资源为基础,定量与定性相结合,研究提出全省交通运输对标一流评价指标体系。通过对全国及中部6省各项指标的排名进行对比与分析,找出差距,发现问题。围绕改革、发展和创新等关键问题,有针对性地梳理国内外相关经验,并结合行业发展新需求和全省工作重点,谋划全省交通运输未来的发展思路和目标,并提出相应对策建议,部分研究成果已得到应用。

与会专家听取课题组汇报并进行审议后,认为该项目研究内容完整、技术路线科学、成果丰富,达到研究目的,符合结题评审要求。研究成果具有前瞻性和针对性,对推进全省交通运输现代化,对接交通强国建设具有较强指导意义,一致同意通过评审。

6月5日,省交通运输厅领导深入省交通运输执法局调研,听取情况汇报,协调解决存在的困难和问题,对下一步工作提出四点要求:一是围绕交通运输发展"365"总体思路和全年十项重点工作任务,谋划和推进好交通执法工作。全省交通执法系统要紧密结合重点工程建设、法治政府部门建设、安全生产、收费管理、治超等重点工作,确定监督目标、制定监督计划、充实监督内容、抓好监督落实,服务和推进更好更快地完成交通运输重点工作任务。二是进一步加强班子和干部队伍建设,不断提高履职能力和水平。各级领导干部要切实发挥示范表率作用,带头履职尽责,带头担当作为,带头承担责任,一级带着一级干,一级做给一级看,以担当带动担当,以作为促进作为。要全面落实习近平总书记关于"三个区分开来"的重要要求,妥善把握事业为上、实事求是、依纪依法、容纠并举等原则,旗帜鲜明地为敢于担当的干部撑腰鼓劲,激励广大干部见贤思齐、奋发有为,凝聚形成推进交通运输事业发展的强大合力。三是巩固交通运输系统来之不易的良好政治生态,推动全面从严治党不断向纵深发展。要深入贯彻落实中央八项规定精神,坚决查纠形式主义、官僚主义等新动向、新表现,严肃查处享乐主义、奢靡之风,坚决防止"四风"问题隐形变异、反弹回潮。要坚持挺纪在前,深入学习贯彻党章党规党纪,切实加强干部日常管理监督,深化运用"四种形态",坚决查办各类违规违纪案件,使广大党员干部知敬畏、存戒惧、守底线,习惯在受监督和约束的环境中工作生活。四是正确面对交通运输综合行政执法体制改革,确保行业稳定。目前综合执法体制改革已划定时间表、路线图,进入实质性改革阶段,各单位必须做到保稳定、保安全、保重点工作的推进不受影响,正确理解改革,积极参与改革,切实配合改革,坚决服从改革,把保证队伍稳定作为最基本的政治要求,相信组织,依靠组织,加强干部队伍思想教育工作,严守改革期间各项纪律,以稳定促改革,维护全系统安全稳定的良好局面,确保改革期间思想不乱、工作不断、队伍不散、干劲不减。

6月6日,省交通运输厅在山西汽车运输集团晋龙捷泰运输公司举办全省道路客运驾驶员"自觉抑制五种行为,确保乘客生命安全"宣誓承诺活动。这是深入贯彻落实习近平总书记关于加强安全生产工作的重要指示批示精神,加强源头治理、前端处置,抓重点、抓关键、抓薄弱环节,强化道路交通安全的重要举措,也是扎实开展"安全生产月"活动的一项具体行动。50名客运驾驶员陆续在"五不两确保"承诺条幅上签下自己的名字,做出安全承诺。即不超速、不超员、不疲劳驾驶、不接打手机、不关闭动态监控系统,确保乘客系好安全带,确保乘客生命安全。

省交通运输厅领导在讲话中,要求广大驾驶员要进一步强化安全意识,时刻紧绷安全驾驶这要弦,恪守"乘客至上、安全第一"的职业道德,严格遵守道路交通法规和安全操作规程,自觉抑制各种不文明、不安全、不规范的驾驶行为,强化自我约束,切实为乘客、为自己、为每个家庭负责,真正做到"平平安安出行,安安全全回家"。全省各级运管部门要强化行业监管,严格履行监管责任,对道路运输违法违规行为,要重拳出击、严肃查处,坚决消除各种安全隐患。客运企业要切实履行安全生产主体责任,实行全员全过程管理,加强车辆动态监控,严格落实"三不进站、六不出站"制度,强化驾驶员教育和管理,推动安全宣誓承诺制度落地生根,使驾驶人切实担负起确保乘客生命安全这一最核心职责和最崇高使命。

6月11日,全省高速公路建设项目土地报批工作培训会议召开,全省在建和拟建的15个高速公路项目以及厅重点办、省交控集团、省路桥集团征地拆迁负责人和具体承办人员共40人参加培训。会议邀请省国土资源厅2名负责土地审批的专业人员就土地预审和正式审批程序及有关政策性文件进行讲解。同时,为加快高速公路土地报批工作,厅重点办专门编制印发《山西省重点公路工程建设(土地报批)有关法律、法规、办法、通知等有关文件资料汇编》资料,并就高速公路土地报批流程和关键环节及有关问题进行详细解答,通过多种方式提高工作人员业务素质。

6月12日,全省交通运输系统"中国梦·劳动美——学习贯彻习近平新时代特色社会主义思想和党的十九大精神"职工演讲比赛举行,来自部分厅直单位及山西交控集团的20名选手参加比赛。参赛选手紧紧围绕主题,讲述自己学习贯彻的心得体会以及立足岗位为党的十九大确立的目标任务而奋力拼搏的感人故事。整场演讲气氛热烈,声情并茂,深深地打动在场每一位观众。

6月16日,全国第十七个安全生产宣传咨询日到来之际,省政府安委办在太原南宫广场举办以"生命至上、安全发展"为主题的安全生产宣传咨询日活动,通过现场咨询、悬挂宣传标语、展板展示、发放宣传资料、VR体验等多种形式,向广大市民广泛宣传安全生产法律法规和安全应急等知识,副省长贺天才参加活动并巡展。

在交通宣传展台前,贺天才仔细了解交通安全生产知识,并现场体验VR安全体验馆,对全省交通运输安全生产工作给予充分肯定。省交通运输厅领导现场向群众发放安全生产宣传资料和宣传品,省公路局、省运管局、省高管局、省地方海事局、厅重点办、省交通质监局、省交控集团参加此次咨询日活动。

6月19日至20日,省交通运输厅领导深入天镇县玉泉镇石家庄村调研指导交通扶贫攻坚和乡村振兴工作,要求深入学习贯彻习近平扶贫思想和习近平总书记视察山西重要讲话精神,认真落实全省攻坚深度贫困现场推进会精神,把思想和行动坚决统一到省委省政府关于脱贫攻坚的决策部署上来,进一步强化组织领导,推动脱贫攻坚责任落实、政策落实、工作落实,创出交通运输脱贫攻坚亮点,让贫困户早日脱贫致富实现小康,圆满完成省委省政府交办的脱贫攻坚任务。

在石家庄召开的扶贫工作座谈会上,传达全省攻坚深度贫困现场推进会精神,听取驻村工作队、村民代表和天镇县相关部门扶贫工作基本情况和基本思路汇报后,厅领导在讲话中要求采取更务实举措,以更扎实作风推进扶贫工作:一要理清思路。结合深度贫困县脱贫攻坚计划和石家庄村实际,提高规划意识和质量,拿出接地气、质量高、能操作、见实效的规划;要与省直各部门深入沟通,争取加大支持力度。二要突出重点。要借鉴好的经验做法,重点从农业产业、基础设施建设、村容村貌等方面下真功夫,着力解决农村街巷道路硬化、人畜饮水、日间照料中心等基本工程建设。三要真抓实干。瞄准先进、对标一流,坚定工作标准不降低,将扶贫攻坚进一步做"严"做"实",不断提高脱贫攻坚的成色质量;希望县、乡、村各级部门一如既往地支持交通扶贫工作,齐心协力,确保全面完成省委省政府交付的各项扶贫任务。

在与省交通运输系统扶贫工作队成员座谈会上,厅领导代表厅党组对奋战一线的扶贫队员表示敬意和感谢,提出三点要求:一要加强学习。全体队员要深入学习贯彻习近平扶贫思想和习近平总书记视察山西重要讲话精神,学习全省攻坚深度贫困现场推进会精神,学习省委省政府决策部署要求,学习先进经验和好的做法,进一步推动脱贫攻坚责任落实、政策落实、工作落实。二要强化能力和作风建设。每一位队员都要懂扶贫、会帮扶、作风硬,特别是第一书记兼工作队长要担当责任不甩手,时刻站在一线、挑最重担子、啃最硬骨头,以功成不必在我、功成必定有我的勇气和担当,团结带领干部群众坚决打赢脱贫攻坚战。三要扎实工作,勇于争先。全体队员以及全省交通运输系统广大干部职工都要发扬敢于攻坚克难、敢打硬仗的光荣传统,全力以赴,创出交通运输脱贫攻坚亮点,争当省直系统排头兵,绝不辜负省委省政府的期望和要求。

6月20日,省交通运输厅举办交通运输安全发展主题宣讲培训,特邀交通运输部安全与质量监督管理司副司长徐春就交通运输行业安全生产领域改革发展和安全监督管理责任体系建设进行专题宣讲。培训深入浅出,既讲解相关政策,又介绍经验做法,对全省交通运输安全生产责任体系建设具有较强的指导和借鉴作用。省交通运输厅领导在讲话中要求强化全行业各级、各单位、各部门党政领导责任,压紧压实相关部门监管责任,按照安全监管权责清单内容和标准,严格落实各项安全监管措施。各交通运输企业要按照法律法规要求,严格落实各项安全措施,规范各岗位人员行动,切实履行安全生产主体责任。

6月20日,8时许,世界在建最大跨度的波形钢腹板矮塔斜拉桥——山西运城至河南灵宝高速公路运宝黄河大桥主桥成功合龙,全桥实现贯通。大桥由山西路桥集团以BOT方式投资建设,是山西省高速公路网规划的"三纵十二横十二环"西纵的重要组成部分,也是国家高速公路网南北纵线呼和浩特至北海高速公路的重要组成部分。大桥北接运宝高速公路解陌段,由芮城县陌南镇柳弯村跨黄河进入河南,与三门峡至淅川高速公路相连,接入连霍高速公路。大桥全长1690m,桥宽32m,设计速度80km/h,采用六车道标准建设。概算投资9.65亿元,工期40个月,2015年9月1日开工建设。大桥分引桥、主桥、副桥三部分,引桥采用4×40m预应力T梁,主桥采用110m+2×200m+100m波形钢腹板中央单索面矮塔斜拉桥,副桥采用48m+9×90m+48m波形钢腹板刚构-连续组合体系梁桥。主桥主跨200m,是目前在建的全世界跨度最大的波形钢腹板矮塔斜拉桥。

大桥合龙后,全面进入交通安全、机电、绿化及路面等施工阶段,按照计划,本年度可实现通车目标。大桥通车后,将彻底打通晋西南和豫西北出境公路通道"断头",成为联系晋豫两省高速公路网的重要枢纽,对加强山西与中原地区乃至"两湖两广"地区经济文化交流,密切黄河金三角区域合作,促进现代物流业发展有着十分重要的作用。

6月22日,省交通运输厅领导深入省高管局调研,听取情况汇报,协调解决存在的困难和问题,并对下一步工作提出四点要求:一是进一步提升大局意识和责任担当,立足现状,扎实做好当前阶段高速公路管理工作。要明确职能定位,加强对高速公路管理业务指导,在认真梳理和研究相关职能基础上,积极参与研究制定加强交控集团日常管理与年度考核的制度办法。要统一思想认识,提高政治站位,适应改革新形势,尽快转换角色,切实转变思想观念和工作方式,在加强行业管理方面出思路、下功夫,不断提升全省高速公路管理质量和效益。

二是正确面对交通运输综合行政执法体制改革和事业单位改革,积极做好当前职能清理及机构、编制、人员摸底等基础性工作,确保行业稳定。目前综合执法体制改革已进入实质性改革阶段,各单位必须做到"三个确保",即保稳定、保安全、保重点工作的推进不受影响,加强干部队伍思想教育工作,严守改革期间各项纪律,教育引导广大干部职工正确理解改革、积极参与改革、切实配合改革、坚决服从改革,确保改革顺利有序进行。同时要积极推动历史遗留问题解决,保质保量完成好省委省政府、交通运输部、厅党组交办的重点工作任务和指标,层层传导压力,落实工作责任,加强对工作纪律和工作责任的考核,确保改革期间思想不乱、工作不断、队伍不散、干劲不减。

三是进一步加强班子和干部队伍建设,提高履职能力。要将政治建设放在首位,深入学习贯彻习近平新时代中国特色社会主义思想和党的十九大精神,牢固树立"四个意识",坚决维护党中央权威,坚决贯彻落实省委省政府和厅党组的重大决策部署,确保政令畅通。各级领导干部要增强学习本领、政治领导本领、改革创新本领、科学发展本领、依法执政本领、群众工作本领、狠抓落实本领和驾驭风险本领,切实发挥示范表率作用,带头履职尽责,一级做给一级看,以担当带动担当,以作为促进作为。要全面落实习近平总书记关于"三个区分开来"的重要要求,妥善把握事业为上、实事求是、依纪依法、容纠并举等原则,旗帜鲜明地为敢于担当的干部撑腰鼓劲,激励广大干部见贤思齐、奋发有为,凝聚形成推进交通运输事业发展的强大合力。

四是巩固交通运输系统来之不易的良好政治生态,推动全面从严治党不断向纵深发展。要进一步压实管党治党政治责任,深入贯彻落实中央八项规定精神,坚决防止"四风"问题隐形变异、反弹回潮,坚持挺纪在前,认真学习贯彻党章党规党纪,切实加强干部日常管理监督,深化运用"四种形态",坚决查办各类违规违纪案件,使广大党员干部知敬、存戒惧、守底线。

6月26日,省公路局完成公路建养投资25.65亿元,占年度目标任务51.3%,与上年同期相比提高19.8%,提前实现时间任务"双过半",为圆满完成全年目标任务创造有利条件。

2018年,省政府、省交通运输厅给省公路局下达年度目标任务为完成投资50亿元,比上年多出15亿元,投资任务明显加重。为确保完成目标任务,省公路局党委主动作为、提早谋划、压实责任、抓紧开工、狠抓督导、主动协调、党建引领,采取多项措施扎实推进公路建设。

6月26日,省高管局召开局务会议,专题学习省交通运输厅领导深入省高管局调研时的讲话精神,要求全局领导和广大干部职工要进一步提高认识,把思想和行动统一到省委省政府、厅党组的决策部署上来,统一到厅领导讲话精神上来。在当前和今后一段时间,全力配合省厅做好对交控集团的业务指导,全力做好推进改革的基础工作,保稳定、保安全、保重点工作。同时,要按照厅党组要求,加强班子和干部队伍建设,不断提高履职能力,巩固交通运输来之不易的良好政治生态,推进全面从严治党不断向纵深发展。

根据省政府提出的加强对交控集团业务指导的工作思路和厅领导调研时的具体要求,省高管局就制定具体的业务指导方案进行安排部署,明确分管领导和工作时限。总的要求是全力配合省厅、全力支持企业、全心服务改革,确保省委省政府、厅党组的改革部署落地落实。

6月26日至29日,由省委组织部、省交通运输厅、省委党校联合举办的全省"四好农村路"和三大板块旅游公路建设培训班正式开班。省交通运输厅领导在讲话中提出四点要求:一要提高站位,进一步增强加快推进"四好农村路"和三大板块旅游公路建设的责任感、紧迫感。要深刻认识到新形势下加快推进"四好农村路"和三大板块旅游公路建设,既是新时代开启建设交通强国山西新征程的重要内涵,更是服务全省开拓转型综改新局面的具体行动。二要抓住关键,迎难而上,合力推进"四好农村路"和三大板块旅游公路建设取得突破性进展。强化规划引领,切实加快项目前期工作;多渠道筹措资金,全力破解资金难题;加强质量管理,努力实现高质量发展;坚守廉政底线,创建阳光工程、廉洁工程。三要与时俱进,不断强化创新思维,进一步提升适应新时代发展要求的履职能力,敢于担当,积极作为,狠抓落实。四要珍惜宝贵学习机会,认真学习、深入研讨、广泛交流,坚持目标导向和问题导向,进一步增强破解影响"四好农村路"和三大板块旅游公路建设矛盾和问题的能力,确保如期实现"四好农村路"建设发展目标,为全省决胜全面小康做出积极贡献。

培训紧密结合"四好农村路"和三大板块旅游公路建设实际,坚持问题导向、目标导向,有针对性地制定了培训课程,内容涉及政策法规、建设程序、工程技术、质量管理、资金筹措、安全廉洁等方方面面,具有很强针对性、实用性和操作性。特别是专门邀请了交通运输部、省财政厅和省委党校的专家,对农村公路技术规范、PPP项目运作、旅游公路建设理念等大家关注关心的政策和问题作了详细解读和实务指导。大家普遍反映,这次培训从理论到实践,内容丰富,不仅是对政策业务的系统提高,更是素质能力的全面提升,每个人都学有所获、受益匪浅。

省交通运输厅领导在讲话中指出,当前全省"四好农村路"建设形势日益趋好,顶层设计已基本完成,筹资工作取得重大突破,"四好农村路"和三大板块旅游公路建设呈现出良好开局。但在看到成绩的同时,更要清醒认识到存在的问题,并积极采取措施,认真研究解决,全力推进"四好农村路"和三大板块旅游公路健康发展。要全力破解发展难题,抓项目开工、抓资金落地、抓质量管理、抓安全生产,又好又快推进项目建设。各级交通运输部门一定要扛起主业、负起主责、实施主导,坚持科学的工作方法,用典型引领大干、用督导规范管理、用机制筑牢防线,坚决打赢"四好农村路"建设攻坚战。

此次培训为期4天,全省各级交通运输局、省公路局和分局负责人及具体工作人员共计160余名干部参加培训。

6月28日,省交通运输厅纪念建党97周年暨"两优一先"表彰大会召开,厅党组书记、厅长闫晨曦出席会议并讲授党课。

闫晨曦首先代表厅党组向受到表彰的先进基层党组织、优秀共产党员和优秀党务工作者表示热烈祝贺。他指出,全省交通运输系统各级党组织和广大党员坚决贯彻党的十九大习近平新时代中国特色社会主义思想,认真落实厅党组决策部署,充分发挥战斗堡垒和先锋模范作用,锐意进取、担当作为,为交通运输巩固"两转成果"、推动实现"两个持久"做出积极贡献。全系统各级党组织、广大党员干部都要向受到表彰的先进基层党组织、优秀共产党员和优秀党务工作者学习,以时不我待、奋发有为的朝气和锐气,攻坚克难、开拓进取,确保全年各项目标任务圆满完成。

闫晨曦围绕学习贯彻习近平新时代中国特色社会主义思想,结合全省交通运输工作实际,给大家上了一堂深刻而生动的党课。他指出,习近平新时代中国特色社会主义思想,是马克思主义中国化最新成果。广大党员特别是党员领导干部只有加强学习习近平新时代中国特色社会主义思想,聚焦学懂弄通做实,才能坚定理想信念、树立优良作风、养成高尚情操,确保始终沿着正确方向前进。要深刻认识习近平新时代中国特色社会主义思想的重大意义,多措并举抓好学习教育;要准确把握习近平新时代中国特色社会主义思想的核心要义,努力做到学深悟透、融会贯通;要认真学习习近平新时代中国特色社会主义思想蕴涵的思想和工作方法,切实做到学以致用、指导实践。全系统各级党组织和广大党员干部都要在厅党组带领下,深刻领会蕴含于习近平新时代中国特色社会主义思想中的科学方法,按照"八个坚持"(坚持实事求是、坚持战略定力、坚持问题导向、坚持全面协调、坚持底线思维、坚持调查研究、坚持抓铁有痕、坚持历史担当)要求,不断提升工作能力和水平,统筹谋划和推进好山西交通运输发展,融入京津冀一体化、雄安新区建设、交通强国等国家战略,服务好全省建设"示范区"、争当"排头兵"、构建"新高地"三大任务大局。特别是要蹄疾步稳推动交通运输领域关键性改革取得突破,切实从根子上破解困扰发展难题。

闫晨曦强调,中国特色社会主义最本质的特征是中国共产党领导,最大优势也是中国共产党领导,这是由我国国体性质决定的,是历史和人民的选择,是中华民族伟大复兴的根本保证。全系统各级党组织和广大党员务必深刻领会这一本质特征的内涵,提高政治站位,坚决维护习近平总书记党中央的核心、全党的核心地位;严肃党内政治生活,充分发挥基层党组织的战斗堡垒作用,严格执行党的组织纪律,确保政令畅通,令行禁止。

闫晨曦要求,全省交通运输系统各级党组织和广大党员干部要切实把思想行动统一到中央、省委省政府和厅党组各项决策部署上来,展现新气象,拿出新作为,推进全省交通运输改革发展稳定和党的建设各项工作全面进步。要做新时代的奋斗者,举"非常之力"完成好交通建设重点任务;要做改革拥护者,党的建设践行者,一以贯之推进全面从严治党;要做良好政治生态维护者,保持清正廉洁的政治本色。

会上,厅直机关党委对30个先进基层党组织、59名优秀共产党员和18名优秀党务工作者进行表彰,先进基层党组织、优秀共产党员、优秀党务工作者代表分别作典型发言。

厅机关副处级以上党员领导干部、厅直各单位党政主要负责人及受表彰的先进基层党组织、优秀共产党员和优秀党务工作者代表参加会议。

附录二

山西省交通运输厅领导班子成员沿革情况一览表

1949年4月24日,太原解放。中国人民解放军太原军事管制委员会公路运输摩托接管组随军入城,接管阎锡山政府的省建设厅公路局和交通部第八区公路工程局工程处。同年6月15日,公路摩托接管组改组为山西省公路运输局;1953年3月,改称山西省人民政府交通局;1954年3月,改称山西省人民政府交通厅;1955年2月,改称山西省交通厅;2009年5月,改称山西省交通运输厅。

名　称	负责人及任职时间
太原市军事管制委员会公路运输摩托接管组 (1949.4~1949.6)	组　　　长:霍清林(1949.4~1949.6) 副　组　长:胥德林(1949.4~1949.6) 军　代　表:李铁民(1949.9~1949.6)
山西省公路运输局 (1949.6~1949.11)	局　　　长:霍清林(1949.6~1949.11) 副　局　长:赵舒甫(1949.6~1949.11)
山西省人民政府交通局 (1949.11~1953.3)	局　　　长:霍清林(1949.11~1952.6) 副　局　长:赵舒甫(1949.11~1951.8) 　　　　　　李景良(1949.11~1953.3) 　　　　　　王振德(1952.9~1953.3)
山西省人民政府交通局 (1953.3~1954.3)	局　　　长:王振德(1953.3~1954.3) 副　局　长:霍清林(1953.3~1954.3) 　　　　　　李景良(1953.3~1954.3) 　　　　　　张惠源(1953.3~1954.3)
山西省人民政府交通厅 (1954.3~1955.2)	厅　　　长:王振德(1954.3~1955.2) 副　厅　长:李景良(1954.3~1955.2) 　　　　　　张惠源(1954.3~1955.2)
山西省交通厅 (1955.2~1955.4)	厅　　　长:王振德(1954.2~1955.4) 副　厅　长:李景良(1954.2~1955.4) 　　　　　　张惠源(1954.2~1955.4)

附录二
山西省交通运输厅领导班子成员沿革情况一览表

续上表

名　　称	负责人及任职时间
山西省交通厅 (1955.4～1967.9)	厅　　　　长：赵国屏(1955.4～1967.9) 常务副厅长：王振德(1955.4～1958.3) 　　　　　　张步英(1958.6～1967.1) 副　厅　长：李景良(1955.4～1958.6) 　　　　　　张惠源(1955.4～1963.7) 　　　　　　史进贤(1958.1～1964.6) 　　　　　　孟繁馨(1960.3～1962.6) 　　　　　　赵希贤(1960.11～1965.3) 　　　　　　廉　平(1963.3～1967.1) 总 工 程 师：张　楠(1957.10～1967.1)
山西省革命委员会生产组交通办公室 (1969.8～1970.1)	主　　　任：齐大寿(1969.8～1970.1) 副　主　任：廉　平(1969.8～1970.1) 　　　　　　张更新(1969.8～1970.1)
山西省革命委员会交通局 (1970.1～1973.4)	局　　　长：齐大寿(1970.1～1973.4) 副　局　长：廉　平(1970.1～1973.4) 　　　　　　张更新(1970.1～1973.4) 　　　　　　张　明(1972.3～1973.4)
山西省革命委员会交通局 (1973.4～1975.3)	局　　　长：廉　平(1973.4～1979.12) 副　局　长：张更新(1973.4～1973.12) 　　　　　　张　明(1973.4～1973.7) 　　　　　　赵　伟(1975.1～1978.9) 　　　　　　王文祥(1977.5～1979.12) 　　　　　　刘　乾(1979.6～1979.12)
山西省交通局 (1975.3～1979.12)	任贵仁(1973.7～1979.12) 温秉公(1978.1～1979.12) 雷　达(1978.1～1979.12) 李魁年(1979.2～1979.12) 政治处主任：赵俊文(1975.3～1979.12)
山西省交通厅 (1979.12～1983.5)	厅　　　长：廉　平(1979.12～1983.5) 副　厅　长：刘　乾(1979.12～1983.5) 　　　　　　王文祥(1979.12～1983.5) 　　　　　　李魁年(1979.12～1983.5) 　　　　　　任贵仁(1979.12～1983.5) 　　　　　　温秉公(1979.12～1983.5) 　　　　　　雷　达(1979.12～1983.5) 　　　　　　李景良(1980.2～1981.11) 政治处主任：赵俊文(1979.12～1983.5)

续上表

名　称	负责人及任职时间
山西省交通厅 (1983.5～1990.12)	厅　　　　　长:任先泉(1983.5～1990.12) 副　厅　　　长:任贵仁(1983.5～1986.9) 　　　　　　　杨继刚(1983.5～1990.12) 　　　　　　　智玉莲(1983.5～1990.12) 　　　　　　　郅　杰(1983.11～1990.12) 总　工　程　师:鄂俊泰(1983.5～1990.12) 副厅级调研员:陈有才(1984.9～1990.12) 　　　　　　　李振亚(1984.9～1990.12) 　　　　　　　赵俊文(1984.11～1990.12) 　　　　　　　王文祥(1986.8～1990.12)
山西省交通厅 (1990.12～1994.7)	厅　　　　　长:智玉莲(1990.12～1994.7) 副　厅　　　长:贾银环(1992.1～1994.7) 　　　　　　　杨继刚(1990.12～1994.7) 　　　　　　　刘和平(1990.9～1991.12) 　　　　　　　史锦文(1990.12～1994.7) 纪　检　组　长:任景春(1990.12～1994.7) 总　工　程　师:鄂俊泰(1990.12～1994.7)
山西省交通厅 (1994.7～1996.12)	厅　　　　　长:杜五安(1994.7～1996.12) 副　厅　　　长:杨继刚(1994.7～1996.12) 　　　　　　　史锦文(1994.7～1996.12) 　　　　　　　刘俊谦(1994.7～1996.12) 　　　　　　　任景春(1994.7～1996.12) 　　　　　　　高贵生(1994.12～1996.12) 纪检组组长:刘传旺(1994.7～1996.12) 厅　长　助　理:杨金泉(1994.12～1996.12)
山西省交通厅 (1996.12～2000.5)	厅　　　　　长:刘俊谦(1996.12～2000.5) 副厅长(正厅级):杨继刚(1996.12～2000.5) 副　厅　　　长:任景春(1996.12～2000.5) 　　　　　　　高贵生(1996.12～1999.10) 　　　　　　　杨金泉(1996.12～2000.5) 纪　检　组　长:刘传旺(1996.12～1998.3) 　　　　　　　赵　龙(1998.3～2000.5) 助　理　巡　视　员:胡玉珍(1997.8～2000.5) 享受副厅级待遇:张　润(1997.8～2000.5)

附录二
山西省交通运输厅领导班子成员沿革情况一览表

续上表

名　称	负责人及任职时间
山西省交通厅 (2000.5～2008.4)	厅　　　　　长：王晓林(2000.5～2008.4) 副　　厅　　长：宋元林(2000.5～2003.6) 　　　　　　　　杨金泉(2000.5～2006.1) 　　　　　　　　张　润(2000.5～2008.4) 　　　　　　　　王志民(2003.6～2008.4) 　　　　　　　　张志川(2005.11～2008.4) 纪　检　组　长：赵　龙(2000.5～2005.12) 总　工　程　师：郜玉兰(2003.6～2008.4) 总　会　计　师：张德仪(2003.6～2008.4) 巡　　视　　员：宋元林(2003.6～2005.3) 助　理　巡　视　员：胡玉珍(2000.5～2003.12) 　　　　　　　　孙跃进(2003.6～2007.6) 　　　　　　　　郭贵平(2003.6～2008.4) 　　　　　　　　郜学文(2003.6～2006.9) 山西省国防动员安全会交通战备办公室 专职主任(正厅长级)：杨金泉(2006.1～2006.8) 专职副主任(副厅长级)：史荣和(2004.11～2008.4)
山西省交通厅 (2008.4～2009.5)	厅　　　　　长：段建国(2008.4～2009.5) 副　　厅　　长：张　润(2008.4～2009.5) 　　　　　　　　王志民(2008.4～2009.5) 　　　　　　　　张志川(2008.4～2009.5) 纪　检　组　长：韩日裕(2008.8～2009.5) 总　工　程　师：郜玉兰(2008.4～2009.5) 总　会　计　师：张德仪(2008.4～2009.5) 巡　　视　　员：曹燎原(2008.8～2009.5) 副　巡　视　员：郭贵平(2008.4～2009.5) 山西省国防动员安全会交通战备办公室 专职主任(正厅长级)：张　润(2008.8～2009.5) 专职副主任(副厅长级)：史荣和(2008.4～2009.5)
山西省交通运输厅 (2009.5～2013.9)	厅　　　　　长：段建国(2009.5～2013.9) 副　　厅　　长：张　润(2009.5～2013.9) 　　　　　　　　王志民(2009.5～2013.3) 　　　　　　　　张志川(2009.5～2011.3) 　　　　　　　　戴　飞(2011.10～2013.9) 纪　检　组　长：韩日裕(2009.5～2013.9) 总　工　程　师：郜玉兰(2009.5～2013.9) 总　会　计　师：张德仪(2009.5～2013.9) 巡　　　视　　员：曹燎原(2009.5～2013.9) 副　巡　视　员：郭贵平(2009.5～2011.10) 　　　　　　　　杨俊威(2010.1～2013.1) 山西省国防动员委员会交通战备办公室 专职主任(正厅长级)：张　润(2009.5～2013.9) 专职副主任(副厅长级)：史荣和(2009.5～2009.10) 　　　　　　　　尹新平(2010.1～2013.9)

续上表

名　　称	负责人及任职时间
山西省交通运输厅 (2013.9~2017.1)	厅　　　　　　长:李正印(2013.9~2016.11) 副　　厅　　长:张　润(2013.9~2015.3) 　　　　　　　　戴　飞(2013.9~2016.3) 　　　　　　　　唐　晋(2013.4~2017.1) 　　　　　　　　袁清茂(2015.3~2017.1) 纪　检　组　长:韩日裕(2013.9~2014.6) 　　　　　　　　宋文斌(2014.6~2016.7) 　　　　　　　　张晓玲(2016.10~2017.1) 总　工　程　师:郜玉兰(2013.9~2016.6) 　　　　　　　　王四小(2016.10~2017.1) 总　会　计　师:张德仪(2013.9~2014.12) 　　　　　　　　袁清茂(2015.3~2017.1)(兼) 副　　厅　　长:张勤学(2013.9~2013.12) 　　　　　　　　秦红保(2013.12~2017.1) 　　　　　　　　李贵顺(2016.5~2017.1) 巡　　视　　员:曹燎原(2013.9~2016.9) 副　巡　视　员:郭贵平(2015.3~2017.1) 　　　　　　　　蔺建煌(2016.5~2017.1) 山西省国防动员委员会交通战备办公室 专职主任(正厅长级):张　润(2013.9~2015.7) 　　　　　　　　　　唐　晋(2015.12~2017.1) 专职副主任(副厅长级):尹新平(2013.9~2015.3) 　　　　　　　　　　　王　晋(2016.1~2017.1)
山西省交通运输厅 (2017.1~2018.2)	厅　　　　　　长:张志川(2017.1~2018.2) 副　　厅　　长:唐　晋(2017.1~2018.2) 纪　检　组　长:张晓玲(2017.1~2018.2) 副　　厅　　长:袁清茂(2017.1~2017.11) 　　　　　　　　秦红保(2017.1~2018.2) 　　　　　　　　李贵顺(2017.1~2018.2) 　　　　　　　　王　晋(2017.12~2018.2) 　　　　　　　　段新源(2018.1~2018.2) 总　工　程　师:王四小(2017.1~2018.2) 总　会　计　师:袁清茂(2017.1~2017.11)(兼) 总　会　计　师:郭贵堂(2018.1~2018.2) 副　巡　视　员:郭贵平(2017.1~2017.5) 　　　　　　　　蔺建煌(2017.1~2017.5) 　　　　　　　　刘玉柱(2017.11~2018.2) 　　　　　　　　郭全英(2017.8~2018.2) 山西省国防动员委员会交通战备办公室 专职主任(正厅长级):唐　晋(2017.12~2018.2) 专　职　副　主　任:王　晋(2017.1~2017.11)

附录二
山西省交通运输厅领导班子成员沿革情况一览表

续上表

名　　称	负责人及任职时间
山西省交通运输厅 （2018.2~　）	厅　　　　　长：闫晨曦（2018.2~　） 副　　厅　　长：唐　晋（2018.2~　） 纪　检　组　长：张晓玲（2018.2~　） 副　　厅　　长：秦红保（2018.2~　） 　　　　　　　　李贵顺（2018.2~　） 　　　　　　　　王　晋（2018.2~　） 　　　　　　　　段新源（2018.2~　） 总　工　程　师：王四小（2018.2~　） 总　会　计　师：郭贵堂（2018.2~　） 副　巡　视　员：刘玉柱（2018.2~　） 　　　　　　　　郭全英（2018.2~　） 山西省国防动员委员会交通战备办公室 专职主任（正厅长级）：唐　晋（2018.2~　）

附录三

中共山西省交通运输厅党组成员沿革情况一览表

1951年2月,成立中共山西省人民政府交通局分党组;1953年6月,改称中共山西省人民政府交通局党组小组;1954年3月,改称中共山西省人民政府交通厅党组小组;1955年2月,改称中共山西省交通厅党组小组;1956年2月,改称中共山西省交通厅党组;2009年5月,改称中共山西省交通运输厅党组。

名　称	负责人及任职时间
中共山西省人民政府交通局分党组 (1951.2~1953.6)	负 责 人:霍清林(1995.2~1953.6) 成　　　员:赵舒甫(1951.2~1951.8) 　　　　　　李景良(1951.2~1953.6)
中共山西省人民政府交通局党组小组 (1953.6~1954.3)	组　　　长:王振德(1953.6~1954.3) 成　　　员:霍清林(1953.6~1954.3) 　　　　　　李景良(1953.6~1954.3) 　　　　　　胥德林(1953.6~1954.3)
中共山西省人民政府交通厅党组小组 (1954.3~1955.2)	组　　　长:王振德(1954.3~1955.2) 成　　　员:李景良(1954.3~1955.2) 　　　　　　胥德林(1954.3~1955.2)
中共山西省交通厅党组小组 (1955.2~1956.2)	书　　　记:王振德(1955.2~1956.2) 副　书　记:李景良(1955.2~1956.2) 委　　　员:胥德林(1955.2~1956.2) 　　　　　　李正一(1955.2~1956.2) 　　　　　　郭进田(1955.2~1956.2) 　　　　　　曹治华(1955.2~1956.2) 　　　　　　范立仁(1955.2~1956.2) 　　　　　　张忠贤(1955.2~1956.2) 　　　　　　赵新方(1955.2~1956.2)
中共山西省交通厅党组 (1956.2~1959.2)	书　　　记:王振德(1956.2~1958.3) 副　书　记:李景良(1956.2~1958.6) 成　　　员:胥德林(1956.2~1958.6) 　　　　　　李正一(1956.2~1959.2) 　　　　　　范立仁(1956.2~1957.7) 　　　　　　曹治华(1956.2~1956.2) 　　　　　　刘子刚(1956.2~1957.8)

附录三
中共山西省交通运输厅党组成员沿革情况一览表

续上表

名　　称	负责人及任职时间
中共山西省交通厅党组 （1959.2～1967.1）	书　　　记：张步英（1959.2～1967.1） 副　书　记：史进贤（1959.2～1964.6） 　　　　　　廉　平（1963.2～1967.1） 成　　　员：张忠贤（1959.2～1964.1） 　　　　　　杜茂林（1959.2～1964.12） 　　　　　　陈全录（1959.2～1967.1） 　　　　　　强作楫（1959.2～1967.1） 　　　　　　刘洪太（1961.3～1967.1） 　　　　　　田培华（1961.3～1967.1） 　　　　　　赵希贤（1963.3～1965.3）
中共山西省革命委员会交通局党委 （1972.3～1973.4）	书　　　记：齐太寿（1972.3～1973.4） 副　书　记：廉　平（1972.3～1973.4） 　　　　　　张更新（1972.3～1973.4） 委　　　员：牛甫生（1972.3～1973.4） 　　　　　　程　文（1972.3～1973.4） 　　　　　　胡　凯（1972.3～1973.4） 　　　　　　李仲荣（1972.3～1973.4） 　　　　　　张　明（1972.3～1973.4）
中共山西省革命委员会交通局党委 （1973.4～1975.3） 中共山西省交通局党委 （1975.3～1979.12）	书　　　记：廉　平（1973.4～1979.12） 　　　　　　王德俊（1973.10～1973.12） 副　书　记：张更新（1973.4～1973.12） 　　　　　　张　明（1973.4～1973.7） 　　　　　　赵　伟（1975.1～1978.9） 　　　　　　王文祥（1977.5～1979.12） 　　　　　　刘　乾（1979.6～1979.12） 委　　　员：牛甫生（1973.4～1979.12） 　　　　　　程　文（1973.4～1973.3） 　　　　　　胡　凯（1973.4～1976.4） 　　　　　　李仲荣（1973.4～1973.7） 　　　　　　任贵仁（1973.7～1979.12） 　　　　　　赵俊文（1975.3～1979.12） 　　　　　　赵正英（1975.3～1975.5） 　　　　　　刘洪太（1975.3～1977.9） 　　　　　　温秉公（1978.1～1979.12） 　　　　　　雷　达（1978.1～1979.12） 　　　　　　李魁年（1979.2～1979.12）
中共山西省交通厅党组 （1979.12～1983.5）	书　　　记：廉　平（1979.12～1983.5） 副　书　记：刘　乾（1979.12～1983.5） 　　　　　　王文祥（1979.12～1983.5）

续上表

名　　称	负责人及任职时间
中共山西省交通厅党组 （1979.12～1983.5）	成　　员：李魁年（1979.12～1983.5） 　　　　　任贵仁（1979.12～1983.5） 　　　　　温秉公（1979.12～1983.5） 　　　　　雷　达（1979.12～1983.5） 　　　　　牛甫生（1979.12～1983.5） 　　　　　赵俊文（1979.12～1983.5） 　　　　　李景良（1980.2～1981.11） 　　　　　胡　凯（1981.2～1983.5） 　　　　　程　文（1981.3～1983.5）
中共山西省交通厅党组 （1983.5～1990.12）	书　　记：任先泉（1983.5～1990.12） 成　　员：任贵仁（1983.5～1986.9） 　　　　　智玉莲（1983.5～1990.12） 　　　　　郅　杰（1983.11～1990.12） 　　　　　杨继刚（1986.6～1990.12） 　　　　　鄂俊泰（1983.5～1990.12）
中共山西省交通厅党组 （1990.12～1994.7）	书　　记：智玉莲（1990.12～1994.7） 副 书 记：贾银环（1992.3～1994.7） 成　　员：杨继刚（1990.12～1994.7） 　　　　　刘和平（1990.12～1991.12） 　　　　　史锦文（1990.12～1994.7） 　　　　　任景春（1990.12～1994.7） 　　　　　宋元林（1992.9～1994.7） 　　　　　鄂俊泰（1990.12～1994.1）
中共山西省交通厅党组 （1994.7～1996.1）	书　　记：杜五安（1994.7～1996.1） 副 书 记：杨继刚（1994.7～1996.1） 成　　员：史锦文（1994.7～1996.1） 　　　　　刘俊谦（1994.7～1996.1） 　　　　　任景春（1994.7～1996.1） 　　　　　宋元林（1994.7～1996.1） 　　　　　刘传旺（1994.7～1996.1） 　　　　　高贵生（1994.12～1996.1） 　　　　　杨金泉（1994.12～1996.1）
中共山西省交通厅党组 （1996.1～2000.5）	书　　记：刘俊谦（1996.1～2000.5） 副 书 记：杨继刚（1996.1～2000.5） 成　　员：任景春（1996.1～2000.5） 　　　　　刘传旺（1996.1～1998.3）

附录三
中共山西省交通运输厅党组成员沿革情况一览表

续上表

名　　称	负责人及任职时间
中共山西省交通厅党组 （1996.1～2000.5）	高贵生（1996.1～1999.10） 杨金泉（1996.1～2000.5） 赵　龙（1998.3～2000.5） 宋元林（1996.1～2000.5） 胡玉珍（1997.8～2000.5） 张　润（1997.8～2000.5）
中共山西省交通厅党组 （2000.5～2008.3）	书　　记：王晓林（2000.5～2008.3） 副 书 记：宋元林（2000.6～2005.3） 　　　　　张　润（2005.3～2008.3） 成　　员：杨金泉（2000.5～2006.8） 　　　　　张　润（2000.5～2005.2） 　　　　　赵　龙（2000.5～2005.12） 　　　　　胡玉珍（2000.5～2003.12） 　　　　　王志民（2003.6～2008.3） 　　　　　邰玉兰（2003.6～2008.3） 　　　　　张德仪（2003.6～2008.3） 　　　　　赵振田（2004.8～2008.3） 　　　　　张志川（2005.9～2008.3）
中共山西省交通厅党组 （2008.3～2009.5）	书　　记：段建国（2008.3～2009.5） 副 书 记：张　润（2008.3～2009.5） 成　　员：王志民（2008.3～2009.5） 　　　　　韩日裕（2008.8～2009.5） 　　　　　张志川（2008.3～2009.5） 　　　　　邰玉兰（2008.3～2009.5） 　　　　　张德仪（2008.3～2009.5） 　　　　　赵振田（2008.3～2009.5）
中共山西省交通运输厅党组 （2009.5～2013.9）	书　　记：段建国（2009.5～2013.9） 副 书 记：张　润（2009.5～2013.9） 成　　员：王志民（2009.5～2013.3） 　　　　　张志川（2009.5～2011.3） 　　　　　戴　飞（2011.9～2013.9） 　　　　　唐　晋（2013.4～2013.9） 　　　　　韩日裕（2009.5～2013.9） 　　　　　邰玉兰（2009.5～2013.9） 　　　　　张德仪（2009.5～2013.9） 　　　　　张勤学（2012.12～2013.9） 　　　　　赵振田（2009.5～2010.9） 　　　　　郭贵平（2011.9～2013.9）

续上表

名　称	负责人及任职时间
中共山西省交通运输厅党组 （2013.9～2017.1）	书　　记：李正印(2013.9～2016.11) 副 书 记：张　润(2013.9～2015.7) 　　　　　唐　晋(2015.3～2017.1) 成　　员：戴　飞(2013.9～2016.2) 　　　　　唐　晋(2013.9～2015.3) 　　　　　袁清茂(2015.2～2017.1) 　　　　　韩日裕(2013.9～2014.6) 　　　　　宋文斌(2014.6～2016.7) 　　　　　张晓玲(2016.10～2017.1) 　　　　　郜玉兰(2013.9～2016.5) 　　　　　张德仪(2013.9～2014.12) 　　　　　张勤学(2013.9～2013.12) 　　　　　秦红保(2013.12～2017.1) 　　　　　郭贵平(2013.9～2015.2) 　　　　　雷天才(2015.2～2017.1) 　　　　　李贵顺(2016.5～2017.1)
中共山西省交通运输厅党组 （2017.1～2017.12）	书　　记：张志川(2017.1～2017.12) 副 书 记：唐　晋(2017.1～2017.12) 成　　员：张晓玲(2017.1～2017.12) 　　　　　袁清茂(2017.1～2017.11) 　　　　　秦红保(2017.1～20017.12) 　　　　　雷天才(2017.1～2017.12) 　　　　　李贵顺(2017.1～2017.12) 　　　　　王　晋(2017.11～2017.12)
中共山西省交通运输厅党组 （2017.12～　）	书　　记：闫晨曦(2017.12～　) 副 书 记：唐　晋(2017.12～　) 成　　员：张晓玲(2017.12～　) 　　　　　秦红保(2017.12～　) 　　　　　雷天才(2017.12～　) 　　　　　李贵顺(2017.12～　) 　　　　　王　晋(2017.12～　) 　　　　　段新源(2017.12～　)

附录四

山西省公路条例

(2012年11月29日山西省第十一届人民代表大会常务委员会第三十二次会议通过)

第一章 总 则

第一条 为了加强公路建设、养护和管理,保障公路完好、安全和畅通,促进经济社会发展,根据《中华人民共和国公路法》《公路安全保护条例》和有关法律、行政法规的规定,结合本省实际,制定本条例。

第二条 本条例适用于本省行政区域内公路的规划、建设、养护、管理、经营和使用。

公路按其在公路路网中的地位分为国道、省道、县道、乡道和村道。

第三条 县级以上人民政府应当加强对公路工作的组织领导,将公路事业的发展纳入国民经济和社会发展规划,将公路(收费公路除外)的建设、养护和公路管理机构工作经费列入财政预算,并随着本级财政收入的增长逐步增加。

第四条 省人民政府交通运输主管部门负责全省公路工作。省公路管理机构负责国道、省道的建设、养护和管理工作,并对县道、乡道和村道工作进行指导。

设区的市、县(市、区)人民政府交通运输主管部门及其所属的公路管理机构按照其职责负责本行政区域内县道的建设、养护、管理和乡道的管理工作。

乡(镇)人民政府负责本行政区域内乡道的建设、养护和村道的组织建设、养护、管理工作;经县(市、区)人民政府批准,乡(镇)人民政府可以委托县(市、区)人民政府交通运输主管部门所属的公路管理机构行使村道的管理职责。

第五条 县级以上人民政府发展和改革、财政、公安、国土资源、住房和城乡建设(城乡规划)、水利、林业、环保、安监、工商、文物、物价等部门,在各自的职责范围内做好与公路相关的工作。

第二章 公路规划和建设

第六条 县级以上人民政府交通运输主管部门、乡(镇)人民政府应当依照《中华人民共和国公路法》规定的职权和程序,编制公路规划。

编制公路规划应当遵循科学合理、注重效益、适度超前、节约资源、保护生态环境的原则,并与国家公路规划和其他方式的交通运输发展规划及城乡规划、土地利用总体规划等专项规划相衔接。

公路规划批准后,除涉及国防的内容外,应当向社会公布。

第七条 公路规划需要调整的应当经公路规划原审批机关批准。

公路建设应当符合公路规划,未纳入规划的项目不得建设。

第八条 公路建设应当按照国家和省规定的基本建设程序、技术标准和建设工程有关规定执行。

第九条 公路建设实行项目法人负责制度、工程招标投标制度、工程监理制度、工程合同管理制度和工程质量责任追究制度。

承担公路建设项目的设计、施工和工程监理单位,应当建立质量和安全保证体系,对工程设计使用年限内的质量负责。

第十条 新建和改建公路的安全设施应当与主体工程同时设计、同时施工、同时投入使用,安全设施未经验收的公路不得投入使用。

第十一条 县级以上人民政府应当将公路建设质量和安全纳入绩效考评范围。

第十二条 省道、县道和乡道报废的,分别由省、设区的市、县(市、区)人民政府交通运输主管部门核准,并向社会公告;村道报废的,乡(镇)人民政府应当向所在地县(市、区)人民政府交通运输主管部门备案,并向村民公告。

公路报废后,原公路管理机构应当设置必要的标志和隔离设施。

报废公路的处置和利用按照国家和省有关规定执行。

第十三条 公路行政等级调整或者公路调整为城市道路的,应当按照国家和省有关规定办理审批手续。交接双方自批准之日起三十日内办理交接手续。

公路调整为城市道路的,接收的设区的市或者县(市、区)人民政府应当自办理交接手续之日起履行相关职责。

第十四条 任何单位和个人在公路用地范围内设置照明、通信、标志、管线、信号灯等设施的,应当依法经公路管理机构批准。经批准设置的,其所有权人或者管理人对所设置的设施负责维护和管理。

第三章 公 路 养 护

第十五条 省公路管理机构所属的驻县(市、区)的公路管理机构负责国道、省道的养护;县(市、区)人民政府交通运输主管部门所属的公路管理机构负责县道的养护;收费公路的养护由公路经营者负责。

第十六条 省人民政府交通运输主管部门负责制定并适时调整全省公路养护维修工

程费和小修保养费的定额标准。

公路管理机构按照公路等级、里程、路况、交通量、养护定额及养护规范组织编制公路养护计划,并报有管辖权的交通运输主管部门和投资主管部门批准后实施,财政部门应当按照批准的公路养护计划及时足额拨付公路养护资金。

第十七条 公路管理机构应当按照国家和省有关标准和规范实施公路养护管理,建立公路养护检查、巡查制度和养护档案。

公路管理机构负责对公路养护作业单位的指导和监督,督促其依法履行养护作业义务。公路养护作业单位应当按照有关技术规范进行养护巡查,并将巡查、检测、养护作业以及其他相关信息记录归档。

第十八条 除收费公路外,在公路用地范围内申请设置非公路标志的,公路管理机构可以通过招标、拍卖等方式实施许可。所得款项实行收支两条线管理,专项用于公路的养护和管理。

非公路标志的设置不得影响公路的安全和运行,设置单位负责对其进行维护和管理。

第十九条 公安机关交通管理部门发现已经投入使用的公路存在交通事故频发路段,或者配套设施存在交通安全隐患的,应当向当地人民政府提出防范交通事故、消除隐患的建议。公路管理机构接到人民政府的处理意见后,应当按照公路工程技术标准进行排查和处置。

第二十条 县级以上人民政府交通运输主管部门应当制定公路突发事件应急预案,报本级人民政府批准后实施。

公路管理机构、公路经营者应当根据国家和省有关规定制定应急预案,组建应急队伍,并定期组织应急演练。

第二十一条 发生公路突发事件时,当地人民政府及有关部门、公路管理机构和公路经营者应当按照规定启动公路突发事件应急预案。

第四章 路 政 管 理

第二十二条 公路管理机构负责公路、公路用地和公路附属设施的调查核实,登记造册,建立公路管理档案,并逐级上报省人民政府交通运输主管部门备案。

第二十三条 未经公路管理机构许可,任何单位和个人不得在公路(村道除外)上增设平面交叉道口。

经许可在公路上增设平面交叉道口与公路搭接的路段,应当符合《公路养护技术规范》的有关规定,并按照公路工程技术标准设置交通标志。

第二十四条 禁止履带车、铁轮车或者其他可能损害公路路面的机具行驶公路,确需行驶公路的,应当采取保护措施并向有管辖权的公路管理机构办理审批手续。履带、铁轮式农业机械在当地田间作业需要在公路上短距离行驶并采取保护措施的除外。

第二十五条 经许可跨越、穿越公路修建桥梁、渡槽或者架设、埋设管线等设施的,应当符合公路工程技术标准。

在公路、公路用地范围内及公路建筑控制区内设置的非公路设施,其所有权人或者管理人应当巡查维护。

公路管理机构发现前款规定的设施有缺损、移位、变形等情形影响公路安全畅通的,应当设置警示标志,并责令其所有权人或者管理人限期整改;影响交通安全的,应当通知公安机关交通管理部门。

第二十六条 禁止在公路建筑控制区内设立为车辆补充燃料的场所、设施等建筑物和构筑物。

第二十七条 在公路及公路用地范围内,禁止任何单位和个人从事下列活动:

(一)设置路障、摆摊设点、堆放物品、打场晒粮、挖沟引水、种植作物、放养牲畜、经营性修车洗车及其他影响公路畅通的;

(二)倾倒垃圾杂物,向公路或者利用公路排水设施排污的;

(三)将公路作为检验机动车辆制动性能试验场的;

(四)擅自设置、损毁、移动、涂改、遮挡公路标志或者擅自损毁、移动公路其他附属设施的;

(五)堵塞公路排水系统,利用桥梁、涵洞或者公路排水设施设闸、筑坝蓄水的;

(六)擅自挖掘公路、修建桥梁、渡槽或者架设、埋设管线、电缆等设施的;

(七)法律、法规禁止的其他活动。

任何单位和个人不得损坏、擅自移动公路建筑控制区内由县级以上人民政府交通运输主管部门设置的标桩、界桩。

第二十八条 矿产采掘企业应当依法在批准的范围内实施采掘作业,不得在《公路安全保护条例》规定的范围内采矿。

第二十九条 公路管理机构在巡查中发现交通事故时,应当及时向公安机关交通管理部门通报。公安机关交通管理部门发现交通事故造成损坏公路及其附属设施或者污染公路时,应当及时向公路管理机构通报。

第三十条 任何单位和个人都有爱护公路及其附属设施的义务,发现违法占用公路和损害公路及其附属设施情形的,有权向公路管理机构举报。

造成公路损坏的责任人应当报告公路管理机构,并接受公路管理机构的调查处理。

第三十一条 专用公路用于社会公共运输的,经专用公路主管部门申请,省公路管理机构可以决定向该专用公路派驻公路管理人员,实施路政管理。

第三十二条 县级以上人民政府应当加强路政执法队伍建设,配备的路政执法人员应当与公路的技术等级、通车里程相适应。

第三十三条 公路管理机构应当在办公场所和相关网站,公开公路管理工作的执法主体、执法依据、办事程序、举报电话等,并接受社会公众的监督。

公路管理机构执法人员在执行公务时,应当统一着装,佩戴统一标志,出示合法有效的执法证件,不得擅自超越管辖区域、超越职权实施监督检查。

用于公路监督检查的专用车辆应当经省人民政府交通运输主管部门批准,并设置统一的标志和示警灯,公安机关交通管理部门应当为其办理登记手续。

省人民政府交通运输主管部门可以委托其所属的交通运输执法监督机构对交通运输执法活动实施监督检查。

第五章 超限运输管理

第三十四条 县级以上人民政府负责本行政区域内治理非法超限、超载工作,并将工作经费列入本级财政预算,其所属的治超机构按照其职责做好治理非法超限、超载的相关工作。

第三十五条 未经许可,超过公路、公路桥梁、公路隧道的限载、限高、限宽、限长标准的车辆,不得在公路、公路桥梁和公路隧道行驶。

禁止超过核定载质量运输危险化学品的车辆行驶公路。

第三十六条 车辆运载不可解体物品,车货总体外廓尺寸或者总质量超过公路、公路桥梁、公路隧道的限载、限高、限宽、限长标准,确需在公路、公路桥梁、公路隧道行驶的,承运人应当向公路管理机构申请公路超限运输许可,并提供下列材料:

(一)超限运输车辆行驶公路申请书;

(二)货物名称、重量、外廓尺寸以及必要的总体轮廓图;

(三)运输车辆的厂牌型号、自载质量、轴载质量、轴距、轮数、轮胎单位压力、载货时总的外廓尺寸等有关资料;

(四)货物运输的起讫点、拟经过的路线和运输时间;

(五)车辆行驶证原件及复印件。

公路管理机构在实施超限运输许可时,需要勘测、方案论证、加固、改造、护送及修复损坏部分的,其所需费用由承运人承担。

第三十七条 公路管理机构作出超限运输许可决定,需要进行勘测、方案论证的,应当将所需时间书面告知申请人,所需时间不计算在作出许可决定的时限内。

第三十八条 经许可进行超限运输的车辆,应当随车携带超限运输车辆通行证。超限运输车辆的型号及运输的物品应当与通行证记载的内容保持一致。

第三十九条 公路超限检测站的设置,由省人民政府交通运输主管部门提出方案,报省人民政府批准。

公路管理机构、公安机关交通管理部门应当在公路超限检测站内派驻路政管理、交通警察等执法人员,对超限运输车辆实施联合执法。

第四十条 公路管理机构经检测发现非法超限运输的,应当按照以下程序处理:

(一)出具公路超限检测站及其检测人员盖章、签字的检测文书;

(二)对运载可分载货物的,责令当事人采取卸载、分装等改正措施,消除违法状态;

(三)对运载不可解体物品的,责令当事人停止违法行为,并告知当事人到相关公路管理机构办理超限运输许可。

公路管理机构经检测发现非法超限运输易燃、易爆危险化学品的,应当通知当地公安、安监部门和道路运输管理机构处理。

第四十一条 超限车辆未经许可擅自在公路上行驶的,公路管理机构应当收取公路损害赔偿费,具体收取办法和标准由省人民政府交通运输主管部门提出意见,报物价、财政部门核定。

公路损害赔偿费专项用于受损公路的修复。

第四十二条 公路管理机构在查处非法超限行为时,应当将运输车辆、运输企业及从业人员等相关信息抄送同级人民政府所属的治超机构,治超机构应当督促有关部门依法做出处理。

第六章 收费公路

第四十三条 收费公路经营者应当建立健全公路经营管理制度,并遵守下列规定:

(一)按照国家和省规定的标准和方式收取车辆通行费,出具符合规定的票据;

(二)设置规范的公示牌;

(三)提示路况、通行和预警信息;

(四)设置、开通与交通量相适应的收费道口;

(五)履行公路的养护义务;

(六)接受行业管理,报送相关资料;

(七)法律、法规的其他规定。

收费公路经营者发现损坏公路的行为,应当及时制止并向公路管理机构报告;对影响公路运行安全的隐患应当及时处理。

第四十四条 收费公路经营者应当向省人民政府交通运输主管部门缴纳公路养护质量保证金,保证金及其利息属于收费公路经营者所有。收费公路经营期届满,省人民政府交通运输主管部门验收合格的,应当在二十日内全额退还公路养护质量保证金及其利息。

公路养护质量保证金缴纳标准、使用和管理办法由省人民政府制定。

第四十五条 公路管理机构应当定期对收费公路及其附属设施进行检查,对不达公路良好技术状态的,应当责成经营者限期整改;对逾期不整改或者经整改仍不达良好技术状态的,经省人民政府交通运输主管部门批准,可以使用公路养护质量保证金用于公路养护,不足部分由收费公路经营者承担。

第四十六条 收费公路经营者单独转让收费公路广告经营权、服务设施经营权的,应当按照国家和省有关规定执行。

第七章 乡道村道特别规定

第四十七条 各级人民政府应当建立政府投资为主、多渠道筹措为辅、鼓励社会各界共同参与的乡道、村道建设和养护资金筹措机制。

第四十八条 省、设区的市人民政府对列入乡道、村道建设、养护计划的项目实行定额补助。

县级以上人民政府应当逐步增加对乡道、村道建设的资金投入,并对贫困地区、偏远山区给予倾斜。

第四十九条 县(市、区)人民政府应当将乡道、村道的养护资金纳入本级财政预算,并随着财政收入的增长逐步增加。

乡(镇)人民政府应当安排相应的财政资金,用于乡道、村道的日常养护。

第五十条 村民委员会应当遵循村民自愿、量力而行的原则,采取筹资筹劳和政府奖补相结合的方式筹集村道的建设、养护资金。

第五十一条 鼓励单位和个人捐助资金,用于乡道、村道的建设和养护。鼓励利用冠名权、绿化经营权、广告经营权、路边资源开发经营权等方式筹集社会资金,用于乡道、村道的建设和养护。

第五十二条 乡道、村道的建设和养护资金,应当实行专户管理、专项核算、专款专用,任何单位和个人不得截留、挤占、挪用。

第五十三条 村道的建设可以根据当地实际情况和经济条件确定技术等级。

乡(镇)人民政府应当对村道建设质量进行监督,将村道设计单位、建设单位、施工单位、监理单位、通车时间等内容予以公示。

乡(镇)人民政府可以聘请技术人员和村民代表参与村道建设质量的监督。

第五十四条 乡(镇)人民政府应当根据本地实际,编制和实施乡道、村道的大中修养护工程计划,县(市、区)人民政府交通运输主管部门所属的公路管理机构应当给予技术指导。

乡(镇)人民政府可以采取建立群众性、专业性养护组织或者由个人分段承包等方式,对乡道、村道实施日常养护。

乡(镇)人民政府应当适时组织开展乡道、村道集中养护。

村民委员会协助乡(镇)人民政府做好村道的养护工作。

第五十五条 跨越、穿越村道修建设施的,应当符合相应的技术标准,并不得低于公路工程技术标准规定的最低值。

第五十六条 村道受国家保护,未经乡(镇)人民政府批准,禁止任何单位和个人从事下列活动:

(一)占用、挖掘村道;

(二)跨越、穿越村道修建桥梁、渡槽或者架设、埋设管线、电缆等设施;

(三)履带车、铁轮车或者其他可能损害路面的机具行驶村道,但是履带、铁轮式农业机械在当地田间作业需要在村道上短距离行驶并采取保护措施的除外;

(四)设置、移动村道附属设施和标志;

(五)超限运输车辆行驶村道;

(六)法律、法规禁止的其他活动。

乡(镇)人民政府可以确定养护组织或者养护人员协助做好村道及其附属设施的管理工作。

第八章 法 律 责 任

第五十七条 违反本条例第九条第二款规定,造成公路工程质量安全事故的,对直接负责的主管人员和其他直接责任人员依法给予处分;构成犯罪的,依法追究刑事责任。

第五十八条 违反本条例第二十三条第一款规定的,由公路管理机构责令恢复原状,属于国道、省道的,处以一万元以上五万元以下罚款;属于县道、乡道的,处以两千元以上一万元以下罚款。

第五十九条 违反本条例第二十四条规定的,由公路管理机构责令停止违法行为;造成公路损害的,处以两千元以上一万元以下罚款。

第六十条 违反本条例规定,未按照公路工程技术标准的要求修建桥梁、渡槽或者架设、埋设管线等设施的,由公路管理机构责令停止违法行为,处以一万元以上三万元以下的罚款。

第六十一条 违反本条例第二十七条第一款第一项、第二项规定,造成公路污染或者影响公路畅通的,由公路管理机构责令停止违法行为,处以二百元以上一千元以下罚款;情节严重的,处以一千元以上五千元以下罚款。

违反本条例第二十七条第一款第三项规定的,由公路管理机构处以一千元以上五千元以下罚款。

违反本条例第二十七条第一款第四项、第五项、第六项规定或者第二款规定,可能危及公路安全的,由公路管理机构责令停止违法行为,处以五千元以上三万元以下罚款。

第六十二条 违反本条例第三十条第二款规定,造成公路损坏的责任人未履行报告义务的,由公路管理机构处以一百元以上五百元以下罚款;有逃逸或者拒绝接受公路管理机构调查处理等情形的,处以五百元以上一千元以下罚款。

第六十三条 违反本条例规定,在公路上擅自超限行驶的,由公路管理机构责令停止违法行为,车货总质量未超过限定标准百分之一,且能够及时纠正,没有造成危害后果的,不予处罚;每超过限定标准百分之一(含百分之一),处以二百元罚款;超过百分之百,加倍处罚,但最高不超过三万元。

违反本条例规定,超过核定载质量运输危险化学品的车辆行驶公路的,由公安机关依照《危险化学品安全管理条例》有关规定处理。

第六十四条 违反本条例规定,超限运输车辆的型号及运输的物品与超限运输车辆通行证记载的内容不一致的,由公路管理机构依据本条例第六十三条第一款的规定处理。

第六十五条 违反本条例第五十六条第一款规定的,由乡(镇)人民政府责令限期改正;逾期未改正的,处以二百元以上一千元以下罚款。

第六十六条 违反本条例规定,交通运输主管部门、公路管理机构工作人员以及其他行政机关工作人员玩忽职守、滥用职权、徇私舞弊的,依法给予处分;构成犯罪的,依法追究刑事责任。

第九章 附 则

第六十七条 高速公路的养护、使用和管理适用《山西省高速公路管理条例》。

第六十八条 本条例自2013年1月1日起施行。1994年9月29日山西省第八届人民代表大会常务委员会第十一次会议通过,1997年12月4日山西省第八届人民代表大会常务委员会第三十一次会议修正的《山西省公路管理条例》同时废止。

附录五

山西省高速公路管理条例

(2005年12月2日山西省第十届人民代表大会常务委员会第二十一次会议通过
根据2011年12月1日山西省第十一届人民代表大会常务委员会
第二十六次会议关于修改部分地方性法规的决定修正
2013年9月29日山西省第十二届人民代表大会常务委员会第五次会议修订)

第一章 总 则

第一条 为了规范高速公路管理,保障高速公路完好、安全和畅通,维护高速公路使用者和经营者的合法权益,根据《中华人民共和国公路法》《公路安全保护条例》和有关法律、行政法规的规定,结合本省实际,制定本条例。

第二条 在本省行政区域内从事高速公路的养护、经营、服务、使用和管理,适用本条例。

第三条 高速公路管理应当遵循集中统一、安全高效、畅通便民、依法管理的原则。

第四条 省人民政府交通运输主管部门主管全省高速公路工作,其所属的省高速公路管理机构具体负责全省高速公路路政、养护、经营服务活动的监督管理工作,所需经费纳入省级财政预算。

省人民政府其他有关部门和高速公路沿线各级人民政府,应当在各自的职责范围内,做好高速公路相关的监督、管理和服务工作。

第五条 高速公路经营者应当保障高速公路的完好、安全和畅通,为通行车辆和人员提供优质服务。

高速公路经营者从事高速公路收费、养护、清障等活动,其合法权益受法律保护。

第六条 任何单位和个人不得破坏、损坏、非法占(利)用高速公路、高速公路用地及其附属设施,不得有影响高速公路安全的行为。

第二章 养护管理

第七条 高速公路管理机构、高速公路经营者应当加强高速公路养护,保证高速公路及其附属设施处于良好技术状态。

高速公路收费期限内的养护由其经营者负责；收费期限届满后，由高速公路管理机构负责。

第八条 高速公路养护作业应当科学调度、统筹安排，减少对车辆通行的影响。

高速公路养护作业路段长度超过二公里并且作业期限超过三十日的，高速公路经营者应当编制施工路段现场管理方案，报省高速公路管理机构备案，并在养护作业开始五日前向社会公告。

高速公路养护作业车辆应当安装示警灯，喷涂明显标志图案。进行作业时，养护作业车辆应当开启示警灯和危险报警闪光灯，养护人员应当穿着统一的安全标志服。

施工路段应当设置明显的导向标志，过往车辆应当按照导向标志减速行驶，注意避让高速公路养护人员和养护作业车辆，并服从现场交通警察、工作人员指挥。

第九条 高速公路经营者应当按照养护规范进行日常养护巡查，制作巡查记录；发现坍塌、坑槽、隆起等损毁或者有影响交通安全的障碍物，应当及时进行修复或者排除险情，并设置警示标志。

第十条 经营性高速公路实行公路养护质量保证金制度。公路养护质量保证金缴纳标准、使用和管理办法由省人民政府制定。

公路养护质量保证金及其利息属于高速公路经营者所有。

第十一条 除高速公路及其附属设施外，上跨高速公路的桥梁、下穿高速公路的道路以及连接线，应当在建成后移交当地公路管理机构养护和管理。

第三章 经营与服务

第十二条 高速公路经营者应当在收费站显著位置设置统一样式的公告牌，主要内容包括收费站名称、审批机关、收费单位、收费标准、收费起止年限和监督电话等，并接受社会监督。

第十三条 高速公路经营者应当根据车流量开通收费道口，并按照国家和本省统一规划和要求建设高速公路联网电子不停车收费等智能收费系统，提高通行效率。

第十四条 高速公路实行全省联网收费。高速公路经营者收取的通行费应当全部上解省高速公路管理机构，省高速公路管理机构应当按照规定拆分结算，定期公布收费结算信息。

高速公路联网收费和拆分结算的具体办法由省人民政府制定。

第十五条 进入高速公路的车辆应当在入口领取通行凭证，驶出时在出口交回通行凭证，并依法交纳车辆通行费，国家另有规定的除外。

对损坏、调换、不能出示通行凭证，违法折返，难以确定驶入站或者通行里程的，驾驶人应当按照从驶出站到联网收费区域内最远端收费站的通行里程交纳车辆通行费。

因高速公路经营者的原因无法核实车辆驾驶人所提供信息的,应当按照驾驶人提供的驶入站信息收取车辆通行费。

通行凭证损坏、遗失的,应当按照省人民政府价格、财政主管部门核定的通行凭证工本费予以赔偿。

第十六条 高速公路经营者及其收费人员,在收费活动中不得有下列行为:

(一)擅自设立收费项目、减免车辆通行费、提高收费标准和扩大收费范围;

(二)代收车辆通行费以外的其他费用;

(三)出具不合法或者无效的票据;

(四)擅离职守,影响车辆正常通行;

(五)法律、法规禁止的其他行为。

第十七条 驾驶人行驶高速公路,在交费活动中不得有下列妨碍通行秩序的行为:

(一)假冒绿色通道优惠车辆;

(二)调换通行凭证、使用伪造的通行凭证;

(三)妨碍计重器具正常计重;

(四)冲闯收费站;

(五)故意堵塞收费道口;

(六)其他故意妨碍通行秩序的行为。

第十八条 高速公路经营者发现拒交、逃交通行费的,要求其补交通行费,对拒不补交并造成收费通道拥堵的,可以将其车辆强行移离;对两次以上拒交、逃交的车辆,高速公路管理机构应当向社会公布,高速公路经营者在补交通行费前有权拒绝其通行。

第十九条 高速公路经营者应当建立和完善电子信息平台,及时发布交通状况、气象信息、安全注意事项、施工作业、收费标准等有关服务信息。

高速公路经营者应当及时向省高速公路管理机构提供路网运行、收费、养护和管理等有关信息资料。

第二十条 高速公路经营者应当保证高速公路隧道照明、通风、监控、国防和人民防空等设施的正常运转,不得随意停止使用。

第四章 服务区管理

第二十一条 省人民政府交通运输主管部门应当制定全省统一的高速公路服务区经营管理标准和规范,高速公路管理机构负责对服务区经营者执行标准和规范的情况进行监督检查。

高速公路服务区所在地的县(市、区)人民政府公安、卫生、环保、工商、价格等部门应当依照各自职责加强对服务区的监督管理。

第二十二条 高速公路服务区经营者应当提供下列服务设施：

（一）休息区、停车场、饮用水供应、无障碍设施、路况信息服务、公共厕所等免费使用的公益性基本设施；

（二）加油、购物、餐饮以及汽车维修等经营性基本设施；

（三）绿化、环保、照明、供暖、供水等功能性基本设施。

第二十三条 高速公路服务区经营者应当依法经营、文明服务，公开服务内容、标准、价格，保持服务区的安全、清洁、卫生。

第二十四条 高速公路服务区应当向社会公众提供连续服务；确需关闭的，应当报省高速公路管理机构批准，并及时向社会发布公告。

第五章 路 政 管 理

第二十五条 省人民政府交通运输主管部门应当加强路政执法队伍建设，配备的路政执法人员和装备应当与高速公路的车流量、通行里程相适应。

省高速公路管理机构应当向经营性高速公路派出路政管理机构和人员，依法做好高速公路保护工作。

第二十六条 经高速公路管理机构许可，在高速公路用地范围内可以从事涉路施工活动、设置非公路标志、更新采伐护路林。

第二十七条 在高速公路及高速公路用地范围内设置的非公路设施，其所有权人或者管理人应当巡查维护。

高速公路管理机构发现前款规定的设施有缺损、移位、变形影响高速公路安全畅通的，责令其所有权人或者管理人限期整改，必要时可以设置警示标志；影响交通安全的，应当及时通知公安机关交通管理部门。

第二十八条 建设单位从事涉路施工活动应当符合公路工程技术标准，对高速公路造成损坏的，应当按照不低于该公路原有的技术标准予以修复、改建或者按照损坏程度给予补偿。

造成高速公路路产损坏的单位和个人，有义务报告高速公路管理机构并接受调查处理。

第二十九条 在高速公路及高速公路用地范围内，禁止下列行为：

（一）摆摊设点、兜售商品；

（二）擅自设置、移动、涂改、遮挡高速公路标志及其他附属设施；

（三）排放污染物、倾倒垃圾；

（四）设置障碍、放养牲畜；

（五）除故障、交通事故等情况外，在高速公路装卸货物；

（六）其他侵占、损坏、污染高速公路和影响高速公路畅通的行为。

第三十条 任何单位和个人不得损坏、擅自移动在高速公路建筑控制区内依法设置的标桩、界桩；不得焚烧秸秆、垃圾等。

第三十一条 高速公路经营者应当按照国家规定的标准设置高速公路标志、标线，任何单位和个人不得随意变更。

第三十二条 高速公路路政执法人员在执行公务时，应当统一着装、佩戴标志、持证上岗、文明执法。

高速公路路政执法人员在依法调查取证时，被检查单位和个人应当予以配合。

第三十三条 用于高速公路监督检查的专用车辆应当经省人民政府交通运输主管部门批准，并设置统一的标志和示警灯，公安机关交通管理部门应当为其办理登记手续。

省人民政府交通运输主管部门可以委托其所属的交通运输执法监督机构对高速公路执法活动实施监督检查。

第六章 超限运输管理

第三十四条 车辆运载不可解体物品，车货总体外廓尺寸或者总质量超过高速公路、桥梁、隧道的限载、限高、限宽、限长标准，确需在高速公路、桥梁、隧道行驶的，承运人应当向高速公路管理机构申请高速公路超限运输许可，并提供下列材料：

（一）超限运输车辆行驶高速公路申请书；

（二）货物名称、重量、外廓尺寸以及必要的总体轮廓图；

（三）运输车辆的厂牌型号、自载质量、轴载质量、轴距、轮数、轮胎单位压力、载货时总的外廓尺寸等有关资料；

（四）货物运输的起讫点、拟经过的路线和运输时间；

（五）车辆行驶证原件及复印件。

高速公路管理机构在实施超限运输许可时，需要勘测、方案论证、加固、改造、护送及修复损坏部分的，其所需费用由承运人承担。

第三十五条 经许可从事超限运输的，应当随车携带超限运输车辆通行证。超限运输车辆的型号及运输的物品应当与通行证记载的内容一致。

未经许可，超过高速公路、桥梁、隧道的限载、限高、限宽、限长标准的车辆，不得在高速公路、桥梁和隧道行驶。

第三十六条 高速公路管理机构应当在高速公路入口处设置超限检测装置，派驻路政执法人员对货运车辆进行检测。

高速公路管理机构、公安机关交通管理部门应当建立联合执法机制，对超限运输车辆实施执法检查。

省界公路超限检测站的设置,由省人民政府交通运输主管部门提出方案,报省人民政府批准。

第七章　应急管理与交通安全

第三十七条　高速公路沿线县级以上人民政府应当制定高速公路突发事件应急预案。

省人民政府交通运输、公安等部门应当制定高速公路突发事件应急预案,加强应急演练,提高处置突发事件综合能力。

第三十八条　高速公路经营者应当根据高速公路突发事件应急预案和有关规定制定应急方案,根据实际需要组建应急救援队伍,配备必要的设备,协助和配合当地人民政府及其公安消防、环保、安监等部门处置高速公路火灾、危险品泄漏和其他事故。

第三十九条　高速公路出现损毁、恶劣气象条件或者重大交通事故等严重影响车辆安全通行情形时,高速公路管理机构和公安机关交通管理部门应当及时相互通报,发布有关路况信息;公安机关交通管理部门可以依法采取限速通行、间断放行、关闭高速公路等交通管制措施,并派交通警察现场指挥,及时发布交通管制信息。

交通管制措施解除后,公安机关交通管理部门应当及时恢复交通,并通知高速公路经营者。

第四十条　高速公路发生交通堵塞无法正常通行时,机动车应当依次停车排队等候,开启危险报警闪光灯,不得占用应急通道,影响高速公路救援车辆行驶。

禁止在高速公路行车道、桥梁、匝道和隧道内停放、检修车辆。

除遇有障碍、发生故障等必须停车的情况外,禁止在高速公路停车、上下人员。驾乘人员休息、检查车辆应当进入服务区。

第四十一条　除高速公路路政、公安机关交通管理部门执行任务和养护人员养护作业外,任何人不得在高速公路隔离栅以内行走和逗留,不得开启中央分隔带活动护栏。

高速公路管理机构或者公安机关交通管理部门因处置交通事故、突发事件或者抢险救灾,确需临时开启中央分隔带的,应当设置安全警示标志和防护设施。

第二款规定情形消除后,高速公路管理机构或者公安机关交通管理部门应当及时恢复中央分隔带。

第四十二条　车辆通过收费站安全岛通道时,应当按照标志、标线行驶,减速慢行,不得随意变更行驶路线。

禁止在收费站安全岛通道前后各一百米区域内从事与高速公路管理、服务和缴纳车辆通行费无关的活动。

第四十三条 高速公路管理机构、公安机关交通管理部门、高速公路经营者应当建立交通安全隐患排查机制,发现高速公路及其附属设施存在交通安全隐患的,经评估论证需要整改的,由高速公路经营者按照公路工程技术标准和国家有关技术规范进行处置。

第四十四条 在高速公路上发生交通事故时,公安机关交通管理部门、高速公路管理机构和高速公路经营者接到报告后应当立即互相通报,并派员赶赴现场,组织抢救伤员。

公安机关交通管理部门负责组织交通事故的调查处理、维持事故现场交通秩序直至恢复交通;高速公路管理机构负责路产损失的调查处理;高速公路经营者负责事故车辆的清障救援、受损设施的恢复和路面污染物以及障碍物的清除。

公安机关交通管理部门处理交通事故涉及路产损失的,应当告知高速公路管理机构;高速公路管理机构处理涉路案件涉及交通事故的,应当告知公安机关交通管理部门。

第四十五条 高速公路经营者应当建立快速清障救援机制,车辆清障救援遵循就近、安全和便捷的原则。

省高速公路管理机构应当向社会公布清障施救服务单位、项目和价格等信息,并对清障救援服务进行监督。

清障救援收费项目包括转运货物、拖车和吊装,其收费标准按照省人民政府财政、价格主管部门规定执行。

第八章 法律责任

第四十六条 违反本条例规定,法律、行政法规已经规定法律责任的,从其规定。

第四十七条 违反本条例规定,高速公路经营者未按照规定上解通行费,影响全省高速公路联网收费统一结算的,由省高速公路管理机构责令限期上解;逾期不上解的,依法承担民事责任。

第四十八条 违反本条例规定,损坏、擅自移动高速公路建筑控制区内标桩、界桩的,由高速公路管理机构责令停止违法行为,处以二百元以上一千元以下的罚款。

第四十九条 违反本条例规定,从事涉路施工不符合公路工程技术标准的,由高速公路管理机构责令改正,处以一万元以上三万元以下的罚款;在高速公路用地范围内未经许可,擅自设置非公路标志的,由高速公路管理机构责令改正,处以五千元以上二万元以下的罚款。

第五十条 违反本条例规定,造成高速公路损坏的责任人未履行报告义务或者拒绝接受高速公路管理机构调查处理的,由高速公路管理机构处以二百元以上一千元以下的罚款。

第五十一条 违反本条例第二十九条规定的,由高速公路管理机构责令停止违法行为,处以五百元以上五千元以下的罚款。

第五十二条 违反本条例规定,有下列行为之一的,由高速公路管理机构责令停止违法行为,车货总质量、外廓尺寸每超过限定标准百分之一(含百分之一)的,处以二百元罚款;超过百分之百的,加倍处罚,但最高不超过三万元:

(一)未经许可在高速公路擅自超限行驶的;

(二)车货总质量、外廓尺寸超过超限运输车辆通行证记载内容的。

第五十三条 违反本条例规定,交通运输主管部门、高速公路管理机构工作人员以及其他行政机关工作人员玩忽职守、徇私舞弊、滥用职权的,依法给予处分;构成犯罪的,依法追究刑事责任。

第九章 附 则

第五十四条 本条例所称高速公路经营者,是指依法取得政府还贷高速公路收费权的事业单位和依法取得经营性高速公路收费权的企业。

第五十五条 本条例自2014年1月1日起施行。

附录六

山西省道路运输条例

(2010年9月29日山西省第十一届人民代表大会常务委员会第十九次会议通过)

第一章 总 则

第一条 为保障道路运输和人民生命财产安全,保护道路运输各方当事人的合法权益,维护道路运输市场秩序,根据《中华人民共和国道路运输条例》和有关法律、法规,结合本省实际,制定本条例。

第二条 在本省行政区域内从事道路运输经营、道路运输相关业务和道路运输管理活动,适用本条例。

本条例所称道路运输经营包括道路旅客运输经营(以下简称客运经营)和道路货物运输经营(以下简称货运经营)。道路运输相关业务包括道路运输站(场)、机动车维修、机动车综合性能检测、机动车驾驶员培训、汽车租赁、物流服务等业务。

第三条 县级以上人民政府应当坚持统筹城乡道路运输一体化原则,发展道路运输事业。

道路运输管理应当坚持依法、公开、公平、公正、高效、便民的原则。

从事道路运输经营和道路运输相关业务的,应当依法经营、诚实信用、公平竞争、安全便捷、环保节能。

第四条 县级以上人民政府应当根据当地经济和社会发展的需要,制定本行政区域道路运输发展规划,并组织实施。

县级以上人民政府应当采取措施,扶持农村客运和物流发展。

第五条 县级以上人民政府交通运输主管部门负责组织领导本行政区域内的道路运输管理工作。

县级以上道路运输管理机构负责具体实施道路运输管理工作。

县级以上人民政府的发展和改革、公安、财政、国土、住房和城乡建设、规划、工商、环保、安监、质监、旅游、价格等部门,应当按照各自的法定职责,做好道路运输管理的相关工作。

第六条 省人民政府应当将道路运输管理经费列入财政预算,统一预算、统一管理、专款专用。

县级以上人民政府应当将超限超载源头治理工作经费列入本级财政预算。

第七条 鼓励道路运输经营者实行规模化、集约化经营。

鼓励发展货物甩挂运输,鼓励采用集装箱、封闭厢式车运输等方式从事道路货物运输。

第二章 道路运输经营

第一节 一般规定

第八条 道路运输经营实行许可制度。

任何单位和个人不得伪造、涂改、转让、出租道路运输经营许可证件。

第九条 设区的市人民政府应当组建道路运输应急保障队伍,执行抢险、救灾、战备等紧急道路运输任务;对承担紧急道路运输任务的道路运输经营者,应当给予合理的经济补偿。

第二节 客运经营

第十条 县级以上道路运输管理机构应当每半年公布一次客运市场供求状况,供求状况有重大变化时应当及时公布。

县级以上道路运输管理机构可以采取干线、支线统筹招标的方式,开行偏远地区农村客运班线。

第十一条 客运经营者自取得经营许可之日起,超过一百八十日不投入运营的,或者运营后连续一百八十日以上停运的,视为自动终止经营,原许可机关应当注销其经营许可。

班线客运经营者取得经营许可后,应当提供连续运输服务,不得擅自暂停、终止或者转让。

第十二条 符合安全运行要求的班线客运,经原许可机关同意,可以实行公交化模式运营,享受与城市公共客运相同的优惠政策。

第十三条 包车客运经营者应当与包车人签订包车合同并随车携带,不得定线定点运营,不得招揽包车合同以外的旅客乘车。

第十四条 旅游客运经营者应当与旅游包车人签订旅游包车合同,并随车携带。

第三节 货运经营

第十五条 货运经营者不得运输法律、行政法规禁止运输的货物。

货运经营者在承接法律、行政法规规定限运、凭证运输的货物时,应当查验并确认有关手续齐全有效后方可运输。

第十六条 货运经营者应当采取有效措施,防止货物脱撒、扬尘、泄漏。

第十七条 货运经营者运输大型物件应当制定道路运输方案,超限运输的,应当按照国家有关规定办理相关手续。

从事大型物件运输的车辆,应当按照规定装置统一的标志和悬挂标志旗;夜间行驶和停车休息时应当设置标志灯。

第十八条 设区的市交通运输主管部门可以委托设区的市道路运输管理机构具体组织从事危险货物运输的驾驶员、装卸管理人员、押运人员的从业资格考试和从业资格证的发放与管理。

第三章 道路运输相关业务

第一节 道路运输站(场)

第十九条 县级以上人民政府应当将道路运输站(场)、物流园区的建设纳入当地城乡规划和土地利用总体规划,并在土地、资金等方面给予支持。

鼓励多元化投资建设道路运输站(场)、物流园区。

第二十条 道路运输站(场)的建设应当与公路、城市道路和城市公共客运以及其他运输方式统筹规划,相互衔接和协调。

新建、改建、扩建县乡公路的,应当将农村客运站、候车亭、招呼站等设施统一规划,同步设计、同步建设、同步验收。

第二十一条 县级以上道路运输管理机构应当根据旅客流向和道路客运站(场)等级、建设规模、停车面积、候车面积等指标,核定道路客运站(场)进站车辆的范围和可容纳车辆(班次)的数量。

第二十二条 道路客运站经营者应当遵守下列规定:

(一)公平、合理地安排发车时间;

(二)在经营场所公示收费项目和标准;

(三)按月与客运经营者结算票款;

(四)建立健全安全生产责任制,保障安全生产经费投入。

第二十三条 道路货运站(场)经营者应当遵守下列规定:

（一）按照货物的性质、保管要求进行分类存放、堆放整齐，保证货物完好无损；

（二）危险货物单独存放；

（三）搬运货物时轻装、轻卸，防止混杂、撒漏、破损；

（四）仓储等经营场所符合消防安全条件，各种消防器材、设施配备齐全有效。

第二节 机动车维修和综合性能检测

第二十四条 鼓励机动车维修企业实行专业化和连锁经营，为社会提供快修、救援等服务。

第二十五条 机动车维修技术负责人员、质量检验人员和机修、电器维修、钣金（车身修复）、涂漆（车身涂装）、车辆技术评估（含检测）人员，应当经过设区的市道路运输管理机构按照国家规定组织实施的从业资格考试，考试合格后上岗。

第二十六条 机动车维修经营者不得有下列行为：

（一）采取非法或者不正当手段招揽业务；

（二）使用送修车辆；

（三）占道或者占用公共场所进行维修作业；

（四）擅自改装、拼装机动车；

（五）承修报废机动车；

（六）非法打刻发动机号或者车架号；

（七）使用报废或者其他质量不符合标准的车辆总成、配件修理车辆。

第二十七条 机动车综合性能检测实行社会化经营。从事机动车综合性能检测经营的，应当到省道路运输管理机构备案。

机动车综合性能检测机构应当按照国家和省规定的程序和标准进行检测，及时出具检测报告，建立车辆检测档案。

机动车综合性能检测机构不得出具虚假车辆检测报告。

第二十八条 机动车维修经营者、机动车综合性能检测机构应当对检测、计量仪器设备进行日常维护和校正，并按照国家和省的规定进行强制周期检定。

第三节 机动车驾驶员培训

第二十九条 机动车驾驶员培训机构应当按照国家规定的培训标准、教学大纲进行培训，如实填写培训记录，保证培训质量。

机动车驾驶员培训机构不得擅自设立分支机构、培训点，不得将学员转入其他培训机构牟取利益。

第三十条 机动车驾驶员培训机构应当在核定的教学场地进行培训；在道路上培训

的,应当按照公安机关交通管理部门指定的路线、时间进行。

机动车驾驶员培训机构不得利用非教练车辆从事驾驶培训。

第三十一条 机动车驾驶培训教练员应当按照国家规定取得教练员资格。

机动车驾驶培训教练员变更服务单位后,机动车驾驶员培训机构应当到县级道路运输管理机构进行备案。

第四节 汽车租赁

第三十二条 从事汽车租赁经营的,应当符合下列条件:

(一)有十辆以上符合国家标准,并经检测合格的自有车辆;

(二)有与其经营业务相适应的办公场所、停车场地;

(三)有相应的业务、管理人员;

(四)有健全的安全管理制度;

(五)客运车辆应当为十二座以下小型客车。

第三十三条 从事汽车租赁经营的,应当在取得工商营业执照后,向设区的市道路运输管理机构提出申请。道路运输管理机构应当自受理申请之日起十五日内审查完毕,作出许可或者不予许可的决定。

汽车租赁经营许可证件不得转让。

第三十四条 汽车租赁经营者应当与承租人签订车辆租赁合同,提供检测合格和证件齐全有效的车辆,但不得提供驾驶劳务。

第五节 物流服务

第三十五条 从事搬运装卸、货运代理、货物配载、仓储理货和信息服务等物流服务业务的,应当自取得工商营业执照之日起三十日内到注册登记所在地县级道路运输管理机构备案。

第三十六条 搬运装卸从业人员应当遵守国家规定的安全操作规程,不得造成货物灭失、损坏。

货物托运人不得瞒报、错报货物性质或者在货物中夹带危险品。

第三十七条 道路货物运输代理经营者受理运输危险货物和依法限制运输货物业务的,应当了解运输货物的品名、性质、数量和应急处置方法,并查验有关凭证;与承运人签订货物运输合同时,应当查验其相应资质。

第三十八条 货物配载和信息服务经营者应当为承托双方提供准确的车源、货源信息。

第三十九条 城市人民政府应当采取措施,对从事城市物流配送的车辆在市区道路通行提供便利。

第四章 道路运输安全

第四十条 各级人民政府对本行政区域内道路运输安全监督管理负领导责任。

第四十一条 县级以上人民政府交通运输主管部门负责对道路运输管理机构实施道路运输安全管理工作进行指导监督。

道路运输管理机构负责道路运输市场准入条件的审查,依法实施道路运输站(场)、营运车辆技术状况、营运驾驶员从业资格的安全监督管理。

第四十二条 县级以上公安机关交通管理部门负责道路运输车辆运行安全的管理工作。

县级以上公安机关交通管理部门应当根据道路旅客运输和危险货物运输驾驶员的申请,为其提供三年内无重大以上交通责任事故的证明。

第四十三条 设区的市公安机关交通管理部门应当建立健全机动车驾驶证考试制度,配备与机动车驾驶证考试相适应的考试设施设备,并按照规定及时组织考试。

报考机动车驾驶证的人员,应当接受机动车驾驶员培训机构的培训。公安机关交通管理部门应当根据驾驶员培训机构出具的培训记录受理驾驶证考试申请。

第四十四条 道路运输经营者是道路运输安全的责任主体,其法定代表人是本企业道路运输安全的第一责任人。

第四十五条 道路运输经营者应当建立和完善安全生产责任制度,从业人员安全生产教育、培训和考核上岗制度,安全生产事故隐患排查治理制度,营运车辆安全检查制度。

第四十六条 道路运输经营者应当执行国家行车安全档案和安全生产事故统计报告制度,按照规定向道路运输管理机构报告道路运输安全情况。

第四十七条 客运站经营者应当建立行包安全检查制度,按照规定配备安全检测仪器,对进入客运站的行包进行安全检查。

第四十八条 道路运输经营者应当为客运车辆、危险货物运输车辆安装符合国家标准的卫星定位终端设备,并实时监控,与道路运输监控平台实时联通。

鼓励道路运输经营者为其他营运车辆安装符合国家标准的卫星定位终端设备。

第四十九条 道路运输以及相关业务经营者不得有下列违反安全规定的行为:

(一)使用未经年审或者年审不合格的车辆从事道路运输;

(二)使用未经安全例检或者经安全例检不符合要求的车辆从事道路运输;

(三)使用非法改装的车辆或者报废车辆从事道路运输;

(四)使用未取得从业资格证的人员、与所驾车型不符的从业人员驾驶营运车辆,或者使用未经安全生产培训合格的从业人员上岗作业;

（五）对营运车辆的检测项目缺检、漏检。

第五章　超限超载源头治理

第五十条　县级以上人民政府负责本行政区域的超限超载源头治理工作,其主要负责人是超限超载源头治理工作的第一责任人。

县级人民政府应当向社会公示依法经许可、注册登记的道路货物运输源头单位的名单。

第五十一条　道路货物运输源头单位应当履行下列义务：

（一）明确工作人员职责,建立责任追究制度；

（二）对货物装载、开票、计重等相关人员进行培训；

（三）对装载货物车辆驾驶员出示的车辆营运证和从业资格证进行登记；

（四）建立健全车辆装载、配载的登记、统计制度和档案,并按规定向道路运输管理机构报送相关信息。

第五十二条　道路货物运输源头单位不得有下列行为：

（一）为车辆超标准装载、配载；

（二）为无牌无证、证照不全、非法改装的车辆装载、配载；

（三）为超限超载的车辆提供虚假装载证明。

第五十三条　县级以上道路运输管理机构可以通过进驻、巡查等方式,对政府公示的道路货物运输源头单位超限超载源头治理工作实施监督管理。监督检查中发现违法行为不属于本部门职权范围的,及时移送有关行政机关,有关行政机关应当及时查处。

第六章　监　督　检　查

第五十四条　县级以上人民政府交通运输主管部门应当加强对道路运输管理机构实施道路运输管理工作的监督。

道路运输管理机构应当加强对道路运输经营活动和执法活动的监督检查,公开办事制度,简化工作程序,规范执法行为。

第五十五条　道路运输管理机构执法人员可以在道路运输以及相关业务经营场所、客货集散地、公路路口、高速公路服务区和道路货物运输源头单位进行监督检查,但不得影响道路畅通。

道路运输管理机构执法人员在执行监督检查任务时,应当统一着装,佩戴标志,出示合法有效的行政执法证件。

道路运输监督检查专用车辆,应当配备专用的标志和示警灯。

第五十六条　有下列情形之一的,道路运输管理机构可以暂扣运输车辆、维修机具设

备或者驾驶培训教学车辆,并责令当事人在十日内到指定的地点接受处理:

(一)无车辆营运证又无法当场提供道路运输管理机构出具的其他营运证明的车辆从事道路运输经营活动的;

(二)未取得经营许可,擅自从事机动车维修经营、机动车驾驶员培训、汽车租赁经营活动的。

对依法暂扣的车辆或者设备应当妥善保管,不得使用、损坏或者遗失,不得收取或者变相收取保管费用。

第五十七条　道路运输管理机构在实施监督检查过程中,对不能当场处理的违法行为,可以暂扣车辆营运证、营运标志牌或者从业资格证,并责令其在十日内接受处理。

暂扣车辆营运证的,应当签发待理证,并通知车籍地道路运输管理机构。

第五十八条　道路运输管理机构对从事道路客货运输、道路运输站(场)、机动车驾驶员培训、机动车维修、综合性能检测、汽车租赁和物流服务的经营者实行质量信誉考核制度。

道路运输管理机构应当定期将经营者的经营行为、服务质量、安全生产等方面的考核结果向社会公布。

第五十九条　道路运输管理机构以及公安、工商、质监、环保、价格等相关部门应当按照各自职责,向社会公布道路运输和相关业务经营者、从业人员的业绩和警示等信息,建立信息共享机制。

第六十条　道路运输管理机构应当建立投诉举报制度,公开投诉举报电话、通信地址和电子信箱,对当事人的投诉举报在受理之日起十五日内作出处理。

第六十一条　道路运输以及相关业务经营者应当按照规定向道路运输管理机构提供道路运输统计资料,接受道路运输管理机构的监督检查。

第七章　法　律　责　任

第六十二条　违反本条例规定,法律、行政法规有处罚规定的,从其规定。

第六十三条　违反本条例规定,转让或者出租经营许可证、车辆营运证、营运标志牌的,由县级以上道路运输管理机构责令停止违法行为,收缴有关证件;有违法所得的,没收违法所得,并处两千元以上一万元以下罚款。

第六十四条　违反本条例规定,有下列情形之一的,由县级以上道路运输管理机构责令改正;拒不改正的,处五百元以上三千元以下罚款:

(一)客运站经营者未公平、合理地安排发车时间的;

(二)客运站经营者未按月结算票款的;

(三)机动车维修经营者使用送修车辆的;

（四）旅游客运经营者和包车客运经营者未按规定携带包车合同的；

（五）机动车驾驶员培训机构未如实填写培训记录的；

（六）道路运输以及相关业务经营者未按规定报送统计资料和有关情况的。

第六十五条 违反本条例规定，未经许可擅自从事汽车租赁经营的，由县级以上道路运输管理机构责令停止经营；有违法所得的，没收违法所得，并处违法所得二倍以上十倍以下罚款；没有违法所得或者违法所得不足一万元的，处二万元以上五万元以下罚款；构成犯罪的，依法追究刑事责任。

第六十六条 违反本条例规定，机动车综合性能检测、搬运装卸、货运代理、货物配载、仓储理货和信息服务等道路运输相关业务经营者未按规定备案的，由县级以上道路运输管理机构责令限期改正；逾期不改正的，处一千元以上三千元以下罚款。

第六十七条 道路运输经营者发生较大以上行车安全事故并负同等以上责任的，由原许可机关吊销该事故车辆营运证和该车辆驾驶员的从业资格证，并责令该经营者进行整改，整改期间不得新增运力；事故车辆为客运车辆的，还应当吊销其班线客运经营许可。

营运驾驶员因发生较大行车安全事故被依法吊销从业资格证的，自吊销之日起三年内不得重新申请从业资格证；因发生重大以上行车安全事故被依法吊销从业资格证的，终生不得重新申请从业资格证。

第六十八条 违反本条例规定，道路货物运输源头单位不履行义务的，由县级以上道路运输管理机构责令改正；拒不改正的，处一千元罚款。

第六十九条 违反本条例第五十二条规定的，由县级以上道路运输管理机构给予每辆次一万元罚款；情节严重的，由县级以上道路运输管理机构报告本级人民政府，并移送工商、质监等部门，由工商、质监等部门暂扣生产工具，责令限期改正；情节特别严重的，由县级以上道路运输管理机构报告本级人民政府，并移送工商、质监等部门，由工商、质监等部门依法查封经营场所，由相关部门对货物运输源头单位法定代表人依法予以查处。

第七十条 道路运输管理机构对超载车辆应当在违章驾驶人员的从业资格证违章记录栏内记载，六个月内超载记录累计三次的，由原发证机关吊销其从业资格证。

第七十一条 违反本条例规定，有下列情形之一的，由县级以上道路运输管理机构责令改正，并处一千元以上五千元以下罚款；情节严重的，暂扣道路运输经营许可证、车辆营运证或者从业资格证：

（一）班线客运经营者擅自暂停、终止班线运输或者转让经营许可的；

（二）机动车综合性能检测机构对营运车辆的检测项目缺检、漏检的；

（三）机动车驾驶员培训机构在未经核定的教学场地或者利用非教练车辆从事驾驶培训经营活动的；

（四）机动车驾驶员培训机构擅自设立分支机构、培训点或者将学员转入其他培训机

构牟取利益的;

(五)汽车租赁经营者使用非自有车辆或者未取得车辆营运证的车辆用于租赁的;

(六)道路运输经营者未按规定安装卫星定位终端设备、未实时监控或者未与道路运输监控平台实时联通的;

(七)道路运输经营者使用未经年审或者年审不合格的车辆从事道路运输的;

(八)道路运输经营者使用未经安全例检或者经安全例检不符合要求的车辆从事道路运输的;

(九)道路运输经营者使用未取得从业资格证的人员或者与所驾车型不符的从业人员驾驶营运车辆的。

第七十二条 违反本条例规定,道路运输管理机构及其他行政机关的工作人员有下列情形之一的,对直接负责的主管人员及其他直接责任人员依法给予处分;构成犯罪的,依法追究刑事责任:

(一)擅自设立检查站拦截、检查正常行驶的道路运输车辆的;

(二)乱收费、乱罚款、乱扣车的;

(三)未按规定如实报告较大以上道路运输事故情况的;

(四)无正当理由对投诉举报超过规定期限未作出处理、答复的;

(五)不按照规定的条件、程序和期限实施行政许可的;

(六)参与或者变相参与道路运输经营以及道路运输相关业务的;

(七)发现违法行为不及时查处或者不履行超限超载源头治理职责的;

(八)违法扣留运输车辆、车辆营运证的;

(九)上路执法造成道路堵塞的;

(十)索取、收受他人财物,或者谋取其他利益的;

(十一)其他滥用职权、玩忽职守、徇私舞弊的。

第八章 附 则

第七十三条 道路运输管理机构依照本条例发放道路运输经营许可证、车辆营运证、营运标志牌、从业资格证可以收取工本费。具体收费标准由省财政、价格主管部门会同省交通运输主管部门核定。

第七十四条 城市公共客运和出租汽车客运的经营和管理按照有关规定执行。

第七十五条 本条例自2011年1月1日起施行。1995年7月20日山西省第八届人民代表大会常务委员会第十六次会议通过的《山西省道路运输管理暂行条例》同时废止。

附录七

山西省城市公共客运条例

(2015年5月28日山西省第十二届人民代表大会常务委员会第二十次会议通过)

第一章 总 则

第一条 为了规范城市公共客运市场秩序，维护乘客、经营者和从业人员的合法权益，保障城市公共客运安全，促进城市公共客运事业发展，根据有关法律、行政法规的规定，结合本省实际，制定本条例。

第二条 本条例适用于本省行政区域内的城市公共客运规划、建设、管理和运营服务。

本条例所称城市公共客运是指在设区的市、县(市)人民政府确定的区域内以公共汽(电)车、轨道交通车辆等交通工具和城市公共客运设施为公众提供出行服务的活动。

第三条 城市公共客运是社会公益性事业，应当坚持统筹规划、优先发展、公平竞争、安全便捷、服务乘客的原则。

第四条 设区的市、县(市)人民政府是城市公共客运事业发展的责任主体，应当将城市公共客运纳入本地经济和社会发展规划，将城市公共客运发展资金和管理经费列入本级财政预算。

设区的市、县(市)人民政府交通运输主管部门负责监督管理本行政区域城市公共客运工作，其所属的城市客运管理机构具体承担本行政区域城市公共客运监督管理工作。

第五条 省人民政府交通运输主管部门及其所属的城市客运管理机构负责指导本省行政区域内的城市公共客运工作。

县级以上人民政府发展和改革、财政、公安、国土资源、住房和城乡建设、环保、规划、安监等部门，在各自的职责范围内做好城市公共客运的相关工作。

第六条 相邻城市的人民政府可以统筹配置城市公共客运资源。对符合安全运行条件，经协商一致开通公共客运线路的，纳入城市公共客运管理。

第七条 鼓励社会资金参与城市公共客运设施建设和运营。

鼓励城市公共客运线路向周边农村、学校、旅游景点、工业园区等延伸。

鼓励设区的市、县(市)人民政府采购和使用电力、燃气、甲醇等新能源、新技术的节能环保型车辆。

第二章 规划和建设

第八条 设区的市、县(市)人民政府在组织编制城市总体规划和控制性详细规划时,应当将城市公共客运与城市发展布局、功能分区、用地配置和道路发展同步规划,统筹城市公共客运与公路、铁路、民航等其他运输方式的衔接。

第九条 设区的市、县(市)人民政府交通运输主管部门负责编制、调整城市公共客运专项规划,报本级人民政府批准后实施。

编制、调整城市公共客运专项规划应当向社会公开征求意见。

第十条 设区的市、县(市)人民政府国土资源主管部门应当将城市公共客运设施用地纳入土地利用总体规划,优先保障城市公共客运设施用地。

任何单位和个人不得擅自改变城市公共客运设施用地的用途。

第十一条 设区的市、县(市)人民政府应当对新建、改建、扩建城市道路、交通枢纽及规模居住区、商业中心、学校、医院等大型建设项目规划建设配套的城市公共客运设施。

第十二条 设区的市、县(市)人民政府应当采取措施增加城市公共客运设施建设、公共汽(电)车购置等投入。

第十三条 任何单位和个人不得毁坏或者擅自占用、移动、拆除城市公共客运设施,确需占用、移动、拆除城市公共客运设施的,应当征得设区的市、县(市)人民政府交通运输主管部门同意。

第三章 管理和服务

第十四条 申请从事城市公共汽(电)车客运经营的,应当向当地城市客运管理机构提供下列材料:

(一)书面申请;

(二)企业法人资格证明;

(三)拟投入车辆、场站设施的资金来源证明;

(四)运营方案和可行性报告;

(五)载明服务质量、安全应急保障措施、票制票价、社会责任等内容的承诺书;

(六)法律、法规规定的其他材料。

城市客运管理机构收到前款规定的申请材料后,交由交通运输主管部门报本级人民政府审批。予以批准的,由城市客运管理机构颁发经营许可证,配发车辆营运证;不予批准的,由城市客运管理机构书面告知申请人,并说明理由。

第十五条 从事城市公共汽(电)车客运经营的,应当符合下列条件:

(一)有符合要求的运营车辆、场站设施;

(二)有相应的管理人员、驾驶员和其他相关人员;

(三)有专门的安全生产管理机构和健全的规章制度。

第十六条 城市公共汽(电)车客运车辆应当符合相应的运行安全技术标准和污染物排放标准,并经相关部门检测合格。

第十七条 城市公共汽(电)车的驾驶员应当符合下列条件:

(一)身体健康;

(二)具有相应的机动车驾驶证;

(三)三年内无较大以上且负同等以上责任的道路交通责任事故记录。

第十八条 城市公共汽(电)车客运经营权期限为五年至十年,具体期限由设区的市、县(市)人民政府确定。经营权期限届满,需要延续经营的,应当在经营期限届满前六十日内重新提出申请。

禁止转让、出租城市公共汽(电)车经营权。

第十九条 城市公共汽(电)车客运经营者应当为公众提供连续的运营服务,在经营期限内确需暂停或者终止运营的,应当提前三十日向城市客运管理机构提出申请;经设区的市或者县(市)人民政府批准的,经营者应当于暂停或者终止运营的十日前在当地媒体发布公告,并在相关站点告示。

第二十条 城市公共汽(电)车客运经营者因破产、解散、被取消经营权及不可抗力等原因暂停或者终止运营时,当地人民政府应当组织交通运输、财政、公安等部门及时采取应对措施,保持公共客运的连续性。

第二十一条 城市公共汽(电)车客运经营者新增、调整运营线路、车辆数量的,应当经城市客运管理机构同意,并于实施前及时向社会公告。

设区的市、县(市)人民政府根据经济社会发展需要和公众出行需求,可以指定城市公共汽(电)车客运经营者开通相关线路。

第二十二条 城市公共客运票价实行政府定价。

设区的市、县(市)人民政府价格主管部门应当会同财政、交通运输主管部门,根据运营成本、居民收入、消费价格指数等因素确定票价。票价确定和调整应当向社会公开征求意见,并依法组织听证。

第二十三条 设区的市、县(市)人民政府应当制定老年人、儿童、残疾人、军人和学生等特殊群体乘坐城市公共客运车辆的优惠政策,明确优惠乘车的条件、范围、标准以及凭证办理程序。

第二十四条　设区的市、县(市)人民政府应当根据城市公共客运成本费用年度核算和服务质量评价结果,对执行政府定价、指令性任务、优惠乘车等原因造成的政策性亏损给予补贴或者补偿。

城市公共汽(电)车客运经营者利用城市公共客运设施或者车辆取得的广告、租赁等其他收益,应当用于城市公共客运车辆购置、维护和基础设施建设,弥补公共客运政策性亏损。

第二十五条　公安机关交通管理部门根据城市道路通行条件、交通流量、出行方式等因素,可以设置公交专用道和城市公共客运车辆优先通行信号系统;符合条件的单行道和禁止转向的路口,可以允许公共汽(电)车双向通行、转向。

第二十六条　城市公共汽(电)车客运经营者应当遵守下列规定:

(一)按照核定的线路、站点、车次和时间运营;

(二)执行价格主管部门核定的收费标准;

(三)按照国家和地方标准设置运营线路标识、标牌,在外国人出行较多的线路提供双语服务;

(四)车辆喷涂城市客运经营者名称和服务监督电话,车辆内标明线路走向示意图、价格表、乘客须知、特需乘客专用座位标识、驾驶员姓名等;

(五)不得使用检测不合格、报废或者拼装的车辆从事城市公共客运;

(六)执行有关优惠乘车的规定;

(七)定期组织对驾驶员、乘务员、调度员进行有关法律法规、职业道德、岗位职责、操作规程、服务规范和安全应急知识的培训;

(八)按照城市客运管理机构的要求报送统计资料。

第二十七条　城市公共汽(电)车司乘人员应当遵守下列规定:

(一)随车携带车辆营运证;

(二)遵守交通法律法规、岗位职责,文明行驶;

(三)按照服务规范,向乘客提供服务;

(四)执行核定的票价和有关优惠乘车的规定;

(五)为特需乘客提供必要的帮助;

(六)发现乘客遗留物品应妥善保管,及时上交;

(七)不得拒载乘客、甩站不停、滞站揽客、站外上下乘客;

(八)及时对车辆运营中出现的火灾等险情进行处置。

第四章　安全与应急

第二十八条　设区的市、县(市)人民政府应当加强本行政区域内城市公共客运安全工作的领导,建立健全城市公共客运安全监督管理机制,及时协调、解决城市公共客运安全工作重大问题。

第二十九条　城市公共客运经营者是城市公共客运安全生产的责任主体,履行下列安全生产义务:

(一)建立健全安全生产相关制度;

(二)保障安全生产工作经费;

(三)配备安全生产管理人员;

(四)配备相关安全设施、设备,在车辆醒目位置设置安全警示标志、安全疏散示意图等,在车辆内配备灭火器、安全锤、车门紧急开启装置等安全应急设备;

(五)建立运营车辆档案,定期对运营车辆及安全设施、设备进行检测、维护、更新;

(六)定期开展安全隐患排查治理。

第三十条　城市公共客运经营者应当根据城市公共交通运输突发事件应急预案制定本企业的应急预案,组建安全应急队伍,配备应急抢险器材、设备,定期开展演练。

第三十一条　城市公共客运突发事件发生后,城市公共客运经营者和县级以上人民政府应当及时启动相应的应急预案。

遇有抢险救灾、突发事件以及重大活动等情况时,城市公共客运经营者应当服从当地人民政府的统一调度和指挥。

第三十二条　禁止下列危害或者妨碍城市公共客运运营安全的行为:

(一)携带易燃、易爆、腐蚀性危险品以及管制刀具等违禁物品乘车;

(二)非紧急状态下操作有警示标志的按钮、开关装置,动用紧急或者安全装置;

(三)干扰司乘人员的正常工作;

(四)违反规定上、下车;

(五)携带动物乘车,导盲犬除外;

(六)在场站或者其出入口通道,擅自停放车辆、堆放杂物或者摆摊设点;

(七)法律、法规禁止的其他行为。

城市公共客运经营者及其从业人员发现上述行为应当及时制止或者报警,公安机关接到报警后,应当及时依法处置。

第五章　监督检查

第三十三条　设区的市、县(市)人民政府交通运输主管部门应当制定相关制度,加强对城市客运管理机构执法活动、城市公共客运经营者运营行为的监督管理。

第三十四条　城市客运管理机构应当建立健全内部监督机制和投诉受理制度,公开举报和投诉电话、通信地址、电子邮箱等,接受社会监督。

第三十五条　城市客运管理机构应当对城市公共客运经营者进行服务质量信誉考核,并将考核结果向社会公示。

第三十六条　城市客运管理机构执法人员实施监督检查时,可以向有关单位和个人了解情况,查阅、复制有关资料。被监督检查的单位和个人应当接受依法实施的监督检查,如实提供有关资料或者情况。

实施监督检查时,应当两人以上,佩戴标志,出示合法有效的行政执法证件。

城市客运管理监督检查的专用车辆,应当喷涂专用标识标志。

第三十七条　城市客运管理机构执法人员在实施监督检查时,发现使用变造、伪造、套用车辆号牌,使用检测不合格、报废或者拼装车辆从事城市公共客运经营的,应当移交公安机关交通管理部门依法处理。

第六章　法　律　责　任

第三十八条　违反本条例规定,法律、行政法规已经规定法律责任的,从其规定。

第三十九条　违反本条例规定,未取得城市公共客运经营许可擅自从事城市公共客运经营的,由城市客运管理机构责令停止违法行为,没收违法所得,并处以一万元以上三万元以下罚款。

第四十条　违反本条例规定,城市公共客运经营者擅自暂停或者终止运营的,由城市客运管理机构责令限期改正;逾期不改的,处以三万元以上五万元以下罚款。

第四十一条　违反本条例规定,转让、出租公共汽(电)车经营权的,由城市客运管理机构处以一万元以上三万元以下罚款,并由原许可机关撤销许可。

第四十二条　违反本条例规定,城市公共客运经营者或者从业人员有下列情形之一的,由城市客运管理机构责令限期改正,可以并处以五百元以上三千元以下罚款:

(一)未按照核定的线路、站点、车次和时间运营的;

(二)未按照规定对相关人员进行培训的;

(三)未随车携带车辆营运证的;

(四)拒载乘客、甩站不停、滞站揽客、站外上下乘客的。

第四十三条　交通运输主管部门及其城市客运管理机构工作人员在城市公共客运管理工作中,滥用职权、玩忽职守、徇私舞弊的,依法给予处分;构成犯罪的,依法追究刑事责任。

第七章　附　　则

第四十四条　本条例所称城市公共客运设施是指城市公共客运枢纽站、首末站、公交专用道、调度室、车场、供电线网、线杆、站台、无障碍设施以及站杆、站牌、候车亭、栏杆及配套安全设施等。

第四十五条 轨道交通的规划、建设、管理和营运服务另行规定。

第四十六条 本条例自 2015 年 10 月 1 日起施行。1995 年 7 月 20 日山西省第八届人民代表大会常务委员会第十六次会议通过,2010 年 11 月 26 日山西省第十一届人民代表大会常务委员会第二十次会议修正的《山西省城市公共客运管理暂行条例》同时废止。

附录八

山西省水路交通管理条例

(2011年7月28日山西省第十一届人民代表大会常务委员会第二十四次会议通过)

第一章 总 则

第一条 为加强水路交通管理,维护水路交通秩序,保障水路运输安全,促进水路交通事业发展,根据有关法律、法规,结合本省实际,制定本条例。

第二条 本条例适用于本省行政区域内水路交通及其管理活动。

第三条 各级人民政府应当加强对水路交通管理工作的领导,建立健全水上交通安全管理制度,落实水上交通安全管理责任。

第四条 省、设区的市及有关县(市、区)人民政府应当将水路交通事业纳入国民经济和社会发展规划,将水路交通管理经费列入本级财政预算。

第五条 县级以上人民政府交通运输主管部门主管本行政区域内水路交通工作,其所属的航运管理机构具体负责港口、渡口、航道、水路运输管理工作;海事管理机构具体负责船舶、浮动设施的检验与水上交通安全监督管理工作。

县级以上人民政府其他有关部门应当按照各自职责,做好水路交通管理相关工作。

第二章 水 路 运 输

第六条 水路运输经营实行行政许可制度。任何单位和个人未经许可不得从事水路运输经营活动。

第七条 单船载客十二人以下的客船运输经营,应当取得企业法人资格并具备下列条件:

(一)有与经营活动相适应的组织机构、生产经营管理制度、安全生产制度和应急救援预案;

(二)安全生产管理人员应当持有船员适任证书,并与企业签订一年以上全日制劳动合同;

(三)总运力达到二十四客位以上;

（四）办理旅客意外伤害强制险等国家规定的险种；

（五）有船舶停靠、乘客上下船所必需的安全设施；

（六）国家和省规定的其他条件。

单船载客超过十二人的客船运输经营，应当符合国家有关规定。

第八条 申请单船载客十二人以下水路运输经营许可的企业，应当向设区的市航运管理机构提交下列材料：

（一）申请书；

（二）可行性研究报告；

（三）企业法人、营业执照副本及其复印件；

（四）船舶检验证书、船舶所有权登记证书、船舶国籍证书；

（五）安全生产管理人员身份证、船员适任证书、劳动合同；

（六）组织机构设置、生产经营管理制度、安全生产制度和应急救援预案；

（七）旅客意外伤害强制险证明文件；

（八）船舶停靠、旅客上下船所必需的安全设施的证明文件。

设区的市航运管理机构应当自受理申请之日起二十日内进行审核，对符合本条例第七条规定条件的，作出许可决定并且颁发水路运输许可证、船舶营业运输证；不符合条件的，书面向申请人说明理由。

第九条 水路运输经营者应当按照经营资质条件开展经营活动，并保持经营资质条件。

船舶营运时，应当随船携带船舶营业运输证。

第十条 水路运输经营者要求停业或者歇业的，应当向许可机关提出申请，并办理相关手续。

第三章 船舶、浮动设施与船员

第十一条 船舶、浮动设施所有人应当持所有权的证明文件和技术资料，到设区的市海事管理机构依法进行登记，但长度小于五米的非机动船除外。

船舶、浮动设施登记事项发生变更时，其所有人应当持登记的有关证明文件和变更证明文件，到登记机构办理变更登记。

船舶、浮动设施灭失、失踪的，其所有人应当到登记机构办理注销登记。

第十二条 依法登记或者即将登记的船舶、浮动设施的当事人应当按照国家和省有关规定向海事管理机构申请检验。

第十三条 长度小于五米的机动船和电瓶船申请检验的，应当向海事管理机构提出申请，并提交下列材料：

（一）检验申请书；

（二）船舶出厂合格证或者质量证明书。

海事管理机构应当自受理申请之日起二十日内进行检验,检验合格的,向申请人颁发船舶检验证书;经检验不合格的,书面向申请人说明理由。

第十四条 长度小于五米的非机动船舶、水上摩托艇所有人应当持购船发票和合格证到经营地县(市、区)海事管理机构备案。

备案船舶发生转籍、注销、租赁和抵押的应当到备案机关重新办理备案手续。

第十五条 水上摩托艇应当在海事管理机构划定的专门水域进行活动。

第十六条 船员、水上摩托艇驾驶人员应当经有资质的培训机构进行安全和技能培训,依法取得有效证书,方可驾驶签注范围内的船舶或者水上摩托艇。

禁止未取得适任证书或者其他适任证件的船员上岗。

第四章 港口、渡口与航道

第十七条 港口、航道及其设施的建设应当依法办理有关审批手续。用于环境保护和安全生产的设施应当与主体工程同时设计、施工和投入使用。

第十八条 公益性渡口和经营性渡口的设置、撤销,分别由渡口所在地乡(镇)人民政府或者渡口经营者向县(市、区)人民政府交通运输主管部门提出申请,由渡口所在地县(市、区)人民政府审批。

禁止任何单位和个人擅自设置、撤销渡口。

第十九条 公益性渡口的建设、养护和管理由渡口所在地县(市、区)人民政府负责;经营性渡口的建设、养护和管理由经营者负责。

渡口的管理者或者经营者应当在渡口设置明显标志并保持标志完好。

禁止任何单位和个人擅自移动、损毁渡口安全设施及其标志。

第二十条 禁止在港口、渡口、航道水域内从事下列活动：

（一）养殖、种植；

（二）排放超过国家标准的有毒、有害物质；

（三）倾倒泥土、砂石、废弃物；

（四）法律法规禁止的其他活动。

第二十一条 未经批准,任何单位和个人不得擅自在通航水域内挖砂、取石、堆存材料、设置永久性固定设施。

第二十二条 航运管理机构应当加强航道及其设施的监测、养护,保障航道的安全、畅通。

航运管理机构组织实施勘测、疏浚、抛泥、吹填、清障以及维修航道和设置航标等施工作业,任何单位和个人不得非法阻挠、干涉或者索取费用。

第五章 应急与安全

第二十三条 省、设区的市、有关县(市、区)人民政府应当加强水上应急救援工作的领导,根据本地实际,建立应急救援体系,组织制定水上应急救援预案,保障应急救援经费。

第二十四条 省人民政府应当建立水上应急救援指挥机构。

重点水域所在地设区的市人民政府应当建立水上应急救援队伍,并配备相应的装备、器材,提高水上应急救援能力。

重点水域的范围由省人民政府确定。

第二十五条 水上应急救援预案应当包括下列内容:

(一)应急救援组织指挥机构与职责;

(二)预防与预警机制;

(三)应急救援响应;

(四)后期处置;

(五)应急救援保障。

水上应急救援预案应当抄送上一级人民政府交通运输主管部门、安全生产监督管理部门。

第二十六条 乡(镇)人民政府负责本辖区内农村生产、生活使用船舶及渡口的安全管理工作,明确水上交通安全管理人员,落实安全管理责任,接受县级以上海事管理机构的监督检查和业务指导。

乡(镇)人民政府与村民委员会、村民委员会与船舶所有人应当分别签订安全管理责任书,明确各自的安全责任。

第二十七条 在河流、湖泊、水库等通航水域从事水上旅游、经营性漂流、水上体育运动以及群众性活动,其组织者、经营者应当依法办理审批手续,落实安全责任。

第二十八条 船舶和浮动设施的所有人或者经营人对其水路运输或者其他经营活动承担安全生产责任,建立安全生产责任制和安全应急救援预案,保证必需的安全投入,配备必要的安全救护、救生设备,并对其所属的管理人员、船员、水手及其他从业人员进行安全培训。

第二十九条 有下列情形之一的,禁止船舶航行:

(一)超载运输旅客或者超载、超限运输货物的;

(二)跨航线作业的;

(三)遇洪水、冰雪或者大风、大雨、大雾等恶劣天气不适航的;

（四）乘客与大牲畜、危险货物混载以及装载不当影响安全的；

（五）酒后驾船的；

（六）船舶的救生设备不齐全的；

（七）法律法规禁止的其他情形。

第三十条　船舶、浮动设施遇险时，船员及其他工作人员应当采取有效措施实施自救，并及时报告当地人民政府及海事管理机构。

县级以上人民政府接到报告后，应当根据预案响应级别启动应急救援预案，并对救助工作进行领导和协调。海事管理机构接到报告后，应当立即组织实施救援。

遇险现场和附近的船舶、船员，应当服从当地人民政府以及海事管理机构的统一调度指挥。

第三十一条　海事管理机构调查处理水上交通事故，当事人应当积极配合，未经海事管理机构同意，肇事船舶不得驶离指定的停泊地点。

水上交通事故的报告、调查和处理，按照国家和省有关规定执行。

第三十二条　用于海事、航运监督管理的执法车辆、船舶应当使用统一的标志、标识，配备示警灯。

第六章　法　律　责　任

第三十三条　违反本条例规定，未经许可擅自从事水路运输经营活动的，由航运管理机构没收其违法所得，并处违法所得一倍以上二倍以下罚款；没有违法所得的，处三万元罚款。

第三十四条　违反本条例规定，船舶、浮动设施未经登记、检验航行或者作业的，由海事管理机构责令停止航行或者作业，限期登记、检验；拒不停止航行或者作业的，暂扣船舶、浮动设施；情节严重的，处五百元以上两千元以下罚款。

第三十五条　违反本条例规定，船员未取得适任证书或者其他适任证件上岗的，由海事管理机构责令其立即离岗，对直接责任人员处两千元以上五千元以下罚款，并对聘用单位处一万元以上两万元以下罚款。

第三十六条　违反本条例规定，擅自移动、损毁渡口安全设施或者标志的，由海事管理机构责令改正，并处五百元以上两千元以下罚款。

第三十七条　违反本条例规定，未经批准擅自在通航水域内挖砂、取石、堆存材料、设置永久性固定设施的，由海事管理机构责令改正；逾期不改正的，可以申请人民法院强制执行。

第三十八条　违反本条例规定，乡（镇）人民政府不履行船舶及渡口管理职责，造成安全事故的，对直接负责的主管人员和其他直接责任人员依法给予行政处分；构成犯罪的,依法追究刑事责任。

第三十九条 违反本条例规定,未经海事管理机构同意,肇事船舶驶离指定停泊地点的,由海事管理机构责令改正;拒不改正的,海事管理机构可以暂扣船舶及其相关器具,并处两千元以上五千元以下罚款。

第四十条 违反本条例规定,交通运输主管部门、海事、航运管理机构工作人员以及其他行政机关工作人员玩忽职守、滥用职权、徇私舞弊的,依法给予行政处分;构成犯罪的,依法追究刑事责任。

第七章 附 则

第四十一条 本条例自2011年10月1日起施行。

附录九

中华人民共和国交通部
《关于学习、推广公路系统先进典型的决定》

交体法发〔1997〕604号

各省、自治区、直辖市交通厅(局、委、办),部属及双重领导交通企事业单位:

近年来,全国交通系统各单位以邓小平理论为指针,坚持"两手抓、两手都要硬"的方针,大力加强精神文明建设,深入开展学习包起帆、学习"华铜海"轮、学习青岛港、创建文明行业活动,有力地推动交通基础设施建设、交通经济体制改革、公路运输、水路运输的发展和交通行业管理工作,促进职工队伍建设和行业风气改善,积累宝贵经验,培养大批先进典型。公路系统涌现的"自力更生、艰苦奋斗、不屈不挠、勇于奉献"的山西太旧精神;加强行业管理,开展"争做文明使者"活动的石家庄市出租汽车行业;坚持以"为人民服务"为宗旨,30年学雷锋不动摇的青岛长途汽车站;以路为家、爱岗敬业、甘当"铺路石"的养路工陈德华;清正廉洁、秉公执法、甘当公仆的稽查科长朱同汝等典型,就是交通系统千万个先进典型的杰出代表。他们的先进事迹,展示了在改革开放新形势下交通职工积极进取、奋发向上的崭新精神风貌;他们的先进经验,体现了交通系统建设有中国特色社会主义事业的实践。为了进一步贯彻党的十四届六中全会和党的十五大精神,交通部决定在全国交通系统学习和推广山西"太旧精神"和石家庄市出租汽车行业、青岛长途汽车站和陈德华、朱同汝的先进经验和事迹,进一步推动交通系统的两个文明建设。

山西"太旧精神"是交通系统"修建一条公路,培养一种精神,建设一支队伍"的典范。山西太旧高速公路的广大建设者,在山西省委、省政府领导和全省人民支持下,克服建设资金紧张、地质条件复杂、施工任务艰巨的重重困难,不畏艰险,顽强拼搏,科学决策,严格管理,以一流的质量、一流的速度建成山西省第一条兴晋富民的高速公路,培育"自力更生、艰苦奋斗、不屈不挠、勇于奉献"的"太旧精神",涌现出许多可歌可泣的英雄事迹。"太旧精神"推动山西交通事业发展,成为山西人民统一意志、振奋精神、艰苦奋斗、加快经济建设和社会发展的精神力量。

石家庄市出租汽车行业严格管理,规范服务,深入开展"争做文明使者"活动,受到社会广泛赞誉。河北省交通主管部门加大对出租汽车的行业管理力度,通过抓好四个环节(抓认识,加强领导;抓培养,完善提高;抓典型,正面引导;抓活动,确保实效);强化四项管理(网络管理、法制管理、规范管理、文明管理);实现两个转变(由部门行为转变为政府行为,由行业行为转变为社会行为),使出租汽车司机在思想上树立"我就是省会,我就是河北,我就是文明使者"的意识;在言行上做到语言文明、仪表文明、车容文明、经营文明、行业文明。促进了出租汽车行业服务质量大幅度提高,行业风气明显好转,经济效益和社会效益同步发展。

青岛长途汽车站贯彻全心全意为人民服务的宗旨,坚持学雷锋30年不动摇。以"三优""三化"为目标,创造性地开展"情满旅途"活动,急旅客所急,想旅客所想,帮旅客所需,解旅客之难。在服务工作中,突出一个"情"字,奉献一个"爱"字,力戒一个"满"字,立足一个"拼"字,延伸服务内容,提高服务质量,为旅客提供吃、住、行、游、购、乐全方位、多功能、一条龙优质服务体系,被誉为"李素丽式群体",创出公路客运优质服务名牌效应。

四川省甘孜公路养护总段雀儿山五道班班长陈德华同志参加养路工作13年来,团结带领全班工人常年战斗在号称"生命禁区"的海拔4916m的雪山高原上。在生存环境极为恶劣,工作、生活条件极为艰苦的情况下,以顽强毅力克服许多难以想象的困难,精心养护公路,热情为过往车辆、人员提供救助和服务。实行冬季交通管制以来,取得连续5年冬季无翻车、无死亡、无事故、无纠纷的佳绩。陈德华同志热爱交通、以路为家、为公路建设事业埋头苦干的事迹,充分体现一个共产党员热爱祖国、克己奉公、吃苦在前、享受在后的优秀品质,爱岗敬业、艰苦奋斗、不畏艰险、知难而进的主人翁精神和服务人民、奉献社会、甘当四化铺路石的高尚思想境界。

朱同汝同志是辽宁省抚顺市运输管理处稽查科科长。多年来,他坚持人民利益高于一切,正确行使党和人民赋予的权力,自觉抵制拜金主义、享乐主义和极端个人主义思想侵蚀,清正廉洁,秉公执法,勤政为民;他爱岗敬业,勤勤恳恳,任劳任怨,忘我工作,无私奉献;他自觉树立正确的世界观、人生观、价值观,在名利面前不伸手,在荣誉面前不骄傲,甘做人民公仆,为净化社会风气、塑造文明交通执法形象树立榜样。

山西"太旧精神"、石家庄市出租汽车行业、青岛长途汽车站以及陈德华、朱同汝等先进典型的经验及事迹是交通系统精神文明建设的重要成果和宝贵财富。部号召全国交通系统各单位广大干部职工要深入学习、广泛宣传和大力推广这些先进典型的经验及事迹,进一步深化精神文明建设和创建文明行业活动。为此,提出如下要求:

一、各单位要加强领导,精心组织,认真开展学习和推广公路先进典型的活动。要把这一活动同学习贯彻党的十四届六中全会和党的十五大精神结合起来,同深入开展"三学一创"活动结合起来。要高举邓小平理论伟大旗帜,坚持党的基本路线,大力加强精神文明建设,不断提高交通职工队伍素质,树立良好的交通行业风气,全面推进建设有中国特色的社会主义事业。

二、要充分运用报刊、广播、电视、报告会、座谈会等多种宣传形式,大张旗鼓地宣传这些先进典型的经验和事迹,使之深入班组、深入人心。要充分发挥先进典型的宣传教育和导向示范作用,形成加强精神文明建设、争做文明职工、争当优秀公仆、争创文明单位的良好氛围。

三、各单位要在深入开展"三学一创"活动,大力学习、宣传和推广公路系统先进典型的经验及事迹的基础上,结合实际,认真总结本地区、本部门加强精神文明建设、促进交通改革与发展、创建文明行业的新鲜经验,注意发现和培养本单位、本系统的先进典型,以点带面,推动全局,力争使交通系统的两个文明建设再上新台阶。

附件: 山西"太旧精神"、石家庄市出租汽车行业、青岛长途汽车站、陈德华、朱同汝事迹介绍。(略)

中华人民共和国交通部
1997 年 10 月 5 日

附录十

弘扬"太旧精神" 发展公路交通

——山西省交通系统创育"太旧精神"的先进事迹

太旧高速公路是国家"八五"重点公路建设项目,是山西省第一条全封闭、全立交高等级公路。它西起太原,东至晋冀交界处旧关,全长144km。它的建成,使山西省的公路与京石、京津塘高速公路相接,大大缩短同首都北京以及环渤海经济圈、沿海城市和港口发达地区的距离,从根本上改善山西落后的交通条件,给山西带来巨大的经济和社会综合效益,是山西的开放路、致富路、希望路。与此同时,山西交通职工在太旧高速公路建设中,大力发扬江泽民总书记倡导的新时期创业精神,创育"自力更生、艰苦奋斗、不屈不挠、勇于奉献"的"太旧精神",推动山西交通事业及其他事业的发展,成为公路建设中重要的精神文明建设成果。

一、伟大的创业实践,需要伟大的创业精神

随着改革开放和现代化建设的不断推进,山西省交通落后的状况日益成为制约经济和社会发展的"瓶颈",特别是原太旧公路作为晋煤外运的重要通道,长期以来因标准低、路况差、交通流量大,堵车现象日趋严重。发展公路交通、建设高速公路成为摆在省委、省政府和全省人民面前的一项紧迫任务。

1992年,山西省委、省政府根据加强农业基础、基础工业、基础设施"三个基础"和突出挖煤、输电、修路、引水"四个重点"的战略方针,作出修建太旧高速公路,打开山西东大门,加快发展山西经济的战略决策。1993年,以太旧路为代表的5条高等级公路相继开工建设,并把太旧路作为重中之重。然而,公路建设需要大量资金,仅太旧路就需30多亿元,这对于经济还不发达、尚有380万人口没有解决温饱问题的山西来说,无疑是一个不小的难题。为解决资金问题,山西省先后同数百家外商洽谈投资,最后与美国万德福公司签订合同,合资修建太旧高速公路。但是,正当施工队伍陆续进入工地,工程建设部分开展的时候,美方公司单方面撕毁合同不干了,使太旧路建设遇到资金严重短缺的困难。是上马,还是下马?是勒紧裤带、艰苦奋斗继续干,还是等经济发展了、有了钱再干?一系列

附录十
弘扬"太旧精神" 发展公路交通

尖锐的问题摆在省委、省政府面前。1994年6月25日,山西省委胡富国书记带领省五大班子领导在太旧路现场办公,统一思想,统一认识,以共产党人的胸怀和胆略作出自力更生、艰苦奋斗修建太旧路的决定。按照胡富国书记的话来说:"就是卖了省委大楼也要修建太旧高速公路"。一时间,全省人民立即行动,省领导带头捐款,交通系统职工积极响应,各级机关干部和社会各界人士踊跃参加,工商企业慷慨解囊,全省80多万人捐款、捐资达2.3亿元之多。80多岁高龄的老红军袁平同志,把准备治病的1600元老红军补助费捐给太旧路;失去上肢、年仅14岁的残疾儿童罗凤枝同学,将11.9元的零用钱寄给省长,支援太旧路建设;永济卿头小学的学生将拾破烂卖的148.7元钱送到了太旧路建设指挥部。社会各界还以不同的方式关注和支持工程建设,上太旧路慰问、演出、义诊、捐款、捐物。更为感人的是太旧路沿线人民群众识大体、顾大局,为大家、舍小家,在补偿很少的情况下拆新房、献良田、迁祖坟、砍果园,像战争年代支前一样支援太旧路建设。在市场经济条件下,人民群众的奉献精神极大地教育着交通系统的广大干部职工,有力地推动工程建设,也为"太旧精神"的形成奠定坚实群众基础。太旧公路建设大军按照省委"有钱要办事,没有钱自力更生、艰苦奋斗也要办大事、创大业"的精神,在引资无望的情况下,咬紧牙关,自负压力,不等不靠,打响太旧路建设的攻坚仗。

太旧公路于1993年5月破土动工,揭开山西公路建设乃至山西经济建设史上崭新的一页。然而,修路之难,难于上青天!太旧高速公路80%的路段处于崇山峻岭的太行山腹地,仅有22km处于平原微丘区。全线共需动用路基土石方2465万m^3,其中石方占到30%以上;桥梁95座共计6378延米,其中特大桥3座共计5229延米,大中桥60座,小桥20座,天桥15座,涵洞363道,通道85处,互通式立交桥6处,分离式立交桥13处,长达2125延米的隧道1处,防护工程87万m^3。沿途地质构造极其复杂,有煤矿采空区、山体滑坡区、岩石断裂皱折区、软岩区和深挖高填区等,最高填土35m,最深开挖55m,其施工难度之大、地质条件之差、建设投资之巨,在山西省乃至全国的高速公路建设史上也属罕见。太旧公路5万筑路大军以高度的责任感和使命感,发扬愚公移山、敢打硬仗、艰苦奋斗、不怕困难、不怕牺牲的精神,冬战严寒夏冒酷暑,风餐露宿,战天斗地,劈高山,填沟壑,打隧道,架桥梁,克服时间紧、任务重、施工难度大、质量要求高等重重困难,取得辉煌建设成就。

忻州公路分局一位处长,胳膊断了两次,挎着打着石膏的胳膊在工地上指挥战斗,坚持不离开工程第一线;省局一公司一位开起重机的工人带病坚持工作,把输液瓶吊在驾驶室里一边输液、一边开着机器;一名叫刘玉庭的领工员,他的妻子几次写信催他回家种地,他却把信压在床下坚守工作岗位,最后硬是累倒在工地,就在到医院抢救时,他仍然坚持让医生打一针止痛针,还要返回工地。有一名老专家叫彭传直,一直带病战斗在工地上,为工程建设提出了不少宝贵的意见。他患癌症晚期后,在病床上给厅党组和总指挥写信,把能够参加太旧路建设作为一生中最大的荣幸,把不能从始至终建设好太旧路当作一生中最大遗憾。他死后按照他的遗愿把骨灰撒在了太旧路上。1996年国庆节前夕,倒排工期的武宿立交桥因20多天连阴雨使工程进度受到严重影响。能否按计划在国庆节通车,成为检验太旧人的"试金石"。在这个关键时刻,工程总指挥杜五安同志一边输液、一边亲自在武宿立交桥头调兵遣将,组织突击队,连续奋战6天6夜,最后夺回了阴雨耽误的时间,向全省人民交上了一份满意的答卷。

在工程建设中,太旧人把科学态度、求实精神与艰苦奋斗、拼搏苦干结合起来,坚持科学决策,严格管理,通过公开竞标择优选择施工队伍,并对中标者实行施工目标责任制和施工监理制;对工程质量坚持高标准、严要求、精益求精。对质量上存在的问题敢于动真的、碰硬的,做到令出法随,赏罚严明;采用国内外交通建设的先进工艺技术和施工设备,大大加快施工进度;精打细算,厉行节约,做到少花钱、花好钱、修好路。仅武宿立交桥就比交通部批准的概算节约1.01亿元。太旧路的建设在山西省工程建设中,树立坚持改革、科学决策、严格管理的榜样,创造质量高、工期短、造价低的典型。1995年5月,交通部组织全国的专家对太旧路的组织管理、工程质量、工程进度等进行检查,总合格率为98.2%。特别是武宿立交桥,交通部批准工期4年,建设工期仅用10个月又13天时间,创造了"武宿速度",而且达到了优质标准,荣获国家建筑最高奖"鲁班奖"。1997年4月21日,太旧路顺利通过国家交通部验收,总合格率达到99.6%。1997年8月,国家建设部"鲁班奖"评审委员会专家对太旧路进行验收评审,给予高度评价。整个太旧高速公路工程达到省委、省政府提出的"5年工期3年完、投资概算不突破30亿元、工程质量创全国一流"的奋斗目标。

二、蓬勃发展的经济建设,需要强有力的政治保证

太旧路的建设过程,既是物质文明建设不断发展的过程,又是精神文明建设结出硕果的过程,是山西交通系统各级党组织在市场经济条件下将改革开放方针与艰苦奋斗精神有机结合,推动两个文明建设协调发展的成功实践。

在太旧高速公路建设中,山西省五大班子领导先后6次集体上太旧路现场办公,胡富国书记先后36次上路检查工作,省交通厅党组先后24次上太旧路现场办公。他们坚持"两手抓、两手都要硬"的方针,坚持以邓小平同志建设有中国特色社会主义理论武装筑路员工的思想,用深入细致、生动形象的宣传思想工作,为工程建设提供了强大的精神动力、有力的政治保证、健康的舆论环境和良好的建设氛围。一是充分发挥党的政治优势。总指挥部建立临时党委,各施工单位及监理单位建立党支部,各项目组成立党小组,围绕工程抓党建,抓好党建促工程,有效地发挥党支部的战斗堡垒作用和党员的先锋模范作用。二是进行太旧路火线整训。把毛泽东、邓小平、江泽民三代领导人有关论述汇编成

《太旧必读》，作为太旧路建设的指导思想，为"太旧精神"的形成提供理论基础；开展"抓质量、抓进度、堵漏洞、反浪费"活动，统一思想，艰苦奋斗，确保工程高质量、高效率圆满完成。同时，把思想教育与组织措施相结合，在施工第一线考察使用干部，培养和发展党员。三是成立太旧路建设宣传指挥部，加大宣传力度。通过组织中央、省内各大新闻单位记者采访、宣传报道，编辑出版《太旧路英雄谱》《太旧路建设大事记》《太旧精神研讨会论文选》《三晋第一路》画册，拍摄《热土壮歌》电视政论片，极大地鼓舞筑路员工斗志；四是开展"弘扬'太旧精神'，争当太旧功臣"的社会主义劳动竞赛。先后组织旧关会战、武宿会战、中段路基工程会战、中段路面工程会战等一系列战役，组织147支青年突击队承担急、难、险、重任务。多次组织动员会、誓师会，鼓舞广大建设者"决战太行、决胜太旧"的坚强决心，使广大筑路员工以忘我的精神和必胜的信念投身于工程建设之中，不怕困难，不怕疲劳，不怕牺牲，涌现出许多可歌可泣的英雄模范人物。在3年的太旧路建设中，有8名员工献出宝贵生命，有97个集体和703名员工立功受奖，有53名干部在一线被提拔，有400多名员工在一线入党。厅长刘俊谦同志被省委树立为"全省模范干部标兵"。太旧路建设培养和造就一支政治合格、作风过硬、纪律严明的施工队伍。

三、体现时代特点的"太旧精神"产生了强烈的社会效应

太旧高速公路的建设成就不仅仅在于修筑一条一流的高速公路，从根本上改善山西落后的交通条件，推动山西的对外开放和经济发展，更重要的是通过这一工程的建设，用心血和汗水铸就"自力更生、艰苦奋斗、不屈不挠、勇于奉献"的"太旧精神"。"太旧精神"虽然只有16个字，但其内涵却是十分丰富的。"自力更生"，就是靠自己的力量办好自己的事情，通过最大限度地发掘自身所潜在的智慧、才能、勇气和创造力，勇往直前地走向既定的宏伟目标；"艰苦奋斗"，就是要不怕吃苦，也能够吃苦，具有奋进精神和斗争勇气，敢于和善于在艰苦的环境下奋发图强，开拓进取；"不屈不挠"，就是要坚定顽强，坚韧不拔，知难而进，就是要有一股"牛"劲、一股"拼"劲，不达目的，誓不罢休；"勇于奉献"就是要毫不保留地以自我的创造才能和劳动价值，为社会创造财富，为他人创造利益，就是要不计较个人得失，全心全意为人民服务。

改革开放、兴晋富民的开拓精神，是"太旧精神"的鲜明主题；自力更生、艰苦奋斗的创业精神，是"太旧精神"的核心内容；不屈不挠、越挫越勇的拼搏精神，是"太旧精神"的基本品格；顾全大局、无私奉献的牺牲精神，是"太旧精神"的价值取向；科学管理、讲求效益的求实精神，是"太旧精神"的突出特征；党的领导是"太旧精神"形成的根本保证；邓小平同志建设有中国特色的社会主义理论是"太旧精神"形成的思想基础和活的灵魂。

"太旧精神"十分具体地实践江泽民同志倡导的新时期64字的创业精神，具有鲜明的时代特征和强烈的创新意识。

党中央、国务院领导十分关注太旧路建设,充分肯定"太旧精神"。江泽民总书记亲自听取汇报并题写"太旧高速公路"路名;李鹏总理、乔石委员长等中央领导同志亲自视察太旧路并题词;邹家华副总理3次赴太旧路考察并指出:"太旧路建设的过程中所反映出来的精神将对我们今后的建设起一个长远积极的影响。""'太旧精神'是经济工作和政治工作结合在一起所产生的结果。邓小平同志讲的两个文明一起抓的思想、物质和精神的关系,在太旧路建设中得到很好体现。从太旧路我们可以总结出很多经验。所以,对太旧路的认识,还要总结,还要提高,使其成为社会主义建设的力量源泉和经验,成为一种财富。"

1996年1月26日和6月23日,中共山西省委、省人民政府作出《关于在全省范围内开展学习"太旧精神"活动的决定》和《关于向省交通厅学习的决定》。《决定》提出:"'太旧精神'是新的历史时期中华民族的伟大创业精神在全省现代化建设中的具体表现,是全省人民各个时期形成的可贵精神在新形势下的发扬光大,是全省人民摆脱贫困,奋发进取精神风貌的集中反映"。"'太旧精神'应成为我们新形势下建设山西、振兴山西的巨大力量源泉和宝贵精神财富"。

一年多来,在"太旧精神"的鼓舞下,山西交通系统广大干部职工进一步开展"弘扬'太旧精神'、培育太旧新人、再创太旧业绩"的活动。公路交通建设继续呈现快速发展形势,公路养护管理不断提高质量水平,交通运输企业积极参与市场竞争,交通规费征收突破30亿元大关,创建文明单位、文明行业工作不断深入开展。全省各地市、各行业纷纷响应省委、省政府号召,学习"太旧精神",弘扬"太旧精神",在兴晋富民的大道上不断迈出坚实步伐。"太旧精神"已经成为山西人民战胜困难、夺取胜利的力量源泉,起着鼓舞、激励、凝聚全省人民的重要作用。

附录十一

中共山西省委、山西省人民政府
《关于在全省开展学习"太旧精神"活动的决定》

晋发〔1996〕13号

各市人民政府、各行政公署,省直各委、办、厅、局:

太旧高速公路是国家"八五"重点公路建设项目,是全省第一条全封闭、全立交高等级公路。它西起省会太原,东至省界旧关,全长144km。它的原路是1968年在简易公路基础上改建的,设计通行能力和建设标准很低,仅为现在实际交通量的十分之一,交通拥挤,堵车现象普遍,事故频繁发生,是制约全省经济发展的"瓶颈"。面对严峻的现实,省委、省政府根据加强"三个基础",搞好"四项重点"的全省经济发展战略,审时度势,作出修建太旧高速公路,打开山西东大门,加快发展山西经济的战略决策,并于1993年5月破土动工。从此,在山西公路建设乃至山西经济建设史上揭开崭新的一页。

太旧高速公路建设初期,遇到建设资金严重短缺的困难。面对这种情况,是坚定信心、迎难而上,还是优柔寡断、知难而退?在这重大抉择关头,胡富国书记带领省级五大班子的领导赴太旧路现场办公,调查研究,统一思想,坚定自力更生、咬紧牙关、勒紧裤带、知难而进的决心。全省人民心系太旧,以不同的方式大力支持太旧路的建设,踊跃捐资捐物,热情慰问员工。在很短的时间里捐资达2.3亿元,缓解资金困难。公路沿线群众识大体,顾大局,像革命战争年代支前一样支援太旧高速公路建设,他们拆新房、迁祖坟、砍果园、献良田,做出巨大的牺牲和贡献。全省人民高举改革开放、艰苦奋斗两面旗帜,齐心协力战太旧的精神,得到党中央、国务院和中央有关部门乃至首都等地人民的热情关怀和积极支持,有力地促进太旧高速公路建设资金的落实,保证太旧高速公路建设的顺利进行。

太旧高速公路是全国施工难度最大的高速公路工程之一。80%的路段处于崇山峻岭的太行山腹地,仅有22km处于平原微丘区,其难度非常大。在困难和挑战面前,5万筑路大军发扬愚公移山、敢打硬仗的精神,冬战严寒、夏冒酷暑、风餐露宿、战天斗地,劈高山、填沟壑、打隧道、架桥梁,克服时间紧、任务重、施工难度大、质量要求高的重重困难,脱皮掉肉,艰苦拼搏,取得辉煌建设成就,涌现出一大批可歌可泣的英雄人物,其中有8名同志献出宝贵生命，谱写一曲气吞山河、威武雄壮的创业者之歌。

太旧高速公路的建设，坚持用邓小平同志建设有中国特色社会主义的理论武装筑路员工的思想，深入开展社会主义劳动竞赛，在第一线考察和使用干部，在火线培养和发展党员，极大地调动广大筑路员工的积极性，培养和造就一支政治合格、作风过硬、纪律严明的施工队伍。坚持深化改革，坚持科学决策，坚持严格管理，充分发挥专家、技术人员的聪明才智，组织他们进行广泛的咨询、论证和评估，为科学决策提供依据；通过公开竞标，择优选择施工队伍，并对中标者实行施工目标责任制和施工监理制，特别是对工程质量，坚持高标准、严要求，一丝不苟，精益求精。对质量上存在的问题，敢于动真的、碰硬的，对不达要求和标准的施工单位给予严厉的处罚直至清退，对先进单位和个人则大张旗鼓地给予表彰，做到令出法随，赏罚严明；采用国内外交通建设的先进工艺技术和施工设备，采取抓住重点、突破难点、分段实施、整体推进等措施，大大加快施工进度；精打细算，厉行节约，千方百计降低工程造价，做到少花钱、花好钱、建好路，仅武宿立交枢纽工程就比交通部批准的概算节约投资 1.01 亿元。太旧路的建设在全省工程建设中，树立坚持改革，科学决策，严格管理的榜样，创造质量高、造价低、工期短的典范。目前，太旧高速公路东西两段及武宿立交桥已如期竣工通车，开始发挥巨大的综合经济效益，中段工程建设进展顺利，整个工程完全可以实现省委、省政府提出的工程质量创全国一流、投资概算不突破 30 亿元、提前两年于 1996 年 6 月 25 日全线通车的奋斗目标。

太旧高速公路的建设成就，不仅仅在于修筑一条全国一流的高速公路，从根本上改善全省落后的交通条件，推动山西的对外开放和经济发展，更重要的是通过这一宏大工程建设，用心血和汗水铸就"自力更生，艰苦奋斗，不屈不挠，勇于奉献"的"太旧精神"。这种精神是新的历史时期中华民族伟大创业精神在全省现代化建设中的具体表现，是全省人民在各个时期形成的可贵精神在新形势下的发扬光大，是全省人民摆脱贫困、奋发进取精神风貌的集中反映，是改革开放的时代精神、艰苦奋斗的光荣传统与兴晋富民的伟大实践三者的有机统一。"太旧精神"应当成为我们在新形势下建设山西、振兴山西的巨大力量源泉和宝贵精神财富。

当前，全省人民正在深入贯彻党的十四届五中全会精神，坚持邓小平同志建设有中国特色社会主义的理论和党的基本路线，高举改革开放和艰苦奋斗两面旗帜，以昂扬的斗志，继续打好"四大战役"，全面创新"五项工程"，努力实施兴晋富民战略，迎接 21 世纪的挑战。在新的形势和任务面前，认真学习"太旧精神"，具有十分重要的意义。它有利于增强全省人民克服困难，一心一意抓经济，集中精力搞建设的紧迫感、责任感、使命感，使全省人民团结起来，万众一心振兴山西经济；有利于强化全省人民改革开放意识，以开放促改革，以改革促发展；有利于抵制和清除享乐主义、拜金主义等消极腐朽思想影响，引导和推动全社会树立奋发向上的道德风尚。因此，省委、省政府决定，在全省广大干部群众

附录十一
中共山西省委、山西省人民政府《关于在全省开展学习"太旧精神"活动的决定》

中广泛深入地开展学习"太旧精神"的活动。通过这项活动,提高广大干部群众的思想,统一全省人民的意志,振奋全省人民的精神,促进全省两个文明建设再上新台阶。

学习"太旧精神",就是要高举改革开放和艰苦奋斗两面旗帜,把兴晋富民之"路"与兴晋富民之"魄"有机地结合起来,增强改革意识、开放意识、竞争意识、风险意识和拼搏意识,不甘落后,开拓进取,全力推进全省的经济发展和社会进步。

学习"太旧精神",就是要发挥党的政治优势,继承革命传统,树立主人翁意识,发扬艰苦奋斗、勤俭办一切事业的优良作风,大张旗鼓地开展反对铺张浪费的活动,加强党风和廉政建设,咬紧牙关,勒紧裤带,实施经济赶超战略,走自力更生、兴晋富民道路。

学习"太旧精神",就是要不怕困难,不怕挫折,自强不息,坚韧不拔,勇往直前,以不屈不挠、越挫越勇的革命英雄主义精神,克服前进道路上的艰难险阻,努力搞好各项工作,全面振兴山西经济。

学习"太旧精神",就是要学习刘玉庭、李建华、王飞彪、郑镇江等太旧功臣的英雄业绩和高贵品质,牢固树立正确的人生观、世界观、价值观,牢记党的根本宗旨,全心全意为人民服务,自觉抵制拜金主义、享乐主义和极端个人主义等资产阶级腐朽思想侵蚀,正确处理国家、集体、个人三者的关系,识大体,顾大局,讲奉献,积极投身于兴晋富民的伟大事业中。

学习"太旧精神",就是要树立实事求是、讲求实效的工作作风,说实话、办实事、求实效,扑下身子干事业,扭住工作不放松;就是要尊重科学,尊重人才,认真实施"科教兴晋"战略,积极推进全省科技进步。

各级党委和政府要充分认识学习"太旧精神"的重大意义,把它作为加强社会主义精神文明建设、推动山西经济发展的一项重要活动来抓。要结合实际,做出部署,加强领导,精心组织,把这项活动扎扎实实、卓有成效地开展起来。各级领导干部和共产党员要以身作则,带头学习"太旧精神",带头实践"太旧精神",为广大干部群众做出榜样。同时,要用"太旧精神"教育、鼓舞、激励、引导全省人民,凝聚全省人民改天换地的巨大力量,在以江泽民同志为核心的党中央领导下,自力更生,艰苦奋斗,真抓实干,奋发图强,全力成就兴晋富民的宏伟大业,把一个崭新的山西推向 21 世纪。

中共山西省委
山西省人民政府
1996 年 1 月 26 日

附录十二

中共山西省委、山西省人民政府
《关于向省交通厅学习的决定》

（晋发〔1996〕45号）

近年来，全省各级党委、政府和省交通厅等部门，以党的基本理论、基本路线和基本方针为指导，高举改革开放和艰苦奋斗两面旗帜，认真贯彻省委、省政府关于大搞公路建设的决定，充分发动和依靠群众，高起点、超常规、大跨度地发展公路交通事业，取得了前所未有的成绩。从1993年到1995年3年间，全省共拓宽二级以上公路5124km，是前10年的2.3倍；新建公路16330km，是前10年的2.2倍；改造公路25186km，是前10年的1.9倍。3年共筹集公路建设资金132亿元，是前10年的3.6倍。到"八五"期末，全省公路通车里程达33644km，基本实现了镇镇通油路、乡乡通公路、村村通机动车的目标。特别是胜利建成太旧高速公路，创造"太旧精神"，取得物质文明建设和精神文明建设双丰收。

在全省公路建设中，省交通厅作为主管部门，积极履行职责，充分发挥作用，做出了重要贡献。突出表现在两个方面：一是在太旧路建设中，做到了保工期、保质量、保投资，向省委、省政府和全省人民交了一份满意的答卷。全线施工进度快，5年工期3年完；工程建设质量高，创全国一流工程；资金使用效果好，30亿元概算没有突破。二是组织和带领广大筑路员工，艰苦奋斗，顽强拼搏，开拓进取，无私奉献，在"太旧精神"的形成中起到了重要作用。为了更好地推动全省的改革开放和社会主义现代化建设事业，顺利实现省第七次党代会提出的跨世纪宏伟目标，省委、省政府决定在全省开展向省交通厅学习的活动。

向省交通厅学习，就是学习他们积极地坚定地贯彻省委、省政府决策的高度自觉性。交通厅对省委、省政府的有关决策，贯彻态度积极，贯彻措施得力，做到雷厉风行、不折不扣，不管遇到多大困难，都能想方设法、保质按期完成任务。省委、省政府作出大搞"三项建设"的决策以后，他们积极响应，对全省的公路建设进行认真规划，并全力组织实施；当群众性的修路热潮掀起以后，他们以强烈的责任感，予以及时、有效地指导和支持。特别是省委、省政府召开加快建设太旧高速公路誓师动员大会以后，他们坚决响应省委、省政

附录十二
中共山西省委、山西省人民政府《关于向省交通厅学习的决定》

府号召,精心设计、精心组织、精心施工,高速度、高质量、高效益地拿下这项宏伟而艰巨的工程,为山西人民争了光。

向省交通厅学习,就是学习他们团结一致、共创大业的思想作风。交通厅的领导班子是一个团结的班子,是一个有作为的班子。厅党组一班人有着强烈的兴晋富民路先行的责任感和使命感,把建设交通、发展交通、振兴交通作为自己的神圣职责。为了履行好职责,他们十分重视搞好班子团结。在党的民主集中制原则指导下,正确处理各种矛盾,妥善理顺各种关系,使每个党组成员都心往一处想,劲往一处使。在太旧路建设中,党组成员团结一致,齐心协力,分工负责,互相支持,形成了强大的合力。党组一班人的团结有力地带动了全系统领导班子的团结和广大职工队伍的团结,使交通系统的队伍形成了政治强、业务精、作风硬、能征善战、敢打敢拼的建设队伍。

向省交通厅学习,就是学习他们艰苦奋斗、勇于奉献的拼搏精神。太旧高速公路是山西筑路史上地质条件最差、施工难度最大、投资最多的工程,也是国内在建高速公路中难度大的项目之一。面对这种艰难情况,厅党组一班人以兴晋富民为己任,主动向困难挑战,向自我挑战,自加压力,变压力为动力。厅党组先后22次到工地现场办公。9个党组成员常年吃在工地、住在工棚;哪里有困难、有问题,他们就出现在哪里,战斗在哪里。修建太旧路,他们工作没有节假日,处理问题不分白天黑夜。有的生病不下火线,有的生病治疗未愈就匆匆赶往工地,有的顾不上照顾生病住院的妻子、儿女。在他们的带领和指导下,5万名筑路大军战严寒、斗酷暑,劈高山、填深沟,打隧道、架桥梁,脱皮掉肉,昼夜奋战,甚至牺牲了刘玉庭等8名同志,用汗水、鲜血和生命谱写一曲当代愚公战太行的赞歌。

向省交通厅学习,就是学习他们改革开放、开拓进取的创新意识。在全省公路建设中,他们不仅大力弘扬艰苦奋斗精神,而且始终坚持改革开放的方针。他们积极推进公路建养的改革,充分调动各方面积极性;大力发展商品路,努力探索公路产权制度改革;全面进行工程管理改革,在全国率先实行工程监理制度。在太旧路建设中,他们坚持公开招标,选用施工队伍;实行严格的合同管理,奖优罚劣;不惜重金引进国外先进设备和优质原料,把山西实际与国际上通行的菲迪克条款有机地结合起来,形成一套严格的质量控制系统;他们还大胆改革干部管理办法,坚持在重点工程建设中培养、考察、选拔、使用干部的一些措施,有力地推动太旧高速公路建设。

向省交通厅学习,就是学习他们尊重科学、讲求效益的科学态度。省交通厅十分重视公路建设的质量和效益,坚持以科学保质量,向科学要效益。在太旧路建设中,他们确定创"全国一流"的质量目标,不断强化全员质量意识,把"质量第一"的思想贯彻落实到各个环节、各个方面。坚持开展"抓质量、抓管理、反浪费、堵漏洞"活动,保质量、降费用,选拔了100多名懂技术、会管理、能吃苦的业务骨干,充实到各个部门,担负技术、管理工作。他们针对前期准备工作不足的情况和施工过程中出现的问题,专门邀请省内外有关专家,进行广泛的咨询、论证和评估,为保证工程质量提供科学依据。他们不断组织力量进行技术攻关,并采用先进设备、先进工艺,解决较为突出的质量问题。他们坚持科学施工,建立了由中心试验室、监理试验室和施工工地试验室组成的试验检测体系,严格过程监理,以段段优良确保全线优良。

省交通厅是在改革开放和实现兴晋富民宏伟大业中涌现的一个典型,具有重要的推广价值。各级党委、政府、省直各部门,要充分认识开展向交通厅学习活动的重要意义,切实把这项工作扎扎实实、卓有成效地开展起来。各地、各单位要对照交通厅认真地看一看、比一比、查一查、想一想。看工作作风、精神状态怎么样;比工作效率、工作成绩怎么样,查省委、省政府有关决策,在你们那里落实得怎么样,想今后应当怎么办。要通过开展学习活动,改进工作作风,提高工作效率,更好地推动本地、本单位的工作,为实现全省国民经济发展"九五"计划和2010年远景目标做出新的更大的贡献。

中共山西省委
山西省人民政府
1996 年 6 月 23 日

附录十三

中共山西省委
《关于树立精神文明建设先进典型的决定》

(晋发〔1996〕77号)

开创社会主义精神文明建设新局面,贵在行动,重在落实。根据省委七届三次全体会议通过的省委贯彻党的十四届六中全会决议的实施意见,省委决定在全省广泛深入开展"学决议、见行动、争先进、比贡献"活动,大力培育、树立、表彰先进典型。

要通过开展活动,实施"双1234工程""十个一工程"和"文明家庭工程"。"双1234工程"是:先进集体典型树立1个城市、20个县、300个乡镇、400个村;先进个人典型树立100名刘俊谦式的模范干部,200名赵雪芳式的模范知识分子和模范青年学生,300名李双良式的模范工人,400名申纪兰式的模范农民。"十个一工程"是:树立、表彰一个文明党政机关、一个文明科研院所、一个文明工矿企业、一个文明商店、一所文明医院、一所文明高校、一所文明中学(包括职业学校)、一所文明小学、一个文明连队(政法系统)、一条文明街道。"文明家庭工程"是:树立1000个文明家庭。

为了把这项工作有声有色、扎扎实实地开展起来,使其收到应有的成效,省委要求:

一、切实做好组织指导工作。省精神文明指导委员会要尽快拿出开展活动和树立典型的具体办法,包括开展活动的内容和步骤、评比典型的标准和办法、表彰典型的时间和办法等,并认真组织实施。总的要求是,1997年"五一"节前完成初评工作,到中央《决议》下发一周年时,把先进集体和个人典型全部树起来。各地、市、县和省直各部门,要把这项工作列入重要议事日程,根据省精神文明建设指导委员会的要求,结合实际情况,对本地、本部门开展活动、评比典型的工作做出具体部署,从各方面为这项工作的开展提供必要的支持。

二、加强舆论宣传工作。报纸、广播、电视等新闻舆论宣传媒体,要大力宣传省委关于树立精神文明建设先进典型的决定,大力宣传在全省社会主义现代化建设中涌现出的先进典型。在宣传申纪兰、李双良、赵雪芳等一批老典型的同时,要注意发现、总结、宣传像刘俊谦、卜宗亮、贾喜祥、王国瑞等新典型;在宣传先进个人的同时,也要注意宣传先进集体和先进家庭。通过宣传,在全省进一步形成崇尚先进、学习先进、争当先进的舆论氛围。

三、动员人民群众广泛参与。精神文明建设是群众性的事业。各地、各部门在树立典型工作中,一定要注意动员群众,把典型的树立寓于群众的广泛参与之中,使典型的产生过程成为群众性的比、学、赶、超过程,成为推动精神文明建设上新水平的过程。各级工会、共青团、妇联等群众组织,要充分发挥自己的优势,积极参与和推动这项工作的开展。

省委号召全省广大干部、群众特别是共产党员,要积极投身到"学决议、见行动、争先进、比贡献"活动中来,干部要争做刘俊谦式的干部,知识分子要争做赵雪芳式的知识分子,工人要争做李双良式的工人,农民要争做申纪兰式的农民,所有家庭,所有地、市、县、乡、村,所有机关、企业、事业单位和街道,都要争当先进典型,来一个竞赛,看谁精神文明建设搞得好。

中共山西省委
1996 年 10 月 30 日

附录十四

山西省人民政府
《关于对省交通运输厅予以表扬的通报》

（晋政函〔2017〕143号）

各市、县人民政府，省人民政府各委、办、厅、局：

近日，全省实施高速公路差异化收费政策降低企业物流成本的经验做法受到了国务院办公厅通报表扬。这是全省贯彻新发展理念，深入推进供给侧结构性改革，创优营商环境，促进物流企业降本增效的重要成果，也是全省交通运输部门真抓实干、狠抓落实的集中反映。

近年来，省交通运输厅认真贯彻落实省委、省政府部署要求，结合实际积极采取措施减轻企业负担，促进货运物流业健康发展。自2015年以来，连续两年实施政府还贷高速公路货车通行费"三减两免"和"新三减"优惠措施，并逐步探索走出了高速公路差异化收费政策新路子。2016年国务院第三次大督查期间，此项工作受到了国务院督查组的充分肯定。2017年9月，全省实施的高速公路差异化收费政策作为国务院第四次大督查中发现的典型经验做法受到通报表扬。

为鼓励先进，进一步调动和激发各方面谋事创业、改革创新的积极性、主动性和创造性，省政府决定对省交通运输厅予以通报表扬。希望省交通运输厅珍惜荣誉，发扬成绩，再接再厉，做出新的更大贡献。

全省各地、各部门要认真学习贯彻党的十九大精神，坚持以习近平新时代中国特色社会主义思想为指引，坚持贯彻新发展理念，坚持深化供给侧结构性改革，认真学习借鉴省交通运输厅经验做法，结合实际创造性开展工作，扎实推动稳增长、促改革、调结构、惠民生、防风险政策措施落地生效，切实减轻企业负担，打造"六最"营商环境，持续推动经济平稳健康发展和社会和谐稳定，为全省走好新征程、探出新路子、创造新业绩奠定更加坚实的基础。

山西省人民政府
2017年11月6日

附录十五

山西省人民政府
《关于进一步推进全省高速公路建设的意见》

(晋政发〔2016〕54号)

各市、县人民政府,省人民政府各委、办、厅、局:

近年来,全省高速公路建设取得一定成绩,但管理体制滞后、市场化程度低、省级债务沉重、市县积极性发挥不够的问题依然突出。"十三五"时期,《山西省高速公路网规划调整方案(2009—2020年)》提出的建成高速公路7258公里、基本实现县县通高速的建设任务仍然很重。为贯彻落实国家及省委、省政府决策部署,进一步推进全省高速公路建设,现提出以下意见。

一、推进高速公路建设和投融资体制改革

(一)全面开放高速公路建设经营市场。充分发挥市场在资源配置中的决定性作用,鼓励和引导社会资本进入高速公路建设经营领域,使企业成为建设经营主体。已运营的高速公路,可以按照《收费公路权益转让办法》(交通运输部、国家发展改革委、财政部2008年第11号令)的有关规定,通过转让收费公路权益方式引进社会资本。对列入高速公路规划网的项目,鼓励各设区市按照BOT方式进行建设。对于社会效益突出,但经营性收费不足以覆盖投资成本、需政府补贴部分资金或资源才能进行商业化运作的项目,鼓励按照PPP模式设计运作。

(二)合理划分高速公路建设事权。充分发挥各市、县政府参与高速公路建设的积极性,构建"国高网省建、省高网市建"的建设模式。列入规划的国家高速公路网项目由省级负责建设,省高速公路网项目由设区市负责建设,构建省市联动、合力共建的高速公路建设新体制,充分调动各方积极性,全力推进高速公路建设。

二、加大政策支持力度

(一)加大财政支持力度。对列入规划的省高速公路网项目,鼓励各设区市按照BOT方式进行建设。对收费不足以满足社会资本或项目公司成本回收和合理回报的,在依法

给予融资支持、项目沿线一定范围土地开发使用等支持措施仍不能完全覆盖成本的,可考虑给予合理的财政补贴。

（二）保障建设用地和征地拆迁。国家高速公路网和省高速公路网项目建设用地分别从国家、省级用地指标中统筹解决。各设区市政府研究制定本行政区内公路建设拆迁补偿标准和政策。征地拆迁工作由属地市、县政府总负责,征地拆迁补偿费用实行总包干,严禁截留、挤占、挪用,确保及时足额发放到位。积极创优建设环境,依法维护项目投资人和施工单位的合法权益。

（三）优化社会资本投资准入程序。国家高速公路网经营性建设项目投资人招标,由省交通运输主管部门组织实施。省高速公路网经营性建设项目投资人招标,由相关设区市政府或授权有关部门组织实施。跨市项目原则上由里程长的设区市牵头,相关设区市政府共同依法组织投资人招标。依法确定投资人后,报请省政府批复。

（四）建立项目前期工作审批部门负责制。在执行国家规定程序的前提下,优化并加快项目前期工作审批流程,实行部门负责制,形成前期工作合力。省发展改革委负责项目可行性研究报告的报批、审批;省国土资源厅负责协调解决建设用地指标,并加快推进项目用地预审和用地报批;省环保厅负责协调推动环境影响评价文件审批;省住房城乡建设厅负责核发公路建设项目选址意见书;省交通运输厅负责项目可行性研究报告的审查上报,项目初步设计、施工图报批、审批;省水利厅负责水土保持方案的报批、审批;省林业厅负责自然保护区调整、征占用林地审核及报批;省文物局负责工程项目前期选址意见审查和文物保护方案审核、报批;省地震局负责地震安全性评价报告审批。各地政府负责本行政区内项目前置性手续的办理工作。属国家层面的审批事项,由省直相关部门负责与国家有关部委对接,直至完成审批。

三、加强高速公路建设组织领导与管理考核

（一）加强组织领导。各地、各有关部门要进一步统一思想,提高认识,聚集推进高速公路建设的合力,切实抓好各项工作部署的贯彻落实。省政府成立由分管副省长任组长,省政府副秘书长(或办公厅副主任)、省交通运输厅厅长任副组长,省发展改革委、省公安厅、省财政厅、省国土资源厅、省住房城乡建设厅、省环保厅、省水利厅、省林业厅、省文物局、省地震局、省法制办、省公安消防总队、省考核办等相关部门分管负责人为成员的山西省高速公路建设领导小组。各设区市政府要加强组织领导,成立相应机构,并建立部门联席会议制度,定期研究和协调解决高速公路项目建设过程中遇到的困难和问题。

（二）严格工程管理。严格执行基本建设程序,认真贯彻落实项目法人制、招标投标制、工程监理制和合同管理制。牢固树立安全发展理念,坚决落实安全生产责任制,确保施工安全。严格落实工程质量终身负责制、设计质量责任制,完善质量监督体系,加大科

技攻关力度,争创优质工程。

（三）强化管理考核。各级监察、审计、财政部门要加强资金使用监督,严防工程腐败。高速公路建设工作纳入年度目标责任考核体系。省交通运输厅要加强对高速公路建设项目的行业指导和监管工作。高速公路建成后,统一纳入全省高速公路联网收费管理。

山西省人民政府

2016 年 9 月 22 日

附录十六

山西省人民政府
《关于进一步加强货车超限超载治理工作
确保公路运输秩序和交通安全的通告》

（晋政函[2017]72号）

各市、县人民政府，省人民政府各委、办、厅、局：

为进一步加大对非法超限超载车辆的打击和治理力度，巩固治超成果，维护公路运输秩序，确保道路交通安全，保护国家和人民的生命财产安全，迎接十九大的胜利召开。根据国家相关法律法规和交通运输部、工业和信息化部、公安部、工商总局、质检总局《关于进一步做好货车非法改装和超限超载治理工作的意见》（交公路发[2016]124号），省人民政府就全省深入推进治超工作的有关事项通告如下：

一、**完善治超工作领导体制**。各市、县（市、区）人民政府是本辖区治超工作的责任主体，市、县（市、区）长是本级人民政府治超工作的第一责任人，要把治超工作纳入本级政府目标责任考核体系进行安排。同时要将治超工作经费足额列入本级财政预算，确保治超工作日常监管、公路超限检测站的建设和运行、信息化建设、运营和维护等正常进行。

二、**全面落实车辆限载标准**。凡在本省境内通行的所有货运车辆，都要严格按照《汽车、挂车及汽车列车外廓尺寸、轴荷及质量限值》（GB 1589—2016）规定的最大允许总质量限值进行装载，车辆驾驶人员应当依次主动经过快速不停车治超检测通道，配合执法人员进站接受检测。

三、**切实加强源头治超**。本省境内所有货运源头企业都要严格遵守国家和省有关法律、法规规定，不得为车辆超标准装载。各县（市、区）人民政府要认真落实对本辖区内货运源头企业的监管责任，杜绝非法超限超载车辆上路行驶。对注册的货运源头企业，要在该企业注册一个月之内予以公示并纳入监管范围，对非法源头企业坚决予以取缔。

四、**严格实施货车靠右行**。所有重中型货车在公路上应当靠右依次行驶，禁止随意穿插超越前方车辆。在双向两车道路段，禁止骑、轧车道分界线行驶；双向四车道及以上路段，禁止占用同向左侧车道行驶。遇前方车辆排队等候通行时，所有重中型货车应当依次靠右停车排队等候,禁止随意穿插超越前方车辆;禁止进入交叉路口区域路段,遇前方车辆发生事故、故障无法通行时,紧随其后的相邻重中型货车在确保不影响左侧车辆通行时,可以借用左侧车道超越前方车辆,随后应当靠右依次行驶。载运鲜活农产品和工程救险车辆不受此限制。各市可参照本通告规定本市严管路段,对违反上述规定的重中型货车,由公安机关交通管理部门按相关法律、法规予以处罚。

五、完善路警联合执法机制,加强路面管控。各县(市、区)人民政府要组织公安交通管理部门、公路管理机构按照有关规定建立治超联合执法机制。为提高工作效率,交通运输部门应在公路合适的位置悬挂标志,施划标线,安装电子抓拍装置,提示要求货运车辆按照本通告规定通行,并进入公路超限检测站检测。对违反本通告规定的,由公安机关交通管理部门依照相关法律、法规予以处罚;对闯卡拒检、阻碍交通运输执法人员和公安交警依法执行公务、扰乱社会秩序的,由公安机关依法予以处罚;构成犯罪的,移送司法机关依法追究刑事责任。

六、严格实施"一超四罚"。各级公路管理机构、公安交通管理部门对违法超限超载行为实施处罚后,要将有关信息抄送车籍所在地道路运输管理机构,由道路运输管理机构按照有关法律法规对货运车辆、货运车辆驾驶人、运输企业、货运场所经营者实施处罚。同时,将车辆及企业违法信息纳入信用信息系统,依法实施惩戒。

七、推行非现场执法。各县(市、区)人民政府要组织交通运输部门在货物运输主通道,重要桥梁入口处等普通公路上设置车辆检测等技术监控设备,对非法超限超载车辆的违法行为进行数据和图像采集。并按照相关法律、法规对非法超限超载车辆的违法行为予以处罚。

八、完善考核机制,严肃责任追究。省治超办应会同省安委办进一步完善治超工作考核机制,科学设置考核指标和权重,确保考核结果公正、公平,并将考核结果在有关媒体上进行公布。对考核成绩优异的市,由省交通运输厅优先安排国省干线公路建设项目,同时在管理经费上给予倾斜支持。对考核成绩较差的市,要对其主要责任人进行约谈,限期整改。对工作不力、不认真履职造成本辖区非法超限超载车辆严重反弹或造成重大交通安全事故的市、县(市、区),要按《山西省治理车辆非法超限超载工作责任追究办法》(省政府令第224号)的规定,追究政府及其相关部门主要负责人、分管负责人的责任,同时由省交通运输厅对其进行交通项目限批。

山西省人民政府
2017年6月16日

附录十七

山西省人民政府
《关于同意全省高速公路实行差异化收费优惠政策的批复》

(晋政函〔2017〕121号)

省交通运输厅、省财政厅、省发展改革委:

你们《关于在全省高速公路实施差异化收费优惠政策的请示》(晋交财发〔2017〕347号)收悉。现批复如下:

一、同意在全省高速公路实行差异化收费优惠政策。

二、优惠范围及方式

(一)持本省ETC卡交费的货车在通行同源、广源、临离、苛临、神河、阳左、王繁、繁大、运宝、五盂、吉河、原神、京大等13条路段高速公路时,车辆通行费优惠50%。

(二)25吨以上货车在通行以下13条高速公路路段时,车辆通行费实行"递远递减"按里程阶梯收费方式,即行驶里程累计超过50km的,50~100km(含100km)的里程部分,优惠20%,100~150km(含150km)的部分,优惠30%,150km以上的部分,优惠40%。

13条路段为:G55二广高速得胜口至阳曲段,途经得大、大同绕城、大新、新原、原太5个路段;G5京昆高速祁县至侯马段和S75侯平高速、S87运风高速,途经祁临、临侯、侯运、运风、运三5个路段;S80陵侯高速高平至侯马段,途径高沁、阳翼、翼侯3个路段。

(三)对持有本省ETC卡交费的货车,在全省政府还贷高速公路(除天大、霍永东、霍永西、闻合、河运路段外)享受上述优惠政策的同时,再优惠5%,最大优惠幅度不超过50%。

(四)国际标准集装箱车辆和车型分类为2类及以上的厢式货车在全省政府还贷高速公路(除天大、霍永东、霍永西、闻合、河运路段外)享受上述各项优惠政策的同时,再优惠10%,最大优惠幅度不超过50%。

(五)在天大、霍永东、霍永西、闻合、河运5条路段试行分时段差异化收费政策,在20:00至8:00(含20:00和8:00,以驶离各收费站时间点为准)给予货车70%的通行费优惠,8:00至20:00给予货车50%的优惠。

（六）对通行全省高速公路、在固定收费站点上下的客运班车,通过办理 ETC 卡的形式,享受按照通行次数或通行公里数分档的按月包缴优惠政策：

1. 每月通行次数在 30 次(含)以上至 45 次(含)的,给予通行费 30% 的优惠。
2. 每月通行 45 次以上的,给予通行费 50% 的优惠。
3. 每月行驶里程超过 4000km 但不足 6000km 的,给予通行费 30% 的优惠。
4. 每周行驶里程超过 6000km(含)的,给予 50% 的优惠。

三、优惠期限

上述 6 项高速公路差异化收费优惠政策优惠期暂定 1 年,自 2017 年 10 月 1 日起执行,2018 年 9 月 30 日截止。之后视执行情况决定是否延期或进行调整。

四、其他事项

（一）鼓励经营困难的、相邻普通公路货车交通量大且经常发生拥堵的经营性高速公路企业,按自愿的原则,经省高速公路管理局同意后,参照政府还贷高速公路货车差异化收费优惠政策实行货车通行费降标优惠。

（二）客运车辆行驶高速公路仍继续执行省人民政府批准的收费标准;绿色通道和其他减免费车辆仍按国家及本省有关规定执行。

（三）省高速公路管理局负责制定高速公路差异化收费优惠政策的配套管理制度。同时,应加大监督检查力度,确保优惠政策执行到位,不发生违规违纪问题。

接此批复后,请按有关规定组织落实并做好监督检查工作。

山西省人民政府
2017 年 9 月 18 日

附录十八

山西省人民政府
《关于授权山西省交通运输厅对山西路桥建设集团有限公司履行出资人职责的通知》

(晋政函〔2011〕105号)

各市、县人民政府,省人民政府各委、厅,各直属机构:

经研究,山西省人民政府决定授权山西省交通运输厅代表省人民政府履行出资人职责,负责监督管理山西路桥建设集团有限公司的国有资产。

山西省人民政府
2011年7月20日

附录十九

山西省人民政府办公厅
《关于印发〈山西省交通企业及高速公路资产债务重组方案〉的通知》

(晋政办函〔2014〕163号)

省直有关部门：

《山西省交通企业及高速公路资产债务重组方案》已经第63次省政府常务会议研究通过，现印发给你们，请根据各自职责遵照执行。

附件：山西省交通企业及高速公路资产债务重组方案

山西省人民政府办公厅
2014年12月15日

山西省交通企业及高速公路资产债务重组方案

为推进全省交通企业及高速公路资产债务重组，优化全省高速公路资产债务结构，促进高速公路科学发展，根据相关法律法规，结合全省实际，制定本方案。

一、重组的必要性

截至2013年12月底，全省已通车和在建高速公路共74条5333.6km，总投资3110.6亿元，其中：已建成通车4083.2km，在建1250.4km。按属性分：政府还贷高速公路63条4571.2km（含省政府已经批准转为经营性公路但尚未完全到位的高速公路项目），总投资约2792.9亿元；已运营的经营性高速公路11条762.4km，由6户企业投资建设经营，总投资约317.7亿元。

附录十九
山西省人民政府办公厅《关于印发〈山西省交通企业及高速公路资产债务重组方案〉的通知》

长期以来,全省高速公路一直实行高度集中的建设管理体制,由省交通运输厅直接融资建设,建成后由省高速公路管理局运营管理。在高速公路发展初期,这种体制对于集中力量打开建设局面,推进高速公路快速发展发挥重要作用,但也带来诸多弊端,突出表现为:一是政企不分、事企不分。省交通运输厅既履行制定发展规划和行业监管等政府职能,又具体负责政府还贷高速公路融资建设;二是市场化程度较低。全省政府还贷高速公路占已通车和在建高速公路里程的85.7%,而经营性高速公路仅占14.3%,市场化程度低于全国大部分省市;三是交通企业弱小,资产、债务结构不合理,难以承担高速公路投资建设的主体责任;四是高速公路债务过大。因此,必须按照市场化的改革方向,充分发挥企业在高速公路投资建设中的主体作用,建立高速公路多元投资的格局,有效化解交通债务风险。

二、重组的指导思想和基本原则

指导思想: 深入贯彻党的十八大和十八届三中、四中全会精神,坚持市场在资源配置中起决定性作用和更好发挥政府作用的改革方向,培育高速公路投资建设经营市场主体,创新高速公路建设管理体制机制,有效化解债务风险和防范廉政风险,保护债权人权益,兼顾公路的公益属性,采取多种符合实际的经营管理方式,促进高速公路科学发展。

基本原则: 总体设计、分步实施;分类推进、债随路走;统筹兼顾、积极稳妥。

三、重组的目标

按照政企分开、事企分开的原则,推进交通企业及高速公路资产债务重组,重点解决全省高速公路投资建设市场化程度低、交通债务过高、发展不可持续和廉政风险较大等问题。一是将现有5个交通企业整合重组为3个高速公路企业,使其成为资产债务结构相对合理、具备投资高速公路实力的市场竞争主体;二是推进高速公路建设管理的市场化进程,加大政府还贷高速公路权益转让力度,争取两到三年内,使全省经营性高速公路里程由不足15%提升到60%左右;三是按照债随路走原则,通过依法转让政府还贷高速公路权益,力争使现有高速公路债务下降60%左右,建立权责清晰、多元投资、科学发展的高速公路建设管理新的体制机制。

四、重组的主要任务

按照总体设计、分步实施原则,分三步进行。

(一)培育受让政府还贷高速公路权益、承接高速公路债务的市场主体。

通过资产重组、资源整合,培育全省高速公路投资建设经营的骨干企业。对交通系统现有的5户企业,整合重组为三个集团公司,即:单独保留山西省交通开发投资集团公司,重组山西路桥建设集团有限公司,将山西省高速公路集团有限责任公司、山西省交通运输投融资集团有限责任公司、山西省交通建设工程监理总公司整合重组为新的山西省高速公路集团有限责任公司。整合重组后的三个集团公司作为受让政府还贷高速公路权益和相关债务的主要承接主体,并承担今后新建高速公路投融资和建设的主要职责。三个集团规格为省管国有大型企业,归口省国资委监管,配备相应的领导班子。省交通运输厅、省高速公路管理局履行行业及业务管理职责。

1. 单独保留山西省交通开发投资集团公司。

该企业为国有独资公司,注册资本37.6亿元,在册职工3139人,资产216.62亿元,负债157.1亿元,所有者权益59.52亿元。以上资产及所有者权益主要是其经营高速公路预期收费权益。截至2014年8月底,企业账面货币资金6.2亿元,主要为银行周转贷款。该企业由省国资委监管、委托省交通运输厅管理,委托期限到2014年底。

山西省交通开发投资集团公司目前共投资7个高速公路项目,其中,经营5条高速公路423.1km,总投资150.3亿元;省政府已批准转为经营性高速公路尚未完善手续的2条155km,总投资78.5亿元。

2. 重组山西路桥建设集团有限公司。

在原山西路桥建设集团有限公司的基础上,重新组建山西路桥建设集团有限公司,即将山西路桥建设集团有限公司为母公司,集团直属的子公司及山西路桥第一工程有限责任公司、山西路桥第二工程有限公司、山西新三公路桥梁建设养护有限公司为子公司。

2001年,经省政府批准设立山西路桥建设集团有限公司,由省公路局直属的4个工程公司和11个市公路分局所属11个路桥公司组成,下设14个分子公司,注册资金14亿元人民币(由原各路桥子公司账面实收资产7亿元和大张公路路产7亿元组成)。该集团于2002年移交省企业工委监管,2004车5月交由省国资委监管。2008年5月省政府常务会议研究决定山西路桥建设集团有限公司及所属14个分子公司划归省交通运输厅监管。省交通运输厅具体明确山西路桥建设集团有限公司总部及路桥一、二公司、新三公司由省公路局监管,11个原由各市公路分局监管的分子公司仍按原隶属关系分别实施监管。

山西路桥建设集团有限公司拥有公路施工总承包特级资质,但整体实力较弱,当年注册的大张公路路产7亿元因国家取消政府还贷二级公路收费,无法作为山西路桥建设集团有限公司实际的注册资本。由于经营管理不善等原因,截至2008年原集团公司累计亏损17.92亿元。6年多来,按照省政府关于扶持路桥企业发展的要求,省交通运输厅给予多方面力所能及的扶持,使其初步走出困境,但尚未步入良性发展轨道。该集团总部在从事公路工程施工的同时,积极向交通综合投资、建设、施工行业转型。2012年,经省政府批准,该集团总部以BOT方式投资、建设、经营王庄堡至繁峙高速公路,全长58.657km,

附录十九
山西省人民政府办公厅《关于印发〈山西省交通企业及高速公路资产债务重组方案〉的通知》

省政府已经批准为经营性公路但尚未完全到位的高速公路3条171.61km,总投资153.36亿元。

为使山西路桥建设集团有限公司切实承担起高速公路投资建设的主体责任,对该公司进行重组。将集团总部及直属子公司,路桥一、二、新三公司整合重组为新的山西路桥建设集团有限公司,由各市公路分局监管的路桥分子公司,与新组建的山西路桥建设集团有限公司解除资产及隶属关系。重组后的山西路桥建设集团有限公司在册职工3558人,资产314.49亿元,负债261.74亿元,所有者权益52.75亿元。以上资产及所有者权益主要是其经营的高速公路预期收费权益评估值,山西路桥建设集团有限公司截至2014年8月底账面货币资金25亿元,除去银行周转贷款外,基本没有自有资金。随着路桥企业发展,待条件成熟,11个公路分局所属路桥分子公司可按照自愿原则加盟山西路桥建设集团有限公司。

3. 整合重组山西省高速公路集团有限责任公司。

将山西省高速公路集团有限责任公司、山西省交通运输投融资集团有限责任公司、山西省交通建设工程监理总公司整合重组为新的山西省高速公路集团有限责任公司。

山西省高速公路集团有限责任公司是2012年3月经省政府批准成立的国有独资公司。注册资金5000万,在册职工47人。原计划借鉴兄弟省市的经验,将全省政府还贷高速公路授权省高速公路集团经营管理,但2012年4月交通运输部等五部委联合发文明确要求,禁止以体制调整、资产重组、有利融资等名义,违反规定将政府还贷公路转为经营性公路,随意变更政府还贷公路属性。山西省高速公路集团有限责任公司授权经营管理政府还贷高速公路的计划有悖于新的政策规定,工作就此停滞。该集团班子不健全、企业资产规模较小,未开展任何业务。

山西交通运输投融资集团有限责任公司是2012年4月经省政府批准成立的国有独资公司,注册资金50亿元,在册职工42人。省政府办公厅〔2012〕36次会议纪要明确,该公司以财政预拨款100亿元为注册资本。在实际操作过程中,省财政于2012年4月预拨预算资金50亿元作为该集团注册资金,之后陆续从省交通运输厅的燃油税转移支付资金中扣除,实际上相当于省交通运输厅利用银行贷款间接充实企业资本金。第二批财政预拨款至今未到位。该集团成立后,省交通运输厅利用该企业融资平台,先后与十多家银行及金融机构建立融资互信合作关系,累计已为全省高速公路建设融资346亿元。该集团投资吕梁环城、平榆和太佳西3条高速公路,省政府已批准转为经营性高速公路,但尚未完善手续。截至2014年8月底,账面货币资金为7.89亿元,除去银行周转贷款外,账面现金仅有1.38万元。

山西省交通建设工程监理总公司成立于1993年5月,注册资金1.45亿元,在册职工392人。公司资产总额4.83亿元,负债总额4.16亿元,所有者权益6695.5万元,资产负债率86.1%。2012年投资太佳高速公路临县黄河大桥,已于2014年5月31日通车运营。

以上3户企业由省国资委监管、委托省交通运输厅管理,委托期限到2014年底。

鉴于上述3户企业整体实力较弱、领导班子不健全,难以独立作为受让政府还贷高速公路权益和相关债务的主要承接主体的实际,将3户企业整合重组为省高速公路集团有限责任公司,省高速公路集团有限责任公司为母公司,省交通运输投融资集团有限责任公司、省交通建设工程监理总公司为子公司。组建后的企业账面注册资本51.95亿元,在册职工481人,资产368.56亿元,负债316.26亿元,所有者权益52.3亿元。以上资产和所有者权益主要为集团各企业经营高速公路的预期收费权益评估值。

通过财政支持提高国有企业的竞争和发展能力。3个高速公路企业实力较弱,拟通过财政支持提高国有企业的竞争和发展能力,按照满足初期运转需要,省财政一次性向省交通开发投资集团注资或借资20亿元,向省路桥集团注资或借资30亿元,按照省政府办公厅〔2012〕36次、45次会议纪要精神为重组后的省高速公路集团有限责任公司注资或借资50亿元,企业以此为基础,通过银行贷款、发行企业债券等方式,提高受让政府还贷高速公路权益和今后生存发展的能力。

(二)分批逐条转让部分政府还贷高速公路权益。

考虑到全省高速公路企业购买能力不足的实际情况,采取分批逐条转让的办法转让部分政府还贷高速公路权益。争取两到三年内,分批逐条转让25条2174.1km高速公路权益,使全省经营性高速公路总数达到36条2936.5km,占到全省2013年底已通车和在建高速公路里程的55.1%,债务总量可降低60.2%。

1.加快推进省政府已批准的由省交通系统企业作为投资人或参股人的9条BOT和TOT高速公路项目实质性转让工作。

2012年以来,省政府批准省交通系统企业采取BOT和TOT方式,将政府还贷高速公路转为经营性高速公路的项目有9个,分别由山西路桥建设集团有限公司、山西省交通运输投融资集团有限责任公司、山西省交通开发投资集团公司、山西省交通建设工程监理总公司、山西省交通规划勘察设计院等交通企业为独资或参股投资人。为加快推进这9个项目的实质性转让工作,应尽快配齐相关企业领导班子,解决煤炭企业退出涉及的股权转让等审批手续问题,争取2014年内完成转让工作。这9条高速公路实质性转让工作完成后,省政府还贷高速公路可减少628.7km。

2.通过公开招标逐条转让部分高速公路权益。

目前全省政府还贷高速公路中,具备转让为经营性公路条件的有31条2389km,其中属于国家高速公路网的18条1539km,属于省高速公路网的13条850km。为提高企业受让高速公路权益的积极性,初步考虑先从中选择预期效益较好、有一定市场吸引力的16

条政府还贷高速公路转让权益,其中,国家高速公路网9条、省高速公路网7条,共1545.4km,总投资1176.4亿元,对拟转让政府还贷高速公路预期收益依法进行评估后,通过公开招投标选择投资人。鼓励社会投资人参加投标,山西省交通开发投资集团公司、山西省路桥建设集团有限公司和新组建的山西省高速公路集团有限责任公司参加投标。中标企业依法取得政府还贷高速公路相应权益,现有高速公路运营机构及人员一并划入受让企业。按照债随路走的原则,在高速公路权益转让的同时,将省交通运输厅承担的相应高速公路债务转为高速公路企业债务。如果能够完成上述转让,全省政府还贷高速公路可减少1545.4km。(16条拟转让的政府还贷高速公路中包含2012年以来省政府批准由煤炭企业全额投资或接近全额投资的由政府还贷路转为经营性的5个项目。2013年煤炭企业按省政府决定全部退出,煤企投入的资金也由省交通运输厅于2013年8月退还投资企业,5个项目经营性公路履约合同已终止,暂无新的投资人承接。目前,3个项目已建成通车并经省政府批准仍按政府还贷公路运营,2个项目仍先按政府还贷公路投资建设,上述5个项目经省政府批准原值转让煤企。继续推动这5个项目转为经营性公路,需按国家有关规定经招投标仍按原值重新选择投资人。)

上述转让实现后,截至2013年底全省已通车和在建的政府还贷高速公路还剩38条2397.1km。在此基础上,可继续推进政府还贷高速公路的市场化进程,进一步降低政府还贷高速公路债务。

(三)积极推进相关配套改革,建立高速公路建设管理新机制。

全面开放高速公路投资市场,积极引进社会资本参与高速公路建设,引导省内有实力的国有企业参股全省高速公路企业或者单独受让政府还贷高速公路权益。同时运用政府和社会资本合作模式,积极吸引省内外投资者投资建设、经营全省高速公路。

充分发挥山西省交通开发投资集团公司、山西路桥建设集团有限公司和山西省高速公路集团有限责任公司在全省高速公路投资建设中的重要作用,通过PPP、BOT、TOT等方式投资、建设和经营全省高速公路项目。

省高速公路管理局逐步全面履行政府还贷高速公路融资建设及还贷职能,承担改革后剩余的政府还贷高速公路债务,并履行新建政府还贷高速公路融资、建设及还贷职责。

省交通运输厅重点履行法律法规和"三定规定"确定的规划、指导、协调及市场监管等职能,逐步不再直接行使高速公路融资建设职能。

附录二十

山西省人民政府《关于同意成立山西交通控股集团有限公司的批复》

(晋政函〔2017〕100号)

省交通运输厅：

你厅《关于成立山西交通控股集团有限公司的请示》(晋交财发〔2017〕324号)收悉。现批复如下：

一、根据2017年7月14日省政府第155次常务会议精神，同意成立山西交通控股集团有限公司。

二、原则同意你厅《山西交通控股集团有限公司筹组方案》有关事宜。

三、筹组过程中的未尽事宜，以省政府山西交通控股集团有限公司筹备领导组的协调意见为准。

附件：山西交通控股集团有限公司筹组方案

山西省人民政府
2017年8月2日

山西交通控股集团有限公司筹组方案

高速公路债务化解和管理体制改革是省委、省政府2017年确定的重要改革任务。根据省委、省政府《关于深化国企国资改革的指导意见》(晋发〔2017〕26号)，借鉴外省经验，结合山西交通实际，筹组成立山西交通控股集团有限公司(以下简称山西交控集团)。

附录二十
山西省人民政府《关于同意成立山西交通控股集团有限公司的批复》

一、公司名称

公司名称为"山西交通控股集团有限公司"（以工商行政管理部门核准的名称为准）。

二、重组范围

以省交通运输厅和省国资委管理（持有）的交通企业国有资产（股权）作价出资，采取整体打包、无偿划转、股权重组等方式，成立山西交控集团。重组范围包括：

（一）省交通运输厅管理的交通国有资产：

1. 将省交通运输厅管理的 53 条政府还贷高速公路和 9 条在建政府还贷高速公路共 62 条高速公路资产整体划入山西交控集团；

2. 将省交通运输厅管理的省交通规划勘察设计院、省交通科学研究院资产整体划入山西交控集团；

3. 将省公路局管理的山西远方路桥（集团）有限责任公司、朔州路桥建设有限责任公司、山西远大公路桥梁建设养护公司、太原路桥建设有限公司、晋中路桥建设集团有限公司、山西平阳路桥有限公司、山西运城路桥有限责任公司、吕梁公路建设有限公司、山西长兴路桥工程有限公司、晋城路桥建设有限公司国有股权划入山西交控集团；

4. 将省交通运输厅出资、省高速公路管理局管理的省交通信息通信公司、省交通物资公司、省高速公路开发有限责任公司共 3 户企业资产整体划入山西交控集团；

5. 将省交通运输厅投资的太原武宿物流园区资产整体划入山西交控集团；

6. 将省高速公路管理局持有的山西汾平高速公路有限责任公司 30% 的股权、省高速公路管理局所属大同高速公路公司持有的山西悦达京大高速公路有限公司 20% 的股权划入山西交控集团。

（二）省国资委管理的交通国有资产：

1. 将路桥集团国有股权全部划入山西交控集团；
2. 将交投集团国有股权全部划入山西交控集团；
3. 将高速集团国有股权全部划入山西交控集团。

山西交控集团注册资本约 500 亿元，将省交通运输厅管理的 62 条政府还贷公路、17 条经营性公路的中央和地方政府出资以及上述公路的土地使用权作价出资，作为资本金注入交控集团。

三、注册地

注册地：山西省太原市山西转型综改示范区。

四、公司性质和功能定位

山西交控集团是省政府出资设立的国有独资公司。以国有资本运营和国有股权管理为重点,对交通国有资本承担保值增值责任,对其出资企业履行出资人职责。

山西交控集团的功能定位为省内重大交通项目的投融资主体,承担省内交通运输基础设施的投融资、建设和运营管理;提供交通基础设施公共服务;负责通过投资控股、产业培育、资本运作等方式,推动交通运输产业集聚发展和转型升级;在市场机制不能有效发挥作用的领域,承担省政府赋予的重大交通基础设施项目的建设任务。

五、管理体制

省国资委履行出资人职责,行使出资人权利。

(一)山西交控集团作为省政府批准的特许经营主体,划入的62条政府还贷高速公路属性不变。其通行费收入作为企业收入,实行集团内部"收支两条线"管理,使用税务票据。

(二)支持山西交控集团设立交通产业基金。募集资金主要用于公路建设。

(三)省内新建高速公路等交通基础设施PPP项目的中央和省政府投资,由山西交控集团履行政府出资人职责。

(四)由省交通运输厅以银行贷款借支1亿元作为山西交控集团开展资产评估、审计、信息安全监控指挥系统前期建设、集团开办等经费,在债务划转时一并清算。

(五)资产人员债务实行整体划转,人随单位走,债随资产走。

(六)62条政府还贷高速公路交割日为2017年12月31日。交割日之前,银行贷款还本付息由省交通运输厅负责;自交割日起,还本付息由山西交控集团负责,省交通运输厅配合,确保不发生系统性、区域性金融风险。

六、行业监管

省交通运输厅履行行业监管职责,具体负责对授权经营的政府还贷高速公路债务风险进行监控;负责山西交控集团交通建设计划执行及交通基础设施运营管理的年度考核;负责对集团领导提出考核建议。

七、干部管理

山西交控集团党委会、董事会、经营班子按照省委干部管理有关规定任命。

八、组织领导

(一)省政府山西交通控股集团有限公司筹备领导组。

附录二十
山西省人民政府《关于同意成立山西交通控股集团有限公司的批复》

组　　长：王一新　　副省长
副组长：张志川　　省交通运输厅厅长
　　　　郭保民　　省国资委主任

成员：省编办、省财政厅、省人力资源和社会保障厅、省国土资源厅、省交通运输厅、省国资委、省地税局、省工商局、省金融办、省国税局等相关部门和有关省属国有企业负责人。

（二）省政府山西交通控股集团有限公司筹建组。

筹建组组长由省交通运输厅副厅长、总会计师袁清茂同志担任。改革涉及的有关企业主要负责人为成员。

九、时间安排

方案批准后，立即启动山西交控集团筹组工作，1~2个月完成筹组和工商登记注册，挂牌运营。

附录二十一

山西省发展和改革委员会
关于《山西高速公路网规划》的批复

(晋发改规划发〔2005〕275号)

省交通厅:

《山西省高速公路网规划》业经省政府第42次常务会议审议通过,现批复给你们,请遵照执行。

附件:山西省高速公路网规划

山西省发展和改革委员会
2005年3月18日

山西省高速公路网规划

一、规划背景和必要性

1. 国家和山西发展已进入全面建设小康社会的新阶段

目前,全国已进入全面建设小康社会的新阶段。全面建设小康社会是全国现代化建设第三个战略阶段中具有决定意义的发展阶段。21世纪头20年,山西省将在优化结构和提高效益的基础上,力争提前实现国内生产总值比2000年翻两番的目标,人均国内生产总值和城乡居民收入达到全国中等水平。根据这一发展目标,全省经济将步入高速增长期,产业结构也将进一步优化。同时,全省经济、社会、环境、资源全面、协调、可持续发展的压力将持续存在,区域经济联系将更加紧密,竞争将更加激烈。

新的发展形势对交通运输提出新要求,这就是:交通建设和运输服务必须在扩大规

附录二十一
山西省发展和改革委员会关于《山西高速公路网规划》的批复

模、提升质量、提高效率的同时,最大限度地降低交通建设和运输服务的环境资源代价。全立交、大通行量的高速公路,为交通运输提供更经济、更环保、更高效、更安全的运行环境。发展高速公路并保持合理规模,是适应新形势、解决新矛盾的有效途径。

2. 交通发展呈现新特点

发展理念从侧重技术经济转向注重提高人民生活质量;发展内容从偏重基础设施数量转向注重基础设施、运输服务、管理全面发展,注重系统整体性、功能性、协调性;发展方式从注重效率转向效率和公平并重;发展动力从依靠传统技术和劳动力数量投入转向高新技术应用,以信息化提升传统交通运输业,实现质量、效益型超常规发展。发展高速公路,进一步优化路网布局结构、技术结构,形成层次分明、结构合理、功能完善的公路基础设施,提升整个交通运输服务水平,将是今后交通发展的主要方向。

3. 是国家高速公路网络化的必然要求

从20世纪80年代末开始,以"五纵七横"国道主干线系统规划为核心,全国高速公路逐步走上持续、快速、有序的发展道路,目前高速公路总里程已接近3万公里,跃居世界第二位。根据专家研究预测,未来30年将是全国高速公路发展的成型期,为适应全国全面建设小康社会需要,指导、协调各地高速公路建设,促进全国经济社会全面、协调、可持续发展,增强国家竞争力,交通部组织编制《国家高速公路网规划》,2004年12月17日国务院常务会议已原则通过。交通部明确要求各省研究制定符合本地区实际的区域性高速公路网规划,以期在适应、配合国家高速公路建设需要的同时,实现地方交通投资效益和路网布局最优化。

4. 是山西交通建设自身发展和调整的客观需要

山西省高速公路建设从1993年起步开始,经历1993~1999年的起步建设和2000年至今的快速发展两个阶段,通车里程达到1347km,实现历史性跨越。然而,到目前为止,山西还没有高速公路发展专项规划。为确保山西高速公路快速、健康、科学发展,就必须及早并统筹研究高速公路发展过程中的整体与局部、短期与长期、行业发展与经济社会协调发展等重大关系,加紧研究和制定高速公路长远发展规划,明确高速公路发展的远景目标和布局框架,使全省的高速公路建设能够适应国家高速公路建设和发展需要,更好地服务于全面建设小康社会的宏伟大业。

5. 是加强执政能力建设的客观需要

2004年9月19日,党的十六届四中全会通过《中共中央关于加强党的执政能力建设的决定》,提出"提高科学判断形势、驾驭市场经济、应对复杂局面、依法执政、总揽全局的能力"的要求,以及坚持"科学执政、民主执政、依法执政"的要求。规划是宏观调控、结构调整、依法行政的科学基础和依据。科学合理的规划,将会成为领导层分析、判断、决策经济社会发展重大问题的科学依据,有助于提高执政能力、执政水平。

二、指导思想和规划原则

1. 指导思想

以邓小平理论和"三个代表"重要思想为指导,牢固树立和落实科学发展观,服从服务于国家及全省经济社会发展大局,坚持"以人为本、安全至上,节约资源、综合利用,远近结合、统筹规划"的方针,构建适合山西省情、满足发展需要、布局合理、功能完善、便捷高效的高速公路网,为全面建设小康社会提供强有力的交通支撑。

2. 规划原则

前瞻性

高速公路规划既要满足近期经济社会发展需要,也要着眼于适应长远交通需求和经济社会现代化要求,采用供给导向型规划模式,使规划具有一定前瞻性,充分发挥高速公路在统筹城乡发展、推进城镇化进程中的先导作用。

开放性

高速公路网规划既要充分考虑内陆省份山西进一步扩大开放需求,也要着眼解决全国交通东西连通问题,满足构建综合运输通道要求。要注重与周边省区有机衔接,强化山西与各大经济区的紧密联系,形成开放型的高速公路网络,最大限度地发挥高速公路效益,促进山西对外开放。

系统性

从构建省内外综合运输大通道、完善现代综合运输体系要求出发,准确科学合理地对山西省高速公路的功能进行定位。从全省经济社会发展全局出发,合理规划高速公路的空间布局,满足功能要求,实现系统整体最优化。

协调性

高速公路规划要与山西省地理特点、城市分布、生产力布局相适应,与城镇、旅游、通讯、环保、水利等专业规划相衔接,与铁路、航空等其他运输方式相协调。特别是要与一般干线公路网、农村公路网统筹考虑,要充分利用已有线形资源,在高速公路密度不足的地区,通过一级、二级公路加密,在经济增长极增设高速公路连接线,发挥高速公路的网络积聚辐射功能,满足社会发展需要。

可持续性

高速公路网规划要与规划区域内山、水、林、田综合治理、资源利用等相结合,减少对生态资源的破坏,降低环境污染,节约土地,少占或不占耕地,节约能源,走可持续发展道路。

三、功能定位及发展目标

1. 功能定位

根据全省交通发展特点,借鉴国家高速公路网功能定位,对山西省高速公路网功能定位如下:

高速公路网是山西省公路网中层次最高、功能相对独立的子系统,它处于由山西省国家高速公路、国道、省道组成的山西省干线公路网的最高层次,是山西省干线公路网的主干网,是省内外客货运输大通道。完善的高速公路系统能够提高运输效率,保障运输安全,将有力地促进区域经济均衡、协调发展,增强国家安全保障能力、完善现代综合运输体系,带动山西经济健康、持续发展,促进社会全面进步。

山西省高速公路网在公路网中的定位见下图:

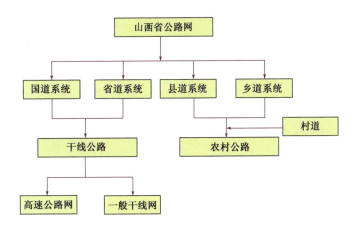

2. 规划期限

本规划以 2003 年为基年,规划目标年为 2020 年。

3. 发展目标

山西省高速公路网规划的发展目标是:构建纵贯南北、承东启西、覆盖全省、通达四邻的高速公路网,实现省会到相邻省会、省会到地级市、相邻地级市之间高速通达并连接 2020 年城镇人口超过 15 万的所有城市,与一般干线公路网、农村公路网共同构成现代化的公路基础设施网络。届时,全省约 90% 的市县能在一小时内到达高速公路,为山西全面建设小康社会提供强有力的交通支撑。

四、需求特点及发展预测

1. 需求特点

根据形势分析,未来山西交通发展将会呈现以下特点:

——国民经济持续快速增长和经济总量不断扩大,必将带动全社会人员、物资流动总量升级,导致全社会运输总需求量不断增长,从而引发公路交通需求持续增长。

——解决"三农"问题,推进城镇化进程,都将促使人员流动和商品消费增加,进而带动客货运输需求增长。与此同时,城市群和城市带大量出现,将使城市间联系更加紧密,物资交流更加频繁,从而形成更大的公路客货运需求。

——工业化进程加快,产业结构优化升级,将促使货物运输规模和结构发生较大变化,要求公路交通运输必须向高效和优质服务方向发展。

——人民生活水平进一步提高,消费结构显著变化,将会产生大量公路客运需求,并呈现多样化、个性化趋势,方便、快捷、舒适、安全、自主等价值取向明显增强。未来人均出行次数和消费性出行将明显增长,并呈现需求层次高、时间和空间分布不均匀的势态。需要公路发挥自身优势,提供相当数量的规模化、个性化客运服务。

——可持续发展战略实施,要求公路交通在加快发展同时,走节约资源、保护环境、提高效率、保障安全的可持续发展的道路。

2. 发展预测

(1)运输发展预测

根据各种预测方法的优缺点,结合公路交通运输发展特点,选用回归分析法、指数平滑法、弹性系数法并与定性分析相结合,对全省汽车拥有量和公路运输量进行分析预测,得到如下结论:

——客车拥有量到 2005、2010、2020 年分别达到 51、97、268 万辆;货车拥有量到 2005、2010、2020 年分别达到 33、40、54 万辆。

——公路客运量到 2005、2010、2020 年分别达到 4.63、7.02、15.25 亿人;公路旅客周转量到 2005、2010、2020 年分别达到 214、335、834 亿人公里;公路货运量到 2005、2010、2020 年分别达到 7.85、10.17、15.35 亿吨;公路货物周转量到 2005、2010、2020 年分别达到 406、545、860 亿吨公里。

(2)公路网规模预测

高速公路网是公路网的组成部分,本规划结合山西实际,采用国土系数法、弹性系数法等对山西省公路网总规模进行预测,经咨询、分析、修正后得出结论:山西省公路网总规模到 2005 年、2010 年、2020 年将分别达到 67600km、80800km 和 100400km,公路网密度分别由 2003 年的 40 公里/百平方公里提高到 43、52 和 64 公里/百平方公里。

(3)高速公路规模预测

影响高速公路合理规模的因素有很多,其中最主要的影响因素有人口数量、城市化水平及城镇分布、经济发展水平、经济结构及产业布局、土地资源及地理特征等因素。本规划采用连通度法、国内分解法、服务能力法、国际类比法、可测度类比法等对山西省高速公

路规模进行测算,经分析并咨询专家得出结论:

山西地处中西部结合地带,经济、地理位置特殊,高速公路连通水平应略高于全国平均水平,连通2020年城镇人口在15万人以上的城市较为适宜。即到2020年,山西省高速公路建设合理规模为4000km左右。

五、布局规划

1. 布局方案

山西省高速公路网布局规划为人字骨架,9横9环。由以省会太原为中心的3条放射线构成人字形主骨架,以9条横线和9条环线为次骨架,以4条连接线为补充,形成纵贯南北、承东启西、覆盖全省、通达四邻的高速公路网络。山西省高速公路网布局结果见附图。

人字骨架(共计1152km):

新荣得胜口—芮城风陵渡831km;

太原—泽州道宝河321km。

9横(共计2286km):

阳高孙启庄—右玉杀虎口175km;

灵丘驿马岭—平鲁二道梁276km;

五台长城岭—保德340km;

太原袁家庄—临县克虎寨202km;

平定旧关—柳林军渡367km;

和顺董坪沟—介休156km;

霍州—永和县永和关165km;

黎城下浣—吉县七郎窝340km;

泽州韩家寨—河津禹门口265km。

9环(共计1013km):

大同环线67km;

太原环线90km;

长治环线73km;

晋城环线60km;

运城环线76km;

朔州区域环线145km;

太原区域环线202km;

晋中区域环线175km;

临汾区域环线 125km。

连接线（共计 269km）：

平顺河坪迪—长治南垂 64km；

陵川营盘—高平 60km；

垣曲蒲掌—闻喜东镇 84km；

运城—平陆 61km。

人字骨架、9 横 9 环及连接线共 4720km，扣除重复里程后布局规模总计 4051km。

2. 布局效果

——满足国家高速公路网布局要求，符合全国经济社会发展战略

本规划与国家高速公路网规划紧密衔接，国家高速公路在山西境内的六条路段全部纳入本规划。同时将境内国道主干线、国家重点公路全部规划为高速公路，使山西省高速公路网有机地融入国家网，使山西省承东启西的经济地理优势充分发挥，符合国家经济发展战略要求。

——形成开放型高速公路网络，适应山西扩大开放需要

本规划布局过程中充分考虑省际间、区域间有机衔接，与相邻四省区内蒙、陕西、河南、河北分别有 3 条、7 条、6 条、6 条高速通道相连，形成开放型高速公路网络，这 22 个高速出口通达周边省区 19 个大中城市，进一步强化山西与国内各大经济区和相邻省之间联系，使山西融入京津冀、环渤海、中原、西北、珠三角、黄河金三角等各大经济区，形成一个全面对外开放的新格局，使得内陆省份山西也实现通江达海，进一步增强山西对外交流沟通能力。

——改善省内区域间交通联系，适应山西一体化发展需要

本规划在国家高速公路网规划基础上，进一步完善省域内高速公路网络，在省内形成一个以省会太原为中心的三小时经济圈和以大同、运城、晋城等大中城市为中心的区域经济圈，可以充分发挥公路对国土资源、区域经济的整合和联系作用，促进山西经济社会一体化发展。

——与其他运输方式紧密衔接，有效促进综合运输体系建立和完善

高速公路网连接省内所有的公路、铁路、航空枢纽和重要站点，进一步强化各种运输方式间的紧密合作和有机衔接，促进各种运输方式优势互补、协调发展、各展其长，从而有效促进畅通、安全、便捷的综合运输体系的建立和完善。

——增强煤炭运输能力和旅游景点通达能力，有效支撑新型能源和工业基地建设

本规划布设了五台长城岭—保德、高平—新乡、长治—安阳等横线和经济性产业区域连接线，强化煤炭产业区之间、旅游产业区之间的便捷连接，很好地适应煤炭经济持续发展和旅游产业快速壮大的需要，有效支撑山西新型能源和工业基地建设。

——提高高速公路覆盖面积，促进社会和谐及人的全面发展

本规划提高高速公路的覆盖面积，体现以人为本发展理念。随着规划实施，全省人民基本上都可以直接享受到高速公路带来的生产和生活便利，极大地提高全省最广大人民群众生活质量。同时，可以打破落后地区封闭状态，扩大人民视觉，帮助落后地区群众转变落后观念，进而推动经济社会和谐进步，促进人的全面发展。

——提高可靠性和国防安全机动能力

本规划与一般干线公路网、农村公路网共同构成一个有机整体，使得全省90%以上的市、县能在1小时内快速到达高速公路，增强路网可靠性。高速公路成网后，国防安全机动能力将大大增强，有利于建立战略性机动高效运输系统，为实现战时全路网无障碍快速机动功能奠定基础。

六、实施设想

1. 建设进展与资金需求

经初步统计，在规划的4000余公里中，截止2004年年底，已建成1347公里，在建400公里，待建约2300km，分别占总里程的33.2%、10.0%、56.8%。

经初步匡算，除已建成1347km外，其余2704km还需资金约1013亿元（不含2004年列入计划部分）。其中在建项目还需投资41亿元，待建项目需投资972亿元。

2. 实施序列安排原则

从国家及全省经济社会发展大局出发，从构建综合运输大通道要求出发，坚持将需要与可能、近期与远期有机结合，统筹考虑、重点突出、效率优先、协调发展，优先安排国家项目、人字骨架、重要横线和环线。

3. 阶段建设目标及建设重点

按照上述原则，本规划对今后1年、3年、5年发展目标及重点做出具体安排，在规划实施过程中可根据项目具体情况按程序适当调整建设时序。

2005年，优先安排国家及全省重点项目建设，支撑构建以太原为中心的三小时经济圈，完善人字骨架建设。到"十五"末高速公路通车里程达到1682km，实现省会到市三小时高速通达，打通7个高速出口通道。建成新荣得胜口—大同、太原—长治及汾阳—离石高速公路。

2006—2007年，优先安排国家项目在山西境内段，国道主干线山西境内段全部建成高速公路，人字骨架全面形成。2007年末，高速公路通车里程达到2000km，打通10个高速出口通道。建成离石—柳林军渡、侯马—河津禹门口、晋城—泽州道宝河及太原—古交、阳城—侯马等路段。

2008—2010年,国家高速公路山西境内段基本建成,重要横线及特大城市环线建成。2010年末,高速公路通车里程达到3000余公里,打通14个高速出口通道。建成长治—临汾、灵丘驿马岭—山阴和五台长城岭—保德、和顺董坪沟—汾阳等路段。

2011年以后,主要建设城市、区域环线和连接线,进一步完善网络。具体发展目标及重点可根据经济社会发展及资金落实情况在相应的五年规划中予以明确。2020年末,本规划目标全面实现,总里程达到4000余公里,打通22个高速出口通道,形成开放型的高速公路网络。

4. 远景设想

为适应未来经济社会发展需要,建议在本规划实施后期,适时对本规划进行综合评估,并对2020年以后山西省高速公路发展进行统筹规划,进一步明确山西省高速公路发展的稳定规模。

七、政策措施建议

1. 维护规划严肃性,科学实施动态调整

《山西省高速公路网规划》由山西省交通厅组织编制,经山西省人民政府批准实施并纳入山西省国民经济和社会发展规划,是山西省高速公路建设的指导性文件,也是山西经济社会发展中的一项重大战略决策,具有行政指导性和法律约束力。规划颁布后,由各级政府和有关部门认真组织实施,并正确处理山西省高速公路网规划与区域、行业规划的关系,统筹兼顾,协调推进。同时,要建立规划实施的监测机制,根据经济社会发展趋势和不断变化的交通需求适时对规划进行评估和调整,以适应经济社会发展需要。

2. 出台政策法规,优化发展环境

改革投资体制。《国务院关于投资体制改革的决定》确立企业在投资活动中的主体地位,结合全省公路建设实际情况,建议政府制定出台吸引社会资本的相关政策,进一步拓宽高速公路建设的融资渠道,鼓励社会投资;改革审批制度,制定交通建设项目核准办法,放宽准入限制,简化审批程序。

完善用地政策法规。本规划中高速公路建设用地规模较大,国家有关法律对征地拆迁补偿只作框架性规定,实际操作难度较大,建议政府出台有关政策法规,进一步细化补偿费用标准,明确各级政府和有关部门的责任,规范征地拆迁工作。

控制通道建设红线。建议政府出台相关规定,预留规划项目建设用地,明确公路用地的土地使用性质、范围,实行红线控制。红线内禁止审批新增建筑物或私自乱搭乱建,保障规划顺利实施。

3. 加强前期工作,科学确定标准

规划经批准后,应积极开展项目前期准备工作,建立相应项目储备。前期工作要远近

附录二十一
山西省发展和改革委员会关于《山西高速公路网规划》的批复

结合,统筹考虑,合理利用线位资源,科学确定建设标准。对于标准高、投资大的项目,可考虑分期建设,既要满足近期发展需要,也要为远期发展预留出相应的空间。

4.加强环境保护,推进可持续发展

公路建设与生态环保建设要同步推进,针对建设项目制定合理可行的生态环保设计方案,节约土地资源,保护生态环境,加强沿线绿化,建设绿色生态走廊,尽量减少公路建设带来的生态破坏和环境污染,走可持续发展道路。

附录二十二

山西省发展和改革委员会
关于《山西省高速公路网调整规划》的批复

晋发改规划发〔2009〕188号

省交通厅：

根据全省经济社会发展的新形势和新情况，你厅编制的《山西省高速公路网调整规划》，省人民政府常务会（〔2008〕24次）已原则通过，并根据会议精神进行了修改。规划编制程序合理，调整内容符合实际，现予批复。

附件：山西省高速公路网调整规划

山西省发展和改革委员会
2009年2月13日

山西省高速公路网调整规划

一、调整的背景及必要性

（一）调整背景

1. 国家区域协调发展战略调整

中部地区承东启西、连南接北，是全国生产要素流动的桥梁和纽带。为促进全国东中西互动，实现优势互补、共同发展，国家提出促进中部地区崛起的战略决策。《中共中央、国务院关于促进中部地区崛起的若干意见》明确指出，要把中部六省建成全国重要的粮食生产基地、能源原材料基地、高技术产业及现代装备制造基地和综合交通运输枢纽。为

附录二十二
山西省发展和改革委员会关于《山西省高速公路网调整规划》的批复

适应国家促进中部地区崛起战略的总体要求,针对中部地区交通区位特征,原交通部于2005年组织编制《促进中部地区崛起交通发展规划》,对该区域高速公路进行布局规划,强化高速通道建设。此后,中部及全省周边省份高速公路网规划相继启动或修订,扩大高速公路规模。为推进中部地区交通建设,国家发改委正在组织编制《促进中部地区崛起交通发展规划》。

2. 山西经济社会快速发展

近年来,山西省抓住国家促进中部地区崛起战略机遇,坚持走出"四条路子"、实现"三个跨越",全省经济社会持续快速发展,经济总量增速明显,产业结构和产业布局进一步优化,新型工业化、特色城镇化进程加快。经济社会的快速发展,引发城市规模扩展以及城市群产生,在交通需求增大的同时,交通流分布也发生较大变化,对高速公路网规模和布局提出新要求。

2008年初,山西省委、省政府提出实施"四大攻坚"、强化"四大支撑"的发展思路,并把加快现代服务业发展作为"四大攻坚"之首。在这一战略推动下,产业结构将进一步改造升级,社会资源配置进一步优化,传统产业和新型产业协调发展。而煤炭等传统支柱产业的持续发展及旅游等新兴支柱产业的快速成长,都将产生新的交通需求。

(二)调整的必要性

1. 支撑中部崛起、区域协调发展,需交通率先启动、引领发展

山西属中部六省之一,区位十分重要,交通运输不仅是省域内部经济社会发展的基础,也是中部地区崛起的基础,甚至是全国东中西部协调发展的关键所在。与党的"十七大"精神和国家促进中部崛起战略这个更新、更高要求相比,《山西省高速公路网规划》已不能很好地适应发展需求。因此,为更好地支撑中部崛起、适应全国区域经济协调发展,调整完善高速公路网规划非常必要。

2. 服务山西经济社会快速发展,需交通完善网络、提升服务

实现山西经济社会发展战略,一要积极融入环渤海等经济发达地区,二要加强省域内部经济联系,提升山西整体竞争力。目前,全省高速公路通道作用正在加强,但内部各经济区之间的联系仍不紧密,各经济区的集聚效应未能充分发挥,影响全省经济社会协调发展。高速公路可强化区域之间的联系,缩短时空距离,在更大范围内实现资源合理配置。同时,高速公路布局对城市群的发展具有战略先导作用,可引导城市群、城市圈(带)合理布局,消除区域之间的瓶颈,推动区域合作与发展。因此,有必要对原规划进行调整完善。

3. 实现山西经济社会可持续发展,需交通集成资源、提高效率

实现可持续发展是全省经济社会发展的重要战略目标,《山西省高速公路网规划》实施以来,全省经济社会发展较快,交通需求激增。从可持续发展角度来看,应全盘统筹考虑,合理利用通道资源,提高资源利用效率。要以交通规划来控制和引导交通需求,使交通流合理分布,获得区域整体路网效益最优化,更经济、更有效地满足交通需求。

4. 保障山西经济社会发展安全,需继续提高交通运输的机动性、可达性和安全可靠性

《山西省高速公路网规划》较系统、全面地考虑山西经济社会发展客观需要,但随着经济社会发展,原规划执行环境已发生较大变化,已不能适应当前及未来发展需要。特别是从应对突发事件等角度来看,高速公路网总规模不足、横向通道不足、纵向联系薄弱、机动性不强。为保障经济社会安全发展,有必要调整规划,对外增设通道,对内提高网络化程度。

二、原规划评价

1. 规划执行情况

《山西省高速公路网规划》于2002年开始组织研究,2005年1月经省政府常务会议审议通过。该规划布局方案为"人字骨架、九横九环",规划目标是连通2020年城镇人口在15万人以上的城市,90%的市县实现一小时上高速,总里程4050km,其中国家高速公路网规划项目2056km。到2008年底,全省已建成"人字骨架、一横三环"1965km,完成规划的48.5%;其中国家高速公路网项目完成1400余公里,占全省国高项目的70%。"人字骨架"的建成,形成以省会太原为中心的"三小时"经济圈,覆盖全省8个重要旅游景区,打通10个高速出口,对强化山西内部区域间的联系,推进山西经济社会发展,加强山西与北京、河北、河南、内蒙、陕西等省份的联系,沟通全国东、中、西部地区都起到重要作用。太原、大同、运城三个城市高速环线的建成,缓解城市过境交通压力,提升城市品位。根据规划,到2010年底,高速公路通车里程将达到3000km,完成规划的67%。《山西省高速公路网规划》的实践表明,"人字骨架、九横九环"布局方案总体符合全省生产力水平和社会发展需求,该规划对全省高速公路快速、有序、科学发展起到很好的推进作用。

2. 需完善的三个方面

通过这几年的实践,从发展的眼光看,原规划有些方面仍需完善。

——对内需加强连接,提高网络化程度

山西高速公路覆盖、连通程度不高,原规划仅连通2020年城镇人口在15万以上的城市,相邻省辖市之间的连接不足,且部分重要旅游景点、产业密集区的高速公路连通程度不高,南北纵向联系较为薄弱。

附录二十二
山西省发展和改革委员会关于《山西省高速公路网调整规划》的批复

——对外需加强连通,强化山西通道作用

全省与周边省份衔接仍需加强,原规划东西横向通道不足,且部分横向通道并未贯通,重要出口通道交通压力过大,形成"瓶颈"。同时,纵向通道有待加强。

——建设时序有待调整,项目储备仍显不足

随着规划实施环境的改变,原规划部分项目建设时序需适当进行调整。同时,根据"十一五"项目建设进展情况,需及早对2011—2020年的高速公路建设统筹考虑,科学有序地开展前期工作,做好项目储备。

三、指导思想和调整原则

1. 指导思想

以邓小平理论和"三个代表"重要思想为指导,牢固树立和落实科学发展观,服从服务于国家及全省经济社会发展大局,按照国家促进中部地区崛起战略总体要求,坚持"以人为本、安全至上,统筹规划、集成资源,完善网络、提升服务"方针,构建适合山西省情、满足发展需要、布局合理、主次分明、功能明确、机动高效的高速公路网,为推动山西转型发展、安全发展、和谐发展提供交通支撑服务保障。

2. 调整原则

坚持适应需求和引领发展相统一原则,进一步增强规划的前瞻性

高速公路网调整规划既要满足近期经济社会发展需要,也要具有一定前瞻性,以交通规划来控制和引导需求,充分发挥高速公路在统筹区域发展、推进城镇化进程中的先导作用。

注重衔接协调,进一步推进综合运输体系的建立完善

高速公路网调整规划要在统筹干线公路网、农村公路网规划的基础上,与换乘节点规划统筹考虑,通过运输枢纽推进公路与铁路、航空等其他运输方式之间紧密衔接;同时,要充分考虑公路与铁路等其他运输方式对同一通道资源占用效率,实现通道资源高效利用,从而发挥各种运输方式比较优势,体现综合运输体系整体功能。

注重资源集成,进一步推进可持续发展

高速公路网调整规划一方面要考虑山西省通道资源的集成利用,同时要与规划区域内山、水、林、田等资源利用相结合,把对资源的占用、破坏、污染降低到最低程度,走资源节约型、环境友好型发展道路。

注重通道建设,进一步增强路网开放性

高速公路网调整规划既要充分考虑全省作为内陆省份进一步扩大开放的需求,也要着眼解决全国交通东西连通问题。要注重与周边省区的有机衔接,强化山西与各大经济区的紧密联系,形成开放型的高速公路网络,有效地发挥高速公路的效益。

注重网络完善,进一步增强路网的可靠性

从构建省内外综合运输大通道、完善现代综合运输体系的要求出发,从全省经济社会发展的全局出发,合理规划高速公路的空间布局,进一步加密成网,在满足功能要求的基础上,增强安全、机动性,实现系统的整体最优化。

四、规划期限及发展目标调整

1. 规划期限

本调整规划期限为 2009—2020 年,目标年为 2020 年。

2. 发展目标

山西省高速公路网调整规划的发展目标是:构建纵贯南北、承东启西、覆盖全省、通达四邻的高速公路网,实现省会到相邻省会、省会到地级市、相邻地级市之间高速直接连通,与干线公路网、农村公路网共同构成现代化的公路基础设施网络。全省县(市)全部纳入高速公路半小时覆盖范围内,为山西全面建设小康社会提供强有力交通支撑。

3. 规模预测

经预测,到 2020 年,山西省 GDP 将达 1.2 万亿元,人口达到 3700 万人;全省公路客、货运量及周转量将分别达到 6.8 亿人、13.6 亿吨、355 亿人公里、734 亿吨公里。

在此基础上,采用连通度法计算山西省高速公路发展规模,用服务能力法和类比法进行分析验证,最后经咨询专家,确定到 2020 年,山西省高速公路网合理规模为 6300km 左右。

五、布局规划

1. 布局方案

山西省高速公路网布局调整规划为 3 纵 11 横 11 环。由 3 条纵线、11 条横线、11 条环线及连接线组成,形成纵贯南北、承东启西、覆盖全省、通达四邻的高速公路网络。布局结果见附图。

3 纵(共计 2382km):

东纵　天镇马市口—泽州道宝河 806km;

中纵　新荣得胜口—芮城刘堡 790km;

西纵　右玉杀虎口—芮城风陵渡 786km。

11 横(共计 3260km):

第一横　阳高孙启庄—右玉杀虎口 180km;

第二横　广灵加斗—平鲁二道梁 231km;

附录二十二

山西省发展和改革委员会关于《山西省高速公路网调整规划》的批复

第三横　灵丘驿马岭—偏关天峰坪 361km；

第四横　五台长城岭—保德 316km；

第五横　平定杨树庄—临县克虎寨 348km；

第六横　平定旧关—柳林军渡 366km；

第七横　和顺康家楼—柳林军渡 327km；

第八横　黎城下浣—永和永和关 342km；

第九横　黎城下浣—吉县七郎窝 335km；

第十横　陵川营盘—河津禹门口 287km；

第十一横　垣曲蒲掌—临猗孙吉 167km。

11 环（共计 1029km）：

太原环线 85km；

大同环线 103km；

朔州环线 175km；

忻州环线 75km；

晋中环线 85km；

阳泉环线 83km；

吕梁环线 63km；

长治环线 122km；

晋城环线 60km；

临汾环线 93km；

运城环线 85km。

11 条连接线（共计 657km）：

太原—古交 23km；

太原小店—长治 200km；

大同马连庄—肥村 14km；

东阳—祁县城赵 40km；

平顺河坪辿—逢善 41km；

泽州韩家寨—沁水 139km；

安泽—沁水 57km；

明姜—南尹壁 22km；

垣曲华峰—垣曲古城 22km；

阳城—阳城蟒河 37km；

运城张金—平陆 62km。

3 纵 11 横 11 环及连接线共 7328km，扣除重复里程后布局规模 6302km。布局方案详见附表。

2. 布局效果

——满足国家高速公路网布局要求，符合促进中部地区崛起发展战略

本调整规划与国家高速公路网、促进中部地区崛起交通发展规划紧密衔接，使山西省高速公路网有机地融入国家网，充分发挥山西省承东启西的经济地理优势，符合国家促进中部地区崛起发展战略要求。

——形成开放型的高速公路网络，适应山西扩大开放需要

本调整规划加强省际间、区域间的有机衔接，形成 30 个高速出口，与相邻四省区内蒙、陕西、河南、河北分别有 4 条、8 条、9 条、9 条高速通道相连，进一步强化山西与国内各大经济区和相邻省份之间的联系，为山西融入环渤海、珠三角等各大经济区提供交通支撑，形成一个全面对外开放的交通格局。

——进一步改善省内区域间交通联系，适应山西区域协调发展需要

本调整规划在原高速公路网规划基础上，进一步完善省域内高速公路网络，加强南北纵向通道建设，形成 11 个城市环线，可实现省到市三小时高速通达，相邻地市两小时通达。全省 100% 的县（市、区）可半小时上高速，90% 的县（市、区）可直接上高速，可以充分发挥高速公路对国土资源、区域经济的整合和联系作用，促进山西经济社会一体化发展。

——与其他运输方式紧密衔接，有效促进综合运输体系的建立和完善

高速公路网连接省内所有的公路、铁路、航空运输枢纽，进一步强化各种运输方式间紧密合作和有机衔接，促进各种运输方式各展其长、协调发展，从而有效促进畅通、安全、便捷的综合运输体系的建立和完善。

——进一步增强煤炭运输能力和旅游景点通达能力，有效支撑新基地、新山西建设

本规划增设东纵、西纵 2 条纵线、增加灵丘至保德 1 条横线、将太原至佳县高速公路向东延伸至河北省界、霍州至永和关向东延伸至黎城，闻喜至垣曲向西延伸至陕西省界，强化煤炭产业区之间、旅游产业区之间便捷连接，规划实施后，全省重要旅游景点均可实现"一小时通达"，很好地适应煤炭经济持续发展和旅游产业快速壮大需要，有效支撑新基地、新山西建设。

——进一步提高高速公路覆盖面积，促进社会和谐及人的全面发展

本规划提高高速公路网覆盖面积，面积密度由 2.6 公里/百平方公里提高到 4.03 公里/百平方公里，体现以人为本发展理念。随着规划实施，全省人民基本上都可以直接享受到高速公路带来的生产和生活便利，极大地提高全省最广大人民群众生活质量。同时，可以打破落后地区的封闭状态，扩大人民视听，帮助落后地区群众转变落后观念，进而推动经济社会和谐进步、促进人的全面发展。

——进一步提高路网可靠性和国防安全机动能力

本规划与干线公路网、农村公路网共同构成一个有机整体,使得全省所有的市、县能在半小时内到达高速公路,增强路网可靠性和国防安全机动能力,有利于建立战略性机动高效运输系统,为实现战时全路网无障碍快速机动功能和应对突发事件奠定基础。

六、实施设想

1. 资金与土地需求

在规划的6302km中,已建成1965km,在建65km,待建4272km,分别占总里程31.2%、1.0%和67.8%。

经匡算,除已建成1965km外,其余4337km还需资金约2547亿元。其中在建项目42亿元,待建项目2505亿元。

调整后,新增项目规划里程2272km,增加投资1337亿元,增加占地15028公顷,新增占地中约80%处在山岭重丘区,基本不占用耕地。

2. 实施序列安排原则

从国家及全省经济社会发展大局出发,从构建综合运输大通道的要求出发,坚持将需要与可能、近期与远期有机结合,统筹考虑、重点突出,效率优先、协调发展,优先安排国家项目、重要横线和环线。

3. 阶段建设目标及建设重点

2009—2010年,国家高速公路山西境内段基本建成,重要横线及重要城市环线建成。到2010年,高速公路通车里程突破3000km,高速出口增加至13个。建成阳城—翼城、大同—右玉、汾阳—平遥、闻喜—济源、太原—佳县等路段。

2011—2015年,建设东西两纵的重要路段及其余横线,到2015年,高速公路通车里程突破5000公里,高速出口增加至24个。建成临汾—吉县、长治—临汾、灵丘—山阴、山阴—平鲁、五台山—保德、平定杨树庄—太原、霍州—永和关等路段。

2016—2020年,进一步完善网络,全面开工建设剩余规划项目。到2020年,本规划目标全面实现,总里程达到6300km,高速出口增加至30个,形成开放型的高速公路网络。

七、政策措施

1. 认真实施规划,维护规划严肃性

《山西省高速公路网调整规划》是对《山西省高速公路网规划》的补充完善。由山西省交通厅组织编制,经山西省人民政府批准并纳入山西省国民经济和社会发展规划,是山西省高速公路建设的指导性文件。规划批准后,省交通厅组织编制《山西省高速公路网线位规划》，确定待建项目路线控制点，作为今后高速公路设计依据。各级政府和有关部门要对线位规划提出的走廊带进行必要保护和控制，并认真组织实施规划。

2. 出台政策法规，优化发展环境

改革投资体制。加大力度，不断创新，拓宽融资渠道。加快高速公路投融资体制改革步伐，引导社会资本进入高速公路建设领域，降低政府筹资压力，规避债务风险。继续加强与国家开发银行等金融机构的合作，积极拓宽高速公路建设的融资渠道。研究制定高速公路实行统贷统还的政策，将高速公路通行费节余用作新建项目的资本金。加大政府扶持力度，从煤炭可持续发展基金和省财政中提取一定比例的资金作为高速公路新建项目的资本金。

完善用地政策法规。新增高速公路项目多，建设用地规模较大，建议省政府将公路建设用地纳入全省土地利用总体规划，优先予以保障。

控制通道建设红线。建议政府出台相关规定，预留规划项目建设用地，明确公路用地的土地使用性质、范围，实行红线控制。红线内禁止审批新增建筑物或私自乱搭乱建，保障规划顺利实施。

3. 加强前期工作，科学确定标准

规划经批准后，应积极开展项目前期准备工作，建立相应项目储备。前期工作要远近结合，统筹考虑，以《山西省高速公路网线位规划》为依据，合理利用线位资源，科学确定建设标准。在交通量特别大的重要通道，经济发达程度相对较高的重要路段以及须同邻省同标准对接路段上，考虑6车道或8车道标准。对重点旅游景点，要加强连接线建设，保证良好的旅游交通环境。对于标准高、投资大的项目，可考虑分期建设，既要满足近期发展需要，也要为远期发展预留出相应的空间。

4. 加强环境保护，推进可持续发展

规划实施要以构建和谐交通及建设节约型交通为主线，努力提高土地资源集约利用，高速公路线位选择时应尽量避免破坏森林植被，高填深挖时考虑同隧道和高架桥方案进行比较论证，增加桥隧的比例，对生态系统复杂的区域采取绕避的原则。针对建设项目制定合理可行的生态环保方案，注重搞好生态环境保护和水土保持，加强沿线绿化，建设绿色生态走廊，尽量减少公路建设带来的生态破坏和环境污染，并及时进行生态恢复或重建。积极开发和推广应用新材料、新工艺、新技术，重点开发节能降耗和环境保护等关键技术，降低工程造价，保护生态环境。

5. 推进智能化和信息化建设，提升运输效能

加快开发和应用适合省情的智能交通运输系统，加强高速公路网信息化建设，提高路网运输效能、道路通行能力和安全性。

附录二十三

山西省发展和改革委员会关于印发《山西省高速公路网规划调整方案（2009年—2020年）》的通知

晋发改规划发〔2013〕1930号

各市发展改革委，省人民政府各委、办、厅、局：

《山西省高速公路网规划调整方案（2009年—2020年）》已经省人民政府同意，现印发给你们，请认真贯彻执行。

附件：山西省高速公路网规划调整方案（2009年—2020年）

山西省发展和改革委员会
2013年9月12日

山西省高速公路网规划调整方案（2009年—2020年）

一、原规划执行情况评价

2008年，为适应国家促进中部地区崛起战略和山西建设新型能源与工业基地等发展战略的要求，山西省交通运输厅组织对全省高速公路网规划进行调整，2009年1月经省政府批准实施。规划布局方案为"三纵十一横十一环"，到2020年规划期末，全省高速公路总里程将达到6300km，其中国家高速公路2039km。到2012年底，全省高速公路已建成5011km，完成规划80%，国家高速公路建成1864km，完成规划91%，"三纵十一横十一环"建成一纵、五横、九环，31个出省口打通22个，根据建设进展，原规划目标将提前实现。

高速公路网规划科学指导全省高速公路建设健康有序发展,大大提升全省交通运输供给能力,高速公路在提高经济运行效率、增强发展活力、改善人民生活质量、推进区域协调发展中的作用日益显现。但是,随着全省转型跨越发展战略的实施,原规划承载能力不强、局部地区通道资源特别是省际通道不足的问题逐步显现出来。

二、规划调整背景及必要性

1. 适应国家公路网规划调整新变化,全省高速公路规划需做相应调整

2013年5月,国家发改委印发《国家公路网规划(2013—2030年)》,按照该规划,国家高速公路由8.5万km增加到11.8万km,全省国家高速公路规模由2039km相应增加到3963km(见附表1)。国家高速公路网布局的调整,直接影响全省高速公路网布局、功能与结构,为做好与国家高速公路网的衔接,必须对全省高速公路网规划进行相应调整。

2. 山西转型跨越发展战略实施,对高速公路建设提出新要求

"十二五"及今后一个时期是山西转型跨越发展的关键时期,是率先走出资源型经济转型发展新路子、全面建成小康社会的攻坚时期。到"十二五"末,全省主要经济指标总量要实现翻番,并在"十三五"进一步扩容提质。产业布局更加合理,园区化、板块化特色日益呈现,产业结构升级加快,高新技术、文化旅游、现代物流等新兴产业逐步成为支柱产业,"一核一圈三群"城镇框架加速形成。适应新时期经济社会发展的新形势、新特点,不仅要求高速公路提高供给总量,同时对高速公路服务能力、质量和效率提出更高要求。

3. 调整高速公路网规划,是有效引导交通需求合理分配的需要

产业结构升级、产业布局变化及城镇化进程加快,使区域内交通流产生新变化,为适应交通流变化新特点,科学合理地对交通流进行组织分配,改善运输大通道通行状况,解决高速公路发展中出现的新瓶颈,有必要对全省高速公路网规划进行局部调整,优化完善路网结构,提升整体服务水平。

4. 调整高速公路网规划,是适应人民群众出行新期待和促进区域协调发展的需要

随着经济社会快速发展,人们交通观念发生变化,交通出行需求个性化、多样化特征日益明显,要求公路运输提供快速、便捷、舒适、安全的服务。近年来,不少市县政府先后提出调整高速公路网规划、增加区域高速公路通道要求。同时,国家实施集中连片特困地区扶贫战略,推动贫困地区经济发展,也要求进一步加大贫困地区与发达地区的交通联系。适应基层人民群众出行需求和加快区域协调发展,不仅要加快建设高速公路,还应对原规划及时调整完善。

三、调整原则

在继续坚持原规划"注重适应需求和引领发展相统一、注重衔接协调、注重资源集

附录二十三

山西省发展和改革委员会关于印发《山西省高速公路网规划调整方案(2009年—2020年)》的通知

成、注重通道建设、注重网络完善"五个原则的基础上,本次调整再增加以下原则:

1. 适应"一核一圈三群"城镇化建设新格局

注重高速公路网与"一核一圈三群"城镇体系规划的衔接,适应新型城镇体系布局的要求,支持都市圈发展战略,加强都市圈内部及城镇群之间的交通联系。

2. 适应扩大对外开放和招商引资新形势

充分考虑全省加大招商引资力度、扩大对外开放政策对客货运输需求持续增长的影响,建立适应大开放的快速便捷的公路交通网络。

3. 适应区域发展和扶贫开发新要求

根据《中国农村扶贫开发纲要》,大同、忻州、吕梁、临汾4市21个县分别纳入燕山—太行山、吕梁山集中连片特困地区,交通运输部出台集中连片特困地区扶贫规划,在未来十年将加大对这些区域的投资力度。本规划注重与扶贫规划的衔接,按照"县县通高速"目标完善布局,推进贫困地区加快发展。

4. 适应构建综合运输体系新要求

加强与铁路、航空、城市公交等高效衔接,统筹发展高速公路、干线公路和农村公路,充分发挥各种运输方式比较优势,构建现代综合运输体系。

5. 适应未来发展需求

从制定一个未来理想蓝图出发,按未来全省人口规模、经济发展水平等预测指标进行布局。

四、发展目标

构建纵贯南北、承东启西、覆盖全省、通达四邻的高速公路网,实现省会到相邻省会、省会到地级市、相邻地级市之间高速公路直接连通,与干线公路网、农村公路网共同构成现代化的公路基础设施网络。全省所有县(市)全部纳入高速公路半小时覆盖范围内,为山西实施转型跨越发展战略、全面建成小康社会提供强有力交通支撑。

五、调整方案

按照上述原则,本次调整共新增10条高速公路938km(新增路线详见附表2),新增路线如下:

1. 太原二环高速公路

里程:129km

重要性:首先可解决太原环城高速公路服务水平不高的问题。太原作为二广、京昆、青银三条国家高速公路交汇的节点,过境交通与城市交通、进出入交通相互交织,交通量大且交通组织较为混乱,目前东南环交通量已基本达到饱和。二环建成后,可分流过境交通量,有效改善运输大通道交通环境,提升服务水平,缓解城市交通压力,增强省会交通的聚集和辐射能力。第二,可解决高速公路规划建设历史遗留问题。2004年,第一轮高速公路网规划曾考虑太原环线和太原区域环,但由于太佳高速公路线位北移,在2008年第二轮调整中取消太原区域环,使太原—古交高速公路成为断头路,本次新增二环与第一轮规划中的太原区域环线基本吻合。第三,为太原城市发展预留更大发展空间。随着太原主城区面积的扩大,现有环城高速公路将位于主城区内,成为制约城市扩容、经济增长的瓶颈。新环线的建成,将引导产业集群分布和城市设施合理布局,新旧环线之间将成为工业扩展的主要备选空间,可促进装备制造业、金属材料及其制品等产业集群的集聚,使现有高速公路环内有更多空间发展现代服务业和文化产业。

太原北二环(阳曲山根底—阳曲范庄)高速公路

主要控制点:思西、白水、马坡、东黄水

里程:35km

太原东二环(阳曲范庄—榆次龙白)高速公路

主要控制点:牛头脑、郭家庄、郑家庄

里程:31km

太原西二环(阳曲西庄—交城夏家营)高速公路

主要控制点:岭底、大坡、河口、邢家社

里程:63km

2. 朔州东北环高速公路

主要控制点:神头东、小泊、吉庄、赵家口、刘家窑、刘家口、上黑水沟

里程:30km

重要性:该路段东起朔州支线西影寺与西南环对接,向北经神头东、小泊、吉庄,向西经赵家口、刘家窑、刘家口、上黑水沟与朔州西南环连通。该路段建设对进一步完善全省高速公路11个地市环线及晋北地区高速公路网,充分发挥北部地区丰富的煤炭和红色旅游等资源优势,改善朔州市区交通环境,提升朔州市综合竞争能力具有重要意义。

3. 昔阳龙坡—榆次东阳高速公路(青银二通道)

主要控制点:冶头、界都、昔阳、粘尚、松塔、罗戈岭、任村

里程:130km

重要性:该路段起于晋冀界龙坡,止于榆次东阳接龙城高速公路,连接昔阳、寿阳两个产煤大县和榆次区,可与祁县城赵—离石高速公路共同组成国高青银线的二通道。该路段建成后,将成为全省又一条东向出省的重要通道,成为沿线及周边地区农副产品、工业

附录二十三

山西省发展和改革委员会关于印发《山西省高速公路网规划调整方案(2009年—2020年)》的通知

新区原材料及产品的重要出海通道,也有利于带动晋中、阳泉两市旅游产业的发展。

4. 祁县城赵—离石高速公路(青银二通道)

主要控制点:文水、麻峪口、岳家庄、康家岭

里程:95km

重要性:该路段东接国家高速公路京昆线和青银线,西至吕梁环城高速公路。建设该路段,可作为青银线的二通道,有效缓解青银高速公路的交通压力,提升通道运输能力和服务水平,也是开发沿线生态旅游资源、带动祁县、文水、离石三县(区)区域经济发展的需要,此外还具有国防战备意义。

5. 阳城—运城高速公路

主要控制点:西河、董封、索泉岭、西哄哄、历山、长直、圪马沟、泗交、窑头、姚村

里程:153km

重要性:该路段东接阳城—翼城高速公路,西至运城环城高速公路,连通晋城、运城两市,贯穿阳城县、垣曲县、夏县、盐湖区4县(区)。随着工业化、城镇化向更高层次发展,城镇群之间的交通联系仍需加强,特别是晋南与晋东南两个城镇群之间交通联系薄弱,制约区域之间经济联系。该路段的建设,可实现晋城与运城两市高速公路直接连通,完善全省高速公路网布局,推动山西南部经济全面协调发展,对加强与中原经济区及晋陕豫黄河金三角经济协作,促进中部崛起具有重要意义。

6. 应县—繁峙高速公路

主要控制点:镇子梁、下社、教场、榆东沟

里程:40km

重要性:该路段将浑源悬空寺、应县木塔、五台山等重要景区串联起来,有利于发挥景区的规模效益,推动朔州、忻州、大同三市旅游业发展,促进燕山—太行山集中连片特困地区扶贫开发。同时,该路段连接高速公路网两条横线,对于完善区域路网,提高路网机动性有重要作用。

7. 静乐丰润—兴县黑峪口高速公路

主要控制点:舍科、普明、交楼申、奥家湾、土贞、刘家梁、吕家湾

里程:91km

重要性:该路段位于晋陕两省煤炭运输主通道,目前该通道交通量主要由省道忻黑线二级公路承担,陕西神府煤田每年约有近亿吨煤经该通道运往东部,运煤车辆流量达8000~10000辆/日,堵车现象十分严重。规划路线东接太佳高速公路,西连陕西神府煤田,建设该路段能有效缓解忻黑线交通拥堵严重的状况,同时对于促进西部大开发,发挥全省承东启西作用具有重要意义。

8. 汾阳—石楼高速公路

主要控制点：三泉镇、高阳、阳泉曲、桃红坡、高庙山、交口、罗村

里程：96km

重要性：该路段北与国高青银线相接，向西跨新规划国高即本省西纵—石楼县。该路段建成后，可实现两条国高之间的顺畅转换，进一步补充完善晋西北区域高速公路网，拉近太原与交口、石楼、永和、大宁、隰县等革命老区的联系，增强太原都市圈对其辐射带动作用，有利于推进吕梁山集中连片特困地区扶贫开发。

9. 洪洞—大宁高速公路

主要控制点：龙马、张家庄、乔家湾、蒲县、曹家庄、军地、腰西

里程：77km

重要性：该路线东与国高京昆线相连，西跨新规划国高即本省西纵—大宁县。该路段建成后，可实现两条国高之间顺畅转换，进一步补充完善区域路网。同时规划路线连通蒲县，可实现蒲县直接上高速公路，进一步加强临汾与大宁、隰县、永和等贫困县联系，有利于推进吕梁山集中连片特困地区扶贫开发。

10. 古县—翼城高速公路

主要控制点：北平、古阳、古县、尧店、北韩、浮山、响水河、王庄、中卫

里程：97km

重要性：该路线北与高速公路网第九横黎城下浣—永和永和关即新规划国高黎城—延川线连通，向南经古县跨第十横平顺河坪迪—吉县七郎窝即国高青兰线，再南下至翼城接第十一横陵川营盘—河津禹门口高速公路，连接古县、浮山、翼城3县，特别是浮山实现直接连通高速公路，可进一步补充完善区域路网，促进沿线经济发展。

六、布局方案

增加上述路线后，全省高速公路网布局调整为"三纵十二横十二环"，由3条纵线、12条横线、12条环线及部分连接线组成，形成纵贯南北、承东启西、覆盖全省、通达四邻的高速公路网络（布局结果见附表3）。

3纵（共计2276km）：

东纵天镇平远堡—泽州道宝河747km；

中纵新荣得胜口—垣曲古城732km；

西纵右玉杀虎口—芮城刘堡797km。

12横（共计3785km）：

第一横　阳高孙启庄—右玉杀虎口181km；

附录二十三
山西省发展和改革委员会关于印发《山西省高速公路网规划调整方案(2009年—2020年)》的通知

第二横　广灵加斗—平鲁二道梁253km；

第三横　灵丘驿马岭—河曲338km；

第四横　五台长城岭—保德316km；

第五横　平定杨树庄—临县克虎寨348km；

第六横　平定旧关—柳林军渡356km；

第七横　昔阳龙坡—柳林军渡348km；

第八横　和顺康家楼—柳林军渡314km；

第九横　黎城下浣—永和永和关326km；

第十横　平顺河坪迪—吉县七郎窝354km；

第十一横　陵川营盘—河津禹门295km；

第十二横　泽州韩家寨—芮城风陵渡356km。

12环(共计1223km)：

太原环线87km；

太原二环244km；

大同环线105km；

朔州环线74km；

忻州环线79km；

晋中环线88km；

阳泉环线104km；

吕梁环线79km；

长治环线115km；

晋城环线63km；

临汾环线98km；

运城环线87km。

15条连接线(共计1075km)：

京新高速公路山西段9km；

大同马连庄—肥村15km；

朔州连接线32km；

浑源—王庄堡41km；

太原—古交23km；

太原小店—长治187km；

静乐丰润—兴县黑峪100km；

汾阳—石楼96km；

明姜—曲亭 17km；

洪洞—大宁 77km；

安泽—阳城蟒河 146km；

古县—翼城 97km；

垣曲华峰—蒲掌 24km；

闻喜东镇—临猗孙吉 97km；

闻喜东镇—三门峡大桥 114km。

全省高速公路网总规模达到 8359km，扣除重复里程后净里程为 7258km。

七、布局效果

1. 高速公路覆盖范围扩大，119 个县（市、区）均有高速公路连通

到 2020 年，全省高速公路通车里程达到 7258km，高速公路面积密度由 4.0km/100km^2 增加到 4.6km/100km^2，人口密度由 1.6km/万人增加到 1.9km/万人，通达深度和覆盖面积明显提高。

2. 省际衔接得到强化，区位优势进一步增强

增设静乐丰润—兴县黑峪口和昔阳龙坡—榆次东阳两条高速公路出省通道，出省口由原来的 31 个增加到 33 个，强化与国家高速公路网和周边省份高速公路网的衔接，特别是与河北、陕西两省的交通对接，有效缩短全省通往东、西部地区时空距离，使山西区位优势得到巩固和加强。

3. 服务经济社会发展的能力显著增强

增加太原二环高速公路，优化太原经济圈对外通道和城际交通网络，阳城—运城高速公路强化晋东南和晋南城市群之间便捷连接。总体上看，本次规划调整较好地适应全省资源型经济转型和旅游产业、现代物流业快速发展的需要，为加快构建"一核一圈三群"城镇空间布局提供有力支撑。

4. 路网布局更加均衡，布局形态更加合理

本次方案增加应县—繁峙、祁县—离石、汾阳—石楼、洪洞—大宁、古县—翼城等高速公路，路网结构得到明显加密，充分提高路网布局均衡性，全省高速公路整体布局结构进一步优化和完善。

5. 路网可靠性和国防安全机动能力进一步提高

本次规划调整方案增加两条出省通道、两个城市环线、若干条联络线，通过改线和增设平行复线，青银、二广等国家高速公路通道运输能力全面提高，路网通达性、可靠性和机动性显著增强，提升应对突发事件、自然灾害和保障国家安全能力。

八、资金与土地需求

本次规划调整新增建设里程938km,增加投资约940亿元,占地约93000亩,新增占地大部分处于山岭重丘区,占用耕地较少。

九、实施步骤

到2015年末,建成6300km,高速公路网基本形成,高速公路出省口建成31个。

到2020年,规划目标全面实现,总里程达到7258km,33个高速公路出省通道全部建成,路网布局进一步完善。

十、政策措施建议

1. 严格履行程序,认真组织实施

本次规划调整方案是对《山西省高速公路网调整规划(2009年—2020年)》的补充完善,由省交通运输厅组织编制,经省人民政府批准并纳入全省国民经济和社会发展规划,是高速公路建设的指导性文件,各级政府和有关部门要认真组织实施。

2. 拓宽融资渠道,落实建设用地

本次调整新增项目,要根据项目实际情况,采取多元化融资方式,多渠道落实建设资金。对预期经济效益较好的项目,优先社会资本投资建设。新增项目建设用地纳入全省土地利用总体规划,予以保障。

3. 加强前期工作,科学确定标准

加强项目前期工作,确保前期工作质量,建立项目储备。确定技术标准要具有前瞻性,结合社会经济发展需求,适当提高区域大通道和城市过境等重要路段的建设标准。

山西省国家高速公路路线表

附表 1

路线类别	路线编号	路线起讫点	山西境内起讫点	合计	建设情况（km）			备注
					已建成	在建	2013年开工	待建
	合计			3963	3149	29	322	462
原国家高速公路				2039	1864		175	
放射线	G5	北京—昆明	太原—河津禹门口	387	387			
放射线	G7	北京—乌鲁木齐	天镇平远堡—韩家营	9			9	
纵线	G55	二连浩特—广州	新荣得胜口—泽州道宝河	654	654			
横线	G18	荣成—乌海	灵丘驿马岭—平鲁二道梁	262	262			
横线	G20	青岛—银川	平定旧关—柳林军渡	331	331			
横线	G22	青岛—兰州	黎城下浣—吉县七郎窝	332	165		166	
联络线	G5512	晋城—新乡	泽州东上庄—韩家寨	32	32			
环线	G5501	大同绕城高速公路	古店—肥村	33	33			
规划新增国家高速公路				1924	1285	29	147	462
放射线	G5	北京—昆明	平定杨树庄—太原	124	124			
纵线	G59	呼和浩特—北海	右玉杀虎口—芮城刘堡	797	379	5	55	359
联络线	G1812	沧州—榆林	五台长城岭—保德	316	316			
联络线	G2211	长治—延安	黎城—永和关	304	118	11	71	103
联络线	G2516	东营—吕梁	和顺康家楼—汾阳	201	188	13		
联络线	G3511	荷泽—宝鸡	垣曲蒲掌—临猗孙吉	181	160		21	

附录二十三

山西省发展和改革委员会关于印发《山西省高速公路网规划调整方案（2009 年—2020 年）》的通知

山西省高速公路网规划新增路线表

附表 2

序号	路线名称	里程（km）	主要控制点
	合计	938	
1	太原二环	129	思西南、白水、马坡、东黄水
2	北环山根底—范庄	35	牛头脑、鄂家庄、郑家庄
3	西环西庄—夏家营	31	岭底、大坡、河口、邢家社
4	朔州东北环高速公路	63	神头东、小泊、吉庄、赵家口、刘家窑、上黑水沟
5	昔阳龙坡（晋冀界）—榆次东阳	130	冶头、界都、昔阳、粘尚、松塔、罗戈岭、任村
6	祁县城赵—离石	95	文水、麻峪口、岳家岭、康家岭
7	阳城—运城	153	历山、长直、涧交、表井
8	应县—繁峙	40	镇子梁、下社、教场、输东沟
9	静乐丰润—兴县黑岭口（晋陕界）	91	合科、普明、交楼申、奥家湾、土贞、刘家梁、吕家湾
10	汾阳—石楼	96	三泉镇、高阳、交口泉曲、桃红坡、高庙山、交口、罗村
	洪洞—大宁	77	龙马、张家庄、乔家湾、蒲县、曹家庄、军地、腰西
	古县—翼城	97	北平、古阳、古县、尧店、北韩、浮山、王庄、中卫

附表3

山西省高速公路网规划方案表

层	次	里程(km)		路线起讫点	主要控制点
三纵	东纵	2276	747	天镇平远堡—泽州道宝河	天镇,阳高县,大同县,浑源,应县,繁峙,五台,盂县,阳泉,平定,昔阳,和顺,左权,黎城,潞城,长治市,长治县,高平,晋城,泽州
	中纵		732	新荣得胜口—垣曲古城	新荣区,南郊区,怀仁,山阴,原平,忻府区,阳曲,太原,清徐,交城,祁县,平遥,介休,灵石,霍州,洪洞,尧都区,襄汾,侯马,垣曲
	西纵		797	右玉杀虎口—芮城刘堡	右玉,平鲁,朔城区,神池,五寨,岢岚,兴县,临县,离石区,中阳,交口,隰县,大宁,吉县,乡宁,河津,万荣,临猗,盐湖区,芮州
十二横	第一横	3785	181	阳高孙启庄—右玉杀虎口	大同县,大同市,新荣区,左云,右玉
	第二横		253	广灵加斗—平鲁二道梁	广灵,浑源,应县,山阴,平鲁区
	第三横		338	灵丘驿马岭—河曲	灵丘,繁峙,代县,宁武,神池,偏关,河曲
	第四横		316	五台长城岭—保德	五台,定襄,原平,忻府区,岢岚,保德
	第五横		348	平定杨树庄—临县兑虎寨	盂县,阳曲,太原,娄烦,岚县,方山,临县
	第六横		356	平定旧关—柳林军渡	平定,寿阳,太原,清徐,交城,文水,离石,柳林
	第七横		348	昔阳龙坡—柳林军渡	昔阳,汾阳,离石,柳林
	第八横		314	和顺康家楼—柳林军渡	和顺,左权,榆社,平遥,汾阳,孝义,离石,柳林
	第九横		326	黎城下浣—永和永和关	黎城,襄垣,潞城,沁源,沁县,霍州,隰县,永和
	第十横		354	平顺河坪迪—吉县七郎窝	平顺,潞城,屯留,长治,安泽,尧都区,乡宁,吉县
	第十一横		295	陵川营盘—河津禹门口	陵川,高平,沁水,翼城,曲沃,新绛,稷山,河津
	第十二横		356	泽州韩家寨—芮城风陵渡	泽州,阳城,垣曲,盐湖区,永济
十二环	太原环线	1223	87		阳曲,丈子头,杨家峪,松庄,长治,小店,古城营,罗城,武宿,向阳
	太原二环		244		山根底,马坡,东黄水,龙白,东阳,城赵,夏家营,邢家社,河口,柴村,向阳
	大同环线		105		古店,巨乐,官堡,肥村
	朔州环线		74		西影寺,张蔡庄,党家沟
	忻州环线		79		秦城,顿村,播明,杨芳,豆罗,兰村
	晋中环线		88		小店,武宿,龙白,东阳,解原

附录二十三

山西省发展和改革委员会关于印发《山西省高速公路网规划调整方案(2009年—2020年)》的通知

续上表

层次	里程(km)		路线起讫点	主要控制点
十二环	1223	104	阳泉环线	盂县,河底,平定,旧街
		79	吕梁环线	大武,田家会,李家湾
		115	长治环线	崔郭,西贾,蓬善,官道
		63	晋城环线	北义城,西蜀,南村
		98	临汾环线	龙马,曲亭,南辛店
		87	运城环线	燕家卓,东郭,解州,金井
连接线	1075	9	京新高速公路山西段	平远堡,韩家营
		15	大同马连庄—肥村	东河河,西河河
		32	朔州连接线	元营,西影寺,七里河
		41	浑源—王庄堡	千佛岭
		23	太原—古交	河口
		187	太原—长治	东阳,榆社,武乡,襄垣,屯留
		100	静乐丰润—兴县黑峪口	舍科,普明,交接申,奥家湾,土贞,刘家梁,吕家湾
		96	汾阳—石楼	三泉镇,高阳,采阳,桃红坡,高庙山,交口,罗村
		17	洪洞明姜—曲亭	洪洞
		77	洪洞—大宁	龙马,张家庄,乔家湾,蒲县,曹家庄,军地,腰西
		146	安泽—阳城鳞河	冀氏,苏庄,郡庄,芦池,阳城,鳞河镇
		97	古县—翼城	北平,古阳,古县,尧店,北韩,浮山,响水河,王庄,中卫
		24	垣曲华峰—蒲掌	英言
		97	闻喜东镇—临猗孙吉	阳隅,万荣,贾村
		114	闻喜东填—平陆三门峡大桥	南喜,盐湖区,平陆

注:山西省高速公路网总计8359km,扣除重复里程1101km后,净里程为7258km。

附录二十四

中共山西省交通厅党组关于深入学习贯彻省委、省政府《关于在全省开展学习"太旧精神"活动的决定》的通知

（晋发交字〔1996〕28号）

各地（市）交通局，厅直各单位，各公路分局，征费稽查处，省营交通企业，厅机关各处室：

正当太旧高速公路东西两段及武宿立交桥胜利建成通车，投入正常营运并取得巨大经济效益和社会效益，中段工程建设进展顺利，三个既定目标即将全面实现，"6·25"通车胜券在握的时候，中共山西省委、山西省人民政府作出《关于在全省开展学习"太旧精神"活动的决定》，这是省委、省政府带领全省人民高举"改革开放"和"艰苦奋斗"两面旗帜，实施兴晋富民赶超战略的又一新的重大举措。省委、省政府的这一决定，对于增强全省人民克服困难，一心一意抓经济，集中力量搞建设的紧迫感、责任感、使命感，强化全省人民改革开放意识，使全省人民团结起来，以开放促改革，以改革促发展；对于抵制和消除享乐主义、拜金主义和极端个人主义等消极腐朽思想影响，引导和推动全社会树立奋发向上的道德风尚；对于提高广大干部群众思想，统一全省人民的意志，振奋全省人民精神，促进两个文明建设再上新台阶有着十分重要意义。

省委、省政府的决定，再一次充分肯定太旧路建设在全省经济发展中的战略意义和太旧路所取得的辉煌建设成就，特别是高度赞扬"自力更生、艰苦奋斗、不屈不挠、勇于奉献"的"太旧精神"，明确提出"太旧精神"是新的历史时期中华民族伟大创业精神在全省现代化建设中的具体表现，是三晋儿女在各个历史时期形成的可贵精神在新形势下的发扬光大，是全省人民摆脱贫困、奋发进取精神风貌的集中反映，是改革开放的时代精神、艰苦奋斗的光荣传统与兴晋富民伟大实践三者的有机统一，是新形势下建设山西、发展山西、振兴山西的巨大力量源泉和宝贵精神财富，是太行精神、吕梁精神的继承和发展。省委、省政府的决定是对关心太旧路、支持太旧路的全省人民和交通系统12万职工的极大振奋和巨大鼓舞，是对交通厅党组和太旧路建设各指挥部以及5万筑路员工的嘉奖和

附录二十四

— 中共山西省交通厅党组关于深入学习贯彻省委、省政府《关于在全省开展学习"太旧精神"活动的决定》的通知 —

鞭策。

太旧路是高举"改革开放"和"艰苦奋斗"两面旗帜的突出典型,是全省又快、又好、又省地进行重点工程建设的样板。在太旧路建设中,既高速度、高质量、高效益地建成全国一流高速公路,又锻炼和装备一支公路建设大军;既培养和考验了一批跨世纪交通干部队伍,又创造和形成光辉的"太旧精神",灿烂的政治之花结出丰硕的经济之果,取得两个文明建设双丰收。"太旧精神"诞生于太旧路建设火热的战斗生活和伟大实践之中,饱含着省委胡富国书记和省五大班子其他领导倾注的大量心血,融入了全省3000万人民对太旧路的支持和关注之情,凝聚5万筑路员工决战太旧、决胜太行的辛勤汗水和宝贵生命,她是全省人民"万众一心建太旧,众志成城铸辉煌"坚强决心和英勇实践的集中概括。

中共山西省第七次党代会于1996年2月6日胜利闭幕了。会议选举产生中共山西省第七届委员会,响亮地提出全省经济建设和社会发展赶超战略,为3000万人民描绘一幅跨世纪宏伟蓝图,也为全省交通职工提出新任务、新要求,这就是继续抓好"三个基础"和"四个重点",深化改革,加快建设,努力改善交通基础设施落后状况,为全省在下世纪初跻于全国经济强省之列打下坚实基础。为了胜利完成省委、省政府和全省人民赋予我们的"兴晋富民路先行"的历史任务,厅党组决定并要求全省交通系统广大干部群众立即行动起来,认真学习贯彻省委、省政府的《关于在全省开展学习"太旧精神"活动的决定》,带头学习"太旧精神",带头实践"太旧精神"。

学习贯彻省委、省政府决定,首先要学习好、宣传好、贯彻好省第七次党代会精神。 厅属各单位、各部门要把组织干部职工学习宣传省第七次党代会精神作为当前和今后一段时间的重要任务来抓,提高认识,振奋精神,把思想统一到党代会提出的治晋方略和重大部署上来,认清形势,抓住机遇,实施兴晋富民的赶超战略,超常规、大发展、快步走,奋起直追,以百米冲刺的速度去追,以豁出命来干的精神去赶,以坚韧不拔的信心和决心去超,努力夺取交通建设的新成就。

学习贯彻省委、省政府决定,要紧密贯彻交通工作的实际。 要认真总结"八五"交通工作的成绩和经验,寻求差距再奋斗,自负压力为动力,联系工作实际,深入调查研究,对照检查工作中存在的问题与不足,制定切实可行的整改措施,脚踏实地,真抓实干,真才实学,不空谈,大打公路建养、规费征收、运输生产翻身仗。

学习贯彻省委、省政府决定,要讲政治、讲大局、讲正气、讲奉献。 交通系统广大干部职工要以兴晋富民为己任,有强烈的事业心和责任感,全身心地投入到如火如荼的改革开放和经济建设热潮中去,投入到兴晋富民、发展交通的伟大事业中去,努力抓好交通各项工作,尤其是要抓好重点公路和贫困地区公路的建设,当好兴晋富民先行官,自觉维护人民群众的利益,切实把群众拥护不拥护、赞成不赞成、高兴不高兴、答应不答应,作为衡量工作好坏、事业成败的基本尺度,时时想着群众,处处为群众,艰苦创业,开拓进取。

学习贯彻省委、省政府决定,要用太旧路建设的成功经验和"太旧精神"在全省交通系统生根、开花、结果。 要坚持正确思想路线,以邓小平同志建设有中国特色的社会主义理论为指导,发挥党的政治优势,开展多层次、多渠道、全方位思想政治工作,在广大干部中进行共产主义世界观、人生观和价值观教育,进行爱国主义、艰苦奋斗和反腐倡廉教育,把学习太旧英模与学习孔繁森、学习包起帆结合起来,立足岗位奉献,弘扬"太旧精神",增强干部职工的奋斗意识、勤俭意识、开放意识、质量意识、效益意识和奉献意识;要坚持正确的组织路线,大力加强交通干部队伍,特别是领导干部队伍的建设和管理,从严治党、从严治吏,加强党性锻炼,高标准、严要求,在实践中考验、培养和选拔干部,增强各级党组织和各级领导班子的凝聚力、战斗力和号召力,培养和建设一支政治合格、作风过硬、业务精良、纪律严明的交通职工队伍;要坚持正确的工作路线,树立实事求是、讲求实效、尊重科学、尊重人才的工作作风,说实施、办实事,科学决策,严格管理,注意落实,扑下身子干事业,抓住工作不放松。

学习贯彻省委、省政府决定,要戒骄戒躁,再接再厉,乘胜前进。 "太旧精神"孕育于太旧路建设的伟大实践之中,是改革开放新的历史条件下全省3000万人民在省委、省政府坚强领导下共同创造的宝贵精神财富,交通系统广大群众特别是太旧路建设5万筑路员工为"太旧精神"的形成做出突出贡献,但要力戒骄傲自满、故步自封,一定要把"太旧精神"作为交通工作的动力,把太旧路建设作为新的起点,从零开始,再展宏图,再铸辉煌。

各单位、各部门一定要充分认识省委、省政府决定的重大意义,把贯彻落实决定精神作为全系统社会主义精神文明建设和物质文明建设的一项重要活动来抓。要立即行动起来,对学习"太旧精神"的活动作出具体安排部署,加强领导,精心组织,扎扎实实地把学习"太旧精神"的活动推向高潮、引向深入,推动"九五"交通工作开好头、起好步,确保重点公路建设以及规费征收、运输生产等各项工作持续、快速、健康发展,尤其是确保太旧高速公路"6·25"全线通车,夺取"九五"开门红,在以江泽民同志为核心的党中央和七届省委领导下,以邓小平同志建设有中国特色的社会主义理论和党的基本路线为指导,高举"改革开放"和"艰苦奋斗"两面旗帜,抓住公路建设这个重点不放,继续高起点、超常规、大跨度地发展山西交通事业,打大仗、打硬仗、打胜仗,顽强拼搏,开拓进取,为兴晋富民再立新功!

中共山西省交通厅党组
1996年2月8日

附录二十五

山西省交通厅
关于贯彻省委、省政府
《关于向省交通厅学习的决定》的实施意见

晋交办字〔1996〕282号

各地(市)交通局,厅直各单位,各公路分局,征费稽查处,省营交通企业,厅机关各处室:

在省委、省政府正确领导下,在各级党委、政府和全省人民大力支持下,经过交通系统广大干部职工的艰苦奋斗、奋力拼搏,全省公路建养、规费征收、运输生产、交通科教以及全系统党的建设、思想政治工作、反腐败斗争,特别是太旧高速公路建设和全民义务修路活动都取得前所未有的成绩,并孕育"自力更生、艰苦奋斗、不屈不挠、勇于奉献"的太旧精神。继2016年1月26日,省委、省政府作出《关于在全省开展学习"太旧精神"活动的决定》之后,6月23日,省委、省政府又作出在全省开展《关于向省交通厅学习的决定》,这在全省交通历史上是从未有过的。全省学太旧,交通怎么办?全省学交通,交通怎么办?一个新的重大课题历史地现实地摆在厅党组和12万交通职工面前,这既是全省交通大发展的良好机遇,又是面临的严峻挑战。为了不辜负省委、省政府和全省人民厚望,厅党组于7月2~3日召开党组扩大会议,认真学习贯彻省委、省政府两个决定,联系实际进行广泛深入讨论,统一思想,振奋精神,鼓舞士气,确定交通工作"团结、奋斗、勤政、廉洁"的总体目标和"全省学交通,交通学全省人民"指导方针,制定全省交通系统贯彻省委、省政府《关于向省交通厅学习的决定》的实施意见。

一、要充分认识省委、省政府作出《关于向省交通厅学习的决定》的重大意义

省委、省政府关于在全省开展学习省交通厅活动的决定,是在全省人民深入开展学习"太旧精神"活动,实施兴晋富民赶超战略的新形势下,是在太旧高速公路全线胜利通车之际作出的,决定充分肯定近年来全省交通工作取得的辉煌成就,肯定省交通厅在"太旧精神"的形成以及推动全省改革开放和现代化建设事业中发挥的重要作用,高度赞扬厅党组和广大交通职工强烈的"兴晋富民路先行"的历史责任感与使命感,充分体现省委、

省政府对全省交通工作的高度重视和大力支持,体现省委、省政府对交通职工的亲切关怀和无比信赖。

省委、省政府把省交通厅树为在改革开放和实现兴晋富民宏伟大业中涌现出的先进典型并加以推广,这在全国也是少有的。这对于动员全省人民高举改革开放和艰苦奋斗两面旗帜,一心一意抓经济,集中力量搞建设,推动全省经济和社会的快速发展;对于调动全社会积极性,继续高起点、超常规、大跨度地发展交通事业,促进全省交通工作再上新台阶,都有着十分重要的意义。

二、要带头贯彻省委、省政府《关于向省交通厅学习的决定》,做"团结、奋斗、廉政、廉洁"的模范

省委、省政府号召全省各级党委、政府、省直各部门把开展向省交通厅学习的活动扎扎实实、卓有成效地开展起来,学习省交通厅坚定地贯彻省委、省政府决策的高度自觉性,团结一致、共创大业的思想作风,艰苦奋斗、勇于奉献的拼搏精神,改革开放、开拓进取的创新意识,尊重科学、讲求效益的科学态度。这既是对全省人民的要求,更是对厅党组和广大交通职工的巨大鼓舞与有力鞭策。在新形势和新任务面前,全省交通系统要带头贯彻落实省委、省政府的决定。

一是厅属各单位、各部门要立即行动起来,组织广大干部职工认真学习省委、省政府《关于向省交通厅学习的决定》和《关于在全省开展学习"太旧精神"活动的决定》,联系本单位、本部门工作实际展开广泛讨论,深刻领会精神实质,统一思想,提高认识,振奋精神,增强广大职工弘扬太旧精神、实践太旧精神、捍卫太旧精神的自觉性与工作紧迫感,强化建设交通、发展交通、振兴交通的历史责任感与使命感,带头贯彻省委、省政府的两个决定,深入开展学习太旧精神活动。

二是内找差距,外学全省。要按照省委、省政府要求,看一看、比一比、查一查、想一想。看我们的工作作风、精神状态怎么样,能否适应新形势与新任务的要求;比工作效率、工作成绩怎么样,与兄弟厅局、兄弟单位有什么差距;查省委、省政府的有关决策贯彻得如何,收到什么成效;想全省学交通,交通怎么办?在成绩和荣誉面前,既要看到我们的成绩,更要看到我们的差距和不足。当前,特别是要总结太旧路建设的成功经验,找差距,摆问题,并进行一次系统的思想作风大整训、大提高。

三是把贯彻省委、省政府的两个决定与搞好本单位、本部门的工作结合起来。要在认真学习、提高认识基础上,制定本单位、本部门贯彻两个决定精神,促进两个文明建设再上新台阶的实施方案。目标要明确,措施要得力,行动要快,工作要实。要高标准要求,继续发扬自加压力、勇挑重担的主人翁精神,树立争创一流、再铸辉煌的坚强决心,大力推进交通改革和现代化建设,真抓实干,奋力拼搏,使省委、省政府的决定落到实处,见到实效。

附录二十五
山西省交通厅关于贯彻省委、省政府《关于向省交通厅学习的决定》的实施意见

四是结合贯彻省委、省政府两个决定精神,要搞好机关和各部门、各单位作风整顿,加强制度建设,加强干部考核与管理。厅机关作为全系统的"龙头"和"窗口",要带好头,引好路,起到表率和示范作用;要创建文明优美工作环境,树立严谨务实工作作风,建立高效规范的工作程序,改善服务质量,提高工作效率,坚决反对官僚主义、自由主义,全心全意为基层单位和人民群众服务。要在厅机关开展文明处室创建活动,在全省交通系统开展文明单位创新活动,借鉴太旧路以段段优良确保全线优良的成功经验,用每个处室优良来保证厅机关优良,用每个单位优良来保证全系统优良。各级干部特别是主要领导干部要学习焦裕禄、孔繁森全心全意为人民服务思想和甘当公仆的高贵品质;要讲政治、讲学习,重温《太旧必读》,用马列主义、毛泽东思想和邓小平同志建设有中国特色的社会主义理论武装头脑,提高政治水平和理论水平,牢固树立共产主义人生观、世界观和价值观,全面地正确地积极地贯彻党的基本路线;要讲大局、讲团结,不断加强党性锻炼与修养,自觉维护领导班子的团结,不利于团结的话不说,不利于团结的事不做,顾全大局,求同存异,努力增强各级领导班子的战斗力与凝聚力,把各级班子建设成为能够带领群众实现厅党组提出的"行业振兴、职工致富"宏伟目标的坚强堡垒。

五是戒骄戒躁,乘胜前进。近年来,全省交通事业持续、快速、健康发展,特别是太旧路建设取得辉煌成就,这些都是在党中央、国务院领导的亲切关怀下,在省委、省政府正确领导和全省人民大力支持下取得的,胜利和荣誉应该归功于党、归功于人民。广大交通职工一定要继续保持太旧路建设中那么一股劲、那么一股热情、那么一种拼命精神;一定要讲政治、讲团结、讲奋斗、讲奉献,以太旧路建设为新起点,从零开始,谦虚谨慎,乘胜前进,全力推进全省交通工作向前发展。

三、振奋精神,开拓进取,夺取全省公路交通两个文明建设新胜利

近年来,全省交通建设取得的辉煌成就,是省委、省政府高度重视、正确领导的结果,是全省人民积极参与、大力支持的结果,是广大交通职工团结奋斗、艰苦创业的结果。省委、省政府做出学习"太旧精神"和学习省交通厅的两个重要决定,来之不易。经过太旧路建设锻炼与考验的交通系统各级干部,既要经得起艰苦创业考验,又要经得起胜利和荣誉考验,以饱满政治热情和敢打必胜信念,抓住机遇,不负众望,临深履薄,迎接挑战。

1. 公路建设再上新台阶。"九五"期间,要实施重点工程战略和扶贫工程战略,继续开展全民义务修路活动,突出"三纵七横"公路骨架网二级化建设,建设高速公路5条494km,建设一、二级汽车专用公路15条817km,新建、改建、扩建一般二级公路4546km,新增公路通车里程21000km,基本建成以省会为中心的省、地、县、乡、村"四级辐射"和地、县"两级循环",实现公路网络化,使省会到地市由二级以上高等级公路连接,地市到县由一般二级公路连接,县到乡由80%的等级油路连接,乡到村由80%的等级公路连接,地市

间由二级以上公路连接,县与县之间由三级以上公路连接。到本世纪末,全省公路通车里程、高速公路里程、二专以上高等级公路里程均达到或超过山东省"八五"末的发展水平,彻底改善全省交通基础设施落后的状况。

2. 公路养管夺取新胜利。要坚持"建养并重、管养一体"的方针,实施文明路建设战略,不断加大对现有公路养护投入;要加大公路养护管理以及老油路改造力度,抓好以太旧高速公路和大运公路为龙头的文明路建设;在全省国省道干线和主要县公路实施GBM工程,公路养护好路率年平均达到90%以上,全省公路宜林路段全部绿化,把全省公路建设成为绿色通道。特别是太旧路的管理要坚持特路特管原则,做到建设一流、服务一流、管理一流,争创全国一流水平,使太旧路发挥最大的经济效益和社会效益。

3. 规费征收再创新水平。"九五"期间,要继续抓好规费征收主渠道,省交通征费稽查局要带好队伍收好费,不断完善军事化管理,加大费收力度,以法征稽,文明征稽,树立交通征稽良好形象,争创全国第一流水平。5年内征收养路费及附加费106.8亿元、新增车辆费8亿元、车辆通行费20亿元,并力争多收、超收15~20亿元,为公路建设筹集更多资金。

4. 交通运输迈出新步伐。要继续贯彻实施《山西省道路运输管理暂行条例》,加强行业管理,进一步建立开放、竞争、有序的道路运输市场,逐步规范运输经营行为,理顺运输管理各方面的关系,强化运输行业管理,提高运输经济效益。要深化省营运输企业改革,不断建立现代企业制度,继续开展"内学临汾运输公司经验,苦练内功;外学青岛港、山西焦化厂和邯郸钢铁厂,加强管理"的活动,以运为主,多种经营,转换机制,搞活企业,使12个中型交通企业不断减少潜亏,扩大盈余,走出低谷,增加活力,确保运输企业稳定与发展,进入全国省营运输企业先进行列。与此同时,全省内河水上交通运输也要有一个较大发展。

5. 交通科教做出新贡献。要实施"科教兴交"战略,不断加大对交通科教投入,大力加强科教基础设施和科教队伍建设;交通科教工作要服务交通建设主战场,不断推进交通科技进步,实现具有全局意义的两个根本转变;学校要从严治校,推行和完善半军事化管理,不断提高教育质量,为交通事业培养更多建设人才。

6. 廉政建设取得新成绩。要大力加强党风廉政建设,把反腐败斗争作为一项重要任务来抓。当前,要重点搞好领导干部廉洁自律和纠正以公路"三乱"为主要内容的行业不正之风,严肃查处违纪案件,加强审计监督,整顿财经纪律,反对铺张浪费,为交通建设保驾护航。

7. 政治工作开创新局面。要注重发挥党的政治优势,找准政治工作与经济工作最佳结合点,广泛开展思想政治工作,加强交通干部队伍的革命化建设,用党的基本理论、基本路线、基本方针教育干部,不断树立共产主义人生观、世界观、价值观,提高干部的政治素质、思想素质、纪律素质、作风素质;要大力加强全系统的社会主义精神文明建设,使全系统85%以上的单位进入省、地、县"文明单位"行列,公路、征费两大部门文明单位达到95%以上。

总之,全省广大交通职工一定要珍惜和发展今天交通系统前所未有的大好形势,在省委、省政府两个决定精神鼓舞下,在厅党组坚强领导下,发扬太旧精神,学习兄弟厅局先进经验,继续深化改革,扩大开放,艰苦奋斗,开拓进取,百尺竿头,更进一步,以实际行动维护省委、省政府决定,为兴晋富民做出新的更大贡献!

山西省交通厅

1996 年 7 月 4 日

附录二十六

山西省交通厅
关于印发《"千里大运文明路"精神文明建设规划》的通知

(晋交直党字〔2002〕168号)

大新、新原、原太、太祁、祁临、临侯、侯运高速公路建设有限责任公司,省高管局,厅属各有关单位:

现将《"千里大运文明路"精神文明建设规划》印发给你们,请遵照执行。

山西省交通厅
2002年4月15日

"千里大运文明路"精神文明建设规划

一、指导思想

以邓小平理论和江泽民同志"三个代表"重要思想为指导,紧紧围绕大运路建设和管理,坚持以科学理论武装人,以正确舆论引导人,以高尚精神塑造人,以优秀作品鼓舞人,努力培养有理想、有道德、有文化、有纪律的大运路建设队伍和管理队伍,创建千里大运文明路。

二、奋斗目标

在全体大运路建设者和管理者中牢固树立创建千里大运文明路的思想观念;实现以思想道德修养、科技文化水平、民主法制观念、拼搏创新、无私奉献精神为主要内容的大运路建设、管理队伍素质的显著提高;实现以文明向上、丰富多彩为主要要求的大运路企业文化质量的显著提高;实现以优美环境、优良秩序、优质服务为主要标志的千里大运路文明程度的显著提高;形成大运文明路创建和建设、管理相互促进、协调发展的良好局面,带动全行业精神文明建设。

为实现上述总体目标,分别制定建设、管理阶段的目标如下:

(一)三年建设时期

2001—2003年是大运路建设时期。这一阶段的主要目标是:1.建成666km高标准的纵贯山西南北的大运高速公路。2.培育和塑造以奋发争先的创业精神、与时俱进的创新精神为核心的"大运精神"。3.培养和锻炼一支具有较高思想道德、科技文化素质的职工队伍。4.培养树立300名大运路好党员、300名大运路精神文明建设标兵、300名大运路劳动模范。5.编辑出版一批反映大运路建设全貌的宣传品。6.在大运路建设一线培养发展一批新党员。7.开展创先争优社会主义劳动竞赛、党员先锋队、青年突击队等多种形式的创建活动。

(二)两年管理时期

2004—2005年千里大运文明路精神文明建设的目标是:1.达到新、畅、绿、美标准。"新"即建管投资主体多元化,小公司、大市场,提高科技含量,实现智能化交通、科学化管理;"畅"即从太原—大同、太原—运城三小时通达;"绿"即建成纵贯全省南北最壮观的绿色大通道;"美"即建成高标准的千里文明长廊,充分展示出山西社会、经济发展的新形象。2.大运路全线建设成文明样板路。3.大运路8个公司全部达到市(地)级以上文明单位标准。4.大运路所有服务区达到服务区标准。5.大运路80%以上的收费站建成文明收费站。6.大运路80%的养护工区建成文明工区。7.大运路80%的路政执法单位建成文明单位。8.职工队伍的思想道德、科技文化素质达到全行业领先水平。9.已建成的原太、太原东环、南环高速公路在2003年率先建成文明路。

三、主要任务

思想道德建设方面:

1.大力加强理论武装工作。坚持不懈地进行马列主义、毛泽东思想特别是邓小平理论和江泽民同志"三个代表"重要思想教育。要围绕不断提高领导水平和执政水平、不断增强拒腐防变和抵御风险能力这两大历史性课题,组织和引导广大党员干部深入学习"三个代表"重要思想,身体力行"三个代表"要求,进一步推进党的思想建设和政治建设,增强各级党组织的凝聚力、战斗力和创造力。要重点抓好领导干部学习,健全理论学习激励和约束机制,完善理论学习考核办法,做到制度化、经常化、规范化。把学习邓小平理论和江泽民同志"三个代表"重要思想与中央及省委、省政府的重大方针政策结合起来,同学习现代化建设必需的经济、法律、管理和一些前沿科学基本知识结合起来,同大运路建设和管理工作实际结合起来,进行理论思考和政策研究,不断提高运用理论解决实际问题能力,增强工作的原则性、系统性、预见性和创造性。

2. 加强爱国主义、集体主义、社会主义和正确的世界观、人生观、价值观的教育。坚持以建设有中国特色社会主义为主题,以领导干部为表率,以青年职工为重点,搞好形势教育,搞好中国近代史、现代史、中共党史和基本国情、省情教育,以及中华民族优良传统和革命传统、民族团结和祖国统一、国防和国家安全教育。着重理解江泽民同志提出的"四个如何认识"问题,引导广大干部职工分清主流和支流,分清正确与谬误,树立正确的世界观、人生观、价值观,坚定马克思主义信仰,坚定社会主义信念,增强改革开放和现代化建设信心,增强对党和政府的信任,达到团结广大干部职工,调动一切积极因素,为建设好大运、管理好大运而奋斗的目的。

3. 不断引深新时期创业精神教育。大力弘扬为现代化建设而不懈奋斗的"五种精神",以此来凝聚力量,鼓舞斗志。同时,要大力弘扬太旧精神和与时俱进的创新精神、奋发争先的创业精神,引导大家正确认识国情、省情,认识大运路建设和管理的光荣性、艰巨性,牢固树立勤俭办事业的思想。

4. 深入进行"依法治国"与"以德治国"教育。结合交通系统实际,坚持依法治交,以德治交,不断提高广大干部职工的法律意识和思想道德水平。特别要加强对行政执法人员的培训和管理,进一步提高依法行政、依法管理能力。深入贯彻《公民道德建设实施纲要》,践行20字公民道德基本规范,进行热爱交通,爱岗敬业,服务群众,奉献社会的职业道德教育。加强职工岗位教育培训,教育引导职工树立全心全意为人民服务的道德观念,坚决纠正和查处行业不正之风,促进文明程度的提高。

文化建设方面:

1. 着力培育和塑造以"大运精神"为核心的"大运文化"。努力进行机制创新、体制创新、科技创新和管理创新。通过"四通创新",塑造以标识、标志、标准色、标准字等为内容的大运形象文化;塑造以构造物、桥梁、隧道、标志、标线、服务区、互通等设施构成文化、建筑学、美学,以及所有构造物的设施优化为内容的大运物质文化;塑造全新的领导体制、管理体制、组织机构、管理制度等为内容的大运制度文化;塑造以文化观念、经营哲学、宗旨、伦理、道德、风尚、精神、价值观为内容的大运精神文化;塑造以人与人之间行为活动、人际关系、教育宣传等为内容的大运行为文化。从而在总体上形成以人本观念为主体、以价值为核心、以文化为引导、以规章制度为保证的具有人文大运、科技大运、绿色大运等鲜明时代特征的大运文化。

2. 大力加强大运路的新闻宣传工作。以"三个代表"重要思想为指导,围绕大运路建设和管理的特点与实际,坚持眼前与长远相结合,内容与形式相结合,务实与轰动相结合的原则,搞好大运路新闻宣传工作。要加强和中央新闻单位、山西日报社、山西人民广播电台、山西电视台等省内主要新闻单位协调,充分发挥《山西交通报》、山西电视台驻厅记者站的作用,搞好大运路建设和管理各个阶段新闻宣传。要组织力量编辑出版《大运高速公路建设管理经验集锦》《大运路群英谱》《大运高速公路建设志》《大运高速公路画册》《大运高速公路文化作品荟萃》《大运经济带研究与开发》等精品图书,拍摄反映大运路建设辉煌历程的电视新闻纪录片,搞好大运路资料宣传。通过加强新闻宣传工作,为大运路建设和管理营造良好的社会舆论氛围,同时为后人留下一笔精神财富。

精神文明创建活动方面:

1.以大运路为重点,深入开展文明行业创建活动。把大运路的精神文明创建活动,纳入全系统创建文明行业的活动之中,作为龙头,作为重中之重。在建设时期,大力开展文明施工、文明管理和社会主义劳动竞赛以及创先争优活动,重点抓好每年100名劳动模范、100名精神文明建设标兵、100名优秀共产党员的选树工作。在管理时期,重点搞好文明路建设工作。坚持队伍建设军事化、公路养护机械化、通行收费自动化、路政管理法制化、综合服务标准化、全面管理现代化标准,争创全国高速公路管理一流水平,早日进入全国文明样板路行列。以大运路精神文明创建活动,带动全系统创建文明活动深入开展。

2.大力开展创建文明单位工作。在两年管理时期,大运路8个公司文明单位创建工作要有突破性进展。要切实加强对创建文明单位活动领导,在单位内部深入开展系列创建活动,加强创建活动的制度化建设,全面实现文明单位、文明收费站、文明养护工区等创建目标。

3.要充分发挥工会、共青团、妇女组织的作用,在大运路广泛开展文化、娱乐、体育、卫生、科普、科教活动,倡导健康文明、积极向上的生活方式。大力开展争当青年志愿者、争创青年文明号、巾帼建功活动等,促进精神文明创建活动的全面深入开展。

四、保证措施

(一)加强领导,提高认识

各级领导要把加强大运路的精神文明建设作为一项重大战略任务来抓。各级党组织要在大运路精神文明建设中发挥政治核心作用。坚持两手抓,两手都要硬,把两个文明建设作为统一的奋斗目标,一起部署,一起落实,一起检查,一起奖惩。

(二)全面规划,加强指导

大运路各公司和厅属有关单位要根据本规划,结合实际制定相应规划,把各项任务落到实处。各有关单位的主管部门要深入实际,调查研究,区别不同情况提出任务要求,加强对精神文明建设工作的领导。厅精神文明建设办公室要加强对整个大运路精神文明建设工作的指导。

(三)从严治党,搞好党风

加强精神文明建设,首先要从严治党,搞好党风。要认真贯彻落实江泽民同志"七一"重要讲话和党的十五届六中全会精神,加强和改进作风建设;要加强对党员特别是领导干部的严格要求、严格管理、严格监督。党员领导干部要以身作则,言行一致,要求别人做到的自己首先做到,禁止别人做的自己坚决不做,在大运路精神文明建设中发挥带头作用和表率作用。

(四)增加投入,提供保证

要把精神文明建设纳入大运路建设和管理的总体规划,保证必需资金。省厅及各有关单位要把精神文明建设的必要开支纳入年度经费计划,拿出专门经费用于大运路精神文明建设。要坚持量力而行、勤俭办事的原则,逐步增加新的投入,保证大运路精神文明建设持久、深入、高标准地开展。

附件:1. 大运高速公路文明路标准
   2. 大运高速公路文明服务区标准
   3. 大运高速公路文明收费站标准
   4. 大运高速公路文明路政队标准

附件1：

大运高速公路文明路标准

1. 养护工程有计划,有预算、决算,报表及时、准确,工程质量优良。
2. 养护科研工作有分管领导负责,有成果。
3. 路基、边坡稳定,无沉陷、无碎落,过坡坡面圆滑、直顺。
4. 路面无坑槽、松散、臃包、推移、严重龟裂、严重车辙,表面平整,弯沉、摩擦系数等指标符合标准,好路率达到100%,综合值达95以上。
5. 桥梁墩台、盖梁、支座、大梁、桥面板、伸缩缝无破损、无裂缝,隧道不渗水,通风照明良好。
6. 涵洞、构造物无淤泥,无裂缝,排水畅通,防护合理。
7. 内业资料、档案完备,有专人负责,实行微机管理。
8. 经常检查路容、路况设施;检查内容完整,报表齐全;能及时处理检查提出的问题,并能反馈检查意见处理结果。
9. 路面清洁、无抛撒物,护栏、立柱保持干净。
10. 沿线花池、路缘石、构造物过缘定期粉刷,线条优美,轮廓分明。
11. 点、线、面结合,立体绿化,实现四季常青,三季有花。
12. 沿线设施醒目、规范、具备夜间使用功能;诱导标、道钉、标线完整、清晰。
13. 特大桥、隧道、陡坡、急弯处设立监控系统,能及时提供路况、交通信息。
14. 养护工作实行机械化作业,设置作业标志,作业车辆车况良好,车型相对统一。
15. 及时依据有关气象信息,增设安全标志,确保高速公路行车安全。
16. 养护作业人员标志服,戴安全帽,遵守作业规程,确保施工安全。

附件2：

大运高速公路文明服务区标准

1. 服务区建设有规划，无闲、杂、散地；达到绿化、美化、净化；道路、物地、花、树丛等地无杂草及废弃(品)；有专人管理，定期清扫喷药。

2. 加油站职工上岗使用文明用语，达到语言美、仪表美、行为美；遵守加油站工作纪律。

3. 每月、季按时或超额完成各项生产任务和经济指标；固定资产年增长率在3%以上，并足额按期提取折旧费，内部收益率保持在18%以上，确保国有资产的保值和增值。

4. 向客户提供一条龙优质服务，有服务承诺制度和监督制约措施；各个环节有专人负责，做到服务到车，服务到人，服务到位；设有客户接待休息室等服务设施。

5. 各种机械和电器设备、设施、标志、物品、工作区域、通道等布局旋转合理，做到分区、分色、划线定位；各种门窗、物品、地面等设施无破损，保持完好、整洁；各种资料、档案、记录等文字材料分类保管，存放整洁有序，符合规定，有专人负责；查找方便、快捷。

6. 推行全面质量管理，有质量考核制度，有质量教育培训计划，并定期实施；维修过程实行"三检"，记录完整无缺，有汽车修理专业助理工程师以上的人员负责技术工作。

7. 所售各类油品质量合格率达到100%（检查化验单、证）；计量准确及设备完好率达到99%。

8. 各类表、账单资料完整，无缺损、短少；存放规范有序。（日报、月报、考勤、进销记录、交接班记录、发票、设备档案、台账等）

9. 加油站周边建设规划合理，做到安全、整洁、宽敞有序。

10. 及时了解宾客反映，经常变换食品花样，不断提高饭菜质量。服务员实行限时服务。

11. 餐厅门窗洁净，灯具明亮无灰尘；室内环境好，无蝇，无异味；台布做到一餐一换；设备完好率达100%。

12. 正确、严格处理会计账务，及时编排会计报表做到账账相符，账物相符，账簿摆放整齐有序；加强固定资产管理，做到固定资产无流失。

13. 服务人员实行限时服务；根据宾客所需配备常用物品、药品。

14. 床单、被罩等物品按规定换洗。配置电器完好率达100%。

15. 坚持值班经理上岗制，加油站、客房昼夜有值班人员在岗。

16. 卫生间、地面、镜面、台面、洁具、便具须定时(人、次)冲、刷、擦、洗，达到无积水、无痕迹。备有相应辅助物品(毛巾、肥皂、针、线、残疾人用椅等)。

附件3：

大运高速公路文明收费站标准

1. 熟练掌握有关政策法规，严格履行岗位职责，售、检票手续完备，票款日清月结、及时上解。假币处理得当。应收不漏、应免不收，积极完成上级下达的收费任务。

2. 按收费管理稽查办法的各项要求，认真做好稽查工作。

3. 收费员按规定着装，佩戴胸卡，亭外张挂收费员的编号。

4. 无贪污、挪用票款，倒卖废票和其他徇私舞弊行为；无带私款和废票上岗现象。

5. 无乱扣滥罚以及谋私和私自搭车行为。

6. 岗上不准吸烟、打闹、会客和做与工作无关的事，不准酒后上岗。

7. 无违反纪律、被车主投诉、上级批评和新闻单位曝光事件。

8. 按规定定期保养、维护资料定期备份。及时检修、及时报告、及时恢复，维护用具和用品齐全。

9. 各种记录统一、完整、翔实，做好归档管理工作。

10. 经常开展安全教育。安全制度健全，用电、防火设施完备，完全设备配置合理得当。

11. 车辆、票据、票款和物品保管严密，防范措施完善，无丢失和被盗现象。

12. 遵守安全规定，无责任事故和责任人身伤亡。

13. 收费人员严格遵守着装规定，做到仪表严整，举止端庄，态度和蔼，讲普通话，使用文明用语，杜绝"服务忌语"。

14. 收费人员热情服务，主动为驾乘人员排忧解难，有问必答，不刁难驾乘人员。

15. 公开收费标准，公开监督电话，实行"三项"服务承诺。

16. 售、检票业务技术熟练无差错，杜绝因排长队交费和开启道口不足引起的堵车现象。

17. 经常对收费人员进行业务培训，定期进行考核，优胜劣汰，竞争上岗。

18. 收费站办公楼、配电室、锅炉房等管理制度健全，使用维护良好，清洁卫生。

19. 收费站、收费亭等按规定配置的设施、设备有专人保管，性能良好，收费站标志、标牌醒目，无缺损；办公用品摆放整齐无污；室亭内外，门窗清洁明亮。

20. 内务卫生，秩序良好，宿舍铺面平整干净，物品统一，摆放整齐，门窗清洁明亮。

21. 加强食堂管理，卫生管理制度落实，账目管理符合规定，搞好农副业生产，改善职工生活。

22. 站内环境卫生，秩序井然，站内达到绿化、美化、净化。职工的工作、生活环境舒适。

附件4：

大运高速公路文明路政队标准

1. 遵循《交通厅行政执法职业道德基本规范》，经过严格岗位培训，考试合格后持证上岗。

2. 执行公务严格按规定着装，佩戴帽徽、领章、肩章、臂章、反光腰带或反光标志服。

3. 熟练掌握并准确运用《中华人民共和国公路法》《行政处罚法》查处路政案件；不滥用职权、徇私枉法，坚决杜绝以权谋私和吃、拿、卡、要等违法乱纪行为。

4. 熟练掌握有关法律法规，准确制作路政案件法律业务文书。

5. 路政办案要坚持办案程序公开、赔偿标准公开和接受社会监督的"两公开一监督"制度。

6. 严格按照有关法律、法规，合理收取路产赔偿费、占用费、清障费，无漏收乱收现象。

7. 路巡设备、清障设备、勘察设备、抢险救护设备及各种作业标志等路政设备齐全，保养完好。

8. 坚持公路巡查，随时掌握路产情况，及时查处违章行为；遇突发事件反应迅速，救援及时，措施得力；快速清理道路障碍保障道路安全畅通。

9. 及时查处各种违章行为，路政案件发现率、查处率分别达到98%和95%，索赔率占查处率的100%。

10. 建筑红线控制率达100%，无违章建筑、摊点及乱设广告牌、宣传牌，无沿隔离栅设摊现象；公路用地内各种非公路标志、广告、宣传牌等按规定审批，经批准后按规定设置。

11. 按规定程序及时组织路产修复和验收工作，保持高速公路路产完好。

12. 规章制定完善，赔偿标准、收费标准、办案程序及其他各项规章制度上墙公示；路政档案齐全规范，查找使用方便、快捷。

13. 建立微机管理系统，提高路政管理的现代化水平。

14. 挂牌上岗，亮证执法，使用文明用语，态度和蔼，仪表严整。

15. 与交警、武警及地方政府密切合作，共同开展文明共建活动。

附录二十七

山西省交通运输厅
《关于成立山西交通控股集团有限公司的请示》

(晋交财发〔2017〕324号)

省人民政府：

深化交通运输管理体制改革是省委、省政府确定的转型综改重点任务。根据省委、省政府《关于深化国企国资改革的指导意见》和楼阳生省长重要指示精神，按照化解政府债务、推进政企分开、构建现代综合交通运输体系要求，借鉴外省经验，结合山西交通实际，我厅认为当前深化交通运输管理体制改革的重点是加快组建成立"山西交通控股集团有限公司"(以下简称山西交控集团)。现就改革有关事项请示如下：

一、改革的必要性

多年的高速发展，全省交通运输供给能力得到很大提升，高速公路已适度超前经济社会发展，但也积累诸多矛盾和难题。一是交通债务过大。2016年底，省交通运输厅政府性债务总额3117.75亿元，占省本级债务90%，直接影响全省经济社会发展。二是省交通运输厅"统贷统还"的发展模式已难以为继。新《预算法》和《国务院关于加强地方政府性债务管理的意见》(国发〔2014〕43号)实施后，从2015年起，省交通运输厅已不能再贷款融资，"统贷统还"建设高速公路的模式已难以为继；三是现有高速公路管理体制落后。政企不分、事企不分，成本高，效率低；四是现有交通国有企业活力不足、实力不强。主体分散、产融脱节、专业化程度不高、同质化竞争严重，难以承担起构建现代综合交通运输体系的重任。

燃油税费改革后，特别是国发〔2014〕43号文件下发后，组建由省国资委或交通运输厅履行出资人职责的省级交通投资集团，通过市场化方式发展高速公路、化解政府性债务逐步成为全国主流模式，发展态势好，符合改革方向，已为交通运输部所认可。本省曾采用逐条转让政府还贷收费公路权益的方式推进高速公路资产债务重组改革，但从已转让收费权益的8条政府还贷高速公路看，政府性债务总额降低约10%，但通行费收入减少约20%,债务降低的同时加大风险,难以实现改革初衷。

省内外改革的实践与探索表明,组建成立交通集团,是适应经济发展新常态,有效化解交通政府性债务的唯一出路;是践行新发展理念,推进交通运输转型升级的关键之举;是深化交通运输管理体制改革,实现政企分开,加快构建现代综合交通运输体系的长远之策,对交通运输行业持续健康发展具有里程碑意义。必须牢固树立"改革决不能落后"的理念,及时调整改革方向,对标一流,迎头赶上,从管理体制和生产力层面彻底改革,整合交通资源,组建成立山西交控集团。

二、山西交控集团的主要架构

(一)公司性质和功能定位。

山西交控集团是省政府出资设立的国有独资公司。功能定位为省内重大交通项目的投融资主体,提供交通基础设施公共服务,承担交通运输基础设施的投融资、建设和运营管理;负责通过投资控股、产业培育、资本运作等方式,推动交通运输产业集聚发展和转型升级;在市场机制不能有效发挥作用的领域,承担省政府赋予的重大交通基础设施项目的建设任务。

(二)出资方式和注册资本。

以省交通运输厅和省国资委管理(持有)的交通企业国有资产(股权)作价出资,采取整体打包、无偿划转、股权重组等方式组建成立山西交控集团。

划入山西交控集团、现由省交通运输厅管理的交通国有资产主要有:53条政府还贷高速公路和9条在建政府还贷高速公路共62条高速公路资产,省交通运输厅所属省交通规划勘察设计院、省交通科学研究院资产,省公路局管理的10户路桥企业国有股权,省高速公路管理局管理的省交通信息通信公司、省交通物资公司、省高速公路开发有限责任公司共3户企业资产,省交通运输厅投资的太原武宿物流园区资产,省高速公路管理局持有的山西汾平高速公路有限责任公司30%的股权、省高速公路管理局所属大同高速公路公司持有的山西京大悦达高速公路有限责任公司20%的股权。

划入山西交控集团、现由省国资委管理的交通国有资产主要有:山西路桥集团、省交通投资集团、省高速公路集团国有股权。

上述企业重组后,账面静态总资产约3890亿元,管理已运营高速公路约5000公里,占全省高速公路的95%;净资产约505亿元,年营业收入约253亿元,职工人数约4万人。

山西交控集团注册资本约500亿元。以省交通运输厅管理的62条政府还贷高速公路的中央、地方政府投资和上述交通企业净资产作价出资的形式注入。

山西交控集团运转正常后,逐步考虑将省政府出资形成的铁路、机场等交通运输国有资产(股权)纳入集团管理,从生产力层面完善山西交控集团功能布局,形成综合交通运输发展格局。

（三）组织架构。

山西交控集团组织结构采取母分结构与母子结构相结合的方式，实行扁平化管理模式，管理层级原则上按三级设置。组建初期按业务板块设立27个全资、控股、参股分子公司。其中，分公司16个，对全省政府还贷高速公路实行集中统一管理；全资子公司9个，参股子公司2个，集团对子公司履行国有资产出资人职责。

（四）管理体制。

省国资委代表省政府履行出资人职责，行使出资人权利。

省交通运输厅履行行业管理职责，对授权经营的政府还贷高速公路债务风险实施监控，对山西交控集团交通基础设施建设、运营、管理实施年度考核，并对领导班子提出考核建议。

干部管理体制。公司党委会、董事会按照省委干部管理有关规定任命。

（五）管控模式。

集团总部履行战略研究中心、投资决策中心、全面管控中心、资本运作中心和人力资源中心"五大中心"职能，对子、分公司实施分类战略和运营管控。各业务板块二级子、分公司作为产业子集团，按照集团确定的发展战略，强化组织实施，主要承担集团利润集聚职能，确保完成集团下达的建设与经营目标任务。各三级子、分公司实行专业板块化经营，是集团的成本中心。

三、发展思路与实施步骤

集团坚持"以路为基、产融结合、创新驱动、多元发展"的思路，着力构筑"四大产业"板块。

一是构建以网络化、一体化为特征的综合交通基础设施产业板块。包括集团投资建设经营的高速公路、交通枢纽、轨道交通、地方铁路、机场等，共同构成覆盖全省、互联互通、多式联运、融合发展的综合交通运输主干网，实现交通基础设施建设、营运、管理一体化，这是集团的核心产业。

二是构建以资本化、全牌照为特征的投融资产业板块。持续加大对投融资板块的资产和资金注入，整合集团控股、参股的金融企业和上市公司、融资租赁公司，逐步建立起制度完善、运转顺畅、风险可控的资本运作平台，实现产业经营和资本运营良性互动，这是集团投融资能力的重要支撑和未来主要创利产业。

三是构建以信息化、智能化为特征的交通科技产业板块。整合集团科研、信息资源，加强交通科技研发，加大高速公路光纤资源开发利用，充分利用大数据、云计算、物联网等新技术，推动科技研发、信息技术与实体产业融合发展，培育交通移动空间，发展智慧交通产业，这是集团具有巨大发展空间的潜力产业。

四是构建以专业化、多元化为特征的交通关联产业板块。整合重组集团现有经营企业,用好集团现有施工、设计、监理优质资质,培育交通设计施工总承包、交通养护生产、交通监理、服务区与能源经营、现代物流等具有核心竞争力的专业化交通企业,这是集团产业结构的必要补充。

此次改革涉及4万人左右,涉及巨额债务转移、高速公路运营平稳过渡等重大敏感问题。按照楼阳生省长要求,坚持设计一步到位、改革分步实施的原则,正确处理改革、发展和稳定的关系,把握好改革速度、力度和节奏,采取"先合并后重组再改造"的方法,积极稳健推进集团组建工作,用1~2年时间,基本实现集团组建与内部重组整合目标;再用3年左右的时间,实现打造国内一流、具有国际竞争力的交通企业集团目标。

第一步,挂牌运行,化解债务。本方案批复后加快完成企业注册挂牌和集团领导班子组建,年内基本完成政府还贷高速公路债务主体变更,完成省交通运输厅有关国有资产、股权和省路桥集团、省交通投资集团、省高速公路集团的国有股权划转,实现化解债务、政企分开,集团初步实现正常运营。

第二步,整合重组,板块布局。2018年重点对划入集团的各企业进行板块化、专业化整合重组,构建主业突出、结构合理的四大产业布局和综合运输体系格局,努力把集团打造成为全省综合交通基础设施投资建设平台。

第三步,深化改革,赶超一流。瞄准国际化、资本化、专业化,大力实施混合所有制改革和资本化改造,推进国有资本进退留转,培育壮大上市企业,做强金融产业板块,做大基础设施产业板块,做精科技信息产业板块,做优交通关联产业板块。到2020年,努力把山西交控集团打造成为国内一流、具有国际竞争力的交通企业集团。

山西交控集团组建后,省交通运输厅同步推进高速公路建设和管理体制改革,将主要职能转移到政策规划标准制定、加强市场监管、优化发展环境、弥补市场失灵上来,充分发挥市场配置资源的决定性作用和更好地发挥政府作用,为山西交控集团发展腾出市场空间、营造良好环境;保留省高速公路管理局及其所属收费结算中心、路政总队、信息监控中心三个事业单位,作为省交通运输厅二级专业局,履行全省高速公路行业管理职能。同时,统筹推进交通运输综合执法体制改革。

四、政策建议

组建成立山西交控集团,涉及面广,可能遇到的问题多,需要得到一些政策上的支持。为此,提出如下政策建议:

1. 山西交控集团作为省政府批准的特许经营主体,建议划入的62条政府还贷高速公路属性不变。其通行费收入作为企业收入,实行集团内部"收支两条线"管理,使用税务票据,依法纳税,不再缴纳水利基金。

2. 根据省政府办公厅印发的《山西省交通企业及高速公路资产债务重组方案》(晋政

附录二十七

山西省交通运输厅《关于成立山西交通控股集团有限公司的请示》

办函〔2014〕163号)精神,省政府决定向省路桥集团、省交通投资集团、省高速公路集团3户省属国有交通企业注资100亿元,已到位30亿元,建议省政府视财力将剩余70亿元资金分年度注入山西交控集团,优化集团资产结构,提高融资能力。

3. 参照浙江、山东、福建等省做法,建议将拟划入山西交控集团的62条政府还贷公路、17条经营性公路共79条高速公路的土地使用权作价出资,作为资本金注入交控集团。由省国土资源厅、省财政厅、省交通运输厅和省国资委办理相关手续,以进一步降低企业资产负债率,提高融资能力。

4. 支持山西交控集团设立交通产业基金。建议以山西交控集团为管理人,履行劣后级出资义务,吸引银行、保险等优先级资金,成立交通产业基金,主要投资公路及其沿线资源开发。

5. 参照浙江等省做法,建议省内新建高速公路等交通基础设施PPP项目的中央和省政府投资,由山西交控集团履行政府出资人职责,与社会资本投资人共同投资建设经营相关项目。

6. 为支持"山西三维"重组上市,建议将省国资委管理的优质高速公路资产先行划入三维公司。

7. 为实现集团的顺利组建,建议由省交通运输厅以银行贷款借支1亿元作为集团开展资产评估、审计、信息安全监控指挥系统前期建设、集团开办等经费,在债务划转时一并清算。

8. 资产人员债务整体划转。建议组建山西交控集团,采取整体划转的方式,人随单位走,债随资产走,与划转资产相对应的单位,人员资产债务实行整体划转。

9. 加强改革过渡期的债务风险管控。建议合理确定62条政府还贷高速公路交割日。交割日之前,银行贷款还本付息由省交通运输厅负责;自交割日起,还本付息由山西交控集团负责,省交通运输厅配合,确保不发生系统性、区域性金融风险。

10. 落实稳定责任制。建议由省交通运输厅对交通运输系统稳定工作负总责,省国资委对其监管企业稳定工作负总责。改革期间,冻结涉改单位机构、编制和人事。在高速公路整体划转前,省交通运输厅负责完成16个高速公路片区管理机构整合,更好地发挥各级党组织和干部的作用,确保改革平稳过渡。

11. 筹组过程中的未尽事宜,以省政府山西交控集团筹备领导组的协调意见为准。

妥否,请批示。

附件:山西交通控股集团有限公司筹组方案

山西省交通运输厅

2017年7月12日

附件：

山西交通控股集团有限公司筹组方案

高速公路债务化解和管理体制改革是省委、省政府2017年确定的重要改革任务。根据省委、省政府《关于深化国企国资改革的指导意见》和楼阳生省长重要指示精神，借鉴外省经验，结合山西交通实际，筹组成立山西交通控股集团有限公司（以下简称为山西交控集团）。

一、指导思想

全面贯彻党的十八大和十八届三中、四中、五中、六中全会精神，深入学习贯彻习近平总书记系列重要讲话精神和治国理政新理念新思想新战略，认真落实省第十一次党代会精神，坚持新发展理念，坚持问题导向与目标导向相结合，正确处理政府与市场的关系，按照市场化取向、竞争力目标、专业化重组、股份制改造、现代化管理、科学化监管的要求，提高站位，着眼长远，强化顶层设计，着力在"根上改、制上破、治上立"上下功夫，努力实现政企分开、债务化解和打造国内一流企业三个目标。

二、筹组方案

（一）公司名称。

公司名称为"山西交通控股集团有限公司"，具体以工商注册登记为准。

注册地：山西省太原市山西转型综改示范区。

（二）公司性质和功能定位。

山西交控集团是省政府出资设立的国有独资公司。以国有资本运营和国有股权管理为重点，对交通国有资本承担保值增值责任，对其出资企业履行出资人职责。

山西交控集团的功能定位为省内重大交通项目的投融资主体，承担省内交通运输基础设施的投融资、建设和运营管理；提供交通基础设施公共服务；负责通过投资控股、产业培育、资本运作等方式，推动交通运输产业集聚发展和转型升级；在市场机制不能有效发挥作用的领域，承担省政府赋予的重大交通基础设施项目的建设任务。

（三）出资方式和注册资本。

省政府以授权省交通运输厅和省国资委管理（持有）的交通企业国有资产（股权）作价出资，采取整体打包、无偿划转、股权重组等方式，成立山西交控集团。出资范围包括：

附录二十七

山西省交通运输厅《关于成立山西交通控股集团有限公司的请示》

1. 省交通运输厅管理的交通国有资产：

（1）将省交通运输厅管理的53条政府还贷高速公路和9条在建政府还贷高速公路共62条高速公路资产整体划入山西交控集团；

（2）将省交通运输厅管理的省交通规划勘察设计院、省交通科学研究院资产整体划入山西交控集团；

（3）将省公路局管理的10户路桥企业国有股权划入山西交控集团；

（4）将省交通运输厅出资、省高速公路管理局管理的省交通信息通信公司、省交通物资公司、省高速公路开发有限责任公司共3户企业资产整体划入山西交控集团；

（5）将省交通运输厅投资的太原武宿物流园区资产整体划入山西交控集团；

（6）将省高速公路管理局持有的山西汾平高速公路有限责任公司30%的股权、省高速公路管理局所属大同高速公路公司持有的山西悦达京大高速公路有限公司20%的股权划入山西交控集团。

2. 省国资委管理的交通国有资产：

（1）将省国资委管理的山西路桥集团国有股权全部划入山西交控集团；

（2）将省国资委管理的省交通投资集团国有股权全部划入山西交控集团；

（3）将省国资委管理的省高速公路集团国有股权全部划入山西交控集团。

上述企业重组后，账面总资产约3890亿元（全国省级交通集团排名第2），管理已运营高速公路约4930公里，占全省高速公路的95%；净资产约505亿元，年营业收入约253亿元（全国省级交通集团排名第8），职工人数约4万人。

山西交控集团注册资本约500亿元。以省交通运输厅管理的62条政府还贷高速公路的中央、地方政府投资和上述企业净资产出资的形式注入。

山西交控集团运转正常后，逐步考虑将省政府出资形成的铁路、机场等交通运输国有资产（股权）纳入集团管理，从生产力层面完善交控集团功能布局，形成综合交通运输发展格局。

（四）经营范围。

高速公路等重大交通基础设施及相关资源的投资、建设、运营和管理；金融、证券、保险、融资租赁及高新技术等高端产业的投资经营；综合运输、现代物流、交通勘察设计、施工、监理等的经营；交通沿线土地等资源的开发经营；房地产开发经营等。

具体经营范围以工商注册为准。

（五）组织架构。

山西交控集团为有限责任公司，依法设立董事会、监事会和经理层，同时设立党委、纪委。

集团组织结构采取母分结构与母子结构相结合的方式。按业务板块设立若干个全资、控股、参股子公司;现有政府还贷高速公路公司实行分公司结构,其他企业实行子公司方式。参照国内先进的管理模式,以大约300公里为1个管理单元,以行政区域为划分基础,设立16个高速公路运营管理分公司,对62条政府还贷高速公路集中统一管理。时机成熟后,将对所在区域内集团的经营性公路实行集中受托管理。集团对子公司履行国有资产出资人职责。

(六)管理体制。

山西交控集团实行以下管理体制:

1. 省国资委履行出资人职责,行使出资人权利。

2. 省交通运输厅履行行业监管职责,具体负责对授权经营的政府还贷高速公路债务风险进行监控;负责山西交控集团交通建设计划执行及交通基础设施运营管理的年度考核;负责对集团领导提出考核建议。

3. 干部管理体制。公司党委会、董事会、经营班子按照省委干部管理权限执行。

(七)管控模式。

集团实行扁平化管理模式,管理层级原则上按三级设置。

集团总部履行战略研究中心、投资决策中心、全面管控中心、资本运作中心和人力资源中心"五大中心"职能,对子公司实施分类管控。交通基础设施板块侧重财务和运营管控,投融资产业板块侧重风险管控,科技信息和交通关联产业板块侧重战略与财务管控。各业务板块二级子、分公司作为产业子集团,按照集团确定的发展战略,强化组织实施,主要承担集团利润集聚中心职能,确保完成集团下达的建设与经营目标任务。各三级子、分公司实行专业板块化经营,是集团的成本中心。

三、发展思路

结合公司功能定位和未来发展需要,按照"以路为基、产融结合、创新驱动、多元发展、分级管控"的思路,着力构建集团"四大产业"板块、"三级管控"模式。

"四大产业"板块。

一是构建综合交通基础设施产业板块。按照有效管理、应急到位的要求,对集团现有政府还贷高速公路进行整合重组,以大约300公里高速公路作为一个管理单元,在全省组建16个区域高速公路管理分公司。按照所有权与管理权相分离的原则,逐步将集团经营性高速公路纳入区域高速公路公司进行委托管理,实现集团对所有高速公路集中统一管理。

继续推进全省高速公路网投资建设,积极参与全省重要交通枢纽、轨道交通、地方铁路、机场投资建设,构建覆盖全省、互联互通、多式联运、融合发展的综合交通运输主干网,实现交通基础设施建设、营运、管理一体化,把交通基础设施打造成为山西交控集团的核心产业。

附录二十七
山西省交通运输厅《关于成立山西交通控股集团有限公司的请示》

二是构建投融资产业板块。 整合集团控股、参股的金融企业和上市公司、融资租赁公司,持续加大对投融资板块的资产和资金注入,建立制度完善、运转顺畅、风险可控的资本运作平台。

积极运用中期票据、永续债、海外债等多种融资工具,优化融资结构,拓宽融资渠道,与其他产业板块进行产融互动,适时推进集团资产分拆上市或整体上市,盘活存量资产,挖掘增量潜力,利用资本市场筹集交通基础设施建设资金和集团发展资金,实现产业经营和资本经营良性互动。

用好"山西三维"上市公司平台,分批推进高速公路等优质资源上市,积极推动交通科研、智能交通等高新技术企业包装上市,实现企业资产资本化改造。

积极推动国有资产进退留转,通过设立投资基金、发展融资租赁业务,引进战略投资者,推进集团混合所有制改革,集中资金、资本、资产,加强与银行、保险、证券机构的投资合作,扩大集团金融控制力,使其成为山西交控集团投融资能力的重要支撑和未来主要创利产业。

三是构建交通科技信息产业板块。 整合集团科研、信息资源,加强交通科技研发,加大高速公路光纤资源开发利用力度,充分利用大数据、云计算、物联网等新技术,推动科技研发、信息技术与实体产业融合发展。

大力发展交通移动终端、电子交通消费、不停车收费、交通"一卡通"、手机支付等新兴业务,推进企业经营管理信息化、社会服务智能化,培育壮大智慧交通产业,使其成为山西交控集团具有巨大发展空间的潜力产业。

四是构建交通关联产业板块。 整合重组集团现有经营企业,用好集团现有施工、设计、监理优质资质,培育交通设计施工总承包、交通养护生产、交通监理、服务区与能源经营等具有核心竞争力的专业化交通企业。

加大交通沿线资源和交通枢纽资源开发力度,利用交通节点和交通枢纽布局覆盖全省的物流基地、物流节点,实现交通运输与物流融合发展,打造现代物流高端产业。

这些依托交通基础设施衍生发展的产业链,是山西交控集团产业结构的必要补充。

四、实施步骤

此次改革涉及4万人左右,涉及巨额债务转移、高速公路运营平稳过渡等重大敏感问题。按照楼阳生省长要求,坚持设计一步到位、重组分步实施、确保平稳过渡的原则,正确处理改革、发展和稳定的关系,采取"先合并后重组再改造"的方式,积极稳健推进集团组建工作。用1~2年时间,基本实现集团组建与内部重组整合目标;再用3年左右时间,实现打造国内一流、具有国际竞争力的交通企业集团目标。

第一步,挂牌运行,化解债务。 本方案批复后加快完成企业注册挂牌和集团领导班子组建,年内基本完成政府还贷高速公路债务主体变更,完成省交通运输厅有关国有资产、股权和山西路桥集团、省交通投资集团、省高速公路集团国有股权划转,实现化解债务、政企分开。初步实现集团正常运营。

第二步,整合重组,板块布局。 2018年重点对划入集团的各企业进行板块化、专业化整合重组。横向上加强资源统筹,按业务板块整合重组同质化业务和相关子公司,构建主业突出、结构合理的四大产业布局和综合运输体系的格局;纵向上压缩管理层级,明确不同层级的职责界面,实现整体受控,努力把集团打造成为省政府推进综合交通基础设施投资建设平台,实现集团内部二级公司"小而全"向专业化高端化转变、由产融脱节向产融结合转变。

第三步,深化改革,赶超一流。 瞄准国际化、资本化、专业化,对标一流,追赶一流,大力实施混合所有制改革和资本化改造,推进国有资本进退留转,推进集团内部深度重组整合,培育壮大上市企业,做强金融板块,做大基础设施板块,做精科技信息板块,做优交通关联产业板块,退出一般竞争领域,引进有实力的央企、基金等战略投资者,进一步增强集团资本实力。到2020年,努力把山西交控集团打造成为国内一流、具有国际竞争力的交通企业集团。

交控集团组建后,同步推进交通运输管理体制改革。保留省高速公路管理局及其所属收费结算中心、路政总队、信息监控中心三个事业单位,作为省交通运输厅的二级专业局,履行全省高速公路行业管理职能。同时统筹推进交通运输综合执法体制改革。

五、组织领导

(一)省政府山西交通控股集团有限公司筹备领导组。

组　长:王一新　副省长
副组长:张志川　省交通运输厅厅长
　　　　郭保民　省国资委主任
成　员:省编办、省财政厅、省人社厅、省国土厅、省交通厅、省国资委、省地税局、省工商局、省金融办、省国税局等相关部门和有关省属国有企业负责人。

(二)山西交通控股集团有限公司筹建组。

筹建组组长由省交通运输厅党组成员、副厅长、总会计师袁清茂同志担任。改革涉及的有关企业主要负责人为成员,其他成员由组长提出。

(三)时间安排。

方案批准后,立即启动山西交控集团组建工作,筹建期1~2个月。筹备结束后,尽快完成工商登记注册,挂牌运营。

六、相关支持政策

（一）山西交控集团作为省政府批准的特许经营主体，划入的62条政府还贷高速公路属性不变。其通行费收入作为企业收入，实行集团内部"收支两条线"管理，使用税务票据。省财政厅协助办理相关资产的划拨手续。

（二）参照浙江、山东、福建等省做法，将拟划入山西交控集团的62条政府还贷公路、17条经营性公路共79条高速公路的土地使用权作价出资，作为资本金注入交控集团，以进一步降低集团资产负债率，提高融资能力。

（三）支持山西交控集团设立交通产业基金。募集资金主要用于公路建设及其沿线资源开发。

（四）参照浙江等省做法，今后省内新建高速公路等交通基础设施PPP项目的中央和省政府投资，由山西交控集团履行政府出资人职责。

（五）积极支持"山西三维"重组上市，将山西交控集团的优质高速公路资产先行划入三维公司。

（六）由省交通运输厅以银行贷款借支1亿元作为集团开展资产评估、审计、信息安全监控指挥系统前期建设、集团开办等经费，在债务划转时一并清算。

（七）资产人员债务整体划转。采取整体划转的方式，人随单位走，债随资产走。

（八）确定62条政府还贷高速公路交割日为2017年12月31日。交割日之前，银行贷款还本付息由省交通运输厅负责；自交割日起，还本付息由山西交控集团负责，省交通运输厅配合，确保不发生系统性、区域性金融风险。

（九）落实稳定责任制。省交通运输厅对交通运输系统稳定工作负总责，省国资委对其监管企业的稳定工作负总责。在高速公路整体划转前，省交通运输厅负责完成16个高速公路片区管理机构整合，更好地发挥各级党组织和干部作用，确保改革平稳过渡。

（十）筹组过程中的未尽事宜，以省政府山西交控集团筹备领导组的协调意见为准。

附：山西交控集团机构设置图

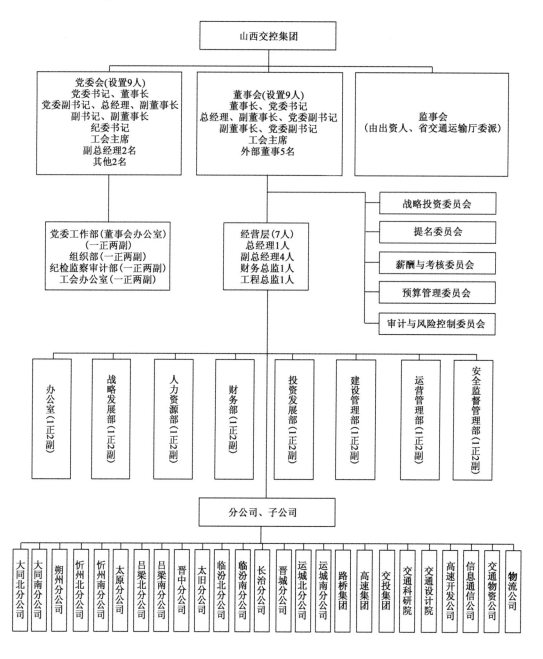

附录二十八

中共山西省交通运输厅党组
《关于高速公路运营管理机构整合有关事宜的通知》

（晋交党发〔2017〕95号）

省高管局：

根据省政府批准的山西省交通控股集团成立16个高速公路运营分公司的筹组方案，为了加快推进高速公路运营管理机构的整合和移交，经厅党组会议研究同意，将高速公路运营管理单位整合的具体领导机构、相关职责以及其他注意事项通知如下：

一、筹建组织机构及管辖范围

1. 成立大同南高速公路分公司筹备领导组，具体负责大同南高速公路分公司的筹建工作。管辖路段为：广源、同源、灵山。

2. 成立忻州北高速公路分公司筹备领导组，具体负责忻州北高速公路分公司的筹建工作。管辖路段为：原神、神河、在建晋蒙黄河桥。

3. 成立吕梁北高速公路分公司筹备领导组，具体负责吕梁北高速公路分公司的筹建工作。管辖路段为：太佳吕梁段、岢临、临离。

4. 成立临汾南高速公路分公司筹备领导组，具体负责临汾南高速公路分公司的筹建工作。管辖路段为：临吉、吉河、在建长临。

5. 成立运城北高速公路分公司筹备领导组，具体负责运城北高速公路分公司的筹建工作。管辖路段为：侯运、侯禹、闻垣、闻合。

6. 现大同高速公路公司具体负责大同北高速公路分公司的筹建工作。管辖路段为：得大、大同绕城、大呼、天大、京乌。

7. 现忻州高速公路公司具体负责忻州南高速公路分公司的筹建工作。管辖路段为：原太、新原、忻保、在建神岢。

8. 现吕梁高速公路公司具体负责吕梁南高速公路分公司的筹建工作。管辖路段为：夏汾、汾离、离军。

9. 现临汾高速公路公司具体负责临汾北高速公路分公司的筹建工作。管辖路段为：霍永东、霍永西、临汾北环、临汾联络线、临侯。

10. 现运城高速公路公司具体负责运城南高速公路分公司的筹建工作。管辖路段为：运风、运三、运城环城、运宝、河运。

11. 现朔州高速公路公司具体负责朔州高速公路分公司的筹建工作。管辖路段为：大新、朔州环城西南段、山平、在建右平。

12. 现太原高速公路公司具体负责太原高速公路分公司的筹建工作。管理路段为：太原南环、太原西北环、太祁、太古。

13. 现太旧高速公路公司具体负责阳泉高速公路分公司的筹建工作。管辖路段为：太旧、平阳、阳泉西环、五盂。

14. 现祁临高速公路公司具体负责晋中高速公路分公司的筹建工作。管辖路段为：祁临、阳左。

15. 现长治高速公路公司具体负责长治高速公路分公司的筹建工作。管辖路段为：左黎、长邯、长平。

16. 现晋城高速公路公司具体负责晋城高速公路分公司的筹建工作。管辖路段为：晋阳、晋济、晋城环城、阳翼、高沁。

二、各筹备领导组组成

新成立的高速公路分公司筹备领导组由组长、常务副组长、副组长组成。领导组下设办公室。办公室成员由所管辖路段原运营管理机构的党务、人事、财务、纪检等部门负责人组成。

三、筹备过渡期具体职责

1. 分公司办公场所的确定。办公场所的确定要本着降低成本、管理高效的原则，充分合理地利用现有办公场地。

2. 摸清所管辖路段现有运营管理机构及人员配备底数。与相关的高速公路公司、独立运营的高速公路建管处建立合作协商机制，对所管辖路段人员进行合理调配。

3. 摸清所管辖路段的资产情况。与相关的高速公路公司、独立运营的高速公路建管处完成好资产交接工作。

4. 筹备领导组负责所管辖路段收费、监控、养护等运营管理。负责未完成竣工验收路段的缺陷责任和项目竣工验收前有关准备工作。

四、其他注意事项

1. 区域内涉及人员划转的，由筹备领导组与区域高速公路公司、独立运营的高速公路

附录三十

太旧路特等功臣铭

八特等功臣者,乃修筑太旧高速公路建有特等功勋并因此献出其生命之八位功臣。

斯路起太原,至旧关,出山西,接石门,连京、津、沪诸国道,乃山西与沿海地区接轨,以实现经济文化腾飞所必须修筑至关紧要之通路也。

环晋皆山,地势闭塞。虽有富甲天下之矿藏,然限于交通,发展滞后,贫困者久矣。省委、省政府高瞻远瞩,定"要致富、先修路"之长策。三晋人民踊跃响应,捐款捐物,献计献策;千军万马,铁臂银锄,马达山间,昼夜呼吼。诚太行山区冲破封闭,追赶沿海诸省,实现"九五"发展纲要与二〇一〇远景目标之历史新篇也。英雄事迹可歌者多,先进人物层出不穷,此中八人最为典型:或舍生忘死,献出青春;或积劳致损,长逝工地;或不幸遇难,壮烈殉职;或竭智竭忠,尽瘁而逝。其英雄业绩,自当谱为河汾旋律,长青太行劲松!故树此丰碑,俾死者重于泰山之精神,感召我三千万同胞奋勇拼搏,致富脱贫,径奔小康,实现大同,宜哉!

八人者,刘玉庭、彭传直、韩益中、郑镇江、李建华、彭国斋、杜西才、王飞彪也。玉庭,定襄人,领工员,一九九四年五月八日至十四日,连续劳累,体力耗竭,就地一躺,即与世长辞,年三十七岁,特等功臣,省青年突击手,三项建设功臣。传直,成都人,中共党员,教授级高级工程师,竭智竭谋,尽职尽忠,于一九九五年九月十四日献出作为党的高级知识分子的生命。病不起时仍致函省领导,陈述建路之经验,将一生心血献给山西交通事业,特等功臣。益中,祁县人,中共党员,退休后返聘为机械手,因劳致病,一九九五年九月八日逝世,先进工作者,优秀共产党员,特等功臣。镇江,定州人,压路司机,一九九四年四月,挽救一新机车,竟保车身亡,年三十六岁,特等功臣。建华,临汾人,领工员,一九九四年六月七日,因过度疲劳,驾车遇难,年四十岁,先进生产者,特等功臣。西才,忻州人,材料员,忠于职守,不辞艰辛,被誉为"好人杜西才"。一九九四年六月十五日采料途中,因车祸牺牲,年五十岁,特等功臣。飞彪,河曲人,共青团员,技术员,一九九五年四月三日因用脑过度,脑网膜出血而逝,年二十六岁,先进工作者,特等功臣。

附录二十九
交通运输部《关于发布全国高速公路服务区服务质量等级评定结果的公告》

22.襄汾服务区;23.云竹湖服务区;24.绛县停车区;25.芦芽山服务区;26.岢岚服务区;27.太原东服务区;28.晋城服务区;29.襄垣停车区;30.平陆服务区;31.大盂服务区;32.孝义停车区;33.榆社停车区;34.太谷北服务区;35.翼城服务区;36.闻喜停车区;37.阳城服务区;38.平遥南服务区;39.太原北服务区;40.忻府停车区;41.关帝停车区。

斯碑既立,天长地久;功业既铭,万代千秋。未天年而长逝,呜呼哀哉!获铭录以永垂,其亦荣夫!

山西大学　靳极苍
公元一九九六年十二月二十六日　立

附录三十一

晋焦高速公路碑记

晋城,古称泽州,雄踞巍巍太行,俯瞰滔滔黄河,文明发祥与国同享,物华天宝煤铁尤最。西连侯马古都,东接焦作芳邻,横亘华北要冲,南近郑洛,北达并汾,纵扼三晋咽喉,素以战略要地饮誉史册。

然天下诸事,利弊参半。晋城青峰环峙,碧水汇流,交通不便货运不畅,历代人民饱受道路崎岖之苦,信使累累屡载行者登临之艰难;古道悠悠尚存斧凿开辟之遗迹。魏武挥师太行,风雪吟哦行路难,孔子驱车泽州,羊肠颠簸思回头。而我世居之先民,生而坚韧,志不可夺,千百年来凿路未休。

二十世纪末,晋城百业兴盛,交通日嫌蹇塞,省市领导共商大计,鞭指晋焦,而东南一隅,行山嵯峨,丹水横流,绝壁悬崖相间,使飞鸟为之徘徊,筑路之艰世所罕也。更其难者,首推资金之筹措,省市领导多方斡旋,鼎力支持,引港资八亿六千万元,配省资五亿八千万元,筹资之难遂解,乃筛选九州巧匠万余大军,组成项目部二十一,抽调工程师百余,设立监理部三,于丁丑十月二十九日,宣誓挥师,浩浩荡荡进驻深山,虽蜗居蛇行,蚊叮虫咬而不以为苦,便道险陡而不以为惧。开山炮响,全市父老奔走相告,欣喜之情溢于言表,各界人士竞相支援。指挥部携万余员工,同呼吸,共命运,攀危崖而忘生死,重科技而察蚁漏,风餐露宿,不避寒暑,奋力创业。省市领导屡临现场嘘寒问暖,排忧解难,众志成城,历时三载道路始成。观斯路之状,长三十二千米,宽二十一、二十三米,桥梁二十三,隧道二十,桥隧总长为全路之半。安装三十五千伏高压变电站两座,架设高压线路八十千米,埋设引水管道四十千米,开通施工便道一百八十千米,填挖土石方一千五百万立方米,尤其移山填沟,凿隧架桥之劳作,更为险恶而艰辛。其工程技术之新、高,每令业内人士叹服,高填不沉,山体不损,石桥基尼,桥头平稳,通风壁龛,隧道防渗,路面复合,连体隧道,天堑既已变为通途,终遂太行父老之夙愿。辛巳六月下浣,晋焦路胜利鸣金,万余将士征尘仆仆,奏凯而还,春风荡尽马蹄霜,丹水洗却一身尘,青山画屏,天人同庆,真可谓青史之新篇章。

铁马路上驰,人在画中行。沿途巡礼,路平如毯,纤尘不飞;飞桥悬挂,壁拱如画;珏山月夜,青莲钟鼓;群山苍苍,落英缤纷。至省界晋豫大桥,四周群峰窘突起,宛若莲花,而大

附录三十一
晋焦高速公路碑记

桥亭亭玉立乎,如含露之蕊,若返然而顾。此望诸山错落,昂首向天,酷似愚公仰天长笑,响遏行云,关山万里化坦途矣!

既思初始之艰难困苦,复望眼前之壮丽辉煌,倍感时事之造化,科技之神功。然修路架桥,乃积德善举。晋焦之通,事在当今,利得千秋。而修筑之风雨,皆成过眼云烟,后人难解其详。今铭之于后,使来者念其物力维艰而爱护之,冀能永享后世。遂为记,时辛巳年六月念日。

中共晋城市委
晋城市人民政府
公元二〇〇一年六月二十日　立

附录三十二

长邯高速公路纪念碑

  国道长治至邯郸高速公路山西段,始于长治市郊区安阳至潞城,黎城至晋冀交界至下湾,全长五十四点四六公里,为长治北上京津,南达广深,东出沿海的重要通道,其经济和战略意义深远,被列为省、市重点工程。该路由交通部第一勘察设计院通力公司以全封闭双向四车道高速公路标准设计,路基高度整式二十四点五米,分离式十二点五米。由山西省交通厅投资兴建,其中部分工商银行贷款,总投资人民币十二点七亿元。一九九八年十月一日破土奠基,其中安阳至史回段五点四公里,由长北干线指挥部承建,山西省监理总公司和山西太行路桥有限公司等五十家监理施工单位参加建设。期间,省市领导和沿线群众十分重视,大力支持。万余筑路工人以振兴长治市经济为动力,坚持质量第一,科学管理,精心施工,克服重重困难,作战两年余,完成路基土石方百余万立方米,建成特大桥和大中小桥及互通立交桥、分离立交天桥、通道等一百一十三座,隧道两处,排水工程三十余万立方米,于二〇〇二年九月二十五日竣工通车,实现人文长邯、科技长邯、绿色长邯的建设理念。

  该路的建成,实现了长治市高速公路零的突破,是改革开放又一丰硕成果。借此天脊大道开通之际,特立碑石名表,以示纪念。

长治市高速公路建设指挥部
公元二〇〇二年九月二十五日　立

附录三十三

大运高速公路建设志

　　斗转星移，世纪交替，万象更新，百业俱兴。省委、省政府躬行"三个代表"，和时代节拍，抓结构调整，建大运高速，挺三晋脊梁，山西之幸，民之幸也。

　　纵观大运通衢，起大同，至运城，跨表里山河，贯群山沟壑，上穿雁门古关，下越绵山崇岭，挟三晋之雄风，挥长虹于南北，其势恢宏，其景壮观，泱泱乎伟哉。且系国道主干，北连京大、得大，南接运三、运风，东与太旧，西逢夏柳；朝辞边塞，夕至中原，直出阳关，迅达沿海，乃国之大政也。

　　若夫大运之魂，贵乎与时俱进。省委、省政府抓机遇，谋发展，顺民意，著蓝图，以二百余亿元巨资，修隧道十七处，架桥梁七百零三座，筑六百六十六公里通途——绿色大运、科技大运、人文大运，旨在整合三晋资源，强南北之交流，扩对外之开放，创投资环境，促产业升级。举目环顾，兴晋富民无所不及。今彰其功，以荫后世矣！

　　至若大运之心，当抒忠肝义胆。省交通厅受命出师，敢为天下之先，以人为本，金融创新，科技领先，信息管理，构智能交通，建经济长廊。省直各部门、八市三十一县一百三十二乡各级政府四百九十五村，恪尽职守，勤政务实，依法办，取低限，开绿灯，作贡献。众百姓奔走相谕，献良田，迁坟茔，移果园。征地七万亩，拆房近十三万平方米。大新、新原、原太、太祁、祁临、临侯、侯运诸建设公司统领数万将士，风餐露宿，废寝忘食，顶雁门雪寒，战韩岭酷暑，齐曰："为大运而战，三生有幸，一世无憾！"

　　嗟夫！一路贯南北，三晋皆坦途。始庚辰岁末，至癸未国庆，五载工期三年竣。六车道大运畅流，县乡村路路通达，其中轴启动、辐射两翼、南北呼应、东西联动之效，当借经济带构建而昭彰。诚可曰：建大运，国之盛事；走大运，民之夙愿。

　　是为志。

中共山西省委

山西省人民政府

公元二〇〇三年九月二十八日　立

附录三十四

大运文明通道新原段碑文

　　道路交通不仅是国民经济的基础性、先导性产业,也是现代文明的重要传播带和集散地。在广袤的黄土高原上,山高壑深,道路交通是全省最基本、最主要的运输方式。

　　西部大开发以来,全省道路基础设施建设迅猛发展,开创前无古人的道路建设崭新篇章,全省一大批干线高等级道路相继建成。为了巩固和拓展道路建设成果,使道路交通产生更大的社会效益和更好的人文关怀,使其更好地服务于全省经济建设大局和各族人民生活,树立良好的对外开放形象,省交通厅二○○三年九月开通千里大运文明高速公路新原段高速通道。

　　文明通道的核心内涵是以人为本,从道路设计、施工、养护、管理、运输、服务等各个环节,最大限度地体现人文关怀,最大限度地体现人与人之间的互助互利,最大限度地体现道路与自然的和谐发展。文明通道的建设目标是：线形顺直流畅,设施配套完善,工程优质廉洁,养护争创一流,运输文明畅通,服务规范礼貌,管理有序有效,行业效益好,沿线重环保,无"三乱",军民关系融洽,为国内外游客、出行车辆提供安全、文明、便捷、舒适、高效服务,成为交通行业知名品牌。省交通厅在建设文明通道的过程中,创新工作思路,加强组织督导,落实单位责任,规范工作标准,严格业绩考核,建立激励机制,拓宽建设领域,加快建设进度,提高建设质量,全面推进各项建设工作。全省交通系统的广大干部职工团结拼搏,无私奉献,务实创新,追求卓越,在文明通道沿线各级党委、政府和广大军民的支持、配合下,文明通道建设已经取得巨大进展和显著成效。

　　"雄关漫道真如铁,而今迈步从头越"。山西忻州交通人决心在省委、省政府和省交通厅党组领导下,大力弘扬"扎根基层、艰苦创业、献身交通、造福人民"的交通行业精神,在西部大开发的号角声中,紧跟中华民族伟大复兴的历史步伐,再创新辉煌,再铸新丰碑,将忻州高速文明通道建设得更加瑰丽,更加畅达,更加充满人文关怀,使其永垂青史！

山西省忻州高速公路有限责任公司
公元二○○三年八月　立

附录三十五

太祁高速公路建设志碑记

炎黄故土,三晋新城;文明传承,山河表里。生民于斯繁衍,风化赖此淳朴。然自近代以来,商不足以逞昔日之雄,望不足以服远来之宾,皆缘地理狭促而交通闭塞故也。爰及世纪之交,省委省政府筹产业调整之宏略,强基础建设之根本,遂兴建大运高速公路。

夫太祁高速公路者,大运主干线之枢纽路段也。北起太原罗城,南至祁县城赵,跨五县区十三乡镇,计六十公里有余,投资十八亿五千万元,肇自辛巳年寅月,壬午年申月贯通。工程动用土石一千一百余万立方米,建特大桥一座,大桥九座,中小桥廿二座,通道桥廿五座,分离式立交桥十九座,互通立交六处,涵洞二百八十二道,收费站、服务区、养护工区等,配以高科技现代化设施。其工程浩繁艰巨,跨区最多,地质结构最复杂,拆迁量最大,工程变更最频,互通最密集,地基最软,滑坡最大,而其概算最低;使运筹帷幄之帅佐,殚思竭虑;奋战一线之将士,披肝沥胆。万余员工,冒严寒,战酷暑,以科技为先导,以质量为首要,排除干扰,挑战极限,终致星罗县乡,辟此坦途而远近亨通;千里大运,有此佳构而内外精美。路既成,于主干线,互通及庭院各处遍植草木花卉,又于护面墙、路之津在及醒目处增绘写意图案,精塑象形浮雕,迤逦沿途,美不胜收。科技大运,绿色大运,人文大运之精髓,于太祁一段端倪尽现,形神毕具矣!

其修筑也,上承国家部委省市领导悉心关爱,下赖社会各界沿线民众倾力支持;科研助阵,金融援手;法制维护,新闻造势。一路既通,百业始兴。藉此敞天通途,可勾连文化,整合资源,开阔胸襟,摈弃陈陋,重铸我三晋之辉煌伟业也!值大运全线贯通之际,特纂此文以叙太祁段建设之始末。是为记。

山西省太祁高速公路有限公司
公元二〇〇三年岁次癸未酉月吉日　立

附录三十六

风陵渡黄河大桥碑志

风陵渡位于秦晋豫三省交界和黄渭洛三水汇合之处,有"鸡叫一声听三省"之称,东临中原,西接关中,乃山西省的南大门,为华北地区通往大西北、大西南和中原地区的交通要冲,其山水夹峙,关河险要。历代又为兵家用武之地,烽烟迭起。自古以来,因山阻豫陕,水隔秦晋,两岸唯以舟楫相通,人民群众为争船抢渡,时代不堪其苦,极望在大河之上弃舟架桥,变天堑为通途。一九八四年,在改革开放大潮中,运城地区党政领导为畅通三省公路交通,打开开放大门,适应国家经济建设需要,向山西省和交通部提出修建此桥的建议。

风陵渡黄河公路大桥为山西省和交通部"八五"计划重点建设项目,由山西省交通规划勘察设计院设计,铁道部第三工程局六处和山西省公路局第二工程公司分别承担主孔桥和边孔桥的施工。大桥全长一千四百一十米,面宽十二米,主孔桥跨度一千一百一十四米,墩高二十米,基桩一百六十八根,深入河底六十米。其九个主孔桥为预应力钢筋混凝土连续箱梁,长达九百七十二米,居全国第二;桥墩采用空心双室薄壁结构,既减轻自重,且施工方便。大桥设计载重标准汽车超二十级,挂车一百二十,四级通航标准,地震基本裂度八度。全桥共浇筑钢筋混凝土五万一千一百零四平方米,结构用钢材四千六百一十四吨,工程总投资逾亿元。在施工中,大桥指挥部和工程技术人员紧密配合,团结一心,严格管理,克服黄河地质构造复杂、河道及流量变化极大的一系列难题险关,保证工程进度和质量。修建这一特大型公路桥梁,是山西建桥史上的一个里程碑。

大桥系由交通部、山西省交通厅和运城地区三方投资修建,主要由山西省交通厅投资,以运城地区为主负责建设。大桥从构建到竣工,历时八载。此桥涉及三省、三地、三县的权益,同时触及千家万户农民的利益。在建桥中,大桥指挥部和各方领导通过反复磋商,互相协调,疏通关系,化解矛盾,解决许多意想不到的棘手问题,其中有许多动人心魄、感人泪下的事迹,此处虽不细述,其功不可磨灭。

大桥于一九九二年四月奠基开工,至一九九四年十一月竣工通车。从此,以桥代舟,自古以来人们争船抢渡的时代便结束了,黄河两岸千百万黄河子孙多年来梦寐以求的夙

附录三十六
风陵渡黄河大桥碑志

愿终于实现！此桥北接山西交通之大动脉大(同)运(城)风(陵渡)公路,南通连云港至新疆霍尔果斯之三一〇国道线,对连接华北、西北、中原、西南地区之交通网络,发展晋秦豫三省经济,开发旅游事业,皆有重大意义。有诗云：

　　古渡增新景,风陵气势雄。
　　长桥凌波起,天堑履云清。
　　北驰通京畿,南下走川陇。
　　壮哉千秋业,丰碑记伟功。

山西省交通厅
中共运城地委
运城行政公署
公元一九九四年十二月一日　立

附录三十七

雁门关桥隧群建设碑记

　　天下九寒,雁门为首,崇山峻岭,崎岖险道。春夏走石飞沙,秋冬落雪无声,恒山隔阻南北,盘旋绝顶置关。省委、省政府抓机遇,谋发展,建大运高速,构绿色、科技、人文长廊。雁门关桥隧群乃大运咽喉工程,昔一夫当关,今万众筑路,豪情斗寒暑,科技克险难,铺公路五十八公里,架桥八十三座,贯隧道八道,其雁门关隧道长十点三九五公里,时为华夏之最。桥隧相连于长城内外,大道穿梭于恒山之峦,雁门通天、广武飞虹之景、南北通衢、天衍行舟之观,跃然于三晋。始辛巳岁末,至癸未国庆。古关傲立笑朔风,雁门洞开舞长虹。为彰其功,特立碑记。

山西省交通厅
山西省新原高速公路建设有限责任公司
公元二〇〇三年九月二十八日　立

附录三十八

韩信岭桥隧群建设志

韩信岭,乃汉代名将韩信至此,故名。逶迤七十里崇山峻岭,沟壑峡谷。亘古天堑,人迹罕至。古称:藏天石,因韩公。为三晋南北之屏障也。

时逢庚辰中秋,省委、省政府擎大运之旗,欲达三晋通途。贷亚洲开行之款项,筑祁临高速长衢。全线计一七六公里,起于晋中之祁县,至临汾尧都止。三分大运有其一。工程之险峻,当数韩信岭。

斗转星移三寒暑,披肝沥胆万将士。辟悬崖,凿隧道,跨峡谷,架高桥,抗滑塌,治采空。韩信岭内数百公里便道崎岖蜿蜒,三十五公里高速桥隧相连。直谓野禽落处长虹飞,巨兽栖时远客来。其工程之艰险感天石,建设者之胆魄撼韩公。有云:祁临通则大运通,岂不快哉。

当代通途,乃三晋之幸也。

山西省祁临高速公路有限责任公司
志于癸未国庆全线贯通之日　立

附录三十九

诗 三 首

（一）为陵辉公路题词

　　　　　胡富国❶
　　　陵川人民志豪迈，
　　　劈山凿洞坦途开；
　　　逐鹿中原争市场，
　　　摆脱贫困富起来。

（二）晋焦高速公路抒怀

　　　　　崔光祖❷
　　　晋焦虽比太旧短，难度却比太旧难。
　　　精神来自太旧路，又比太旧有发展。
　　　严寒酷暑只等闲，深山峻岭把家安。
　　　血肉之躯钢铁志，太行王屋要打穿。
　　　工程艰巨战犹酣，妻子儿女深思念。
　　　领导关怀常出现，又给精神又给钱。
　　　愚公移山是寓言，晋焦艰险不虚传。
　　　现场参观常激动，总有感慨到胸前。
　　　中国特色靠实践，改革开放靠实干。
　　　万千工程拔地起，三晋更上一重天。

---

❶ 胡富国，原山西省委书记，长子县人。为修建陵辉公路题词，碑存陵川县柳泉乡嘴上村陵辉公路省界。
❷ 崔光祖，运城市人，晋城市委首任书记，时为省人大常委会副主任。

附录三十九

诗 三 首

（三）太旧高速公路赞

杜五安[1]

一

层峦叠嶂，太行山岭上。
高速公路摆阵战，引出多少好汉。
远眺旌旗荡漾，近看群雄猛干。
只为兴晋富民，甘愿流血流汗。

二

资金困难，省委最果断。
捐得两亿三千万，顿时忧解愁散。
山上彩帜招展，谷中机声正欢。
再把炮火点旺，大军干劲倍添。

三

炮轰石烂，峡谷狭震颤。
风烟滚滚冲霄汉，引得天惊地叹。
各式战车千辆，上下一个心愿。
保质保期硬上，拼个通宵达旦。

---

[1] 杜五安，定襄县人，曾任山西省交通厅厅长、太旧高速公路建设指挥部总指挥、山西省副省长。